D0840122

Geschichte der deutschen Lyrik

Geschichte
der deutschen Lyrik
vom Mittelalter
bis zur Gegenwart

Zweite, erweiterte Auflage

California College Library

Herausgegeben von
Walter Hinderer

Verlag Königshausen & Neumann

Die Deutsche Bibliothek — CIP-Einheitsaufnahme

Ein Titeldatensatz für diese Publikation
ist bei der Deutschen Bibliothek erhältlich.

© 2. Auflage, Verlag Königshausen & Neumann GmbH, Würzburg 2001
Gedruckt auf säurefreiem, alterungsbeständigem Papier
Umschlag: Hummel / Lang, Würzburg
Bindung: Rimparer Industriebuchbinderei GmbH
Alle Rechte vorbehalten
Dieses Werk einschließlich aller seiner Teile ist urheberrechtlich geschützt.
Jede Verwertung außerhalb der engen Grenzen des Urheberrechtsgesetzes ist
ohne Zustimmung des Verlages unzulässig und strafbar. Das gilt insbesondere
für Vervielfältigungen, Übersetzungen, Mikroverfilmungen und die Einspeicherung
und Verarbeitung in elektronischen Systemen.
Printed in Germany
ISBN 3-8260-1999-7

Inhalt

PT
571
.G47
2001

Stichworte zum Problemfeld einer Gattung

Von Walter Hinderer

In einem bekannten Roman, in dem der Geist der Erzählung die Glocken Roms
läutet, verteidigt ein vorgeschobener Erzähler auf diese Weise ebenso wohlgelaunt
wie ironisch seine Vorliebe für Prosa gegenüber Lyrik:

>»Ich höre zwar sagen, daß erst Metrum und Reim eine strenge Form abgeben, aber ich möchte
>wohl wissen, warum das Gehüpf auf drei, vier jambischen Füßen, wobei es obendrein alle
>Augenblicke zu allerlei daktylischem und anapästischem Gestolper kommt, und ein bißchen
>spaßige Assonanz der Endwörter die strengere Form darstellen sollten gegen eine wohlgefügte
>Prosa mit ihren so viel feineren und geheimeren rhythmischen Verpflichtungen.«

Nun hat gerade Thomas Mann, aus dessen Werk *Der Erwählte* das Zitat stammt, in
seinen Essays einen besonderen Sinn für dieses poetische »Gestolper« bewiesen, so
daß man diese Persiflage nicht allzu ernst nehmen kann. Nichtsdestoweniger steckt
darin eine Frage nach der spezifischen Leistung von Lyrik, die jede Epoche wieder
aufs neue zu beantworten sucht.
Im Hinblick auf die gegenwärtige Produktion stellte etwa Peter Wapnewski im
Lyrikkatalog (1979) folgendes zur Diskussion: »Sind Prosa und Lyrik herstellbar
geworden durch den Setzer, das heißt, sind sie lediglich Resultat so oder so umbro-
chener Zeilen?« Man braucht nicht einmal an Gottfried Benns Diktum zu erinnern,
daß das Gedicht das Gegenteil von Beliebigkeit sei, um die enge Beziehung von Form
und Gegenstand ins Feld zu führen. Doch das läßt sich leicht auch für andere
literarische »Naturformen« oder Gattungen reklamieren, so daß damit noch wenig für
die Bestimmung von Lyrik gewonnen ist. Interessanter scheint mir in diesem Zusammenhang folgende Stegreifdefinition in Wapnewskis Beitrag: »Das ist das *Gedicht*.
Formal: knapp, konzentriert, streng stilisiert. Inhaltlich: nach innen gewandt. In der
Haltung: ichbefangen, einnehmend, monologisch.« In nuce ist in dieser Formulierung
eine ganze Tradition von Lyrik-Beschreibungen zusammengezogen, die von Hegels
bekanntem Modell des »subjektiven Inneren« als dem »eigentlichen Einheitspunkt
des lyrischen Gedichts«[1] oder dem, was Friedrich Theodor Vischer das »punktuelle
Zünden der Welt im lyrischen Subjekt« nannte, bis hin zu Emil Staigers Formulierung
reicht, daß der lyrische Dichter meist »ich« sage[2].
Lyrik, so verstanden, wäre nicht denkbar ohne die Kategorie der Subjektivität, oder
anders ausgedrückt: Gedichte sind immer geformte Aussagen eines lyrischen Ich. Das
würde freilich bedeuten, daß Lyrik nur dort entsteht, wo ein Persönlichkeitsbewußt-
sein vorhanden ist und sich also historisch ein Prozeß der Individualisierung vollzogen
hat, wie ihn beispielsweise Bruno Snell an der frühgriechischen Lyrik[3] nachwies. Wie
steht es aber dann mit Zaubersprüchen und mit den Gedichten, die entweder
ausschließlich thematisch, also an Objekten orientiert, oder aber durch Sanktionierung bestimmter ästhetischer Normen eingeschränkt sind? Oder direkter gefragt:
Wieviel Individualität läßt sich eigentlich in mittelalterlicher oder barocker deutsch-

sprachiger Lyrik greifen? Beruhen solche Konzeptionen nicht grundsätzlich auf Erfahrungen und Bestimmungen der idealistischen Kunstperiode? Man braucht nur auf Platon oder auf einige Äußerungen in der Barockpoetik zu verweisen, um anzudeuten, daß auch bereits vor der Kunstperiode die mit Zitaten von Hegel bis Wapnewski signalisierte Ansicht von dem subjektiven Charakter der Lyrik verbreitet war. Sie findet sich auch in folgender lakonischer Formulierung in Johann Georg Sulzers *Allgemeine Theorie der Schönen Künste* (1793): »Wo andere Dichter aus Überlegung sprechen, da spricht der lyrische blos aus Empfindung.«[4] Sulzer verweist in diesem Zusammenhang auf Gian Vincenzo Gravinas (1664–1718) Abhandlung *Della Ragione poetica*, in der lyrische Gedichte als »Schilderungen besonderer Leidenschaften, Neigungen, Tugenden, Laster, Gemütsarten und Handlungen« beschrieben werden, als »Spiegel, aus denen auf mancherlei Weise die menschliche Natur hervorleuchtet«.[5]

Jedoch schon Martin Opitz beschreibt in seiner *Poeterey* (1624), die gesondert von Epigrammen, Eklogen, Elegien, Hymnen, Sylven und schließlich von »lyrica oder getichte« spricht, »die man zur Music sonderlich gebrauchen kan«, ein »freyes lustiges gemüte« als Grundlage der lyrischen Form. Ähnlich stellte Daniel Georg Morhof dann 1662 fest:

»Es hat nichts eine größere Macht über den Menschlichen Geist / als wann ein schönes wollgesetztes *Carmen* mit der Music verbunden wird / dann die Music gibt den Versen gleichsam ein Leben / dadurch die Gemüther auffgemuntert / und zu allerhand Bewegungen gereitzet werden.«[6]

Früh also wird der Zusammenhang von Musik und Lyrik (Oden oder Carmina) als Wesensmerkmal notiert, was schon die Etymologie des Begriffs (Lyra) nahelegt, man betont aber ebenso die Aufteilung nach Sach- oder Spezialgebieten (Freundschafts-oden, heroische Gesänge, Naturoden, religiöse Lieder, Gesellschaftslieder, Hirtenlieder, Epigramme, Elegien, Lobgesänge usw.) und die formale und sprachliche Leistung.[6a] Gerade unter dem letzteren Aspekt stellt etwa Gottfried von Straßburg in seinem berühmten Literaturgespräch in *Tristan*[7] der dunklen, manieristischen oder asianischen Schreibweise eines Wolfram von Eschenbach als Vorbild die klare (»sîniu cristallînen wortelîn«), klassizistische oder attizistische eines Hartmann von Aue oder Walther von der Vogelweide gegenüber, wobei schon, wie das dann umgekehrt Klopstock im 18. Jahrhundert im Hinblick auf seine neue enthusiastische oder pathetische Stilart tun wird, die er bewußt gegen die herrschende klassizistische Stilnorm der Aufklärung setzt, die Schreibweise auf die Person zurückgeführt, also gewissermaßen der Stil als Funktion der Gesinnung verstanden wird. Das führt dann in Schillers Kritik *Über Bürgers Gedichte* (1791) zu der rigorosen Forderung nach persönlicher Vervollkommnung des Dichters als Basis für die »Idealisierkunst«. »Alle Ideale«, so heißt es hier an entscheidender Stelle, »sind gleichsam nur Ausflüsse eines inneren Ideals von Vollkommenheit, das in der Seele des Dichters wohnt«.[8]

Wenn Herder in seiner Schrift *Vom Geist der ebräischen Poesie* etwa »Bild« und »Empfindung« als die »prägnanten Wurzeln« der Sprache beschreibt und überhaupt Lyrik als Ursprache versteht, so drückt sich darin ein Ansatz aus, der besonders für die Entwicklung der deutschen Lyrik von der Reformation bis zum 20. Jahrhundert als symptomatisch erscheint: die produktive Nähe zur religiösen Dichtung, zum

Kirchen- und Volkslied und zur Bibelsprache (vor allem der Psalmen). »Das ganze Weltall mit seinen Bewegungen und Formen«, so beschreibt Herder den produktiven Vorgang, »ist für den anschauenden Menschen eine große Bildertafel, auf der alle Gestalten leben«. Der Mensch steht »in einem Meer lebendiger Wellen«, und was »auf ihn strömet, wie er's empfindet und mit Empfindung bezeichnet«, das macht nach Herder »den Genius der Poesie in ihrem Ursprung«. Diesen Ursprung nennt er »menschlich und göttlich« zugleich und definiert schließlich: »Die Poesie ist eine Rede der Götter.«[9] In seinen *Gedanken über die Natur der Poesie* (1759) formuliert Klopstock diesen Zusammenhang folgendermaßen: »Das Herz ganz zu rühren, ist überhaupt, in jeder Art der Beredsamkeit, das Höchste, was sich der Meister vorsetzen, und was der Hörer von ihm fordern kann. Es durch die Religion zu tun, ist eine neue Höhe, die für uns, ohne Offenbarung, mit Wolken bedeckt war.«[9a] Diese Formulierung reicht freilich in eine längere Tradition zurück, die sich am bequemsten mit einer Beschreibung der dichterischen Inspiration durch Sokrates in Platons Dialog *Ion* andeuten läßt. Dort werden wir belehrt, daß nämlich zum rechten Dichter die Begeisterung gehöre, die aber nicht durch Kunst hervorgebracht werde, »sondern durch göttliche Kraft«.[10] Gerade weil das lyrische Gedicht »gar viel von der Natur des empfindungsvollen Selbstgesprächs«[11] hat, wie Sulzer ausführt, wird diese Innenkonzentration immer wieder als konstituierendes Element der Gattung verstanden und gewissermaßen als Conditio sine qua non für den Ausdruck des göttlichen Grundes. Wenn Martin Opitz im 2. Kapitel seiner Poetik vermerkt: »Die Poeterey ist anfanges nichts anderes gewesen als eine verborgene Theologie / und unterricht von Göttlichen sachen«,[12] so liegt in dieser Sanktionierung der Lyrik schon der Keim zu ihrer Säkularisierung. Nicht zuletzt an der negativen Theologie der reinen Kunst, wie sie Walter Benjamin beschrieben hat,[13] läßt sich zeigen, daß die Säkularisierung umgekehrt auch wieder zur Sanktionierung, zu einer Theologie der Kunst führen kann. Es sei in diesem Zusammenhang erinnert, daß Friedrich Hölderlin, bei dem die idealistische Lyrik in ihrem metaphysischen Selbstverständnis ihren Höhepunkt erreichte,[14] in seinem Fragment *Über Religion* umgekehrt und geradezu mit frühromantischem Eifer die Religion ästhetisierte. »So wäre alle Religion ihrem Wesen nach poetisch«, heißt es in den »Winken zur Fortsetzung« ebenso schlicht wie gnomisch.[15] Wie verschieden die metaphysischen Zuordnungen in den Epochen der deutschen Lyrik auch gewesen sein mögen – die einzelnen Kapitel des vorliegenden Bandes unterrichten anschaulich darüber –, es kann keine Frage sein, daß sich schon früh die persönliche Begeisterung fürs Außerpersönliche, das heißt fürs Numinose immer wieder in abgestuften Variationen in die Entdeckung und Beschwörung des eigenen Selbst und der eigenen Existenz transformiert hat. In Paul Flemings (1609–40) Gedicht *An Sich*[16] beispielsweise wird die eigene Person als der einzige Halt in einer haltlosen und unbeständigen Welt beschrieben und bei Sulzer Lyrik als ein Mittel definiert, »das menschliche Gemüth in seinen verborgensten Winkeln« kennenzulernen.[17] Noch Baudelaire, der Vater der poetischen Moderne, versteht das »Wesen der Poesie« nicht nur als die »menschliche Sehnsucht nach einer höheren Schönheit«, als »Sonnenfahrt der Seele«, sondern eben auch als Selbsterkenntnis. »Die Poesie hat für den«, so argumentiert er, »der in sich selbst hinabsteigt, seine Seele befragt und seine ekstatischen Erinnerungen wachruft, kein anderes Ziel als sich selbst«.[18] Auch die negativen Kriterien, die Hugo Friedrich zur Beschreibung der modernen Lyrik eingeführt hat (wie neutrale Innerlichkeit statt Gemüt, Phantasie statt Wirklichkeit, Welttrümmer statt Welteinheit, Vermischung des Heterogenen, Chaos, Faszinationen durch Dunkelheit und Sprachmagie[19] oder »die unbeschränkte kreative Freiheit«, der »Machtanspruch des Subjekts«[20]), bestätigt eigentlich nur eine Radikalisierung und Verabsolutierung dieses keineswegs nur auf die Romantik beschränkten Weges nach innen, der zumindest seit der griechischen Lyrik gleichzeitig Resultat und Ausdruck sowohl der Erfahrung als auch des Bewußtseins der eigenen Individualität und Person ist.[21]

Die Unterschiede lassen sich freilich, wie Hegel das in seinem imponierenden Versuch über die Bestimmung der lyrischen Gattung bereits angedeutet hat, mit der Veränderung der historischen Situation erklären. Selbst Anzeichen wie »totale Innerlichkeit« oder Subjektivität und die Zerstörung der Realität, die Hugo Friedrich in der modernen Lyrik als negative Bestandsaufnahme referiert,[22] hat ihren »realen Kern«, d. h. ihre geschichtliche Ursache.[23] Theodor W. Adorno, hartnäckiger Parteigänger der literarischen Moderne, hat sie in seiner *Rede über Lyrik und Gesellschaft* folgendermaßen erklärt:

»Die Idiosynkrasie des lyrischen Geistes gegen die Übergewalt der Dinge ist eine Reaktionsform auf die Verdinglichung der Welt, der Herrschaft von Waren über Menschen, die seit Beginn der Neuzeit sich ausbreitet, seit der industriellen Revolution zur herrschenden Gewalt des Lebens sich entfaltet hat. Auch Rilkes Dingkult gehört in den Bannkreis solcher Idiosynkrasie als Versuch, noch die fremden Dinge in den subjektiv-reinen Ausdruck hineinzunehmen und aufzulösen, ihre Fremdheit metaphysisch ihnen gutzuschreiben; und die ästhetische Schwäche dieses Dingkults, der geheimnistuerische Gestus, die Vermischung von Religion und Kunstgewerbe, verrät zugleich die reale Gewalt der Verdinglichung, die von keiner lyrischen Aura mehr sich vergolden, in den Sinn einholen läßt.«[24]

Damit beschreibt Adorno teilweise mit Benjamins Terminologie und Argumenten nicht nur die Problematik der poetischen Moderne, sondern auch die Gefahrenzone einer Gattung, deren eigentlicher Einheitspunkt nach Hegel im »subjektiven Inneren« liegen soll.[25]

Während sich der Begriff ›Lyrik‹ oder ›lyrisches Gedicht‹ oder ›lyrische Poesie‹ in Deutschland erst etwa um 1778 (mit Moses Mendelssohns Aufsatz *Von der lyrischen Poesie*) durchzusetzen beginnt, obwohl sich schon frühere Beispiele wie in Georg Neumarks *Poetische Tafeln* (1667) finden lassen,[26] gehen auch die vorhegelschen Gattungsbeschreibungen in der Mehrzahl von den subjektiven und gefühlsmäßigen Bedingungen von Lyrik aus. Ob es sich um Johann Adolf Schlegel, Moses Mendelssohn, Johann Georg Sulzer, Johann Gottfried Herder oder Johann Joachim Eschenburg handelt, überwiegend orientieren sich die mehr oder weniger' allgemeinen Definitionen der Gattung an der »Gemütsbewegung« (Mendelssohn), was dann schließlich in der Romantik zu der berühmten Gleichung von Novalis: »*Poesie = Gemüterregungskunst*« führt.[27] Bestimmt Schiller in seiner ästhetischen Schrift *Über naive und sentimentalische Dichtung* seine poetischen Begriffe Satyre, Idylle und Elegie als spezifische Empfindungsweisen, so definiert Hölderlin in *Über den Unterschied der Dichtarten*: »Das lyrische, dem Schein nach idealische Gedicht ist in seiner Bedeutung naiv. Es ist die fortgehende Metapher *eines* Gefühls.«[28] Und wenn Moses Mendelssohn in seinem Aufsatz *Von der lyrischen Poesie* von der dort stattfindenden

Objektivierung des subjektiven »Gemütszustands« spricht und den Vorgang skizziert, wie sich der Dichter »causa objectiva und causa efficiens zugleich« wird und im Gedicht »die Natur der Kunst« ganz nahe kommt, so lenkt er den Blick auf jene poetischen Produktionsbedingungen, die im Zentrum sowohl von Goethes als auch von Schillers und Hölderlins Überlegungen stehen. Die oft beschworene dialektische Beziehung von Subjekt und Objekt läßt sich am bequemsten mit einer Formel aus Goethes *Maximen und Reflexionen* (Nr. 515) verdeutlichen: »Alles, was im Subjekt ist, ist im Objekt und noch etwas mehr. Alles, was im Objekt ist, ist im Subjekt und noch etwas mehr. – Wir sind auf doppelte Weise verloren oder geborgen: Gestehen wir dem Objekt sein Mehr zu, pochen wir auf unser Subjekt.«[29] Aus dieser Feststellung ließe sich ableiten, daß auch das lyrische Subjekt dialektisch mit den objektiven Bedingungen verbunden bleibt.

Obwohl in der Lyriktheorie und im ästhetischen Selbstverständnis der Lyriker (vor allem der Kunstperiode und des Symbolismus) immer wieder die »Ungeschichtlichkeit des lyrischen Ichs«[30] betont wird, verweisen Äußerungen wie die von Goethe oder Brecht eben nachdrücklich auf die »Geschichtlichkeit des lyrischen Ichs«. »Die höchste Lyrik ist entschieden historisch«, so heißt die zunächst überraschende Formulierung Goethes,[31] die freilich noch durch folgende Feststellung aus *Maximen und Reflexionen* (Nr. 1028) übertroffen scheint:

»Auf ihrem höchsten Gipfel scheint die Poesie ganz äußerlich; je mehr sie sich ins Innere zurückzieht, ist sie auf dem Wege zu sinken. – Diejenige, die nur das Innere darstellt, ohne es durch ein Äußeres zu verkörpern, oder ohne das Äußere durch das Innere durchfühlen zu lassen, sind beides die letzten Stufen, von welchen aus sie ins gemeine Leben hineintritt.«[32]

Das erscheint geradezu als Korrektur der zitierten Bestimmung Hegels, daß der Einheitspunkt des lyrischen Gedichts im »subjektiven Inneren«[33] liege. Doch auch Hegel deutet in seiner Darstellung immer wieder an, daß die lyrische Poesie einer bestimmten Stufe des Bewußtseins und der Bildung angehört,[34] d. h. Ausdruck einer spezifischen historischen Entwicklung ist. Ähnlich wie später Bruno Snell die griechische Polis, den Stadtstaat, mit der Blütezeit der griechischen Lyrik parallelisiert, hält schon Hegel solche Zeiten für Lyrik besonders günstig, »die schon eine mehr oder weniger fertig gewordene Ordnung der Lebensverhältnisse herausgestellt haben«.[35] In solchen Zeiten schließt sich der Mensch »in seinem Inneren zu einer selbständigen Totalität des Empfindens und Vorstellens«[36] ab, und das lyrische Ich kann dann seine »subjektive Phantasie«[37] aus der Bindung des gesellschaftlichen Zusammenhangs lösen. Wenn Hegel das Problem auch nicht im einzelnen analysiert hat, die Gefahren der Absolutsetzung der Innerlichkeit scheinen ihm zumindest am Beispiel des Romantischen aufgegangen zu sein. Folgende Ausführungen Hegels über die romantische Poesie enthalten implizit eine ähnliche Warnung an die Lyriker wie Hugo Friedrichs Bestandsaufnahme der modernen Poesie:

»Die absolute Subjektivität als solche jedoch würde der Kunst entfliehen und nur dem Denken zugänglich sein, wenn sie nicht, um *wirkliche*, ihrem Begriff gemäße Subjektivität zu sein, auch in das äußere Dasein hereintrete und aus dieser Realität sich in sich zusammennähme.«[38]

Allerdings soll nicht verschwiegen sein, daß es sich bei dieser Kritik Hegels um die romantische Kunstform generell und nicht spezifisch um die romantische Lyrik handelt.

Ersetzt Schiller den Verlust der Natur und der Totalität der Erscheinungen, also Defizite der kulturellen Entwicklung, durch den Appell an die Leistung des subjektiven Bewußtseins, so beschränkt sich Hegel auf die historische und bewußtseinsmäßige Lokalisierung der Gattung Lyrik. Die Identifizierung des Gedichts mit Gefühl, Gemüt und dem subjektiven Inneren hielt sich in verschiedenen Spielarten bis zum Naturalismus, der, wie ähnlich der Neuansatz im Jungen Deutschland (vor allem von Heinrich Heines Lyrik), die soziale Bindung des lyrischen Ichs wieder unterstreicht. Die unterschiedliche Akzentuierung des Verhältnisses des lyrischen Ichs zum gesellschaftlichen Zusammenhang, d. h. die Affirmation oder Negation der sozialen Funktion des lyrischen Ichs könnte als eine Skala dienen, an der sich die historisch verschiedenen Auffassungen von Lyrik graphisch veranschaulichen ließen. So wie schon bei Gottfried von Straßburg der Streit um die attizistische und asianische Schreibweise eine Auseinandersetzung mit der richtigen Gesinnung und dem richtigen gesellschaftlichen Verhalten gewesen ist, zielen die Dichter des Sturm und Drang oder Lyriker wie beispielsweise Heine, Arno Holz und Brecht auf einen ideologischen Standpunkt, wenn sie die wirklichkeitsferne »absolute Subjektivität« einer bestimmten lyrischen Produktion und Position angreifen.

Daß der Ausgriff auf soziale und politische Veränderung auch gerade von der idealistischen Lyrik angestrebt wurde, soll wenigstens mit dem Hinweis auf Klopstock und Hölderlin angedeutet sein. Das lyrische Ich kann sich nämlich auf verschiedene Weise auf die gesellschaftliche Wirklichkeit einlassen: durch Kritik an den bestehenden Verhältnissen, durch Agitation für neue Ziele oder durch den ästhetischen Entwurf einer neuen Realität. Gegen die reine Theologie der Kunst als Auffassung, gegen Benns Bestimmung des Gedichts als monologisch und als »Olymp des Scheins« und des Gedichtherstellers als »statistisch asozial« setzt Brecht seine materialistische Konzeption: er versteht Dichtung ausschließlich als Dialog und den Dichter primär als ein soziales Wesen. »Das Dichten muß als menschliche Tätigkeit angesehen werden«, so fordert er, »als gesellschaftliche Praxis mit aller Widersprüchlichkeit, Veränderlichkeit, als geschichtsbedingt und geschichtemachend.«[39] Eine ähnliche Forderung nach Sozialisierung des lyrischen Ichs wurde, nicht zuletzt motiviert durch den Paradigmawechsel von Benn (des Vorbilds für die Lyrik der fünfziger Jahre) zu Brecht, mit wachsender Dogmatik in den sechziger Jahren erhoben, bis in den siebziger Jahren wieder eine »neue Subjektivität« als Basis von Lyrik diskutiert und praktiziert wurde und das Pendel vom gesellschaftlichen Primat des Ästhetischen zurückschlug zur Akzentuierung privater und existentieller Erfahrung.

So wie die meisten poetologischen und ästhetisch-theoretischen Ansätze auf das Prinzip der Innerlichkeit, auf »Stimmung« und »Gemüt« rekurrieren, setzen auch die gattungstheoretischen Beschreibungs- und Bestimmungsversuche überwiegend bei dem Hegelschen Modell des »subjektiven Inneren« an. In seinen *Grundbegriffen der Poetik* (1946) definiert Emil Staiger das Wesen des Lyrischen von der Tradition der Goetheschen Lyrik und der Lyrik der Romantik her. Er charakterisiert unter anderem lyrische Dichtung durch den »Verzicht auf grammatischen, logischen und anschaulichen Zusammenhang«,[40] durch das Fehlen jeglicher Distanz zwischen Subjekt und Objekt, durch Einsamkeit, Musik der Sprache und nicht zuletzt durch das Phänomen »Stimmung«, die »das Dasein unmittelbarer als jede Anschauung oder jedes Begreifen«[41] erschließt. Auch Walther Killy, dem es in seinem Band *Wandlungen des lyrischen Bildes* (1956) primär um die »Veränderungen im Gebrauch der Bilder und im Weltverhalten des dichterischen Menschen geht«, spricht von der Setzung eines »Horizonts des Fühlens«[42] oder von Bildern, welche die »vertraute Gestimmtheit des Gemütes«[43] tragen, während er in seiner Analyse einiger lyrischer Grundmuster (Natur; Addition, Variation, Summation; Zeit; Mythologie; Allegorie und Personifikation; Stimmung; Maske; Kürze) in dem Buch *Elemente der Lyrik* prononciert die »Theorie der lyrischen Stimmung«, soweit sie als Vermittlungsinstanz zwischen Subjekt und Objekt dient, deutlich der Epoche des deutschen Idealismus zuschreibt.[44] Ob man nun die Unterschiede der lyrischen Epochen in der Veränderung der Beziehung zur eigenen Subjektivität wie Karl Pestalozzi in seiner Studie[45] sieht, als eine wachsende Loslösung des lyrischen Ichs von dem religiösen Bezugspunkt begreift oder wie Paul Böckmann den »Zusammenhang von Sprache, Seele und Geist« in den »Sageweisen der modernen Lyrik«[46] erkunden will, immer wieder zeigt sich in verschiedenen Abstufungen ein Vorverständnis, dessen vorsichtigste Formulierung folgendermaßen lautet: »So läßt sich sagen, daß das im Gefühl sich bezeugende Ich des Menschen in der Lyrik laut werden will.«[47]

Doch bereits Max Kommerell wies in seinem immer noch lesenswerten Buch *Gedanken über Gedichte* darauf hin, daß »die Stimmung eines Gedichtes [...] etwas sehr Zusammengesetztes« sei.[48] Für ihn ist die »Stimmung« oder »Seele« das Prinzip der Bewegung, und er schlägt vor, das Gedicht in dreierlei Hinsicht zu betrachten: »in Hinsicht auf sich selbst, in Hinsicht auf den Dichter, in Hinsicht auf den, der es liest oder hört«.[49] Die Formel »Alle Gedichte sind Selbsterkennung«[50] erklärt Kommerell am Schluß seiner Wesensbestimmung des lyrischen Gedichts geradezu epigrammatisch folgendermaßen: »Was finden wir, wenn wir dem Leben der Welt in den alten Gedichten nachgehen bis zum Anfang? Die bewegte Seele. Und was hört der Einsamste der Einsamen, der Dichter dieser Zeiten, wenn er sich selbst zuhört? Die Welt!«[51] Es kommt nicht von ungefähr, daß vor allem Untersuchungen von moderner Lyrik (wie die von Gustav René Hocke, Hugo Friedrich, Hans Robert Jauß, Karl Otto Conrady[52]) und Vergleiche mit der poetischen Tradition zur Einsicht in die historische Vielfalt lyrischer Ausdrucksmöglichkeiten führten. Das, was man Erlebnislyrik oder »subjektive Gefühlspoesie«[53] nennt, wird als »eine Phase innerhalb der deutschen Dichtungsgeschichte« verstanden, deren Kategorien weder für frühere noch für neuere Epochen der deutschen Lyrik in jedem Fall stimmig und adäquat sind. In einer Feststellung, die sich mit den Einsichten von Hugo Friedrichs *Struktur der modernen Lyrik* berührt und die Käte Hamburger in ihrem Buch *Logik der Dichtung* zitiert, erläutert Max Bense die ganz andere Beschaffenheit moderner Poesie so: für sie

»sind die wörter nicht vorwände für objekte, sondern die objekte vorwände für wörter. Man spricht gewissermaßen rückwärts gewandt, also mit dem rücken zu den dingen, über wörter, metaphern, kontexte, zeilen, laute, morpheme und phenomene. Es handelt sich um poesie auf metasprachlicher stufe, um eigenweltliche poesie.«[54]

Abgesehen davon, daß sich hier bereits ein linguistisches Selbstverständnis moderner Lyrik ausspricht, macht dieser Sachverhalt einen grundlegenden Vorgang von Lyrik deutlich: daß ihre Zeichensetzung nicht notwendigerweise auf Außersprachliches gerichtet ist, gewissermaßen Wirklichkeit abbildet, sondern eine eigene Welt, einen spezifischen Sinnzusammenhang aufbaut.[55]

Von der Aussagestruktur der Sprache ausgehend, hat Käte Hamburger das lyrische Aussagesubjekt dahingehend erläutert, daß sie das Erlebnis des Objekts (und nicht etwa das Objekt des Erlebnisses) zu ihrem Aussageinhalt macht[56] und die Unterschiede lyrischer Aussagen danach bestimmt, ob sie näher beim Subjekt- oder Objektpol liegen. Man könnte auch eine Unterscheidung Hegels aufgreifen, derzufolge Poesie »den erwählten Inhalt bald mehr nach der Seite des Gedankens, bald mehr nach der äußerlichen Seite der Erscheinung«[57] hintreibt oder die lyrischen Wirkungsarten nach der traditionellen Rhetorik als reflexive (probare) oder emotionale (movere und conciliare) Erlebnisqualitäten bestimmen. Eine solche Bestimmung nach Darstellungsgegenständen, Wirkungsfunktionen und Stilarten findet sich auch in den Versuchen, Lyrik nach Untergattungen, teilweise mit historischer Begründung, aufzulösen, wobei auf einer Seite Gedanken- und Ideenlyrik (Lehrgedichte, philosophische Lyrik), auf einer anderen Naturlyrik (oder Dinggedichte), auf einer dritten Erlebnislyrik (oder Gefühlslyrik) stehen oder symbolische und linguistische Lyrik, um noch zwei weitere Varianten anzudeuten. Solche Gruppen oder lyrische Textsorten ließen sich wiederum von ihrer Ausgangsstruktur und bestimmten sprachlichen Indizien her leicht als objektorientierte (beschreibende oder reflexive) oder subjektorientierte (erlebnis- oder gefühlsbezogene) beschreiben. Wie wenig sich die Beschaffenheit von Lyrik mit Formbestimmungen definieren läßt, zeigen die herkömmlichen Klassifizierungen nach antiken oder romanischen Mustern wie Elegie, Ode (sapphische, alkäische, asklepiadeische), Sonnett oder Satire, Glosse, Stanze und verschiedenen Reimformen.

Johannes Klein bezeichnet in seiner *Geschichte der deutschen Lyrik* (1957) den Rhythmus als die »große Kraft der deutschen Lyrik« und betont, daß ihre Formbegriffe »außerdeutschen Ursprungs« seien »bis hin zu den bekannten Aufbaueinheiten Vers und Strophe«.[58] Die einzelnen Kapitel des vorliegenden Bandes werden reiches Material dafür liefern, wie die deutsche Lyrik gerade durch produktive Veränderung herkömmlicher antiker und zeitgenössischer ausländischer Kunstformen neue Ausdrucksmöglichkeiten gewinnt. Wenn auch der Stabreim von Klopstock und Rilke bis Celan ein beliebtes Formelement geblieben ist, so sollte man nicht übersehen, daß nichtsdestoweniger die deutschen Lyriker bis heute mit Geschick die gegenüber romanischen Sprachen begrenzteren Reimmöglichkeiten im Deutschen genutzt haben. Neben der Tradition des Lieds (Volks-, Kirchen- und Kunstlied) steht in der deutschen Lyrik die des Spruchs, des Epigramms (und anderer Spielarten der Gedankenlyrik), der Ode, der Elegie und der zum Teil großräumigen hymnischen Formen, die von Klopstock über Schiller und Hölderlin, Rilke, Stadler und Trakl bis hin zu den Reduktionsstufen bei Paul Celan reichen. Wenn Klein den Unterschied von Lyrik gegenüber Epik und Dramatik in ihrer »Stofflosigkeit« sieht,[59] so ist das in mehr als einer Hinsicht mißverständlich. Überblickt man die Gegenstände der deutschen Lyrik vom Mittelalter bis zur Gegenwart, so kann man hier nicht nur einen ständigen Wechsel, sondern auch eine Erweiterung der Themen und Stoffe feststellen, so daß man mit Recht wie allgemein Roman Jakobson im Hinblick auf Poesie konstatieren kann: »Die Frage nach dem dichterischen Thema ist [...] heutzutage gegenstandslos« geworden.[60]

Weder Stoffe und Inhalte noch bestimmte Formen liefern hinreichende Kriterien für die Poetizität oder Lyrizität von Texten, sie läßt sich eher von der Aussagestruktur (Käte Hamburger), den sprachlichen Wirkungsintentionen her und vor allem dem spezifischen Verhältnis von Zeichen und Bezeichnetem (Objekt) gewinnen. Schon Paul Valéry hatte Poesie als ein »Zaudern zwischen Laut und Bedeutung«[61] verstanden und indirekt bereits den »Vorrang der poetischen Funktion vor der referentiellen«, wie das Roman Jakobson formuliert,[62] betont. Eine direkte Folge der in sich selbst zentrierten sprachlichen Mitteilung ist die »Mehrdeutigkeit«, die sich nicht nur auf die sprachliche Botschaft, sondern auch auf die Kommunikationsstationen (also auf Sender und Empfänger) auswirkt. In den lyrischen Texten sind »Wörter und ihre Zusammensetzung, ihre Bedeutung, ihre äußere und innere Form nicht nur indifferenter Hinweis auf die Wirklichkeit«, wie Jakobson feststellt, sondern erlangen »eigenes Gewicht und selbständigen Wert«.[63] Die bekannte Formel: »*Die poetische Funktion projiziert das Prinzip der Äquivalenz von der Achse der Selektion auf die Achse der Kombination*«[64] läßt sich wohl auch für andere literarische Gattungen reklamieren, aber es kann keine Frage sein, daß es mit zum Charakteristikum lyrischer Texte gehört, daß in ihnen die »lautliche Äquivalenz [...]« unweigerlich semantische Äquivalenz nach sich«[65] zieht. Jedes sprachliche Element (lexem, morphem, phonem, syntax) eines lyrischen Textes signalisiert auch Bedeutungsqualitäten. Die Beziehungen der verschiedenen Sequenzen untereinander, nach dem Prinzip fortlaufender Äquivalenzen und Parallelismen aufgebaut, sind polysemantisch. Oder anders ausgedrückt: Lyrische oder poetische Sprache »entautomatisiert« die normalisierte Mitteilungsfunktion von Sprache und restituiert auf diese Weise die »volle Funktionalität der Sprache«.[66] Paul Böckmann meinte in diesem Zusammenhang:

>»Der Ursprung der Lyrik weist nicht auf praktische Bedürfnisse zurück, als entstünde sie zur Heraushebung eines Arbeitsrhythmus oder aus mnemotechnischen Gründen; vielmehr führt sie an die Grenze des Sagbaren und lebt aus dem tätigen Umgehen mit der Sprache, sie erprobt unsere Sprachfähigkeit.«[67]

Was die Interpretation von Lyrik so schwierig macht, hat eben in der Komplexität der Rückverweisungen[68] seinen Grund. Worte, Sätze, Aussagen, Bilder, Klangwirkungen können in einem Gedicht »in den Positionen der Identität und Antithese vergleichend zusammen- und entgegengestellt werden«, was »einen unerwarteten, außerhalb des Verses nicht möglichen, *neuen semantischen Inhalt*« aufdeckt.[69] Während andere sprachliche Aussagen in einem Kommunikationszusammenhang stehen, also auf direktem Weg so präzise wie möglich eine bestimmte Botschaft übermitteln wollen, sind die Aussagen eines lyrischen Textes notwendigerweise wegen der Autonomie und Vielseitigkeit des Verweisungscharakters vieldeutig und daher offen für die Interpretation. Der Leser von Gedichten muß deshalb die von einem Bezugsrahmen oder Wirklichkeitszusammenhang mehr oder weniger losgelöste Sinnkonstellation selbst zu erschließen versuchen.[70] Im 18. Jahrhundert hat man diese prinzipielle Deutungsoffenheit von lyrischen Texten mit dem Prädikat des »Inkommensurabeln« versehen.

Wie die Einsichten der linguistischen Lyrik-Theorie auch auf die lyrische Produktion selbst zurückwirken, zeigt sich nicht zuletzt bei den Repräsentanten der sogenannten linguistischen Lyrik,[71] die eben ihre Funktion vor allem in der Entautomatisierung und damit Entideologisierung von Sprache sieht. Helmut Heißenbüttel erklärt gerade die »antigrammatische, antisyntaktische Sprachveränderung und Sprachreproduktion« zu »wirksamen Prinzipien der Literatur des 20. Jahrhunderts«.[72] Aber Veränderung von Sprachnormen und den ihnen eingeschriebenen »Weltinterpretationen«[73] gehörte schon früher zu den möglichen Eigenschaften von Lyrik. Sprachexperimente der Lyrik erweiterten schon immer die Ausdrucksfähigkeit und die poetische Information, die freilich, wie Lotman näher erläutert, von Autor und Leser je nach der historischen Situation unter verschiedenen Perspektiven codiert und entcodiert werden.[74] Je mehr sich in einem lyrischen Text die Aussagen aus einem Objektzusammenhang zurückziehen, desto *rhematischer*, bedeutungsoffener, ergänzungsbedürftiger (durch den Leser)[75] und informationsreicher werden sie. Daß selbst scheinbar einfache Gedichte bei näherer Betrachtung eine komplexe Verweisungsfunktion aufweisen können, die eben mit einem Minimum an Zeichenträgern zu einem Maximum an Information führen,[76] zeigt Brechts bekanntes Gedicht *Der Radwechsel*. Die Vielseitigkeit des Zeichenmaterials und der textinternen Beziehungen fordern die Vorstellungs- und Kombinationsfähigkeit des Lesers heraus. Lyrik verlangt im Gegensatz zu anderen literarischen Gattungen, die über ein in sich geschlossenes System verschiedener miteinander verschränkter Bezugsfeldaspekte verfügen,[77] eine aktive und produktive Rezeption. Von einem Gedicht geht deshalb immer auch wieder jener Appell zur Veränderung und Erfahrungserweiterung aus, wie ihn indirekt die letzte Zeile in Rilkes *Archaischer Torso Apollos* signalisiert: »denn da ist keine Stelle, die dich nicht sieht. Du mußt dein Leben ändern.« Gegen den eingangs zitierten »Geist der Erzählung« ließe sich deshalb nicht von ungefähr ein anderer Klassiker als Verteidiger der Lyrik bemühen. Goethe meinte in *Maximen und Reflexionen* (Nr. 766) ebenso unauffällig wie eindringlich: »Einem jeden wohlgesinnten Deutschen ist eine gewisse Portion poetischer Gabe zu wünschen als das wahre Mittel, seinen Zustand, von welcher Art er auch sei, mit Wert und Anmut einigermaßen zu umkleiden.«[78]

Der vorliegende Band möchte die Vielseitigkeit und Leistung deutschsprachiger Lyrik in den einzelnen Kapiteln vom Mittelalter bis zur Gegenwart sichtbar machen. Zwar liegen mehrere Detailuntersuchungen zu einzelnen Epochen, Phasen, Stilrichtungen vor, aber seit langem fehlt ein Gesamtüberblick über die Geschichte der deutschen Lyrik ebenso wie eine umfassende Darstellung ihrer Poetik und Theorie.
Für die Gliederung des umfangreichen Materials ließen sich kaum generelle Richtlinien aufstellen, da manche Epochen verschiedene methodische Verfahren verlangten. In Perioden, in denen einzelne Lyriker besonders herausragen, mußte zuweilen das Konzept der Gesamtdarstellung zugunsten einer nachdrücklichen Würdigung der Einzelleistung verändert werden. Wie problematisch zuweilen Epochen- und Stilbezeichnungen sind, zeigt sich nicht zuletzt an der Schwierigkeit, Lyriker wie beispielsweise Friedrich Hölderlin einzuordnen. Auch läßt sich die Variationsbreite eines Dichters wie Goethe nicht in einem historisch so weit gesteckten Rahmen in Einzelheiten nachzeichnen. Wenn irgend möglich, sollte bei dieser horizontalen Perspektive der deutschen Lyrik auch der Zusammenhang von Gattung und gesellschaftlichem Kontext bewahrt und die Veränderung der Schreibarten und ästhetischen Techniken auf die veränderten historischen Situationen bezogen werden. Ich will nicht leugnen, daß es insgesamt ein

schwieriges Unternehmen war, auf das sich Mitarbeiter und Verlag hier eingelassen haben. Aber ich meine, die Mühe habe sich gelohnt: die hier vorgelegten Erkundungen und Beschreibungen der Geschichte der deutschen Lyrik vom 12. Jahrhundert bis zur unmittelbaren Gegenwart beweisen die erstaunliche Kontinuität einer Gattung, mit der die deutsche Literatur viel früher als im Drama oder Roman Anschluß an das europäische Niveau gefunden, ja sich sogar als entschieden wettbewerbsfähig erwiesen hat.

Anmerkungen

1 Georg Wilhelm Friedrich Hegel: Vorlesungen über die Ästhetik. Hrsg. von Rüdiger Bubner. Stuttgart 1971 [u. ö.]. T. 3: Die Poesie. S. 228.
2 Zitiert bei Emil Staiger: Grundbegriffe der Poetik. Zürich 61963. S. 54.
3 Bruno Snell: Die Entdeckung des Geistes. Hamburg 1955. S. 83–117.
4 Johann Georg Sulzer: Allgemeine Theorie der Schönen Künste. Bd. 3. Leipzig 1793. S. 299 f.
5 Im Original (Ragione Poetica. Lib. L. l. c. 13) lautet die Stelle:»I componimenti lirici sono ritratti di particulari affetti, costumi, virtù, vizj, gen e fatti: o vero sono specchj, da ui per varj riflessi traluce l'umana Natura.«
6 Zitiert nach: Poetik des Barock. Hrsg. von Marian Szyrocki. Reinbek bei Hamburg 1968. S. 24 ff., 185.
6a Nietzsche spricht deswegen von der »überall als natürlich geltenden Vereinigung, ja Identität *des Lyrikers* mit *dem Musiker*« als dem »wichtigsten Phänomen der ganzen antiken Lyrik«, der gegenüber »unsre neuere Lyrik wie ein Götterbild ohne Kopf erscheint« (Friedrich Nietzsche: Die Geburt der Tragödie. In: F. N.: Werke in drei Bänden. Hrsg. von Karl Schlechta. München 21960. Bd. 1. S. 37).
7 Gottfried von Straßburg: Tristan. Nach dem Text von Friedrich Ranke neu hrsg., ins Nhd. übersetzt, mit einem Stellenkommentar und einem Nachw. von Rüdiger Krohn. Stuttgart 21981. Bd. 1. V. 4620–4820.
8 Friedrich Schiller: Sämtliche Werke. Hrsg. von Gerhard Fricke und Herbert G. Göpfert. Bd. 5. München 31962. S. 979.
9 Herders Werke. Hrsg. von Ernst Naumann. Bd. 9–10. Berlin/Leipzig [u. a.]. o. J. S. 238.
9a Friedrich Gottlieb Klopstock: Ausgewählte Werke. München 1962. S. 1009.
10 Platon: Sämtliche Werke. Hrsg. von Walter F. Otto, Ernesto Grassi, Gert Plamböck. Reinbek bei Hamburg 1957. Bd. 1. S. 103.
11 Sulzer (Anm. 4) S. 299.
12 In: Poetik des Barock·(Anm. 6) S. 11.
13 Walter Benjamin: Das Kunstwerk im Zeitalter seiner technischen Reproduzierbarkeit. Frankfurt a. M. 31969. S. 20.
14 Vgl. dazu auch den Entwurf in: Hölderlin: Werke und Briefe. Hrsg. von Friedrich Beißner und Jochen Schmidt. Frankfurt a. M. 1969. Bd. 2. S. 648 ff.
15 Ebd. S. 641.
16 Vgl. meine Interpretation in: Frankfurter Anthologie. Gedichte und Interpretationen. Hrsg. von Marcel Reich-Ranicki. Frankfurt a. M. 1982. S. 19–22; vgl. auch Wilhelm Kühlmanns Interpretation in: Gedichte und Interpretationen. Bd. 1: Renaissance und Barock. Hrsg. von Volker Meid. Stuttgart 1982. S. 160–166.
17 Sulzer (Anm. 4) S. 300.
18 Zitiert bei Edgar Lohner: Schiller und die moderne Lyrik. Göttingen 1964. S. 38.
19 Hugo Friedrich: Die Struktur der modernen Lyrik. Erw. Neuausg. Hamburg 1956. S. 29.
20 Ebd. S. 81.
21 Vgl. dazu die Darstellung bei Snell (Anm. 3) S. 105, 111, 116.

22 Friedrich (Anm. 19) S. 109 ff., 125 ff.
23 Vgl. dazu Walter Hinck: Von Heine zu Brecht. Frankfurt a. M. 1978. S. 126.
24 In: Theodor W. Adorno: Noten zur Literatur I. Frankfurt a. M. 1958. S. 78.
25 Hegel (Anm. 1) S. 228; vgl. zum Thema auch den Überblick von Bruno Markwardt in: Reallexikon der deutschen Literaturgeschichte. Hrsg. von Werner Kohlschmidt und Wolfgang Mohr. Berlin 1965. S. 240–252.
26 Markwardt (Anm. 25) S. 240 ff.
27 Vgl. dazu Walther Killy: Wandlungen des lyrischen Bildes. Göttingen 1956. Bes. S. 53–72.
28 Hölderlin (Anm. 14) S. 629.
29 Goethes Werke. Hamburger Ausgabe in 14 Bänden. Bd. 12. Hamburg ⁶1967. S. 436.
30 Hinck (Anm. 23) S. 137.
31 Zitiert bei Killy (Anm. 27) S. 10 ff.
32 Goethe (Anm. 29) S. 510 f.
33 Hegel (Anm. 1) S. 228.
34 Ebd. S. 215.
35 Ebd.
36 Ebd.
37 Ebd. S. 220 f.
38 Hegel (Anm. 1) T. 1. S. 567.
39 Bertolt Brecht: Über Lyrik. Frankfurt a. M. ⁵1975. S. 73.
40 Staiger (Anm. 2) S. 51.
41 Ebd. S. 61.
42 Killy (Anm. 27) S. 518.
43 Ebd. S. 90.
44 Walther Killy: Elemente der Lyrik. München 1972. S. 119.
45 Karl Pestalozzi: Die Entstehung des lyrischen Ich. Berlin 1970. S. 196 ff.
46 In: Zur Lyrik-Diskussion. Hrsg. von Reinhold Grimm. Darmstadt 1966. S. 83–114 (hier 113).
47 Ebd. S. 108.
48 Max Kommerell: Gedanken über Gedichte. Frankfurt a. M. ²1956. S. 25.
49 Ebd. S. 21.
50 Ebd. S. 24.
51 Ebd. S. 56.
52 Gustav René Hocke: Manierismus in der Literatur. Reinbek bei Hamburg ⁴1967; Jauß und Conrady in: Zur Lyrik-Diskussion (Anm. 46) S. 314–367; S. 411–435.
53 Conrady (Anm. 52) S. 426 f.
54 Zitiert bei Käte Hamburger: Die Logik der Dichtung. Stuttgart ²1968. S. 206.
55 Elke Austermühl: Poetische Sprache und lyrisches Verstehen. Heidelberg 1981. S. 182 ff.
56 Hamburger (Anm. 54) S. 222.
57 Hegel (Anm. 1) T. 3. S. 104.
58 Johannes Klein: Geschichte der deutschen Lyrik. Wiesbaden 1957. S. 6. Auch Klein unterscheidet zwischen reflexiver und gefühlsbetonter Lyrik (S. 4 f.). Vgl. dazu auch die differenziertere Formulierung S. S. Prawers (German Lyric Poetry. New York 1965. S. 5): »What the poet conveys to his readers is not just thoughts, not just abstract ideas – though these may well be present. The poet endeavors to communicate, with maximum immediacy, his *experience* of the world.«
59 Klein (Anm. 58) S. 5.
60 Roman Jakobson: Poetik. Ausgewählte Aufsätze 1921–1971. Frankfurt a. M. 1979. S. 68.
61 Zitiert bei Jakobson (Anm. 60) S. 106.
62 Ebd. S. 111.
63 Ebd. S. 79.
64 Ebd. S. 94.
65 Ebd. S. 108.
66 Eugen Coseriu: Thesen zum Thema ›Sprache und Dichtung‹. In: Beiträge zur Textlinguistik. Hrsg. von Wolf-Dieter Stempel. München 1971. S. 183–188 (hier S. 185).
67 Böckmann (Anm. 46) S. 113.
68 Vgl. Jurij M. Lotman: Vorlesungen zu einer strukturalen Poetik. München 1972. S. 66–72.
69 Ebd. S. 71.
70 Vgl. Austermühl (Anm. 55) S. 192.

71 Vgl. Harald Weinrich: Literatur für Leser. Essays und Aufsätze zur Literaturwissenschaft. Stuttgart 1971. S. 109–123.
72 Helmut Heißenbüttel: Über Literatur. Olten / Freiburg i. Br. 1966. S. 154 f.
73 Ebd. S. 153.
74 Jurij M. Lotman: Die Struktur literarischer Texte. München 1972. S. 48–54.
75 Vgl. dazu auch Max Bense: Einführung in die informationstheoretische Ästhetik. Reinbek bei Hamburg 1969. S. 102 f.
76 Austermühl (Anm. 55) S. 138 ff.
77 Ebd. S. 191.
78 Goethe (Anm. 29) S. 473.

Das Mittelalter

Von Ulrich Müller

Vorbemerkung: Mittelhochdeutsche Lyrik umfaßt einen Zeitraum von etwa 350 Jahren, eine vieltausendfache Menge von erhaltenen Textzeugen sowie eine Vielfalt von Inhalten und Formen. Eine Skizze wie die folgende kann daher nur einiges Grundlegende behandeln und lediglich wichtige Tendenzen aufzeigen; sie muß mit Vereinfachungen und Verallgemeinerungen arbeiten, was mit sich bringt, daß es zu fast jeder Aussage und Feststellung irgendwelche Ausnahmen und Sonderfälle gibt. Interpretationen einzelner Texte waren aus Platzgründen nicht möglich; auch der Bereich der politischen Lyrik im Mittelhochdeutschen wurde hier besonders knapp behandelt: zu beidem sei auf Beiträge des Verfassers verwiesen, die sich in zwei anderen Publikationen des Reclam-Verlages (Geschichte der politischen Lyrik. Hrsg. von Walter Hinderer. 1978. – Lyrik des Mittelalters. Probleme und Interpretationen. Hrsg. von Heinz Bergner. T. 2. 1983) finden.

1. *Begriffsbestimmung der ›mittelhochdeutschen‹ Lyrik*

Darüber, welche literarischen Formen des Mittelalters unter dem Gattungsbegriff ›Lyrik‹ zu subsumieren sind, herrscht nur teilweise Übereinstimmung: sicherlich die sogenannte ›Sangverslyrik‹, also die für den Gesang bestimmten Lieder und liedähnlichen Gedichte; vielleicht, aber eben nicht nach der allgemeinen Meinung der heutigen Forschung, die sogenannte ›Sprechverslyrik‹, d. h. für den gesprochenen Vortrag bestimmte Gedichte unterschiedlichen Umfangs. Für den folgenden Überblick rechne ich beide Arten zur mittelalterlichen Lyrik; er handelt also von deutschsprachiger Sangvers- und Sprechverslyrik (wobei diejenige des Mittelniederländischen als eines weitgehend schon ausgegrenzten Sprachraums nur ganz am Rande berücksichtigt wird), die im Zeitraum von etwa Mitte des 12. Jahrhunderts bis etwa 1500 entstanden ist.[1] Um 1500 findet zwar keine einschneidende Veränderung der deutschen Lyrik statt (diese ging sehr allmählich vor sich), aber mit zunehmender Verbreitung des Buchdruckes haben sich Lebensweise und die Distributionsformen der Lyrik doch so stark verändert, daß sich dieser (irgendwie natürlich immer etwas willkürliche) Epocheneinschnitt als sinnvoll anbietet. Mit gewisser terminologischer Unschärfe bezeichne ich die so definierte Lyrik als ›mittelhochdeutsch‹.

2. *Grundsätzliche Eigenarten der mittelhochdeutschen Lyrik und methodische Probleme ihrer Interpretation*

Mittelhochdeutsche Lyrik war grundsätzlich für den Vortrag vor einem zuhörenden Publikum bestimmt, war also ihrer Intention nach Vortragskunst; hierin liegt ein wesentlicher Unterschied zur späteren Lyrik. Das bedeutet nicht, daß mittelalterliche Lyrik nicht auch rein lesend rezipiert worden wäre – das zeigen etwa Liederhandschriften, die nur die Texte und nicht die Melodien überliefern. Obwohl man im einzelnen wenig konkrete Kenntnisse über die Rezeptionsweise[2] der einzelnen Gedichte hat, kann man generell doch feststellen, daß die Tendenz zur gelesenen Lyrik im späten Mittelalter wahrscheinlich zunahm, daß die eigentliche Tendenzwende aber erst durch den Buchdruck ermöglicht bzw. verursacht wurde. Kennzeichnend für die mittelhochdeutsche Lyrik ist ferner eine weitgehend kontextlose Überlieferungslage. Das heißt, überliefert sind üblicherweise allein die Texte (und gelegentlich die Melodien dazu); nicht überliefert (weder in den Handschriften noch sonstwo) sind Angaben zu den Verfassern, zu den Entstehungsumständen, zu den Vortragssituationen, zum zuhörenden oder lesenden Publikum, zur Wirkung, also zu dem, was man als den damaligen ›Literaturbetrieb‹ bezeichnen könnte. Zwar nehmen diese Kenntnisse dann für das späte Mittelalter zu, und es gibt auch Ausnahmen wie etwa Oswald von Wolkenstein (über den man außerordentlich viel weiß), doch zumeist ist der heutige Leser und Interpret allein auf die Texte angewiesen: aus diesen muß er alles übrige erschließen, und dabei besteht immer wieder die Gefahr von Zirkelschlüssen.

Besondere Probleme bringt auch die Art mit sich, wie mittelhochdeutsche Lyrik überliefert ist. Zu einem beträchtlichen Teil der Sangverslyrik des hohen Mittelalters (12.–14. Jh.) sind nur die Texte, nicht aber die Musik überliefert. Der heutige Interpret hat hier sozusagen nur eine Hälfte davon zur Verfügung. Und diese überlieferte Hälfte, also die Texte, gehen in ihrer aufgezeichneten Form zumeist nicht auf den Autor direkt zurück, sondern sind mit diesem nur durch Zwischenstationen (Abschriften, Schreiber) verbunden. Überliefert sind also, und dies gilt auch für die Sprechverslyrik, normalerweise keine authentischen, vom Verfasser autorisierten Texte, wie es später, als die Autoren mit zunehmender Sorgfalt die Druckveröffentlichung ihrer Werke überwachen konnten, üblich wurde. Die schwierige Aufgabe des modernen Herausgebers ist es, diese nicht authentischen Texte für den heutigen Benützer in einer gut lesbaren, die Problematik der Überlieferung aber nicht verdeckenden Weise zu edieren; je nach methodischem Standpunkt wird er dabei ihm notwendig erscheinende Korrekturen und Bearbeitungen in stärkerem oder schwächerem Maße vornehmen. Die gewisse Unfestigkeit dieser Texte zeigt sich z. B. auch schon daran, daß es für ihre Aufzeichnung damals keine verbindliche Orthographie gab und dementsprechend auch heute nicht geben kann.

3. *Überlieferung*

Ausgangspunkt jeder Beschäftigung mit mittelhochdeutscher Lyrik muß die Überlieferung sein: ihre genaue Kenntnis und Bewertung ist Voraussetzung jeder Interpretation. Für die Lyrik des 12. bis mittleren 14. Jahrhunderts gilt, daß zwischen ihrer Entstehung und zwischen der uns erhaltenen Aufzeichnung ein meist größerer Zeitraum (bei der frühen Lyrik bis zu 150 Jahren) liegt; wie die Texte (und Melodien) in der Zwischenzeit existiert haben, ist bis heute umstritten: zum Teil vielleicht nur in mündlicher Überlieferung, großenteils und mit ziemlicher Wahrscheinlichkeit aber schon sehr früh in geschriebener Form (Einzelblätter, Heftchen usw.), wovon sich aber nichts erhalten hat. Erhalten haben sich nur die Sammelhandschriften, die um und nach 1300 entweder für die Texte allein (z. B. *Kleine* und *Große* [sog. ›Manessische‹] *Heidelberger Liederhandschrift, Weingartner-Stuttgarter Liederhandschrift*) oder für Texte und Melodien (z. B. *Jenaer Liederhandschrift*) im Auftrag von reichen Lyrik-Interessenten zusammengestellt worden sind.[3] Solche Sammlungen sind auch für das späte Mittelalter überliefert (z. B.: *Kolmarer Liederhandschrift*,[4] Meistersinger-Handschriften,[5] *Liederbuch der Klara Hätzlerin, Lochamer-Liederbuch*[6]), doch haben sich jetzt auch zunehmend Werksammlungen für einen einzelnen Autor erhalten, die in manchen Fällen im Auftrag des Verfassers und sozusagen unter seinen Augen (Hugo von Montfort[7], Oswald von Wolkenstein[8]) geschrieben wurden, ganz selten sogar vom Autor selbst (Michel Beheim[9], später: Hans Sachs[10]). Oft, falls sich vom gleichen Gedicht mehrere Handschriften erhalten haben, unterscheiden sich die Aufzeichnungen mehr oder minder stark; das kann sich im Laufe der Zeit beim Abschreiben ergeben haben, es kann aber auch ein Reflex der damaligen Vortragssituationen sein: im mündlichen Vortrag lebende Dichtung neigt bis heute dazu, im Kontakt mit dem Publikum vom vortragenden Autor (sofern Autor und Vortragender identisch sind) oder auch nur vom Vortragenden verändert zu werden. Ein Problem der Überlieferung ist auch die mutmaßliche Vollständigkeit oder Lückenhaftigkeit dessen, was uns heute vorliegt. Wäre z. B. die berühmte *Große Heidelberger ›Manessische‹ Liederhandschrift* im Laufe ihrer abenteuerreichen Geschichte[11] verlorengegangen, würden wir von etwa zwei Dritteln der heute bekannten Lyrik des 12. bis frühen 14. Jahrhunderts nicht einmal wissen, daß sie überhaupt existiert haben; und auch im späten Mittelalter gibt es nicht wenige Lieder und Gedichte (etwa fast das ganze Werk des Hugo von Montfort, ferner die meisten weltlichen Lieder des Mönchs von Salzburg[12]; ein großer Teil der Sprechverslyrik), die nur in einer einzigen Handschrift überliefert sind. Aus verschiedenen Gründen neigt man aber zu der Meinung, daß das Verlorene keine allzu große und inhaltlich bedeutende Masse darstellen wird: wenn man heute neue Handschriften findet, überliefern diese zumeist Texte, die man bereits kennt; und den Erwähnungen der Autoren untereinander kann man entnehmen, daß zu den bekannten und lobend zitierten Verfassernamen fast ausnahmslos auch Gedichte überliefert sind. Mit Verlusten und manchen Zufälligkeiten wird man dennoch rechnen müssen.

4. Systematik der mittelhochdeutschen Lyrik

4.1. Die ›aussagende Form‹

Der Gesamtbereich der mittelhochdeutschen Lyrik zerfällt gemäß der oben gegebenen Definition in ›Sangverslyrik‹ und ›Sprechverslyrik‹. Letztere läßt sich beschreiben als Dichtung, »die 1. sich aus [...] paar-, drei- oder kreuzgereimten Versen aufbaut, 2. einen mittleren Umfang (etwa 1000 Verse) nicht überschreitet, 3. inhaltlich – dies ist zur Abgrenzung gegen epische Kleinformen nötig – keinen eindeutig erzählenden Inhalt hat«;[13] hinsichtlich der Länge sind zu unterscheiden: die Kurzform des gesprochenen Spruchs, auch ›Sprechspruch‹ genannt, der etwa der Sentenz, dem Epigramm oder Aphorismus zu vergleichen, wenn auch mit keinem von diesen identisch ist; ferner die Großform der Reimrede mit jeweils verschiedenen Reimstellungen (meist Paarreim, aber auch: Dreireim und Kreuzreim); beiden – also der gesamten Sprechverslyrik – ist gemeinsam, daß ihre Aussagetendenz (siehe 4.2.) weitgehend belehrend-didaktisch ist.

Die Sangverslyrik insgesamt ist formal gekennzeichnet durch die Verwendung von deutlich gegliederten und wiederkehrenden Abschnitten (= ›Strophen‹). Hinsichtlich der Art der Strophenfolge läßt sich unterscheiden die Reihung von formal identischen Strophen (A . . . . A) sowie diejenige von formal nicht identischen ›Strophen‹ bzw. strophenähnlichen Gebilden (A . . . . B; oder komplizierter). Der erste Typ ist derjenige des Liedes; für das zweite gibt es im Mittelhochdeutschen nur die Form des Leichs (das Romanische besitzt mehrere ungleichstrophische Lyrikgattungen): einige untereinander verschiedene Strophenformen werden dabei nach den Prinzipien der Wiederholung und der allmählichen Steigerung aneinandergereiht. Hinsichtlich der Strophenanzahl kann man beim Lied, der mittelhochdeutschen Terminologie entsprechend, unterscheiden zwischen: ›daz liet‹ = Einzelstrophe und ›diu liet‹ = Strophenfolge (= nhd. ›Lied‹). Die im Mittelhochdeutschen fast dominierende Strophenform ist die der Stollenstrophe (auch – etwas mißverständlich: – Kanzone[14] genannt). Sie besteht aus drei Teilen (wovon der 1. und 2. Teil metrisch und musikalisch identisch sind), die man nach der Fachsprache der Meistersinger benennt als 1. Stollen, 2. Stollen (= Aufgesang) und Abgesang; die Musikwissenschaft spricht hier von der ›dreiteiligen Liedform‹ (und meint genau dasselbe). Fast jedes mittelhochdeutsche Lied hat seine eigene, also eine neue Strophenform, d. h., die Strophen der einzelnen Lieder unterscheiden sich hinsichtlich der Versanzahl, der Verslängen, der Reimanordnung und natürlich auch in ihrer Melodie; dies ergibt insgesamt eine geradezu ungeheure Variationsmenge, wie sie sich in späteren Epochen deutscher Lyrik nicht mehr findet.[15]

Untrennbarer Teil der Sangverslyrik war die Musik; zumindest zum Zeitpunkt ihres jeweiligen Entstehens existierte diese Dichtung ausschließlich in Verbindung mit ihrer Melodie und für den gesungenen Vortrag. Bis weit ins späte Mittelalter war die deutsche Sangverslyrik monodisch, im Gegensatz zur Romania, wo es bereits seit etwa 1200 entwickelte Formen der Mehrstimmigkeit gibt; erst mit dem Mönch von Salzburg (14. Jh.) und vor allem Oswald von Wolkenstein (um 1377–1445) findet sie den Anschluß an die Polyphonie der Romanen. Die Handschriften überliefern für die deutsche Monodie nur den jeweiligen Melodieverlauf; bei der Aufführung mußten die Interpreten hinsichtlich Rhythmus, Art der Instrumentalbegleitung, Tempo, Ausdruck und Stimmlage improvisierend schöpferisch werden, was den Aufführungen damals wie heute (!) einen für die moderne Musizierpraxis weitgehend ungewohnten Interpretationsspielraum gibt. Im Unterschied zu späteren Liedern deutete die Melodie eines mittelalterlichen Liedes dessen Inhalt nicht musikalisch aus, obwohl natürlich etwa Tanzlieder und didaktische Lieder unterschiedlich gebaute Melodien haben; als Schöpfer des modernen Individualliedes[16] gilt erst Oswald von Wolkenstein.

4.2. Der ›ausgesagte Inhalt‹ (Thematik); Tendenz, Art und Personal der Aussage

Inhaltlich lassen sich vier Großbereiche unterscheiden, die allerdings nicht die gesamten Inhalte der mittelhochdeutschen Lyrik abdecken und die öfters auch in verschiedenen Mischungen vorkommen: 1. Liebe, 2. Religion, 3. Moral und Ethik (›Lebensführung‹), 4. Politik; ein in späteren lyrischen Systemen häufiger Bereich wie ›Natur‹ fehlt fast völlig. Mittelhochdeutsche Gedichte mit der Thematik ›Liebe‹ bezeichnet man insgesamt und etwas irreführend immer wieder als ›Minnedichtungen‹, ›Minnelieder‹ (s. S. 26 f.). Die gleichstrophige Sangverslyrik mit den anderen Themenbereichen wird oft, als Gegensatz zum ›Minnelied‹, unter den Begriffen ›Spruchdichtung‹, ›Sangspruch‹, ›Spruchlied‹, ›Liedspruch‹ zusammengefaßt; ich verwende diese in der Forschung vieldiskutierten Begriffe[17] hier und im folgenden nicht. An Tendenzen, mit denen diese Inhalte ausgesagt werden, lassen sich die folgenden erkennen (wobei wiederum vielerlei Mischungen möglich sind): die wertenden Tendenzen von Freude (1), Preis und Lob (2), Klage und Trauer (3), Schelte (4), Mahnung, Belehrung und Aufforderung (5) sowie die wertneutrale Tendenz der Darstellung und des Berichtes (6). Vor allem als Kombination bestimmter Inhalte mit bestimmten Aussageweisen lassen sich die einzelnen Untergattungen der mittelhochdeutschen Lyrik beschreiben. Hinzu kommt noch eine für diese Lyrik häufige Art der Aussage: Die Aussageweise ist oft nicht direkt (offen/eigentlich), d. h., das an der Oberfläche und direkt Gesagte ist nicht identisch mit dem, was gemeint ist; vielmehr ist dieses in bestimmter Weise verdeckt und uneigentlich formuliert, entweder durch Verschlüsselung (d. h. ohne Zusatzinformationen nicht verständlich) oder durch Allegorisierung (d. h. auf etwas anderes, das ›Eigentliche‹ verweisend). Aussagetendenz und Aussageweise hängen eng damit zusammen, wer in dem einzelnen Gedicht eine Aussage macht (›Sprecher‹) und an wen diese sich richtet (Publikum, Adressat); die Beziehungen zwischen dem aussagenden Subjekt und dem anvisierten personalen Objekt können dabei ganz unterschiedlich sein. Kennzeichnend für die mittelhochdeutsche Lyrik insgesamt ist, daß das aussagende Subjekt, also das lyrische Ich, mutmaßlich zumeist nicht mit dem autobiographischen Ich des Verfassers identisch ist, daß es sich also in sehr viel stärkerem Maße um Rollenlyrik handelt als um Erlebnislyrik (wie es der ›naive‹ Leser so gerne anzunehmen bereit ist).

4.3. Der soziale Kontext: Der mittelalterliche Literaturbetrieb

Alle bisherigen Ausführungen bezogen sich auf dasjenige, was an den Texten heute unmittelbar erkennbar und ablesbar ist, also auf die Immanenz des Textes. Zum richtigen und vollständigen Verständnis der mittelhochdeutschen Lyrik ist allerdings unbedingt notwendig, soviel wie möglich zum sozialen Kontext zu kennen. Dieser mittelalterliche Literaturbetrieb läßt sich in einem Schema veranschaulichen, das eine personale und eine intentionale Ebene aufweist:

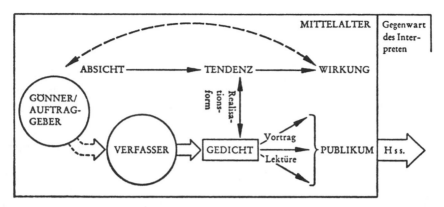

Überliefert in den Handschriften ist fast immer, wie bereits ausgeführt, nur das Gedicht – ohne weiteren Kontext. Dieser muß aus den Texten durch den heutigen Interpreten herauspräpariert und damit wiedergewonnen werden: vor allem die Tendenz des einzelnen Textes, aber auch seine Inhalte sowie Form, Art und Personal der Aussage geben darüber Aufschlüsse. Was man grundsätzlich zu den einzelnen Komponenten des mittelalterlichen Literaturbetriebes (für den Bereich der Lyrik) aussagen kann, sei im folgenden dargelegt.

4.3.1. Die literaturtragenden Schichten

Mittelalterliche Literatur, und so auch die mittelhochdeutsche Lyrik, war – soweit sie uns überliefert ist – im 12. und 13. Jahrhundert eine Sache für wenige, etwas Hochelitäres. Träger der Literatur waren der Klerus und der Adel mit seinen verschiedenen Gruppierungen – insgesamt höchstens 5 % der Bevölkerung; die Inhaber der geistlichen und weltlichen Macht waren also auch die Träger der Literatur: sie ermöglichten diese, für sie war sie bestimmt. Literatur wurde verwendet zur Repräsentation, zur Selbstbestätigung, zur Selbstvergewisserung, zur Wissensvermittlung und natürlich zur Unterhaltung. Dementsprechend ist die mittelhochdeutsche Lyrik dieser Zeit geprägt von den Wertvorstellungen, den Wünschen und Ängsten ihrer Trägerschichten. Klammert man hier und im folgenden den Bereich der für gottesdienstähnliche Funktionen gedachten Lyrik (also die ›geistliche Lyrik‹) aus und betrachtet man den in der Überlieferung quantitativ weit überwiegenden Teil der ›weltlichen‹ Lyrik (die durchaus und sogar sehr oft religiöse Thematik, aber eben keine kirchliche Funktion hatte),[18] so läßt sich dies etwa so beschreiben: Basis der damaligen Adelsgesellschaft waren der Grundbesitz und die damit zusammenhängenden Rechte, leihweise besessen in einem System komplizierter gegenseitiger Abhängigkeit; d. h., es herrschte eine Kombination von Feudalsystem und Lehenswesen. Ab dem 11. Jahrhundert stiegen neue Gruppen in den Adel auf, nicht privilegiert durch ihre Herkunft, sondern wegen ihrer immer unentbehrlicheren Verdienste in einem sich allmählich herausbildenden Beamten- und Verwaltungswesen: es sind dies die Ministerialen, der Dienstadel, der allerdings keine in sich einheitliche Gruppe war, sondern große regionale Differenzierungen und unterschiedliche Entwicklungen aufweist. Gemeinsam für den ganzen Adel war die Verpflichtung zum berittenen Kriegsdienst für den jeweiligen Lehensherren; daraus entwickelte sich eine umfassende Kriegerideologie, deren Vorstellungen die gesamte Lehenspyramide, vom König hinunter bis zum einfachen Reitersoldaten (der nur Lehen bekommen, aber keine vergeben konnte) prägte: das Ideal des ›Ritters‹. Gesellschaftliche Sammel- und Brennpunkte dieser Gesellschaft waren die kleinen und großen Höfe des Adels, vom fast noch bäuerlichen Ansitz bis zu den Fürstenhöfen sowie dem nicht ortsfesten, sondern von Pfalz zu Pfalz ziehenden Königshof. Die damalige Feudalgesellschaft war also gekennzeichnet durch adlige Privilegien (und Pflichten!), durch die ›ritterli- che‹ Krieger-Ideologie und eine höfische Kultur.

Neben dem Adel stand der hierarchisch gegliederte Klerus der Kirche, die bis ins 11. Jahrhundert die geistig und politisch dominierende Macht darstellte und daher auch im Kulturellen ein Monopol besaß; der Feudaladel war mit dem Klerus durch gemeinsame Herrschaftsinteressen eng verbunden. Ab der Jahrtausendwende läßt sich in West- und Mitteleuropa eine allmähliche Emanzipation von Klerus und Kirche feststellen: im Politischen, in den sich erstmals weiterentwickelnden Wissenschaften (hier unter maßgeblichem Einfluß vor allem der Araber, aber auch byzantinischer Gelehrter), und im Künstlerischen.[19] Die Ausrichtung auf Gott, die geistige Dominanz des Jenseitigen verloren beim selbstbewußter werdenden Adel ihre uneingeschränkte und alleinige Herrschaft, das Weltliche erhielt einen zunehmenden Eigenwert; erstmals im christlichen Europa bildete sich, zuerst in Süd- und Nordfrankreich, dann von dort (besonders nach Osten) übergreifend, eine weltliche Kultur heraus. Ein kleiner, für das Selbstverständnis und die Repräsentation des Adels aber wichtiger Teil war die neue weltliche Lyrik in der Volkssprache (also nicht mehr im kirchlichen und übernationalen Latein): sie begann um 1100 in Südfrankreich und verbreitete sich von dort unter mannigfachen Veränderungen über ganz West- und Mitteleuropa; ihr zentraler Wert war nicht mehr die Transzendenz (Gott, Jenseits), sondern etwas eminent Weltliches, nämlich das Idealbild der Frau, der adligen Herrin und höfischen Dame.

Das kennzeichnende Beispiel: Der sogenannte ›Minnesang‹: Daß die neue Lyrik, etwa bei Themen aus der Politik oder aus dem Bereich der richtigen und falschen Lebensführung, von den Vorstellungen der sie tragenden Gesellschaftsgruppen geprägt war, ist ohne weiteres einsichtig und auch leicht nachvollziehbar. Besonders wirksam war dieser Einfluß aber bei der literarischen Formulierung desjenigen Bereiches, der zum Weltlichsten und Menschlichsten gehört: dem der erotischen Beziehungen, der Liebe. Liebesfreude und Liebesleid bilden ein zentrales Repertoire der gesamten weltliterarischen Dichtung, sie sind Konstanten menschlicher Existenz in allen Gesellschaftsformen. In der volkssprachlichen Lyrik des Mittelalters (d. h. im Romanischen und Mittelhochdeutschen) entstand eine ganz eigenständige literarische Konvention, die erotischen Beziehungen zu thematisieren und zu formulieren: die des ›Minnesangs‹. Die Beziehung zwischen Mann und Frau wird hier nicht als gleichberechtigt und gegenseitig dargestellt. Der Mann ist vielmehr in die Rolle des Dieners stilisiert, der sich werbend um eine Frau bemüht, die als Herrin weit über ihm steht und fast unerreichbar bleibt; über den ›Familienstand‹ wird dabei im

Mittelhochdeutschen ausdrücklich nichts ausgesagt (vgl. S. 32). Beide stehen sich gegenüber wie Lehensherr (= Minnedame!) und Lehensmann (= werbender Mann); ihre Beziehungen sind in der Terminologie des Lehenssystems ausgedrückt, d. h., sie sind formuliert als Ineinander von Dienst (dienest) des Untergebenen und Verpflichtungen (lôn) des Lehensherren (also der Dame). Im Gegensatz zum Lehenswesen gehen aber im Minnesang Dienst und Gegendienst nicht ›auf‹, sie stehen vielmehr in einem spannungsreichen und geradezu paradoxen Gegeneinander: Der Gegendienst der Herrin besteht im Minnesang nicht in erotischer Gewährung, sondern im Sich-Versagen; der um erotische Gewährung und sexuelle Erfüllung werbende und dienende Mann erhält einen anderen und (angeblich) ›besseren‹ Lohn, als den er anstrebt, nämlich sittliche Läuterung und Vervollkommnung im Bemühen um die unerreichbare und abweisende (aus erzieherischen Gründen geradezu abweisend sein müssende!) Herrin. Dieses Beziehungssystem, das man als ›Hohe Minne‹ bezeichnet, sublimiert also das auf Dienst und Gegendienst gegründete Lehensdenken aus dem Erotischen ins Erzieherische, der Minnesang ist – so gesehen – ein literarisch formuliertes und propagiertes Erziehungsprogramm, gegründet auf den paradoxen Wert des vordergründig (im Erotischen!) ungelohnten Dienstes, dessen Bedeutung in der stetigen Bemühung und immer größeren Vervollkommnung des werbenden Mannes liegt (was im Erreichen des Zieles ja abgebrochen würde). Diese Sublimation des Erotischen ist zum einen sicherlich bedingt durch die strengen gesellschaftlichen Normen, die zwar dem Mann alle denkbaren Lizenzen zubilligte, der Frau aber strenge Strafen bei außerehelichen Beziehungen androhten. Mit der Ideologie der Hohen Minne konnte man gleichzeitig diese Normen beachten und sich über sie hinwegsetzen; sie war ein vor der Gesellschaft vorgeführtes literarisches Spiel mit dem Feuer, und hierin liegt auch einer der Gründe für ihren großen Erfolg. In einer tieferen Schicht könnte aber in dieser Ideologie der erotischen Versagung und des ›Ersatzlohnes‹ vielleicht noch etwas anderes vorliegen, nämlich der kurzfristige, aber folgenreiche Versuch, die christlichen Angst-Gegner ›Sexualität‹ und ›Frau‹ durch Erhöhung und Verehrung so zu entrücken, daß sie nicht nur unerreichbar, sondern gleichzeitig auch ungefährlich wurden.[20] Insofern ist es nicht unbegründet, in der Hohen Minne einen Zug ins Neurotische zu sehen und vielleicht sogar die Vermutung zu wagen, daß die Sänger damit eine Art Kollektivneurose thematisierten. Wichtig ist aber zweierlei: Die Hohe Minne als Ideologie ist etwas vorwiegend nur in der Literatur Existierendes, ein literarisches Beziehungssystem, das keineswegs die reale Wirklichkeit der Geschlechterbeziehungen in der damaligen Adelsgesellschaft wiedergibt und das sozusagen eine utopische Fiktion darstellt; denn das damalige Leben war sicherlich nicht vorwiegend durch unerfülltes Werben und Liebessehnsucht geprägt, und die Beziehungen der Geschlechter waren – offiziell – weniger durch Liebe als durch die von politischem Hausmachtstreben und dynastischem Denken bestimmte Heiratspolitik geregelt. Und zweitens: Keineswegs die gesamte Liebeslyrik des Mittelalters oder auch nur des 12. und 13. Jahrhunderts war ›Minnesang‹ (in diesem engeren Sinne) – man sollte daher den Begriff des ›Minnesangs‹ auf die oben beschriebene spezielle Ausformung beschränken und ansonsten allgemein von ›Liebeslyrik‹ reden.[20a] –

Bereits im Laufe des 13. Jahrhunderts hat sich die Schicht, die die mittelhochdeutsche Lyrik getragen hat, verändert. Entsprechend dem Aufstieg der Städte wurde das dortige Patriziat, also die Führungsschicht in den Städten, für die Literatur wichtig: als Publikum, als Sammler und als Gönner. Man versuchte Lebensweise und Kultur des Adels nachzuahmen, und man übernahm damit auch die Literatur des Vorbildes, wenn auch mit mannigfachen und allmählich immer eingreifenderen Veränderungen: Adlige Lebensweise blieb für das sich allmählich herausbildende Bürgertum bis weit in die Neuzeit ein erstrebenswertes, der eigenen Selbstbestätigung dienendes und gelegentlich mit Haßliebe verfolgtes Vorbild. Die gesellschaftliche Basis der mittelhochdeutschen Lyrik verbreitete sich auf diese Weise im Laufe des späten Mittelalters allmählich, wenn auch nicht durchgreifend. In einigen Städten Nordfrankreichs und Süddeutschlands bildete sich ferner seit dem 14. Jahrhundert ein organisierter Kunstbetrieb heraus, dem es um das Verfassen und Vortragen von Liedern mit vorwiegend religiösem und moralischem Inhalt, mit stets deutlich belehrender Absicht ging: die Puys und die Singschulen der Meistersinger. Er wurde im deutschsprachigen Raum getragen von der städtischen Mittel- und gehobenen Unterschicht, vorwiegend Handwerkern, deren Denken in Zunftorganisation und Vorschriften (›Regeln‹) sich in ihrer lyrischen Kunstausübung deutlich wiederfindet; sie spielten bei der Propagierung und Durchsetzung der Reformation eine wichtige Rolle, hatten aber mit ihrem konservativen Kunstideal keine Bedeutung für die weitere Entwicklung der Lyrik. Deren Zukunft wurde bestimmt von der mehrstimmigen Liedtechnik der großen Höfe (vor allem demjenigen Maximilians I.) und von dem neuen Verbreitungsmedium des Buchdrucks, der ab dem 15. Jahrhundert und im Zusammenhang mit den religiösen Umwälzungen und sozialen Unruhen auch der Lyrik neue Publikumsschichten und Inhalte erschloß.

4.3.2. Publikum und Gönner

Publikum und Gönner gehörten den oben beschriebenen, sich im Laufe der Zeit verändernden Trägerschichten an. Vor dem zuhörenden Publikum wurden bei bestimmten Anlässen (oft mit Festen oder politisch bedeutsamen Versammlungen zusammenhängend) lyrische Gedichte vorgetragen und vorgesungen. Man muß vermuten, daß viele Lieder und Gedichte ihre Entstehung dem direkten Auftrag eines reichen Herrn verdanken oder aber verfaßt und vorgetragen wurden, um sich zum Zweck der eigenen Existenzsicherung dessen Gunst zu erwerben. Die Auftraggeber und Gönner, die den produzierenden und reproduzierenden Künstlern ihre materielle Basis gaben, sie entlohnten und ihnen ein zeitweises Unterkommen boten, sind von einer Bedeutung, die gar nicht hoch genug eingeschätzt werden kann.[21] Die lyrischen Künstler, ihre Geldgeber und ihr Publikum standen aber in einem recht komplizierten gegenseitigen Abhängigkeitsverhältnis.

4.3.3. Die lyrischen Künstler und die Verbreitung ihrer Werke

Hinsichtlich der sozialen Stellung der mittelhochdeutschen Lyriker sind zwei Gruppen zu unterscheiden: die finanziell unabhängigen Dilettanten (was gemäß dem ursprünglichen Sinn des Wortes nicht wertend gemeint ist) und die von ihren Werken und Vorführungen lebenden Berufskünstler. Die bei weitem kleinere Gruppe waren diejenigen, die zum privilegierten Adel oder Patriziat (gelegentlich auch zum Klerus) gehörten und die ohne wirtschaftliche Zwänge, sozusagen zum ›bloßen Vergnügen‹, zur Selbstdarstellung Gedichte verfaßten und vortrugen. Sie finden sich besonders zahlreich im Bereich der gesungenen Liebeslyrik: Kaiser, Könige, Fürsten und einflußreiche Adlige (von dem staufischen Kaiser Heinrich VI. und dem staufischen ›Minister‹ Friedrich von Hausen im 12. Jahrhundert bis zu dem Vorarlberger Grafen Hugo von Montfort im 15. Jahrhundert) beteiligten sich an dem ihrem Selbstverständnis nach offenbar image-trächtigen literarischen Spiel. Die meisten Lyriker waren aber vermutlich Berufskünstler, wenn man auch im einzelnen oft nur sehr wenig oder gar nichts über ihre persönlichen Verhältnisse weiß.

Diese ›Berufslyriker‹ gehörten zu einer sozialen Schicht, die zwar einerseits von gesellschaftlicher und finanzieller Unsicherheit bestimmt war, andererseits aber doch eine wichtige publizistische Macht besaß: den fahrenden Gauklern, Artisten und Vortragskünstlern,[22] unentbehrliche Mitwirkende bei allen festlichen Anlässen und sonstigen Ereignissen, aber auch unentbehrliche Verbreiter von Nachrichten, Gerüchten, vom guten und schlechten Ruf der politisch Mächtigen.[23] Aus ihrer Masse hoben sich diejenigen heraus, die nicht nur etwas vorführten, sondern die auch eigenschöpferisch tätig waren, also die Sänger und Sprecher, die ihre eigenen Texte und Melodien verfaßten (im Mittelhochdeutschen, soweit man weiß, ausschließlich Männer, während es in Frankreich auch einige wenige weibliche Lyriker[24] gab). Die Notwendigkeit, sich gegen die bloß Vortragenden oder sonstige Artisten abzugrenzen, zeigt sich in ihren Texten immer wieder, in denen sie stolz ihre ›kunst‹ betonen. Aber auch untereinander war offenbar Abgrenzung notwendig; der Konkurrenzdruck war wahrscheinlich groß, und er ist heute noch in verschiedenen literarischen Rivalitäten erkennbar, in dem, was die Forschung etwas martialisch als ›Fehden‹ und ›Sängerkriege‹ bezeichnet, hinter denen aber als Movens die realen wirtschaftlichen und sozialen Zwänge eines unsteten Berufsdichters und Berufsmusikers zu vermuten sind. Daß diese Künstler aus den gleichen sozialen Gruppen stammten wie diejenigen, für die sie arbeiteten, ist eher unwahrscheinlich (wenn die Forschung auch dazu neigt, möglichst alle Autoren, vor allem die qualitativ ›besseren‹, wenigstens in den unteren Adelsstand zu erheben); sie gehörten wohl meist zu den Unterprivilegierten, zu denjenigen, die sich mit Hilfe ihrer ›kunst‹ Aufstieg, Besitz und Ansehen erringen wollten. Diese gesamte Problematik spiegelt sich in vielfältiger Weise in ihren Texten wider: in den behandelten Themen (z. B. der politischen Agitation), in den Tendenzen und Arten der Aussagen, in den dezidierten Hinwendungen zum Publikum, in der preisenden und bittenden Anrede an die lebensnotwendigen Gönner.

Nicht nur innerhalb des Adels, sondern im späten Mittelalter auch beim Klerus und vor allem unter den Stadtbürgern gab es Dilettantenlyriker. Eine klar abzugrenzende Gruppe sind dabei die bereits erwähnten Meistersinger, die ja stets einen bürgerlichen Beruf hatten; nur wenige Ambitionierte und Erfolgreiche unter ihnen wollten und konnten von ihrer Kunst zeitweise leben, etwa die Nürnberger Hans Folz und Hans Sachs, was aber erst durch die wirtschaftliche Ausnützung des neuen Buchdruckes ermöglicht wurde.

Die Verbreitung der lyrischen Werke geschah vorwiegend durch den Vortrag vor dem zuhörenden Publikum, zuerst ausgeführt von den Autoren selbst – später übernahmen dann wohl auch reine Vortragskünstler diese Werke in ihr Repertoire.[25] Um es zu wiederholen: Die mittelhochdeutsche Sangverslyrik ist völlig auf den Vortrag angelegt; für diese Existenzform, die Verbindung von Wort und Musik, war sie konzipiert und bestimmt; das schloß ihre Rezeption als reine Leselyrik natürlich nicht aus. Bei der Sprechverslyrik hingegen ist anzunehmen, daß – vergleichbar mit der Epik – die Entwicklung zur gelesenen Lyrik rascher geschah. Über die Vortragssituationen der mittelhochdeutschen Lyrik ist leider fast nichts Konkretes überliefert; erst Michel Beheim im 15. Jahrhundert gibt mit seinen Liedüberschriften, die sich gelegentlich zu Kommentaren über Entstehung, Vortrag und sogar Wirkung eines Liedes ausweiten, wenigstens splitterhafte Einblicke in diese Realität.[26] Grundsätzlich zu unterscheiden (wenn auch heute kaum mehr nachvollziehbar) sind: die Uraufführung eines Textes oder Liedes, spätere Aufführungen (Reprisen) durch den Autor und solche durch die erwähnten bloßen Vortragskünstler. Der Kontakt mit dem Publikum, das sich in seiner Zusammensetzung ändern konnte, bestimmte entscheidend die Vortragssituation: der Sprecher und Sänger mußte sich, wenn er Erfolg haben wollte, darauf einstellen und unter Umständen nicht nur sein Repertoire ändern, sondern auch die einzelnen Texte selbst.

Die für das Mittelalter kennzeichnende Personalunion von Textdichter, Komponist und Vortragendem, also das Prinzip des gleichzeitig produzierenden Sprechers und Sängers, hat sich ab dem 15. Jahrhundert, mit der zunehmenden Entwicklung zur Leselyrik hin, weitgehend aufgelöst. Erst für die Liedermacher der Gegenwart ist diese Einheit wieder konstitutiv; und von daher ist es geradezu zwangsläufig, daß sich viele moderne Liedermacher immer wieder auf mittelalterliche Lyriker als ihre Urahnen berufen.[27]

4.4. Der literarische Kontext: Die internationalen Bezüge der mittelhochdeutschen Lyrik

Die mittelhochdeutsche Lyrik in all ihrer regionalen Vielfalt war von Anfang an Einflüssen aus anderen Sprachen und Literaturen ausgesetzt. Bereits ihr Entstehen in der Mitte des 12. Jahrhunderts war von außen beeinflußt, wenn wohl auch nicht verursacht: die okzitanische[28] Lyrik Südfrankreichs und später die französische im Norden, also die volkssprachliche Kunst der Trobadors und Trouvères, war ein prägendes Vorbild, dessen Inhalte, Formen und Ausdrucksweisen nachgeahmt wurden, so sehr, daß gelegentlich Melodien aus der Romania direkt übernommen und mit neuen deutschen Texten versehen, also kontrafaziert wurden. Ab dem Ende des 12. Jahrhunderts emanzipierte sich die mittelhochdeutsche Lyrik weitgehend von ihren Vorbildern, und es spricht einiges dafür, daß dann gelegentlich sogar eine wechselseitige Beeinflussung[29] stattgefunden hat. Spürbar sind romanische Anregungen auch bei vielen minnetheoretischen, traktatähnlichen oder allegorisierenden

Sprechverslyrica des späteren Mittelalters. Wie bereits in anderem Zusammenhang erwähnt, blieb die in der Romania (Paris, Südfrankreich, Oberitalien) seit etwa 1200 sich entwickelnde Mehrstimmigkeit, die im weltlichen Bereich zu kunstvollen, oft raffinierten polyphonen Liedern führte, lange ohne Einfluß; ihre Wirkung wird erstmals Ende des 14. Jahrhunderts beim Mönch von Salzburg und nach der Jahrhundertwende dann bei Oswald von Wolkenstein greifbar.

Neben den volkssprachlichen Vorbildernöder Romania gibt es den Einfluß der mittellateinischen Lyrik. Lateinische Sangverslyrik, bestimmt zum liturgischen Gebrauch, konnte zwar infolge der geltenden Liturgieregeln der Kirche nicht durch volkssprachliche ersetzt werden,[30] sie beeinflußte diese aber in musikalischer Hinsicht sowie in Motivik und Metaphorik; deutlich wird letzteres etwa am Einfluß des Marienkultes und der damit verbundenen lateinischen Lyrik auf die Bildersprache des Frauendienstes in den volkssprachlichen Literaturen, also auch des ›Minnesangs‹. Ab dem 14. Jahrhundert werden dann die lateinischen Texte der liturgischen Sangverslyrik in zunehmendem Maße ins Deutsche übersetzt, allerdings wohl nur zum paraliturgischen Gebrauch am Rande und außerhalb des eigentlichen Gottesdienstes. Auch die mittellateinische Liebeslyrik,[31] geprägt vom Einfluß Ovids und gekennzeichnet durch Sinnenfreude sowie das Bild der Liebe als übermächtiger Kraft, ja als Krankheit, hat sicherlich mittelhochdeutsche Liebeslieder beeinflußt; über ›Hohe Minne‹ konnte man allerdings bei den mittellateinischen Lyrikern (Hofdichtern, aber auch pfründesuchenden Klerikern und Studenten, den sog. ›Vaganten‹) nichts lernen; diese standen ja in anderen Traditionen und einem anderen sozialen Kontext als die neue Führungsschicht des weltlichen Adels.

4.5. Die wichtigsten Untergattungen der mittelhochdeutschen Lyrik

Ungeachtet der historischen Entwicklung der mittelhochdeutschen Lyrik lassen sich bestimmte Untergattungen feststellen, die sich mit einer gewissen Konstanz über längere Zeit gehalten haben; daß man im Mittelalter für solche Gruppierungen ein Bewußtsein hatte, zeigen immer wieder Repertoire und Anordnung in verschiedenen Handschriften. Die Grobgliederung geschah formal (Leich, Lied, Sprechspruch, Rede: siehe 4.1.), die weitere Unterteilung dann vorwiegend nach inhaltlichen Gesichtspunkten, die natürlich mit der Tendenz, der Art und dem Personal der jeweiligen Aussagen und ihrer Funktion eng zusammenhängen.

Die Großform des Leichs war inhaltlich nicht festgelegt, hat aber eine Tendenz zur Gelehrsamkeit und Kompliziertheit und findet sich daher viel seltener als die des Liedes; die Forschung hat die überlieferten Leichs nach ihrem formalen Aufbau und vor allem nach ihren Inhalten (z. B. Kreuzleich, Tanzleich, Marienleich, Minneleich)[32] gegliedert. Merkwürdig ist, daß bereits ab der Mitte des 14. Jahrhunderts keine ›eigentlichen‹ Leichs mehr überliefert sind, diese Gattung also damals offenbar nicht mehr produktiv war.

Eine reichhaltige Untergliederung[33] ist bei den mittelhochdeutschen Liedern möglich, deren überlieferte Gesamtzahl in die Tausende geht. Innerhalb der Liebeslieder ist das Minnelied die markanteste Untergattung: wie bereits oben ausgeführt, sollte man den oft sehr unscharf verwendeten Terminus nur für jene Gedichte verwenden, die vom Denkschema der ›Hohen Minne‹ geprägt sind. Sie sind ferner dadurch gekennzeichnet, daß in ihnen ein lyrisches Ich sich reflektierend über seine durch Unerfüllbarkeit bestimmten Beziehungen zu der umworbenen Dame und über seine dadurch bewirkte eigene Lage äußert; hauptsächliche Aussagetendenzen sind die der Klage und Trauer (über die eigene Situation) sowie die des Lobes (über die Schönheit der Dame); dabei können die Aussagen monologisch oder dialogisch (Dialoglied) gestaltet sein. Eine für die frühe Liebeslyrik typische Form ist die des Wechsels: Ritter und Dame sind getrennt und sprechen jeder für sich über ihre Situation, d. h., sie sprechen übereinander, aber nicht miteinander. Dieses Motiv der nicht-möglichen Kommunikation (bewirkt durch die aufpassende Gesellschaft und/oder durch räumliche Trennung) ist insgesamt für die Minnelyrik konstitutiv und wird in immer neuen Variationen thematisiert. Es gibt aber durchaus auch Lieder, die von erfüllter gegenseitiger Liebe, von Frühlings- und Liebesfreude handeln. Eine Gruppe für sich bilden die erzählenden Liebeslieder, seit Alfred Jeanroy (1894) als ›genre objectif‹ bezeichnet:[34] Weitaus am häufigsten im Mittelhochdeutschen ist davon das Tagelied, das von der durch die Normen der Gesellschaft erzwungenen morgendlichen Trennung eines Liebespaares nach einer heimlich verbrachten Liebesnacht handelt. Sowohl für das mittelhochdeutsche Tagelied (das besonders beliebt war) als auch das mittelhochdeutsche Minnelied ist es, im Gegensatz zu den romanischen Liedern, kennzeichnend, daß über den ›Familienstand‹ der handelnden Personen nie etwas ausgesagt wird; anders als im Okzitanischen oder Altfranzösischen werden in der mittelhochdeutschen Liebeslyrik Ehe, Ehebruch oder der eifersüchtige und/oder betrogene Ehemann niemals zum Thema – davon handeln in der mittelhochdeutschen Literatur die höfischen Romane sowie die vielen schwankartigen Kurzerzählungen. Wichtig und häufig in der mittellateinischen und romanischen Liebeslyrik ist ferner das ›genre objectif‹ der Pastourelle: Hier wird erzählt, daß ein Adliger im Freien auf ein Landmädchen (okzit. ›pastorela‹ = ›Schäferin‹) trifft und dieses mit allen Mitteln, die von der Überredung bis zur Vergewaltigung reichen, für ein Abenteuer gewinnen will: im Mittelhochdeutschen findet sich diese Untergattung seltener, aber sie war Vorbild für eigene Ausformungen, so etwa für diejenigen Liebeslieder Walthers von der Vogelweide, die von gegenseitiger Liebe handeln (und für die die Forschung den recht unglücklichen Namen ›Mädchenlieder‹ geprägt hat), sowie für die sogenannten ›Sommerlieder‹ Neidharts.[35] Es ist bekannt, daß viele Minne- und Liebeslieder als Tanzlieder verwendet wurden, doch ist es bis heute nicht gelungen, die formalen und inhaltlichen Charakteristika eines mittelhochdeutschen Tanzliedes eindeutig zu bestimmen.

Sehr zahlreich sind auch Lieder mit religiösem Inhalt: Neben geistlichen Liedern für den paraliturgischen Gebrauch einer religiösen Gemeinschaft (z. B. Wallfahrts- und Prozessionslieder, Übersetzungen von Hymnen und Sequenzen) steht eine große Anzahl von religiösen Preisliedern (auf Gott, die Trinität und besonders Maria), Gebetsliedern, Sündenklagen, deren genauer »Sitz im Leben« nicht mehr feststellbar ist. Auf die damalige politische Aktualität bezogen sind Lieder, die zur Teilnahme an einem Kreuzzug aufrufen (Kreuzzugslieder in der Form des Aufrufliedes) oder vom Abschied eines Kreuzritters handeln, wobei die Themenbereiche Liebe und Religion dadurch vermischt werden, daß der ungelohnte Minnedienst und der sichere Lohn des ritterlichen Dienstes für Gott gegenübergestellt werden.[36]

Fast durchweg belehrenden Charakter haben die Lieder über Fragen der Moral und Ethik: sie tadeln falsche Lebensführung (Laster), preisen richtiges Verhalten (Tugenden), nehmen zu allgemeinen Fragen des gesellschaftlichen Lebens Stellung und vermitteln auf vielfältige Weise Lehren; die Verwendung von Sentenzen und Sprichwörtern, von Personifikationen (der Laster und Tugenden) und von allegorischer Redeweise sind dabei beliebt. In der Form des Altersliedes berichten dabei manche Autoren über die eigene Lebensführung, zumeist kombiniert mit der religiösen Untergattung der Sündenklage. Vom Fürstenpreis bis zur aggressiven Polemik reichen schließlich die verschiedenen Untergattungen des politischen Liedes.

Gleichfalls fast durchweg belehrend sind die verschiedenen Formen des Sprechspruchs und der ›Rede‹. Zur Ausprägung von Untergattungen konnte es dabei jedoch nur bei der ›Rede‹ kommen. Formal weitaus am häufigsten ist hierbei die Reimpaarrede. Aus der großen Zahl der allgemein didaktischen und religiösen ›Reden‹ (die man als gereimte Laienpredigten charakterisiert hat) hat die Forschung vor allem folgende Sonderformen ausgegrenzt: im thematischen Bereich der Politik die Preisrede (auch etwas blumig Ehrenrede genannt), die einen Fürsten oder Ritter preist; ferner belehrende Abhandlungen zu Minneproblemen, die man je nach ihrer Aussageweise als Minnereden (direkte Aussageweise) oder als Minneallegorien bezeichnet (allegorische Aussageweise, zumeist folgender Art: Ein erzählendes Ich trifft auf einem Spaziergang allegorische Figuren).

5. *Geschichte der mittelhochdeutschen Lyrik im Überblick*

Der folgende Überblick ist in vier Abschnitte gegliedert, die jeweils unterschiedlich große Zeiträume mit verschieden umfangreicher Überlieferung behandeln. Die Teile des Überblickes mußten aber auch deswegen sehr unterschiedlich ausfallen, da die einzelnen Zeiträume von der Forschung mit ungleicher Intensität behandelt und untersucht worden sind. Daß beim Folgenden die Vorlieben des Verfassers, aber auch die Grenzen seiner Textkenntnisse, eine nicht unwichtige Rolle spielen, sei ausdrücklich betont.

5.1. Das 12. Jahrhundert und die Zeit Walthers von der Vogelweide

Die uns überlieferte mittelhochdeutsche Lyrik beginnt etwa mit der Mitte des 12. Jahrhunderts; Früheres ist nur in kleinen Splittern und in Reflexen greifbar.[37] Am Anfang stehen, nach offenkundiger Meinung der kunstliebenden Sammler der großen Liederhandschriften, einige Sänger, deren Werk die Forschung unter dem Begriff ›Donauländische Lyrik‹ zusammengefaßt hat: Es sind Autoren wie der Kürenberger, Dietmar von Aist, zwei Burggrafen aus Regensburg und der aus der Ulmer Gegend stammende Meinloh von Sevelingen, alle (soweit man weiß) offenbar dem Donauraum zwischen Schwaben und der Wachau zugehörig. Ihre Gedichte, Einzelstrophen oder weitgehend selbständige, aber doch verbundene Strophen, thematisieren mit deutlich ritterlicher Terminologie Liebe als eine Beziehung zwischen gleichberechtigten Partnern, zeigen aber zunehmend den Werbenden als Dienstmann. Den

Anschluß an die moderne Minnelyrik Südfrankreichs findet das Mittelhochdeutsche mit den Sängern des sogenannten ›Rheinischen Minnesangs‹:[38] Sie übernehmen die Ideologie der Hohen Minne aus dem Okzitanischen und ahmen Stil und Form der Süd- und Nordfranzosen nach (was bis zur offenbaren Übernahme der Strophenformen und Melodien geht), verwerten aber ihre Vorbilder in durchaus eigenständiger Weise; bedeutendster Vertreter dieser Gruppe ist der Rheinfranke Friedrich von Hausen, als Vertrauter des Stauferkaisers Friedrich I. auch als historische Gestalt greifbar. Übernahmen aus dem Nordfranzösischen kennzeichnen auch den Niederrheiner Heinrich von Veldeke (der mit seinem Aeneas-Roman schon nach mittelalterlicher Einschätzung am Anfang des höfischen Romanes im Mittelhochdeutschen steht), dessen Lieder aber weniger von Entsagung und Reflexion als von Liebesfreude geprägt sind. Aus der gleichen Zeit wie die Liebeslieder der Donauländischen Lyrik und des Rheinischen Minnesangs stammen auch die ersten mittelhochdeutschen Strophen, die von Religion, Fragen der Lebensgestaltung und den Problemen des unbehausten Sängers handeln (Herger; Spervogel). Das Ende des 12. Jahrhunderts bringt dann den ersten Höhepunkt der mittelhochdeutschen Lyrik, und zwar mit den süddeutschen Minnesängern Albrecht von Johansdorf, Hartmann von Aue (dem Schöpfer des deutschen Artus-Romanes) und Reimar dem Alten (zumindest zeitweise am Babenberger Hof in Wien) sowie dem Mitteldeutschen Heinrich von Morungen; mit deutlich ausgeprägter poetischer Individualität formulieren und diskutieren sie das Denkschema der Hohen Minne (und Hartmann unternimmt sogar schon erste Angriffe auf eine solche, durch Einseitigkeit und ›wân‹ [grundlose Hoffnung] gekennzeichnete Liebe). Während Heinrich von Morungen mit einer oft hymnischen und förmlich glühenden Bildersprache das Erotische dem Religiösen annähert, zeichnet sich Reimar durch eine geradezu scholastische Reflektionsdialektik aus, die die Ideologie der Entsagung so ins Extreme steigert, daß sein Rollen-Ich dort (gelegentlich) paranoid-masochistische Züge bekommt.

Fast alle bisherigen Inhalte, Tendenzen und Formen sind dann wie in einem Brennspiegel im Werk eines Sängers vereinigt, der erstmals seine eigene Person und sein persönliches Lebensschicksal in seinen Liedern verarbeitet: Walther von der Vogelweide. Er stammte offenbar aus wenig angesehenen Verhältnissen, war anfangs am Babenberger Hof in Wien tätig und nach dem Tod seines dortigen Gönners wahrscheinlich ab 1198 zum Dasein eines fahrenden Berufsdichters gezwungen, der ständig um Anerkennung und Unterhalt kämpfen mußte, bis er schließlich etwa um 1220 von Kaiser Friedrich II. ein (wohl kleines) Lehen erhielt. Sozusagen widerwillig, durch seine eigene existentielle Lage und die durch den überraschenden Tod Kaiser Heinrichs VI. (1197) verursachten bürgerkriegsähnlichen Zustände im Reich provoziert, wurde Walther der erste politische Lyriker der deutschen Literatur, ein aggressiver und wohl oft auch bedenkenloser Agitator im Dienst verschiedener Reichsfürsten und nicht selten gegensätzlicher politischer Interessen. Seine Liebeslyrik übernimmt anfangs das Beziehungsschema der Hohen Minne, problematisiert es aber zunehmend (und gelegentlich mit der ihm eigenen Aggressivität) und propagiert schließlich das Ideal der gegenseitigen und erfüllten, allerdings durch ›mâze‹ bestimmten Liebe, in der ständisches Denken keine wesentliche Rolle spielt. Bereits seinen Zeitgenossen galt er als *der* herausragende deutschsprachige Sänger, und die umfangreiche und bis ins späteste Mittelalter reichende Überlieferung[39] bestätigt dies. Seine Melodien (von denen leider nur wenige überliefert sind) standen im höchsten Ansehen, und seine Texte zeichnen sich durch Erfindungsreichtum und Treffsicherheit der Formulierung aus, die bis in die neueste Zeit Autoren zur Auseinandersetzung mit ihm provozierten.[40]

5.2. Von Walther von der Vogelweide bis zu den großen Liedersammlungen: Das 13. und frühe 14. Jahrhundert

Neben Walther von der Vogelweide, dessen späteste Texte in die Jahre kurz vor 1230 zu datieren sind, finden sich andere Autoren von Sangverslyrik. Die überlieferte Textmenge nimmt jetzt stark zu: Gedichte von etwa 150 namentlich bekannten Sängern, insgesamt etwa 5000 Strophen, sind aus dem 13. und frühen 14. Jahrhundert bekannt.[41] Sie sind gesammelt in den großen Liederhandschriften, die um 1300 und in den folgenden Jahrzehnten zusammengestellt worden sind und die dokumentieren, daß man schon damals einen gewissen Entwicklungsabschnitt der Sangverslyrik als abgeschlossen ansah.

Eine größere Gruppe von Sängern (teils adlige Dilettanten, teils auch Berufssänger) übernimmt die gedanklichen und poetischen Möglichkeiten der mittlerweile etablierten Liebes- und Minnelyrik, verändert und variiert diese Tradition aber in verschieden starker Weise: in virtuoser Formkunst, mit neuen und überraschenden Bildern, das strenge Schema der Hohen Minne dabei zum Teil ignorierend, spöttisch umspielend oder parodierend. Ein Großteil der Liebeslyrik dieser Epoche, also bis zum Anfang des 14. Jahrhunderts, läßt sich charakterisieren als eine große Reihe von immer erneuten (und oft sehr geglückten) Versuchen, das bereits Bekannte neu zu formulieren; ihr Reiz liegt in den oft erstaunlichen Variationen. Zu nennen sind hier vor allem: die adligen Alemannen Otto von Botenlauben, Burkhart von Hohenfels, Gottfried von Neifen und Ulrich von Winterstetten, der steirische Ministeriale Ulrich von Liechtenstein, ein fahrender Sänger mit dem Künstlernamen »Der wilde Alexander«, der Schweizer Steinmar (mit einem ausgeprägten Hang zur Parodie) sowie der vorwiegend in Basel wirkende Bürgerliche Konrad von Würzburg; dazu kommen viele weitere Autoren, mit einem oft kleinen Œuvre, aus dem schwäbischen, schweizerischen und österreichischen Raum. Im Laufe des Jahrhunderts läßt sich feststellen, wie die Mode der neuen Liebeslyrik immer weiter nach Norden im deutschen Sprachraum gelangt (Herzog Heinrich von Breslau, Markgraf Otto IV. von Brandenburg). Endpunkt dieser Entwicklungslinie ist Wizlaw von Rügen (wahrscheinlich der von 1302 bis 1325 regierende Fürst Wizlaw III.), zu dessen Liedtexten ausnahmsweise auch sämtliche Melodien erhalten sind. Einen damit vergleichbaren Endpunkt einer Entwicklung markiert der in Zürich beheimatete Bürger Johannes Hadlaub: Er dichtet für einen adlig-patrizischen Kreis von Kunstliebhabern (u. a. Rüdiger Manesse), mit einem deutlichen Hang zum fast novellistischen Erzählen; er war offenkundig aber auch mitbeteiligt an den Bestrebungen, die damals noch erreichbare Lyrik in ihrer Gesamtheit zu sammeln, denn er spielte in der Entstehungsgeschichte der *Großen Heidelberger* (der sog. ›*Manessischen*‹) *Liederhandschrift* eine heute im einzelnen nicht mehr klärbare Rolle.[42]

Zwei Sänger opponierten bereits zu Walthers Zeit ausdrücklich gegen die herrschende Richtung der Liebeslyrik: Hartmann von Aue und Wolfram von Eschenbach, beide vielleicht nicht zufällig vor allem Romanautoren (dazu paßt, daß Wolfram in seinen stark erotischen Tageliedern erfüllte Liebesbeziehungen zeigt, die allerdings den geltenden Gesellschaftsnormen unterworfen bleiben). Eine durchgehende Gegenstellung bezog der Sänger Neidhart, der anfangs in Bayern, später im Umkreis des Babenberger Hofes in Wien wirkte. Er kontrastierte höfisches Minnewesen mit der derben, groben, aber gleichzeitig neureichen Bauernwelt. Er thematisierte auf diese Weise einerseits offenbare soziale Probleme des sich in seinen Privilegien bedroht fühlenden niederen Adels (was sich gelegentlich zu fast traumatischen Ängsten zu verdichten scheint), und er unterhielt und kritisierte mit seiner satirischen ›Schreibweise‹ gleichzeitig die zuhörende Hofgesellschaft. Neidhart, der (verglichen mit dem großen Umfang seines überlieferten Werkes) über ein enges inhaltliches Repertoire verfügte und dies immer neu variierend wiederholte, schuf zwei neue, stark erzählende Liedtypen, die in der Folgezeit oft nachgeahmt wurden: die Forschung bezeichnet sie als ›Sommerlied‹ (Hauptinhalt: Werbung des Ritters um ein Bauernmädchen, Widerstand der Mutter) und als ›Winterlied‹ (Hauptinhalt: Tanz in der Dorfstube; Rivalität zwischen dem Ritter und den Bauernburschen, die bis zur handfesten Rauferei geht).[43] Die spezifisch Neidhartsche ›Mischung‹ war ungewöhnlich erfolgreich; noch im späten Mittelalter lebten seine Lieder, und er ist der einzige mittelhochdeutsche Lyriker, von dem Texte (wenn auch kräftig verändert) zu Ende des 15. Jahrhunderts und dann im 16. Jahrhundert in größerer Anzahl mit dem neuen Medium des Buchdrucks verbreitet wurden.[44] Geographisch und sozial benachbart zu Neidhart steht der Tannhäuser, dessen Sangverslyrik (darunter Leichs) aber weniger durch aggressive Satire und Parodie, sondern durch geistreich formulierte Erotik (und hierin natürlich auch die Mode des Minnesangs kritisierend) gekennzeichnet ist; aus bis heute nicht geklärten Gründen wurde er im späten Mittelalter zum Helden der bekannten Büßersage (heute vor allem durch Richard Wagner bekannt). Parodistische Attacken auf den Minnesang (Minneparodien) finden sich, in geringerer Zahl, auch bei einigen anderen Autoren (Schulmeister von Esslingen, Steinmar, Gedrut, Geltar).

Die erstmals bei Herger und Spervogel greifbare und dann von Walther von der Vogelweide entwickelte Sangverslyrik mit moralisch-ethischem, religiösem und politischem Inhalt spielte neben der Liebeslyrik eine fast gleichgroße Rolle:[45] Sie wurde (soweit man weiß) vorwiegend von fahrenden Berufssängern ausgeübt, die sich auf diese Weise ihre Existenz verdienen mußten. Dies zeigt sich in ihren vielen Lobstrophen auf Fürsten und Adlige (deren Freigebigkeit für den Sänger lebensnotwendig war), aber auch – umgekehrt – in zahlreichen Scheltstrophen auf knausrige und angeblich unverständige Herren. In den Strophenreihen, die diese Fahrenden wahrscheinlich je nach Publikum und Vortragssituation anders zusammenstellten, erscheinen wichtige Probleme der damaligen Politik, Reflexionen und Anweisungen über Richtiges und Falsches in Gesellschaft und Lebensführung, ferner eine umfangreiche religiöse Thematik (Marienpreis, Gebete, Welt- und Sündenklagen); gelegentlich findet sich auch Liebeslyrik in ihrem Repertoire. Unter den Autoren gibt es viele, die bei ihren Reisen nach Mittel- und Norddeutschland gekommen sind oder gar von dort stammten; diese gegenüber der Liebeslyrik andere geographische Akzentuierung könnte allerdings auch davon herrühren, daß die uns erhaltene Hauptquelle dieser

Art Sangverslyrik, die *Jenaer Liederhandschrift* (mit Melodien), in eben diesem
Raum gesammelt und geschrieben worden ist. Die Qualität dieser Texte wird von der
Forschung oft nicht sehr hoch eingeschätzt, vielleicht zu Unrecht: die oft wiederkehrenden Themen und Motive sind nämlich häufig mit kunstvoller Gelehrsamkeit und
in eindrucksvoll-überraschenden Bildern formuliert, und die einzelnen Œuvres können daher durchaus eine ausgeprägte Individualität besitzen. Einige wichtige Autoren
(die teilweise ›redende‹ Künstlernamen haben) sind: Reimar von Zweter, Bruder
Wernher, der Marner, der Meißner, Sigeher, Friedrich von Sonnenburg, Rumelant
von Sachsen, Stolle, Boppe, der Unverzagte, Herman Damen und Regenbogen;
Reflexe ihrer Lebenswirklichkeit und Arbeitsweise finden sich in der poetischen
Fiktion des *Wartburgkrieges*.[46] Wie bei der Liebeslyrik Wizlaw und Hadlaub, so steht
hier Heinrich von Meißen, genannt Frauenlob, am Endpunkt einer Entwicklung:
Dieser 1318 in Mainz verstorbene und im ganzen Mittelalter hochangesehene Autor
wurde mit seiner hochvirtuosen Formulierungskunst und seiner bis zur extremen
Ausgesuchtheit und schieren Unverständlichkeit gehenden Bildersprache zum viel
nachgeahmten, aber nicht mehr erreichten Vorbild für spätere.

In die erste Hälfte des 13. Jahrhunderts fällt auch *der* Meister der kurzen Sprechverslyrik: Freidank. Mit seiner Sammlung epigrammartiger Sprechsprüche (die er selbst
Bescheidenheit im Sinne von ›Bescheidwissen‹ nennt) hat er diese Untergattung von
Lyrik in einer für das gesamte Mittelalter und darüber hinaus vorbildlichen Weise
geprägt, wobei er sicherlich nicht nur Verfasser, sondern auch Sammler von bereits
Existierendem war. Thematisch finden sich alle auch in der Sangverslyrik vorkom-
menden didaktischen Inhalte. Das übermächtige Vorbild Freidanks ist auch in
späteren Spruchsammlungen deutlich, die – wie die *Disticha Catonis* und das *Buch der
Rügen* – aus dem Lateinischen in deutsche Reimpaarverse umgesetzt (nicht übersetzt
im modernen Sinn) worden sind. Die Großform der Sprechverslyrik, also die ›Rede‹,
die im späten Mittelalter so wichtig wird, erscheint um 1300 mit ersten Ausprägungen, vor allem im Rheinland.[47]

5.3. Das 14. Jahrhundert

Die mittelhochdeutsche Lyrik des 14. Jahrhunderts ist zeitlich eingegrenzt durch die
Entstehungszeit der großen Sammelhandschriften zu Beginn des Jahrhunderts sowie
durch die Werke Oswalds von Wolkenstein und Hugos von Montfort (die im
folgenden dem 15. Jahrhundert ›zugerechnet‹ werden).

Sowohl für die Lyrik des 14. als auch des folgenden 15. Jahrhunderts gilt generell, daß
sie von der Forschung, abgesehen vom Werk einzelner herausragender Autoren und
von einigen Untergattungen, stark vernachlässigt wurde und nur unzureichend
erschlossen ist. Dies änderte sich erst in jüngster Zeit,[48] doch machen die immer noch
beträchtlichen Lücken, zusammen mit der wiederum zunehmenden Fülle der überlieferten Texte (und jetzt auch Melodien), derzeit einen Überblick schwierig, wenn
nicht unmöglich.

Die Entwicklung der Lyrik im 14. Jahrhundert ist insgesamt dadurch gekennzeichnet,
daß die Form der gesprochenen ›Rede‹ stark zunimmt und Inhalte behandelt, die
zuvor Themen der Sangverslyrik gewesen sind. Diese sehr viel stärker zur Leselitera-

tur tendierenden Texte deuten darauf hin, daß neue Publikumsschichten erschlossen werden, die wohl im städtischen Bürgertum zu suchen sind. Wie der Fall·Suchenwirt zeigt, ist es aber nicht zulässig, die Reimpaar-Rede generell als bürgerliche Dichtung zu bezeichnen.

Aus der Masse der Autoren von ›Reden‹, die teilweise anonym, teilweise aber auch namentlich bekannt sind, ragen zwei Österreicher heraus: Heinrich der Teichner (gest. um 1375), Verfasser einer großen Zahl von ›Reden‹, die im Stil von Laienpredigten zu Fragen und Problemen der Religion und der richtigen Lebensführung Stellung nehmen und vor allem Lehren vermitteln; seine Art wurde so erfolgreich, daß der Name »Teichner« auch zum Gattungsbegriff wurde und es daher nicht als gesichert gelten kann, ob die über 700 Teichner-Reden alle vom selben Verfasser stammen. Nachgeahmt wurde er in einigen ›Reden‹ auch von dem etwas jüngeren Peter Suchenwirt (gest. nach 1395), der wie der Teichner zeitweise in Wien ansässig war. Die meisten von Suchenwirts ›Reden‹ behandeln allerdings politische Ereignisse des österreichischen Raumes und der angrenzenden Länder oder sind Totenpreisgedichte auf Fürsten und Adlige, deren Lebenswege sich durch große Reisen und auswärtige Militärdienste auszeichnen. Aufbau und Redeweise dieser Preisreden, vielleicht angeregt durch ähnliche Gedichte des flämischen Herolds Gelre, sind stark stereotyp und finden sich auch sonst im 14. und 15. Jahrhundert. Eine weitere Gruppe von ›Reden‹ sind die besonders zahlreichen Texte, oft von unbekannten Verfassern, die den Themenbereich ›Liebe‹, entweder in Art der traditionellen höfischen Minne-Ideologie oder aber auch parodistisch und bis zum Derb-Sinnlichen gehend, zum Zweck der Belehrung abhandeln und fast traktathaft darlegen; dies geschieht teils in direkter und unverschlüsselter Didaxe (Minnereden im engeren Sinn), teils in allegorischer Einkleidung, wobei zumeist das erzählende Ich von einem Treffen mit allegorischen Personifikationen und einer daraus sich entwickelnden Handlung berichtet (Minneallegorien).

Politische Ereignisse und Probleme werden außer in ›Rede‹-Form jetzt zunehmend in überwiegend berichtenden, manchmal fast balladenhaften Liedern dargestellt; sie entstehen in verschiedenen Gegenden des deutschen Sprachgebietes, ganz besonders aber in der Schweiz. Die Forschung bezeichnet diese neue Form der politischen Lieddichtung ganz irreführend als ›historische Volkslieder‹.[49] Auch die anderen Themenbereiche (Liebe; Moral und Ethik; Religion) gibt es in der Sangverslyrik des 14. Jahrhunderts. Belehrende Lieder zu allen diesen Themen, stilistisch in der Nachfolge Konrads von Würzburg und vor allem Frauenlobs stehend, finden sich bei Heinrich von Mügeln (gest. nach 1393); er war wahrscheinlich Kleriker und ist als Hofdichter in Prag und Wien nachweisbar. Von zwei anderen Klerikern, dem Norddeutschen Eberhard von Cersne und dem in Tirol wirkenden Johann von Bopfingen, sind aus der Zeit um 1400 einige konventionelle Liebeslieder[50] in der Tradition der Minnelyrik überliefert. Hinsichtlich des Werkumfangs, des Erfolges bei den Zeitgenossen und wohl auch der Qualität ragt der sogenannte »Mönch von Salzburg« heraus. Er war Hofdichter bei dem Salzburger Erzbischof Pilgrim II. (Regierungszeit: 1365–96), doch ist seine Identität bis heute nicht geklärt (ein sonst unbekannter Geistlicher? der Erzbischof selbst?[51] oder eine Art Dichterkollektiv?). Die 57 weltlichen Lieder, die unter seinem Namen überliefert sind,[52] behandeln die Themen Liebe und Lebensfreude (auch beim Essen und Trinken) in vielfältigen

Variationen, aber ohne belehrende Absicht und nicht mehr nach dem Schema der Hohen Minne; unter seinen Tageliedern finden sich die ersten Beispiele für Polyphonie in der mittelhochdeutschen Lyrik (wahrscheinlich angeregt durch romanische Vorbilder). Zu seinen 49 geistlichen Liedern, teils Übersetzungen aus dem Lateinischen, teils Neuschöpfungen, zumeist wohl für paraliturgische Zwecke neben dem Gottesdienst und im Kloster bestimmt, sind bisher über 100 Handschriften bekannt (und immer wieder werden neue gefunden); gemessen an der Breite der Überlieferung, handelt es sich hier um die erfolgreichsten mittelhochdeutschen Lieder überhaupt. Auch sonst ist die Zeit reich an religiöser Lyrik: eine zahlenmäßig besonders große Gruppe bilden wiederum die Marienlieder; auch geistliche Gemeinschaftslieder, zum Teil jetzt erst aufgezeichnet (Prozessions- und Wallfahrtslieder), zum Teil aus neuen religiösen Bewegungen entstanden (Lieder der Geißler), sind überliefert. Neben den Liedern der bisher Genannten (und vielen, deren namentliche Erwähnung den Überblick sprengen würde) stehen in zunehmender Zahl Lieder anonymer Autoren, deren Erforschung bisher ziemlich vernachlässigt worden ist.

5.4. Das 15. Jahrhundert

Die Lyrik des 15. Jahrhunderts ist einerseits dadurch gekennzeichnet, daß die Entwicklungen des 14. Jahrhunderts fortgeführt werden, sie besitzt aber andererseits doch markante Eigenheiten, die man stichwortartig wie folgt zusammenfassen kann: quantitative Verminderung der Sprechverslyrik; Auftreten einiger herausragender Liederautoren, die entweder adlige Dilettantendichter sind oder aber zumindest teilweise in adligem Dienst stehen; weitere Zunahme des anonymen Liedgutes; Anlage von Liedersammlungen im Auftrag und für den Gebrauch von Stadtbürgern; allmähliche Entwicklung des Meistergesangs in einigen süddeutschen Städten. Die Vielfalt in Thematik und Ausdrucksweise bleibt in der Sangverslyrik insgesamt erhalten, besonders gut beobachtbar in der politischen und religiös-geistlichen Lyrik (bei letzterer ist vor allem auf die vielen Lieder des Heinrich Lauffenberg, um 1390–1450, zu verweisen).

Am Anfang des 15. Jahrhunderts stehen zwei adlige Lyriker, die aus unterschiedlichen Gründen herausragen: zum einen Graf Hugo von Montfort (1357–1423), der ›Reden‹ und Lieder verfaßte (für die ihm der Bregenzer Burk Mangolt die Melodien komponierte), die gekennzeichnet sind durch moralisch-religiöse Didaxe und ein fast selbstquälerisches Sündenbewußtsein. In einem seiner wenigen Liebeslieder tritt die eigene Ehefrau an die Stelle der Minnedame (was sich später dann häufig findet). Hugo hat seine Gedichte 1414/15 in einer kostbaren Prachthandschrift sammeln lassen, die erhalten ist: der erste uns bekannte Fall einer (fast) authentischen Liederhandschrift.[53] Geradezu eine Ansammlung von Superlativen ist bei seinem Zeitgenossen, dem Tiroler Landadligen Oswald von Wolkenstein (um 1377–1445), zu konstatieren: ein thematisch und formal ungemein reichhaltiges Werk von 132 Liedern und 2 ›Reden‹, überliefert zusammen mit sämtlichen Melodien und zwei Porträtdarstellungen (den ersten der mittelhochdeutschen Literatur) in zwei wieder fast authentischen Handschriften;[54] erstmals ausdrückliche Übernahme der romanischen Mehrstimmigkeit; höchste musikalische und poetische Qualität; extrem reiche

Bezeugung seiner Person in über tausend erhaltenen Urkunden. Oswalds Werk ist dadurch gekennzeichnet, daß er fast die gesamte Lyriktradition seiner Zeit aufgreift, diese aber stark individuell verarbeitet und verändert; so hat er zahlreiche autobiographische Lieder verfaßt, deren interpretatorisches Kernproblem, das Verhältnis von historischer Realität und dichterischer Stilisierung, in der Forschung viel diskutiert worden ist. In den letzten Jahren ist er, aus verschiedenen Gründen, zum außerhalb der Fachwissenschaft bekanntesten mittelhochdeutschen Lyriker (neben Walther von der Vogelweide) avanciert.[55]

Im Dienste von Fürsten und Adligen (daneben aber offenbar auch zeitweise entlohnt von Städten) standen Muskatblüt (1. Hälfte des 15. Jh.s) und Michel Beheim (um 1420 – um 1475). Beide zeigen eine große thematische Vielfalt, verbunden mit der Beschränkung auf wenige Strophenformen (d. h.: Melodien). Es dominieren Zeitkritik, politische Probleme und Ereignisse sowie vor allem religiöse Thematik (verbunden mit viel Gelehrsamkeit). Die 452 (!) Lieder Beheims sind teilweise in mehreren Autographen des Verfassers (den frühesten der mhd. Lyrik) erhalten; mit ihren Texten und Überschriften (die Beheim, wie schon erwähnt, gelegentlich zu kleinen Kommentaren hinsichtlich Entstehungs- und Aufführungsumständen ausweitet) bieten sie einzigartige Einblicke in die Existenz eines fahrenden Berufsdichters.[56]

Für den Themenbereich der Liebeslyrik ist – neben dem Weiterleben der Neidhart-Tradition, das sich in mehreren Handschriften des 15. Jahrhunderts dokumentiert – das Sammeln von zumeist anonymen Texten und auch Melodien in Liederbüchern kennzeichnend; diese Liederbücher wurden in Auftrag gegeben oder angelegt von literatur- und musikinteressierten Stadtbürgern, meist wohl zum direkten eigenen Gebrauch. Sie sind also für ein städtisches Publikum bestimmt, enthalten aber immer wieder Traditionsreste der höfischen Minnelyrik. Zwei markante Beispiele sind: das von der Augsburger Berufsschreiberin Klara Hätzlerin im Auftrag des wohl mittelständischen Bürgers Jörg Roggenburg um 1470 geschriebene *Liederbuch der Klara Hätzlerin*, eine umfangreiche Sammlung von ›Reden‹ (vorwiegend Minnereden) und Liebesliedern (ohne Melodien; zum Teil von bekannten Autoren, deren Namen aber zumeist nicht ausdrücklich vermerkt sind); zum anderen die um 1450 in Nürnberg von einem »Frater Judocus von Windsheim« für den eigenen Gebrauch geschriebene Sammlung von teilweise mehrstimmigen Liebesliedern, nach einem späteren Besitzer *Lochamer-Liederbuch* genannt und offenbar das Repertoire eines Hausmusikzirkels widerspiegelnd.[57]

Eine andere Form städtischer Sangverslyrik ist der im 15. Jahrhundert sich in einigen süddeutschen Städten entwickelnde Meistergesang, dessen Höhepunkt (mit Hans Sachs, 1494–1576) und weiteste Verbreitung aber erst ins 16. Jahrhundert fällt. Zumeist mittelständische Handwerker organisierten sich zum Zweck des Vortrages und Dichtens von Liedern in zunftartigen und regelreichen Gesellschaften (heute als ›Singschulen‹ bezeichnet); ihre Lieder hatten überwiegend religiöse Inhalte, dienten der Belehrung und orientierten sich stilistisch an den sogenannten ›Alten Meistern‹ (z. B. Walther, Marner, Konrad von Würzburg, Frauenlob, Regenbogen, Heinrich von Mügeln). Den Zweck, vorbildhafte Texte und Melodien zu sammeln, hatte wahrscheinlich die Ende des 15. Jahrhunderts – der Überlieferung nach in Mainz geschriebene und 1546 von Jörg Wickram für die Kolmarer Meistersinger-Gesellschaft angekaufte – *Kolmarer Liederhandschrift*, die mit einem Umfang von über

1700 Seiten und dem Inhalt von über 900 Liedtexten (einschließlich fast aller zugehöriger Melodien) die bei weitem größte Handschrift der mittelhochdeutschen Lyrik ist.[58] Führend im 15. Jahrhundert war die Meistersingergesellschaft in Nürnberg (Hans Folz, um 1435/40–1513), aus deren frühem Umkreis (nicht Mitgliedern!) der Handwerker Hans Rosenplüt, Autor verschiedener Lieder und ›Reden‹, herausragt.

Blickt man auf die weitere Geschichte der deutschsprachigen Lyrik, so erscheint der stark konservative und allmählich erstarrende Meistergesang, trotz seiner Bedeutung für die Verbreitung der Reformation, musikalisch und literarisch als eine Sackgasse. Andere Themen und Formen der mittelhochdeutschen Sangvers- und Sprechverslyrik lebten im 15. Jahrhundert produktiv weiter, etwa im mehrstimmigen Kunstlied, den weitverbreiteten Volksliedern (was man auch im einzelnen darunter verstehen mag) und in gereimten Abhandlungen und Traktaten. Ihre eigentliche Wiederentdeckung verdankt die mittelhochdeutsche Lyrik dem antiquarischen Interesse der Aufklärung und der nationalen Identitätssuche der Romantik; seitdem ist ihre Geschichte vorwiegend ein Teil der Wissenschaftsgeschichte, wenn es ihren Texten und Melodien auch immer wieder gelingt, neuere Autoren zur produktiven Rezeption zu provozieren[59] und trotz (oder vielleicht eben wegen?) der großen historischen Distanz neue Leser und Zuhörer zu finden.

Anmerkungen

Diejenigen *übergreifenden* Untersuchungen und Artikel, die für den vorliegenden Beitrag eine wesentliche Grundlage bilden und die mir für eine weitere und intensivere Beschäftigung wichtig erscheinen, sind in den folgenden Anmerkungen verzeichnet. Zu den *einzelnen* mittelalterlichen Autoren vgl. das im Erscheinen begriffene *Verfasserlexikon* (*Die deutsche Literatur des Mittelalters*, Bd. 1 ff., Berlin ²1978 ff.). Vollständigkeit war natürlich unmöglich; aufgeführt sind vor allem neuere Titel, Literaturgeschichten sind nicht verzeichnet.

1 Hier und im folgenden (Kap. 1–4) stütze ich mich auf meinen Beitrag: Ein Beschreibungsmodell zur mittelhochdeutschen Lyrik – ein Versuch. In: Zeitschrift für deutsche Philologie 98 (1979) S. 53–73. – Vergleichbare Versuche finden sich bei Bernd Niles: Pragmatische Interpretationen zu den Spruchtönen Walthers von der Vogelweide. Göppingen 1979; Trude Ehlert: Konvention – Variation – Innovation. Berlin 1980. – Zu den vereinzelten, hier nicht weiter berücksichtigten Beispielen früher, vormittelhochdeutscher Lyrik vgl. die Anthologie von Werner Höver/Eva Kiepe (München 1978, dtv 4015); der dort folgende Band (dtv 4016) enthält ebenfalls Sangvers- *und* Sprechverslyrik.
2 Dazu vgl. jetzt Manfred Günter Scholz: Hören und Lesen. Studien zur primären Rezeption der Literatur im 12. und 13. Jahrhundert. Wiesbaden 1980.
3 Die hier genannten Handschriften sind alle auch als Faksimiles zugänglich, und zwar entweder als Farbfaksimiles oder als Schwarzweißfaksimiles (in der Reihe *Litterae*, Göppingen 1971 ff.).
4 Faksimile: Litterae 35 (1976).
5 Faksimiles z. B. in Litterae 7 (1977) und 47 (1978).
6 Faksimile: Berlin 1925 und Kassel/Basel 1972.
7 Faksimile: Litterae 56 (1978).
8 Faksimiles: Litterae 12 (1972) = Hs.B; Privatdruck Stuttgart 1974 = Hs.A; Farbfaksimile von A: Graz 1977.
9 Vgl. dazu Dagmar Kratochwill. In: Litterae 50 (1978) S. 109–134.

10 Proben von Sachsens Handschrift z. B. in: Litterae 21 (1974).
11 Dazu jetzt ausführlich: Codex Manesse. Kommentar. Hrsg. von Walter Koschorrek und Wilfried Werner. Kassel 1981.
12 Farbfaksimile der Mondsee-Wiener Liederhandschrift zu den weltlichen Liedern dieses Autors: Graz 1968.
13 Zitiert aus dem in Anm. 1 genannten Beitrag S. 55 (dort übernommen aus Ulrich Müller: Untersuchungen zur politischen Lyrik des deutschen Mittelalters. Göppingen 1974). – Zu ergänzen ist noch, daß es einige wenige ›Reden‹ mit der Form der *Titurel*-Strophe gibt. – Zur Stellung der Lyrik innerhalb der Literatur des Mittelalters vgl. Hugo Kuhn: Entwürfe zu einer Literatursystematik des Spätmittelalters. Tübingen 1979.
14 Der von dem Musikwissenschaftler Friedrich Gennrich eingeführte Begriff ist insofern für das Mittelhochdeutsche mißverständlich, als der Terminus ›Kanzone‹ aus der Trobador-Lyrik übernommen ist, dort aber nur ›Liebeslied‹ bedeutet. – Aus Gennrichs umfangreichem Werk vgl. vor allem: Grundriß einer Formenlehre des mittelalterlichen Liedes als Grundlage einer musikalischen Formenlehre des Liedes. Halle 1932. Nachdr. Tübingen/Darmstadt 1970. Vgl. außerdem Anm. 25.
15 Anthonius Hendrikuus Touber: Deutsche Strophenformen des Mittelalters. Stuttgart 1975.
16 Diese Formulierung stammt von dem Musikwissenschaftler Bruno Stäblein (Oswald von Wolkenstein, der Schöpfer des Individualliedes. In: Deutsche Vierteljahrsschrift für Literaturwissenschaft und Geistesgeschichte 46, 1972, S. 113–160).
17 Vgl. dazu den von Hugo Moser herausgegebenen Sammelband: Mittelhochdeutsche Spruchdichtung. Darmstadt 1972.
18 Zur geistlichen Lyrik grundlegend Johannes Janota: Studien zu Funktion und Typus des deutschen geistlichen Liedes im Mittelalter. München 1968; vgl. ferner Kap. 4.4.
19 Ausdrücklich verwiesen sei in diesem Zusammenhang auf Thesen, die den »Ursprung der Moderne«, den Grund für den späteren Siegeszug der ›westlichen Zivilisation‹ im ›lateinischen‹ (also: römisch-katholischen) Europa des 12. und 13. Jh.s suchen. Vgl. dazu vor allem die zahlreichen Aufsätze von Benjamin Nelson, die u. a. Gedanken von Max Weber und Joseph Needham aufnehmen und weiterführen; einige sind gesammelt und ins Deutsche übersetzt in Benjamin Nelson: Der Ursprung der Moderne. Vergleichende Studien zum Zivilisationsprozeß. Frankfurt a. M. 1977. Folgt man Nelsons Ausführungen, dann bekommt die neue weltliche Lyrik, d. h. in diesem Fall: die Liebeslyrik seit dem 12. Jh., einen besonders wichtigen Stellenwert in diesem »Zivilisationsprozeß«.
20 In diesem Zusammenhang sei auf einen vergleichbaren Erklärungsversuch von Bernd Thum hingewiesen, dem ich viele Anregungen verdanke: Aufbruch und Verweigerung. Literatur und Geschichte am Oberrhein im Hohen Mittelalter. Aspekte eines geschichtlichen Kulturraumes. Waldkirch 1979. Vgl. ferner Melvin A. Askew: Courtly Love – Neurosis as Institution. In: Psychoanalytic Review 52 (1965) S. 19–29; Karl Bosl: Die Grundlagen der modernen Gesellschaft im Mittelalter. Stuttgart 1972 (bes. Bd. 2, S. 336–357: Der Mensch in der Gesellschaft); Horst Wenzel: Frauendienst und Gottesdienst. Studien zur Minne-Ideologie. Berlin 1974; Ulrich Müller: Mechthild von Magdeburg und Dantes ›Vita Nuova‹, oder: Erotische Religiösität und religiöse Erotik. In: Festschrift Peter Wapnewski. Hrsg. von Rüdiger Krohn. München 1982. S. 163–176 (mit weiterer Literatur). – Zur Stellung der Frau im Mittelalter und zur mittelalterlichen Auffassung von Sexualität und Ehe vgl. John T. Noonan: Contraception. A History of Its Treatment by the Catholic Theologians and Canonists. Cambridge (Mass.) ²1967 (dt.: Empfängnisverhütung. Geschichte ihrer Beurteilung in der katholischen Theologie und im kanonischen Recht. Mainz 1969); Shulamit Shahar: Die Frau im Mittelalter. Königstein (Ts.) 1981 und Frankfurt a. M. 1983; Marie-Odile Metral: Le Mariage. Paris 1977 (dt.: Die Ehe. Analyse einer Institution. Frankfurt a. M. 1981); Joachim Bumke: Liebe und Ehebruch in der höfischen Gesellschaft. In: Festschrift Peter Wapnewski [s. o.]. S. 25–45. Zur »Entdeckung der Liebe im Hochmittelalter« vgl. den gleichnamigen Aufsatz von Peter Dinzelbacher in: Saeculum 32 (1981) S. 185–208. Dazu, daß die hier beschriebene Erhöhung ›der Frau‹ mit ihrer spätmittelalterlichen ›Verteufelung‹ in den Hexenverfolgungen korrespondiere, sei verwiesen auf Gabriele Becker / Silvia Bovenschen [u. a.]: Aus der Zeit der Verzweiflung. Zur Genese und Aktualität des Hexenbildes. Frankfurt a. M. 1977. – Zur ›Minnesang‹-Forschung vgl. ferner Eduard Wechssler: Das Kulturproblem des Minnesangs. Studien zur Vorgeschichte der Renaissance. Bd. 1: Minnesang und Christentum [mehr nicht erschienen]. Halle a. d. S. 1909. Nachdr. Osnabrück 1966; Wolfgang Spiewok: Minneidee und feudalhöfisches Frauenbild. Ein Beitrag zu den Maßstäben literaturhistorischer Wertung im Mittelalter. In: Wissenschaftliche Zeitschrift der Ernst-Moritz-Arndt-Universität Greifswald 12

(1963). Gesellschafts- und sprachwissenschaftliche Reihe 4. S. 481–490; Erich Köhler: Vergleichende soziologische Betrachtungen zum romanischen und deutschen Minnesang. In: Deutscher Germanistentag 1968. Heidelberg 1970. S. 63–76 (vgl. dazu kritisch die im folgenden genannten Beiträge von Peters, Bumke und Liebertz-Grün); Ursula Peters: Niederes Rittertum oder hoher Adel? Zu Erich Köhlers historisch-kritischer Deutung der altprovenzalischen und mittelhochdeutschen Minnelyrik. In: Euphorion 67 (1973) S. 244–260; Alois Kircher: Dichter und Konvention. Zum gesellschaftlichen Realitätsproblem in der deutschen Lyrik um 1200 bei Walther von der Vogelweide und seinen Zeitgenossen. Düsseldorf 1973; Erich Kleinschmidt: Minnesang als höfisches Zeremonialhandeln. In: Archiv für Kulturgeschichte 58 (1976) S. 35–76; Joachim Bumke: Ministerialität und Ritterdichtung. Umrisse der Forschung. München 1976; Ursula Liebertz-Grün: Zur Soziologie des ›amour courtois‹. Umrisse der Forschung. Heidelberg 1977; Günther Schweikle: Die *frouwe* der Minnesänger. Zum Realitätsgehalt und Ethos des Minnesangs. In: Zeitschrift für deutsches Altertum 109 (1980) S. 91–116; Gert Kaiser: Minnesang – Ritterideal – Ministerialität. In: Adelsherrschaft und Literatur. Hrsg. von Horst Wenzel. Bern / Frankfurt a. M. / Las Vegas 1980. S. 181–208 (vgl. zu dem Problembereich aber die obengenannten Beiträge von Peters, Bumke und Liebertz-Grün). Vgl. ferner Rolf Grimminger: Poetik des frühen Minnesangs. München 1969. – Eine Sammlung wichtiger Aufsätze findet sich in: Der deutsche Minnesang. Aufsätze zu seiner Erforschung. Hrsg. von Hans Fromm. Darmstadt 1961 (ein zweiter Band ist in Vorbereitung); zu verweisen ist schließlich auf die Aufsatzsammlungen von Hugo Kuhn (3 Bde., Stuttgart 1969–80), Peter Wapnewski (*Waz ist minne*. Studien zur mittelhochdeutschen Lyrik. München ²1979) und Wolfgang Mohr (Göppingen 1983 [speziell zur Lyrik]).

20a Erst nachträglich stieß ich in diesem Zusammenhang auf den Begriff der ›ekklesiogenen Neurose‹, der vor allem von dem Mediziner, Theologen und Psychologen Klaus Thomas verwendet wird und offenbar 1955 von Th. Bovet und E. Schätzing erstmals gebraucht wurde; vgl. dazu Klaus Thomas: Sexualerziehung. Stuttgart 1969 [u. ö.]; ders.: Feindschaft gegen den Leib. Erziehung und sexuelle Defekte als auslösende Faktoren des Suizids. In: Sexualmedizin 4 (1975) S. 564–569. Speziell nach (wenn auch kurzer) Durchsicht der hunderte von Fällen umfassenden und nur in Auszügen publizierten Sammlung von Klaus Thomas erschiene es mir durchaus nicht zu gewagt, die Ideologie der ›Hohen Minne‹ (= okzitanisch: ›fin' amors‹) mit ›ekklesiogenen Neurosen‹ in Verbindung zu bringen. Nur ein scheinbarer Widerspruch läge darin, daß ›Hohe Minne‹ und ihre Entsagungsideologie ausschließlich in der volkssprachigen Lyrik vorkommen, nicht aber in den mittellateinischen Liebesgedichten, deren Produzenten und Rezipienten zumindest Personen mit klerikaler Bildung, wenn nicht überhaupt weitgehend Kleriker waren; doch wage ich derzeit noch keine These darüber zu formulieren, warum dasjenige, was Eduard Wechssler (Das Kulturproblem des Minnesangs. Bd. 1. Halle 1909. S. 328) sehr erhellend als »höfische Askese« – im Gegensatz zur »kirchlichen Askese« – bezeichnet, ausgerechnet beim dichtenden Klerus nicht thematisiert worden ist.

21 Vgl. dazu den Überblick bei William C. McDonald: German Medieval Patronage from Charlemagne to Maximilian I. Amsterdam 1973; vgl. auch die grundlegende Untersuchung von Joachim Bumke: Mäzene im Mittelalter. Die Gönner und Auftraggeber der höfischen Literatur in Deutschland 1150–1300. München 1979.

22 Vgl. dazu Walter Salmen: Der fahrende Musiker im europäischen Mittelalter. Kassel 1960; Antonie Schreier-Hornung: Spielleute – Fahrende – Außenseiter: Künstler der mittelalterlichen Welt. Göppingen 1981. – Ferner Kurt Franz: Studien zur Soziologie des Spruchdichters im späten 13. Jahrhundert. Göppingen 1974; Kircher (Anm. 20) sowie die Einleitung von Gustav Roethe zu seiner Ausgabe der Gedichte Reinmars von Zweter (s. dazu S. 47: Editionsauswahl).

23 Vgl. hierzu die verschiedenen, meiner Meinung nach richtungweisenden Studien von Bernd Thum; vor allem: Öffentlich-Machen, Öffentlichkeit, Recht. Zu den Grundlagen und Verfahren der politischen Publizistik im Spätmittelalter (mit Überlegungen zur sog. »Rechtssprache«). In: LiLi. Zeitschrift für Literaturwissenschaft und Linguistik 37 (1980) S. 12–69.

24 Dazu Meg Bogin: The Women Troubadours. New York / London 1976. [Einführung, Texte mit englischen Übersetzungen.]

25 Zur Musik vgl. Peter Gülke: Mönche / Bürger / Minnesänger. Musik in der Gesellschaft des europäischen Mittelalters. Leipzig und Wien/Köln/Graz 1975; ferner Burkhard Kippenberg: Der Rhythmus im Minnesang. Eine Kritik der literar- und musikhistorischen Forschung. München 1962.

26 Erstmals wirklich ausgewertet von Bernd Thum (Anm. 23).

27 Vgl. dazu Ulrich Müller: Liedermacher der Gegenwart und des Mittelalters, oder: Walther von der Vogelweide im Rock-Konzert. In: Das Weiterleben des Mittelalters in der deutschen Literatur.

Hrsg. von James F. Poag und Gerhild Scholz Williams. Königstein 1983. S. 193–212; ders.: Walther von der Vogelweide: Drunter und drüber der Linde. In: Minnesang in Österreich. Vorträge des Londoner Symposions. Wien 1983 [im Druck]; Ursula Degen: Mittelalter in den Liebesliedern heutiger Liedermacher. Ein Überblick. In: Mittelalter-Rezeption II. Hrsg. von Jürgen Kühnel, Hans-Dieter Mück [u. a.]. Göppingen 1982. S. 317–329.

28 ›Okzitanisch‹ (von: oc = ja) bezeichnet die Sprache Südfrankreichs; etwas unscharf wird dafür öfters auch der Begriff ›Provenzalisch‹ verwendet (das aber nur eine Untergruppe des Okzitanischen darstellt).

29 Dazu Silvia Ranawake: Höfische Strophenkunst. Vergleichende Untersuchungen zur Formentypologie von Minnesang und Trouvèrelied. München 1976. Bes. S. 342–344.

30 Vgl. dazu Janota (Anm. 18).

31 Man vgl. dazu die in der Sammlung der *Carmina Burana* (Lieder aus Benediktbeuren) enthaltenen Liebeslieder; diese sind jetzt am leichtesten zugänglich in der zweisprachigen Gesamtausgabe (Zürich/München 1974), die seit 1979 auch als dtv 2063 greifbar ist. – Die Melodien dazu in René Clemencic / Michael Korth / Ulrich Müller: Carmina Burana. Gesamtausgabe der mittelalterlichen Melodien. München 1979.

32 Zum Leich vgl. besonders Karl Bertau: Sangverslyrik. Über Gestalt und Geschichtlichkeit mittelhochdeutscher Lyrik am Beispiel des Leichs. Göttingen 1964; Hugo Kuhn: Minnesangs Wende. Tübingen 1952. [2]1967.

33 Für das Folgende habe ich viele Anregungen erhalten von Renate Hausner: Inhaltstypen mittelalterlicher deutschsprachiger Lyrik. In: Lieder des Mittelalters und der Mönch von Salzburg (»Szene der Jugend 81«). Salzburg 1981. S. 22–26.

34 Dazu Hildegard Janssen: Das sogenannte »Genre objectif«. Göppingen 1980. – Zum Tagelied: Ulrich Knoop: Das mittelhochdeutsche Tagelied. Inhaltsanalyse und literarhistorische Untersuchungen. Marburg 1978; Alois Wolf: Variation und Integration. Beobachtungen zu hochmittelalterlichen Tageliedern. Darmstadt 1979; Peter Wapnewski in seiner Edition der Lyrik Wolframs von Eschenbach (s. dazu S. 47: Editionsauswahl) sowie Ulrich Müller: Tagelied. In: Reallexikon der deutschen Literaturgeschichte. Bd. 4. Fasz. 3/4. Berlin [2]1980. S. 345–350. Zur Internationalität dieses Genres vgl. die umfangreiche Sammlung, die Arthur T. Hatto herausgegeben hat (EOS. An Inquiry into the Theme of Lovers' Meetings and Partings at Dawn in Poetry. The Hague 1965. – Zur Pastourelle: Sabine Christiane Brinkmann: Die deutschsprachige Pastourelle (13. bis 16. Jahrhundert). Diss. Bonn 1976. [2. Aufl. demnächst in Göppingen.]

35 Dazu Kap. 5.2.

36 Vgl. dazu die Textauswahl: Kreuzzugsdichtung. Hrsg. von Ulrich Müller. Tübingen [2]1979. – Ferner Friedrich-Wilhelm Wentzlaff-Eggebert: Kreuzzugsdichtung des Mittelalters. Studien zu ihrer Geschichtlichkeit und dichterischen Wirklichkeit. Berlin 1960; Peter Hölzle: Die Kreuzzüge in der okzitanischen und deutschen Lyrik des 12. Jahrhunderts. Das Gattungsproblem ›Kreuzlied‹ im historischen Kontext. Göppingen 1980.

37 Die Texte aus der Zeit vor Walther von der Vogelweide sind gesammelt in der Ausgabe: Des Minnesangs Frühling. 37. Aufl. hrsg. von Hugo Moser und Helmut Tervooren. 2 Bde. Stuttgart 1982 (dazu 2 Bde. Kommentare. Stuttgart 1981); ferner in der zweisprachigen Edition von Günther Schweikle: Die mittelhochdeutsche Minnelyrik (bisher erschienen Bd. 1: Die frühe Minnelyrik. Darmstadt 1977). – Zu den frühen Anfängen vgl. Anm. 1.

38 Vgl. hierzu jetzt auch Bernd Thum: Aufbruch und Verweigerung (Anm. 20).

39 Faksimiles der gesamten Überlieferung in: Litterae 7 (1977); dort auch Horst Brunner zur Melodieüberlieferung. – Vgl. ferner die von Siegfried Beyschlag herausgegebene Aufsatzsammlung: Walther von der Vogelweide (Darmstadt 1971) sowie die von Manfred Günther Scholz bearbeitete Monographie von Kurt Herbert Halbach: Walther von der Vogelweide (Stuttgart [4]1983).

40 Herausgegriffen seien in diesem Zusammenhang der Roman von Eberhard Hilscher (Der Morgenstern oder die vier Verwandlungen eines Mannes, Walther von der Vogelweide genannt. Berlin [Ost] 1976 [u. ö.]) sowie Peter Rühmkorf: Walther von der Vogelweide, Klopstock und ich. Reinbek bei Hamburg 1975; ferner die Gruppe »Ougenweide«, die Liedermacher Joana und Franz Josef Degenhardt (vgl. dazu die in Anm. 27 genannten Beiträge).

41 Abgesehen von Editionen zu einzelnen Autoren sind die Texte vor allem in drei Sammlungen zugänglich: Friedrich Heinrich von der Hagen: Minnesinger. 4 Bde. Leipzig 1938. Nachdr. Aalen 1963; Karl Bartsch: Die Schweizer Minnesänger. Frauenfeld 1886. Nachdr. Darmstadt 1964; Carl von Kraus: Deutsche Liederdichter des 13. Jahrhunderts. 2 Bde. Tübingen 1952–58. 2. Aufl.

durchges. von Gisela Kornrumpf. Tübingen 1978. – Vgl. grundsätzlich ferner Kuhn (Anm. 32); Rüdiger Schnell: Zum Verhältnis von hoch- und spätmittelalterlicher Literatur. Versuch einer Kritik. Berlin 1978.

42 Mit dichterischer Freiheit und Phantasie hat dies Gottfried Keller in seiner Novelle *Hadlaub* (1878; in den *Züricher Novellen*) ausgemalt.

43 Zu Neidhart vgl.: Gesammelte Vorträge der Neidhart-Tagung. Hrsg. von Helmut Birkhan. Wien 1983; ferner die von Horst Brunner herausgegebene Aufsatz-Sammlung (Darmstadt; Wege der Forschung [in Vorb.]) und, mit gewissen Einschränkungen, das an eine breitere Leserschaft gerichtete Buch von Dieter Kühn: Herr Neidhart. Frankfurt a. M. 1981.

44 Und zwar im Schwankbuch vom *Neidhart Fuchs*, von dem drei Druckfassungen erhalten sind (um 1495; 1537; 1566: letztere vollständig faksimiliert in Litterae 49, 1980). Neidhart wurde überdies zum »Helden« von spätmittelalterlichen Theaterstücken, den sog. Neidhart-Spielen; vgl. dazu die Edition von John Margetts (Graz 1982) sowie den Faksimileband (Litterae 73 [im Druck]). Von anderen Autoren (z. B. Walther von der Vogelweide und Oswald von Wolkenstein) sind damals nur vereinzelte Texte gedruckt worden.

45 Mangels neuerer Ausgaben muß man hier oft auf die Sammlung von der Hagens (Anm. 41) zurückgreifen; die politische Lyrik vollständig in Ulrich Müller: Politische Lyrik des deutschen Mittelalters. Texte I. Göppingen 1972.

46 Dazu zuletzt Burghart Wachinger: Sängerkrieg. Untersuchungen zur Spruchdichtung des 13. Jahrhunderts. München 1973.

47 Vgl. dazu Melitta Rheinheimer: Rheinische Minnereden. Göppingen 1975.

48 Zu nennen sind hier z. B. die Untersuchungen zum Teichner von Eberhard Lämmert: Reimsprecherkunst im Spätmittelalter. Eine Untersuchung der Teichnerreden. Stuttgart 1970; Kurt Otto Seidel: ›Wandel‹ als Welterfahrung des Spätmittelalters im didaktischen Werk Heinrichs des Teichners. Göppingen 1973 [dazu ferner: Litterae 54, 1978]; Heribert Bögl: Soziale Anschauungen bei Heinrich dem Teichner. Göppingen 1975; zu Suchenwirt von Stephanie Cain Van D'Elden: Peter Suchenwirt and Heraldic Poetry. Wien 1976; zu Heinrich von Mügeln von Karl Stackmann: Der Spruchdichter Heinrich von Mügeln. Vorstudien zur Erkenntnis seiner Individualität. Heidelberg 1958; Johannes Kibelka: der ware meister. Denkstile und Bauformen in der Dichtung Heinrichs von Mügeln. Berlin 1963; Jörg Hennig: Chronologie der Werke Heinrichs von Mügeln. Hamburg 1972; zu Muskatblüt von Eva Kiepe-Willms: Die Spruchdichtungen Muskatbluts. Vorstudien zu einer kritischen Ausgabe. München 1976; zu Michel Beheim von William McDonald: »Whose Bread I Eat«: The Song-Poetry of Michel Beheim. Göppingen 1981; die in den letzten Jahren gewaltig angewachsene Wolkenstein-Forschung (vgl. dazu: Oswald von Wolkenstein [Aufsätze 1959–1978]. Hrsg. von Ulrich Müller. Darmstadt 1980) s. auch Anm. 55; ferner die Monographien zur Minnerede/Minneallegorie (Tilo Brandis: Mittelhochdeutsche, mittelniederdeutsche und mittelniederländische Minnereden. Verzeichnis der Handschriften und Drucke. München 1968; Walter Blank: Die deutsche Minneallegorie. Gestaltung und Funktion einer spätmittelalterlichen Dichtungsform. Stuttgart 1970; Ingeborg Glier: Artes amandi. Untersuchung zu Geschichte, Überlieferung und Typologie der deutschen Minnereden. München 1971), zur geistlichen Lyrik (Janota, Anm. 18) und politischen Lyrik (Müller, Anm. 13); die Arbeiten von Horst Brunner (Die alten Meister. Studien zu Überlieferung und Rezeption der mittelhochdeutschen Sangspruchdichter im Spätmittelalter und in der frühen Neuzeit. München 1975) und von Thum (Anm. 23). – Neue Textausgaben und Text-/Melodieausgaben (im folgenden kursiv!) erschienen zu: Heinrich dem Teichner (Heinrich Niewöhner: Berlin 1953–56); Heinrich von Mügeln (Karl Stackmann: Berlin 1959), dem Mönch von Salzburg (Franz Viktor Spechtler: Die geistlichen Lieder des Mönchs von Salzburg. Berlin 1972; *Johannes Heimrath / Michael Korth / Franz Viktor Spechtler*: München 1980 [Auswahl]); Eberhard von Cersne (*Danielle Buschinger / Helmut Lomnitzer*: Göppingen 1981); Hugo von Montfort (Transkription der Heidelberger Handschrift: *Franz Viktor Spechtler*: Göppingen 1978); Oswald von Wolkenstein (aufgeführt in: Oswald von Wolkenstein [Aufsätze 1959–1978]); Michel Beheim (*Hans Gille / Ingeborg Spriewald / Christoph Petzsch*: Berlin 1968–72); der Sterzinger Miszellaneen-Handschrift (Manfred Zimmermann: Innsbruck 1980; Faksimile: Litterae 61, 1979); dem Königsteiner Liederbuch (Paul Sappler: München 1970) und dem Lochamer Liederbuch (*Walter Salmen / Christoph Petzsch*: Wiesbaden 1972); ferner die im Erscheinen begriffene Textausgabe zu den »Kleineren Liederdichtern des 14. und 15. Jahrhunderts« von Thomas Cramer (München 1977 ff.).

49 Dazu Müller: Untersuchungen (Anm. 13) S. 26–28.

50 Zur Sangverslyrik um 1400 vgl. jetzt vor allem zwei Beiträge von Horst Brunner, denen ich viel

verdanke: Das deutsche Liebeslied um 1400. In: Gesammelte Vorträge der 600-Jahrfeier Oswalds von Wolkenstein. Hrsg. von Hans-Dieter Mück und Ulrich Müller. Göppingen 1978. S. 105–146. – Tradition und Innovation der Liedtypen um 1400. Beschreibung und Versuch der Erklärung. In: Textsorten und literarische Gattungen. Dokumentation des Germanistentages in Hamburg 1979. Berlin 1983 [im Druck]. – Zu Bopfingen jetzt Franz Viktor Spechtler: Johann von Bopfingen. Die Sterzinger Miszellaneenhandschrift und die Lyrik des 14. Jahrhunderts. In: Literatur und Bildende Kunst im Tiroler Mittelalter. Hrsg. von Egon Kühebacher. Innsbruck 1982. S. 141–156 [mit Edition der Texte].

51 Diese Hypothese stellte jetzt Michael Korth auf, in: Johannes Heimrath / Michael Korth / Franz Viktor Spechtler: Der Mönch von Salzburg. München 1980. Auf diesen Band sei vor allem auch wegen der mitedierten Melodien verwiesen.

52 Vgl. Anm. 12.

53 Vgl. Anm. 7.

54 Vgl. Anm. 8.

55 Vgl. dazu mein Nachwort in dem Sammelband: Oswald von Wolkenstein (Anm. 48). Vgl. ferner Hans-Dieter Mück: Oswald von Wolkenstein zwischen Verehrung und Vermarktung. In: Gesammelte Vorträge der 600-Jahrfeier Oswalds von Wolkenstein (Anm. 50) S. 483–540. – Eine wichtige Rolle spielten die 1977 erstmals erschienenen Wolkenstein-Biographien von Dieter Kühn (Ich Wolkenstein. Frankfurt a. M. 1977 [u. ö.]) und Anton Schwob (Oswald von Wolkenstein. Bozen 1977 [u. ö.]).

56 Vgl. Anm. 23.

57 Vgl. Anm. 6; ferner die in Anm. 48 genannte Edition.

58 Vgl. Anm. 4, sowie Christoph Petzsch: Die Kolmarer Liederhandschrift. Entstehung und Geschichte. München 1978.

59 Vgl. dazu Anm. 27 und 40.

Für förderliche Kritik danke ich herzlich Renate Hausner (Salzburg) und Hans-Dieter Mück (Marbach a. N.).

Editionsauswahl

Nicht aufgenommen sind – mit zwei Ausnahmen – Editionen zu einzelnen Autoren.

Ausgewählte Melodien des Minnesangs. Hrsg. von Ewald Jammers. Tübingen 1963.

Das deutsche Kirchenlied von den ältesten Zeiten bis zum Anfang des 17. Jahrhunderts. Hrsg. von Philipp Wackernagel. 5 Bde. Leipzig 1864/65. Nachdr. Hildesheim 1964.

Deutsche Lieder des Mittelalters von Walther von der Vogelweide bis zum Lochamer Liederbuch. Texte und Melodien. Hrsg. von Hugo Moser und Joseph Müller-Blattau. Stuttgart 1968. [Davon auch eine gekürzte Studienausgabe.]

Deutsche Liederdichter des 13. Jahrhunderts. Hrsg. von Carl von Kraus. 2 Bde. Tübingen 1952–58. 2. Aufl. durchges. von Gisela Kornrumpf. Tübingen 1978.

Epochen der deutschen Lyrik 1/2: Gedichte von den Anfängen bis 1500. Hrsg. von Werner Höver, Eva Kiepe [u. a.]. München 1978/82.

Die historischen Volkslieder der Deutschen vom 13. bis 16. Jahrhundert. Hrsg. von Rochus von Liliencron. 4 Bde. Leipzig 1865–69. Nachdr. Hildesheim 1966.

Die kleineren Liederdichter des 14. und 15. Jahrhunderts. Hrsg. von Thomas Cramer. Bd. 1 ff. München 1977 ff.

Die Melodien der weltlichen Lieder des Mittelalters. Hrsg. von Ronald J. Taylor. 2 Bde. Stuttgart 1964.

Minnesang. Mittelhochdeutsche Texte mit Übertragungen und Anmerkungen. Hrsg. von Helmut Brackert. Frankfurt a. M. 1983.

Minnesänger. Codex Manesse (Palatinus Germanicus 848). Eine Auswahl aus der Großen Heidelberger Liederhandschrift. Hrsg. [und übers.] von Peter Wapnewski. Analyse der Miniaturen von Ewald M. Vetter. Parma/Genf 1982. [Bibliophiler Band.]

Des Minnesangs Frühling. 37. Aufl. hrsg. von Hugo Moser und Helmut Tervooren. 2 Bde. Stuttgart 1982.

Minnesinger. Hrsg. von Friedrich Heinrich von der Hagen. 4 Bde. Leipzig 1838. Nachdr. Aalen 1963.

Die mittelhochdeutsche Minnelyrik I: Die frühe Minnelyrik. Texte und Übertragungen, Einführung und Kommentar. Hrsg. von Günther Schweikle. Darmstadt 1977. [Zwei weitere Bände sind angekündigt.]
Politische Lyrik des deutschen Mittelalters. Texte. Hrsg. von Ulrich Müller. 2 Bde. Göppingen 1972/ 1974.
Reinmar von Zweter: Die Gedichte Reinmars von Zweter. Hrsg. von Gustav Roethe. Leipzig 1887. Nachdr. Amsterdam 1967. [Mit wichtiger Einleitung.]
Die sangbaren Melodien der Dichtungen der Manessischen Liederhandschrift. Hrsg. von Ewald Jammers unter Mitwirkung von Hellmut Salowsky. Wiesbaden 1975.
Die Schweizer Minnesänger. Hrsg. von Karl Bartsch. Frauenfeld 1886. Nachdr. Darmstadt 1964.
Trouvères et/und Minnesänger. Hrsg. von István Frank und Wendelin Müller-Blattau. 2 Bde. Saarbrücken 1952–58.
Wolfram von Eschenbach: Die Lyrik Wolframs von Eschenbach. Edition, Kommentar, Interpretationen. Hrsg. von Peter Wapnewski. München 1972.

Diskographie-Auswahl

Zur weiteren Einführung in die mittelalterliche Sangverslyrik empfiehlt es sich, auf die in immer größerer Anzahl greifbaren Schallplatten (bzw. Kassetten) mit mittelalterlicher Musik zurückzugreifen. Die teilweise große Verschiedenheit der Aufnahmen erklärt sich nicht nur durch die unterschiedlichen Fähigkeiten der jeweiligen Ensembles und Künstler, sondern besonders durch den ungemein breiten Interpretationsspielraum, den vor allem die einstimmige Musik des Mittelalters bietet (vgl. dazu Kap. 4.1.). Einen Überblick über die gesamte Problematik und einen Vergleich verschiedener Einspielungen gibt am Beispiel des Oswald von Wolkenstein der Beitrag von Helmut Lomnitzer: Lieder Oswalds von Wolkenstein in neueren musikalischen Aufführungsversuchen (in: Oswald von Wolkenstein [Aufsätze 1959–1978]. Hrsg. von Ulrich Müller. Darmstadt 1980. S. 453–477).

The Instruments of the Middle Ages and Renaissance: Musica Reservata of London. (Vanguard VSD 71219/20.)
Musik of the Gothic Era: The Early Music Consort of London. (Archiv 3 LP, 2710019; Notre Dame-Epoche, Ars Antiqua und Ars Nova.)
Musik des Mittelalters: Troubadours, Trouvères, Minnesang, Spielleute: Studio der frühen Musik, München und Innsbrucker Ensembles / Othmar Costa. (Telefunken 4 LP, 6.35412 EX.)
Minnesang und Spruchdichtung ca. 1200–1320: Studio der frühen Musik, München. (Telefunken 6.41208 AW – nur teilweise identisch mit oben genannter Kassette.)
Music of the Crusades: The Early Music Consort of London. (Argo ZRG 673.)
Musik aus Österreichs Vergangenheit von 1200 bis 1550: Les Menestrels. (mirror music 00001.)
Deutsche Musik aus Mittelalter und Renaissance: Boston Camerata. (Telefunken 6.42629 AW.)
Goldene Lieder des Mittelalters. Deutsche Lieder des Mittelalters von Walther von der Vogelweide bis zum Lochamer Liederbuch: Ensemble / Wendelin Müller-Blattau. (MPS, 3 LP, 0188.043.) [Gute Auswahl, aber in der Realisation nur teilweise gelungen.]
Ich spring an diesem Ringe. Lieder aus dem Mittelalter: Karl Wolfram. (Carmina CA 1002.)
[Lateinische, romanische und mittelhochdeutsche Vokalmusik:] Ensemble für frühe Musik, Augsburg. (SRTX 800609.)
Liebe und Minne. Liebeslieder des Mittelalters und der Renaissance: Les Menestrels. (mirror music 00005.)

Gregorianischer Choral: Benediktinerabtei Münsterschwarzach. (Archiv 5 LP, 2723084.)
Gregorianische Gesänge. Hymnen, Sequenzen, Responsorien, um 400–1400: Capella Antiqua, München. (Telefunken 6.41214 AW.)
Hildegard von Bingen, Ordo virtutum: Sequentia. (Harmonia mundi, 2 LP, 1C 165–99 942/3.)
Vox Humana [= lateinische, romanische, deutsche Vokalmusik des Mittelalters]: Studio der frühen Musik. (Electrola, Reflexe 1C 069–46 401.)
Mönche, Dichter und Scholaren [= lateinische Vokalmusik]: Capella Antiqua. (RCA RL 30336 AW.)
Spielmann und Kleriker (um 1200): Sequentia. (Harmonia mundi 1C 067–99 921 T.)
Carmina Burana. 33 Lieder aus der Originalhandschrift: Studio der frühen Musik, München. (Telefunken 2 LP, 6.35319 EK.)

Carmina Burana aus Handschriften des 13. Jahrhunderts: Capella Antiqua, München. (Christophorus SCGLX 75939.)
Carmina Burana. Gesamtausgabe: Clemencic Consort: bisher erschienen Nr. 1–5. (Harmonia mundi / France HM 335–339.)
Carmina Burana: Gruppe Bärengässlin. (Pläne 88170.)

Troubadours Nr. 1–3: Clemencic Consort. (Harmonia mundi / France 396–398.)
Le Roman de Fauvel: Clemencic Consort. (Harmonia mundi / France 994.)
La Fête de l'Ane: Clemencic Consort. (Harmonia mundi / France 1036.)
Musique arabo-andalouse: Atrium Musicae. (Harmonia mundi / France HM 389.)
Le Chant des Troubadours: Ensemble Guillaume de Machaut. (Arion ARN 38503.)
Troubadours: José-Luis Ochoa, Louis-Jacques Rondeleux u. a. (Harmonia mundi / France HM 566.)
Lyrik der Trobairitz um 1200: Hespérion XX. (Electrola, Reflexe 1C 065–30 941 Q.)
L'Agonie du Languedoc: Studio der frühen Musik. (Electrola, Reflexe 1C 063–30 132.)
Martin Codax. Alphonse X: Ensemble de Musique Ancienne »Euterpe«. (Harmonia mundi / France HM 1060.)
Thibaut de Navarre: Atrium Musicae. (Harmonia mundi / France HM 1016.)
Estampie. Instrumentalmusik des Mittelalters: Studio der frühen Musik. (Electrola, Reflexe 1C 063–30 122.)
Francesco Landini: Studio der frühen Musik. (Electrola, Reflexe 1C 063–30 113.)
Ecco la Primavera. Florentine Music of the 14th Century: The Early Music Consort London. (Argo ZRG 642.)
Guillaume de Machaut, Le Livre de Voir Dit / La Messe de Nostre Dame: Les Menestrels. (mirror music, 4 LP, 00006-9.)
Guillaume de Machaut, Chansons I/II: Studio der frühen Musik. (Electrola, Reflexe 1C 063–30 106 / 1C 063–30 109.)
Ballades, Rondeaux et Virelais (Machaut, Landini, de Haspre, Dufay): Ensemble Ricercare. (Harmonia mundi / France HM 592.)
Guillaume Dufay, Chansons und Motetten: Studio der frühen Musik. (Electrola, Reflexe 1C 063–30 124.)

Das Nibelungenlied. Gesungen von Eberhard Kummer. Mit Liedern des Kürenbergers und Walthers von der Vogelweide. (PAN/Wien, 2 LP, 150 005/6.)
Walther von der Vogelweide. Frau Welt, ich hab von dir getrunken: Gruppe Bärengässlin. (Pläne 88218.)
Der Tanhuser (Leich 4, Lied 9, Bußlied): Salzburger Studenten. (Kümmerle; Litterae 130/S.)
Kelin und Fegfeuer. Spruchdichter des 13. Jahrhunderts: Sequentia. (Harmonia mundi [in Vorb.].)
Wie man zer welte solte leben. Musik der Ritter, Mönche und Gaukler: Hauser/Boeschenstein. (PAN 132 021.)
Der Mönch von Salzburg: Gruppe Bärengässlin. (Pläne 88171.)
Der Mönch von Salzburg: Eberhard Kummer, Elisabeth Guy-Kummer u. a. / Cesar Bresgen. (Help Austria Records HAS 174.)
Oswald von Wolkenstein. (Deutsche Grammophon Gesellschaft, Archiv-Produktion 13042.)
Oswald von Wolkenstein: Studio der frühen Musik. (Electrola, Reflexe C 063–30 101.)
Oswald von Wolkenstein: Innsbrucker Ensembles / Othmar Costa. (Telefunken SAWT 9625/B 6.41139 AS – nur teilweise identisch mit der oben genannten Telefunken-Kassette.)
Ich Oswald von Wolkenstein: W. Jochims / D. Kühn u. a. (Aulos FSM 53516 AUL.)
Oswald von Wolkenstein: Frölich geschray so well wir machen: Gruppe Bärengässlin. (Pläne G 10054.)
Oswald von Wolkenstein. Lieder vom Wein und von der Liebe: Hans-Peter Treichler. (Gold Records 11095.)
The Triumphs of Maximilian I.: The Early Music Consort of London. (Argo ZRG 728.)
Lochamer Liederbuch / Hans Sachs. (Archiv-Produktion 198322.)
Bauern-, Tanz- und Straßenlieder in Deutschland um 1500: Studio der frühen Musik, München. (Telefunken SAWT 9486–A.)
Ludwig Senfl, Deutsche Lieder: Ensemble Ricercare. (Electrola, Reflexe 1C 063–30 104.)
Das thut dem alten Drachen Zorn. Lieder Martin Luthers und seiner Zeitgenossen: Gruppe Bärengässlin. (Harmonia mundi HM 1C 069–99964T.)

Das Zeitalter des Humanismus und der Reformation

Von Wilhelm Kühlmann

Zum epochengeschichtlichen Verständnis lyrischer Versdichtung des
16. Jahrhunderts

I. *Der soziale Charakter*

Erst die im 18. Jahrhundert zu beobachtende Ablösung der rhetorisch-zweckorien-
tierten Literaturtheorie durch eine spekulative Gattungslehre in der Dreiheit von
Epik, Lyrik und Dramatik verlegte den »Einheitspunkt des lyrischen Gedichts« in die
Darstellung des »subjektiven Inneren« (Hegel) der Autoren. Lyrik galt seitdem als
Paradigma der Erlebnisdichtung und wurde weithin verstanden als spontane Umsetzung intimer Gefühle und Stimmungen, als sprachlich besonders authentische, in der
Regel monologische Wiedergabe ganz persönlicher Erfahrungen. Es ist angesichts
möglicher Mißverständnisse festzuhalten, daß Bewertungskategorien dieser Art
wenig dazu beitragen, die ästhetische Eigenart der drei großen Textgruppen zu
erschließen, mit denen wir es im 16. Jahrhundert zu tun haben: der lateinisch-
humanistischen Gelehrtendichtung, dem Meistersang und dem weiten Spektrum des
geistlichen und weltlichen Lieds. Jede dieser Gruppen bildete ein literarisches
Bezugssystem mit relativ festen Redeordnungen und Gattungskonventionen, denen
sich das subjektive Aussagebedürfnis und der Gestaltungswille der Autoren ein- und
unterordneten. Poetische Leistung, falls überhaupt individuell faßbar, wurde gemessen an der Erfüllung kultureller Erwartungen, die in der lebensweltlichen Gemeinschaft der Autoren und ihres jeweiligen Publikums verankert waren. Überindividu-
elle Verwendungszusammenhänge prägten den kommunikativen Status der meisten
Texte und sicherten zugleich literarische Kontinuität: in der Festigung von Sprachmu-
stern und Formtypen und in der Überlieferung bekannter Stoffe, Themen und
Motive.

II. *Rollensprache und lyrisches Ich*

Dieser soziale Charakter der Lyrik ist auch dort zu beachten, wo nicht ausdrücklich
auf Adressaten Bezug genommen oder – wie im Gemeindegesang und geselligen Lied
– ein kollektiver Umgang mit dem Text angestrebt wurde. Selbst Gedichte, die sich
als Aussprache eines lyrischen Ich zu erkennen gaben (weite Teile der Lieddichtung
und der Humanistenpoesie), können nicht als expressive Kundgabe subjektiver
Innerlichkeit interpretiert werden. Gelegenheitsdichtung und erotische Lyrik der
Humanisten behandelten durchaus Situationen, Eindrücke und Konflikte des persönlichen Lebensschicksals. Doch die Wiedergabe von Gefühlen, von Freude, Lust,
Trauer und Schmerz, gewann erst im Medium der künstlerisch ausgearbeiteten,

sprachlich eleganten Form mitteilenswerte Verbindlichkeit. Die autobiographisch bestimmten Gedichte waren keine einsamen Monologe, sondern wie die antike Lyrik grundsätzlich an ein Gegenüber gerichtet. Im Rückgriff auf gattungsspezifische Muster, in der Assimilation von Ausdrucksmöglichkeiten der lateinischen Dichter-sprache, in der bewußten Verwendung des rhetorischen »Schmucks« und in der absichtsvoll durchkonstruierten Formgebung demonstrierten die Gelehrtendichter auch bei einem privaten Thema Bildungswissen und erworbene sprachliche Perfek-tion.

Dies allein bedingte schon eine Haltung der Distanz, die das einzelne Werk – im Einverständnis mit dem kompetenten Kreis der akademischen Leserschaft – als rational kalkuliertes Kunstprodukt auswies. Allerdings gelang es den bedeutenden Vertretern der neulateinischen Dichtung, sich das Ausdrucksrepertoire der antiken Sprache so zu eigen zu machen, daß die Rolle des ›poeta doctus‹ nicht beengend wirkte. Im Medium des Lateins konnten Daseinserfahrungen artikuliert werden, für die die Muttersprache noch keine adäquaten künstlerischen Möglichkeiten besaß. Die lockere Anknüpfung an antike Vorlagen bewirkte in diesen Fällen einen Gewinn an poetischer Sensibilität. In der wahlverwandtschaftlichen Übernahme antiker Lebensentwürfe und Wahrnehmungsformen lag die Chance, herkömmliche Schemata der Selbstdarstellung zu überwinden, eigenes Lebensgefühl zur Sprache zu bringen und – wie sonst nur selten in der Literatur des Jahrhunderts – seelische Bewegung und persönliche Betroffenheit modellhaft zu gestalten.

III. *Lyrik und Öffentlichkeit*

Infolge ihres gesellschaftlichen Charakters konnte lateinische wie deutsche Versdich-tung in großem Maße Anteil nehmen an den scharfen politischen, sozialen und konfessionellen Auseinandersetzungen der Zeit, ja diese Kämpfe fanden hier nicht selten eine ihrer publizistischen Ausdrucksformen. In Klage, Lob und Tadel, in Satire, Didaxe und persönlicher Invektive, im dogmatisch-polemischen Gemeinde-gesang und im politischen Ereignislied reagierten die Autoren auf das alle Schich-ten bewegende Kräfteringen. Auch die Ich-Lyrik formulierte das eigene Bekennt-nis zumeist mit dem Anspruch auf öffentliche Geltung. Die eindrucksvollen Verse z. B. eines Ulrich von Hutten (*Ich habs gewagt mit sinnen*, 1521) begründeten den Entschluß zur politischen Tat vor dem Forum des eigenen Standes, ja der ganzen Nation.[1] Oft zielte gerade das persönliche Zeugnis darauf ab, in exemplarischer Weise Gesinnungen zu verdeutlichen oder, wie vor allem bei den Humanisten, die eigene Lebensleistung für die »Nachwelt« festzuhalten.[2] Dies gilt sogar für die Kernzone anscheinend zutiefst persönlicher, unmittelbar eingängiger Dichtung: die Gattung des erbaulichen, in individueller Frömmigkeit sich entfaltenden geistlichen Lieds. Das Ich, das hier im Gebet und Anruf Situationen religiöser Lebensgestal-tung und Lebensbewältigung artikulierte, bezog sich in der singulären Ergriffenheit zugleich auf das alle Menschen betreffende Heilsgeschehen. Eigenes Empfinden hatte erbauliche Wirkung, indem Grundformen christlicher Existenz beispielhaft objektiviert wurden. Ein Sterbelied (*Wenn mein Stündlein fürhanden ist*)[3] des Nikolaus Hermann (1480–1561) wurde z. B. in diesem Sinne gerühmt als die »fröhliche Heerpauke, die der Heilige Geist bei der Hinfahrt mancher frommer Christen gebraucht habe«.[4] Dies Lob entsprach gewiß den Wirkungsabsichten des Verfassers und weist auf den praktischen Auftrag auch der persönlichen Lyrik in jener Zeit.

Die Textgruppen: Literarische Grundzüge und historische Entfaltung

I. Humanistische und neulateinische Lyrik

1. Der Zusammenhang: Humanismus in Deutschland

Geschrieben wurde im 16. Jahrhundert in deutscher und lateinischer Sprache. Die Wahl der Sprachebene und der damit vorgegebenen Sinnhorizonte richtete sich nach der Funktion der Texte, dem angesprochenen Publikum und dem Selbstverständnis des Autors. Die lateinische Dichtung war, von der Vertonung humanistischer Odenpoesie abgesehen, überwiegend zur individuellen Lektüre oder – bei repräsentativer Gelegenheitsdichtung – auch zur lauten Rezitation bestimmt. Aufnahme und Verbreitung der humanistischen Kunstdichtung standen im Zusammenhang komplizierter kultureller Umschichtungsvorgänge und Reformbewegungen: der Einbürgerung des von Italien ausgehenden Humanismus und der davon inspirierten Reorganisation der Schulen und Universitäten.

Anerkennung und Resonanz, die das humanistische Bildungsprogramm fand, war die Konsequenz zunehmender »Verschriftlichung« der sozialen Lebenspraxis. Die Dienste der akademisch ausgebildeten Gelehrten, einer nicht mehr nur kirchlich ausgerichteten Intelligenz, wurden vor allem beim Ausbau der fürstlichen und städtischen Administration (Rechtswesen, Diplomatie, Kanzlei) immer unentbehrlicher. Für diese neue Bildungselite wurde der Begriff der ›studia humanitatis‹ zur Basis eines kulturellen Selbstbewußtseins, das gegenüber Adel und Erwerbsbürgertum die eigene geistige Leistung in den Mittelpunkt stellte. Pochend auf Kompetenz in Wissenschaft und Literatur (litterae), setzte sich der Gelehrtenadel (nobilitas litteraria) wenigstens dem eigenen Verständnis nach über ständische Prärogative hinweg.

Die produktive Aneignung der antiken Sprachen und der römischen und griechischen Literatur zielte auf die elegante, situationsgerechte Beherrschung von Schrift und Rede, meinte aber auch die Auseinandersetzung mit Theorien und Sachgehalten, die für die Regelung des individuellen Verhaltens und des sozialen Zusammenlebens bedeutsam wurden (antike Moralphilosophie, Geschichtswissenschaft, Naturkunde). Auch die Hochschätzung von Dichtung gehörte zu diesem rhetorisch-kommunikativen Bildungsideal. Gegen theologische Vorbehalte und scholastische Wissensbegriffe konnte sich gerade die neue Entdeckung der ästhetischen Eigengesetzlichkeit von Literatur nur schwer durchsetzen. Bedeutende Humanisten wie Peter Luder (um 1410–74), Hermann von dem Busche (1468–1534), Jakob Locher (1471–1528) und Conrad Celtis (1459–1508) wirkten zunächst als »Wanderlehrer« an verschiedenen Universitäten (u. a. Heidelberg, Ingolstadt, Köln, Leipzig, Freiburg). In programmatischen Reden warben sie für die ›bonae litterae‹, kommentierten antike Prosaisten und Dichter (Horaz, Ovid u. a.) und nahmen sie zum Vorbild des eigenen Schaffens.

Als Celtis 1487 – in Anlehnung an italienische Vorbilder (Petrarca) – von Kaiser Friedrich III. zum Dichter gekrönt und später von Maximilian I. zum Professor für Poetik und Rhetorik ernannt wurde, waren dies deutliche Signale für die offizielle Anerkennung des Humanismus.[5] In seinem Zeichen stand für mehr als zweihundert Jahre die Ausbildung der gesellschaftlichen Führungselite.

2. Poesie als gelehrte Kunst

Poetik und Rhetorik, ausgerichtet an den wiedergewonnenen oder »gereinigten« antiken Texten, wurden in der Folge zu wichtigen Disziplinen der Artistenfakultät, die wie im Mittelalter von allen Studenten durchlaufen werden mußte. Nach den sogenannten Sturmjahren der Reformation (1521–25) war es vor allem Philipp Melanchthon (1497–1560), der ›praeceptor Germaniae‹, sowie der Straßburger Johann Sturm (1507–89), die in detaillierten Lehrplänen, Lehr- und Lesebüchern die Lektüre und »Nachahmung« der antiken Autoren verbindlich festlegten. Ihre Entwürfe bestimmten bis ins 18. Jahrhundert das städtische und landesherrliche Unterrichtswesen. Sie formulierten das Leitbild der ›litterata pietas‹, die Kombination humanistischer Rede- und Formgewandtheit mit der Unterordnung unter die religiösen Normen der Kirche.[6] Die Jesuiten konnten später daran anknüpfen. Professoren, Schullehrer und Pfarrer stellten im Bannkreis dieses christlichen Humanismus den größten Teil der neulateinischen Dichter des 16. Jahrhunderts.

Poesie war also lehrbar. Sie zu erlernen setzte außer der natürlichen Begabung die Einübung (exercitatio) der antiken Kunstregeln (praecepta) voraus. Viele Poeten haben, z. T. im Zusammenhang der eigenen Unterrichtspraxis, knappe Leitfäden für den angehenden Dichter verfaßt (Celtis, Hesse, Hutten, Bebel, Murmellius, Sabinus u. a.). Vermittelt werden mußten hier die Regeln der antiken Silbenmessung, dies als Voraussetzung für die Kenntnis der Vers- und Strophenformen sowie der Gattungstypen. Die Normen stilistischer Eleganz, des figuralen Schmucks und der variablen Diktion entnahm man den Anweisungen der Rhetorik. In den größeren Lehrbüchern wie den *De re poetica libri VII* (1565 u. ö.) des Georg Fabricius fand der Leser außerdem die z. T. aus der Dialektik angezogenen ›Topoi‹ für die gedankliche Ausarbeitung eines gegebenen Themas sowie ein poetisches Lexikon, das – stichwortartig geordnet – Versatzstücke und Phrasen aus den antiken Musterautoren vorlegte und die obligate Sammlung eigener Exzerpte ergänzte. Vor allem die Poetik des Joachim Vadianus (*De Poetica*, 1518)[7] beschäftigte sich jenseits dieser technischen Fragen auch mit grundlegenden Problemen der Dichtungstheorie (Begriff, Nutzen, Wert und Würde der Dichtkunst und des Dichters; Rolle im System der »Künste«; Gattungsfragen).

Die Ausarbeitung eigener Gedichte – angefangen beim schlichten Epigramm – setzte schon auf der Schule ein. Lektüre und Nachahmung (imitatio) der Vorbilder gingen Hand in Hand. Vollendete Nachahmung wies über sich hinaus auf den Wettbewerb mit den Leistungen des Altertums und der italienischen Renaissancedichtung, die die meisten Gelehrtendichter des 16. Jahrhunderts noch an Ort und Stelle kennengelernt hatten. In diesem Wettbewerb (aemulatio) waren eigene Erfindungsgabe und originelle Kombination der formalen Mittel nachzuweisen. Die bedeutenden neulateinischen Autoren sahen im wahlweisen Rückgriff auf metrische und stilistische Muster, auf poetische Situationen, Themen und einzelne Gedichte, schließlich in der analogen Strukturierung kompletter Lyrikzyklen einen subtilen Anspielungshorizont, in dem die eigenen Gedanken beziehungsreich ausgedeutet werden konnten. Verdeckte und offene Zitate bildeten einen besonderen ›Code‹, der die eigene Originalität oder bewußte Anlehnung, aber auch die Selbstdarstellungswünsche des Adressaten (Panegyrik) offenlegte. Die Leser der akademischen »Gelehrtenrepublik«, in der Regel selbst Autoren und geschulte Philologen, bewiesen in der vergleichenden Bewertung traditioneller und innovativer Elemente ihre rezeptive Befähigung.

3. Lateinische Dichtung und nationale Identität

In den Augen der Humanisten und ihrer Nachfolger war ihr poetisches Werk nicht nur akademisches Statussymbol, das gegebenenfalls über die Enge eines Schulmeisterdaseins und die mangelnde Anerkennung seitens der unstudierten »Barbaren« hinwegtröstete. Es war auch Signum nationaler Identität und Selbstbehauptung gegenüber der Verachtung deutscher Kultur, wie sie vor allem in Italien zur Tagesordnung gehörte. Conrad Celtis, der deutsche »Erzhumanist«, hat in einer horazischen Ode (sie wurde mit Recht als »Ausgangspunkt der neulateinischen Poesie in Deutschland« bezeichnet) den Monopolanspruch des italienischen Humanismus bestritten. Sein poetisches Manifest setzte das Recht des Reiches auf legitime Nachfolge des römischen Imperiums (Gedanke der ›translatio imperii‹) in Analogie zu dem Programm, die lateinischen Musen in Deutschland heimisch zu machen (*Ode ad Apollinem repertorem poetices: ut ab Italis cum lyra ad Germanos veniat*, zuerst 1486).[8] In der Tat konnte die deutsche Literatur des 16. Jahrhunderts allein in den hervorragenden Vertretern der lateinischen Muse (Celtis, Lotichius, Schede Melissus) internationale Anerkennung erringen. Muttersprachliche Texte blieben, wenn sie nicht wie Sebastian Brants *Narrenschiff* übersetzt wurden, im europäischen Rahmen ohne Resonanz.

Lateinische Dichtung hat keine muttersprachliche Kunstliteratur verdrängt, sondern für diese erst einen Formenkanon geschaffen, der dann im 17. und 18. Jahrhundert übernommen werden konnte. Erst unter verwandelten literaturästhetischen Prämissen, nicht zuletzt in der Perspektive nationalliberaler Literaturbetrachtung des 19. Jahrhunderts fungierte die Lateinkultur als Hemmnis nationaler Entwicklung und Merkmal der Überfremdung.[9] In der Tat – hier liegt der Anhaltspunkt einer solchen Einschätzung – kam es in Deutschland nicht zum gegenseitigen Ausgleich zwischen humanistischer und volkstümlicher Ästhetik. Es gab einige Kontaktzonen vor allem in der geistlichen Dichtung; Volks- und Kirchenlieder wurden des öfteren ins Lateinische übersetzt. Doch die Autoren der Muttersprache haben bis weit über die Jahrhundertmitte fast nur in stofflicher und gedanklicher Hinsicht von dem einströmenden antiken Kulturgut profitiert. Die Verfestigung des gelehrten Standesbewußtseins hat die Symptome einer elitären Sonderkultur zweifellos verstärkt. Historisch zu befragen ist diese Entwicklung nur in der Analyse der allgemeinen sozialpolitischen Entwicklung nach dem Bauernkrieg.

4. Lyrikbegriff – Formenspektrum – Gegenstandsbereiche

Wie die antike so hat auch die humanistische Poetik keine übergreifende Kategorie entwickelt, die den Bestand lyrischer Dichtung insgesamt hätte behandeln können. Man stützte sich in der Gattungsfrage zunächst auf das von der spätantiken Grammatik vorgelegte »Redekriterium«. Lyrik gehörte demnach zum ›genus commune‹, d. h., der Dichter konnte hier in eigener Person wie auch mittels fiktiver Gestalten sprechen. In diesem Rahmen wurde durchweg die bereits von der aristotelischen Poetik formulierte, etymologisch verengte Definition von Lyrik als musikalisch-gesanglicher Darbietungsform (abgeleitet von lyra, Leier) überliefert. Ode, Hymnus und Dithyrambus mit Horaz, später auch Pindar und Anakreon als Musterautoren waren grundsätzlich unterschieden von der in Distichen (paarweise gekoppelter Hexameter und Pentameter) geschriebenen elegischen Poesie. Dem musikalischen Lyrikbegriff konnten die Psalmdichtung und der geistliche Gesang angeschlossen werden. Vor allem am horazischen Odenwerk reizte die Vielfalt strophischer Systeme nicht weniger als die große Bandbreite von Themen und Lebensbezügen: vom intimen und geselligen Freundschaftsgedicht und der meditierenden Formulierung von Lebensweisheiten bis zur repräsentativen Panegyrik und politischen Zeitkritik. Die Elegie, oft von ›Eleos‹ (Mitleid) abgeleitet, war theoretisch der Trauerlyrik und Totenklage zugewiesen (nach Horaz, *ars poetica* 75 ff.; Ovid, *amores* III 9.3 f.), galt in der Praxis jedoch als eine für »jedwede Materie geeignete« (Murmellius), bequem zu handhabende Form. Sie trat schon früh in den Dienst moralisch-didaktischer Meditation (z. B. Johannes Murmellius: *Elegiarum moralium libri IV*, 1508), bot daneben auch den Rahmen für versifizierte Freundschaftsbriefe und die Gattung der an Ovids *Heroides* anschließenden Versepisteln fiktiver, z. T. allegorischer Figuren. Daneben fand die erotische Elegie der römischen Autorentrias Tibull, Ovid und Properz unter den deutschen Neulateinern zunächst nur bei Petrus Lotichius Secundus wahlverwandtschaftlichen Widerhall. Liebesdichtung, betroffen von Obszönitätstabus und moralischer Zensur, wurde nicht selten ausdrücklich aus dem Gymnasialunterricht verbannt. Dennoch ließ man sich auch von den intimen Gedichten Catulls anregen, vor allem von den Kußgedichten, die bereits von italienischen Poeten virtuos ausgestaltet worden waren. Weltliterarische Geltung und ein rühmendes Echo, das bis zu Goethe reichte, erlangte vor allem der *Basia*-Zyklus des Flamen Johannes Secundus (d. i. Johannes Everaerts, 1511–36).[10] In der erotischen Lyrik der deutschen Späthumanisten (Taubmann, Barth, Fleming) verschmolzen zuletzt die von den *Basia* ausgehenden Impulse, z. T. über niederländische und romanische Dichter vermittelt, mit Elementen des Petrarkismus, mehr aber noch mit den Sprachspielen, dem Motivvorrat und der idyllischen Weltabkehr des seit 1554 vorliegenden (pseudo-)anakreontischen Gedichtkorpus. Vor allem in der Gelegenheitsdichtung behauptete freilich die Elegie ihre dominierende Stellung bis zum Jahrhundertende. Der typologische Bereich der Kasuallyrik stellt den größten Anteil, ja nimmt man den Begriff weit genug, die eigentliche Domäne der neulateinischen Versliteratur dar. Dichterisch begleitet und poetisch überhöht wurden die herausgehobenen Stationen des Lebens. Diese zu ›besingen‹ konnte inneres Bedürfnis und freundschaftlicher Zuspruch sein, der zu persönlichen Gefühlsäußerungen fand. Die in der Regel zuerst im Einzeldruck verteilte Kasualpoesie, in den Gedichtsammlungen zumeist unter dem Titel »silvae« (Wälder – nach Statius) zusammengestellt, gehörte aber auch zu den gesellschaftlich gebotenen Pflichtleistungen, war in diesem Sinne Statussymbol des Adressaten und Bildungsdemonstration des Verfassers. Wer die Eheschließung im Hochzeitsgedicht (Epithalamion) feierte, konnte im Hinblick auf den biblisch begründeten Zweck der Ehe, den Kindersegen, sogar auf das erotische Glück des Paares anspielen. Die repräsentative Form der Kondolenzlyrik war das ›Epicedion‹. Stellung, Lebenslauf und Leistung des Toten waren hier zu rühmen, der Schmerz der Hinterbliebenen glaubhaft zu vergegenwärtigen und gleichzeitig die Trostangebote christlicher Jenseitshoffnung in Erinnerung zu rufen. Die Epicedien auf bedeutende Persönlichkeiten wie etwa die Nachrufe des Eoban Hesse auf Erasmus von Rotterdam, Dürer, Hutten und Pirckheimer[11] ziehen in der Würdigung des Verstorbenen aus heutiger Sicht zugleich die Bilanz einer Ära deutscher Kultur. Dies gilt noch mehr für die Trauergedichte zum Tode Melanchthons (1560): Melanchthons Schüler klagen nicht nur um den Verlust ihres Lehrers und Vorbilds. Aus der Klage entwickelt sich die Anklage einer von der »Wut der Theologen«, vom Bildungsverfall, von Geld- und Machtgier bestimmten Zeit.[12]

Zur Gelegenheitsdichtung gehörte ein weiterer Radius verfestigter Gedichttypen: das Abschiedsgedicht bei Antritt einer Reise (Propemptikon) z. B. und die Glückwunschlyrik zu Geburts- und Namenstagen sowie aus Anlaß akademischer Graduierung und zur Empfehlung einer Buchveröffentlichung. Die Lobdichtung bestätigte in der Person des Adressaten anerkannte Tugendideale und bekräftigte im Kreis der »Gelehrtenrepublik« Wertvorstellungen, die das Selbstbewußtsein der humanistischen Bildungselite ausmachten. Als Herrscherlob, mit hohem stilistischem Aufwand und in exempelbezogener Argumentation, richtete sie sich an die Obrigkeit in Fürstenstaat und Stadt. Gedichte dieser Art waren vielfach bestellt und dienten der ›Öffentlichkeitsarbeit‹ des Adressaten. Manche Autoren suchten mit ihnen kaum mehr als mäzenatische Gunst und wirksame Protektion eines hohen Gönners. Doch die bedeutenden Beispiele dieser ›Klientelpoesie‹ gewannen zugleich eine politische Aussagedimension. Herrscherlob bedeutete den Entwurf von Idealbildern mit appellativem Charakter. Der Angesprochene wurde auf das Ethos seines Standes und Amtes verpflichtet. In dem Prinzip des ›laudando praecipere‹ (durch Lob belehren) nahm das Gedicht Züge des ›Fürstenspiegels‹ an. Dies zeigt sich besonders in den zahlreichen Gedichten auf den Kaiser (bes. Maximilian I. und Karl V.). Die Humanisten erwiesen sich hier als Träger und Propagatoren des Reichsgedankens; sie erfüllten nicht nur musischen ›Hofdienst‹, sondern bekämpften auch die partikulare Zerrissenheit und die Frontbildungen des konfessionellen Fanatismus. Das Herrscherlob konnte so, oftmals mittels allegorischer Personifikationen, kollektiven Wünschen Ausdruck geben und stand im untergründigen Zusammenhang mit der Zeitklage. Zu ihr gehörten auch die zahlreichen Gedichte, die schmerzlich warnend oder im flammenden Aufruf auf die Türkengefahr hinwiesen. Freilich entwickelte sich aus dem panegyrischen Gestus nur selten – wie etwa bei Hutten – die direkte Anmahnung der aktuell gebotenen politischen Tat.

Auch das Epigramm trug dort den Stempel des Okkasionellen, wo es im Anschluß an Martial anlaßbezogene Zeitkritik übte und – als Nachbarform der Satire – zum pointierten Angriff auf literarische, politische oder konfessionelle Gegner oder soziale Typen (Heuchler, Säufer, Wucherer, Pfaffen u. dgl.) ansetzte. Allerdings war diese Gattung ebenso wie die Elegie nicht auf bestimmte Gegenstände festgelegt. Unter dem Namen des Epigramms sammelten sich vielmehr mannigfache lyrische Kurzformen der schlichten Stilebene. An die Seite der gnomischen und parabolischen Spruchdichtung traten – vor allem unter dem Einfluß der *Griechischen Anthologie* – Inschriften auf Gegenstände und Bilder sowie artistische Spielformen (Anagramm). Das Grabepitaph war allseits benutzte Gebrauchsform, umfaßte jedoch auch in fiktionalisierter Form das knappe Ehrengedächtnis großer Toter sowie die gleichsam testamentarische Lebensbilanz der eigenen Person.

Zum panegyrischen Textfeld gehörte das weitverbreitete Städtelob, beispielhaft etwa vertreten in Johannes Murmellius' Preis der Stadt Münster, in Hermann von dem Busches Beschreibung von Leipzig (1521) und in Eoban Hesses Panegyricus auf Nürnberg (*Norimberga illustrata*, 1532).[13] Deskriptive Partien und epische Exkurse sprengen hier zumeist die Grenzen der lyrischen Form. In mythologischer Verkleidung und in gelehrt-antiquarischer Reminiszenz rühmten die Dichter nicht nur das äußere Erscheinungsbild der Stadt (Lage, Schönheit, Bauten), sondern hoben Aspekte hervor, die dem Geltungsbewußtsein der urbanen Führungsschicht entgegenkamen: wirtschaftliche Blüte, geordnete Verfassung, beispielhafte Verwaltung, Pflege der Kultur und der Schulen. Das humanistische Städtegedicht ist die originellste Form der lateinischen Poesie des Jahrhunderts und auch heute noch von bedeutendem kulturgeschichtlichen Wert.

Ebenfalls episch-deskriptiven Charakter besaß das lateinische Reisegedicht (Hodoeporicon), dem Typus nach angelehnt an das spätantike Vorbild des Rutilius Namatianus (*De reditu suo*, um 416). Wie etwa Eoban Hesse seine Reise zu Erasmus (1519) faßten zahlreiche Autoren Stationen und Begebenheiten ihrer Fahrten in Versform und schilderten dabei auch persönliche Erlebnisse (Überschwemmungen, Seuchen, Überfälle). Reisegedichte waren Huldigungen an die Gastgeber, zugleich aber auch Nachweis gebildeter Weltläufigkeit. Wir finden hier ein reiches Material z. B. für das ›Italienerlebnis‹ der deutschen Humanisten. Nur selten freilich gewann eine neue Wirklichkeitserfahrung so überzeugende dichterische Gestalt wie in der von Georg Sabinus beschriebenen Bergwelt der Alpen und Schilderung der Stadt Venedig (in: *Hodoeporicon itineris Italici*, gedruckt 1544).[14]

Naturlyrik trug zunächst wesentlich dazu bei, die Einheit einer Kulturlandschaft zu begreifen und in der regionalen Vielfalt die eigene ›Heimat‹ zu entdecken. Das Vogesengedicht des Matthias Ringmann Philesius (1482–1511) oder die späteren Flußbeschreibungen des als Person fast unbekannten Felix Fiedler[15] standen im Kontext einer bisher nicht gekannten geographischen Bestandsaufnahme der Umwelt als humanem Lebensraum. Landschaft war in dieser Lyrik die von Menschen, ihrer Geschichte und ihrer Kulturarbeit, geprägte Natur. Sie wurde immer reflektierend, im gedanklichen Arrangement geschildert. Dieses bezog sich nicht mehr nur auf die Korrespondenz von Schöpfungsordnung und allegorisierend vermittelter Glaubenswahrheit, sondern umfaßte auch den empfindsamen Preis sinnlicher Schönheit, die Projektion von Gefühlen und Lebenshaltungen auf die von Gestalten des antiken Mythos ›beseelte‹ Szene und eine realistische Detailmalerei, wie sie uns etwa in den Frühlingsgedichten des in Frankfurt a. d. Oder wirkenden Michael Haslob (*Hortus vernus*, 1572) entgegentritt. Im Anschluß an überlieferte Konventionen der Naturdarstellung (›locus amoenus‹ als Ort behaglich-sinnenfreudigen Verweilens) nahm der naturhafte Lebensraum (Garten, Landgut) Züge der Idylle an. Schon früh entwarfen die Dichter im »Preis des Landlebens«[16] zivilisationskritische Gegenbilder zu den sozialen Zwängen vor allem der Stadt, später auch des Hofes. Das Landleben erschien als Möglichkeit ungestörter, friedlicher und harmonisch-freundschaftlicher Geselligkeit. Musische Kreativität und sinnlich-meditativer Naturgenuß kontrastierten der Unfreiheit menschlichen Zusammenlebens unter dem Diktat der rauhen politischen Wirklichkeit. Naturdichtung und Schäferpoesie der folgenden Jahrhunderte haben diese Argumentationsrichtung weiterverfolgt.

5. Die literarische Entwicklung in ihren Grundzügen und Repräsentanten

Zwischen humanistischer und neulateinisch-gelehrter Dichtung ist eine strikte Trennung weder in literaturgeschichtlicher Hinsicht (Form-, Sprach- und Dichtungsverständnis) noch nach Qualitätskriterien sinnvoll. Periodisierende Einschnitte ergeben sich statt dessen aus der Einbindung der Gelehrtendichtung in die übergreifende politisch-konfessionelle Entwicklung des Jahrhunderts sowie im Hinblick auf die grundsätzliche Auseinandersetzung zwischen orthodoxem Supranaturalismus und der tendenziellen Anthropozentrik der europäischen Renaissance. Der Konflikt zwischen Luther und Erasmus markiert die das Jahrhundert durchziehende Konfliktsituation. Die folgende historische Skizze kann nur wenige Vertreter eines literarischen Feldes vorstellen, das noch weithin unerforscht, ja bisher z. T. nicht einmal bibliographisch erfaßt ist. Zu verzichten ist hier auch darauf, einen Eindruck von der weiten regionalen Verbreitung der akademisch geprägten Bildungsdichtung zu vermitteln.

Vorreformatorischer Humanismus und Erfurter Kreis. Was die Entdeckung von Welt und Ich in der europäischen Renaissance bedeutete, wurde bereits von den Zeitgenossen mit gutem Recht an dem poetischen Selbstbewußtsein und der literarischen Lebensleistung des fränkischen Bauernsohns Conrad Celtis (d. i. C. Bickel) abgelesen.[17] Celtis war der führende Kopf der von Maximilian I. geförderten Wiener Poetenschule. Er organisierte die humanistischen Freundeskreise (sodalitates) am Oberrhein und an der Donau. In ganz Europa zu Hause, emanzipierte er sich im Lebenshabitus von der moralistischen Enge und christlichen Obödienz, von denen viele Gedichte des oberrheinischen (S. Brant, J. Wimpheling) und des rheinisch-westfälischen Frühhumanismus (u. a. J. Murmellius) geprägt waren. Dichten war für Celtis eine begeisternde Möglichkeit der Welterschließung durch eine den Dingen adäquate Sprache. Er verstand sich als Dichter und zugleich als Philosoph. Anmut und geistige Ordnung der poetischen Zeichenwelt sollte verweisen auf die innere, gesetzhafte, sich in den Phänomenen erschließende »Lebenskraft der Dinge«[18] und so dazu beitragen, die Stellung des erkennenden Menschen im Kosmos zu beglaubigen.
Celtis' lyrische Hauptwerke sind – neben den *Epigrammen*[19] – die *Quattuor libri amorum* (gedruckt 1502) sowie die postum (1513) veröffentlichten *Libri odarum quattuor, cum epodo, et saeculari carmine*. In den *Amores* schilderte der Dichter mit autobiographischen Erinnerungen seine Reisen in die ›vier Weltgegenden‹. Im Mit-

telpunkt jedes Buches steht das Liebeserlebnis mit einem Mädchen: der Polin Hasilina im Osten (Krakau), der Regensburgerin Elsula im Süden, mit der Rheinländerin Ursula im Westen und Barbara als Vertreterin des Nordens (Lübeck). Das Einleitungsgedicht distanziert sich vom Provinzialismus des Federfuchsers und Stubenhockers. Gefeiert wird die Allgewalt des Eros, in platonischer Sicht ein weltdurchwaltendes Prinzip. Wenn der Dichter in *De nocte et osculo Hasilinae* (Nacht und Hasilinas Kuß)[20] in unerhörter Kühnheit die Lust der erotischen Vereinigung erinnernd preist, dient dies nicht der Enthüllung pikanter Nuditäten, sondern stellt eine Glückserfahrung in den Mittelpunkt, die sich in der Bejahung der Lust der psychophysischen Ganzheit des Menschen öffnet. Durch die dem Werk beigegebenen Holzschnitte Albrecht Dürers wissen wir, daß der Gedichtzyklus in allegorischer Überblendung verschiedene Bedeutungsebenen entfalten sollte. Die zahlensymbolische Vierheit der Bücher meinte die Korrespondenz u. a. von Himmelsrichtungen, Jahreszeiten und Temperamenten. In dieser spekulativen Interpretation werden die geistigen Impulse sichtbar, die Celtis bewegten. Manche seiner Verse bezeugen, daß die Antwort auf die Frage nach dem Verhältnis von Gott und Welt, von Zufall und Vorsehung, Weltordnung und Chaos dem beobachtenden und denkenden Menschen problematisch geworden war.

Celtis' Oden müssen begriffen werden als erstes bewußtes deutsches Gegenstück zur horazischen Sammlung, im Inventar der Themen und insbesondere in dem Ehrgeiz, für jede der antiken Strophenformen ein eigenes Pendant zu liefern. Acht Oden an heidnische Gottheiten wurden als besonders anstößig empfunden, obwohl die paganen Gestalten allegorisiert waren (Venus als Liebe usw.). Daß die antike Mythologie nun als eigenständiges Aussagemuster eingeführt wurde, wirkte auf konservative Zeitgenossen als Provokation.

Celtis starb vor dem Ausbruch der reformatorischen Kämpfe. Andere Dichter, in erster Linie Ulrich von Hutten, besiegelten in ihren Werken das z. T. nur vorläufige und wenig haltbare Bündnis zwischen humanistischer und theologischer Reformbewegung. Mit Hutten stimmten auch die beißenden zeitkritischen Epigramme des Arztes und Botanikers Euricius Cordus (d. i. Heinrich Solden, gen. Korte, 1486–1535), die noch Lessing übersetzte, ein in die Polemik gegen die Scholastik und das ›Dunkelmännertum‹ der Papstkirche. Martin Luther wurde von Cordus wie auch von Eoban Hesse (d. i. E. Koch, 1488–1540) gefeiert.[21] Seine seinerzeit vielbeachteten vier Elegien »zum Lobe und zur Verteidigung« des Reformators (1521) lassen noch nicht erkennen, daß er dogmatisch eigentlich uninteressiert war und die sozialen Erschütterungen der Reformationsjahre später – auch in Gedichten – beklagte.[22] Hesse gehörte wie auch Cordus zu einem elitären Zirkel, den der Gothaer Stiftsherr Conrad Mutianus Rufus um sich geschart hatte. Der Kult der antiken Musen und die Pflege antiker Lebenshaltung (Ideal der ›beata tranquillitas‹) galten hier mehr als theologische Probleme und Streitigkeiten. Hesse, zeitlebens in unsicherer beruflicher Situation (u. a. als Schullehrer in Nürnberg), hat in der Erneuerung der Ekloge, der in Versform gefaßten, zumeist dialogischen Hirtendichtung, und in seiner Sammlung poetischer Episteln (*Heroidum Christianarum epistolae*, 1514, Neubearbeitung 1532) der neuzeitlichen Poesie bleibende Anstöße gegeben. Die Hirtendichtung, von Vergil und dem Italiener Baptista Mantuanus ausgehend, war bei Hesse ein literarisches Maskenspiel, in dem er die um Mutian gescharte Poetengesellschaft in eine imaginäre, vom Druck der Gegenwart befreite Welt versetzte. Die realen Konflikte des Bauernkriegs wurden nur selten in diesem Genre berührt. Cordus und der gemeinsame jüngere Freund Joachim Camerarius (1500–74) allerdings fanden, über Vergil hinaus auf Theokrit zurückgreifend, zu einem Realismus, der die Ausbeutung des Bauern zur Sprache brachte, Unrecht aus der Perspektive des Landmannes betrachtete und in teilweise raffinierter Anspielung auf Beispiele der antiken Bukolik die Ereignisse der Zeitgeschichte kommentierte.[23]

Die in der Nachfolge Ovids stehenden Versepisteln Hesses sammelten fiktive Briefe christlicher Gestalten, die der Bibel und Legendentradition entnommen waren. Ein antikes Genus wurde so modernisiert, d. h. christianisiert. Hesse ließ z. B. Helena an Konstantin, Monica an Augustinus, Maria an den Lieblingsjünger Johannes und Maria Magdalena an den auferstandenen Christus schreiben.[24] Der Anspruch dieser Form lag in der Erfindung der Schreibsituation, der rhetorischen Durchbildung des Gedankengangs und in der poetischen Darstellung der seelischen Affekte im Sinne eines dramatisch bewegten Charakterporträts. Die fiktive Versepistel war bis ins 18. Jahrhundert (später vor allem bei den Jesuiten) außerordentlich beliebt. Sie konnte in leichter Abwandlung (Germania schreibt an den Kaiser, so z. B. bei Georg Sabinus) auch als politischer Mahnruf verwendet werden. Anders als in dieser hochstilisierten, alltagsenthobenen Lyrik gaben die Gedichte des Jacob Micyllus (d. i. Moltzer, 1503–58), der auch zum Erfurter Kreis gezählt wird, den Blick frei für Nöte, Leiden und Konflikte eines bürgerlichen Gelehrtenlebens. Die Elegie auf den Tod seiner Frau (1548)[25] ist ein ergreifendes Zeugnis »furchtbaren Wehs«. Als Micyllus z. B. seine Reise von Wittenberg nach Frankfurt oder den Brand des Heidelberger Schlosses (1527) schilderte, entstand eine Versdichtung von seltener Wirklichkeitsnähe.

Lotichius und die Schüler Melanchthons. Micyllus als seinen Lehrer verehrte zeitlebens der Mann, mit dem die deutsche Humanistendichtung nach dem Urteil der Zeitgenossen wie auch dem der Nachwelt ihren Gipfel erreichte: Petrus Lotichius Secundus (d. i. Lotze), geboren 1528 im hessischen Schlüchtern, gestorben als Professor der Medizin 1560 in Heidelberg. Ähnlich wie Conrad Celtis in seinen *Amores* hat Lotichius in den ersten drei Büchern seiner *Elegien* (nacheinander erschienen: Paris 1551, Lyon 1553, Bologna 1556) den eigenen Lebensweg in den Mittelpunkt gestellt.[26] Wenn irgendwo, dann läßt sich hier – innerhalb der poetologischen Grenzen der Nachahmungsforderung – ›Erlebnisdichtung‹, d. h. eine ganz vom Individuum her gestaltete Welterfahrung nachweisen. Das erste Buch ist beherrscht von der »Klage« angesichts der Ereignisse des Schmalkaldischen Kriegs (1546/47), den der Dichter als Soldat miterlebte. An sein Gedicht auf die Belagerung der Stadt Magdeburg erinnerte man sich bei gleichem Anlaß noch im 17. Jahrhundert.[27] Friedenssehnsucht und das Festhalten an der eigenen musischen Berufung auch in martialischer Zeit, mitten im Pulverdampf der Schanzen, wiesen auf ein Leben, das bewußt jenseits des tagespolitischen Engagements verlaufen sollte. Es war eine für Lotichius bezeichnende, genuin humanistische Vision, in der er die Rettung zweier Soldaten aus der Kriegsgefangenschaft schilderte: ein kaiserlicher Offizier läßt sich rühren durch die mit den Gefangenen gemeinsame Erinnerung an Sannazaro, den italienischen Dichter.[28] An zahlreichen Stellen seines Werkes hat Lotichius dankbar

die Anregungen vermerkt, die ihm durch die italienische Humanistenpoesie zuteil geworden sind.
Die Ereignisse seiner Studienaufenthalte in Südfrankreich (Montpellier, Avignon, Toulouse) und Italien (Padua, Venedig) bestimmten den Themenbereich des zweiten bzw. dritten Buchs der *Elegien*. In Spannung gesetzt wird die Vergegenwärtigung südlicher Landschaften mit der Erinnerung an die vertraute Heimat. Erotische Begegnungen, die im Gedicht zu psychologischen Studien und Formen der Selbstreflexion ausgearbeitet werden, schlagen den Bogen zur römischen Liebeselegie, sind jedoch wie z. B. das Gedicht *De puella infelici* (Über das unglückliche Mädchen) auch im Zusammenhang muttersprachlicher Liebeslyrik zu interpretieren.[29]
Freundschafts- und Trauergedichte, aber auch z. B. ein hochartifizielles Kunststück wie der Nachruf auf einen Delphin (El. II,7: *Ad deos maris in funere delphini*)[30] zeugen von einem Talent, dem in sprachlicher Hinsicht unter den Zeitgenossen allenfalls der Schwiegersohn Melanchthons, der spätere Königsberger Professor Georg Sabinus (1508–60), oder Johannes Stigel(ius) (1515–62) an die Seite zu stellen ist.[31]
Sabinus und Stigel sind die älteren Repräsentanten der in Wittenberg, also im Umkreis Melanchthons, heimischen lateinischen Dichtungstradition, die bis ins 17. Jahrhundert in zahlreichen Gestalten lebendig blieb. Seit Mitte der fünfziger Jahre wurden diese Dichter wie etwa Johannes Major (1533–1600) in den innerprotestantischen Dogmenstreit verwickelt. Der Tod Melanchthons bildete für sie eine im Leben und im Leiden heftig empfundene Zäsur. Objektiv äußerte sich der Abschied vom Renaissance-Humanismus im Vordringen der geistlich-religiösen Dichtung. Sie war bei den deutschen Humanisten nie verstummt, prägte jedoch bei den Schulrektoren Georg Fabricius (1516–71) und Adam Siber (1516–84) den größten Teil des voluminösen Gesamtwerks. Die Spannweite reicht hier vom schlichten Gebet bis zu hochpathetischen Themen (z. B. der Triumph Christi). Weiten Raum nimmt die Bibelparaphrase ein.[32] Zahlreiche Autoren wandten sich der altchristlichen Hymnendichtung zu, die im protestantischen Sinne umgeformt wurde. Wo man auf antike Muster zurückgriff, wie etwa in der horazischen Lyrik des Fabricius,[33] entwickelten sich die Züge der christlichen »Parodie«, der antithematischen Textverarbeitung, die später (um die Jahrhundertwende) eine totale Verchristlichung antiker Lyrikcorpora (Titel wie *Horatius, Catullus, Martialis christianus*) zum Programm erhob.

Ausblick: Schede Melissus und die Anakreontiker als Vertreter des lateinischen Vorbarock. Die poetischen Neuerungen des deutschen ›fin-de-siècle-Humanismus‹ waren zwei Ereignissen zu verdanken, die in der Gelehrtenwelt große Begeisterung ausgelöst hatten: der Edition der Oden (Pseudo-)Anakreons (1554) und der Fragmente altgriechischer Lyrik (1560) durch den Franzosen Henri Estienne. Die nun wiederentdeckten Formmöglichkeiten des schlichten und hohen Stils veranlaßten zahllose Adaptionen und Nachahmungen vor allem bei den Dichterphilologen der französischen Pléiade (Ronsard, Baif u. a.) und den niederländischen Neulateinern. In ihrem Bann standen die deutschen Späthumanisten. Anakreontische Lyrik, eine Dichtung artistisch-weltlosen Spiels in einem erotischen »Elysium« von Dichters Gnaden, nicht ohne deutliche Abwehr sozialer Tugendnormen, wurde insbesondere von der Wittenberger Schule gepflegt. Friedrich Taubmann (1565–1613) und sein Schüler Caspar von Barth (1587–1658) setzten sich souverän über den Stilklassizismus und die Mentalität des Gymnasialhumanismus hinweg und sprengten in syntaktischer Aufschwellung und lexikalischem Neologismus alle bisher eingehaltenen Formkonventionen des lyrischen Textrepertoires.[34]

Ihre Werke wiesen ebenso wie die des größten deutschen Lyrikers jener Zeit, des kurpfälzischen Rats und Bibliothekars Paul Schede Melissus (1539–1602), bereits auf die Stillagen des barocken Jahrhunderts. Schede, in ganz Europa herumgekommen, kannte die Dichter der Pléiade aus intimem persönlichem Umgang.[35] Sein Werk war auf protestantischer Seite die letzte große deutsche Nationaldichtung in lateinischem Gewand, ein europäisches Ereignis. Ihr Verfasser maß sich an den Franzosen und im Bewußtsein der Ebenbürtigkeit an drei großen Vorgängern: Celtis, Hutten, Lotichius.[36] Horazische Muster verschmolz er mit dem poetischen Enthusiasmus und dem hohen, zugleich dunklen Stil der Pindarischen Ode. Reflexion und subtiler Bilderreichtum, emotionale Dynamik und kreative Inspiration, kombinatorische Phantasie und feinsinnige Selbstbeobachtung prägten den Variationsreichtum eines lyrischen Werks, das z. T. ungedruckt blieb und an den Leser höchste Anforderungen stellte. Zeitgenossen sahen in Schede den ›poeta princeps‹ seiner Epoche, Elisabeth I. von England schloß sich dieser Formulierung an.[37]

II. *Die muttersprachliche Lieddichtung*

1. Vorbemerkungen: Die Symbiose von Text und Musik

Auf der Ebene der Muttersprache gehörte die im weiteren Sinne ›lyrische‹ Versdichtung des 16. Jahrhunderts noch zum Einzugsbereich spätmittelalterlicher Formtraditionen. Dies gilt für die didaktische, satirische und episch-beschreibende Spruchliteratur (hier weitgehend ausgespart) ebenso wie für die sich in unerhörter Breite und Fülle entfaltende Liedproduktion. Manche Lieder aus dieser Zeit sind in Wort und Weise im Gedächtnis der Deutschen geblieben, seit Herder und den Romantikern als Ausdruck volkstümlichen Empfindens aufgewertet und zu neuen literarischen Ehren gebracht. In allen sozialen Lebensräumen spielte das gesungene Lied eine kaum zu überschätzende Rolle: in Haus, Schule und Kirche, in der Stadt und am Hof, nicht zuletzt im Alltag des arbeitenden Volkes. Das Hören und Singen von Liedern entband offenbar elementare kulturelle Bedürfnisse. Der gemeinsame Liedgesang war ein kommunikativer Faktor ersten Ranges, zugleich ein integratives Element spontaner oder organisierter Geselligkeit: im genossenschaftlichen Meistersang der städtischen Handwerker, in der liturgischen oder außerliturgischen Versammlung der Kirchengemeinde, im ›convivium musicum‹ dilettierender Laien (vor allem des urbanen Bürgertums)[38] und in der von Hof und Oberschicht getragenen Musikpflege bei festlichem Anlaß. Die Gepflogenheiten der musikalischen Darbietung prägten die ästhetischen Konventionen weltlicher und geistlicher Texte. Sie waren dem schlichten wie auch meistersingerlich-virtuosen Solovortrag unterlegt oder bildeten die verbale Seite des Chorgesangs in Kirche und Schule sowie der mehrstimmigen Vokalkompositionen. Strophische Bindungen der Verse entsprachen der melodischen Fügung.

Beide zusammen markierten den jeweiligen ›Ton‹ eines Liedes, der als festes Schema übernommen werden konnte. Infolge dieser Symbiose von Text und Musik verloren Mängel an Gewicht, die dem heutigen Leser bei der bloßen Lektüre von Zeugnissen des Meistersangs und z. T. auch des geistlichen Lieds auffallen. Verse wurden hier nach fester Silbenzahl bemessen und der gewohnte Wortlaut nicht selten durch Verkürzungen und Verschleifungen zurechtgestutzt. Soweit man sich an die Regel alternierender Betonung hielt (etwa im strengen Knittelvers, dem paarweise gereimten Vierheber z. B. bei Hans Sachs), kam es zu stellenweise schwer erträglichen Widersprüchen von Versiktus und Wortakzent. Dagegen entsprachen viele volkstümliche Lieder, von schulmeisterlichen Zwängen unbeeinflußt, dem natürlichen Sprachfluß; hier war es möglich, in der metrischen Gliederung nicht schematisch zu verfahren, sondern das alte Prinzip der sogenannten Füllungsfreiheit zu erhalten.

Die terminologischen Unterscheidungen zwischen Volks-, Kunst- und Gesellschaftslied sind in der Forschung vieldiskutiert.[39] Einordnungsversuche finden mögliche Anhaltspunkte weniger in Thematik und Textstruktur als in den sozialen Aspekten der Entstehung, Aufnahme und Verbreitung. Wie das literarisch fixierte, einem bestimmten Autor oder Dichterkomponisten zuzuschreibende Kunstlied war auch das Volkslied ursprünglich eine individuelle Schöpfung. Es wurde allerdings sehr oft anonym weitergegeben, dabei im Prozeß der mündlichen Tradition »umgesungen« oder »zersungen«. Das bedeutet, daß der jeweilige Rezipient den Text veränderte, z. B. aktualisierte, verkürzte oder ergänzte, oft auch mit Passagen ähnlicher Lieder verschmolz. Dies war deshalb möglich, weil Wortlaut und Melodien gleichermaßen schriftlich wie mündlich überliefert wurden. Gegenseitige Wechselwirkung verschiedener Fassungen sorgte gerade bei beliebten Werken für eine große Variationsbreite der Textgestaltung. Während des ganzen Jahrhunderts blieben neben den gedruckten Liederbüchern auch die handschriftlichen, für den Privatgebrauch angelegten Sammlungen wichtige Überlieferungsträger. Beide schöpften nicht nur aus der »oralen« Tradition, sondern auch aus der massenhaften »Liedpublizistik«.[40] Fast alle Liedtypen wurden nämlich, in Reaktion auf die rege Nachfrage und den großen Bedarf, von geschäftstüchtigen Druckern in Form von Flugblättern und Flugschriften verbreitet. Das populäre Kleinschrifttum, oft mit Holzschnitten illustriert, war seit etwa 1500 nicht nur Medium neugeschaffener Lieder im Dienst konkreter Zielvorstellungen (Belehrung, Erbauung, Information, Polemik, Agitation usw.), sondern konservierte auch unschätzbare, literarhistorisch weit zurückweisende Dichtungen und Stoffe (Liebeslieder und Heldenballaden wie z. B. das zuerst um 1522 gedruckte *Jüngere Hildebrandslied*).[41]

2. Hans Sachs als Vertreter des Meistersangs

Vom jungen Goethe als Vorbild berufen, in Richard Wagners Oper *Die Meistersinger von Nürnberg* gefeiert, galt der Schuhmacher Hans Sachs (1494–1576) lange Zeit als archetypischer Repräsentant »deutscher Art und Kunst«.[42] Der vom mittelständischen Handwerk getragene, jedoch nicht auf diesen sozialen Kreis zu beschränkende Meistersang fand tatsächlich in ihm den maßgeblichen, überregional wirksamen

Autor eines weitgespannten Lebenswerks, das die Mentalität des frühneuzeitlichen Erwerbsbürgertums in konservativen wie auch vorwärtsweisenden Denkhaltungen vertrat. In seinem Kunstbewußtsein wußte sich Sachs auf seine Weise den Gelehrtendichtern ebenbürtig; in seiner Wißbegierde, die alle muttersprachlichen Neuerscheinungen verschlang, öffnete er auch dem »gemeinen Mann« den Zugang zu Themen und Stoffen der Antike und der romanischen Literatur; im wachen Augenmerk, das er auf die großen politisch-religiösen Umwälzungen richtete, vertrat er die Emanzipation des Laien. Kaum ein anderes Gedicht hat wirkungsvoller die Botschaft vom Sieg Luthers über die Feinde Christi verkündet als Sachsens *Wittenbergisch Nachtigall* (1523), ein zum längeren Spruchgedicht umgearbeitetes Meisterlied, das mit seinen Eingangsversen (»Wacht auff es nahent gen dem tag . . .«) alle »liebhaber Ewanngelischer wahrhait« aufrütteln wollte.[43]

Was am Meistersang heute befremdet, hängt mit den institutionellen Voraussetzungen dieser Kunstübung zusammen. Seine Anhänger verstanden sich in hohem Traditionsbewußtsein als Nachfolger der großen mittelalterlichen Dichter (vgl. den Beitrag von Ulrich Müller). Gedichtet wurde nach der sogenannten Tabulatur, einem im Hinblick auf Reim und Metrum, Strophenbau, Kompositionsform, Sprache und Vortragsweise genau ausgeführten Regelkodex. Sachs selbst verfaßte 1540 den bis tief ins 17. Jahrhundert gültigen »Schuelzettel zu Nurnberg«. Meistersinger zu werden setzte die Erfindung eines eigenen ›Tons‹ voraus. Schon auf seiner Wanderschaft als Handwerksbursche gelangen Hans Sachs in diesem Sinne eigene Schöpfungen (sog. Silberweise, 1513). Der hier zu beobachtende Originalitätsanspruch ordnete sich freilich jederzeit dem esoterischen Gemeinschaftsethos der Singschule unter. Publiziert durften Meisterlieder nicht werden; sie waren nur für den inneren Zirkel der aktiven Sänger bestimmt. Als künstlerische Kontrollinstanz wirkten hier die ›Merker‹, regelkundige Meister, die neben der förmalen Seite auch die stofflich-thematische Gebundenheit der Lieder überwachten. Zentrale Kriterien der Form waren korrekter Versbau und vor allem einwandfreie Reimkorrespondenzen. Im Bau der Strophe hielt man an der mittelalterlichen Dreiteiligkeit fest. Zwei sogenannte Stollen, die auch wiederholt werden konnten, bildeten den ›Aufgesang‹. Der Schluß der Strophe (Abgesang) konnte frei gestaltet werden. Längere, besonders anspruchsvolle Werke bestanden aus verschiedenen ›Tönen‹ mit jeweils drei Strophen.

Weltliche Gesänge mit schwankhaftem, scherzhaftem oder satirischem Zuschnitt erlaubte man sich nur beim inoffiziellen ›Zechsingen‹ im Wirtshaus. Im Schulbetrieb dominierte ein Kunstwollen, das von populärer Unterhaltung abgesetzt war und auf sachliche Belehrung und religiöse Erbauung abzielte. Die Normen bürgerlicher Sittlichkeit sowie – infolge der protestantischen Ausrichtung der meisten Singschulen – die Lehren der Hl. Schrift galten als unverrückbarer Maßstab. Hans Sachs hat dem Meistersang auf dem profanen Sektor z. T. völlig neue Stoffgebiete erschlossen: historische oder legendenhafte Ereignisse der Vergangenheit, Geschehnisse der Zeitgeschichte, antike Mythologie, Fabeln und Vorlagen aus Chroniken, Reisebeschreibungen sowie antiker und moderner Literatur. Dieser Drang zu enzyklopädischer Stoffülle ließ kaum Überlegungen zur ästhetischen Vereinbarkeit von Liedform und Themenwahl zu. Gerade bei Sachs machte sich eine »fast unbezwingbare Freude am Erzählen« (Geiger) geltend. Auch kulturell fremde Vorlagen wurden unbefangen auf Sinnhorizonte des Alltags bezogen und moraldidaktisch aufbereitet. Nur selten gelang die künstlerisch so gelungene Umsetzung wie in Sachsens Lied *Der edelfalk* (1543 nach einer Novelle von Boccaccio).[44]

3. Verkündigung und Andacht: Das geistliche Lied

Für die Bewußtseinsbildung und Lebenswirklichkeit breiter Bevölkerungskreise, aber auch für die schöpferische Entwicklung der späteren geistlichen Dichtung kommt den Kirchenliedern Martin Luthers eine überragende Bedeutung zu. Zu seinen Lebzeiten wurden sie vor allem in drei mehrfach aufgelegten, jeweils nach verschiedenen Prinzipien angeordneten Gesangbüchern verbreitet (1524, 1529, 1545), die der Reformator mit programmatischen Vorworten versehen hatte.[45] Nicht poetischer Ehrgeiz ließ ihn zur Feder greifen, sondern das Gebot der Stunde: Motive der Seelsorge und der Wille zur kraftvollen Demonstration des reformatorischen Glaubens. Den Anfang machte 1523 ein polemisches Ereignislied, das den Märtyrertod zweier in Brüssel verbrannter Mönche behandelte (*Ein neues Lied wir heben an*). In den Folgejahren stand der planmäßige Ausbau des volkssprachlichen Liedguts ganz im Zeichen der Meßreform. Die alte Kirche hatte den Volksgesang im wesentlichen nur außerhalb der Liturgie, etwa bei Wallfahrten, Prozessionen und Krippenspielen gestattet. Nun sollte der Gottesdienst von den Laien getragen werden, nicht mehr vom Klerus. Das erforderte den Ersatz der lateinischen Hymnen. Luthers Rivale Thomas Müntzer hatte zu diesem Zweck bereits mehrere altkirchliche Texte übersetzt (*Deutsches Kirchenamt*, 1523).[46]

In Berufung auf Worte des Apostels Paulus und nach dem Vorbild besonders der alttestamentarischen Psalmen stellte Luther das gesungene Wort in den Dienst der Verkündigung und des Gotteslobs. Darin lag auch eine pädagogische Absicht. Bereits in der Schule sollten sich der Jugend im Chorgesang zentrale Wahrheiten des Glaubens einprägen. Nicht zuletzt weil sich die Gemeinden nur langsam mit den neuen Liedern vertraut machen konnten, sah Luther im Vortrag der ›Schola‹ weiterhin eine willkommene Ergänzung des liturgischen Ablaufs. Daß er darüber hinaus den Liedgesang als spontanen Ausdruck der in Christus zugesagten Heilsgewißheit interpretierte, belegt eindrucksvoll eine Äußerung der letzten Gesangbuchvorrede (1545):[47]

»Denn Gott hat unser hertz und mut frölich gemacht, durch seinen lieben Son, welchen er für uns gegeben hat zur erlösung von sunden, tod und Teuffel. Wer solchs mit ernst gleubet, der kans nicht lassen, er mus frölich und mit lust davon singen und sagen, das es andere auch hören und herzu komen.«

Nach ihrem geistlichen Gehalt und den zugewiesenen Gelegenheiten bzw. Funktionen in der Liturgie lassen sich Luthers Lieder z. T. in klar umrissene Gruppen einteilen. Auf die verschiedenen Feste des Kirchenjahres bezogen sich die »de tempore«-Stücke. Der Ordnung der neugestalteten Messe (als Liedgottesdienst organisiert seit der *Formula missae*, 1523)[48] folgten u. a. das deutsche Credo *Wir glauben all an einen Gott*, die Lieder für den Gesang nach der Predigt und zur Austeilung des Abendmahls sowie das muttersprachliche Agnus Dei (*Christe, du Lamm Gottes*). Seit dem Wittenberger Gesangbuch von 1529 wurde die Reihe der lehrhaften Katechismuslieder zusammengefaßt. Sie waren auch für Haus und Schule bestimmt und überführten die zehn Gebote und das Vater Unser in Versform. An die spezifisch reformatorische Botschaft, »wie der Sünder zur Gnade kommt«, sollte nach Luthers Willen ein dazugehöriges »Deutelied« in theologisch korrekter Systematik erinnern (*Nun freut euch, liebe Christen gmein*). Diesen Liederkreisen läßt sich anschließen eine nur ungefähr abgrenzbare Abteilung von »Kampf-, Klage- und Bittliedern zu Zeitsituation«, darunter Luthers Bitte um Frieden (*Verleih uns Frieden gnädiglich*), das schlichte, ohne Vorlage verfaßte Kinderlied (!) wider Papst und Türken (*Erhalt uns, Herr, bei deinem Wort*, 1541), vor allem aber das Trost- und Vertrauenslied *Eine feste Burg ist unser Gott* (erschienen 1529).[49]

Dieses gewiß populärste Luther-Lied, bald parodiert (im 19. Jahrhundert in nationalistischem Pathos nachgeahmt), von Heinrich Heine als »Marseiller Hymne der Reformation« bezeichnet und fälschlich mit Luthers Auftritt in Worms in Verbindung gebracht, verwendete sprachliche Elemente des 46. Psalms, stützte sich aber vor allem auf die Kampfmetaphorik des reformatorischen Flugschrifttums. In einfachen, aber wirksamen Formeln und anschaulichen Bildern deutet Luther, seiner Geschichtsmetaphysik entsprechend, die Not der Zeit als Ringen zwischen Gott und dem Teufel (»der alt böse feind«). Die geschichtliche und psychische Realität von Bedrängnis und Anfechtung weist auf den heilsgeschichtlichen Antagonismus, in dem sich der gläubige Mensch, festhaltend am biblischen Wort, wider alle Drohungen und Gefahren der Hilfe Gottes sicher sein darf.

Kaum mehr als ein halbes Dutzend der Lutherschen Lieder sind freie Neudichtungen. Die anderen Texte schließen sich bewußt an überkommene literarische Modelle an, in denen man die Situation des Gläubigen, die Haltungen von Lob, Bitte und Gebet sowie die innere Wirkung auf angefochtene Seelen beispielhaft vergegenwärtigt fand. Dies galt in erster Linie für die Psalmen:[50]

»Da sind die Psalmen recht lieblich und süsse, Denn sie tröstlich alle betrubten, elenden gewissen sind, die in der sunden angst, und todes marter und furcht, und allerley not und jamer stecken. Solchen hertzen ist der Psalter, weil er den Messia singet und predigt, ein süsser, tröstlicher, lieblicher gesang.«

Luther erfuhr hier die bewegende und beglückende Wirkung der

»Grammatica und Musica, da die wort zierlich und künstlich gestellet sind, und der gesang oder dohn süsse und lieblich lautet, das da heisst, Schöner text und Schöne noten.«

Von den Psalmliedern sei hier nur die Bearbeitung des 130. Psalms, des sechsten der Bußpsalmen, genannt: *Aus tiefer Not schrei ich zu dir*. Das Vorlagenspektrum wird ergänzt durch neutestamentliche Versifizierungen, besonders aber durch den vielfachen Rückgriff auf altkirchliche lateinische Hymnen, die z. T. schon in deutschen Fassungen greifbar waren: *Nun komm, der Heiden Heiland* (*Veni redemptor gentium* des Ambrosius), *Herr Gott, dich loben wir* (*Te deum laudamus*) oder (nach einer Antiphon des 13. Jahrhunderts) *Mitten wir im Leben sind mit dem Tod umfangen*. Wegweisend für spätere Verfasser machte sich Luther bereits die Technik der sogenannten Kontrafaktur zunutze: das geistliche Lied übernahm dabei den ›Ton‹ einer weltlichen Weise (so etwa *Vom Himmel hoch da komm ich her*).

Die Vielzahl der von Luther verwendeten strophischen Formen deutet auf den heterogenen Charakter der literarischen Überlieferungen, die in seinem Liedwerk zusammenflossen. Schlichte Vierzeiler (nach den sog. Ambrosianischen Hymnen sowie deutschen Volksliedern) kontrastieren komplizierten Verbindungen. Luthers eigene Handschrift zeigt sich am ehesten in der Gruppe der Siebenzeiler (sog. Lutherstrophe) und Neunzeiler: jeweils dreiteilig gebaut mit reimloser, stark abgesetzter Schlußzeile (Waise). Auch in der Sprachgestalt der Lieder herrscht eine wirkungs- und themenbezogene Mannigfaltigkeit: epische Erzählpartien, dramatische Antithesen, spruchartig didaktische Reihen, Gebets- und Preisrufe stehen nicht selten im selben Liedwerk. Dies kann hier im einzelnen nicht weiter verfolgt werden.

Es wäre verfehlt, unter dem Eindruck der Luther-Lieder zu vergessen, daß in fast allen protestantischen Territorien (neben den zahlreichen Einzeldrucken) eigene Gesangbuchtraditionen entstanden. Mit Luther und nach ihm wirkten viele namhafte Autoren, die den Typenradius der Lieddichtung auf beinahe alle Anlässe bzw. Gebrauchszwecke des öffentlichen wie privaten Lebens erweiterten: Reise-, Tisch- und Kinderlieder, Sterbelieder wie *O Welt, ich muß dich lassen* (eine Kontrafaktur von *Innsbruck, ich muß dich lassen*), Morgenlieder wie das hundertfach nachgeahmte *Wie schön leuchtet der Morgenstern* des bereits von der wiederentdeckten mittelalterlichen Mystik beeinflußten Philipp Nicolai (1556–1608). Von ihm stammt auch *Wachet auf, ruft uns die Stimme*. An Beispielen von Nikolaus Herman (um 1480–1561) und Nikolaus Selnecker (1530–92) ließe sich verfolgen, wie die Normen religiöser Sozialethik in der Kritik gesellschaftlicher Mißstände konkretisiert werden konnten.[51]

Nur stichwortartig ist hier weiter zu erinnern an das eigenständige Liedgut des oberdeutschen Raums mit den hochrangigen Werken der in Konstanz lebenden Brüder Thomas und Ambrosius Blaurer (1492–1564). Daß sich auch die katholische Kirche dem attraktiven Medium des Lieds nicht verschließen konnte und wollte, bewies das Gesangbuch des Michael Vehe (1537), dem später u. a. die von Johannes Leisentritt herausgegebenen *Geistlichen Lieder und Psalmen* (1567) folgten. In den calvinistischen Gemeinden beschränkte man sich – streng biblisch – auf den Psalmengesang. Vorbild war der französische Hugenottenpsalter. Nach wenig erfolgreichen Übersetzungsversuchen des Schede Melissus wurde überall die deutsche Version des Königsbergers Ambrosius Lobwasser eingeführt (Erstdruck 1573).[52] Abseits der etablierten Kirchen hielten sich nicht nur die Taufgesinnten und religiöse Gruppen wie die Schwenkfeldianer, sondern auch einzelne Vertreter eines Christentums, das sich gegen jeden praxislosen Dogmatismus wandte. Der geniale Sebastian Franck hat das in die Zukunft weisende Programm dieser Kirche des Geistes in einem seinerzeit (1529) provokativ wirkenden Lied verdeutlicht.[53] Bereits vor der Reformation lag im Liedgut der Böhmischen Brüder das Zeugnis einer literarisch produktiven Laienfrömmigkeit vor (gesammelt von Michael Weiße, 1531). Die Lieder der erbarmungslos verfolgten Wiedertäufer verschiedener Schattierungen standen sozialgeschichtlich in dieser Tradition: manche Texte wurden, noch heute bewegend, im Angesicht des Todes verfaßt, als im Flugblatt weitergereichte Bekenntnisbotschaft und hoffnungsfrohe Zurüstung zur letzten irdischen Anfechtung.[54]

4. Tradition und Innovation beim weltlichen Lied

Von der »Gebrauchskunst fürstlicher Hofhaltungen«, die sich auch das Bürgertum zu eigen machte, bis hin zu den Brauchtumsliedern, ›Bergreihen‹, Gassenhauern, den erotischen Schwänken sowie den Handwerker- und Landsknechtsliedern, aus denen wir Lebensäußerungen literarisch sonst sprachloser Gruppen heraushören, reichte das soziale Spektrum des weltlichen Lieds. Bis weit über die Jahrhundertmitte hinaus standen Formensprache, Themenarsenal und Motivkomplexe in der Kontinuität spätmittelalterlicher Literaturmuster. Die Gruppe der in der Strophenstruktur variationsreichen sogenannten Hofweisen, im kunstmäßigen Ehrgeiz dem Meistersang verwandt, wurde zumeist von Berufsmusikern vertont (z. T. auch verfaßt). Ein Komponist wie der Mediziner Georg Forster (um 1514–68), am Heidelberger Hof ebenso zu Hause wie in der städtischen Gesellschaft (Nürnberg), repräsentierte bereits den neuen Bildungshabitus der Renaissance. Seine fünfteilige Kollektion *Frischer Teutscher Liedlein* (1539–56) schöpfte auch aus älteren Überlieferungen und vereinigte artifizielle Stücke mit volksläufigem Liedgut.[55] Daß sich in vielfacher Abwandlung und gelegentlich auch Vergröberung Gedichttypen des Minnesangs weiterhin als fruchtbar erwiesen, fällt besonders beim situativen Schema des nach wie vor beliebten ›Tagliedes‹ auf, das aus wechselndem Blickwinkel Abschied und Trennung zweier Liebender am Morgen nach der Liebesnacht besang (z. B. *Wach auff, meins Hertzen ein schöne*).[56]

Das Erzähllied überformte nicht nur alte Stoffe der Heldenepik, sondern führte auch gefühlsmäßig ergreifende Lebensschicksale vor – wie etwa in der Ballade von den beiden Königskindern (stofflich auf Ovids Geschichte von Hero und Leander zurückgehend).[57] Zahlreich vertreten sind Sprüche und Lieder, die aktuelle politische und militärische Ereignisse behandelten. Die Verfasser gaben sich manchmal als Augenzeugen zu erkennen und ließen es an parteilicher Stellungnahme nicht fehlen. Hierzu gehört die wichtige Liedpublizistik zum Bauernkrieg (um 1525). Weniger aktueller Information als moralischer Belehrung oder der Befriedigung von Sensationslust diente eine verwandte Form der historisch-politischen Ereignisdichtung: das auf die Manier der Bänkelsänger vorausweisende Zeitungslied. Mordgeschichten, Hinrichtungen, Kometenerscheinungen, Mißgeburten, Wunder und Katastrophen aller Art wurden nicht nur berichtet, sondern bisweilen auch agitatorisch kommentiert (z. B. im religiösen antijüdischen Flugschrifttum, das etwa an vermeintliche Hostienfrevel anknüpfte).

Eine historische Zäsur der deutschen Lieddichtung haben wir nach der Jahrhundertmitte im Eindringen italienischer Formen und Sangweisen zu sehen. Die *Kurtzweiligen Teutschen Lieder* (erschienen in drei Bänden 1576–79) des u. a. in Prag wirkenden Jacob Regnart (1540–99), auch Liederbücher z. B. des Südtirolers Leonhard Lechner, der bei dem nach München berufenen Orlando di Lasso gelernt hatte, stehen für die verbreitete Rezeption von Madrigal, Kanzone und Villanelle. Volksliedhafte Schöpfungen wie das berühmte Regnartsche Lied *Venus, du und dein Kind*[58] finden sich nun neben Terzinenstrophen. Vorstellungen und Motive romanischer Lyrik (Petrarkismus) werden aufgenommen, die sprunghafte gedankliche Bauart des alten Lieds erscheint nun intellektuell durchkonstruiert, die Korrespondenz von Vers- und Wortakzentuierung stärker beachtet. Auch musikalisch herrscht ein Nebeneinander alter und neuer Kompositionsarten (Abkehr von der polyphonen Kontrapunktik; Wendung zum Generalbaßlied mit der Melodie im Diskant). Von den Liederdichtern des letzten Jahrhundertdrittels führen zahlreiche Fäden zur gesanglichen Lyrik der folgenden Epoche.

Anmerkungen

Verwiesen wird in Auswahl auf wichtige bzw. leicht greifbare Textausgaben und Textbeispiele, ferner auf Spezialliteratur zum historischen Verständnis sowie zu Personen und Werken; hierzu ergänzend die Gesamtbibliographie S. 605–636.

1 Vgl. Peter Ukena: Legitimation der Tat. Ulrich von Huttens *Neu Lied*. In: Gedichte und Interpretationen. Bd. 1: Renaissance und Barock. Hrsg. von Volker Meid. Stuttgart 1982. S. 42–52.

2 Beispielhaft Eoban Hesse: Eobanus posteritati. In: Lateinische Gedichte deutscher Humanisten. Lat. und Dt. Hrsg. von Harry C. Schnur. Stuttgart 1966 [u. ö.]. S. 210–219.

3 Wackernagel III. Nr. 1374. Abgedr. in: Deutsche Literatur des 16. Jahrhunderts. Hrsg. von Adalbert Elschenbroich. München 1981. Bd. 1. S. 121 f. Vgl. eine lat. Übersetzung des Lieds in: Karl-Otto Conrady: Lateinische Dichtungstradition und deutsche Lyrik des 17. Jahrhunderts. Bonn 1962. S. 126 f.; zum Typus antikisierender Lyrik nach wie vor lesenwert: Ernst Voege: Mittelbarkeit und Unmittelbarkeit in der deutschen Lyrik. Untersuchungen an lyrischen Gedichten des Altertums und der Neuzeit [...]. München 1932. Nachdr. Darmstadt 1968.

4 Zitiert nach F. A. Cunz: Geschichte des deutschen Kirchenliedes vom 16. Jahrhundert bis auf unsere Zeit. Nachdr. der Ausg. 1855. Wiesbaden 1969. T. 1. S. 383.

5 Vgl. die umfassende Darstellung des Maximilian-Kreises von Jan-Dirk Müller: *Gedechtnus*. Literatur und Hofgesellschaft um Maximilian I. München 1982. Zum deutschen Humanismus im Überblick: Eckhard Bernstein: Die Literatur des deutschen Frühhumanismus. Stuttgart 1978; Heinz-Otto Burger: Renaissance, Humanismus, Reformation. Deutsche Literatur im europäischen Kontext. Bad Homburg 1969; Lewis W. Spitz: The Course of German Humanism. In: Itinerarium Italicum. The Profile of the Italian Renaissance in the Mirror of its European Transformations. Hrsg. von Heiko A. Obermann und Thomas A. Brady. Leiden 1975. S. 371–436; Humanismusforschung seit 1945. Ein Bericht aus interdisziplinärer Sicht. Boppard 1975; The Renaissance and Reformation in Germany. Hrsg. von Gerhart Hoffmeister. New York 1977.

6 Grundlegend nach wie vor Friedrich Paulsen: Geschichte des gelehrten Unterrichts auf den deutschen Schulen und Universitäten. 3., erw. Aufl. Hrsg. von R. Lehmann. 2 Bde. Leipzig [u. a.] 1919–21; Georg Mertz: Das Schulwesen der deutschen Reformation im 16. Jahrhundert. Heidelberg 1902; zu Sturm (mit der neueren Literatur zur Schul- und Bildungsgeschichte) vgl. Anton Schindling: Humanistische Hochschule und freie Reichsstadt. Gymnasium und Akademie in Straßburg 1538–1621. Wiesbaden 1977.

7 Joachim Vadianus: De Poetica Et Carminis Ratione. Krit. Ausg. mit dt. Übers. und Komment. von Peter Schäfer. 3 Bde. München 1973–77; vgl. ferner Heinz Entner: Zum Dichtungsbegriff des deutschen Humanismus. In: Ingeborg Spriewald [u. a.]: Grundpositionen der deutschen Literatur im 16. Jahrhundert. Berlin/Weimar 1972. S. 330–400. Vgl. ferner August Buck: Der Begriff des »poeta eruditus« in der Dichtungstheorie der italienischen Renaissance. In: A. B.: Die humanistische Tradition in der Romania. Bad Homburg 1968; sowie ders.: Die »studia humanitatis« und ihre Methode. In: Bibliothèque d'Humanisme et Renaissance 21 (1959) S. 273–290.

8 Vgl. Eckart Schäfer: Conrad Celtis' Ode an Apoll. Ein Manifest neulateinischen Dichtens in Deutschland. In: Gedichte und Interpretationen (Anm. 1) S. 81–93. Zum ideellen Kontext s. Franz-Josef Worstbrock: Über das geschichtliche Selbstverständnis des deutschen Humanismus. In: Historizität in Sprach- und Literaturwissenschaft. Hrsg. von Walter Müller-Seidel. München 1974. S. 499–519.

9 Dazu Günter Hess: Deutsche Literaturgeschichte und neulateinische Literatur. Aspekte einer gestörten Rezeption. In: Acta Conventus Neo-Latini Amstelodamensis. Hrsg. von Pierre Tuynman. München 1979. S. 493–538. Zur Bedeutung der neulateinischen Literatur: Jozef Ijsewijn:

Diffusion et importance historique de la littérature néo-latine. In: arcadia 4 (1969) S. 66–86; ders.: Companion to Neo-Latin Studies. Amsterdam / New York / Oxford 1977; Karl Maurer: Präsenz der römischen Dichtung in der europäischen Literatur. In: Latein und Europa. Hrsg. von Karl Büchner. Stuttgart 1978. S. 243–281.

10 Vgl. Einleitung und Ausgabe der *Basia*, hrsg. von Georg Ellinger. Berlin 1899; ferner Johannes Secundus: Opera. Facsimile of the edition Utrecht 1541. Nieuwkoop 1969; zum thematischen Kontext s. Nicolas James Perella: The Kiss Sacred and Profane. An Interpretative History of Kiss Symbolism [. . .]. Berkeley / Los Angeles 1969; spez. zur Rezeption in Deutschland Hans Pyritz: Paul Flemings Liebeslyrik. Göttingen 1963.

11 Das Epicedion auf Dürer lat. und dt. in: Spätmittelalter – Humanismus – Reformation. Texte und Zeugnisse. Hrsg. von Hedwig Heger. München 1975/78. Bd. 2. S. 464–467. Zum Tode Pirckheimers (lat. und dt.). In: Deutsche Literatur des 16. Jahrhunderts (Anm. 3) Bd. 1. S. 244–246.

12 Dazu mit Gedichtbeispielen Wilhelm Kühlmann: Gelehrtenrepublik und Fürstenstaat. Entwicklung und Kritik des deutschen Späthumanismus in der Literatur des Barockzeitalters. Tübingen 1982. Spez. S. 35 ff.

13 Murmellius (lat. und dt.) in Auszügen in: Spätmittelalter – Humanismus – Reformation (Anm. 11) Bd. 2. S. 470–475; Eoban Hesse: Norimberga Illustrata. Hrsg. von J. Neff. Berlin 1896; ein wichtiger Überblick über die Gattung bei William Hammer: Latin and German Encomia of Cities. Diss. Chicago 1937.

14 Auszüge lat. und dt. in: Lateinische Gedichte deutscher Humanisten (Anm. 2) S. 346–355.

15 Zu Philesius s. ebd. S. 334–337; zu Fiedler ebd. S. 140–147.

16 Dazu Anke-Marie Lohmeier: Beatus ille. Studien zum »Lob des Landlebens« in der Literatur des absolutistischen Zeitalters. Tübingen 1981. Spez. S. 109 ff. zu neulateinischen Beispielen.

17 Zu Leben, Werk, Textausgaben und Forschung umfassend Eckart Schäfer: Deutscher Horaz. Conrad Celtis, Georg Fabricius, Paul Melissus, Jacob Balde. Die Nachwirkung des Horaz in der neulateinischen Dichtung. Wiesbaden 1976. S. 1–38; Müller (Anm. 5); vgl. auch die Angaben bei Schäfer (Anm. 8); wichtig immer noch Friedrich von Bezold: Conrad Celtis. Der deutsche Erzhumanist. Darmstadt 1959. (Erstdr. 1883).

18 Celtis in seiner *Ars versificandi*, hier zitiert nach Schäfer (Anm. 17) S. 9 (vgl. dort im Zusammenhang).

19 Vgl. dazu Dieter Wuttke: Textkritisches Supplement zu Hartfelders Edition der Celtis-Epigramme. In: Renatae Litterae. August Buck zum 60. Geburtstag. Hrsg. von Klaus Heitmann und Eckhart Schroeder. Frankfurt a. M. 1973. S. 105–130; Raimund Kemper: Die Redaktion der Epigramme des Celtis. Kronberg (Taunus) 1975.

20 Dt. und lat. in: Lateinische Gedichte deutscher Humanisten (Anm. 2) S. 40 f.

21 Euricius Cordus: Epigrammata. Hrsg. von Karl Krause. Berlin 1892; und dt. in Auswahl in: Lateinische Gedichte deutscher Humanisten (Anm. 2) S. 58–67; Hesses Luther-Elegien greifbar in: Humanismus und Renaissance in den deutschen Städten und an den Universitäten. Hrsg. von Hans Rupprich. Nachdr. Darmstadt 1964. S. 209–223.

22 Grundlegend zu Hesse nach wie vor Carl Krause: Helius Eobanus Hessus. Sein Leben und seine Werke [. . .]. 2 Bde. Gotha 1879. Nachdr.: Nieuwkoop 1963.

23 Vgl. Eckart Schäfer: Bukolik und Bauernkrieg. Camerarius als Dichter. In: Joachim Camerarius (1500–1574). Beiträge zur Geschichte des Humanismus im Zeitalter der Reformation. Hrsg. von Frank Baron. München 1978. S. 121–151.

24 Dazu Harry Vredeveld: Der heroische Brief *Maria Magdalena Jesu Christo* aus den *Heroidum libri tres* des Helius Eobanus Hessus. In: Daphnis 6 (1977) S. 65–90; grundlegend Heinrich Dörrie: Der heroische Brief. Bestandsaufnahme, Geschichte, Kritik einer humanistisch-barocken Dichtgattung. Berlin 1968.

25 Dt. und lat. in: Lateinische Gedichte deutscher Humanisten (Anm. 2) S. 296–297. Zu Person und Werk s. Johann Classen: Jacob Micyllus als Schulmann, Dichter und Gelehrter. Frankfurt a. M. 1858.

26 Zu Lotichius vor allem Adalbert Schroeter: Beiträge zur Geschichte der neulateinischen Poesie Deutschlands und Hollands. Berlin 1909. S. 36–128; Walther Ludwig: Petrus Lotichius Secundus and the Roman elegists: Prolegomena to a Study of Neo-Latin Elegy. In: Classical Influences on European Culture A. D. 1500–1700. Hrsg. von R. R. Bolgar. Cambridge 1976. S. 171–190; Bernhard Coppel: Bericht über Vorarbeiten zu einer neuen Lotichius-Edition. In: Daphnis 7 (1978) S. 55–106.

27 Der Text mit der späteren, Martin Opitz zugeschriebenen Übersetzung in: Deutsche Literatur des

16. Jahrhunderts (Anm. 3) Bd. 1. S. 264–273; Spätmittelalter – Humanismus – Reformation (Anm. 11) Bd. 2. S. 479–485.

28 El. I 10 (*De Herdesiani, iter inter arma facientis, periculo*); dazu Schroeter (Anm. 26) S. 72 f.

29 Vgl. Eckart Schäfer: Zwischen deutschem Volkslied und römischer Elegie. Imitatio und Selbstfindung in Lotichius' *De puella infelici*. In: Gedichte und Interpretationen (Anm. 1) S. 94–110.

30 Dazu die Detailanalyse von Peter Leberecht Schmidt: »... unde utriusque poetae elegans artificium admirari licebit.« Zur Ovid-Rezeption (am. 2,6) des Petrus Lotichius Secundus (el. 2,7). In: Der altsprachliche Unterricht 23 (1980) H. 6. S. 54–71.

31 Zu Sabinus und Stigel s. Schroeter (Anm. 26) S. 129–164; ferner Georg Ellinger: Johannes Stigel als Lyriker. In: Neue Jahrbücher für das klassische Altertum 20 (1917) S. 374–398; Max Töppen: Die Gründung der Universität Königsberg und das Leben ihres ersten Rectors Georg Sabinus. Königsberg 1844.

32 Grundlegend zur lateinischen und deutschen Bibelpoesie des 16. und 17. Jahrhunderts mit umfassenden Materialien und Nachweisen Hans-Henrik Krummacher: Der junge Gryphius und die Tradition. Studien zu den Perikopensonetten und Passionsliedern. München 1976.

33 Dazu Schäfer (Anm. 17) S. 39–64.

34 Zur lat. Anakreontik s. die Eingangskapitel von Herbert Zeman: Die deutsche Anakreontik. Stuttgart 1972; zu Barth vor allem Schroeter (Anm. 26) S. 267–325.

35 Vgl. Pierre de Nolhac: Un poète Rhenan, ami de la Pléiade: Paul Melissus. Paris 1923.

36 Vgl. das Gedicht *Poetis Italis, Gallis, Hispanis* (lat. und dt.) in: Lateinische Gedichte deutscher Humanisten (Anm. 2) S. 292 f.

37 Maßgeblich zu Schedes Lyrik die Arbeiten von Eckart Schäfer (Anm. 17) S. 64–108; Die *Dornen des Paul Melissus*. In: Humanistica Lovaniensia XXII (1973) S. 217–255; Die Aura des Heiligenbergs. Eine späte petrarkistische Ode des Paul Melissus (Schede). In: Gedichte und Interpretationen (Anm. 1) S. 111–123; vgl. auch Leonard Forster / Jörg-Ulrich Fechner: Das deutsche Sonett des Melissus. In: Daphnis 6 (1977) S. 57–79.

38 Dazu ausführlich Erich Kleinschmidt: Stadt und Literatur in der frühen Neuzeit. Köln/Wien 1982. Spez. S. 66 ff.

39 Vgl. den Forschungsbericht bei Wolf Wilhelm Brednich: Die Liedpublizistik im Flugblatt des 15. bis 17. Jahrhunderts. Baden-Baden 1974/75. Bd. 1: Abhandlung. S. 244 ff.

40 Grundlegend das zweibändige Werk von Brednich (Anm. 39) Bd. 1: Abhandlung; Bd. 2: Katalog der Liedflugblätter des 15. und 16. Jahrhunderts; vgl. auch Wolfgang Brückner: Massenbilderforschung 1968–1978. Erster Teil: Die traditionellen Gattungen der populären Druckgraphik des 15.–19. Jahrhunderts. In: Internationales Archiv für Sozialgeschichte der Literatur 4 (1979) S. 130–178.

41 Text in: Gedichte 1500–1600. Hrsg. von Klaus Düwel. München 1968. S. 43–45; dazu mit Hinweisen auf die Spezialforschung Hellmut Rosenfeld: Heldenballade. In: Handbuch des Volksliedes. Bd. 1. Hrsg. von Rolf Wilhelm Brednich, Lutz Röhrich und Wolfgang Suppan. München 1973–75. S. 57–87. Bes. S. 65 ff.

42 Zu Leben, Werk und Forschung im Gesamtüberblick vgl. Barbara Könneker: Hans Sachs. Stuttgart 1971; Bert Nagel: Meistersang. Stuttgart 1962; Der deutsche Meistersang. Hrsg. von Bert Nagel. Darmstadt 1967; Eugen Geiger: Der Meistergesang des Hans Sachs. Literarhistorische Untersuchung. Bern 1956; Eva Schumann: Stilwandel und Gestaltveränderung im Meistersang. Vergleichende Untersuchungen zur Musik der Meistersinger. Kassel 1972.

43 Hans Sachs: Die Wittenbergisch Nachtigall. Reformationsdichtung. Hrsg. von Gerald H. Seufert. Stuttgart 1974; dazu Barbara Könneker: Die deutsche Literatur der Reformationszeit. Kommentar zu einer Epoche. München 1975. S. 148 ff. (mit weiterer Literatur); Bernd Balzer: Bürgerliche Reformationspropaganda. Die Flugschriften des Hans Sachs in den Jahren 1523–1525. Stuttgart 1973.

44 Vgl. die Interpretation von Ulrich Maché: Boccaccio verbürgerlicht. *Der edelfalk* von Hans Sachs. In: Gedichte und Interpretationen (Anm. 1) S. 70–80.

45 Maßgeblich die Textausgabe mit den Vorreden und Materialien in: D. Martin Luthers Werke. Kritische Gesamtausgabe. Bd. 35: Die Lieder. Hrsg. und eingel. von Wilhelm Lucke. Weimar 1923. Nachdr. Weimar bzw. Graz 1964. Die von mir zitierten Liedanfänge sind der heutigen Orthographie angeglichen; zur ersten Information Könneker (Anm. 43) S. 142 ff.; zu allen literarischen, theologischen und forschungsgeschichtlichen Aspekten nunmehr immer heranzuziehen Gerhard Hahn: Evangelium als literarische Anweisung. Zu Luthers Stellung in der Geschichte des deutschen kirchlichen Liedes. München 1981; vgl. auch Herbert Wolf: Martin Luther: Eine Einführung in germanistische Luther-Studien. Stuttgart 1980; Handbuch zum evangelischen Kirchengesangbuch. Hrsg. von Christhard Mahrenholtz und Oskar Söhngen. Göttingen 1953 ff.;

Christoph Albrecht: Einführung in die Hymnologie. Göttingen 1973; Jürgen Henkys: Das Kirchenlied in seiner Zeit. Hymnologische Beiträge. Stuttgart 1980; Walter Blankenburg: Die Entwicklung der Hymnologie seit etwa 1950. In: Theologische Rundschau 42 (1977) S. 131–170, 360–405 (fortgesetzt); Walther Lipphardt: Über die Begriffe: Kontrafakt, Parodie, Travestie. In: Jahrbuch für Liturgik und Hymnologie 12 (1967) S. 104–111; Waltraud Ingeborg Sauer-Geppert: Kirchenlied. In: Reallexikon der deutschen Literaturgeschichte. Bd. 1. Berlin ²1958. S. 819–852.

46 Vgl. Siegfried Bräuer: Thomas Müntzers Liedschaffen. In: Luther-Jahrbuch 41 (1974) S. 45–102; Walter Ellinger: Thomas Müntzer, Leben und Werk. Göttingen 1975.

47 D. Martin Luthers Werke (Anm. 45) Bd. 35. S. 477.

48 Vgl. dazu Hahn (Anm. 45) S. 39–41.

49 Mit Diskussion der Forschung Hahn (Anm. 45) S. 267–283; vgl. auch Lothar Schmidt:»Und wenn die Welt voll Teufel wär«. Zu Martin Luthers *Eine feste Burg ist unser Gott.* In: Gedichte und Interpretationen (Anm. 1) S. 55–67.

50 Die folgenden Zitate aus M. Luther: Von den letzten Worten Davids, 1543. In: D. Martin Luthers Werke (Anm. 45) Bd. 54. S. 33 f.

51 Vgl. die in *Deutsche Literatur des 16. Jahrhunderts* (Anm. 3) abgedruckten Lieder S. 115 ff. bzw. 124 ff. (*Klagelied / von jetzigem zustand vieler armer Leute / an manchen orten / unnd Gebet für die Obrigkeit*).

52 Dazu besonders Erich Trunz: Ambrosius Lobwasser. Humanistische Wissenschaft, kirchliche Dichtung und bürgerliches Weltbild im 16. Jahrhundert. In: Altpreußische Forschungen 9 (1932) S. 29–72; sowie ders.: Die deutschen Übersetzungen des Hugenottenpsalters. In: Euphorion 29 (1928) S. 578–617.

53 Sebastian Franck: Von vier zwiträchtigen Kirchen, deren jede die andere verhasset vnnd verdammet. Abgedr. in: Gedichte 1500–1600 (Anm. 41) S. 97–99.

54 Exemplarisch Gedichte von Jörg Blaurock, Balthasar Hubmaier und Hans Hut in: Deutsche Literatur des 16. Jahrhunderts (Anm. 3) S. 89 f.

55 Ausgabe: Georg Forsters *Frische Teutsche Liedlein* in fünf Teilen. Hrsg. von M. Elisabeth Marriage. Halle 1903; mit umfassender Bibliographie der Liedsammlungen und der Forschungsliteratur (hier auch zu den von mir vernachlässigten musikhistorischen Aspekten) Kurt Gudewill: Deutsche Volkslieder in mehrstimmigen Kompositionen aus der Zeit von ca. 1450 bis ca. 1630. In: Handbuch des Volksliedes (Anm. 41) Bd. 2. S. 439–490; zu den Traditionen und Formen des weltlichen Lieds vgl. u. a.: Hans-Joachim Moser: Renaissancelyrik deutscher Musiker um 1500. In: Deutsche Vierteljahrsschrift für Literaturwissenschaft und Geistesgeschichte 5 (1927) S. 380–412; Christoph Petzsch: Hofweisen. Ein Beitrag zur Geschichte des deutschen Liedjahrhunderts. In: Deutsche Vierteljahrsschrift für Literaturwissenschaft und Geistesgeschichte 33 (1959) S. 414–445; Harold Jantz: German Renaissance Literature. In: Modern Language Notes 81 (1966) S. 398–436; Gerald Gillespie: Notes on the Evolution of German Renaissance Lyricism. In: Modern Language Notes 81 (1966) S. 437–462; zum Volkslied: Erich Seemann: Newe Zeitung und Volkslied. In: Jahrbuch für Volksliedforschung 3 (1932) S. 87–119; Jan M. Rahmelow: Das Volkslied als publizistisches Medium und historische Quelle. In: Jahrbuch für Volksliedforschung 14 (1969) S. 11–26; Dietmar Sauermann: Das Historisch-politische Lied. In: Brednich/Röhrich/Suppan: Handbuch des Volksliedes. Bd. 1. S. 293–322; Rolf Caspari / Erich Kleinschmidt: Rusticus amabilem obsecrabat virginem. Zum Text und Melodiewandel eines lateinisch-deutschen Liedes in der Rezeption vom 15.–17. Jahrhundert. In: Jahrbuch für Volksliedforschung 21 (1976) S. 11–40.

56 Text in: Deutsche Literatur des 16. Jahrhunderts (Anm. 3) S. 153 f.; zum Typus u. a. Arthur T. Hatto: Das Tagelied in der Weltliteratur. In: Deutsche Vierteljahrsschrift für Literaturwissenschaft und Geistesgeschichte 36 (1962) S. 489–506; Friedrich Nicklas: Untersuchungen über Stil und Geschichte des deutschen Tageliedes. Berlin 1929.

57 Text der ältesten vollständigen Überlieferung in: Deutsche Literatur des 16. Jahrhunderts (Anm. 3) S. 211 f.

58 Abgedr. in: Gedichte 1500–1600 (Anm. 41) S. 232 f.; vgl. Walter Brauer: Jakob Regnart, Johann Hermann Schein und die Anfänge der deutschen Barocklyrik. In: Deutsche Vierteljahrsschrift für Literaturwissenschaft und Geistesgeschichte 17 (1939) S. 371–404; Rolf Caspari: Liedtradition im Stilwandel um 1600. Das Nachleben des deutschen Tenorliedes in den gedruckten Liedsammlungen von Le Maistre (1566) bis Schein (1626). München 1971.

Ausgewählte Editionen

Zur Ergänzung verweise ich auf die weiterführenden Bibliographien: James E. Engel: Renaissance, Humanismus, Reformation. Bern/München 1969; Barbara Könneker: Die deutsche Literatur der Reformationszeit. Kommentar zu einer Epoche. München 1975. [Anhang.]

Textsammlungen

Altdeutsches Liederbuch. Hrsg. von Franz Böhme. Leipzig 1877. Nachdr. Hildesheim 1966.
Alte hoch- und niederdeutsche Volkslieder. Hrsg. von Ludwig Uhland. Stuttgart ²1881. Nachdr. Hildesheim 1968.
Bergreihen. Eine Liedersammlung des 16. Jahrhunderts mit drei Folgen. Hrsg. von Gerhard Heilfurth [u. a.]. Tübingen 1959.
Delitiae poetarum Germanorum huius superiorisque aevi illustrium. Pars I–VI. Hrsg. von Janus Gruter. Frankfurt a. M. 1612.
Das deutsche Kirchenlied von der ältesten Zeit bis Anfang des 17. Jahrhunderts. Hrsg. von Philipp Wackernagel. 5 Bde. Leipzig 1864–77. Nachdr. Hildesheim 1964.
Deutsche Literatur des 16. Jahrhunderts. Hrsg. von Adalbert Elschenbroich. 2 Bde. München 1981.
Deutsche Lyriker des 16. Jahrhunderts. Hrsg. von Georg Ellinger. Berlin 1893.
Der deutsche Renaissance-Humanismus. Hrsg. von Winfried Trillitzsch. Frankfurt a. M. 1981.
Deutscher Liederhort. Hrsg. von Ludwig Erk und Franz Böhme. 3 Bde. Leipzig 1893. Nachdr. Hildesheim 1963.
Deutsches Leben im Volkslied um 1530. Hrsg. von Rochus von Liliencron. Stuttgart 1884.
Die Frühzeit des Humanismus und der Renaissance in Deutschland. Hrsg. von Hans Rupprich. Leipzig 1938. Nachdr. Darmstadt 1964.
Gedichte 1500–1600. Hrsg. von Klaus Düwel. München 1968.
Geistliche Lieder der evangelischen Kirche aus dem 16. Jahrhundert nach den ältesten Drucken. Hrsg. von J. Mützell. 3 Bde. Berlin 1855.
Historische Volkslieder und Zeitgedichte vom 16. bis 19. Jahrhundert. Hrsg. von August Hartmann. 3 Bde. Bd. 1: Bis zum Ende des dreißigjährigen Krieges. München 1907. Nachdr. Hildesheim 1972.
Die historischen Volkslieder der Deutschen vom 13. bis 16. Jahrhundert. Hrsg. von Rochus von Liliencron. 5 Bde. Leipzig 1865–69. Nachdr. Hildesheim 1966.
Humanismus und Renaissance in den deutschen Städten und an den Universitäten. Hrsg. von Hans Rupprich. Nachdr. Darmstadt 1964.
Das katholische deutsche Kirchenlied in seinen Singweisen. Hrsg. von Wilhelm Bäumker. 4 Bde. Freiburg i. Br. 1883–1911. Nachdr. Hildesheim 1962.
Lateinische Gedichte deutscher Humanisten. Lat. und Dt. Hrsg. von Harry C. Schnur. Stuttgart 1967 [u. ö.].
Lied-, Spruch- und Fabeldichtung im Dienst der Reformation. Hrsg. von Arnold E. Berger. Leipzig 1938. Nachdr. Darmstadt 1967.
Renaissance, Humanismus, Reformation. Hrsg. von Josef Schmidt. Stuttgart 1976 [u. ö.].
Spätmittelalter – Humanismus – Reformation. Texte und Zeugnisse. Hrsg. von Hedwig Heger. 2 Bde. München 1975–78.
Vehe, Michael: Ein New Gesangbüchlein geistlicher Lieder. Faksimiledruck der ersten Ausgabe Leipzig 1537. Hrsg. von Walter Lipphardt. Mainz 1970.
Weiße, Michael: Gesangbuch der Böhmischen Brüder, 1531. Hrsg. von Konrad Ameln. Kassel 1957.

Autoren

Celtis, Conrad: Fünf Bücher Epigramme. Hrsg. von Karl Hartfelder. Berlin 1881. Nachdr. Hildesheim 1963.
– Libri Odarum Quattuor. Hrsg. von Felicitas Pindter. Leipzig 1937.
– Quattuor Libri Amorum. Hrsg. von Felicitas Pindter. Leipzig 1934.
– Selections from Conrad Celtis. With Translation and Commentary ed. by Leonard Forster. Cambridge 1948.
Hutten, Ulrich von: Opera, quae reperiri potuerunt omnia. Hrsg. von E. Böcking. 5 Bde. Leipzig 1859–62.

Lotichius Secundus, Petrus: Poemata Omnia. Ed. P. Burmannus. 2 Bde. Amsterdam 1754.

Luther, Martin: Die Lieder. Hrsg. und eingel. von Wilhelm Lucke. Weimar 1923. Nachdr. Weimar bzw. Graz 1964. (D. Martin Luthers Werke. Kritische Gesamtausgabe. Bd. 35.)

– Die deutschen geistlichen Lieder. Hrsg. von Gerhard Hahn. Tübingen 1967.

Regnart, Jacob: Deutsche dreistimmige Lieder nach Art der Neapolitanen (1567) nebst Leonhard Lechner's fünfstimmiger Bearbeitung (1579). Hrsg. von Robert Eitner. Leipzig 1895.

Sachs, Hans: Werke. Hrsg. von Adalbert von Keller und E. Goetze. 26 Bde. Tübingen 1870–1908. Nachdr. Hildesheim 1964.

– Meistergesänge, Fastnachtspiele, Schwänke. Hrsg. von Eugen Geiger. Stuttgart 1951 [u. ö.].

– Die Wittenbergisch Nachtigall. Reformationsdichtung. Hrsg. von Gerald H. Seufert. Stuttgart 1974.

Das 17. Jahrhundert

Von Volker Meid

1. *Rückblick*

1695: Benjamin Neukirch sieht in seinem Rückblick auf die Entwicklung der deutschen Literatur im 17. Jahrhundert Licht und Schatten. Er hält nichts von einseitigen Verdammungsurteilen, aber auch nichts davon, das bisher Erreichte zu überschätzen:

»Denn wir haben noch einen grossen berg vor uns / und werden noch lange klettern müssen / ehe wir auff den gipfel kommen / auff welchem von denen Griechen Homerus und Sophocles, von denen Römern Horatius und Maro gesessen.«[1]

Gleichwohl erkennt er eine aufsteigende Linie von Martin Opitz, »welcher den deutschen Poeten die bahn gebrochen«, über Andreas Tscherning, Simon Dach und Paul Fleming zu den für ihn unstreitig größten Dichtern des Jahrhunderts: Gryphius, Hoffmannswaldau und Lohenstein. Doch die Annahme, daß damit die Voraussetzungen für eine stetige Weiterentwicklung der deutschen Literatur gegeben seien, trügt: Neukirch sieht sich – gewiß nicht zu Unrecht – in einer Periode der »verfallenden Poesie«, in einer Zeit, die die Musen wohlfeil gemacht habe, in einem Land, »wo die künste wegen vieler herrschafften zertheilet sind / wo man mehr von einem glase wein / als liedern / hält«. Zwar fehlt es auch nach dem »abgang« der großen Dichter nicht an Begabungen, doch »das schnattern der gänse [ist] so groß / daß man die schwanen davor kaum hören kan«. Diese Entwicklung läßt sich nur dann umkehren, wenn sich wieder ein Bewußtsein dessen einstellt, was den wirklichen Dichter vom bloßen »vers-macher« unterscheidet: Begabung, umfassende Kenntnisse und Lebenserfahrung. Doch gerade diese Erfahrung, so lehrt das Beispiel der römischen Dichtung, erwirbt man eher in Zeiten politischer Größe – im Umgang mit klugen Leuten am Hof, nicht in der Schule. Daß freilich die deutsche Dichtung bei den sogenannten Hofdichtern besser aufgehoben wäre – Neukirch erwähnt rühmend Johann von Besser –, wird man kaum behaupten können ...

1734: Johann Jakob Bodmer sieht in seinem Lehrgedicht *Character Der Teutschen Gedichte*, Abriß der Literaturgeschichte und Poetik zugleich, die literarische Entwicklung im 17. Jahrhundert anders: nicht als Aufstieg zu einer auch im internationalen Kontext beachtlichen Höhe, sondern als Niedergang. Dieser setzt nicht erst nach dem Tod der großen Schlesier Gryphius, Hoffmannswaldau und Lohenstein ein, er wird vielmehr von ihnen beschleunigt, wenn nicht verursacht. Den Grund dafür erkennt Bodmer in der Abweichung von den klassizistischen Grundsätzen der opitzianischen Poesie:

> Ein zorniges Gestirn hat Waldau hergebracht,
> Den Schleßischen Marin, der frech und unbedacht,
> Von Opitz sichrem Gleiß begunte auszugleiten [...].[2]

Es sind die bekannten Argumente der aufklärerischen Kritik, die gegen Hoffmannswaldau und Lohenstein ins Feld geführt werden: Während Opitz »durch seine
natürliche und vernünftige Art zu denken [...] uns allen ein Muster des guten
Geschmacks nachgelassen« habe, heißt es bei Gottsched, hätten Hoffmannswaldau
und Lohenstein durch »ihre regellose Einbildungskraft, durch ihren geilen Witz und
ungesalzenen Scherz« der deutschen Poesie nur Schande erworben.[3] Bodmer konkretisiert diese Kritik nur, wenn er an Hoffmannswaldaus Metaphernsprache (»Er
pflanzt Metaphoren aus metaphorschen Worten«) und Lohensteins dunklen Gleich-
nissen Anstoß nimmt.[4] Der grundsätzliche Einwand gegen diesen »hochgefärbte[n]
Schein« bezieht sich auf die (außer Kraft gesetzte) regulative Funktion des Iudicium,
der Urteilskraft, die das poetische Ingenium zu kontrollieren hat: »Ihm fehl' es an
Verstand, den Geist geschickt zu lencken«, schreibt Bodmer über Hoffmannswaldau,
der mit diesem Irrtum ganz Deutschland angesteckt habe. Die Erneuerung der
deutschen Dichtung im frühen 18. Jahrhundert, die Abkehr von der ›unnatürlichen‹
Metaphern- und Gleichnissprache des ›Barock‹ findet ihr Gegenstück im ›vorbarok-
ken Klassizismus‹ des Martin Opitz, von dem Richard Alewyn gesprochen hat.[5] Daß
nur *der* deutsche Dichter höchstes Lob verdiene, »der dem gesunden, dem reinen,
dem natürlich schönen Witze des großen Opitz am ähnlichsten geworden ist«,[6] diese
Äußerung Gottscheds macht Opitz gewiß nicht zum alleinigen Maßstab, an dem die
Dichtung der ersten Hälfte des 18. Jahrhunderts gemessen werden will. Sie weist aber
darauf hin, daß sich die Literaturauffassung der deutschen Aufklärung in der Auseinandersetzung mit dem ›Barock‹ bildet – und daß sich der Kampf gegen die Lohensteinische Schreibart in zeitgenössischen Literaturfehden leicht aktualisieren ließ.
Die Kritik an der nachopitzianischen Dichtung des 17. Jahrhunderts blieb nicht ohne
Folgen, und an der negativen Bewertung der hochbarocken Poesie und ihrer wichtigsten Repräsentanten Hoffmannswaldau und Lohenstein änderte sich bis ins 20. Jahrhundert hinein wenig. Es war nur die Frage, ob man mehr ihre Unnatur, ihre
Unmoral oder ihre Offenheit gegenüber ausländischen Einflüssen beklagen sollte.
Mit der Dichtungsauffassung der Goethezeit schließlich wurden Maßstäbe bestimmend, die der Dichtung des 17. Jahrhunderts vollends unangemessen waren. Was aus
der umfangreichen Überlieferung lebendig blieb bzw. wiederentdeckt wurde – neben
dem *Simplicissimus* Grimmelshausens in erster Linie Kirchenlieder, dann Epigramme
aus dem *Cherubinischen Wandersmann* Johannes Schefflers und vielleicht einige
Sonette von Paul Fleming und Andreas Gryphius –, ist das Resultat eines Auswahl-
prozesses, dessen Kriterien sich zwar seit dem frühen 18. Jahrhundert gewandelt
haben mögen, doch letztlich zum gleichen Ergebnis, dem Ausschluß weiter Bereiche
der Dichtung des 17. Jahrhunderts aus dem literarischen Bewußtsein, führten. Es ist
die Vorherrschaft der Erlebnisästhetik bis in die Gegenwart hinein, die den Zugang
zur humanistischen Gelehrtendichtung verstellt. Ihre Folgen lassen sich jedoch nicht
einfach dadurch aus der Welt schaffen, daß man ihre Begriffe als irrelevant betrachtet
und einfach durch andere ersetzt, denn ihre Wirkung »besteht vor allem darin, dem
Literaturwissenschaftler das Material selbst überhaupt erst vorgelegt zu haben, an
dem er seine Arbeit ausübt. Die Erlebnisästhetik wirkt auf diese Weise auch dann
fort, wenn ihre Begriffe als ungenügend empfunden werden.«[7]

2. *Poetik und Rhetorik*

»Einig ist man sich darin«, so gibt Erich Trunz 1940 den Konsensus der neueren Barockforschung wieder, »daß man an das Barock nicht den Maßstab der Erlebnisdichtung anlegen darf.«[8] Daß dies gleichwohl weiterhin geschah und noch heute gelegentlich geschieht,[9] spricht für die tiefe Verwurzelung der klassisch-romantischen Dichtungsauffassung in der deutschen literaturwissenschaftlichen Tradition wie für die Schwierigkeit, eine angemessene Begrifflichkeit für die Beschäftigung mit der vorklassischen Literatur zu entwickeln, eine Begrifflichkeit, die mehr darstellt als eine Antithese zu den Kategorien der Erlebnisästhetik. Gegensatzpaare wie gesellschaftlich–individuell, objektiv–subjektiv, erlebnishaft–gedanklich usw. besagen letztlich, daß der Barockliteratur genau das fehlt, »was wir seit der Goethezeit als das eigentlich Poetische der Poesie zu betrachten pflegen.«[10]

Von den Begriffen, die seit Günther Müller zur Charakterisierung der Barockdichtung und ihrer Andersartigkeit in die Diskussion eingeführt wurden – Distanzhaltung, Repräsentation, Objektivität, höfisch –, ist nur der des Rhetorischen spezifisch an die Sprache gebunden. Mit der Erkenntnis der »rhetorische[n] Grundanlage« der barokken Dichtung[11] und der Einbeziehung der über den Humanismus auf die Antike zurückverweisenden Tradition der Rhetorik wird der geschichtliche Ort der Literatur des 17. Jahrhunderts bezeichnet. Wenn Martin Opitz den vornehmsten Zweck der Dichtung in »vberredung vnd vnterricht auch ergetzung der Leute« sieht,[12] so verwendet er damit Kategorien der Rhetorik – persuadere, docere, delectare –, definiert er »Sprachkunst als intentionale Kunst«.[13] Dichtung ist, und das betrifft alle Gattungen, auf Wirkung angelegt, sie hat einen ›Zweck‹. Auch die rhetorische Stillehre »hat ihre Funktion in der angestrebten Wirkung und darf daher nicht einseitig als Mittel zur gefälligen Ausschmückung von Gedanken begriffen werden«.[14]

Die verschiedenen Begriffe, die vorgeschlagen worden sind, um dem ›öffentlichen‹ Charakter der Dichtung des 17. Jahrhunderts gerecht zu werden – das Deiktische (Conrady), »the rhetorical situation [...] as the complex and dynamic relationship between speaker, audience, and reader« (Nelson), ›Theatrum mundi‹ (Barner), Okkasionalität (Segebrecht)[15] –, sie alle basieren auf dem rhetorischen Dichtungsverständnis, betreffen verschiedene Aspekte der gleichen Sache, suchen Kategorien für eine Kunst bereitzustellen, für die die Erlebnisästhetik irrelevant ist. Das Rhetorische, intentionale, auf das Gegenüber zielende Sprechen, ›Öffentlichkeit‹, die Bindung an eine ›Gelegenheit‹ – das sind Begriffe, die nicht einen Mangel, sondern das Wesen dieser Kunst selbst bezeichnen.

Von der Rhetorik übernimmt die Poetik die grundlegende Unterscheidung von ›res‹ und ›verba‹, Sachen (Gegenständen, Themen der Dichtung) und Wörtern, und die daraus folgende Gliederung, wobei nur der Bereich der Verskunst keine Parallele in der Rhetorik hat:

»Weil die Poesie / wie auch die Rednerkunst / in dinge vnd worte abgetheilet wird; als wollen wir erstlich von erfindung vnd eintheilung der dinge / nachmals von der zuebereitung vnd ziehr der worte / vnnd endtlich vom maße der sylben / Verse / reimen / vnnd vnterschiedener art der carminum vnd getichte reden.«[16]

Sachen und Wörter sind einander zugeordnet, Dichtung ist immer auf eine Sache bezogen. Harsdörffers Bemerkung, daß die Rede »verständlich-zierlich und den Sachen gemäß seyn« solle,[17] verweist darauf, daß die Zuordnung nicht willkürlich sein darf und die Wörter »von der Sache selbst gefordert und ihr daher angemessen sein« müssen.[18] Dem intentionalen Charakter der Dichtung entsprechend richtet sich der sprachliche Ausdruck zudem nach der Wirkung, die bei dem Adressaten erzielt werden soll. Dichtung ist also dem ›Subjektiven‹ entzogen, der Dichter steht in einer Distanz zu Sache und Wort: »Die Worte sind bewußt eingesetzte Mittel, die das Thema, den Gegenstand kunstreich zeigend bewältigen sollen. ›Wörter‹ und ›Sachen‹ bleiben in einer distanzierten Verfügbarkeit, über die der Kunstverstand des Autors wacht [. . .].«[19] Die Frage nach dem ›Erlebnis‹ ist anachronistisch und dem rhetorischen Wortverständnis unangemessen. Die distanzierte Haltung des Dichters, die rhetorische Grundhaltung, gilt »nicht nur für die sog. Gelegenheitsdichtung, sie gilt grundsätzlich für die Barockdichtung überhaupt«.[20] Es ist, wie Ferdinand van Ingen ausgeführt hat, sinnlos, zwischen »sog. Gelegenheitsdichtung und sog. Erlebnisdichtung aufgrund des Fehlens bzw. Vorhandenseins der inneren Beteiligung des Dichters« unterscheiden oder bestimmten Gattungen der Barocklyrik – etwa der geistlichen Dichtung – Erlebnisgehalt zusprechen zu wollen.[21] Die Distanzhaltung des Dichters, die nicht die persönliche Stellung des Autors zur Sache, sondern seine künstlerische Einstellung meint, findet ihre Parallele in »dem unprivaten, unhäuslichen, öffentlichen, repräsentativen Charakter der echten Barockkultur«, von dem Günther Müller spricht.[22]

Obwohl die Zuordnung von Sachen und Wörtern nicht willkürlich ist und durch die Lehre vom Dekorum von alters her geregelt ist, so besteht doch immer die Möglichkeit, daß sich die Verbindung von Sache und Wort lockert »und die artistische Form um ihrer selbst willen gepflegt wird«.[23] Es spricht sogar viel dafür, daß zwischen der auf der Tradition der klassischen Rhetorik basierenden Dichtungstheorie des 17. Jahrhunderts und der Praxis ein Widerspruch besteht: Während die meisten Poetiker die klassischen Anweisungen nur geringfügig variieren, entfernt sich die dichterische Praxis mehr und mehr von der Theorie: »einer manieristischen Dichtung entspricht eine wesenhaft klassische bzw. klassizistische Literaturtheorie«.[24] Verantwortlich dafür ist der Umstand, daß die rhetorische Tradition nicht auf die Theorie begrenzt ist, sondern daß Rhetorik als Disziplin »auf der Dreiheit von *doctrina* (bzw. *praecepta*), *exempla* und *imitatio*« beruht.[25] Eine Verschiebung im Bereich der Muster muß daher bei einer Dichtungsauffassung, die auf dem Prinzip der Imitatio beruht, weitreichende Folgen für die poetische Praxis haben.

Imitatio bedeutet nicht Nachahmung der ›Natur‹, sondern literarischer Vorbilder und Muster. Moderne Vorstellungen wie Plagiat oder Originalität haben in einer derartigen Denkweise keinen Platz. Sich »frembder Poeten Erfindungen« zu bedienen ist »ein rühmlicher Diebstal bey den Schülern / wann sie die Sache recht anzubringen wissen«.[26] Allerdings gehen derartige Aussagen von der Voraussetzung aus, daß die Imitatio nachahmenswürdiger Werke der Vergangenheit und Gegenwart zu etwas Neuem, Eigenem führen soll, »das zwar das Alte nicht verleugnet, aber doch den Wert einer künstlerischen Neuschöpfung hat«.[27] Dieser Gedanke wird seit der Antike gern mit dem Bienengleichnis illustriert, das Harsdörffer in Anlehnung an Seneca so wiedergibt:

»Wir sollen den Bienen nachahmen / und was wir in unterschiednen Büchern gelesen / unterschiedlich bemerken; nachmals aber mit verständigem Fleiß zusammen mischen / daß ob man gleich wissen kan / woher es genommen / jedoch etwas anders daraus gemachet worden / als es gewesen. Dieses weiset uns die Natur selbsten in unserm Leibe: Die Speise / so lang sie ungekocht in dem Magen liget / beschweret sie denselben / wann aber der Nahrungs-Saft daraus gezogen wird / so giebet sie dem gantzen Leibe Stärke und kräftige Erhaltung etc.«[28]

3. *Literaturgeschichtliche Voraussetzungen*

Die Diskrepanz zwischen den volkssprachlichen Renaissanceliteraturen Süd- und Westeuropas und der noch weithin spätmittelalterlichen Mustern verpflichteten deutschen Verskunst war um die Wende zum 17. Jahrhundert unübersehbar geworden. Die Frage lag nahe, und Theobald Hock stellte sie etwas unbeholfen in seinem Gedicht *Von Art der Deutschen Poeterey* schon 1601:

> Warumb sollen wir den vnser Teutsche sprachen,
> In gwisse Form vnd Gsatz nit auch mögen machen,
> Vnd Deutsches Carmen schreiben,
> Die Kunst zutreiben,
> Bey Mann vnd Weiben.[29]

Die nationale Argumentation wird unüberhörbar, wenn sich Martin Opitz »hefftig« verwundert, »daß, da sonst wir Teutschen keiner Nation an Kunst vnd Geschickligkeit bevor geben, doch biß jetzund niemandt vnder vns gefunden worden, so der Poësie in vnserer Muttersprach sich mit einem rechten fleiß vnd eifer angemasset«.[30] Die deutsche Verspätung war in der Tat beträchtlich. Die italienische Dichtung hatte schon im 14. Jahrhundert mit Dante, Petrarca und Boccaccio ihren ersten, im 16. mit Ariost und Tasso ihren zweiten Höhepunkt erlebt; in Frankreich waren es die Dichter der Pléjade, die es sich Mitte des 16. Jahrhunderts zur Aufgabe machten, Sprache und Literatur nach dem Vorbild der Antike und der italienischen Renaissance zu erneuern; die Literaturen Spaniens, Englands und Hollands erlebten glanzvolle Zeiten. In Deutschland dagegen war der Frühhumanismus mit seinen Versuchen, maßgebliche Texte der italienischen Renaissance zu verdeutschen und damit eine Erneuerung der deutschen Literatur im Geist der Renaissance zu bewirken, nicht mehr als ein kurzes Zwischenspiel. Die Sprache der humanistischen Gelehrten und Dichter blieb das Lateinische, und als eine Persönlichkeit wie Ulrich von Hutten einen gemäßen deutschen Ausdruck für seine persönlichen und politischen Äußerungen suchte, mußte er auf mittelalterliche Formen zurückgreifen.[31] Erst gegen Ende des 16. Jahrhunderts öffnete sich die deutschsprachige Lyrik, wenn auch nur zögernd, Einflüssen aus den weiter fortgeschrittenen romanischen Literaturen. Man versuchte sich an einigen neuen Formen (Madrigal, Sonett, Alexandriner), doch von einer entschiedenen Neuorientierung konnte noch keine Rede sein. Bis ins 17. Jahrhundert hinein bestimmte noch das »zähe Weiterleben dessen, was aus der Hans-Sachs-Zeit stammte«, das Bild der Dichtung: »Man hatte für Sprache und Vers nur veraltete Normen – im Meistersang – oder gar keine.«[32] Es blieb weiterhin bei einem

Nebeneinander von zwei Literaturen in Deutschland, einer lateinischen und einer deutschen, die aus ihren eigenen Traditionen lebten, aus dem Humanismus die eine, aus ›ungelehrten‹ volkstümlichen Überlieferungen die andere.[33]
Nicht nur die italienischen Humanisten, die sich ohnehin von Barbarenländern umgeben wähnten, hielten die Deutschen für Barbaren und das Deutsche für eine barbarische Sprache, auch die deutschen Humanisten hegten ähnliche Gefühle. Latein war die Sprache der bedeutenden deutschen Lyriker im 16. Jahrhundert, in lateinischer Sprache wurden Leistungen von europäischem Rang erreicht, Leistungen, wie sie im Deutschen noch lange nicht möglich waren. Produzenten und Rezipienten dieser neulateinischen Dichtung waren weitgehend identisch. Die gelehrte Humanistenschicht, die nobilitas literaria, verstand sich als geistige Elite, suchte sich aber auch als eigener sozialer ›Stand‹ zu etablieren und bestand daher auf deutlicher Abgrenzung nach unten, zur Masse der nicht humanistisch Gebildeten. Die Abspaltung der Gelehrtenschicht vom ›Volk‹ wurde so bald nicht überwunden: »lateinisch-gelehrtes Bildungsgut und deutsch-volkstümliche Bürgerkultur [gingen] auch um 1600, mehr als 100 Jahre nach dem Aufkommen des deutschen Humanismus, noch getrennt nebeneinander her.«[34] Diese Kluft verringerte sich auch im 17. Jahrhundert nicht, denn die neue Kunstdichtung in deutscher Sprache, die nun mit ›kulturpatriotischem‹ Enthusiasmus propagiert und entwickelt wurde, war ›gelehrte‹ Dichtung auf humanistischer Grundlage. Für Opitz und die anderen Reformer war es selbstverständlich, daß der Übergang zur deutschen Sprache keine Rückkehr zu den Formen und Inhalten der deutschsprachigen Dichtung des 16. Jahrhunderts bedeuten dürfe:

»Vnd muß ich nur bey hiesiger gelegenheit ohne schew dieses erinnern / das ich es für eine verlorene arbeit halte / im fall sich jemand an vnsere deutsche Poeterey machen wolte / der / nebenst dem das er ein Poete von natur sein muß / in den griechischen vnd Lateinischen büchern nicht wol durchtrieben ist / vnd von jhnen den rechten grieff erlernet hat; das auch alle die lehren / welche sonsten zue der Poesie erfodert werden [. . .] / bey jhm nichts verfangen können.«[35]

Träger der neuen deutschen Kunstdichtung konnten somit nur die humanistisch Gebildeten sein: Das Deutsche trat an die Stelle des Lateinischen, doch das humanistisch-gelehrte Arsenal der Dichtersprache und die poetologischen Voraussetzungen blieben die gleichen. Dichtung, wenn auch jetzt in der Volkssprache, war weiterhin Reservat einer elitären Schicht.
Eine Erneuerung der deutschen Dichtersprache und der deutschen Dichtung war nur möglich durch einen entschiedenen Bruch mit der einheimischen Tradition: Es führt kein Weg von Hans Sachs zu Martin Opitz oder Andreas Gryphius. Gleichwohl ist durchaus eine Kontinuität vorhanden, sie ist allerdings nicht an die Sprache gebunden: Die lateinische Dichtungstradition gehört zu den unabdingbaren Voraussetzungen der neuen deutschen Kunstdichtung, sie ist »eine wesentliche Basis, auf der die deutschsprachige Lyrik des sog. Barockjahrhunderts ruht«.[36] Wenn man, wie Karl Otto Conradys Untersuchung nahelegt, »die vorangehende Gebildetendichtung in lateinischer Sprache als organisch zugehörige[n] Teil der Dichtungsgeschichte in Deutschland« begreift, nimmt sich die deutsche Kunstdichtung des 17. Jahrhunderts entschieden weniger ›neu‹ aus. Die neulateinische Dichtung des 16. Jahrhunderts stellt die Paradigmen für den ›mittleren‹ Stil bereit, der die Dichtung des ›Klassizi-

sten‹ Opitz charakterisiert, sie kennt aber auch – Schede wäre das hervorragendste
Beispiel – die rhetorische Intensivierung und die gesuchte, übersteigerte Metaphorik,
die gemeinhin als Merkmal des ›barocken‹ Stils gilt.
Neben der lateinischen Tradition ist es die Renaissancepoesie in den fortgeschrittenren Ländern Süd- und Westeuropas, die zum Vorbild und Maßstab wurde, war doch
hier das gelungen, was in Deutschland noch zu tun war: die Erneuerung der
volkssprachlichen Dichtung auf humanistischer Basis. Daß das Deutsche zu derartigen Leistungen fähig sei, begründete man mit Hinweisen auf das ehrwürdige Alter
der deutschen Poesie und mit einigen Zeugnissen aus dem Mittelalter, doch Muster
für die Ausbildung einer gehobenen Dichtersprache und einer neuen Kunstdichtung
konnte nur die Dichtung der Antike und der Renaissance sein.
Die gelehrte Kunstdichtung in deutscher Sprache setzte sich nicht überall durch. Die
katholischen Territorien Süd- und Westdeutschlands verschlossen sich weitgehend
der Sprach- und Dichtungsreform und führten eigene, lateinische und deutsche,
Traditionen weiter. Neben konfessionellen und regionalen Abgrenzungen gab es aber
auch soziale: Die Kluft zwischen der gelehrten Humanistenschicht und dem ›Volk‹,
die im 16. Jahrhundert durch die verschiedenen Sprachen – Lateinisch und Deutsch –
ihren deutlichsten Ausdruck gefunden hatte, bestand nun innerhalb einer Sprache.
Die Traditionen der deutschsprachigen Literatur des 16. Jahrhunderts, gegen die sich
die Dichtergelehrten wandten, brachen daher keineswegs völlig ab. Zwar setzte sich
auf der Ebene der Kunstdichtung weitgehend die ›gelehrte‹ Richtung durch, doch
zeigt eine Sammlung wie das *Venusgärtlein* (1656) mit seiner Mischung älterer und
neuerer Lieder, daß das Volkslied durchaus noch lebendig war. Auch die Meistersingerkunst wurde in manchen Städten weiter betrieben – so gab es selbst in Breslau,
einer der Hochburgen der ›modernen‹ Poesie, noch bis 1670 eine Singschule[37] –, doch
hatten die Gelehrtendichter für derartige Kunstübungen, die ihnen geradezu als
Musterbeispiele dichterischer Rückständigkeit und Stümperei erscheinen mußten,
nur Verachtung übrig. Auch die Flugblätter (Einblattdrucke) mit gereimten Kommentaren zu politischen und religiösen Ereignissen, sozialen Problemen und wunderbaren Geschehnissen hielten sich keineswegs immer an die Normen der Kunstdichtung. Die Gruppen, die als Rezipienten der modernen Kunstdichtung ausfielen
(große Teile der Landbevölkerung, die Unter- und Mittelschichten der Städte),
waren deswegen nicht ohne Dichtung. Hier lebte die ›Volkspoesie‹ in ihren verschiedenen Formen, überwiegend mündlich weiterverbreitet, hier wurden Lieder gesungen, Flugblätter (vor)gelesen. Auf die Entwicklung der deutschen Literatur im
17. Jahrhundert blieben diese Erscheinungen allerdings ohne Einfluß.

4. *Martin Opitz und die Dichtungsreform*

Die Reform der deutschen Dichtung im 17. Jahrhundert wird von den Zeitgenossen
und der Literaturgeschichtsschreibung mit dem Namen von Martin Opitz (1597–1639)
verbunden. Das darf jedoch nicht falsch verstanden werden. Opitz war weder der
erste, der auf die Notwendigkeit der Erneuerung der deutschen Sprache und Dichtung hinwies, noch enthielten seine theoretischen Arbeiten und dichterischen Beispiele umwälzend Neues. Doch den Reformbestrebungen, die sich vereinzelt und

ohne System hier und da bemerkbar machten, fehlte letztlich Konsequenz und Koordination. Opitz dagegen ließ seinen programmatischen Ankündigungen, *Aristarchus sive de contemptu linguae Teutonicae* (1617) und *Buch von der Deutschen Poeterey* (1624), Jahr für Jahr Schriften folgen, »die für fast alle poetischen Gattungen und Formen die nötigen Muster aufstellten«,[38] und sorgte als »Literaturorganisator, als Impresario allergrößten Stils«,[39] für die Verbreitung und Durchsetzung seines Programms. So wurde er, obwohl später gelegentlich Kritisches zu vernehmen war, zum unangefochtenen Führer einer literarischen Bewegung, der es in wenigen Jahrzehnten gelang, die deutsche Dichtung auf eine neue Basis zu stellen und damit die Voraussetzungen für einen beachtlichen Aufschwung zu schaffen.

Martin Opitz »hatte nur eine einzige, simple Idee, die noch nicht einmal ganz originell war: die Nationalisierung der humanistischen Poesie durch Erfindung einer deutschen Kunstdichtung«.[40] Dieses Programm wurde im *Aristarchus* zum erstenmal – wenn auch noch in lateinischer Sprache (!) – formuliert und dann systematisch ausgebaut: den praecepta, den Regeln, im *Buch von der Deutschen Poeterey* (1624) schlossen sich die exempla an: Mit den *Acht Büchern Deutscher Poematum* (1625), den *Psalmen Davids* (1637) und zahlreichen anderen Einzeldrucken, die dann in die musterhaften Sammlungen *Geistlicher* und *Weltlicher Poemata* (1638–44) eingingen, wurden die verschiedenen Bereiche und die wichtigsten Traditionen der lyrischen Dichtung erfaßt, zahlreiche Beispiele aus der Weltliteratur in Übersetzungen und Bearbeitungen neben eigenen Versuchen als Muster bereitgestellt.

Das *Buch von der Deutschen Poeterey*, von der zweiten Auflage (1634) an mit dem Obertitel *Prosodia Germanica* versehen, ist wie die späteren Regelpoetiken des 17. Jahrhunderts durch einen Widerspruch gekennzeichnet, den Widerspruch zwischen der Erkenntnis, daß Regeln noch keine Dichter machen bzw. das Wesentliche der Dichtkunst nicht in sich zu fassen vermögen und der Darlegung eben dieser Regeln. Außer der Sprache – es ist die erste deutschsprachige Poetik – und den auf die deutsche Sprache und Verskunst bezogenen Vorschriften enthält Opitz' knappe Schrift nichts, was nicht schon in den vorausgehenden Poetiken der Renaissance enthalten wäre. Die Hauptquellen sind neben verschiedenen Kompendien Julius Caesar Scaligers monumentale *Poetices libri septem* (1561) und zwei Schriften Pierre Ronsards (*Abregé de l'Art Poétique François*, 1565; Vorrede zu *La Franciade*, 1587). Entscheidend für die deutsche Entwicklung wurde der Abschnitt, der »Von den reimen / jhren wörtern vnd arten der getichte« handelt und die wesentlichen dichtungstechnischen Aspekte der Opitzschen Reform enthält. Hier stehen auch die folgenreichen metrischen Vorschriften:

»Nachmals ist auch ein jeder verß entweder ein iambicus oder trochaicus; nicht zwar das wir auff art der griechen vnnd lateiner eine gewisse grösse [Länge] der sylben können inn acht nemen; sondern das wir aus den accenten vnnd dem thone erkennen / welche sylbe hoch vnnd welche niedrig gesetzt soll werden.«[41]

Damit war zweierlei geschehen: Die deutsche Poesie wurde auf alternierende Verse (Jamben oder Trochäen) verpflichtet, und während die antike Metrik zwischen langen und kurzen Silben unterschied, führte Opitz »eine Prosodie nach dem ›thone‹ der Silben« ein.[42] Die Alternationsregel wurde schon bald aufgegeben, der zweite Grundsatz, die Beachtung des natürlichen Wortakzents, war von Dauer.

Daß die deutsche Metrik reformbedürftig sei, war lange vor Opitz deutlich geworden. Doch die verschiedenen Reformvorschläge konnten die Herrschaft des schlichten Knittelverses nicht brechen. Die Versuche, die antike Metrik mit ihren Quantitätsregeln aufs Deutsche zu übertragen, waren nicht praktikabel und blieben kaum mehr als humanistische Tüfteleien.[43] Das naheliegende Vorbild war Frankreich, und mit der Übertragung des Hugenottenpsalters durch Ambrosius Lobwasser und Schede – »nach Frantzösischer melodeien unt sylben art«[44] – drangen entsprechende Vorstellungen nach Deutschland, die von Tobias Hübner und Georg Rodolf Weckherlin im Anschluß an die Pléjade auch auf die weltliche Dichtung angewandt wurden. Doch das romanisierende Versifikationsprinzip, das den Dichter nur auf eine feste Silbenzahl und gewisse Regeln bei der Besetzung von Zäsur und Reim festlegte, konnte sich gegenüber der durchgehenden Versregulierung, wie sie Opitz in der *Poeterey* und den *Teutschen Poemata* vorführte, nicht behaupten. Die Anregung kam aus den Niederlanden, wo die Dichtung um die Jahrhundertwende einen ähnlichen Erneuerungsprozeß durchgemacht und sich dabei an italienischen und französischen Formen und Motiven orientiert hatte. In der Metrik setzte sich jedoch der regelmäßige Wechsel von Hebung und Senkung, das Alternationsprinzip, durch. Als beispielhaft für die neue niederländische Dichtkunst wurde das Sammelwerk *Den Bloem-Hof van de Nederlandsche Ieught* (1608, ²1610) empfunden, und von den holländischen Dichtern dieser Epoche schätzte Opitz besonders Daniel Heinsius (*Nederduytsche Poemata*, 1616).[45] Das von den Holländern übernommene metrische Prinzip hatte den entscheidenden Vorteil der Simplizität. Damit war der metrische Streit endgültig entschieden – um den Preis eines metrischen Zwangs allerdings, der jedoch der Ausbildung der deutschen Verssprache durchaus förderlich war.

Ein großer Teil der Gedichte von Opitz sind Übertragungen oder Nachdichtungen ausländischer Vorbilder und verweisen darauf, daß seine eigentliche Leistung nicht in seiner Originalität als Dichter, sondern »in seiner Vermittler-Rolle innerhalb der europäischen Literaturen« besteht.[46] Voraussetzung einer neuen Dichtung war freilich eine neue Literatursprache –

> Durch mich wird jetzt das thun in Deutschlandt auffgebracht /
> Das künfftig trotzen kan der schönsten Sprachen pracht.[47]

Die Wahl seiner Vorlagen war von diesem Ziel mitbestimmt: Mit den Sonetten nach Petrarca oder Ronsard und Alexandrinergedichten (›Elegien‹) nach dem Vorbild der Niederländer wurden nicht nur ›neue‹ Inhalte vorgestellt, sondern auch die sprachlichen, verstechnischen und poetischen Mittel ihrer Bewältigung im Deutschen. Wenn es dabei nicht gelang, die Eleganz der Vorlagen zu erreichen, muß man bedenken, daß Opitz nicht auf einer leistungsfähigen Dichtersprache aufbauen konnte, sie im Gegenteil erst schaffen mußte.

Opitz' dichterisches Werk enthält Musterbeispiele für alle ihm wesentlich erscheinenden Gattungen, für religiöse und weltliche Lyrik gleichermaßen. Für den geistlichen Bereich stehen traditionsgemäß und traditionsbildend die Verdeutschungen bzw. Bearbeitungen biblischer Texte: *Salomons [...] hohes Liedt*, *Die KlageLieder Jeremia*, die *Psalmen Davids*. Bei den weltlichen Gedichten zeigt sich das Bemühen, neue Maßstäbe für die diskreditierte Gelegenheitsschriftstellerei zu setzen. Vor allem aber wirkt er mit seinen Liedern, im damaligen Sprachgebrauch häufig ›Oden‹ genannt, die zu häufig nachgeahmten Mustern werden: »Ich empfinde fast ein grawen« wird zu »Nun empfind ich keinen Grauen« (David Schirmer), »Ach Liebste / laß uns eilen« zu »Komm / Dorinde! lass uns eilen« (Simon Dach), und die Strophenform und der Anredegestus des Lieds »Ihr schwartzen Augen / ihr« läßt sich ebenso durch das 17. Jahrhundert hindurch verfolgen wie der Liedtyp »Coridon der gieng betrübet An der kalten Cimbersee«. Wie die am häufigsten aufgegriffenen Lieder beruhen die einflußreichsten Sonette ebenfalls auf ausländischen Vorlagen, doch auch hier geht die deutsche Tradition von Opitz' Leistung aus. So haben die zahlreichen Sonette des Typs ›antithetische Steigerung und Correctio‹ in der deutschen Lyrik des 17. Jahrhunderts ihren Ausgangspunkt in dem *Sonett über die augen der Astree*, das Opitz 1630 aus dem Französischen übersetzte.[48] Finckelthaus, Zesen, Hoffmannswaldau und andere ließen sich von Opitz und dieser Form anregen, die mit ihrer Überbietungstechnik, dem spielerischen Suchen nach dem richtigen Wort und der summierenden Häufung am Schluß der Vorliebe des Zeitalters für prägnante und pointierte Formulierungen vollkommen entspricht.[49] Trunz faßt Opitz' Leistung so zusammen: »Opitz [...] hatte keinen, an den er anknüpfen konnte, nur die ausländischen Schriftsteller. Für Deutschland machte er den Anfang.«[50]

5. Vorläufer und Konkurrenten

In der Tradition des italianisierten Liedes, das seine Blütezeit im letzten Viertel des 16. und zu Beginn des 17. Jahrhunderts erlebte, finden sich Motive und Formen, die auf die Dichtung des 17. Jahrhunderts vorausweisen, ohne freilich einen direkten Einfluß auf das humanistisch geprägte Kunstlied auszuüben. Jacob Regnarts Villanellen-Sammlungen (*Kurtzweilige Teutsche Lieder [...] nach Art der neapolitanen oder welschen Villanellen*, 1576; 1577; 1579) stellen den ersten Höhepunkt dieser Kunstübung dar, die im Zusammenhang mit der Vorherrschaft der italienischen Musik an den deutschen Höfen zu sehen ist. In diesen Liedern übernimmt Regnart nicht nur die gängige petrarkistische Liebesmotivik, bemerkenswert ist auch die formale Konzentration und die Verwendung kunstvoll gereimter Terzinen. Doch für Regnart und die anderen Dichterkomponisten bleibt die Musik das Primäre, und wie wenig bei der Übernahme italienischer Formen und Motive literarische Gesichtspunkte eine Rolle spielten, zeigt sich darin, daß in den späteren Sammlungen Regnarts der deutsche Volksliedton überwiegt: »Diese ganz der Musik verhaftete ›Dichtung‹ blüht auf und vergeht mit der Welle italienisch-niederländischer Hofmusiken, fürstlicher Kapellen und Chöre.«[51] Einfluß auf die *literarische* Entwicklung in Deutschland nahmen weder die Villanellen Regnarts noch die Madrigale Hans Leo Haßlers (1596) oder die – ohnehin ungedruckten – petrarkistischen Lieder Christoph Dietrichs von Schallenberg. Das gilt selbst für den bedeutendsten der Dichterkomponisten, für Johann Hermann Schein (1586–1630), in dessen Liedern die Entwicklung zur Einstimmigkeit zum Durchbruch gelangte. *Musik*geschichtlich führt der Weg weiter zum sächsischen Gesellschafts- und Studentenlied und zu den *Arien* Heinrich Alberts, dem Königsberger Schein-Schüler; die neue Kunstdichtung ging jedoch weitgehend an Scheins Liedern vorbei, in denen das pastorale Element dominiert: *Musica boscareccia, Wald-*

Liederlein auff Italian-Villanellische Invention [...] Fingirt und Componirt (1621; 1626; 1638), *Diletti Pastorali, Hirten Lust [...] Auff Madrigal-manier Componirt* (1624). Wie sich hinter der »Hirtenkompagnie«, hinter der schäferlichen Maske, Leipziger Studentengeselligkeit verbergen mag, so verbindet sich die italienische Thematik des bittersüßen Liebesspiels mit Volksliedelementen. In mythologisch-pastoraler Verkleidung spielen »Amor das liebe Räuberlein« und »Filli die schöne Schäfferin« ihre Rollen ganz im Sinne petrarkistischer Konventionen.
Diese Lieddichtung bildete eine eigene Tradition, die keine wesentliche Bedeutung für die neue, humanistisch geprägte Kunstdichtung erhielt. Gleichwohl war Opitz nicht allein und nicht ohne Vorläufer. In seinem *Aristarchus* zitiert er selbst als Beispiel für die angestrebte neue Kunstdichtung ein Sonett des im übrigen wenig bekannten Ernst Schwabe von der Heyde,[52] und als Julius Wilhelm Zincgref 1624 Opitz' *Teutsche Poemata* herausgab, fügte er einen »Anhang unterschiedlicher ausge-suchter Gedichte anderer mehr teutschen Poeten« bei, mit dem er zeigen wollte, daß Opitz mit seinen Reformbestrebungen nicht allein stand.[53] Es waren großenteils Gedichte aus Opitz' Freundes- und Bekanntenkreis (z. B. Zincgref selbst, Balthasar Venator, Caspar Kirchner), doch enthielt die Sammlung auch deutsche Verse von Paul Schede Melissus, dem neulateinischen Lyriker und Psalmenübersetzer, und Georg Rodolf Weckherlin. Zur gleichen Zeit arbeiteten Tobias Hübner an einem deutschen Alexandrinerepos und Diederich von dem Werder an seiner Übertragung von Tassos *Gerusalemme liberata*, und in Holstein erkannte Henrich Hudemann, unabhängig von Opitz, die Notwendigkeit einer Erneuerung der deutschen Dichtung und fügte seiner lateinischen Gedichtsammlung *Divitiae poeticae* (1626) einen deut-schen Teil (»Teutsche Musa«) bei. Die Suche nach einem deutschen Langvers[54] führte zu Alexandrinerdichtungen vor und unabhängig von Opitz, auch die Über-nahme romanischer Gedichtformen hat eine längere Vorgeschichte, und selbst alter-nierende Verse waren schon vor Opitz zu hören.[55] Doch erst dieser vermochte es, die vereinzelten Reformansätze in ein entschiedenes Programm umzusetzen.
Georg Rodolf Weckherlin (1584–1653), der von der dichterischen Leistung her gesehen am ehesten fähig gewesen wäre, Opitz den Rang streitig zu machen, fiel nach seiner Übersiedlung nach England für die literarische Entwicklung in Deutschland aus. Nach den zwei Bänden seiner *Oden und Gesäng*, denen eine Reihe höfisch-repräsentativer Dichtungen für den Stuttgarter Hof vorangegangen waren, dauerte es über zwanzig Jahre, ehe er mit seinen Sammlungen *Gaistlicher und Weltlicher Gedichte* (1641, 1648) hervortrat. Als er dann diese Sammlungen herausgab, schien es ihm erforderlich, den Leser an seine geschichtliche Bedeutung zu erinnern, daran, daß er mit den zwei Büchern *Oden und Gesäng* aus den Jahren 1618/19 am Anfang der neuen barocken Kunstdichtung gestanden und so »schon vor dreyssig jahren unserer Sprach reichthumb unnd zierlichkeit den Frembden [...] für augen geleget« habe.[56] Daß sich seine an romanischen Vorbildern geschulten metrischen Vorstellungen (Silbenzählung ohne regelmäßige Alternation) nicht durchsetzen konnten und ange-sichts der Erfolge der Opitzschen Reformbewegung und ihrer metrischen Prinzipien (Alternationsregel) bald als antiquiert galten, hat wesentlich dazu beigetragen, daß Weckherlins Verdienste mehr und mehr in Vergessenheit gerieten.
Seine Dichtungen waren, wie er rückblickend urteilt, Versuche, die beweisen sollten, daß auch die deutsche Sprache zu bedeutenden Leistungen tauge, daß also die

Meinung von »vnserer Poësy mangel vnd vnmöglichkeit« übelbegründet sei.[57] Dieser kulturpatriotische Anspruch steht hinter seinen höfisch-repräsentativen Werken für den Württembergischen Hof, dem er als Sekretär diente, und findet seinen höchsten Ausdruck in den Ronsard verpflichteten Oden, die mit ihren langen Satzbögen, ihrer Gleichnis- und Metaphernsprache und ihrem rhetorischen Gestus den hohen dichterischen Stil zum erstenmal in der neueren deutschen Dichtung verwirklichen. Beispielhaft schon sein erstes veröffentlichtes Gedicht, ein *Lob-gesang Von meiner gnädigen Landsfürstin* (1616), dessen Eingangssatz sich über zwei Strophen erstreckt und ein neues Kapitel der deutschen Dichtung eröffnet:

> Gleich wie / wan mit gleich-losem glantz
> Die Delische götin gezieret
> Der sternen gewohnlichen dantz
> Vor der göter gesicht aufführet /
>   Sie mit jhrem kräftigen pracht
>   Die fünsternus dem tag ·gleich macht:
>
> Also Nymf / aller Nymfen blum /
> O fürstliche zier aller frawen /
> O jhr aller Princessin ruhm /
> Muß man euch mit wunder anschawen /
>   Als deren schönheit süsse macht
>   Des himmels vnd der erden pracht.[58]

Als Weckherlin dann in seinen Sammlungen von 1641 und 1648 kunstvolle Eklogen oder petrarkistische Sonette (z. B. *Die Lieb ist Leben vnd Tod* oder *Venedig gegen seiner Liebsten verglichen*) veröffentlichte, war die Entwicklung schon über ihn hinweggegangen. Gleichwohl zeigen ihn die späten Sammlungen als Lyriker von bedeutender Sprachkraft, der über den höfisch-›zierlichen‹ oder petrarkistisch-preziösen Ton hinaus über vielfältige Ausdrucksmöglichkeiten verfügte (vgl. z. B. die Ode *Drunckenheit*). Kaum ihresgleichen in der deutschen Lyrik des 17. Jahrhunderts haben seine politischen Gedichte, die Weckherlin als leidenschaftlichen Verfechter der protestantischen Sache zeigen: Er war im Ausland zum aggressiven politischen Dichter und Kommentator deutscher Verhältnisse geworden.[59]

6. Die Ausbreitung der neuen Kunstdichtung

Trotz der Zurückhaltung der Fruchtbringenden Gesellschaft, die Opitz erst 1629 in ihre Reihen aufnahm,[60] verbreitete sich sein Ruhm rasch im protestantischen Deutschland. Vorbehalte gab es nur noch im Südwesten, im Umkreis der Straßburger Aufrichtigen Tannengesellschaft, deren Haupt Jesaias Rompler von Löwenhalt (1605–nach 1672) 1647 Weckherlin als den Vater der neuen deutschen Dichtung bezeichnete. Doch zu dieser Zeit hatte sich Opitz längst durchgesetzt. Auch in der Schweiz hatte er mit Johann Wilhelm Simler (1605–72) einen Anhänger gefunden (*Teutsche Gedichte*, 1648). Für die Zukunft der neuen Kunstdichtung war es von ausschlaggebender Bedeutung, daß sich Opitz auf einflußreiche Freunde stützen konnte. Zu ihnen zählten Christoph Coler (1602–58) und August Buchner (1591–1661), die als Professoren am Elisabeth-Gymnasium in Breslau bzw. an der Universität Wittenberg einige der bekanntesten deutschen Dichter des 17. Jahrhunderts zu ihren Schülern zählten.

Für die Verbreitung der Opitzschen Reformgedanken in Norddeutschland sorgte Johann Rist (1607–67), Pastor in Wedel bei Hamburg. Opitz habe das »Eiß gebrochen / vnd vns Teutschen die rechte Art gezeiget / wie auch wir in vnsrer Sprache / Petrarchas, Ariostos, vnd Ronsardos haben können«, heißt es in Rists erster Gedichtsammlung *Musa Teutonica* (1634), mit der er die regeltreue deutsche Kunstlyrik in den niederdeutschen Sprachraum einführte.[61] Zahlreiche weitere Sammlungen weltlicher und geistlicher Gedichte (u. a. *Poetischer Lust-Garte*, 1638; *Des Daphnis aus Cimbrien Galathee*, 1642; *Himlische Lieder*, 1641 ff.) bescherten ihm beträchtlichen Ruhm. Rist beherrscht die formalen Anforderungen der neuen Kunstlyrik, schreibt Sonette, Epigramme, längere Alexandrinergedichte und Lieder (›Oden‹) nach den Opitzschen »Regulen«, die für ihn absolute Verbindlichkeit besitzen. Zugleich werden die Themen der neuen weltlichen Kunstdichtung in den Norden getragen, finden sich petrarkistische Liebesklagen neben modischer Schäferdichtung (»Daphnis gieng für wenig Tagen über die begrünte Heid«), höfische Huldigungslyrik neben Zeitgedichten und bürgerlicher Freundschaftsdichtung. Immer mehr verstand sich Rist jedoch als vorrangig geistlicher Dichter, und mit seinem geistlichen Lied »O Ewigkeit / du DonnerWohrt / O / Schwerd / das durch die Seele bohrt« ging er – wenn auch nicht mit allen 16 Strophen – in die Gesangbücher ein.

Auch im Nordosten setzte sich die neue Kunstdichtung durch. Schon in den dreißiger Jahren entstanden die stark an der Sprache und den Formen von Opitz orientierten Gedichte der ›pommerschen Sappho‹ Sibylle Schwarz (1621–38), die allerdings erst postum veröffentlicht wurden (*Deutsche Poetische Gedichte*, 1650). An der Rostocker Universität lehrte seit 1644 der Schlesier Andreas Tscherning (1611–59), ein Verwandter von Opitz, der mit seinen Gedichtsammlungen (*Deutscher Getichte Frühling*, 1642; *Vortrab des Sommers deutscher Gedichte*, 1655) und seiner Poetik (*Unvorgreifliches Bedencken*, 1658) Opitz folgte und dank seiner formalen Gewandtheit und der sprachlichen Glätte seiner Gedichte ein – heute eher unverständlich – großes Ansehen genoß. In Danzig, das vom Krieg verschont blieb, konzentrierte sich das literarische Leben um das angesehene Akademische Gymnasium, zu dessen Schülern auch Andreas Gryphius (1634–36) und Hoffmann von Hoffmannswaldau (1636–38) zählten. Aber schon vorher, und damit auch vor Opitz' Übersiedlung nach Danzig (1636), wirkte hier Johannes Plavius (Plauen), dessen Gelegenheitsgedichte einen Sinn für die musikalischen Möglichkeiten der Sprache bezeugen (»Gedencket / wie kräncket vnd lencket einn doch Die lieb' vnd jhr trübe-betrübtes joch!«). Seine 100 *Sonnette* (1630) sind ein gutes Beispiel für die Verbindung von Tugend, Gesellschaft und Politik: Sie geben Anweisungen zu einem tugendhaften christlichen Leben, wobei die Gebote von »Sey in der that ein Christe«, »Förchte Gott«, »Ließ die Bibel« und »Hüte dich für fressen und sauffen« bis zu »Sey der Obrigkeit unterthan« reichen.[62]

Danzig wurde die zweite Heimat für viele Schlesier, auch für den Opitz-Epigonen Johann Peter Titz (1611–89), der 1642 eine an Opitz orientierte Poetik veröffentlichte (*Zwey Bücher Von der Kunst Hochdeutsche Verse und Lieder zu machen*) und ab 1651 als Professor des Danziger Akademischen Gymnasiums die neue Kunstdichtung propagierte. Er unterhielt auch Verbindungen mit Königsberg und dem Königsberger Dichterkreis, dem u. a. Heinrich Albert, Simon Dach und Robert Roberthin angehörten. Hier hatte man 1638 Opitz mit einem von Albert vertonten Willkommenslied als Stifter der deutschen Poesie und als Vorbild für das eigene Schaffen begrüßt. Opitz war freilich nicht der einzige, den Simon Dach besang – dem König von Polen und dem Kurfürsten von Brandenburg wurde die gleiche Ehre zuteil. Die überwiegende Mehrzahl seiner Gedichte galt jedoch weniger hohen Anlässen: Dachs Gedichte begleiteten, so könnte man sagen, die Angehörigen des gehobenen Königsberger Bürgertums und teilweise auch des Adels von der Wiege bis zur Bahre. Diese Gebrauchslyrik begründete seinen Ruhm und war wohl, direkt und indirekt, recht einträglich;[63] sie stellt jedoch nicht den entscheidenden Teil seines Schaffens dar. Zu diesem gehören vielmehr die Lieder, die im Freundeskreis mit Roberthin und Albert entstanden sind und von diesem in seine *Arien* (1638–50) aufgenommen wurden, darunter das zum Volkslied gewordene *Anke van Tharaw*[64] und das Lied auf die Freundschaft mit dem Anfang: »Der Mensch hat nichts so eigen«.[65] Doch zwei seiner bedeutendsten Gedichte, *Klage über den endlichen Vntergang vnd ruinirung der Musicalischen Kürbs-Hütte vnd Gärtchens* (1641) und *Danckbarliche Auffrichtigkeit an Herrn Robert Roberthinen* (1647), blieben Manuskript.[66] Beides sind umfangreiche Alexandrinergedichte, die zeigen, daß Dach nicht nur den liedhaften Ton beherrscht, wenngleich er den Alexandriner nicht als ›heroisches‹ Versmaß gebraucht und sich »kaum irgendwo auf eine Stilhöhe nötigen [läßt], welche die entspannte Diktion einer wohlgesetzten Epistel unter Freunden aufhöbe«.[67] Die Kürbishütte, deren Zerstörung beklagt wird, war der Ort in Alberts Garten, an dem die Freunde dichteten und musizierten. Ihr Untergang wird jedoch mehr als nur der Anlaß für eine Betrachtung der Vergänglichkeit des Irdischen: Die Kürbishütte überdauert in dem dichterischen Werk, das dort geschaffen wurde. Ein anderer Ton herrscht in dem großen Freundschaftsgedicht an Roberthin, in dem Dach die Schwierigkeiten seines durch Armut und Krankheit gezeichneten Lebenswegs beklagt und dankbar von der Hilfe und Freundschaft Roberthins spricht. Es ist gewiß kein Zufall, daß dieser Lebensrückblick ungedruckt blieb, verzichtet er doch weitgehend auf die zeitübliche Stilisierung ins Überpersönliche und Exemplarische und zeigt statt dessen unverstellte Blicke auf einen wenig privilegierten Lebenslauf. Er verweist zugleich noch einmal auf ein entscheidendes Motiv in Dachs Dichtung, die Freundschaft, die allein Trost und Stütze in den irdischen Nöten bringt und hilft, das »Creutz« gottergeben zu tragen:

Ich nehme dieses Creutz getrost mit stillen Händen
Alß meine Zuchtruht an, wie schwer es mir auch fällt,
Daß ich nicht scheine mehr zu nützen in der Welt.
Ich muß wie sprachloß seyn, muß die Versammlung hassen,
Verwiesen, einsam, still, mich offt verleugnen lassen,
Muß Weib vnd Kindern auch nicht einmahl Rede stehn
Vnd manchem guten Freund offt an die Seite gehn.
Sol darumb Freundschafft so, gleich wie mein Athem, schwinden?
Nein, sie soll allermeist sich hie erst recht verbinden,

Soll hie für allen seyn wie Ertz vnd Diamant,
Alß die auff solchen Fall am besten wirdt erkant.
Nun, dessen wil ich mich bey dir versichert halten,
Laß Armuht, Kranckheit, Spott, Neid, Zorn vnd Helle walten,
Ich weiß, du schlägst nicht vmb, ich kenne dich zu wol,
Dafür mein Lebenlang mein Hertz dir bleiben soll.[68]

Dach lebte zweifellos am Rande des literarischen Betriebs in Deutschland, dem er nicht nur geographisch fernstand. Trotz der Übernahme der dichtungstechnischen Grundlagen der neuen Kunstdichtung stand er »bestimmten Schreibweisen des 16. und des 18. Jahrhunderts noch näher, schon näher, als den hochstilisierten, die privaten und sozialen Realien ins Überpersönliche läuternden poetischen Exerzitien, die unter dem Diktat von Martin Opitz die literarische Szene in den protestantischen Territorien des 17. Jahrhunderts beherrschten«.[69]

Anstöße für die weitere Entwicklung der deutschen Dichtung kamen nicht aus dem geographisch isolierten Königsberg, sondern aus Mitteldeutschland und Schlesien. In Sachsen wirkten Dichter der älteren Generation, wie der mit der Fruchtbringenden Gesellschaft verbundene Diederich von dem Werder, der 1631 einen Sonettzyklus vorlegte, der sein formalistisches Programm schon im Titel nennt: *Krieg vnd Sieg Christi Gesungen In 100. Sonnetten Da in jedem Vnd jeglichem Verse die beyden wörter / KRIEG vnd SIEG auffs wenigste einmahl / befindlich seyn.* Jedoch nicht Köthen, der Sitz der Fruchtbringenden Gesellschaft, sondern die Universitätsstädte Leipzig und Wittenberg waren die entscheidenden literarischen Zentren.

Als erster Leipziger Dichter muß Paul Fleming (1609–40) genannt werden, der 1623 vom Thomaskantor Johann Hermann Schein in die Reihe der Thomaner aufgenommen worden war und 1628 bis 1633 die Leipziger Universität besuchte. Die Dichtung Flemings, der sich als Opitzianer verstand, stellt den ersten Höhepunkt der deutschen Lyrik des 17. Jahrhunderts dar. Paul Fleming wird, angeregt durch Hans Pyritz' grundlegende Untersuchung, in der Regel im Zusammenhang mit dem Petrarkismus betrachtet, dessen Motive zwar schon von Opitz, Weckherlin und anderen in die deutsche Literatur eingeführt worden waren, der bei Fleming jedoch in seiner ganzen Reichweite erfaßt, variiert und ›überwunden‹ wird.[70] Am Anfang steht eine Sammlung lateinischer Gedichte, *Rubella seu Suaviorum liber I* (1631), die einzigen Liebesgedichte, die zu Flemings Lebzeiten erschienen sind. Sie schließen sich an Catull und die besonders von den Neulateinern gepflegte Tradition der Kußgedichte an, die auch hinter dem spielerisch-graziösen Gedicht *Wie er wolle geküsset seyn* sichtbar wird; sie enthalten aber auch schon Liebesgedichte in petrarkistischer Manier. Erst seine deutschen Gedichte, postum 1641 und 1646 von Adam Olearius herausgegeben, machen den ganzen Umfang der Rezeption und schöpferischen Umgestaltung petrarkistischer Motive und Denkformen deutlich: Sie handeln vom Preis und der Schönheit der Geliebten (fein säuberlich nach Körperteilen getrennt), den mit ihr verbundenen Objekten und Örtlichkeiten, beschäftigen sich mit dem Wesen der Liebe und ihrer Wirkung und benutzen zu diesem Zweck das ganze antithetische und hyperbolische Arsenal der überlieferten Liebessprache, gelegentlich bis an den Rand des unfreiwillig Komischen.[71]

Doch neben den traditionellen Motiven der klagenden Liebe, neben Selbstverlust und Todessehnsucht, behauptet sich ein anderes Thema, das in den späteren Jahren immer mehr in den Vordergrund tritt, ohne daß man von einer ›Entwicklung‹ sprechen könnte: das Thema der Treue. Hier gelingen Fleming Gedichte, die »auf alle Sensationen und Effekte dialektischer Virtuosität wie ebenso auf alles Pathos der Gefühlsbekundung« verzichten.[72] Die bedeutendsten Leistungen finden sich dabei nicht zufällig unter den ›Oden‹ Flemings. Stellen Sonett und Alexandriner die angemessenen Formen dar, die Antithetik der petrarkistischen Liebesauffassung auszudrücken, so ermöglicht die ›Ode‹, das sangbare Lied, einen schlichteren Ton, der an das Volks- und Gesellschaftslied anzuklingen scheint (vgl. z. B. »Ein getreues Herze wissen hat des höchsten Schatzes Preis«). Doch geht es nicht um eine Absage an die ›gelehrte‹ Poesie, denn gerade da, wo eine von Opitz geschaffene kunstvolle Odenform zugrunde liegt (»Ihr schwartzen Augen / ihr«) und der humanistisch-mythologische Apparat erhalten bleibt, gelingt Fleming ein besonders eindrucksvolles Gedicht von Sehnsucht, Trauer und Treue:

> Aurora schlummre noch an deines Liebsten Brust /
> es ist der tieffer Nacht kein Morgen noch bewust.
>   Diana führt die Sternen
>   noch höher in die Lufft /
>   will weiter von mir lernen /
>   was ich ihr vorgerufft.
>
> Neun Stunden sind nun gleich von nächten durchgebracht /
> Neun Stunden hab' ich nun an Korilen gedacht.
>   an Korilen / die schöne /
>   von der ich bin so weit /
>   drümm klinget mein Gethöne
>   nach nichts denn Traurigkeit.
>
> Nähmt Korilen in acht / ihr Wächter aller Welt /
> für ihren treuen Sinn / den sie mir vorbehält.
>   Ich will nicht müde werden /
>   in ihrer festen Pflicht /
>   biß daß der Feind der Erden
>   auch mir mein Urtheil spricht.
>
> Aurora / lege nun ümm dich den purpur Flor /
> Der junge Tag thut auff der Eas güldnes Thor
>   Wirst du mein Lieb ersehen /
>   so gieb ihr einen winck /
>   Als mir von ihr geschehen /
>   in dem ich von ihr gieng.[73]

Das Gegenbild des von widerstreitenden Affekten hin- und hergerissenen petrarkistischen Liebhabers, wie er in einem Teil der Liebesgedichte gezeichnet ist, zeigen die weltanschaulich-philosophischen Sonette, die zu den großen Leistungen der Lyrik des 17. Jahrhunderts zählen. In dem Sonett *An Sich* »wird das eigene Ich zum

Exempel menschlicher Existenz«,[74] formuliert Fleming in eindringlichen Imperativen Maximen einer praktischen Philosophie, ein Tugendprogramm, das auf den Lehren der Philosophie des Neostoizismus beruht und »eine Indifferenz gegenüber allen die Souveränität der Vernunft gefährdenden Gemütsbewegungen« fordert.[75] Es gipfelt, gemäß der Auffassung des Sonetts als Epigramm, in der sprichwortartigen Schlußsentenz, die die Eigenmächtigkeit des Individuums gegenüber allen äußeren Zwängen behauptet:

> Wer sein selbst Meister ist / und sich beherrschen kan /
> dem ist die weite Welt und alles unterthan.[76]

Darin mag man eine Vorwegnahme emanzipatorischer Anschauungen des 18. Jahrhunderts erkennen, doch läßt sich der Rückzug auf das Ich, die Selbstgenügsamkeit, auch als resignativer Akt auffassen.[77] Auch die *Grabschrifft*, die Fleming – so will es die Überschrift – drei Tage vor seinem Tode verfaßte, enthält einen Hinweis auf den stoischen Begriff der Autarkie; auch dieses Sonett verzichtet, obwohl es vom Thema her zu erwarten gewesen wäre, auf christliche Argumentationsmuster:

> Ich war an Kunst / und Gut / und Stande groß und reich.
> Deß Glückes lieber Sohn. Von Eltern guter Ehren.
> Frey; Meine. Kunte mich aus meinen Mitteln nehren.
> Mein Schall floh überweit. Kein Landsmann sang mir gleich.
> Von reisen hochgepreist; für keiner Mühe bleich.
> Jung / wachsam / unbesorgt. Man wird mich nennen hören.
> Biß daß die letzte Glut diß alles wird verstören.
> Diß / Deütsche Klarien / diß gantze danck' ich Euch.
> Verzeiht mir / bin ichs werth / Gott / Vater / Liebste / Freunde.
> Ich sag' Euch gute Nacht / und trette willig ab.
> Sonst alles ist gethan / biß an das schwartze Grab.
> Was frey dem Tode steht / das thu er seinem Feinde.
> Was bin ich viel besorgt / den Othem auffzugeben?
> An mir ist minder nichts / das lebet / als mein Leben.[78]

Das Diesseits wird nicht entwertet, die menschliche Leistung – die Dichtung – nicht dem Vanitasgedanken unterworfen. Diese Grabschrift ist kein christliches Memento mori, keine Anleitung zum richtigen Sterben im christlichen Sinn. In ihrem ersten Teil, den beiden Quartetten, ist die Grabschrift Nachruf, der in epigrammatischer Kürze voller Selbstbewußtsein die Gültigkeit und die Leistung des eigenen Lebens festhält, das durch die Dichtung der Unsterblichkeit versichert ist. In den abschließenden Terzetten zeigt sich eine heroische Haltung gegenüber dem Tod, erweist sich, daß nicht »Glaube und Gnade das Unsterbliche des Menschen [sichern], sondern die Gewißheit eines gelungenen Lebens«.[79] Was diesem Gedicht in einem Jahrhundert der Leidensmetaphorik den besonderen Klang gibt, ist das Nachwirken der geistigen Ideale des Renaissance-Individualismus.[80]
Diese Sonette sind ebensosehr Rollengedichte wie die Klagen eines dem Tode nahen petrarkistischen Liebhabers. Sie sind deshalb nicht weniger ›wahr‹. Sie haben einen

hinzeigenden Charakter, sind ›deiktisch‹, handeln ein Thema ab. Das bedeutet auch, daß es anders abgehandelt werden könnte, daß die Formulierung des stoischen Lebensideals nicht verallgemeinert werden kann. Wie jeder andere Lyriker im 17. Jahrhundert schrieb auch Fleming Geistliches, an dessen Ernsthaftigkeit kein Zweifel besteht. Das Ideal der Beständigkeit läßt sich auch christlich begründen:

> Laß dich nur nichts nicht tauren
> mit trauren /
> Sey stille /
> Wie Gott es fügt /
> So sey vergnügt /
> mein Wille.[81]

Fleming verließ Leipzig Ende 1633, um an der Reise einer Holsteinischen Gesandtschaft nach Persien teilzunehmen. Sie dauerte, längere Aufenthalte in Reval eingerechnet, bis 1639. Die Reise hat ihre Spuren in Flemings Werk hinterlassen, nicht nur, daß sie ihm Anlaß zu zahlreichen Gedichten auf Landschaften, Städte, Flüsse, Freunde und die ferne(n) Geliebte(n) gegeben hat, sondern auch in der Art, daß diese Ausnahmesituation, die Abtrennung vom literarischen Betrieb und seinen Konventionen, Fleming geholfen haben mag, den eigenen Ton zu finden.

Dieser eigene Ton unterscheidet ihn von den anderen Leipziger Dichtern, denen man eine Vorliebe für die leichtere Muse zuschreibt. Das schließt freilich nicht nur volksliedähnliche Strophen und Trinklieder ein, sondern umfaßt den weiteren Bereich petrarkistischer und schäferlicher Liebesdichtung.[82] Die Opitzschen Reformvorstellungen werden durch den Schlesier Georg Gloger (1603–31) vermittelt, und daß sich die Leipziger ganz als Opitzianer verstehen, zeigen die zahlreichen ›Parodien‹ von Gedichten des Meisters, die Übernahme von Gedichtmustern und Motiven. Dem Klischee einer burschikosen, trinkfreudigen Leipziger Dichtergesellschaft am nächsten steht Christian Brehme (1613–67) mit Gedichten wie *Bei einer Wein-Gesellschafft zu singen* oder *Auff Vnserer Schönsten Maystressen Gesundheit*. Gottfried Finckelthaus (1614–48) hat nicht nur ein größeres Repertoire, das neben Trinkliedern und parodistischen Liebesliedern auch durchaus konventionelle petrarkistische und antipetrarkistische Gedichte umfaßt, er zeigt sich in seinen Opitz-Parodien überdies als bemerkenswerter Formkünstler (*Uber die Hand der Astree.*) Opitz steht auch hinter Ernst Christoph Homburgs (1605–81) Petrarca-Variation (»Ist Liebe Zuckersüs / wie daß sie bitter schmecket«) und zahlreichen anderen Gedichten (z. B. »Kom Schönste! las uns eilen!«, »Corydon der gieng bestürtzet«), doch geht Homburg, der in Wittenberg Schüler Buchners gewesen war, gelegentlich über Opitz' metrische Vorstellungen hinaus. Das gilt noch mehr für David Schirmer (1623–87), der von 1650 an in Dresden wirkte, doch in den vierziger Jahren in Leipzig und Wittenberg studiert hatte. Opitz bestimmt die Anfänge seines Dichtens, wie die zahlreichen Opitz-Parodien in den *Rosen-Gepüschen* von 1650 deutlich machen (»Nun empfind ich keinen Grauen«, »Ihr schwartzen Augen ihr«, »Sind Träume nichts / wie daß sie mich bewegen?«, »Kom Liebste / laß uns Rosen brechen«). Mit Opitz und den anderen Leipziger Dichtern teilt er die Konventionen der petrarkistischen Liebessprache. Der Virtuosität seiner Gedichte fehlt das Experimentelle, das die Dichtung anderer Buchner-Schüler auszeichnet, doch holt er sich gelegentlich trotz seines eher konservativen Standpunkts Anregungen von Zesen und den Nürnbergern.[83]

Schirmer seinerseits wirkte auf Caspar Ziegler (1621–90), den Verfasser einer kleinen Abhandlung *Von den Madrigalen* (1653) und Justus Sieber (1628–95; *Poetisierende Jugend*, 1658).[84] Ebenfalls Schirmer verpflichtet ist Johann Georg Schoch (1627 bis um 1690) mit seinem *Poetischen Lust- und Blumen-Garten* (1660), zugleich verweist er wie die anderen Leipziger Lyriker zurück auf Opitz, dessen bekannte Gedichttypen auch hier parodiert werden (»Filidor der gieng mit Trauern« oder »See / Himmel / Lufft und Wind« als Parodie der Ronsard-Übertragung von Opitz: »Ihr / Himmel / Lufft und Wind«).

In den weiteren Zusammenhang dieser ohnehin nur lose definierten Gruppe der Leipziger Lyriker gehört noch der Schleswig-Holsteiner Zacharias Lund (1608–67; *Allerhand artige deutsche Gedichte*, 1636), der bei Buchner studiert hatte. Buchner-Schüler war auch der von 1646 an in Hamburg lebende Georg Greflinger (1620–77), der mit seinen Gedichtsammlungen *Seladons Beständtige Liebe* (1644) und *Seladons Weltliche Lieder* (1651) auf den sprichwörtlich gewordenen schmachtenden Liebhaber in Honoré d'Urfés Schäferroman *L'Astrée* anspielt. So gibt er sein Bestes in witzigen Parodien und Persiflagen, die die konventionelle Liebessprache verspotten und ins Derb-Komische verkehren, jedoch wiederum durch genau antithetisch konstruierte Gegenstücke zurückgenommen werden können (vgl. den *Wider-Ruff* zu *Hylas wil kein Weib nicht haben*). Palinodien eigener Verse stehen, der häufig geübten dichterischen Praxis im 17. Jahrhundert folgend, Parodien von bekannten Gedichten anderer Dichter zur Seite: darunter das Lied *Laß der Jugend brauchen* nach Opitz oder das auch als Flugblatt verbreitete, artistisch-zweideutige Stück *Der Mars ist nun im Ars* nach Gabriel Voigtländer (gest. um 1643).

7. Gryphius

Noch zu Lebzeiten von Martin Opitz zeigten sich Anzeichen dafür, daß die Zeit der bloßen Einübung einer neuen Dichtersprache ihrem Ende entgegenging. Die Erweiterung der poetischen Ausdrucksmöglichkeiten vollzog sich in verschiedenen Bereichen. Im Kreis um August Buchner konzentrierten sich die Bemühungen auf formale und sprachlich-ästhetische Aspekte, während die überragende Gestalt des Andreas Gryphius (1616–64) mit einer in der deutschen Lyrik bis zu diesem Zeitpunkt beispiellosen Intensivierung des rhetorischen Sprechens, nicht mit formalen Experimenten, das klassizistische Gefüge der opitzianischen Poesie durchbrach. Doch auch Gryphius baute auf dem von Opitz gelegten Fundament auf und wich – bis auf gelegentliche Daktylen – nicht von den von Opitz praktizierten Formen ab. Auch konkrete Bezüge lassen sich nachweisen, aber gerade in der schöpferischen Aneignung, in der Art und Weise, wie Gryphius vorgebildete sprachliche Elemente als Bausteine benutzte, zeigt sich seine dichterische Eigenart; zugleich wird deutlich, was er Opitz verdankt: »Hätte Gryphius nur die Neulateiner vorgefunden und das Kirchenlied – er hätte mühsam sich erst eine Sprache schaffen müssen. Dank Opitz waren ihm diese Vorarbeiten erspart, und der 20jährige gestaltete bereits Visionen.«[85] So hat man nachgewiesen, daß eines der berühmtesten Gedichte der Zeit, die *Trawrklage des verwüsteten Deutschlandes* (später *Thränen des Vaterlandes / Anno 1636*) Motive und sprachliche Formulierungen aus dem *Trostgedichte in Widerwertigkeit deß Krieges* (1633) von Opitz verwendet.[86] Hier ist nicht nur von »grawsamen Posaunen« und »fewrigen Carthaunen« die Rede, sondern auch die antithetischen Alexandriner der amplificatio sind vorgebildet (»[...] Die Mawren sind verheeret / / Die Kirchen hingelegt / die Häuser vmbgekehret«).[87] Doch diese Elemente, in Opitz' großem Lehrgedicht über Hunderte von Versen verstreut, verdichtet Gryphius zu einem symbolischen Bild des von den Schrecken des Krieges heimgesuchten Landes, das Züge einer apokalyptischen Vision annimmt.

Trawrklage des verwüsteten Deutschlandes
Wir sind doch numehr gantz / ja mehr alß gantz vertorben.
　　Der frechen Völcker schar / die rasende Posaun /
　　Daß vom Blutt feiste Schwerd / die donnernde Carthaun /
Hat alles diß hinweg / was mancher sawr erworben /
　　Die alte Redligkeit vnnd Tugend ist gestorben;
　　Die Kirchen sind vorheert / die Starcken vmbgehawn /
　　Die Jungfrawn sind geschänd; vnd wo wir hin nur schawn /
Ist Fewr / Pest / Mord vnd Todt / hier zwischen Schantz vnd Korben
　　Dort zwischen Mawr vnd Stad / rint allzeit frisches Blutt
　　Dreymal sind schon sechs Jahr als vnser Ströme Flutt
Von so viel Leichen schwer / sich langsam fortgedrungen.
　　Ich schweige noch von dehm / was stärcker als der Todt /
　　(Du Straßburg weist es wol) der grimmen Hungersnoth /
Vnd daß der Seelen-Schatz gar vielen abgezwungen.[88]

Dieses Sonett steht in seiner ursprünglichen Fassung in Gryphius' erster Gedichtsammlung, den 1637 in Lissa erschienenen *Sonneten*, die dann, umgearbeitet, in das erste Buch der Sonette von 1643 aufgenommen wurden; diesem folgte 1650 ein zweites Buch. Vorausgegangen waren schon 1639 die *Sonn- und Feiertagssonette*, die den sonntäglich zur Vorlesung kommenden Evangelienabschnitten folgen und auf die Tradition der Perikopenauslegung und -dichtung (Johann Heermann) sowie der Postillen- und Gebetliteratur (Valerius Herberger, Johann Arndt) verweisen.[89] Den Sonettbüchern, die von Christian Gryphius durch die Sonette aus dem Nachlaß vermehrt wurden (Ausgabe von 1698), stehen *Epigrammata Oder Bey-Schrifften* (1643) und vier Odenbücher zur Seite (1643–57), die neben Kirchenliedern pindarische Oden in der von Ronsard ausgehenden und durch Opitz und Weckherlin vermittelten Tradition, allerdings mit biblischer Thematik, enthalten. Gryphius' Nähe zu Erbauungsliteratur und Kirchenlied zeigt sich auch in seiner Bearbeitung einer Liedersammlung Josua Stegmanns und in den Übersetzungen altlateinischer Hymnen (*Übersetzete Lob-Gesänge / Oder Kirchen-Lieder*, 1660).[90] Daneben ist er besonders der neulateinischen Poesie verpflichtet: Schon in den Lissaer Sonetten beruhen drei Gedichte auf lateinischen Vorlagen, und den *Kirchhoffs-Gedancken*, angeregt durch Jacob Baldes Odendichtung, sind die Übersetzungen zweier thematisch verwandter Oden des Jesuiten beigegeben.[91]

Einige der Lissaer Sonette gehören zu den bekanntesten Gedichten von Gryphius; sie nehmen auch schon das Thema auf, das kennzeichnend für sein Werk werden sollte: *Vanitas, vanitatum, et omnia vanitas, Trawrklage des Autoris / in sehr schwerer Kranckheit, Der Welt Wollust ist nimmer ohne Schmertzen* und *Menschliches Elende* – die Sonette VI bis IX deuten schon in ihren Überschriften den ganzen Umfang der Vorstellungen von der Eitelkeit des Irdisch-Menschlichen an, die in Gryphius' Lyrik, seinen Trauerspielen und seinen Leichabdankungen immer neu variiert werden. Zugleich wird aber deutlich, daß diese Thematik in einen größeren Zusammenhang eingebettet ist: Den Vanitas-Sonetten gehen Stücke über den leidenden und gekreuzigten Christus voraus. Noch deutlicher wird der thematische Zusammenhang in den späteren Sonettsammlungen.[92] Die 100 Sonette (2 Bücher von je 50 Sonetten) sind in einen heilsgeschichtlichen Rahmen eingefügt: Der zweifachen Anrufung *An Gott den Heiligen Geist* folgen Sonette über die entscheidenden Stadien der Lebens- und Leidensgeschichte Christi; das Ende des zweiten Sonettbuchs schließt die Klammer mit Sonetten über die vier letzten Dinge – *Der Todt, Das Letzte Gerichte, Die Hölle, Ewige Frewde der Außerwehlten* –, dem als Abschluß ein Sonett auf *Elias* folgt. Zwischen Anfang und Ende stehen die Gedichte auf ›irdische‹ Dinge, nicht zufällig eingeleitet durch die genannten Vanitas-Sonette. Durch diese Verklammerung wird der Stellenwert des Lebens in dieser Welt deutlich gemacht, das durch Hinfälligkeit und Vergänglichkeit bestimmt ist; zugleich wird eine Beziehung zum Leiden Christi hergestellt, die auf die Notwendigkeit von Leid und Not im irdischen Leben, aber auch auf den Weg zum ewigen Leben verweist, der notwendig über das Leiden führt. Den Gedichten über die Eitelkeit der Welt und die Vergänglichkeit alles Irdischen stehen als exemplarische Beispiele für die Beschaffenheit und Bestimmung des Menschen die Sonette zur Seite, die sich *Menschliches Elende* zum Thema nehmen (»Was sind wir menschen doch? ein wohnhaus grimmer schmertzen«), das sich in der Krankheit verdichtet: Zu den eindrucksvollsten Gedichten gehören Sonette wie *Threnen in schwerer Kranckheit* (2 Sonette gleichen Titels), *An die Freunde, An die vmbstehenden Freunde, An sich Selbst*, die mit krassen Worten die Hinfälligkeit des Menschen darstellen:

> *An sich Selbst*
> Mir grawet vor mir selbst / mir zittern alle glieder
>> Wen ich die lipp' vnd naß' vnd beider augen kluft /
>> Die blindt vom wachen sindt / des athems schwere luft
> Betracht / vndt die nun schon erstorbnen augen-lieder:
> Die zunge / schwartz vom brandt felt mitt den worten nieder /
>> Vndt lalt ich weis nicht was; die müde Seele ruft /
>> Dem grossen Tröster zue / das Fleisch reucht nach der gruft /
> Die ärtzte lassen mich / die schmertzen kommen wieder /
>> Mein Cörper ist nicht mehr als adern / seel / vndt bein.
>> Das sitzen ist mein todt / das liegen meine pein.
> Die schenckel haben selbst nun träger woll von nöthen!
>> Was ist der hohe ruhm / vndt jugendt / ehr vnd kunst?
>> Wen diese stunde kompt: wirdt alles rauch vndt dunst.
> Vnd eine noth mus vns mitt allem vorsatz tödten.[93]

Auch da, wo Gryphius von der ›Welt‹, z. B. von der Natur, zu sprechen scheint, geht es um ihre heilsgeschichtliche Bedeutung und um das Seelenheil des einzelnen. So sind weder das *Einsamkeit*-Sonett noch die Tageszeiten-Sonette Natur- oder Landschaftsgedichte, sondern die Betrachtung der Dinge dieser Welt lenkt die Gedanken auf den Menschen und seine heilsgeschichtliche Bestimmung. Die Naturgegenstände und -elemente haben verweisenden Charakter, sind ›Sinnenbilder‹, deren Bedeutung häufig in der Tradition der christlich-allegorischen Naturauslegung zu suchen ist.[94] Dabei ist der Hintergrund der traditionellen Bibelexegese nach dem vierfachen Schriftsinn deutlich erkennbar, zugleich nähert sich die Form mancher Sonette der des Emblems in seinem dreiteiligen Aufbau: Überschrift (inscriptio), Bild (pictura) und Epigramm (subscriptio). Für diesen Typ des allegorisch-auslegenden Gedichts finden sich zahlreiche Beispiele, wenn auch die Dreiteiligkeit nicht immer so eindeutig ausgeprägt ist wie in den Sonetten *Einsamkeit, Morgen, Mittag* oder dem folgenden Sonett *An die Welt*, das mit traditionellem Material (Schiffahrtsmetapher) den Typ des allegorisch-auslegenden, emblematischen Gedichts beispielhaft verwirklicht.

An die Welt

Mein offt besturmbtes Schiff der grimmen winde spiell /
Der frechen wellen baall / das schier die flutt getrennet /
Das vber klip auff klip' / vndt schaum / vndt sandt gerennet;
Kombt vor der zeit an port / den meine Seele will.
Offt wen vns schwartze nacht im mittag vberfiell:
Hatt der geschwinde plitz die Seegel schier verbrennet!
Wie offt hab ich den Windt / vndt Nord' vndt Sudt verkennet!
Wie schadthafft ist der Mast / Stewr-ruder / Schwerdt vnd Kiell.
Steig aus du müder Geist! steig aus! wir sindt am Lande!
Was grawt dir für dem portt / itzt wirstu aller bande
Vndt angst / vndt herber pein / vndt schwerer schmertzen los.
Ade / verfluchte welt: du see voll rawer stürme:
Glück zu mein vaterlandt / das stätte ruh' im schirme
Vnd schutz vndt friden hält / du ewiglichtes schlos.[95]

Gryphius' Variationen über das Thema der Vergänglichkeit finden ihre sprachliche Form »in einer pathetisch bewegten Rhetorik, die die *artes dicendi* für sich fruchtbar zu machen weiß«.[96] Worthäufungen, asyndetische Reihungen, Parallelismen und Antithesen gehören zu den wichtigsten rhetorischen Figuren. Sie stehen im Dienst des insistierenden Nennens, umkreisen den Gegenstand, beschreiben ihn durch die Aufzählung seiner einzelnen Teile (enumeratio partium) oder durch eine Folge von Definitionen.[97] Durch die Intensivierung der rhetorischen Mittel, eine Vorliebe für Asymmetrie und ein Überspielen der Starrheit der vorgegebenen Formen (Metrik, Versformen) erzielt Gryphius ein Pathos der Rede, das seine besondere Wirkung den ›Zentnerworten‹ verdankt, der Wahl greller und harter Ausdrücke, mit denen das rhetorische Gerüst gefüllt ist. Besonders in den Worthäufungen, die die insistierende Nennung auf die Spitze treiben, zeigt sich, wie Gryphius um des rhetorischen movere willen die Ebene des klassizistischen ›mittleren‹ Sprechens durchbricht:

Ach! vnd weh!
Mord! Zetter! Jammer! Angst! Creutz! Marter! Würme! Plagen.
Pech! Folter! Hencker! Flamm! stanck! Geister! kälte! Zagen!
Ach vergeh![98]

Auch die zahlreichen Änderungen, die Gryphius an seinen Gedichten vorgenommen hat, führen zu einer rhetorischen Intensivierung und einer Steigerung des Bildgehalts, wenn auch häufig eher äußerliche Änderungsgründe (Metrik, Reim) anzunehmen sind. Ob die Gedichte dadurch nicht nur korrekter, sondern auch ›besser‹ geworden sind, ist im Kontext der Dichtungsauffassung des 17. Jahrhunderts kaum eine Frage.[99] Eine Gegenüberstellung beispielsweise der *Trawrklage des verwüsteten Deutschlandes* (1637) mit den *Thränen des Vaterlandes / Anno 1636* (1663) macht deutlich, daß die Verdichtung der verschiedenen Bildelemente zu einer apokalyptischen Landschaft und eine überzeugende Steigerung zum Schluß erst in der späteren Fassung gelungen sind.

Gryphius' Lyrik kennt nur wenige Themen; sie führt letztlich immer wieder zurück auf die Vorstellung von der Eitelkeit der Welt und der Hinfälligkeit des Menschen und ihren heilsgeschichtlichen Kontext. Die christlichen Wahrheiten werden auch von anderen Dichtern der Zeit behandelt, doch nicht in dieser Ausschließlichkeit und vor allem nicht in der Intensität, der es gelingt, »alle Sprachmittel der Bildungsrede von der inneren Glaubensbewegtheit her in eine pathetische Dynamik zu verwandeln«.[100]

8. Ästhetische Sensibilisierung

Während Gryphius formalen Neuerungen gegenüber Zurückhaltung übte und die ›Zierlichkeit‹ der Rede seinem Glaubenspathos unterordnete,[101] geht es einer Reihe von Dichtern vor allem darum, die formalen Möglichkeiten zu erweitern und die Dichtersprache ästhetisch zu sensibilisieren. 1640 veröffentlichte Philipp von Zesen (1619–89) die erste Fassung seines *Deutschen Helicons* (jeweils erweiterte Ausgaben erschienen 1641, 1649, 1656), die erste deutsche Poetik nach Opitz' Musterbuch. Damit hatte es August Buchner einem seiner Schüler überlassen, den Daktylus zu legitimieren und die von Opitz aufgestellte Alternationsregel zu durchbrechen. Die »Buchner-ahrt«, wie sie Zesen nach ihrem ›Erfinder‹ nannte, setzte sich in den folgenden Jahren durch, ging in die poetischen Lehrbücher ein und galt als die wichtigste Neuerung in der deutschen Dichtkunst seit dem Auftreten von Opitz.[102] Zesen ging auf Anregung Buchners noch einen Schritt weiter, als er 1641 die Forderung nach Versen erhob, »in welchen bald Jambische / bald Trochäische / bald Dactylische pedes mit untergemischet werden«, und mit der Einführung dieser Mischformen die Eindeutschung antiker Metren ermöglichte.[103]

In Zesens lyrischem Schaffen nimmt das Lied eine beherrschende Stellung ein, wenn es auch nicht an virtuosen Sonetten fehlt. Schon 1641 erscheint seine Version des Hohenliedes, in »Daktylische und Anapästische Verse gebracht«, an die sich Sammlungen weltlicher und geistlicher Gedichte anschließen (u. a. *Frühlingslust*, 1642; *Dichterische Jugend-Flammen*, 1651; *Gekreutzigter Liebsflammen oder Geistlicher*

Gedichte Vorschmak, 1653; *Dichterisches Rosen- und Liljen-tahl*, 1670). Musikalische Gestaltungsprinzipien bestimmen Zesens Lieder. Neben die rhythmische Bereicherung durch Daktylen und Mischformen tritt eine entschiedene Betonung der Klangwirkung. Binnenreime, Alliterationen und Assonanzen durchziehen vor allem seine späteren Lieder, Motive und Bilder werden in Reihungen variiert, wobei häufig genug der Klang den Bedeutungsgehalt des Wortes in den Hintergrund drängt:

> Glimmert ihr sterne /
> schimmert von ferne /
> blinkert nicht trübe /
> flinkert zu liebe
> dieser erfreulichen lieblichen zeit.
> Lachet ihr himmel /
> machet getümmel /
> regnet uns seegen /
> segnet den regen /
> der uns in freude verwandelt das leid.[104]

Obwohl der spielerische Aspekt einer derartig an Klangwirkung interessierten Kunst nicht zu übersehen ist, gibt es Beziehungen zu mystischen und sprachtheoretischen Strömungen der Zeit. Die besondere Nähe der deutschen Sprache zur Ursprache, der lingua adamica, ermöglicht es nach dieser Theorie dem Dichter, in ihrem Klang die wahre, unverfälschte Bedeutung der einzelnen Laute und der daraus gebildeten Wörter zu entdecken. Wortklang und (seit der babylonischen Sprachverwirrung verborgene) Bedeutung stehen in einer Beziehung zueinander, und durch die Rückführung auf die gemeinsame Wurzel, das ›Stammwort‹, läßt sich die gemeinsame tiefere Bedeutung zusammengehöriger Worte nachweisen. So soll in den Zeilen

> Juliane / Zier der Jugend /
> schönstes Bild der schönen tugend /
> kluge Fürstin / nim doch hin [. . .]

mit Hilfe der Lautanalogie erwiesen werden, daß Jugend, Tugend und Klugheit »ihrer tieferen Bedeutung nach mit ›Juliane‹ verwandt [sind]; denn sie gehen auf ein gemeinsames Stammwort zurück«.[105]
Auch Zesens abenteuerliche Etymologien und maniert erscheinenden Wortspiele gehören in diesen Zusammenhang. Es handelt sich nicht um einen ästhetischen Sprachbegriff, sondern die Gleichlautung bei Zesen ist vielmehr »ein Ausdruck des analogistischen Gestaltungsprinzips, das die Schaffung eines metaphysisch begründeten Sprachordo zum Ziele hat«.[106] Das Denken in Analogien hat Konsequenzen für Zesens Behandlung überkommener Themen und Motive. Dem Gegensatz von Diesseits und Jenseits, Vergänglichkeit und Ewigkeit in den geistlichen Gedichten fehlt die spannungsgeladene Intensität eines Andreas Gryphius, und die petrarkistische Antithetik von Liebe und Leid wird von harmonisierenden Vorstellungen überlagert.[107]
Zesens Dichtung berührt sich in manchen Punkten mit der Lyrik der Nürnberger, der

Dichter des ›Löblichen Hirten- und Blumen-Ordens an der Pegnitz‹. Die führenden Köpfe der Dichtergesellschaft waren Georg Philipp Harsdörffer (1607–58), der Buchner-Schüler Johann Klaj (1616–56) und Sigmund von Birken (1626–81). Ihre Spezialität war die Schäferdichtung, ihr Markenzeichen die Lautmalerei. Sie griffen die neuen Möglichkeiten auf, die sich aus der Aufgabe des Alternationsprinzips ergaben, und erprobten die Variations- und Kombinationsmöglichkeiten verschiedener Versmaße und Strophenformen. Ihre besondere Vorliebe galt den »gekürztlangen« (daktylischen) und »langgekürzten« (anapästischen) Versen und den Klangmöglichkeiten der Sprache, die sie durch die gehäufte Verwendung von Alliteration, Assonanz und Binnenreim auszuschöpfen suchten:

> Es schlürfen die Pfeiffen / es würblen die Trumlen /
> Die Reuter und Beuter zu Pferde sich tumlen /
> Die Donnerkartaunen durchblitzen die Lufft /
> Es schüttern die Thäler / es splittert die Grufft /
> Es knirschen die Räder / es rollen die Wägen /
> Es rasselt und prasselt der eiserne Regen /
> Ein jeder den Nechsten zu würgen begehrt /
> So flinkert / so blinkert das rasende Schwert.[108]

Obwohl Harsdörffer behauptet, daß die Natur »in allen Dingen / welche ein Getön von sich geben / unsere Teutsche Sprache« redet,[109] wird deutlich, daß er »nicht an der Natur, am Objekt, sondern am Wort- und Versklang« haftet.[110] Ihm geht es darum, den Klang der Verse »durch Reime, Assonanzen, Wiederholungen von Konsonanten und Vokalen« eindringlich zu machen, nicht um die Imitation wirklicher Geräusche.[111] Der mystischen Ursprachenlehre Jakob Böhmes steht Harsdörffer fern. Anders scheint es sich mit Johann Klaj zu verhalten, der in seiner *Lobrede der Teutschen Poeterey* (1645) auf die Idee der Natursprache zu sprechen kommt und – das teilt er mit seinen Zeitgenossen – die Würde und Ausdrucksfähigkeit der deutschen Sprache von ihrer besonderen Nähe zur Ursprache der Menschheit ableitet. Es sei

»kein Wort in Teutscher Sprache [. . .] / das nicht dasjenige / was es bedeute / worvon es handele / oder was es begehre / durch ein sonderliches Geheimniß außdrükke: also daß man sich über die unausdenkige Kunst / die GOtt unserer Sprachen verliehen / wundern muß«.[112]

Der in den Nürnberger Klanggebilden erkennbaren Tendenz zur sprachlichen Ästhetisierung entspricht auch die Ausrichtung der Poetik Harsdörffers (*Poetischer Trichter*, 1647–53), die alle von Zesen eingeführten Neuerungen übernimmt und besonderen Nachdruck auf Umschreibungen, Gleichnisse und Sinnbilder legt. Die Konzentration auf die Erweiterung der Ausdrucksmöglichkeiten der deutschen Sprache ist nicht inhaltslose Spielerei, sondern hat mit den patriotischen Zielsetzungen der deutschen Dichter des 17. Jahrhunderts zu tun. Ebensowenig kann die vorherrschende schäferliche Thematik nur als unverbindliches literarisches Versteckspiel gelten, gehört doch zur Tradition der Schäferdichtung die Möglichkeit, »auf politische Ereignisse der Gegenwart anzuspielen und den Kontrast zwischen »dem idyllischen Leben in der Natur und der sozialen und politischen Realität herauszuarbeiten«.[113] Es sind vor allem die frühen Werke der Pegnitzschäfer, darunter das *Pegnesische Schäfergedicht* (1644–45), Klajs Redeoratorien und Harsdörffers Poetik, die sich durch Innovationskraft und Experimentierfreude auszeichnen. Die spätere Entwicklung des Ordens bringt in poetologischer und ästhetischer Hinsicht wenig Neues. Hingegen macht sich eine stärkere Betonung des religiösen Moments bemerkbar, etwa in der ausgesprochen moralisch-christlichen Perspektive der Poetik Birkens (1679) oder in seinem Vorschlag, den heidnischen Parnaß durch einen christlichen Musenberg in der Nähe Nürnbergs zu ersetzen.[114]

Mit den Leistungen Zesens, Harsdörffers und Klajs waren Versgebilde von einer Lebendigkeit und rhythmischen Bewegtheit entstanden, wie sie die deutsche Literatur bis dahin nicht gekannt hatte. Außerdem hatte Harsdörffer mit seinen »Poetischen Beschreibungen / verblümten Reden und Kunstzierlichen Ausbildungen«[115] Hinweise auf eine Intensivierung der Bildersprache gegeben. Daran ließ sich anknüpfen. Der hier beschrittene Weg führte, wenn auch nicht immer an direkte Einflüsse zu denken ist, zur formalen Meisterschaft Kaspar Stielers, zur Metaphorik der Catharina Regina von Greiffenberg und schließlich auch zu den virtuosen poetischen Techniken der Jugendwerke des Ekstatikers Quirinus Kuhlmann.

Kaspar Stielers (1632–1707) *Geharnschte Venus oder Liebes-Lieder im Kriege gedichtet* (1660) gehört zu den originellsten Liederbüchern des 17. Jahrhunderts, ohne sich jedoch den verschiedenen Traditionen der Liebesdichtung zu verschließen. Die römische Liebesdichtung, Opitz und Fleming, die Manier der Nürnberger und Philipp von Zesens haben ihre Spuren hinterlassen, doch besteht Stielers Kunst gerade in der kunstvollen Variation, Kombination und Verarbeitung vorgegebener Themen und Motive. Damit verbunden ist eine außerordentliche rhythmische Beweglichkeit und Eleganz, die angesichts der Leichtigkeit und Klarheit der Verse leicht zu übersehen ist. Der Titel des Gedichtbuchs spielt auf ein mythologisches Motiv – Mars und Venus an, das Buch handelt daher weniger von dem Triumph der Liebe im Krieg als vielmehr von der allesbezwingenden Macht der Liebe:

> Wer will / kan ein gekröntes Buch
>   von schwarzen Krieges-zeilen schreiben:
> Ich will auff Venus Angesuch
>   ihr süsses Liebes-handwerk treiben:
> Ich brenne. Wer nicht brennen kan /
>   fang' ein berühmter Wesen an.[116]

Der eigentliche Gegenstand dieses Eingangsgedichts ist freilich die Dichtkunst, und die virtuose Behandlung der Liebesthematik in den 70 Liedern – Opitz' Wort von der Liebe als Wetzstein des Verstandes trifft hier wirklich zu – demonstriert gerade diesen Punkt: mit der (manchmal ironischen) Verwendung petrarkistischer Liebessituationen, dem Gebrauch des einschlägigen mythologischen Apparats, dem ironischen Metapherngebrauch, der Drastik und Sensualität in der Art der Leipziger Studentenlyrik und der Schlichtheit des Gesellschaftsliedes. Was Stielers Kunst jedoch vor allem auszeichnet, ist die rhythmische Beweglichkeit, die Geschmeidigkeit, mit der seine Verse dem Gedankenfluß folgen und so – auch in den komplizierteren Strophengebilden – den Eindruck vollkommener Harmonie erreichen:

Die Nacht
die sonst den Buhlern fügt und süsse Hoffnung macht
Die Ruh /
die einem Liebendem sagt alle Wollust zu /
bringt mir nur lauter Schmerzen
und raubet mir das Licht /
das meinem trüben Herzen
des Trostes Straal verspricht.[117]

Auch die Dichtung der Catharina Regina von Greiffenberg (1633–94) geht von den durch Zesen und den Nürnbergern erweiterten Ausdrucksmöglichkeiten der Dichtersprache aus. Ihre Artistik ist freilich völlig anderer Art als die Stielers, und gänzlich inkommensurabel mit Stielers sensualistischer Liebesdichtung sind ihre »zu Gottseeligem Zeitvertreib« erfundenen *Geistlichen Sonnette / Lieder und Gedichte* (1662).[118] Das erste Sonett, *Christlicher Vorhabens-Zweck*, nennt das »Spiel und Ziel«, dem sie sich in ihrem Leben und in ihrer Dichtung verschrieben hat: Gotteslob. Lob der göttlichen Vorsehung, der Gnade und Güte Gottes, Lob Gottes in der Natur und – ein entscheidendes Paradox – in der Erfahrung des Leides. Aber es sind nicht schlichte Kirchenlieder, in denen sich ihre religiösen Erfahrungen ausdrücken, sondern die Greiffenberg, die sich als Werkzeug der göttlichen Inspiration fühlt, findet gerade in der kunstvollen Form des Sonetts das ihrem Denken adäquate Ausdrucksmittel.[119]
Die ästhetische Wirkung der Gedichte ist weitgehend bestimmt von der Musikalität der Sprache und der häufigen Verwendung von ungewöhnlichen Komposita: Herzgrund-Rotes Meer, Herzerleuchtungs-Sonn', Anstoß-Wind, Himmels-Herzheit, Meersands-Güt'. Das gibt manchen Gedichten einen manieristischen Anstrich, doch hat diese Technik neben ihrem ästhetischen Reiz auch einen tieferen Sinn. Durch die Wortzusammensetzungen werden verborgene Analogien aufgezeigt, werden Mensch, Natur und Gott aufeinander bezogen, wird die Welt sichtbar als ein Ort, in dem die verschiedenen Bereiche aufeinander verweisen. Mit ihrer Vorliebe für dieses Stilmittel, der Verbindung von Sprachmystik und Spieltheorie, zeigt sich die Greiffenberg Strömungen der zeitgenössischen Literatur verpflichtet. Sie unterhält direkte Beziehungen zu Nürnberg (Birken), außerdem ergeben sich Berührungspunkte mit den Theorien des Philologen Justus Georg Schottelius, der in der Kombinatorik ein wichtiges Ausdrucksmittel der Sprache erkannte und in dieser »Teutschen Doppelkunst« die Möglichkeit sah, »die Händel der Natur und die Verenderungen des menschlichen Wesens abzubilden / vorzustellen / auszutrükken / und also aus den innersten Geheimnissen der Sprachen mit uns zu reden«.[120]
Wie im Jahreslauf Heilsgeschichte sichtbar wird, zeigen die zahlreichen Gedichte auf die Jahreszeiten, auf die *Gottlobende Frülings-Lust* (das bekannte tänzerische »Jauchzet / Bäume / Vögel singet! danzet / Blumen / Felder lacht!« ist eines von vielen) und *Auf die Fruchtbringende Herbst-Zeit*:

Freud'-erfüller / Früchte-bringer / vielbeglückter Jahres-Koch /
Grünung-Blüh und Zeitung-Ziel / Werkbeseeltes Lustverlangen!
lange Hoffnung / ist in dir in die That-Erweisung gangen.

Ohne dich / wird nur beschauet / aber nichts genossen noch.
Du Vollkommenheit der Zeiten! mache bald vollkommen doch /
was von Blüh' und Wachstums-Krafft halbes Leben schon empfangen.
Deine Würkung kan allein mit der Werk-Vollziehung prangen.
Wehrter Zeiten-Schatz! ach bringe jenes blühen auch so hoch /
schütt' aus deinem reichen Horn hochverhoffte Freuden-Früchte.
Lieblich süsser Mund-Ergetzer! lab' auch unsern Geist zugleich:
so erhebt mit jenen er deiner Früchte Ruhm-Gerüchte.
zeitig die verlangten Zeiten / in dem Oberherrschungs-Reich.
Laß die Anlas-Kerne schwarz / Schickungs-Aepffel safftig werden:
daß man GOttes Gnaden-Frücht froh geniest und isst auf Erden.[121]

Wie sich in der Natur göttliche Erfahrung spiegelt, macht nicht nur die Bewegung des Sonetts von der Natur zum religiösen, ja eschatologischen Bereich deutlich, diese Spiegelung konkretisiert sich in der Metaphorik der Komposita, in denen sich natürlicher und religiöser Bereich, Konkreta und Abstrakta miteinander verbinden (Anlaß-Kerne, Schickungs-Äpfel).

9. Geistliches Lied

Es wäre verlockend, die geschichtliche Entwicklung der deutschen Lyrik im 17. Jahrhundert als einen kontinuierlichen Prozeß darzustellen, als eine Entwicklung, die vom ›mittleren‹ Stil Opitzscher Prägung (›Frühbarock‹) über einen rhetorisch intensivierenden oder experimentellen, spielerisch-artistischen Stil (›Hochbarock‹) zu einer Spätphase führt, in der die Artistik Selbstzweck oder schon wieder zurückgenommen wird.[122] Dem stehen mehrere Schwierigkeiten im Wege. Zunächst gibt es zu jeder Zeit ›Unzeitgemäßes‹: Ein aufschlußreicher Fall sind die *Geistlichen und Weltlichen Poemata* (1650) der Anna Ovena Hoyers (1584–1655), die von Opitz' Reformen kaum berührt sind (Knittelvers) und in ihrer religiösen Thematik und polemischen Haltung an Flugschriften des Reformationszeitalters erinnern. Die entscheidende Schwierigkeit bei Periodisierungsversuchen ergibt sich jedoch aus der Gattungsgebundenheit der Poesie im 17. Jahrhundert, aus der Gültigkeit der durch die Tradition überlieferten Gattungsgesetze und dem Zusammenhang von ›Sachen‹, d. h. den Gegenständen der Dichtung, Gattung und Wörtern.
Als besonders traditionsgebunden erweist sich das Kirchenlied, das, da es vor allem Glaubensinhalte aussagen will, an die Bibel anknüpft, Bibelstellen kombiniert:

»Und dannenhero muß man sich in geistlichen Liedern vor allen Dingen an Biblische Worte und Phrases binden und halten / wo es sich thun läst / und dergleichen zur vorhabenden Materie vorhanden sind.«[123]

Diese »Mosaik-Arbeit« bestimmte die Kirchenlieddichtung im 16. und 17. Jahrhundert,[124] und die Kontinuität wurde auch dadurch nicht unterbrochen, daß sich die (protestantischen) Lieddichter der späteren Zeit den dichtungstechnischen Vorschriften von Opitz anschlossen. Aus ihrer Funktion als Gemeindegesang, als Umrahmung der Messe (katholisch) oder als fester Bestandteil der Liturgie (protestantisch), ergab sich von vornherein die Forderung eines gemäßigten mittleren Stils, so daß sich wenig Entwicklungsmöglichkeiten boten, wenngleich es im 17. Jahrhundert nicht an Versuchen mit neuen Vers- und Strophenformen fehlte. Die Anwendung der Prinzipien der humanistischen Kunstpoesie auf die geistliche Lieddichtung hatte jedoch Grenzen. Philipp von Zesen z. B. betonte, daß er in den *Gekreutzigten Liebsflammen* (1653) »wenig dichterische bluhmen und verzukkerungen / sondern nur einfältige reden« bringe,[125] und Gryphius charakterisierte die mit dem Kirchenlied verbundenen Stilvorstellungen in der Vorrede seiner *Thränen über das Leiden JEsu Christi* (1652) so:

»Was die Art zu schreiben belanget / ist selbige auff das schlechteste / vnd so viel möglich / an die Worte der heiligsten Geschichte gebunden / Denn weil ich hier nichts als die Andacht gesuchet / habe ich mich bekanter Melodien vnd der gemeinesten Weyse zu reden gebrauchen wollen.«[126]

Diese Beschränkungen gelten jedoch bei Gryphius schon nicht mehr generell. Er ist der Meinung derer

»gar nicht zugethan / die alle Blumen der Wolredenheit vnd Schmuck der Dichtkunst auß Gottes Kirche bannet / angesehen die Psalmen selbst nichts anders als Gedichte / derer etliche übermassen hoch vnd mit den schönesten Arten zu reden / die himmlischen Geheimnüß außdrucken [. . .].«[127]

In dem Moment freilich, in dem »poetische Erfindungen oder Farben«[128] oder »Poetische und Figürliche Redzierden«[129] zugelassen werden, gerät die Lieddichtung in Widerspruch zu ihren Aufgaben in Gottesdienst und häuslicher Erbauung: »Je mehr sich die geistliche Lyrik in der zweiten Jahrhunderthälfte der gleichen Sprachformen bedient wie die weltliche, je mehr sie sich der barocken Kunstdichtung nähert, desto mehr verliert sie ihre Funktion als Kirchenlied.«[130]

Das protestantische Kirchenlied. Fast alle namhaften Dichter des 17. Jahrhunderts, von Opitz bis Hoffmannswaldau, haben geistliche Lieder geschrieben, doch in erster Linie ist das Liedschaffen eine Sache von Pastoren. Das entspricht der Bedeutung des Liedes für den Gottesdienst und die häusliche Andacht. Vorbild ist Luther und das Kirchenlied der Reformationszeit, so daß in diesem Bereich der Gebrauchsliteratur eine ungebrochene Traditionslinie vom 16. zum 17. Jahrhundert besteht. Die bedeutendsten Lieddichter sind Johannes Heermann und Paul Gerhardt, von anderen Autoren hat häufig nur ein einziges Lied überlebt: »Nun danket alle Gott« (Martin Rinckart, 1586–1649), »Valet wil ich dir geben / I Du arge / falsche Welt« (Valerius Herberger, 1585–1647), »Jerusalem du hochgebawte Stadt« (Johann Matthäus Mayfart, 1590–1642) gehören zu diesen Schöpfungen.

Das Liedschaffen Johannes Heermanns (1585–1647) war der zeitgenössischen Erbauungsliteratur (Valerius Herberger, Johann Arndt, Martin Moller) verpflichtet, die als Reaktion gegen die lutherische Orthodoxie und die gelehrten Streittheologen zu einer vertieften und verinnerlichten Frömmigkeit fand. Über die Erbauungsliteratur gelangten mystische, volkstümliche und ›unreformatorische‹ Elemente in das geistliche Lied des 17. Jahrhunderts (Jesusminne, Verehrung des Bluts und der Wunden Christi u. a.). Gesangbücher konnten so die Funktion von Erbauungsbüchern übernehmen, es entstand geistliche Lyrik für die Privatandacht.[131] Andacht verlangt einen angemessenen, d. h. schlichten, unprätentiösen Ausdruck.[132] Die Ablehnung des ›Schmucks‹ der Rede bedeutet jedoch keineswegs, daß Heermann außerhalb der literarischen Strömungen seiner Zeit steht. Im Gegenteil, mit seinen Bemühungen um Sprachrichtigkeit und in seiner Übernahme des ›modernen‹ Alexandriners zeigt er sich durchaus als Opitzianer. Die Hinwendung zu einer für die Privatandacht bestimmten Lyrik erklärt auch das Eindringen neuer Vers- und Strophenformen in das Kirchenlied. Dazu gehört nicht nur der Alexandriner, sondern auch eine ausgesprochen modische Form wie die (gereimte) sapphische Ode:

> Herzliebster Jesu, was hastu verbrochen,
> Daß man ein solch scharff Vrtheil hat gesprochen?
> Was ist die Schuld? In was für Missethaten
>   Bistu gerathen?[133]

Der bedeutendste protestantische Lieddichter des 17. Jahrhunderts, Paul Gerhardt (1607–76), setzte die von Heermann begründete Tradition des Andachts- und Erbauungsliedes fort: *Geistliche Andachten Bestehend in hundert und zwantzig Liedern*, unter diesem Titel erschien die erste Gesamtausgabe seiner Lieder (1667/68),[134] die vorher nach und nach in verschiedenen Auflagen von Johann Crügers *Praxis Pietatis melica / das ist Ubung der Gottseligkeit* (1648 ff.) veröffentlicht worden waren. Wie Heermann und andere setzte er die Passion und die Sonntagsevangelien in Verse um, aus der lateinischen Hymnentradition stammt »O Haupt vol Blut und Wunden«, eines seiner bekanntesten Lieder (»Salve caput cruentatum«). Volkstümlich wurde er mit Liedern wie »Befiehl du deine Wege«, »Geh aus mein Hertz und suche Freud« oder »Nun ruhen alle Wälder«, Texten, die dem Bedürfnis nach einer verinnerlichten Frömmigkeit entgegenkamen. Allerdings bedeutet der häufig postulierte Gegensatz zwischen den ›Wir‹-Liedern Luthers und den ›Ich‹-Liedern Gerhardts »(noch) nicht den Übergang vom ›objektiven Bekenntnislied‹ zum ›subjektiven Erlebnislied‹«.[135] In den Versen

> Geh aus mein Hertz und suche Freud
> In dieser lieben Sommerzeit
>   An deines Gottes Gaben:
> Schau an der schönen Garten-Zier /
> Und siehe wie sie mir und dir
>   Sich außgeschmücket haben.[136]

bezeichnet das Ich kein unverwechselbares Individuum, gemeint ist vielmehr – wie fast durchweg im religiösen Lied des 17. Jahrhunderts – der Mensch als Mitglied der religiösen Gemeinschaft. Daß es noch nicht um subjektive Erlebnisweisen gehen kann, zeigt sich auch an Gerhardts Behandlung der Natur. Obwohl die Hälfte des langen Liedes in einer Reihung von Naturbildern besteht, hat Natur nur eine Zeichenfunktion, soll die (vergängliche) Schönheit »dieser armen Erden« auf den Schöpfer und auf »Christi Garten« verweisen und zum Glauben hinführen. Natur- und Genrebilder sind nicht Selbstzweck, sondern stehen in einem Verweisungszusammenhang. Darin treffen sich beispielsweise manche Sonette von Andreas Gryphius mit den Liedern Gerhardts. Auch in der emblematischen Struktur zeigen sich Parallelen: Wenn Gryphius Überschrift, Naturbild und Deutung zu einer formalen Einheit verbindet, so entspricht das dem Verfahren Gerhardts, dem Naturbild die geistliche Deutung folgen zu lassen.

Gewiß steht bei Gerhardt wie bei den anderen Kirchenlieddichtern die theologische Aufgabe über ästhetischen Erwägungen. Gleichwohl schließt er sich nicht von der gelehrten Dichtung ab. Er verwendet charakteristische Stilmittel der zeitgenössischen Poesie und zeigt sich in seiner geglätteten Verssprache Opitz und August Buchner verpflichtet.[137] Daß die Bildersprache Extreme vermeidet und die Stilmittel der humanistischen Poesie nur maßvoll eingesetzt werden, ist in der Tradition des geistlichen Liedes begründet. Das Formale ist nur eine Funktion des geistlichen Zwecks, der Andacht:

> Unter allen, die da singen
> Und mit wohlgefaßter Kunst
> Ihrem Schöpfer Opfer bringen,
> Hat ein jeder seine Gunst;
> Doch der ist am besten dran,
> Der mit Andacht singen kann.[138]

Das katholische Lied. Der Gemeindegesang im Katholizismus war »Hilfs- oder Ausdrucksmittel für die Laienschaft, aber nie Konstituens der gottesdienstlichen Opferhandlung«.[139] Es war damit freier als das protestantische Kirchenlied, das an die Bedingungen der Liturgie gebunden war. Mit Beginn des 17. Jahrhunderts knüpften daher die katholischen Gesangbücher stärker an den Stil des volkstümlichen deutschen Lieds an, dem auch die zahlreichen Übersetzungen lateinischer Hymnen, Lieder und Sequenzen verpflichtet waren. Mit seiner sinnlichen Anschaulichkeit, seiner Bildersprache und seinen rhetorischen Mitteln näherte sich das katholische Lied dem ›barocken‹ Stil, so daß »die Übernahme barocker Formen im katholischen Lied etwas Selbstverständliches« darstellte.[140]

Vor diesem Hintergrund steht das Werk des rheinischen Jesuiten Friedrich Spee (1591–1635), der aber bewußt den Schritt zur Kunstdichtung unternahm. Es ist bezeichnend für die durch die konfessionellen Gegensätze gespaltene deutsche Literatur, daß Spee dabei nicht an Opitz anknüpfte und daß seine Reformvorstellungen nicht mit einem völligen Bruch mit der deutschen volkstümlichen Tradition bezahlt wurden. Spees Lieder erschienen zuerst 1649 in seiner Liedersammlung *Trutz Nachtigal, oder Geistlichs-Poetisch Lust-Waldlein, Deßgleichen noch nie zuvor in Teutscher sprach gesehen* und der Erbauungsschrift *Güldenes Tugend-Buch*, doch ihre Entstehungszeit reicht in die zwanziger Jahre zurück. Die Begründung für sein Liedschaffen erinnert an die ›kulturpatriotischen‹ Bestrebungen der protestantischen Literaturreformer. Auch ihm geht es um den Nachweis, daß man »nicht allein in Lateinischer sprach / sondern auch so gar in der Teutschen / [...] recht gut Poetisch reden vnnd dichten könne«, weswegen er sich bemüht habe, »zu einer recht lieblichen Teutschen *Poetica* die baan zu zeigen«, auch er unterscheidet jambische und trochäische Verse und formuliert auf seine Weise ein Betonungsgesetz.[141] Als metrische Muster nennt er einen lateinischen Hymnus und ein deutsches geistliches Lied, doch sein Werk verweist zudem auf die weltliche Liebesdichtung der Renaissance, deren Motive ins Geistliche gewendet werden. So hat man ihn als »Schöpfer des neuen deutschen geistlichen Liebesliedes« bezeichnet.[142]

Im Zentrum der *Trutz Nachtigal* steht die Jesusminne, die in den typischen Antithesen und Metaphern der petrarkistischen Liebesdichtung umschrieben wird:

> Daß Flämlein daß ich meine /
> Ist JESU süsser nam;
> Eß zehret Marck vnd Beine /
> Frißt ein gar wundersam.
> O süssigkeit in schmertzen!
> O, schmertz in süssigkeit![143]
>
> O süssigkeit in peinen!
> O pein in süssigkeit![144]

Diese religiösen Minnelieder, wie Eichendorff sie nennt, setzen eine alte Tradition fort, die auf die geistlich-allegorische Auslegung des Hohenliedes zurückgeht: die von dem Pfeil der göttlichen Liebe verwundete Braut, »die gesponß Jesu«, auf der Suche nach ihrem Bräutigam (*Die gesponß Jesu lobet jhren geliebten mit einem Liebgesang, Die gesponß Jesu klaget jhren hertzenbrand, Die gesponß Jesu seufftzet nach jhrem Bräutigam [...]* usw.).

Ein zweiter Motivkreis ist in Gedichtüberschriften wie *Anleitung zur erkandtnuß vnd liebe des Schöpffers auß den geschöpffen* oder *Lob Gottes auß beschreibung der frölichen Sommerzeit* angedeutet. Spee hat einen besonderen Blick für die Schönheiten der Natur, für Landschaften, für Tages- und Jahreszeiten, eine Vorliebe für das Detail:

> Bald auch die zahm / vnd fruchtbar bäum
> Sich frewdig werden zieren /
> Mit weichem obs / mit kinder träum /
> Nuß / äpffel / kirsch- vnd biren.
> Die biren gelb / die äpffel roth /
> Wie purpur die Granaten /
> Die pfersich bleich wie falber todt /
> Die kirschen schwartz gerathen.[145]

Trotz aller Liebe zum Detail ist Spees Naturverständnis grundsätzlich nicht anders als das Paul Gerhardts: Die Natur hat zeichenhafte Bedeutung, sie steht für Gottes Liebe (»Mit deiner Lieb vmgeben / I O schöpffer aller ding [...]«),[146] und der Preis der schönen Natur wird zum Lobgesang auf den Schöpfer. Auch die Natureingänge, die bei aller Zartheit eine beträchtliche Länge annehmen können, haben diese Funktion. In der Beschreibung der Natur offenbart sich die Liebe, die ihrem Schöpfer entgegengebracht wird. Das schließt eine poetisch-technische Bedeutung der Natureingänge nicht aus, so wenn ganz im Sinn petrarkistischer Traditionen den Schönheiten der Natur die (religiös verstandene) Liebesqual antithetisch entgegengesetzt wird (vgl. z. B. *Liebgesang der Gesponß Jesu, im anfang der Sommerzeit*).

Der dritte Motivkreis ist bestimmt durch die Hirtenmaskerade. Ein Teil der in der *Trutz Nachtigal* versammelten Lyrik ist geistliche Hirtendichtung, die Spee Eklogen oder Hirtengespräche (auch Hirtengesänge) nennt und mit der er an das Gleichnis vom guten Hirten anknüpft. Es sind Gespräche der Hirten Damon und Halton, die »Gott loben, dieweil Mon, vnd Sternen scheinen«, »den todt Christi, vnder der person des hirten Daphnis weitläuffig betrawren« oder auch von »Creutz, vnd aufferstehung Christi« sprechen.[147]
Die Art der Vergegenwärtigung geistlicher Sachverhalte in manchen Gedichten geschieht nach dem Muster jesuitischer Meditationen, so etwa, wenn sich eine christliche Seele Kreuz und Wunden Christi vorstellt, sich in sie versenkt.[148] Die Tendenz zur Versinnlichung macht dabei auch vor abstrakten Konzepten nicht halt, die »so wol Theologisch als Poëtisch« entworfen werden.[149] Wenn Spee häufig als Mystiker angesprochen wird, liegt wohl ein Mißverständnis zugrunde:[150] Der Weg zu Gott, die Vereinigung mit Gott ist bei Spee nur im Rahmen der Kirche, d. h. über die Sakramente möglich.[151]
Auch in Süddeutschland behauptete sich eine eigenständige Lieddichtung. Es bestand wenig Neigung, die einheimische oberdeutsche Sprachtradition aufzugeben und sich den sprachlichen und literarischen Reformvorstellungen anzuschließen, die mit dem protestantischen Mitteldeutschland verbunden waren.[152] So bildete sich in München eine Liederschule um den Priester Johannes Khuen (1606–75), der über Jacob Balde in enger Verbindung mit den Dichtern des Jesuitenordens stand und mit der Form seiner Sololieder auf den Jesuiten Albert Curtz (*Harpffen Davids*, 1659) und den Kapuziner Laurentius von Schnüffis wirkte. Den Mittelpunkt von Khuens Liedschaffen bilden die marianischen Bücher (1636 ff.), die 1659 unter dem Titel *Marianum Epithalamium TafelMusic / Ehren-Mahlzeit / Lust-Garten / vnd Bluemen Feld* vereinigt wurden, und drei geistliche Schäfereien (*Tabernacula Pastorum, Munera Pastorum, Gaudia Pastorum,* 1650–55). Seine Dichtung steht ausdrücklich im Dienst einer militanten Gegenreformation. Auch die Ablehnung der von den protestantischen Territorien ausgehenden Reformbewegung verweist auf diesen Zusammenhang. Formuliert wird er von Albert Curtz, der sich im Vorwort zu seiner Psalmenübersetzung von Opitz' Reform und den sprachlichen Bestrebungen der Fruchtbringenden Gesellschaft distanziert und die kulturelle Eigenständigkeit des oberdeutschen Sprachraums herausstellt.[153] In diesem Kontext gehören auch die deutschen Dichtungen Jacob Baldes (1604–68), darunter ein Marienlied (*Ehrenpreiß*), das Eingang in den volkstümlichen Kirchen- und Prozessionsgesang fand,[154] und – im erweiterten oberdeutschen Raum – die Werke der Kapuzinerdichter Prokop von Templin (1608–80) und Laurentius von Schnüffis (1633–1702).[155]
Bei Prokop, der im Dienst der Gegenreformation vor allem in Passau, Salzburg und Linz tätig war und zahlreiche Predigt- und Exempelbücher veröffentlichte, steht das Liedschaffen im Zusammenhang mit der Predigt und ihrem seelsorgerischen Anliegen. Das wird deutlich, wenn das Gedicht *Gott lobende Welt-Music* nicht nur das Lob des Schöpfers und der Schöpfung singt, sondern mit einer direkten Nutzanwendung schließt:

Fragst du / was sie singen dann?
Ich dirs nicht verhelen kan /
  Wil dich gern berichten;
Gottes Lob gar inniglich
Breitens auß / erinnern dich
  O Mensch / deiner Pflichten;
Du mit jhnen stimme zu /
Dich nicht eh begib zu Ruh /
  Biß dus hast gewohnet;
Zum Text hast du selbst die Wahl /
Singst du wol an dem Final
  Er dirs Gsang belohnet.[156]

Dichtung dieser Art ist in der Tat »Christenlehre und Predigt mit andern Mitteln«,[157] und die Gedichtbücher des bedeutendsten der Kapuzinerdichter, Laurentius von Schnüffis, verfolgen ebenfalls keinen anderen Zweck. Mit seinem erfolgreichsten Lieder- und Emblembuch stellt er sich in die Tradition der geistlichen Bukolik: *Mirantisches Flötlein. Oder Geistliche Schäfferey / In welcher Christus / under dem Namen Daphnis / die in dem Sünden-Schlaff vertieffte Seel Clorinda zu einem bessern Leben aufferwecket / und durch wunderliche Weis / und Weeg zu grosser Heiligkeit führet* (1682). Dem Werk liegt ein genauer Plan zugrunde, der auf dem Aufstieg der menschlichen Seele in drei Stufen vom »Streitstand« über den »Bußstand« zum »Freudenstand« beruht. Die einzelnen Gedichte (insgesamt 30 zu je 20 Strophen), jeweils begleitet von den Melodien und einem emblematischen, zur Meditation anhaltenden Kupfer, beschreiben die einzelnen Stationen der Bekehrung, wobei der erbauliche Zweck dem poetischen Ausdruck nicht im Wege steht – etwa in den einfallsreichen Variationen über das Thema der Nacht (*Clorinda bejamert die abschewliche Finsternuß Ihres Hertzens [...]*):

Grausame / grewliche /
Förchtlich-abschewliche /
  Diebische Nacht /
Welche den Muthigen /
Menschen-mord-bluthigen
Mörder- und Raubern
Hexen / und Zaubern
  Sicherheit macht
  [...].[158]

Die weiteren Zyklen sind ähnlich aufgebaut, verbinden Text, Melodie und emblematische Kupferstiche zu erbaulichen Gesamtkunstwerken. Das Ziel ist letztlich die Bekehrung des »Welt-Menschen« (*Mirantische Wald-Schallmey / Oder: Schul wahrer Weisheit*, 1688), was eine ausführliche Darstellung menschlichen Fehlverhaltens voraussetzt: Die Kritik an spezifischen Übelständen überwiegt in den spätern Bänden (z. B. *Mirantische Maul-Trummel*, 1695). In den Bereich der zeitgenössischen Marienverehrung führt die *Mirantische Mayen-Pfeiff* (1691), in der die Lieder auf

Maria und ihre Funktion als Fürbitterin von Anmerkungen und Prosaexkursen begleitet werden, die darauf aufmerksam machen, daß es letztlich um den Glauben, um Volksmission, nicht um Ästhetisches geht.

10. *Mystik*

Stehen Spee und die Kapuzinerdichter abseits von der vorherrschenden ›gelehrten‹ Literaturpraxis des (protestantischen) 17. Jahrhunderts, so verbinden die stärker von mystischen und chiliastischen Traditionen geprägten Dichter – Czepko, Scheffler, Knorr von Rosenroth und Kuhlmann – die Errungenschaften der modernen Kunstpoesie mit der religiösen Thematik. Dichtung ist hier nicht volkstümliche Predigt mit anderen Mitteln, sondern Ausdruck religiösen Enthusiasmus' und scharfsinniger Spekulation.

Entscheidend für die mystischen Strömungen dieser Zeit ist die Verbindung der mittelalterlichen deutschen Mystik mit der Naturspekulation und Naturphilosophie, wie sie im Zusammenhang mit dem Platonismus und Neuplatonismus der Renaissance entstanden war. Die einflußreichste Gestalt war Jacob Böhme (1575–1624), der trotz der Gegnerschaft der lutherisch-orthodoxen Geistlichkeit und trotz Schreibverbot weit über Deutschland hinaus wirkte. Aus dem Kreis um Böhme kam Abraham von Franckenberg (1593–1652), der Böhmes Werke in Holland herausgab und mit seinen eigenen Schriften und Missionsreisen wesentlich zur Verbreitung mystischen Denkens im 17. Jahrhundert beitrug. Er stand mit einer Reihe von deutschen Dichtern in Beziehung und verfaßte selbst Kirchenlieder und geistliche Epigramme. Zu Daniel Czepkos (1605–60) *Sexcenta Monodisticha Sapientum* (1655, handschriftlich; im 17. Jahrhundert ungedruckt) schrieb er ein (auf 1652 datiertes) Widmungsgedicht, in dem es heißt:

> Mein CZEPKO glaube mir, Du wirst durch T.V.G.E.N.D. Schein
> Weit über OPITZ der dreymal Bekrönte seyn:
> Und ich wil dir den Preiß der weisen Lehren geben,
> Daß unser Deutschland sol nach deinen Reimen leben [. . .].[159]

Es mag überraschen, daß der Hinweis auf Opitz von dem Mystiker Abraham von Franckenberg kommt, doch trifft er damit durchaus Czepkos literarischen Ehrgeiz, der sich keineswegs auf die geistliche Dichtung beschränkte. Ein umfangreiches episches Schäfergedicht (*Coridon und Phyllis*), Liebesgedichte und satirische Gedichte zeigen ihn als weltlichen Dichter in der humanistischen Tradition. Kennzeichen seiner Dichtung, der gesellschafts- und zeitkritischen *Kurtzen Satyrischen Gedichte* (Opitz hatte das Epigramm als »kurtze Satyra« definiert) und der *Verliebten Gedancken*,[160] ist die Neigung zum Epigrammatischen, die ihren folgenreichsten Ausdruck in den *Sexcenta Monodisticha Sapientum* fand, an die Angelus Silesius mit seinem *Cherubinischen Wandersmann* anknüpfen konnte.

Die prägnante Formulierung religiöser Gedanken und Paradoxe läßt sich bis zu Sebastian Franck (1499–1542), Daniel Sudermann (1550–1631), Abraham von Franckenberg und Johann Theodor von Tschech (1595–1649) zurückverfolgen, doch ihre kunstvolle antithetische und pointierte Form erhielt die geistliche Epigrammatik erst durch Czepko, der sich am weltlichen lateinischen Epigramm und seiner deutschen Sprachform (Opitz) orientierte. Die 600 Alexandrinerreimpaare sind in sechs Bücher eingeteilt, die den Weg der Seele zu Gott darstellen, wobei die siebte Stufe, die Ruhe in Gott, nicht mehr ausgeführt ist. Da das Ziel, Gott, »zugleich der Anfang alles Seienden ist, so ergibt sich das Paradox von der Einheit von Anfang und Ende«, das im Chiasmus des letzten Epigramms auch formal ausgedrückt wird:[161]

> Ende: Anfang:
>   Im
> Anfang: Ende.
> Das End ist hier: doch wer zurücke kehren kan,
> Der trifft den Anbegin im Ende wieder an.[162]

In dem langen Widmungsgedicht an das Oberhaupt der Fruchtbringenden Gesellschaft nennt Czepko seine Verse »Kurtz an Worten, lang aber am Verstande«[163] und spricht davon, daß der Weg zu Gott trotz des Sündenfalls nicht verstellt ist:

> Er läst uns durch zwey Weg' in zweyen Büchern
> Dessen aus der Natur und Schrifft versichern:
> Der Natur Weg ist heimlich, der Schrifft offen,
> Beyde zeigen uns, was wir sollen hoffen.[164]

In dem Weisen vereinigt sich die Kenntnis beider Wege:

> Gut: der Weißheit in der Natur nachschlagen:
> Besser: Seeligkeit in der Schrifft erfragen:
> An dem besten: Natur und Schrifft vergleichen,
> Als der göttlichen Wahrheit feste Zeichen.[165]

Mit der neuplatonisch geprägten Naturspekulation, der Suche nach dem »geheimen Weg«,[166] verbindet sich ein Interesse für Alchimie, Magie und kabbalistische Laut- und Buchstabenspekulation, für die es zahlreiche Beispiele in Czepkos Distichen gibt.[167] So wird z. B. durch Anagramm und Paronomasie, dem ähnlichen Klang verschiedener Wörter, eine geheime Beziehung zwischen Sündenfall und Erlösung deutlich gemacht (das Ave bezieht sich auf die Botschaft des Engels an Maria):

> Eva: Ave:
> Adem: Made:
> Natur: Natter.
> Hätt Eva nicht erlangt durch Ave eine Cur:
> Wär Adem Made noch, und Natter die Natur.[168]

Zu den bevorzugten Stilmitteln des pointierten Sprechens gehören Paradoxon, Antithese und Chiasmus. Sie haben mehr als nur eine formale Funktion: Die widersprüchliche Aussage des Paradoxons verweist auf das Problem mystischen Sprechens,

Unsagbares ausdrücken zu wollen, zugleich sind Paradox und Chiasmus Zeichen für die Einheit der Gegensätze:

> Gott: Mensch:
>   und
> Mensch: Gott.
> Mensch kleide dich in Gott: Gott wil sich in dich kleiden,
> So wird dich nichts von Ihm, auch Ihn von dir nicht scheiden.[169]

Czepkos Distichen, obwohl zu seinen Lebzeiten nicht gedruckt, waren das Vorbild für die *Geistreichen Sinn- und Schlussreime* (1657) Johannes Schefflers (1624–77), der sich nach seiner Konversion zum Katholizismus Angelus Silesius nannte. Bekannter ist das Buch als *Cherubinischer Wandersmann*, wie der Obertitel der erweiterten zweiten Auflage von 1675 lautet. Scheffler hatte Czepkos Werk durch die Vermittlung Abraham von Franckenbergs kennengelernt, der ihn in die mystische Literatur einführte. Anders als Czepkos *Monodisticha* enthalten die sechs Bücher des *Cherubinischen Wandersmanns* nicht nur Alexandrinerreimpaare, wenngleich diese Form durchaus vorherrscht. Während der ursprüngliche Titel der Sammlung nur auf ihren epigrammatischen Charakter verweist, bezeichnet der spätere Obertitel das Werk genauer. Der Hinweis auf die Cherubim bezieht sich auf die traditionelle Hierarchie der Engel und deutet an, daß der Versuch, den mystischen Weg zu Gott zu beschreiben, hier in einer intellektuellen, den Verstand ansprechenden Weise unternommen wird. Dafür steht die Form des Epigramms bereit, auf dessen ›geistreiche‹ Qualität der Untertitel anspielt. Gerade die virtuose Handhabung des Epigramms unterscheidet Scheffler von Czepkos teilweise recht steifen Versen, denn inhaltlich ergeben sich – und das liegt an den traditionellen mystischen Sprach- und Denkformen – zahlreiche Berührungspunkte. Trotzdem zeigen sich Unterschiede in der Akzentuierung, etwa darin, daß Czepko wesentlich seltener direkte Aussagen über Gott macht, während bei Scheffler die Unmöglichkeit, das Wesen Gottes zu erfassen, zu einem ständigen Umkreisen dieses Themas führt:

> *Auch von Gott*
> Gott ist noch nie gewest und wird auch niemals sein
> Und bleibt doch nach der Welt, war auch vor ihr allein.[170]

Im Mittelpunkt steht die Beziehung zwischen Mensch (»Ich«) und Gott, die immer wieder in paradoxe Formulierungen gefaßt wird:

> *Ich bin wie Gott, und Gott wie ich*
> Ich bin so gross als Gott, er ist als ich so klein;
> Er kann nicht über mich, ich unter ihm nicht sein.[171]

> *Gott lebt nicht ohne mich*
> Ich weiss, dass ohne mich Gott nicht ein Nu kann leben;
>   Werd ich zunicht, er muss von Not den Geist aufgeben.[172]

Die Liebe zwinget Gott
Wo Gott mich über Gott nicht sollte wollen bringen,
So will ich ihn dazu mit blosser Liebe zwingen.[173]

Bei diesen Epigrammen wird der Leser auf die Vorrede verwiesen, in der es heißt, daß sie sich auf den Zustand der Unio mystica, den Zustand »nach dieser Vereinigung«, beziehen, die Scheffler, gestützt auf Zitate aus der älteren mystischen Literatur, so beschreibt:

»Wenn nun der Mensch zu solcher vollkommner Gleichheit Gottes gelangt ist, dass er ein Geist mit Gott und eins mit ihm worden und in Christo die gänzliche Kind- oder Sohnschaft erreicht hat, so ist er so gross, so reich, so weise und mächtig als Gott, und Gott tut nichts ohne einen solchen Menschen, denn Er ist eins mit ihm [...].«[174]

Die Vorrede dient vor allem dazu, möglichen Einwänden oder Mißverständnissen vorzubeugen: Seine Verse enthielten, heißt es, »viel seltsame paradoxa oder widersinnische Reden [...], welchen man wegen der kurzen Verfassung leicht einen verdammlichen Sinn oder böse Meinung könnte andichten [...].«[175] Hier zeigt sich die Spannung zwischen den Doktrinen der offiziellen Kirche und den Mystikern, die in der Geschichte des christlichen Glaubens immer wieder aufgetreten war und der sich auch Scheffler nicht entziehen konnte. Der theologische Gehalt ist freilich das am wenigsten Originelle am *Cherubinischen Wandersmann*, denn hier reflektiert Scheffler im wesentlichen die mystische Tradition. Wie er diese Gedanken formuliert, macht seinen Rang als Dichter aus. Die Form des Alexandrinerepigramms, die eine antithetische, pointierte Sprechweise herausfordert, entspricht dem intellektualistischen Charakter seiner Dichtung; die Kurzform verleitet zu schroffen, paradoxen Feststellungen und Behauptungen, mit denen die zentralen Gedanken der mystischen Erfahrungswelt beleuchtet werden, so daß sie einerseits »wie ein blendendes Sprühwerk, andererseits wie kaleidoskopisch gleitende Abrisse und sich verschiebende metaphorische Bilder« wirken.[176]
Dem spekulativen Umkreisen mystischer Vorstellungen im *Cherubinischen Wandersmann* stellt Scheffler die *Heilige Seelen-Lust Oder Geistliche Hirten-Lieder Der in jhren JESUM verliebten Psyche* (1657) zur Seite, die den affektiven Weg zu Gott beschreiben. In dieser Sammlung sind Lieder auf biblische Ereignisse und die Kirchenfeste mit der Seelengeschichte der Psyche verflochten. Scheffler versteht seine *Geistlichen Hirten-Lieder* als Gegenstück zur weltlichen Pastoral- und Liebesdichtung, deren Formen und Motive parodiert und dem geistlichen Zweck untergeordnet werden. Den Dichtern seiner Zeit wirft er vor, sie verschwendeten ihre Zeit mit »Dorinden, Flavien, Purpurillen, und wie sie weiter heissen«, statt ihre »Erfindungen und Federn [...] dem unvergleichlichen Angesichte JESu Christi« zuzuwenden: »Hier blühen die unverwelkliche Rosen und Lilien, seine / Wangen [...].«[177] Die Anleihen an die weltliche Dichtung beschränken sich nicht auf die Metaphorik und die Hirtenmaskerade, die durch Spee und Khuen schon eine eigene Tradition gebildet hatte, sondern Scheffler knüpft auch an die Formen des weltlichen Liedes seiner Zeit an. So ist sein Lied *Sie beklaget die verfallenen Augen JEsu Christi* eine Kontrafaktur von Opitz' bekanntem Gedicht »Ihr schwartzen Augen / ihr«:

Ihr keuschen Augen jhr, mein allerliebstes Licht,
Das meinem Bräutigam und Heiland jtzo bricht,
    Ihr Augen voller Huld,
    Voll himmelischer Lust,
    Was habt dann jhr verschuld,
    Daß jhr verbleichen must?[178]

Obwohl Scheffler in der Vorrede versichert, »mit einfältigen Worten« die Liebe seiner Seele ausdrücken zu wollen,[179] ist seine Virtuosität nicht zu verkennen. Anders als im *Cherubinischen Wandersmann* äußert sie sich nicht in dem Variations- und Abwechslungsreichtum, mit dem die Grundform des Alexandrinerreimpaars gestaltet wird, sondern in der Vielfalt der Rhythmen, der Vers- und Strophenformen.

Die ersten drei Bücher haben einen deutlich erkennbaren Aufbau.[180] Die Lieder folgen dem Verlauf des Kirchenjahres und der diesem zugrundeliegenden biblischen Ereignisse, zugleich stellen sie die Annäherung der Seele an Gott dar. Die Sammlung beginnt mit dem Lied *Die Psyche seufftzet nach jhrem JEsu wie ein einsames Turteltäublein nach seinem Gemahl* und endet im dritten Buch mit Gedichten, in denen die Psyche »die Herrligkeit der himmlischen Wohnungen und deß ewigen Lebens« betrachtet[181] und sich danach sehnt, sich »in den lieblichen Abgrund Gottes zu versenken«.[182] Und das kann, daran besteht kein Zweifel, erst nach diesem Leben geschehen; die Vereinigung mit Gott auf dieser Welt ist in der *Heiligen Seelen-Lust* nur durch das Sakrament der Eucharistie möglich. Vom Aufbau der Sammlung her ist die Seelengeschichte der Psyche eng verbunden mit der Lebens- und Leidensgeschichte Christi. Sehnsüchtiges Verlangen bestimmt die Zeit vor seiner Geburt (das Kirchenjahr beginnt mit dem Advent), Freude und Jauchzen begleiten die Geburt, Trauer und Klagen die Leidensgeschichte usw. Über allem herrscht der Affekt der Liebe, eine durch das Hohelied legitimierte Brautmystik, die sich mit ihrer Transformation überkommener Metaphern geistlicher und weltlicher Dichtung weit vorwagt. Gedichtüberschriften wie *Die Psyche begehrt ein Bienelein auff den Wunden JEsu zu seyn* oder *Sie schreyet nach dem Kusse seines Mundes* zeigen die Tendenz zur Erotisierung an, die in dem Lied *Sie begehret verwundet zu seyn von jhrem Geliebten* einen vollkommenen Ausdruck findet:

JEsu du mächtiger Liebes-Gott
    Nah dich zu mir:
Denn ich verschmachte fast biß in Tod
    Für Liebs-Begiehr:
Ergreiff die Waffen, und in Eil
Durchstich mein Hertz mit deinem Pfeil,
    Verwunde mich : / :[183]

Der spekulativen Richtung religiösen Denkens zeigt sich Christian Knorr von Rosenroth (1631–89) in seinen Schriften über die Kabbala verpflichtet (u. a. *Kabbala denudata* I,1677; II,1684), die Gedichte in seinem *Neuen Helicon mit seinen Neun Musen* (1684) haben jedoch einen weniger geheimnisvollen Charakter und behandeln die üblichen Themen erbaulich-religiöser Dichtung. Die Andachtslieder (z. B. *Mor-*

gen Andacht, Abends-Andacht) stehen in der Tradition geistlicher Naturbetrachtung, die Bilder werden Anlaß zur Meditation, verweisen auf die heilsgeschichtliche Bestimmung des Menschen:

> Der Sonnen-Untergang deß Himmels Abend-Roth /
> Das schwartze Kleid der Nacht der Schlaff der halbe Tod;
> Entkleidung Müdigkeit und Hoffnung auffzustehen /
> Diß alles reitzet mich / O Gott vor dich zu gehen. [184]

Daneben finden sich Gedichte wie »Die gröste Unglückseligkeit bestehe in Herrschafft der Leidenschafften«, die auf die didaktisch-erbaulichen Intentionen Knorrs verweisen. Seine Lieder sind, wie es im Untertitel seiner Sammlung heißt, »Geistliche Sitten-Lieder / Von Erkäntniß der wahren Glückseligkeit / und der Unglückseligkeit falscher Güter; dann von den Mitteln zur wahren Glückseligkeit zu gelangen / und sich in derselben zu erhalten«.

Eine neue Qualität nimmt die religiöse Dichtung bei Quirinus Kuhlmann (1651–89) an. Doch so auffallend die manieristischen Züge seiner Sprache sind, entscheidend ist die neue Funktion der Poesie. Kuhlmanns Hauptwerk, der *Kühlpsalter* (1684–86), ist als heiliges Buch konzipiert, sein Verfasser versteht sich als Prophet. Für Kuhlmann hat Dichtung »kein Eigenrecht als Werk, sie ist ihrem Wesen nach Prophetie«, [185] was Folgen für ihre Verständlichkeit hat: »Gegenwaertige Funfzehngesaenge«, heißt es über das erste Buch des *Kühlpsalters*, »werden nimals mit blossem lesen oder betrachten, sondern alleine in dem stande völlig verstanden werden, darinnen si geschriben.« [186]

Die Anfänge Kuhlmanns mit epigrammatischen Grabschriften (1668) und den fünfzig Sonetten der *Himmlischen Libes-küsse / über di fürnemsten Oerter Der Hochgeheiligten Schrifft [. . .] Poetisch abgefasset* (1671) waren freilich eher konventionell. In den Grabschriften setzte er u. a. Opitz, Gryphius und Logau poetische Denkmäler, die *Himmlischen Libes-küsse* zeigen ihn als formgewandten, mit den poetischen Techniken der Nürnberger vertrauten Poeten, deren humanistisches Formenspiel er allerdings mit der Kombinatorik des Sonetts *Der Wechsel Menschlicher Sachen* entschieden übertrumpfte. Die Lektüre von Werken Jacob Böhmes, deren Eindrücke er 1674 in einer eigenen Schrift (*Neubegeisterter Böhme*) zusammenfaßte, brachte die entscheidende Wende in seinem Schaffen und Leben: In der Auseinandersetzung mit Böhme und anderen Sektierern und ›Propheten‹ bildeten sich seine ekstatisch-schwärmerischen Ideen und Heilsvorstellungen, die im *Kühlpsalter* und einigen Begleitschriften entwickelt werden. Er begründet seine Berufung und seine Auserwähltheit mit Denkfiguren, die er Böhme und den chiliastischen Bewegungen seiner Zeit entnimmt, und er sieht sich als den schon von Böhme erwarteten Jüngling, der den Antichrist stürzen und zum Tausendjährigen Reich überleiten werde. Sein ganzes Leben, seine Visionen müssen dazu dienen, seine Auserwähltheit zu legitimieren, und mit Hilfe eines dreistufigen typologischen Denkschemas – Zeichen, Figur, Wesen – gelingt es ihm, ein komplexes System von Beziehungen zwischen dem eigenen Lebenslauf und seiner heilsgeschichtlichen Bedeutung als ›Figur‹ Christi zu schaffen. Das erklärt auch die Eigentümlichkeit des *Kühlpsalters*, daß jedem Kühlpsalm eine Prosaeinleitung mit biographischen Daten vorausgeht, während der Psalm selbst von der Heilsbedeutung spricht. Zu dem Beziehungsdenken gehört auch das komplizierte numerische Kompositionsprinzip des Buchs, wie überhaupt der ekstatische Stil einiger Gedichte, besonders die Vorliebe für Interjektionen, nicht dazu verführen sollte, hier einen trunkenen Expressionisten am Werk zu sehen: Der *Kühlpsalter*, der sich als dritter Teil der Bibel nach Altem und Neuem Testament versteht, ist »angesichts der zugrunde liegenden Hypothesen [...] die Ordnung selbst«.[187]

Die Beziehungen zwischen geschichtlichen und biographischen Ereignissen und ihrer heilsgeschichtlichen Bedeutung liegen für Kuhlmann in der Sprache verborgen, sie müssen nur sichtbar gemacht werden. Eine besondere Rolle spielen dabei die Namen, voran sein eigener, den er in der Apostelgeschichte präfiguriert sieht. Hier heißt es (3,19 f.): »So tut nun Buße und bekehret euch, daß eure Sünden vertilgt werden; auf daß da komme die Zeit der Erquickung [tempora refrigerii] von dem Angesichte des Herrn, wenn er senden wird den, der euch jetzt zuvor gepredigt wird, Jesus Christus.« Kuhlmann, der sich gelegentlich Kühlmann nennt, deutet die Stelle auf sich, den Bringer der Zeit der Kühlung, den Kühlmonarchen. Seinen Gegenspieler beispielsweise sieht er in Edward Coleman verkörpert, der im Zusammenhang mit dem Versuch der Rekatholisierung Englands 1678 hingerichtet wurde. So steht Coleman mit den Assoziationen Kohle, Feuer, Satan als Vertreter des Antichrist gegen Kühlmann:

> Satan gibt dem Kohlmann kohlen,
> Di Gott durch den Kühlmann kühlt:
> *Rom wird selber weggespühlt,*
> *Wann es London wird weghohlen.*
> Rom verleuhret seinen stuhl,
> Und versinkt in schwefelpfuhl,
> Vor den *Lilirosenkuhl.*[188]

Kuhlmann findet in den von ihm selbst angestellten Sprachmanipulationen den Beweis für seine Erwähltheit, andererseits ist nur der Erwählte fähig, die Offenbarungen Gottes in der Sprache zu erkennen. Sieht man von Kuhlmanns Sendungsbewußtsein ab, so steht hinter dieser Denkweise die Theorie von der Ursprache, der lingua adamica, mit der Vorstellung, daß sich in der Lautform der Worte das Wesen der bezeichneten Gegenstände abbilde.[189] Und die Sprache des *Kühlpsalters* kann man als den Versuch sehen, die durch Sündenfall und babylonische Sprachverwirrung verschüttete Ursprache zu rekonstruieren, ihr jedenfalls näherzukommen.[190] Diesem Anspruch, den göttlichen Zustand der Sprache wiederherzustellen, entspricht das chiliastische Programm, das Kuhlmann noch zu seinen Lebzeiten zu verwirklichen hoffte und dem seine wirklichen und seine imaginären Bekehrungsreisen gewidmet waren. Die politische Auslegung dieses Programms kostete ihm in Moskau das Leben.[191] So unangemessen dies angesichts der wenig praktikablen Vorstellungen Kuhlmanns erscheinen mag, so wenig läßt sich bezweifeln, daß in seiner Kühlmonarchie, der Vereinigung der wahren Gläubigen im Kühlreich der Jesueliter, kein Platz für die herrschenden Mächte vorgesehen war. Das Hauptwerk Kuhlmanns endet mit der »sententz über alle Kaiser, Könige und Fürsten der 70 Nationen«:

Kommt, *Sibzig*, kommt! Kommt auf *das Babel* zu!
Di grosse Stund zum Abendmahl ist kommen!
Fall, *Österreich*, mit deinen zehn Gestalten!
Gott gibet *meinem zehn* auf ewig Cäsars *Sonn!*
Fall, *Türkscher Mond!* Fall, *ider Stern!*
Gott gibt mir euch zum ewigem besitze!
Fresst, *Sibtzig Völker*, fresst nun *eure Könige!*
Gott gibt euch alle mir zum Jesu Kühlmannsthume!
Ost, West, Nord, Sud ist mein zwölfeines Reich!
Auf, Kaiser, Könige! Gebt her Kron, hutt und Zepter![192]

11. *Satire und Epigramm*

Die lyrische Auseinandersetzung mit der ›Welt‹ findet auf verschiedenen Ebenen statt. Je nach Ausgangspunkt und Methode reichen die Ergebnisse im Extremfall von der völligen Negation des Propheten eines Gottesreichs auf Erden über das generelle christliche Vanitas-Verdikt bis zur Kritik an konkreten gesellschaftlichen und politischen Mißständen. Hier, am letzten Punkt, setzen die Satiriker an, die einer aus den Fugen geratenen Ordnung den Spiegel vorhalten und die moralischen Pervertierungen und gesellschaftlichen Fehlentwicklungen kritisieren oder – es ist die Zeit des Dreißigjährigen Krieges und deutsch-französischer Antagonismen – parteiisch in die Tagespolitik eingreifen und sich dabei auch häufig über die Maxime hinwegsetzen, daß die Satire zwar die Laster strafen, die Personen aber schonen solle.
Opitz sieht die »seele« der Satire in der »harte[n] verweisung der laster vnd anmahnung zue der tugend: welches zue vollbringen sie mit allerley stachligen vnd spitzfindigen reden / wie mit scharffen pfeilen / vmb sich scheußt«, und konstatiert zugleich die Verwandtschaft von Satire und Epigramm:

»Das Epigramma setze ich darumb zue der Satyra / weil die Satyra ein lang Epigramma / vnd das Epigramma eine kurtze Satyra ist: denn die kürtze ist seine eigenschafft / vnd die spitzfindigkeit gleichsam seine seele vnd gestallt; die sonderlich an dem ende erscheinet / das allezeit anders als wir verhoffet hetten gefallen soll: in welchem auch die spitzfindigkeit vornemlich bestehet.«[193]

Die epigrammatische Kurzform der Satire im Anschluß an das römische und neulateinische Epigramm (Martial, John Owen) herrscht im 17. Jahrhundert durchaus vor: Kaum eine Gedichtsammlung verzichtet auf eine Abteilung von ›Bei-‹ oder ›Überschriften‹, die in der Regel auch (aber nicht nur) satirische Epigramme enthält. Seltener freilich werden »gantze Bücher Epigrammatum heraußgegeben«[194]. Die Großform der römischen Verssatire in der Tradition von Horaz, Juvenal oder Persius spielt nur eine untergeordnete Rolle.
Den ersten Versuch mit der satirischen Großform stellen die vier niederdeutschen *Schertz Gedichte* (1652) von Johann Lauremberg (1590–1658) dar,[195] die die Bedrohung der überkommenen Werte und Lebensformen durch einen vom Ausland beeinflußten ›modernen‹ Lebensstil anprangern, der Sitten, Kleidung, Sprache und Dichtung gleichermaßen erfaßt. Die Opposition gegen die neuen Entwicklungen, und damit auch gegen die neue Literatur, führt bei Lauremberg zu einer Rückbesinnung

auf die drastisch-volkstümlichen Darstellungstechniken des 16. Jahrhunderts, während Joachim Rachel (1618–69) den direkten Anschluß an die römische Satirendichtung sucht und selbst darauf hinweist, daß einige seiner *Teutschen Satyrischen Gedichte* (1664, 1677) Satiren von Juvenal und Persius folgen, »doch mit solcher Freyheit, daß ich sie wol zum Theil mag meine nennen«,[196] d. h., sie werden umgearbeitet und auf die eigene Zeit bezogen. Rachels Texte sind, auch wo sie auf volkstümliche Traditionen zurückgreifen – etwa in der ersten Satire *Das Poetische Frauen-Zimmer Oder Böse Sieben* –, »insgesamt Erzeugnisse gelehrten Fleißes und literarischen Ehrgeizes«,[197] als solche aber durchaus nicht ohne Witz, so in den freilich wohlfeilen Parodien auf Zesens Verdeutschungen oder auf die Sprachmengerei in der achten Satire (*Der Poet*). Doch geht er mit seiner satirischen Behandlung von Gegenständen wie Kinderzucht, Bigotterie, Freundschaft, Poeterei oder »Jungfern-Anatomie« nicht nur an den großen Themen des 17. Jahrhunderts vorbei (etwa dem Dreißigjährigen Krieg und seinen Folgen), es fehlt ihm auch der moralistische Ernst, mit dem die großen Prosasatiriker Moscherosch und Grimmelshausen die Perversionen ihrer Zeit entlarven. Mit Rachels *Satyrischen Gedichten* erschöpft sich die satirische Großform im Barock: Friedrich Rudolf von Canitz (1654–99) und Benjamin Neukirch leiten mit ihren an dem Klassizismus Boileaus geschulten Satiren eine neue Epoche ein.[198]

Während die Form der römischen ›satura‹ Randerscheinung blieb, wurde die satirische Kurzform, die epigrammatische Satire, von zahlreichen Dichtern gepflegt, kam sie doch den ›scharfsinnigen‹ Tendenzen der Poetik und Poesie besonders entgegen. Nicht alle Epigramme freilich sind satirischer Natur, zahlenmäßig überwiegt vielmehr der gnomische Typ.[199] Allerdings bevorzugt die Theorie das satirische Epigramm, das als »die vollkommenste Verwirklichung der Gattung« und ihrer vorzüglichsten Eigenschaften – Kürze (brevitas) und Scharfsinnigkeit (argutia) – gilt.[200]

Die satirische Epigrammatik ist stark traditionsgebunden: Typen-, Standes- und Institutionensatire arbeiten zu einem großen Teil mit einem überlieferten Bestand an Motiven und Stereotypen, so daß sie ihren Reiz allenfalls durch eine neue elegante und pointierte Formulierung erhalten. Gegenstand der Kritik ist dabei in der Regel die Diskrepanz zwischen Anspruch und Wirklichkeit, das Abweichen von einer explizit oder implizit gesetzten Norm:

> *Auff einen übervollen Edelmann*
> Du bist des Weines voll / zwen diener tragen dich
> Du schreyest / Speyest / Schlägst / ist das nich Adelich?[201]

Der Übergang von der satirischen Entlarvung ›zeitloser‹ Laster und Übelstände zu einer historisch konkreten Kritik ist jedoch immer möglich. Die stereotype Satire auf Geizhälse, unfähige Mediziner, bestechliche Richter oder ihren Standesidealen zuwiderhandelnde Adlige läßt sich jederzeit aktualisieren, vor allem jedoch kann das satirische Spektrum um zeittypische Gegenstände erweitert werden: Zu diesen Themen gehören die zur absolutistischen Staatsform hinführende politische Entwicklung, die damit verbundenen gesellschaftlichen und kulturellen Probleme, der Dreißigjährige Krieg mit seinen Ursachen und Folgen und die durch den Krieg sich verschärfenden sozialen Konflikte. So macht das satirische Epigramm – wie sonst nur die

Bauernklagen und die die Bauernaufstände begleitenden Lieder[202] – die Not der durch Krieg und Grundherrschaft bedrückten Bauern schlaglichtartig deutlich:

Eines Schlesischen Bauers vermessene reden zur Zeit
des 30 jährig-wehrenden Krieges
Die grossen Herren sich beкösten itzt mit Austern /
die Land- und Bürgers-leut' auf Krebs und Schnekken laustern;
Wir Pauren wollen schon Meykefer lernen essen /
wenn nur der Teufel auch die Krieger wollte fressen /
damit ie Leut und Land dießfalles der beschwerden
und ungeziefers möcht' auf einmal ledig werden![203]

In Gedichtsammlungen des 17. Jahrhunderts finden sich recht häufig Epigramme mit derartigen satirischen Einblicken in die gesellschaftlichen und politischen Fehlentwicklungen, werden Epigramme zum Werkzeug der Sozialkritik. Zu einem Gesamtbild fügen sie sich jedoch nur bei Friedrich von Logau (1604–55): Sein Werk, *Salomons von Golaw Deutscher Sinn-Getichte Drey Tausend* (1654), wird zum Spiegel einer in Unordnung geratenen, verkehrten Welt – »Die Welt ist umgewand«, heißt es an einer Stelle.[204] Die Maßstäbe für seine kritische Auseinandersetzung mit der zeitgenössischen Wirklichkeit nimmt Logau aus einer idealisierten Vergangenheit, einer statischen, hierarchisch gegliederten Welt, in der noch die alten deutschen Tugenden wie Treue, Redlichkeit und Frömmigkeit herrschten und die deutsche Sprache, Kleidung und Gesinnung noch nicht überfremdet waren. Vor diesem Hintergrund der altständischen Gesellschaft beurteilt er Ereignisse, Institutionen und menschliches Verhalten der Gegenwart, wendet er sich gegen Neuerungen und verteidigt das Überkommene. Das Neue, das die alten Lebensformen zu zerstören droht, manifestiert sich in erster Linie im Hof und der Hoforganisation, die im Zuge der Etablierung des absolutistischen Regiments entscheidenden Veränderungen unterworfen waren. Elemente traditioneller Hofkritik – »Wer will daß er bey Hof fort kom, / Der leb als ob er blind, taub, stum.«[205] – verbinden sich dabei mit der Kritik an spezifischen Mißständen. Dem absoluten Herrscher, seinem Hof und seinen Höflingen werden dabei die Ideale eines patriarchalischen Herrschaftsstils gegenübergestellt, der ein persönliches Treueverhältnis zwischen Fürst und Ratgebern voraussetzt. Diese Haltung reflektiert die *Lebens-Satzung*, Beispiel gnomischer Epigrammatik (die rein zahlenmäßig bei Logau dominiert):

Lebens-Satzung
Leb ich, so leb ich!
Dem Herren hertzlich,
Dem Fürsten treulich,
Dem Nechsten redlich.
Sterb ich, so sterb ich![206]

Doch die Welt, in der eine solche Lebensauffassung möglich ist, sieht Logau bedroht: Ein neuer Beamtenadel, auf den sich der Herrscher stützt, beeinträchtigt die Stellung des landsässigen alten Adels, ein neuer Typ des Hofmanns, der eine ›politische‹

Moral vertritt, setzt sich gegenüber dem ›redlichen Mann‹ durch,[207] eine von französischer Mode, Sprache und Literatur geprägte Hofkultur verdrängt die alten Lebensformen. So wird die Welt des Hofes durch Ehrgeiz, Heuchelei, Neid, Mißgunst und Undankbarkeit charakterisiert,[208] und der Klage über das »Hofe-Leben« steht die alte Sehnsucht nach dem Landleben gegenüber:

> *Das Dorff*
> Mein Gut besuch ich nechst; das Feld war voller Segen;
> Sonst war mirs nicht so gut, wie in der Stadt, gelegen:
> [...]
> Noch dennoch war mir wol und alles viel geliebet,
> Weil Ruh mir wolgefiel. Das zancken der Parteyen,
> Der Überlauff deß Volcks, deß Hofes Schwelgereyen,
> Verleumdung, Neid und Haß, Trug, Heucheley und Höhnen,
> Die außgeschmückten Wort und fälschliches beschönen,
> Das hatte hier nicht stat; ich kunte seyn mein eigen
> Und alle meine Müh zu meinem besten neigen.
> O Feld, o werthes Feld, ich muß es nur bekennen,
> Die höfe sind die Höll, und Himmel du zu nennen![209]

Die Veränderungen, die der frühneuzeitliche Staat mit sich brachte, mußten dem Landadel bedrohlich erscheinen, konnten sie doch Macht- und sogar Existenzverlust bedeuten. Es war zugleich, und das zeigen die Angriffe auf eine von französischen Sitten geprägte höfische Kultur, eine Frage der kulturellen Identität, die durch die erzwungene Anpassung an die Regeln des Hofs allmählich unterhöhlt zu werden drohte. Dieser Prozeß wurde durch den Krieg und seine Folgen nur noch beschleunigt.

Vor allem das Land hatte unter den Verwüstungen des Krieges zu leiden, während die Städte nicht selten von der Not des umliegenden Landes profitierten. Neben der neuen Hofkultur trifft Logaus Satire daher auch die Städte, die auf ihre Weise ebenfalls zur Zerstörung der alten Ordnung beitrugen (etwa indem »Stadtbürger über Kreditgewährung oder direkt durch Kauf Landgüter an sich brachten«):[210]

> *Deß Landes Leichendienst*
> Das Land ist leider tod; drum wird es nun begraben.
> Die Städte sind der Pfarr, die zum Gedächtnüß haben
> Die Spolien davon. Soldaten sind die Erben,
> Die erben, eh man stirbt; ihr Erb ist unser sterben.[211]

So sehr Logau die Verwüstungen des Krieges und das daraus resultierende Elend anprangert, so wenig ist ihm der Friedensschluß Anlaß zu Freudenkundgebungen: Er sieht allein die Schweden als Nutznießer, und der jetzige Friede verdeutlicht lediglich die Sinnlosigkeit des jahrzehntelangen Kriegsgeschehens.[212] So ist auch von ihm keine Unterstützung für eine der religiösen Parteien zu erwarten, vielmehr ist die Kritik an der Institution der Kirche und ihren den eigenen Grundsätzen zuwider lebenden Vertretern ein wesentlicher Punkt seiner satirischen Epigrammatik. Den

Anspruch der Konfessionen, jeweils das wahre Christentum zu repräsentieren, weist der Ireniker Logau in einem Epigramm spitz zurück, das als Musterbeispiel satirischer Entlarvungstechnik und scharfsinnigen Sprechens gelten kann:

Glauben.
Luthrisch, Päbstisch und Calvinisch, diese Glauben alle drey,
Sind vorhanden; doch ist Zweiffel, wo das Christenthum dann sey.[213]

Logaus Begriff des Epigramms war jedoch, wie die verschiedenen Beispiele zeigen, nicht sehr eng. So erfüllen sie nicht immer die gattungsspezifischen Erfordernisse der Kürze und der ›Spitzfindigkeit‹ (argutia), noch hält sich Logau immer an das von ihm zitierte Opitz-Wort, daß das Epigramm als kurze Satire zu begreifen sei. Daß die gnomischen Epigramme in Logaus Sammlung überwiegen, bedeutet jedoch keine Einschränkung der satirischen Intention. Die lehrhaften Sinnsprüche verweisen vielmehr auf die Norm, von der aus die Gebrechen der Welt und der Menschen erhellt und satirisch entlarvt werden. Logaus Buch ist – wie die Sprüche Salomonis und die Reden des Predigers Salomon, an die das Pseudonym Logaus erinnert – »Weisheitsrede und Lasterschelte in einem«.[214]

»Laster sind zu straffen, Personen sind zu schonen«,[215] diese Forderung Martials gilt, schenkt man den Versicherungen der Poetiker Glauben, auch im 17. Jahrhundert. Personalsatiren, die gegen diesen Grundsatz verstießen, waren als ›Pasquille‹ eigentlich verboten – so liest man es jedenfalls in den Zensurgesetzen und -verordnungen, die wohl auch noch das Unbehagen über die Invektiven der Reformationszeit ausdrücken.[216] Allerdings zeigt sich die Wirkungslosigkeit dieser Verordnungen gerade im 17. Jahrhundert: Mit dem Dreißigjährigen Krieg lebt die Polemik der Reformationszeit neu auf, und eine schlagkräftige propagandistische Lyrik der Flugblätter und Einblattdrucke reflektiert und personalisiert die politischen und religiösen Konflikte, jeweils gefördert von der eigenen Seite. Höhepunkte stellen die publizistischen Kampagnen gegen Friedrich V. von der Pfalz, den kaiserlichen Feldherrn Tilly oder die Jesuiten dar. In diesem Kampf hat Zurückhaltung keinen Platz, ist Parteilichkeit oberstes Gebot. Daß dann die Opitzschen Regeln Nebensache sein können, belegt eine der (zahlreichen) satirischen ›Grabschriften‹ auf Wallenstein, die aus Wien stammt und den ermordeten Feldherrn durch persönliche Verunglimpfung lächerlich zu machen sucht. So muß nicht einmal die Tat gerechtfertigt oder erklärt werden, es genügt allein der Verweis auf Wallensteins Unfähigkeit, Ungerechtigkeit, Aberglauben und andere persönliche Idiosynkrasien:

Hie liegt und fault mit Haut und Bein
  Der Grosse KriegsFürst Wallenstein.
Der groß Kriegsmacht zusamen bracht /
  Doch nie gelieffert recht ein Schlacht.
Groß Gut thet er gar vielen schencken /
  Dargeg'n auch viel unschuldig hencken.
Durch Sterngucken und lang tractiren /
  Thet er viel Land und Leuth verliehren.

Gar zahrt war ihm sein Böhmisch Hirn /
Kont nicht leyden der Sporn Kirrn.
Han / Hennen / Hund / er bandisirt /
Aller Orten wo er losirt.
Doch mußt er gehn deß Todtes Strassen /
D' Han krähn / und d' Hund bellen lassen.[217]

Auch das Epigramm entdeckt die Personalsatire, sei es als Literatur-, sei es als
politische Satire. Greift Benjamin Neukirch zu Ende des Jahrhunderts Ludwig XIV.
satirisch an (*Auff den könig in Franckreich / als er Straßburg wegnahm*),[218] so nimmt
sich etwa Hoffmannswaldau in einem nicht für die Veröffentlichung bestimmten Text
den Herzog von Alba vor, dem er eine knappe Grabschrift setzt, die nichts an
Deutlichkeit vermissen läßt, zugleich jedoch dem Gebot der Spitzfindigkeit durch die
Verknüpfung von Name (albus = weiß) und Schicksal (»erbleichen«) gerecht wird:

Hier liegt der wüterich / so nichts von ruh gehört /
Biß ihm der bleiche tod ein neues wort gelehrt;
Er brach ihm seinen hals / und sprach: du must erbleichen /
Sonst würd ich dir noch selbst im würgen müssen weichen.[219]

Damit erhält die Personalsatire freilich eine ästhetische Qualität, die für die Verfasser
satirischer Flugblätter gewiß nicht erreichbar war. Ihnen ging es um direkte Beeinflussung einer breiteren Öffentlichkeit, und während Hoffmannswaldau oder Neukirch ihre Verse als geistreich-witziges Spiel für ein eingestimmtes, exklusives Publikum konzipierten, das sich vor allem am scharfsinnigen Sprechen erfreut haben
dürfte, verfolgten sie mit ihren Flugblatt-Texten konkrete politische Interessen. Die
soziologischen und poetologischen Voraussetzungen der ›gelehrten‹ Poesie gelten
hier nicht, die Grenzen der neuen Dichtkunst werden sichtbar.

12. ›Spätzeit‹

In den letzten Jahrzehnten des 17. Jahrhunderts bietet die deutsche Lyrik ein wenig
übersichtliches Bild. In geistlicher wie in weltlicher Dichtung verstärken sich die
manieristischen Züge, zugleich wird eine Gegenbewegung sichtbar, die die Metaphernsprache wieder auf ein klassizistisches Mittelmaß zurückführen will und die
»Construction« der Verse der Prosa anzugleichen sucht. Die Grundlage der Poesie,
das rhetorische Dichtungsverständnis, bleibt dabei unangetastet. Doch wechseln die
Muster, die exempla, an denen sich die Dichtung orientiert. Hatte sich Opitz die
Renaissancepoesie der west- und südeuropäischen Länder zum Vorbild genommen,
so wurden in der zweiten Jahrhunderthälfte – ebenfalls mit beträchtlicher Verspätung
– die ›barocken‹ und ›manieristischen‹ Tendenzen der Literaturen Italiens und
Spaniens rezipiert. Die Gegenbewegung wiederum konnte sich am Klassizismus
französischer Prägung orientieren.
Christian Hoffmann von Hoffmannswaldau (1616–79) wurde von den Zeitgenossen
das Verdienst zugesprochen, »sich sehr an die Italiäner gehalten / und die liebliche

schreib-art / welche nunmehr in Schlesien herrschet / am ersten eingeführet« zu haben.[220] Die damit verbundene Neuorientierung der deutschen Lyrik vollzog sich jedoch mit größeren zeitlichen Verschiebungen: Die sensualistische Kunst des Giambattista Marino (1569–1625), des Verfassers des *Adone* (1623), wurde erst Jahrzehnte nach seinem Tod in Deutschland fruchtbar. Anders wäre es allerdings auch nicht möglich gewesen, da es der deutschen Dichtersprache zunächst noch an der erforderlichen Geschmeidigkeit und Biegsamkeit fehlte, der Fähigkeit, den auf verblüffende Wirkungen zielenden, metaphernreichen Stil des Italieners angemessen wiederzugeben. Erst mit dem Schaffen Zesens und der Nürnberger wurde eine Stufe erreicht, von der aus an eine Imitatio der ›marinistischen‹ italienischen Dichtung gedacht werden konnte. Das war der Ausgangspunkt Hoffmannswaldaus, der schon in den vierziger Jahren den Großteil seines dichterischen Werkes schuf. Daß seine Gedichte trotz der frühen Entstehung eher der Spätphase der ›barocken‹ Lyrik zugerechnet werden müssen, hängt mit der Geschichte seiner Rezeption im 17. Jahrhundert zusammen. Diese wiederum ist bedingt durch Hoffmannswaldaus Haltung seiner Dichtung gegenüber. Anders als zahlreiche Dichter bürgerlicher Herkunft, die im Gelehrten- und Dichterruhm ein Vehikel des gesellschaftlichen Aufstiegs erblickten, schrieb der Patrizier Hoffmannswaldau »zu seinem und seines Freundeskreises Vergnügen«.[221] An eine Verbreitung der Texte durch öffentlichen Druck war nicht gedacht, eine ständisch und regional begrenzte Öffentlichkeit wurde durch zirkulierende Abschriften der Texte erreicht. Erst als dieser Kreis durch unberechtigten Druck seiner *Poetischen Grab-Schrifften* und seiner Übersetzung von Battista Guarinis *Pastor Fido* durchbrochen wurde, entschloß sich Hoffmannswaldau zu einer Auswahlausgabe (*Deutsche Übersetzungen und Gedichte*, 1679),[222] die jedoch einen Teil seiner »Lust-Getichte«, d. h. in erster Linie die weltlichen Oden, nicht enthielt, da ihr Verfasser befürchtete, sie möchten zu »ungleichem«, d. h. unbilligem Urteil Anlaß geben. Diese Befürchtung galt offenbar nicht für den gesellschaftlichen Kreis, der seine »Poetischen Kleinigkeiten« schon in Händen hatte.[223] Diese bewußte Begrenzung auf eine weitgehend geschlossene Gesellschaft wurde dann durch Benjamin Neukirchs Anthologie *Herrn von Hoffmannswaldau und andrer Deutschen auserlesene und bißher ungedruckte Gedichte* (1695 ff.) endgültig durchbrochen. Das Resultat waren nicht nur größere Leserzahlen, der öffentliche Druck rückte die Texte überdies »in ganz andere Verständigungs- und Wertungszusammenhänge«.[224] Zwei Argumentationslinien charakterisieren seitdem die Auseinandersetzung mit Hoffmannswaldau: Stilistisch geht es um den – wie die Kritiker sagen – übermäßigen Gebrauch des Ornatus, der zu einem Mißverhältnis zwischen Wort und dichterischem Gegenstand führe (Schwulstvorwurf), inhaltlich läßt eine Beurteilung der Gedichte nach moralischen Kriterien Hoffmannswaldaus Werk zum Synonym für eine sittenlose Spätzeit werden.

Daß die Liebe der Wetzstein sei, an dem die Poeten ihren subtilen Verstand schärften, dieses Wort von Opitz könnte für die Kunst Hoffmannswaldaus geprägt worden sein. Trotz einer Anzahl von geistlichen Liedern, Begräbnisgedichten und ›lyrischen Diskursen‹ über verschiedene Gegenstände herrscht das Thema der sinnlichen Liebe vor, zeigt Hoffmannswaldau, »was die Liebe vor ungeheure Spiele in der Welt anrichte«,[225] feiert er mit religiöser Bildersprache den sinnlichen Genuß. Die Motive und Situationen sind dabei recht beschränkt. Im Hintergrund steht die petrarkistische Tradition, deren Grundvorstellungen, Motive und Bilder in einem virtuosen Spiel variiert und ironisiert werden. Der Reiz der Gedichte liegt daher nicht in diesen Grundmustern – etwa der Klage über die hartherzige Geliebte oder der Erfüllung der Liebe im Traum –, sondern in dem geistreichen, frivolen Spiel, in der ironischen und parodistischen Haltung, mit der die überkommene Motivik behandelt wird.

Die »gutten Erfindungen«, auf die es Hoffmannswaldau ankommt und die er besonders bei den »Welschen« findet,[226] haben daher weniger mit den Gegenständen zu tun als vielmehr mit der Kunst, bekannten Vorwürfen neue Seiten abzugewinnen, durch überraschende Verbindungen ein altes Thema in einem neuen Licht erscheinen zu lassen, durch Wort- und Sinnspiele verblüffende Effekte auszulösen. Von *stupore* oder *meraviglia*, von dem Ziel, Staunen oder Verblüffung beim Hörer oder Leser zu erregen, schreiben die manieristischen Poetiker der Zeit.[227] Marino, der davon ausgeht, daß die Poesie »die Ohren der Leser mit allem Reiz der Neuigkeit« kitzeln müsse,[228] faßt diese Anschauung in einem Epigramm zusammen:

> E del poeta il fin la meraviglia
> (parlo de l'eccelente e non del goffo):
> Chi non sa far stupir, vada alla striglia![229]

Gerade in den Sinn- und Wortspielen, den Concetti, zeigt sich die acutezza oder argutezza, der ingeniöse Scharfsinn des Poeten. Nicht zufällig spielt daher das Epigrammatische eine besondere Rolle, das über die spezifische Form des Epigramms und des als verwandt empfundenen Sonetts hinaus[230] auch in andere Gattungen eindringt.

Schon bei den zeitgenössischen Theoretikern galten Hoffmannswaldaus Epigramme, d. h. vor allem seine *Poetischen Grab-Schrifften*, mit ihrer scharfsinnigen Metaphorik, ihrem Spiel mit dem eigentlichen und bildlichen Sinn eines Wortes, der verschiedenen Bedeutung gleich- oder ähnlich lautender Wörter als »unvergleichlich«.[231] Sie zielen allesamt auf eine geistreiche Schlußwendung, in der sich der Scharfsinn des ingeniöse Verbindungen stiftenden Poeten bewährt.[232]

Auch die Sonette sind auf die abschließende geistreiche Pointe gerichtet, in der die hyperbolische Liebessprache zugleich ironisiert wird, so beispielsweise im Sonett *Auff ihre schultern*, das dem von Opitz in die deutsche Dichtung eingeführten Gedichttyp ›Correctio und antithetische Steigerung‹ angehört (vgl. S. 83) und mit einem ironisch-zweideutigen Kompliment endet, das als letzte Steigerung die vergebliche Suche nach einem passenden Vergleich für Lesbiens Schultern (Schnee, Elfenbein usw.) entschuldigen soll:

> Du schaust nun Lesbie / wie mein geringer mund
> Vor deine schultern weiß kein rechtes wort zu finden /
> Doch daß ich nicht zu sehr darf häufen meine sünden /
>
> So macht ein kurtzer reim dir mein gemüthe kund:
> Muß Atlas und sein hals sich vor dem himmel biegen /
> So müssen götter nur auf deinen schultern liegen.[233]

Der ironische oder emphatische Preis der weiblichen Schönheit ist in der Dichtung der Zeit ebenso wenig originell wie die Vorstellung von der hartherzigen Geliebten. Wenn Hoffmannswaldaus Gedichte gleichwohl einen eigenen Charakter annehmen, so liegt das an der formalen Eleganz, mit der diese Themen abgehandelt und auf die Pointe zugeführt werden, im Fall des Sonetts *Vergänglichkeit der schönheit* auch an der zwanglosen Virtuosität, mit der zwei Grundthemen der Dichtung Hoffmannswaldaus und seiner Zeit, Carpe diem und Memento mori, mit schon leicht parodistisch anmutender Metaphorik dargestellt und aufeinander bezogen werden.[234]

Geradezu Übungen der Scharfsinnigkeit und der Metaphernerfindung sind die sogenannten ›Abrisse‹ oder ›Ikon‹-Gedichte, in denen ein Gegenstand in einer – häufig sehr langen – Reihe von Vergleichen und Metaphern ›definiert‹ wird. Voraussetzung derartiger Gedichte ist die artistische Beherrschung der Inventio, um in jedem Fall einen einleuchtenden, aber möglichst entlegenen und scharfsinnigen Vergleichsbezug zu finden. Auf diese Weise können so eindrucksvolle Gedichte entstehen wie die verschiedenen Variationen über »Die Welt«, in denen die Metaphernhäufungen noch das rhetorische Ziel des Überredens erkennen lassen. Auf Texte wie die *Lob-rede an das liebwertheste frauen-zimmer* trifft dies jedoch kaum noch zu: Hier vergrößert sich der Abstand von Wort und Sache in einer Art und Weise, die von den klassizistischen Poetiken nicht mehr gedeckt wird. Der dichterische Gegenstand ist nur noch Anlaß, Scharfsinn und Erfindungsreichtum zu demonstrieren. So verengt die erwähnte *Lob-rede* ihren Gegenstand auf die Brüste (»Die brüste sind mein zweck«), die in mehr als fünfzig Metaphern, Umschreibungen und Vergleichen charakterisiert werden:

> [. . .]
> Sie sind ein zeher leim / woran die sinnen kleben;
>   Ein feuer / welches macht die kälteste hertzen warm;
> Ein bezoar / der auch entseelten giebt das leben;
>   Ein solcher schatz / für dem das reichthum selbst ist arm.
> Ein kräfftig himmel-brod / das die verliebten schmecken;
>   Ein alabaster-hauß / so mit rubinen prahlt;
> Ein süsser honigscim / den matte seelen lecken;
>   Ein himmel / wo das heer der liebes-sterne strahlt.
> Ein scharff-geschliffen schwerd / das tieffe wunden hauet /
>   Ein rosen-strauch / der auch im winter rosen bringt.
> Ein meer / worauff man der Syrenen kräffte schauet /
>   Von denen der gesang biß in die seele dringt.
> Sie sind ein schnee-gebürg / in welchem funcken glimmen /
>   Davon der härtste stahl wie weiches wachs zerfleust.
> Ein wasser-reicher teich / darinnen fische schwimmen /
>   Davon sich sattsam ein verliebter magen speist.[235]

Ein »Kompendium entlegener Vergleichsbereiche oder Vergleichsbeziehungen« ist das Ergebnis,[236] das zur Nachahmung und Steigerung anregte, wie das Beispiel Christian Hölmanns zeigt, der im vierten Teil der Neukirchschen Sammlung gleich mit vier umfänglichen »Abbildungen« vertreten ist, in denen die Augen, Lippen,

Brüste und der »schooß« auf ähnliche Weise mit den verschiedensten Gegenständen in Beziehung gesetzt werden.[237]
Ein anderer Aspekt von Hoffmannswaldaus stilistischen Möglichkeiten wird in den erotischen Liedern sichtbar: Sie verzichten weitgehend auf die Häufung scharfsinniger Metaphern, zeichnen sich dagegen durch eine Vielfalt von Strophen- und Versformen und den eleganten und geschmeidigen Fluß der madrigalisch aufgelockerten Verse aus, die in der Regel einen witzig-pointierten oder sentenziösen Abschluß erhalten. Auch in den Liedern zeigt sich das eigentümliche Nebeneinander von erotisch-frivolem Spiel und tieferem Ernst, der Aufforderung zum Liebesgenuß und dem Gedanken an die Vergänglichkeit. Heiter etwa in dem galanten Überredungsversuch, in dem das Memento mori als Argument eingesetzt wird, um zum Ziel zu gelangen:

> Albanie / gebrauche deiner zeit /
> Und laß den liebes-lüsten freyen zügel /
> Wenn uns der schnee der jahre hat beschneyt /
> So schmeckt kein kuß / der liebe wahres siegel /
> Im grünen may grünt nur der bunte klee.
> Albanie.[238]

melancholisch, zurückhaltend in Ton und Metaphorik im Rückblick, in den fließenden, dem Gedankengang folgenden Madrigalversen der Arie

> Wo sind die stunden
>   Der süssen zeit /
> Da ich zu erst empfunden /
>   Wie deine lieblichkeit
>   Mich dir verbunden?
> Sie sind verrauscht / es bleibet doch dabey /
> Daß alle lust vergänglich sey.[239]

Nicht nur aus diesem Gedicht läßt sich ablesen, daß Hoffmannswaldau auch über andere Ausdrucksmöglichkeiten verfügte, selbst wenn ein großer Teil seines Schaffens nicht von der »zucker-lust«, von Liebe und Liebesgenuß und der mit diesem Thema verbundenen ›dekorativen‹ und ›scharfsinnigen‹ Metaphorik hinwegkommt. Beispiele für den ›anderen‹ Hoffmannswaldau sind die geistlichen Lieder, sein Lebensrückblick (*Gedancken bey Antrettung des funffzigsten Jahres*) und die in den »Vermischten Gedichten« der Ausgabe von 1679 enthaltenen ›lyrischen Diskurse‹, die von der Welt und dem rechten Leben in der Welt handeln. Wie bei zahlreichen anderen Dichtern des 17. Jahrhunderts wird auch hier eine vom Neostoizismus bestimmte Haltung sichtbar: Der »Entwurff eines standhafftigen Gemüths« gehört ebenso zu Hoffmannswaldaus dichterischen Rollen wie die »Verachtung der Welt«, die Lesbia umkreisenden Sonette oder die witzig-frivolen Oden. Daß dieses Nebeneinander nicht in ein biographisches Nacheinander aufzulösen ist (nach dem Schema: alternder Dichter bereut seine Jugendsünden), zeigt die genaue Parallelität der Gedichte *Die Wollust* und *Die Tugend*,[240] die bei gegensätzlicher Argumentation

einander genau entsprechen und ihre jeweilige These – »Die Wollust bleibet doch der Zucker dieser Zeit« bzw. »Die Tugend pflastert uns die rechte Freudenbahn« – konsequent begründen. Was nun gilt – »Die Tugend bleibet doch der Menschen höchstes Gutt« oder »Die Wollust bleibet doch der Menschen höchstes Guth« –, ist offengelassen: Ein Problem wird umkreist, verschiedene oder – wie hier – gegensätzliche Lösungen werden vorgeschlagen: »barocker Perspektivismus, der den Gegenstand von mehreren Seiten her zeigt«.[241]
Die Kunst des »Schlesischen Marin«, so Bodmer 1734, »steckte Teutschland an«, »der hochgefärbte Schein I Nahm bald das junge Volck von leichten Sinnen ein«.[242] Die Literaturgeschichtsschreibung hat daraus eine ›Zweite schlesische Schule‹ gemacht, eine unglückliche Bezeichnung insofern, als sie keineswegs der Komplexität der Literaturentwicklung in Schlesien gerecht wird. Ohne Zweifel übte Hoffmannswaldau eine große Wirkung auf die jüngeren Dichter aus, doch die eigentümliche Geschichte seiner Rezeption über mehrere Generationen in einem sich wandelnden sozial- und literaturgeschichtlichen Kontext und die Orientierung an jeweils verschiedenen Aspekten seines Werkes führte notwendig zu unterschiedlichen Ergebnissen. Die Ungenauigkeit der Bezeichnung ›Zweite schlesische Schule‹ wird besonders deutlich gegenüber Franz Heiduks Versuch, die Literaturentwicklung in Schlesien durch eine differenziertere Abfolge von Generationen und Gruppierungen zu beschreiben, die mit dem »letzten Schlesier«, Johann Christian Günther (1695–1723), endet.[243] Daniel Casper von Lohenstein (1635–83), Heinrich Mühlpfort (1639–81), Hans Aßmann von Abschatz (1646–99), Hans von Assig (1650–95), Christian Gryphius (1649–1706), Johann Christoph Männling (1658–1723), Benjamin Neukirch (1665–1729), Otto Christoph Eltester (1666–1738), Christian Hölmann (1677–1744) und andere Autoren der Neukirchschen Anthologie zählen zu den Namen, die in diesem Zusammenhang gehören, aber durchaus verschiedene Richtungen der schlesischen Lyrik des späten 17. Jahrhunderts repräsentieren. Dabei führt der Weg von einer weiteren Steigerung des geschmückten Stils (Lohenstein), freilich nicht geradlinig, zu einer galanten »Abdämpfung und Rhythmisierung«,[244] wenn nicht gar zu ausgesprochener Opposition.
Die entschiedenste Steigerung des geschmückten Stils findet bei Lohenstein statt, dem Dramatiker und Romancier, der auch in seinen Gedichten die rhetorischen Mittel derart häuft, daß er – mehr als jeder andere Dichter des ausgehenden 17. Jahrhunderts – der Folgezeit als exemplarischer Vertreter von ›Unnatur‹ und ›Schwulst‹ gilt. Man kann ihm vielleicht den Vorwurf machen, daß »sein Stilvermögen geringer entwickelt [war] als seine gedankliche Konzeption«,[245] doch ein Gedicht wie die *Umbschrifft eines Sarches* zeigt ihn als Meister des rhetorischen Pathos:

> Irrdisches und Sterblich Volck / lebend-todte Erden-Gäste /
> Ihr Verwürfflinge des Himmels / ihr Gespenste dieser Welt /
> Denen nichts als falsche Waare / nichts als Rauch und Wind gefällt /
> Närrsche klettert / und besteigt / die bepalmten Ehren-Aeste /
> Setzt euch Seulen von Porphyr mauert euch aus Gold Paläste /
> Festigt Tempel euch aus Marmel / der der Zeit die Wage hält /
> Rafft zu euch mit gicht'gen Klauen den verdammten klumpen Geld /
> Macht euch euer stoltzes Lob durch gelehrte Schrifften feste.

> Aber wist: wann das Verhängnüs euer Lebens-Garn reisst ab /
> Schwindet Wissenschafft und Kunst / Schätze / Reichthum / Ehr und Tittel /
> Und ihr nehmet nichts mit euch / als den nackten Sterbe-Kittel:
> Wo ihr auch noch aus dem allen noch erschwitzet Sarch und Grab.
> Tausend / tausend sind gewest / die mich nicht erlangt noch haben /
> Die die Lüfte / die die Glutt / die der blaue Schaum begraben.[246]

Lohenstein versucht sich durchaus auch in der ›lieblichen‹ Schreibart Hoffmannswaldaus, doch fehlt seinen Gedichten die rhythmische Vielfältigkeit, vor allem aber
die Ironie, mit der dieser die Konventionen der erotischen Dichtung behandelte.
Anders als Hoffmannswaldau, der der ›gelehrten‹ Dichtung skeptisch gegenüber-
stand und es von sich wies, lange »auf Kunst und weitgesuchte Dinge zu dencken /
oder über allen Wort-Sätzen Rath zu halten / und drüber in den Nägeln zu klau-
ben«,[247] zeichnet sich Lohenstein gerade durch die Anwendung seiner beträchtlichen
Gelehrsamkeit aus, die sich in zahllosen Anspielungen mythologischer, historischer,
naturgeschichtlicher, geographischer und emblematischer Natur niederschlägt. Ein
Brautlied aus dem *Arminius*-Roman (1689/90) wird so nach einem der Dichtung der
Zeit wohlvertrauten Schema zu einer umfassenden Darstellung kosmischer Liebe
(»Kurtz alle Regung der Natur | Ist eine wahre Liebes-Uhr«), in der naturgeschichtli-
che Kuriosa, mythologische Liebesbeziehungen und der »Sterne Würckungen« in
aller Ausführlichkeit zur Feier des Brautpaars aufgeboten werden.[248] Aufs äußerste
gesteigert erscheint diese Technik in dem Lobgedicht auf die Liebe, *Venus*, das die
Geschichte der Venus zum Anlaß nimmt, die Wirkungen der Liebe in der Natur und
ihre unwiderstehliche Macht auf mehr als 50 Seiten (1888 Versen) in einer meta-
phern- und anspielungsreichen Sprache zu feiern, in einer Sprache, die – dem Thema
entsprechend – alle Register des petrarkistischen Schönheits- und Liebespreises
zieht.[249]
Hoffmannswaldau und Lohenstein blieben die unbestrittenen Meister der schlesischen Dichtung bis zur Jahrhundertwende, wenngleich sich allmählich Veränderungen anbahnten. Neben reinem Epigonentum, neben Vergröberungen und Verfla-
chungen werden Anzeichen eines nüchterneren Tons erkennbar, der etwa bei Christian Gryphius »mit der Rückwendung zu älteren, bewußt protestantisch-deutschen
Haltungen« zu tun hat.[250] Gryphius war es auch, der 1704 die Werke von Abschatz
herausgab, dem bedeutendsten Lyriker im Gefolge Hoffmannswaldaus. Das gilt
jedenfalls für die Liebesgedichte (*Anemons und Adonis Blumen*), die wahrscheinlich
schon in den sechziger Jahren entstanden waren (hier wirkt – wie bei Hoffmannswaldau – das späte Erscheinungsdatum irreführend) und deren »literarischer Ort [. . .]
von der Tradition der humanistischen Formkunst neulateinischer und opitzischer
Prägung sowie von der höfisch-gesellschaftlichen Kultur bestimmt [wird], die in dem
Spielcharakter seiner Verse deutlich zur Erscheinung kommt«.[251] Ihre Formkunst
und rhythmische Verfeinerung wäre ohne Hoffmannswaldaus Vorbild kaum denkbar.
Von einigen Sonetten und einer Sestine abgesehen, dominieren die freieren, liedhaften Formen, die sich häufig am Madrigal orientieren und durch Refrains oder
refrainartige Wiederholungen gegliedert sind. In der Vorrede distanziert sich
Abschatz, der zu seinen Lebzeiten durch eine Übersetzung von Guarinos *Pastor fido*
bekannt geworden war, von den »mit allzuvielem Venus-Saltz marinirten Speisen

einiger Welschen«,[252] mit einem Wortspiel also in der Manier der ›scharfsinnigen‹ Dichtung, die er in seinen *Schertz-Grabschrifften* und den aus dem Italienischen übersetzten *Schertz-Sonetten* parodierte.

Die andere Seite seiner Dichtung macht noch entschiedener auf seine selbständige Stellung aufmerksam, die durch eine kritische Haltung zur politischen und gesellschaftlichen Entwicklung in Deutschland gekennzeichnet ist. Hinter dieser Kritik stehen wie bei Logau die Wertvorstellungen des Landadels, der der absolutistischen Hofkultur mit Mißtrauen gegenübersteht:

> Was wilt du / stiller Celadon /
> Bey Leuten eitler Sinnen machen /
> Wo Trug und List / ein herber Lohn /
> Auff treuer Unschuld Schaden wachen?
> Der Kittel alter Redligkeit
> Ist für die Mode-Welt ein viel zu schlechtes Kleid.
> [. . .][253]

In den folgenden Strophen werden die alten deutschen Tugenden beschworen, ist von Redlichkeit (»mein bestes Gutt«) und Tugend, von Beständigkeit und reiner Treu (»Ist mein gewisser Schmuk und beste Liverey«) die Rede: Mit diesen Stichworten deutet sich das Fortwirken der ›altdeutschen‹ Opposition gegen den neuen höfischen Stil und das Vordringen der absolutistischen Hofkultur in der ersten Jahrhunderthälfte an, wird die Kritik am Alamode-Wesen als Ausdruck der sprachlichen und kulturellen Überfremdung Deutschlands fortgeführt. Stellt sich diese Haltung in dem zitierten Gedicht im Gegensatz von höfischer »Mode-Welt« und ländlichem, einfachen Leben und den damit verbundenen alten Tugenden dar (»Der Kittel alter Redligkeit«), so wenden andere Gedichte diesen Gegensatz ins Nationale: Der politische Niedergang des deutschen Reiches hat als letzte Ursache den Verlust alter deutscher Tugenden und die Übernahme fremder Lebensformen:

> Man streitet nicht um Ehr und Freyheit / wie vorhin /
> Der Deutsche dienet Freund und Fremden um Gewinn /
> Die Nachbarn äffen dich / dein Einfalt wird verlacht /
> Dein treu- und redlich seyn giebt leider! gutte Nacht /
> Dein junges Volck ersäufft in Pfützen geiler Lust /
> Bedeckt an Eisen statt mit Golde seine Brust /
> Will sonder Ungemach vollführen Krieg und Streit:
> Diß ist der rechte Weg zu schwerer Dienstbarkeit.[254]

Die Opposition gegen die kulturellen Einflüsse aus dem Ausland bleibt freilich ohne Erfolg, die letzten Jahrzehnte des 17. Jahrhunderts bringen vielmehr den endgültigen Durchbruch einer am französischen Beispiel orientierten höfischen Kultur, die sich zudem nicht mehr auf Hof und Adel beschränkt, sondern in andere Bereiche der deutschen Gesellschaft eindringt. Beispiel dafür ist Christian Thomasius' *Discours Welcher Gestalt man denen Franzosen in gemeinem Leben und Wandel nachahmen solle?* (1687), in dem er das Ideal eines vollkommenen weisen Mannes entwirft, »den man in der Welt zu klugen und wichtigen Dingen brauchen kan« und der »honnêteté, Gelehrsamkeit / beauté d'esprit, un bon gout und galanterie« besitze.[255] Dabei gilt dem Begriff der Galanterie die besondere Aufmerksamkeit, den Thomasius nach französischen Theoretikern als »etwas gemischtes« beschreibt, »so aus dem je ne scay quoy, aus der guten Art etwas zuthun, aus der manier zu leben / so am Hoffe gebräuchlich ist / aus Verstand / Gelehrsamkeit / einen guten judicio, Höfflichkeit / und Freudigkeit zusammen gesetzet werde«.[256] Im Bereich der Literatur und Kunst finden diese Vorstellungen ihren Niederschlag in Rhetoriken, Poetiken und Briefstellern, die das galante Stilideal lehren wollen, und in galanten Romanen, galanten Opern, galanter Musik.

»Galante Gedichte« überschrieb Benjamin Neukirch den ersten Abschnitt seiner Anthologie *Herrn von Hoffmannswaldau und andrer Deutschen auserlesene und bißher ungedruckte Gedichte* (1695) und schlug damit den Bogen von der Dichtung seiner Zeit zu dem großen Vorbild Hoffmannswaldau, der freilich nie diesen Begriff verwandt hatte. Zweifellos knüpfen die galanten Lyriker an bestimmte Aspekte von Hoffmannswaldaus Werk an, doch wird die Rezeption auch beeinflußt durch literarische Entwicklungen außerhalb Schlesiens, wie denn überhaupt die »Ablösung Schlesiens als der maßgeblichen Literaturlandschaft Deutschlands [...] paradoxerweise zu dem Zeitpunkt [erfolgte], in dem die galante Kunst und Lebenshaltung im gesamten deutschen Kulturraum sich durchsetzte und die Diskussion um Wert oder Unwert der Galanterie die literarische Welt beherrschte«.[257] Vor allem ist hier an das einflußreiche pädagogische Wirken Christian Weises (1642–1708) zu denken, der als Lehrer einer weltläufigen, auf Erfolg ausgerichteten, also – in einem anderen Modewort der Zeit – ›politischen‹ Lebens- und Menschenauffassung wirkte, die auf die Übernahme von Funktionen im modernen Staat vorbereiten sollte und so »dem individuellen Erfolgsstreben eines breiten Publikums entgegenkam«.[258] Als Lyriker begann Weise in der Tradition der Leipziger Studentenlyrik (*Der grünen Jugend überflüssige Gedanken*, 1668), reagierte freilich später auf die Kritik an ihrem stellenweise gewagten Ton mit gesetzteren Versen: *Der Grünen Jugend Nothwendige Gedancken* (1675) und *Reiffe Gedancken* (1682).

Weise überschreitet gelegentlich in seinem Bestreben nach Klarheit und Nüchternheit die Grenzen zur Banalität, kann jedoch keineswegs als Vertreter einer ›antibarocken‹ Haltung in der Lyrik gelten.[259] Allerdings ist die Tendenz zu einem ›natürlicheren‹ mittleren Stil nicht zu verkennen, die sich auch in seiner Poetik, den *Curiösen Gedancken Von Deutschen Versen* (1682), ausdrückt, etwa in der Forderung, »daß hohe Redens-Arten mit schlechten Worten anzubringen sind / und daß man keines neuen Backofens von nöthen hat / darinne neue und ungewöhnliche Wörter gebacken werden«, oder in der Regel von der Verbindlichkeit der Prosakonstruktion: »Welche Construction in prosâ nicht gelitten wird / die sol man auch in Versen darvon lassen.«[260] Gerade dieser Lehrsatz wurde von galanten Literaturtheoretikern wie Erdmann Neumeister (1671–1756) übernommen und für »das vornehmste Hauptstück der reinen ungezwungenen Teutschen Poesie« erklärt.[261]

Diese Äußerung Neumeisters in der um die Jahrhundertwende entstandenen Poetik *Die allerneueste Art / Zur Reinen und Galanten Poesie zu gelangen* (1707 hrsg. von Christian Friedrich Hunold) macht mit ihrer Berufung auf Weise deutlich, daß es sich bei der galanten Poesie um eine bewußte Abschwächung des scharfsinnigen und schweren ›Barockstils‹ handelt, »um eine behutsame Umwandlung des Vorliegenden durch Abdämpfung und Rhythmisierung«.[262] Das Ziel der galanten Dichter ist ein mittlerer, leicht verständlicher, doch gleichwohl einfallsreicher Stil, der keineswegs den Ornatus ausschalten will, ihn aber von den Extremen der scharfsinnigen und dekorativen Metaphorik zu reinigen sucht. ›Anmut‹ wird zu einem häufig gebrauchten Ausdruck, um das erstrebte Stilideal zu charakterisieren: Anmut des Bildgebrauchs, aber auch der Form und des Rhythmus. Neben den Alexandriner, der weiterhin gepflegt, dabei jedoch dem neuen Stilideal angeglichen wird, treten freiere Formen, Madrigalverse und Liedstrophen, die Gebilde anmutiger Leichtigkeit und rhythmischer Variabilität ermöglichen sollen.

Vorbereitet ist diese Entwicklung schon in einem Teil des Schaffens von Hoffmannswaldau, der nicht ganz zu Unrecht die Abteilungen der »Galanten Gedichte« und der »Galanten Arien« in den beiden ersten Bänden der Neukirchschen Sammlung dominiert. Wie in der Zeit nach Opitz dessen Gedichte als Muster empfunden, nachgeahmt und ›parodiert‹ wurden, so geschieht das nun mit Gedichten Hoffmannswaldaus, z. B. der Arie »Wo sind die stunden | Der süssen zeit«, deren Form und Formulierungen immer wieder aufgegriffen und variiert werden:[263]

> Lacht, ihr stunden,
> Mich von neuem an,
> Weil sich gefunden,
> Was mich vergnügen kan,
> Celie, der schönen zier,
> Ist wieder hier.[264]

Hölmanns Gedicht *An Celien* ist die zeitgemäße Variation von Hoffmannswaldaus melancholischer Erinnerung an die vergangene »zucker-lust«, vom jüngeren Dichter ins Gegenteil verkehrt.

Was sich bei Hölmann mit der Aufnahme von Formen und Motiven Hoffmannswaldaus zeigt, gilt für die galante Dichtung insgesamt: Sie beabsichtigt keinen abrupten Bruch mit der Tradition, sie stellt keinen wirklichen Neubeginn dar, wenn sie auch den Boden für die Rokokolyrik vorbereitet haben mag. Noch in der Zurücknahme und Dämpfung der Metaphorik sind die alten Muster spürbar, ihre Themen, Motive und Formen können die Dichtung Hoffmannswaldaus und »andrer deutschen Poeten« des 17. Jahrhunderts nicht verleugnen. Unverkennbar ist indes eine Verengung auf das Thema der – vorwiegend heiteren – Liebe. Es dominiert das leichtere, scherzhafte Liebesgedicht, daneben hält man den galanten Stil besonders geeignet für Opern und Kantaten, Arien und liedhafte Oden. Freilich werden auch weiterhin die traditionellen Formen – längere Alexandrinergedichte, ›Abrisse‹ und Sonette – gepflegt, doch die Verschiebung zum Spielerisch-Scherzhaften, gelegentlich auch zum explizit Sexuellen bleibt unverkennbar, während der dunkle Hintergrund, die Erinnerung an die Vergänglichkeit, die Hoffmannswaldaus Gedichte charakterisiert, immer mehr aus dem Blickfeld gerät.

Große Leistungen hat die galante Lyrik nicht vorzuweisen: Dichter wie Gottlieb Stolle (Leander aus Schlesien, 1673–1744), Johann Burchard Mencke (Philander von der Linde, 1674–1732) oder Christian Friedrich Hunold (Menantes, 1680–1721) – um neben den bisher erwähnten nur noch diese zu nennen – gehören gewiß nicht zu den Meistern deutscher Lyrik (doch immerhin hatte für einen der Großen, Johann Christian Günther, die galante Dichtung teil an seiner dichterischen Entwicklung). Die galante Poesie mit ihrer Funktion gesellschaftlicher Unterhaltung will jedoch mit anderen Maßstäben gemessen werden: Benjamin Neukirch fordert angehende Poeten auf, sich nach gewissenhafter Selbstprüfung zu entscheiden, »ob man ein blosser verßmacher / oder ein galanter dichter / oder in der Poesie groß zu werden gedencke«, und kommt zu dem Ergebnis, daß angesichts der Schwierigkeiten *die* am besten täten, »welche die mittel-strasse halten / sich bloß auff galante gedichte legen / und um die geheimnisse der hohen Poesie unbekümmert lassen«.[265] Der resignierende Ausklang einer Epoche ...

Anmerkungen

1 Benjamin Neukirchs Anthologie. Herrn von Hoffmannswaldau und andrer Deutschen auserlesener und bißher ungedruckter Gedichte erster theil. Hrsg. von Angelo George de Capua und Ernst Alfred Philippson. Tübingen 1961. S. 6. Die folgenden Zitate ebd. S. 9, 17, 7, 17.
2 Johann Jakob Bodmer / Johann Jakob Breitinger: Schriften zur Literatur. Hrsg. von Volker Meid. Stuttgart 1980. S. 59.
3 Johann Christoph Gottsched: Schriften zur Literatur. Hrsg. von Horst Steinmetz. Stuttgart 1972 [u. ö.]. S. 232, 236.
4 Bodmer/Breitinger (Anm. 2) S. 60 f. Die folgenden Zitate ebd. S. 61, 60.
5 Richard Alewyn: Vorbarocker Klassizismus und griechische Tragödie. Analyse der ›Antigone‹-Übersetzung des Martin Opitz. Darmstadt 1962 (zuerst 1926).
6 Gottsched (Anm. 3) S. 236.
7 Wulf Segebrecht: Das Gelegenheitsgedicht. Ein Beitrag zur Geschichte und Poetik der deutschen Lyrik. Stuttgart 1977. S. 55.
8 Erich Trunz: Die Erforschung der deutschen Barockdichtung. Ein Bericht über Ergebnisse und Aufgaben. In: Deutsche Vierteljahrsschrift für Literaturwissenschaft und Geistesgeschichte 18 (1940) Referatenheft. S. 84.
9 Vgl. Segebrecht (Anm. 7) S. 60 f.
10 Ebd. S. 61.
11 Günther Müller: Deutsche Dichtung von der Renaissance bis zum Ausgang des Barock. Darmstadt ²1957. S. 204.
12 Martin Opitz: Buch von der Deutschen Poeterey (1624). Hrsg. von Cornelius Sommer. Stuttgart 1970 [u. ö.]. S. 17.
13 Wilfried Barner: Barockrhetorik. Untersuchungen zu ihren geschichtlichen Grundlagen. Tübingen 1970. S. 74.
14 Joachim Dyck: Ticht-Kunst. Deutsche Barockpoetik und rhetorische Tradition. Bad Homburg 1966. S. 16.
15 Vgl. Karl Otto Conrady: Lateinische Dichtungstradition und deutsche Lyrik des 17. Jahrhunderts. Bonn 1962. S. 177 ff.; Lowry Nelson: Baroque Lyric Poetry. New Haven / London 1961. S. 91; Barner (Anm. 13) S. 86 ff.; Segebrecht (Anm. 7) S. 52 ff.
16 Opitz (Anm. 12) S. 23.
17 Georg Philipp Harsdörffer: Poetischer Trichter. Repr. Darmstadt 1969. T. 1. S. 105.
18 Dyck (Anm. 14) S. 41.
19 Conrady (Anm. 15) S. 47.
20 Ferdinand van Ingen: Vanitas und Memento mori in der deutschen Barocklyrik. Groningen 1966. S. 47.
21 Ebd. S. 49.
22 Müller (Anm. 11) S. 205.
23 Conrady (Anm. 15) S. 48.
24 Barner (Anm. 13) S. 57.

25 Ebd. S. 59.
26 Harsdörffer (Anm. 17) T. 1. S. 102.
27 Conrady (Anm. 15) S. 48.
28 Harsdörffer (Anm. 17) T. 3. S. 54; vgl. Jürgen von Stackelberg: Das Bienengleichnis. Ein Beitrag zur Geschichte der literarischen *Imitatio*. In: Romanische Forschungen 68 (1956) S. 271 bis 293.
29 Theobald Hock: Schönes Blumenfeld. Hrsg. von Max Koch. Halle 1899. S. 31.
30 Martin Opitz: Teutsche Poemata. Abdruck der Ausgabe von 1624. Hrsg. von Georg Witkowski. Halle 1902. S. 5.
31 Vgl. Peter Ukena: Legitimation der Tat. Ulrich von Huttens *Neu Lied*. In: Gedichte und Interpretationen. Bd. 1: Renaissance und Barock. Hrsg. von Volker Meid. Stuttgart 1982. S. 50 f.
32 Erich Trunz: Nachwort des Herausgebers zu: Martin Opitz: Weltliche Poemata 1644. T. 2. Unter Mitwirkung von Irmgard Böttcher und Marian Szyrocki hrsg. von Erich Trunz. Tübingen 1974. S. 48*.
33 Vgl. ebd. S. 45* ff.
34 Erich Trunz: Der deutsche Späthumanismus um 1600 als Standeskultur. In: Deutsche Barockforschung. Dokumentation einer Epoche. Hrsg. von Richard Alewyn. Köln/Berlin 1965. S. 154.
35 Opitz (Anm. 12) S. 23.
36 Conrady (Anm. 15) S. 243; das folgende Zitat ebd.
37 Vgl. Bert Nagel: Meistersang. Stuttgart ²1971. S. 45 f.
38 Trunz (Anm. 32) S. 55*.
39 Alewyn (Anm. 5) S. 12.
40 Ebd. S. 12.
41 Opitz (Anm. 12) S. 49.
42 Christian Wagenknecht: Weckherlin und Opitz. Zur Metrik der deutschen Renaissancepoesie. München 1971. S. 40.
43 Ebd. S. 16 ff.
44 So im Titel von Schedes Übertragung; vgl. Wagenknecht (Anm. 42) S. 71; Erich Trunz: Die deutschen Übersetzungen des Hugenottenpsalters. In: Euphorion 29 (1928) S. 578–617; zu der Vielzahl der Psalmenübersetzungen im 17. Jahrhundert, auf die hier nicht eingegangen werden kann, vgl. Klaus-Peter Ewald: Engagierte Dichtung im 17. Jahrhundert. Studie zur Dokumentation und funktionsanalytischen Bestimmung des ›Psalmdichtungsphänomens‹. Stuttgart 1975.
45 Vgl. Trunz (Anm. 32) S. 68* ff.; Ulrich Bornemann: Anlehnung und Abgrenzung. Untersuchungen zur Rezeption der niederländischen Literatur in der deutschen Dichtungsreform des siebzehnten Jahrhunderts. Assen/Amsterdam 1976.
46 Trunz (Anm. 32) S. 33*.
47 Opitz (Anm. 32) S. 303.
48 Gedichte des Barock. Hrsg. von Ulrich Maché und Volker Meid. Stuttgart 1980. S. 27.
49 Vgl. Trunz (Anm. 32) S. 79* ff.; Adelheid Beckmann: Motive und Formen der deutschen Lyrik des 17. Jahrhunderts und ihre Entsprechungen in der französischen Lyrik seit Ronsard. Tübingen 1960. S. 119 ff.
50 Trunz (Anm. 32) S. 83*; zum sozialgeschichtlichen Kontext der Reform vgl. Wolfram Mauser: Opitz und der Beginn der deutschsprachigen Barockliteratur. Ein Versuch. In: Filologia e Critica. Studi in onore di Vittorio Santoli. Rom 1976. Bd. 2. S. 281–314.
51 Walter Brauer: Jakob Regnart, Johann Hermann Schein und die Anfänge der deutschen Barocklyrik. In: Deutsche Vierteljahrsschrift für Literaturwissenschaft und Geistesgeschichte 17 (1939) S. 385; vgl. auch Günther Müller: Geschichte des deutschen Liedes vom Zeitalter des Barock bis zur Gegenwart. München 1925. S. 12 ff.
52 Martin Opitz: Jugendschriften vor 1619. Hrsg. von Jörg-Ulrich Fechner. Stuttgart 1970. S. 86.
53 Julius Wilhelm Zincgref: Auserlesene Gedichte Deutscher Poeten. Hrsg. von Wilhelm Braune. Halle 1879.
54 Vgl. Erich Trunz: Die Entwicklung des barocken Langverses. In: Euphorion 39 (1938) S. 427–468.
55 Vgl. Trunz (Anm. 32) S. 52*.
56 Georg Rudolf Weckherlin: Gedichte. Hrsg. von Hermann Fischer. Bd. 1. Stuttgart 1894. S. 292.
57 Georg Rodolf Weckherlin: Gedichte. Hrsg. von Christian Wagenknecht. Stuttgart 1972. S. 118.
58 Ebd. S. 8.

132   *Volker Meid*

59 Vgl. Volker Meid: Ein politischer Deutscher. Zu Weckherlins Sonett *An das Teutschland*. In: Gedichte und Interpretationen (Anm. 31) S. 149 ff.
60 Vgl. Marian Szyrocki: Martin Opitz. Berlin [Ost] 1956. S. 67 ff.
61 Zitiert nach Ulrich Moerke: Die Anfänge der weltlichen Barocklyrik in Schleswig-Holstein. Hudemann – Rist – Lund. Neumünster 1972. S. 98.
62 Die Gedichte von Plavius sind zugänglich in: Danziger Barockdichtung. Hrsg. von Heinz Kindermann. Leipzig 1939. S. 43–164.
63 Vgl. Albrecht Schöne: Kürbishütte und Königsberg. In: Stadt – Schule – Universität – Buchwesen und die deutsche Literatur im 17. Jahrhundert. Hrsg. von Albrecht Schöne. München 1976. S. 648 ff.
64 Vgl. Ivar Ljungerud: Ehren-Rettung M. Simonis Dachii. In: Euphorion 61 (1967) S. 36 bis 83.
65 Gedichte des Königsberger Dichterkreises aus Heinrich Alberts Arien und musicalischer Kürbshütte (1638–1650). Hrsg. von L. H. Fischer. Halle 1883. S. 49.
66 Simon Dach: Gedichte. Hrsg. von Walter Ziesemer. Bd. 1. Halle 1936. S. 91–96, 187–193.
67 Schöne (Anm. 63) S. 623.
68 Dach (Anm. 66) S. 193.
69 Schöne (Anm. 63) S. 659.
70 Vgl. Hans Pyritz: Paul Flemings Liebeslyrik. Zur Geschichte des Petrarkismus. Göttingen 1963; Leonard Forster: The Icy Fire. Five Studies in European Petrarchism. Cambridge 1969 (dt. 1976); Gerhart Hoffmeister: Petrarkistische Lyrik. Stuttgart 1973; Jörg-Ulrich Fechner: Der Antipetrarkismus. Studien zur Liebessatire in barocker Lyrik. Heidelberg 1966.
71 Vgl. etwa das Sonett *An Amorn* in: Paul Fleming: Teutsche Poemata (1646). Repr. Hildesheim 1969. S. 634 f.
72 Pyritz (Anm. 70) S. 278.
73 Fleming (Anm. 71) S. 487 f.
74 Wilhelm Kühlmann: Selbstbehauptung und Selbstdisziplin. Zu Paul Flemings *An Sich*. In: Gedichte und Interpretationen (Anm. 31) S. 160.
75 Ebd. S. 163.
76 Fleming (Anm. 71) S. 576.
77 Vgl. Kühlmann (Anm. 74) S. 164.
78 Fleming (Anm. 71) S. 670.
79 Wilhelm Kühlmann: Sterben als heroischer Akt. Zu Paul Flemings *Grabschrifft*. In: Gedichte und Interpretationen (Anm. 31) S. 174.
80 Ebd. S. 175.
81 Fleming (Anm. 71) S. 283.
82 Vgl. Anthony J. Harper: Leipzig Poetry after Paul Fleming – A Re-Assessment. In: Daphnis 5 (1976) S. 145–170.
83 Vgl. Anthony J. Harper: David Schirmer – A Poet of the German Baroque. An Examination of Schirmer's Lyric Poetry and Its Relationship to the Literature of the Time. Stuttgart 1977. S. 188 ff.
84 Ebd. S. 207 ff.
85 Trunz (Anm. 32) S. 91*.
86 Vgl. Günther Weydt: Sonettkunst des Barock. Zum Problem der Umarbeitung bei Andreas Gryphius. In: Jahrbuch der Deutschen Schillergesellschaft 9 (1965) S. 15 ff.
87 Martin Opitz: Trostgedicht in Widerwertigkeit deß Krieges (1633), V. 135 f. (M. O.: Gesammelte Werke. Hrsg. von George Schulz-Behrend. Bd. 1. Stuttgart 1968. S. 195). Eine Zusammenstellung der Parallelen findet sich bei Weydt (Anm. 86) S. 15 ff., und bei Trunz (Anm. 32) S. 90*.
88 Andreas Gryphius: Gesamtausgabe der deutschsprachigen Werke. Bd. 1: Sonette. Hrsg. von Marian Szyrocki. Tübingen 1963. S. 19.
89 Vgl. Hans-Henrik Krummacher: Der junge Gryphius und die Tradition. Studien zu den Perikopensonetten und Passionsliedern. München 1976.
90 Zur Stegmann-Bearbeitung vgl. Marian Szyrocki: »Himmel Steigente HertzensSeufftzer« von Andreas Gryphius. In: Daphnis 1 (1972) S. 41–78.
91 Andreas Gryphius: Gesamtausgabe der deutschsprachigen Werke. Bd. 3: Vermischte Gedichte. Hrsg. von Marian Szyrocki. Tübingen 1964. S. 19 ff.
92 Vgl. Wolfram Mauser: Dichtung, Religion und Gesellschaft im 17. Jahrhundert. Die ›Sonnete‹ des Andreas Gryphius. München 1976. S. 27 ff.; ders.: Andreas Gryphius – Philosoph und Poet unter

dem Kreuz. Rollen-Topik und Untertanen-Rolle in der Vanitas-Dichtung. In: Gedichte und Interpretationen (Anm. 31) S. 211 ff.

93 Gryphius (Anm. 88) Bd. 1. S. 61.

94 Vgl. Dietrich Walter Jöns: Das ›Sinnen-Bild‹. Studien zur allegorischen Bildlichkeit bei Andreas Gryphius. Stuttgart 1966.

95 Gryphius (Anm. 88) Bd. 1. S. 61.

96 Paul Böckmann: Formgeschichte der deutschen Dichtung. Bd. 1. Hamburg 1949 [u. ö.]. S. 419 f.

97 Vgl. Dyck (Anm. 14) S. 40 ff.

98 Gryphius (Anm. 88) Bd. 1. S. 91.

99 Vgl. Weydt (Anm. 86) S. 1–32.

100 Böckmann (Anm. 96) S. 423.

101 Ebd. S. 423.

102 Vgl. Ulrich Maché: Zesens Bedeutung für die Entwicklungsgeschichte der Poetik im 17. Jahrhundert. In: Philipp von Zesen 1619–1969. Beiträge zu seinem Leben und Werk. Hrsg. von Ferdinand van Ingen. Wiesbaden 1972. S. 199 ff. – Buchners Vorlesungen zur Poetik, in Abschriften verbreitet, wurden erst postum veröffentlicht. Die zweite Ausgabe von 1665 (die erste erschien 1663) liegt in einem Nachdruck vor: Augustus Buchner: Anleitung zur deutschen Poeterey. Poet. Hrsg. von Marian Szyrocki. Tübingen 1966.

103 Zitiert nach Maché (Anm. 102) S. 201.

104 Gedichte des Barock (Anm. 48) S. 134.

105 Renate Weber: Die Lautanalogie in den Liedern Philipp von Zesens. In: Philipp von Zesen (Anm. 102) S. 169.

106 Ebd. S. 177.

107 Vgl. ebd. S. 178 ff.; Ferdinand van Ingen: Philipp von Zesen. Stuttgart 1970. S. 71 f.

108 Georg Philipp Harsdörffer / Sigmund von Birken / Johann Klaj: Pegnesisches Schäfergedicht 1644–1645. Hrsg. von Klaus Garber. Tübingen 1966. T. 1. S. 14.

109 Georg Philipp Harsdörffer: Frauenzimmer Gesprächspiele. Hrsg. von Irmgard Böttcher. Tübingen 1968. T. 1. S. 357.

110 Wolfgang Kayser: Die Klangmalerei bei Harsdörffer. Ein Beitrag zur Geschichte der Literatur, Poetik und Sprachgeschichte der Barockzeit. Göttingen ²1962. S. 67.

111 Ebd. S. 46.

112 Johann Klaj: Redeoratorien und ›Lobrede der Teutschen Poeterey‹. Hrsg. von Conrad Wiedemann. Tübingen 1965. ›Lobrede‹ S. 14; vgl. Conrad Wiedemann: Johann Klaj und seine Redeoratorien. Untersuchungen zur Dichtung eines deutschen Barockmanieristen. Nürnberg 1966. S. 73.

113 Ingeborg Springer-Strand: ›Der Kriegsmann wil ein Schäfer werden‹ oder: Krieg, Frieden und Poesie in Harsdörffers *Friedenshoffnung*. In: Gedichte und Interpretationen (Anm. 31) S. 249.

114 Vgl. Birkens Sonett *Der Norische Parnaß* in: Gedichte des Barock (Anm. 48) S. 158 f.; zu den Nürnbergern allgemein: Die Pegnitz-Schäfer. Nürnberger Barockdichtung. Hrsg. von Eberhard Mannack. Stuttgart 1968.

115 Harsdörffer (Anm. 17) T. 3. S. 112 ff.

116 Kaspar Stieler: Die geharnschte Venus. Hrsg. von Ferdinand van Ingen. Stuttgart 1970. S. 20; vgl. Harold Jantz: Helicon's Harmonious Springs. Kaspar Stieler and Poetic Form. In: Deutsche Barocklyrik. Gedichtinterpretationen von Spee bis Haller. Hrsg. von Martin Bircher und Alois M. Haas. Bern/München 1973. S. 145 ff.

117 Stieler (Anm. 116) S. 65 f.

118 Neudruck mit einem Nachwort von Heinz-Otto Burger. Darmstadt 1967.

119 Ferdinand van Ingen: Poetik und ›Deoglori‹. *Auf die unverhinderliche Art der Edlen Dicht-Kunst von Catharina Regina von Greiffenberg*. In: Gedichte und Interpretationen (Anm. 31) S. 319 ff. Literaturhinweise auf S. 320.

120 Justus Georg Schottelius: Ausführliche Arbeit Von der Teutschen HaubtSprache 1663. Hrsg. von Wolfgang Hecht. Tübingen 1967. Bd. 1. S. 88. Eine entsprechende Passage über »Verdoppelungen« findet sich schon in Schottelius' *Teutscher Sprachkunst* von 1641.

121 Greiffenberg: Geistliche Sonette, Lieder und Gedichte (Anm. 118) S. 243.

122 Vgl. Rudolf Haller: Geschichte der deutschen Lyrik vom Ausgang des Mittelalters bis zu Goethes Tod. Bern/München 1967. S. 40 f.

123 Erdmann Neumeister, zitiert nach Marian Szyrocki: Die deutsche Literatur des Barock. Eine Einführung. Stuttgart 1979. S. 269.

124 Trunz (Anm. 32) S. 47*.
125 Zitiert nach Carl-Alfred Zell: Untersuchungen zum Problem der geistlichen Barocklyrik mit besonderer Berücksichtigung der Dichtung Johann Heermanns (1585–1647). Heidelberg 1971. S. 90.
126 Andreas Gryphius: Gesamtausgabe der deutschsprachigen Werke. Bd. 2: Oden und Epigramme. Hrsg. von Marian Szyrocki. Tübingen 1964. S. 98.
127 Ebd. S. 98.
128 Ebd. S. 98.
129 Sigmund von Birken: Teutsche Rede- Bind- und Dicht-Kunst 1679. Repr. Hildesheim 1973. S. 190; vgl. Zell (Anm. 125) S. 92.
130 Zell (Anm. 125) S. 87.
131 Ebd. S. 99 ff.
132 In der Widmung zu Heermanns *Devoti Musica Cordis, Haus- vnd Hertz-Musica* (1630) heißt es dazu: »Hier hab ich / was ich mir aus Andacht auffgesetzet / I Vnd offt in Trawrigkeit mein Hertz damit ergetzet: I Das auch manch fromer Christ zu haben hat begert. I Wolan / er sey nun des / was er jhm wüntscht / gewärt. I Wer jhm der Redner Pracht für allem lest belieben / I Der find hier nichts für sich. Hier mus er sich nur vben I In Andacht. Hier ist weg der Worte Zierd vnd Kunst. I Hier such ich mir bey Gott in Demut Gnad vnd Gunst. I Wer mit Gott reden wil / vnd seine Huld erlangen / I Der darff für jhm nicht erst mit hoher Rede prangen. I Das Hertze siht Gott an. Ist diß nur gut vnd rein / I Die Worte können leicht jhm wolgefellig seyn« (zitiert nach Zell [Anm. 125] S. 83 f.).
133 Zitiert nach Zell (Anm. 125) S. 174. Der Text stammt von Heermann.
134 Nachdruck hrsg. von Friedhelm Kemp. Bern/München 1975.
135 Lothar Schmidt: Hertz und Garten-Zier. Paul Gerhardts *Sommer-Gesang*. In: Gedichte und Interpretationen (Anm. 31) S. 286.
136 Gedichte des Barock (Anm. 48) S. 171.
137 Vgl. Schmidt (Anm. 135) S. 297.
138 Paul Gerhardt: Dichtungen und Schriften. Hrsg. von Eberhard von Cranach-Sichart. München 1957. S. 144.
139 Müller (Anm. 51) S. 38.
140 Zell (Anm. 125) S. 34; vgl. Müller (Anm. 51) S. 38 ff.
141 Friedrich Spee: Trutznachtigall. Hrsg. von Gustave Otto Arlt. Halle 1936. S. 5* ff.
142 Müller (Anm. 51) S. 43.
143 Spee (Anm. 141) S. 8.
144 Ebd. S. 53.
145 Ebd. S. 123.
146 Ebd. S. 126.
147 Ebd. S. 178, 281, 314.
148 Ebd. S. 292 ff.; vgl. Robert M. Browning: Deutsche Lyrik des Barock 1618–1723. Stuttgart 1980. S. 54 f.
149 Spee (Anm. 141) S. 167 ff.
150 Vgl. Browning (Anm. 148) S. 60. Vgl. auch das Nachwort van Oorschots zu Friedrich Spee: Güldenes Tugend-Buch. Hrsg. von Theo G. M. van Oorschot. München 1968. S. 104 f. Hier wird deutlich gemacht, daß Entlehnungen aus mystischen Schriftstellern und der Gebrauch mystischer Wendungen keineswegs sichere Anzeichen einer inneren mystischen Haltung sind.
151 Vgl. das Gedicht *Am heiligen FronleichnamsFest, von dem Hochwürdigen Sacrament deß Altars.* In: Spee (Anm. 141) S. 331 ff.
152 Dem entspricht die Haltung der Mittel- und Norddeutschen, die im Süden keine nennenswerte Dichtung erkennen können: »Die Bayern / Tyroler und Oesterreicher haben keine sonderliche Art im Poetisiren / und weiß ich deren keine zu nennen. Denn ihre Sprache und Mundart ist unfreundlich / deßhalben die Tichterey frembde und unlieblich.« (Daniel Georg Morhof: Unterricht von der Teutschen Sprache und Poesie. Hrsg. von Henning Boetius. Bad Homburg 1969. S. 217. – Die Ausgabe bringt den Text der 2. Auflage von 1700 [¹1682].)
153 Albert Curtz: Harpffen Davids. Mit Teutschen Saiten bespannet [...]. Augsburg 1669. Vorbericht; vgl. Benno Wintersteller: Simon Rettenpacher und die deutsche Lyrik des 17. Jahrhunderts. Die Sprache der ›Teutschen Reim-Gedichte‹ auf dem Hintergrund des oberdeutschen Literaturprogramms. In: Studien und Mitteilungen zur Geschichte des Benediktiner-Ordens und seiner Zweige 88 (1977) S. 150 f.; Rudolf Berger: Jacob Balde. Die deutschen Dichtungen. Bonn 1972.

S. 83. Zum ›oberdeutschen Literaturprogramm‹ vgl. vor allem Dieter Breuer: Oberdeutsche Literatur 1565–1650. Deutsche Literaturgeschichte und Territorialgeschichte in frühabsolutistischer Zeit. München 1979.

154 Vgl. Berger (Anm. 153) S. 27 ff., 119 ff.

155 Eine gewisse Offenheit gegenüber dem Reformprogramm von Opitz zeigen dagegen die deutschen Gedichte von Simon Rettenpacher; vgl. Wintersteller (Anm. 153) S. 156–158, 171–173.

156 Barocklyrik. Hrsg. von Herbert Cysarz. Bd. 3: Schwund- und Kirchenbarock. Leipzig 1937. S. 142.

157 Urs Herzog: Deutsche Barocklyrik. Eine Einführung. München 1979. S. 145.

158 Barocklyrik (Anm. 156) S. 143; vgl. auch die neuere Auswahl: Laurentius von Schnüffis: Gedichte. Eine Auswahl. Hrsg. von Urs Herzog. Stuttgart 1972.

159 Daniel von Czepko: Geistliche Schriften. Hrsg. von Werner Milch. Breslau 1930. S. 219.

160 Daniel von Czepko: Weltliche Dichtungen. Hrsg. von Werner Milch. Breslau 1932.

161 Annemarie Meier: Daniel von Czepko als geistlicher Dichter. Bonn 1975. S. 98.

162 Czepko (Anm. 159) S. 277.

163 Ebd. S. 206.

164 Ebd. S. 212.

165 Ebd. S. 218.

166 Ebd. S. 213.

167 Vgl. Meier (Anm. 161) S. 41 ff.

168 Czepko (Anm. 159) S. 243.

169 Ebd. S. 236.

170 Angelus Silesius: Le Pèlerin Chérubique. Hrsg. von Eugène Susini. Paris 1964. Bd. 1. S. 242 (III,181).

171 Ebd. Bd. 1. S. 72 (I,10).

172 Ebd. Bd. 1. S. 72 (I,8).

173 Ebd. Bd. 1. S. 74 (I,16).

174 Ebd. Bd. 1. S. 66.

175 Ebd. Bd. 1. S. 55.

176 Louise Gnädinger: Die Rosen-Sprüche des *Cherubinischen Wandersmann* als Beispiel für Johannes Schefflers geistliche Epigrammatik. In: Gedichte und Interpretationen (Anm. 31) S. 312. Weitere Literatur ebd. S. 317 f.

177 Angelus Silesius: Heilige Seelenlust oder Geistliche Hirtenlieder der in ihren Jesum verliebten Psyche. 1657. (1668.) Hrsg. von Georg Ellinger. Halle 1901. S. 4 f.

178 Ebd. S. 75.

179 Ebd. S. 4.

180 Vgl. Louise Gnädinger: Rosenwunden. Des Angelus Silesius ›Die Psyche begehrt ein Bienelein auff den Wunden JEsu zu seyn‹. In: Deutsche Barocklyrik (Anm. 116) S. 98 f.

181 Angelus Silesius: Heilige Seelenlust (Anm. 177) S. 169.

182 Ebd. S. 172.

183 Ebd. S. 58.

184 Gedichte des Barock (Anm. 48) S. 259.

185 Werner Vordtriede im Nachwort zu seiner Auswahlausgabe: Quirinus Kuhlmann: Aus dem Kühlpsalter. Berlin 1966. S. 91.

186 Quirinus Kuhlmann: Der Kühlpsalter. Hrsg. von Robert L. Beare. Tübingen 1971. Bd. 1. S. 3.

187 Browning (Anm. 148) S. 83.

188 Kuhlmann (Anm. 186) Bd. 1. S. 228.

189 Vgl. Herbert Blume: Deutsche Literatursprache des Barock. In: Lexikon der Germanistischen Linguistik. Hrsg. von Hans Peter Althaus, Helmut Henne, Herbert Ernst Wiegand. Tübingen ²1980. S. 721 f.

190 Vgl. Browning (Anm. 148) S. 88.

191 Zu Kuhlmanns Leben und Werk vgl. vor allem die materialreiche Darstellung von Walter Dietze: Quirinus Kuhlmann. Ketzer und Poet. Versuch einer monographischen Darstellung von Leben und Werk. Berlin [Ost] 1963; vgl. auch die Auswahlausgabe von Heinz Ludwig Arnold mit ausführlichem Anhang: Quirinus Kuhlmann: Der Kühlpsalter. 1.–15. und 73.–93. Psalm. Stuttgart 1973.

192 Kuhlmann (Anm. 186) Bd. 2. S. 325 f.

193 Opitz: Poeterey (Anm. 12) S. 28.

194 Morhof (Anm. 152) S. 361; neben Logau wäre hier vor allem der Schweizer Johann Grob (1643–97) zu nennen, der seinen (bescheidenen) Dichterruhm seinen Epigrammen verdankt (vgl. Johann Grob: Epigramme nebst einer Auswahl aus seinen übrigen Gedichten. Hrsg. von Axel Lindqvist. Leipzig 1929). Gegen Ende des Jahrhunderts erscheint dann eine selbständige Abhandlung über das deutsche Epigramm: Johann Gottlieb Meister: Unvorgreiffliche Gedancken von Teutschen Epigrammatibus, In deutlichen Regeln und annehmlichen Exempeln / nebst einen Vorbericht von dem Esprit der Teutschen. Leipzig 1698.

195 Johann Lauremberg: Scherzgedichte. Hrsg. von J. M. Lappenberg. Stuttgart 1861; Niederdeutsche Scherzgedichte. Hrsg. von Wilhelm Braune. Halle 1879.

196 Joachim Rachel: Satyrische Gedichte. Hrsg. von Karl Drescher. Halle 1903. S. 12.

197 Haller (Anm. 122) S. 144.

198 Eine Darstellung der Verssatire von Lauremberg bis zu Neukirch bietet Winfried Freund: Die deutsche Verssatire im Zeitalter des Barock. Düsseldorf 1972.

199 Jutta Weisz (Das deutsche Epigramm des 17. Jahrhunderts. Stuttgart 1979) unterscheidet vier Typen, den gnomischen, satirischen, spielerisch-concettistischen und panegyrisch-hymnischen. Dazu kommen Mischformen.

200 Weisz (Anm. 199) S. 98.

201 Dieses Epigramm Georg Greflingers (1645) wird zitiert nach Weisz (Anm. 199) S. 106.

202 Vgl. Volker Meid: Im Zeitalter des Barock. In: Geschichte der politischen Lyrik in Deutschland. Hrsg. von Walter Hinderer. Stuttgart 1978. S. 103–105.

203 Dieses Epigramm Wencel Scherffers von Scherfferstein wird zitiert nach Gedichte des Barock (Anm. 48) S. 142.

204 Friedrich von Logau: Sämmtliche Sinngedichte. Hrsg. von Gustav Eitner. Tübingen 1872. S. 527 (III,6,2); zum folgenden vgl. Ernst-Peter Wieckenberg: Logau – Moralist und Satiriker. In: Gedichte und Interpretationen (Anm. 31) S. 257–266.

205 Georg Rudolf Weckherlin: Gedichte. Hrsg. von Hermann Fischer. Bd. 2. Tübingen 1895. S. 422.

206 Logau (Anm. 204) S. 103 (I,5,22).

207 Vgl. ebd. S. 276 (II,3,29): »Redligkeit. | Wer gar zu bieder ist, bleibt zwar ein redlich Mann, | Bleibt aber, wo er ist, kümmt selten höher an.«

208 Siehe ebd. S. 200 (I,9,71).

209 Ebd. S. 643 (III, Zu-Gabe 2,56); vgl. ebd. S. 54–56 (I,3,4): An mein väterlich Gut, so ich drey Jahr nicht gesehen. Vgl. Helmuth Kiesel: ›Bei Hof, bei Höll‹. Untersuchungen zur literarischen Hofkritik von Sebastian Brant bis Friedrich Schiller. Tübingen 1979. S. 174.

210 Wieckenberg (Anm. 204) S. 263.

211 Logau (Anm. 204) S. 103 (I,5,24).

212 Siehe ebd. S. 118 (I,6,4) das Gedicht *Krieg und Friede*: »Die Welt hat Krieg geführt weit über zwantzig Jahr. | Numehr soll Friede seyn, soll werden, wie es war. | Sie hat gekriegt um das, O lachens-werthe That! | Daß sie, eh sie gekriegt, zuvor besessen hat.«

213 Ebd. S. 246 (II,1,100).

214 Wieckenberg (Anm. 204) S. 261.

215 Logau (Anm. 204) S. 94 (I,4,91).

216 Vgl. z. B. die reformierte Polizeiordnung von 1577, Titel 35, § 3 (Friedrich Kapp: Geschichte des Deutschen Buchhandels. Bd. 1. Leipzig 1866. S. 783 f.); auch die Poetiken unterscheiden zwischen erlaubter Satire und verbotenem Pasquill: »Eine Satyre [...] hat zur Endursache / die Verbesserung der Sitten. Ist derohalben von den Pasquillen unterschieden / welche ehrliche Leute anrüchtig machen / und also billig nicht gelitten werden« (Morhof [Anm. 152] S. 354).

217 Gedichte des Barock (Anm. 48) S. 55.

218 Ebd. S. 296.

219 Neukirch (Anm. 1) S. 126.

220 Ebd. S. 13.

221 Franz Heiduk: Hoffmannswaldau und die Überlieferung seiner Werke. Eine kritische Untersuchung mit dem Abdruck zweier bisher unbekannter Gedichte sowie einem Gesamtverzeichnis der Handschriften und ersten Drucke. In: Jahrbuch des Freien Deutschen Hochstifts 1975. S. 2.

222 Zu den schwierigen textkritischen Problemen vgl. ebd. S. 16 ff.

223 Christian Hofmann von Hofmannswaldau: Vorrede zu ›Deutsche Übersetzungen und Getichte‹. Hrsg. von Klaus Günther Just. In: Poetica 2 (1968) S. 552.

224 Uwe-K. Ketelsen: ›Die Liebe bindet Gold an Stahl und Garn zu weisser Seyde‹. Zu Hoffmanns-

waldaus erotischem Lied *So soll der purpur deiner lippen.* In: Gedichte und Interpretationen (Anm. 31) S. 348.

225 Herrn Christians von Hofmannswaldau Sinnreiche Helden-Briefe verliebter Personen von Stande. Hrsg. von Friedhelm Kemp. Frankfurt a. M. 1962. S. 6; vgl. die Interpretationen Rotermunds vor dem Hintergrund der Affekttheorie: Erwin Rotermund: Affekt und Artistik. Studien zur Leidenschaftsdarstellung und zum Argumentationsverfahren bei Hofmann von Hofmannswaldau. München 1972.

226 Hofmannswaldau (Anm. 223) S. 550; vgl. Erwin Rotermund: Christian Hofmann von Hofmannswaldau. Stuttgart 1963. S. 57 f.

227 Vgl. Hugo Friedrich: Epochen der italienischen Lyrik. Frankfurt a. M. 1964. S. 619 ff.; Manfred Windfuhr: Die barocke Bildlichkeit und ihre Kritiker. Stilhaltungen in der deutschen Literatur des 17. und 18. Jahrhunderts. Stuttgart 1966. 261 ff.; zur Metaphorik vgl. auch Joachim Schöberl: »liljen-milch und rosen-purpur.« Die Metaphorik in der galanten Lyrik des Spätbarock. Untersuchung zur Neukirchschen Sammlung. Frankfurt a. M. 1972.

228 Zitiert nach Werner Krauss: Marino, Dichter und Gestalt. In: W. K.: Gesammelte Aufsätze zur Literatur- und Sprachwissenschaft. Frankfurt a. M. 1949. S. 285.

229 Übersetzung: »Das Ziel des Dichters ist, staunen zu machen – ich spreche vom wahren Dichter und nicht vom Stümper –: wer nicht versteht, wie man zum Staunen bringt, der soll ein Stallknecht werden!« Zitiert nach Browning (Anm. 148) S. 169.

230 Vgl. Joseph Leighton: Deutsche Sonett-Theorie im 17. Jahrhundert. In: Europäische Tradition und deutscher Literaturbarock. Internationale Beiträge zum Problem von Überlieferung und Umgestaltung. Hrsg. von Gerhart Hoffmeister. Bern/München 1973. S. 29 ff.

231 Vgl. Rotermund (Anm. 226) S. 32.

232 Gedichte des Barock (Anm. 48) S. 281.

233 Siehe ebd. S. 279 f. die Grabschrift auf *Königin Elisabeth·* »Ich habe Cron und Schwerd doch keinen Mann getragen / | Es mag mein Königreich von meinen Thaten sagen. | Die Todten reden nicht / wer hört den faulen Leib? | Ich sage nichts als diß: Hier ruht ein Englisch Weib.«

234 Neukirch (Anm. 1) S. 46 f.; s. auch Christian Wagenknecht: Memento mori und Carpe diem. Zu Hoffmanswaldaus Sonett *Vergänglichkeit der schönheit.* In: Gedichte und Interpretationen (Anm. 31) S. 332–344.

235 Benjamin Neukirchs Anthologie. Herrn von Hoffmannswaldau und andrer Deutschen auserlesener und bißher ungedruckter Gedichte anderer Theil (1697). Hrsg. von Angelo George de Capua und Ernst Alfred Philippson. Tübingen 1965. S. 4.

236 Windfuhr (Anm. 227) S. 284.

237 Christian Hölmann: Galante Gedichte. Mit Christoph G. Burgharts Gedichten. Hrsg. von Franz Heiduk. München 1969. S. 11 ff.

238 Neukirch (Anm. 1) S. 70.

239 Ebd. S. 437; vgl. Angelo George de Capua: German Baroque Poetry. Interpretive Readings. Albany 1973. S. 121 ff.

240 Christian Hofmann von Hofmannswaldau: Gedichte. Hrsg. von Manfred Windfuhr. Stuttgart 1969. S. 122–125.

241 Rotermund (Anm. 226) S. 51.

242 Bodmer (Anm. 2) S. 59–61.

243 Franz Heiduk: Die Dichter der galanten Lyrik. Studien zur Neukirchschen Sammlung. Bern/München 1971. S. 193 ff.

244 Vgl. Windfuhr (Anm. 227) S. 376 ff.

245 Ebd. S. 316.

246 Gedichte des Barock (Anm. 48) S. 287 f.

247 Hofmannswaldau (Anm. 223) S. 552.

248 Epochen der deutschen Lyrik. Bd. 4: Gedichte 1600–1700. Hrsg. von Christian Wagenknecht. München ²1976. S. 319–324.

249 Neukirch (Anm. 1) S. 290–346.

250 Heiduk (Anm. 243) S. 200.

251 Rotermund (Anm. 226) S. 67 nach Günther Müllers Einleitung zu Hans Assmann Freiherr von Abschatz: Anemons und Adonis Blumen. Hrsg. von Günther Müller. Halle 1929. S. XII ff.

252 Abschatz (Anm. 251) S. 3.

253 Ebd. S. 56 f.; vgl. de Capua (Anm. 239) S. 135 ff.

254 Barocklyrik. Hrsg. von Herbert Cysarz. Bd. 2: Hoch- und Spätbarock. Leipzig 1937. S. 241.

255 Christian Thomasius: Deutsche Schriften. Hrsg. von Peter von Düffel. Stuttgart 1970. S. 45.
256 Ebd. S. 19.
257 Heiduk (Anm. 243) S. 196.
258 Barner (Anm. 13) S. 177.
259 Vgl. ebd. S. 220.
260 Poetik des Barock. Hrsg. von Marian Szyrocki. Stuttgart 1977 [u. ö.]. S. 227, 228.
261 Der galante Stil 1680–1730. Hrsg. von Conrad Wiedemann. Tübingen 1969. S. 30; vgl. Helmut K. Krausse: ›Die unverbotne Lust‹. – Erdmann Neumeister und die galante Poesie. In: Daphnis 9 (1980) S. 133–161.
262 Windfuhr (Anm. 227) S. 377; zum folgenden ebd. S. 377 ff.
263 Ebd. S. 392–394.
264 Hölmann (Anm. 237) S. 51.
265 Neukirch (Anm. 1) S. 18, 20.

Aufklärung und Empfindsamkeit

Von Wilhelm Große

Die Krise der Lyrik um die Jahrhundertwende

Die Krise der Gelegenheitsdichtung. Benjamin Neukirchs Gelegenheitsgedicht *Auf das Link- und Regiußische Brautpaar* beginnt mit den Versen:

> Ihr Musen helft mir doch! ich soll schon wieder singen,
> Und ein verliebtes Paar in deutsche Verse bringen:
> Und zwar in Schlesien. Ihr kennt dieß Land und mich,
> Ihr wißt auch, wenn ihr wollt, wie sonst Budorgis sich
> Zum Theil an mir ergetzt. Jetzt scheinen meine Lieder
> Ihm, wo nicht ganz veracht doch mehr, als sonst zuwieder.
> Mein Reim klingt vielen schon sehr matt und ohne Kraft;
> Warum? ich tränk ihn nicht in Muscatellersaft;
> Ich speis ihn auch nicht mehr mit theuren Amberkuchen:
> Denn er ist alt genug, die Nahrung selbst zu suchen.
> Ziebeth und Bisam hat ihm manchen Dienst gethan:
> Nun will ich einmal sehn, was er alleine kann.
> Alleine? fraget ihr: Ja, wie gedacht, alleine,
> Denn was ich ehmals schrieb, war weder mein noch seine.
> [...]
> Auf diesen schwachen Grund, ich sag es unverhohlen,
> Baut ich von Versen oft damals ein ganzes Haus,
> Und ziert es noch dazu mit Sinnebildern aus.
> Wie öfters muß ich doch der abgeschmackten Sachen,
> Wenn ich zurücke seh, noch bey mir selber lachen;
> Gleichwohl gefielen sie, und nahmen durch den Schein,
> So schlecht er immer war, viel hundert Leser ein.[1]

Anläßlich der Promotion eines Herrn J. B. F. zu Jena im Junio 1698 legt Johann Burkhard Mencke ein Gelegenheitsgedicht mit dem bezeichnenden Titel *Wieder die unmäßigen Lobes-Erhebungen der Poeten* vor:

> Die Pflicht befiehlt, ich soll bey den erlangten Ehren
> Ihm, Werthster, seine Lust durch einen Reim vermehren;
> Allein, so offt ich nur der Verse Nichtigkeit,
> Sein Ruhm-entgegnes Hertz, dann die Gewogenheit,
> Und unsrer Freundschafft Band will eigentlich erwegen,
> Und wie so wenig ihm an einem Reim gelegen;

So offtmals seh ich diß fast für unmöglich an,
Und schreibe diß allein, daß ich nichts schreiben kan.
Denn frey heraus gesagt; Was ist das eitle Dichten?
Ein theurer Cram voll Nichts, ein Laubwerck ohne Früchten,
Ein Werck, so die Natur uns nur zur Straffe giebt,
Wenn man durch einen Reim sich in sich selbst verliebt.[2]

Zitate in dieser Form ließen sich beliebig vermehren; sie alle umschreiben ein zweifaches Dilemma, vor das sich die Lyrik um die Wende vom 17. zum 18. Jahrhundert gestellt sieht: Lyrischer Stil und lyrische Praxis werden in gleicher Weise in Frage gestellt. Dies ist um so erstaunlicher, wenn man bedenkt, daß die Jahre von 1680 bis 1730 zumindest unter quantitativem Gesichtspunkt durchaus als die »Jahrzehnte der Lyrik«[3] bezeichnet werden können.

Das Gelegenheitsgedicht beherrscht um die Jahrhundertwende fast ausschließlich das Feld. Überkommen aus dem 16. Jahrhundert, bot das Casualcarmen dem Adligen, aber auch dem nichtadligen Amts- und Würdenträger ein Instrumentarium zur Integration in eine auf Repräsentation hin angelegte Kultur. Martin Opitz hatte der deutschsprachigen Gelegenheitsdichtung den Weg geebnet, indem er sie in seinem *Buch von der deutschen Poeterey* als lyrische Mischform begriff:

»Sylven oder wälder sind nicht allein nur solche carmina / die auß geschwinder anregung vnnd hitze ohne arbeit von der hand weg gemacht werden / [...] sondern / wie ihr name selber anzeiget, der vom gleichniß eines Waldes / in dem viele art vnd sorten Bäwme zue finden sindt / genommen ist / sie begreiffen auch allerley geistliche vnnd weltliche getichte / als da sind Hochzeit- vnd Geburt-lieder / Glückwündtschungen nach außgestandener kranckheit / item auff reisen / oder auff die zuerückkunft von derselben / vnd dergleichen.«[4]

In einer Vielfalt lyrischer Formen fand ein fest definierter Kreis von occasiones seine poetische Erhöhung. Die Poesie in Gestalt des Casualcarmens begleitete den Lauf des Lebens mit seinen institutionalisierten Höhepunkten, wie Geburt, Taufe, Hochzeit, Tod, Antritt einer Reise, Examina usw., wobei die angeschlagene Tonart sich ganz nach der gesellschaftlichen Stellung des Adressaten richtete.

Während zunächst noch der Kreis der mit Gelegenheitsdichtung Bedachten klein gehalten werden konnte, überflutet jedoch mit zunehmender Prosperität eines ökonomisch erstarkenden Bürgertums zum Ende des 17. Jahrhunderts eine nicht mehr übersehbare Fülle von Gelegenheitsgedichten Deutschland. Das aufsteigende Bürgertum – noch ohne eigene Kultur – adaptiert zu seiner eigenen Nobilitierung jene feudale, auf Repräsentation hin angelegte Huldigungsform. Der inflationäre Gebrauch, der nunmehr von der Gelegenheitspoesie gemacht wird, kann nicht ohne Rückwirkung auf diese selbst bleiben, zumal es nun nicht mehr allein darauf ankommt, daß dem persönlichen Vorfall ein Schein der Öffentlichkeit vermittelt wird, ausschlaggebend wird vielmehr die Anzahl der zu einem Ereignis dargebrachten Gelegenheitsgedichte. Das ausufernde Bedürfnis nach Gelegenheitspoesie kann nur von der Poetenzunft gestillt werden, wenn »das Herstellen von Gelegenheitsgedichten als handwerkliche Arbeit, als – oft anonyme – Warenproduktion nach festen Voraussetzungen betrieben wird«.[5] Der gleichsam mechanischen Produktion von Casualcarmina steht nichts im Wege, bewegt sich doch die Herstellung dieser Texte auf einem beinahe automatisierten Wege (vgl. die Anweisungen zur Anfertigung z. B. in den Poetiken von Sigmund von Birken, Daniel Georg Morhof, Magnus Daniel Omeis oder Christian Friedrich Hunold). Der Kreis der Situationen ist fest umschrieben, der Erwartungshorizont der Hörer fest einkalkulierbar, die Dispositionsschemata für die einzelnen Unterarten der Gedichte sind weitgehend festgelegt; Reimlexika, ›Schatzkammern‹, ein mythologischer Apparat und ein fester Bestand an Exempla, deren sich die Reimer und Verseschmiede bedienen können, stehen zur Verfügung. Jenes Dilemma, vor das sich die Gelegenheitspoesie angesichts ihrer massenhaften Verbreitung gestellt sieht, hat Wulf Segebrecht scharfsinnig nachgezeichnet:

»Wenn ein Ereignis so allgemein zugänglich wird, daß es geradezu zur Pflicht der an ihm Beteiligten wird, es poetisch zu begehen, verliert es zwangsläufig an Repräsentationscharakter; denn Repräsentation ist eine Stellvertretung der Öffentlichkeit oder einiger ihrer Teile, nicht ihre Totalität. Was aber nicht mehr repräsentativ ist, kann auch nicht mehr von öffentlicher oder überzeitlicher Bedeutung sein und sinkt daher in eine Privatsphäre zurück, die sich als solche lediglich noch öffentlich zur Schau stellt. [...] Die Öffentlichkeit, hergestellt durch die Masse und allgemeine Zugänglichkeit der Gelegenheit, hat die Bedeutungsfähigkeit der Ereignisse vernichtet; es ist daher sinnlos geworden, sich an dieser Art der Öffentlichkeit zu beteiligen, wenn Bedeutungsvolles mitgeteilt und der Nachwelt überliefert werden soll.«[6]

Die Casuallyrik hat sich somit in ihrer Entwicklung ihrer eigenen Funktion und Legitimation benommen. Signifikant für solchen Funktionsverlust ist jenes häufig auffindbare Verfahren einiger Poeten, das Casualcarmen durch Transformation in die Satire zu retten, indem sie im Casualcarmen selbst satirisch die Situation des Gelegenheitsdichters, seine Schreibstrategien und stilistischen Gewaltakte thematisieren und gleichsam ex negativo der ihnen gestellten Aufgabe dann dennoch gerecht werden wollen. Die oben angeführten Beispiele von Neukirch und Mencke sind Belege für ein solches Verfahren.

Die Stilkrise und Stilerneuerung in der galanten Lyrik. Nicht nur die Entwicklung des Gelegenheitsgedichts führt in einen Widerspruch, auch die konsequente Weiterentwicklung des Barockstils in der galanten Lyrik führt an einen kritischen Punkt, der mit zu jener um die Jahrhundertwende sich abzeichnenden Krise der Lyrik beiträgt. Was einige Jahrzehnte später Gottsched, Bodmer oder Breitinger als ›Phöbus‹ und ›Galimatias‹ beschreiben, als ›Schwulst‹ oder ›Lohensteinische und Hofmannswaldausche Schreibart‹ aufs heftigste abweisen, findet seine Kritik bereits bei Neukirch selbst, auch wenn er es war, der mit der Ausgabe der galanten Lyrik eines Hofmannswaldau in seiner Sammlung gerade für die Popularität dieses Autors und seines poetischen Umfeldes mitverantwortlich war. Dem die barocke Lyrik weitgehend prägenden Stil metaphorischer Redensart, der »Verblüm- oder Übertragungskunst«[7], wird durch die sich verbreitenden empirischen Naturwissenschaften wie durch den Rationalismus die erkenntnistheoretische Basis entzogen. Es gilt immer weniger, daß »die schöne Verfassung dieses gantzen Weltgebäus an sich selbsten nichts anders [sei] als eine durchgehende Vergleichung in allem und jedem«.[8] Wo der Glaube an einen solchen sprachlich zu spiegelnden, die ganze Schöpfung durchwaltenden Verweisungszusammenhang der res schwindet, werden die Metaphorisierung und die dadurch geleistete Analogiesetzung wie der Analogiebeweis zum reinen Gedanken-

und Sprachexperiment, zu einem intellektuellen Spiel, in dem sich die Scharfsinnigkeit des Autors einem hellhörigen und geschulten Publikum von Mitspielern unter Beweis stellen kann. So läßt sich in der galanten Lyrik – wie Joachim Schöberl konstatierte – eine

»konsequent vorangetriebene Metaphorisierung [. . .] feststellen, die gelegentlich zu einem Grad an Abstraktheit der poetischen Aussage führen kann, wie er uns erst in der Moderne wiederbegegnet. Alle Formen der Bildlichkeit, die sich in der Dichtung der Vorgänger und Vorbilder eingespielt haben, stehen den Autoren zur Verfügung, so daß man schon im Hinblick auf den Fundus des geläufigen Materialkanons von einem Höhepunkt sprechen kann. Einerseits ist also die Fülle bereits erprobter metaphorischer Ausdrucksmöglichkeiten in gebrauchsfertiger Form verfügbar, andererseits ist man bestrebt, dem vorgeprägten Material durch besondere Handhabung neue und stärkere Wirkung abzugewinnen.«[9]

So sieht man sich in der Spätphase barocker Lyrik darauf festgelegt, innerhalb eines verhältnismäßig festgefügten Stilsystems nach letzten Variationsmöglichkeiten zu suchen, so kommt es zu jenen manieristischen Zügen, geistreichen Verfeinerungen und zur Steigerung jedes erdenklichen Sprachzierats. Dieses intellektuelle Kalkül, mit dem die Texte verfertigt sind, setzt auf seiten des Rezipienten den Kenner voraus, der bereit ist, das sprachliche Raffinement, das pointiert-geistreiche Gedankenspiel zu würdigen, indem er die jeweilige Überbietung des Vorgegebenen als besondere Kunstleistung zu würdigen weiß.

Die Virtuosität hat jedoch auch ihr selbst gesetzte Grenzen, denn eine Steigerung im Bereich der Metapher ist nur noch durch eine Metaphorisicrung der Metapher oder durch eine immer extremer werdende scharfsinnige Kombination des scheinbar Unvereinbaren, durch extreme Verschiebungen der geläufigen Beziehungsverhältnisse zwischen Bild- und Bedeutungskomponente möglich. Ein Endpunkt ist dann erreicht, wenn die literatursprachlich konventionalisierte Metaphorisierung selbst ironisiert wird, indem sie wörtlich genommen und auf ihre Widersprüchlichkeit hin entfaltet wird, wie dies z. B. Hofmannswaldau in seinem Sonett *Auff ihre schultern* tut:

> Auff ihre schultern,
> Ist dieses schnee? nein / nein / schnee kan nicht flammen führen.
> Ist dieses helffenbein? bein weiß nicht weis zu seyn.
> Ist hier ein glatter schwan? mehr als der schwanen schein /
> Ist weiche woll allhier? wie kan sich wolle rühren?
> Ist alabaster hie? er wächst nicht bey saphiren /
> Ist hier ein liljen-feld? der acker ist zu rein.[10]

Solche Ironisierung der Metapher signalisiert einen Endpunkt in der stilistischen Entwicklung spätbarocker Lyrik. Was hier am Prozeß der Metaphernbildung nachgewiesen wurde, könnte in jeweils modifizierter Weise auch für andere konstitutive Elemente barocker Lyrik nachgezeichnet werden. So wird die Verwendung emblematischer Strukturen problematisiert, artifizielle lyrische Formen wie Rondeau, Sestine, Echo oder Figurengedicht geraten in Mißkredit, wohingegen sich vor allem im Kreis galanter Lyriker wie Johann von Besser, Jakob von Melle, Christoph Otto Eltester, Christian Hölmann, Christian Friedrich Hunold u. a. weiterhin Lied, Ode, Arie,

Cantate, Alexandrinergedicht und Madrigal ungebrochener Beliebtheit erfreuen. Insofern ist es auch nicht verwunderlich, daß das Sonett nicht erst seit Gottscheds Verdikt vollends an Bedeutung verliert. Boileau zitierend, »Apollo habe die Regeln des Sonnets den Dichtern zur Strafe ausersonnen«, hält Gottsched dagegen, ein »eigensinniger Reimschmidt« müsse der Erfinder gewesen sein, da sich der Gott der Dichtkunst selbst »mit solchem gezwungenen Schellenklang« gar nicht erst abgegeben habe.

»Wenn Horaz einen Poeten mit einem Seiltänzer vergleicht« – so Gottsched – »so kann man die Meister der Sonnette mit einem solchen vergleichen, der mit geschlossenen Beinen tanzet. Es ist wahr, daß dieses künstlicher ist; wenn er gleichwohl Sprünge genug machet und keine Fehltritte thut. Aber verlohnt sichs wohl der Mühe, der gesunden Vernunft solche Fesseln anzulegen, und um eines einzigen guten Sonnetts halber, welches von ungefähr einem Dichter geräth, viel hundert schlechte geduldig durchzulesen.«[11]

Gottscheds Sonettkritik hatte bereits Tradition. So mokiert sich Mencke 1706 in seinem Sonett *Kein Sonnet* über dessen mechanisierte Herstellung:

> Bey meiner Treu es wird mir angst gemacht:
> Ich soll geschwind ein rein Sonnetgen sagen,
> Und meine Kunst in vierzehn Zeilen wagen,
> Bevor ich mich auff rechten Stoff bedacht;
> Was reimt sich nun auff agen und auff acht?
> Doch eh ich kan mein Reim-Register fragen,
> Und in dem Sinn das ABC durchjagen,
> So wird bereits der halbe Theil belacht.
> Kan ich nun noch sechs Verse darzu tragen,
> So darff ich mich mit keinen Grillen plagen:
> Wolan da sind schon wieder drey vollbracht;
> Und weil noch viel in meinem vollen Kragen,
> So darff ich nicht am letzten Reim verzagen,
> Bey meiner Treu das Werck ist schon gemacht.[12]

Während Mencke die Inhaltslosigkeit des Sonetts kritisiert, benennt Christian Weise in seinen *Curiösen Gedancken von Deutschen Versen* (1692) eine andere, ebenfalls gewichtige Ursache dafür, daß das Sonett als eines der wichtigsten Dispositionsschemata des 17. Jahrhunderts in immer stärkerem Maße als Prokrustesbett empfunden wird: Die Gestaltung des Sonetts, so führt er aus, ist

»bey den Italiänern und Frantzosen gar bequem, weil sie der Scansion und Reime wegen vor uns einen sonderlichen Vortheil haben. Und es kömmet auch der disposition wegen über die massen schön heraus, weil man in den ersten acht Zeilen Thesin oder Protasin, und in den andern sechs Zeilen Hypothesin oder Apodosin kurtz und genau verfassen muß. Allein die Deutschen mögen sich stellen, wie sie wollen, so hab’ ich doch wenig Sonette gelesen, da man allen Zwang hätte verbergen können, und da man nicht mit der Invention weit glücklicher fortkommen wäre, wenn man die Sclaverey mit den Reimen nicht allzuweit extendiret hätte.«[13]

Die unterschiedlichen kritischen Äußerungen zum Sonett legen offen, welche Prinzipien nun auch für die Lyrik maßgeblich werden. Gottsched hält es in seiner Anlage

für unvernünftig, Mencke bemängelt die deutliche Bevorzugung der Form vor dem
Stoff, Weise moniert die mangelnde Sachlogik.
Die galante Lyrik erweist sich somit für die Entwicklung der Lyrik im 18. Jahrhundert
als bedeutsame Phase des Übergangs, die gekennzeichnet ist zum einen durch eine
Kulmination der überlieferten, für die Lyrik des Barock typischen Sprachstrategien,
zum andern aber auch als kritische, das Erbe sichtende und aus ihm thematisch und
formal selegierende Bewegung. Forcierung und Zurücknahme lassen sich so innerhalb der Abfolge der einzelnen Teile der wohl bedeutendsten Sammlung galanter
Lyrik, der von Neukirch herausgegebenen Sammlung *Herrn von Hoffmannswaldau
und anderer Deutscher auserlesener und bißher ungedruckter Gedichte* (Teil I bis VI),
wie in der stilistischen Neubesinnung einiger galanter Autoren, vor allem bei Neukirch selbst, verfolgen. In seiner Verssatire *Auf unverständige Poeten* finden sich
folgende aufschlußreiche Zeilen:

> So lang ich meinen Vers nach gleicher Art gewogen,
> Dem Bilde der Natur die Schminke vorgezogen
> Der Reime dürren Leib mit Purpur ausgeschmückt
> Und abgeborgte Kraft den Wörtern angeflickt,
> So war ich auch ein Mann von hohen Dichtergaben;
> Allein sobald ich nur der Spure nachgegraben,
> Auf der man zur Vernunft beschämt zurücke kreucht
> Und endlich nach und nach nur den Parnaß erreicht,
> So ist es aus mit mir.[14]

Was Neukirch in der satirischen Zuspitzung als Bruch darstellt, ist jedoch in Wirklich-
keit nur Milderung, keine offene Opposition gegen den Barockstil. Die Galanten
(Erdmann Neumeister, Christian Friedrich Hunold, Christian Friedrich Henrici,
Hans Assmann von Abschatz u. a.) üben allenfalls vorsichtige Kritik und streben eine
behutsame Umwandlung des Vorliegenden in ihren ›Proben der Poesie‹ an, in den
Galanten-Verliebten Vermischten Schertz und Satyrischen Gedichten, wie ein typischer
Titel des Amaranthes [d. i. Gottlieb Siegmund Corvinus] lautet. Neues Paradigma
sind nicht mehr die italienischen und spanischen Lyriker, auch noch nicht Boileau,
sondern das graziöse, galante Frankreich; es sind die Dichter des ›Mercure galant‹,
des Hotel de Rambouillet oder die Poetik Dominique Bouhours', die die deutschen
Galanten auf die stilistische »Mittelstraße« oder »Mittelbahn«[15] zurückbringen. Insofern erweist sich ihre Lyrik nicht nur durch die thematische Beschränkung auf
Themen der Erotik und durch den Hang zu Konzilianz, Wendigkeit, Lebensgenuß
und Spiel als wichtige, bislang häufig übersehene Vorstufe zur Lyrik der Anakreontik, auch durch die Ablehnung von Weitläufigkeit, Umständlichkeit und Dunkelheit
der Konstruktion und der Bildersprache stellt die galante Lyrik einen wichtigen
Schritt auf dem Weg zur anakreontischen Lyrik um die Mitte des 18. Jahrhunderts
dar, selbst wenn »die Beschwingtheit, Sanftheit und Bewegtheit des Rokokostils [wie]
die empfindsamen und beseelenden Beimischungen, die die Sprache des Rokoko
aufweichten und gefühlter machten«,[16] noch fehlen.
Rhythmisierung und Abdämpfung, auf diese beiden Tendenzen läßt sich das Stilideal
der galanten Lyriker begrifflich bringen.[17] So erklärt sich auch die Vorliebe, die sie

für Madrigal und Cantate und die von ihnen ermöglichte metrische Auflockerung aufbringen. »Denn in einer Ode muß der Poet, so zu sagen, einerley Conceptus haben, zum wenigsten obliget ihn die erste Strophe, daß er die andern just nach dieser elaboriren muß. Hingegen ist er in einer Cantata an nichts gebunden, sondern läßet seine Grillen aus, wie er sie am bequemsten eingefangen.«[18] Im Wechsel von Arie und ›Stylum recitativum‹ kann man ohne die störende, gleichmäßige Bindung des Rhythmus sich den unterschiedlichen ›affectus‹ angleichen. Der alexandrinische Vers wird deshalb ob seiner Länge verpönt, da er »vor dem Musico [...] verdrieslich zu componiren« ist, im Rezitativ soll der Dichter vielmehr »allerhand generum sich bedienen, die Rythmos, weiter, als in den Arien, trennen, auch wol gar, wenn es sich so bald nicht fügen will, weglassen, in welcher Freyheit die Italiäner ausschweiffen, deren Recitatif oft kaum halb gereimt wird«.[19] Folglich bedingen sich gegenseitig die in der galanten Poesie zu konstatierende Bevorzugung der musikalischen Gattungen innerhalb der Versgattungen einerseits und das Streben nach Wohlfließbarkeit andererseits, wie sie Neumeister zur ersten stilistischen Maxime erhebt: »Nicht mehr kan einen Vers recommandiren, als wenn er rein ungezwungen fliest.« Die von Neumeister jedoch daraufhin aufgestellte, Christian Weise entnommene Regel: »Wie die Construction in einer gemeinen Rede und in der Oratorie ist, so muß sie auch in einer gebundenen Rede und in der Poesie seyn«, dokumentiert die neu auftretenden Schwierigkeiten der Lyrik, die sich solcher »General-Lex«[20] unterstellt, denn die Grenzen zwischen Poesie und Prosa verwischen sich, es herrscht keine klare Vorstellung mehr über die poetische Differenzqualität zwischen beiden. So formuliert 1719 Erdmann Uhse: »Die teutsche Poesie ist eine Geschicklichkeit, seine Gedanken über eine gewisse Sache zierlich, doch dabey klug und deutlich, in abgemessenen Worten und Reimen vorzubringen.«[21] Und ähnlich äußert sich Andreas Köhler 1734, wenn er die Poesie als »eine Kunst und Geschicklichkeit« definiert, »seine Gedancken von einer ieden Sache ordentlich und zierlich in Reimen und richtiger Abzehlung der Sylben also vorzutragen, daß der Leser sich daran delectire«.[22] Der »Stylus Poeticus« darf nicht in Ausnutzung der poetischen Lizenz »wider die teutsche Reinlichkeit und gehörige Construction«[23] sündigen. Köhler fordert: »Man muß des Reimes wegen die Constructionem prosaicam der Wörter nicht verderben.«[24]

Die Legitimationskrise der Lyrik. Die in Vergessenheit geratenen bzw. in den Hintergrund getretenen rhetorischen Kategorien der Klarheit, Deutlichkeit und Angemessenheit rücken folglich eindeutig als Konstruktions- und Wertungsprinzipien auch der Lyrik in den Vordergrund. Gefragt ist bei den Klassizisten (Friedrich Rudolf von Canitz, Christian Wernicke, Gottsched) die Fähigkeit des Autors zum ›judicium‹, weniger die zum ›acumen‹. Der Orientierungsrahmen vorliegender Muster verschiebt sich endgültig zugunsten der zeitgenössischen Dichtung Frankreichs und Englands unter Queen Anne. Hier glaubt man Vorbilder zu finden, an denen sich eine neu geforderte Simplizität (s. Christian Weise: »Ich will meine simplicität im Reden behalten«[25]) und Natürlichkeit orientieren kann. Wernicke spricht in seinem Epigramm programmatisch das neue Stilideal aus:

An den Leser

Man muß auf meinem Blatt nach keinem Amber suchen,
Und meine Mus' im Zorn bäckt keinen Bisemkuchen;
Ich folge der Natur und schreib' auf ihre Weis':
Vor kinder ist die Milch, vor Männer starke Speis'.

Er fügt diesem Epigramm folgende Anmerkung hinzu:

»Diese Zuckerbäckerei läßt man gar gerne den heutigen schlesischen Poeten über, als welche
dergleichen leckerhafte Sachen in ihren Versen so häufig zu Kauf haben, daß sie sogar auch
nicht der Mandeln und des Marzipans vergessen, und man sich folgends einbilden sollte, daß sie
alle ihre Leser vor Kinder hielten. Ich weiß zwar wohl, was Deutschland Schlesien wegen der
Dichtkunst schuldig ist: derselben Ursprung, Fortgang, sogar alle Poeten, die bishero sich einen
Namen unter uns gemachet haben. Es fehlet aber so weit, daß sie unsere Poesie annoch in den
Stand sollten gesetzet haben, worinnen wir, ich will nicht sagen der Griechen und Römer,
sondern nur der heutigen Franzosen und Engelländer ihre finden.«[26]

Unter den deutschen Dichtern gilt neben Wernicke und Besser vor allem Canitz als
der Lyriker, der dem neuen Geschmacksideal, dessen Verkünder Boileau war,
entspricht. Johann Ulrich König preist die »gleiche, männliche, und ungeflickte
Schreib-Art«[27] von Canitz' Versen, in denen es gelungen sei, einen Sprachstil zu
finden, bei dem die »Redens-Arten rein, gleich, deutlich, zierlich, wohlgewehlt, edel,
regelmäßig, und alle diese Stücke nicht zu kurtz, nicht zu lang, sondern wohl
zusammen verbunden sind«.[28] Das schwindende Bewußtsein jedoch für die Differenzqualität zwischen Poesie und Prosa, gebundene und ungebundene Sprache und
damit einhergehend das mangelnde Verständnis für lyrische Sprache und Formen und
die Eigengesetzlichkeit lyrischer Dichtung treiben die Lyrik in eine Legitimationskrise, die sich noch weiter zuspitzt, wenn man sich vergegenwärtigt, wie Christian
Weise oder Christian Thomasius die Aufgabe der die Lyrik mitumschließenden
Poesie bestimmen. Weise schreibt:

»Die Studiosi poeseos und hernach die Professores von welchen die Studiosi lernen sollen sind
nur solche Leute / welche die Verse vor ein manierlich Nebenwerk halten / und die gantze
Zierligkeit als ein instrumental-Wesen ansehen / damit andern und höhern studiis gedienet wird /
[...] Und also ist die Poeterey nichts anders als eine Dienerin in der Beredsamkeit / weil sie
junge Menschen so wol anführet / daß er seine concepte nicht nur deutlich / sondern auch lieblich
und etlicher massen admirabile vorbringen lernet.«[29]

Wo Poesie – und damit auch die Lyrik – nur noch als ›Dienerin in der Beredsamkeit‹
oder als ›instrumental-Wesen‹ zu ›höhern studiis‹ legitimiert werden kann, sie also
gänzlich mediatisiert ist, bedarf es einer erneuten Legitimation auf veränderter Basis,
die sich vor allem als kompatibel mit den veränderten gesellschaftlichen Bedingungen
und nicht als dysfunktional zu einer sich konstituierenden bürgerlichen Gesellschaft
in dieser Zeit erweist. Auf je unterschiedliche Weise versuchen dies Johann Christian
Günther und Barthold Heinrich Brockes zu leisten.
Zunächst sind in Günthers Werk wie in einem Fokus die Tendenzen der Lyrik um die
Jahrhundertwende sichtbar. Sein umfängliches lyrisches Werk besteht zum größten
Teil noch aus Gelegenheitsgedichten. Er nutzt den Rahmen der Casualpoesie, um sie
von innen durch deren Parodierung und Überführung in die Satire und das Pasquill

auszuhöhlen. In einem Gedicht aus dem Jahre 1721 schreibt er an Nickisch, der wie er selbst zum Kreis um Mencke gehört:

> Erinnre dich dabey, so schlecht ich auch gelehrt,
> Was eigentlich vor Schmuck in unsre Kunst gehört;
> Nicht rauschend Flittergold noch schwülstige Gedancken,
> Nicht Schlüsse, die mit Gott und guten Sitten zancken,
> Noch andres Puppenwerck, das schlechte Seelen fängt.
> Vor diesem hab ich zwar auch mich damit gekränckt
> Und mancher Magdalis mit ausstudirten Grifen
> Aus Amors Contrapunct ein Ständchen vorgepfifen.
> Da drechselt ich mit Fleiss auf einer hohen Spur
> Wort, Silben und Verstand auch wider die Natur;
> [. . .]
> Erhob ich einen Kerl zuweilen um das Geld,
> So fing ich prächtig an: Orackel unsrer Welt
> [. . .]
> Dies thät ich, als mein Wiz noch gar zu unreif hies
> Und wie ein siedend Fett den Schaum voran verstiess.
> Jezt lernt ich nach und nach, mich und die Wahrheit kennen
> Und lache, wenn mich viel noch einen Dichter nennen.[30]

Formulierungen wie diese, die bei vielen Gelegenheitsdichtern nur zur findigen topologischen Beteuerung des Gesagten geworden sind, sind bei Günther ernstgemeinte Aussage. Die wiederholte Thematisierung der Aufrichtigkeit der Empfindung paart sich mit der Umschreibung eines entsprechenden Stilideals. Die natürliche Sprache des Herzens wird der prunk- und zierreichen Kunstsprache entgegengesetzt.

> Ists mit galanter Kunst, so werd ich nichts erzwingen,
> Ists mit der Redlichkeit, so will ich besser singen.
> Du bist es allerdings, gepriesne Redlichkeit,
> Die einzig und allein den Worten Kraft verleiht
> [. . .]
> Die Wahrheit crönt den Vers, du weist, ich kan nicht dichten.[31]

Oder:

> Die Redlichkeit allein, die Redlichkeit hat Schuld,
> Dass jezund meine Pflicht zum Opfer deiner Huld
> In frommer Einfalt kommt und ohne Schminck erscheinet.
> Die Falschheit braucht nur Schmuck, und wer es ehrlich meinet,
> Der redet ohne Kunst, und also red auch ich.
> Die Warheit geht nur blos, die Lügen schmincken sich.[32]

Die polemische Verve gegen die Gelegenheitsdichtung im Rahmen der Casualpoesie verlangt Günther eine modifizierte Legitimation seines poetischen Sprechens ab. An die Stelle einer durch Poesie zu untermauernden repräsentativen Öffentlichkeit tritt

bei ihm der Verweis auf die eigene Subjektivität und die Möglichkeit der Selbstvergewisserung und -bewahrung in der objektivierenden Kraft der Poesie. In einem
Gedicht an einen Freund *An Herrn Johann George Löbin* erläutert er sein Verfahren:

> Beschreib ich dir die Qual, so wär ein Buch zu klein,
> Dir dörfte schlecht gedient, mir nicht geholfen sein.
> Dies aber, daß ich noch die Feder mühsam führe,
> Geschieht nur mir zu gut, dieweil ich wirklich spüre,
> Es mindre sich der Schmerz, sobald die Zitter klingt
> Und dann und wann ein Lied vor gute Freunde singt.[33]

Dichtend ereignet sich hier »die Einkehr im Herzen, in der eigenen Brust; das ist die
[...] Einsicht, die in Günthers Versen aufbricht und ihnen ihre sprachliche Dynamik
gibt. Es meldet sich ein persönliches Verhalten, das alle Weltgehalte auf eigene Weise
sich anverwandelt, indem es dichtend auf sich selbst aufmerksam wird.«[34] Günther
macht somit die Selbsterfahrung zur Grundlage seines Weltverhaltens und damit auch
seines lyrischen Sprechens:

> Und fiel auch so Himmel als Erden in Stücke,
> So bleib in dir selber und sieh' es mit an.[35]

An anderer Stelle heißt es:

> Ich bin ein Mensch und weiß es nicht,
> Wo Kräuter meines Grabes grünen [...]
> Mein treu' Gemüte nehm' ich aus,
> Sonst bin ich nicht mehr Ich zu nennen.[36]

Günthers Lyrik hätte damit ein neues Paradigma abgeben können, was ihr aber
versagt blieb und zu seiner Zeit versagt bleiben mußte, da sie nicht das leistete, was
innerhalb jener von Paul Hazard für die Zeit von 1680 bis 1715 beschriebenen
tiefgreifenden gesellschaftlichen Krise von Legitimität und Intersubjektivität von der
Poesie zu leisten war. Die Konstitution bürgerlicher Öffentlichkeit mußte die Poesie
in den Dienst einer Überwindung eben dieser Intersubjektivitätskrise nehmen. Der
Rückverweis auf die eigene Subjektivität, die sich durch sich selbst zu legitimieren
versucht, indem sie die Autoritäten in ihrer Brüchigkeit vorführt, ist keine taugliche,
die gestellte Aufgabe zufriedenstellend erfüllende Legitimationsbasis.[37]
Anders Brockes. Er liefert mit seinem Werk, dessen die sich konstituierende, auf
einen neuen Konsensus angewiesene bürgerliche Gesellschaft bedurfte, eine Poesie,
die primär ›nützt‹, neue Verbindlichkeiten formuliert, und damit »einen Teil jener
Funktionen mitversorgt, welche die alten, nun erschütterten Legitimationsinstanzen
wahrgenommen hatten«.[38]

Lyrik als Lehrdichtung

Die lyrisch-didaktische Dichtung umfaßt im engeren Sinne das Lehrgedicht,[39] im weiteren Sinne auch Fabel, Epigramm, Satire und Epistel. Beeinflußt durch die »philosophischen Dichter« (Haller) Englands und Frankreichs, sorgen Brockes, Haller und Hagedorn, Gellert, Gottsched, Johann Jakob Dusch, Abraham Gotthelf Kästner, Magnus Gottfried Lichtwer, Christlob Mylius, Johann Adolf und Johann Elias Schlegel, aber auch Daniel Wilhelm Triller und Johann Georg Sucro, Johann Peter Uz und schließlich noch Wieland für die Popularisierung neuzeitiger Ideen. In teilweise mehrere hundert Verse umfassenden Lehrgedichten, in kürzeren und strenger gebauten Lehroden oder im beschreibenden Gedicht (›poetische Mahlerey‹: Hallers *Die Alpen*; Ewald von Kleists *Der Frühling*) thematisieren sie Fragen der Philosophie (Hallers *Über den Ursprung des Übels*; Gottscheds *Hamarti geneia oder Lehrgedicht von dem Ursprung des Übels*; Uz' *Theodicee*, Sucros *Die beste Welt*), greifen naturwissenschaftliche und medizinische Erkenntnisse oder Probleme auf (Mylius' *Lehrgedicht von den Bewohnern der Kometen*; Kästners *Philosophisches Gedicht von den Kometen*; Johann Adolf Scheibes *Die Witterungen*, Beat Rudolf von Tscharners *Die Bewässerung der Äcker*), predigen in moralischen Gedichten Weisheit, Freundschaft, Vertrauen, Tugend, Glückseligkeit, Zufriedenheit, Mäßigung oder Menschenliebe zur Einübung oder – in einer späteren Phase (seit Gellert) – zur Internalisierung und emotiven Absicherung neuer kultureller Verhaltensmuster (Johann Andreas Cramers *Der Mensch*; Gellerts *Der Menschenfreund*; Duschs *Die Zufriedenheit*; Hagedorns *Die Glückseligkeit*). Juridisches Lehrgedicht (Lichtwers *Das Recht der Natur*; Christian Friedrich Zernitz' *Fehler einiger Rechtsgelehrter*) und poetologische Gedichte (Jakob Immanuel Pyras *Der Tempel der wahren Dichtkunst*; Justus Friedrich Wilhelm Zachariaes *Die Poesie und Germanien*; J. E. Schlegels *Schreiben, daß die Mathematik einem Dichter nützlich sey*; Karl Christian Gärtners *Wider die Reimsucht*) bilden zwei weitere sehr beliebte Untergattungen des meist im Alexandriner, später dann im freien Vers geschriebenen Lehrgedichts, dessen Präsentationsform und Funktion Sucro in seinem Lehrgedicht *Der moralische Nutzen der Poesie* so umreißt:

> Die Leyer, die vordem in Orpheus frommer Hand,
> [...]
> Die soll noch diesen Tag der Dichtkunst Ammt uns lehren:
> Die Laster zu zerstreun, der Tugend Reich zu mehren.
> [...]
> Die Wahrheit nackt und bloß, vergnügt die Sinnen nicht.
> Drum ist die Einkleidung, o Lehrer! deine Pflicht.
> Hier zeige Witz und Kunst, die Wahrheit zu bekleiden.
> Den Geist erfüll mit Licht, den Busen füll mit Freuden.
> Du fragst: wie lern ich dieß? Wenn du für Herz und Geist,
> Die Wahrheit und den Reiz schön zu verbinden weißt;
> Wenn du die Kunst verstehst, stark, zärtlich, schön zu sprechen,
> Und doch durch allen Putz die Wahrheit nicht zu schwächen.[40]

Brockes' Dichtung mag hier als Beispiel für die die Lyrik von 1730 bis 1745 dominierende Form des Lehrgedichts genauer vorgestellt werden. Brockes' Schaffen konzentriert sich vornehmlich auf sein Werk *Irdisches Vergnügen in Gott, bestehend aus physikalisch-moralischen Gedichten*, das zwischen 1721 und 1748 in neun Teilen erschien. In seiner Autobiographie berichtet er über dessen Entstehung:

»Wann ich aber gar bald gewahr ward, daß die Poesie, wofern sie keinen sonderlichen und zwar nützlichen Endzweck hätte, ein leeres Wortspiel sey, und keine große Hochachtung verdiente, als bemühete ich mich solche Objecta meiner Dichtkunst zu erwehlen, woraus die Menschen nebst einer erlaubten Belustigung zugleich erbauet werden mögten. Da ich denn erstlich das bekannte nachher in verschiedene Sprachen übersetzte Passions-Oratorium verfertigt, nachgehends aber durch die Schönheit der Natur gerühret, mich entschloß, den Schöpfer derselben in fröhlicher Betrachtung und möglicher Beschreibung zu besingen. Wozu ich mich um so viel mehr verpflichtet hielte, als ich eine so große und fast unverantwortliche Nachlässigkeit, Unempfindlichkeit und den daraus folgenden Undank gegen den allmächtigen Schöpfer für höchst sträflich und dem Christenthum ganz unanständig hielte. Verfertigte demnach, zumal zur Frühlingszeit verschiedene einzelne Stücke und suchte darin die Schönheit der Natur nach Möglichkeit zu beschreiben, um so wohl mich selbst als andere zu des weisen Schöpfers Ruhm durch eigenes Vergnügen je mehr und mehr anzufrischen, woraus denn endlich der erste Theil meines ›Irdischen Vergnügens‹ erwachsen. Und wie ich durch Gottes Gnade verspüret, daß selbiges Buch zumal in der Frembde nicht ohne Nutzen gewesen, hat mich solches um desto mehr angespornet, auf diesem Weg weiter fortzugehen. Und nachdem der erste Theil in kurzer Zeit verschiedene Malen wieder aufgeleget werden müssen, ist auch der andere und nachher der dritte und vierte Theil Gott Lob! zum Stande kommen, und wünsche ich von Herzen, daß auch diese nicht ohne Erbauung gelesen werden, ein jeder Mensch dadurch seine Sinnen besser gebrauchen, sich auf eine leichte Weise vergnügen und, welches billig der Endzweck aller Menschen seyn sollte, Gott in seinen Werken verehren lernen möge.«[41]

Lyrik soll demnach nützen oder belehren und zugleich belustigen, sie soll die Rührung – dies die dritte wirkungspoetologische Kategorie – und die ›Empfindlichkeit‹, die der Autor beim Betrachten der Natur verspürt, auf den Rezipienten übertragen und ihn zum Lobe Gottes anleiten. Lyrik soll überdies erbauen, was heißt: Dichtkunst soll Funktionen übernehmen, die sonst von christlichen Erbauungsbüchern wahrgenommen wurden. Brockes' *Irdisches Vergnügen* gehört damit zu der Übergangsliteratur zwischen Erbauungsbuch und schöngeistig-weltlicher Literatur. Man findet hier nicht mehr die noch im Barock geläufige Unterscheidung in geistliche und weltliche Poemata; das *Irdische Vergnügen in Gott* ist geistliche und weltliche Dichtung zugleich. Diesen Widerspruch trägt die Dichtung auf eine bezeichnende Weise in sich aus: Sie will Alphabetisierungshilfe der menschlichen Sinne sein, damit diese das Buch der Natur zu lesen lernen; gleichzeitig weist sie aber auch jeweils über die Natur hinaus auf den, der sie in ihrer Nützlichkeit und Schönheit geschaffen hat. Das in fast allen Gedichten anzutreffende Argumentationsmuster ist darum: die Schönheit und Nützlichkeit des beschriebenen Teils der Natur – dies kann die Kirschblüte sein wie der Mistkäfer, die kleine Fliege wie die Sonne, die Ameise wie die schöne Winterlandschaft – sind Signaturen, die auf einen Schöpfergott schließen lassen, den es zu preisen gilt. Jedes Gedicht ruht einem solchen Schlußverfahren auf, deshalb der argumentative Charakter dieser Poesie, deshalb der logisch-prosanahe Sprachduktus. Die Logik der Poesie oder der Einbildungskraft wie die sinnliche Anschauung leisten etwas, was die mathematisierte Logik der Zeit und die durch den experimentellen Verlauf geregelte Beobachtung nicht mehr leisten können und wollen. Die ›poetische Gefühlslogik‹, die ›Logik der Einbildungskraft‹ (Breitinger), läßt den logischen Sprung von der sich auf die Empirie beschränkenden Naturbeobachtung zum Preis Gottes dort noch zu, wo ihn die Logik der Naturwissenschaft verbietet. An Brockes läßt sich jedoch beobachten, wie er zwar einerseits die sensualistischen Ansätze und die empirisch-induktive Methode der neuen Naturwissenschaften aufnimmt, andererseits aber in seiner Poesie und durch Poesie den christlichen Universalismus gegen Atheismus und Deismus rettet. Die neuen Erkenntnisse der Naturwissenschaften werden einem alten Weltbild in der Poesie und durch Poesie integriert. Die Poesie macht so möglich, was in der Sprache logischer Begrifflichkeit historisch nicht mehr möglich ist.[42] Die Naturgedichte des *Irdischen Vergnügens* vermitteln den physikalischen und den moralischen Aspekt.

Die alte Geborgenheit kann so in der Poesie in der sinnlichen Erkenntnis der unteren Seelenkräfte wiedergefunden werden. Der Optimismus setzt sich an die Stelle eines weltanschaulichen Pessimismus. Die Naturgedichte des *Irdischen Vergnügens* sind von einem Vertrauen in die göttliche Vorsehung getragen; Leibniz' Vorstellung der Harmonia mundi und unserer Welt als der besten aller möglichen Welten stehen im Hintergrund. ›Gelassenheit‹ empfiehlt Brockes seinem Publikum:

> Und folge diesem Rat: Wenn du dich hier auf Erden
> Gelassen Gott ergiebst, so glaube sicherlich
> Daß alle Dinge dir zum besten dienen werden.[43]

Oder:

> Denn seine ganze Lebenszeit mit fröhlicher Gelassenheit
> Sich seinem Schöpfer übergeben dies ist allein ein wahres Leben.[44]

Lyrik dient hier offensichtlich der sich konstituierenden bürgerlichen Gesellschaft zur Einübung neuer Verhaltensmuster, neuer Tugenden. Bei Brockes handelt es sich um eine noch religiös gefärbte Gelassenheit, die sich in den folgenden Jahren verweltlicht und der Tugendideale wie Genügsamkeit, Großmut, Freude, Geselligkeit, Zufriedenheit, kluge Mäßigung und Freundschaft, Empfindsamkeit und Mitleid an die Seite treten. Es sind gesamtseelische Verhaltensmuster, die durch Literatur eingeübt werden sollen und so auch in Literatur ihre Stilisierungsformen finden.

Die Natur ist in den Gedichten von Brockes noch immer Gegenstand, Objektum. Naturbeobachtung ist für Brockes Gottesdienst. Daß sich Brockes dergestalt entschieden für die Naturbeobachtung einsetzt, daß er die Natur in seinen Gedichten beschreibt, schildert, malt, daß er sie in aller Ausführlichkeit bis in das kleinste Detail analysiert und seziert, daß der dem Großen nur durch das Fernrohr Sichtbaren seine Aufmerksamkeit zuwendet, aber auch dem Kleinen, das nur durch das Mikroskop zu erkennen ist, die gleiche Beachtung schenkt – ist das Neue an seiner Dichtung. Darum nennt ihn Arno Schmidt den ›Kirchenvater der Naturbeschreibung‹.[45] Hier ist ein entscheidender Einschnitt zur Barockliteratur zu verzeichnen. Die physikalisch-moralische Doppelgesichtigkeit seiner Naturdichtung bedingt jedoch, daß sich Brokkes nicht endgültig von der barocken Dichtung befreien kann. Natur ist auch bei ihm trotz allen Eigengewichts, das er ihr einräumt, Pictura, zu dem die göttliche Subscriptio gefunden werden muß; die Natur ist die exoterische, allen zugängliche und verständliche Offenbarung neben der Offenbarung Gottes in der Heiligen Schrift.

> Der Kern, das Geistige, so in den Schriften stecket,
> Ist ihnen nicht, die Hülsen nur entdecket.
> Willst du nun von des Schöpfers Wesen,
> Pracht, Allmacht, Weisheit, Glanz und Schein
> Nicht ewig unempfindlich sein,
> Geliebter Mensch, so lern um Gottes willen lesen!
> Du wirst und zwar mit höchster Lust
> Und innrer Regung deiner Brust,
> Des Weltbuchs Inhalt bald verstehen;
> Du wirst mit fast halb seelgen Freuden
> An dieser Schrift die Seele weiden,
> Im Irdischen was Göttlichs sehen.[46]

Die Naturerfahrung von Brockes ist emblematisch orientiert, und auch die poetische Naturkonstitution trägt noch emblematische Züge. Es wäre jedoch falsch, das *Irdische Vergnügen in Gott* als barocke Dichtung klassifizieren zu wollen. Daß es die Nützlichkeit der irdischen Einrichtung ist, die auf den Schöpfergott schließen läßt, daß es nicht zuletzt die Schönheit der Natur ist, die einen Fingerzeig auf den allmächtigen Gott gibt, das alles sind Züge, die es rechtfertigen, die vorwiegend deskriptive Naturdichtung eines Brockes zur Aufklärungsliteratur zu rechnen. Brockes weist mit aller Entschiedenheit auf die Schönheit dieser irdischen Welt, er legitimiert deren ästhetischen Genuß, verteidigt das ›irdische Vergnügen‹, die »vergnügte Seele«,[47] und rechtfertigt damit indirekt auch das Vergnügen an ästhetischen Phänomenen, zu denen auch die Literatur zählt, die sich in dieser Zeit noch durchaus der Kritik der Theologie und des nur auf Nützlichkeit und Leistung bedachten Bürgertums ausgesetzt sieht.

Fern von Hof und Stadt sucht das Ich in der ästhetischen Betrachtung im von der übrigen Welt ausgezirkelten, umzäunten Garten die Natur, worin sich erneut ein verlornes »Eden«[48] malt. Man geht nicht fehl, bereits im *Irdischen Vergnügen* von Brockes idyllische Momente angelegt zu sehen, die sich allerdings in Hallers Alpengedicht, in der Naturdichtung des Rokoko, in den Schäfergedichten und Schäferspielen wie in der Idyllendichtung eines Salomon Geßner viel ausgeprägter finden lassen. Die Natur wird hier zum ausgegrenzten Bereich, in den man sich zurückzieht, in dem man Ruhe findet, in dem man ein utopisches Leben führen kann – vielleicht an der Seite einiger Freunde – oder in dem sich das einsame, melancholische Ich spiegeln kann. Natur wird zum Spiegel der Seele, Naturdichtung zum »Seelengemälde«, wie Schiller in der Rezension von Matthissons Gedichten feststellt.

Gartenidylle und die ›Welt da draußen‹ existieren für Brockes zur gleichen Zeit. Das Vergnügen in Gott durch die Natur ist schon im Diesseits zu suchen, im gegenwärtigen Augenblick, nicht erst im Jenseits, nach dem Tode. Darum wertet Brockes das irdisch Gegenwärtige höher als das Vergangene und das Zukünftige:

Dein Dünkel, der aufs Künftige stets harrt,
Und der, was künftig ist, fast ohne Gegenwart,
Beständig ans Vergangne bindet,
Verblendet dein verworrenes Gesicht,
Daß es der Freuden Glanz nicht sieht, als wenn er schwindet.
Im allergrößten Glück empfindest du kein Glücke,
Die gegenwärtge Kost beglückter Augenblicke,
So dir dein Schöpfer oft beschert,
Tauscht dein lusthungrig Herz mit leeren Hoffnungs-Früchten,
Darüber wirst du nun mit anders nicht genährt
Als mit stets künftigen phantastischen Gerichten.[49]

Da Brockes die Idylle in der Gegenwart angesiedelt glaubt, preist er den beglückten Augenblick und mokiert sich über die ›leeren Hoffnungs-Früchte‹ künftiger phantastischer Gerichte.

Eine Idylle im Jetzt zeichnet auch Albrecht von Haller in seinem bekanntesten, mehrmals überarbeiteten, ›beschreibenden‹ Gedicht *Die Alpen*, das 1729 nach einer naturwissenschaftlichen Exkursion durch die Schweizer Berge entstand. Hauptgegenstand des Gedichts ist die Gegenüberstellung der sittenlosen städtischen Zivilisation und des sittenreinen Lebens in der wohlumzirkelten Weltabgeschlossenheit des Gebirges, ein Gegensatz, der auf dem antiken Topos des ›laus ruris‹ basiert, schon bei Brockes thematisiert wurde und noch in der Lyrik nach Haller bis hin zu Ludwig Heinrich Christoph Hölty eine kaum übersehbare Fülle von Varianten findet. Auch Haller spielt dabei die Einfalt der Natur, die noch ursprüngliche, gelebte Einheit von Mensch und Natur in »güldnen Zeiten«[50] gegen die Widernatürlichkeit und Unvernunft derer aus, die die Lehre der Natur, ›recht zu leben‹, verlernt, sich ihres Ursprungs entfremdet haben. Aber so sehr auch Haller als Dichter der *Alpen* berühmt wurde, seine eigentliche, für die Geschichte der Lyrik im 18. Jahrhundert innovative Leistung liegt in Gedichten wie z. B. im *Unvollkommenen Gedicht über die Ewigkeit*. Denn während in den *Alpen* die »Struktur des Gegensätzlichen zum Bildkontrast objektiviert wird, hinter dessen überpersönliche Gültigkeit das Ich des Aussagenden völlig zurücktritt«, ist sie im *Unvollkommenen Gedicht* der Selbstaussage des lyrischen Ich eingeformt, »das sich hier [...] zum Gegenstand der Reflexion wird. [...] An die Stelle ›poetischer Malerei‹ [...] ist die Darstellung eines weitgespannten Bewußtseinsvorgangs getreten, die in der sprunghaft bewegten Vorstellungskette der Einbildungskraft wie der Bewegtheit der Zeitreflexion nur ihren konsequenten Ausdruck findet.«[51] Damit kündigt sich eine Gewichtsverlagerung auf eine Lyrik enthusiastischer Bewegtheit, ein zunehmender Anteil des Empfindens an der Form wie der Wirkungsabsicht der lyrischen Aussage in Hallers Lehrgedichten an, so daß er modellhaft in seinem Werk auf jenen Weg verweist, den die Lyrik, auch in der Spielart der Lehrdichtung, einschlagen wird.

Lyrik als Spiel: Die anakreontische Lieddichtung

> Gespielin meiner Nebenstunden,
> Bei der ein Teil der Zeit verschwunden,
> Die mir, nicht andern zugehört,
> O Dichtkunst, die das Leben lindert!
> Wie manchen Gram hast du verhindert,
> Wie manche Fröhlichkeit vermehrt!
>
> Die Kraft, der Helden Trefflichkeiten
> Mit tapfern Worten auszubreiten,
> Verdankt Homer und Maro dir.
> Die Fähigkeit, von hohen Dingen
> Den Ewigkeiten vorzusingen,
> Verliehst du ihnen und nicht mir.[52]

In diesen zwei ersten Strophen seines Gedichtes *An die Dichtkunst* formuliert Friedrich von Hagedorn das poetologische Programm anakreontischer Lyrik: Rückzug aus dem Bereich öffentlicher Verpflichtung in den Bereich des Privaten und Intimen, Entfunktionalisierung einer mediatisierten, primär auf das ›prodesse‹ festgelegten Lehrdichtung zugunsten des ›delectare‹. Poesie wird zum Diätetikum, sie vermag, Fröhlichkeit zu mehren und dadurch des Lebens Gram zu mindern. Zwar bleibt weiterhin die »Lust, den Alten nachzustreben«, erklärter Wunsch, dennoch verschiebt sich die bislang vorherrschende Orientierung an Homer und Vergil auf den ›anakreontischen‹ Horaz, dem man »abzulernen« versucht, »wie man durch echten Witz gefällt«. Daraus leitet sich der Wechsel des poetischen Sujets ab: statt der ›hohen Dinge‹ und ›tapfern Worte‹ die dezidierte Wahl der »Kleinigkeiten«, die »nicht unsterblich«[53] sein wollen. Doch nicht allein Horaz, dem Hagedorn in einem seiner moralischen Gedichte als »seinem Freund, Lehrer und Begleiter« ein Denkmal setzt, gilt als nachzuahmendes Vorbild. Catull tritt ihm an die Seite. Aber vor allem ist es Anakreon, dem man durch Imitation nachzueifern versucht:

> Anakreon, mein Lehrer,
> Singt nur von Wein und Liebe;
> Er salbt den Bart mit Salben,
> Und singt von Wein und Liebe
> [...]
> Vertreibt sich Gram und Sorgen,
> Verschmäht den reichen Pöbel,
> Verwirft das Lob der Helden,
> Und singt von Wein und Liebe;
> Soll denn sein treuer Schüler
> Von Haß und Wasser singen?[54]

Im Jahre 1554 hatte der französische Humanist und Philologe Henricus Stephanus rund 60 Lieder, die er im Codex Palantinus, einer Renaissanceanthologie antiker

Lyrik, unter dem Namen Anakreons gefunden hatte, ins Lateinische übersetzt und herausgegeben. Stephanus' Sammlung, die nur wenige echte Oden Anakreons, zum größten Teil hingegen Anakreonteen aus spätantiker Zeit enthielt, fand in Europa begeisterte Aufnahme. Übersetzungen und Nachahmungen erschienen in Frankreich (Pléiade), Italien, England, Spanien und Holland. Im Deutschland des 17. Jahrhunderts sorgten Opitz, Johann Moscherosch, Georg Rudolf Weckherlin, Paul Fleming, David Schirmer, Kaspar Stieler u. a. für eine Integration anakreontischer Töne in die Barocklyrik. Die galanten Lyriker schließen sich mit vereinzelten Versuchen an, so daß der Strang von Übersetzungs- und Nachdichtungsversuchen auch zu Anfang des 18. Jahrhunderts nicht abreißt, bis dann um 1739 nach der Beschäftigung Menckes, Johann Valentin Pietschs, Ludwig Friedrich Hudemanns, Johann Friedrich Christs und schließlich Daniel Wilhelm Trillers mit den Anakreonteen durch den Zusammenschluß von vier Studenten (Gleim, Johann Nikolaus Götz, Johann Peter Uz und Paul Jakob Rudnick) in Halle die eigentliche deutsche Anakreontik beginnt und ihren Siegeszug als die Moderichtung der Lyrik in den vierzig Jahren antritt.

Am Beginn dieser Phase steht Hagedorns Publikation seiner *Oden und Lieder* (1742 ff.), es folgen Johann Christian Rosts *Versuch in Schäfergedichten* (1744), Christian Nikolaus Naumanns *Scherzhafte Lieder nach dem Muster des Anakreon* (1743), Gleims *Versuch in scherzhaften Liedern* (1744 f.), Johann Nikolaus Götz' *Versuch eines Wormsers in Gedichten*, 1749 erscheinen die *Lyrischen Gedichte* von Johann Peter Uz. Das Jahr 1751 verzeichnet gleich drei wichtige Publikationen: Lessings *Kleinigkeiten*, Johanna Charlotte Unzers *Versuch in Scherzgedichten* und Johann Friedrich Löwens *Zärtliche Lieder und anakreontische Scherze*. 1752 erscheinen Friedrich Molters *Scherze*, gefolgt von Johann August von Beyers *Kleinen Liedern* (1756) und Christian Felix Weißes *Scherzhaften Liedern* (1758). Erst Heinrich Wilhelm Gerstenbergs *Tändeleyen* (1759) variieren die Titelgebung geringfügig, machen jedoch schnell Schule (Matthias Claudius: *Tändeleyen und Erzählungen*, 1763). Auch in der zweiten Hälfte der sechziger Jahre versiegt die Quelle anakreontischer Publikationen noch nicht. Dicht aufeinander folgen Karl Christian Reckerts *Kleinigkeiten* und *Scherze* (1765/66), Georg H. August Kochs *Kleine Gedichte* (1766 ff.), Johann Georg Jacobis *Poetische Versuche* (1764) und Goethes *Buch Annette*. Bilden Goethes Gedichtsammlung *Annette* (1767) und seine *Lieder mit Melodien* (1768) und die *Neuen Lieder* (1769) Kulminationspunkt und zugleich Aufhebung der anakreontischen Lyrik, klingt die Mode lyrischer Scherze erst im Laufe der siebziger Jahre aus (Karl Friedrich Kretschmanns *Scherzhafte Gesänge*, 1771, und *Kleine Gesänge*, 1775; Traugott Benjamin Bergers *Liederchen und Gedichte*, 1777).

Die hier aufgelisteten Titel lassen erkennen, worum es den Anakreontikern geht: Sie wollen kleine Lieder zum Zwecke des Scherzens gestalten. Entsprechend heißt es in einer Abhandlung über scherzhaftes Dichten in der moralischen Wochenschrift *Der Druide*:

»Die kleinen Poesien [...] haben ohne Zweiffel unter allen Wercken des Witzes die allgemeinste Schönheit: denn wir sehen dass alle Geschlechter, Stände und Alter in diesen Empfindungen übereinstimmen. Sie gründen nämlich ihre Reitzungen auf die leichtesten und geschäftigsten Vermögen der menschlichen Natur, und auf die angenehmsten Regungen unsrer Hertzen. Die Schertze, das Lachen, die Empfindungen der Menschlichkeit und gutartigen Tugend, der Liebe und des Vergnügens, nebst dem Wohlklange des Ausdrucks und der Reime geben diesen muthigen Kleinigkeiten das Leben; und je durchgängiger also diese Neigungen sind, je sicherer trifft der Abdruck davon auf die Natur, und je leichter findet er die Wege zum Hertzen.«[55]

Der Motivkreis anakreontischer Lyrik ist begrenzt. Wein, Liebe, Natur, Einladung zu Geselligkeit, Vergnügen, Fröhlichkeit und die Reflexion auf das eigene dichterische Tun sind die stets umkreisten Sujets. Sie werden einzeln besungen (s. Hagedorns *Der Wein, An die Liebe, Die Freundschaft*) oder miteinander verschränkt, wie in Hagedorns zweistrophigem Gedicht *Der Wettstreit*:

> Mein Mädchen und mein Wein,
> Die wollen sich entzwein.[56]

Abraham Gotthelf Kästners Parodie anakreontischer Lyrik scheint darum auf den ersten Blick überzeugend:

> Was henker soll ich machen,
> Daß ich ein Dichter werde?
> Gedankenleere Prose,
> In ungereimten Zeilen,
> In Dreyquerfingerzeilen,
> Von Mägdchen und von Weine,
> Von Weine und von Mägdchen,
> Von Trinken und von Küssen,
> Von Küssen und von Trinken,
> Und wieder Wein und Mägdchen,
> Und wieder Kuß und Trinken,
> [...]
> Und nichts als Wein und Mägdchen,
> Und nichts als Kuß und Trinken,
> Und immer so gekindert,
> Will ich halbschlafend schreiben,
> Das heißen unsre Zeiten
> Anakreontisch dichten.[57]

Kästner verkennt jedoch den Spielcharakter anakreontischer Lyrik, der gerade darin besteht, einen beschränkten Motivkreis, durch Tradition festgelegte und fest umrissene Gestalten (spröde Schäferin, blöder Schäfer usw.) und ein umgrenztes Formenarsenal kunstvoll zu variieren. Der Leser ist animiert mitzuspielen, jene Verdeckungen und Verkleidungen, Doppelsinnigkeiten, Anspielungen oder Ironien herauszuhören und sich auf mehr oder weniger langen Wegen bis zur Pointe führen zu lassen.

Zum Spielcharakter anakreontischer Lyrik gehört auch die unausgesprochene Übereinkunft zwischen Autor und Leser, daß die Gedichte rein poetische Fiktion sind und keineswegs als Zeugnis eigenen Erlebens oder Empfindens gelesen werden dürfen. So verwahren sich die Autoren gegen den Trugschluß, daß von den Gedichten auf die moralische Integrität ihrer Verfasser geschlossen werden könne. Gleim betont ausdrücklich – angesichts entsprechender Unterstellungen – in seiner Vorrede zu den *Scherzhaften Liedern*, daß es nicht angehe, »von der Sittenlehre [der Lieder] auf das Herz des Verfassers [zu] schließen«,[58] denn »sie [die Verfasser] schreiben nur, ihren Witz zu zeigen, und sollten sie auch dadurch ihre Tugend in Verdacht setzen. Sie characterisieren sich nicht, wie sie sind, sondern wie es die Art der Gedichte erfodert.«[59] Solches Einverständnis vorausgesetzt, wird das Interesse des Rezipienten auf die witzig-einfallsreiche Intellektualität und Kalkuliertheit des ästhetischen Gebildes gelenkt. In seinem Gedicht *An die Muse*, das seinen Band *Scherzhafter Lieder* beschließt, betont Weiße, wie sehr seine Lieder unter dem Diktat des Scherzes als Konstruktionsprinzip entstanden sind und nicht der Wahrheit des Herzens oder dem Gefühl der Liebe gefolgt seien:

> Verzeih, wenn ich zu schwach gespielet:
> Die Liebe fodert unser Herz:
> Das wenigste hab ich gefühlet;
> Das meiste sang ich blos aus Scherz.

> Von Waffen und vom Haß umgeben,
> Sang ich von Zärtlichkeit und Ruh:
> Ich sang vom süßen Saft der Reben,
> Und Wasser trank ich oft darzu.[60]

Weiße betont einerseits den Illusionscharakter seiner Lieder, andererseits verweist er auf das kritische Potential anakreontischer Lyrik. Die Anakreontiker nehmen für sich nach einer Formulierung Hagedorns das »Recht« in Anspruch, »vergnügt zu sein«.[61] Poesie ist nicht länger mehr vergnügliche Lehre sozialethischer Normen, die das Glück des einzelnen oder der Sozietät befördern sollen. Poesie ist vielmehr selber Lehre des Vergnügens. Sie ist unmittelbar Schule der Lebenskunst, Stimulans der Heiterkeit und angenehmer Empfindungen. Sie wendet sich direkt an die unteren Seelenkräfte und kultiviert die Sinnlichkeit. An die Stelle des didaktisierten Verlachens tritt die kathartische Wirkung des Lachens um seiner selbst willen. Als reizvolle Gebilde verfeinern diese Lieder die Reizempfindlichkeit des Lesers und wollen ihm die Teilhabe an einer kultivierten, geselligkeitsstiftenden Freude ermöglichen. Dichtkunst will »durch ihren Reiz ergötzen / Der in die Seelen wirkt und Herzen edler macht«.[62] Der Dichter »lehrt das menschliche Geschlecht / Der Tugend Reiz und ihrer Taten Recht«.[63] Beglückt ist somit, wer »sein darf, was er ist«,[64] Glückseligkeit erlangt, wer sich in dem »Mittelstande«[65] einzurichten weiß und Zufriedenheit erreicht,

> Der Freiheit Frucht, die nur den Weisen rühret,
> Der herrschen kann und würdig sich regieret.
> Was in der Welt ist von so hohem Wert,
> Als Freiheit ist, die jede Lust vermehrt?[66]

Die ungestalte, rauschhaft-wollüstige Fröhlichkeit und die Form eines rein individualistischen Eudämonismus werden zugunsten eines von den Grazien bestimmten Geschmacksideals abgewiesen:

So lockend jene Freude lacht,
Die nur die Sinne trunken macht,
So nah ist sie dem Überdrusse.
Die Wollust, von Geschmack ernährt
Stirbt unter diesem Überflusse.
[...]
Du Tochter wilder Trunkenheit,
Fleuch', ungestalte Fröhlichkeit
Und rase nur bei blöden Reichen!
Sie mögen durch entwirkten Wein
Die sanften Grazien verscheuchen![67]

In der Idylle der deutschen Anakreontiker, in jenem seelischen Refugium, das sie sich in ihrer Lyrik schaffen und das »Einsamkeit, Stille, Frieden und damit sichere Ruhe, Zufriedenheit, Frömmigkeit, Freiheit und Glückseligkeit umfaßt«,[68] hat nur eine die Vernunft und Tugend nicht ausschließende, der inneren Grazie korrespondierende Form der Freude Platz. Der »sinnreiche Scherz«, das Singen und Lachen sind Zeichen einer die Vernunft erheiternden, holden Freude. Die Freude, die »Göttin edler Herzen«, wie Hagedorn sie apostrophiert,[69] ist Mittlerin zwischen den Gegensätzen, sie bringt Vernunft und Sinnlichkeit ins Gleichgewicht, verbindet den einzelnen mit den anderen, ist Stimulans der Dichtung und zugleich deren Wirkung.
Die Fröhlichkeit, die anakreontische Lyrik als gesellschaftliches Ferment vermitteln will, prägt ihren Stil. Die Sprache gewinnt an Musikalität, Einfachheit und Flüssigkeit. Der Rhythmus tritt als tragendes Element hervor, gleicht den Verlust an klanglichen Bindungen dort aus, wo der Anakreontiker auf den Reim verzichtet. »Das Gefühl für die Betonung der Kola, für die Gleichheit, Korrespondenz, Parallelität oder Antithese der Kola«[70] wächst. Komplizierte rhetorische Figuren weichen einfachen, dem Liedcharakter tauglicheren Satz- und Gedankenfiguren. So ist die Vorliebe der Anakreontiker für Antithesen, Wiederholungen, Reihungen, Parallelismus und Klimax erklärbar. Das Triolett, prädestiniert von seiner Form her, durch die verbindlichen Wiederholungen, Korrespondenzen, Parallelismen Schwingungen zu schaffen, wird aus dem Französischen übernommen und – Zeichen der Beliebtheit – gleich zu ganzen Triolett-Zyklen verwandt.
Der Gesellschaftscharakter der Gedichte offenbart sich in der Bevorzugung der Wir-Form. Selbst dort, wo ein lyrisches Ich spricht, meint es nicht die Individualität eines Sprechers, sondern es läßt sich leicht in einen Pluralis majestatis transponieren. Die häufige Verwendung des Kehrreims, des Wechselgesangs oder wiederkehrender strophischer Anfangsformeln und die fingierte Dialogizität mancher Gedichte, die Bevorzugung direkter Ansprache oder imperativischer Formulierungen sind Indizien einer auf ein Gesellschaftsspiel hin angelegten, zum Mitspielen einladenden Lyrik, die sich ihrer Zwecklosigkeit, Selbstgenügsamkeit und Autonomie bewußt ist, wenn sie auf dem Trinken, Lieben, Singen, Schmausen, Tanzen, Salben usw. als ihren Themata unter bewußter, nicht verschwiegener Ausklammerung der Sorgen besteht.
Die ›mittlere‹ Stillage bleibt für die Anakreontiker verbindlich. »Unsere besten

Kunstrichter reden von nichts als Mahlereyen, Stärke im Ausdruck und vergessen des Schönen und Natürlichen, der edlen Einfalt der Alten, ihres ungekünstelten Ausdrucks«,[71] schreibt Uz an Gleim. Die Einfalt des Inhalts und der Sprache, eine neue Natürlichkeit wird der diffamierten Gekünsteltheit gegenübergestellt. Das Anmutige, Reizende, Graziöse, Artige, Kleine, Zärtliche, Sanfte oder Liebliche sind die Stilkriterien, an denen die Lyrik gemessen wird. Und aus dem Hang zum Kleinen resultiert eine bislang außergewöhnliche Forderung nach Stimmigkeit und äußerster Konzentration, die sich jegliche weitschweifende Digression verbietet: »Es ist wahr«, so schreibt Hagedorn im Vorbericht zum dritten Teil seiner poetischen Werke,

»die kleinen Gedichte erfordern eben keine Hoheit der Gedanken, noch eine besondere Fähigkeit, noch eine Kenntniß, die sehr weit gehet. Hingegen erheischen sie eine genaue Kunstrichtigkeit, die größte Zärtlichkeit des Geschmacks, eine vollkommene Reinigkeit in der Schreibart, ein Sylbenmaaß, das vor allen andern leicht, angenehm und fliessend ist, einen ungezwungen zierlichen Schwung des Witzes und der Einfälle, und zugleich einen einförmigen Entwurf voll natürlicher Einfalt. Grössere Werke können nicht wohl ohne Unrichtigkeiten und Fehler der Unachtsamkeit seyn; aber ein Lied verliert allen Glanz, wenn es nicht mit äusserster Sorgfalt poliret und ausgeputzet wird. Der geringste Fehler desselben gleichet einem Flecken in einem Edelgestein und benimmt ihm seinen ganzen Wehrt. Ein Lied ist gleichsam ein kleines Gemählde von Schmelzfarben, das alle feine Ausdrücke des Pinsels, einen Glanz, eine Glätte und endlich diejenigen zarten vollkommenen Ausbildungen erfordert, die in grössern und solchen Figuren, welche von der Stärke und Kühnheit einer meisterhaften Hand ihre ganze Schönheit erhalten, überflüßig und übel angewandt seyn würden.«[72]

Damit ist der Sinn für das Kleine, In-sich-Geschlossene, Abgerundete als konstitutives Merkmal der Lyrik durch die anakreontische Lieddichtung geschärft.

Die Säkularisation des pietistischen Liedes: Pyra und Lange

Es mutet wie eine Kapriole der Geschichte an, daß Gleim seine Anregung zu den reimlosen anakreontischen Versen seines *Versuchs in Scherzhaften Liedern* von einem alten Hallenser Studenten empfing, der zusammen mit seinem Freund Samuel Gotthold Lange einen der Anakreontik entgegengesetzten Ton anstimmte. In einer autobiographischen Skizze erzählt Gleim:

»Eines Tages waren diese vier Freunde zusammen. Ein alter Student, namens Jacob Pyra, hatte die Absicht, reimlose Verse bei seiner Nation in Aufnahme zu bringen. Eine Ode, das Wort des Allerhöchsten, war sein erster Versuch. Gleim war der Meinung, am besten könne man durch Gedichte scherzhaften Inhalts diesen Zweck erreichen. Seine Freunde gaben ihm Beifall, und dieser Beifall wurde der Anlaß zu seinem ›Versuch in scherzhaften Liedern‹.«[73]

Die gegenseitige Inspiration zwischen dem anakreontischen Gleim und den empfindsamen Pyra und Lange muß jedoch nicht länger als merkwürdig erscheinen, wenn man sich vor Augen hält, daß Halle um diese Zeit eine Hochburg des Pietismus war und die anakreontische Bewegung zumindest zu einem Teil auch als direkter Befreiungsversuch von der Sinnenfeindlichkeit, Askese und Weltabgewandtheit des Pietismus verstanden werden kann. Auf der anderen Seite läßt sich aber vom Pietismus auch die Empfindsamkeit eines Pyra und Lange in einigen ihrer Züge ableiten, denn er schafft in der kleinen Gemeinde der Gleichgesinnten das Vorbild für die empfind-

samen Freundschaftsbeziehungen und legt durch die dem Pietisten auferlegte Selbstbeobachtung des Gefühlslebens Bereiche der Seele frei, die neu waren und für die erst ein den bisherigen Sprechweisen ungewohnter, den individuellen Regungen des Herzens angepaßter sprachlicher Ausdruck gefunden werden mußte.
Die dem Pietisten anempfohlene Offenbarung seiner Erlebnisse gegenüber einem Vertrauten schuf eine Kommunikationsweise, die damit rechnete, daß »die Göttlichen Wahrheiten von solchem liecht und kraft [sind], daß sie auch in ihrer einfalt vorgetragen selbs in die seelen eindringen und ihre kraft nicht erst von menschlicher wolredenheit zu entlehnen bedörffen«.[74]
Unter solchen Voraussetzungen erweisen sich Rhetorik und Poetik zunächst als Hindernisse einer freien Gefühlsaussage, sie verstellen die unmittelbare Artikulation des Gefühlten und verfälschen die erstrebte Verständigung von Herz zu Herz. So erklärt Spener, es sei sein Ziel gewesen,

»dem affectui animi in der predigt in sprach und gebärden allemal den zaum zu lassen / und also zu reden / wie mirs gerade dismal ums hertz war / ohn einige affectation, daß die zuhörer warhafftig an mir den unterschied sehen / wie man einmal kälter / ein andermal erwärmter / ein mal freudig / ein andermal niedergeschlagener seye / und also immer von meiner gemüthsbewegung / die sich in der rede treulich ausdrückete / urtheilen könten / und nicht in gezwungener gleichartigkeit erkennen müsten / daß es ein bloß studirtes werck seye / welches manchmal weniger afficirt.«[75]

Die Maßstäbe, die Spener an die Predigt anlegt, gelten in gleicher Weise für die aus pietistischen Kreisen stammende religiose Lyrik. Um der Lyrik den Anschein zu geben, sie sei direkter Ausfluß göttlicher Inspiration und entspringe der Unmittelbarkeit, vermeiden die Autoren zugunsten einer auch schon von den Altprotestanten geschätzten Lutherischen »nachdrüklichen einfalt«[76] die »hohen poetischen Redens-Arten, schwülstige epitheta oder Bey-Worte, kaltsinnige Wort-Spiele, oratorische Umschreibungen, hochgetriebne mystische, oder sonst paradox und fremdklingende Ausdrücke [...] und wollen hingegen heilige, und der Biblischen Schreib-Art gemässe Redens-Arten haben«.[77] Um den Eindruck der Ungekünsteltheit und des Unvermuteten zu verstärken, bevorzugen sie das Extemporieren. So dichtete Nikolaus von Zinzendorf in den Betstunden der Brüdergemeinde, fand er kein Lied, das dem vorhergehenden freien Gebet adäquat war, »im vorsagen ein neues Lied, von dem [er] vorher nichts gewußt habe«.[78] Vom Wunsche beseelt, seine Gefühle richtig und unverstellt auszudrücken, wurde der Pietist vom Lesenden oder Sänger zum Dichter, der den Lieder- oder Gebetstext spontan improvisierte.
Aufgrund der pietistischen Forderung nach Wahrhaftigkeit findet man häufig in Gedichtanthologien im Vorwort den Hinweis darauf, man schreibe über seine Empfindungen oder Erfahrungen, häufiger jedoch trifft man noch die Erklärung, man schreibe im Zustand der lebendigen Gotteserfahrung selbst. So legt Gottfried Arnold Wert auf die Feststellung, »seine Verse seien auß lebendigem Genuß geflossen«.[79] Gerhard Tersteegen jedoch weist darauf hin, daß seine Verse nicht immer aus dem Gemüt geflossen seien, daß er vielmehr manchmal, wenn er das Wort ›ich‹ verwende, »in der Person einer solchen Seelen, die in solchem Stande der Erfahrung stehet«,[80] geschrieben habe. Gerade aber diese Einschränkung, die Tersteegen hier macht, belegt, wie selbstverständlich es dem pietistischen Lyriker war, die Worte des Autors

als persönliches Bekenntnis zu lesen. Andernorts spricht Tersteegen davon, daß die Lieder des *Blumengärtleins* ihm binnen kurzer Zeit »gegeben« wurden, und »wie sie in Gedancken kamen«,[81] so bringt er sie zu Papier. Den Topos vom Furor poeticus aufnehmend und ihn für die eigenen Zwecke abwandelnd, gebrauchen die Pietisten in der poetologischen Besinnung auf den Schaffensakt auffallend häufig die Bilder des Fließens, Ausströmens, oder sie sprechen zur Verdeutlichung der nach ›Ausdruck drängenden Seele‹ vom ›Herausdrängen‹. So schreibt Arnold einmal von seinen *Lobsprüchen*, sie seien »aus dem überfluß des hertzens ausgebrochene gedancken / andachten und gesänge«, und an anderer Stelle beteuert er, seine Verse seien »durch viele wehen und geburts-schmertzen« aus der Seele »außgepresset und abgedrungen worden«.[82] Das Lied der Pietisten versteht sich nicht mehr als nach Regeln gesetztes Konstrukt. Im Gegenteil, alle Künstlichkeit und gewollte Konstruktion werden abgewiesen, weil sie die intendierte innere Wahrhaftigkeit verfälschen könnten. (In der Vorrede zu Zinzendorfs *Gedichten* liest man entsprechend: »Meine Poesie ist ungekünstelt; wie mir ist, so schreibe ich [. . .] Die Regeln setze ich aus den Augen des Nachdrucks willen.«[83]) Spiegelbildlich zum Vorgang dichterischen Schaffens ändern sich auch die Forderungen an den adäquaten Rezeptionsakt seitens des Benutzers pietistischer Lyrik. Johann Jakob Rambachs Gedichte sollen »das Hertz rühren«,[84] geistliche Poesie intendiert die Bewegung des Gemüts, will als »Darstellung eines religiösen Gefühls« sich »der ganzen Seele«[85] bemeistern. Voraussetzung solcher Rührung oder lebendigen Empfindung ist allerdings, daß der Rezipient seinerseits bereits eine dem Text entsprechende seelische Disposition mitbringt. Der Pietist soll sich prüfen, zu welchem Text er disponiert sei, und dann singen, je »nach dem es der gegenwärtige Zustand des hertzens mit sich bringet«.[86]
Wo die Rezeption eines Textes so stark an die jeweilige seelische Disposition des einzelnen gebunden ist, kann es nicht ausbleiben, daß sich der Gesang der Kirchengemeinde, bislang konstitutives Merkmal des Kirchenliedes, auflöst und an seine Stelle der Wechselgesang gleichgestimmter Seelen tritt. Wo der Dichter zum Dolmetscher göttlich inspirierter Gefühle geworden ist, verändert sich auch der Maßstab, der an die Lyrik gelegt wird. Sie wird nun nach dem Kriterium der Wahrhaftigkeit und der durch sie ausgelösten Gemütsbewegungen beurteilt. So ist es nicht verwunderlich, daß Pyra und Lange ganz im Gegensatz zu den Anakreontikern Wert auf die Tatsache legen, daß ihre Freundschaft nicht fingiert sei, die *Freundschaftlichen Lieder* »Empfindungen des Hertzens [seien], die wir [Pyra und Lange], ohne an die Kunst zu dencken, so aufzusetzen suchten, wie wir sie fühlten«.[87] Bodmer als Herausgeber der Lieder hatte allerdings der Annahme, daß eine solche Freundschaft nur in einem »poetischen Arcadien«[88] beheimatet sein könne, dadurch Vorschub geleistet, daß er an die Stelle der ursprünglich in den Versen vorhandenen Namen Pyras und Langes die konventionellen schäferlichen Thirsis und Damon gesetzt hatte, obwohl er genau herausgehört hatte, daß »da das Herz [. . .] seine eigene menschliche, freundschaftliche, liebreiche Empfindungen«[89] redet. Die Namengebung Bodmers verweist jedoch andererseits auch auf die den *Freundschaftlichen Liedern* noch immer anhaftenden traditionellen Züge pastoraler Dichtung. Die idyllisch abgegrenzte Szenerie, das Auftreten Pans und der Nymphen, die Selbsttitulierung als Schäfer sind Relikte der Schäferpoesie, aber sie bleiben nur akzidentell, anakreontische Reminiszenz. Das Leben der Pfarrersfamilie Lange und ihres Freundes Pyra, ihre innige Gemeinschaft,

sind nicht mehr bloßes Gegenbild zu einer höfisch-gesellschaftlichen Lebensform, »nicht das spielerische Unternehmen einer vom Hofleben ermüdeten Gesellschaft, die in der Natur und in einfachen Herzensbeziehungen neue Reize sucht«,[90] und auch keine kritische Distanzierung des einfachen freien Landlebens von dem entfremdeten Hof- oder Stadtleben. Das Neue in den *Freundschaftlichen Liedern* benennen vielmehr folgende Zeilen:

> In deinem nicht wie Glas durchsichtgen Hertzen
> Entschütt ich mich auch der geheimsten Sorgen,
> Ich halte dir dein menschliches zu gute,
> Wie du meines deckst.[91]

Im gegenseitigen Ausschütten der Herzen, im Benennen dessen, was in verschiedenen Situationen von den Freunden gefühlt wird, liegt das eigentliche Sujet der Lieder. Die Konzentration auf das Gefühl ist die Erbschaft des Pietismus, die Heiligsprechung dieses Gefühls dessen säkularisierte Form. Pyra und Lange feiern ihre Freundschaft als erhabenen Gegenstand und passen entsprechend den sprachlichen Duktus dem Erhabenen an.

Die Theorie des Erhabenen als poetologische Fundierung der Odendichtung

Die poetologische Fundierung für diesen erhabenen Ton lieferte Pseudo-Longins Abhandlung über das Erhabene, 1544 von Robortello in einer modernen Ausgabe wieder vorgelegt, dann von Gabriel de Petra ins Lateinische, schließlich von Boileau 1674 als *Traité du sublime ou du merveilleux dans le discours* ins Französische übersetzt. Breitinger sorgte schließlich durch seine *Critische Dichtkunst*, Carl Heinrich Heineken durch seine deutsche Übersetzung, dann durch eine zweisprachige Ausgabe für die Popularität dieses Werkes, das zunehmend an Bedeutung für die Odentheorie gewann. Das Erhabene und das Schöne lieferten zwei ästhetische Kategorien, die auf Ode und Lied übertragbar waren. Das Unzureichende der Gottschedschen *Dichtkunst* wurde offensichtlich, weil er – wie Georg Friedrich Meier monierte – die poetische Größe nicht gebührend berücksichtigt habe: »Der Herr Professor hat zwar, im 11. Capitel, von der erhabenen Schreibart gehandelt, aber auf eine solche Art, daß ich mit Recht seine Dichtkunst, des angezeigten Mangels beschuldigen kan.«[92] Meier versuchte, dieses Defizit zu beheben, indem er unter Bezug auf Longin in seinen *Anfangsgründen aller schönen Wissenschaften* eine Definition des Erhabenen gibt:

»Hier darf ich nur das Wesen des Erhabenen in den Gedanken erklären. Und da besteht die erhabene und hohe Art zu denken (genus cogitandi sublime, magnificum, ὕφος) darin, wenn man hohe und erhabene Gegenstände, auf eine ihnen proportionirte Art, denkt. [. . .] Nach meiner Erklärung werden zu dem Erhabenen 4 Stücke erfordert: 1) die Gegenstände müssen den grösten Grad der ästhetischen Grösse und Würde besitzen; 2) die Gedanken müssen diesen Gegenstand proportionirt seyn, dergestalt, daß sie, durch die Gedanken, in denjenigen Gesichtspunkt gestelt werden, aus welchem man sie in ihrer völligen Grösse sehen kan; 3) die Gedanken müssen keiner einzigen heroischen Tugend zuwider sein. [. . .].«[93]

Damit ist die Grenze zur scherzhaften Dichtung der Anakreontik gezogen, denn: »Kein Schertz kan demnach ein erhabener Gedancke seyn, und ebensowenig ein Gedancke von der mittlern Art; sondern ein jeder glücklicher Schertz muß ein schöner, aber niedriger Gedancke seyn.«[94] Scherzhafte und erhabene Schreibart, Witz und Leidenschaft, erwirkter Reiz und übertragener Enthusiasmus bilden zwei lyrische Modelle, deren Ausformung Lied und Ode sind.

Der erhabene Gegenstand fordert die erhabene Schreibart, nur so kann das Erhabene als ›Echo einer großen Seele‹, wie es bei Pseudo-Longin heißt, seinen angemessenen Ausdruck finden. Horaz wird unter diesem Aspekt zum neuen Paradigma erhabener Schreibart, deren Charakteristika Lange in dem Vorwort einer späteren Übersetzung der Horazischen Oden folgendermaßen zu umschreiben versucht:

»Horatz denkt stark, und spricht ungemein machtvoll und kurz, unter seinen Gedanken muste sich selbst die Mutter-Sprache, als zu schwach, beugen. Er beobachtete die Wortfügung der Lateiner, die doch so viele Freyheit besitzet, so wenig, daß man in diesem Verstande von ihm sagen kan, er habe das Latein auf Griechisch geschrieben. [...] Horatz war ein Dichter, er dachte folglich anders als der Redner; der Affect riß ihn hin, er redet lauter Empfindungen, und mahlet in einer beständigen Entzückung. Sein Feuer verstattete ihm keine erkältende Ordnung gemeiner Wortfügung; folglich sprach er ganz anders als es gewöhnlich war. Seine vorzügliche Stärke bestehet theils in dem Schwung seiner Gedanken, der etwas plötzliches und unvermuthetes eigen hat, theils in der kraftvollen Kürze, und selbst in der Versetzung der Wörter, die er in solcher odenmässigen Unordnung unter einander wirft, oder vielmehr kunstreich ordnet, als sie sich dem Gemüthe des Lesers darstellen sollen. Es kan bey ihm kein Wort und kein Begriff versetzt werden, das nicht dem Bilde, das er mahlet, oder der Empfindung, die er erregen will, dadurch einiger Abbruch geschehen solte.«[95]

Damit sind die wichtigsten Kriterien der Odendichtung genannt. Dank seiner Fähigkeit, ›stark zu denken‹ und sich angesichts des erhabenen Vorwurfes in den Zustand heftiger und begeisterter Leidenschaft setzen zu lassen, zeichnet der Odendichter in der der Ode eigentümlichen, der assoziativen Logik des Affekts folgenden Unordnung die Bewegung ständiger Entzückung nach. Die Ode folgt dem Schwung der Gedanken, indem »man von einer Empfindung auf die andere übergeht, ohne daß der nächste Grund davon in die Augen fällt«, denn in der Begeisterung »sehen wir den Gegenstand in einem so hellen Lichte, daß wir mit einer gewissen Geschwindigkeit zu demselben eilen, unsre Empfindungen sind zusammengedrängt, und die kleinen Nebenempfindungen ganz verdunkelt. Wir können also den nächsten Grund der Verbindung dieser lebhaften Bilder nicht augenblicklich entdecken.«[96]

Wird in der Odentheorie der ›beau desordre‹ mit dem enthusiastischen Zustand des Odendichters bzw. der einkalkulierten Bewegung des Affekts beim Rezipienten, »die Veränderung in seiner Seele«,[97] legitimiert, so ergibt sich auch aus dem Kriterium der Begeisterung die von der Ode geforderte Kürze, denn: »In dem Enthusiasmus wird die Seele plötzlich von dem Gegenstande hingerissen, sie heftet sich an demselben an, und wird ganz innere Empfindung. Die Bilder sind alsdann von einer so großen Lebhaftigkeit, daß sie in diesem Zustand sich nicht lange befinden kann, ohne niederzusinken und matt zu werden.«[98] Das Kriterium der Kürze bezieht sich jedoch nicht nur auf den Umfang des Gedichtes, es gilt in gleicher Weise für die Art, kurz und machtvoll zu sprechen. Gemeint sind damit die ›Machtwörter‹, die ›nachdrücklichen Begriffe‹, die ›körnichte‹ Schreibart, wie sie der erhabene Stil erfordert; denn verursacht das »Erhabene eine starke Empfindung, welche aus vielen einzelnen verworrnen zusammengeflossen ist«, und bündeln sich in der erhabenen Empfindung »das Lebhafte, der Adel, Reichthum, die Gewißheit und Richtigkeit des Geistes«, so entsprechen dem im erhabenen Ausdruck die Bevorzugung jener Begriffe, die »vieles in sich enthalten, und also als ein Ganzes zu betrachten sind, welches aus vielen Theilen besteht«.[99] Das »Körnichte« beschäftigt »das Gemüthe des Lesers mit vielem Nachdencken«,[100] denn so oft man »die Machtwörter überdenkt, entdeckt man was neues an ihnen [...] und man mus gleichsam in der Geschwindigkeit, einen weitläufigen Commentarium über sie machen«.[101] Die Wirkung der Machtwörter kann noch verstärkt werden, wenn sie durch Inversionen an Stellen rhythmischer Schwerpunkte gesetzt werden. Die Inversion selbst kann dazu beitragen, daß die logischen Beziehungen innerhalb des Satzes hinter der kalkulierten, emotionalen Intensivierung zurücktreten. Der Reim erweist sich beim Versuch, »die göttlichen Begeisterungen geschickt nachzuahmen«,[102] als hinderlich, denn – so formuliert es Meier in der Vorrede zu Langes *Horatzischen Oden* – er »mäßiget die poetische Wuth« des Dichters durch seine »Monotonie«[103] ungemein:

»In den Gedichten, wo der Schwung der Gedanken nicht kühn seyn darf, [...] wo die angenehme Verwirrung und mannigfältige Abwechselung der Gedanken nicht so groß seyn darf, in allen diesen Gedichten kan der Reim noch eher geduldet werden, als in andern, die wie z. E. eine pindarische oder horatzische Ode beschaffen seyn müssen.«[104]

Die Orientierung am antiken reimlosen Vers weckt auch Mitte des 18. Jahrhunderts das Interesse für eine Verschmelzung klassischer und deutscher Versmaße, damit das »deutsche gewöhnliche Sylbenmaaß [...] mit neuen Arten abgeändert werden«[105] könne. Denn die Abwechslung der Silbenmaße bietet dem Lyriker die um 1750 häufiger ergriffene Möglichkeit einer besseren Abstimmung von ›Ton‹ und Sujet in der Lyrik.

Klopstocks empfindsame Lyrik und seine Theorie der ›Darstellung‹

Hier liegt nun vornehmlich die innovative Leistung Klopstocks und seines Lyrik-Œuvres, das er in seiner Theorie der Darstellung auf den poetologischen Begriff bringt. Es ist wichtig, so fordert er, »Darstellung von der Beschreibung zu sondern«.[106] Gleich Lessing polemisiert er gegen die ›descriptive Poesie‹, das ›poetische Gemälde‹ oder die ›poetische Schilderey‹ oder das Lehrgedicht, wo der Ausdruck bloß »Betrachtung bleibt, wo er Leidenschaften hätte werden sollen«.[107] Beschreibung als poetisches Verfahren des Lyrikers verzichtet auf die Täuschung, beschränkt sich auf die Wiedergabe der äußeren Beschaffenheit, statt durch »Innerlichkeit, oder Heraushebung der eigentlichen innersten Beschaffenheit der Sache«[108], deren Leben und Bewegung zu zeigen. Nur wer als Lyriker darstellt, nutzt uneingeschränkt die medialen Möglichkeiten, läßt sie nicht zur ›poetischen Malerey‹ verkümmern. Es sind die traditionellen, auch von Pyra und Lange aufgegriffenen Themata, wie Liebe, Freundschaft, Vaterland, Gott, Herrscherlob und – dies ist allerdings neu – die Poesie selbst, die Klopstock in die lyrische Darstellung umgesetzt sehen will, damit der Leser ›getäuscht‹ werde. Gegenstände der Erfahrung, »wirkliche Dinge«, üben auf den

Wahrnehmenden Wirkungen aus; vorgestellte Dinge können wie wirkliche Dinge die Seele in Bewegung setzen. Je lebhafter nun die Vorstellung wird, um so mehr können die vorgestellten Dinge zu »fast wirklichen Dingen« werden. Die dargestellten Dinge der Lyrik sind demnach solche in Sprache übermittelten Vorstellungen von gewissen Dingen, die im Rezeptionsakt so lebhaft werden können, daß sie gegenwärtig und »beynah die Dinge selbst zu seyn scheinen«.[109]

Für den Dichter bedeutet das, daß er durch die Darstellung den Leser zu dieser Art von Täuschung hinreißen muß: Lyrik täuscht nicht mehr im Hinblick auf eine täuschende Ähnlichkeit zwischen Nachahmung und Nachgeahmtem. Klopstock spricht vielmehr in dem Sinne von poetischer Täuschung, als die ›fast wirklichen‹ Dinge dieselben Wirkungen wie die wahrgenommenen Dinge auf den Rezipienten ausüben. Aber nicht nur dieselben Wirkungen wie von wirklichen Dingen, sogar eine intensivere Wirkung vermag von den ›fastwirklichen Dingen‹ der Lyrik auf den Leser überzugehen, da diese durch die Darstellung erst in ihrem vollen Leben gezeigt, in ihrer empfindungssteigernden Innerlichkeit ganz entfaltet werden können. Im Herausarbeiten dieser emotionalen Potenzen, in der Wiederherstellung des durch die Alltäglichkeit abgestumpften emotionalen Bezugs zu den Dingen liegt die Aufgabe des Lyrikers, seine Fähigkeit zu erfinden und zu entdecken, sei es, daß er neue Wirkpotenzen an einem Gegenstand entdeckt, sei es, daß er eine Art der Darstellung erfindet, die eine unvermittelte Übertragung der dem Gegenstand eigentümlichen Wirkung erlaubt.

Daß poetische Darstellung »durch Zeigung des Lebens, welches ein Gegenstand hat«, »hervorgebracht«[110] wird, meint also offensichtlich nicht, poetische Darstellung müsse objektive Wiedergabe lebendiger Gegenstände sein. Das Lebendige an einem Gegenstand oder an der Vorstellung von ihm ist vielmehr der denkende, wollende, fühlende Lebensbezug, in dem er mit dem wahrnehmenden Subjekt steht und der durch »Zeigung des Lebens« als lyrische Verfahrensweise auch beim Rezipienten fingiert werden soll. Leblosigkeit oder Lebendigkeit und damit auch die Eignung des Gegenstandes für die Darstellung korrelieren mit dem Maß seiner Empfindungsqualität. »Gezeigtes Leben« von lebendigen Gegenständen »bringt vornähmlich dahin, daß wir die Vorstellung ins Fastwirkliche verwandeln«;[111] denn der lebendige Gegenstand erweckt schon aufgrund der ihm innewohnenden Lebendigkeit eine größere Affizierbarkeit und Sympathie beim Wahrnehmenden. Aber auch Lebloses ist nicht ganz von der Darstellung ausgeschlossen; jedoch kann es nur unter der Voraussetzung zur Darstellung fähig werden, »wenn [es] in Bewegung, oder als in Bewegung gezeigt wird«; wird es nicht so gezeigt, legt der Lyriker keinen möglichen Lebensbezug zu ihm offen, ist allerdings »das, was alsdann von [ihm] gesagt wird, bloß Beschreibung«.[112]

Es gehört zur entdeckend-erfinderischen Genialität des Poeten, solche durch Abstumpfung des Gefühls verlorengegangenen Empfindungsbezüge erneut aufzudecken, sie überhaupt erst zu erarbeiten oder in einem Als-ob zu fingieren. Darstellung meint also die Verfahrensweise, Gegenständen der Lyrik »alle die Lebendigkeit zu geben, deren sie nach ihrer verschiedenen Beschaffenheit fähig sind«,[113] bzw. die eigentliche Innerlichkeit, die »innerste Beschaffenheit« des Sujets, herauszuheben. Der Dichter, der darstellt, muß die emotionalen Potenzen der vorliegenden Sache herausheben, sie in ihrem Empfindungsgehalt voll offenlegen, so daß wir, »wenn,

Schlag auf Schlag, Lebendiges Lebendigem folgt«, »uns über unsere kurzsichtige Art zu denken, erheben, und uns dem Strome entreißen, mit dem wir fortgezogen werden«.[114] Darstellung als ›Zeigung des Lebens‹ meint demnach die emotionale Aneignung, Aufarbeitung und Verarbeitung eines Sujets und dessen sprachliche, auf emotionale Wirkung hin kalkulierte Umsetzung. Im Gefühlsdenken erarbeitet sich das poetische Subjekt ein vorgegebenes An-Sich und verwandelt es im sprachlichen Zugriff in ein Für-Sich: »Das heißt, nicht der Stoff der Welt ändert sich, sondern gleichsam der Aggregatzustand: was vorher in ruhigem Dasein beharrt, wird im Erregungsfeld der Dichtung zur Bewegung gebracht, die mich treffen und verwandeln will.«[115] Das Wissen um einen Sachverhalt wird vom lyrischen Subjekt in einer auf sich selbst reflektierenden Empfindung vertieft und bewahrheitet, indem jener Lebensbezug zwischen Subjekt und Objekt in der Reflexion herausgearbeitet und in Sprache umgesetzt wird. Die ›Zeigung des Lebens‹ vollzieht sich somit in der »benennenden Reflexion, die die Empfindung nicht mit der Benennung hinter sich läßt, sondern erneut evoziert und ihre Wirkung einzubegreifen sucht. Die Benennung der Empfindung entfaltet, steigert, amplifiziert den Empfindungsvorgang.«[116]

So sehr Klopstocks produktionspoetologische Forderungen auch an Vorstellungen von Lyrik als Selbstausdruck eines individuellen Erlebens, als zur Sprache ›herabgesteigerte‹ Konfession erinnern, ein solches Verständnis, auch wenn es mehrfach in der Forschung vertreten wurde, ist irreführend. Empfindungen – seien es eigene oder fremde, in die man sich ›beynah‹ nacherlebend versetzt – sind lediglich die Voraussetzungen der Lyrik, die unter dem auch weiterhin die poetologischen Überlegungen dominierenden rezeptionsästhetischen Aspekt erfüllt sein müssen. Und auf ein weiteres Mißverständnis, das sich leicht an Klopstocks Aufforderung zum ›wahren Ausdruck der Leidenschaft‹ in der Lyrik heften kann, sei aufmerksam gemacht.[117] Klopstock verlangt nicht als Voraussetzung überzeugender Darstellung die Individualisierung des Ausdrucks der Leidenschaft. Die Wahrheit des Ausdrucks beruht nicht – darauf hat Gerhard Kaiser wiederholt aufmerksam gemacht – auf dem jeweilig Individuellen, Einmaligen des zur Sprache gebrachten Erlebnisses, sondern auf der vorbildlich-repräsentativen Anempfindung allgemeinverbindlicher Wahrheiten. Klopstocks Lyrik kennt noch nicht »die auf sich selbst gestellte Seele«, das »auf sich selbst gestellte Gefühl, das nur immer seinem eigenen Ausdrucksverlangen folgt«.[118] Klopstocks Forderung nach Subjektivität darf nicht verwechselt werden mit einer Aufforderung zur Individualität. Das empfindsame Sich-Aneignen des Objektiven geschieht nur durch ein sich repräsentativ verstehendes Ich. Das Dargestellte muß im eigenen Erlebnis mitvollzogen werden, aber so, daß gleichzeitig im empfindenden Ich bewußt bleibt, »genau wie alle anderen Individuen zu empfinden und stellvertretend für sie sprechen zu können«.[119] Lyrisches Sprechen ist hier noch keine »expressive Sprache der momentan umgreifenden Ich- und Erlebnistotalität«, in der sich »sprechendes Ich und Redegegenstand identifizieren«.[120]

Für die Sprache der Lyrik folgert Klopstock, daß zwar der Ausdruck willkürliches Zeichen des Gedankens ist; aber trotz aller Willkürlichkeit des sprachlichen Zeichens besteht eine so enge Relation zwischen Zeichen und Bezeichnetem, daß eine kleine Abänderung des Ausdrucks eine Änderung des Gedankens nach sich zieht: »Es ist nichts gewöhnlicher, als daß man den Ausdruck mit dem Gedanken verwechselt. Man sagt: Es ist eben der Gedanke; es ist nur ein andrer Ausdruck. Und der Gedanke wird doch geändert, so bald der Ausdruck geändert wird. Dieser ist an sich selbst weiter nichts, als das Zeichen des Gedankens.«[121] Darum ist es eine unabdingbare Aufgabe des Lyrikers, wenn er nicht »unbestimmt, mishellig und unvollendet« sagen will, »was er dachte oder empfand«,[122] daß er jene »vielen genauen und festen Verbindungen« zwischen Ausdruck und Gedanke studiert; denn Sprechen und Denken stehen in einem gegenseitigen Verhältnis des Gebens und Nehmens:

> »Der Gedanke, und die Sprache stehn mit einander in vielen genauen und festen Verbindungen. Er giebt ihr, nach seiner Beschaffenheit diese oder eine andere Wendung, und sie ihm, nach ihrer, und dieß zwar öfter, oder seltner, nach der Anzahl, und der Ähnlichkeit derjenigen Begriffe, die sie ihren Worten schon anvertraut hat. Sie kann zu reinern Bestimmungen veranlassen, und manchmal wohl gar Miterfinderin werden.«[123]

Die Sprache der Lyrik hat neben »den Worten als angenommener Gedankenzeichen« noch den Ausdruck »ihrer umendenden und umbildenden Veränderungen, und den, welcher in der Stellung liegt; ferner den des Wohlklangs, und den des Sylbenmaßes. (Gleichwohl setzt die Stimmenbildung des Redenden noch fehlende Schattirungen hinzu).«[124] Sobald der Lyriker diese erweiternden Ausdrucksqualitäten hinzugewinnt, vermag er die Wirkung auf den Rezipienten durch die sprachliche Darstellung zu vergrößern; denn die Wirkung auf die »ganze Seele«[125] des Hörers nimmt um so mehr zu, je mehr der Poet die Sprache der Lyrik um gefühlsmäßige und sinnliche Qualitäten erweitert, das heißt, je mehr er sie ›naturalisiert‹. Nutzt der Dichter den »ganzen Ausdruck der Sprache«[126] und das »Wortlose«, das »hier und da etwas mitausdrücken«[127] kann, so vermag er z. B. »diejenigen Empfindungen, für welche die Sprache keine Worte hat, oder vielmehr nur [. . .] die Nebenausbildungen solcher Empfindungen, [. . .] durch die Stärke und die Stellung der völlig ausgedrückten ähnlichen, mitaus[zu]drücken«.[128]

Eine etwas ausführlicher zitierte Stelle zum Klopstockschen Verständnis des Versrhythmus mag besonders eindringlich verdeutlichen, inwiefern Klopstock in den ›naturalisierten‹ Sprachzeichen weitere Ausdrucksqualitäten der Lyrik sieht, die ebenfalls auf die Seele wirken:

> »Sie hören zugleich mit der Schnelligkeit oder Langsamkeit eine gewisse Wendung, die diese Bewegungen nehmen, einen Aufschwung, einen Fortschwung, ein kurzes, ein fortgesetztes Nachlassen, Töne, die bald sanft auf und nieder steigen, und bald schweben. Ihre Einbildungskraft glaubt Ähnlichkeiten zwischen diesen Arten der Bewegung und zwischen den Wendungen der Leidenschaften zu finden, die Ihnen der Dichter auch durch noch ganz andre Künste, als des Rhytmus seine sind, so lebhaft vorstellt, daß Ihre Seele jeden Antheil nimmt, den sie zu nehmen fähig ist. [. . .] Wenn ich rhytmische Schönheit sage, so will ich dadurch die auch durch den Rhytmus vermehrte oder verminderte Schnelligkeit und Langsamkeit von dem Begriffe der Schönheit nicht ausschließen; ich will auch damit nicht behaupten, daß diese Vermehrung oder Verminderung nicht den merklicheren Charakter des Rhytmus ausmachte. Sie sehn also in welchen Gränzen ich dasjenige einschränke, was ich rhytmische Schönheit nenne. Ich verstehe durch diese Schönheit eine Stellung der Längen und Kürzen, die unserm Ohre gefällt, und durch dieses Gefallen auf unsre Seele wirkt. Ich seze das lezte nur deßwegen hinzu, weil Sie vielleicht in diesem Augenblick nicht daran denken könnten, daß alle Bewegungen unserer Sinnen, auch die feinsten, Einflüsse auf unsere Seele haben. Vielleicht kann nur ein sehr feines Ohr, und eine zugleich durch die Objekte des Dichters sehr bewegte Seele diese Schönheit empfinden.«[129]

Vom ›Zeitausdruck‹ wird festgestellt, daß er »vornämlich Sinnliches, und dann auch gewisse Beschaffenheiten der Empfindung und der Leidenschaft«[130] bezeichne. Gleiches gilt vom ›Tonverhalt‹:

»Das Sanfte, das Starke, Muntre, Heftige, Ernstvolle, Feyerliche, und Unruhige sind, oder können Beschaffenheiten der Empfindung und der Leidenschaft seyn. Dieß kömmt mir, wenn ich vom Sinnlichen die gehinderte Bewegung noch mitnehme, als der Inbegriff von dem vor, was der Tonverhalt ausdrücken kann.«[131]

Klopstocks Darstellungsbegriff und die daraus abgeleiteten Forderungen an die Sprache der Lyrik lassen sich leicht mit der ersten Umschreibung des Begriffs ›Lyrisch‹ vermitteln, die Johann Georg Sulzer in seiner *Allgemeinen Theorie der Schönen Künste* gibt.

»Lyrische Gedichte«, so heißt es in Sulzers Artikel *Lyrisch*, »werden [...] allemal von einer leidenschaftlichen Laune hervorgebracht; wenigstens ist sie darin herrschend; der Verstand oder die Vorstellungskraft aber da nur zufällig. Also ist der Inhalt des lyrischen Gedichts immer die Äußerung einer Empfindung, oder die Übung einer fröhlichen, oder zärtlichen, oder andächtigen, oder verdrießlichen Laune, an einem ihr angemessenen Gegenstand. Aber diese Empfindung oder Laune äußert sich da nicht beyläufig, nicht kalt, wie bey verschiedenen andern Gelegenheiten; sondern gefällt sich selbst, und setzet in ihrer vollen Äußerung ihren Zwek. Denn eben deswegen bricht sie in Gesang aus, damit sie sich selbst desto lebhafter und voller genießen möge. So singet der Fröhliche, um sein Vergnügen durch diesen Genuß zu verstärken; und der Traurige klagt im Gesang, weil er an dieser Traurigkeit Gefallen hat. [...] Das lyrische Gedicht hat, selbst da, wo es die Rede an einen andern wendet, gar viel von der Natur des empfindungsvollen Selbstgespräches.«[132]

Auch Sulzers Definition des ›Lyrischen‹ darf nicht mißverstanden werden. Es liegt nahe, seine Formulierung, daß der Inhalt des lyrischen Gedichts die Äußerung einer Empfindung sei, dahingehend zu verstehen, er meine damit die unmittelbare Aussprache der Subjektivität. Konstitutiv für Sulzers Auffassung des Lyrischen ist jedoch eher – und darin zeigen sich deutlich Theoreme der Empfindsamkeit –, daß sich mittels des lyrischen Gedichts das lyrische Ich an sich selbst erfreuen, in der Äußerung der Empfindung seinen Genuß an seiner Empfindung verstärken kann. Es geht folglich um diese auch für Klopstocks Lyrik maßgebliche Reflexivität des Gefühls auf sich selbst und die dadurch auch beim Rezipienten intendierte Wirkung, denn die »lyrische Dichtkunst schildert die Gedanken Gesinnungen und Empfindungen, welche wir in andern Dichtungsarten, in ihren Würkungen [...] wie von weitem sehen, in der Nähe, in ihren geheimesten Wendungen, auf das lebhafteste«, so daß »wir sie dadurch auf das deutlichste in uns selbst empfinden, so daß jede gute und heilsame Regung auf eine dauerhafte Weise dadurch erwekt werden kann«.[133]
Voraussetzung für diesen Begriff der lyrischen Dichtungsart in der Empfindsamkeit ist, daß die Dialogizität, auf welche die anakreontische Lyrik ihrem Selbstverständnis nach hin angelegt war, durchbrochen wird und an ihre Stelle in den Worten Sulzers das empfindungsvolle Selbstgespräch tritt. Bezeichnenderweise wird von den direkten Vorgängern Klopstocks, einer Gruppe empfindsamer Lyriker, die Klopstock zu seinem engsten Freundeskreis zählen konnte, dieser monologisch-lyrische Ton getroffen. Johann Friedrich von Cronegk, Nikolaus Dietrich Giseke, Johann Arnold Ebert

und Friedrich Wilhelm Zachariae sind es, die sich in einem Teil ihrer Gedichte einer elegischen, empfindsamen oder schmerzlich-wollüstigen Stimmung hingeben. An die Stelle Hagedornscher Lebensfreude ist ein Verlangen getreten, sich ungestört von der Welt im passiven Ausruhen dem gefühlvollen Genuß schwermütiger, durch die Einbildungskraft erzeugter oder verstärkter Stimmungen hinzugeben. Freude bereitet nicht mehr der ›leichtsinnige Scherz‹, sondern: »Das ist Freude für mich, wenn meine mich quälende Schwermut / Sich in Klagen ergießt«,[134] wie Giseke in seinen *Klagen an Herrn Cr.* gesteht. Lyrik dient dem empfindsamen Lyriker als Mittel zur *Unterhaltung mit seiner Seele*,[135] sie hilft dem, der »es nicht selten nötig hat, sich zu fühlen«.[136]

> Wenn auf des Lebens dunkelm Pfad
> Die Seele trostlos irrt,
> Und ohne Schutz und ohne Rat
> Der Schwermut Beute wird,
> Oh, sanfte Laute! töne du
> Bei stiller Mitternacht
> Mir Hoffnung, Trost und Ruhe zu,
> Die Hirten glücklich macht!
> [...]
> Ganz leise tönet dein Gesang,
> und reizend nur für mich.[137]

Was bei diesen Empfindsamen noch abgetönte, sanfte Empfindung, schwärmerische, auf sich selbst monologisch bezugnehmende Schwärmerei ist, wird dann von Klopstock adaptiert und seinem enthusiastischen, an Pindar und den Psalmen geschulten Sprachgestus anverwandelt und gesteigert.

Lyrische ›Experimente‹ als Suche nach dem naiven Ton

Klopstocks Experimente mit lyrischen Formen und Versschemata sind symptomatisch für die Situation der Lyrik in den fünfziger und sechziger Jahren des 18. Jahrhunderts. Man kann in Analogie zum Drama, wo sich ähnliche Beobachtungen machen ließen, von einer lyrischen Diskursphase sprechen, während derer alte lyrische Paradigma an Geltung verlieren, neue Formen gesucht und durchgespielt werden. Gleim ist hier der große Experimentator. In verschiedenen Varianten versucht er, die Sprache der ungebildeten Stände poetisch umzusetzen. Er rückt damit in die Nähe des Volksliedhaften, orientiert sich aber im Gegensatz zum Sturm und Drang vorerst noch an französischen Vorbildern, die den naiven Ton zu treffen suchen. 1758 legt er die *Preußischen Kriegslieder in den Feldzügen 1756 und 1757 von einem Grenadier* vor, die Lessing mit einem Vorwort versieht. Die Wahl der Grenadierrolle erlaubt eine volkstümliche Ausdrucksweise, die Verwendung von Wörtern der Umgangssprache und mundartlichen Ausdrücke. Um die einem einfachen Soldaten gemäße Diktion zu treffen, nutzt Gleim die gerade von Klopstock eingeführte, sich mit Volkstümlichkeit leicht konnotierende Chevy-Chase-

Strophe der englischen Ballade. Detailtreue bezüglich des geschilderten Kriegsgeschehens, die offene, aber neu kostümierte panegyrische Ovation gegenüber Friedrich dem Großen und die Fiktion, die Lieder seien während der Schlacht verfaßt,
mögen dafür ausschlaggebend gewesen sein, daß Gleims Lieder und nicht die
patriotischen Oden Ramlers eine solche Breitenwirkung und Berühmtheit erlangten.
Wie einige andere wollte Weiße mit seinen *Amazonenliedern* an diesen Erfolg
anknüpfen, indem er nach einem Gleim abgeschauten Verfahren statt des Grenadiers
eine Amazone auftreten ließ. Aus Gleims Liedern auf ganz bestimmte Schlachten, in
denen von dem wirklichen Vorgang wenigstens einige Szenen auftauchen, werden
jedoch bei Weiße empfindsame Liebeslieder, die ihren Reiz aus der Mischung von
Exotik der Sprecherin, Sentimentalität und einem blutig-kämpferischen Geschehen
ziehen.
Mit seinen *Zwey Liedern eines armen Arbeitsmannes* und den *Liedern für das Volk*
setzt Gleim seine Versuche fort, das Repertoire an fiktionalen Sprecherrollen der
Lyrik zu erweitern. Während er mit seinen Grenadierliedern, die später noch um
die *Preussischen Soldatenlieder* ergänzt wurden, den Soldatenstand zu heldischen
Kriegstaten begeistern und moralisch und patriotisch schulen wollte, erweitert er
nun konsequent den Kreis lyrischer Sujets und hofft, mit den *Liedern für das Volk*
auch den Rezipientenkreis der Lyrik zu vergrößern. Jedoch macht sich in den
Liedern die bürgerliche Attitüde vernehmlich, auch wenn sie als ihren Sprecher
den armen Landmann fingieren oder sich direkt an das Volk wenden, dem hier die
Ideale der Humanität, der Genügsamkeit und der Arbeitsamkeit vermittelt werden
sollen. Im Zuge der Popularisierungsbestrebungen und der intendierten Erweiterung der Publikumskreise und der Gestaltungsmöglichkeit eines dem Lied angemessenen naiven Tons sind wohl auch die Bemühungen um das Kinderlied zu
sehen. Aber sie sind so wenig Lieder der Kinder, wie Gleims Lieder wirkliche
Adaptionen der Lieder des Volkes waren. In Anspielung auf Weißes *Lieder für
Kinder* urteilt Herder in seinem *Auszug aus einem Briefwechsel über Oßian und die
Lieder alter Völker*:

»Zu unsern Zeiten wird so viel von Liedern für Kinder gesprochen: wollen Sie ein älteres
Deutsches hören? Es enthält zwar keine transcendentale Weisheit und Moral, mit der die
Kinder zeitig genug überhäuft werden – es ist nichts als ein kindisches Fabelliedchen.«[138]

Es folgt in Herders Abhandlung an dieser Stelle das von Goethe im Kinderton
gehaltene *Sah ein Knab' ein Röslein stehn*. Was Herder den Kinderliedmachern vom
Schlage Weißes ankreidet, ist, daß sie mit ihren Produkten nur eine scheinbare
Unmittelbarkeit erzeugen, in Wirklichkeit aber versuchen, jene letzten, noch nicht
von der Aufklärungsliteratur erreichten Gruppen wie Weiber, Kinder und das
gemeine Volk zu ›intellectualisieren‹, indem sie ›kleine moralische Lieder‹ zur
›Beförderung der Tugend‹[139] dichten. Dennoch waren die Experimente Gleims mit
den *Liedern für das Volk* oder Weißes *Kinderlieder* eine wichtige Etappe auf dem
Weg zu einer neuen Auffassung der Lyrik, denn sie schärften das Verständnis und
dienten als Diskussionsstoff für eine neue Form unverstellter, nicht gekünstelter
lyrischer Unmittelbarkeit.
Gleim ist es wohl auch zu verdanken, daß die Aufmerksamkeit auf den Minnesang gelenkt wurde. Angeregt durch Bodmer und in der Annahme, im Minnesang

eine willkommene Abwandlung anakreontischer Dichtung vorzufinden, legte Gleim 1773 seine Gedichte nach den Minnesingern und 1779 schließlich seine *Gedichte nach Walter von der Vogelweide* vor. Wie Gleim insbesondere den Göttinger Hain mit diesen beiden Publikationen auf den Minnesang verwies, so erweckte er auch mit seinen schon 1756 erschienenen Romanzen das Interesse für einen bislang in Deutschland von der Hochliteratur nicht rezipierten Formtypus. Die Adaption bänkelsängerischer Formen sollte bald Schule machen (Johann Friedrich Löwen, Weiße, Johann Friedrich Schink, Geißler, Friedrich Wilhelm Gotter, Daniel Schiebeler) und die Grundlage zu der im Göttinger Hain gepflegten Balladendichtung bilden. In seiner *Allgemeinen Theorie* benennt Sulzer die Kriterien, nach denen die Romanzen in den fünfziger und sechziger Jahren eingerichtet wurden:

»Gegenwärtig gibt man den Namen Romanze kleinen erzählenden Liedern, in dem höchst naiven und etwas altväterischen Ton der alten gereimten Romanzen. Der Inhalt derselben ist eine Erzählung von leidenschaftlichem, tragischem, verliebtem und auch blos belustigendem Inhalt. Weil die Romanze zum Singen gemacht ist, so ist die Versart lyrisch, aber höchst einfach, wie sie in jenen Zeiten durchgehends war, von einerley Sylbenmaaß und von kurzen Versen. Gedanken und Ausdruk müssen in der höchsten Einfalt und sehr naiv seyn, wobey man sich der gemeinsten, auch allenfalls veralteten Ausdrüke und Wortfügungen bedienet, die auch den geringsten Menschen leicht faßlich sind. Sollen die Romanzen Personen von Geschmak gefallen, so müssen sie so viel vorzügliches haben, daß mehr als gemeiner Geschmak zu derer Verfertigung erfordert wird. Sie müssen uns in jene Zeiten versetzen, so die Menschen überaus wenig über das Gemeine gehende Begriffe hatten; wo sie bey großem Mangel wissenschaftlicher oder genau überlegter Kenntnisse, doch nicht unverständig oder barbarisch waren; wo Aberglauben, Leichtgläubigkeit und Unwissenheit nichts anstößiges haben, weil sie dem übrigen, das zum Charakter der Zeiten und Sitten gehöret, in keinem Stük widersprechen; wo die Empfindungen den geraden einfältigen Weg der Natur gehen, das Urtheil aber über Gegenstände des strengen Nachdenkens, blos fremden Einsichten oder Vorurtheilen folgt. Dann muß man auch die Sprache und den Ton solcher Zeiten annehmen; denken und sprechen, nicht wie die albern und ungesitteten, sondern wie die verständigen und gesitteten Menschen damals gedacht und gesprochen haben. Wenn dieses alles bey der Romanze getroffen ist, so kann sie großes Vergnügen machen, und bis zu Thränen rühren. [...] Unsere Dichter haben sich angewöhnt, der Romanze einen scherzhaften Ton zu geben und sie ironisch zu machen. Mich dünkt, daß dieses dem wahren Charakter der Romanze gerade entgegen sey. Eine scherzhafte Erzählung im lyrischen Ton ist noch keine Romanze.«[140]

Sulzer umschreibt damit präzise Herkunftsbereich und Gestalt der Romanze, wie sie die fünfziger und sechziger Jahre des 18. Jahrhunderts beherrschte. Sie stellt ein Mixtum dar aus rokokohafter scherzhafter Verserzählung, Adaption romanischer Vorbilder (Gongora, Moncrif) und Angleichung an den zeitgenössischen bänkelsängerischen Ton. Die gesuchte Nähe zum Bänkelsang und seinem naiven Ton bedeutet jedoch nicht, daß die Romanzendichtung sich an das Volk wenden wollte, vielmehr nutzte sie die durch Kontextverfremdung entstehende unfreiwillige Komik des ansonsten ernst, pathetisch und belehrend gemeinten Bänkelsangs als wirkungsvollen Effekt aus. Signifikant sind solche Brüche am Ende eines Liedes wie in Gleims *Marianna*:

Beym Hören dieser Mordgeschichte
Sieht jeder Mann
Mit liebreich freundlichem Gesichte
Sein Weibchen an,
Und denkt: Wenn ich es einst so fände,
So dächt ich dis:
Sie geben sich ja nur die Hände,
Das ist gewiß![141]

Aber gerade diese Brüche können verdeutlichen, was die Lyrik der Aufklärung und Empfindsamkeit, selbst in der Übergangsphase der sechziger Jahre, von der des Sturm und Drang trennt. Sie sind Indiz für die von Günther Müller in seiner *Geschichte des deutschen Liedes*[142] so genannte ›Distanzhaltung‹, eine Sprechhaltung, welche die lyrische Dichtung fast ausschließlich bis zum Sturm und Drang hin kennzeichnet. Erst der von Goethe und anderen Sturm-und-Drang-Lyrikern vollzogene Wechsel von der Distanz- zur Ausdruckshaltung schuf jenen für das Lyrikverständnis der letzten zwei Jahrhunderte maßgeblichen Einschnitt, der sich jedoch weniger als Bruch denn als funktionale Uminterpretation der in der Phase der Aufklärung und Empfindsamkeit verwandten lyrischen Formen darstellt; denn die kultivierten Formen des Liedes, der Ode, Hymne oder Romanze werden adaptiert, aber nunmehr als ›natürliche‹ Möglichkeit eines unmittelbaren Ausdrucks der Seele und weniger als rhetorisch kalkulierte, die Bewegung der Seele nach der Logik des Affekts nachahmende Darstellung aufgefaßt. Die Lyrik der Aufklärung weiß zwar davon, daß in keiner »Dichtungsart die Natur der Kunst so nahe kömmt als in der lyrischen, denn wenn der Dichter wirklich in dem besungenen Gemüthszustande sich befindet, so ist er sich selbst Gegenstand, also causa objektiva und causa efficiens zugleich«.[143] Der Sturm und Drang versucht aber nun, die ihm aus der voraufgegangenen Literaturepoche übermittelten lyrischen Formen so zu bearbeiten, daß jene Distanz zwischen ›causa objecta‹ und ›causa efficiens‹, die dem Lyriker der Aufklärung erst »den Spielraum künstlerischer Tätigkeit verfügbar machte«,[144] aufgehoben wird, so daß Lyrik ganz Natur, das lyrische Sprechen selbst unmittelbarer Sprachvollzug einer sich in diesem Sprechen vergegenwärtigenden und konstituierenden Subjektivität wird.

Anmerkungen

1 Zitiert nach: Epochen der deutschen Lyrik. Bd. 5: Gedichte 1700–1770. Nach den Erstdrucken in zeitlicher Folge hrsg. von Jürgen Stenzel. München 1969. S. 13.
2 Zitiert nach: Epochen der deutschen Lyrik (Anm. 1) S. 40.
3 Uwe-K. Ketelsen: Nachwort zu Carl Friedrich Drollinger: Gedichte. Faksimiledruck nach der Ausgabe von 1743. Komment. von Uwe-K. Ketelsen. Stuttgart 1972. S. 466.
4 Martin Opitz: Buch von der Deutschen Poeterey. Breslau 1624. Hrsg. von Cornelius Sommer. Stuttgart 1970 [u. ö.]. S. 30.
5 Uwe-K. Ketelsen: Poesie und bürgerlicher Kulturanspruch. Die Kritik an der rhetorischen Gelegenheitspoesie in der frühbürgerlichen Literaturdiskussion. In: Lessing Yearbook 8 (1976) S. 97.
6 Wulf Segebrecht: Das Gelegenheitsgedicht. Ein Beitrag zur Geschichte und Poetik der deutschen Lyrik. Stuttgart 1977. S. 253.

7 Vgl. die entsprechende Zusammenstellung bei Renate Hildebrandt-Günther: Antike Rhetorik und deutsche literarische Tradition im 17. Jahrhundert. Marburg 1966. S. 94 f.
8 Georg Philipp Harsdörffer: Gesprächspiele. Th. 3. Nürnberg 1643. S. 356.
9 Joachim Schöberl: ›liljen=milch und rosen=purpur‹. Die Metaphorik in der galanten Lyrik des Spätbarock. Untersuchung zur Neukirchschen Sammlung. Frankfurt a. M. 1972. S. 7.
10 Benjamin Neukirchs Anthologie. Herrn von Hoffmannswaldau und andrer Deutschen auserlesener und bißher ungedruckter Gedichte anderer Theil. Leipzig 1697. S. 13.
11 Johann Christoph Gottsched: Versuch einer Critischen Dichtkunst. Leipzig ³1742. S. 619 f.
12 Zitiert nach: Epochen der deutschen Lyrik (Anm. 1) S. 42.
13 Christian Weise: Curiöse Gedancken von Deutschen Versen. Leipzig 1692. Zitiert nach Heinrich Welti: Geschichte des Sonettes in der deutschen Dichtung. Leipzig 1884. S. 130; s. dazu auch Manfred Beetz: Rhetorische Logik. Prämissen der deutschen Lyrik im Übergang vom 17. zum 18. Jahrhundert. Tübingen 1980.
14 Die Gegner der zweiten schlesischen Schule. T. 2. Hrsg. von Ludwig Fulda. Berlin/Stuttgart o. J. S. 482.
15 [August Bohse:] Talanders getreuer Wegweiser zur Teutschen Rede=Kunst und Briefverfassung. Leipzig 1682. S. 880.
16 Manfred Windfuhr: Die barocke Bildlichkeit und ihre Kritiker. Stilhaltungen in der deutschen Literatur des 17. und 18. Jahrhunderts. Stuttgart 1966. S. 399.
17 Ebd.; s. auch Benjamin Neukirchs Bestimmung des galanten Stils: »Der galante Stylus ist nichts anders, als eine vermengung des scharffsinnigen, lustigen und satyrischen styli: und gleichwol ist er von allen dreyen sehr unterschieden. Denn er ist weder so ernsthafftig als der scharffsinnige; noch so pöbelhafftig, als der lustige; noch auch so stachlicht als der satyrische: sondern was der scharffsinnige zu ernstlich saget, das bringet der galante schertzend für: was der lustige zu niedrig ausdrückt, das ersetzet der galante mit artigen gedancken: und was der satyrische an fremden, und zwar im ernste, durchziehet, das tadelt der galante entweder an dem schreibenden selber, oder doch mit einer so guten manier, daß der leser mehr darüber lachen, als zürnen muß. Summa: der galante stylus ist eine schreibart, welche so wohl im ernste, als im schertze das maß hält, und den leser auf eine ungemeine art nicht allein ergötzet, sondern auch gleichsam bezaubert« (Benjamin Neukirchs Anweisung zu Teutschen Briefen. Leipzig 1721. S. 622 f.).
18 Erdmann Neumeister / Christian Friedrich Hunold: Die Allerneueste Art / Zur Reinen und Galanten Poesie zu gelangen. Hamburg 1717. S. 221.
19 So Barthold Feind. Zitiert nach: Der galante Stil. 1680–1736. Hrsg. von Conrad Wiedemann. Tübingen 1969. S. 45.
20 Neumeister / Hunold (Anm. 18) S. 45.
21 Erdmann Uhse: Wohl-informierter Poet. Leipzig 1742. S. 7.
22 Andreas Köhler: Deutliche und gründliche Einleitung zu der reinen und deutschen Poesie. Halle 1734. S. 1.
23 J. S. Wahll: Gründliche Einleitung zu der rechten, reinen und galanten Teutschen Poesie. Chemnitz 1723. S. 134.
24 Köhler (Anm. 22) S. 2.
25 Christian Weise: Curiöse Gedancken von Deutschen Versen. Leipzig 1691. S. 133.
26 Die Gegner der zweiten schlesischen Schule (Anm. 14) S. 537.
27 Friedrich Ludwig von Canitz: Gedichte. Hrsg. von Johann Ulrich König. Leipzig 1727. S. xliv (Vorrede).
28 Ebd. S. 316.
29 Christian Weise: Curiöse Gedancken von Deutschen Versen. Leipzig 1692. Anderer Theil. S. 15 f.
30 Johann Christian Günthers Sämtliche Werke. Hist.-krit. Gesamtausg. Hrsg. von Wilhelm Krämer. Leipzig 1930–37. Bd. 4. S. 237 f.
31 Ebd. Bd. 6. S. 203.
32 Ebd. Bd. 6. S. 199.
33 Ebd. Bd. 3. S. 101 f.
34 Paul Böckmann: Anfänge der Naturlyrik bei Brockes, Haller und Günther. In: Literatur und Geistesgeschichte. Festgabe für Heinz Otto Burger. Berlin 1968. S. 122.
35 Günther (Anm. 30) Bd. 2. S. 118.
36 Ebd. S. 121.
37 Siehe zu Günthers Lyrik auch Helga Bütler-Schön: Dichtungsverständnis und Selbstdarstellung bei Johann Christian Günther. Studien zu seinen Auftragsgedichten, Satiren und Klageliedern. Bonn

1981; Ernst Osterkamp: Das Kreuz des Poeten. Zur Leidensmetaphorik bei Johann Christian Günther. In: Deutsche Vierteljahrsschrift für Literaturwissenschaft und Geistesgeschichte 55 (1981) S. 278–292.

38 Karl Eibl: Prodesse et delectare: Lyrik des 18. Jahrhunderts vor der Schwelle zur Autonomieästhetik. In: Historizität in Sprach- und Literaturwissenschaft. Hrsg. von Walter Müller-Seidel. München 1974. S. 287.

39 Siehe hierzu vor allem die Arbeit von Christoph Siegrist: Das Lehrgedicht der Aufklärung. Stuttgart 1974.

40 Johann Georg Sucro: Der moralische Nutzen der Poesie. Berlin 1748. S. 9.

41 Barthold Heinrich Brockes: Selbstbiographie. In: Deutsche Literatur in Entwicklungsreihen. Reihe: Deutsche Selbstzeugnisse. Bd. 7. Hrsg. von Marianne Beyer-Fröhlich. Leipzig 1933. S. 208 ff.

42 Zu diesem Ergebnis kommt Uwe-K. Ketelsen: Die Naturpoesie der norddeutschen Frühaufklärung. Poesie als Sprache der Versöhnung: alter Universalismus und neues Weltbild. Stuttgart 1974.

43 Barthold Heinrich Brockes: Der Ursprung des menschlichen Unvergnügens. In: Deutsche Literatur in Entwicklungsreihen. Reihe Aufklärung. Bd. 2. Hrsg. von Fritz Brüggemann. Leipzig 1930. S. 220.

44 Ebd. S. 262.

45 Arno Schmidt: Nachrichten von Büchern und Menschen 1. Zur Literatur des 18. Jahrhunderts. Frankfurt a. M. 1974. S. 8.

46 Brockes: Das Weltbuch. In: Deutsche Literatur in Entwicklungsreihen (Anm. 43) S. 236.

47 Brockes: Morgenlied auf dem Garten. In: B. H. B.: Irdisches Vergnügen in Gott. Hrsg. von Adalbert Elschenbroich. Stuttgart 1963 [u. ö.]. S. 22.

48 Brockes: Die auf ein starckes Ungewitter erfolgte Stille. In: B. H. B.: Auszug der vornehmsten Gedichte, aus dem von Herrn Barthold Heinrich Brockes in fünf Theilen herausgegebenen Irdischen Vergnügen in Gott. Hamburg 1738. S. 276.

49 Brockes (Anm. 43) S. 256.

50 Albrecht von Haller: Die Alpen und andere Gedichte. Ausw. und Nachw. von Adalbert Elschenbroich. Stuttgart 1965 [u. ö.]. S. 4.

51 Karl Richter: Literatur und Naturwissenschaft. Eine Studie zur Lyrik der Aufklärung. München 1972. S. 98 f.

52 Friedrich von Hagedorn: An die Dichtkunst. In: F. v. H.: Gedichte. Hrsg. von Alfred Anger. Stuttgart 1968. S. 5.

53 Ebd.

54 Johann Wilhelm Ludwig Gleim: Gedichte. Hrsg. von Jürgen Stenzel. Stuttgart 1969. S. 3.

55 Der Druide. Eine moralische Wochenschrift. Hrsg. von Johann Georg Sucro und Christoph Josias Sucro. T. 1: Berlin. 36. Stück vom 7. November 1748.

56 Hagedorn: Gedichte (Anm. 52) S. 11.

57 Abraham Gotthelf Kästner: Vermischte Schriften. Altenburg 1755. S. 123.

58 Johann Wilhelm Ludwig Gleim: Versuch in Scherzhaften Liedern. Th. 1. Berlin 1744. S. 3. (Vorwort).

59 Ebd. Th. 2. 1745. S. 71.

60 Christian Felix Weiße: Scherzhafte Lieder. Leipzig 1758. S. 154.

61 Hagedorn: Gedichte (Anm. 52) S. 151.

62 Ebd. S. 144.

63 Ebd. S. 160.

64 Ebd. S. 159.

65 Ebd. S. 155.

66 Ebd. S. 158.

67 Johann Peter Uz: Sämtliche poetische Werke. Hrsg. von August Sauer. Stuttgart 1890. S. 102.

68 Werner Schlotthaus: Das Spielphänomen und seine Erscheinungsweise in der Dichtung der Anakreontik. Diss. [masch.]. Göttingen 1958. S. 88.

69 Hagedorn: Gedichte (Anm. 52) S. 14.

70 Wolfgang Kayser: Geschichte des deutschen Verses. München ²1971. S. 47.

71 Briefwechsel zwischen Gleim und Uz: Erläutert von Carl Schüddekopf. Tübingen 1899. S. 136.

72 Des Herrn Friedrichs von Hagedorn sämtliche Poetische Werke. Th. 3. Hamburg 1757. S. XII ff.

73 Zitiert nach Wilhelm Körte: Gleims Leben. Aus seinen Briefen und Schriften. Halberstadt 1811. S. 20.

74 Philipp Jakob Spener: Theologische Bedencken. Halle 1712. Bd. 3. S. 750 f.
75 Ebd. S. 656.
76 Nikolaus Ludwig Graf von Zinzendorf: Des Evangelischen Lieder-Buchs unter dem Titel Brüder-Gesang von den Tagen Henochs bisher Zweyter Band. London 1754. Vorrede. S. 3.
77 Johann Jakob Rambach: Evangelische Betrachtungen. Halle 1730. S. 20.
78 Büdingische Sammlung einiger In die Kirchen-Historie Einschlagender sonderlich neuerer Schriften. Bd. 1. Büdingen 1740. S. 803.
79 Gottfried Arnold: Poetische Lob- und Liebes-Sprüche. Einleitung. Zitiert nach Wolfgang Schmitt: Die pietistische Kritik der ›Künste‹. Diss. Köln 1958. S. 35.
80 Gerhard Tersteegen: Geistliches Blumen-Gärtlein Inniger Seelen: oder kurze Schluß-Reimen, Betrachtungen und Lieder Über allerhand Wahrheiten des inwendigen Christenthums. Bielefeld ⁴1766. S. 3 (Vorrede).
81 Ebd. S. 2.
82 Diese und andere Belegstellen finden sich bei Schmitt (Anm. 79) S. 41.
83 Nikolaus Ludwig Graf von Zinzendorf: Teutsche Gedichte. Herrnhut 1735. Bl. 2 (Vorrede).
84 Johann Jakob Rambach: Geistliche Poesien. Gießen ²1735. S. 11.
85 August Hermann Niemeyer: Geistliche Gedichte, Lieder, Oratorien und vermischte Gedichte. Halle/Berlin 1820. S. XIV f.
86 Gläubiger Kinder Gottes Englische Sing-Schule hier auf Erden. Ulm 1717. Zitiert nach Schmitt (Anm. 79) S. 56.
87 Freundschaftliche Lieder von Pyra und Lange. Hrsg. von August Sauer. Stuttgart 1885. S. 8.
88 Sammlung gelehrter und freundschaftlicher Briefe. Hrsg. von Lange. Halle 1769. Bd. 1. Nr. 36.
89 Ebd. Bd. 2. Nr. 18.
90 Wolfdietrich Rasch: Freundschaftskult und Freundschaftsdichtung im deutschen Schrifttum des 18. Jahrhunderts von Anfang des Barock bis zur Aufklärung. Halle 1936. S. 157.
91 Freundschaftliche Lieder von Pyra und Lange (Anm. 87) S. 57.
92 Georg Friedrich Meier: Beurtheilung der Gottschedischen Dichtkunst. Halle 1747. § 15.
93 Georg Friedrich Meier: Anfangsgründe aller schönen Wissenschaften. Halle 1748–50. § 85.
94 Georg Friedrich Meier: Gedancken von Schertzen. Andere vermehrte Auflage. Halle 1754. § 51.
95 Des Quintus Horatius Flaccus Oden fünf Bücher und von der Dichtkunst ein Buch poetisch übersetzt von Samuel Gotthold Langen. Halle 1752. o. S. (Vorwort).
96 [Anonym:] Von der Ode. In: Vermischte Beyträge zur Philosophie und den schönen Wissenschaften. Bd. 2. Breslau 1763. S. 162.
97 Ebd. S. 155.
98 Ebd. S. 163.
99 Ebd. S. 166 f.
100 Johann Jacob Breitinger: Critische Dichtkunst. Bd. 2. Zürich 1740. S. 58.
101 Meier (Anm. 93) § 126.
102 Breitinger (Anm. 100) Bd. 1. S. 131.
103 Samuel Gotthold Langens Horatzische Oden. Nebst Georg Friedrich Meiers Vorrede vom Werthe der Reime. Halle 1747. S. 14 f. (Vorrede).
104 Ebd. S. 17 f.
105 Des Quintus Horatius Flaccus Oden fünf Bücher (Anm. 95) o. S. (Vorrede).
106 Klopstocks sämmtliche Werke. Bd. 16. Hrsg. von August L. Back und Albert R. Spindler. Leipzig 1830. S. 200.
107 Ebd. S. 38.
108 Ebd. S. 9.
109 Ebd. S. 4.
110 Ebd. S. 7 und 6.
111 Ebd. S. 7.
112 Ebd. Bd. 12. S. 311.
113 Ebd. S. 310.
114 Ebd. Bd. 16. S. 7 und 91.
115 Gerhard Kaiser: Klopstock. Religion und Dichtung. Gütersloh 1963. S. 345.
116 Ingrid Strohschneider-Kohrs: Klopstocks Drama »Der Tod Adams«. Zum Problem der poetischen Form in empfindsamer Zeit. In: Deutsche Vierteljahrsschrift für Literaturwissenschaft und Geistesgeschichte 39 (1965) S. 199.

117 Siehe dazu vor allem Dieter Lohmeier: Herder und Klopstock. Herders Auseinandersetzung mit der Persönlichkeit Klopstocks. Bad Homburg / Berlin / Zürich 1968.
118 Paul Böckmann: Formgeschichte der deutschen Dichtung. Bd. 1: Von der Sinnbildsprache zur Ausdruckssprache. Hamburg ³1967. S. 593 und 591.
119 Lohmeier (Anm. 117) S. 198.
120 Strohschneider-Kohrs (Anm. 116) S. 199.
121 Klopstocks sämmtliche Werke (Anm. 106) Bd. 16, S. 41.
122 Ebd. Bd. 13. S. 251.
123 Ebd. Bd. 14. S. 306 f.
124 Ebd. S. 107.
125 Ebd. Bd. 16. S. 36.
126 Ebd. Bd. 14. S. 107.
127 Ebd. Bd. 16. S. 11.
128 Ebd. S. 10.
129 Zitiert nach Hans-Heinrich Hellmuth: Metrische Erfindung und metrische Theorie bei Klopstock. München 1973. S. 243.
130 Klopstocks sämmtliche Werke (Anm. 106) Bd. 15. S. 178.
131 Ebd. S. 192.
132 Johann Georg Sulzer: Allgemeine Theorie der Schönen Künste. 4 Thle. Bd. 3. Leipzig ²1786/87. S. 299.
133 Ebd. S. 300.
134 Nikolaus Dietrich Giseke: Klagen an Herrn Cr. In: Deutsche Literatur in Entwicklungsreihen. Reihe: Aufklärung. Bd. 7. Hrsg. von Fritz Brüggemann und Helmut Paustian. Leipzig 1935. S. 36.
135 Siehe dazu Zachariaes gleichlautendes Gedicht, ebd. S. 80 ff.
136 Ebd. S. 58.
137 Johann Friedrich von Cronegk: An die Laute. Ebd. S. 93 f.
138 Deutsches Museum. Leipzig 1778. Bd. 2. S. 364.
139 Siehe Weiße: Kleine Lieder für Kinder zur Beförderung der Tugend.
140 Sulzer (Anm. 132) Bd. 4. S. 111.
141 Gleim: Gedichte (Anm. 54) S. 61.
142 München 1925.
143 Moses Mendelssohn: Gesammelte Schriften. Jubiläumsausg. Bd. 3,1. Bearb. von Fritz Bamberger und Leo Strauss. Berlin 1932. S. 337.
144 Klaus Rüdiger Scherpe: Analogon actionis und lyrisches System. Aspekte normativer Lyriktheorie in der deutschen Poetik des 18. Jahrhunderts. In: Poetica 4 (1971) S. 55.

Sturm und Drang

Von Andreas Huyssen

Innerhalb einer Geschichte der deutschen Lyrik kommt dem Sturm und Drang eine einschneidende Bedeutung zu, die allerdings an einem vergleichsweise spärlichen lyrischen Werk erarbeitet werden muß. Im Gegensatz etwa zur Romantik, zur Lyrik der Jahrhundertwende oder zum Expressionismus hat der Sturm und Drang weder eine große Zahl lyrischer Talente noch eine entsprechende Fülle gelungener Gedichte vorzuweisen. Die Lyrik der Sturm-und-Drang-Generation, die bei den Zeitgenossen populär war, ist weitgehend in Vergessenheit geraten und selbst literarisch Gebildeten heute nur noch in wenigen Beispielen bekannt. Gemeint ist die Lyrik des Göttinger Hains, jener neben dem Straßburger und Frankfurter Kreis dritten wichtigen literarischen Gruppenformation der Periode. Auch der begabteste der Haindichter, Ludwig Christoph Heinrich Hölty, kann kaum noch auf allgemeines Interesse rechnen. Die Lyrik aber, an die man sofort denkt, wenn vom Sturm und Drang die Rede ist: die Lyrik des jungen Goethe, wurde größtenteils erst zu einem sehr viel späteren Zeitpunkt veröffentlicht. Nur Bürgers *Lenore* ist heute noch so bekannt, wie sie es schon den Zeitgenossen war.

In der literaturwissenschaftlichen Rezeption des Sturm und Drang hat sich in den letzten beiden Jahrzehnten eine neue Wertung und Einschätzung dieser Periode in ihrem Verhältnis zum Aufklärungszeitalter durchgesetzt.[1] Dabei lassen sich die verschiedenen Perspektiven zu zwei Positionen vereinfachen. Die traditionelle Germanistik interpretierte den Sturm und Drang seit dem späteren 19. Jahrhundert als deutsche Wende gegen westliche Aufklärung, als Durchbruch ›deutschen Wesens‹, wobei man sich dann gern auf Saft, Kraft und Genius des jungen Goethe berief, auf eben jenen Dichter also, der sich am wenigsten für antifranzösischen Chauvinismus und deutschtümelnden Provinzialismus hätte begeistern lassen. Diese Sicht ist ohne Frage falsch und braucht heute nicht mehr explizit widerlegt zu werden. Jüngere Forschungen zum Aufklärungszeitalter haben demgegenüber in der Nachfolge des marxistischen Ansatzes von Georg Lukács und Werner Krauss die Kontinuität von Aufklärung und Sturm und Drang herausgestellt, wobei dann der Sturm und Drang als Ausweitung der Aufklärung,[2] als Krisenerscheinung innerhalb der Aufklärung[3] oder zusammen mit der Hochaufklärung Lessingscher Prägung als Entgrenzung einer früheren Aufklärungsphase[4] begriffen wird. Obwohl dieser Ansatz vor allem bei Rolf Grimminger und Jochen Schulte-Sasse unter Einbeziehung des Öffentlichkeitstheorems von Jürgen Habermas sowie sozialgeschichtlicher und literatursoziologischer Forschungergebnisse materialreich ausdifferenziert und weiterentwickelt wird, tragen diese Arbeiten dem spezifischen Charakter des Sturm und Drang nicht ausreichend Rechnung. Man sieht den Sturm und Drang ausschließlich von der Aufklärung her und vernachlässigt die Notwendigkeit, die Aufklärung auch vom Sturm und Drang her zu verstehen. Die Dialektik beider Perspektiven ist auszuhalten, nicht eine der anderen zu opfern. Die von der älteren Forschung vertretene These, die den Sturm und Drang radikal von der Aufklärung abtrennte, enthielt bei all ihren ideologischen Verzerrungen doch einen Kernbestand richtiger Einsichten in die Diskontinuität von Aufklärung und Sturm und Drang. Wenn heute die Kontinuitätsthese überwiegend bevorzugt wird, hängt das natürlich mit der problematischen politischen Geschichte der Germanistik und mit dem seit den sechziger Jahren gewachsenen Interesse an historischen Ausprägungen von Aufklärung zusammen.

Die ältere geistesgeschichtliche Wertung mit ihrem Rationalismus/Irrationalismus-Schema beruhte ja auf jener generellen Abwertung von Aufklärung, die in Deutschland die bekannten fatalen politischen Folgen zeitigte. Die marxistische und postmarxistische Wertung bricht zwar mit dieser Sicht, aber nicht mit dem Schema, das sich entweder mit umgekehrten Vorzeichen nur mehr reproduziert oder aber den Sturm und Drang letztlich doch dem Aufklärungsrationalismus zuschlägt. Während aber Lukács' Zuordnung des Sturm und Drang zum Aufklärungszeitalter als relevante Kritik an der in den dreißiger und vierziger Jahren vorherrschenden und zusehends faschistisch inspirierten Geistesgeschichte interpretiert werden muß, haben die heute allzuoft gebetmühlenartig abgeleierten Bekenntnisse zur Kontinuitätsthese etwas vom Kampf von Windmühlen gegen Windmühlen an sich. Viel Luft wird umgewälzt, aber gemahlen wird nichts mehr. Ähnlich wie bei der seit den späten sechziger Jahren ad·nauseam wieder durchgespielten Expressionismus/Realismus-Debatte hat die deutsche Literaturwissenschaft, was den Sturm und Drang anbelangt, offensichtlich Schwierigkeiten, trotz wichtiger Forschungsergebnisse im einzelnen über den Stand der Aufklärungsdebatte in den dreißiger und vierziger Jahren hinauszukommen. Gerade die Tatsache, daß der Ansatz von Lukács und Krauss ideologisch-politisch keine ernsthaften Gegner mehr zu fürchten hat, sollte es möglich machen, daß man die Kontinuitätsthese unvoreingenommen überprüft.

Es geht hier nicht um Kritik an dem anerkennenswerten Versuch, Positionen und Debatten des aufklärerischen Jahrhunderts für heutige Diskussionen von Ästhetik, Öffentlichkeit und Kulturindustrie fruchtbar zu machen, oder um den detaillierten Nachweis, daß das von Adorno und Horkheimer aufgestellte Verdikt über Aufklärung in seiner grandiosen Einseitigkeit nicht zu halten ist.[5] Wohl aber soll in diesem Zusammenhang gegen eine Verabsolutierung des Aufklärungsbegriffs plädiert werden, die die Einsicht abblockt, daß das Selbstverständnis des Sturm und Drang als Kritik an der Aufklärung wie auch die antagonistische Haltung maßgeblicher Aufklärer gegenüber dem Sturm und Drang mehr enthält als nur ein falsches Bewußtsein der eigenen Lage. Zwischen Lessing und Lenz, Mendelssohn und Herder, Klopstock und dem jungen Goethe liegt ein Abstand, der sich auch durch die Behauptung nicht wegrationalisieren läßt, die entscheidendere Bruchstelle im 18. Jahrhundert liege zwischen Frühaufklärung und Hochaufklärung.

Gewährsmann für die Durchbruchsthese der älteren Literaturwissenschaft war immer wieder Goethe. Was für eine historische Positionsbestimmung der Sturm-und-Drang-Lyrik durchaus sinnvoll war, erwies sich jedoch bald als Belastung. Anhand der Gedichte des jungen Goethe bildete sich nämlich in Deutschland ein Lyrikverständnis heraus, das mit seinen Kernbegriffen von unmittelbarem Erlebnis, problemloser Identität mit der Natur und geschichtsloser Subjektivität entschieden dazu beigetragen hat, Kunstcharakter und Gesellschaftlichkeit von Lyrik zu verdecken und den Dichtungsvorgang sowie die Dichterpersönlichkeit zu mystifizieren. Diese Sicht behinderte keineswegs nur ein historisch genaueres Erfassen der vor-goetheschen Lyrik, sondern wirkte sich auch auf die gesamte literaturwissenschaftliche Lyrikdiskussion hinderlich aus. Besonders die unreflektierte Übernahme der Goetheschen Unterscheidung von Symbol und Allegorie versperrte häufig die Einsicht in die spezifische Modernität von Lyrik seit dem späteren 19. Jahrhundert. Erst seit den sechziger Jahren hat die deutsche Literaturwissenschaft wieder Anschluß an die internationale Lyrikdiskussion gefunden.

Berechtigte Ideologiekritik an dem Lyrikverständnis der älteren Generation führte in den späten sechziger Jahren allerdings häufig dazu, den Ausdruck von Erlebnis und Subjektivität in der Lyrik als bloße Innerlichkeit zu verteufeln und Liebes- und Naturgedichte als eskapistisch zu brandmarken. Man hielt es mit dem Brecht, dem ein Gespräch über Bäume ein Verschweigen so vieler Untaten bedeutete, und man kam auch da nicht über den Kontext dieser Verse, die dreißiger Jahre, hinaus. Auch hier also Fetischisierung eines Begriffs von Politik und Aufklärung, der beispielsweise die Frage gar nicht erst aufkommen ließ, was an den Liebes- und Naturgedichten des jungen Goethe oder des Göttinger Hains gesamtgesellschaftlich relevant sein könne oder wie der Wandel des Naturverständnisses im 18. Jahrhundert von Brockes über Hagedorn und Klopstock zu Goethe und Herder als Politikum zu begreifen sei.[6] Politisch aufklärende Lyrik wurde manichäisch der Lyrik eskapistischer Innerlichkeit gegenübergestellt, oder aber man hielt sich ganz an einen modernistisch-avantgardistischen Lyrikbegriff (experimentelle und konkrete Lyrik), von dem her ein Gespräch über Bäume in der Lyrik von vornherein als antiquarisch und überholt gelten mußte.

Im folgenden soll versucht werden, am Beispiel Herders, Bürgers und Goethes das Moment der Diskontinuität im Verhältnis von Aufklärung und Sturm und Drang herauszuarbeiten, das für eine Positionsbestimmung des Sturm und Drang entscheidend und außerdem in der Lage ist, die Kontinuitätsthese kritisch zu überholen. Die ausschließliche Orientierung der älteren Forschung an Goethe bzw. an einem von Goethe abstrahierten Lyrikideal, das dann oft auf Klopstock und den Göttinger Hain rückprojiziert wurde, wäre durch eine Perspektive zu ersetzen, die Goethe in den Kontext der Lyrikproduktion im Aufklärungszeitalter einordnet, ohne ihn nun umgekehrt in der Aufklärung zum Verschwinden zu bringen. Gerade die greifbaren Differenzen zwischen Goethe und dem Göttinger Hain, der aus chronologischen Gründen zum Sturm und Drang zu zählen ist, sind geeignet, die hier vertretene Diskontinuitätsthese paradigmatisch abzustützen.

Göttinger Hain

Auszugehen ist von der Tatsache, daß es im Aufklärungszeitalter keine allgemein verbindliche Gattungsdefinition von Lyrik gab. Das übergeordnete Substantiv »Lyrik« wurde überhaupt erst nach 1760 gebräuchlich. In Gottscheds *Critischer Dichtkunst* (1730) traten die einzelnen lyrischen Genres (Oden, Elegien, Lobgedichte, Sinngedichte, Madrigale usw.) noch voneinander getrennt auf. Charles Batteux erhob dann zwar die Lyrik in seiner Schrift *Les beaux arts réduit à un même principe* (1746) zu einer eigenen Gattung gegenüber Epos und Drama, aber er ordnete sie noch insgesamt der klassizistischen Nachahmungsästhetik unter. Lyrik wurde hier in Abwandlung aristotelischer Forderungen als »Nachahmung von Empfindungen« definiert. Erst im Sturm und Drang wurde Lyrik zum *Ausdruck* von Empfindung, wobei dann allerdings häufig, vor allem im Göttinger Hain, ambivalente Mischformen entstanden. Schon in seiner Oden-Abhandlung von 1764 nennt Herder, der neben Klopstock wichtigste Anreger der Sturm-und-Drang-Lyrik, die Ode – und das heißt bei ihm noch einfach das lyrische Gedicht – »das erstgeborne Kind der Empfindung«, und er erklärt sie ganz aus dem Affekt:

»Der Affekt, der im Anfange stumm, inwendig eingeschlossen, den ganzen Körper erstarrete, und in einem dunklen Gefühl brauste, durchsteigt allmählich alle kleine Bewegungen, bis er sich in kennbaren Zeichen predigt. [...] Die Ode der Natur, die nicht Nachahmung ist, ist ein lebendiges Geschöpf, nicht eine Statue, noch ein leeres Gemälde.«[7]

Gewiß steht Herders Odendefinition nahe an seinem Begriff von Dichtung überhaupt, und man fühlt sich an Johann Georg Hamanns folgenreichen Ausspruch erinnert, Poesie sei Muttersprache des Menschengeschlechts.
Der Vielfalt unterschiedlicher Gattungsformen, die die Lyrik des Aufklärungszeitalters kennzeichnet, tritt bei Herder eine umfassende Vorstellung von Lyrik gegenüber, die sich vor allem am Volkslied (im weitesten Sinne) und am Gedanken der inneren Form orientierte. Von da war es dann in der Tat nur noch ein kleiner Schritt zu der Position, die Lyrik schlechthin mit dem Lied identifiziert und die in Johann Georg Sulzers *Allgemeiner Theorie der Schönen Künste* (1773/74) bereits erreicht ist. Der Unterschied zwischen Herder und Sulzer freilich liegt darin, daß Herder für eine weite, umfassende Definition des Dichterischen und Lyrischen plädierte, die die traditionellen Gattungsgrenzen auflöste, während Sulzer Lyrik noch im Sinne aufklärerischer Gattungspoetik auf einen bestimmten Typus eingrenzte und damit paradoxerweise fast schon die spätere, anti-aufklärerische Gleichsetzung von Lyrik mit dem Lied vorwegnahm. Obwohl mit Herders Lyriktheorie ein entscheidender Schritt über die Aufklärung hinaus getan ist, bleibt die Lyrik vor allem des Göttinger Hains insofern dem Aufklärungszeitalter verhaftet, als die Vielfältigkeit von lyrischen Formen und Themen noch nicht zugunsten weniger lyrischer Typen aufgegeben ist. Klassizistische Oden stehen neben Minne-, Liebes- und Trinkliedern, komische Romanzen neben tragischen Balladen, Idyllen und Elegien neben Hymnen und politischen Freiheitsgesängen. Diese Textlage verbietet es zwar, eine kleine Gruppe von Texten, etwa die Lieder oder Balladen, als paradigmatisch für die ganze Epoche hinzustellen. Wohl aber muß es erlaubt sein, das Problem wiederaufzugreifen, inwieweit der Sturm und Drang die Aufklärung nicht fortsetzt, sondern wesentliche Aspekte des Aufklärungszeitalters einer radikalen Kritik unterwirft,[8] einer Kritik, die sich in Goethes Liedern und Hymnen der frühen siebziger Jahre, in Bürgers Balladen sowie in Bürgers und Herders ästhetischen Überlegungen zum Volkslied und zur Volkstümlichkeit der Poesie am deutlichsten niederschlägt.
Zwischen Hochaufklärung und Empfindsamkeit einerseits und dem Sturm und Drang des Straßburger und Frankfurter Kreises andererseits nimmt der Göttinger Hain eine Zwischenstellung ein. Klopstock, dessen Odensammlung erst 1771 erschien, wurde den Göttingern zum bewunderten Vorbild und hatte damit eine ähnlich entscheidende Funktion für den Hain wie der sehr viel jüngere Herder für den Straßburger

Kreis. Bald nach der Gründung des Bundes kamen die Göttinger durch Vermittlung der neuen Bundesmitglieder Christian und Friedrich Leopold Graf zu Stolberg auch persönlich mit Klopstock in Kontakt, der seinerseits die Begeisterung der Jünglinge für sich zu nutzen verstand. Organisator der Göttinger Gruppe war Heinrich Christian Boie, der einem französischen Vorbild folgend zusammen mit Friedrich Wilhelm Gotter im Herbst 1769 den ersten deutschen Musenalmanach herausgab, den *Musenalmanach für das Jahr 1770*. Die Publikationsform der Musenalmanache fand sofort weite Verbreitung und war sowohl Ausdruck als Vehikel einer neuen Hochschätzung kleinerer, intimerer lyrischer Formen. Boie, der »Musenaccoucheur« (Herder), gab den Almanach auf die Jahre 1771 bis 1774 in alleiniger Verantwortung heraus; für die Redaktion des Almanachs aufs Jahr 1775 war Voß verantwortlich. Nach 1775 spaltete sich der Almanach in zwei Unternehmen, in einen Göttinger und einen Voßschen Zweig, aber diese Entwicklung gehört schon nicht mehr zur Geschichte des Hains, der sich zu diesem Zeitpunkt bereits in Auflösung befand und für den vor allem die Almanache auf 1773, 1774 und 1775 zentral waren.

Nach Erscheinen des ersten Musenalmanachs, der mit Gedichten von Klopstock, Karl Wilhelm Ramler, Johann Wilhelm Ludwig Gleim, Heinrich Wilhelm von Gerstenberg und anderen noch durchaus traditionellen Charakter trug, sammelte sich allmählich eine Gruppe junger, an Lyrik interessierter Studenten um Boie. Boie förderte Gottfried August Bürger, durch den er wiederum mit Ludwig Heinrich Christoph Hölty und Johann Martin Miller bekannt wurde, und er brachte 1772 auch Voß nach Göttingen. Hinzu kamen der Pfälzer Johann Friedrich Hahn (1771), die Grafen Christian und Friedrich Leopold Stolberg (Oktober 1772) und einige nicht-dichtende Mitglieder. Der Name des Freundschaftsbundes, Göttinger Hain, geht auf Klopstocks 1767 erschienenes programmatisches Lehrgedicht *Der Hügel und der Hain* zurück, in dem Klopstock unter Berufung auf die nebulöse Bardentradition den Hain als Sinnbild germanischer Dichtung dem Hügel als Zeichen antik-klassizistischen Poetentums gegenüberstellt. Zur Gründung des Bundes kam es im Spätsommer des Jahres 1772. Voß beschreibt den Vorgang in seinem Brief vom 20. September an Brückner:

»Ach, den 12. September, mein liebster Freund, da hätten Sie hier sein sollen. Die beiden Millers, Hahn, Hölty, Wehrs und ich gingen noch des Abends nach einem nahgelegenen Dorfe. Der Abend war außerordentlich heiter, und der Mond voll. Wir überließen uns ganz den Empfindungen der schönen Natur. Wir aßen in einer Bauerhütte eine Milch, und begaben uns darauf ins freie Feld. Hier fanden wir einen kleinen Eichengrund, und sogleich fiel uns allen ein, den Bund der Freundschaft unter diesen heiligen Bäumen zu schwören. Wir umkränzten die Hüte mit Eichenlaub, legten sie unter den Baum, faßten uns alle bei den Händen, tanzten so um den eingeschlossenen Stamm herum, – riefen den Mond und die Sterne zu Zeugen unseres Bundes an, und versprachen uns eine ewige Freundschaft. Dann verbündeten wir uns, die größte Aufrichtigkeit in unsern Urteilen gegeneinander zu beobachten, und zu diesem Endzwecke die schon gewöhnliche Versammlung noch genauer und feierlicher zu halten. Ich ward durchs Los zum Ältesten erwählt. Jeder soll Gedichte auf diesen Abend machen, und ihn jährlich begehen.«[9]

Anders als bei Herder und Bürger mangelt es den Göttingern an theoretischer Reflexion ihrer poetischen Bemühungen. Programmatische Äußerungen finden sich eher in der Lyrik selbst, vor allem in den Bundesgesängen von Hölty und Voß aus dem

Jahre 1772. Als Beispiel mögen die ersten drei Strophen von Höltys *Bundsgesang* hier stehen:

> Habt Gottes Segen! Vaterland, Vaterland
> Tönt jede Lippe, Vaterland, Vaterland,
>   Brennt jeder Busen, Brüderherzen
>   Flammen entgegen den Brüderherzen.
>
> Ihr knieet nieder, schwöret dem Laster Hohn,
> Den Schändern eurer Fluren, die Galliens,
>   Und jedes Auslands Kette schleppen,
>   Schwöret ihr Hohn, und der Tugend Huldung.
>
> Habt Gottes Segen! Wohl mir! ihr winket mich
> In eure Weihe; windet den Eichenkranz
>   Um meinen Schlaf, um meine Harfe,
>   Gebt mir den Handschlag der deutschen Treue.

Literarische Freundschaftskulte dieser Art gehörten durchaus zum Inventar des Aufklärungszeitalters. Man denke an den Hallenser Dreibund von Gleim, Uz und Götz, den Halberstädter Kreis oder den Kreis der Bremer Beiträger um den jungen Klopstock. Die Organisationsformen des Dichterbundes hatten gleichfalls Vorläufer in den Sprachgesellschaften und in den Deutschen Gesellschaften nach Gottscheds Vorbild. Der Hain hatte einen Bundesältesten (Voß) und ein Bundesjournal, in das die bei den wöchentlichen Sitzungen vorgelesenen, kritisierten und gemeinsam verbesserten Gedichte der Mitglieder eingetragen wurden. Man legte sich Bardennamen zu wie Werdomar (Boie), Haining (Hölty), Minnehold (Miller) oder Teuthard (Hahn). Diese von Klopstock in Schwung gebrachte Bardenmode lieferte dem um nationale Identität bemühten deutschen Bürgertum eine germanische Dichtermythologie, die freilich ebenso fiktiv war wie der *Ossian*, der zur selben Zeit die Gemüter bewegte.

Vergleicht man die bardisch-vaterländischen Tendenzen des Göttinger Hains etwa mit Lessings Bemühungen um ein Nationaltheater, so irritiert hier vor allem das provinzielle Eifern für deutsche Tugend, vaterländische Gesinnung und abstrakte Freiheit, das mit virulent antifranzösischem Ressentiment aufgeladen ist, einem Ressentiment, das sich nicht einfach als bürgerlich-oppositionell und antihöfisch fassen läßt.[10] Gerade die allgemein haßtriefenden und keineswegs spezifisch antihöfischen Ausfälle gegen Frankreich lassen es als äußerst zweifelhaft erscheinen, daß es möglich ist, die mittleren Jahrgänge des Göttinger Musenalmanachs zu öffentlichen Kampforganen der vorrevolutionären Lyrik emporzuloben.[11] Herders scharfe Kritik an der Bardenmode,[12] die sich allerdings weniger Klopstock als Poetae minores wie Michael Denis und Karl Friedrich Kretschmann zum Ziel nahm, verweist darauf, daß der Rückgriff auf nordische Mythologie, der ja auch bei Herder eine entscheidende Rolle spielte, politisch und literarisch einen sehr unterschiedlichen Stellenwert haben konnte. Chauvinistische Töne schlagen im Göttinger Hain vor allem Johann Martin Miller (*Minnehold an Teuthard, Die Geliebte, Sittenverderb, Deutsches Trinklied*),

Johann Friedrich Hahn (*An Johann Martin Miller*) und Friedrich Leopold Stolberg an (*Die Freiheit, Freiheitsgesang aus dem zwanzigsten Jahrhundert*). Aber auch bei Voß, dem man noch am ehesten eine genuin politische, antihöfische Einstellung abnimmt, mischt sich die legitime Kritik am Ancien régime untrennbar mit teutonischem Chauvinismus (*An Hahn, als F. L. Gr. z. Stolberg die Freiheit sang, Deutschland, Bundsgesang, An die Herren Franzosen*); Ausnahme ist sein *Trinklied für Freie*, das den gängigen antifranzösischen Chauvinismus vermeidet und sich ausschließlich gegen den deutschen Adel richtet. Wenn diese national-patriotische Lyrik auch »den Selbstbehauptungswillen gegenüber der dominierenden fremden Kultur« ausdrücken mag,[13] so ist sie mit ihrem Schwertergeklirr, Treuegestammel und Lastergeschrei nicht erst heute ungenießbar. Schon Lichtenberg notierte in seinen *Sudelbüchern*: »Es gibt heuer eine gewisse Art Leute, meistens junge Dichter die das Wort *Deutsch* fast immer mit offnen Naslöchern aussprechen.«[14] Und zur Beschimpfung des »Wollust-sängers« Wieland durch die Haindichter schrieb er:

»Nichts ist lustiger, als wenn sich die Nonsenssänger über die Wollustsänger hermachen, die Gimpel über die Nachtigallen. Sie werfen Wielanden vor, daß er die junge Unschuld am Altar der Wollust schlachtet, bloß weil der Mann unter so vielen verdienstlichen Werken, die die junge Unschuld nicht einmal versteht, auch ein paar allzu freie Gedichte gemacht hat, die noch überdas mehr wahres Dichtergenie verraten als alle die Oden von falschem Patriotismus für ein Vaterland, dessen bester Teil alles das Zeug zum Henker wünscht.«[15]

Ebenso problematisch, wenn auch aus anderen Gründen, ist der Versuch des Hains, in seinem Bemühen um eine vaterländisch-volkstümliche Lyrik direkt an die Minne-lyrik des Mittelalters anzuknüpfen (Höltys *Minneglück, Minnelied, Der Anger, Frauenlob*; Voßens *Der Minnesang* und *Minnelied*). Die Minnelyrik war nicht volks-tümlich, und die forcierte Übernahme von mittelhochdeutschen Wörtern wirkt häufig maniert und aufgesetzt.
Mit Recht betont die Forschung, daß die wichtigsten Beiträge des Göttinger Hains zur deutschen Lyrik im Bereich antiker und heimischer Formen liegen, wobei der Ode, Elegie, Hymne und Idylle einerseits und dem Lied sowie der Ballade anderer-seits größte Bedeutung zukommt. Sieht man einmal ab von den Nachwirkungen des Göttinger Hains in der Oden- und Hymnendichtung Hölderlins oder von Voßens oft unterschätztem Einfluß auf den Gebrauch antikisierender Strophenformen und Vers-maße bei den Klassikern und bezieht statt dessen die Lyrik des Göttinger Hains ausschließlich auf den Kontext des Sturm-und-Drang-Jahrzehnts, dann läßt sich verallgemeinernd sagen, daß das gelehrt-antikisierende Dichten eher zurück in die Vergangenheit zu Klopstock weist, während die für den Sturm und Drang zentraleren Tendenzen in den Bemühungen des Hains um Lied und Ballade zum Tragen kommen.
Unter den antiken Formen herrscht bei den Göttingern die Ode vor, wobei Klopstock das bewunderte Vorbild abgab. Allerdings entwickelten sie die Ode selbständig weiter und verliehen dieser Dichtungsart durchaus individuell unterschiedliche Abtö-nungen. So tendiert Friedrich Leopold Stolbergs Ode zum Hymnischen, Höltys Ode neigt zum Elegischen und Melancholischen, und Voßens Oden erscheinen heute in der Mehrzahl floskelhaft und trocken; seine Begabung lag eher im Bereich der Idylle und in der genauen Erarbeitung der Gesetze von Strophik und Prosodie, wozu die

Teilnahme an den altphilologischen Kollegien und Seminaren Christoph Gottlob Heynes in Göttingen den Grund gelegt hatte. Diese Vielfalt individueller Abwandlungen der Odenform, zu der ebenso der Einsatz unterschiedlicher Strophenformen (vor allem alkäische, asklepiadeische und sapphische Strophen) beiträgt, läßt Viëtors Abgrenzung der enthusiastischen Ode Klopstocks von der elegischen Ode des Hains als zu eng erscheinen.[16] Dennoch sind die Unterschiede zu Klopstocks Odendichtung relativ leicht zu benennen. Die Göttinger Oden sind durchweg kürzer. Die erhabene Gespanntheit, der feierlich-priesterliche Ton und der pathetische Enthusiasmus Klopstocks erscheinen herabgestimmt. Die hohe Form der Ode öffnet sich bei den Göttingern dem Intimen, Menschlich-Nahen und Bürgerlich-Beschränkten. Weder Hölty noch Voß fanden etwas dabei, eine Pfeife im Odenmaß anzudichten. Neben traditionellen Odenthemen wie Liebe, Freundschaft und Vaterland besingt Hölty auch Grillen und Johanniswürmchen, Veilchen und Apfelbäume. Der bei Klopstock oft gestaute Rhythmus löst sich auf, wird melodisch fließend und nähert sich gelegentlich der Syntax und dem Tonfall der gesprochenen Sprache.

Ein Vergleich von Klopstocks freirhythmischer Ode *Die Frühlingsfeier* mit Höltys *Das Landleben* (1775) kann die Eingrenzung der Wahrnehmung bei Hölty verdeutlichen, die Herabstimmung eines hymnischen Preises der Natur zum ländlich-idyllischen Genrebild. Was bei Autoren wie Hölty und Bürger freilich aus einer tragischen Einschränkung der Lebensmöglichkeiten auf eine kulturell und ökonomisch rückständige Provinz resultierte, verkam schon bald zu quietistisch beschränkter Kitschproduktion und zur kulturellen Legitimationsfassade politischer Apathie des Bürgertums. Dennoch ist Hölty der eigentliche Lyriker unter den Göttingern. Nach anakreontischen Anfängen nahm er bald den elegisch-melancholischen Grundton an, der seine gesamte Lyrik durchzieht und der noch den Weltschmerzpoeten Lenau zu seinem Gedicht *Am Grabe Höltys* veranlaßt hat. Die Kirchhofpoesie Thomas Grays, die *Nachtgedanken* Edward Youngs und die elegische Idylle Oliver Goldsmiths hatten den Boden vorbereitet für einen Dichter, der seit früher Jugend durch schwere Krankheit mit dem Tod vertraut war und im Alter von nur 28 Jahren an Tuberkulose starb.

Am bekanntesten ist wohl Höltys empfindsame *Elegie auf einen Dorfkirchhof* geworden, die gewiß zum Teil aus subjektiver Betroffenheit und Einstimmung des Dichters in Todesgedanken herrührt. Diese Todesgedanken werden aber geschickt auf Rühreffekte hin in Szene gesetzt (Kindergräber), und nur in den Anfangsstrophen und wiederum am Ende tritt das lyrische Ich selbst hervor. Daß die Elegien Höltys in der Tat nicht auf Schlichtheit des Tons und Erlebnisauthentizität festgelegt werden können, hat jüngst Wolfgang Promies in seiner Analyse der *Elegie auf ein Landmädchen* überzeugend nachgewiesen: Hölty »*inszeniert* die Begriffe Unschuld vom Lande, sittige Liebe und totale Trauer mit einem Aufwand an das Gefühl bewegenden Worten, der in keinem Verhältnis zum Gegenstand, aber wohl in bewußter Beziehung zu seinem Publikum stand«.[17] Die Volkstümlichkeit der Gefühle ist in dieser Elegie ebenso künstlich hergestellt, wie die Landschaft der Höltyschen Naturgedichte nie reale, sondern immer stilisierte, entstofflichte Landschaft bleibt. Promies folgert mit Recht: »Die sentimentalische Elegie der bürgerlichen Lyriker ist gerade nicht die wortkarge Klage über den unwiederbringlichen Verlust, sondern der raffiniert gesteigerte, vielfache, der orgiastische Genuß des Verlusts in der übrigens wohlaufgesetzten Klage.«[18] Von Hölty führt der Weg eben nicht nur in die Höhenluft der Hölderlinschen Elegie, sondern schneller und sicherer noch in die Niederungen der Trivialliteratur und ins plüschige Interieur des bürgerlichen Klavierzimmers. Hier von künstlerischer Verarbeitung des Erfahrungsschatzes des Volkes zu sprechen[19] ist eine totale Verkennung von Höltys seraphisch-sentimentalischer Begabung.

Die Hymnen- und Idyllendichtung nimmt im Göttinger Hain weniger Raum ein als Ode, Lied oder Elegie. Vor allem die Idylle wird erst nach dem Zerfall des Hainbundes von Voß im *Siebzigsten Geburtstag* (1780) und in der *Luise* (1. Fassung 1783/84) fortentwickelt. Gerade eine Gegenüberstellung der Hymnendichtung des Grafen Stolberg und der frühen Idyllen und Anti-Idyllen von Voß erlaubt es aber, das idyllische und hymnische Talent im Göttinger Hain klassenspezifisch zu differenzieren. Gewiß, Stolbergs Hymne *Die Begeisterung* (1775) ist Voß gewidmet, und die Forschung hat oft beschrieben, wie sich die Klassenschranken zwischen dem Enkel eines freigelassenen Leibeigenen und dem reichsunabhängigen Grafen im Freundschaftskult des Bundes aufgelöst haben. Voßens sehr viel späteres Pamphlet *Wie ward Fritz Stolberg ein Unfreier?* (1819), das Stolbergs Konversion zum Katholizismus zum Anlaß nahm, wurde dann meist dem unverbesserlich aufklärerischen Starrsinn eines gealterten Pedanten zur Last gelegt. Der Konflikt ist jedoch schon in der dichterischen Produktion der Göttinger Jahre angelegt und läßt sich textlich leicht an Thematik und Sprachgestus von Stolbergs beiden Hymnen *Die Begeisterung* und *Freiheitsgesang aus dem zwanzigsten Jahrhundert* im Vergleich mit Voßens frühen Idyllen nachweisen.

Wo Voß reale Erfahrungen aus der bäuerlich-feudalen Lebenswelt in Hexameter umsetzt und dabei sowohl Unrecht und Unterdrückung anprangert (*Die Pferdeknechte*, 1775) als auch sozialpädagogisch und aufklärerisch zu wirken versucht (*Der Ährenkranz*, 1775), begibt sich der Graf auf die aristokratische ›grand tour‹ zu den »schneeichten Alpen« und schwingt sich schließlich in den Kosmos hinaus: »Sonne dahin und Stern! Milchstraße dahin« (*Die Begeisterung*). Dem »Pöbel« und dem »Maulwurf« (»Der Unterirdischen schüchternes Geschlecht!«) bleibt da nur das Staunen. Auch im *Freiheitsgesang* und in Stolbergs Naturhymnen macht sich der Sprachgestus aristokratischer Verfügungsgewalt breit und deutet darauf hin, daß Stolbergs anti-absolutistischer Tyrannenhaß von Anfang an der eines Frondeurs, nicht der eines bürgerlichen Demokraten war. Die freirhythmische Hymne, die schon bei Klopstock aus dem Zerbrechen der Odenstrophik entstanden war, entsprach Stolbergs trunken taumelnd begeistertem Dichtertemperament, dem an korrekter Prosodie nichts gelegen war. Die Form der Stolbergschen Hymne weist zwar voraus auf die Anfänge des hymnischen Stils bei Hölderlin,[20] aber nicht Stolberg, sondern Goethe bezeichnet den ästhetischen und ideologischen Höhepunkt der hymnischen Gattung im Zeitalter des Sturm und Drang.

Von Klopstockschem Einfluß trennten sich die Göttinger Dichter in ihrer Befürwortung des Reims. Während Klopstock sich die gesamte deutsche Lyrik reimlos und auf den feierlich hohen Ton der Ode, Hymne oder Elegie gestimmt wünschte, läßt sich – symptomatisch etwa an Höltys Entwicklung – ablesen, wie das gereimte Lied im Laufe der siebziger Jahre zusehends die Odenmaße zurückdrängte. In der Kritik an der Dominanz Klopstockscher Odenformen trafen sich so unterschiedliche Geister wie Lichtenberg und Bürger. Lichtenberg schrieb im Jahre 1775 an den Verleger des

Göttinger Musenalmanachs: »Ich lebe nun in der angenehmen Hoffnung, daß der Musenalmanach besser werden wird, wenn das rasende Odengeschnaube herausbleibt.« Nur Hölty läßt Lichtenberg als »wahres Dichtergenie« gelten: »Mich dünkt, so wie Hölty zuweilen zu dichten, dazu gehört natürliche Anlage, allein wie die meisten übrigen, weiter nichts, als daß man ein Vierteljahr ähnliche Werkchen liest.«[21] Auch den Mangel an Erfahrungssubstanz, der dem Odenenthusiasmus der Göttinger zugrunde liegt, konstatiert Lichtenberg: »Aber wer sind denn unsere Odendichter? meistens Leute, welche die Welt so wenig kennen, als die Welt sie.«[22] Bürger seinerseits warnte Leopold Friedrich von Goeckingk, Herausgeber des Almanachs auf die Jahre 1776 bis 1778, vor »den übrigen rappelnden, klappernden, brummsenden, summsenden, sausenden, brausenden und donnernden Oden, die der verzückte Unsinn, mit verdrehtem Halse und verkehrten Augen hervorröchelt und orgelt«.[23] In dem Maße, in dem die Ode an Terrain verliert, spricht das lyrische Ich nicht mehr im erhabenen, feierlichen und enthusiastischen Ton der antikisierenden Formen, sondern verleiht dem menschlichen, bürgerlichen Ich in seinen unterschiedlichen Lebensbezügen Ausdruck. Dem entspricht natürlich auch der im Vergleich zu Klopstock meist lebensnähere, temperiertere Ton der Göttinger Oden, von dem schon die Rede war.

Darüber hinaus erfüllt das Lied – ob Trink- oder Liebeslied, Minnelied oder Naturlied – die Logik der sich schwunghaft entwickelnden Musenalmanache und entspricht genau den Bedürfnissen von deren Publikum. Zahlreiche Lieder des Göttinger Hains wurden vertont, vor allem von Vertretern der Zweiten Berliner Schule, was ihre Popularität ebenso reflektierte wie auf lange Zeit förderte. Fester Bestandteil der deutschen Liedtradition wurden vor allem Höltys *Rosen auf den Weg gestreut* und *Üb immer Treu und Redlichkeit*, Christian Adolf Overbecks *Komm lieber Mai und mache*, Stolbergs *Lied auf dem Wasser zu singen*, Voßens *Neujahrslied* sowie zahlreiche Mai- und Erntelieder. Hier wäre auch der dem Göttinger Hain nahestehende Matthias Claudius zu erwähnen mit Liedern wie *Täglich zu singen* oder dem *Abendlied*.

Ohne Frage gehen die Lieder des Hains gattungsgeschichtlich bruchlos aus der Tradition von Anakreontik und Empfindsamkeit hervor und zeichnen sich diesen gegenüber durch einen gewissen Zuwachs an dem aus, was man oft als »gefühlsmäßige Natürlichkeit« oder als »echte Töne, Herzenstöne«[24] bezeichnet hat. Höltys Liebes- und Naturlieder sind in der Forschung immer wieder als Höhepunkt der Lieddichtung des Hains beschrieben worden. Ja, Günther Müller ging in seiner *Geschichte des deutschen Liedes* so weit zu behaupten, daß Höltys Lieder »eine persönliche Intimität« gewonnen hätten, »die als solche nicht hinter der Erlebnishaftigkeit Goethescher Lieder zurücksteht«.[25] Dieser Ansicht (die noch bei Kelletat affirmativ zitiert wird) ist zu widersprechen. Nicht nur in Höltys Elegien, sondern auch in seinen Liedern geht es nie um unverstellte Artikulation von Leidenschaften, von Liebe und Trauer. Konventionelle Empfindungen werden rührend, manchmal auch fröhlich, inszeniert. Das »Natürliche« von Liebe und Landschaft wird stilisiert, und ganz wie die Liebesgedichte bewußt auf die petrarkistische Tradition zurückgreifen,[26] in der nicht erfüllte Liebe, sondern die ferne, idealisierte Geliebte besungen wird, so kann man sich gut vorstellen, wie zahlreiche Maigedichte im Göttinger Winter verfaßt wurden. Das ist nicht als Argument gegen Hölty gemeint, wohl aber gegen eine Forschung, die den unmittelbaren, natürlichen Erlebnisausdruck auch dort sucht, wo er nun wirklich nicht zu finden ist. Paradoxerweise gelangt Müller selbst zu dieser Ansicht, wo er Höltys *Mailied* (»Alles liebt! Liebe gleitet ...«) mit Goethes noch weitgehend anakreontisch inspiriertem Lied *Mit einem gemalten Band* vergleicht.[27] Näher als Müller kommt Emil Staiger dem Charakter der Höltyschen Lieder, wenn er von Höltys »einzigartigem Schwanken zwischen freiem Spiel und lyrischem Bann« spricht,[28] wobei freilich die Kategorie des »lyrischen Banns« wie Staigers Lyriktheorie überhaupt heute problematisch erscheint. Eher wäre bei Höltys Lyrik von einer zeittypischen Vermischung von echtem Erleben und poetisch empfindsamer Rekonstruktion zu sprechen. Erst in den Liedern des jungen Goethe tritt eine neue Qualität von Erfahrung und Wahrnehmung zutage, die auch die herkömmlichen Formen der Liedlyrik sprengt.

Bürger und Schubart

Den Göttingern freundschaftlich verbunden war Gottfried August Bürger, Amtmann im nahegelegenen Gelliehausen. Die Begabung dieses seit Schillers historisch ungerechter und menschlich rücksichtsloser Attacke von 1791 so oft geschmähten und verkannten Dichters und seine künstlerischen Wirkungsabsichten lassen ihn aber eher dem Straßburger Kreis um Herder und Goethe wahlverwandt erscheinen. Wie sonst im Sturm und Drang nur noch Lenz wurde Bürger das Opfer einer Literaturbetrachtung, die ihre Vorurteile gegenüber dem radikalen Demokraten hinter moralischer Mißbilligung seines Lebenswandels und Kritik an seiner angeblich schlampigen Amtsführung versteckte. Die Vorwürfe des Disziplinmangels, des groben Naturalismus, der ausufernden Sinnlichkeit, die sich ebenso gegen die Dichtungen wie gegen den Menschen Bürger richteten, führten dazu, daß schließlich nur noch die *Lenore* als bedeutende poetische Leistung Bürgers anerkannt wurde. Paradoxerweise ließ gerade die in der Tat einmalige Perfektion der *Lenore* Bürgers übrige Balladen und Romanzen, seine Lieder und Sonette in Vergessenheit geraten. Erst seit Lore Kaim-Kloocks verdienstvoller Monographie hat sich eine adäquatere Erkenntnis von Bürgers Bedeutung als Sturm-und-Drang-Lyriker durchgesetzt.[29]
Es ist sicher kein Zufall, daß Bürgers größte dichterische Leistungen, von wenigen Ausnahmen abgesehen, in die ersten Jahre seiner aufreibenden und bedrückenden Amtmannstätigkeit fallen, Jahre, die zeitlich noch zur Aufbruchsphase des Sturm und Drang zählen. Nach einem Debüt im anakreontischen, empfindsamen und minnesängerischen Stil der Zeit brachte das Jahr 1773 mit den Balladen *Lenore* und *Der Raubgraf* und mit dem reimlosen Tyrannengesang *Der Bauer. An seinen durchlauchtigen Tyrannen* den Durchbruch zum eigenen Stil und zur eigenen Aussage. Besonders die Entstehungsgeschichte der *Lenore*, durch den Briefwechsel und Gedankenaustausch mit den Göttinger Freunden bestens bekannt, zeigt, wie nahe Bürger den Forderungen Herders und den dichterischen Intentionen Goethes zu dieser Zeit stand. Angestachelt von dem Wunsch, Höltys Balladen zu übertreffen, wird der Einfluß Höltys schon während der Arbeit an der *Lenore* überlagert von dem mächtigen Eindruck, den die Lektüre von Herders Ossian-Aufsatz und Goethes *Götz von Berlichingen* auf Bürger machten: »O Boie, Boie, welche Wonne! als ich fand,

daß ein Mann wie Herder, eben das von der Lyrik des Volks und mithin der Natur
deutlicher und bestimmter lehrte, was ich dunkel davon schon längst gedacht und
empfunden hatte.«[30] Und nach der Lektüre des anonym erschienenen *Götz* schreibt
Bürger: »Boie! Boie! Der Ritter mit der eisernen Hand, welch ein Stück! Ich weiß
mich vor Enthusiasmus kaum zu lassen. [...] Dieser G. v. B. hat mich wieder zu drei
neuen Strophen zur Lenore begeistert! – Herr, nichts weniger in ihrer Art soll sie
werden, als was dieser Götz in seiner ist.«[31] Veröffentlicht wurde die *Lenore* im
Göttinger Musenalmanach 1774, dem Höhepunkt in der Geschichte des Almanachs,
da in diesem Jahrgang in einmaliger Weise Texte des norddeutschen Kreises (Klopstock, Stolberg, Hölty, Miller, Voß, Bürger und Claudius) und der südwestdeutschen
Sturm-und-Drang-Gruppe (Goethe, Herder, Merck) versammelt waren.[32]
In der umschmelzenden Verknüpfung von Volksdichtung, Moritatentradition und
Romanzendichtung trug die *Lenore* entscheidend zur Entstehung der ernsten Kunstballade in Deutschland bei. Die gattungsgeschichtliche Debatte, ob Bürger, Hölty
oder Gleim das Verdienst in Anspruch nehmen können, die neuere deutsche Kunstballade begründet zu haben, ist noch immer nicht entschieden. Das Dogma von der
Priorität Bürgers galt als gesichert, bis Wolfgang Kayser sehr besonnen argumentie-
rend Höltys *Adelstan und Röschen* vor allem aufgrund der Chronologie und der
Stilanalyse als erste ernste Ballade wertete.[33] Emil Staiger hat dann Kaysers These
entschieden zurückgewiesen und Bürger wieder in seine alten Rechte einsetzen
wollen, während jüngst Walter Falks strukturelle und gattungshistorische Analyse zu
dem Schluß kam, daß weder Bürgers noch Höltys Balladen, sondern Gleims Romanzen
die gattungsgeschichtliche Priorität zukomme.[34] Die Debatte leidet daran, daß
die epochengeschichtliche Ebene nicht sorgfältig genug von im engeren Sinne gattungsgeschichtlichen Aspekten geschieden wurde. Gattungsgeschichtlich bezeichnen
Gleim und Hölty zweifellos wesentliche Schritte in der Geschichte der ernsten
Ballade, aber in epochengeschichtlicher Perspektive ist dennoch Staiger zuzustimmen, wenn er aufgrund eines genauen Textvergleichs von *Adelstan und Röschen* und
der *Lenore* Bürger die stilistische Innovation zuspricht, welche den künstlerischen
Durchbruch des Sturm und Drang bezeichnet, eine These, die mit mehr als nur
textkritischen Argumenten auch Lore Kaim-Kloock vertritt. Hölty hat überdies selbst
betont, sein Talent ziehe ihn mehr zur ländlichen Poesie (Brief an Voß vom April
1774), während Bürger die Ballade schon sehr früh als die seinen Talenten angemes-
senste Gattung erkannte.
Herder, der die »ungekünstelten« Lieder alter und wilder Völker polemisch von den
erkünstelten Produkten bürgerlich-zeitgenössischer Poeten abhob, fand in Bürger
einen begeisterten, wenn auch oft unhistorisch vereinfachenden Fürsprecher. Herder
selbst war durch die Bardenmode, durch Thomas Percys *Reliques of ancient English
Poetry* (1765), einer Sammlung englischer Volksballaden, und durch den Ossian,
einer geschickten Fälschung des Schotten James Macpherson, in seinem Interesse an
Volksliteratur und Volkslied bestärkt worden. In seinem Aufsatz *Auszug aus einem
Briefwechsel über Oßian und die Lieder alter Völker*, der in der vielleicht wichtigsten
Programmschrift des Sturm und Drang, der von Herder selbst herausgegebenen
Sammlung *Von deutscher Art und Kunst* (1773), erschien, heißt es:

»Wißen Sie also, daß je wilder, d. i. je lebendiger, je freiwürkender, ein Volk ist, (denn mehr heißt dies Wort doch nicht!) desto wilder, d. i. desto lebendiger, freier, sinnlicher, lyrisch handelnder müßen auch, wenn es Lieder hat, seine Lieder seyn! Je entfernter von künstlicher, wißenschaftlicher Denkart, Sprache und Letternart das Volk ist: desto weniger müßen auch seine Lieder fürs Papier gemacht, und todte Lettern Verse seyn: vom Lyrischen, vom Lebendigen und gleichsam Tanzmäßigen des Gesanges, von lebendiger Gegenwart der Bilder, vom Zusammenhange und gleichsam Nothdrange des Inhalts, der Empfindungen, von Symmetrie der Worte, der Sylben, bei manchen sogar der Buchstaben, vom Gange der Melodie, und von hundert andern Sachen, die zur lebendigen Welt, zum Spruch- und Nationalliede gehören, und mit diesem verschwinden – davon, und davon allein hängt das Wesen, der Zweck, die ganze wunderthätige Kraft ab, die diese Lieder haben, die Entzückung, die Triebfeder, der ewige Erb- und Lustgesang des Volks zu seyn!«[35]

Herder begründete seine theoretische Orientierung an der Dichtung alter Völker anthropologisch, soziologisch und historisch damit, daß dort eine Totalität der menschlichen Natur zum Ausdruck komme, die in der absolutistisch-bürgerlichen Gesellschaft verlorengegangen sei. Herders Einsicht in die neuzeitliche Trennung von Gefühl und Verstand, die besonders von der frühen Aufklärung eher verstärkt wurde, enthält schon dieselbe Kritik an den Prinzipien bürgerlicher Zivilisation, die sich in der Lyrik des jungen Goethe in poetischer Form niederschlug. Bürger seinerseits hielt sich in seinen theoretischen Äußerungen vor allem an den Begriff der Volksdichtung, ohne dabei Herders anthropologische und historische Argumentation mitzureflektieren. Seine Anschauungen vom Wesen der Poesie finden sich in den Vorreden zu den beiden Ausgaben seiner Gedichte (1778 und 1789) sowie vor allem in den beiden kurzen Abhandlungen *Aus Daniel Wunderlichs Buch* (1776) und *Von der Popularität der Poesie* (1784). Alle Poesie, so fordert er, müsse »volksmäßig« sein und sich der »Versmacherkunst« fernhalten, die dem »Reich des Verstandes und Witzes« angehöre. Poesie, das ist für Bürger »das Gebiet der Phantasie und Empfindung«, wie er sie den Balladen, Gassenhauern und Volksliedern »unter den Linden des Dorfs, auf der Bleiche, und in den Spinnstuben« abgelauscht hat.[36] Nicht nur der Bezug aufs Volkslied, auch der Gedanke eines »Naturkatechismus«, die Begründung von Poesie, Phantasie und Empfindung in der Natur verweisen eindeutig auf Bürgers Nähe zum Straßburger Sturm und Drang. Der Volksdichter ist für Bürger Dichter der Nation. Bürgers Volksbegriff schließt zumindest in den siebziger Jahren alle Stände, auch den Pöbel, mit ein, umfaßt in Bürgers und später auch Büchners Worten Paläste und Hütten. Die Emphase, mit der hier die Illusion von der Einheit des ganzen Volkes proklamiert wird, hat etwas an sich von den demokratischen Forderungen des gleichzeitigen amerikanischen Freiheitskampfes und deutet auf Bürgers demokratische Grundhaltung, die er nie aufgab und die sich noch in seinen letzten Lebensjahren in einer begeisterten Stellungnahme zur Französischen Revolution manifestierte.

Die Ballade nun entsprach nicht nur Bürgers eigenstem Talent, sondern empfahl sich dem auf Volkstümlichkeit bedachten Dichter auch aus rezeptionsästhetischen Gründen. Ihre Verwurzelung in der Volksdichtung, ihre Mischung von epischem Bericht, lyrischer Stimmungsmalerei und dramatischer Handlung sowie ihre Rezitierbarkeit erschlossen der Ballade potentiell Wirkungsmöglichkeiten, wie sie sonst nur das Drama und das Volkslied auszeichneten. Bürger hoffte, daß sich aus der Balladendichtung jene »große Nationaldichtung« entwickeln werde, die bei den Deutschen die

Stelle der griechischen *Odyssee* oder *Ilias* einnehmen könne: »Von der Muse der Romanze und Ballade ganz allein mag unser Volk noch einmal die allgemeine Lieblingsepopee aller Stände, von Pharao an bis zum Sohn der Magd hinter der Mühle, hoffen.«[37] Wenn sich diese Hoffnung auch als übertrieben erwies, so lassen sich Bürgers Balladen doch sehr gut von seinen poetischen und wirkungsästhetischen Intentionen her interpretieren. Die Verarbeitung von Motiven der Volksüberlieferung (der Gespensterritt, der wilde Jäger, der Raubgraf, der gerechte Kaiser usw.), die Anlehnung an die Kirchenliedstrophe, die zahlreichen populären biblischen Redewendungen, die Liedformeln, die sprachliche und stilistische Versinnlichung und Veranschaulichung konkreter Vorgänge und Wahrnehmungen in der *Lenore* – alles ist auf eine möglichst breite, alle Schichten des Volkes umfassende Rezeption abgestellt. Der zeitgenössische Erfolg etwa der *Lenore*, der auch durch kirchliche und aufklärerische Kritik kaum berührt wurde, bestätigt Bürgers poetisches Verfahren aufs nachdrücklichste.

Man muß sich davor hüten, die *Lenore* (und das gilt auch für *Der wilde Jäger* und *Des Pfarrers Tochter von Taubenhain*) nur als gegenaufklärerische Schauerballade zu lesen, wobei dann ausschließlich Gespensterritt und Geisterunwesen ins Blickfeld geraten. Auch Herbert Schöfflers alternative Interpretation der *Lenore* als Ausdruck einer tiefen Glaubenskrise, die erstmals den wichtigen Dialog zwischen Mutter und Tochter ernst nahm, kann in ihrer Einseitigkeit nicht genügen.[38] Daß es bei Bürger um mehr geht, hat im Grunde schon Heinrich Heine angedeutet, wenn er schrieb: »Die Bürgersche Lenore lebte in einer protestantischen, skeptischen Periode, und ihr Geliebter zog in den Siebenjährigen Krieg, um Schlesien für den Freund Voltaires zu erkämpfen.«[39] Die Verlagerung der Volkssage in die unmittelbare Gegenwart mit dem sprechenden Hinweis auf den »harten Sinn« des Königs und der Kaiserin verleiht der *Lenore* einen aktuell-zeitkritischen Gehalt. Die Erwähnung des Siebenjährigen Krieges ist ebensowenig nebensächlich,[40] wie das Gespräch mit der Mutter nicht einfach dem pathetischen Ausdruck von Lenores Leiden dient.[41] In Anlehnung an Kaim-Kloock spricht Ute Druvins prägnant die komplexe Dialektik persönlichster und gesamtgesellschaftlicher Momente in Bürgers *Lenore* an:

»Lenore rebelliert, indem sie mit ihrem leidenschaftlichen, unbedingten Gefühlsanspruch die religiösen Tröstungsversuche der Mutter abwehrt, gegen die wichtigsten gesellschaftlichen Instanzen der Zeit: Primär gegen die orthodoxe Kirche mit ihren die konkreten menschlichen Bedürfnisse verfehlenden Selbstbescheidungs- und Demütigkeitsforderungen, indirekt jedoch auch gegen den Staat, der aus machtpolitischen, dynastischen Interessen Krieg führt, ohne sich um die Lage der Betroffenen zu kümmern, und schließlich, da sie der Mutter [...] den Gehorsam verweigert, gegen die Familie.«[42]

Noch die scheinbar so anti-aufklärerischen Gespenster dienen bei Bürger der aufklärerischen Kritik an feudal-absolutistischer Gewaltherrschaft. Immer wieder erscheinen in den Balladen Gespenster der Verzweiflung und der Rache (der gefallene Soldat, die hingerichtete Kindermörderin), Opfer einer angeblich aufgeklärten Gesellschaftsordnung, die in der Aufklärung selbst allzuoft zur Legitimation von Herrschaftsinteressen herhalten mußte. Gewiß ist die Gesellschaftskritik Bürgers in Balladen wie *Der Raubgraf*, *Der wilde Jäger*, *Lenardo und Blandine* und *Des Pfarrers Tochter von Taubenhain* leichter greifbar als in der *Lenore*, aber von jenen Gedichten her gesehen gewinnt auch die *Lenore* eine radikal gesellschaftskritische Dimension, die das zeitliche Nebeneinander dieser scheinbar so unpolitischen Ballade und des Antityrannengesanges *Der Bauer* plausibel macht. Wie Lenz' und Wagners Theaterstücke gehören Bürgers Balladen zu jenen radikalen Versuchen des Sturm und Drang, herkömmliche Gattungen zeit- und gesellschaftskritisch so weiterzuentwickeln, daß inhaltliche Neuerungen und aufklärungskritische Einstellung sich auch in veränderten literarischen Formen niederschlagen.

Wie im Bereich der Ballade ging Bürger auch in der anklagenden Fürstenode über das im Göttinger Hain Übliche hinaus. Gegenüber Bürgers *Der Bauer*, einer Art dramatischem Monolog in jambischen, reimlosen Strophen, wirken die Tyrannengesänge von Stolberg, Voß und Miller blaß und abstrakt. Erst bei Bürger tritt das lyrische Ich als Ankläger hervor, und die Anklage selbst ergibt sich konkret aus der Lebenssituation des Bauern, dessen Ernte von der fürstlichen Jagd zertreten wird. Veröffentlicht wurde der 1773 entworfene Text im Voßischen Musenalmanach auf das Jahr 1776, in dem das politisch brisante Bauernthema gleich in zwei weiteren wichtigen Texten vertreten war: in Voßens Idylle *Die Leibeigenschaft* und Goekkings *Die Parforcejagd*. An diesen Texten wie auch an den schon im *Göttinger Musenalmanach 1775* publizierten dramatischen Gesprächen *Die Pfändung* und *Besuch um Mitternacht* von Johann Anton Leisewitz zeigt sich, wie die Zuspitzung gesellschaftlicher Konflikte und der vorrevolutionäre Erwartungshorizont des Sturm-und-Drang-Jahrzehnts die Dichter zur dramatischen Gestaltung drängten. Der zeittypische Übergang von der Protestode zum Drama, der sich in Bürgers *Bauer* nur andeutet, findet sich ausgeprägter noch im gescheiterten *Prometheus*-Projekt Goethes. Bürger selbst hat sich trotz mancher Pläne nie im Drama versucht. Aufgrund einschränkender Lebenserfahrungen und mangelnder Bekanntschaft mit dem Theater blieb ihm der Zugang zur Großform des Dramas verwehrt. Es ist verführerisch sich auszumalen, wie anders, um wie vieles reicher Bürgers künstlerische Entwicklung hätte verlaufen können, wenn er das Glück gehabt hätte, in direktem Kontakt mit der Straßburger Gruppe leben und schreiben zu können.

Zwischen 1773 und 1776 stand Bürger mit seiner Lyrik auf der Höhe der Sturm-und-Drang-Entwicklung. In den Folgejahren lösten sich die Sturm-und-Drang-Kreise in Göttingen und in Straßburg immer weiter auf, und Bürgers lebensgeschichtliche Situation führte ihn immer tiefer in die Resignation, die seine produktiven Kräfte lähmte. Die Liebeslyrik dominiert, wobei vor allem die an die Schwester seiner Frau gerichteten Molly-Lieder und die Sonette der späten achziger Jahre erwähnenswert sind. Für den größten Teil von Bürgers kurzem Leben gelten die Sätze, die er 1778 an den Freund Boie schrieb: »Ich bin wie in ein dumpfes Grab verschlossen, ich kann nicht athmen, ich ersticke. Großer Gott! du giebst mir das Vermögen *zu leben*, und nicht den Ort, nicht die Gelegenheit.«[43] Heinrich Heine bestätigte dieses Urteil, das auch für eine Reihe anderer Stürmer und Dränger gelten darf, wenn er Bürger dergestalt gegen August Wilhelm Schlegels Schmähreden in Schutz nahm:

»Diesen Geist begriff Herr Schlegel nicht; sonst würde er in dem Ungestüm, womit dieser Geist zuweilen aus den Bürgerschen Gedichten hervorbricht, keineswegs den rohen Schrei eines ungebildeten Magisters gehört haben, sondern vielmehr die gewaltigen Schmerzlaute eines Titanen, welchen eine Aristokratie von hannövrischen Junkern und Schulpedanten zu Tode quälte.«

Und Heine rettete Bürger gegen den bis heute noch nicht völlig versiegten Strom der Schmähungen, wenn er schloß: »Der Name ›Bürger‹ ist im Deutschen gleichbedeutend mit dem Worte citoyen.«[44]
Der radikaldemokratischen Position Bürgers am nächsten steht im Sturm und Drang der württembergische Dichter und Journalist Christian Friedrich Daniel Schubart, der sein politisches Anliegen freilich nicht nur in Gedichten, sondern vor allem in seiner 1774 begründeten Wochenschrift, der *Deutschen Chronik*, zu fördern suchte. Dieses erfolgreiche publizistische Unternehmen, das sich nie nur aufs Schöngeistige beschränkte und folglich ständig unter kirchlichem und staatlichem Zensurzwang stand, trug Schubart eine zehnjährige Haft in Herzog Karl Eugens berüchtigtem Zuchthaus auf dem Hohenasperg ein, wo ihn auch der junge Schiller einmal besuchte. Schubarts Lyrik enthält Anakreontisches und Satirisches, schwülstig-rhetorische Todeslyrik und Klopstock nachempfundene Oden. Wie Bürger und Herder griff er auf die Volksdichtung zurück und schrieb zahlreiche Handwerker-, Bauern- und Volkslieder (*Branntweinlied eines Schusters, Schwäbisches Bauernlied, Liesels Brautlied* usw.). Schubarts bedeutendster Beitrag zum Sturm und Drang findet sich in seinen jeweils aus aktuellem Anlaß entstandenen antiabsolutistischen Soldatenliedern wie *Freiheitslied eines Kolonisten* (1775), *Der Bettelsoldat* (1781 oder 1783) und *Kaplied* (1787), in der religiös-apokalyptischen Fürstenkritik der *Fürstengruft* (1788) und in dem bewegend-schlichten Zuchthauslied *Der Gefangene* (1782), in dem Bürgers Klage über den Mangel an Lebensmöglichkeiten in poetisch-lyrischer Form verschärft wiederkehrt. Beide Male, bei Bürger wie bei Schubart, verweist die individuelle Lebensgeschichte auf das gesamte Schicksal einer Generation.

Goethe

Die Ausnahme war der bedeutendste und vielseitigste, wenn auch nicht gerade produktivste Lyriker des Sturm und Drang – nämlich Johann Wolfgang Goethe. Er hatte beides: Begabung und günstige Lebensmöglichkeiten. Wenn Goethe in diesem Abriß erst nach dem Göttinger Hain, nach Bürger und Schubart behandelt wird, so nicht aus Gründen der Chronologie. Die ersten Gedichte, an denen die Goethe-Forschung seit langem mit Recht das für den Sturm und Drang Neuartige aufzeigt, *Maifest* und *Willkommen und Abschied*, wurden schon im Frühjahr 1771 verfaßt, liegen also deutlich vor der Gründung des Göttinger Hains und vor den großen Balladen Bürgers. Goethe soll hier den Höhepunkt bezeichnen, weil sich in seinem lyrischen Jugendwerk jene neuen Auffassungen von Mensch und Natur, von Liebe und Subjektivität, von Genie und von künstlerischem Verfahren, die für den Sturm und Drang epochengeschichtlich entscheidend wurden, am intensivsten und umfassendsten ausprägen. In Ton und Gestus ist Goethes Sturm-und-Drang-Lyrik dabei keineswegs einheitlich. Hymnisch jubelnder Preis der Natur verbindet sich mit durchgehaltener Reflexion; erfahrungsgesättigter Gefühlsausdruck des lyrischen Ich steht neben dialogischen Gedichten und mythischen Rollengedichten; kunstvoll schlichte Volksliedtöne treffen auf den scherzhaften Konversationsgestus aufgeklärter Geselligkeit. Auch formal beeindruckt die Variationsbreite der Goetheschen Produktion. Reimgedichte unterschiedlichster Versmaße und Strophenformen finden sich neben reimlosen freirhythmischen Hymnen, die zwar ohne Klopstocks Vorbild kaum denkbar sind, aber doch in Sprachfülle, Neuprägungen und rhythmischer Gestaltung weit über diesen hinausführen. Und immer handelt es sich um kunstbewußtes Schreiben, das vor allem in den weniger gelungenen Gedichten die Übergänge und Brüche von der herkömmlichen lyrischen Sprache zum »Neuton« noch deutlich spüren läßt. Keine Rede also vom innerlich getriebenen Genie, vom alles überfluten- den Ausbruch irrationaler Schaffenskraft, wohl aber epochaler Durchbruch aus einem in den Leipziger Studienjahren erlernten, verbürgerlichten Rokoko in eine Ausdruckssphäre, die letztlich doch mehr birgt als nur »Fortführung, Entwicklung, Ausweitung aufklärerischer Tätigkeit« und »ideologischen Überschuß«.[45]

Goethes Sturm-und-Drang-Lyrik unterteilt man gewöhnlich in Sesenheimer Lieder, Frankfurter Hymnen, Künstlergedichte, Balladen, Gelegenheitsgedichte und den Lili-Komplex.[46] Zu jeder dieser Gruppen sowie zu den bekanntesten Einzelgedichten gibt es eine umfängliche Spezialliteratur, die auch nur in groben Umrissen darstellen zu wollen den Rahmen dieses Epochenabrisses sprengen würde. Statt dessen soll versucht werden, die Sturm-und-Drang-Gedichte Goethes von dem für die Epochen- problematik zentralen Naturbegriff her anzugehen. Nicht die Tatsache, *daß* die Natur bei Goethe eine entscheidende Rolle spielt, ist bemerkenswert, sondern die Art und Weise, *wie* Natur von Goethe wahrgenommen, empfunden und dargestellt wird, be- zeichnet das Moment der Diskontinuität zwischen Sturm und Drang und Aufklärung. Trotz mancher Nachteile scheint mir dieses Verfahren gerechtfertigt zu sein, weil sich im Straßburger Sturm und Drang nicht zuletzt unter dem Einfluß Rousseaus mit dem Naturbegriff erstmals eine radikale Zivilisationskritik verbindet, die nicht nur als Verwerfung des höfischen Adelsgeschmacks zu verstehen ist, sondern die gleichzeitig schon die Grundlagen frühbürgerlicher Zivilisation selbst angreift.[47] Dabei treibt der Sturm und Drang den Naturbegriff, der durchaus seit langem aufklärerisch-emanzipa- torische Kräfte an sich gezogen hatte, in eine Aporie, die der Aufklärung noch fremd war. Deutlich wird dies vor allem am unauflöslichen Mit- und Gegeneinander von Prometheus und Ganymed, Götz und Werther, das simple Versöhnung so wenig erlaubt wie Unterwerfung des einen Pols unter den anderen. Die substantielle Antibürgerlichkeit der Goetheschen Naturerfahrung sowie deren Aporie in einer adlig-bürgerlichen Zivilisation sind für ein Verständnis von Goethes Jugendlyrik ebenso zentral wie für eine Einschätzung des Sturm und Drang insgesamt.

Keineswegs bürgerlich ist im Kontext des 18. Jahrhunderts die dynamisch-ganzheit- liche Naturerfahrung des jungen Goethe, der den Menschen selbst als Teil der ewig schaffenden und zerstörenden Kraft der Natur versteht und dabei das in der bürger- lichen Tugendlehre und Weltanschauung der Aufklärung verankerte Gegenüber von Mensch und Natur mit seinem Leib-Seele-Dualismus und seinem Insistieren auf Affektkontrolle und Aufschub von Gratifikation unterminiert. Man mag mit einigem Recht dagegenhalten, daß Goethes dynamische Naturauffassung und die damit verbundene Verherrlichung des starken, unabhängigen Individuums schon bald und nicht von ungefähr zu einem Mythologem wurde, das die angebliche Naturwüchsig- keit der kapitalistischen Warengesellschaft eindrucksvoll legitimieren konnte. Für den historischen Kontext der siebziger Jahre des 18. Jahrhunderts jedoch bleibt der Widerstand zu betonen, den Goethe der aufgeklärten, bürgerlichen Naturauffassung entgegensetzte, ein Widerstand, der sich über den Sturm und Drang hinaus auch in

Goethes naturwissenschaftlichen Forschungen und Schriften niederschlug.[48] Überdies verweist Goethes Affinität zu Spinoza und zu dessen pantheistischem *deus sive
natura*, das sich mit den Prinzipien moderner Naturwissenschaft durchaus nicht
vereinbaren läßt, darauf, daß die gesellschaftskritischen Momente seines Naturkon-
zepts nicht nur die Unnatur des höfischen Adels und die orthodoxe Theologie, d. h.
Staat und Kirche, treffen, sondern schon das Prinzip bürgerlicher Naturbeherrschung
selbst angreifen. Das Paradox des bürgerlichen Lobes von Goethes Naturlyrik liegt
darin, daß das, was sich in der Naturwissenschaft verbot, wollte sie nicht ihren
Anspruch auf Wissenschaftlichkeit verlieren, in der Dichtung nicht nur erlaubt,
sondern sogar gefordert wurde!
Giuliano Baioni hat überzeugend nachgewiesen, daß es sich in der vorgoetheschen
Naturlyrik viel eindeutiger um ein im Sinne des 18. Jahrhunderts bürgerliches Naturgefühl handelt als in *Maifest, Willkommen und Abschied* und den Frankfurter
Hymnen. Zur Dominanz des Erhabenen etwa in der Naturlyrik Klopstocks, die oft
ungenau als Vorbereitung des Goetheschen Naturgedichts gesehen wird, schreibt
Baioni:

»Dieses Bedürfnis, durch kolossale, alle menschliche Vorstellungskraft übersteigende Bilder der
Natur, wie etwa einen Orkan, einen riesigen Wasserfall, einen schwindelerregenden Abgrund
oder eine menschenleere Ebene, erschreckt und erstaunt zu werden; der Schrecken selbst, den
man aufgrund eines genauen und bald für Konvention erstarrten Katalogs von Naturbildern
ganz bewußt konstruiert, um das bewundern zu können, wovor man Angst haben will [. . .] –
dies alles gehört zu einem ästhetischen Ritual, bei dem der Aufklärungsmensch seine größte
Genugtuung darin findet, sein rationales Vermögen ständig aufs Spiel zu setzen.«[49]

Die Ästhetik des Erhabenen in der Naturlyrik der Aufklärung zielt auf eine Darstel-
lung der Natur als zu überwindendes Hindernis und entspricht damit der Haltung der
modernen Naturwissenschaften. Herrschaft über die Natur geht wie in der Physiko-
Theologie des 17. Jahrhunderts Hand in Hand mit ehrfürchtiger Unterwerfung unter
den Schöpfer dieser Natur. Mittlere Stillage, Einbindung von Natur in Vernunft und
Religion, ehrfurchtsvolle Anbetung Gottes durch die Natur hindurch, die in der
Versagung des ungeminderten Naturgenusses gipfelt – all dies läßt Baioni mit gutem
Grund folgern: »Die Vermutung liegt nahe, daß das Erhabene als der Bereich, in dem
die Liebe und die Lust verboten sind, das bürgerliche Ethos der Leistung und der
Arbeit ästhetisch ritualisiert.«[50] Die Goetheschen Naturgedichte der Straßburger und
Frankfurter Zeit brechen nun radikal mit dem Ethos des Erhabenen und halten sich
eher an die schöne Natur, die von Burkes *Enquiry* (1756) bis zu Schillers *Über das
Erhabene* (entst. um 1795) als Gegenpol der erhabenen Natur fungiert. In den
ästhetischen Schriften der Zeit wird diese schöne Natur meist zur »bloß schönen«
Natur abgewertet, vermutlich weil ihr erotisch-sinnliche Qualitäten zugeschrieben
wurden, die den patriarchalischen Herrschaftsanspruch über die Natur bedrohten und
im Rahmen bürgerlicher Affektkontrolle zu unterdrücken waren. Natur als Eros
findet sich freilich in der Lyrik von Rokoko und Anakreontik, dort allerdings meist in
tändelhaft verniedlichter oder melancholisch tränenseliger Form. Zudem besteht
dort, wie auch im Göttinger Hain, die schöne Natur meist aus Versatzstücken, die
bewußt auf Effekt, nicht auf konkreten Erlebnisausdruck hin inszeniert werden.
Ganz anders der junge Goethe, der nach seinen anakreontischen Anfängen die

erotisch-sinnlichen Konventionen der Rokokodichtung ebenso beim Wort nahm wie deren Lustprinzip, das bei den anämisch-asketischen Naturlyrikern seiner Zeit nicht weniger verpönt war als in der späteren Germanistik. Baioni hat durchaus recht, wenn er gegen die herkömmliche Forschung behauptet, Goethe schreibe seine Sesenheimer Natur- und Liebesgedichte, in denen Natur erotisch besetzt ist und Eros als Natur erlebt wird, nicht gegen, sondern mit Hilfe rokokohafter Naturkonventionen, und gerade dies mache ihn zum Stürmer und Dränger.[51] Eben hier zeigt sich noch einmal der Abstand Goethes vom Göttinger Hain, dem offene Erotik und Sinnlichkeit als französisches Laster galt und dessen tugendlallende Attacken auf Wieland ihn bürgerlicher Aufklärungsmoral viel eher zugehörig erscheinen lassen als dem Sturm und Drang. Der Schein einer auf dem unverminderten Genuß des Naturschönen beruhenden Einheit von Ich und Natur, wie er von *Unbeständigkeit* (1768) über *Maifest* bis zu *Auf dem See* (1775) Goethes Jugendlyrik durchzieht, wird dann freilich in *Ganymed* und *Werther* auf die Spitze getrieben und enthüllt dort in unterschiedlicher Weise seinen durch und durch antibürgerlichen und zivilisationskritischen Charakter. Es ist wohl kein Zufall, daß bürgerliche Ideologen aus Werthers Scheitern und Prometheus' Erfolg mehr Funken schlagen konnten als aus *Ganymed*. Aber nicht nur für die Naturwahrnehmung in *Ganymed*, sondern schon für die des *Maifestes* gilt, was Adorno in seiner *Rede über Lyrik und Gesellschaft* mit implizitem Bezug auf Goethe ausführt:

»Was wir jedoch mit Lyrik meinen [. . .] hat, je ›reiner‹ es sich gibt, das Moment des *Bruches* in sich. Das Ich, das in der Lyrik laut wird, ist eines, das sich als dem Kollektiv, der Objektivität entgegengesetztes bestimmt und ausdrückt; mit der Natur, auf die sein Ausdruck sich bezieht, ist es *nicht unvermittelt eins* [Hervorhebung A. H.]. Es hat sie gleichsam verloren und trachtet, sie durch Beseelung, durch Versenkung ins Ich selber, wiederherzustellen. Erst durch Vermenschlichung soll der Natur das Recht abermals zugebracht werden, das menschliche Naturbeherrschung ihr entzog. Selbst lyrische Gebilde, in die kein Rest des konventionellen und gegenständlichen Daseins, keine krude Stofflichkeit mehr hineinragt, die höchsten, die unsere Sprache kennt, verdanken ihre Würde gerade der Kraft, mit der in ihnen das Ich den Schein der Natur, zurücktretend von der Entfremdung, erweckt. Ihre reine Subjektivität, das, was bruchlos und harmonisch an ihnen dünkt, zeugt vom Gegenteil, vom Leiden am subjektfremden Dasein ebenso wie von der Liebe dazu – ja ihre Harmonie ist eigentlich nichts anderes als das Ineinanderstimmen solchen Leidens und solcher Liebe.«[52]

Sicherlich dient Goethes »Natur«, wie Hans-Heinrich Reuter ausführt, auch als »umfassender Gegenbegriff zu jeder Art gesellschaftlicher Konvention«,[53] aber sie erschöpft sich nicht darin. Geradezu entstellend wirkt der platt marxistische Ansatz, wenn behauptet wird, daß »die subjektive Lyrik des jungen Goethe [. . .] das persönlich bekennende Anliegen der Gesellschaft, und zwar der aufsteigenden bürgerlichen Klasse«[54] repräsentiere. Die totale Identifikation des Kunstwerks mit einer Klassenposition verzerrt beides, den Wahrheitsgehalt des Werks und das Klasseninteresse des Bürgertums. In der überschwenglich gefeierten, schönen Frühlingsnatur des *Maifestes* und der *Ganymed*-Hymne blitzt der utopische Gedanke einer Versöhnung von Mensch und Natur auf, die dialektisch auf ihr unabwendbares Gegenteil, die Entfremdung, verweist und gerade darin ihr zivilisationskritisches Moment voll entfaltet. Goethes Naturwahrnehmung ist selbst Spätprodukt einer Zivilisation, in der die unmittelbare Einheit des Menschen mit der Natur nur als Schein im Kunstwerk hergestellt werden kann. Im Gegensatz zu zahlreichen bürgerlichen Ideologen wissen Goethe und Adorno, daß es eine unvermittelte Einheit des Menschen mit der Natur historisch nie gegeben hat und nie geben wird. Aber gerade in der »lyrischen Idee der sich wiederherstellenden Unmittelbarkeit« im Verhältnis zur Natur, die in Goethes Naturgedichten gültig dargestellt ist und die, wie man mit Adorno sagen könnte, keinesfalls »ohnmächtig romantisch Vergangenes beschwört«,[55] liegt deren Appell an eine postindustrielle Zivilisation, in der nicht nur Natur durch menschlichen Eingriff zusehends zerstört wird, sondern auch das Sprechen über Natur der (oft gut gemeinten) Sprachregelung »Umwelt« zum Opfer gefallen ist.

Gewiß, das zivilisationskritische Moment des Bruches, von dem bei Adorno die Rede ist, erschließt sich nicht aus der Lektüre der Sesenheimer Lieder allein. Dazu muß man das Mailied schon im Kontext des »Wohin? Ach wohin?« Ganymeds und der tragischen Aporie Werthers lesen, dessen Sehnsucht nach liebender Einheit mit der Natur zum Zerfall desselben bürgerlichen Ichs führt, das doch gerade in der Erfüllung dieser Sehnsucht Selbstverwirklichung suchte. Daß Goethes Naturauffassung nicht auf *Maifest, Ganymed* oder Werthers Brief vom 10. Mai festgelegt werden kann, bezeugt auch seine Kritik aus dem Jahre 1772 an Sulzers Konzept der lieblichen, angenehmen Natur. Dort heißt es unmißverständlich:

»Gehört denn, was unangenehme Eindrücke auf uns macht, nicht so gut in den Plan der Natur als ihr Lieblichstes? Sind die wütenden Stürme, Wasserfluten, Feuerregen, unterirdische Glut, und Tod in allen Elementen nicht ebenso wahre Zeugen ihres ewigen Lebens als die herrlich aufgehende Sonne über volle Weinberge und duftende Orangenhaine?« Und: »Was wir von Natur sehn, ist Kraft, die Kraft verschlingt; nichts gegenwärtig, alles vorübergehend, tausend Keime zertreten, jeden Augenblick tausend geboren, groß und bedeutend, mannigfaltig ins Unendliche; schön und häßlich, gut und bös, alles mit gleichem Rechte nebeneinander existierend.«

Wie wenig berechtigt es ist, Goethes Kunst mit Natur kurzzuschließen, zeigt die unmittelbar folgende Äußerung: »Und die Kunst ist gerade das Widerspiel; sie entspringt aus den Bemühungen des Individuums, sich gegen die zerstörende Kraft des Ganzen zu erhalten.«[56] Daß diese zerstörende Kraft des Ganzen nicht nur der Natur, sondern auch einer schon im Absolutismus zur Natur verklärten Gesellschaftsordnung entspringt, zeigt Goethe in *Götz* und *Werther*. In den Hymnen *Wandrers Sturmlied* (1772) und *An Schwager Kronos* (1774) thematisiert Goethe dann die Auseinandersetzung, ja, den Kampf des lyrischen Ichs mit den »unangenehmen«, »wütenden« Aspekten der Natur, mit Sturm und Unwetter. Kunst ist hier in der Tat »Widerspiel« der Natur. Nicht das Ethos der Hingabe und »Entselbstigung«, wie Goethe von Ganymed sagte, dominiert hier, sondern jenes der Verselbstung, der trotzigen Selbstbehauptung des genialen Menschen, wie sie auch für die *Prometheus*-Hymne so charakteristisch ist. Trotzige Selbstbehauptung unter den Blitzen des Zeus oder im Sturm feindlicher Gewalten stellt das prometheische Genie freilich auch hier nicht in Gegensatz zur Natur. Seine Widerstandskraft entspringt vielmehr der Natur selbst. Es ist, als träfen zwei Naturgewalten aufeinander und arbeiteten sich aneinander ab, wobei freilich unentschieden bleibt, bis zu welchem Grade die äußere, nichtmenschliche Natur vom Genie vorher anthropomorphisiert wurde, inwieweit mit anderen Worten die Subjektivität des Genies dieser Natur zuvor schon ihren Stempel aufgedrückt hat. Das antibürgerliche Ineinander von Mensch und Natur charakterisiert auch diese in Goethes Jugendlyrik sprachlich radikalsten hymnischen Dichtungen.

Mit Recht hat die Forschung die zyklisch-dialektische Beziehung zwischen Ganymed und Prometheus immer wieder hervorgehoben, und so reißt Baioni Zusammengehöriges auseinander, wenn er behauptet, daß die in den Hymnen metaphorisierte Natur mit ihrem prometheischen lyrischen Ich nur mehr »die Gestalt des kapitalistischen Unternehmers, den man gern in der europäischen Literatur als reine Naturkraft feiern wird«, durchscheinen lasse.[57] Diese Auffassung steht gerade mit der von Baioni selbst herausgearbeiteten Antibürgerlichkeit von Goethes Naturauffassung im Widerspruch. Was die *Prometheus*-Hymne anbelangt, so mag Baionis Beobachtung stichhaltig erscheinen, zumindest dann, wenn man nicht berücksichtigt, daß die Haltung des Prometheus im parallelen Dramenfragment von Goethe keineswegs positiv bewertet wird. In *Wandrers Sturmlied* und *An Schwager Kronos* jedoch zerspringen nicht nur traditionelle lyrische Formen und Ausdrucksweisen, sondern eine auf Ordnung, Logik, Kausalität und Naturbeherrschung bedachte Haltung zur Welt, eben das, was man allgemein als bürgerliches Kulturverhalten bezeichnen könnte.

Es ist gleichermaßen falsch, das prometheische Genie Goethes auf den künstlerischen Vorschein kapitalistischen Unternehmertums zu reduzieren, wie es unzulässig ist, es auf das Dichtergenie einzugrenzen. Zwar gibt es eine gewisse Affinität zwischen dem trotzigen Wanderer und dem menschenschaffenden Rebellen gegen die Götter einerseits und dem Künstlergenie andererseits. Schließlich verarbeitet der Künstler Goethe in diesen Gedichten eigene Erfahrungen und Erlebnisse. Auch schreibt er in denselben Jahren, in denen die Hymnen entstanden, eine Reihe von Gedichten und dramatischen Skizzen zum Thema Kunst und Künstler. Diese Gedichte, die fast ausschließlich den bildenden Künstler zum Gegenstand haben, gewähren Einblick in dessen Werkstatt und psychischen Schaffensprozeß (*Künstlers Morgenlied, Künstlers Apotheose*), oder sie artikulieren des Künstlers gespanntes Verhältnis zur Gesellschaft (*Der Adler und die Taube, Des Künstlers Erdewallen*). Der Geniebegriff des Sturm und Drang war jedoch im Gegensatz zu einer Lieblingsthese der älteren Goethe-Forschung nie aristokratisch-elitär, sondern vor allem bei Herder und Goethe demokratisch und volksverbunden. Das deutet sich am Rande schon in einigen an die bäuerliche Idylle gemahnenden Situationen in *Der Wandrer, Wandrers Sturmlied* und *An Schwager Kronos* an; ganz deutlich aber wird es, wenn Goethe unter Herders Einfluß im Elsaß Volkslieder zu sammeln begann und mit dem *Heidenröslein* selbst einen unvergeßlichen Beitrag zum deutschen Volkslied leistete. Herder, der sich in Straßburg mit Thomas Percys *Reliques of ancient English Poetry* beschäftigte, öffnete dem jungen Goethe die Augen für den Wert der Volksdichtung, wobei Herders Volksbegriff nicht mythische Anonymität meinte, sondern künstlerische Wahrheit, Schlichtheit, Unverstelltheit und Authentizität. Shakespeare und Homer zählten in Herders Augen ebenso zur Volksdichtung wie das, was wir heute im engeren Sinne als Volkslied bezeichnen. In *Dichtung und Wahrheit* schrieb Goethe rückblickend über diese für den Sturm und Drang so entscheidende Straßburger Begegnung mit Herder: »Ich ward mit der Poesie von einer ganz andern Seite, in einem andern Sinne bekannt als bisher, und zwar in einem solchen, der mir sehr zusagte.« Goethe gewann durch Herder die Überzeugung, »daß die Dichtkunst überhaupt eine Welt- und Völkergabe sei, nicht ein Privaterbteil einiger feinen, gebildeten Männer«.[58] Die Affinität zu Bürgers Auffassung von Volkspoesie, die ja ebenfalls durch Herder angeregt und bestärkt wurde, ist deutlich genug, und so überrascht es denn kaum, wenn Goethe neben seinen Versuchen im Volkslied auch Balladen zu dichten begann, von denen *Der König in Thule* (1774), von Gretchen im *Faust* als Volkslied gesungen, die bekannteste ist. Die Liebesballaden der Sturm-und-Drang-Jahre (*Es war ein Buhle frech genung, Klaggesang von der edlen Frauen des Asan Aga*) finden mit den naturmagischen Balladen der Weimarer Zeit eine bedeutende Fortsetzung, aber das liegt schon jenseits von Goethes Sturm und Drang.

Den Abschluß der Jugendlyrik bilden die Frankfurter Liebesgedichte des Jahres 1775 auf Lili Schönemann, mit der Goethe auf kurze Zeit verlobt war, bevor er die Einladung des Herzogs Karl August nach Weimar annahm und sich endgültig von Lili und seiner Geburtsstadt Frankfurt trennte. Der Ton dieser Liebeslyrik ist ein völlig anderer als der der Sesenheimer Lieder, nicht jauchzend, jubelnd und das geliebte Du dialogisch einbeziehend, sondern verhalten-monologisch. In der Tat steht die Lili-Lyrik nicht nur am Ende, sondern auch am Rande von Goethes Sturm-und-Drang-Lyrik. Das Scheitern dieser Liebe, das mehr mit den gesellschaftlich eingrenzenden Verhältnissen Frankfurts als mit der Intensität der Beziehung zwischen den Lieben-den zu tun hatte, führte zu zwei weiteren Naturgedichten, an denen sich ebenfalls der wachsende Abstand Goethes vom Sturm und Drang ablesen läßt. In den Gedichten *Auf dem See* (entstanden während der Schweizerreise im Frühsommer 1775) und *Im Herbst 1775* wird die Nähe des lyrischen Ichs zur Natur zwar beschworen, aber in der Trauer über Vergangenes und Vergänglichkeit schweift das lyrische Ich beide Male aus der unmittelbaren Naturgegenwart ab, kehrt dann allerdings in *Auf dem See* zu einer nur mehr von außen betrachteten Natur zurück: »Und im See bespiegelt / sich die reifende Frucht.« Das Glück totaler Gegenwärtigkeit von Natur und Liebe, wie es im *Maifest* zum Ausdruck kam, läßt sich auf Dauer nicht aufrechterhalten. Die Erfahrungen des Bruches und der Entfremdung, die Goethe gerade in seiner letzten Frankfurter Zeit verstärkt machen konnte, schlagen sich in der Lyrik nieder. Sowohl liebende Hingabe an die Natur als auch trotzige Selbstbehauptung, die ja beide, wenn auch in unterschiedlicher Weise, auf der postulierten utopischen Einheit von Mensch und Natur beruhten, weichen einer Haltung, in der das Gegenüber von Mensch und Natur als Realität anerkannt wird. Keineswegs endet hier Goethes liebendes, nicht-aggressives Verhalten zur Natur. Aber in Gedichten der Weimarer Jahre wie *Grenzen der Menschheit* (1781) oder *Das Göttliche* (1783) kehrt er bezeichnenderweise zum Ideal des Erhabenen zurück und gibt damit den Ansatz auf, der gerade seine Sturm-und-Drang-Lyrik heute so interessant erscheinen läßt.

Schiller

Schon Friedrich Schillers frühe Gedichte, die man – aus Gründen der Vollständig-keit – in einem Abriß zum Sturm und Drang nicht übergehen darf, sind gekenn-zeichnet durch den Gestus und Tonfall des Erhabenen. In Frage steht hier die von Schiller herausgegebene *Anthologie auf das Jahr 1782*, eine Sammlung von 83 größten-teils von Schiller verfaßten Gedichten sehr unterschiedlicher Art. Das Unternehmen verstand sich als Polemik gegen den »süßlichen schwäbischen Lokalpatriotismus«[59] des im Herbst 1781 von Gotthold Stäudlin herausgegebenen *Schwäbischen Musenalmanachs auf das Jahr 1782*. In seiner Selbstrezension der *Anthologie* im *Wirtembergischen Repertorium* lobte Schiller seine eigenen Gedichte in einer Weise, die an die Sturm-und-Drang-Polemik gegen die Empfindsamkeit erinnert: »Der darin herrschende Ton ist durchaus zu eigen, zu tief und zu männlich, als daß er unsern zuckersüßen Schwätzern und Schwätzerinnen behagen könnte.«[60] Aber dieser Sturm und Drang Schillers ist bei aller »Männlichkeit« vor allem pompös, rhetorisch überfrachtet und poetisch durchweg konventionell – konventionell vor allem in seiner noch hinter Klopstock zurückfallenden Reimstrophik. Schiller selbst hat die Schwächen seiner Jugendlyrik gesehen, als er in der *Vorerinnerung* der Ausgabe seiner Gedichte von 1803 diese Verse als »die wilden Produkte eines jugendlichen Dilettantism, die unsichern Versuche einer anfangenden Kunst und eines mit sich selbst noch nicht einigen Geschmacks« beschrieb.[61] Das Dilettantische zeigt sich in Klopstock nachempfundenen Oden auf Sonne, Gott und Schöpfung, in schlechter Anakreontik-Imitation und in Gedichten, die zu deutlich an Haller und Hölty, Bürger und Schubart erinnern, als daß sie als selbständiger Beitrag zum Sturm und Drang gelten könnten. Schillersches Pathos und sein polemischer Ton geben der *Anthologie* eine gewisse Einheitlichkeit, aber insgesamt läßt sich an Schillers Jugendlyrik – im Gegensatz zu seinen Jugenddramen – die These vom Durchbruchcharakter des Sturm und Drang noch weniger belegen als am Göttinger Hain. Die *Anthologie* mag für die Schiller-Forschung interessant sein. Für eine Charakterisierung der Epoche des Sturm und Drang ist sie es so wenig wie für den heutigen Leser, dem etwa die Laura-Oden noch ferner stehen dürften als die Liebeslieder der Haindichter. Den Abstand Schillers von dem epochal bedeutsamen neuen Ton Bürgers und Goethes ermißt man, wenn man Schillers *Kindsmörderin* neben Bürgers Ballade gleichen Themas (*Des Pfarrers Tochter von Taubenhain*) hält oder wenn man Schillers Naturgedichte (*An die Sonne, Die Herrlichkeit der Schöpfung*) mit der Naturlyrik Goethes vergleicht.

Wenn Schillers Jugendgedichte formal und thematisch auch eher zur Aufklärung zurückweisen und in ihrer Tendenz zu einer Poetik des Erhabenen die Klassik antizipieren, so bezeichnen doch die Anfangsverse des Gedichts *Resignation* (1784/85) eine Zeitstimmung, die für den Sturm und Drang, dessen Sehnsucht nach Glück und Leben unerfüllt blieb, insgesamt typisch ist:

> Auch ich war in Arkadien geboren,
>   Auch mir hat die Natur
> An meiner Wiege Freude zugeschworen;
> Auch ich war in Arkadien geboren,
>   Doch Tränen gab der kurze Lenz mir nur.

Anmerkungen

1 Vgl. dazu Andreas Huyssen: Drama des Sturm und Drang. München 1980. Bes. S. 20–44.
2 So etwa Karl Otto Conrady und andere Autoren des von Walter Hinck herausgegebenen Studienbuches: Sturm und Drang. Frankfurt a. M. 1978.

3 So Rolf Grimminger: Aufklärung, Absolutismus und bürgerliche Individuen. In: Hansers Sozialgeschichte der deutschen Literatur. Hrsg. von R. G. Bd. 3. Teilbd. 1. München 1980. S. 15–99. Bes. S. 57 ff.

4 So Jochen Schulte-Sasse in seinen beiden Beiträgen in: Aufklärung und literarische Öffentlichkeit. Hrsg. von Christa Bürger, Peter Bürger und Jochen Schulte-Sasse. Frankfurt a. M. 1980.

5 Vorbildlich geleistet wird dies in Jochen Schulte-Sasse: Kritisch-rationale und literarische Öffentlichkeit. In: Aufklärung und literarische Öffentlichkeit (Anm. 4) S. 12–38.

6 Vgl. dazu Leo Kreutzer: Wie herrlich leuchtet uns die Natur? Der Naturwissenschaftler Goethe – Porträt eines Verlierers. In: L. K.: Mein Gott Goethe. Reinbek 1980. S. 30–46; Andreas Huyssen: Das Versprechen der Natur – Alternative Naturkonzepte im 18. Jahrhundert. In: Natur und Natürlichkeit – Stationen des Grünen in der deutschen Literatur. Hrsg. von Reinhold Grimm und Jost Hermand. Königstein 1981. S. 1–18.

7 Herders Sämmtliche Werke. Hrsg. von Bernhard Suphan. Berlin 1878. Bd. 32. S. 72 und 78.

8 Dieser Ansatz wird im Hinblick auf das Drama weiter ausgeführt in meinem Epochenkommentar zum Sturm und Drang. Siehe Anm. 1.

9 Leicht zugänglich in: Der Göttinger Hain. Hrsg. von Alfred Kelletat. Stuttgart 1972. S. 349 f.

10 Zur politischen Rolle der Bardenmode vgl. Ulrich Dzwonek / Claus Ritterhoff / Harro Zimmermann: »Bürgerliche Oppositionsliteratur zwischen Revolution und Reformismus«. F. G. Klopstocks *Deutsche Gelehrtenrepublik* und Bardendichtung als Dokumente der bürgerlichen Emanzipationsbewegung in der zweiten Hälfte des 18. Jahrhunderts. In: Deutsches Bürgertum und literarische Intelligenz 1750–1800. Hrsg. von Bernd Lutz. Stuttgart 1974. Bes. S. 301–313; Heinz Stolpe: Die Auffassung des jungen Herder vom Mittelalter. Weimar 1955. S. 335–454; ferner Hans Julius Pott: Harfe und Hain. Die deutsche Bardendichtung des 18. Jahrhunderts. Diss. Bonn 1976.

11 Lore Kaim-Kloock: Gottfried August Bürger. Zum Problem der Volkstümlichkeit in der Lyrik. Berlin 1963. S. 108.

12 Ausführlich dargestellt bei Stolpe (Anm. 10) S. 410–430.

13 Jürgen Wilke: Vom Sturm und Drang bis zur Romantik. In: Geschichte der politischen Lyrik in Deutschland. Hrsg. von Walter Hinderer. Stuttgart 1978. S. 153.

14 Georg Christoph Lichtenberg: Aphorismen, Schriften, Briefe. Hrsg. von Wolfgang Promies. München 1974. S. 82.

15 Brief an Dieterich vom 28. 1. 1775. In: Der Göttinger Hain (Anm. 9) S. 367.

16 Karl Viëtor: Geschichte der deutschen Ode. Darmstadt [2]1961. Kapitel VII und IX.

17 Wolfgang Promies: Hölty aus dem Hain. In: Aufklärung und literarische Öffentlichkeit (Anm. 4) S. 249.

18 Ebd. S. 251. Zu Höltys Melancholie vgl. Ludwig Völker: Muse Melancholie – Therapeutikum Poesie. München 1978. S. 48–64.

19 Erläuterungen zur deutschen Literatur. Sturm und Drang. Hrsg. vom Kollektiv für Literaturgeschichte im Volkseigenen Verlag Volk und Wissen. Berlin [3]1967. S. 289 f.

20 Adolf Beck: Hölderlin und Friedrich Leopold Graf zu Stolberg. Die Anfänge des hymnischen Stiles bei Hölderlin. In: Iduna. Jahrbuch der Hölderlin-Gesellschaft 1 (1944) S. 88–114.

21 Brief an Dieterich vom 28. 1. 1775. In: Der Göttinger Hain (Anm. 9) S. 366 f.

22 Brief an Baldinger vom 29. 1. 1775. Ebd. S. 368.

23 Brief an Goeckingk vom 3. 6. 1775. Ebd. S. 443.

24 Günther Müller: Geschichte des deutschen Liedes. München 1925. [2]1959. S. 213; Der Göttinger Hain (Anm. 9) S. 441.

25 Müller (Anm. 24) S. 219.

26 Vgl. dazu Adalbert Elschenbroich: Ludwig Christoph Heinrich Hölty. In: Deutsche Dichter des 18. Jahrhunderts. Hrsg. von Benno von Wiese. Berlin 1977. S. 619–640. Bes. S. 620 f.

27 Müller (Anm. 24) S. 219 f.

28 Emil Staiger: Zu Bürgers »Lenore«, vom literarischen Spiel zum Bekenntnis. In: E. S.: Stilwandel. Studien zur Vorgeschichte der Goethezeit. Zürich 1963. S. 85.

29 Kaim-Kloock (Anm. 11). Zum neueren Bürger-Bild vgl. vor allem Klaus L. Berghahn: Volkstümlichkeit ohne Volk? Kritische Überlegungen zu einem Kulturkonzept Schillers. In: Popularität und Trivialität. Hrsg. von Reinhold Grimm und Jost Hermand. Frankfurt a. M. 1974. S. 51–75.

30 Brief an Boie vom 18. 6. 1773. In: Bürger: Werke und Briefe. Hrsg. von Wolfgang Friedrich. Leipzig 1958. S. 122.

31 Brief an Boie vom 8. 7. 1773. Ebd. S. 122 f.

32 Zur Beschreibung der für den Sturm und Drang wichtigsten Almanache vgl. Kaim-Kloock (Anm. 11) S. 111–127; Der Göttinger Hain (Anm. 9) S. 416–421.

33 Wolfgang Kayser: Geschichte der deutschen Ballade. Berlin 1936. S. 80 ff.

34 Staiger (Anm. 28); Walter Falk: Die Anfänge der deutschen Kunstballade. In: Deutsche Vierteljahrsschrift für Literaturwissenschaft und Geistesgeschichte 44 (1970) S. 670–686. Vgl. auch Ulrike Trumpke: Balladendichtung um 1770. Stuttgart 1975.

35 Herder / Goethe / Frisi / Möser: Von deutscher Art und Kunst. Einige fliegende Blätter. Hrsg. von Hans Dietrich Irmscher. Stuttgart 1968 [u. ö.]. S. 12 f.

36 Alle Zitate aus Gottfried August Bürger: Aus Daniel Wunderlichs Buch (Herzensausguß über Volks-Poesie). In: Bürger (Anm. 30) S. 577–582.

37 Ebd. S. 581.

38 Herbert Schöffler: Bürgers Lenore. In: H. S.: Deutscher Geist im 18. Jahrhundert. Essays zur Geistes- und Religionsgeschichte. Göttingen 1956. S. 86–94.

39 Heinrich Heine: Gemäldeausstellung in Paris 1831. In: Heinrich Heine: Werke. Bd. 3. Frankfurt a. M. 1968. S. 11.

40 So Albrecht Schöne: Bürgers Lenore. In: Deutsche Vierteljahrsschrift für Literaturwissenschaft und Geistesgeschichte 28 (1954) S. 329.

41 So Gerhard Kluge: Gottfried August Bürger. In: Deutsche Dichter des 18. Jahrhunderts (Anm. 26) S. 604.

42 Ute Druvins: Volksüberlieferung und Gesellschaftskritik in der Ballade. In: Sturm und Drang (Anm. 2) S. 122 f.

43 Brief an Boie vom 7. 11. 1778. In: Briefe von und an Gottfried August Bürger. Ein Beitrag zur Literaturgeschichte seiner Zeit. Hrsg. von Adolf Strodtmann. Berlin 1874. Bd. 2. S. 320.

44 Heinrich Heine: Die romantische Schule. Krit. Ausg. Hrsg. von Helga Weidmann. Stuttgart 1976 [u. ö.] S. 67.

45 Karl Otto Conrady: Zur Bedeutung von Goethes Lyrik im Sturm und Drang. In: Sturm und Drang (Anm. 2) S. 100.

46 So Erich Trunz in: Goethes Werke. Hamburger Ausgabe. Bd. 1. Hamburg 1948.

47 Vgl. Huyssen (Anm. 1 und 6). Zum Problem der Naturlyrik vgl. den Sammelband: Naturlyrik und Gesellschaft. Hrsg. von Norbert Mecklenburg. Stuttgart 1977.

48 Siehe Kreutzer (Anm. 6).

49 Giuliano Baioni: Naturlyrik. In: Deutsche Literatur. Eine Sozialgeschichte. Hrsg. von Horst Albert Glaser. Bd. 4. Hrsg. von Ralph-Rainer Wuthenow. Reinbek 1980. S. 236.

50 Ebd. S. 237.

51 Ebd. S. 246.

52 Theodor W. Adorno: Rede über Lyrik und Gesellschaft. In: Th. W. A.: Noten zur Literatur I. Frankfurt a. M. 1958. S. 80 f. Von diesem Zitat geht auch Ekkehart Mittelberg aus in seiner materialreichen Studie: Methoden- und Rezeptionswandel in der Literaturwissenschaft am Beispiel der Sesenheimer Lyrik Goethes (Stuttgart 1976. S. 98). Mittelberg vernachlässigt allerdings Adornos Gedanken des Bruches, der selbst der ›reinsten‹ Naturlyrik eingeschrieben sei.

53 Hans-Heinrich Reuter: Goethes Lyrik 1771–75. In: Weimarer Beiträge 17 (1971) H. 11. S. 80.

54 Erläuterungen zur deutschen Literatur. Klassik. Hrsg. vom Kollektiv für Literaturgeschichte im Volkseigenen Verlag Volk und Wissen. Berlin 1971. S. 62.

55 Adorno (Anm. 52) S. 97.

56 Alle Zitate aus Goethes Rezension von Sulzers Die schönen Künste in: Goethes Werke. Hamburger Ausgabe. Bd. 12. S. 17 f.

57 Baioni (Anm. 49) S. 252.

58 Goethe: Hamburger Ausgabe. Bd. 9. S. 408 f.

59 Benno von Wiese: Friedrich Schiller. Stuttgart 1963. S. 117.

60 Schillers Sämtliche Werke. Säkularausgabe. Bd. 16. Stuttgart 1904/05. S. 10.

61 Ebd. Bd. 1. S. XVI.

Klassik (Goethe und Schiller)

Von Wulf Segebrecht

Programm und Lyrik der Klassik

Klassik-Kritik hatte in den letzten Jahren sozusagen Konjunktur. Literaturwissenschaftliche, aber auch belletristische Beiträge zur deutschen Klassik haben sich ihrem Gegenstand zunehmend kritisch zugewandt.[1] Darin kann man gewiß eine Reaktion auf die lange Phase einer teilweise unreflektierten Klassik-Verehrung oder gar Kanonisierung sehen, die als solche berechtigte Bedenken ausgelöst hat. Wenn von Klassikern in jenem epochenunspezifischen Sinne die Rede ist, der ihnen bewährte Vorbildlichkeit, Muster- und Meisterhaftigkeit, Erstrangigkeit in jeder Hinsicht bescheinigt, oder wenn sie als beispielhafte Vertreter einer Gattung, einer Richtung, eines Typs oder auch eines Produkts bezeichnet werden (so wie man von ›Klassikern der Moderne‹ spricht), dann wird der normative, übergeschichtliche und stets uneingeschränkt aktualisierbare Anspruch eines solchen Klassik-Verständnisses für die Dichtung der Zeit zwischen 1794 und 1805 mit guten Gründen wenigstens eingeschränkt, wenn nicht zurückgewiesen. Die Literaturwissenschaft sollte sich mit der Klassik als geschichtlichem Phänomen befassen, was allerdings eine Beschäftigung mit der Geschichte ihrer Wirkungsabsicht und ihrer tatsächlichen Wirkung einschließt. Daß dies in der Vergangenheit oft versäumt wurde, unterliegt keinem Zweifel.

Aber die Vorbehalte der Klassik gegenüber reichen weiter und gelten mitunter auch denen, die sich mit ihr befassen: Die Konzentration auf die Literatur der klassischen Periode, so wird argumentiert, verstelle den Blick auf die gleichzeitige Jakobinerliteratur in Deutschland, die nicht weniger, sondern eher mehr Anspruch darauf habe als die Klassik, zur Kenntnis genommen zu werden; denn im Unterschied zu den republikanisch gesinnten Dichtern der Zeit hätten die Klassiker vor dem weltgeschichtlichen Ereignis der Französischen Revolution versagt:

»Es gehört nun einmal zum Wesen der Weimarer Hofklassik, daß hier zwei hochbedeutende Dichter die Forderung des Tages bewußt ignorieren und sich nach oben flüchten: ins Allgemein-Menschliche, zum Idealisch-Erhabenen, zur Autonomie der Schönheit, um dort in Ideen und poetischen Visionen das Leitbild des wahren Menschentums zu feiern.«[2]

Wo einerseits, im Westen, politische Ignoranz und ästhetische Flucht bei den Klassikern diagnostiziert werden, da will man andererseits, nämlich in der DDR, »Grundlagen unseres Denkens, unserer Sitte und Bildung« erkennen, also ein legitimierendes Identifikationsangebot:

»Die außerordentliche Bedeutung, die diese große Bewegung, ihre Dichtung und die mit ihr verbundene Herausbildung einer deutschen Nationalliteratur für die Entwicklung unseres Nationalbewußtseins gehabt haben, macht sie bis heute zu einem unersetzlichen Kraftquell im Ringen unseres Volkes um eine glückliche und friedliche deutsche Zukunft.«[3]

Nicht zum erstenmal wird so die deutsche Klassik als Teil einer ›deutschen Bewegung‹ reklamiert; schon die ideengeschichtliche Forschung (so Hermann Nohl und Rudolf Unger) hatte solche nationalistischen Töne anklingen lassen, und es läßt sich feststellen, daß die Klassiker in Deutschland immer wieder, auch im Dritten Reich, als Legitimationsmittel nationalen Selbstbewußtseins haben herhalten müssen, ein Umstand, der insbesondere im Ausland verständlicherweise mit Mißtrauen vermerkt wird; dort stiftet der Epochenbegriff einer deutschen Klassik ohnehin schon Verwirrung, weil Klassik oder Klassizismus anderer europäischer Nationalliteraturen mit der deutschen Klassik nicht ohne weiteres synchronisierbar sind.

Die mehr oder weniger gut begründete Klassik-Kritik wird nicht selten begleitet von aggressiver Polemik gegen die Klassiker und ihre Werke. So wurde Goethe schon früh als Höfling und Fürstendiener attackiert, und seine Werke galten als »marmorglatt und marmorkalt«, lange bevor Heinrich Heine diese Charakterisierung in seine Bestimmung der seiner Auffassung nach unfruchtbaren ›Kunstperiode‹ übernahm. Und Schiller wurde als pathetischer Moralapostel schon von einigen seiner Zeitgenossen verlacht.[4]

Will man angesichts so vieler Bedenklichkeiten, Mißverständnisse und falscher Inanspruchnahmen an dem umstrittenen Begriff der Klassik im Rahmen einer Geschichte der deutschen Lyrik gleichwohl festhalten, so bedarf es der Erläuterung, wie er hier verstanden werden soll.

Ich bezeichne als klassische Lyrik die Lyrik des Zeitraums am Ende des 18. und zu Beginn des 19. Jahrhunderts, in dem sich deutsche Dichter, vor allem Goethe und Schiller, in Theorie und Praxis ihrer Lyrik ausdrücklich um ›Klassizität‹ bemühten. Solche Bemühungen sind bei Goethe seit dem Ende der siebziger Jahre, bei Schiller etwa zehn Jahre später zu beobachten: Mit ihrem Eintritt in die Residenzstadt Weimar schlossen sie ihr Jugendwerk bewußt ab und wendeten sich unabhängig voneinander neuen dichterischen und außerdichterischen Vorhaben zu. Goethe betrieb praktische Politik, arbeitete sich in verschiedene Disziplinen der Naturwissenschaften ein, studierte die griechischen und lateinischen Klassiker und erfuhr auf seinen Italienreisen »Gefühl, [...] Begriff, [...] Anschauung dessen, was man im höchsten Sinne die Gegenwart des klassischen Bodens nennen dürfte«.[5] Schiller war vor allem mit der Philosophie Kants befaßt, widmete sich dem Studium der europäischen Geschichte und entwickelte seine idealistische Ästhetik. Die Lektüre der antiken Klassiker nahm er unter der ausdrücklichen Erwartung auf, »daß mir ein vertrauter Umgang mit den Alten äuserst wohlthun, – vielleicht Classicität geben wird«.[6]

Die erste Phase des Zeitraums, in dem klassische Lyrik entsteht, zeigt Goethe und Schiller also noch auf getrennten Wegen der Bildung und Ausbildung zur reifen Persönlichkeit. Sie reicht bis 1794, als beide Dichter sich zu freundschaftlicher Zusammenarbeit und zu ständigem Gedankenaustausch aneinander anschließen, wobei zu den Bedingungen dieses Zusammenschlusses die unterschiedlichen Bildungserfahrungen und Werdegänge beider Dichter ebenso gehören wie ihre Einschätzung der Französischen Revolution und ihrer Folgen in Deutschland. In den folgenden Jahren entwickeln und realisieren sie ihr gemeinsames Klassik-Programm mit großer geistiger Intensität und literaturpolitischer Konsequenz auch im Bereich der Lyrik, die (zumal in den ersten Jahren des Freundschaftsbundes) nicht selten im Zentrum der gemeinsamen Bemühungen steht. In diesem Zeitraum entstehen die meisten der Gedichte und Balladen, die man ›klassisch‹ zu nennen pflegt. Mit Schillers Tod (1805) endet diese Phase. Das weitere lyrische Werk Goethes läßt zwar mehrfach noch die Basis der klassischen Gemeinsamkeit erkennen, seine entscheidenden Erneuerungen aber, die das Alterswerk Goethes prägen, stehen im Kontext neu aufgenommener Traditionen und eines gegenüber der Klassik veränderten Lyrikverständnisses.

Goethes Weg zur klassischen Lyrik

Goethes Weg zur klassischen Lyrik ist länger als der Schillers. Er geht ihn auch langsamer als der später beginnende, aber zielbewußtere Schiller. In kaum merklichen Schritten vollzieht sich Goethes zunehmende Entfernung vom Sturm und Drang. Sie läßt sich an den Bearbeitungen der Jugendgedichte konkret nachweisen, wobei der Wandel der formalen, thematischen und weltanschaulichen Gestaltung in der Lyrik Goethes die Entwicklung des Dichters von der Kunst der unmittelbaren Herzensaussprache zur Kunst des Sprechens über eine solche Herzensaussprache bezeugt (vgl. die Fassungen der Gedichte *Wonne der Wehmuth*, *An den Mond* u. a.).

In der Lyrik des ersten Weimarer Jahrzehnts (von 1775 bis zur Italienreise 1786) wird die Überwindung des Sturm und Drang geradezu zum Programm (vgl. etwa das Gedicht *Ilmenau*). In der Geniezeit hatte Goethe die Unbegrenztheit und Uneinschränkbarkeit der menschlichen Empfindungen und produktiven Kräfte gestaltet (*Willkommen und Abschied*, *Prometheus*). Seine Übereinstimmung mit der Natur und mit sich selbst als Naturwesen fand der in dieser Lyrik dargestellte bzw. sich darstellende Mensch im wesentlichen durch die Intensität seines Gefühls. An die Stelle des prometheischen Lebensgefühls tritt nun die Einsicht in die *Grenzen der Menschheit*. Wo Prometheus die Götter herausgefordert hatte, da ist nun das Verhältnis des Menschen zu Gott von Ehrfurcht, Unterwürfigkeit und Treue bestimmt. Die besondere Position des Menschen im Kosmos resultiert nicht aus seiner Überlegenheit, sondern gerade aus seiner zweifachen Eingeschränktheit: In seiner Geistigkeit ist er nicht den Göttern vergleichbar, in seiner Natürlichkeit nicht den Erdgeschöpfen. Die Grenzen des Menschseins werden markiert von seiner spezifischen Existenz als Geist- *und* Naturwesen, und in diesem Spezifikum ist zugleich auch seine Sonderstellung begründet. Als Geistwesen muß er sich seiner Natürlichkeit, als Naturwesen seiner Geistigkeit bewußt sein. Goethe hat diese Sonderstellung des Menschen im Kosmos und die sich daraus ergebenden ethischen Forderungen, die der Mensch an sich selbst zu stellen hat, in manchen früh- oder vorklassischen Gedichten gestaltet; so in der Ode *Das Göttliche* (1783), die – als Gegenstück zu *Grenzen der Menschheit* – auf die Abgrenzung des Menschen von »allen Wesen, die wir kennen«, durch Negation seine Abgrenzung durch positive Festlegung seiner eigentlichen Bestimmung folgen läßt. Vergleichbares wird aber auch schon in den Versen *Über allen Gipfeln ist Ruh'* (1780), im *Gesang der Geister über den Wassern* (1779) und in dem Gedicht *Einschränkung* erkennbar, das deklamatorisch die Hoffnung auf das künftig zu findende »rechte Maß« formuliert, also auf eine zentrale klassische Kategorie. Goethes erstes Weimarer Jahrzehnt steht ganz im Zeichen der Aneignung dieser

Kategorie des »rechten Maßes«. Das betrifft z. B. das persönliche Verhältnis zum jungen Herzog Karl August, das aus der anfänglichen Phase jugendlich-übermütiger Kumpanei in eine angemessene Verbindung vertrauensvoller Zusammenarbeit umgewandelt wurde; es betrifft ebenso Goethes Bemühungen, das ›rechte Maß‹ zwischen den vielfältigen Berufsgeschäften, seinen ausgedehnten wissenschaftlichen Interessen und den Anforderungen der Poesie zu finden; und es betrifft schließlich die Poesie selbst, deren expressive Leidenschaftlichkeit gemäßigt wird zugunsten einer stärkeren Reflexivität, was an den Themen (Aufgreifen des *Iphigenie*-Stoffes), den Formen und den Versmaßen zu beobachten ist.

Maß, Angemessenheit, Mäßigung. Wieland und Herder waren an der Vermittlung dieser Kategorien gewiß maßgeblich beteiligt; die entscheidende Wirkung auf die ganze Generation Goethes ging aber von Johann Joachim Winckelmann aus. Winckelmann hatte in seinen *Gedanken über die Nachahmung der griechischen Werke in der Malerei und Bildhauerkunst* (1755) den künstlerischen Ausdruck der »edlen Einfalt und stillen Größe« dem Wasser verglichen: »So wie die Tiefe des Meeres allezeit ruhig bleibt, die Oberfläche mag noch so wüten, ebenso zeigt der Ausdruck in den Figuren der Griechen bei allen Leidenschaften eine große und gesetzte Seele.«[7] Hier werden gleichzeitig das ästhetische Ideal (Kunst bändigt durch Form das Ungebändigte), das ethische Postulat (Zügelung der Leidenschaften) und das natürliche Grundgesetz der Ruhe (dessen Geltung der äußere Anschein des tosenden Meeres nicht antastet) angesprochen, und zwar unter dem leitenden Grundsatz der »Nachahmung der griechischen Werke«, wobei Winckelmanns Begriff der »Nachahmung« selbst bereits diese Komponenten des Ästhetischen, Ethischen und Natürlichen enthält. Denn die von Winckelmann empfohlene Nachahmung zeichnet sich durch eine Überwindung alles nur Zufälligen und Bedingten zugunsten des Wesentlichen aus. Nicht die partikulare Erscheinung der Natur sei bei den Griechen nachgeahmt worden, sagt er, sondern deren wesentliches Ziel, wobei die Herausbildung der Möglichkeit, Natur so zu bilden, wie das die Griechen taten, an bestimmte soziale, kulturelle, klimatische Voraussetzungen gebunden gewesen sei. An diese Aspekte seiner Antike-Rezeption schloß die nachfolgende Generation in ihrer praktizierten »Nachahmung der Alten« an – deshalb konnte Winckelmann zum Urheber der deutschen Klassik werden und als solcher noch in den ausgeführtesten ästhetischen und philosophischen Reflexionen der Klassiker bis in die Formulierung hinein präsent bleiben. Das klassische Kunstprogramm und Menschenbild ist eine Explikation der Winckelmannschen Grundsätze bei der Nachahmung der griechischen Werke. Sie wurde wesentlich gefördert durch Herders historisch-genetisches Denken in seinen Theorien über die evolutionäre Menschheitsgeschichte, in der der Mensch als ein zwar von Determinanten bedingtes, aber zur höchsten Ausbildung seiner eigentlichen Bestimmung befähigtes Wesen erscheint, und durch Kants Ethik der praktischen Vernunft, die dem Menschen die Überwindung seiner Determiniertheit zur Aufgabe machte, sowie durch seine Ästhetik, die Schönheit als wesentlich interesselos bestimmte. Was Winckelmann als bewunderungswürdiges ›Kennzeichen‹ der Griechen gesehen und der Gegenwart zur Nachahmung empfohlen hatte, wurde von Herder als menschheitsgeschichtlich legitimierter Bildungsauftrag auf dem Wege zur wahren Humanität des Menschen verstanden und von Kant als wesenseigentümliche Leistung des in freier Subjektivität handelnden Menschen bestimmt.

Die »Römischen Elegien« und die »Venetianischen Epigramme«

Goethes Italienische Reise wird zu Recht stets als ein Wendepunkt in seinem Leben bezeichnet, dem ein Wandel auch seines dichterischen Werkes entspricht. Im Anschluß an diese Reise änderten sich seine privaten Lebensverhältnisse (Trennung von Frau von Stein, Zusammenleben mit Christiane Vulpius), seine Stellung in der Gesellschaft und seine dienstlichen Aufgaben in Weimar gründlich. Mehr denn je widmete er sich fortan naturwissenschaftlichen Studien, förderte aber auch wieder seine dichterischen Arbeiten. Die Zäsur dieser Reise hatte er planvoll inszeniert, und sogar ihr Ergebnis hatte er gleichsam vorweggenommen, als er, eben in Rom eingetroffen, seiner Mutter geschrieben hatte: »Ich werde als ein neuer Mensch zurückkommen.«[8] Italien, Rom vor allem, sollte ihn zu einer jener Erneuerungen führen, zu denen immer wieder fähig zu sein wohl das entscheidende Merkmal von Goethes dichterischer Produktivität ist.

In der Lyrik sind die *Römischen Elegien* das wichtigste Zeugnis dieser neuen Produktivität. Goethe schrieb sie nach seiner Rückkehr in Weimar als *Erotica Romana*, ließ sie aber mehrere Jahre, wohl ihrer thematischen Kühnheit wegen, unveröffentlicht; als sie 1795 im 1. Jahrgang der *Horen* erschienen, waren sie immer noch ein Skandalon: »alle ehrbaren Frauen sind empört über die bordellmäßige Nacktheit«,[9] berichtet Karl August Böttiger. Aber auch der Herzog und Frau von Stein verhielten sich reserviert. Doch Goethe betrat nicht nur dadurch Neuland, daß er in den *Römischen Elegien* mit einer bis dahin nicht gekannten Freiheit die Freuden der sinnlichen Liebe gestaltete; er eröffnete mit diesen Gedichten zugleich die Reihe seiner lyrischen Zyklen. Die Kunst, mehrere Gedichte einander zuzuordnen und dabei wiederkehrende Themen und Motive zu umspielen und zu variieren, sie sich gegenseitig erhellen zu lassen, ohne ihnen eine verbindende Handlung zu unterlegen, die zu erschließen wäre, hat er künftig gern – bis hin zum *West-östlichen Divan* – geübt. Die Stelle einer solchen ›Handlung‹ vertreten Sprech- und Reflexionssituationen, Scherz- und Wechselreden, Fragen, Ausrufe, Bekenntnisse, Betrachtungen und Wortspiele. Die *Römischen Elegien* enthalten einen bis dahin in der Lyrik unbekannten Reichtum an Redeformen, dem die weitläufige Vieldeutigkeit der zugrundeliegenden Kommunikationssituation entspricht: In der Liebe begegnen sich hier in beglückender Weise nicht nur der Mann aus dem Norden und die römische Witwe; zugleich findet die Begegnung zwischen dem vergangenen und dem gegenwärtigen Rom statt, die Begegnung des Modernen mit der antiken Götterwelt und dem Geist der Antike. Amor, im 18. Jahrhundert zum neckischen Rokoko-Gott heruntergekommen, erhält die Vitalität zurück, die nötig ist, um die schweigenden Steine der alten Stadt Rom wieder zum Sprechen zu bringen. Amor/Roma – eine sinnreiche Umkehrung: Über den Gott der Liebe führt der Weg dessen, der sich Rom aneignet; er geht, um dem Alten zu begegnen, nicht zurück, sondern voran:

> Eine Welt zwar bist du, o Rom; doch ohne die Liebe
> Wäre die Welt nicht die Welt, wäre denn Rom auch nicht Rom.
>
> (I. Elegie)[10]

In den *Römischen Elegien* gestaltet Goethe die Aneignung der Antike im wörtlichen Sinne als ›Sinnlichkeit‹ der Erfahrung, der Anschauung und des konkreten ›Begreifens‹. Die Anverwandlung und Vergegenwärtigung der klassischen Welt leistet die Sinnlichkeit. Antike-Rezeption, Lebensgenuß und poetische Produktivität gehen eine innige Verbindung ein (V. Elegie). Das eine ist ohne das andere nicht zu denken, und alles trägt zur wechselseitigen Intensivierung bei: Das Studium der Klassiker steigert die Freuden der Liebe; diese belehren den Studierenden konkret und durchglühen die Verse des Liebenden, die ihrerseits im Geiste der Liebe zugleich vom klassischen Geist der römischen Liebesdichter Catull, Tibull und Properz erfüllt sind. Nicht zuletzt trägt »des Hexameters Maß«, tragen die Distichen der Elegien, mit denen Goethe erstmals antike Formtraditionen in seinem lyrischen Werk fortsetzt, zu dieser Steigerung bei. Dieser Form der Elegie, dem klassischen Hexameter und Pentameter, kann der Dichter anvertrauen, was sonst nicht ausgesprochen werden könnte: Geheimstes und Leidenschaftliches (XX. Elegie). Die Poesie – und zumal die von der klassischen Antike erlernte und mit neuem Leben erfüllte Poesie der Elegie – offenbart zwar das Geheimste; aber zugleich ist es auch geradezu die Aufgabe des Dichters, eine Form zu finden, die es erlaubt, von dem zu sprechen, was anders unaussprechlich wäre. Diese Form ist die wiederbelebte Elegie. Es macht den besonderen Reiz der *Römischen Elegien* aus, daß selbst solche zentralen Fragen einer modernen Antike-Rezeption (also die Fragen nach der Funktion überlieferter und erneuerter Formen, nach dem Selbstverständnis des Künstlers bzw. Dichters und den Aufgaben seiner Poesie im Wandel der Zeiten) ständig anwesend sind und mitreflektiert werden.

Während die *Römischen Elegien* das Ergebnis der begeisterten Aneignung der klassischen Antike sind, ist das *Libellus Epigrammaticum* der *Venetianischen Epigramme* (1790) ein Zeugnis der kritischen Distanz und Standortbestimmung Goethes, der hier die Tradition des Martial aufnimmt. Der Themenkreis dieser Sammlung ist weit gezogen; er reicht von der Reflexion über das persönliche Geschick bis zu weitausgreifender Kritik an Bildungsmächten und Zeiterscheinungen, wobei erstmals auch Goethes Unmut über »Frankreichs traurig Geschick« Ausdruck findet (»wer beschützte die Menge gegen die Menge?«). Die Distichen erweitern sich nicht selten zu kleinen Elegien. Unter ihnen findet sich auch das ›Lobgedicht‹ auf Karl August, das den Regenten des kleinen Landes gerade deshalb zum Vorbild der »Fürsten Germaniens« erhebt, weil er dem Dichter Bürgerliches gewährte: »Neigung, Muße, Vertraun, Felder und Garten und Haus«. Von der Welt hatte der weltberühmte Autor nichts zu erwarten; zu Hause aber war ihm der Herzog »August und Mäcen«. Mit bürgerlichen Qualitäten ist auch das »Liebchen«, das in einigen Epigrammen erscheint, ausgestattet, so daß man sich mitunter Christiane Vulpius als Adressatin wohl vorstellen kann. Mit den *Venetianischen Epigrammen* hat Goethe der Form des Distichons weite Themenbereiche und eine Vielfalt von Behandlungsweisen erschlossen. Die sentenzhaft-schroffe Kritik und das unbekümmerte Bekenntnis atmen in gleicher Weise den Geist der Rücksichtslosigkeit und Freiheit, der Selbständigkeit und des Selbstbewußtseins. Sie sind insofern bedeutende Zeugnisse des Standpunktes der klassischen Bildung, den Goethe seit seiner ersten Reise nach Italien erworben und vertreten hat.

Schillers poetisches Programm der ›Klassizität‹

Schillers Zuwendung zur Antike beginnt verhältnismäßig spät. Nach den Pflicht-
übungen der Schule und der eher verbalen Berufung auf Plutarch in den *Räubern*
bringt erstmals der *Brief eines reisenden Dänen* (1785) ein leidenschaftliches, an
Winckelmann geschultes Bekenntnis zur griechischen Plastik. Erst in Weimar,
angeregt von Wieland, kommt es zu einer permanenten und intensiven Beschäftigung Schillers mit der griechischen Antike. Schon im März 1788 schreibt er das
Gedicht *Die Götter Griechenlandes*, dessen »Horazische Correctheit [...] Wieland
ganz betroffen hat«.[11] Das noch im gleichen Monat in Wielands *Teutschem Merkur*
publizierte Gedicht rief außerordentliche Kontroversen hervor, die jedoch vor
allem seinem philosophischen und theologischen Gehalt, kaum seiner künstlerischen Darstellung galten.[12]
Das Gedicht preist den einstigen Zustand einer von Göttern bevölkerten Welt und
beklagt den gegenwärtigen Zustand einer entgötterten Welt. Das ist seine grundsätzliche ›Aussage‹. Durch sie macht Schiller in einem radikalen Sinne mit der Griechen-
land-Verehrung in der Nachfolge Winckelmanns ernst. Die Vorbildlichkeit der
griechischen Kunst ist nach Winckelmann in der Allgegenwart des griechischen
Mythos begründet, in dem einst auf natürliche Weise gegebenen Gefühl des Einsseins
des Menschen mit der von Göttern bevölkerten Welt, wie sie sich z. B. in der Natur
kundtut. In der Situation des Nachgeborenen, der sich im Zustand der Götterferne
befindet, muß deshalb die Griechenlandverehrung zur Griechenlandsehnsucht werden: Das Bewunderte ist uneinholbar geworden. Die Verehrung kann nicht zur
Nachfolge, sie kann nur zur Erkenntnis der Größe des Verlusts führen. Mit der
Position dessen, der diesen Verlust erschüttert bemerkt, setzt das Gedicht ein. Nicht
die Nachahmbarkeit, sondern die Andersartigkeit, die Unvereinbarkeit des Vergangenen mit dem Gegenwärtigen, wird elegisch hervorgehoben. Es ist die gegenwärtige
Position des Menschen, die seine Rückschau auf Vergangenes bestimmt. Das Gedicht
verfährt insofern antithetisch. Der Lebensfülle der antiken Welt, die zugleich eine
Götterfülle war, wird die mechanistische Welt der Gegenwart gegenübergestellt. Die
Allgegenwart und Vielfalt der Götter der antiken Welt – so stellt es das Gedicht dar –
führte gleichwohl zu einer Einheit des Lebensgefühls, zu größerer Intensität des
Lebens in Glück und Schmerz. Idee und Wirklichkeit der Götter waren ungetrennt
voneinander in der Erscheinung verbunden, während dem Modernen gerade eine
getrennte, in ihre Bestandteile aufgelöste Welt entgegentritt. Das Konkrete und das
Abstrakte, die Ideen und die Sinne lassen sich nicht mehr miteinander vermitteln
durch die Gegenwart der Götter. Selbst noch das Sterben und die Vorstellungen vom
Leben nach dem Tode sind bestimmt von der konkreten Götternähe des antiken und
von der Götterferne des modernen Menschen, dessen Jenseitsvorstellungen an keine
ihm vertrauten Glücksempfindungen anschließen.
An solche Gedanken knüpften die Vorwürfe an, die vor allem Friedrich Leopold
Stolberg gegen das Gedicht vorbrachte. Schiller verfehle sowohl die griechische als
auch die christliche Gottesvorstellung, weil er weder die heidnische Abgötterei noch
den persönlichen christlichen Gott zur Kenntnis nehme; nach zwei Seiten hin also
verkehre Schiller die Tatsachen, so daß sein Gedicht den Tatbestand der Gottesläste-
rung erfülle. – In der jeweiligen Zuordnung zu den Parteien, die sich in der

Kontroverse um Schillers Gedicht bildeten, werden fast modellhaft die sich am Ausgang des 18. Jahrhunderts bildenden literarischen Gruppierungen sichtbar: Wieland, Humboldt, Goethe und Schillers Freund Christian Gottfried Körner sprachen sich für das Gedicht aus, verurteilten den Geist der Orthodoxie in Stolbergs Polemik oder übernahmen gar, wie Körner, Schillers Verteidigung mit Argumenten der sich herausbildenden Autonomie-Poetik der Klassik (*Die Freiheit des Künstlers bei der Wahl seiner Stoffe*). Georg Forster, der Schillers Göttervorstellung ebenfalls nicht teilte, wies gleichwohl Stolberg zurück wegen der antiliberalen Gesinnung, die aus seiner Kritik spreche; vehement verteidigte er die »Denk- und Gewissensfreyheit« gegen jeden Meinungsterror, nahm also den Streit zum Anlaß zu politischer Stellungnahme aus der Position der Radikaldemokraten, aus denen sich in Deutschland dann die Jakobiner rekrutierten. Gottfried August Bürger schließlich, von Schiller noch nicht selbst attackiert, versuchte eine vermittelnde Position zwischen den Parteien einzunehmen.

Im letzten Drittel des Gedichts wendet sich Schiller der Frage zu, wie die Sehnsucht nach der verlorenen Welt gestillt werden kann und ob es die Möglichkeit der Rückkehr zu ihr gibt:

> Schöne Welt, wo bist du? – Kehre wieder,
> holdes Blüthenalter der Natur!
> Ach! nur in dem Feenland der Lieder
> lebt noch deine goldne Spur.[13]

In der Poesie allein bleibt die Spur der schönen Vergangenheit am Leben, doch wird gerade dadurch der Kontrast zur Gegenwart nur um so deutlicher und drückender. Denn ohne den Bezugspunkt zu einer Götterwelt, die durch Poesie am Leben erhalten wird, könnte die entgötterte Welt der Gegenwart nicht in den Kontrast zum Mythos geraten. In der Kunst erhält die Poesie das, was sie zugleich als Verlust in der Wirklichkeit bewußt macht. Schillers Elegie mündet daher in eine Klage über das moderne, dissoziierte Bewußtsein. Moderne Welt und griechischer Mythos, Vernunft und Glaube, Mensch und Gott – alle Bereiche des Denkens und Empfindens sind von einem Dualismus geprägt, der selbst ein Produkt der Entfernung vom antiken Geist ist:

> Da die Götter menschlicher noch waren,
> waren Menschen göttlicher.[14]

Der späteren Fassung des Gedichts (gedruckt 1800) fehlen nicht nur jene Stellen, an denen sich seinerzeit die Diskussion entzündet hatte, Schiller ließ vielmehr auch die ursprüngliche Schlußstrophe weg, also die Darstellung der Aporie des modernen Menschen, dessen Bewußtsein ihm zugleich als Ursache seiner Gottesvorstellung und als Hindernis auf dem Wege zur Erfüllung seiner Sehnsucht nach den Göttern Griechenlands erscheint. Dieses Leiden am eigenen Bewußtsein und die Bitte an Gott, sich gleichsam selbst aufzuheben, entfällt zugunsten der folgenden Schlußstrophe:

> Ja, sie kehren heim, und alles Schöne,
> Alles Hohe nahmen sie mit fort,
> Alle Farben, alle Lebenstöne,
> Und uns blieb nur das entseelte Wort.
> Aus der Zeitflut weggerissen, schweben
> Sie gerettet auf des Pindus Höhn,
> Was unsterblich im Gesang soll leben,
> Muß im Leben untergehn.[15]

Die Kritik reagierte zutiefst enttäuscht auf diese Veränderung. Man sprach vom »bethlehemitischen Kindermord« und vom »Mord an Schönheit und Wahrheit«, den Schiller begangen habe, sowie vom »Stolbergisch-frömmelnden Dämon«, der ihn ergriffen habe.[16] Doch Schiller besteht auf beiden Fassungen. Wenn der Vergleich zwischen den alten Göttern und dem Gott der Gegenwart wegfällt, richtet sich die volle Aufmerksamkeit des Lesers auf die Form der Vergegenwärtigung des Vergangenen, auf die der zitierte Schluß pointiert hinweist. Die Vergänglichkeit wird zur Voraussetzung der Unsterblichkeit, die die Poesie verleiht. Die Poesie tritt als Garant der Unsterblichkeit auf. Sie kann aber diese ihre Funktion nur demgegenüber wahrnehmen, was ohne sie vergänglich wäre. Der Untergang der Götter Griechenlands wird sinnvoll dadurch, daß sie nur so in der poetisch formulierten Sehnsucht unsterblich vergegenwärtigt werden können. Sie tragen ihre Unsterblichkeit nicht schon in sich selbst, sondern sie erlangen sie erst durch die poetische Vergegenwärtigung. Die Sehnsucht der Sterblichen macht die Götter unsterblich. Damit etabliert sich, sichtbarer als zuvor, über den Göttern als höchste Instanz die autonome Poesie.

Ähnlich wie *Die Götter Griechenlandes* niedergeschrieben wurden, noch *bevor* sich Schiller mit Leidenschaft der Lektüre der »Alten« zuwendet, aus der ihm, wie er hofft, »Classicität« erwachsen werde, so sind auch *Die Künstler* verfaßt worden, *bevor* er die in diesem Gedicht enthaltenen kunstphilosophischen Fragen systematisch studiert und in seinen ästhetischen Schriften theoretisch entwickelt hat: Die lyrische Behandlung neuer Ideen geht ihrer systematischen Entwicklung und Durchdringung voran. Schon dieser Umstand rechtfertigt Schillers Warnung, das umfangreiche Gedicht als eine »Philosophie in Versen« zu lesen, so wenig zu bestreiten ist, daß es auch belehrt. Eine »mit und durch Begeisterung lehrende Rhapsodie« hat August Wilhelm Schlegel *Die Künstler* genannt.[17] Der durchgehende Ton der Begeisterung, die von Schiller hervorgehobene »Allegorie« bzw. »Hauptidee des Ganzen«, nämlich »die Verhüllung der Wahrheit und Sittlichkeit in die Schönheit«,[18] und die das Gedicht gliedernde Vorstellung von einer Stufenfolge in der Geschichte der Menschheit geben der Dichtung Einheit, Konsequenz und Eigenart.

Im Vergleich zu den *Göttern Griechenlandes* tritt der Mensch der Gegenwart, der in den *Künstlern* zu Beginn hymnisch angesprochen wird, mit einem veränderten Bewußtsein auf: Es ist nicht der sehnsüchtig rückwärtsgewandte, sondern der auf das Überwundene stolz zurückblickende Zeitgenosse, den Schiller hier entwirft. »Ich eröfne das Gedicht mit einer 12 Verse langen Vorstellung des Menschen in seiner jetzigen Vollkommenheit; dieß gab mir Gelegenheit zu einer guten Schilderung dieses Jahrhunderts von seiner bessern Seite.« Der Preis der Vollkommenheit wird mit der erreichten Herrschaft des Geistes über die Sinne, der Vernunft über die Natur begründet; so wurden geordnete menschliche Verhältnisse geschaffen, die geprägt sind von sittlichen Werten und begleitet von Erfolg und Fruchtbarkeit. Doch über all dem Fortschritt möge der Mensch die führende Hand der Kunst nicht vergessen; sie erst habe seine sittliche Läuterung befördert und sei deshalb die Voraussetzung zu der von ihm erreichten Position. Damit ist das Hauptthema des Gedichts – der Zusammenhang von Schönheit und Wahrheit in der Kunst – erreicht. Es wird zunächst kunstphilosophisch als ein allgemeines und prinzipielles Thema behandelt: Die ästhetische Erfahrung nimmt im Symbol des Schönen höchste Erkenntnisse, sittliche Werte und transzendentale Erfahrungen schon vorweg, bevor sie von verstandesmäßiger Einsicht, von einer humanen Gesellschaftsordnung und von philosophischen Theorien erreicht werden können. Nur im milderen Schein der Anmut, als Schönheit also, ist Wahrheit dem Menschen erträglich. In dieser Form vermittelt sie ihm die Vorstellung von Befreiung und Freiheit von seiner irdischen Gebundenheit und schenkt ihm das Bewußtsein der freien Selbstbestimmung. Sie bedient sich dazu der Künstler, die dazu berufen sind, Schönheit »hüllenloß« als Wahrheit zu erblicken.

Damit beginnt der umfangreiche kulturhistorische Teil des Gedichts (Strophe 9–25), der in permanenter geschichtlicher Betrachtung Entstehungsumstände, Verfahrensweisen, Funktionen und Wirkungen der Kunst behandelt. Diese Betrachtungsweise läßt erkennen, daß Schiller die geschichtlich folgerichtige Parallele zwischen dem Fortschritt der Menschheit und der in ihren Funktionen fortschreitenden Kunst herstellen möchte. Der Kunst wird die progressive Tendenz zugeschrieben, die jeweils zeitgenössischen Konflikte und Disharmonien zu immer höheren Harmonien zu vereinen. Das Bedürfnis nach solchen schönen Harmonien ist im Menschen angelegt, aber es erscheint in geschichtlich verschiedenen Ausprägungen, woraus sich die unterschiedlichen Ziel- und Funktionsbestimmungen der Kunst im Verlaufe ihrer Geschichte ergeben. Stets aber dürfen sich die Künstler, weil sie die Wahrheit (auch die bittere Wahrheit) in der Gestalt der Schönheit zur Erscheinung bringen, als Nachahmer Gottes empfinden.

Es folgt, betont durch eine rückblickende Einschaltung Schillers (Vers 347: »Jahrtausende hab ich durcheilet«), der Übergang zur gegenwartsbezogenen Betrachtung. Die Künstler der Gegenwart werden dazu angehalten, ihre verjüngenden und erneuernden Kräfte einzusetzen. Die Erneuerung der Antike und die gesellschaftspolitischen Fortschritte im Zeitalter der Aufklärung seien nicht zuletzt Verdienste der Künstler. Und vor der Wissenschaft, deren Ergebnisse sie freilich nutzen müsse, habe die Kunst darüber hinaus den Vorzug, das Ganze als das zugleich Schöne sichtbar machen zu können. Der höchste Adel der Wissenschaft sei deshalb die Kunst.

Schiller spricht hier Gefahren einer pervertierbaren Aufklärung an und beschreibt am Ende die Funktion des Künstlers für die Gegenwart: Er ist verantwortlich für die Würde des Menschen, für den Wert, den sich die Menschen selbst geben. Die Poesie hat die Aufgabe, die getrennten Kräfte wieder in eine Harmonie zu überführen, wie das im »weisen Weltenplane« vorgesehen ist. Insofern sind es die Dichter, die das göttliche Gesetz auf Erden zu erfüllen haben. Sie sind als Führer und Priester ihrer Zeit verpflichtet, ihr aber nicht unterworfen. Ihr Maßstab muß umfassender sein und schließt utopische Entwürfe ein:

Erhebet euch mit kühnem Flügel
hoch über euren Zeitenlauf;
fern dämmre schon in euerm Spiegel
das kommende Jahrhundert auf.[19]

Schillers Gedicht *Die Künstler* ist in seiner Verbindung von lyrischer Begeisterung, rhetorischem Pathos, philosophischer Abstraktion und ethischer Erhabenheit gewiß ein Sonderfall in der Geschichte der deutschen Lyrik; ein Grenzfall zwischen Lyrik und Philosophie ist es nur für den, der normative Maßstäbe des Lyrischen dort anlegen will, wo es offensichtlich darum ging, solche Normen zu überschreiten. Die Erscheinungsform der Lyrik ändert sich mit deren geschichtlicher Funktion. Die These von der Geschichtlichkeit der Kunstfunktionen wird in Schillers großem Gedicht nicht nur theoretisch vorgetragen; vielmehr werden Konsequenzen aus ihr gezogen im Hinblick auf die Notwendigkeit, für die Gegenwart geschichtlich sinnvolle Kunstfunktionen zu entwickeln. Wenn sich unter solchen Umständen die Erscheinungsweise der Lyrik selbst ändert, so ist das nur folgerichtig. Es entspricht jedenfalls Schillers eigenen Vorstellungen über die Verpflichtung auch der Lyrik, mit den Fortschritten der Zeit selbst fortzuschreiten. Mit größtem Nachdruck hat er diese Vorstellungen in der Rezension *Über Bürgers Gedichte* (1791) vertreten.

Diese Rezension ist über ihren konkreten Anlaß hinaus »der bedeutendste Teil« von Schillers »Theorie der Lyrik«[20] und eines der bemerkenswertesten Zeugnisse aus der Geschichte der deutschen Lyriktheorie überhaupt. Sie führt die literaturkritischen Maßstäbe vor, an denen die Lyrik der Klassik gemessen werden will, und läßt die Abgrenzung der Klassiker von den populären Lyrikern der Zeit ebenso sichtbar werden wie ihr Selbstverständnis. Das hohe Maß der Übereinstimmung Schillers mit Goethe, das mit dieser Rezension erreicht ist, stand spätestens fest, »nachdem Goethe öffentlich erklärt hatte, er wünschte Verfasser davon zu seyn«.[21]

Ähnlich wie schon in dem Gedicht *Die Künstler* und in den späteren *Ästhetischen Briefen*, aber auch im Programm der *Horen*, läßt Schiller in dieser Rezension die Funktion, die er der Lyrik zuweist, auf einem zeitgeschichtlichen Befund basieren; ja er geht sogar so weit zu behaupten, der »Verfall der lyrischen Dichtkunst« drohe deshalb, weil es bisher nicht gelungen sei, der Lyrik eine zeitgemäße, aus der Diagnose der Zeit resultierende »würdige Bestimmung« zu geben.[22] In dieser Diagnose spricht Schiller von »der Vereinzelung und getrennten Wirksamkeit unsrer Geisteskräfte«, vom »erweiterten Kreis des Wissens« und der »Absonderung der Berufsgeschäfte«, vom Prozeß der Spezialisierung der Wissenschaften also, vom fortschreitenden Prinzip der sich entwickelnden arbeitsteiligen Gesellschaft, von kulturgeschichtlichen und sozialen Entwicklungen insgesamt, die als Produkte des Zeitalters der Aufklärung deren Fortschritte und Gefahren zugleich signalisieren. Unter solchen Voraussetzungen betrachtet es Schiller als die Aufgabe der Lyrik, daß sie »die getrennten Kräfte der Seele wieder in Vereinigung bringt« und »den *ganzen Menschen* in uns wieder herstellt. [...] Dazu aber würde erfodert, daß sie selbst mit dem Zeitalter fortschritte, dem sie diesen wichtigen Dienst leisten soll; daß sie sich alle Vorzüge und Erwerbungen desselben zu eigen machte«. Zu den »Vorzügen und Erwerbungen« des 18. Jahrhunderts gehört gewiß die Selbstbewußtwerdung des Individuums, die Aufwertung des Privaten und Individuellen. Die Individualität des einzelnen wird zunehmend zum legitimen Gegenstand der bürgerlichen Literatur. Doch sie wird es für Schiller nicht um jeden Preis:

»Alles, was der Dichter uns geben kann, ist seine *Individualität.* Diese muß es also wert sein, vor Welt und Nachwelt ausgestellt zu werden. Diese seine Individualität so sehr als möglich zu veredeln, zur reinsten herrlichsten Menschheit hinaufzuläutern, ist sein erstes und wichtigstes Geschäft, ehe er es unternehmen darf, die Vortrefflichen zu rühren. Der höchste Wert seines Gedichtes kann kein andrer sein, als daß es der reine vollendete Abdruck einer interessanten Gemütslage eines interessanten vollendeten Geistes ist.«

An dem so entwickelten Anspruch und Maßstab wird der Lyriker Gottfried August Bürger von Schiller unerbittlich beurteilt, wobei es diesem vor allem darauf ankommt nachzuweisen, daß Bürgers Programm der »Popularität« selbst ein überwindungsbedürftiges Produkt der in Vereinzelung und Disharmonie aufgelösten Gesellschaft ist, weil Bürger zwar dem Geschmack des großen Haufens entgegenkomme, dem Urteil der Kenner jedoch nicht Genüge leisten könne. Es ist Bürgers vermeintlich bedingungslose Anpassung und Anbiederung an die leicht zu erringende Mehrheit, die Schillers Zorn erregt. Das sei keine Kunst. Schwer aber sei es, gleichzeitig die höchsten Forderungen der Kunst zu erfüllen und den »ungeheuren Abstand« aufzuheben, der zwischen den Kennern und der Volksmasse bestehe. Trotzdem bleibe es die höchste Aufgabe der lyrischen Kunst, »in jedem einzelnen Liede jeder Volksklasse genug zu tun«. Bürgers Aufgabe müsse es sein, zunächst »sich selbst zu vollenden, um etwas Vollendetes zu leisten«; als Dichter sei er »es wert, sich mit immer gleicher ästhetischer und sittlicher Grazie, mit männlicher Würde, mit Gedankengehalt, mit hoher und stiller Größe zu gatten und so die höchste Krone der Klassizität zu erringen«. Mit dem Begriff der ›Klassizität‹ mündet die Rezension, wie unschwer zu erkennen ist, in ein Bekenntnis zu Winckelmanns »edler Einfalt und stiller Größe«. Schiller füllt diese Formel mit poetologischen Postulaten auf, die sich einer Zeitdiagnose verdanken, und mit einem Idealisierungsprogramm, auf das der Lyriker ebenso verpflichtet wird wie die »Volksmassen« und die »Kenner«.

Schillers Abhandlung *Über Bürgers Gedichte* kann als die Programmschrift der klassischen Lyrik bezeichnet werden, sofern sich Klassik als eine explizite Antwort auf die Herausforderungen der Zeit versteht und mit dem Ziel einer Harmonisierung der in Sonderinteressen zerrissenen Gesellschaft ein Erziehungsideal entwickelt, in dem das dem Menschen Angemessene nicht als das bequem Mittelmäßige, sondern als höchste menschenmögliche Leistung bestimmt wird: als das Maß des Humanen und Vorbildlichen, das jenseits der Extreme der Leidenschaften nur erreichbar ist unter Verzicht auf das partikular Individuelle zugunsten *des* Individuellen, das es verdient, allgemein zu werden. Die »höchste Krone der Klassizität« ist in Schillers Vorstellung zu dieser Zeit noch nicht ausgestattet mit dem Schmuck der vorbildlichen Musterstücke der Antike und der bildenden Natur. Diese Bestimmungsmerkmale des Klassischen treten erst seit dem Zusammentreffen Schillers mit Goethe zur klassischen Lyriktheorie hinzu, so daß erst in Schillers Rezension *Über Matthissons Gedichte* (1794) das ganze Ensemble klassischer Kriterien versammelt wird, wenn es über Matthisson heißt:

»Ein vertrauter Umgang mit der Natur und mit klassischen Mustern hat seinen Geist genährt, seinen Geschmack gereinigt, seine sittliche Grazie bewahrt; eine geläuterte heitere Menschlichkeit beseelt seine Dichtungen, und rein, wie sie auf der spiegelnden Fläche des Wassers liegen, malen sich die schönen Naturbilder in der ruhigen Klarheit seines Geistes. Durchgängig bemerkt man in seinen Produkten eine Wahl, eine Züchtigkeit, eine Strenge des Dichters gegen sich selbst, ein nie ermüdendes Bestreben nach einem Maximum an Schönheit.«[23]

Das ist nun Wort für Wort die Ausformulierung des klassischen Kunstprogramms, in dem die Natur und die Antike vorbildlichen und bildenden Wert erhalten, in dem Humanität als sittliche und ästhetische Leistung zugleich erscheint und in dem Winckelmanns Bild des von Grund auf ruhigen Meeres gleichsam zur Beglaubigung der »ruhigen Klarheit« des Geistes, der Selbstdisziplin und des Strebens nach einem »Maximum an Schönheit« dient.

Der klassische Bund: Goethe und Schiller

Die persönliche Annäherung zwischen Goethe und Schiller vollzog sich langsam und unter Schwierigkeiten. Goethe verhielt sich lange reserviert; Schiller wurde in seinem Ringen um ihn zwischen neidvoller Bewunderung und unbefriedigtem Ehrgeiz hin- und hergerissen. Erst sechs Jahre nach ihrem ersten Zusammentreffen kommt es 1794 – nun allerdings in kürzester Frist – zu intensivem Gedankenaustausch, zur Vereinbarung einer Zusammenarbeit und zur Freundschaft. Goethe hat, ohne den Abstand zu leugnen, der zwischen den verschiedenen Denkweisen der Dichter bestand, das Zustandekommen der persönlichen Verbindung zwischen ihnen rückblickend als *Glückliches Ereignis* beschrieben und zugleich mit Schillers Reaktion auf seine lebhafte Vorstellung der »symbolischen Pflanze« (der Ur-Pflanze) – »Das ist keine Erfahrung, das ist eine Idee« – die Formel überliefert, mit der das Trennende, aber auch das der Ergänzung Bedürftige treffend bezeichnet wird. Ebenso präzise ist auch Goethes Bild, wonach mit dieser Freundschaft der seltene Fall eingetreten sei, »daß Personen gleichsam die Hälften von einander ausmachen, sich nicht abstoßen, sondern sich anschließen und einander ergänzen«;[24] »und so besiegelten wir, durch den größten, vielleicht nie ganz zu schlichtenden Wettkampf zwischen Objekt und Subjekt, einen Bund, der ununterbrochen gedauert, und für uns und andere manches Gute gewirkt hat«.[25]

In diesem ›Bund‹ gingen Schillers Kunsttheorie und Goethes Naturbetrachtung eine fruchtbare Symbiose ein. Schillers Weg hatte von der Medizin, also von einer Naturwissenschaft spätaufklärerischer Provenienz mit deutlich materialistischen Zügen, über eine sich zunehmend absolut setzende Poesie zu seiner idealistischen Kunstphilosophie geführt; Goethe war von der Poesie, die bei ihm von vornherein vor der Juristerei rangierte, über die Naturforschung, der er sich seit seiner Weimarer Zeit mit immer größerer Intensität zugewandt hatte, zu einer organologischen Kunstauffassung gekommen, derzufolge ihm Kunst als eine zweite Natur erschien, die das Naturgesetz der Evolution in ihrer Gestalt (mithin morphologisch) zur Erscheinung brachte. Mit Schiller und Goethe verbanden sich 1794 Idealismus und Organologie zur Klassik. Goethe brachte Herders genetisches Geschichtsverständnis, Schiller Kants idealistische Philosophie in diese Verbindung ein, beide bezogen sich auf Winckelmanns ästhetische und moralische Aktualisierung der griechischen Kunst, wobei Wieland sowohl für Goethe als auch für Schiller offenbar die Rolle dessen gespielt hat, der hellsichtig die geschichtlich notwendigen und individuell möglichen Formen der künstlerischen Auseinandersetzung mit dem griechischen Mythos erkannt und angeregt hat. Das »glückliche Ereignis« des persönlichen Zusammentreffens und Zusammenfindens wurde also gespeist von den wichtigsten geistesgeschichtlichen Bewegungen des 18. Jahrhunderts, die im Bildungsgang der beiden Dichter präsent waren: Aufklärung und Pietismus, Sturm und Drang und Empfindsamkeit, Naturwissenschaft und Philosophie, geschichtliches Denken und zeitgeschichtliches Bewußtsein, Antike-Verehrung und Bekenntnis zur Würde der autonomen Kunst.

Eine nicht geringe Rolle beim Zustandekommen des klassischen Freundschaftsbundes spielte schließlich der zeitgeschichtlich-politische Kontext, nämlich die Französische Revolution und die damals noch kurze Geschichte ihrer Folgen. Goethe und Schiller waren von ihren Voraussetzungen her in verschiedener Weise von den revolutionären Ereignissen betroffen: Während Goethe sie prinzipiell nicht in sein evolutionäres Bild der Natur und der natürlichen menschlichen Gesellschaft integrieren konnte, deren Fortschritte sich seiner Auffassung nach in einer ruhigen Bildung und Entwicklung vollziehen, nicht in eruptiven Umwälzungen, hatte Schiller zwar mit Leidenschaft die Ziele der Französischen Revolution vertreten, zugleich aber in schonungsloser Zeitdiagnose dargelegt, daß der Mensch im 18. Jahrhundert für diese Ziele noch nicht reif sei. Die tatsächliche Revolution erschien ihm deshalb eher als ein Zeugnis der Depravation der Gesellschaft, die von Sonderinteressen, Verlust der Totalität, Dissoziation gekennzeichnet sei.

Die Schrift, in der die Grundlagen des Freundschaftsbundes fast vertragsmäßig festgehalten sind, ist Schillers *Ankündigung* der *Horen* vom Dezember 1794. Man kann dieses »herrliche Stück Prosa« (Thomas Mann) mit einigem Recht als das authentische und autorisierte gemeinsame Klassik-Programm von Goethe und Schiller bezeichnen; denn daß Goethe an diesem Programm aktiv mitgewirkt hat und daß Schiller hier die größtmögliche Übereinstimmung mit Goethe zu erreichen suchte, kann aufgrund der intensiven Vorgespräche als sicher gelten. Es wurden die folgenden Vereinbarungen getroffen, die zugleich als eine Selbstbestimmung der Klassik gelten können:[26] 1. Es soll keine Parteinahme im gegenwärtigen »Kampf politischer Meinungen und Interessen« geben, sondern die Bereitschaft, »sich über das Lieblingsthema des Tages ein strenges Stillschweigen aufzuerlegen« und den »unreinen Parteigeist« zu verbannen. – 2. Man will sich bemühen, »die politisch geteilte Welt unter der Fahne der Wahrheit wieder zu vereinigen«, indem nicht auf partikulare, sondern auf allgemeinmenschliche und zeitunabhängige Bedürfnisse eingegangen wird. – 3. Es wird ein Zusammenschluß zu einem »engen vertraulichen Zirkel« beschlossen, zu einer »Sozietät« und »achtungswürdigen Gesellschaft« der »verdienstvollesten Schriftsteller Deutschlands«, die der »leidenschaftsfreien Unterhaltung«, der »fröhlichen Zerstreuung« und der Bildung dienen. – 4. Man will das Bildungsziel verfolgen, »wahre Humanität zu befördern«. In diesem Sinne soll die Sozietät »zu dem Ideale veredelter Menschheit [...] einzelne Züge sammeln und an dem stillen Bau besserer Begriffe, reinerer Grundsätze und edlerer Sitten, von dem zuletzt alle wahre Verbesserung des gesellschaftlichen Zustandes abhängt, nach Vermögen geschäftig sein«. – 5. Man ist sich einig in dem Bestreben, »die Schönheit zur Vermittlerin der Wahrheit zu machen«. In diesem Sinne will man zur Versöhnung der Künste mit den Wissenschaften beitragen. – 6. Man verpflichtet sich auf die von der Antike hergeleiteten Grundwerte »Wohlanständigkeit und Ordnung, Gerechtigkeit und Friede« (= Horen) im Bereich der Ästhetik, der Ethik und des Sozialen. – 7. An jeden potentiellen weiteren Teilnehmer der Sozietät ergeht die Forderung, »sich den notwendigen Bedingungen des Instituts zu unterwerfen«.

Es ist ein umfassendes Konzept, das hier vorliegt. Auf nichts Geringeres ist es dabei abgesehen als auf eine mit höchstem künstlerischen, geistigen und moralischen Anspruch auftretende Elite, die keine Zugeständnisse an Moden und Mehrheiten macht. Die Auffassung, daß die Ereignisse im Umkreis und im Gefolge der Französischen Revolution von diesem Anspruch her zu einer Verschlechterung des gesellschaftlichen Zustands geführt haben, begründet die konservative Grundhaltung im Hinblick auf die bevorzugte, im eigenen Kreis praktizierte und in der Poesie dargestellte Gesellschaftsordnung. Von latenten Differenzen abgesehen, sind sich Schiller und Goethe darin einig, daß eine Alternative zum gegenwärtigen Zustand der Gesellschaft nur über einen Rekurs auf die »wahre Humanität« erreicht werden kann.

Das hier zutage tretende, später so viel strapazierte ›klassische Menschenbild‹, wie es auch in der Lyrik, vor allem in den Balladen, begegnet, läßt sich nicht ohne weiteres auf ethische Postulate reduzieren. Die ›Werte‹ der Freundschaft, Gerechtigkeit und Wahrheit, der Wohlanständigkeit und des Friedens, die schon in Herders *Ideen zur Philosophie der Menschheit* als Elemente der Humanität apostrophiert wurden (und von hier aus offenbar in Schillers *Horen*-Programm Eingang fanden), sind vielmehr eingebettet in eine umfassende Bestimmung der Position des Menschen in seinem Verhältnis zur Geschichte, insbesondere zur Antike, zur Natur, zur Gesellschaft und zur Kunst. Im klassischen Humanitätsbegriff fließen historische, naturwissenschaftliche, zeitgeschichtliche, philosophische und ästhetische Gedanken zu einer untrennbaren Einheit zusammen. Winckelmann und Herder, Kant und Wieland, Rousseau und Humboldt sind am Zustandekommen dieses Humanitätsbildes beteiligt, was nicht selten bis in einzelne Formulierungen der klassischen Lyrik hinein zu verfolgen ist.

Mit den *Horen* hatten Goethe und Schiller ihre klassische Sozietät begründet. Über das enttäuschende Echo auf diese Institution müsse, so meinte Goethe, öffentlich Gericht gehalten werden. So entsteht der Gedanke der unerbittlich scharfen *Xenien*. Schon bald sind die beiden Dichter in einer auch gesellig entspannten Situation mit jenem epigrammatischen Gemeinschaftswerk befaßt, dessen persönliche Anteile nach dem Willen der Autoren nie gänzlich zu ermitteln sein sollten. Die *Xenien*, mit denen an die Tradition Martials angeschlossen wurde, sind, im Anschluß an das *Horen*-Programm, die aggressive und provozierende Demonstration des Herrschaftsanspruchs der Klassiker: Man will »über einzelne Werke herfallen«, es wird »geschossen« und »verfolgt« – kurz: Es wird ein »Feldzug« geführt gegen alles geistig Mittelmäßige, Modische und Kompromißlerische, das den hohen Maßstäben des *Horen*-Programms nicht standhält. Die *Xenien* wurden nach manchen redaktionellen Umarbeitungen in Schillers *Musen-Almanach* (auf das Jahr 1797) veröffentlicht, auf den sich künftig die Zusammenarbeit zwischen Goethe und Schiller konzentrierte. Der *Xenien*-Almanach löste aufgrund seiner personalsatirischen Direktheit ein außerordentlich lebhaftes, ja hektisches Echo aus und führte zum *Xenien*-Streit, dessen Ergebnis eine gewisse Isolierung der Weimaraner war: Sie waren zu einer unübersehbaren Instanz geworden, der man ängstlich und respektvoll, aber ohne Zuneigung begegnete. Die Fronten zwischen den Klassikern und der übrigen literarischen Welt waren, wie es schien, ein für allemal gezogen. Goethe und Schiller treten mit dem *Xenien*-Almanach als höchstrichterliche und strafende Instanz auf und verschaffen sich jenen Respekt und Abstand, der ihnen zur Durchsetzung des anspruchsvollen Klassik-Programms erforderlich schien. »Ich hoffe daß die Xenien auf eine ganze Weile wirken und den bösen Geist gegen uns in Tätigkeit erhalten sollen, wir wollen indessen unsere positiven Arbeiten fortsetzen und ihm die Qual der Negation überlassen«,[27] schreibt Goethe, und an anderer Stelle: »nach dem tollen Wagestück mit den Xenien müssen wir uns bloß großer und würdiger Kunstwerke befleißigen und unsere proteische Natur, zu Beschämung aller Gegner, in die Gestalten des Edlen und Guten umwandeln«.[28]

Die Balladen

Nachdem der *Xenien*-Almanach gewissermaßen reinen Tisch gemacht und klare Verhältnisse geschaffen hatte, konnten Goethe und Schiller mit dem Balladen-Almanach darangehen, ihrem Begriff von Humanität und Bildung in populärer Form dichterische Gestalt zu geben. Die klassischen Balladen Goethes und Schillers sind Zeugnisse ihrer Bereitschaft und Fähigkeit, einem breiten Publikum sittliche Ideen in sinnlichen Handlungen und Bildern vorzustellen. Sie erfüllen Schillers Forderung, wonach eine Lyrik, die mit dem Zeitalter fortschreitet, volkstümlich sein müsse, ohne dabei für den Kenner an Interesse zu verlieren.
Begleitet von grundsätzlichen gattungstheoretischen Erwägungen, von Detailkritik und steter Ermunterung zu weiterer Produktivität, entstehen im ›Balladenjahr‹ 1797 u. a. Goethes Balladen *Der Schatzgräber, Legende, Die Braut von Korinth, Der Gott und die Bajadere, Der Zauberlehrling*; Schiller schrieb *Der Ring des Polykrates, Der Handschuh, Ritter Toggenburg, Der Taucher, Die Kraniche des Ibykus, Der Gang nach dem Eisenhammer*. Eine einheitliche, verbindliche Balladenbestimmung haben Goethe und Schiller nicht erarbeitet. Es kam ihnen offenbar mehr auf die konkrete Gestaltung als auf die Festlegung eines allgemeingültigen Gattungsbegriffs an. Auf Wirkung freilich sind die Balladen deutlich abgestellt, wobei an eine moralische ebenso wie an eine ästhetische Wirkung gedacht wird. Die dramatischen Situationen, die lebhaften Wechselreden, die Ausrufe und bündigen Sentenzen wollen sich dem Gehör ebenso einprägen wie dem Herzen. Die Balladen sind eine rhetorische Gattung: zum Vortrag bestimmt, auf Überzeugung aus, sich dem Gedächtnis empfehlend.
Schiller bevorzugt theatralische Situationen; Personengruppen, Zuschauer und Akteure, stehen einander gegenüber. So in den *Kranichen des Ibykus*, in der *Bürgschaft*, im *Taucher*, im *Handschuh*. Die Handlung, die die Ballade zum »erzählenden Gedicht« macht (ein Terminus Körners, mit dem er den modernen Begriff des ›Erzählgedichts‹ vorwegnimmt), steht einerseits unter der Aufsicht und Weisheit höherer Mächte (die sich im Mythos oder in den Naturgewalten zu erkennen geben), andererseits dient sie zur Darstellung von Bewußtseinsveränderungen, die sich bei den Akteuren vollziehen: So springt der zunächst nur tollkühne, unerfahrene Jüng-

ling als gereifter, von seinen Erfahrungen entscheidend geprägter und in seinem Bewußtsein grundlegend veränderter *Taucher* ein zweites Mal in die Tiefe – mit den entsprechenden Konsequenzen. Ohne einen machtvoll verändernden Einfluß auf das Bewußtsein der Mörder des Ibykus bliebe das Verbrechen an ihm ungesühnt.

Den *Kranichen des Ibykus* liegt ein detektivisches Schema zugrunde; denn die Ballade beschreibt die Geschichte der Aufklärung eines Mordes, und die Täter werden am Ende ihres Verbrechens überführt. Die Rolle des Detektivs übernimmt im Medium des Theaters der griechische Mythos: Die Schuldigen werden von den Erynnien, den Rachegöttinnen, ereilt. Die Ballade gibt also im Sinne Schillers ein weiteres Beispiel für *Die Macht des Gesanges*: Die Poesie, hier vertreten vom griechischen Drama, vollzieht die Gerechtigkeit, die zu vollziehen andere Institutionen nicht in der Lage sind. Allerdings ist es nicht die Wirkung des griechischen Dramas allein, die das Schuldbekenntnis der Mörder auslöst. Vielmehr kommen die Kraniche noch hinzu: Das Naturphänomen der Kraniche und der Mythos müssen zusammenwirken, wenn das klassische Ziel, die Durchsetzung wahrer Humanität, erreicht werden soll. Die Ballade ist aufgrund der engen Zusammenarbeit zwischen Goethe und Schiller und der bis in Details nachweisbaren Anteile beider an ihrer endgültigen Gestalt ein außerordentlich bezeichnendes Beispiel für die Fruchtbarkeit der Kombination von divergierenden Prioritäten, die beide Dichter in ihre Kooperation einbrachten. Während Goethe dem Naturphänomen den Vorzug gab, neigte Schiller dem kunsttheoretischen Primat zu. In der wechselseitigen Ergänzung beförderten sie die harmonische Verbindung von Natur und Kunst in ihren klassischen Werken.

Ein auffälliges Stilmerkmal der Balladen Schillers ist die insistierend ausführliche, häufig Einzelheiten summierende Beschreibung der jeweils äußeren Umstände, gleichsam der Kulissen, vor denen sich die Handlungen abspielen. Da werden mit geradezu zoologischer Präzision die bedrohlichen Tiere der Meerestiefe aufgezählt (*Der Taucher*), da treten in sorgfältiger Reihung »der Griechen Stämme« namentlich auf (*Die Kraniche des Ibykus*), und da werden gleich mehrere Strophen darauf verwandt, die Folgen des Unwetters zu beschreiben, mit denen Damon zu kämpfen hat (*Die Bürgschaft*). Hier werden aber auch wirkende Kräfte sichtbar: Schon die Kulisse der »froh vereinten« Griechen isoliert die Mörder, die unter ihnen sind; die Gegenwart der Meeresungeheuer macht das ganze Ausmaß der Gefährdung sichtbar, dessen Erfahrung den jungen Edelknaben eigentlich neuen Versuchungen gegenüber hätte immun machen müssen; und vor dem Hintergrund der in Auflösung befindlichen Natur erst erscheint die unwandelbare Treue des Damon in ihrer ganzen Größe. Schillers Balladen sind Werke von hoher und durchschaubarer Künstlichkeit; ihr Kunstcharakter wird dem Leser geradezu demonstrativ und effektvoll vorgeführt.

Goethe hat die besondere Meisterschaft Schillers als Balladendichter stets hervorgehoben: »er ist zu dieser Dichtart in jedem Sinne mehr berufen als ich«.[29] Ob man diesem Urteil beipflichten will, hängt weitgehend davon ab, ob man den von Schiller bevorzugten Balladentyp, in dem dramatische Elemente überwiegen, oder die Balladen Goethes, in denen sich die Gattungselemente mischen, zum Paradigma der klassischen Balladenform erhebt. Die tatsächliche Verschiedenheit der Balladen Goethes und Schillers soll nicht bestritten werden, obwohl es auch Annäherungen zwischen ihnen gibt, wie bei Goethes *Zauberlehrling*, der Schillers Balladen nahekommt, und bei Schillers *Der Graf von Habsburg*, der Goethes Balladen ähnelt. Vor allzu strengen Trennungen und Festlegungen ist aber zu warnen, wenn man dem Selbstverständnis der Klassiker gerecht werden will. So entspricht es beispielsweise dem weitverbreiteten Bild von einer normativ verfahrenden Klassik wenig, daß – vor allem bei Goethe – schon im Hinblick auf die *Bezeichnung* der poetischen Gattung der Ballade eine erstaunliche Vielfalt und Lässigkeit zu beobachten ist. Zunächst wird im Gespräch mit Schiller der Begriff Romanze bevorzugt, ohne daß damit eine erkennbare Differenzierung zur Ballade ausgedrückt wäre. Auch die Bezeichnung ›Legendenballade‹ läßt sich kaum in den Rang eines Gattungstypus erheben; Goethe hat zwar gern auf legendenhafte Stoffe zurückgegriffen, so in *Der Gott und die Bajadere* und in der Ballade, die sogar den Titel *Legende* trägt. Aber die Ballade kann bei ihm auch als Lied erscheinen (*Hochzeitlied*) und unter »Der Geselligkeit gewidmete Lieder« eingereiht werden, sie kann als ›nordische‹ ebenso wie als antikische Form auftreten und Heidnisches mit Christlichem verbinden. Es ist die große Vielseitigkeit der Gattung, die auf Goethe einen besonderen Reiz ausübt; das gilt für die Stoffwahl und für die Redeweise, für die strophische Gestaltung und für die gesellige Verwendungsmöglichkeit der Ballade. Diese Gesichtspunkte sind es denn auch, die er in seiner vielzitierten Äußerung zu der Gattung (*Über Kunst und Altertum*) besonders hervorhebt. Der Balladendichter, so schreibt er,

»kann lyrisch, episch, dramatisch beginnen und, nach Belieben die Formen wechselnd, fortfahren, zum Ende hineilen [...] Übrigens ließe sich an einer Auswahl solcher Gedichte die ganze Poetik gar wohl vortragen, weil hier die Elemente noch nicht getrennt, sondern wie in einem lebendigen *Ur-Ei* zusammen sind, das nur bebrütet werden darf, um als herrlichstes Phänomen auf Goldflügeln in die Lüfte zu steigen.«[30]

Die Ballade erscheint hier als ein Naturphänomen (»Ur-Ei«) mit Kunstcharakter (»Goldflügel«). Sie ist gerade nicht an abgeleitete Kunstnormen gebunden, sondern, wie Goethes Bild sagt, gleichsam vogelfrei.

Die Freiheiten, die sich Goethe in seinen klassischen Balladen herausnimmt, haben schon seine Zeitgenossen irritiert. Als *Der Gott und die Bajadere* einmal in Goethes Haus in Zelters Komposition vorgetragen wurde, sei Herder (so berichtet seine Frau) »krank davon geworden [...] Er kann nun einmal diese Sachen nicht vertragen«.[31] ›Diese Sachen‹ – das sind die thematischen Kühnheiten des Gedichts; daß eine Gottheit die angebotenen Liebesdienste einer Tänzerin akzeptiert und daß es der Liebesakt selbst ist, der die Bajadere zu jener Menschlichkeit finden läßt, die der Gott längst in ihr erkannt hatte, scheint mit dem Geist der christlichen Barmherzigkeit kaum vereinbar zu sein. Insofern darf man wohl zweifeln, ob wirklich diese Art der »Liebesvereinigung [...] den Kern aller großen Erlösungs-Religionen bildet«.[32] Der Weg zur Menschlichkeit führt über die Sinnlichkeit, sagt das Gedicht, und das gilt noch dort, wo sinnliche Liebe als Gewerbe ausgeübt wird. Die Bajadere erfährt die Umwandlung ihrer »Sklavendienste« und ihrer »Künste« in »Natur«, und diese Erfahrung ist zugleich die Erfahrung des Göttlichen, ohne die Liebe nicht menschlich sein kann. Nicht als Sünderin, sondern als »Geliebte« trägt der »Götterjüngling« die Bajadere, die ihm aus Sehnsucht in den Flammentod folgt, »Mit feurigen Armen zum Himmel empor«.

Eine ungewöhnliche Liebesbegegnung ist auch das Thema der Ballade *Die Braut von*

Korinth; und auch hier hat die sehr freie Schilderung der »Liebeswut« und »des Liebesstammelns Raserei« Unwillen hervorgerufen. Ein Teil des Publikums nenne diese Liebesbegegnung »die ekelhafteste aller Bordelscenen«, berichtet Böttiger, ein anderer aber sehe in der Ballade »das vollendetste aller kleinen Kunstwerke Goethes«.[33] Die Gegensätzlichkeit solcher Standpunkte ergibt sich mit einiger Konsequenz aus dem dargestellten Gegensatz von antiker und christlicher Glaubenswelt. Denn das Paar, das hier verbotenerweise die Hochzeitsnacht feiert, trifft in einer kulturgeschichtlichen Situation des Übergangs von der Antike zum Christentum zusammen: Es war einander versprochen worden, »Als noch Venus' heitrer Tempel stand«, zur Zeit der alten Götter also; und nach der Christianisierung war dieses Versprechen zugunsten eines Gelübdes rückgängig gemacht worden, durch das die Braut in ein Kloster hatte gehen müssen. Der »kranke Wahn« dieses Gelübdes hatte das Mädchen um »Jugend und Natur« gebracht, die aber gleichwohl ihr Recht fordern und in der Liebesbegegnung mit dem Jüngling aus Athen auch finden. Es sind die klassischen Götter, in deren Zeichen sich die Liebesbegegnung vollzieht; sie erwirken also die Einlösung des unter ihrer Herrschaft gegebenen Versprechens. Das unter christlichen Vorzeichen gegebene Gelübde dagegen erweist sich als »fremd«, ja »falsch«, da »kein Gott erhört«, was ohnehin als »Menschenopfer unerhört« ist: die Verfügung über »Jugend und Natur« eines Menschen, über die dieser selbst zu verfügen hat. Mit den am Schluß gehäuft auftretenden gespenstischen Motiven, die aus dem Bereich der Schauerliteratur zu stammen scheinen, verändert sich auch der Sinn der Ballade nicht unerheblich. Als »Vampirisches Gedicht« hat Goethe diese »Gespensterromanze« in seinem Tagebuch regelmäßig bezeichnet und damit das Gewicht dieses Motivs betont. Es bleibt als Provokation bis zum Ende erhalten. Die »alten Götter« bleiben, als das »Gespenstische« diffamiert, auch in der Zeit des Christentums beherrschend, solange sich die sinnliche Liebe nur in ihrem Geist verwirklichen kann; ja mehr noch: im Geist der »alten Götter« wird jenes Blut gesaugt, das »Jugend und Natur« auszeichnet, von der das Christentum nichts wissen will. Das Klassische wird sich – und sei es in der Form des Vampyrischen – am Leben erhalten, solange die Liebenden unter christlichen Gesetzen mit ihrer Sinnlichkeit nur als Sünder betrachtet werden. Aber ebenso wird es am Leben bleiben, wenn es dem Christentum gelingen sollte, die Sinnlichkeit als »Natur« zu integrieren. Die Verbindung des Klassischen mit dem ›Nordischen‹ im Bilde des Vampyrismus erweist sich damit als ein Bekenntnis zur Sinnlichkeit, die als »Natur« in jedem Fall fortleben wird. Es ist Sache der Menschen, selbst dafür zu sorgen, daß sich ein solches Fortleben in humaner Form vollziehen kann.

Ihrer metrischen Gestalt nach sind die Balladen Goethes und Schillers gleichsam durchkomponiert: die Form wird dem jeweiligen Gehalt angepaßt, wobei Goethes Balladen (wie sein lyrisches Werk überhaupt) einen größeren Formenreichtum aufweisen. Entsprechendes gilt auch für die Verwendung der klassischen Versmaße. Im Unterschied etwa zu Hölderlin und Matthisson haben Goethe und Schiller zwar keine klassischen Odenformen ins Deutsche zu transponieren versucht, sondern sich auf Hexameter und Pentameter beschränkt; aber vor allem Goethe hat mit geradezu programmatisch anmutender Konsequenz vorgeführt, wie vielseitig verwendbar diese klassischen Versmaße im Deutschen sein können: Elegien und Epigramme, Idyllen und Versepen, Lehr- und Gelegenheitsgedichte hat er in diesen Metren geschrieben.

Die Elegien

Schiller und Goethe haben das dem Versmaß nach als Elegie anzusprechende Gedicht *Alexis und Dora* (1796) eine Idylle genannt; für Schiller »gehört sie unter das Schönste, was Sie gemacht haben«, wie er Goethe schrieb, »so voller Einfalt ist sie bei einer unergründlichen Tiefe der Empfindung«. Die Empfindungstiefe und -vielfalt ergibt sich gerade daraus, daß eine ›Handlung‹ (eine Liebeshandlung) nicht zustande kommen kann: Erst im Augenblick der Trennung knüpfen sich zwischen Alexis und Dora die ersten Bindungen der Liebe. Während das Schiff ihn von der Geliebten immer weiter entfernt, vertieft Alexis trotzdem die kaum begonnene Beziehung zu Dora durch Erinnerungen an Doras Worte und Gesten, durch Klagen über das Versäumte, durch Hoffnungen, Wünsche und Vorstellungsbilder über eine gemeinsame Zukunft, ja sogar noch durch Ängste und eifersüchtige Gedanken. Die Schiffsreise wird zur Reise durch das Innere, das der Dichter dem Leser sichtbar macht mit allen Möglichkeiten der Leidenschaft, der Phantasie, des Zorns und der Zärtlichkeit, wobei er sich selbst als denjenigen vorstellt, der »die seltne Verknüpfung der zierlichen Bilder« leistet, bis alles mit der »Abschiedsverbeugung des Dichters wieder in's Leidliche und Heitere zurückgeführt wird«.[34] Goethe rechnet diese Dramaturgie der Empfindungen zu den Gesetzen der Idylle, die er ähnlich in *Hermann und Dorothea* befolgte.

Das elegische Versmaß liegt auch dem Lehrgedicht *Die Metamorphose der Pflanzen* (1798) zugrunde, das zugleich ein poetologisches Gedicht ist; denn es gibt Einblick in die grundsätzliche (naturwissenschaftliche *und* poetische) Betrachtungsweise, die Goethe allen Phänomenen zuwandte. Schon die gewählte didaktische Ausgangssituation (»Dich verwirrt, Geliebte, die tausendfältige Mischung / Dieses Blumengewühls über den Garten umher«) besitzt eine kunstvolle Stringenz: Kein Gelehrter und kein Lehrer übernimmt hier das Amt der Unterweisung, sondern ein Liebhaber spricht zu seiner Geliebten; seine ›Lehre‹ ist zugleich Liebeserklärung und Sinngebung der Liebe. Das Gesetz der Natur, das an der Metamorphose der Pflanzen erläutert wird, vollzieht sich zugleich an dem Liebespaar selbst. Aus den anfangs unterschiedlichen Anschauungsweisen führt das Gedicht das Paar zu »Gleicher Ansicht der Dinge«, zu »harmonischem Anschaun« und damit zu einer höheren Bildung: Das Paar gestaltet sich um und vollzieht damit im Prozeß der Erkenntnis der Naturgesetze selbst das Gesetz der Metamorphose, des Gestaltwandels. Goethe hat dies öffentlich auch auf sich selbst und seine Geliebte bezogen: Als er in seinen Heften *Zur Morphologie* (1817) die *Schicksale der Druckschrift* – gemeint ist der *Versuch, die Metamorphose der Pflanzen zu erklären* – beschrieb, rückte er die Elegie *Die Metamorphose der Pflanzen* in seine Erläuterungen ein, um dann fortzufahren: »Höchst willkommen war dieses Gedicht der eigentlich Geliebten, welche das Recht hatte, die lieblichen Bilder auf sich zu beziehen; und auch ich fühlte mich sehr glücklich, als das lebendige Gleichnis unsere schöne vollkommene Neigung steigerte und vollendete.«[35] Der Gestaltenwandel vollzieht sich im Sinne einer Steigerung zur Vollendung. Die einzelnen Phänomene, mit deren Anschauen Wissenschaft wie Poesie zu beginnen haben, sind darin einander ähnlich, daß sie Ausprägungen *eines* Gesetzes sind, und sie sind darin verschieden, daß sie verschiedene Entwicklungsphasen repräsentieren oder auf unterschiedliche Umstände reagieren, wobei die Formen solcher Repräsentation und Reaktion sich ebenfalls auf ein Naturgesetz zurückführen lassen: auf das der Kontraktion und Expansion. Diese Vorgänge beschreibt das Gedicht und läßt sie zugleich zum Gesetz seiner selbst werden: Kunst wird zur organischen Form, zu einer anderen Natur.

Nicht in »lieblichen Bildern«, sondern in einer begrifflichen Sprache hat Goethe das Verhältnis von *Natur und Kunst* in einem Sonett behandelt, das 1802 in das Vorspiel *Was wir bringen* zur Eröffnung des Lauchstädter Theaters eingefügt wurde. Es ist das erste von Goethe veröffentlichte Sonett, mit dem er sich eine Gedichtform zu eigen macht, die bis dahin die Romantiker (u. a. A. W. Schlegel) für sich reklamiert hatten, während Goethe zunächst Vorbehalte der strengen Form gegenüber hatte (*Das Sonett*). Andererseits war die Beschränkung durch die Form, die vom ›Gesetz‹ diktierte Notwendigkeit für Goethe eine Herausforderung, weil er – als Naturwissenschaftler wie als Dichter – das in der scheinbaren Willkür der Erscheinungen wirkende Gesetz aufzufinden suchte. Hier trafen sich seine Bemühungen mit denen Schillers, dessen philosophischer Begriffssprache das Sonett *Natur und Kunst* deutlich verpflichtet ist.

Euphrosyne (1798) ist ebenso wie Schillers *Nänie* (1800) eine Elegie der Form nach (Distichen) *und* als Klagelied. In diesem doppelten Sinn ist das Gedicht sogar Goethes erste Elegie. Er schrieb sie nach dem Tod der Weimarer Schauspielerin Christiane Becker, die im Alter von 19 Jahren gestorben war. Goethe hat die Szenerie der Vergegenwärtigung Euphrosynes ins Hochgebirge verlegt. In einer solchen Landschaft, so hatte er schon 1784 geschrieben, ist er »zu höheren Betrachtungen der Natur hinaufgestimmt«, fühlt er »die ersten, festesten Anfänge unsers Daseins« und »sehnt sich nach dem nähern Himmel«.[36] Das Ruhebedürfnis des Wanderers und die Bereitschaft, sich der Betrachtung des Ewigen in der Natur hinzugeben, leiten sich aus dieser Eingangsszenerie her. So ist der elegische Ton schon angestimmt, bevor die Göttin erscheint. Daß sie sich aus einer glühenden Wolke entwickelt (und am Ende wieder in den Wolken verschwindet), ist unter den gegebenen ›natürlichen‹ Verhältnissen alles andere als ein Spuk; die Naturphänomene der Wolken, die sich umbilden, wachsen und bewegte Gebilde hervorbringen, sind, wie alle Naturphänomene für Goethe, erklärbar und bedeutend zugleich. In der wahren Erkenntnis fallen Erklärung und Wahrnehmung der Bedeutung zusammen.

»Das Wahre, mit dem Göttlichen identisch, läßt sich niemals von uns direkt erkennen, wir schauen es nur im Abglanz, im Beispiel, Symbol, in einzelnen und verwandten Erscheinungen; wir werden es gewahr als unbegreifliches Leben und können dem Wunsch nicht entsagen, es dennoch zu begreifen. Dieses gilt von allen Phänomenen der faßlichen Welt«,[37]

mit diesen Worten, die sich wie ein Kommentar zum Eingang der *Euphrosyne* lesen, beginnt Goethes *Versuch einer Witterungslehre*. Im wechselseitigen Geben und Empfangen von Genüssen, von denen das Gedicht spricht, ähnelt das sich darstellende Verhältnis zwischen der Schauspielerin und dem Dichter einem Liebesverhältnis. Beide sind damit befaßt, zum Leben zu erwecken, was ohne sie tot bliebe. Aber die Wirkung des Worts auf der Bühne ist von kurzer Dauer. Insofern teilt Euphrosyne das Schicksal der von ihr dargestellten Poesie. Erst die Dichtkunst kann die Verkehrung der Ordnung der Tage revidieren; sie kann der vom Schicksal gestörten Gesetzlichkeit der Natur wieder Geltung verschaffen. Denn nur sie »gewährt einiges

Leben dem Tod«. So werden mit dem Gedicht *Euphrosyne* sehr widersprüchlich scheinende Äußerungen Goethes über das Verhältnis von Natur und Kunst verständlich: Die Gestalten der Natur sind Elemente der *Dauer im Wechsel*, die Gestalten der Kunst besitzen Dauer, weil sie dem lebendigen Wechsel entzogen werden; dennoch orientiert sich die Kunst an den Gestaltungs- und Bildungsgesetzen der Natur, die der Mensch, selbst ein Naturwesen, mit seinen natürlichen Kräften zu verstehen sucht.

Lieder

An die ›aufbauende‹, bildende Phase des Klassik-Programms, die der Balladen-Almanach repräsentiert, sollte sich nach Goethes Vorstellung mit dem Lieder-Almanach eine gesellschaftsstiftende Phase anschließen, ganz im Sinne der klassischen Konzeption, derzufolge die »Verbesserung des gesellschaftlichen Zustandes« das letzte Ziel und die Vollendung des Veredelungsprogramms ist. Doch der Lieder-Almanach kam in der geplanten Form nicht mehr zustande. Die in diesem Zusammenhang geschriebenen Lieder der Dichter erschienen verstreut, auf Gelegenheiten der Publikation und der Geselligkeit bezogen. Nicht selten weisen sie balladeske Züge auf. Das gilt auch von dem wohl bekanntesten dieser Lieder, dem *Lied von der Glocke*.

Dem Gedicht ist höchste Bewunderung und tiefste Verachtung zuteil geworden. Einerseits gehörte es, zumal im 19. Jahrhundert, zum unverzichtbaren Grundbestand des bürgerlichen Bildungsbesitzes, andererseits entzündeten sich an ihm radikale Versuche, das philiströse Bild des klassischen Schiller einer Revision zu unterziehen. Ganz unbefangen wird sich heute niemand mehr dem Lied nähern können, das die Geschichte seines Umstrittenseins stets mitenthält. Schon dieser Umstand verbietet es, das Gedicht gleichsam zu liquidieren.[38] Revisionen des Schiller-Bildes können nicht durch zensierende Streichungen, sondern nur durch erneute Auseinandersetzungen mit den Texten erfolgen. Wo dies geschieht, da werden Kunstmittel und Kunstabsichten erkennbar, die Schillers Lieder (z. B. auch das *Reiterlied* aus dem *Wallenstein*) in ihrer historischen Bedeutsamkeit und funktionalen Position, aber auch in ihrer provozierenden Wirkung verständlicher werden lassen.

Im ›Balladenjahr‹ geplant und dann für den Lieder-Almanach vorgesehen, wurde das *Lied von der Glocke* erst 1799 niedergeschrieben und im *Musen-Almanach* für das Jahr 1800 publiziert. Schon von seiner Entstehung her trägt es neben liedhaften auch balladeske Züge. Es gliedert sich in zwei Strophenstränge, nämlich in das eigentliche Glockengießerlied und in zwischengeschaltete kommentierende Strophen. Die zehn Strophen des Glockengießerliedes schildern den Arbeitsvorgang des Gießens mit großer Sachkenntnis und Detailtreue. Diese Darstellung eines frühindustriellen Produktionsprozesses, die schon für sich ein ungewöhnliches technologisches Interesse Schillers bezeugt, wird in Beziehung gesetzt zu der Arbeit des Künstlers. Die Werkstattnähe ist von einer bemerkenswerten Nüchternheit, wenn man sie mit der Distanz zur Arbeitswelt vergleicht, die das Kunstlied üblicherweise wahrt. Demgegenüber haben die kommentierenden Strophen, an denen zumeist Anstoß genommen wird, die Aufgabe, zwischen der dargestellten Realität der Arbeit und der emotionalen Vorstellungskraft der Leser zu vermitteln. Diese Strophen sind selbst jene »guten

Reden«, die die Arbeit begleiten, sie enthalten Reflexionen über die Bedingungen und Wirkungen menschlicher Arbeit. Dem Verstand verpflichtet, sollen sie zwischen Herz und Hand, zwischen dem Gefühl und der Produktivität des Menschen vermitteln; denn so erst wird menschlich-sinnerfüllte Arbeit möglich, es entsteht eine humane Arbeitswelt. Die Kommentarstrophen enthalten also Deutungs- und Anwendungsangebote für den Leser.

Die Glocke wird darüber hinaus von Schiller mit poetologischer Bedeutung ausgestattet: So wie das Produkt der Glockengießerarbeit dazu bestimmt ist, die wechselnden Ereignisse des menschlichen Lebens anzuzeigen, so soll auch das Produkt schriftstellerischer Arbeit bezogen sein auf die menschlichen Gelegenheiten und Verhältnisse. *Das Lied von der Glocke* ist nicht, wie kritisch angemerkt worden ist, ein Gedicht über alles und jedes,[39] sondern es hält programmatisch fest, daß sich die Poesie mit allem Menschlichen zu befassen habe. In abstrahierender Weise und nicht ohne (begründete) Typisierung wird der Rahmen der Lebensbereiche abgesteckt, innerhalb derer die Poesie verkündend und Bedeutung schenkend (wie die Glocke) tätig werden soll. Die dabei von Schiller vorausgesetzten Rahmenbedingungen sind diejenigen einer überwiegend agrarisch, handwerklich und kaufmännisch bestimmten bürgerlichen Gesellschaft des 18. Jahrhunderts, in der die sozialen Gruppen sich als Produktionsgemeinschaften verstehen, wobei das gemeinsame Interesse der Gewinnvermehrung die Aufgabenbereiche und die Rollen der Gruppenangehörigen bestimmt. Vor diesem Hintergrund sind die vielgeschmähten Verse über den ins feindliche Leben hinausstrebenden Mann und die im Hause waltende (dort freilich herrschende) züchtige Hausfrau zu sehen. Diese arbeitsteilige Rollenzuweisung verknüpft das Gedicht mit der von Gott selbst sanktionierten bürgerlichen Ordnung, die Wohlstand und Sicherheit, Gleichheit, Freiheit und Friede garantiert, solange jeder den ihm zugewiesenen gesellschaftlichen Ort akzeptiert und sich in ihm durch seine Arbeit definiert, deren Früchte ihm unmittelbar zugute kommen. Eine nach diesen Grundsätzen geordnete Gesellschaft bewältigt selbst Naturkatastrophen und Kriege; die einzige fundamentale Gefährdung geht von denen aus, die sich aus dieser Ordnung herausbegeben und die Selbstbefreiung der Völker durch Aufruhr und Revolution betreiben. Einem so handelnden Volk wird von Schiller kein eigenes Bewußtsein zuerkannt; es verhält sich in ziel-, richtungs- und willenloser Willkür, wild, verheerend und verderbend wie das glühend-flüssige Element des Erzes. Das Volk bedarf (wie das Elementare) der Bändigung und Lenkung, um zu einer solchen Freiheit und Gleichheit (Schiller nimmt bewußt die Parolen der Französischen Revolution auf) geführt zu werden, die seinen tatsächlichen Bedürfnissen entsprechen und sein Glück und seinen Wohlstand befördern. Den Vorgang dieser Bändigung und Lenkung beschreibt das Lied zugleich als bürgerlichen und als poetischen Arbeitsprozeß: Arbeit wie Poesie leisten in gleicher Weise die Einbindung der elementaren Naturkräfte in wohltätige und einträchtige menschliche Verhältnisse; ethische und ästhetische Erziehung des Menschen entsprechen einander in dem Ziel, der Natur ihre Idealität als menschliche Realität abzuringen.

Der hohe Anspruch, den das Gedicht erhebt, ist nicht geeignet, die historische Differenz zu nivellieren, die zwischen den von Schiller gewählten und den heute gegebenen ›Rahmenbedingungen‹ besteht. Zur notwendigen Erkenntnis dieser Differenz, die eine bloße ›Einfühlung‹ verbietet, eignen sich gerade die wirklich populären, vielzitierten und umstrittenen klassischen Balladen und Lieder Schillers. Auch deshalb sind sie unentbehrlich.

In den ersten Jahren des neuen Jahrhunderts trat die lyrische Dichtung bei Goethe und Schiller in den Hintergrund. Schiller hatte den *Musen-Almanach* zugunsten seiner dramatischen Werke aufgegeben: »Zum lyrischen fehlt es mir gänzlich an Neigung und ohne diese kann ich nichts leisten.«[40] Und Goethe stellt fest: »Die lyrische Muse ist mir [. . .] diese Zeit über nicht sonderlich günstig gewesen.«[41] Auch ihn beschäftigen dramatische, darüber hinaus aber auch kunst- und naturwissenschaftliche Arbeiten. In solchen Zeiten entfaltete die Lyrik in Produktion und Reproduktion die geselligen und gelegenheitlichen Potenzen, die ihr Goethe mit zunehmender Entschiedenheit allgemein und grundsätzlich zuschrieb. Als Lied von einem Sänger oder von einer geselligen Runde vorgetragen, einzelnen oder Gruppen zugeschrieben, als Widmung oder im Einzeldruck zu Gelegenheiten verfaßt – so bietet sich ein nicht geringer Teil der Lyrik Goethes nun dar. Im *Taschenbuch auf das Jahr 1804*, das Wieland und Goethe gemeinsam herausgaben, sind allein 22 solcher »Der Geselligkeit gewiedmete Lieder« abgedruckt. Nicht wenige Komponisten, darunter Johann Friedrich Reichardt, Karl Friedrich Zelter, Johann Rudolf Zumsteeg, Wilhelm Ehlers, aber auch viele Dilettanten, sogar die Herzogin Anna Amalia, vertonten Lieder der Klassiker. Goethe bevorzugte die Liedkompositionen Zelters, weil sie seiner Auffassung nach in idealer Weise die im Text enthaltene Situation in eine öffentliche, gesellige Situation zu überführen verstanden. Erst in der musikalischen und geselligen Realisierung, so meinte er, wird das Gedicht zur vollen »Selbständigkeit« erhoben, so daß die Komposition einen vervollständigenden Charakter hat.

Von solcher Liedauffassung führt ein gerader Weg zu der Poetik der Lyrik, die Goethe im Alter mit seinen Bemerkungen zum Gelegenheitsgedicht entwickelt hat.[42] Er plädiert mit großem Nachdruck für eine Lyrik, die in der Wirklichkeit »Grund und Boden« hat und sich ihren Bedingungen stellt dadurch, daß sie situationsbezogen und öffentlichkeitszugewandt ist; gleichzeitig weist er jeden Anspruch auf unbeschränkte Selbständigkeit und luftige Unabhängigkeit der Lyrik zurück. Diesen Prinzipien der Verbindlichkeit unterwirft Goethe im Rückblick sein gesamtes lyrisches Werk (»Alle meine Gedichte sind Gelegenheitsgedichte«), nicht etwa nur seine Lieder und »An Personen« gerichteten Gedichte. Es ist ein Rückblick auch auf die Epoche der klassischen Lyrik, die mit diesen Bekenntnissen zum Gelegenheitsgedicht vorliegt. Er könnte einer Literaturwissenschaft zu denken geben, die gewohnt ist, sich in den Kategorien einer nachgoetheschen Erlebnisästhetik zu bewegen und der Lyrik, ja der Dichtung der Klassik überhaupt einen unbedingten und undifferenzierten Autonomieanspruch zu unterstellen, der dann teils als solcher kritisiert, teils als zeitlos gültig gefeiert wird. Solche Betrachtungsweisen halten indes einer näheren Untersuchung nicht stand. Die klassische Dichtung beansprucht ihr Eigenrecht, aber sie schließt die Gesetzlichkeiten anderer Wirklichkeitsbereiche (etwa der Natur, der Geschichte, der Gesellschaft) nicht aus. Sie besteht nicht darauf, frei von Bedingungen zu sein, aber sie erhebt den Anspruch, frei von Abhängigkeiten zu sein, die sie bevormunden könnten. Ihr Autonomiepostulat impliziert nicht den Verzicht auf Wirkungsabsichten, auf öffentliches Interesse und auf praktischen Gebrauchswert. Das zeigen die hier behandelten Gedichte der klassischen Zeit besonders deutlich. Es ist daher nicht verwunderlich, daß die klassische Lyrik selbst noch der ideologiekritischen Klassik-Diskussion der Gegenwart die wirksamsten Exempel bietet. Auch in früheren Phasen der Wirkungsgeschichte der Klassik wurde sie bevorzugt rezipiert, in den Dienst von künstlerischen und außerkünstlerischen Doktrinen gestellt, ausgewertet für nationalistische, humanistische und sozialistische Erziehungsvorstellungen, vereinnahmt, angewendet, benutzt, ge- und verbraucht, idealisiert und trivialisiert, parodiert und karikiert, aktualisiert und musterhaft verewigt. Diese wechselvolle Wirkungsgeschichte lediglich als eine Geschichte von Mißverständnissen zu diskreditieren würde zu kurz greifen. Es gilt vielmehr, den hohen Anspruch, den diese Lyrik in Theorie und Praxis erhebt, und den tatsächlichen und vielfachen Gebrauch, den man von ihr macht, in gleicher Weise ernst zu nehmen. Nur so lassen sich die Fragen nach der Vorbildlichkeit klassischer Lyrik, nach dem Umfang und der historischen wie aktuellen Berechtigung des von ihr vertretenen Autonomiepostulats, nach ihrer politischen Funktion, ihrer Wirkungsabsicht und ihren ideologischen Implikationen von neuen Voraussetzungen aus stets neu beantworten; und nur so wird auch ein verantwortlicher Umgang mit der Überlieferung gesichert und die notwendige Diskussion über eine im Fortgang der Zeiten stets aufs neue erforderliche Funktionsbestimmung des Schönen fortgeführt.

Anmerkungen

1 Nur einige Beispiele: Die Klassik-Legende. Hrsg. von Reinhold Grimm und Jost Hermand. Frankfurt a. M. 1971. – Egidius Schmalzriedt: Inhumane Klassik. München 1971. – Adolf Muschg: Um einen Goethe von außen bittend. In: Theater heute 11 (1970) H. 11. – Literatur der Klassik I. Dramenanalysen. Hrsg. von Heinz Ide und Bodo Lecke. Stuttgart 1974. (Projekt Deutschunterricht. 7.) – Leo Kreutzer: Mein Gott Goethe. Reinbek 1980. – Martin Walser: In Goethes Hand. Szenen aus dem 19. Jahrhundert. Frankfurt a. M. 1982.

2 Die Klassik-Legende (Anm. 1) S. 11.

3 Erläuterungen zur deutschen Literatur. Klassik. Berlin ⁵1967. S. 5.

4 Sie seien bei der Lektüre von Schillers *Lied von der Glocke* »gestern mittag fast von den Stühlen gefallen vor Lachen«, berichtet Caroline Schlegel 1799 ihrer Tochter Auguste Böhmer. Vgl. Schiller und die Romantiker. Hrsg. von Hans Heinrich Borcherdt. Stuttgart 1948. S. 497.

5 Johann Wolfgang Goethe: Italienische Reise. Zitiert nach: Goethes Werke. Hamburger Ausgabe in 14 Bänden. Hamburg 1948–60. (Im folgenden zitiert als: HA.) Bd. 11. S. 456.

6 Brief an Christian Gottfried Körner vom 20. 8. 1788. Zitiert nach: Schillers Briefe. Hrsg. und mit Anm. vers. von Fritz Jonas. Stuttgart [u. a.] 1892–96. (Im folgenden zitiert als: Jonas.) Bd. 2. S. 106.

7 Winckelmanns Werke in einem Band. Hrsg. von Helmut Holtzhauer. Berlin/Weimar ²1976. S. 18.

8 Goethes Briefe. Hamburger Ausgabe in vier Bänden. Hrsg. von Karl Robert Mandelkow. Hamburg 1962–67. (Im folgenden zitiert als: Goethes Briefe.) Bd. 2. S. 18.

9 Goethe-Jahrbuch 1 (1880) S. 318.

10 HA 1,157. Vgl. Walther Rehm: Europäische Romdichtung. München ²1960. S. 167–180 (»Erotica Romana«).

11 Brief an Körner vom 17. 3. 1788 (Jonas 2,30).

12 Vgl. hierzu Wolfgang Frühwald: Die Auseinandersetzung um Schillers Gedicht *Die Götter Griechenlandes*. In: Jahrbuch der Deutschen Schillergesellschaft 13 (1969) S. 251–271.

13 Schillers Werke. Nationalausgabe. Weimar 1943 ff. (Im folgenden zitiert als: NA.) Bd. 1. S. 194.

14 NA 1,195.

15 Zitiert nach: Friedrich Schiller: Sämtliche Werke. Hrsg. von Gerhard Fricke und Herbert Göpfert. München ³1962. Bd. 1. S. 173.

16 Oscar Fambach: Schiller und sein Kreis in der Kritik seiner Zeit. Berlin 1957. S. 70.

17 Zitiert nach Fambach (Anm. 16) S. 74.
18 Brief an Körner vom 9. 2. 1789 (Jonas 2,225). Aus diesem Brief auch das folgende Zitat.
19 NA 1,214.
20 Walter Müller-Seidel: Schillers Kontroverse mit Bürger und ihr geschichtlicher Sinn. In: Formenwandel. Festschrift für Paul Böckmann. Hamburg 1964. S. 294.
21 Brief an Körner vom 3. 3. 1791 (Jonas 3,136).
22 Alle Zitate aus der Bürger-Rezension nach NA 22,245–259.
23 NA 22,282.
24 HA 10,543.
25 HA 10,541.
26 Alle Zitate aus NA 22,106–109.
27 Goethes Briefe 2,249.
28 Goethes Briefe 2,244.
29 Brief vom 20. 7. 1797 (Goethes Briefe 2,285).
30 HA 1,400.
31 Karl Ludwig von Knebel: Ungedruckte Briefe aus dem Nachlaß. Hrsg. von Heinrich Düntzer. Nürnberg 1858. Bd. 2. S. 42.
32 Karl Viëtor: Goethe. Bern 1949. S. 158.
33 Zitiert nach Hans Gerhard Gräf: Goethe über seine Dichtungen. Th. 3: Die lyrischen Dichtungen. Bd. 1. Frankfurt a. M. 1912. S. 296. Vgl. jetzt die Interpretation von Walter Müller-Seidel. In: Geschichte im Gedicht. Hrsg. von Walter Hink. Frankfurt a. M. 1979. S. 79–86.
34 Brief an Schiller vom 22. 6. 1796. In: Johann Wolfgang von Goethe: Werke. Hrsg. im Auftrag der Großherzogin Sophie von Sachsen. Abth. I–IV. Weimar 1887–1919. (Im folgenden zitiert als: WA mit römischen Abteilungs- und arabischen Bandnummern.) I,1. S. 97.
35 IIA 1,509.
36 In dem Aufsatz *Über den Granit* (WA II,9. S. 170–177).
37 HA 13,305.
38 In der Ausgabe des Insel-Verlages (Frankfurt a. M. 1966), für deren schmale Lyrik-Auswahl Hans Magnus Enzensberger verantwortlich zeichnete, fehlte u. a. auch dieses Lied, wodurch eine heftige öffentliche Diskussion ausgelöst wurde, die z. T. dokumentiert ist in: Schiller in Deutschland 1871–1970. Hrsg. von Eva D. Becker. Frankfurt a. M. 1972. S. 125 ff.
39 So Enzensberger in der nachgereichten Begründung dafür, daß er Schillers *Lied von der Glocke* wegließ. In: Schiller in Deutschland 1871–1970 (Anm. 38) S. 129.
40 Brief an Cotta vom 10. 7. 1800 (Jonas 6,170).
41 Brief an Cotta vom 24. 12. 1802 (WA IV,16. S. 160).
42 Zu »Goethes Theorie und Praxis des Gelegenheitsgedichts« vgl. Wulf Segebrecht: Das Gelegenheitsgedicht. Stuttgart 1977. S. 287–328.

Zwischen Klassik und Revolution (Friedrich Hölderlin)

Von Ingrid Merkel

Die Lyrik Friedrich Hölderlins entstand im Umkreis der klassisch-romantischen Dichtung, berührte sich darüber hinaus aber auch mit der zeitgenössischen revolutionär-utopischen Literatur. Dabei ging Hölderlin durchaus eigene Wege. Er schrieb Gedichte, die trotz unbestreitbarer Verwandtschaft mit den literarischen Strömungen der Zeit ihnen doch nur bedingt zugerechnet werden können.

Die Rezeption Hölderlins war eng und unmittelbarer als die anderer Dichter mit der Situation der Texte, mit dem handschriftlichen Befund der zu Lebzeiten Hölderlins unveröffentlichten Gedichte und mit ihrer komplizierten Editionsgeschichte verbunden, aus der sich jeweils Fragestellungen und Polarisierungen in der Hölderlin-Forschung ergaben. Kaum weniger schwierig waren aber auch die vielen Versuche, die Gedichte literaturgeschichtlich einzuordnen. Schon ihre Rezeption im George-Kreis ließ sich kaum mit dessen Klassikverständnis vereinbaren, noch weniger eine Subsumierung unter die seit Friedrich Theodor Vischer kanonische Kategorie ›Weimarer Klassik‹. Während man im Ausland Hölderlin vorbehaltlos der Romantik zuordnete, hat sich in Deutschland diese Auffassung erst neuerdings durchsetzen können[1] und bedarf entsprechender Diskussion. Andererseits betont die materialistische Forschung im Zusammenhang mit ihrer Neuorientierung an der Realgeschichte besonders die utopisch-revolutionären Elemente. Diese Tendenz, die Gedichte ausschließlich als Metaphern der Revolution[2] oder als Allegorien revolutionären Bewußtseins[3] zu lesen, findet allerdings ihre methodische Grenze an der stringenten Poetologie des Werkes.

Trotzdem lassen sich – auch mit Hilfe der üblichen literaturgeschichtlichen Begriffe – konkrete Aussagen zum historischen Standort der Gedichte machen. Ein Klassikverständnis etwa, das auf solche Lyrik zielt, in der sich »deutsche Dichter [. . .] in Theorie und Praxis [. . .] ausdrücklich um ›Klassizität‹ bemühten«,[4] ließe sich auch für die Lyrik Hölderlins reklamieren. Vor allem, wenn man das intensive Antikestudium des Dichters, seine Übersetzungen aus dem Griechischen, seine poetologische und ideologische Reflexion des Verhältnisses von Antike und Moderne in Betracht zieht und wenn man darüber hinaus Hölderlins praktische Bemühungen um antike Versformen und seine Meisterschaft darin berücksichtigt. Mit der Weimarer Klassik hat er nichtsdestoweniger außer einer lebenslangen Verehrung für Schiller – »von Ihnen dependir' ich unüberwindlich«[5] – kaum etwas gemein, was sich nicht nur zufällig in der Ablehnung Hölderlins durch die Klassiker Goethe und Schiller ausdrückt: »Ich möchte wissen, ob diese [. . .] Hölderlins absolut und unter allen Umständen so *subjectivisch*, so überspannt, so einseitig geblieben wären [. . .] oder ob nur der Mangel einer aesthetischen Nahrung und Einwirkung von außen und die *Opposition* der empirischen Welt in der sie leben gegen ihren *idealischen* Hang diese unglückliche Wirkung hervorgebracht hat«, schrieb Schiller 1797 an Goethe über seinen »Protegé«.[6] Klassisch jedoch im Sinne von ›vollendet‹ oder ›vorbildlich‹ sind Hölderlins

Oden, Elegien und Hymnen der Jahre zwischen 1798 und 1802 durchaus, während jene »vaterländischen Gesänge«, die er ausdrücklich als Muster einer neuen, zeitgemäßen Dichtung verfaßte, nur schwer mit den üblichen Vorstellungen von Klassizität übereinstimmen. Auch kam Hölderlins dichterischer Philhellenismus trotz der anfänglichen Inspiration durch Schillers *Die Götter Griechenlandes* aus anderen Quellen, die viel eher in den Umkreis der Romantik verweisen und sich in wichtigen Punkten auch mit der revolutionären Dichtung berühren. Hölderlin rezipierte die Antike für seine eigene Zeit und für »die Enkel« in einer Form, die trotz aller Klassizität in der Gestaltung nach Intention und Temperament der Romantik zugehörte, wenn man den Begriff Romantik von den noch immer kurrenten Klischees befreit und ihm jene Flexibilität und Komplexität zugesteht, die den Grundcharakter des romantischen Programms bestimmten. Hölderlins Studium der griechischen Dichter, seine Auseinandersetzung mit dem Problem der Nachahmung, seine radikale Option für eine moderne Schreibweise, die sich grundsätzlich von der antiken unterscheiden sollte und die ihn dazu veranlaßte, den Stil des Sophokles in der Übersetzung zu »verbessern«, wie er seinem Verleger Wilmans mitteilte – »Ich hoffe, die griechische Kunst [...] dadurch lebendiger, als gewöhnlich dem Publikum darzustellen, daß ich das Orientalische, das sie verläugnet hat, mehr heraushebe, und ihren Kunstfehler, wo er vorkommt, verbessere« (VI,1,434. Brief Nr. 241)[7] –, rücken ihn in die Nähe der Schlegel. Dies gilt besonders auch für seine Entdeckung des leidenschaftlichen, orientalischen Grundzuges der griechischen Kunst. Selbst das »Vaterländische« der »vaterländischen Gesänge« bildet einen wichtigen Verbindungspunkt mit der romantischen Bewegung, wenn man in Rechnung stellt, daß revolutionäres Gedankengut in der Romantik auch über die erste Generation hinaus noch wirksam war. Dieses »Vaterländische«, ob als »nationelle« Schreibart oder als gesellschaftlich-politisches Programm, ist auch eine Erinnerung an frühe Bestrebungen der Revolution, die zweifellos einen der wichtigsten Impulse für die dichterische Arbeit Hölderlins darstellte. Hölderlins Griechenbild unterschied sich von dem der Klassik ganz besonders durch dieses revolutionäre Bewußtsein und außerdem dadurch, daß er den Demokratiegedanken mit dem der Humanität verband, wie es im *Hyperion*, im *Tod des Empedokles* (»Diß ist die Zeit der Könige nicht mehr«, IV,1,62),[8] aber auch in den Gedichten zum Ausdruck kommt.

Bestimmte Kernthemen kehren in den Gedichten immer wieder, und zwar so, daß sie von einer Entwicklungsstufe zur nächsten einen Durchblick durch das ganze Werk gewähren. Hölderlin schuf, wie schon längst beobachtet wurde, also nicht aus einem Überfluß an Gedanken und Formen, sondern stellte die ihn bedrängenden Fragen immer wieder neu und eindringlicher. Dabei gebrauchte er formale Konventionen so, daß sie schließlich zu seinen eigenen wurden. In den Gedichten des Klosterschülers zu Denkendorf und Maulbronn (1784–87) finden sich bereits Motive, die ihn sein ganzes Leben begleiten sollten: die mütterliche Natur, Eichenwälder, Weinberge, Gewitter und Gebirge (*Auf einer Haide geschrieben, Die Stille, Die Tek*, 1788). Solche Bilder wurden im späteren Werk zu gewaltigen Zeichen der geschichtlichen Ereignisse. Früh zeigt sich auch schon Hölderlins Gefühl für das Mißverhältnis zwischen seinem eigenen, inneren Anspruch und den realen Verhältnissen seiner Umwelt. Er kleidete diesen Widerspruch lange in die pietistischen Formeln vom Tugendhaften und vom Toren:

> Du sahst noch nicht, wie tolle Thoren neidisch gafften,
> Wann sie die Tugend sehen blühn
>
> (I,1,5. *An M. B.*)

oder in das revolutionäre Pathos Schubarts:

> Hört, größre, edlere der Schwabensöhne!
> In welchen noch das Kleinod Freiheit pocht,
> Die ihr euch keines reichen Ahnherrn Miene,
> Und keiner Fürstenlaune unterjocht.
>
> (I,1,40. *Die Demuth.*)

In diesen naiven Versuchen drückte sich eine Reizbarkeit aus, die für Hölderlins Leben charakteristisch werden sollte. Einsamkeit und mystische Sammlung wechseln in diesen Gedichten mit jugendlicher Begeisterung und Freundschaftsfeiern. Auch diese Motive werden in der späteren Dichtung zu Bildern der historischen Umwandlung erhöht:

> Dann feiern das Brautfest Menschen und Götter,
> Es feiern die Lebenden all,
> Und ausgeglichen
> Ist eine Weile das Schiksaal.
>
> (II,1,147. *Der Rhein.* 1801.)

Immer wieder spricht Hölderlin den Wunsch nach einem männlichen Beruf aus, wobei er zwischen Soldatenmut und heroischer Tat (*Alexanders Rede an seine Soldaten bei Issus*, 1785) und dem Dichterberuf knabenhaft hin und her schwankt:

> Ists heißer Durst nach Männervollkommenheit?
> Ists leises Geizen um Hekatombenlohn?
> Ists schwacher Schwung nach Pindars Flug? ists
> Kämpfendes Streben nach Klopstoksgröße?
>
> (I,1,28. *Mein Vorsaz.* 1788. Vgl. auch: *Der Lorbeer.*)

Diese Lyrik ist unausgegoren und wenig originell, obwohl sie thematisch bereits die Anliegen des reifen Mannes vorwegnimmt. Gerade in der ständig erneuerten Frage nach dem Beruf des Dichters kreist schon die frühe Lyrik um ein zentrales Problem Hölderlins. Die gedanklichen und formalen Vorbilder werden offen genannt: Klopstock, Wieland, Young, Pindar, Ossian und Schiller. Klopstocks Einfluß ist vor allem im pathetischen Stil und im Gebrauch der Odenform (*Der Lorbeer, An meinen B.*, 1786) und in Hymnen mit eigenrhythmischen, ungleichmäßig gegliederten Versen (*Am Tage der Freundschaftsfeier*) wirksam.[9] Daneben übte sich Hölderlin in Hexametern (*Die Tek*) nach dem Vorbild Friedrich Leopold Graf zu Stolbergs.
Als der Dichter 1788 das Tübinger Stift bezog, änderte sich zunächst wenig an Ton, Themenwahl oder formaler Gestaltung seiner dichterischen Versuche, die weiterhin unter Klopstocks, Stolbergs und Schillers Einfluß standen. Ab 1790 kamen hymnische

Gedichte hinzu (*Hymne an die Unsterblichkeit*, *Hymne an den Genius Griechenlands*), die hinüberleiteten zu jenem ersten Kreis von Lyrik, der seit Dilthey »Hymnen an die Ideale der Menschheit« genannt wird.[10] Diese erstmals nicht mehr eigenrhythmischen, sondern gereimten Hymnen sind Schillers 1788 erschienenen *Die Götter Griechenlands* thematisch und formal verpflichtet. Neu war ihr idealischer Ton, der begeisterte Schwung, den der junge Dichter im Angesicht einer höheren Welt, dem Reich der Harmonie, entwickelte. Der auch sonst geübte pathetische Stil steigerte sich jetzt zum Jubel:

> Kommt den Jubelsang mit uns zu singen,
> Denen Liebe gab die Schöpferin!
> Millionen, kommt emporzuringen
> Im Triumphe zu der Königin!
>
> (I,1,134. *Hymne an die Göttin der Harmonie.*)

Wenn das Reich dieser Urania und in ihm die Musen, die Genien der Freiheit, der Schönheit, Liebe, Freundschaft und Kühnheit substanz- und farblos erscheinen und, wie kritisch bemerkt wurde, »die anspruchsvolle Gebärde ins Leere greift«[11], dann lag das zunächst an Hölderlins vorläufiger Unfähigkeit, seine innere Bewegtheit zu vergegenständlichen. Andererseits war es der erste Versuch, eine solche Bewegtheit überhaupt poetisch auszudrücken. Die »Sphäre reiner Wesenheiten« war »ausdrücklich zeitenthoben«,[12] denn hier sprach Hölderlin auch zum ersten Male die Sprache der Revolution. Seine Bereitschaft zum Anschluß an einen größeren Kreis fand für ihn, der sich bisher nur im Freundeskreis hatte mitteilen können, in der Revolution den ersten äußeren, geschichtlichen Gegenstand: »[...] den 14ten Julius, den Tag ihres Bundesfestes werden die Franzosen an allen Enden und Orten mit hohen Thaten feiern. Ich bin begierig. Es hängt an einer Haarspize, ob Frankreich zu Grunde gehen soll, oder ein großer Staat werden?« (VI,1,85. Brief Nr. 58), schrieb er an den Bruder.

Moderne Leser haben immer wieder Anstoß genommen an der Abstraktheit und an der Unverbindlichkeit der Ideale, weil Hölderlin hier eine uns fremd gewordene Sprache gebrauchte, die noch stark von der Allegorie geprägt war.[13] Auch die Revolutionsliteratur war vorwiegend allegorisch. Dies entsprach sowohl dem Geschmack der Zeit als auch dem ideologischen Konzept. Denn indem die Revolution die alten Bilder gebrauchte, spiegelte ihre Ideologie doppelt den Widerspruch zwischen Bewußtsein und gesellschaftlicher Wirklichkeit. Die »Leere« der allegorischen Figur besteht in ihrem Schein- und Übergangscharakter. Die revolutionäre Utopie erscheint so in ihren Bildern widersprüchlich und fragmentiert. Schon die erste der *Hymnen an die Ideale der Menschheit* zeigt deutlich einen Zusammenhang mit der revolutionären Bildkonvention in der Figur der Urania: »die glänzende Jungfrau hält mit ihrem Zaubergürtel das Weltall in tobendem Entzüken zusammen« (*Hymne an die Göttin der Harmonie*). Diese Urania entstammt aber der neuplatonischen Renaissance-Emblematik, in die sich die revolutionäre Utopie mit Vorliebe kleidete. Man muß sich also hüten, die Hymnik der Tübinger Zeit ausschließlich als Produkt eines extremen Subjektivismus zu verstehen. Vielmehr benutzte der begeisterte Dichter eine Konvention, die sein Ich aus der Isolation zu einer scheinbaren

Gemeinschaft befreite. Tatsächlich aber schuf er in der Begeisterung ein allegorisches Fragment. Hölderlin erkannte diesen Widerspruch schon sehr bald. In den folgenden Jahren, besonders nach dem Verebben der revolutionären Hochstimmung, rang er mit der schwierigen Aufgabe, seine Utopie aus dem Widerspruch des allegorischen Scheins in eine Mythologie zu verwandeln: »diese Mythologie aber muß im Dienste der Ideen stehen« (IV,1,299. *Entwurf*. [Das älteste Systemprogramm des deutschen Idealismus]).

Zunächst verstärkte sich aber Hölderlins Hang zur »Abstraction« durch das Studium der Philosophie. In Waltershausen las er ab 1794 Kant und Platon, aber auch Herder, um dann 1795 ganz unter den Einfluß Fichtes zu geraten, der ihn tief bewegte und dem er sich endlich nur durch Flucht vor »Luftgeistern, mit den metaphysischen Flügeln« entziehen zu können meinte (VI,1,222. Brief Nr. 128). In der Auseinandersetzung mit Fichtes Idealismus klärte sich aber die eigene Position und wurde um so bestimmter, je schärfer unter dem Druck der Lebensumstände sein Bedürfnis nach unmittelbar sinnlicher Harmonie zutage trat. Seit seiner Kindheit stand für diesen elementaren Zusammenhang der Topos Natur bereit. Die Natur wurde nun in der Verteidigung gegen Fichte der lebendige Mittelpunkt des Romans *Hyperion*. Die in Jena begonnene philosophische Selbstbesinnung blieb aber auch in der folgenden Zeit ein wesentlicher Aspekt seiner Arbeit an der neuen Mythologie, die ihr Leben gerade aus der Spannung von Natur und Bewußtsein erhalten sollte.

In Frankfurt begegnete Hölderlin Susette, der Gattin des Bankiers Gontard, in dessen Haus er 1796 eine Hofmeisterstelle angenommen hatte. Susette Gontard lebte jene harmonische Existenz, die Hölderlin so sehr entbehrte. In ihrem Umgang gewann er zeitweilig nicht nur innere Ruhe, sondern auch größere Bestimmtheit und einen ausgeprägten Wirklichkeitssinn. Sein Ausdruck wurde freier und beweglicher. »Das Lebendige in der Poësie ist jezt dasjenige, was am meisten meine Gedanken und Sinne beschäfftiget [...] Es fehlt mir weniger an [...] Ideen als an Nüancen, weniger an einem Hauptton, als an mannigfaltig geordneten Tönen« (VI,1,289. Brief Nr. 167), wird er in der Folge dem Freund Neuffer gestehen. Die wachsende Sicherheit im »Kunstkarakter« seiner Lyrik wurde auch durch Schillers Kritik gefördert, der ihn zur Nüchternheit mahnte und vor »Weitschweifigkeit [...] endloser Ausführung« warnte.[14] Dieser Zuwachs an Realismus und die Bereitschaft des Dichters, mit dem Stoff der Wirklichkeit zu arbeiten, belebte den Gedanken der utopischen Schreibweise. Der Stoff sollte jetzt durch die metaphysische Tendenz aufgelockert und umgekehrt die innere Stimmung durch den Stoff verdeutlicht und differenziert werden. Hier deutet sich bereits eine neue dialektische Beweglichkeit des Ausdrucks an, die Hölderlin in Homburg theoretisch erarbeitete und in der die sprachlichen Voraussetzungen für die späte Lyrik entstanden.

Der Ertrag seiner Arbeiten in Frankfurt war bedeutend. Er experimentierte wieder mit antiken Versformen, benutzte den Hexameter (*Der Wanderer, Die Muße*, beide 1797), das Distichon (*An einen Baum*, 1797) und einmal auch das archilochische Silbenmaß (*Diotima*, 1796). Der Wille zur Präzision und zur Gesetzmäßigkeit drückte sich aber am wirksamsten in den alkäischen und asklepiadeischen Oden aus. Unter den zahlreichen Oden dieser Zeit bilden die sogenannten Kurzoden eine besonders fruchtbare Gattung, weil sich in ihnen einerseits formale Probleme zuspitzten und sie andererseits zu Keimzellen für spätere, vielstrophige Gesänge wurden. Aus *An un-*

sere großen Dichter (1798) wurde die sechzehnstrophige Ode *Dichterberuf* (1800). *Lebenslauf* erweiterte sich um vier Strophen, *An die Deutschen* (1800) wuchs bis auf zwölf Strophen. Für die Kurzoden hat sich die Bezeichnung »epigrammatische Oden« eingebürgert, weil ihre gnomische Form zum Epigramm hin tendiert. Der dialektische Aufbau sowohl der alkäischen wie auch der asklepiadeischen Versform verlangt eine pointierte Schreibweise, in der Sprache und Silbenmaß so aufeinander abgestimmt sind, daß sie sich wechselseitig durchdringen:

> Warum bist du so kurz? liebst du, wie vormals, denn
> Nicht mehr den Gesang? [...]
> Wie mein Glük, ist mein Lied. – Willst du im Abendroth
> Froh dich baden? hinweg ists! und die Erd ist kalt.
>
> (I,1,248. *Die Kürze.*)

Die asklepiadeische Strophe baut im Gegeneinander zweier Stollen und in dem die Antithese ausgleichenden Abgesang eine durchgeformte Gestalt, die die Spannung hält und gleichzeitig zur Ruhe bringt:

> Hoch auf strebte mein Geist, aber die Liebe zog
> Schön ihn nieder; das Laid beugt ihn gewaltiger;
> So durchlauf ich des Lebens
> Bogen und kehre, woher ich kam.
>
> (I,1,247. *Lebenslauf.*)

In der alkäischen Strophe entsteht dagegen über Stollen und Abgesang hinweg eine fließende Wechselbewegung, in der die Gegensätze harmonisch schwingen:

> Du schweigst und duldest, und sie versteh'n dich nicht,
> Du heilig Leben! welkest hinweg und schweigst,
> Denn ach, vergebens bei Barbaren
> Suchst du die Deinen im Sonnenlichte,
> [...]   (I,1,242. *Diotima.*)

Die Frankfurter Oden bedeuteten eine Einübung in das richtige Maß einer vorgegebenen Form, die aber Hölderlin mit einer Kunst pflegte, in der er bald sein Vorbild Klopstock weit übertraf.[15] Die Oden hatten schon bekannte Themen zum Inhalt: geschichtliche Persönlichkeiten (*Empedokles*, 1800; *Buonaparte*, 1797), die Geschichte (*Die Völker schliefen, schlummerten*, 1797; *Stimme des Volkes*, 1798), den Dichterberuf (*An die jungen Dichter, An unsere großen Dichter*, beide 1798) und die Liebe.

Nach seinem Abschied aus dem Hause Gontard lebte Hölderlin noch zwei Jahre in der Nähe Susettes in Bad Homburg. Jetzt radikalisierte sich das »Geschäfft« des Dichtens. Sein Streben nach Objektivität und Gesetzmäßigkeit verstärkte sich in seinem Ringen um inneres Gleichgewicht: »hier wo am einsamen Scheidewege der Schmerz mich, / Mich der Tödtende niederwirft« (I,1,276. *Der Abschied.* 1799).

Dieser Herausforderung durch den Schmerz begegneten die Gedichte – in der
Mehrzahl alkäische Oden – mit der Gewißheit, daß über den Abschied hinaus eine
höhere Einigkeit besteht, die den lebendigen Zusammenhang der Liebe erhält:

> Und daß mir auch zu retten mein sterblich Herz,
> Wie andern eine bleibende Stätte sei,
> Und heimathlos die Seele mir nicht
> Über das Leben hinweg sich sehne,
>
> Sei du, Gesang, mein freundlich Asyl!
>
> (I,1,307. *Mein Eigentum.* 1799.)

Der Gesang rettete dem Dichter nicht nur das Leben, sondern löste sein »sterblich
Herz« aus der persönlichen Verstrickung und erwirkte jene Distanz, aus der heraus
die späten Gedichte immer objektiver und unpersönlicher wurden, bis diese Distanz
den Dichter in der Sprachverwirrung schließlich verstummen ließ.[16]

Wenn sich Hölderlin, wie behauptet wurde, in Homburg erst wirklich als Dichter
konstituierte, dann durch den rettenden Sprung aus dem Leid in die odisch oder
elegisch geformte Erinnerung (*Elegie*, 1799; *Menons Klagen um Diotima*, 1801).
Poetologische Entwürfe, die zum Teil für die *Iduna*, eine 1799 geplante und dann
doch gescheiterte Monatsschrift für Dichtung und Kritik, vorgesehen waren, gewähren Einblick in das Ringen um Selbstverständnis und um die Voraussetzungen einer
zeitgemäßen Dichtung.[17] Diese Überlegungen vollzogen sich vor dem Hintergrund
der antiken Vorbilder, sie betrafen vor allem das tragische Genre (*Die Bedeutung der
Tragödien*), erarbeiteten aber auch Kategorien für die Epik und Lyrik (*Über den
Unterschied der Dichtarten*), die den Charakter der modernen Dichtung grundsätzlich
bestimmen sollten. Hölderlin kam in diesen Grundsatzfragen zu anderen Ergebnissen
als Goethe, der die Gattungen bekanntlich als ewige Formen der Natur verstand.
Hölderlins Kategorien dagegen brachten in das Spannungsfeld von Natur und Kunst
die neugewonnene Dialektik von Kunst und Herrschaft, also einen gesellschaftlich-
politischen Aspekt:

> Du waltest hoch am Tag' und es blühet dein
> Gesez, du hältst die Waage, Saturnus Sohn!
> Und theilst die Loos' und ruhest froh im
> Ruhm der unsterblichen Herrscherkünste.
>
> (II,1,37. *Natur und Kunst oder Saturn und Jupiter.*)

heißt es von der Kunst, während die Natur »mühelos« und ohne »Gebot« wirkte. »So
zeugt von ihm, / Was du gebeutst, und aus Saturnus / Frieden ist jegliche Macht
erwachsen.« (Ebd.)

Andererseits zeigt sich in Hölderlins Reflexion ein neues, heraklitisches Moment, das
er in dem Entwurf *Das Werden im Vergehen* nicht nur poetologisch, sondern auch
geschichtsphilosophisch bestimmte:

»Denn [...] das Alles in Allen, welches immer *ist, stellt* sich nur in aller Zeit – oder im
Untergange oder im Moment, oder genetischer im werden des Moments und Anfang von Zeit

und Welt *dar*, und dieser Untergang und Anfang ist wie die Sprache Ausdruk Zeichen Darstellung eines lebendigen und besonderen Ganzen, welches eben wieder in seinen Wirkungen dazu wird, und zwar so daß in ihm, sowie in der Sprache, von einer Seite weniger oder nichts lebendig Bestehendes, von der anderen Seite alles zu liegen scheint« (IV,1,282).

Überhaupt wuchs das politisch-spekulative Interesse Hölderlins, wohl auch durch den Umgang mit dem Freund Isaac von Sinclair, bei dem er wohnte und der ein engagierter Demokrat war, sicher aber auch durch eigenes Betroffensein von den Kriegen, das sich in Gedichten und Briefen aussprach:

> Zu lang schon waltest über dem Haupte mir
> Du in der dunkeln Wolke, du Gott der Zeit!
> Zu wild, zu bang ist's ringsum, und es
> Trümmert und wankt ja, wohin ich blike [...]
>
> Lass' endlich, Vater! offenen Aug's mich dir
> Begegnen! [...]   (I,1,300. *Der Zeitgeist.*)

Der Dichtungsbegriff, den Hölderlin schließlich entwickelte (*Über die Verfahrensweise des poëtischen Geistes*) enthält philosophische, aber auch ganz handwerklich-praktische Gedanken. Er versuchte einen äußersten Gegensatz von Idee und Stoff in einem System von Vermittlungen, dem Wechsel der Töne, zu harmonisieren. Diese Vermittlung nannte Hölderlin Metapher, wobei in diesem Begriff durchaus politisch-demokratische Elemente mit gemeint sind. Wenn er nämlich in den Tübinger Jahren im Stoff nur ›capita mortua‹ der Ideen erkannt hatte, so kam er jetzt zu der Einsicht in die Dialektik von Utopie und Geschichte, in die wechselseitige und sich im Wechsel vollziehende Vermittlung, aber auch in deren notwendig transitorischen Charakter. Seine Dichtung wurde nun zur Metapher, die sowohl poetisch als auch politisch die Idee und den Stoff harmonisch entgegensetzte. Dieser Gedanke, den Hölderlin schon im *Hyperion* entwickelt hatte, bändigte gewissermaßen den tragischen Aspekt des eigenen Lebens, aber auch den des Geschichtslaufs, ohne die Tragik wirklich aufzuheben. Die Schreibart des Dichters durfte folglich nicht mehr den schlechten Stoff der Welt vernachlässigen, sondern mußte ihn unter dem transzendentalen Gesichtspunkt eines dialektisch vermittelten Ganzen integrieren. So erreichte der Dichter »jene ungewöhnliche Tendenz zur Allgemeinheit [...], die zu jener ruhigen Betrachtung, zu jener Vollständigkeit und durchgängigen Bestimmtheit des Bewußtseyns wird, womit der Dichter auf ein Ganzes blickt« (IV,1,156. *Grund zum Empedokles*). Damit waren auch die Voraussetzungen für eine Mythologie gegeben, insofern diese als das »Gedichtete« das Ganze des Lebens in den transitorischen Momenten der Geschichte immer neu vermittelt: der erste Versuch quasi einer demokratischen Mythologie.

Für die dichterische Praxis bedeutete der so gewonnene Standort Freiheit und Lebendigkeit in der Strophengliederung und im Stil. Der alkäischen Strophe liegt die Antithese von Grundton und »Kunstkarakter« bereits zugrunde. Die Töne »naiv, heroisch, idealisch« werden jetzt mit ihren Untertönen einander jeweils so zugeordnet, daß immer ein Ton vorherrscht, der den Ausdruck bestimmt, die anderen Töne aber den Wechsel ermöglichen. So wird der ursprüngliche, aber unbewußte Grundton

»fühlbar«. Sein Ausdruck wirkt aber auch nie unmittelbar, sondern stets nur metaphorisch, im »Gedichteten« vermittelt. Hier wird noch einmal die Rolle der Dichtung im Vermittlungsprozeß des lebendigen Ganzen deutlich. Poetologisch gesprochen, deckt sich die Theorie des Tönewechsels nicht immer mit der konkreten Dichtung, obwohl die Oden unter diesem Gesichtspunkt betrachtet eine neue Tiefendimension gewinnen: *naiv* ist *Heidelberg* (1798), *idealisch* ist *Diotima*, *heroisch* ist *Dichtermuth* (1800) und *tragisch* ist *Der blinde Sänger* (1801).[18]
Die Entwürfe und Gedichte aus den Homburger Jahren zeigen Hölderlin an einem Wendepunkt. Die Dialektik des Tönewechsels ermöglichte ihm den schwierigen Schritt zu einem objektiven Stil und zu einer realistischeren Auffassung von der gesellschaftlichen Funktion der Dichtung. Die Dichter stehen

> [. . .] unter Gottes Gewittern,
> [. . .] mit entblößtem Haupte [. . .]
> Des Vaters Stral, ihn selbst, mit eigner Hand
> Zu fassen und dem Volk im Lied
> Gehüllt die himmlische Gaabe zu reichen.
>
> (II,1,119 f. *Wie wenn am Feiertage.*)

Nach 1799 wurde das Leben Hölderlins zunehmend unsteter. Dem glücklichen Aufenthalt 1800 bei seinem Freunde Christian Landauer in Stuttgart folgten kurzfristige Hofmeisterstellen 1801 in Hauptwil in der Schweiz und 1802 in Bordeaux. Von dort kehrte Hölderlin im Sommer 1802 über Paris nach Stuttgart zurück in großer geistiger Verstörung, die sich bei der Nachricht vom Tode Susette Gontards noch steigerte. Er lebte daraufhin zwei Jahre bei der Mutter in Nürtingen, bis ihn Sinclair 1804 als Hofbibliothekar nach Homburg holte. Als sich aber Sinclairs Verhältnisse nach einem Hochverratsprozeß änderten und sich Hölderlins Verstörung überdies verschlimmerte, wurde er 1806 in die Authenrietsche Klinik nach Tübingen eingeliefert. Ein Jahr später nahm ihn der Schreinermeister Zimmer in Pflege. Hölderlin lebte noch 37 Jahre im Hause Zimmers bis zu seinem Tode am 7. Juni 1843.
In den Jahren zwischen 1800 und 1804 entwickelte sich die späte Lyrik Hölderlins. Er mußte sich diese Dichtung bei fortschreitender Verunsicherung seines Lebens, bei wachsender innerer Unruhe und Reizbarkeit im wahrsten Sinne des Wortes erkämpfen. Es handelt sich vorwiegend um Gedichte, mit Ausnahme von Übersetzungen einiger Fragmente Pindars (1803) und zweier Tragödien des Sophokles (*Antigonä* und *Ödipus der Tyrann*; 1804). Die Übersetzungen und damit verbundenen Anmerkungen und Entwürfe sind insofern von Interesse, als sie den Stil der Gedichte beeinflußten, das Verständnis Hölderlins für das tragische Genre vertieften und auch ein Licht werfen auf den Wandel in der Auffassung vom Verhältnis griechischer und abendländischer Dichtung.[19] Die Gedichte bieten im Mit- und Nacheinander ihrer Formen ein differenziertes Bild der Denkvoraussetzungen und Gestaltungsmöglichkeiten des Dreißigjährigen, dessen Sprachkraft auf dem Höhepunkt plötzlich versiegte.
In den Oden (*Der Nekar*, *Der Abschied*, beide 1800; *Blödigkeit*, *Ganymed*, beide 1802; *Chiron* 1802/03) gestaltete Hölderlin weiterhin die in der Kunst vermittelte Synthese des höheren Lebens. Darin spielt der bereits erwähnte Gedanke einer Herrschaft, die die Natur in sich aufgenommen und versöhnt hat, eine immer größere

Rolle: »Herab denn!«, wird Jupiter gemahnt, »oder schäme des Danks dich nicht! /
Und willst du bleiben, diene dem Älteren« (II,1,37). Denn nur wenn sich beide
Sphären durchdringen, wenn also Herrschaft nicht aufgegeben, sondern wenn sie
durch die Natur vermittelt ist, kann das Lebendige gedeihen:

> Und hab' ich erst am Herzen Lebendiges
> Gefühlt und dämmert, was du gestaltetest,
> Und war in ihrer Wiege mir in
> Wonne die wechselnde Zeit entschlummert:
>
> Dann kenn' ich dich, Kronion! dann hör' ich dich,
> Den weisen Meister, welcher, wie wir, ein Sohn
> Der Zeit, Geseze giebt und, was die
> Heilige Dämmerung birgt, verkündet.
>
> (II,1,37 f.)

Der Stil der Oden wurde allerdings, sicher unter dem Einfluß Pindars, unpersönlicher
und sentenzenhafter, während er sich gleichzeitig der Hymnensprache näherte. Dafür
sind vor allem die Anrufe der Götter in den Strophen charakteristisch:

> [...] Denn nie, sterblichen Meistern gleich,
> Habt ihr Himmlischen, ihr Alleserhaltenden
> Daß ich wüßte, mit Vorsicht,
> Mich des ebenen Pfads geführt.
>
> (II,1,22. *Lebenslauf.*)

Auch die Elegien, die Hölderlin besonders um 1801/02 mit Vorliebe schrieb, zeigen
solche charakteristischen Übergänge zum hymnischen Stil. *Menons Klagen um Diotima*, die Elegie, in der Hölderlin im Wechsel von Trauer und Erinnerung das
Schicksal seiner Liebe beschreibt und gleichzeitig überwindet, bricht im 9. Absatz in
den Dank an die Himmlischen aus:

> So will ich, ihr Himmlischen! denn auch danken, und endlich
> Athmet aus leichter Brust wieder des Sängers Gebet.
>
> (II,1,78)

Die Elegien sind, auch dies wohl Indiz für den Pindar-Einfluß, sehr streng gebaut.
Hölderlin benutzte Triaden von Strophen oder strophenähnlichen Abschnitten zu je
neun Distichen, die oft selbst wieder aus Gruppen von drei mal drei Distichen
bestanden (*Stutgard, Brod und Wein, Heimkunft*). Auffallend in den Elegien ist
der Perspektivenwechsel. Ein im ›naiven‹ Ton gestaltetes Bild – etwa das Bild Griechenlands in *Brod und Wein* – wird gleichsam zurückgenommen in der persönlichen Anrede an Heinse, dem die Elegie zugeeignet ist: »Aber Freund! wir kommen zu spät.« Ähnlich wechseln in *Stutgard* das bedeutende Bild eines vaterländischen
Festes –

> Eins nur gilt für den Tag, das Vaterland und des Opfers
> Festlicher Flamme wirft jeder sein Eigenes zu.
> Darum kränzt der gemeinsame Gott umsäuselnd das Haar uns,
> Und den eigenen Sinn schmelzet, wie Perlen, der Wein.
>
> (II,1,87)

– mit ›naiver‹ Landschaftsschilderung –

> [...] komm' ich entgegen sogleich,
> Bis an die Grenze des Lands, wo mir den lieben Geburtsort
> Und die Insel des Stroms blaues Gewässer umfließt.
> Heilig ist mir der Ort, an beiden Ufern, der Fels auch,
> Der mit Garten und Haus grün aus den Wellen sich hebt.
>
> (II,1,87)

– und mit sehr persönlicher Erinnerung – »Aber des Vaters Grab seh' ich und weine dir schon?« –, gefolgt in der abschließenden Strophe von dem hymnischen Anruf:

> Engel des Vaterlands! o ihr, vor denen das Auge,
> Sei's auch stark und das Knie bricht dem vereinzelten Mann,
> Daß er halten sich muß an die Freund' [...].   (II,1,89)

Die Oden objektivierten durch den Wechsel der Töne das »metaphysische« Gefühl des Dichters. Ähnliches leisteten die Elegien, indem sie die individuelle Stimmung in einem Bild verfestigten und auf ein konkretes Ziel, das Vaterland, hin ausrichteten. Liebeslieder wurden für Hölderlin nun »müder Flug [...] ein anders ist das hohe und reine Frohloken vaterländischer Gesänge« (VI,1,436. Brief Nr. 243). In dieser neuen realistischen Hinwendung zur Gegenwart und Zukunft des Vaterlandes stellte er die höhere Synthese des Lebens in der Kunst, den Wechsel der Töne und die vermittelte Herrschaft erneut in Frage. Anders gesagt: er verzichtete endgültig auf den »schönen Schein«, damit auch auf jede »Klassizität« und wurde »Naturalist« im Sinne jener Allegoriker der Renaissance, die im »Buch der Natur« nach den Zeichen suchten, in denen der Gott der Geschichte sich offenbaren sollte. Die späten Hymnen verraten überall diesen allegorischen Geist. Ihre Absicht war in der Tat, eine Allegorie der Naturgeschichte zu gestalten.[20] Hölderlin vollzog diesen Übergang aber nur allmählich, wie auch die Oden und Elegien nicht bruchlos in die Hymnen einmündeten.[21] Die erste, streng nach Pindar geformte Hymne *Wie wenn am Feiertage* (1799) blieb Fragment, vielleicht weil der Dichter noch zu viel Persönliches in das Gedicht einbrachte. Die naturalistisch-allegorische Schreibweise setzt die Subsumtion des Individuellen unter das Allgemeine, politisch gesprochen: den Vorrang des Kollektivs vor dem Einzelnen, von Hölderlin her gesehen: das Selbstopfer voraus. Der Dichter soll nämlich »die Leiden des Stärkeren« mitleiden. Denn nur so:

[...] sind schuldlos oder gereiniget von Freveln
unsere Hände, dann tödtet dann verzehrt nicht das heilige
und tieferschüttert bleibt das innere Herz doch fest, mit-
leidend die Leiden des Lebens, den göttlichen
Zorn der Natur, u. ihre Wonnen, die der Gedanke
nicht kennt [...]   (II,2,669)

Den neuen Ton der späten Hymnen, die Hölderlin selbst »vaterländische Gesänge«
nannte, hat schon Norbert von Hellingrath mit Pindars »harter Fügung« in Verbindung gebracht.[22] Diese Fügung staut den Rhythmus, stellt die Worte in ungewohnte
und unerwartete syntaktische Verbindungen:

Der erfrischende nun, der melodische Strom rinnt,
Bis in den kalten Schatten das Haus
Von Begeisterungen erfüllt,
Nun aber erwacht ist, nun, aufsteigend ihr,
Der Sonne des Fests, antwortet
Der Chor der Gemeinde, [...]
                   (II,1,126. *Am Quell der Donau.* 1801.)

Nur einmal versuchte Hölderlin auch die Strophenresponsion der Pindarschen Hym-
nen in abgewandelter Form nachzugestalten (*Wie wenn am Feiertage*). Andererseits
verstärkte er die von Pindar her stammenden gnomischen Aussagen. Die neue
Sprache der Hymnen verzichtete im übrigen sehr bewußt auf die Nachahmung antiker
Vorbilder, damit auch auf den klassischen Stil. Sie sollte modern sein und den
Erfahrungs- und Bewußtseinsstand der Gegenwart ausdrücken. An dieser Intention
zerbrach auch stilistisch die harmonisierende Dialektik des metaphorisch vermittelten
Ganzen. Der komplexe Bogen der Oden- und Elegienstrophen löste sich auf in die
parataktische Reihung.[23]
Die Parusie der Götter, die Hölderlin in den Hymnen immer aufs neue beschwört und
aus den Zeichen der Revolution prognostiziert – ganz im Sinne der älteren Allegorik
und Astrologie: »Architektonik des Himmels beschäfftiget mich gegenwärtig vorzüglich« (VI,1,437. Brief Nr. 244) –, bestimmt den eschatologischen Zug dieser Lyrik.
Trotzdem war Hölderlin kein prophetischer ›vates‹, sondern eher ein Melancholiker,
der den »vesten Buchstab« pflegte und »bestehendes gut« deutete (II,1,172. *Patmos.*
1803). Der Vorstellung vom inspirierten Seherpriester widerspricht auch die Tatsache, daß die Hymnen bis in die letzten Entwürfe einem »Kalkül« folgten, einem
System von Progreß und Regreß, in dem Triadeneinheiten miteinander wechseln.
Hölderlin erläuterte diesen Aufbau für die Hymne *Der Rhein* folgendermaßen:

»Das Gesez dieses Gesanges ist, daß die zwei ersten Parthien der Form nach durch Progreß und
Regreß entgegengesezt, aber dem Stoff nach gleich, die zwei folgenden der Form nach gleich,
dem Stoff nach entgegengesezt sind, die lezte aber mit durchgängiger Metapher alles aus-
gleicht.«   (II,2,730. *Der Rhein.* Erläuterungen.)

In einem Brief an Casimir Ulrich Böhlendorff (VI,1,425–428. Brief Nr. 236) hatte Hölderlin den angestrebten neuen Stil sehr genau und in Abgrenzung gegen das Vorbild der Griechen bestimmt:

»Du hast an Präzision und tüchtiger Gelenksamkeit so sehr gewonnen und nichts an Wärme verloren, im Gegentheil, wie eine gute Klinge, hat sich die Elastizität Deines Geistes in der beugenden Schule nur um so kräftiger erwiesen. Diß ists wozu ich Dir vorzüglich Glük wünsche« (425).

Er warnt den Freund davor, die Griechen bedenkenlos nachzuahmen. »Ich habe lange daran laborirt und weiß nun«, fährt er fort, »daß außer dem, was bei den Griechen und uns das höchste seyn muß, nemlich dem lebendigen Verhältnis und Geschik, wir wohl nicht etwas gleich mit ihnen haben dürfen.« Den Unterschied zwischen griechischem und modernem Stil sieht er darin begründet, daß

»gerade die Klarheit der Darstellung uns ursprünglich so natürlich [ist] wie den Griechen das Feuer vom Himmel. Eben deßwegen werden diese eher in schöner Leidenschaft, die Du Dir auch erhalten hast, als in jener homerischen Geistesgegenwart und Darstellungsgaabe zu *übertreffen* seyn« (426). Die Griechen waren »des heiligen Pathos weniger Meister, weil es ihnen angeboren war, hingegen sind sie vorzüglich in Darstellungsgaabe, von Homer an, weil dieser außerordentliche Mensch seelenvoll genug war, um die abendländische *Junonische Nüchternheit* für sein Apollonsreich zu erbeuten [...] Bei uns ists umgekehrt« (426).

Die späten Hymnen werden dem formulierten Stilideal aber nur zum Teil gerecht. Je weiter nämlich Hölderlin seinen Entwurf eines »deutschen Gesanges«, der einerseits aus der Gegenwart, andererseits aus der eschatologisch bedeutenden Geschichte der Natur entstehen sollte, vorantrieb, um so schwieriger wurde es, die Hymnen zu Ende zu schreiben. Dies resultierte teilweise aus der Depression, an der Hölderlin nach 1802 zunehmend litt. Andererseits ist jeder Naturalismus, sozusagen von Natur aus, fragmentarisch. Besonders eine Allegorie der Naturgeschichte muß es sein, weil sie a priori, aber auch vom einzelnen her gesehen, der sie unternimmt, unvollendet bleiben muß. Auch darin berührt sich Hölderlin mit der Romantik. *Der Vatikan*, ein später Entwurf, enthält deutlich die Elemente einer abendländischen »Geschichtsklitterung«, die in der sprachlichen Form, der Auflösung nämlich des syntaktischen Gefüges und einer fortschreitenden Verfremdung, die Grenzen dieses Verfahrens deutlich macht:

> Dann kommt das Brautlied des Himmels.
> Vollendruhe. Goldroth. Und die Rippe tönet
> Des sandigen Erdballs in Gottes Werk
> Ausdrüklicher Bauart, grüner Nacht
> Und Geist, der Säulenordnung, wirklich
> Ganzem Verhältnis, samt der Mitt,
> Und glänzenden
> (II,1,253. *Der Vatikan*).

Schon an den früheren Gedichten läßt sich die Arbeitsweise Hölderlins beobachten, der aus »Keimworten« ein Gedicht schrittweise komponierte. Dabei fügte er zunächst unzusammenhängende Elemente nach einer erst allmählich sichtbar werdenden

Struktur zusammen. Diese Methode, die in der Frankfurter Ausgabe der Werke klarer zutage tritt als in der Stuttgarter Ausgabe, liegt auch den späten Gedichten zugrunde, mit dem Unterschied freilich, daß dem Dichter die sprachliche Kraft zur Synthese immer auffallender mangelte. Darin zeigen sich zweifellos die ersten Symptome einer Schizophasie, deren Krankheitsbild sich in einer Schwäche äußert, einer »Unterbrechung der Beziehung zwischen Gedankengang und sprachlichem Ausdruck. Jedenfalls haben wir es mit einer ungewöhnlichen Beschränkung der Willensstörung auf ein eng begrenztes Gebiet der Willenshandlungen, dasjenige der sprachlichen Ausdrucksbewegungen zu tun, auf dem sie zugleich eine ganz absonderliche Ausdehnung erreicht«.[24] Charakteristisch für diese Krankheit sind auch die an den Altersgedichten bemerkbare Formelhaftigkeit und die Vermeidung jedes persönlichen Ausdrucks, die schon in den Hymnen, aber auch in den Briefen des Dichters vor dem endgültigen Ausbruch der Schizophasie beginnen.

Die Selbstentäußerung ist ein Grundthema der Hymnen. Ihr galt die angestrengte Arbeit in Nürtingen, über die die Mutter an Sinclair schrieb:

>»ich hoffe imer wan der gute nicht mehr so angestrengt arbeiten würde, wovon ihn all unser Bitten seit einem Jahr nicht abbringen konnte, (weil er nach seiner Aeußerung doch nicht viel aufweisen könne wegen seinen geschwächten Sinnen) seine Gemüthsstimung würde sich auch bessern aber leider wurde ich in meiner Hoffnung getäuscht«   (VII,2,265. Brief Nr. 293).

Die Hymnen sind daher, im Unterschied zum ganzen voraufgehenden Werk, in dem der Dichter sich ständig selbst reflektierte, »andersbezogen«. Entweder kreisen sie theozentrisch um das in der Natur sich manifestierende Göttliche, seine historisch erfahrene wechselnde Nähe und Ferne, oder um die sich häufenden »Zeichen«:

> Wo nemlich
> Die Himmlischen eines Zaunes oder Merkmals,
> Das ihren Weg
> Anzeige, oder eines Bades
> Bedürfen, reget es wie Feuer
> In der Brust der Männer sich.
>   (II,1,223. *Wenn aber die Himmlischen.*)

Ebenso wichtig ist auch das Motiv der Gemeinde, des Chores, an den Hölderlin seine Gesänge nicht eigentlich richtet, sondern in dem sie sich gleichsam von ihm ablösen und die angestrebte vollkommene Objektivierung erreichen.

Götter, Natur und Gemeinde sind thematisch so eng miteinander verflochten, daß jeder Versuch, die Identität der Götter zu ergründen, sich am Zusammenspiel dieser Grundthemen orientieren muß. Das Grundproblem der Gestaltung der Götter, der Mythologie also, lag vielleicht in einer primären Erfahrung der Gestaltlosigkeit Gottes. Denn auch die frühen Gedichte Hölderlins zeigen eine »protestantische« Abwehr gegen die Namen und nicht nur gegen die konventionell verblaßten der Mythologie. Hölderlin zog immer die allgemeinen, durchgängig bestimmten Naturformen vor:

Was ist Gott? unbekannt, dennoch
Voll Eigenschaften ist das Angesicht
Des Himmels von ihm. Die Blize nemlich
Der Zorn sind eines Gottes. Jemehr ist eins
Unsichtbar, schiket es sich in Fremdes. Aber der Donner
Der Ruhm ist Gottes [...]   (II,1,210. *Was ist Gott?*)

Zusammen mit der Distanzierung alles Persönlichen verschob sich auch der Ausdruck des revolutionären Interesses, das durchweg metaphorisch gestaltet worden war. Wichtige Ereignisse wie der Friede von Lunéville, an den Hölderlin so große Hoffnungen knüpfte (vgl. VI,1,416 f. Brief Nr. 229), verallgemeinern sich in der »Friedensfeier« zur Vision der weltversöhnenden Wiederkehr der Götter. Gerade dieser Mythos vom Frieden bleibt aber trotz der intensiven Aktualisierung ein Schwellenerlebnis. In der Hymne häufen sich die konjunktivischen Formen, die den Jüngling, der zur Feier des Festes gerufen wird, beschwören:

Sei gegenwärtig [...]
Darum, o Göttlicher! sei gegenwärtig,
Und schöner, wie sonst, o sei
Versöhnender nun versöhnt daß wir des Abends
Mit den Freunden dich nennen [...]
                    (II,1,130–132. *Versöhnender der du nimmer geglaubt.* 1801.)

Dieser Modus unterstreicht den fragilen Realitätsbezug dieses Wunschbildes.
Bis zum Ende blieb Hölderlins Versuch einer Mythologie fragmentarisch. Das »treue Bild« Gottes, das in *Germanien* (1801) vom Himmel fällt und von dem »Göttersprüche reegnen« (II,1,150), ist nur die Allegorie der Gottheit, Bruchstück eines gewaltigen *Adam Kadmos*, der das utopische Vermächtnis des Dichters an die Enkel war, ihn nämlich richtig zu deuten und seine zerstückelten Glieder zu einem treffenden Bild zusammenzufügen:

Was ist des Menschen Leben   ein Bild der Gottheit.
Wie unter dem Himmel wandeln die Irrdischen alle, sehen
Sie diesen. Lesend aber gleichsam, wie
In einer Schrift, die Unendlichkeit nachahmen und den Reichtum
Menschen. [...]   (II,1,209. *Was ist des Menschen Leben.* 1802.)

Nach der Übersiedlung aus der Authenrietschen Klinik in das Turmzimmer über dem Neckar setzte Hölderlin bis zum Ende seines Lebens seine poetischen Arbeiten fort. Aus der frühen Zeit der Schizophasie sind nur wenige Dokumente bekannt. Dagegen haben sich Briefe und zahlreiche Gedichte aus den späteren Jahren erhalten, die Hölderlin fast immer auf Bitten von Besuchern ohne besondere Vorbereitung oder Anstrengung anfertigte und öfters »Mit Unterthänigkeit Scardanelli« unterzeichnete. Diese späteste Lyrik[25] unterscheidet sich von der vorausgegangenen Hymnik durch eine noch beschränktere Zahl von Themen. Mit großer Eintönigkeit werden hier immer wieder die Jahreszeiten, der Zeitgeist, Griechenland oder die Aussicht behandelt. Auffallend ist auch die Formelhaftigkeit der Sprache. Antike Versmaße fehlen in den Gedichten vollkommen. Statt dessen gebrauchte Hölderlin fünf- oder sechsfü-ßige Jamben, die gelegentlich zu Alexandrinern werden, weibliche Endreime und stereotypische Wörter. Diese Wörter werden abgewandelt und treten zu immer neuen Zeilen zusammen. Poetische Elemente fehlen in den Gedichten keineswegs,[26] auch nicht eine gewisse Organisation oder formales Bewußtsein. Und doch gewinnt man nur selten den Eindruck einer spontanen und vor allem durchgehaltenen poetischen Komposition. Fast immer bricht das poetische Bild ab und erstarrt in einer Formel:

> Als wie ein Ruhetag, so ist des Jahres Ende,
> Wie einer Frage Ton, daß dieser sich vollende,
> [...]   (II,1,303. *Der Winter.*)

Die linguistisch orientierte Psychiatrie hat den Formalismus dieser Lyrik mit der Schizophasie in Zusammenhang gebracht und ihn als Abwehrmechanismus, als ein System von »Vermeidungsregeln«[27] erklärt, d. h., die Sprachkraft des Dichters ließ immer dann nach, wenn persönliche Gefühle ihn zu überwältigen drohten. Aber auch noch im letzten erhaltenen Gedicht, das kurz vor seinem Tod entstand, ist das poetische Genie nicht ganz erloschen:

> Daß die Natur ergänzt das Bild der Zeiten,
> Daß die verweilt, sie schnell vorübergleiten,
> Ist aus Vollkommenheit, des Himmels Höhe glänzet
> Den Menschen dann, wie Bäume Blüth' umkränzet.
>
> (II,1,312. *Die Aussicht.*)

Anmerkungen

1 Vgl. z. B. Giuseppe Bevilacqua: Romantische Lyrik. In: Deutsche Literatur. Eine Sozialge-schichte. Hrsg. von Horst Albert Glaser. Bd. 5. Reinbek bei Hamburg 1980. S. 234–237.
2 Pierre Bertaux: Hölderlin und die Französische Revolution. Frankfurt a. M. 1969.
3 So Peter Weiss in seinem Drama *Hölderlin*.
4 Wulf Segebrecht im vorliegenden Band, S. 203.
5 Hölderlins Verhältnis zu Schiller war außerordentlich spannungsreich und reichte von Unterwürfig-keit bis zur Auflehnung gegen die gelegentlich übergroße Abhängigkeit. Die Stelle stammt aus Brief Nr. 139, zitiert nach: Hölderlin. Sämtliche Werke. Große Stuttgarter Ausgabe. Hrsg. von Friedrich Beißner. [Bd. 6 und 7 hrsg. von Adolf Beck]. Stuttgart 1943 ff. Bd. VI,1. S. 241. Die Werke Hölderlins werden im folgenden nach dieser Ausgabe unter Angabe der Band- und Seitenzahl zitiert.
6 Schiller hatte den jungen Dichter lange Zeit gefördert, ihm auch eine erste Hofmeisterstelle bei Charlotte von Kalb besorgt. In der Folge entzog er Hölderlin allmählich seine Unterstützung, vielleicht weil ihn Hölderlins Stil zu sehr an die eigenen Anfänge erinnern mochte (vgl. dazu VII,2,107, Brief Nr. 209, Schiller an Goethe über Hölderlin und andere).
7 Die Literatur zu diesem Thema ist umfangreich. Peter Szondi besprach in seinem Essay *Überwin-dung des Klassizismus. Der Brief an Böhlendorff vom 4. Dez. 1801* (in: P. S.: Hölderlin-Studien, Frankfurt a. M. 1970, S. 95 ff.) die noch immer auseinandergehenden Ansichten zur vaterländi-schen Wende oder Umkehr. Ich schließe mich seiner dort vertretenen Ansicht an. Vgl. auch: Friedrich Beißner: Hölderlins Übersetzungen aus dem Griechischen. Stuttgart [2]1961; Wilhelm

Michel: Hölderlins abendländische Wendung. Jena 1923; Walter Hof: Zur Frage einer späten ›Wendung‹ oder ›Umkehr‹ Hölderlins. In: Hölderlin-Jahrbuch 11 (1958–1960) S. 120 ff.; Walter Bröcker: Die Auferstehung der mythischen Welt in der Dichtung Hölderlins. In: W. B.: Das was kommt, gesehen von Nietzsche und Hölderlin. Pfullingen 1963.

8 Mit Pierre Bertaux' Arbeit über Hölderlin und die Französische Revolution hat eine einseitig politische Interpretation des Werkes eingesetzt. Bertaux benutzte seinerseits einen lange vergessenen, sehr informativen Beitrag: Adolf Stern: Der Einfluß der Französischen Revolution auf das deutsche Geistesleben. Stuttgart/Berlin 1928. Vgl. auch: Georg Lukács: Hölderlins Hyperion. In: G. L.: Werke. Bd. 7: Deutsche Literatur in zwei Jahrhunderten. Neuwied/Berlin 1964. S. 164 ff.; Werner Kirchner: Der Hochverratsprozeß gegen Sinclair. Ein Beitrag zum Leben Hölderlins. Frankfurt a. M. ²1969.

9 Beißner unterscheidet die »eigenrhythmische« Versform Hölderlins von den »freien Rhythmen« Klopstocks (I,2,369: die frühen Hymnen; II,2,680: die vaterländischen Gesänge).

10 Wilhelm Dilthey: Das Erlebnis und die Dichtung. Leipzig/Berlin 1906.

11 Lawrence Ryan: Hölderlins Lehre vom Wechsel der Töne. Stuttgart 1960. S. 134.

12 Wolfgang Binder: Dichtung und Zeit in Hölderlins Werk. Tübingen 1955. S. 272.

13 Schon Karl Viëtor vertrat diese Ansicht (K. V.: Die Lyrik Hölderlins. Frankfurt a. d. O. 1921. S. 67).

14 Schillers verschollener Brief an Hölderlin vom 24. 11. 1796. Vgl. VII,2,95–111, bes. S. 96.

15 Wolfgang Binder: Hölderlins Odenstrophe. In: Über Hölderlin. Hrsg. von Jochen Schmidt. Frankfurt a. M. 1970. S. 5 ff.

16 Peter Szondi: Interpretationsprobleme. In: P. S.: Einführung in die literarische Hermeneutik. Frankfurt a. M. 1975. S. 197.

17 Alle Aufsätze im vierten Band der Großen Stuttgarter Ausgabe: Der Gesichtspunct aus dem wir das Altertum anzusehen haben (IV,1,221 ff.); Über Achill (IV,1,224 f.); Ein Wort über die Iliade (IV,1,226 f.); Die Bedeutung der Tragödien (IV,1,274); Über den Unterschied der Dichtarten (IV,1,266 ff.); Das Werden im Vergehen (IV,1,282 ff.); Über die Verfahrensweise des poetischen Geistes (IV,1,241 ff.).

18 Vgl. hierzu die noch immer verbindliche Arbeit von Lawrence Ryan: Hölderlins Lehre vom Wechsel der Töne. Stuttgart 1960.

19 Siehe Anm. 7.

20 Der Begriff stammt aus Theodor W. Adornos Aufsatz: Parataxis. Zur späten Lyrik Hölderlins. In: Über Hölderlin (Anm. 15) S. 346.

21 Peter Szondi: Der andere Pfeil. Zur Entstehungsgeschichte des hymnischen Spätstils. In: P. S.: Hölderlin-Studien. Frankfurt a. M. 1970. S. 60. Szondi setzt sich hier mit Beißner, besonders aber auch mit Heidegger auseinander (Martin Heidegger: Erläuterungen zu Hölderlins Dichtung. Frankfurt a. M. ³1963).

22 Norbert von Hellingrath: Pindar-Übertragungen von Hölderlin. Prolegomena zu einer Erstausgabe. In: N. v. H.: Hölderlin-Vermächtnis. Hrsg. von L. von Pigenot. München ²1944.

23 Theodor W. Adorno behauptet, daß die parataktische Reihung schwerlich aus Pindar abzuleiten sei, sondern »ihre Bedingung in einer eingewurzelten Verhaltensweise seines Geistes« habe (in: Adorno [Anm. 20] S. 364 ff.).

24 Uwe H. Peters: Hölderlin. Wider die These vom edlen Simulanten. Reinbek bei Hamburg 1982. S. 73.

25 Zur spätesten Lyrik Hölderlins: Friedrich Beißner: Zu den Gedichten der letzten Lebenszeit. In: Hölderlin-Jahrbuch (1948) S. 6–10; Ulrich Häussermann: Hölderlins späteste Gedichte. In: Germanisch-Romanische Monatsschrift 11 (1961) S. 99–107; Bernhard Böschenstein: Hölderlins späteste Gedichte. In: Hölderlin-Jahrbuch 14 (1965/66) S. 35–56; Wilfried Kudszus: Sprachverlust und Sinnwandel. Zur späten und spätesten Lyrik Hölderlins. Stuttgart 1969.

26 Vgl. hierzu die Interpretation des letzten Gedichtes *Die Aussicht* von Roman Jakobson und Grete Lübbe-Grothues in: R. Jakobson: Hölderlin, Klee, Brecht. Zur Wortkunst dreier Gedichte. Frankfurt a. M. 1976. S. 28–96.

27 Peters (Anm. 24).

Romantik

Von Alexander von Bormann

Das romantische Lied

Die neueren Arbeiten zur deutschen Romantik heben (vor allem im Anschluß an Werner Krauss) mit Recht deren Verbindungen zu den Grundgedanken und -tendenzen der europäischen Aufklärung hervor. Dadurch werden traditionelle Abgrenzungskategorien relativiert, die Beziehungen zum 18. Jahrhundert, zum dix-huitième, neu gewertet. Auch die Entgegensetzung von Klassik und Romantik geht nicht mehr so glatt auf, wenn man – etwa im Anschluß an Heines *Deutschland*-Studien – die Beziehung von Individuum und Gesellschaft konkret als historische Kategorie entwickelt.[1] Nicht nur wertet man nun (mit Eichendorff) die romantische »Freisetzüng der persönlichen Gefühlswelt« als Folge der Aufklärung,[2] sondern man sieht als Fortführung aufklärerischer Motive auch gerade die Tendenz, dem (stets hinfälliger werdenden) Ideal des Universalgenies die Rückwendung erst zum Mittelalter, dann aber zum germanischen Heidentum, seinem Pantheismus und seiner Gemeinschaftsordnung (Heine, Eichendorff) entgegenzusetzen.[3] Die Neuwertung der Romantik geht so weit, daß sie nicht nur politisch als »Ahnin der Arbeiterbewegung« (Claus Träger) beschlagnahmt, sondern ihre Gemütserregungskunst auch als Vorwegnahme des europäischen Surrealismus gesehen wird: »Also das Gegenteil von weltabgewandter Innerlichkeit und Realitätsflucht, auch das Gegenteil eines Verrats an der Aufklärung.«[4] Das interdisziplinäre Symposion *Romantik in Deutschland* (1977) zieht einen vorsichtigen Schluß aus dem Hin und Her der Forschung: »Sowohl vor konservativer wie progressiver Vereinnahmung der Romantiker ist zu warnen«; und Wolfgang Schieder weist vor allem auf den gewaltigen politischen und gesellschaftlichen Wandlungsprozeß, auf die bedeutenden Umbrüche hin, welche die Zeit ›der‹ Romantik kennzeichnen.[5] Deshalb ist es auch nicht plausibel, ›die‹ romantische Lyrik mit Abgrenzungsmanövern einfangen zu wollen. Vielmehr sind es ihre Bezüge zum 18. wie zum späten 19. Jahrhundert, ihre exemplarische und innovative Bedeutung für die Frage »nach der Beziehung zwischen dem Subjekt und seinem Diskurs und nach der Rolle des Unbewußten« (Kristeva)[6], die den Rahmen dieses Kapitels innerhalb einer Geschichte der deutschen Lyrik abstecken sollen.

Wenn die neuere Texttheorie zunehmend von linguistisch fundierten Begründungsversuchen abrückt und den Text als »Überquerung der Sprache« (Lotman)[7] aufzufassen vorschlägt, ist das durchaus eine Annäherung an Einsichten, die Herder uns vor mehr als zweihundert Jahren zugänglich gemacht hat. Ausdrücklich reflektiert er die Verschiedenheit von poetischer und philosophischer Sprache (heute ›Diskursdifferenz‹ genannt); und sein Konzept der Naturpoesie, am deutlichsten im *Auszug aus einem Briefwechsel über Ossian ...* und in der *Vorrede zu den Volksliedern 1779* entwickelt, meint mit dem Bekenntnis zur Baumgartenschen Schule der Ästhetik[8] die Unaussprechlichkeit des dichterischen Textes, d. h. die Unmöglichkeit, den ›wilden‹ Ausdruck begrifflich einzuholen.

»Wissen Sie also«, heißt es im *Auszug aus einem Briefwechsel über Ossian* . . . , »daß je wilder, d. i. je lebendiger, je freiwürkender ein Volk ist (denn mehr heißt dies Wort doch nicht!), desto wilder, d. i. desto lebendiger, freier, sinnlicher, lyrisch handelnder müssen auch, wenn es Lieder hat, seine Lieder sein!«[9] Das Lyrische bestimmt Herder im folgenden als das Lebendige und gleichsam Tanzmäßige des Gesanges. Der Rückgriff auf die ›Wilden‹ ist gewiß als rousseauistisch, d. h. politisch als despotismuskritisch zu bestimmen. Ästhetisch hatte er weitreichende Konsequenzen und führte schließlich zu einer Texttheorie, die heute wieder in den Blick gerät und erst jetzt ausgetragen zu werden verspricht.[10] Die Wilden sind für Herder noch nicht geistig geschwächt oder zerstreut, »noch minder durch Künsteleien, sklavische Erwartungen, furchtsam schleichende Politik und verwirrende Prämeditation verdorben«, das Gegenteil der Europäer: »immer die Sache, die sie sagen wollen, sinnlich, klar, lebendig anschauend«, was zur »Festigkeit, Sicherheit und Schönheit« ihrer poetischen Rede führe.[11]
Es ist nicht schwer (und genugsam nachgewiesen), in diesen programmatischen Erläuterungen Herders die Poetik des romantischen Liedes wiederzuerkennen. Wenn er klagt, daß »die wahre Lebhaftigkeit und Wahrheit und Andringlichkeit« der Dichtkunst verlorenging, so faßt es die (mittlere oder Heidelberger) Romantik als ihre Aufgabe, diese »wahre Poesie« wiederherzustellen. Entsprechend preist Arnim im Nachwort seiner mit Brentano herausgegebenen Sammlung *Des Knaben Wunderhorn. Alte deutsche Lieder* (1806) »die volle, tateneigene Gewalt« der sogenannten Volkslieder und kennzeichnet die Sammelarbeit als Rettungsversuch: »Ist der Scheitel hoher Berge nur einmal ganz abgeholzt, so treibt der Regen die Erde hinunter, es wächst da kein Holz wieder; daß Deutschland nicht so weit verwirtschaftet werde, sei unser Bemühen.«[12] Eichendorff, die Brüder Grimm, Görres, ja Heine und Lenau äußern sich ganz in diesem Sinne.
Dabei wird die geschichtsphilosophische Einsicht in die Verschiedenheit der Zeitalter und in die Uneinholbarkeit der alten Poesie, »die die stürmendste, sicherste Tochter der menschlichen Seele« war (Herder), festgehalten. Und zwar durch eine Figur, die zum beherrschenden Charakteristikum des romantischen Liedes geworden ist: seine ›Abgebrochenheit‹ (den Fragmentarismus). Für das romantische Lied, das sich als einen Wiederherstellungsversuch begreift, bleibt ja der sentimentalische Ansatz, bleibt Herders Verdikt gültig: »Wir sehen und fühlen kaum mehr, [. . .] wir dichten nicht über und in lebendiger Welt, [. . .] sondern erkünsteln uns entweder Thema oder Art, das Thema zu behandeln, oder gar beides.«[13] Auch bei Eichendorff wird »die alte Sangeskunst« auf die germanische Heldensage und ihren gesellschaftlichen Ort begründet, die Gemeinschaft der Fürsten und Mannen: die altdeutsche Poesie liegt sowohl der Herausbildung von Klassen als auch der Ausbildung der Zünfte, der Arbeitsteilung, voraus.[14] Von diesem Standpunkt aus wird die Lyrik der Klassik weitgehend als ›Kunstpoesie‹ charakterisiert und kritisiert, wobei Goethes Position umstritten bleibt; gelegentlich wird er durchaus als Ahnherr berufen (Eichendorff).
Die Differenz der romantischen Naturpoesie zur altdeutschen Volkspoesie wird in der besonderen Bedeutung gefaßt, die das Fragmentarische erhält. Herder hatte dies schon als einen der Grundzüge des alten, echten Volksliedes charakterisiert: »Alle alten Lieder sind meine Zeugen! Aus Lapp- und Estland, lettisch und polnisch und

schottisch und deutsch und die ich nur kenne, je älter, je volksmäßiger, je lebendiger desto kühner, desto werfender.«[15] Herder zitiert dann ein Lied (»Zu Hannchens Tür, da kam ein Geist«) und fragt: »Nun sagen Sie mir, was kühn geworfner, abgebrochner und doch natürlicher, gemeiner, volksmäßiger sein kann?« Das Lied als Wurf, als natürlich und abgebrochen zu charakterisieren führt auf »das Denken im wilden Zustand« zurück. Claude Lévi-Strauss beschreibt das ›wilde‹ Denken als ein »System von Begriffen, die in Bildern verdichtet sind«,[16] was nicht den leichtsinnigen Gedanken einer Übersetzbarkeit provozieren darf. Es gehört diese »Wissenschaft vom Konkreten« (Lévi-Strauss) zu Denk- und Gesellschaftsformen, welche die Romantik in ihre Zukunftsbilder einzuschmelzen sucht. Das Fragmentarische bekommt dabei die (neue) Funktion, auf die historische Distanz zu verweisen, das Lied als ›Rauschen‹, als geheimes, verborgenes, noch nicht sprachfähiges Wissen zu charakterisieren.[17]

Man tut nicht gut daran, das Lied schlechthin der Romantik als eigene Form zuzuschlagen – die Lyrik des 17. und 18. Jahrhunderts überhaupt ist ohne das Lied undenkbar. Das Unterscheidungsmerkmal fürs romantische Lied ist sein ›hieroglyphisches‹ Wesen, kühn, werfend, nicht auf den einsichtigen Zusammenhang bedacht. Hierfür einige Beispiele (die zugleich auf einen sehr bedeutsamen Topos hinweisen). Herder führt in seiner Sammlung *Stimmen der Völker in Liedern* gleich am Anfang[18] das litauische Liedchen *Die kranke Braut* an: das junge Mädchen ist »krank von Herzen« und nimmt seinen Tod vorweg; seine Schlußfrage »Gefällt dirs junge Mädchen?« ist schon auf die vermeinte Nachfolgerin gemünzt. Ähnlich undeutlich bleibt das Lied *Der versunkne Brautring*,[19] worin sich eine Verbindung zum Element, zum Wassermann- oder Nixenmythos andeutet, ohne diese auszubuchstabieren. Tiecks Lied *Wehmut* (»Holdes, holdes Sehnsuchtrufen«) beruft nach dem Muster des Volksliedes die Bilder der Natur, den süßen Mai, um die Hoffnung auf die verlorene Braut zu erhalten. Fragmentarisch, ›abgebrochen‹, sind Tiecks Lieder bis hinein ins Syntaktische; der Gesang eines Hirtenmädchens etwa (»Das Fest ist vorüber«) geht von einem musikalischen Duktus aus, dem sich alle diskursiven Elemente unterordnen.

Man hat Tieck gern seine ›Flüssigkeit‹ vorgeworfen, und gewiß läßt sich nachweisen, daß jene Liedform, die Herder vorschwebte, erst nach dem gründlichen Studium der Volkslieder, erst in der Hochromantik erreicht wird. Eichendorffs von Schumann vertontes *Im Walde* etwa summiert einige Bilder, von denen beides gilt, daß sie sowohl kühn geworfen und abgebrochen als auch natürlich und volksmäßig sind: Hochzeitszug, Vogelsang, Reiter, Waldhorn, Jagen, Einsamkeit, Nacht, Berg und Waldesrauschen und den Schauer im Herzensgrunde – das alles in acht Zeilen:

Im Walde

Es zog eine Hochzeit den Berg entlang,
Ich hörte die Vögel schlagen,
Da blitzten viel' Reiter, das Waldhorn klang,
Das war ein lustiges Jagen!

Und eh' ich's gedacht, war alles verhallt,
Die Nacht bedecket die Runde,
Nur von den Bergen noch rauschet der Wald
Und mich schauert im Herzensgrunde.

Die Interpretation sollte der »Logik der Phantasie« (Breitinger) folgen, auf strukturelle Momente achten und sich der Versuchung entschlagen, eine schlüssige
Geschichte aus dem Text gewinnen zu wollen. So kann die erste Strophe gegen die
zweite gesetzt werden; gegen das »lustige Jagen« (das die Hochzeit und den Hörnerklang einschließt) stehen dann das Waldesrauschen und der Schauer als ein tieferes
Wissen. In einem anderen (gleichfalls von Schumann vertonten) Lied *Auf einer Burg*
ist die Reihenfolge der Bilder vertauscht: der alte Ritter/Held in vielhundertjährigem
Schlafe, Regenschauer, Waldesrauschen, Stille, Frieden, Einsamkeit, Vogelsang,
Hochzeitszug; ein geheimes Wissen tritt gleichfalls in einer Pointe, in einer überraschenden Wendung der letzten Zeile hervor:

> Eine Hochzeit fährt da unten
> Auf dem Rhein im Sonnenscheine,
> Musikanten spielen munter,
> Und die schöne Braut die weinet.

Ähnlich ist der Liedtypus bei Heine, vor allem in den *Neuen Gedichten* (1831/44); nur
ist der Bezugspunkt eindeutiger: das Wohl und Weh des Herzens.

> Mein Herz ist so klug und witzig,
> Und verblutet in meiner Brust.

Die Zerrissenheit der Bildfügung bekommt so eine Bedeutung zugewiesen, der
Überschuß der Signifikanten (über das Signifikat) wird nicht in das Spiel neuer
Sinnkonstitution entlassen, ein Einwand, der immer wieder polemisch gegen Heines
Lyrik gewandt worden ist. Diese Polemik (am schärfsten wohl bei Karl Kraus) sieht
freilich ab von den Bedingungen der Heineschen Lyrik. Trotzdem lassen sich zahlreiche (wiederum meist von Schumann vertonte) Lieder anführen, die sehr wohl
hieroglyphisch in einem weiterreichenden Sinne sind (aus dem *Buch der Lieder* [1822/
23] etwa *Lyrisches Intermezzo IV* und *V*). »Wenn ich in deine Augen seh« – dieser
Text baut die Erwartungshaltung des Lesers bzw. Hörers durch syntaktischen Parallelismus (wenn/doch) auf; die letzten zwei Zeilen lauten:

> Doch wenn du sprichst: Ich liebe dich!
> So muß ich weinen bitterlich.

Es wäre gewiß kurzschlüssig, dieses geheimnisvolle »Doch« in Richtung einer
Geschichte aufzulösen, es prosaisch zu machen. Das Lied *Dein Angesicht so lieb und
schön* ist ganz im romantischen Volksliedton gehalten; die zweite Strophe lautet:

Und nur die Lippen, die sind rot;
Bald aber küßt sie bleich der Tod.
Erlöschen wird das Himmelslicht,
Das aus den frommen Augen bricht.

Was Heine als Erbe eher verschwendet (etwa in makabren Pointen; *Lyrisches Intermezzo XXXI*), muß doch als Versuch der Romantiker gesehen werden, dem Lied eine Bedeutungskonstitution zu erschließen, die sich deutlich von der klassischen unterscheidet. In Hegels *Ästhetik* erscheint Goethe als der Höhepunkt der deutschen Lyrik, weil er sich zu einer »in sich begrenzten subjektiven Totalität« gemacht habe; »als der Mittelpunkt und eigentliche Inhalt der lyrischen Poesie hat sich daher das poetische konkrete Subjekt, der *Dichter*, hinzustellen«, indem »er seinem Inneren Worte leiht, die, was auch immer ihr Gegenstand sein mag, den geistigen Sinn des sich aussprechenden Subjekts darlegen«.[20] Goethes Sänger-Bekenntnis, »Ich singe, wie der Vogel singt, der in den Zweigen wohnet«, ist in diesem Sinne einschränkend aufzufassen. Die Lyrik bleibt (mit Hegel) »das totale Aussprechen des inneren Geistes«,[21] für den wiederum die »hervorragende innere Größe«, der Seelenadel, gefordert wird, was in den Begriffen der dialektischen Philosophie heißt:

»Um den zusammenhaltenden Mittelpunkt des lyrischen Kunstwerks abgeben zu können, muß deshalb das Subjekt einerseits zur konkreten *Bestimmtheit* der Stimmung oder Situation fortgeschritten sein, andererseits sich mit dieser Besonderung seiner als mit sich selber *zusammenschließen*, so daß es *sich* in derselben empfindet und vorstellt.«[22]

Goethes Lieder geben keinen Anhalt, diesen Bestimmungen zu widersprechen. Das im März 1817 entstandene, dem Volkslied *Es ist ein Schnee gefallen* nachgebaute Lied *März* ist so durchsichtig wie das berühmte *Gefunden* (1813) oder die früheren hymnischen Lieder; die erste Strophe lautet:

Es ist ein Schnee gefallen,
Denn es ist noch nicht Zeit,
Daß von den Blümlein allen,
Daß von den Blümlein allen
Wir werden hoch erfreut.

Hingegen heißt es bei Eichendorff (im Anschluß an Herder):

»*Das Volkslied* hat allerdings den Grundcharakter aller Lyrik überhaupt; es stellt nicht die Tatsachen, sondern den Eindruck dar, den die vorausgesetzte oder kurz bezeichnete Tatsache auf den Sänger gemacht. Von der Kunstlyrik aber unterscheidet es sich durch das Unmittelbare und scheinbar Unzusammenhängende, womit es die empfangene Empfindung weder erklärt, noch betrachtet oder schildernd ausschmückt, sondern sprunghaft und blitzartig, wie es sie erhalten, wiedergibt, und gleichsam im Fluge plötzlich und ohne Übergang, wo man es am wenigsten gedacht, die wunderbarsten Aussichten eröffnet. Das Volkslied mit dieser hieroglyphischen Bildersprache ist daher durchaus musikalisch, rhapsodisch und geheimnisvoll wie die Musik, es lebt nur im Gesange, ja viele dieser Volksliedertexte sind geradezu erst aus und nach dem Klange irgendeiner älteren Melodie entstanden.«[23]

Zu einseitig hat man, vielleicht durch Baudelaire veranlaßt, die Genese der modernen, der dunklen Lyrik mit der französischen Romantik verknüpft. Das »Verfahren des dunklen Stils, das den Leser in eine Perspektive zwingt, in der er sich als unzureichend informiert und darum ›ferngehalten‹ erkennen muß«, zeigt Karlheinz Stierle etwa an Gérard de Nerval (1808–55) auf: »Nerval wählt und ordnet die Elemente seines Gedichts so, daß sie sich nicht mehr zur bruchlosen Einheit eines Informationsganzen zusammenfügen und der Leser zu Fragen veranlaßt wird, die sich ihm nicht mehr beantworten.«[24] Dieses Verfahren läßt sich jedoch schon in der deutschen Romantik nachweisen und wird von Brentano, Eichendorff, Hoffmann u. a. mit dem von Herder übernommenen Terminus ›Hieroglyphe‹ angedeutet, ja reflektiert. Dazu ein kurzer Exkurs, der helfen mag, das Wesen des romantischen Liedes ein wenig zu entdunkeln.

Das »Bild als Bild zu zeichnen«, Bilder bedeutsam, Zeichen sein zu lassen, findet Herder eine besonders schwierige »Operation«; denn sollen sie Bedeutung haben, natürlich und mächtig sein, so dürfen sie nichts weniger als willkürlich sein. Herder versteigt sich bis zu Anleihen bei der kabbalistischen Tradition, um das »dunkelstrahlende Licht« der ursprünglichen Symbolik als »diese ganze, so reiche, simple, mächtige Natursprache« auszulegen.[25] Hieroglyphisch heißt sie, weil verborgenen Sinnes und auf Auslegung angewiesen; die Formel vom dunklen Licht kommt aus der hermetischen Tradition (die, nicht zuletzt durch Herders Vermittlung, für die Romantik wieder sehr wichtig wird) und zielt auf das genetische Feuer, das Elementarfeuer, das die Schöpfung ausbildet: »und zwar kein Licht, das aus der Sonne kommt, [sondern] ein Licht, das aus dem Innern dieser organischen Masse hervorbricht«.[26] Die Formel vom schwarzen Licht zielt, wie der Kontext zeigt, auf das lumen naturale, das »liecht der natur«, das nach Paracelsus der richtige Weg zur Erkenntnis ist: man soll sich nicht an die »bemehlten« Bücher halten (das geht gegen Scholastik), sondern an das Buch, das Gott selbst geschrieben hat, das Buch der Natur.[27] Das Lied ist die vornehmste Gattung der neuen, der romantischen Naturpoesie: als Gesang ist es Naturlaut; ›abgebrochen‹/hieroglyphisch ist es sowohl als Bruchstück aus der (geheimen) Musik der Welt als auch unter dem Zeichen der geschichtlichen Verstörung der ursprünglichen kosmischen Harmonie. (So weiß es die romantische Poetik.)

Wie Goethes *März*-Lied geht auch Eichendorffs *In der Fremde* auf ein Volkslied zurück. Das (bisher verfolgte) Motiv der toten Braut spielt auch für diesen Text eine wichtige Rolle, organisiert jedoch nicht die Bedeutung:

> Ich hör' die Bächlein rauschen
> Im Walde her und hin,
> Im Walde in dem Rauschen
> Ich weiß nicht, wo ich bin.

> Die Nachtigallen schlagen
> Hier in der Einsamkeit,
> Als wollten sie was sagen
> Von der alten, schönen Zeit.

Die Mondesschimmer fliegen,
Als säh' ich unter mir
Das Schloß im Tale liegen,
Und ist doch so weit von hier!

Als müßte in dem Garten,
Voll Rosen weiß und rot,
Meine Liebste auf mich warten,
Und ist doch lange tot.

Das Gedicht ist 1837 gedruckt und in der Schumannschen Vertonung sehr bekannt geworden. Bekannter noch freilich ist das Müller-Lied, von Schubert vertont:

Der Bach
Ich hört' ein Bächlein rauschen
Wohl aus dem Felsenquell,
Hinab zum Thal es rauschte
So frisch, so wunderhell.

(Wilhelm Müller, 1818, Strophe 1)

Gewiß hat dieses Lied dem Eichendorffschen als Vorlage gedient; es geht seinerseits auf das Volkslied *Laß rauschen* zurück, das die verschlüsselnde Bildtechnik recht tiefsinnig auslegt. Es handelt von der verlorenen Geliebten, die sich »in Veiel und grünem Klee« einen Buhlen erworben hat. Die drei Strophen lauten:

Ich hort ein Sichellin rauschen,
Wohl rauschen durch das Korn,
Ich hort ein feine Magd klagen,
Sie hätt' ihr Lieb verlorn.

»La rauschen, Lieb, la rauschen!
Ich acht nit, wie es geh:
Ich hab mir ein Buhlen erworben
In Veiel und grünem Klee.«

»Hast du ein Buhlen erworben
In Veiel und grünem Klee:
So steh ich hie alleine,
Tut meinem Herzen weh!«

Es ist nicht leicht, die Aussage dieses Liedchens zu rekonstruieren: das Verhältnis von Verlust und Gewinn bleibt so vieldeutig wie die Bedeutung der Sichel, des Rauschens, ja sogar des Ich. Diese abbreviatorische Technik ist im Müller-Lied nur noch im Ansatz erhalten: »Ich weiß nicht wie mir wurde«; und das Rauschen wird als Verlockung, vom Wege abzuweichen (und den Nixen zu folgen), auch nur eben angedeutet:

> Du hast mit Deinem Rauschen
> Mir ganz berauscht den Sinn.

Das Eichendorff-Lied bringt die angeschlagenen Akkorde, die ererbten Motive sozusagen erst wieder in ihre Konsequenz. Die Formel »her und hin« (statt »hin und her«) zeigt die Verwirrung der Orientierung an, was als Gegenwart gegen die »alte, schöne Zeit« gesetzt ist. Das Grundmotiv – Verlorenheit in der Fremde – wird zugleich Voraussetzung der Glücksimagination: Leid und Freud sind ganz nach Volksliedart ineinander verschränkt. Das Motiv von der toten Braut (zu der Heine sich ins Grab schmiegen möchte) kehrt in Eichendorffs Text seine fast allegorische Bedeutung hervor: es meint, folgt man den Hinweisen des Gedichts *Der alte Garten*, die unter dem Banne der Moderne verstummte Natur, die nur im Rauschen (»als ob sie im Schlafe spricht«), im Zauberklang noch eben vernehmlich wird.[28]

Auch in den Liedern von Nikolaus Lenau setzt sich dieses Konzept eigenständig durch. Schon die frühesten Gedichte (1827–30) sprechen von der toten Braut (*Das Mondlicht, Nächtliche Wanderung* u. a.). Im Lied *Meine Braut* wird diese offen allegorisiert: »Meine Braut heißt Qual.« Um eine besondere Form des (vorsätzlichen) Frauenentzugs handelt es sich auch, wenn die Braut in die Zukunft versetzt wird: *An die Ersehnte*: »Noch ist sie nicht geboren dieser Erde!« So läßt sie sich dann am eigenen Grabhügel imaginieren, was, nach empfindsamem Muster, Trauergründe verschafft. Überhaupt treten in Lenaus Lyrik die Bezüge von Empfindsamkeit und Romantik besonders deutlich hervor. Die vielvertonten *Schilflieder* (1832 in Heidelberg, unter dem Einfluß von Karl Mayer und Ludwig Uhland entstanden) beschwören wiederum das »stille, tiefe Leiden«, das bei Eichendorff »unnennbares Weh« heißt. Vermutlich wird die Braut deswegen als tot imaginiert (die biographischen Geliebten sind durchaus sehr munter), weil sie stets für die Mutter steht (deutlich auch bei Tieck, Brentano, Eichendorff) – der Tod bezeichnet dann die Inzestschranke. »Und ich muß mein Liebstes meiden«, bekommt so eine genauere Bedeutung.

Die Naturwahrnehmung steht ganz in diesem Kontext: »Traurig säuseln hier die Weiden, / Und im Winde bebt das Rohr.« Auch im 5. Schilflied ist die Szenerie sprechend angepaßt:

> Auf dem Teich, dem regungslosen,
> Weilt des Mondes holder Glanz,
> Flechtend seine bleichen Rosen
> In des Schilfes grünen Kranz.

Diese Art der Bedeutungskonstitution, die Entwicklung der Bilderreihen von einem vorgesetzten Motiv her, weist deutlicher auf die Tradition der Empfindsamkeit, aufs 18. Jahrhundert zurück als auf die romantische semiotische Praxis. Zwar sprechen die *Waldlieder* (1843) unmittelbar die Natur an, doch auch wieder ganz sentimentalisch: »Natur! will dir ans Herz mich legen!« oder gar allegorisch-philosophisch:

Sehnsüchtig zieht entgegen
Natur auf allen Wegen,
Als schöne Braut im Schleier,
Dem Geiste, ihrem Freier.

Das ist u. a. als Reminiszenz an Lenaus Hegel-Studien zu interpretieren; nach Hegel
»ist die Natur die Braut, mit der der Geist sich vermählt«.[29]
Ein besonderer Ton gelingt Lenau, wo er »Bild an Bildchen reiht«, wie Trakl sagt, bei
dem Lenaus Herbstlieder eine angemessene Wiederaufnahme finden. Dafür mögen
zwei Strophen (1 und 3) aus dem 9. *Waldlied* stehen:

Rings ein Verstummen, ein Entfärben;
Wie sanft den Wald die Lüfte streicheln,
Sein welkes Laub ihm abzuschmeicheln;
Ich liebe dieses milde Sterben.

Die Vögel zogen nach dem Süden.
Aus dem Verfall des Laubes tauchen
Die Nester, die nicht Schutz mehr brauchen.
Die Blätter fallen stets, die müden.

Solche Verse sind kaum mehr als romantisch zu bestimmen. Auch die hervortretende
Leitidee, Sterben und Vergehen als »heimlichstill vergnügtes Tauschen« zu deuten,
läßt sich kaum mit dem emphatischen (›dämonischen‹) romantischen Naturbegriff
vereinbaren, sondern macht, wenn man schon rubrizieren will, eine Zuweisung
Lenaus ans Biedermeier verständlich.

Weg nach Innen (Novalis)

Bei den Versuchen, die Besonderheit der romantischen Lyrik im Gegensatz zur
klassischen zu bestimmen, überwiegen zwei Tendenzen: einmal betont man, mit
einem Wort E. T. A. Hoffmanns, das »Mißverhältnis des innern Gemüts mit dem
äußern Leben« als Ansatz der Werke etwa Tiecks, Brentanos, Arnims, Fouqués,
Hoffmanns, Eichendorffs, Heines.[30] Oder man bezieht sich auf Hegels Bestimmung
der romantischen Kunstform, wonach der Geist, »der die Angemessenheit seiner mit
sich, die Einheit seines Begriffs und seiner Realität zum Prinzip hat«, diese nur in der
Innerlichkeit finden kann. Hegel folgert daraus: »Der wahre Inhalt des Romantischen
ist die absolute Innerlichkeit, die entsprechende Form die geistige Subjektivität, als
Erfassen ihrer Selbständigkeit und Freiheit.«[31] Doch auch diese Bestimmung fordert
dazu auf, die äußere Realität als ein dem Geiste und seinem Anspruch »nicht
adäquates Dasein« zu setzen; eine mögliche Versöhnung denkt auch Hegel allenfalls
als Prozeß. So scheint es wenig ergiebig zu sein, sich auf die kämpferischen Unter-
scheidungsspiele einzulassen (Beispiel: orphische Klassik / kritische Klassik / Romantik usw.), die noch in den sechziger Jahren sehr beliebt waren.
Das vielzitierte *Blüthenstaub*-Fragment 16 (17) des Novalis beginnt so:

»Die Fantasie setzt die künftige Welt entweder in die Höhe, oder in die Tiefe, oder in der Metempsychose zu uns. Wir träumen von Reisen durch das Weltall: ist denn das Weltall nicht in uns? Die Tiefen unsers Geistes kennen wir nicht. – Nach Innen geht der geheimnißvolle Weg. In uns, oder nirgends ist die Ewigkeit mit ihren Welten, die Vergangenheit und Zukunft. Die Außenwelt ist die Schattenwelt, sie wirft ihren Schatten in das Lichtreich.«[32]

Hans-Joachim Mähl[33] hat auf die Bedeutung der Hemsterhuis-Studien für Novalis hingewiesen; dem Satz »Nach Innen geht der geheimnißvolle Weg« entspricht die Forderung des holländischen Philosophen: »Il feut entrer dans nous mêmes.« Hemsterhuis nimmt eine andere, unbekannte Seite des Universums an, einen inneren Zusammenhang wirkender Kräfte, eine lebendige Einheit und unsichtbare Ordnung, die den Sinnesorganen verschlossen bleibt, doch dem moralischen Organ im Menschen sich erschließt. Diesen Ansatz findet Novalis »ächt profetisch«, denn nun wird es der poetischen Selbstversenkung zugewiesen, diese geheimen Zusammenhänge zu erfahren. Mähl begründet sowohl das schöpferische poetische Selbstbewußtsein des Novalis als auch sein Programm zur Poetisierung aller Wissenschaften mit dieser Lehre. Hemsterhuis: »D'ailleurs, ce n'est pas sans raison que la poésie est appelée le langage des dieux; du moins c'est le langage que les dieux dictent à tout génie sublime qui a des relations avec eux, et sans ce langage nous ferions très-peu de progrès dans nos sciences« (*Alexis*).[34] Den Weg nach innen zu gehen meint bei Novalis, sich der produktiven Einbildungskraft, der »intellektualen Anschauung« zu überlassen, der fast magische (wirklichkeitserzeugende) Kräfte zugemessen werden.[35] Paracelsus, Jakob Böhme und andere Einflüsse bestimmen dieses Konzept noch weiter. Die romantische Kunst steht unter dem Primat der Phantasie.[36] Die Forderung von Novalis schließt sich mit den Konzeptionen Friedrich Schlegels zusammen: »Die Welt muß romantisiert werden. So findet man den ursprünglichen Sinn wieder.«[37]

Für die Lyrik hat das entscheidende Konsequenzen, es führt letztlich zum fragmentarischen, ›hieroglyphischen‹ Stil, der von den Berührungen aus der Geisterwelt zeugen soll. »Ehemals war alles Geistererscheinung. Jezt sehn wir nichts, als todte Wiederholung, die wir nicht verstehn. Die Bedeutung der Hieroglyphe fehlt. Wir leben noch von der Frucht besserer Zeiten.«[38] Novalis fordert »Wahnsinn nach Regeln und mit vollem Bewußtseyn«[39] und findet: »die erste Kunst ist Hieroglyphistik«.[40] Sie steht als »natürliche Poesie« der »künstlichen Poesie«, der rhetorischen oder Benennungskunst gegenüber. Auch die (gebildete) Sprache verfällt noch der Kritik: »Die Sprache im eigentlichsten Sinn gehört ins Gebiet der künstlichen Poesie.«[41] Da ihr Zweck als »bestimmte Mittheilung, Erregung eines *bestimmten* Gedankens« kritisiert wird, ergibt sich für die (natürliche oder romantische) Poesie die Folgerung, daß sie eben solche bestimmte Bedeutung vermeiden muß.

Novalis hat diese Auffassung von der romantischen Lyrik in seinen Dichtungen Form werden lassen. Die *Hymnen an die Nacht* (1799) berufen die Strahlen und Wogen des Lichts und das Wunderreich der Nacht in freien, schwebenden Versen, die man kaum noch als »rhythmische Prosa« (Kluckhohn) klassifizieren kann. Beschreibungen, die vom Dithyrambus oder dem Madrigal der Klassik ausgehen, reichen weiter. Das klassische Konzept eines dialektischen Formbegriffs – »geprägte Form, die lebend sich entwickelt« (Goethe) – ist hier gleichwohl verlassen. Der Primat der Phantasie führt auch zum Verwerfen (oder Relativieren) der vorgegebenen, überlieferten Formen. Diese klingen wohl als Bedeutungszitate an, sind aber ganz in den Strom dieser Hymnen aufgegangen. Ein kleines Beispiel; in der 4. Hymne werden (wiederum) Tag und Nacht konfrontiert:

> Noch weckst du,
> Muntres Licht,
> Den Müden zur Arbeit –
> Flößest fröliches Leben mir ein.

Die Munterkeit im Versrhythmus entspricht der ausgesprochenen Bereitschaft, »unverdrossen« die fleißigen Hände zu rühren und »Den schönen Zusammenhang Deines künstlichen Wercks« zu verfolgen. Auch Goethe braucht (später) den Daktylus, um Munterkeit als Zuruf, als Zitat auszustellen (noch der Vokalismus ist vergleichbar): »So sollst du, muntrer Greis, / dich nicht betrüben . . .« (*Phänomen*). Der Hinweis auf das »künstliche« Werk bedeutet eine Distanzierung, die auch nachgetragen wird:

> Aber getreu der Nacht
> Bleibt mein geheimes Herz
> Und ihrer Tochter
> Der schaffenden Liebe.

Das sind eher anapästische Rhythmen, die sich etwa der gleichzeitigen Odendichtung Hölderlins (z. B. *Abbitte*) vergleichen lassen. Der Verzicht auf ›geprägte‹ Versformen ist nicht als Negation zu denken (wie Hugo Friedrich es für die moderne Lyrik postuliert hat), sondern entspringt dem produktiven Vorsatz, von der Nacht gehalten, flammend die Welt zu zeugen (*Hymne* 4). Die Suchbewegungen Hardenbergs drükken sich darin aus: »Noch reiften sie nicht / Diese göttlichen Gedanken.« Entsprechend verfestigen sich diese Verse, wenn geistliche, mythische oder literarische Aussagen, ›Benennungen‹, erreichbar werden:

> Hinüber wall ich
> Und jede Pein
> Wird einst ein Stachel
> Der Wollust seyn.

Dazu sind auch die *Geistlichen Lieder* des Novalis zu vergleichen. So nimmt auch die 6. *Hymne* die Choralform auf, sie endet:

> Ein Traum bricht unsre Banden los
> Und senkt uns in des Vaters Schooß.

Die *Hymnen an die Nacht* gehen von sehr persönlichem Erleben aus, dem Tod der jungen Verlobten, Sophie von Kühns, die dem Dichter an ihrem Grabe in einer Vision wiedererscheint (13. Mai 1797): vgl. die 3. *Hymne*. Doch wenn die Geliebte nun die Sonne des Nachthimmels heißt, setzen solche Bilder weiterreichende Bedeutungen: die Nacht und die Liebe stehen gegen den Tag, gegen die Vertreibung der allverwandelnden, allverschwisternden Himmelsgenossin Fantasie (5. *Hymne*). Die Kritik an der Gegenwart ist Gemeingut der Romantik geworden (5. *Hymne, Athenäum*-Fassung):

»Zu Ende neigte die alte Welt sich. Des jungen Geschlechts Lustgarten verwelkte – hinauf in den freyeren, wüsten Raum strebten die unkindlichen, wachsenden Menschen. Die Götter verschwanden mit ihrem Gefolge – Einsam und leblos stand die Natur. Mit eiserner Kette band sie die dürre Zahl und das strenge Maaß. Wie in Staub und Lüfte zerfiel in dunkle Worte die unermeßliche Blüthe des Lebens.«[42]

Die Schwierigkeit der *Hymnen* liegt im Wechsel der Blickfelder, wie Mähl betont hat: in der 5. *Hymne* wird aus dem Mythos der Nacht ein Mythos der Geschichte. Das Grab der Geliebten (»Ort der Einweihung in die mystische Gegenwärtigkeitserfahrung«) wird mit dem Grab Christi (»Ort der Einweihung in die geschichtliche Zukunftserwartung«) verschmolzen »zu einem geheimnisvoll übergreifenden Symbol, das die mythische Geschichtsschau der 5. Hymne mit der inneren Lebensgeschichte des Sängers verklammert«.[43] Der Weg nach innen hat den Dichter in »die Ewigkeit mit ihren Welten« geführt; der Bezug auf Hemsterhuis und weitere vielfältige Traditionen vermag darzutun, daß damit mehr und anderes gemeint ist als Goethes »heilig öffentlich Geheimnis« (*Epirrhema*) mit der Pointe: »Denn was innen, das ist außen.« Bei Novalis heißt es deutlich: »Die Außenwelt ist die Schattenwelt, sie wirft ihren Schatten in das Lichtreich.« Die Aktualisierung des Orpheus-Mythos in *Heinrich von Ofterdingen* steht in diesem Zusammenhang:[44] die Verflüssigung der lyrischen Sprache, ihre Angleichung an Musik, ihre Ent-sprachlichung soll sozusagen der Aufhebung dieser »Verfinsterung« dienen, soll durch den »Schattenkörper« hindurchreichen. Das Wort vom ›magischen Idealismus‹ Hardenbergs hat viel Mißverständnis hervorgerufen: das »Eine geheime Wort«, das Zauberwort der romantischen Poesie, vermag *nicht*, wie die magische Märchenformel, den Bann des »Alltagslebens« zu durchbrechen. Das berühmte Gedicht aus den Fortsetzungsplänen zum *Heinrich von Ofterdingen* findet sich neuerdings auch auf dem Rücken universitärer T-shirts:

> Wenn nicht mehr Zahlen und Figuren
> Sind Schlüssel aller Kreaturen,
> Wenn die, so singen oder küssen,
> Mehr als die Tiefgelehrten wissen,
> Wenn sich die Welt in's freie Leben,
> Und in die Welt wird zurück begeben,
> Wenn dann sich wieder Licht und Schatten
> Zu ächter Klarheit werden gatten,
> Und man in Mährchen und Gedichten
> Erkennt die ewgen Weltgeschichten,
> Dann fliegt vor Einem geheimen Wort
> Das ganze verkehrte Wesen fort.

Wilfried Malsch hat in seiner Deutung der *Europa*-Rede des Novalis auf die bewußt hermeneutische Struktur seines Poesiebegriffs hingewiesen.[45] Dazu gehört – ich spitze seine These zu –, daß die unerkannte Poesie in der Geschichte (sonst ereignet sich keine) zu ihrer Selbsterkenntnis übergeht. Die Rückkehr der Welt in die Welt – diese Böhmesche Redeweise zeigt, daß man diesen Prozeß nur andeuten kann. Poesie vermittelt ihn, steht an seinem Anfang wie an seinem Ende, ist gebunden und entbindend. Diese komplexen Zusammenhänge beläßt Novalis nicht in paradoxen Formulierungen; er arbeitet sie mit Begriffen wie Wahn, Wahrheit, Verlangen durch, die nicht mehr auf Hemsterhuis (*Lettre sur les désirs*) zurück-, sondern auch auf texttheoretische Einsichten vorausdeuten, die man einzuholen sucht.

»Holdes Sehnsuchtrufen« (Tieck)

Für Tieck gelten diese Hinweise unvermindert, freilich im wesentlichen für sein Erzählwerk; seine Lyrik, obschon nicht ohne Erfolg und Einfluß, hat einen eigenen Ton kaum finden können. Das ist das allgemeine Urteil über sie; von seinen mehr als 400 Gedichten erscheint kaum ein Dutzend noch in den Anthologien. Sie sind fast aufdringlich romantisch, was mit der Situation des Jenaer Kreises zusammenhängt, die neue Fühl-, Anschauungs- und Lebensweise noch zu erproben; und sie müssen auch als Teil der jugendbewegten Jenenser Geselligkeit gesehen werden. Der Kreis hatte sein Zentrum im Hause August Wilhelm Schlegels (am Mittagstisch seiner Frau Karoline); 1799 gehörten etwa Schelling und Johann Wilhelm Ritter dazu, Friedrich Schlegel und Dorothea, Henrik Steffens und Novalis. Die meisten Gedichte Tiecks stammen aus den Jahren 1797 und 1798; sie wurden, was gut bezeugt ist, begeistert aufgenommen, wobei zu berücksichtigen ist, daß sie in größeren textlichen Zusammenhängen standen. Der Jenenser Kreis plante auch einen eigenen romantischen Musenalmanach.[46]

Als thematischer Gehalt der Tieckschen Lyrik läßt sich vor allem die Sehnsucht benennen. Gleich das erste Gedicht der späteren dreibändigen Sammlung heißt so und beginnt:

> Warum Schmachten?
> Warum Sehnen?
> Alle Thränen
> Ach! sie trachten
> Weit nach Ferne,
> Wo sie wähnen
> Schönre Sterne.

Eichendorff hat ihn so gewürdigt: »Was der gedankenvolle Novalis nur hieroglyphisch angedeutet, hat Tieck mit bewundernswerter Gewandtheit und aller Pracht eines glänzenden Talents in die Poesie wirklich eingeführt.«[47] Die Kritik, die in Ausdrücken wie Gewandtheit und Talent aufscheint, tritt doch vor dem Wörtchen ›wirklich‹ zurück. Das Fernweh, die Lust »aufzubrechen, wohin er will« (Hölderlin), verbindet sich bei Tieck, der Novalis auf Jakob Böhme hingewiesen hat, schon früh mit der Einsicht, daß es um ein unstillbares Verlangen geht. Das schöne Lied *Wehmuth* etwa (von 1798) bildet diese Bewegung ab: »Holdes, holdes Sehnsuchtrufen« schallt aus dem Tal herauf (den ›Gründen‹ bei Eichendorff); Wünsche und

Lust erwachen in der Brust; die Figur der verlorenen Braut verweist diese ans
Imaginäre; die Sehnsucht bleibt erhalten: »Keine Rose wird erfunden« (eine hieroglyphische Zeile).

Überhaupt führen Tiecks Gedichte alle Themen der Romantik durch, und das ist es
wohl auch, warum ihm die nachfolgenden Autoren ein wenig gram sind – es bleibt
kaum etwas übrig: Frühling und Liebe, Begeisterung, Jugend, Reisen, Wald und
Jagd, das Waldlied, die Gründe, Schwermut, Musik, Phantasie, Geisterwelt, Einsamkeit, Tages- und Jahreszeiten bis hin zu zahllosen Gelegenheitsgedichten; der Kreis
der romantischen Motive und Themen ist so vollständig durchschritten, daß sich der
Vergleich als Annäherungsweise fast aufdrängt. So deutet das *Waldlied* auf Eichendorff voraus:

> Waldnacht! Jagdlust!
> Leis' und ferner
> Klingen Hörner,
> Hebt sich, jauchzt die freie Brust!
> [...]

Der Zyklus *Des Jünglings Liebe* nimmt die entsprechenden Zyklen von Wilhelm
Müller, Chamisso u. a. vorweg. Die Reisegedichte (*Reisegedichte eines Kranken*;
Rückkehr des Genesenden) haben auf Heine gewirkt, der Ton ist durchaus verwech-
selbar – im *Parma*-Gedicht etwa (1806) wird der Genius Correggios, Allegri, besungen, und die formale Sorglosigkeit der Verse (inhaltlich wiederum Vasari verpflichtet) relativiert deutlich den kunstreligiösen Ernst der *Herzensergießungen* (1796):

> Das war ein muntres Getümmel,
> Als die lachenden Engelchen dir die Farben reichten,
> Hohe Geister dir als Modell in ihrem Adel standen,
> Und Musik des Himmels dazu mit Macht erklang.

Auch der Formenreichtum von Tiecks Lyrik ist beachtlich. Die Reisebilder, die fast
ein Viertel seiner lyrischen Produktion ausmachen, gibt er in freien Versen, die sich
an traditionelle Muster nur bequemlichkeitshalber anlehnen (Elegie, Madrigal, hymnische Formen). Die Romanze spielt eine große Rolle; die Begeisterung, die visio-
näre Phantasie, gilt als deren Grundlage. Sehr berühmt ist *Die Zeichen im Walde*
geworden (heute unerträglich), von Tieck dem Jenaer Kreis vorgetragen und von
Friedrich Schlegel »zu den göttlichsten und vollendetsten Werken« gezählt, die Tieck
gemacht habe.[48] Es ist sozusagen ein Gegentext zum *Erlkönig*, diesmal nimmt der
Vater die Geister wahr und der Sohn muß trösten: »Vater, laßt die Sorge fahren.« In
132 (!) vierzeiligen Strophen wird nun die Schuld des Vaters (ein Teufelspakt) und die
Erlösung durch den Sohn ausgemalt; es ist deutlich eine Moritat in vierfüßigen
Trochäen, die vermutlich dem Spanischen abgesehen sind.

> Reichthum, Ehre ward verliehen
> Dem, der ab sich that dem Guten.
> Heute ist der Preis verfallen,
> Und ich fühl' der Hölle Ruthen.

Weniger trivial ist die Romanze *Die Phantasie*, die vom launigen Phantasus erzählt, einem wunderlichen Alten, der von der Vernunft, zum Schaden der Menschen, stets wieder gefesselt wird. Eichendorff hat seine kapriziöse Gräfin Romana in *Ahnung und Gegenwart* diese Romanze nachdichten lassen.[49] Zu den schönsten Gedichten Tiecks zählen seine Lieder; in ihnen zeigt sich seine Kritik an der bedeutsamen Metapher häufig in Katachresen, in Bildbrechungen, die zur Abdunklung des Sinns beitragen. Aus dem Zyklus *Des Jünglings Liebe* stammt auch das berühmte Lied *Trauer*:

> Wie schnell verschwindet
> So Licht als Glanz,
> Der Morgen findet
> Verwelkt den Kranz ...

In der fünften Strophe steht das merkwürdige Bild: »So schwimmt die Liebe / Zu Wüsten ab«, eine Entwörtlichung der Bildbedeutung, die Tieck auch theoretisch vertreten hat. In seiner Besprechung *Die neuesten Musenalmanache und Taschenbücher* (1796–98) wendet sich Tieck gegen die modischen allegorisierenden Tendenzen, die den Dichter zum Analogienjäger machen: das ergebe eine »leere und unbedeutende Bildersprache« mit gesuchten Vergleichen. Dagegen fordert er, »daß alle Bilder und Empfindungen in Einem Zusammenhange stehen«,[50] was das Bild keineswegs zur beliebig auswechselbaren stimmungsgeladenen Chiffre herabsetzt, wie Gerhard Kluge meint.[51] Die Relativierung der Natur: daß kein Dichter sie so kopieren könne, »wie er sie wirklich findet«, zielt nicht aufs Leugnen des Zusammenhangs, im Gegenteil:

>»Nicht die grünen Stauden und Gewächse entzücken uns, sondern die geheimen Ahndungen, die aus ihnen gleichsam heraufsteigen und uns begrüßen. Dann entdeckt der Mensch neue und wunderbare Beziehungen zwischen sich und der Natur.«[52]

Diese Äußerungen sind auch im Zusammenhang mit den »nicht enden wollenden Gesprächen« Tiecks mit Hardenberg zu sehen, die ja vor allem im Zeichen Jakob Böhmes standen.[53] Jochen Hörisch hat die frühromantische Poetologie, das Zauberwort (bei ihm: »die freie Arbitrarität heterogenen Bezeichnens«), als »Mimesis von Freiheit« ausgelegt: »Die ›Sympathie‹ arbiträrer Zeichen mit dem Bezeichneten deutet Poesie im frühromantischen Verstande als Sympathie mit freier Arbitrarität«; Mimesis von Freiheit werde »als geglücktes Selbstverständnis von daseiender Subjektivität« verstanden.[54] Dies trifft gewiß unter anderem auch auf Tieck zu; doch sagt das noch zu wenig – die Thesen Tiecks geben ein weniger abstraktes Verständnis vor. Wie Hardenberg findet er, daß die Lyrik ihre größte Kraft erreiche (zum Zauberwort werde), wenn sie die Töne der Natursprache anrührt. Eichendorff bescheinigt ihm, er habe »gleichsam den Text zu dem wunderbaren Liede jener dunklen Mächte aufgefunden«[55] (freilich ist das nicht im Hinblick auf die Lyrik gemeint). Tieck nimmt, konsequenter noch als Novalis, möglichst alle Benennungsfunktionen aus seiner Gedichtsprache heraus, alle Bezüglichkeit verliert sich und macht das Vorbild Musik wortwörtlich zum Ansatz der Gedichte: *Harfe, Flöte, Hoboe, Trompete, Geige* sind die Titel; die Texte ›sagen‹ nichts mehr, sie versuchen, in den Bereich des Nichtabbildbaren vorzudringen, sie singen jener Grundmelodie zu (so Tieck), die, unhörbar, die Einheit der unsichtbaren Welt verbürgern soll. Entsprechend gibt es auch zahlreiche Schall- und Klanggedichte: *Schalmeyklang, Posthornsschall, Waldhorns-melodie, Der Dichter und die Stimme* u. a. Das *Geigen*-Gedicht beginnt folgender-maßen:

> Funkelnde Lichter,
> Durchschimmernde Farben
> Ziehen in Regenbogen,
> Wie wiederglänzende springende Brunnen,
> Empor in die scherzenden Wellen der Luft.

(Ganz ähnlich sind übrigens auch Brentanos frühe Musikgedichte von 1799 gebaut und motiviert; vgl. etwa *Simphonie, Phantasie für Flöte, Klarinette, Waldhorn und Fagott, Guitarre und Lied* u. a.) Im Zentrum von Tiecks Zyklus *Gedichte über die Musik* steht das Gedicht *Liebe*. Wie bei Novalis (und Hemsterhuis/Böhme) ist es die Liebe, die in jener Natursprache (die in der Musiklyrik durchtönt) sich ausspricht:

> Liebe denkt in süßen Tönen,
> Denn Gedanken stehn zu fern,
> Nur in Tönen mag sie gern
> Alles was sie will verschönen.
> Drum ist ewig uns zugegen
> Wenn Musik mit Klängen spricht
> Ihr die Sprache nicht gebricht
> Holde Lieb' auf allen Wegen
> [...]

Gestaltlose Unendlichkeit?

Christian Gottfried Körner hat den Verzicht auf Bilder in der Tieckschen Lyrik kritisiert: »diese Poesie giebt keine Bilder, sondern schwebt in einer gestaltlosen Unendlichkeit«.[56] Dieser Vorwurf sieht – etwas leichtfertig – von der poetologischen Grundlage der romantischen Lyrik ab. Die Töne, die »quälend, beglückend« das Herz »durchschauen« und »verklären«, sollen gerade darin ihre Wirklichkeit finden, daß sie die Wirklichkeit transzendieren:

> Welche Töne rühren sich in der Laute,
> Von unsichtbarer Geisterhand durchklungen?
>
> *(Erfüllte Sehnsucht)*

Die synästhetische Entgrenzung der Wirklichkeit, die Aufgabe von Symbol und Metapher, von sinnkonstituierender Bildlichkeit zugunsten einer ganz abstrakten Sprachmusik ist gewiß ein äußerster Weg, um die ›natürliche‹ gegen die ›künstliche Poesie‹ aus-zu-spielen. Als Problem für diese Art von Lyrik ergibt sich freilich, daß sie, um diese Intention zu realisieren, doch auf die hermeneutische Struktur der poetischen Bildformen zurückkommen muß. Der ›Wahnsinn nach Regeln‹ (Novalis) läßt sich nur als Abweichung (im Präsenthalten anderer Ordnungsmodelle) wahrnehmbar machen. Das wird z. B. von Eichendorff als Dialektik von Natur- und Kunstpoesie gefaßt, und Tieck nähert sich dieser Einsicht über die Kritik an den Klinggedichten.

Die programmatische Entleerung von aller Bedeutung hatte für die Lyrik bald eine schmähliche Folge: in den romantischen Lyrikalmanachen nahmen die wohlfeil gefertigten Klang- und Klingelgedichte überhand. Dabei ging es weniger um ein Vernehmlichmachen der ewigen Grundmelodie, sondern um den Vorteil, den eine geschwinde Produktionstechnik bot. Gedichte werden gebraucht: von den immer zahlreicher werdenden Periodika, deren Textbedarf sich durch fortschreitende Industrialisierung (Papiermaschinen, Schnellpressen usw.) noch steigern wird. Peter von Matt hat dabei einen besonderen Aspekt der Lyrikproduktion hervorgehoben:

»Es bedarf dieser kleinen Sprachstücke doch in einem bisher nicht bekannten Ausmaß. Die Gedichte füllen nicht nur die Lücken, die eine rastlose Zensur regelmäßig und meist im letzten Moment in den Druckspiegel reißt, sie bilden auch, solange sie sich mit lauter Natur und Liebe befassen, eine Art von Texten, mit der man sich politisch die Finger nicht verbrennt und beim Publikum Erfolg hat, ohne ihn bei der Polizei wieder büßen zu müssen.«

In diesem Zusammenhang weist von Matt auch auf die Bedeutung der Muster und Schablonen hin:

»Angeblich das Intimste aller Poesie, das rare Geschenk gesegneter Stunden, wird das Gedicht dieser Zeit in Wahrheit mehr und mehr ein Massenartikel aus vorfabrizierten Gefühls- und Landschaftselementen«.[57]

Zwar soll dieser Befund vor allem für die zwanziger und dreißiger Jahre gelten und »die außerordentliche lyrische Produktionsfreude von Leuten wie Friedrich Rückert oder Justinus Kerner, aber auch Heines oder Lenaus« erläutern helfen. Aber von Matts These läßt auch die lyrische Massenproduktion verständlich werden, die sich an Tiecks Klinggedichte anschloß.

Eher noch programmatischer klingt und singt es bei Friedrich Schlegel (*Im Walde*):

> Wildes Rauschen, Gottes Flügel,
> Tief in kühler Waldesnacht;
> Wie der Held in Rosses Bügel,
> Schwingt sich des Gedankens Macht.
> Wie die alten Tannen sausen,
> Hört man Geistes Wogen brausen.

Ganz ähnlich ist das Rauschen auch bei Sophie Mereau noch eher Vorsatz als konsequente Liedtechnik:

> Laß, diese Klänge
> Mild zu verschönen,
> Süße Gesänge
> Froh dir enttönen ...

Bei Chamisso wird noch diese vorsichtig haltende Syntax aufgegeben:

> Sterne und Blumen, –
> Blicke, Atem, –
> Töne.
> Durch die Räume ziehn,
> Ein Ton der Liebe!
> Sehnsucht!

Der Autor, der die abstrakt-romantische Lyrik am konsequentesten in bloßen (faden) Singsang verwandelt hat, ist Graf Otto Heinrich von Loeben (Pseudonym: Isidorus Orientalis), der Meister der Trivialromantik. Sein Gedicht *Frühling* zeigt schon in der ersten Strophe alle Wagnisse dieser Art:

> Dort an jener Bergesreihe
> Klingt die Bläue,
> Und die Lichte strömt zurück.
> Nachtigallen in den Wäldern
> Wunderblumen auf den Feldern,
> Alles Wachstum wird Musik.

Eichendorff hat den ehemaligen Heidelberger Studienfreund mehrfach parodiert und in *Ahnung und Gegenwart* als schmachtenden Sentimentalen porträtiert; ein Assonanzenlied und ein Sonett charakterisieren diese Art von Lyrik sehr treffend.[58]

Daß die Sonettdichtung mit einbezogen wird, ist kein Zufall. Im Gefühl, daß die Preisgabe jeglicher Inhaltlichkeit sehr bald zur Auflösung der Lyrik überhaupt führen würde, griffen die Dichter zur gediegensten Form, welche die Tradition ihnen anbot. Es ist Gottfried August Bürger, der die Sonettenwut, die bald nach 1800 den deutschen Parnaß heimsuchte, ausgelöst hat. Er bringt fürs Sonett zwei einander ergänzende Argumente vor, nämlich daß es sich nicht in Prosa auflösen läßt und daß es keine Ansprüche an den poetischen Stoff macht.[59] Novalis schickt seine ersten zwei Sonette (1789) an den »hochgeehrtesten Herrn Professor« Bürger. A. W. Schlegel hebt (gegen Bürger) die Gediegenheit der Form hervor und übersetzt vor allem Petrarca als Muster. Doch schon Friedrich Schlegel findet das Sonett »die vollkommenste Form für ein romantisches Fragment«,[60] was stärker auf die Bürgersche Position verweist, und es kommt zu einer uferlosen romantischen Sonettdichtung, der sich kein Autor verschließt: Novalis, Tieck, Brentano, Arnim, die Schlegels, Eichendorff, selbst Goethe und noch Heine dichten zahlreiche Sonette, von den minderen Größen ganz zu schweigen. Es kommt (um 1808) zu einem regelrechten sogenannten ›Sonetten-Krieg‹, als das Reimgeklingel selbst dessen Urhebern zu viel wird. Bereits 1805 macht sich Tieck über die Reime lustig; »Versäumnis« und »Geheimnüß« reimt er: »Und ein Sonett wird's, gilt für einen Reim dies.«[61] Er findet »ein nett honett Sonett so nett zu drechseln« keine große Kunst und bekennt (in Sonettform), daß *diese* Art von Inhaltsentleerung nicht seine Absicht war:

So lange Worte noch Gedanken tragen,
Wird man an Worten was zu denken haben,
Doch wie ich auch die Augen wisch und wasche,

So weiß ich doch, mein Seel, gar nichts zu sagen;
Ja, Freunde, da, da liegt der Hund begraben,
Geht Wandrer hin und weint auf seine Asche.[62]

Karl von Reinhardt beschreibt das Sonett als poetisches Joujou (1803) und gibt ein Muster dieses Kunsthandwerks:

Neokropsychos an Pädiskarion

Bald,	Dein
Kind,	Hirt
Sind	Wird
Wald	Dein
Und	Klein
Höhn	Mann
Schön	Dann
Bunt;	Sein.

Entsprechend schreibt Johann Heinrich Voß seine parodistische *Klingsonate* (1808) und publiziert Jens Peter Baggesen 1809 seine parodistisch-satirische Abrechnung *Der Karfunkel oder Klingklingel-Almanach. Ein Taschenbuch für vollendete Romantiker und angehende Mystiker. Auf das Jahr der Gnade 1810*, worin gleichfalls vor allem Loeben als Opfer herhalten muß. Nur halb ironisch benutzt Ernst Moritz Arndt noch die Form, wenn er sein Sonett »Woher, du süßes Bild aus Licht gewoben« mit dem Titel *Klinglied* versieht. Rang erreichte das Sonett vor allem in der Liebesdichtung (Brentano, Goethe) und in der politischen Lyrik (Eichendorff, Rückert, Strachwitz).
Auch Achim von Arnim beginnt mit sozusagen abstrakter Lyrik, die deutlich von Tieck und Brentano beeinflußt ist. Sein Gedicht *Nahe Stimmen* geht vom musikalischen Konzept aus, das auch in seinen Liedern waltet (vgl. »Mir ist zu licht zum Schlafen«):

Wie eilen die Schritte
Als wär es ein Tanz,
Es tanzt in der Mitte
Der Abend mit Glanz,
Die Blumen umschlingen
Die Füße mit Kränzen,
Sie glänzen dem Singen,
Sie duften den Tänzen.

Der Großteil seiner Gedichte freilich folgt dem trivialen ›Klingel‹-Muster; viele vaterländische Töne gibt es dabei und *Gesänge der Liedertafel*, die das romantische

Liedprogramm (nur gelegentlich ironisch) ins Burschenschaftliche übersetzen. Die romantische Geisterlehre verliert ihr Geheimnis, sie wird – als innere Stimme – zum Anspruch der (adligen) Ahnen (*Still bewahr' es in Gedanken*). Gedichte von Qualität gelingen Arnim dort, wo er durch den Anschluß an die Tradition kontrolliert ist: *Der Kirschbaum* verweist auf Brockes zurück, *Stern* und *Ja winkt nur, ihr lauschenden Bäume* auf Goethe; *Der Mensch ist bald vergessen* folgt Matthias Claudius; Lieder wie *Mondenschein* nehmen den Volksliedton auf:

> Mondenschein
> Schläfert ein,
> Wenn er an dem Harnisch blinkt
> Und den Tau vom Stahle trinkt.

> Mondenschein
> Glänzt wie Wein,
> Hält die Augen freudenwach,
> Scheinet er auf Liebchens Dach.

Der lyrisch geglückte *Nachtgruß* zeigt wieder alle Ambivalenzen Arnims. Der Wechselgesang Er/Sie löst die Bilder in Melodien auf:

> Dein Atem sanft im Schlafe
> Tönt in die Saiten ein,
> Du sprichst aus mir im Schlafe
> Worte, sie sind nicht mein.

Beide singen einander zu; die Bilder verlieren ihre Bedeutung, indem diese inflationär erweitert wird. Ein Beispiel: Der Alp, der Ihn drückte, hat noch ein Roß (in der Ferne), dessen Hufschlag ist nun sein Herzschlag, der korrespondiert dem Beben der Erde, und wiederum dem ihren (»hoch beglückt«). Auch das Oxymoron (»kühle Feuer«) hilft zur Entwörtlichung der Bilder, die schließlich ganz unauflöslich und unnachvollziehbar werden. Dabei benutzt Arnim die Bildhäufung in einer Weise, die schon an das Kumulationsprinzip des Kitsches erinnert; die Kühnheit der Umbrüche endet eher trivial:

> Wir ruhen auf Silbersaiten,
> Regend die Melodien;
> Tanzend die Elfen schreiten
> Übers erwachende Grün.

Clemens Brentano

Die im Sonett anschaulich werdende Krise der lyrischen Produktion, ihre durch Schablonisierung zur Dutzend- oder gar Massenware herabgesunkenen Produkte wecken früh den Widerstand der romantischen Poeten. Am deutlichsten tritt dies bei

Clemens Brentano zutage. Dessen »Widerwillen gegen das Drucken« gesellt sich zur
Poetik des romantischen Liedes (als nicht fixierbaren Gesangs), zur Sänger-Figur der
romantischen Erzählung, ist als Protest gegen das Zur-Ware-Werden der Poesie,
gegen ihre Verhandelbarkeit (Eichendorff) und auch als Kritik der neuen literarischen Öffentlichkeit zu begreifen.[63] Eichendorff hat Brentanos Lyrik zum Anlaß
seiner theoretischen Explikationen über den Zusammenhang von Lyrik und Phantasie genommen; diese münden in die bereits zitierte Formel vom *Geisterblick*, der »in
blitzartiger Beleuchtung das Wunderbarste klar, faßlich und glaublich macht«.[64] So
hebt er an Brentano das fast magische Naturgefühl und die ganz entfesselte Phantasie
hervor, »die den verborgenen Zusammenhang des Entlegensten blitzartig aufdeckt,
als ob sich das Unerhörte eben von selbst verstünde«.[65] Wenn er »diese verlockende
Naturmusik« Brentanos schließlich »kurzweg das Dämonische« nennt,[66] ist damit in
der Eichendorff eigentümlichen Formelsprache auf das unbewältigte sinnliche Element als Substrat seiner Dichtungen angespielt, aber zugleich auch das Problem
bezeichnet, für das Eichendorff keine Lösung wußte: daß sich Brentano Leben und
Dichten unauflöslich vermischten; daß er zwar eine ästhetische Existenz versucht,
aber deren Voraussetzungen (die Anpassung an den sich bildenden Markt) negiert.
Das hieroglyphische Wesen des Liedes wird in Brentanos Person selbst anschaulich,
so stellt Eichendorff in seiner Schrift *Halle und Heidelberg* fest: Brentano erschien
»selber wie ein Gedicht, das, nach Art der Volkslieder, oft unbeschreiblich rührend,
plötzlich und ohne sichtbaren Übergang in sein Gegenteil umschlug und sich beständ-
dig in überraschenden Sprüngen bewegte«.[67]
Die Kühnheit und Modernität der Brentanoschen Lyrik ist inzwischen mehrfach
bemerkt und beschrieben, wobei dem Versuch Hans Magnus Enzensbergers (1955),
Brentano zu einem der ersten Ahnherrn der modernen Poesie zu ernennen, eine
besondere Bedeutung zukommt. Enzensberger weist auf Nietzsche hin, auf den durch
diesen avisierten dialektischen Prozeß der dichterischen Sprache »in lauter verbotenen Metaphern und unerhörten Begriffsfiguren«, auf das (den Surrealismus fundie-
rende) Verfahren der Entstellung, um Brentanos ›Bizarrität‹ als Begründung einer
»Epoche der poetischen Sprache« zu deuten.[68] Das geht vermutlich zu weit und läßt
die zeitgenössisch-romantischen Begründungen des modernen, dunklen Stils aus.
Es gelingt Brentano, die Aporien, die durch Tiecks Naivität das Gesicht der romantischen Lyrik nun bestimmten, weitgehend aufzuheben. Tieck hatte sozusagen Natur-
und Kunstsprache in eins gesetzt: das Lied, das lyrische Tönen sollte jene Geistermu-
sik vergegenwärtigen, die – sonst unhörbar – die Einheit der Welt verbürgt. Die
Differenz wird nicht bedacht, wird aufgegeben, wenn ›vergegenwärtigen‹ als ›identisch sein mit‹ gedacht wird (wie sich in den Musik-Gedichten zeigen läßt). Mit der
Differenz fällt auch die Erlebbarkeit jener Naturmusik fort, für welche die Reflexivität der Poesie eine Voraussetzung bleibt. Es sind eben diese erneuten Abstoßbewe-
gungen, die Enzensberger bei Brentano als so modern wahrnimmt.
In den Sonetten bereits tritt das in der kühn durchgeführten Liebesthematik hervor.[69]
Auf Böhmes Lehren zurückgreifend, werden die Elemente Licht und Wärme als
getrennt erfahren; dem Verlangen sind sie eins, doch dies realisiert sich nur in
Trennbewegungen (»reißt ewig sich so Licht, als Wärme los«), die als »Bilden« und
»Verstehen«, (nicht unproblematisch) als Mann und Frau aufeinander bezogen
werden: »Nun brennet wild die Flamme mir im Schoß«.[70] Im *Gebet* aus dem *Godwi*[71]

werden die Geisterstimmen als Naturlaut berufen; Brentano fügt griechische wie
germanische Mythologeme hinzu, und das lyrische Ich bittet sie freundlich, es nicht
mit Göttern zu verwechseln (»bin nur ein Wandrer«). Damit ist jene Distanz gesetzt,
die Tieck nicht wahrnehmen wollte; Naturfrömmigkeit wird wieder möglich, gerade
durch die Distanzierung:

Irrende, flüchtige,	Frohe, geheime,
Tönende Geister,	Lindernde Geister,
Die ihr mit schäkernden	Die in des Waldes
Lispelnden Worten	Rührigen Schauer
Irr mich geführt.	Weben den Trost.
(Strophe 5)	(Strophe 9)

Auch die rhythmische Fügung stützt den Eindruck der Reflexivität des Gedichts: der
Choriambus am Schluß jeder Strophe ($\stackrel{\_}{} \cup \cup \stackrel{\_}{}$) ist ein festes, abschließendes Maß aus
der Odentradition, das mit schlüssiger Benennung gegen die lispelnden Worte gesetzt
ist. Die Differenz der Sprechweisen wird von Brentano als Voraussetzung einer Lyrik
begriffen, in der Stern und Blume, Geist und Kleid, Liebe und Leid, Zeit und
Ewigkeit, Geisterwelt und Natur einander berühren können. Als Zeichen hierfür
steht der Reim, der Differenz und Berührung (im Klang) zugleich anzeigt:

Was reif in diesen Zeilen steht,
Was lächelnd winkt und sinnend fleht,
Das soll kein Kind betrüben,
Die Einfalt hat es ausgesäet,
Die Schwermut hat hindurchgeweht,
Die Sehnsucht hat's getrieben;
Und ist das Feld einst abgemäht,
Die Armut durch die Stoppeln geht,
Sucht Ähren, die geblieben,
Sucht Lieb', die für sie untergeht,
Sucht Lieb', die mit ihr aufersteht,
Sucht Lieb', die sie kann lieben,
Und hat sie einsam und verschmäht
Die Nacht durch dankend im Gebet
Die Körner ausgerieben,
Liest sie, als früh der Hahn gekräht,
Was Lieb' erhielt, was Leid verweht,
Ans Feldkreuz angeschrieben,
O Stern und Blume, Geist und Kleid,
Lieb', Leid und Zeit und Ewigkeit!

Dieses Gedicht[72] ist auch in einer früheren Fassung aus einem Brief an Emilie Linder
(1834) erhalten, in der die Bezüge zum Volkslied (von Brentano fürs *Wunderhorn*
umgedichtet) noch deutlicher hervortreten:

Was heut noch grün und frisch da steht,
Wird morgen schon hinweggemäht ...[73]

Es mag ein wenig pathetisch klingen, gelungenere Verse direkt auf den Autor zu beziehen; hier sei es der Abkürzung wegen erlaubt. Das Bild vom Körner-Ausreiben wäre dann auch auf Brentanos Dichtung zu beziehen; vor allem seine Lyrik ist von seiner (leidvollen) Biographie nicht zu trennen: »Ich sing' und möchte weinen«[74] gilt für ihn auch dort, wo er lustig ist. Noch sein berühmtestes Gedicht *Der Spinnerin Nachtlied* schließt mit dieser Formel. Die Bedeutung Brentanos ist inzwischen erkannt und vielfach gewürdigt worden. Gewiß findet sich auch viel Schutt in seiner Lyrik; die 43 Strophen des Mosel-Eisgangs-Liedes, 1830 zugunsten des Frauenvereins in Koblenz gereimt, sind kaum erträglich. Doch mit Recht wird die geläufige Abwertung seiner späten Lyrik nicht mehr akzeptiert.[75] Die *Romanzen vom Rosenkranz* sind Fragment geblieben und haben eine komplizierte Textgeschichte; in vierzeiligen Strophen und dem trochäischen Versfuß der spanischen Romanze erzählt Brentano eine verwickelte Geschichte aus dem mittelalterlichen Bologna, deren allegorisch-mythische Klärung (die erlösende Stiftung des Rosenkranzes) sich nicht mehr darstellen ließ.

»Das Herz ist schon gespalten.« Zur religiösen Lyrik der Romantik.

Wolfgang Frühwald hat die religiöse Lyrik Brentanos im wesentlichen als »tenden-ziell« beschrieben, und er kann sich dabei auf Brentanos Äußerungen stützen, der »sein Werk bewußt in einen isolativ-privaten und einen journalistisch-öffentlichen Teil getrennt« hat. Diese Spaltung des Werks in eine autonome und eine tendenzielle Lyrik findet Frühwald modellhaft für die Literatur der Zeit.

»Der Agitator und der Esoteriker – zwei bestimmende Gestalten der Lyrik des 19. Jahrhunderts – sind bei Brentano noch in *einer* poetischen Person vereinigt, die individuelle Lösung eines Widerstreites von Autonomie- und Zweckästhetik ist in der gespaltenen Werkstruktur gegeben.«[76]

Diese These hat vor allem die orthodoxe geistliche Lyrik vor Augen, worin der Dichter sich außerästhetischen Regeln, den Vorschriften einer konfessionell verengten religiösen Zweckliteratur zu unterwerfen scheint.
So schlüssig sich dies vielfach (z. B. durch Parallelen) nachweisen läßt, als Deutungsansatz für Brentanos Lyrik scheint mir diese These doch zu weit zu gehen. Noch die orthodoxen, also ›regel-rechten‹ religiösen Lieder arbeiten so unverstellt an der Grundproblematik Brentanos, daß sie sich kaum vom ›eigentlichen‹ Œuvre absondern lassen. Typisch für ein solches religiöses Lied ist etwa *Im Wetter auf der Heimfahrt*: Sturm, Finsternis, Licht, Meer und Feuer – die Elemente werden zum Sinnbild der inneren Kämpfe, doch die Traditionsvorgaben, vor allem aus der barocken Emblematik stammend, werden sehr eigenwillig eingeschmolzen. Das Lied war für Luise Hensel geschrieben (1817) und wurde dann für Emilie Linder bearbeitet (1834). Es seien daraus drei Strophen mitgeteilt:

Alles hab' ich sinken lassen,
Sinken alle Lust der Welt,
Eines treu ans Herz zu fassen,
Was mich über Meer erhält.

Eine Gott gefallne Blüte
Trägt und hebt mein brennend Herz,
Treib o Woge die verglühte
Asche endlich heimatwärts.

Aber diese Blüte kühlet
Ewig mir die heiße Glut,
Nie verzehrt, die in mir wühlet,
Mich der Flamme irre Wut.

Nicht nur zeigt sich wieder das als modern apostrophierte Sprachdenken/Sprachspielen Brentanos als primärer Vorgang, dem die Bedeutung sozusagen folgt und der gesetzten Bedeutungen übersteigt. Das Setzen und Zerbrechen von Bildreihen spiegelt nicht nur die Brentanosche – fast läßt sich verallgemeinernd sagen: romantische – Sinnlichkeit wider, sondern gibt als Bewegung auch den Zusammenhang von Ästhetik und Religion an: Der Dichter setzt fortwährend Gestalten, doch weiß sich die poetische Anschauung darin als beschränkt, daß sie nur zu individualisierten Gestalten kommt. Otto Pöggeler, den deutschen Romantik-Begriff problematisierend, führt in diesem Zusammenhang ein Hegelzitat an:

»Die Götter der Poesie oder das rein Poetische sind ebenso beschränkte Gestalten, und der absolute Geist, das absolute Leben, weil es die Gleichgültigkeit aller Gestalten ist, in seinem Wesen ebenso alle vergehen, als sie in ihm sind, entflieht der Poesie selbst.«[77]

Wenn Brentano ein geistliches Lied (von Amadeus Creuzberg) umdichtet (*Frühes Lied*), wird diese Bewegung direkt angesprochen:

All mein Letzen und Verletzen,
All mein Lügen, Trachten, Scheinen,
Darauf sollst den Fuß du setzen
Und so im Triumph erscheinen.

Was wie ein Hymnus auf Maria erscheint, ist zugleich ein Lied auf die geliebte Luise Hensel, wozu Brentano notiert: »[. . .] ich habe mich ganze Tage vor ihr [Luise] in die Stube niedergelegt, und sie gebeten mich mit Füßen zu treten, und sie habe es dann aus Ekel getan, und ich hätte dann über meine Schlechtigkeit geheult und geklagt.«[78]
Die Aufnahme alter Sprechweisen erzeugt jene Differenz, durch die hindurch Eigenes wahrnehmbar, ansprechbar, aussprechbar wird. Was heißt da ›außer-ästhetische Vorgabe‹ (Frühwald)? Wo läßt sich hier mit Entschiedenheit ausmachen, was ›ästhetisch‹ heißt? So übernimmt Brentano ein Lied aus Friedrich Spees *Trutznachtigall* (1634), das für die romantische Frömmigkeit recht bezeichnend ist. Es heißt *Wahre Buße eines recht zerknirschten Herzens*, und die vierte Strophe beginnt:

> Fließ ab, fließ ab, du Tränenbad,
>   Für Leid kann dich nit halten.
> Wasch ab all Sünd' und Missetat,
>   Das Herz ist schon gespalten.

Wolfgang Frühwald hat ausführlicher dargelegt, was die Entfremdungsproblematik für Brentanos Lyrik bedeutet.[79] Peter von Matt sieht Brentano darin von seinen Zeitgenossen unterschieden, daß die Polarisierung der Liebe in sinnliche und in geistliche Inbrunst bei jenen schon vollzogen und vorausgesetzt sei, bei Brentano aber sich unentwegt ereigne.[80] Das religiöse Lied beschwört die Vereinigung in oft sehr direkten Bildern und reicht so ins Zentrum der mystischen Tendenzen, die aller romantischen Lyrik zugrunde liegen. Bei Novalis heißt es am Ende der 5. *Hymne an die Nacht*:

> Die Lieb' ist frey gegeben,
> Und keine Trennung mehr.
> Es wogt das volle Leben
> Wie ein unendlich Meer.
>
> Nur Eine Nacht der Wonne –
> Ein ewiges Gedicht –
> Und unser aller Sonne
> Ist Gottes Angesicht.

Das ist nicht so fern von Brentano (oder umgekehrt), wie gern behauptet wird. Auch an Hölderlin ließe sich in diesem Zusammenhang erinnern. Die *Sehnsucht nach dem Tode* (*Hymne* 6) interpretiert Novalis ebenfalls als Übergang zu »beßrer Lust« (eine Formel Eichendorffs):

> Der Schmerzen Wuth und wilder Stoß
> Ist froher Abfahrt Zeichen.

Doch sind solche quasi-barocken Verse noch eingebettet in milde Gesänge, die mehr von Ergebung als von »wilder Flucht« verraten:

> Gelobt sey uns die ewge Nacht,
> Gelobt der ewge Schlummer.
> Wohl hat der Tag uns warm gemacht,
> Und welk der lange Kummer.
> Die Lust der Fremde ging uns aus,
> Zum Vater wollen wir nach Haus.
>   (*Hymne* 6, Strophe 2)

Es sind solche Verse, die (weithin berechtigt) das Bild der religiösen Romantik geprägt haben. Eines der berühmtesten Lieder Eichendorffs ist *Der Einsiedler* überschrieben (1835): »Komm, Trost der Welt, du stille Nacht!«; es ist eben nicht nur

Grimmelshausens berühmtem Lied (»Komm, Trost der Nacht«) nachgedichtet, sondern enthält auch Anklänge an Novalis. Als Beispiel sei Strophe 3 zitiert:

> O Trost der Welt,'du stille Nacht!
> Der Tag hat mich so müd' gemacht,
> Das weite Meer schon dunkelt,
> Laß ausruhn mich von Lust und Not,
> Bis daß das ew'ge Morgenrot
> Den stillen Wald durchfunkelt.

Es soll hier freilich nicht um den Nachweis von Abhängigkeiten gehen, sondern vielmehr um die Andeutung eines zeitgenössischen Zusammenhangs. Für Eichendorffs Gedichte ist es außerdem entscheidend, daß die Nacht bei ihm eine texttheoretisch zentrale Bedeutung erhält. Bei Novalis heißt es: »Hinunter in der Erde Schooß, / Weg aus des Lichtes Reichen«, was man zum Herderschen Preis des »dunkelstrahlenden Lichtes« in Beziehung setzen kann. Voraussetzung der Rückkehr (zur religiösen Heimat) ist, daß »die Welt leer« ist (*Hymne* 6). Die religiöse Wendung setzt die Tilgung, die Auslöschung der Bilder voraus (»in dieser Zeitlichkeit wird nie / Der heiße Durst gestillet« – »getrost, die Abenddämmrung graut«). Eichendorff erweitert nun dieses Grau zum Grauen, indem er nichtsdestoweniger versucht, die Botschaft weiterzugeben. In dem rhythmisch an Opitz angelehnten Lied *Gebet* heißt es:

> Gott, inbrünstig möcht' ich beten,
> Doch der Erde Bilder treten
> Immer zwischen dich und mich.

Daß »alle Bilder ferne treten«, ist die Voraussetzung des Gottesfriedens (*Der Pilger*, Str. 6). Das ›dunkle Licht‹ (Eichendorff zitiert Herders entsprechende Passagen mehrere Male) stillt die Lockung der Bilder – die Abkehr von signifikanten, gesellschaftlich etablierten Praktiken (»Welt von Bildern« reimt Eichendorff auf »verwildern«) führt schließlich wieder auf einen Liedtypus, der sich der Sprache entzieht bzw. sich ihr nur mitteilt, durch sie hindurch erscheint.
Noch in der Trivialromantik behält das religiöse Nachtlied diese Wendung (Luise Hensel, Helmina von Chezy, Karoline von Günderrode, Karl Thorbecke u. a.). Daß Feld und Baum sich besprechen (Eichendorff: *Nachtlied*), relativiert das menschliche Sprechen und Dichten. Vor dem »wunderbaren Nachtgesang« erscheint das menschliche Sagen zerstückt: »Mein irres Singen hier / Ist wie ein Rufen nur aus Träumen« (*Nachts*). Es ist die romantische Sprachskepsis, die sich in der Rückkehr zum religiösen Lied ausdrückt.

Lyrik als Naturlaut. Die romantische Bildformel (Eichendorff)

Peter von Matt pointiert recht scharf, aber nicht unzutreffend, wenn er die anspruchsvolle Romantikforschung nach ihrem Beitrag zur Bestimmung der Lyrik befragt und findet: »Es gibt in der germanistischen Forschung wenig, das unbefriedigender wäre als die bisher geleistete grundsätzliche Bestimmung dessen, was man das romantische Gedicht nennt.« In einer sorgsam durchgeführten strukturalistischen Studie interpretiert er dann die Liebeslyrik, die auf der Grundlage des »Systems Liebe« (gespaltene Liebe) entstehende lyrische Produktion, »als eine der für Deutschland bedeutsamsten Ausprägungen der chiliastisch-revolutionären Bewegung im europäischen 18. Jahrhundert«. Die historischen Bedingungen, unter denen die Romantik steht, »die unter dem Eindruck des Königsmordes und der Terreur vervielfachte Unterdrückungsarbeit des ungebrochenen Feudalabsolutismus«, führen dann, wie von Matt ausführt, zur Verabschiedung der prospektiven Momente und haben zur Folge, »daß der Raum zwischen den zwei Augenpaaren als der Ort der Freiheit, des vollen Glücks hier und jetzt – als welcher er zeitlos sein mag –, seinen Präfigurations-Charakter verliert«.[81] Entsprechend fanden wir die für das romantische Lied konstitutiven Momente wesentlich an Texten, die von der ›toten Braut‹ sprechen.

Es bleibt unbefriedigend, die romantische Lyrik nur in ihrem Selbstverständnis nachzuzeichnen – sehr schnell sieht man sich dabei in Kategorien verstrickt (wie Grundmelodie, Geisterlaut, Nachtseite usw.), die doch selbst der Auslegung bedürften. Andererseits gehen die meisten Versuche, die interpretativen Befunde in Wissenschaftssprache zu übersetzen, auch zu hastig vor; sie greifen *ein* Moment auf, das sich hierfür besonders eignet, und lassen den Rest liegen. So kommt es dann zu jenem dubiosen Zustand der Forschung, den Peter von Matt umreißt. Einer der interessantesten Beiträge in letzter Zeit, die dem abhelfen könnten, sind etwa Friedrich A. Kittlers diskurstheoretisch orientierte Analysen. In *Der Dichter, die Mutter, das Kind* konstatiert er zu Beginn: »Die romantische Poesie ist diskursanalytisch Relais und Effekt der Semiotechnik, die um 1800 die konjugale Familie matrilinear macht.«[82] Diese These steht in gewissem Gegensatz zu von Matts Analyse, freilich nur, weil sie sich zu allgemein vorträgt. Als Befund liegt ihr zugrunde, was sich auch aus unserer Skizze ergab: daß Poesie in der Romantik ein Spiel mit Lauten wird, daß die Laute mit der Natur verschmelzen, daß an der Grenze von Rede und Schlaf seit Goethes *Wandrers Nachtlied* eine neue Lyrik entstanden ist.[83] Die Deutung Kittlers hebt auf die neue Formierung der bürgerlichen Kleinfamilie und die neue Bedeutung der Mutter ab: »die Kopplung von Oralität und Poesie entspringt einer Psycho-Pädagogik, die seit Locke und Rousseau den Müttern selber das Stillen und Ansprechen des sprachlosen Wesens (Infans) vorschreibt. [...] Oralität, Mündlichkeit und Poesie des Diskurses werden eins.«[84] So anregend dieser Ansatz durchgeführt ist, er vermag doch andere Momente, die im programmatischen Übergang der Lyrik zum Naturlaut eine Rolle spielen, nicht mit zu erfassen; dazu gehören Veränderungen in der ästhetischen Produktion-Distribution-Rezeption, die Problematisierung des Subjektbegriffs (des Zusammenhangs von Erkenntnis, Identität und Herrschaft) sowie des (literarischen) Verstehens (als Grundlage der romantischen Hermeneutik). Solche Versuche, die Besonderheit der romantischen Bildformel zu erfassen und auszulegen, führen in die Komplexität der Forschung ein, was hier als Hinweis stehenbleiben möge.

Wenn Tieck sagt: »Nicht die grünen Stauden und Gewächse entzücken uns, sondern die geheimen Ahndungen, die aus ihnen gleichsam heraufsteigen und uns begrüßen« (s. S. 259), so läßt sich das auch als Einwand gegen jedes naive (statische) Zeichenmodell lesen, in dem die Bewußtseinsproblematik ausgeklammert ist.[85] Zur Erläuterung der romantischen Bildformeln sind vielmehr nur semiotische Modelle geeignet, die zugleich nach dem Denk- und Interpretationshorizont fragen, unter dem sich das jeweilige Zeichenobjekt konstituiert. In der Semiotik von Charles S. Peirce zielt darauf der Terminus ›Interpretant‹: »Die Idee des Interpretanten verbietet es, die Zeichenproblematik als schlichte Stellvertretungsproblematik zu verstehen, und macht es erforderlich, sie als Interpretationsproblematik zu begreifen, in der das operative Denken eine wichtige Rolle spielt.«[86] Wenn man die romantische Poetologie (Stichwort ›Geisterblick‹) und die Formelhaftigkeit der Lyrik zusammendenkt, wird deutlich, daß es sich alle Interpretationsansätze zu einfach machen, die auf ›Gemütserregungskunst‹ im populären Sinne abheben.[87]

An Eichendorffs Lyrik ist dies vielfältig diskutiert und nachgewiesen worden, doch bemerkenswerterweise nötigt uns auch die Frühromantik – selbst Tieck – eine etwas anspruchsvollere Theorie dichterischer Bildlichkeit ab. Eichendorff zitiert sozusagen die ›unbändige‹, ›losgelassene‹ Romantik in der Gestalt seiner Gräfin Romana in *Ahnung und Gegenwart*. Ihr gehört auch das Lied,[88] mit dem er seine Gedichtsammlung eröffnet:

Frische Fahrt

Laue Luft kommt blau geflossen,
Frühling, Frühling soll es sein!
Waldwärts Hörnerklang geschossen,
Mut'ger Augen lichter Schein;
Und das Wirren bunt und bunter
Wird ein magisch wilder Fluß,
In die schöne Welt hinunter
Lockt dich dieses Stromes Gruß.

Und ich mag mich nicht bewahren!
Weit von euch treibt mich der Wind,
Auf dem Strome will ich fahren,
Von dem Glanze selig blind!
Tausend Stimmen lockend schlagen,
Hoch Aurora flammend weht,
Fahre zu! Ich mag nicht fragen,
Wo die Fahrt zu Ende geht!

Eine Interpretation, die sich an Eichendorffs Hinweise und Denkform hielte, nähme dies Gedicht als Abbild und letztlich Kritik der genialischen Frühromantik auf. Eichendorff läßt seine (negative) Romana gleich im Anschluß an dies Lied das Urteil des (positiven) Leontin zitieren: »Er sagt von mir, ich sei wie eine Flöte, in der viel himmlischer Klang ist, aber das frische Holz habe sich geworfen, habe einen genialischen Sprung, und so taugt doch am Ende das ganze Instrument nichts«. Nun sind wir nicht genötigt, Eichendorffs Wertungen zu übernehmen. Die Formeln, aus denen sich das Gedicht aufbaut, sind schon bei Eichendorff selbst vieldeutig; dazu kommt, daß wir (bei der Rezeption von Poesie) neue Verstehensmöglichkeiten, neue Sinnkonstitutionen und neue Interpretanten zu erproben aufgefordert sind. Die Verlockung, der Ferne nachzugeben, der Entgrenzung der Individualität fraglos zuzustimmen, ja das Sichverlieren werden wir nicht mit Eichendorff schlichtweg als Untergang deuten (Romana bringt sich schließlich verzweifelt um). In der Gedichtsammlung eröffnet das – nunmehr betitelte – Lied den Zyklus *Wanderlieder*; die Aurora-Formel am Schluß, der Zuruf »Fahre zu!«, das Bild der endlosen Fahrt lassen Aufbruch, Zukunft, Freiheit, Lebensdrang konnotieren. Und wenn auch das berühmte Lied *Die zwei Gesellen* das Ende der Fahrt anzeigt und die Unmöglichkeit eines freien Lebens vergegenwärtigt, der Aufruf wird dadurch nur verschattet, nicht zurückgenommen. Das ›abgebrochene‹ Sprechen, die hieroglyphische Form seiner Lieder betont den Charakter der Verweisung (offene, nicht finale Interpretantenbildung); die Sinnkonstitution ist nicht als Aufdecken von Bildbedeutungen zu erreichen, da stünde nur: »Ich weiß nicht, was ich will« (*Das zerbrochene Ringlein*). Beim mehrfachen Durchlaufen der Formelketten in Eichendorffs Gedichten möchten wir schließlich die Bildreihe ›Grund‹ privilegieren, die in einem der späten Bruder-Gedichte so direkt hervortritt, daß die Herausgeber (Hermann von Eichendorff?) es gemildert haben. Hier die (nicht leicht greifbare) Urfassung:

> Denkst Du des Schlosses noch auf stiller Höh?
> Das Horn ruft nächtlich dort, als ob's Dich riefe,
> Am Abgrund grast das Reh,
> Es rauscht der Wald verwirrend aus der Tiefe –
> O stille! wecke nicht! es war, als schliefe
> Da drunten unnennbares Weh. –
>
> Kennst Du den Garten? – Wenn sich Lenz erneut,
> Geht dort ein Fräulein auf den kühlen Gängen
> Still durch die Einsamkeit
> Und weckt den leisen Strom von Zauberklängen,
> Als ob die Bäume und die Blumen sängen,
> Von der alten schönen Zeit.
>
> Ihr Wipfel und ihr Brunnen, rauscht nur zu!
> Wohin Du auch in wilder Flucht magst dringen:
> Du findest nirgends Ruh!
> Erreichen wird Dich das geheime Singen,
> In dieses Sees wunderbaren Ringen
> Gehn wir doch unter, ich und Du! –

Die Lyrik Eichendorffs läßt sich, formal wie inhaltlich, sehr wohl aus diesem Zuruf des Verschweigens erläutern: daß das Weh unnennbar ist, setzt jene nie endenden Formelketten in Gang, in denen jede Eindeutigkeit verschwindet. Vermutlich sollte eine Interpretation dann auch keine Übersetzungs- oder Benennungsversuche unternehmen, es sei denn, mit viel Takt und sorgsamer Relativierung. Ob wir nun die sexuellen Wünsche (von Matt), die Mutterfigur (Kittler), unbewußte homoerotische Tendenzen oder was immer nennen – die dichterischen Bilder bewahren gegenüber aller Benennungskunst darin ihre Überlegenheit, daß sie die Sprache ›überqueren‹,

Texte aufbauen, die sich nicht in Abbildungsfunktionen auflösen lassen, sondern die sich in ihrer Struktur bereits selbst als Produktionen verstehen, in den Bereich des Nichtabbildbaren vordringend.[89]

Das letzte freie Waldlied der Romantik? (Heine)

Wolfgang Frühwald hat überzeugend eine innerpoetische Diskussion zwischen den Romantikern und Heinrich Heine für den Zeitraum zwischen 1830 und 1840 rekonstruieren können (Görres, Heine, Brentano), wobei er die »geheime Komplizenschaft« zwischen Brentano und Heine nachweist.[90] Im Vorwort zur französischen Fassung des *Atta Troll* hat Heine seinem Versepos hieroglyphischen Charakter zugeschrieben.[91] Es ist, wie mehrfach gezeigt, komplementär zu Heines Polemik gegen die Tendenzpoesie zu begreifen und, nicht als ›Rückwendung‹ zur Romantik, sondern als »Weiterführung der eigenen literarischen Tradition in der für Heine von Anfang an kennzeichnenden Gebrochenheit« (Klaus F. Gille).[92] Das Caput XXVII (an Varnhagen) enthält nicht nur die berühmte Charakterisierung des *Atta Troll* (»das letzte / Freie Waldlied der Romantik«), sondern auch den Hinweis auf das Vergangensein der romantischen Poesie:

> Klang das nicht wie Jugendträume,
> Die ich träumte mit Chamisso
> Und Brentano und Fouqué,
> In den blauen Mondscheinnächten?

Hinzu kommt dann noch das Wissen, daß dieses letzte Waldlied »kümmerlich verhallen« wird. Was leistet diese Wiederaufnahme der Romantik? Klaus Briegleb betont: »[. . .] von freier, letzter Romantik im Sinn einer nochmal gelungenen, aber heutzutage ›eigentlich‹ veralteten Romantik ist nicht die Rede«. Doch seine Deutung dieser Wendung endet recht schlicht: »Übrig ist nur die Routine geblieben, mit den requisitären Vorstellungen umzugehen, und die Solidarität mit einer Vergangenheit, an der der Autor poetischen und philosophischen Anteil hat.«[93] Mit Recht weist Gille demgegenüber auf den kämpferischen Charakter des Bärenepos und den appellativen und emanzipatorischen Einsatz der ›Elemente der Vergangenheit‹ hin.[94] So wird etwa (in Caput XII) die lebendige Romantik der Banditen und Schmuggler, »die da hausen, frei und frank, / In den Pyrenäenwäldern«, gegen das zukünftig herrschende Geschlecht der Zwerge ausgespielt, »Die im Schoß der Berge hausen, / In des Reichthums goldnen Schachten, / Emsig klaubend, emsig sammelnd«. Sowohl diese Bilder wie ihre Konsequenz aber sind durchaus romantisch: »Und mir graute vor der Zukunft! / Vor der Geldmacht jener Knirpse!« Heine greift auf romantische Bilder, Denkfiguren, Formen zurück, weil deren antikapitalistischer Gehalt noch nicht abgegolten ist. Die »Klänge aus der längst verschollnen Traumzeit« sind geeignet, die Widersprüchlichkeit bestimmter Erfahrungen wahrnehmbar zu machen, wobei zu bedenken ist, daß das Werk Fragment geblieben ist (»der Knoten des Ganzen fehlt«).[95] Im Brief an Laube vom 20. November 1842 heißt es:

»Ich habe in dieser zweiten Hälfte versucht die alte Romantik, die man jetzt mit Knüppeln totschlagen will, wieder geltend zu machen, aber nicht in der weichen Tonart der frühern Schule, sondern in der kecksten Weise des modernen Humors, der alle Elemente der Vergangenheit in sich aufnehmen kann und aufnehmen soll.«[96]

Eine *Atta Troll*-Interpretation kann hier nicht die Absicht sein, doch gibt das Werk entscheidende Hinweise für Heines Verhältnis zur Romantik bzw. Heines Romantik. Im schon zitierten letzten Caput heißt es zusammenfassend zur romantischen Dichtweise:

> Wahnsinn, der sich klug gebärdet!
> Weisheit, welche überschnappt!

Die ›geheime Komplizenschaft‹ zwischen Heine und Brentano bekommt so eine texttheoretische Dimension. Beide kritisieren die Romantik mit romantischen Mitteln, was zu einer besonderen Diskursform führt. Wir analogisieren. Jacques Derrida z. B. problematisiert (am Beispiel von Lévi-Strauss) den »Status eines Diskurses, der einer Überlieferung die erforderlichen Hilfsmittel entlehnt, die er zur De-konstruktion eben dieser Überlieferung benötigt«.[97] Er nennt diesen Diskurs, den er vom wissenschaftlichen oder philosophischen = ›epistemischen‹ Diskurs unterscheidet, den strukturellen Diskurs: »Er muß die Form dessen haben, worüber er spricht.«[98] Die besondere Form des Reflexivwerdens der Poesie Heines verdankt sich dieser Bewegung: ein zentristisches, metaphysisch orientiertes Denken (etwa: Heimweh nach dem Ursprung) aufzugeben zugunsten der Bewegung des Spiels. Das ergibt Heines besonderen ›kessen‹ Ton: die Abgebrochenheit seiner Texte gilt nicht mehr der einigenden Grundmelodie des Seins, der geträumten Präsenz (einer Geschichte des Sinns),[99] sondern erfaßt die strukturalistische Thematik der zerbrochenen Unmittelbarkeit (der unmöglichen Präsenz) als humanistische Erfahrung. Wahnsinn und Weisheit sind nicht nur in der Weise ausgeklügelter Textstrategien mit Rücksicht auf die Zensur verschränkt,[100] sondern verstellen sich jedem in ihr Gegenteil, der ihre Reden (als Aussagen) mit einem Sinn behaften möchte, der die Spielbewegung hintergeht. So erläutern sich vermutlich Heines Wirkung in Frankreich und die unverhohlene Abneigung, deren Heine in Deutschland bis in unsere Tage gewiß sein kann.

Anmerkungen

1 Vgl. hierzu Werner Weiland: Politische Romantikinterpretation. In: Zur Modernität der Romantik. Hrsg. von Dieter Bänsch. Stuttgart 1977. S. 8 ff.

2 Wolfdietrich Rasch: Zum Verhältnis der Romantik zur Aufklärung. In: Romantik. Ein literaturwissenschaftliches Studienbuch. Hrsg. von Ernst Ribbat. Königstein 1979. S. 17.

3 Weiland (Anm. 1) S. 35 f., 9.

4 Gisela Dischner: »Poesie = Gemütherregungskunst«. Frühromantik und Surrealismus. In: Romantische Utopie – Utopische Romantik. Hrsg. von G. D. und Richard Faber. Hildesheim 1979. S. 325 (im deutlichen Anschluß an H. M. Enzensbergers Brentano-Dissertation).

5 Wolfgang Schieder: Romantik im Spannungsfeld von sozialem Wandel und Stagnation. Einführendes Referat. In: Romantik in Deutschland. Ein interdisziplinäres Symposion. Hrsg. von Richard Brinkmann. Stuttgart 1978. S. 41 f.

6 Julia Kristeva: Semiologie als Ideologiewissenschaft. In: Textsemiotik als Ideologiekritik. Hrsg.

von Peter V. Zima. Frankfurt a. M. 1977. S. 70. – Vgl. auch Julia Kristeva: Die Revolution der poetischen Sprache. [Dt. Ausg.] Frankfurt a. M. 1978.

7 In: Textsemiotik als Ideologiekritik (Anm. 6) S. 70.

8 Johann Gottfried Herder: Fragmente über die neuere deutsche Litteratur. Th. 1. Kap. 6. In: J. G. H.: Sämtliche Werke. Hrsg. von Bernhard Suphan. Berlin 1877 ff. Repr. Neudr. 1967. Bd. 1. S. 164 f.

9 Johann Gottfried Herder: Auszug aus einem Briefwechsel über Ossian und die Lieder alter Völker. In: J. G. H.: Sämtliche Werke (Anm. 8) Bd. 5. S. 164.

10 In diese gehen (zumeist ohne ausdrücklichen Bezug auf Herder oder die deutsche Romantik) auch heute wieder ethnologisch-anthropologische Bezugnahmen ein, im wesentlichen durch die Vermittlung von Lévi-Strauss, der das »wilde Denken« nicht als »das Denken der Wilden, noch das einer primitiven oder archaischen Menschheit« gedeutet wissen will, sondern als »das Denken im wilden Zustand, das sich von dem zwecks Erreichung eines Ertrages kultivierten oder domestizierten Denken unterscheidet«. Vgl. Claude Lévi-Strauss: Das wilde Denken. [Dt. Ausg.] Frankfurt a. M. 1973. S. 253.

11 Herder (Anm. 9) S. 181 f.

12 L. Achim von Arnim: Von Volksliedern. In:, L. A. v. A. / Clemens Brentano: Des Knaben Wunderhorn. Alte deutsche Lieder. [Neuausg.] München 1957. S. 861.

13 Herder (Anm. 9) S. 183.

14 Vgl. Joseph Frhr. von Eichendorff: Neue Gesamtausgabe. Hrsg. von Gerhart Baumann und Siegfried Grosse. Stuttgart 1957/58. Bd. 4. S. 33 (Geschichte der poetischen Literatur Deutschlands). Dazu: Alexander von Bormann: Natura loquitur. Naturpoesie und emblematische Formel bei Joseph von Eichendorff. Tübingen 1968. § 2 ff.

15 Herder (Anm. 9) S. 187.

16 Lévi-Strauss (Anm. 10) S. 304.

17 Friedrich Schlegel begründet in diesem Zusammenhang die Arabeske als »eine ganz bestimmte und wesentliche Form oder Äußerungsart der Poesie« (Friedrich Schlegel: Gespräch über die Poesie. In: F. S.: Kritische Schriften. Hrsg. von Wolfdietrich Rasch. München o. J. [1956]. S. 320).

18 Johann Gottfried Herder: »Stimmen der Völker in Liedern«. Volkslieder. Hrsg. von Heinz Rölleke. Stuttgart 1975. S. 17 f.

19 Ebd. S. 19 f.

20 Georg Wilhelm Friedrich Hegel: Vorlesungen über die Ästhetik. Hrsg. von Rüdiger Bubner. T. 3: Die Poesie. Stuttgart 1971 [u. ö.]. S. 228 und S. 223 (Besondere Seiten der lyrischen Poesie).

21 Ebd. S. 219 (Allgemeiner Charakter der Lyrik).

22 Ebd. S. 224 und S. 228 (Besondere Seiten der lyrischen Poesie).

23 Eichendorff (Anm. 14) Bd. 4. S. 133 f.

24 Karlheinz Stierle: Möglichkeiten des dunklen Stils in den Anfängen moderner Lyrik in Frankreich. In: Immanente Ästhetik – Ästhetische Reflexion. Lyrik als Paradigma der Moderne. Hrsg. von Wolfgang Iser. München 1966. S. 157.

25 Johann Gottfried Herder: Aelteste Urkunde des Menschengeschlechts. 1774. Bd. 1. Kap. 1: Bisheriger Sinn oder Unsinn der Schulen; Kap. 6: Hieroglyphe. In: J. G. H.: Sämtliche Werke (Anm. 8) Bd. 7.

26 Johann Gottfried Herder: Ideen zur Philosophie der Geschichte der Menschheit: Bd. 1. Buch 5. Kap. 2; Buch 10. Kap. 5. Ebd. Bd. 6.

27 Vgl. Will-Erich Peuckert: Gabalia. Ein Versuch zur Geschichte der magia naturalis im 16. bis 18. Jahrhundert. Berlin 1967. S. 13 ff.

28 Vgl. von Bormann (Anm. 14) §§ 8 und 15.

29 Georg Wilhelm Friedrich Hegel: Encyclopädie der philosophischen Wissenschaften. Vgl. Nikolaus Lenau: Sämtliche Werke und Briefe. Bd. 1. Hrsg. von Walter Dietze. Leipzig 1970. S. 1107.

30 Wilfried Malsch: Europa. Poetische Rede des Novalis. In: Romantikforschung seit 1945. Hrsg. von Klaus Peter. Königstein 1980. S. 200.

31 Hegel (Anm. 20) T. 1. S. 565, 567 (Die romantische Kunstform. Einleitung).

32 Novalis: Schriften. Die Werke Friedrich von Hardenbergs. Bd. 2: Das philosophische Werk I. Hrsg. von Richard Samuel. Stuttgart/Darmstadt 1965. S. 417 f.

33 Hans-Joachim Mähl: Novalis – Hemsterhuis-Studien. In: Romantikforschung seit 1945 (Anm. 30) S. 180 ff.; ihm folgen, z. T. wörtlich, die nachstehenden Ausführungen.

34 Frans [François] Hemsterhuis: Alexis ou De l'âge d'or. T. 2. S. 154; zitiert bei Mähl (Anm. 33) S. 184.

35 Vgl. dazu Paul Kluckhohn: Friedrich von Hardenbergs Entwicklung und Dichtung. In: Novalis:

Schriften. Die Werke Friedrich von Hardenbergs. Bd. 1: Das dichterische Werk. Hrsg. von Paul Kluckhohn und Richard Samuel. Revid. Ausg. Stuttgart/Darmstadt 1977. S. 25 f.
36 Novalis (Anm. 32) S. 544 (Fragment 99).
37 Ebd. S. 545 (Logologische Fragmente 105).
38 Ebd. S. 545 (Fragment 104).
39 Ebd. S. 547 (Fragment 111).
40 Ebd. S. 571.
41 Ebd. S. 572.
42 Novalis (Anm. 35) S. 145.
43 Hans-Joachim Mähl: Die Idee des goldenen Zeitalters im Werk des Novalis. Heidelberg 1965. S. 387.
44 Vgl. dazu Rolf-Peter Janz: Autonomie und soziale Funktion der Kunst. Studien zur Ästhetik von Schiller und Novalis. Stuttgart 1973. S. 75 ff.
45 Malsch (Anm. 30) S. 198 ff.
46 Siehe Ludwig Tieck: Gedichte. Faksimiledruck nach der Ausgabe von 1821–23. Heidelberg 1967. Mit einem Nachw. von Gerhard Kluge. Bd. 3. S. 9.
47 Eichendorff (Anm. 14) Bd. 4. S. 290.
48 Briefe an Ludwig Tieck. Hrsg. von Karl von Holtei. Breslau 1864. Bd. 3. S. 321; zitiert bei Kluge in: Tieck (Anm. 46) S. 9.
49 Eichendorff (Anm. 14) Bd. 2. S. 135.
50 Ludwig Tieck: Kritische Schriften. Bd. 1. Leipzig 1848. S. 83.
51 Kluge in: Tieck (Anm. 46) S. 14.
52 Tieck (Anm. 50) S. 82; vgl. Kluge in: Tieck (Anm. 46) S. 13 ff.
53 Vgl. Kluckhohn (Anm. 35) S. 36 ff.
54 Jochen Hörisch: Die fröhliche Wissenschaft der Poesie. Der Universalitätsanspruch von Dichtung in der frühromantischen Poetologie. Frankfurt a. M. 1976. S. 198.
55 Eichendorff (Anm. 14) Bd. 4. S. 291.
56 Schillers Briefwechsel mit Körner. Leipzig 1859. Bd. 4. S. 252; zitiert nach Kluge in: Tieck (Anm. 46) S. 15.
57 Peter von Matt: Naturlyrik 1815–1848. In: Deutsche Literatur. Eine Sozialgeschichte. Bd. 6. Hrsg. von Bernd Witte. Reinbek 1980. S. 205 ff.
58 Eichendorff (Anm. 14) Bd. 2. S. 133 ff.
59 Vgl. die Zeugnisse in: Das deutsche Sonett. Dichtungen. Gattungspoetik. Dokumente. Hrsg. von Jörg-Ulrich Fechner. München 1969. S. 320 ff.
60 Ebd. S. 337.
61 Tieck (Anm. 46) Bd. 2. S. 261.
62 Ebd. S. 265.
63 Friedhelm Kemp in: Clemens Brentano: Werke. Bd. 1: Gedichte. Romanzen vom Rosenkranz. München 1968. S. 1278–1324 (Nachwort, hier S. 1290 f.).
64 Eichendorff (Anm. 14) Bd. 4. S. 173.
65 Ebd. S. 334.
66 Ebd. S. 328 f.
67 Eichendorff (Anm. 14) Bd. 2. S. 1059.
68 Hans Magnus Enzensberger: Brentanos Poetik. München 1973. S. 108 ff.
69 Vgl. dazu die Arbeiten von Erika Tunner: Clemens Brentano. Imagination en sentiment religieux. 2 Bde. Paris 1978; dies.: Liebeslyrik (1815–1848). In: Deutsche Literatur – eine Sozialgeschichte (Anm. 57) S. 219 ff.
70 Brentano (Anm. 63) S. 73 (aus dem Sonett *Bilden und verstehen*).
71 Ebd. S. 79 ff.
72 Ebd. S. 619.
73 Ebd. S. 109.
74 Ebd. S. 567.
75 Entsprechend Karl Eibl: Suche nach Wirklichkeit. Zur ›romantischen Ironie‹ in Clemens Brentanos Dirnengedichten. In: Romantik (Anm. 2) S. 98 ff.
76 Wolfgang Frühwald. Gedichte in der Isolation. Romantische Lyrik am Übergang von der Autonomie- zur Zweckästhetik. (1972.) In: Romantikforschung seit 1945 (Anm. 29) S. 266 f.
77 Otto Pöggeler: Die neue Mythologie. Grenzen der Brauchbarkeit des deutschen Romantik-Begriffs. In: Romantik in Deutschland (Anm. 5) S. 347.

78 Brentano (Anm. 63) S. 1133.
79 Vgl. Frühwald (Anm. 76) S. 274 f.
80 Peter von Matt: Gespaltene Liebe. Die Polarisierung von erotischer und geistlicher Lyrik als Strukturprinzip des romantischen Gedichts. In: Romantik in Deutschland (Anm. 5) S. 588 f.
81 Ebd. S. 584, 594, 595 f.
82 Friedrich A. Kittler: Der Dichter, die Mutter, das Kind. Zur romantischen Erfindung der Sexualität. In: Romantik in Deutschland (Anm. 5) S. 103.
83 Ebd. S. 106.
84 Ebd. S. 105.
85 Vgl. dazu: Zeichen, Text, Sinn. Zur Semiotik des literarischen Verstehens. Hrsg. von Kaspar H. Spinner. Göttingen 1977. S. 25 ff.
86 Ebd. S. 45; vom Problem, inwieweit poetische Bilder mit semiotischen Theoremen ausgelegt werden können, die zur Erläuterung sprachlicher Zeichen entwickelt sind, sei hier abgesehen.
87 Dazu zählt auch noch Killys Brentano-Interpretation unter dem Stichwort ›Gemütserregungskunst‹, wenn er Brentanos Gedichte als »bezaubernde Sphärenmusik zum Selbstgenuß« charakterisiert (Walther Killy: Wandlungen des lyrischen Bildes. Göttingen ²1958. S. 61).
88 Eichendorff (Anm. 14) Bd. 2. S. 124.
89 Vgl. Julia Kristeva: Semiologie – kritische Wissenschaft und/oder Wissenschaftskritik. In: Textsemiotik als Ideologiekritik (Anm. 6) S. 48 ff.
90 Wolfgang Frühwald: Heinrich Heine und die Spätromantik: Thesen zu einem gebrochenen Verhältnis. In: Heinrich Heine – Dimensionen seines Wirkens. Ein internationales Heine-Symposion. Hrsg. von Raymond Immerwahr und Hanna Spencer. Bonn 1979. S. 52.
91 Zitiert bei Helmut Schanze: Noch einmal: Romantique défroquée. Zu Heines *Atta Troll*, dem letzten freien Waldlied der Romantik. In: Heinrich Heine. Hrsg. von Helmut Koopmann. Darmstadt 1975. S. 365.
92 Klaus F. Gille: Heines *Atta Troll* – »Das letzte freie Waldlied der Romantik«? In: Neophilologus 62 (1978) S. 426. Vgl. auch Klaus Brieglebs Kommentar in Heinrich Heine: Sämtliche Schriften. Bd. 4. München 1971. S. 984 ff.
93 Briegleb (Anm. 92) S. 1012.
94 Gille (Anm. 92) S. 430.
95 Günter Oesterle betont in diesem Zusammenhang die Bedeutung kontrastiver Wahrnehmung deutscher und französischer Zustände und Entwicklungen für Heine (G. Oe.: Integration und Konflikt. Die Prosa Heines im Kontext oppositioneller Literatur der Restaurationsepoche. Stuttgart 1972).
96 Zitiert nach: Heine (Anm. 66) S. 989 (Anhang); für die Bedeutung des Humorbegriffs bei Heine vgl. Wolfgang Preisendanz: Die umgebuchte Schreibart. Heines literarischer Humor im Spannungsfeld von Begriffs-, Form- und Rezeptionsgeschichte. In: Heinrich Heine. Artistik und Engagement. Hrsg. von Wolfgang Kuttenkeuler. Stuttgart 1977. S. 1–21.
97 Jacques Derrida: Die Schrift und die Differenz. Frankfurt a. M. 1976. S. 427 (Die Struktur, das Zeichen und das Spiel im Diskurs der Wissenschaften vom Menschen).
98 Ebd. S. 433.
99 Vgl. Derrida, ebd., S. 423 f., S. 440 ff.
100 Vgl. zu diesem Zusammenhang den besonders erhellenden Aufsatz von Katharina Mommsen zu den Gedichten von 1822 (K. M.: Heines lyrische Anfänge im Schatten der Karlsbader Beschlüsse. In: Wissen aus Erfahrungen. Werkbegriff und Interpretation heute. Festschrift Herman Meyer. Hrsg. von Alexander von Bormann unter Mitw. v. a. Tübingen 1976. S. 453–473). – Kuttenkeuler betont für Heine »Das Prinzip der Reagibilität«, womit die »Narrheit des Fragens« vorschnell einem nichtssagenden Begriff anheimfällt (Wolfgang Kuttenkeuler: Skepsis und Engagement. Zur ›Misere‹ Heinrich Heines. In: Heinrich Heine. Artistik und Engagement [Anm. 96] S. 202).

Biedermeier

Von Christoph Herin

Zwei Beispiele

Gebet

Herr! schicke, was du willt,
Ein Liebes oder Leides;
Ich bin vergnügt, daß beides
Aus deinen Händen quillt.

Wollest mit Freuden
Und wollest mit Leiden
Mich nicht überschütten!
Doch in der Mitten
Liegt holdes Bescheiden.[1]

Wer nach einem Muster für biedermeierliche Lebenshaltung und Gesinnung sucht, dem drängt sich dieses schlichte, anscheinend kunstlose Gedicht auf. Denn was sich in diesen Zeilen äußert, ist neben frommer Ergebung in den göttlichen Willen ein fast schon freudiger Verzicht auf ein bewegtes Leben und eine bewußte Abkehr von maßlosem Streben. Was bleibt, ist der Wunsch nach Frieden: statt der großen Leidenschaften und Erschütterungen das Bekenntnis zu ausgeglichenem Mittelmaß. Es ist die Welt von Vorgestern, die gute alte Zeit, die beschworen wird. Und doch ist dieses »Gebet« nicht so einfältig und arglos, wie man auf den ersten Blick hin vermuten könnte. Denn die erste Strophe, die mit der Anrede »Herr« das Abhängigkeitsverhältnis des Gläubigen betont und eine pietistische Ergebenheit in Gottes Willen bekundet, behauptet etwas zu beflissen, man sei »vergnügt« in dieser passiven Unterwerfung, um dann in der zweiten Strophe die Vorbehalte und Bedenken des Betenden anzumelden. Dieses gläubige Ich ist in Wirklichkeit gar nicht so vergnügt gegenüber jeder beliebigen Schickung »von oben«. Im Grunde will es nur seine Ruhe haben, will nicht gestört werden, bittet, daß ihm alle Extremsituationen des Lebens, die negativen so gut wie die positiven, erlassen werden. Es sind eben nicht nur Schicksalsschläge und Katastrophen, vor denen der Betende zurückschreckt, sondern auch Freude und Begeisterung. Nichts soll den inneren Frieden stören, das Glück im Winkel scheint Richtmaß dieses Daseins geworden. Von der unbedingten Unterwerfung unter Gottes Führung (»Herr, schicke was du willt«) ist genaugenommen wenig übriggeblieben.
Doch war es überhaupt da, möchte man fragen. Signalisierte nicht schon der Hinweis auf das angebliche Vergnügtsein eine Andeutung von der Wichtigkeit der Gefühls-

und Empfindungswelt des Beters, der nun sein Wohlbefinden in den Mittelpunkt rückt? Er verlangt nicht eine besondere Behandlung, denn das würde Auftrag und Verantwortung bei Verlust der sicheren Geborgenheit bedeuten. Was hier als »holdes Bescheiden« bezeichnet wird, die Mitte zwischen den Extremen, das behagliche Genügen, entspricht dem normalen Durchschnittsmenschen, einem unheroischen bürgerlichen Jedermann. Und das Beiwort »hold« bezeichnet das Beglückende, Angenehme einer solchen Existenz. Mörikes Verzicht auf die dämonische Erschütterung, sein »Laß, o Welt, o laß mich sein« läßt eine überwundene Krise vermuten und macht verständlich, daß er die Seligkeit im eigenen Ich sucht und im engen Kreis, wo ein stilles Glück noch möglich scheint.

Es überrascht nicht, daß solche Flucht aus dem Weltgetriebe, solche Sehnsucht nach Selbstbewahrung von Mörike-Interpreten als Ausdruck einer vorübergehenden Augenblicksstimmung abgewertet wurde, als widerspreche eine solche Verzichterklärung Mörikes hintergründigem Dichtertum.[2] Doch auch dieses »Gebet«, das uns nur als Modell diente, um biedermeierliches Lebensgefühl zu verdeutlichen, besitzt in der Tat hintergründige Züge. Man müßte beispielsweise die beabsichtigte Naivität der schmucklosen Sprache und die unreinen Reime sowie das Fehlen eines sakralen Tons hervorheben, den rhythmischen Wechsel der in jambischem Gleichmaß ablaufenden ersten Strophe vergleichen mit der fast schon sich tändelnd wiegenden zweiten Strophe, die überdies mit der überzähligen fünften Verszeile die Satzspannung ausweitet bis zu der leicht verzögerten und dadurch stark betonten Schlußzeile, in der das Zauberwort vom »holden Bescheiden« fällt. Aber das gehört nicht zu unserem Zusammenhang. Wenden wir uns dem zweiten Gedicht zu, in dem die bürgerliche Welt des Biedermeier als gestellte Szene erscheint.

Familiengemälde

Großvater und Großmutter,
Die saßen im Gartenhag,
Es lächelte still ihr Antlitz
Wie sonniger Wintertag.

Die Arme verschlungen, ruhten
Ich und die Geliebte dabei,
Uns blühten und klangen die Herzen
Wie Blumenhaine im Mai.

Ein Bächlein rauschte vorüber
Mit plätscherndem Wanderlied;
Stumm zog das Gewölk am Himmel,
Bis unseren Blicken es schied.

Es raschelte von den Bäumen
Das Laub, verwelkt und zerstreut,
Und schweigend an uns vorüber
Zog leisen Schrittes die Zeit.

Stumm blickt aufs junge Pärchen
Das alte stille Paar;
Des Lebens Doppelspiegel
Stand vor uns licht und wahr:

Sie sahn uns an und dachten
Der schönen Vergangenheit;
Wir sahn sie an und träumten
Von ferner, künftiger Zeit.[3]

Zunächst zwei Beobachtungen: Das Gedicht besteht aus vierzeiligen Strophen, der Vers ist der jambische Dreiheber, dessen gleichmäßiger Fluß durch gelegentliche Verdoppelung der Senkungen rhythmisch aufgelockert wird. Zweitens handelt es sich um abgenutzte, damit bedeutungslos gewordene Reime; die erste und dritte Zeile sind jeweils reimlos. Der Dichter Anastasius Grün hat die poetische Qualität seines Gedichts nicht in der äußerlichen Form gesucht. Inhaltlich bietet er einen streng durchgeführten Kontrast von einem alternden und einem jugendlichen Paar. Aber die Beschreibung der Personen wie der Umwelt wird vermieden, realistische Details fehlen, Wirklichkeit erscheint nur in flüchtiger Andeutung. Das Porträt der beiden Paare löst eine Reflexion über den Sinn des Daseins aus. Vergleiche und Bilder werden aufgeboten, um die Gedanken und die Stimmung, die der Anblick des Gemäldes weckt, in anschauliche Vorstellung zu übersetzen. Während die Alten still lächeln wie ein »sonniger Wintertag«, blüht und klingt es bei den Jungen wie »Blumenhaine im Mai«. Das Thema von der Vergänglichkeit der Zeit, durch die Gegenüberstellung der beiden Lebensalter angedeutet, wird nun mit gebräuchlichen, leicht verständlichen Vergleichen unterstrichen: Bach und Wolke als das Vorübergleitende, nicht Beständige, wobei wiederum der Gegensatz von belebendem Laut und müdem Verstummen, von Mai und Winter anklingt; schließlich im raschelnden Laub eine Verschränkung der beiden Vorstellungen von Klang und Stille, von Jugend und Alter; darauf die deutende Zusammenfassung vom »leisen Schritt der Zeit«, die das erwartete Ergebnis formuliert. Aber das Gedicht begnügt sich nicht mit der Erfahrung der Vergänglichkeit, »des Lebens Doppelspiegel« vermittelt Einsicht in ein Gesetz des Daseins, wo Verwelken und Aufblühen sich die Waage halten. Zwischen Jugend und Alter besteht ein Zusammenhang, die einzelnen Lebensphasen gehören zusammen, und in erinnernder Rückschau und träumendem Vorausblick identifizieren sich die beiden Paare. Resignation und Trauer können nicht aufkommen. Der Ton des Gedichts enthüllt Gleichmut, Einsicht in das Wachstumsgesetz des Lebens, das sich in der Familie offenbart.

Die bürgerliche Kunstepoche

Die Bezeichnung Biedermeier, die in den dreißiger Jahren aufkam und vor allem von Paul Kluckhohn, Günther Weydt und Wilhelm Bietak als geistesgeschichtlicher Epochenbegriff für die Zeit zwischen Wiener Kongreß und Märzrevolution (1815–48) vorgeschlagen wurde, hat sich mit Einschränkungen für einen Teilaspekt der Restau-

rationszeit durchgesetzt.[4] Allerdings bereitet es immer noch Schwierigkeiten, diese so
vielfältige und widersprüchliche Übergangszeit, die ein Spannungsfeld von beharren-
den und progressiven Richtungen bietet, einer Periodisierung nach umgreifenden,
eindeutigen Epochenbegriffen zuzuordnen.[5] Mit der Bezeichnung ›Nachromantik‹
wird das Abklingen und Verflachen der romantischen Subjektivität betont und
ungewollt das Epigonenhafte hervorgehoben, während mit ›Frührealismus‹ die entgegengesetzte Perspektive in die Diskussion eingeführt und die Zeit als Vorbereitung
einer zunehmenden Wirklichkeitskunst gewertet wird; gelegentlich glaubte man sogar
schon Ansätze zu ›moderner‹ Kunst finden zu können. Demgegenüber setzt die
Benennung Vormärz den Akzent auf die politischen Bestrebungen der Gegner von
Metternichs Regime.
Aber welche Bezeichnung man auch wählt, immer wird dabei nur ein Teilaspekt der
Epoche angesprochen und eine Vorentscheidung gefällt, die die Einstellung des
jeweiligen Betrachters zu den reaktionären oder revolutionären Tendenzen verrät.
Der große Versuch von Friedrich Sengle, die Biedermeierzeit in einer umfassenden
Gesamtschau als Epoche eigener Art darzustellen,[6] hat die mißliche Situation der
Epochenbezeichnung nicht beheben können. Als ein weiterer Ausweg aus dem
Dilemma wurde in den letzten Jahren wiederholt die Bezeichnung Restaurationszeit
als die am wenigsten anfechtbare und gewissermaßen neutralste Formel vorgeschlagen.[7] Geht man von diesem Oberbegriff aus, dann trifft Biedermeier auf alle jene
Autoren zu, die in konservativer und traditionsgebundener Haltung gegen technische
Umwälzung und liberale Reformen eine Welt bürgerlicher Innerlichkeit zu bewahren
suchten. Die Lyrik einer solchen Richtung entspricht im wesentlichen dem, was man
gemeinhin ›reine Dichtung‹ zu nennen pflegt, einer entschieden unpolitischen Kunst,
die aktuelle Zeitfragen als unwürdig betrachtet und sich um gültige, dauerhafte Werte
zeitloser Ordnung bemüht. Sofern sich solche Dichter überhaupt zu politischer
Äußerung genötigt fühlen, sprechen sie sich gegen die, wie sie meinen, auflösenden
Tendenzen ihrer Zeit aus, klagen die Gegner als bindungslose Empörer an, die alles
niederreißen wollen, und verteidigen nachdrücklich und beredt die überpersönlichen
Ordnungen und das verpflichtende Erbe der guten alten Vergangenheit, was dann
zumeist auf ein Bekenntnis zur Autorität bestehender Institutionen hinausläuft.
Literarisches Biedermeier, als Inbegriff der konservativen Richtungen, muß die
Jungdeutschen und Vormärzdichter ausschließen; es erreicht seine reinste Verwirkli-
chung und den dichterischen Höhepunkt bei Annette von Droste-Hülshoff und
Eduard Mörike. Es versteht sich von selbst, daß damit das Bild der Epoche zu sehr
eingeschränkt wird. Eine Abgrenzung, die zum Beispiel Heinrich Heine nicht berücksichtigt, reicht einfach nicht aus für eine Zeit, in der Wartburgfest und Zensur,
Demagogenverfolgung und Julirevolution, Zollverein und erste Eisenbahn die entscheidenden historischen Tatsachen waren.
Es ist Friedrich Sengles Verdienst, die Ähnlichkeiten und Beziehungen zwischen den
divergierenden Bestrebungen dieser Übergangszeit aufgewiesen zu haben, nicht nur
die verbreitete weltanschauliche Krisenstimmung und die gemeinsamen literarischen
Traditionen, sondern vor allem die sprachlichen und stilistischen Eigenheiten der
poetischen Praxis.[8] So ließen sich die Lyriker aus dem konservativen wie fortschrittlichen Lager samt allen Spielarten dazwischen als Vertreter desselben Stilpluralismus
zusammenfassen. Welche Gepflogenheiten nach der damaligen Auffassung vom

Wesen eines Gedichts bestimmend waren, läßt sich am ehesten bei einem Vergleich der mittleren Talente ermitteln, die sich der konventionellen Formen unreflektiert bedienten und sie unverfälscht zur Schau stellten.

Nun ist allerdings die lyrische Produktion dieses Zeitraums kaum noch übersehbar, denn neben ganzen Bibliotheken von Gedichtsammlungen kommen Beiträge zu Taschenbüchern und Almanachen, zu Dichteralben und literarischen Zeitschriften in Betracht. Das Faktum der Quantität ist hier zeittypisch und kann nicht einfach ignoriert werden. Ludwig Uhlands Aufforderung: »Singe, wem Gesang gegeben / In dem deutschen Dichterwald«, wurde wörtlich verstanden, und eine Legion begrenzter Begabungen trat auf, um nach gebräuchlichen Richtlinien in den Versschmieden überall eine metrische Reimkunst herzustellen.

Gleichgültig, wo man mit der Musterung der Texte beginnt, der erste Eindruck ist der einer verwirrenden Vielfalt von Formen und Themen. Aber das überreiche Angebot täuscht, da es sich im Grunde doch immer nur um dasselbe Leierkastenspiel handelt: Liebesglück und Liebesleid, Morgenruf oder Abendsegen, Frühlingshoffnung und Herbstklage oder Freundschaftsbündnis und Wanderlust. Und immer wieder werden dieselben Bilder, dieselben Vergleiche, derselbe Tonfall, dieselben Reime gebraucht. Die Variation der gebräuchlichsten Formeln ist so gering, daß der ermüdete Leser überall nur noch erstarrte Konventionen findet, die bedeutungslos geworden sind. Kaum, daß aus dem Redefluß eine Verszeile mit besonders einprägsamer Wortfügung aufsteigt oder ein treffendes Bild haften bleibt. Noch immer sind Herz und Liebe, Morgen und Sonne lyrische Schlüsselwörter, die zwangsläufig den Echoeffekt von Schmerz und Triebe, von Sorgen oder Wonne nach sich ziehen. Diese im Belletristischen so rührige Zeit übertraf andere Epochen in der redseligen ungekünstelten Mitteilung vertrauter Gefühle; nicht das Eigenartige, Ungewohnte, Einmalige, sondern das Anheimelnde und Wohlbekannte wollte man hören. Und das Ergebnis war: kaum je wurden zu einer Zeit so viele unnötige Gedichte geschrieben und gedruckt wie im Biedermeier.

Gründe für diesen lyrischen Überfluß lassen sich aus den damaligen Lebensgewohnheiten herleiten, deren Darstellung wir der kulturhistorischen Forschung verdanken.[9] Was in der Kunstwissenschaft zuerst als Möbelstil und Wohnkultur, als Genremalerei und Porträtkunst mit Biedermeier identifiziert wurde, war Teil einer bürgerlichen Daseinsgestaltung, der sich der von Reaktion und Zensur entmündigte Bürger zuwandte, als er sich auf seine enge, private Sphäre zurückgedrängt sah. Hier erscheint die Ordnung des täglichen Lebens ausgerichtet auf den Kreis der Familie und der Freunde, das Haus als Heim, die Idylle von Garten und Gartenlaube.[10] Ostern und Weihnachten sowie Geburtstage oder der Polterabend vor der Hochzeit werden zu festlichen Anlässen, die nach bestimmtem Ritus begangen werden und noch bis in unsere Tage nachwirken. Was wir heute oft in abfälliger Weise als ›bürgerlich‹ bezeichnen, stammt aus jener Zeit. So äußerte sich das Geselligkeitsbedürfnis der Restaurationsepoche in anscheinend harmlosen Lesezirkeln und Dichterklubs, in literarischen Kränzchen, in Gesangverein und Liedertafel. Besonders bekannt wurden die ›Ludlamshöhle‹ in Wien, zu der Grillparzer gehörte, und der ›Berliner Tunnel über der Spree‹, dessen wichtigster Vertreter Theodor Fontane war; später gründete der Münchner Dichterkreis, der die Traditionen der Biedermeierzeit über die Revolutionsjahre hinaus bewahrte, das ›Krokodil‹, das auf ein Scherzgedicht von Hermann Lingg zurückgeht. Aber jedes Städtchen hatte seine eigenen Vereine, von beruflichen Organisationen bis hinunter zum familiären Freundeskreis, in denen vorgelesen und vorgesungen wurde. Literatur, und damit vor allem Lyrik als gesungenes Lied, gewinnt gesellschaftlichen Charakter, was zum Teil jedenfalls die durchgehende Nivellierung der Sprache erklärt. Denn nicht individuelles Erlebnis, persönliches Bekenntnis oder sprachliche Innovation wurden vom Gedicht verlangt, sondern Verständlichkeit, Anpassung an das Niveau des betreffenden Zirkels, d. h., man äußerte Gefühle und Gedanken und besprach allgemeine Erfahrungen, die jedermann bestätigen konnte. Hinzu kam eine spielerische Handhabung der Sprache nach bekannten Regeln. Zwischen Autor und Hörerkreis ergab sich somit das schönste Einverständnis. Man wußte um die Widerstände, die man sich gesetzt hatte und die überwunden zu sehen den besonderen Reiz auch noch des läppischsten literarischen Gesellschaftsspiels ausmachte.

Dafür einige Beispiele: Reime werden aufgegeben, zu denen man die Verszeilen auffüllen muß; indem man so ein Gedicht vom Zeilenende her komponiert, wird man zu metrischer Silbenakrobatik im eingegrenzten Spielraum gezwungen. Aus Platens Freundeskreis wird von Wettkämpfen in Sonetten nach aufgegebenen Endreimen berichtet. Nicht weniger handwerklich, aber in gemischter Gesellschaft beliebt, ist das Spiel um zwei formal gleichartige Gedichte, die, nebeneinander geschrieben, als zwei unabhängige Texte nacheinander gelesen werden können, oder aber, was dann ungeahnte Aufschlüsse ergibt, horizontal als ein einziges Gedicht in Langzeilen erscheinen.[11] Oder eine fragende Verszeile muß mit einer Reimzeile beantwortet werden, was ein hohes Maß von Findigkeit im Gebrauch von Reimwörtern oder metrischen Fügungen voraussetzt, sich allerdings bald nur noch als Gedächtnisprobe verwerten läßt oder als Vorwand für Pfänderspiele dient. Zwangsläufig führt dieser gesellige Verbrauch von Literatur zu einer mechanischen Handhabung der Sprache und handwerklichem Fleiß, wobei die Inhalte immer unwichtiger werden und sich die Grenze zwischen Gebrauchslyrik und lyrischer Dichtung in der Vorstellung der breiten Schicht des kunstgenießenden und dilettierenden Publikums verwischen mußte.

Die Grundlagen für diese Salonkunst wurden schon auf den Schulen gelegt, wo man im Anschluß an die Lektüre der antiken Klassiker das Verfertigen von Versen einübte. Später bestätigte sich dieser Drang zu gebundener Rede beim obligatorischen Eintrag ins Stammbuch oder Poesiealbum, bei jenen moralisierenden Vierzeilern, die als triviale Schwundstufen der Spruchdichtung oder der Freundschaftslieder aus der Zeit der Empfindsamkeit und Anakreontik angesehen werden können.[12] Für ehrgeizigere Gedichte bevorzugte man die Sonettform oder die Ottaverime, um entscheidende Erlebnisse und Festlichkeiten oder den Schmerz der Trennungsstunde gebührend zu würdigen. Jede Steigerung der emotionalen Temperatur mußte dichterisch festgehalten werden. Gästebuch und Glückwunschkarte liefern dazu die Spätformen unseres Jahrhunderts.[13]

Genug ist nicht genug! Ein Anlaß wie Heirat, Geburt oder Tod im Familienkreis oder bei Freunden, also die eigentlichen Erlebnisse bürgerlicher Beschränkung, rechtfertigte nicht nur, daß man zur Feder griff und ein Gelegenheitsgedicht verfaßte, nein, jene redselige Zeit ließ die Gefühle zu ganzen Zyklen anwachsen. Friedrich Rückert (1788–1866), in vielem das Urbild des dichtenden Biedermeiers, reimte in unermüdlichem Hausfleiß sein tägliches Soll an lyrischen und didaktischen Versen. Als man für die im April 1812 erkrankte Amtmannstochter Agnes Müller ein Genesungsfest auf den 11. Juni vorbereitete, dichtete Rückert fünf Sonette *Maiengruß an die Neugenesene*. Die plötzliche Nachricht von ihrem Tode rief dann einen Kranz von vierzig Sonetten hervor: *Agnes' Totenfeier*. Ein Sommer auf dem Lande ergibt siebzig Sonette *Amaryllis* mit vierzig Zugaben, und sein *Liebesfrühling* von 1821 ist das lyrische Tagebuch seiner Brautzeit mit rund dreihundert Gedichten, in fünf Sträuße gebunden. Die durch Gustav Mahler bekannt gewordenen *Kindertotenlieder* sind nur ein Bruchteil aus der umfänglichen Sammlung von über hundert Gedichten, dreiundzwanzig davon dem im Dezember 1833 gestorbenen dreijährigen Töchterchen Louise, zwanzig dem im Januar 1834 gestorbenen fünfjährigen Sohn Ernst gewidmet.

Doch auch Karl von Holtei wird wortreich in seinem Schmerz. Als er 1825 seine Gattin nach vierjähriger Ehe verliert, gibt er das Album *Blumen auf das Grab der Schauspielerin Louise von Holtei, geb. Rogée* heraus, mit zahlreichen Beiträgen seiner Dichterkollegen. Daß dagegen aber auch ein freudiges Ereignis die Blätter im Dichterwald aufrauschen ließ, bezeugt Ludwig Börne, der den Huldigungsrummel für Henriette Sontag bei ihrem ersten Auftreten in Frankfurt am Main witzig glossierte.[14] Schlimmer als das Vorurteil, daß die Versform an sich schon poetischen Charakter besitze, ist die Folge für die Prosa, die zu einem unseligen poetisierenden Mischstil ausartet; damit wurde die Ausbildung eines sachlichen, entspannten oder körnigen Stils verhindert. Zu den Auswüchsen der Zeit, die uns den Gegensatz von damals und heute nachdrücklich bewußt machen, gehören auch die Darbietungen reisender Improvisatoren. Oskar Ludwig Bernhard Wolff (1799 bis 1851), ein literarischer Kompilator, der seit 1829 als Professor für neuere Sprachen und Literaturen an der Universität Jena wirkte, ist wohl der bekannteste Vertreter dieser kuriosen Mode.[15]

Lyrischer Stilpluralismus

Die große Kunstperiode von Klassik und Romantik, in deren Schatten die Restaurationszeit steht, wurde keineswegs als säuberlich abgetrennte Epoche empfunden, sondern als literarische Gruppenbildung innerhalb einer vielgestaltigen Landschaft, in der die Traditionen des 18. Jahrhunderts, vor allem von Aufklärung, Empfindsamkeit und Rokoko noch immer nachwirkten. Sogar Formen der Barockzeit, besonders im religiösen Schrifttum, hatten ihren Gebrauchswert noch längst nicht eingebüßt. Darüber hinaus war im südöstlichen Raum, in Bayern und Österreich, das barocke Erbe allgemein lebendig geblieben. Die Gegenwärtigkeit all dieser Traditionen bedeutete die Verfügbarkeit ausgebildeter Modelle aus den verschiedensten Stilrichtungen; weiterhin lag dem Zugriff des Schreibenden ein Schatz von Themen und Motiven bereit, die bis zur Konventionalisierung durchgespielt waren. So ergab die Gleichzeitigkeit der literarischen Richtungen, die für uns in eine historische Abfolge gerückt sind, einen wahren Irrgarten von so vielen metrischen und strophischen Vorbildern, daß ein junger Autor gegenüber dieser verwirrenden Vielfalt alle Nachteile des Spätgeborenen erfahren mußte: das Epigonenhafte im schlechten

Sinne als das Dilettantische und Triviale oder die Geschicklichkeit des Nachahmers, der alle Formen mit Grazie und Eleganz wiederholt, ohne seinen eigenen Stil zu finden.

Aber auch begabteren Dichtern gelang es kaum, sich von den Zwängen der Überlieferung zu befreien. Bei der Darstellung von neuartigen Phänomenen wie Dampfschiff oder Eisenbahn griff man zurück auf romantisierende Überhöhung, die man als angemessenen poetischen Ausdruck verstand. Ein Beispiel für diese Befangenheit ist Anastasius Grüns Gedicht *Poesie des Dampfes*, das mit den Fanfaren rhetorischer Übertreibung verkündet, die Technik sei keineswegs der Tod der Poesie, sondern das Morgenrot einer besseren Zukunft. Das Dampfschiff wird ihm zu »schwarzem Schwan«, die Eisenbahn zu »dampfgetriebnen Wagenburgen«, die sich in exotischer Verfremdung in »scheugewordne Elefantenmassen« verwandeln, »Der schwarzen Rüssel Schlote hoch erhoben, / Dampfschnaubend, rollend wie die Wetterwolke«.[16] Dieses Schwelgen in phantastischen Assoziationen, die den Gegenstand mit Worten zudecken, ist typisch für die hemmungslose Redelust der Zeit. Man versteht, daß bei solcher Einstellung die Notwendigkeit zu theoretischer Reflexion über das Wesen von Poesie und Lyrik kaum bestand.

Noch immer unterschied man rein äußerlich Poesie als gebundene Rede von der Prosa und sah in der epischen und dramatischen Poesie die großen und damit höheren Gattungen. Gedichte schreiben konnte jeder. Die Folge war »eine allgemeine Unsicherheit bezüglich der Lyrik-Theorie«.[17] Das änderte sich erst in der zweiten Hälfte des Jahrhunderts, als die grundlegenden systematischen Ästhetiken und Poetiken erschienen.[18] Die stilistische Sorglosigkeit in literarischer Praxis, vor allem aber das naive Verhältnis zur Verssprache, das die Ellision oder Einfügung des unbetonten ›e‹ als legitime metrische Hilfe zuließ und auf reine Reime keinen sonderlichen Wert legte, führte nur in Ausnahmefällen zum Bewußtsein einer Sprachkrise (beispielsweise bei Heinrich Heine, Eduard Mörike).

Ein Echo der weitverbreiteten konventionellen Ansichten vom Wesen der Lyrik findet man am bündigsten in den Hausbüchern deutscher Dichtung, die damals gleichsam als Bestandsaufnahme des Erreichten zusammengestellt wurden und mit ihren Kommentaren das Kunstverständnis des breiten Lesepublikums fördern wollten.

Lyrik galt als der subjektive Teil der Poesie gegenüber den objektiven Gattungen Epos und Drama. Um Epigramm, Parabel und andere Zweckformen unterbringen zu können, wurde Lyrik häufig auf die didaktische Dichtung ausgeweitet.[19] Nicht nur Gefühl und Empfindung galten dann als Äußerung des Subjekts, sondern ebenso Begriffe, Reflexion und Belehrung, was übrigens den phänomenalen Erfolg des Gedankendichters Rückert erklären dürfte. So gibt der oben erwähnte O. L. B. Wolff in seinem *Poetischen Hausschatz* (1843 in 5. Aufl.) eine ebenso allgemeine wie vage Erklärung: Aufgabe des lyrischen Dichters sei die Darstellung »bestimmter subjectiver Empfindungen [. . .] in möglichst vollendeter Form [. . .] mit möglichster Wahrheit, Wärme und Tiefe [. . .], daß er im Gemüthe des Zuhörers oder Lesers dieselben oder verwandte Gefühle hervorrufe«. »Alles, was daher das menschliche Gemüth anregt und ergreift«, sei Stoff der Poesie.[20] Ähnlich äußert sich ein anderer Herausgeber: »Die lyrische Dichtung beschäftigt sich nicht mit dem nach außen, sondern mit dem nach innen gewandten Menschen, sie bringt die Gedanken und Empfindungen der einzelnen Dichter zur Darstellung und ist darum vorwiegend subjectiver Art.«[21]

Wesentlich weiter führten die Versuche, einzelne lyrische Formen näher zu bestimmen. Seiner Verbreitung und Vorzugsstellung nach steht das Lied im Mittelpunkt dieser theoretischen Erörterungen. Für Wolff ist es die »Darstellung eines einzigen bestimmten, bestimmt ausgesprochenen Gefühls unter der Einheit einer möglichst vollkommenen ästhetischen Form, welche für den Gesang geeignet sein muß«. Da sich diese »Darstellungsart [...] über alle Gegenstände des inneren und äußeren Lebens erstrecken kann«, beschränkt sich Wolff auf zwei Grundklassen, religiöse und weltliche Lieder, sonst müßte man nämlich »für jedes neue Lied, das einen noch nicht besungenen Stoff behandelt, auch eine neue Klasse aufstellen«.[22] Übrigens hebt er beim weltlichen Lied, das »alle menschlichen Empfindungen und Zustände nach allen Richtungen hin« behandelt, die Sondergruppen Liebeslied, Trinklied und Kriegslied hervor.[23]

Schenckels Einteilung ist umfassender, er gliedert in »religiöse«, in »nationale politische« und in »eigentliche Lyrik«. Zur ersten Gruppe gehören »Hymnus, Psalm, Kantate, Kirchenlied«; zur zweiten »Sagen- und Heldenlied, Freiheits-, Vaterlands- und Schlachtgesänge, das politische Lied«; in der dritten, der »eigentlichen« Gruppe, wird alles übrige untergebracht, »Liebes-, Wander-, Natur-, Trink-, Bundeslieder etc.«.[24] Diese Einteilung, die vorwiegend vom Inhalt ausgeht, hält bei der religiösen Lyrik an den traditionellen Gedichtformen fest, was nur die vorherrrschende Ratlosigkeit bei der Bestimmung lyrischer Grundtypen illustriert. Karl Goedeke rettet sich aus dieser Verlegenheit, indem er in seiner Anthologie *Deutschlands Dichter von 1813–1843* (1844) auf jede Theorie und Einteilung verzichtet und sich mit dem sicheren Bereich von Versmaß, Reimanordnung und Strophenbau begnügt; die einzelnen Dichter ordnet er schematisch nach ihrer geographischen Herkunft an. Das Panorama der unterschiedlichen Ansichten ließe sich noch vervollständigen durch eine Überprüfung der Rezensionen von Gedichtbänden oder der Zeitschriftenbeiträge über »die gegenwärtige Lage der deutschen Lyrik«, ohne daß dabei wesentlich neue Einsichten zu gewinnen wären.

Ergiebiger erscheint dagegen ein Überblick über die gebräuchlichsten Liedformen der Zeit, die alle Spielarten zwischen Kunstgesang und schlichter Volksweise umfassen.[25] Vorherrschend ist die Tendenz zu äußerlicher Gliederung begrenzter Gebilde, zu strophischem Bau und Zeilenbindung durch Reim. Die Anordnung der Gedanken und der Sätze fällt meist mit Zeilenabschluß oder Strophenende zusammen, so daß der Text immer übersichtlich und leicht durchschaubar bleibt. Im Metrum herrscht der drei- oder vierhebige Vers vor, jambisch oder trochäisch, oder der Volksliedton, der den strengen Wechsel von Hebung und Senkung durch beliebigen Einschub unbetonter Silben rhythmisch abzuwandeln erlaubt. Noch ist die achtzeilige Kirchenliedstrophe weit verbreitet (ababcdcd oder ababccdd), denn viele Gedichte sind immer noch in erster Linie als Gesellschaftskunst für den Gesang bestimmt, aber schon drängt der Vierzeiler mit Kreuzreim, der spätere Heine-Ton, vor (abab, oder leichter zu bewältigen: abcb). Dazwischen liegt die sechszeilige Strophe mit Schweifreim (aabccb), in der Spätaufklärung bei den Anakreontikern und im Hainbund beliebt. Variationen zu fünf- oder siebenzeiligen Versen werden häufig durch Zufügung von einer oder mehreren Refrainzeilen bewirkt, die durch das Mittel der

Wiederholung die einzelnen Strophen zum Gedichtganzen verknüpfen und durch Abwandlung des Wortlauts der Sinnerschließung dienen, was besonders virtuos demonstriert wird in Mörikes *Feuerreiter* oder in Droste-Hülshoffs *Heidemann*. Kompliziertere Reimstellúngen, Doppelreim, Assonanzen und andere Klangspiele, die auf romanische Vorbilder zurückgehen, haben in Deutschland immer nur als künstliche Experimente gewirkt und widersprechen den Bedingungen der Einfachheit des gesungenen volkstümlichen Liedes.

Ein Querschnitt nach den traditionellen Stilebenen und nach der Tongebung mag die Orientierung erleichtern.[26] Zuoberst steht der hohe pathetische Stil der Hymnen (Oden und geistlichen Gesänge), der sich zur Gedankenlyrik, zur Reflexionspoesie abschwächt, die erhabene Themen wie Gott, Unsterblichkeit und die Welt der Ideale zum Vorwurf hat; Klopstock, Schiller und Tiedge sind hier die Vorbilder. Der mittlerc Stil umfaßt sowohl die lehrhafte Betrachtung wie das eigentliche Lied. Sehen wir von der kaum noch nachwirkenden Didaktik ab, so treffen wir hier auf jene sangbaren Formen, die uns heute fälschlich noch immer als die reinste Verkörperung der Lyrik erscheinen, aber im Grunde nur eine romantische Verengung des Begriffs bedeuten. Für die Restaurationszeit war das Lied allerdings nicht das subjektive Stimmungsgedicht oder die symbolische Erlebnisgestaltung, sondern ganz einfach Ausdruck geselliger, kollektiver Gefühle und Empfindungen. Stärker als die gekün-stelte Natürlichkeit von *Des Knaben Wunderhorn* erfüllte Rudolf Zacharias Becker mit seinem *Mildheimischen Liederbuch* (1799), das 1815 in einer erweiterten Neufas-sung erschien und bis 1833 noch drei weitere Auflagen erlebte, das biedermeierliche Bedürfnis nach Gebrauchslyrik und Gesangstexten. Unter den Dichtern war es eben nicht Brentano mit seiner Musikalität und Sprachmagie, sondern etwa Friedrich von Matthisson mit der gedämpften Wehmut und der sanften Versmelodie, den die Restaurationszeit bevorzugte. Man muß immer wieder daran erinnern, daß alles, was in diesen Liedern bedichtet wurde, sich in den Grenzen einer Konvention halten mußte, die noch das persönlichste Erleben distanzierte und zur geselligen Verwertung einebnete. Nicht die großen Leidenschaften sind hier zu finden, sondern die milde Glut des Nachsommers, die innige Wärme des häuslichen Herdes. Darin gleichen sich alle diese Liedsammlungen der Nachromantik, in denen nur eine bestimmte Tradition aus dem letzten Drittel des 18. Jahrhunderts weitergeführt wurde.[27]

Die niedere Gattung, die sich aus den Romanzen und Bänkelliedern der Aufklärung herleitet (Friedrich Wilhelm Gottèr, Daniel Schiebeler, Christian Felix Weiße), begegnet überall als scherzhafte Laune, als Rüpelei und Parodie, als Studentenulk und höherer Blödsinn. Wichtig war hier der Einfluß von Gottfried August Bürger, der in der ungehobelten Umgangssprache den unbekümmert frischen Ton der wahren Volkskunst sah, die er in theoretischen Aufsätzen verteidigte und in Gedichten zu verwirklichen suchte.[28] Aber echte Volkstümlichkeit äußert sich auch in den für die Restaurationszeit so beliebten Sammlungen mundartlicher Gedichte, vor allem im süddeutschen Raum und in Österreich. Oft ist die Naivität gespielt, um aus dem Dialekt komische Effekte zu gewinnen; es dokumentiert sich wiederum geselliger Scherz, der über die gebräuchlichsten Liedformen hinausgreift und sich sogar Kunst-formen anzugleichen sucht. Die Hochschätzung und Beliebtheit dieser Dialektpoesie, zu der Johann Peter Hebels *Alemannische Gedichte* (1803), die immer wieder aufgelegt wurden, den Anstoß gaben, mögen ein paar Titel belegen: Karl von Holteis

Schlesische Gedichte (1830); Franz von Kobells oberbayrische Gedichtsammlungen (seit 1834); Johann Gabriel Seidls *Flinserln*, Lieder in niederösterreichischer Mundart (1827–30); Ignaz Castellis Texte, der seit 1828 neben Gedichten auch Übersetzungen französischer Dramen in niederösterreichischer Mundart veröffentlichte; Franz Stelzhamers *Lieder in der obderennsischen Mundart* (1837).

Neben all diesen heimischen Liedformen werden die romanischen Modelle, um deren Einbürgerung sich die Romantiker bemüht hatten, weiter ausgebildet: Sonett und Stanze vor allem, aber auch Terzine, Glosse und Sestine, deren Struktur durch die Anordnung der Reime bestimmt ist. Selbstverständlich besitzen die antiken Versmaße ihre feste Stellung im gesamten Bereich der Lyrik; so wird der Hexameter für Idyllen und Kleinepen benutzt, das Distichon für Epigramme oder Elegien, wie Johann Heinrich Voß, Goethe, Schiller und Hölderlin sie ausgebildet hatten. Dezidierte Formkünstler wie Rückert und August von Platen bemühten sich nicht nur um die abwegigsten Odenmaße, sondern strebten auch die Nachbildung orientalischer Formen in strenger Reinheit an im Unterschied zur lässigen Behandlung durch Goethe im *West-östlichen Divan*. So wurden Ghasele, Makame und andere Kunststücke der Reimhäufung vorgeführt, die allzu oft an den Klingklang der Echowirkung in Ludwig Tiecks Gedichten erinnern. Die unermüdliche Tätigkeit Karl Simrocks in der Modernisierung altdeutscher Texte popularisierte Stabreim und Nibelungenstrophe, was vor allem der germanischen Renaissance in der zweiten Jahrhunderthälfte zugute kam. Außerordentlich beliebt war die Ballade, die volkstümlichen Aberglauben im Stil von Bürgers *Lenore* oder historische Ereignisse, oft aus der Lokalgeschichte, in dramatischer Vergegenwärtigung darstellte. Fast alle Dichter der Zeit haben sich in dieser Gattung betätigt: Uhland, Heine, Droste-Hülshoff, Mörike, aber auch weniger bekannte Autoren wie Moritz von Strachwitz, Friedrich Kind oder Egon von Ebert. Eine andere Kleinform der erzählenden Dichtung waren die lyrisch getönten Romanzen, die zu Zyklen zusammengefaßt wurden und in lockerer Fügung und offener Form das Großepos ersetzten.

Alles in allem befand man sich in einem Museum der Poesie, in dem die Stilformen der Weltliteratur den Charakter der Gleichzeitigkeit und Gegenwärtigkeit angenommen hatten. Man konnte antik, romanisch, deutsch oder orientalisch dichten. Eine außerordentlich rege Übersetzertätigkeit unterstützte diesen Stilpluralismus. Für Horaz und Homer besaß man die Eindeutschungen durch Wieland und Voß als Muster. Johann Dietrich Gries hatte dasselbe mit seiner Bearbeitung von Tasso, Ariost und Bojardo (seit 1800) geleistet. Und die Caldcron-Übersetzungen, wie etwa die von August Wilhelm Schlegel (1803–09), bewiesen mit ihrer Reimhäufung aufs neue den Vorrang lyrischer Klangformen. Diese Bestrebungen wurden in der Biedermeierzeit fortgesetzt. Johann Jakob Donner mit seiner Sophokles-Übertragung von 1838 sowie die Übersetzertätigkeit anderer Philologen, die die schwierigsten Metren handhaben, bilden den Hintergrund, vor dem die Formbemühungen der Zeit, vor allem die Zielsetzung des Grafen Platen, verständlich werden. Ernst von Malsburg bearbeitete, trotz der schier unüberwindlichen Schwierigkeiten einer formgetreuen Übersetzung, eine neue Calderon-Ausgabe (1818–25).

Neben den sich durch das ganze Jahrhundert ziehenden Bemühungen um einen deutschen Shakespeare und einen deutschen Dante ist es hauptsächlich die europäische Romantik, die in ihren volkstümlichen, weltschmerzlichen oder liberalen

Ausprägungen dem Publikum der Biedermeierzeit vermittelt wird. Chamisso und Franz von Gaudy übertragen Bérangers Lieder (1838), Adolf Böttger Byrons Werke (1840, bereits 1850 in 3. Aufl.). Verdeutscht wird auch der populäre Thomas Moore (1822). Louise von Plönnies dichtet englische Lyrik nach (mehrere Bände seit 1843), während Ferdinand Freiligrath neben englischen und amerikanischen Dichtern (1846) vor allem Victor Hugo vermittelt (1836) und an der Lamartine-Ausgabe mitarbeitet, die unter Georg Herweghs Namen in 30 Bändchen zwischen 1839 und 1853 veröffentlicht wurde. Friedrich von Bodenstedt übertrug Puschkin, Lermontow und andere russische Dichter (1843). In der zweiten Jahrhunderthälfte blieb man dieser Verpflichtung zur Einbürgerung der Weltliteratur treu, es wurden vor allem Lyriker aus dem Spanischen, Italienischen, Altfranzösischen und Persischen übersetzt. Was Emanuel Geibel 1843 und Adolf von Schack 1845 begonnen hatten, führten Wilhelm Hertz und Paul Heyse seit 1860 weiter. Man kann diese Kunst der Übersetzung als Beweis für die Anpassungsfähigkeit und Anschmiegsamkeit der deutschen Sprache ansehen, für die Verfügbarkeit von Reimen und die Leichtigkeit paraphrasierender Wiedergabe.

Goethes Spätwerk

In Goethes Alterswerk wird dieser Zustand der beliebigen Verfügbarkeit überkommener Stile und Formen besonders deutlich, allerdings aus einem Gefühl totaler Vergegenwärtigung heraus, das sich geschichtliche Epochen in souveränem Spiel anverwandelt. Am großartigsten tritt dieser Stilpluralismus im zweiten Teil der *Faust*-Dichtung in Erscheinung. Gewissermaßen sah Goethe sich selbst und sein eigenes Dichten historisch und reflektierte seine persönliche Entwicklung als eine Abfolge notwendiger Metamorphosen, was man an der reichen Sammlung autobiographischer Schriften mit den vielen Nachträgen und Beilagen ablesen kann.

Dennoch waren die letzten Lebensjahre des Dichters nicht ohne leidenschaftliche Erfahrungen: so die Verjüngung während der Reisen an Rhein und Main 1814 und 1815, die im Zeichen der Begegnung mit Marianne von Willemer standen; oder die qualvolle Überwältigung durch den dämonischen Eros 1827 in Marienbad, als der Vierundsiebzigjährige die neunzehnjährige Ulrike von Levetzow umwarb. Doch diese Höhepunkte aufwühlender Erschütterung, in denen die Tragik der *Werther*-Zeit oder das Glücksgefühl von Sesenheim anzuklingen scheinen, werden nicht mehr, wie man erwarten könnte, zu persönlicher Konfession ausgestaltet; sie dienen lediglich als Anlaß für den Rückzug hinter unpersönliche Gedichtformen oder verfremdende Rhetorik. Der strenge Strophenbau der *Marienbader Elegie* oder die Terzinen bei Betrachtung von Schillers Schädel sind Flucht in die Form, sie sichern die gleichmütig sinnende Reflexion ab gegen die bedrängende Wirklichkeit.

Hier bestätigt sich die universalistische Tendenz des Spätwerks, persönliche Erfahrungen zu allgemeingültigem Ausdruck zu steigern und damit zu vergeistigen. In der Dämpfung des Einmaligen und Privaten äußert sich die Bereitschaft zu ausgleichendem Kompromiß, die das Individuelle im Typischen aufgehen läßt. Immer wieder treten deshalb im Spätwerk Formeln auf, die ein gegenseitiges Durchdringen polarer Kräfte zur höheren Einheit postulieren, ohne den Prozeß abschließen zu können, da sich das dialektische Spiel des Lebendigen ständig in höhere Sphären fortsetzt. Typisch sind paradoxe Prägungen wie »offenbar Geheimnis«, »Dauer im Wechsel« oder »im Gegenwärtigen Vergangenes« wie auch die Lieblingsvorstellungen von Zettel und Einschlag, Polarität und Steigerung oder der Verkettung von Glück und Verdienst.[29]

Neben diese Neigung, Persönliches auf verbindliche Gesetze zu beziehen, tritt ein verschwenderischer Reichtum spielerisch gehandhabter Stilformen. Fast alle Töne, die die Tradition der deutschen Lyrik kennt, sind vertreten, vom feierlichen Ernst des Gebets und der esoterischen Beschwörung bis zum Gegenpol grober Verspottung im derben Knittelvers. Zum Volkslied allerdings als schlichtem Ausdruck lyrischen Singens findet Goethe kaum mehr zurück, ebenso fehlt die strenge Verskunst antikisierender Metren. Doch bedeutet die Aufnahme manieristischer Formen des Orients für die poetische Tradition eine Befreiung und Grenzerweiterung. Sogar didaktische Reflexion wird wieder berücksichtigt, und zwar in einem keineswegs geringen Maß. Der alternde Goethe liebt sprichwörtliche Aussagen, sammelt Einfälle und Einsichten von Tag zu Tag und faßt sie als praktische Lebensregel in volkstümliche Vierzeiler. Gegenüber der blassen Spruchweisheit der Zeitgenossen, vor allem Rückerts, sind Goethes Sinngedichte reich an sinnlicher Anschauung und drastischem Wortgebrauch, gelegentlich voll sarkastischer Bosheit.[30]

Der biedermeierlichen Neigung zum Sammeln und Ordnen entspricht im Werk des alten Goethe die Tendenz zum Anlegen von Variationsreihen und Seitenstücken, von Umbildungen und Spiegelungen, schließlich von Zyklen, die kleinste Gruppen wie auch größere Sammlungen umfassen.[31] Damit setzt sich eine neue Form durch, die bezeichnend für die Verskunst des bürgerlichen Jahrhunderts werden sollte und als entscheidendes Ordnungsprinzip die verlorengegangenen Großformen ersetzt. In diesem Zusammenhang ist zu berücksichtigen, daß das Einzelgedicht nicht als Wortkunst und vollkommenes Sprachwerk, sondern nur als Teilaussage von Gedanken und Gefühlen verstanden wurde, also lediglich als momentaner Ausdruck, den man durch Reihung vervielfältigen und ergänzen konnte. Dadurch dehnte sich die Erlebniswelt eines lyrischen Ich aus. Ein notdürftiger Zusammenhang wurde im Thematischen oder in der chronologischen Abfolge hergestellt; so finden sich in den Gedichtsammlungen der Biedermeierpoeten Abschnitte wie »Frühling«, »Liebe«, »Kunst« oder Reiseepisteln und Tagebuchverse. In den überwiegenden Fällen gibt allerdings ein Zyklus nur vor, eine größere Komposition zu bilden; im Grunde handelt es sich bloß um viele selbständige Einzelglieder, deren Verknüpfung unbestimmt bleibt, so daß der Bequemlichkeit von Dichter und Leser Vorschub geleistet wird, was die Popularität dieser Gattung erklären dürfte.[32]

Was bei den Zeitgenossen im günstigsten Fall die Multiplikation von Gedichten rechtfertigt, wird für Goethe die notwendige Aussageform der offenen Struktur, die für die großen Werke seiner Altersperiode bestimmend ist, für die *Wanderjahre* ebenso wie für die *Faust*-Dichtung oder den *West-östlichen Divan*. Einzelaussagen werden hier durch wiederholte Spiegelungen relativiert und in einen größeren Zusammenhang gestellt. Dadurch verlieren einzelne Behauptungen ihre apodiktische Bedeutung, der Leser erhält eher Denkanstöße von allgemeinerem Charakter. Die Summe der Einzelaussagen bildet somit ein offenes Spielfeld mit festgelegten Grenzen, das aber fragmentarisch und mit Aussparungen versehen bleibt. Verbindungen werden angedeutet, Antworten suggeriert, Leerstellen überbrückt, was immer das Supplieren durch den mitdenkenden Leser voraussetzt.

So wird das Gedicht *Eins und Alles* von 1821, aus dem mit Vorliebe die Schlußzeilen: »Denn alles muß in Nichts zerfallen / Wenn es im Sein beharren will« zitiert wurden, acht Jahre später mit *Vermächtnis* beantwortet: »Kein Wesen kann zu nichts zerfallen!« Erst der Doppelaspekt gegenseitiger Einschränkung bezieht die beiden Gedichte auf den intendierten Sinngehalt. Ähnlich liegt der Fall bei *Urworte.*
Orphisch (1818), einer Paraphrase von fünf Begriffen der Vorsokratiker, die in der strengen Form der Stanze abgehandelt werden und schließlich, durch Eingliederung in den Abschnitt *Gott und Welt* der gesammelten Gedichte, Teil eines größeren Zyklus bilden, der Rückblicke auf wichtige Themen des naturwissenschaftlichen Studiums enthält und sich immer wieder der metaphysischen Besinnung auf den Urgrund des Seins zuwendet. Den *Urworten* gab Goethe übrigens einen Prosakommentar als didaktische Spiegelung bei, was er auch bei anderen Zyklen als Alterspraxis befolgte. Bezeichnend für die lässige, scheinbar strenge Gliederung vermeidende Zuordnung disparater Einzelgedichte ist die *Trilogie der Leidenschaft*, in der die *Marienbader Elegie* (1823) als distanzierende Darstellung des persönlichen Abschiedsschmerzes durch ein Auftragsgedicht für eine neue *Werther*-Ausgabe eingeleitet wird; d. h., der Blick wird vorab auf die verhängnisvolle Gemütskrankheit des Romanhelden gerichtet, dann erst auf die tragische Gegenwart; das abschließende Huldigungsgedicht an Marie Szymanowska beschwört die Gewalt der Musik und die Überwindung der Dämonen durch die Kunst.[33] Wenig bekannt sind die zauberhaften Bilder der *Chinesisch-deutschen Jahres- und Tageszeiten* von 1827; hier werden Ausschnitte aus der Wirklichkeit und Augenblicksstimmungen in zart andeutende Zeichensprache übersetzt, was auch für die wenigen Dornburger Gedichte gilt, die Goethe Ende August und Anfang September 1828 schrieb, als er sich nach dem Tod seines lebenslangen Freundes Karl August in die Einsamkeit eines der Saaleschlösser zurückgezogen hatte. In den Versen von *Früh, wenn Tal, Gebirg und Garten* oder *Dem aufgehenden Vollmonde* und *Der Bräutigam* gelingen Goethe »zyklische Einzeltexte«,[34] in denen der lyrische Augenblick als schwebender Zustand sowohl das Vergangene wie Zukünftige umfaßt und zwischen Tagesanbruch und Tagesende, Mittag und Nacht hin- und herspielt, so daß eine bestimmte Zeitangabe nicht mehr möglich ist, da dem Bewußtsein die ganze Fülle der Zeit als absolute Gegenwärtigkeit erscheint. Zugleich verfestigen sich in den eigentümlich verschwimmenden Landschaftsbildern die wenigen aufgezählten Gegenstände zu bedeutungsvollen Chiffren, wobei alles von einer rhythmischen Sprachmelodie getragen wird, die sie der analysierenden Reflexion entzieht.

Diese Stilzüge und Strukturelemente finden sich im *West-östlichen Divan* wieder, allerdings, dem Umfang des Werkes entsprechend, als verwirrendes Spiel mehrfacher Perspektiven und wiederholter Spiegelungen.[35] Das Werk, das 1819 als Buch erschien, wurde im Sommer 1814 in Berka bei Weimar begonnen, als sich Goethe bei Lektüre der Hafis-Übertragung von Hammer-Purgstall zu schöpferischer Aneignung angeregt fühlte. An dem persischen Dichter erkannte er das Verwandte, die Einheit von Sinnenlust und vergeistigter Schau, von anakreontischer Lebensfreude und mystischer Frömmigkeit, ein Dichtertum, das mit heiterer Überlegenheit im Irdischen das Unvergängliche anerkennt. Das Rollenspiel eines persischen Goethe oder modernen Hafis bleibt schwebend, wie ja auch der Titel »west-östlich« ein gegenseitiges Einwirken zweier Kulturen als polares Spiel zu höherer Einheit lenkt. Das Orientalische wird nicht nachgeahmt, sondern klingt nur in Bildern und Metaphern an; einzelne Vorlagen werden frei paraphrasiert; die Gedichtformen bleiben deutsch, auf die Nachbildung von Ghaselen wird kein Wert gelegt. Dazu beschreiben die *Noten und Abhandlungen* als angehängter Kommentar den historischen Gang der Entdekkung und Aneignung des Orients durch den Westen; so wird auch Goethes *Divan* in diesen Prozeß als eine Station der öst-westlichen Begegnung eingegliedert.

Auch die Abfolge der zwölf Bücher als Einzelteile des Zyklus unterstreicht die spielerische Mehrdeutigkeit dieser Kulturrezeption. Jedes Buch ist nur vorläufig abgeschlossen, kann fortgesetzt werden, bleibt offen. Der Zustand der Fertigstellung wechselt von Buch zu Buch, es gibt Teile, die fragmentarisch wirken; *Buch Timur* und *Buch des Parsen* sind kaum über die Anfänge hinausgekommen, ihre Themen werden angeschlagen, aber nicht entwickelt. Die Offenheit für Nachträge und Zusätze, diese beabsichtigte Unvollständigkeit verleiht dem *Divan* den einzigartigen Charakter freier Improvisation und heiterer Gelöstheit, die sich sogar erlauben kann, noch mit den letzten Dingen zu spielen.

Während das erste Buch am deutlichsten die biographischen Elemente durchscheinen läßt und stellenweise noch als Reisetagebuch den Bezug zur Gegenwart bewahrt, finden sich hier schon wie in einer Ouvertüre die Hauptmotive der folgenden Abschnitte (Liebe, Wein, Kampf) angegeben. Einzelne Gedichte antizipieren sogar schon die Jenseitigkeit des Paradieses, neben dem berühmten *Selige Sehnsucht* vor allem das Anfangsgedicht *Hegire* (»[...] Dichterworte / Um des Paradieses Pforte / Immer leise klopfend schweben«).[36] Das letzte Buch des *Divan* gibt, ähnlich der Schlußszene der *Faust*-Dichtung, keinen Abschluß, sondern den Ausblick auf eine unendliche Kette von Verwandlungen, bis zum Verschweben-Verschwinden im Anschauen ewiger Liebe (*Höheres und Höchstes*).

Bei der unerschöpflichen Fülle dieser Sammlung kann kein Einzelbeispiel genügen; dennoch sei wenigstens das erste der »im engeren Sinne lyrischen Gedichte«[37] kurz betrachtet:

Phänomen
Wenn zu der Regenwand
Phöbus sich gattet,
Gleich steht ein Bogenrand
Farbig beschattet.

Im Nebel gleichen Kreis
Seh' ich gezogen,
Zwar ist der Bogen weiß,
Doch Himmelsbogen.

So sollst du, muntrer Greis,
Dich nicht betrüben:
Sind gleich die Haare weiß,
Doch wirst du lieben.

Auffällig ist die Sparsamkeit der Aussagen, nichts wird ausgemalt, es bleibt bei skizzenhafter Andeutung und lakonischem Benennen. Hier redet ein Goethe, der die Wolkensymbolik als Schüler von Luke Howard beachtet und mit seiner *Farbenlehre* einen wissenschaftlichen Beitrag zu leisten glaubte. Der liedhafte Anschein der Verse kann nicht verdecken, daß hier ein geistreicher Einfall zugrunde liegt, der sich zum Epigramm zuspitzen läßt. Die zweite Strophe bringt den gedanklichen Mittelpunkt: »Zwar weiß, doch Himmelsbogen.« Aus dieser meteorologischen Erscheinung leitet der Gealterte, der sich mit humorvoller Selbstironie als »muntrer Greis« anredet, das tröstliche Versprechen neuer Liebe her. So ist das Gedicht ein verhaltenes Loblied auf den alles belebenden Eros, was besonders deutlich wird, folgt man den Motivanklängen der in nächster Nachbarschaft stehenden Gedichte *Erschaffen und Beleben* (»Hans Adam war ein Erdenkloß«) oder *All-Leben* mit dem Schlüsselwort »gruneln«.[38] *Phänomen* entstand am 25. Juli 1814, dem ersten Reisetag. Im Oktober sollte Goethe Marianne von Willemer begegnen.

Bürgerliche Traditionsreihen

Dem Publikum des 19. Jahrhunderts war Goethes Alterswerk zu esoterisch. Man bevorzugte eine Fluchtpoesie des schönen Scheins, die zum erstenmal in der Restaurationszeit feste Formen annimmt. Damals wurden gewissermaßen die Grundlagen zu einer Geselligkeitskultur für Salon und gute Stube gelegt, die in der zweiten Hälfte des Jahrhunderts, d. h. zur Zeit von Realismus, Naturalismus oder Symbolismus, als eine epigonenhafte Tradition überdauern konnte, die sich weder um die Erfassung einer empirischen Wirklichkeit, also den banalen Alltag, bemühte noch sich im Priestertum einer esoterischen Schönheitsreligion von der Wirklichkeit isolierte, sondern weiterhin mit Erfolg eine Welt der unverbindlichen Belletristik herstellte und zu mühelosem Verbrauch bereitstellte. Versdichtungen und Kleinepen, in denen eine dürftige Fabel den Rahmen für eingestreute Liedfolgen abgibt, vermehrten sich. Ihr Erfolg bestärkte das bürgerliche Publikum im Irrtum, gereimte Verszeilen seien Poesie. Diese belanglose Salon- und Familienblattkunst, die bei Julius Wolff und Rudolf Baumbach in den letzten Dezennien des Jahrhunderts ausläuft, wirkte noch bis in die Zeit des Ersten Weltkriegs nach.[39]

Dazu ein paar Beispiele: Nach *Janko, der ungarische Roßhirt* (1842) von Karl Beck, dem *Waldfräulein* (1843) von Joseph Christian von Zedlitz und Gottfried Kinkels *Otto der Schütz* (1846), den bekanntesten Vorläufern, waren die großen Erfolgsschlager *Amaranth* (1849, 36. Aufl. 1886) von Oskar von Redwitz und *Waldmeisters Brautfahrt* (1851, 65. Aufl. 1893) von Otto Roquette, aus dem das Erfolgslied »Noch ist die blühende, goldene Zeit / Noch sind die Tage der Rosen« stammt. Josef Viktor von Scheffels *Trompeter von Säckingen* (1854, 50. Aufl. 1876, 200. Aufl. 1892) blieb konkurrenzlos; am nächsten kam ihm an Beliebtheit der in katholischen Kreisen noch bis in die Gegenwart hochgeschätzte Friedrich Wilhelm Weber mit *Dreizehnlinden* (1878, 70. Aufl. 1896). Ebenfalls ein sprechendes Paradigma für den bürgerlichen Geschmack der nachrevolutionären Epoche ist der erstaunliche Erfolg eines so harmlosen Büchleins wie Friedrich von Bodenstedts *Lieder des Mirza Schaffy* von 1851, das Rückerts beschauliche Spruchdichtung zu kurzen Stammbuchversen vereinfacht und bis Jahrhundertende 150 Auflagen erreichte.

Die Restaurationszeit, die sich das literarische Erbe aus dem 18. Jahrhundert aneignete, bildete somit Entwicklungsanstöße aus, die über das Revolutionsjahr von 1848 hinausreichten und einen bürgerlichen Kunstgenuß im Kaiserreich ermöglichten. Um diesen Tatbestand einer durchgehenden Traditionsreihe noch näher zu belegen, sollen als zeittypische Formen Kirchenlied und Kinderlied sowie die Randgebiete Studentenulk und populäre Liedertexte betrachtet werden. Das *Kirchenlied* wächst gerade in Schwaben im Zuge der pietistischen Erweckung beachtlich an und läßt auf ein großes Bedürfnis nach christlicher Erbauungsliteratur schließen. Verfasser sind zumeist dichtende Prediger, die auf den zersetzenden Geist ihrer glaubenslosen Gegenwart, auf rationalistische Bibelkritik (z. B. *Das Leben Jesu* von David Friedrich Strauß, 1835) und säkularisierende Umschreibung der Evangelien zu Moralunterricht (Leopold Schefers *Laienbrevier*, 1838, 12 Auflagen bis 1859; Friedrich von Sallets *Laienevangelium*, 1842) mit betonter Bibelgläubigkeit antworten. Philipp Spitta war mit *Psalter und Harfe* (1833) so erfolgreich (1845 in 13., 1883 in 50. Auflage), daß er eine zweite Sammlung 1843 herausgab, die 1881 die 34. Auflage erlebte. Albert Knapp, Nachfolger Gustav Schwabs in Stuttgart, der unermüdliche Herausgeber von *Christoterpe, Taschenbuch für christliche Leser* (1833–53), veröffentlichte seit 1829 fromme Gedichte und war verantwortlich für einen *Evangelischen Liederschatz für Kirche, Schule und Haus* (1837). Den größten Erfolg nach 1850 hatte Karl von Gerok, der mit seinen *Palmblättern* (1857, 1902 in 131. Aufl.) einen christlich gemilderten Exotismus Freiligrathscher Prägung anbot. Wesentlich bescheidener wirkte Julius Sturm (u. a. *Fromme Lieder*, 1852; *Gott grüße dich*, 1876), der biedermeierliche Frömmigkeit ins Kaiserreich rettete. Neben den Erbauungsbüchern von Victor von Strauß (u. a. *Das Kirchenjahr im Hause*, 1845) gibt es eigentlich nur *eine* religiöse Dichtung von Rang: *Das geistliche Jahr* der Annette von Droste-Hülshoff. Hier geht es nicht einfach um Erbauung und fromme Paraphrase, sondern persönliches Ringen und innerer Glaubenszweifel, der nach Glaubensgewißheit verlangt, werden hier überzeugend gestaltet. Ursprünglich als Andachtsbuch für die Großmutter begonnen (1819), wurde es später (1839/40) als Spiegelung einer geistig-geistlichen Krise beendet. Hinter der traditionellen Barockrhetorik des religiösen Schrifttums wird die Betroffenheit der Dichterin spürbar, die sich als Zweifelnde einer glaubenslosen Zeit gegenüber sieht und um einen Ausweg kämpft. Hier ist Tradition umgeformt zum Ausdruck individueller Erfahrung.

Es kann weiter nicht überraschen, daß in einem Zeitraum, der dem Gebrauchswert der Lyrik so hohe Bedeutung beimißt, auch das *Kinderlied*, das Teil der pädagogischen Bestrebung der Aufklärung war (Adolf Overbeck, der vor allem wegen seines Gedichts *Komm, lieber Mai, und mache* aus *Fritzchens Liedern*, 1781, bekannt geworden war), erneut aufblüht. Die Entwicklung ist um so verständlicher, als man sich dem Familienkreis und der häuslichen Erziehung zuwendet. Was für viele eine erste Begegnung mit Dichtung im frühen Kindesalter darstellte, war zur Biedermeierzeit entstanden. So verdanken wir dem frommen Erzähler Christoph von Schmid, der immer als Verfasser der *Ostereier* erscheint, das Lied *Ihr Kinderlein, kommet* und dem ebenso subaltern moralisierenden Fabeldichter Wilhelm Hey die Texte *Weißt du, wieviel Sternlein stehen* und *Aus dem Himmel ferne*, außerdem entstanden damals unsere wichtigsten Weihnachtslieder: *Stille Nacht, heilige Nacht* (1818), *O du fröhliche, o du selige* (1819) und *O Tannenbaum* (1824). Weihnachten 1844 schuf der Arzt Heinrich Hoffmann auch seinen *Struwwelpeter*. Am bedeutendsten ist der vazierende Germanist Heinrich Hoffmann von Fallersleben (1798–1874), der wegen seiner freisinnigen Lieder sein Amt verlor, aber auch die wohl schönsten Kinderlieder der Epoche geschrieben hat. Seine Sammlungen erschienen seit 1835 und wurden immer wieder nachgedruckt und erweitert.[40] Am bekanntesten sind: *O wie ist es kalt geworden*; *Kuckuck, Kuckuck ruft aus dem Wald*; *Alle Vögel sind schon da*; *Summ summ summ / Bienchen summ herum*; *Morgen kommt der Weihnachtsmann*; *Winter, ade! / Scheiden tut weh*; *Ein Männlein steht im Walde*. Über Friedrich Güll, Paula Dehmel und Gustav Falke führt dann der Weg zur zeitgenössischen Kinderlyrik.

Eine ganz eigene Literatursparte, die meist ignoriert wird, aber für das Bürgertum des 19. Jahrhunderts eine lebendige, wenn auch nicht immer gute Beziehung zur Literatur bildet, stellt das *Studentenlied* mit allem Blödsinn dar, der damals als Humor galt. 1815, in dem Jahr, in dem die Burschenschaft in Jena gegründet wurde, erschien das *Neue deutsche allgemeine Commers- und Liederbuch*, das kein Geringerer als der vielseitige Theologe und Pädagoge Gustav Schwab herausgab. Die Commersbuchlyrik reicht vom Ernst feierlicher Bundeslieder mit patriotischer Weihe und pathetischer Freiheitsliebe im Stil von Arndt und Schenkendorf bis zu den derben Couplets und dem parodistischen Ulk für trinkfeste Altherren in vorgerückter Stunde. Hier werden Ansätze aus der Bardenpoesie und der Freimaurertradition des 18. Jahrhunderts verarbeitet und Konventionen geschaffen, die bisher jedes politische Regime zu überdauern wußten. Die 1844 von dem Holzschneider Kaspar Braun und dem Schriftsteller Friedrich Schneider in München gegründete Zeitschrift *Fliegende Blätter* war das Forum für diese komischen Sänger. Hier ließ Viktor von Scheffel zuerst seine *Lieder eines fahrenden Schülers* erscheinen (1846/47), die den Grundstock seiner später so erfolgreichen Sammlung *Gaudeamus* (1868, 59. Aufl. 1896) bildete. Gemilderte Satire und harmloser Jokus zeichnen auch die anonyme Gedichtsammlung *Musenklänge aus Deutschlands Leierkasten* aus, die 1849 in Leipzig erschien und 1884 als 16. Auflage in Reutlingen gründlich entpolitisiert wurde. Herausgeber waren Karl Herloßsohn, bekannt als Dichter des seinerzeit so beliebten *Zerdrück die Träne nicht in deinem Auge*, Rudolf Löwenstein, Schriftleiter des 1848 in Berlin gegründeten *Kladderadatsch*, und David Kalisch, der erfolgreiche Verfasser von Volksstücken und Possen mit Gesang. Unter weiteren Beiträgern bemerkt man erstaunt den harmlos-liebenswürdigen Zeichner Ludwig Richter. Bei dieser Sammlung, die so ganz dem Geist des vormärzlichen Biedermeier entspricht, handelt es sich, von geringen Ausnahmen abgesehen (wie dem Spottlied auf die Freifrau von Droste-Vischering, die beim Heiligen Rock von Trier ein Heilungswunder erlebt haben wollte, oder das Lied vom Bürgermeister Tschech, der am 26. Juli 1844 ein Attentat auf Friedrich Wilhelm IV. unternommen hatte), meist um parodistische Ritterballaden, wie die um *Wolf von Rolfeck und Rolf von Wolfeck*, um Moritaten, um Wanderburschenlieder mit umgangssprachlichen Wendungen oder um bloße Kalauer und Unsinnsreime. Das Thema mit Variationen *Wenn der Mops mit der Wurst über'n Spucknapf springt* wirkte untergründig nach bis zu Leonhard Franks *Im letzten Wagen*.

Und diesem Bereich entstammt der ursprüngliche »Biedermaier«. Der Arzt Adolf Kußmaul und der Jurist Ludwig Eichrodt parodierten das 1845 im Selbstverlag erschienene treuherzig-naive Buch *Die sämmtlichen Gedichte des alten Dorfschulmeisters Samuel Friedrich Sauter* und ließen ihre Versuche unter dem Titel *Auslerlesene Gedichte von Weiland Gottlieb Biedermaier* in den *Fliegenden Blättern* erscheinen (1855–57). Der Name ist eine Zusammenziehung aus Schartenmayer und Biedermann nach Gedichten des damals auch der satirischen Muse dienenden Friedrich Theodor Vischer.[41] Eichrodts Gedichte sind vergnügliche Scherze; im Commersbuch steht seine Parodie von Schillers Räuberlied als *Lied der Landwirte*: »Ein freies Eigen bauen wir, die Flur ist unsre Wonne.«[42] Den Bildungsphilister verspottete er mit Biedermaiers *Großer deutschen Literaturballade*, in der er durch Mischung der Stile die Abgenutztheit der poetischen Phrasen entlarvte:

> Gegen Abend in der Abendröte,
>   Ferne von der Menschen rohem Schwarm,
> Wandelten der Schiller und der Göthe
>   Oft spazieren Arm in Arm.
> Sie betrachteten die schöne Landschaft,
>   Drückten sich die großen edlen Händ',
> Glücklich im Gefühl der Wahlverwandtschaft
> Unterhielten sie sich exzellent.[43]

Die Satire bleibt liebenswürdig. Plump sind dagegen die Travestien unbekannter Reimschmiede. Ein Anonymus parodierte Uhland, ließ sich aber die politische Satire entgehen und landete prompt bei Bruder Saufaus: »Ich hab' einen Kameraden, einen schlimmern find'st du nit. / Denn ach, wohin ich schreite, er wackelt mir zur Seite in gleichem Schritt und Tritt.«[44] Ebenso wird Heines *Lorelei* immer wieder und wenig geistreich parodiert, etwa mit der Weise »daß ich so durstig bin«, wobei eine gewisse Kneipe dem Sänger nicht aus dem Sinn kommt.[45] Schon in diesem Zeitraum macht sich der doppelte Moralstandard des Bürgers geltend. Nur für Männer, und zwar Akademiker, versteht sich die Produktion des derbkräftigen Bayern Carl Theodor Müller (1796–1873), der sich im Unterschied zu den vielen dichtenden Müller in der deutschen Literatur Saumüller nannte, da er das Anstößige liebte und eine gewöhnliche außerliterarische Sprache bevorzugte. Seine *Gedichte und Lieder im Geiste Marc. Sturms*, die sich auf einen grobkernigen Volksprediger, den Augustiner Marcellinus Sturm, beziehen, erschienen seit 1826 in mehreren Auflagen. Er schoß den Vogel ab mit seiner Travestie von Schillers *Glocke* in der Medizinergroteske *Das Lied von der Geburt*. Diese Art von Unsinnspoesie erreicht im Kaiserreich ihren Höhepunkt bei Heinrich Seidel und Johannes Trojan, die den *Allgemeinen deutschen Reimverein* gründeten.[46]
Der Vollständigkeit halber und wegen seiner weiten Verbreitung muß noch ein Grenzgebiet der Lyrik erwähnt werden: die populären Lieder, die aus Singspielen und Opern übernommen wurden, oder harmlose Texte, die wegen ihrer einfachen rührenden Melodie das Zeitempfinden und den Geschmack bis hinab zu den unteren Volksklassen ansprachen. Es waren Rollenlieder, Wechselgesänge oder Lieder für Einzelstimme mit Chor, die in leichter Bearbeitung für Klavierbegleitung vorlagen.[47]

Noch heute hat sich viel aus diesem Bereich erhalten. Von der vorhergehenden Generation übernahm man als Lieblingslieder Johann Martin Millers *Was frag ich viel nach Geld und Gut*, Martin Usteris *Freut euch des Lebens* (1793) und Kotzebues *Es kann ja nicht immer so bleiben* (1803). Christoph August Tiedge, Verfasser des erfolgreichen Lehrgedichts *Urania über Gott, Unsterblichkeit und Freiheit* (1801, 1862 in 18. Aufl.), steuerte zwei Schlager bei: *Schöne Minka, ich muß scheiden* (1809) und *An Alexis send ich dich*, das vom Weimarer Kapellmeister Himmel vertont wurde und noch zu Anfang unseres Jahrhunderts in den Klavierschulen unter den ersten leicht-zuspielenden Melodien zu finden war.

Daneben gab es die erfolgreichen Küchenlieder mit den simplen, einprägsamen Melodien und der weinerlichen Sentimentalität: *Ach, wie ist's möglich denn* und *Du, du liegst mir im Herzen*; *Es war einmal ein treuer Husar*; weiterhin *Ob ich dich liebe, frage die Sterne* von Karl Herloßsohn oder *Mein Herz, ich will dich fragen* aus *Der Sohn der Wildnis* (1842) von Friedrich Halm, mit den berühmten Zeilen »Zwei Seelen und ein Gedanke, zwei Herzen und ein Schlag«. Ein anderer großer Erfolg, der den sogenannten Humor treuherzig abwandelte, wurde das Mantellied *Schier dreißig Jahre bist du alt* aus Karl von Holteis Liederspiel *Lenore* (1829). Aus Webers *Freischütz* (1821) stammt der *Schöne, grüne Jungfernkranz*, der Heine den Aufent-halt in Berlin verleidete, aus Flotows *Martha* (1847) die berühmte *Letzte Rose*, später parodiert als *Letzte Hose*. Besonders populär waren Lieder aus den Volksstücken von Ferdinand Raimund, die noch bis weit in unser Jahrhundert hinein in den Radio-wunschkonzerten gespielt werden: das Hobellied aus dem *Verschwender* (1834) oder *Brüderlein fein* aus *Der Bauer als Millionär* (1826) und *So lebe wohl, du stilles Haus* aus *Alpenkönig und Menschenfeind* (1828).

Man muß sich diese Zusammenhänge vergegenwärtigen, die Breitenwirkung dieser unpolitischen, zutiefst reaktionären Gesinnung, die aus dem Biedermeier über die Revolutionszeit hinausreicht und während des Kaiserreichs in trivialisierter, schein-bar volkstümlicher Geselligkeit mit den Surrogaten einer heilen Welt nur noch der billigen Unterhaltung dient, um verstehen zu können, wie sich der vom Gefühlsdunst umnebelte Bürger politisch manipulieren ließ.

Der dichterische Beitrag

Zwar ist vieles aus jener Zeit durch die beiden Weltkriege verschüttet worden, aber noch immer stammen die meisten Gedichte, die in den Lesebüchern der Volksschulen und Gymnasien das Verständnis für deutsche Dichtung gemodelt haben und durch Aufnahme in lyrische Anthologien immer wieder vor dem Vergessen bewahrt wur-den, aus der Biedermeierzeit. So überlebten manche Dichter durch ein oder zwei Gedichte, die zum eisernen Bestand unserer lyrischen Tradition gehören.[48] Gerade bei solchen hartnäckig tradierten Gedichten fällt auf, daß weniger der Text, sondern meist die Melodie es war, die den Erfolg bewirkte. Und es sind nicht nur die anspruchsvollen Kompositionen von Schubert, Mendelssohn oder Schumann, son-dern die simplen, leicht eingängigen Weisen eines Friedrich Silcher, Franz Abt oder Carl Loewe. Oft ist uns die Rezeption dieser Werke als nur sprachliche Gebilde, also ohne Musik, kaum mehr möglich. Zum Beispiel kann man Chamissos *Frauen-Liebe und -Leben* (1831), einen Zyklus, der in knappen Rollenliedern Momente aus dem Leben einer Frau schildert, kaum lesen, ohne Schumanns Vertonung mitzuhören. Es versteht sich jedoch von selbst, daß den führenden Dichtern der Restaurationszeit ein beträchtlicher Anteil an unserem lyrischen Kanon zukommt. Ludwig Uhlands (1787–1862) Beispiel ist hier bezeichnend; seine Produkte werden oft bagatellisiert, aber für die Biedermeiergesinnung galt er als der notwendige Gegenpol zu Heinrich Heine, dessen Mischung von Grazie und Ironie als Verfälschung des echten Volkslieds abgelehnt wurde. Neben erzählenden Gedichten wie *Als Kaiser Rotbart lobesam* oder *Des Sängers Fluch* ist Uhlands wichtigster Beitrag das volkstümliche Lied in spätromantischer Vereinfachung: *Bei einem Wirte wundermild, Droben stehet die Kapelle, Die linden Lüfte sind erwacht, Dies ist der Tag des Herrn, Es zogen drei Bursche wohl über den Rhein* und *Es gingen drei Jäger wohl auf die Birsch.* Diese Lieder treffen den Ton und die moralische Haltung einer gutbürgerlichen Welt. Die Verbreitung der Sammlung der Gedichte von 1815, die 1831 erst in 5. Auflage erschien, stieg danach steil an bis zur 50. Auflage von 1866.[49] An diesen Versen ist alles eindeutig und durchsichtig, keine Fragen bleiben hier offen, die Romantik ist faßbar und leicht rezipierbar gemacht. Das gilt, sieht man von Mörike oder dem Außenseiter Wilhelm Waiblinger ab, für alle Dichter der Schwäbischen Schule, was Goethes Kritik vom »sittig-religiös-poetischen Bettlermantel«[50] anspricht.

Justinus Kerner (1786–1862), der spätromantische Arzt aus Weinsberg, dessen gastliches Haus für einen stets wachsenden Freundeskreis offenstand, führt durch seine vielseitigen Beziehungen zu anderen Ländern und Staaten aus der provinziellen Enge heraus. Seine Gedichte, die an das *Wunderhorn* anknüpfen, zeigen oft eine Ähnlichkeit mit Eichendorff. *Der Wanderer in der Sägemühle*, seine bedeutendste Leistung, verbindet im schlichten Volksliedton mit dem eindeutigen Hinweis auf die frisch geschnittenen Bretter behutsam die augenblickliche Rast und die ewige Ruhe im Tode. Gustav Schwab (1792–1850) führt dagegen in seinen gereimten Anekdoten *Das Gewitter* (»Urahne, Großmutter, Mutter und Kind«) und *Der Reiter auf dem Bodensee* vor, wie die Popularromantik zu hausbackener Moral und spießiger Enge absinkt.

Abseits davon steht Adelbert von Chamisso (1781–1838), der mit Schwab den *Deutschen Musenalmanach* (1833–39) herausgab und sich mit ihm überwarf, als er für Heinrich Heine eintrat. Chamisso, der im Exil lebende französische Adlige, der Heimatlosigkeit als persönliche Erfahrung gestaltete, neigte bei der Behandlung von Sage und Anekdote zu überraschenden Wendungen und untergründiger Sozialkritik (*Das Riesenspielzeug, Die Weiber von Winsperg*) und versuchte Terzinen als Erzählvers einzubürgern (*Salas y Gomez, Das Mordtal, Die Retraite*). Wichtiger als seine zur frühen Sozialkritik gezählte *Alte Waschfrau* (1833), die »ausgefüllt mit treuem Fleiß / Den Kreis, den Gott ihr zugemessen«, ist die mit melodramatischen Effekten verstärkte scharfe Anklage (*Der Bettler und sein Hund, Vergeltung, Der Graf und der Leibeigene, Die Sonne bringt es an den Tag*). Oft erzählt er literarisch vorgeformte Stoffe nach, häufig mit skurrilem Humor (*Böser Markt, Der rechte Barbier, Hans im Glück*). Es zeigt sich hier zumindest ein Bemühen um wirkungsvolles Sprechen und um einen eigenen Ton, der die nivellierenden Verse der populären Liedersänger überwinden will. Teilweise läßt sich diese Tendenz auch für einen Sprachbastler wie August Kopisch (1799–1853) reklamieren, den Entdecker der Blauen Grotte auf

Capri, der Goethes *Hochzeitslied* in seinen *Heinzelmännchen von Köln* ausgeschlachtet hat und sich in seiner Verspieltheit oft mit dem Humor Mörikes trifft. Während freie Rhythmen, die einen wirklichen Durchbruch durch die Zwänge der Konvention erlaubt hätten, trotz Heines *Nordsee* in diesem Zeitraum wenig genutzt wurden, da man sich lieber auf das sichere Fundament von Reim und Metrum stützte, intensivierten einzelne Autoren die Kunst der metrischen Reimzeile. In der richtigen Einsicht, daß auch die feierliche, von der Motorik des langen Atems getragene Redeweise ihre entsprechenden Themen hatte, bildete man die Langzeile aus und benutzte die langhinrollenden Wortreihen und den Spannungsbogen ausgreifender Sätze für schwungvolle Begeisterungsappelle. Neben den *Griechenliedern* (1821–24) von Wilhelm Müller und den Napoleon verherrlichenden *Kaiserliedern* (1835) von Franz von Gaudy haben vor allem Anastasius Grün (1806–76) und Ferdinand Freiligrath (1810–76) den Anwendungsbereich der Langzeile durch rhythmische Auflockerung erweitert: Grün in der satirischen Zeitdichtung *Spaziergänge eines Wiener Poeten* (1831) durch spielerische Variation des gewichtigen Tons, Freiligrath in seiner Sammlung *Gedichte* (1838) im Abschnitt »Alexandriner«, wo er das steife Versmaß in allen möglichen Abwandlungen vorführte. Außerdem bemühte sich Freiligrath in seinen exotischen Schilderungen, die an die Wüstenkunst französischer Romantiker erinnern, um unerhörte, noch nicht gebrauchte Reime und verlieh dem Echospiel, das sich durch den Zuwachs der romanischen Klangformen abgenutzt hatte, neuen Glanz.

Unter den großen Lyrikern dieser Epoche erscheint Nikolaus Lenau (1802–50) am stärksten als Exponent einer allgemeinen Zeitstimmung. Sein Weltschmerz, der ihn mit Byron, Lermontow oder Leopardi in eine europäische Bewegung stellt, ist allerdings ebenso Ausdruck einer persönlichen Veranlagung, seiner individuellen Neigung zur Schwermut. Daneben besitzt er die schwungvolle Gestik und pathetische Gebärde des spätromantischen Poeten. Bei ihm ist der Weltuntergang keine apokalyptische Katastrophe, sondern ein lautloses Zerfallen, ein Untergang in Stille. »Der Himmel ließ, nachsinnend seiner Trauer / Die Sonne lässig fallen aus der Hand«, heißt es am Schluß von *Himmelstrauer*. »Die ganze Welt ist zum Verzweifeln traurig«, endet das zweite Sonett *Einsamkeit*. Seine *Schilflieder* von 1832 zeigen diese Trauer in der Natur als Spiegelung der verzweifelten Seele des Menschen. In den *Waldliedern* (1843) äußert sich dagegen eine pantheistische Mystik als Verlangen nach Erlösung, die er in der ursprünglichen Natur Nordamerikas, wo er 1833 weilte, allerdings nicht gefunden hatte. Stärker als die pathetischen Gesänge um Urwald und Niagara (wie sie die Gruppe *Atlantica* in den *Gedichten* von 1844 enthält) wirkten die Genrebilder aus seiner ungarischen Heimat: *Die drei Zigeuner* und *Die Heideschenke*. Der Wohlklang seiner Verse kommt am vollkommensten in der ersten Strophe von *Bitte* zum Ausdruck (»Weil auf mir, du dunkles Auge«), wo sich die natürliche Wortmelodie von Beiwort zu Beiwort steigert und schließlich in der Anrede ausklingt: »Ernste, milde, träumerische, / Unergründlich süße Nacht«.

Im Gegensatz dazu ist August von Platen-Hallermünde (1796–1835), der seit 1826 in Italien in freiwilligem Exil lebte, ein Dichter gegen die Zeit, der sein Ideal der unpersönlichen Formkunst bis zur Selbstverleugnung verfolgte. Von Rückert angeregt, entwickelte er die Ghasele, die wegen der gleichbleibenden Reime leicht in Künstelei ausartet, zu einer, soweit das überhaupt im Deutschen möglich ist, graziösen, anmutigen Gedichtform. Hier konnte er seine persönliche Erschütterung, bedingt durch seine homoerotische Veranlagung, distanziert in orientalischer Verfremdung darstellen (Sammlungen der Gedichte von 1821 und 1823). Ebenso gekonnt sind seine Sonette, unter denen der Zyklus *Venedig* (1825) historische und kunstgeschichtliche Themen mit der sehnsüchtigen Erinnerung des Reisenden verschmilzt und in einer Folge von plastisch geformten Sinnbildern alles Stoffliche in die Region der reinen, vergeistigten Schönheit erhebt. Platens Motiv des persönlichen Opfers, das vom Künstler im Dienst der Formvollendung gefordert wird, verleiht seinen so unpersönlich scheinenden Gedichten einen Anflug von Melancholie; doch überwiegt die lakonische, spröde Ausdrucksweise, die er der Redseligkeit der Zeit entgegenstellt. Seine kühle, distanzierte Haltung verhinderte allerdings auch größeren Erfolg. In seinen letzten Jahren ließ sich Platen von seinem Formfanatismus zur Wiedergabe von antiken Metren gegen den deutschen Sprachrhythmus in Oden und hymnischen Gedichten verleiten; das Ergebnis war eine Bildungspoesie, die nicht rezitiert und gehört, sondern nur nach vorgestelltem metrischen Schema als stumme Partitur gelesen werden kann.

Ähnlich verhalten und unpersönlich in kompromißloser Strenge erscheint die lyrische Kunst der Annette von Droste-Hülshoff (1797–1848). Ihr herber, spröder Stil widerstrebte dem biedermeierlichen Verlangen nach gefälligen Versen. Lieder gibt es bei ihr nur im Frühwerk, ihre Gedichte zeigen keine Tendenz zur Sangbarkeit, sondern bevorzugen die strenge Architektonik der langen mehrzeiligen Strophe. Die Neigung zum scharf beobachteten Detail läßt einen realistischen Gestaltungswillen erkennen, aber die überdeutliche Beleuchtung der bewußt isolierten Einzeldinge verrät ein kompositorisches Formgesetz, das die Wirklichkeit von einem metaphysischen Sinnzusammenhang aus betrachtet und nur als Erscheinungsform und allegorisches Zeichen für christlichen Dualismus versteht. So sehr Annette von Droste-Hülshoff auch ihre Heimat Westfalen mit sinnenhafter Unmittelbarkeit zu vergegenwärtigen weiß, immer richtet sie ihre Gedichte auf den überweltlichen Sinnbezug von Schuld und Sühne, Bedrohung und Geborgenheit oder Sünde und Erlösung. Neben den oft als Heimatkunst mißverstandenen Heidebildern und den Zeitgedichten, in denen sie ihre konservative Gesinnung einer ethischen Bindung an die Vergangenheit mit rhetorischem Pathos vertritt, erreicht sie ihre künstlerisch überragende Leistung in den symbolischen Bekenntnisgedichten der Spätzeit, während der beiden Meersburger Aufenthalte 1841/42 und 1843/44. Ausgehend von einer ganz bestimmten Situation (*Im Moose, Im Grase, Die Taxuswand, Die tote Amsel*), überwindet sie reflektierend den gegenwärtigen Augenblick mit seiner individuellen Problematik, um zur überpersönlichen Darstellung der menschlichen Existenz vorzudringen. Was sie als Frau erlebt an Einsamkeit und Angst (*Das Spiegelbild*), an Zweifel und Trost (*Mondesaufgang*) oder als Protest gegen die Fesselung durch die Konvention (*Am Turm*), wird ausgeweitet zur Erkenntnis allgemein menschlicher Erfahrung.

Das Gedicht *Im Moose*[51] zeigt die Eigenart ihrer Kunst – nicht nur in der strengen Architektonik der acht gleichmäßig gebauten sechszeiligen Strophen, sondern ebenso im verhaltenen Ton reflektierender Betrachtung, der die einzelnen Bilder aus Erfahrung, Erinnerung und Traum im Bewußtsein zur Einheit verschmilzt. Die drei Strophen am Anfang geben Ort und Zeit an, Dämmerstunde im Wald; aus der nahen Wohnung leuchtet die Lampe als »der Heimat Licht«; es ist so still, daß man das

Nagen der Raupe und das Schlagen des eigenen Herzens hört. »Fast war es mir, als sei ich schon entschlafen.« Die vierte Strophe deutet kurz den Rückblick auf die Kindheit und das Bewußtwerden der Gegenwart an und leitet über zum eigentlichen Kernstück des Gedichts, der Zukunftsvision in den Strophen fünf bis sieben. Das Ich sieht sich »gar gebückt und klein«, wie es »staub'ge Liebespfande« ordnet und dabei der verstorbenen Angehörigen gedenkt. Es ist wiederum ein Rückblick auf Vergangenes, aber diesmal von einem zukünftigen Zeitpunkt aus. Das Thema der Vergänglichkeit wird in der siebenten Strophe hervorgehoben, als das Ich sich im Gebet vor dem Grabmonument der Verwandten sieht; doch der Höhepunkt wird erreicht in der Vision des eigenen Todes:

> Und noch zuletzt sah ich, gleich einem Rauch,
> Mich leise in der Erde Poren ziehen.

Das lautlose Vergehen wird hier in ein unvergeßliches Bild gebannt. In kunstvoller Verschränkung hat die Dichterin vor dieses persönliche Ende den Weckruf der Wirklichkeit gestellt: den Wachtelschlag und kühlen Hauch, die das Ich aus dem lähmenden Angsttraum schrecken. »Wie einer, der dem Scheintot erst entrann«, taumelt das Ich durch den nächtlichen Wald heimwärts. Aber was anfangs als »der Heimat Licht« tröstliches Zeichen schien, wirkt jetzt, nach dieser Erfahrung der Entrückung, unwirklich und fragwürdig. Die Zweifelnde weiß nicht mehr, ist es »wirklich meiner Schlummerlampe Schein / Oder das ew'ge Licht am Sarkophage«.

Man zögert, an Grüns *Familiengemälde* zu erinnern, das aus ähnlichen Motiven wie Vergänglichkeit, Familienordnung und Generationswechsel eine idyllische Situation entwarf und in allem der konventionellen Verskunst des Biedermeier verpflichtet blieb. Bei der Droste werden im Bewußtsein eines dichterischen Ich die Zeitstufen Vergangenheit, Gegenwart und Zukunft als überzeitlicher Augenblick erlebt, als Offenbarung der menschlichen Existenz. Die Zeichen der Wirklichkeit (»Raupe«, »Lampe«, »Wachtelschlag«) werden im Kontext doppelsinnig und verwandeln sich in religiöse Chiffren. Der Trost der Auferstehung behauptet sich gegen Tod und Vergänglichkeit. Es spricht aber für die Ehrlichkeit dieses Gedichts, daß trotz der Glaubensverheißung am Schluß (»ew'ges Licht«) der Ton angstvoller Betroffenheit und menschlicher Anteilnahme erhalten bleibt:

> Sah über die gefurchte Wange mir
> Langsam herab die karge Träne quillen.

Vom Biographischen her erscheint Eduard Mörike (1804–75) innerhalb eines bürgerlichen Wertsystems als lebensuntüchtiger Hypochonder. Seine Persönlichkeit bildet eine seltene Synthese von kindlicher Verspieltheit, behaglichem Humor und hintergründiger Phantastik, von scheuem Selbstbekenntnis und tiefsinniger Arabeske. Wichtig war für ihn die Tradition der griechischen Antike; nach der *Classischen Blumenlese* (1840) übersetzte er Theokrit und die Idylliker (1855) sowie Anakreon (1864), deren anmutige Heiterkeit und Kunst der malenden Beschreibung auf seine eigenen Gedichte eingewirkt haben. Bei aller scheinbaren Lässigkeit ist Mörike, wie das unablässige Feilen an seiner Lyrik beweist (Ausgaben von 1838, 1848, 1856 und 1867), ein bewußter Sprachkünstler, der die traditionellen Formen souverän beherrscht. Sieht man von dem 1824 begonnenen frühen Zyklus *Peregrina* ab, der Mörikes Abwehr des dämonischen Eros bekundet, so findet man überall in seinem Gedichtwerk einen gelösten, entspannten, frohen Ton. Die Reichweite der ihm zur Verfügung stehenden Formen ist überraschend groß und erklärt sich leicht aus seiner eigentümlich vielseitig gemischten Persönlichkeit. Neben Liedern im Volksliedton (*Das verlassene Mägdlein, Die Soldatenbraut, Der Gärtner*) gibt es die antikisierende Hexameteridylle als Spießersatire (*Häusliche Szene*) oder als Naturbetrachtung (*Die schöne Buche*), Bekenntnisgedichte mit der Weltfrömmigkeit des »holden Bescheidens« und Rückzugs in die Stille (*Gebet, Verborgenheit*) und einem beträchtlichen Anteil an Widmungs- oder Gelegenheitsversen und an verspielten Kindergedichten. Aber auch erotisches Wagnis und revolutionäre Erschütterung kommen in der friedlichen Welt dieses Dichters vor, wenn auch behutsam verfremdet (*Begegnung, Der Feuerreiter*). Wie sein Landsmann Karl Mayer, der einstrophige Kurzgedichte schrieb, weiß auch Mörike einen Augenblick oder eine Stimmung in wenigen Zeilen im Wesenskern zu erfassen und auszudrücken (*Septembermorgen, Frühling, Auf ein altes Bild*). Größere Gedichte zeigen auf ähnliche Weise Mörikes Einsicht in die Vergänglichkeit der Zeit; hier wird der Moment zur Epiphanie des menschlichen Schicksals, das seinen dunklen Schatten gedämpft über eine besonnte Welt legt (*Erinna an Sappho, Auf eine Aolsharfe, Auf eine Christblume*). Die selige Selbstgenügsamkeit des Kunstwerks, die *Auf eine alte Lampe* programmatisch ausspricht, erreicht Mörike in der Ausgewogenheit und klassischen Vollendung zweier Gedichte, die jeweils in ihren beiden Strophen die Gegensätze und Spannungen der Existenz ins Gleichgewicht vollkommener Ruhe verwandeln: *Um Mitternacht* mythisiert in kunstvollen Metaphern den Zustand des gegenwärtigen Augenblicks auf der Grenzscheide von Gestern und Morgen, während *Denk es, o Seele* sich mit dem Gedanken an den Tod, den das aufblitzende Hufeisen ausgelöst hat, in fast schon heiterer Gelassenheit vertraut macht.

Indem er sich vom schematischen Strophenbau befreit und Gedichte in unregelmäßigen Zeilen wechselnder Länge schreibt, gelingt ihm eine scheinbar ungezwungen plaudernde Sprechweise für seine Geständnisse (*Im Frühling, Fußreise*). Den Rhythmus der natürlichen Sprachmelodie bereichert er um die Ausdruckswerte einzigartiger Wortprägungen und sinnträchtiger Metaphern. Die sinnenhafte Anschauung wird kraftvoll und mit plastischer Fülle gestaltet, die zartesten Empfindungen sind nuancenreich und behutsam angedeutet, gelegentlich scheint Mörike sogar, dem Gesetz der Klangschönheit folgend, in den Bereich absoluter Sprachkunst vorzustoßen und Züge moderner Poesie vorwegzunehmen.

Zu den poetischsten Erfindungen des Dichters zählt die Beschreibung eines Wintermorgens, den das Bewußtsein aufnimmt als »flaumenleichte Zeit der dunklen Frühe« und als »klaren Gürtel blauer Luft«,[52] oder die Wortneubildung »Sternenlüfteschwall«[53] aus dem *Alten Turmhahn*, die den Gruß der Unendlichkeit in das winklige Predigerstübchen fluten läßt. Das Gedicht *In der Frühe*[54] steigert sich nach den selbstquälerischen Sorgen ganz plötzlich zu einem volltönenden befreienden Abschluß im gleichmäßigen Schwingen der o-Laute:

> Freu' dich! schon sind da und dorten
> Morgenglocken wach geworden.

Im *Gesang zu zweien in der Nacht* vollzieht sich die Verwandlung der Welt in ein geheimnisvolles Dunkel mit Hilfe einer Rätselsprache, die nach anfänglicher Verwirrung den Leser einsehen läßt, daß es nur so und nicht anders zu sagen war:

> O holde Nacht, du gehst mit leisem Tritt
> Auf schwarzem Samt, der nur am Tage grünet.[55]

So entwickelt Mörike aus dem Geist der Sprache dichterische Anstöße, die über die Grenzen der biedermeierlichen Literaturkonvention hinausführen und auf die Bildersprache moderner Wortkunst verweisen.

Auf andere Weise, aber ebenso als Neuerer weiterführend, wirkte Mörikes Antipode Heinrich Heine (1797–1856). Als Lyriker wird man ihn im Kontext der Biedermeierdichtung kaum hinreichend würdigen können, dazu waren seine Beziehungen zum bürgerlichen nachromantischen Literaturkanon zu gering.[56] In der Einsicht, daß das Ende der zweckfreien Schönheitskunst und der ästhetischen Formkultur gekommen war, forderte er eine zeitbezogene Literatur, für die er einen neuen aggressiven Prosastil entwickelte und das Gedicht als Waffe schärfte: Lyrik sollte die sozialen Fragen und die philosophischen Ideen der Zeit darstellen. In seinem Gesamtwerk ist der Anteil der tendenzfreien Texte begrenzt, am ehesten findet man Stimmungslyrik und Gefühlsbekenntnis in den frühen Sammlungen, die ins *Buch der Lieder* (1827) eingegangen sind.[57] In den *Neuen Gedichten* (1844) und dem *Romanzero* (1851) überwiegt der Anteil an erzählenden Gedichten und politischer Satire. Aber schon in den frühen, anscheinend so schlichten, volksliedhaften Versen bricht Heine mit der Tradition. Er zerstört die Einheit der Empfindung, die Voraussetzung für liedhaftes Singen, indem er die sentimentale Klage um seine Liebesleiden mit zynischem Witz oder banalem Stilbruch der Lächerlichkeit preisgibt. Was seine zeitgenössischen Kritiker als manieristischen Irrweg mißverstanden, war lediglich Heines folgerichtiges Verhalten einem abgenutzten Liederspiel gegenüber, das nur noch in austauschbaren Einzelstücken willkürlich kombiniert oder mit ironischer Distanzierung nachempfunden werden konnte. So ist Heines Zerrissenheit ein Kunstgriff, um die glatte Oberfläche der Epigonenkunst aufzubrechen, zugleich aber auch Ausdruck seiner widerspruchsvollen Persönlichkeit, die ihre Spannungen und Gegensätze mit gewissem Stolz zur Schau stellt, statt sie, der bürgerlichen Sitte gemäß, zu verdrängen oder wenigstens zu verschleiern. In seiner Rolle als schauspielernder Poseur distanziert sich Heine ironisch auch noch von seinem wirklichen Leiden, das er zum Beispiel darin erfahren hat, daß er sich als bürgerlicher Außenseiter nicht assimilieren konnte, im Exil leben und sich in Haßliebe nach der Heimat sehnen mußte, ganz zu schweigen von der religiösen Glaubenskrise und dem physischen Elend, die ihn in seinen letzten Lebensjahren (*Lamentationen* im *Romanzero*) heimsuchten.

Für einen Dichter, dem eindeutige Aussagen nicht mehr möglich sind, ist die überkommene Sprache ein unbrauchbares Werkzeug. Aber wichtiger als Heine, der Sprachkünstler, der durch artistische Manipulation eine neue lyrische Umgangssprache schafft, ist in unserem Zusammenhang, vor dem Hintergrund der bürgerlichen

Familienkultur des Biedermeier, der Weltbürger Heine, der das moderne Leben in der Großstadt entdeckt, ins Gedicht aufnimmt. (Man muß auf Erich Kästner, Mascha Kaléko oder Joachim Ringelnatz vorausweisen, um eine vergleichbare Lyrik zu finden.) In der Sammlung *Verschiedene* (*Neue Gedichte*), die eindeutige Liebesaffären besingt, erhält Angelique folgende Epistel:

> Ja freilich, du bist mein Ideal,
> Habs dir ja oft bekräftigt
> Mit Küssen und Eiden sonder Zahl;
> Doch heute bin ich beschäftigt.

> Komm morgen zwischen zwei und drei,
> Dann sollen neue Flammen
> Bewähren meine Schwärmerei;
> Wir essen nachher zusammen.

> Wenn ich Billete bekommen kann,
> Bin ich sogar kapabel
> Dich in die Oper zu führen alsdann:
> Man gibt Robert-le-Diable.

> Es ist ein großes Zauberstück
> Voll Teufelslust und Liebe;
> Von Meyerbeer ist die Musik,
> Der schlechte Text von Scribe.[58]

Hier handelt es sich nicht mehr um die romantisch beseelte Liebe mit der Verherrlichung der idealen Geliebten, sondern um eine oberflächliche Beziehung, bei der man sich gegenseitig Gesellschaft leistet, zusammen soupiert und ins Theater geht. Erotik ist in den Tageslauf eingeplant, aber die Karten für die Oper bleiben dem Zufall überlassen. Die Freundin wird spöttisch und herablassend angeredet, wer weiß, wie lange man noch mit ihrer Einfalt Geduld hat. Liebesschwüre und Leidenschaft werden als Phrase und Täuschung entlarvt. Zwischenbemerkungen (»Doch heute bin ich beschäftigt«, »Komm morgen zwischen zwei und drei«, »Wir essen nachher zusammen«) entwerten die ohnehin nicht mehr ernstgemeinten Gefühlsappelle. Ein galanter Liebhaber aus der Zeit des Rokoko hätte seine Rolle mit Stil weitergespielt, aber hier ist alles kleinbürgerlich und alltäglich geworden, eine billige Studenten- und Grisettenliebe.[59] In den beiden Schlußstrophen über den Opernbesuch entfaltet sich ein Spiel des Witzes, indem Reime für Diable und Scribe gefunden werden. Und es ist bezeichnend, daß das Theaterspiel um große Leidenschaft nur ein Zauberstück mit schlechtem Text ist und auf diese Weise noch einmal darauf hingewiesen wird, wie leer und oberflächlich menschliche Beziehungen geworden sind.
Hatte Mörike in bescheidenem unablässigem Bemühen die sprachlichen Ausdruckswerte zu steigern versucht, so stellte sich Heine zynisch gegen eine schöne Scheinwelt und sprach schon als Dichter eines modernen, skeptischen Bewußtseins, das den Zugang zur idyllischen Welt des Biedermeier nicht mehr kannte.

Anmerkungen

1 Mörikes Werke. Hrsg. von Harry Mainc. Bd. 1. Leipzig 1914. S. 125 und 471. Die beiden Strophen erst in der 4. Aufl. der *Gedichte* (1867) zusammengefaßt. – Zur Behandlung als *ein* Gedicht vgl. einen ähnlichen Fall in Dagmar Barnouws *Entzückte Anschauung. Sprache und Realität in der Lyrik Eduard Mörikes* (München 1971. S. 339).

2 Renate von Heydebrand: Eduard Mörikes Gedichtwerk. Stuttgart 1972. S. 5. – Den »Widerspruch gegen die Harmonisierung« kritisiert Friedrich Sengle: Mörike-Probleme. Auseinandersetzung mit der neuesten Mörike-Literatur. In: Germanisch-Romanische Monatsschrift 33 (1951) S. 40.

3 Anastasius Grüns sämtliche Werke. Hrsg. von Anton Schlossar. Bd. 2. Leipzig 1907. S. 11 f.

4 Begriffsbestimmung des literarischen Biedermeier. Hrsg. von Elfriede Neubuhr. Darmstadt 1974. Hier die wichtigsten Aufsätze.

5 Jost Hermand: Allgemeine Epochenprobleme. In: Zur Literatur der Restaurationsepoche 1815–1848. Hrsg. von J. H. und Manfred Windfuhr. Stuttgart 1970. S. 3–61.

6 Friedrich Sengle: Biedermeierzeit. 3 Bde. Stuttgart 1971–80.

7 Begriffsbestimmung des literarischen Biedermeier (Anm. 4) S. 30.

8 Sengle (Anm. 6) Bd. 1. Kap. 5; Bd. 2. Kap. 4.

9 Georg Hermann: Das Biedermeier im Spiegel seiner Zeit. Berlin 1913; Max von Boehn: Biedermeier. Deutschland von 1815–1847. Berlin 1911; Günter Böhmer: Die Welt des Biedermeier. München 1968.

10 Es ist kein Zufall, daß Ernst Keil sein Familienblatt *Die Gartenlaube* (1853–1943) nannte.

11 In der überarbeiteten Neuausgabe (Odenburg 1965) von Georg Hermann (Anm. 9) S. 199:

> Hab du nur deine Lust   Mein Freund, an hohen Gaben
> An eines Mädchens Brust   Wird man sich selten laben
> (usw.)   (usw.)

12 Hermann (Anm. 11) S. 193–210 gibt Beispiele von Versen und Bildern; ebenso Günter Böhmer: Sei glücklich und vergiß mein nicht. München 1973.

13 In den letzten Jahren erschienen Fred Rauch: Was schreibe ich ins Gästebuch? (München 1967) und Irmgard Wolter: Verse fürs Poesiealbum (Wiesbaden 1969).

14 Ludwig Börne: Sämtliche Schriften. Bd. 1. Düsseldorf 1964. S. 432–445.

15 Boehn (Anm. 9) nennt weitere Namen.

16 Grün (Anm. 3) S. 124 f.

17 Sengle (Anm. 6) Bd. 2. S. 471.

18 Ästhetiken von Friedrich Theodor Vischer (1846–57) und Moriz Carriere (1859); Poetiken von Carriere (1854) und Rudolf von Gottschall (1858).

19 Georg Jäger: Das Gattungsproblem in der Ästhetik und Poetik von 1780 bis 1850. In: Zur Literatur der Restaurationsepoche 1815–1848 (Anm. 5) S. 388.

20 Oskar Ludwig Bernhard Wolff: Poetischer Hausschatz des deutschen Volkes. Leipzig ⁵1843. S. 5.

21 J. Schenckel: Deutsche Dichterhalle des neunzehnten Jahrhunderts. Bd. 1. Mainz ²1856. S. xvi.

22 Wolff (Anm. 20) S. 5.

23 Ebd. S. 48.

24 Schenckel (Anm. 21) S. xxiii.

25 Fritz Schlawe gibt eine Tabelle für die Lyriker, aus der Rückerts und Platens Sonderstellung hervorgeht (Neudeutsche Metrik. Stuttgart 1972. S. 99 f.).

26 Sengle (Anm. 6) Bd. 1. S. 594–645: »Töne (generelle Stillagen).«

27 Günter Häntzschel verzeichnet im Nachwort seiner Neuausgabe (Stuttgart 1971. S. 29*) von Rudolf Zacharias Beckers *Mildheimischem Liederbuch* (Gotha 1799) Liedsammlungen für bestimmte Publikumsschichten aus dem späten 18. Jahrhundert.

28 Vgl. seine Aufsätze »Aus Daniel Wunderlichs Buch« (1776) und »Von der Popularität der Poesie« (1784).

29 Allgemein zu Goethes Spätwerk und seiner Lyrik vgl. u. a. Max Kommerell: Gedanken über Gedichte. Frankfurt ²1956; Hans Joachim Schrimpf: Das Weltbild des späten Goethe. Stuttgart 1956; Wilhelm Emrich: Die Symbolik von Faust II. Bonn ³1964.

30 Vgl. Wolfgang Preisendanz: Die Spruchform in der Lyrik des alten Goethe und ihre Vorgeschichte seit Opitz. Heidelberg 1952.

31 Marianne Wünsch: Der Strukturwandel in der Lyrik Goethes. Stuttgart 1975. S. 235–308.

32 Sengle (Anm. 6) Bd. 2. S. 623–625.

33 Vgl. Elizabeth M. Wilkinson: Goethes Trilogie der Leidenschaft. Als Beitrag zur Frage der Katharsis. Frankfurt a. M. 1957.

34 Wünsch (Anm. 31) S. 279 f.

35 Studien zum West-östlichen Divan Goethes. Hrsg. von Edgar Lohner. Darmstadt 1971.

36 Goethes Werke. Hamburger Ausgabe. Hrsg. von Erich Trunz. Hamburg 1949–60. Bd. 2. S. 8.

37 Ebd. S. 558. Das Gedicht. S. 13.

38 Ebd. S. 12 und 18.

39 Aus Rudolf Baumbachs *Liedern eines fahrenden Gesellen* (1878) stammt als falsches Biedermeier das Postkutschenlied *Hoch auf dem gelben Wagen*, das in den siebziger Jahren, von dem damaligen Präsidenten der Bundesrepublik gesungen, ein Schallplattenerfolg wurde.

40 Ludwig Göhring gibt eine ausführliche Beschreibung der einzelnen Ausgaben (Die Anfänge der deutschen Jugendliteratur im 18. Jahrhundert. Nürnberg 1904. S. 105–107).

41 Seine Moritaten legt er einem Bänkelsänger Philipp Ulrich Schartenmayer in den Mund; sie erschienen postum in der Sammlung *Allotria* (1892).

42 Commersbuch. Lahr ²⁷1886. S. 500.

43 Ludwig Eichrodt: Biedermaiers Liederlust. Lyrische Karikaturen. Nachw. von Werner Kohlschmidt. Stuttgart 1981. S. 99–102.

44 Commersbuch (Anm. 42) S. 543.

45 Ebd. S. 546 als »Bier-Lorle«; dort (S. 614) auch eine lateinische Fassung: »Quid hoc sibi velit, ignoro, ut sim sic tristis ego.«

46 Proben bei Horst Kunze: Dunkel war's, der Mond schien helle. München 1964. S. 31–35.

47 So erschienen Melodien zum *Mildheimischen Liederbuch* 1815, 1817 und 1833, zu Hoffmanns *50 Kinderliedern* mit Klavierbegleitung 1843 sowie zu *50 neuen Kinderliedern* 1845.

48 Dies mögen folgende Beispiele illustrieren: *Ein Wanderbursch mit dem Stab in der Hand* und *Herr Heinrich sitzt am Vogelherd* (Johann Nepomuk Vogl); *Zu Mantua in Banden* und *Der Trompeter an der Katzbach* (Julius Mosen); *Es ist bestimmt in Gottes Rat* (Ernst von Feuchtersleben); *Steh' ich in finstrer Mitternacht* und *Morgenrot, Morgenrot* (Wilhelm Hauff); *Du bist die Ruh'* und *Aus der Jugendzeit* (Friedrich Rückert). Franz Kugler, der Schwiegervater von Paul Heyse, verfaßte *An der Saale hellem Strande* und Wilhelm Müller das, aus seinem ursprünglichen Kontext gerissen, eigentlich sinnlose Lied *Das Wandern ist des Müllers Lust* und den *Lindenbaum*.

49 Nur Geibels Erfolg läßt sich dem vergleichen. Seine Gedichte brachten es von 1840 bis 1850 schon zur 20. Auflage, 1884 zur 100. Auflage.

50 Brief an Zelter vom 4. 10. 1831.

51 Annette von Droste-Hülshoffs sämtliche Werke. Hrsg. von Eduard Arens. Bd. 1. Leipzig 1905. S. 54 f.

52 Mörike (Anm. 1) S. 13.

53 Ebd. S. 143.

54 Ebd. S. 31.

55 Ebd. S. 46.

56 Nur als Dichter vom *Buch der Lieder* paßt Heine in die Kunstgesinnung des Biedermeier. Die Abwehr bei Schenckel (Anm. 21. Bd. 2. S. 434) oder Karl Goedeke (Deutschlands Dichter von 1813–1843. Hannover 1844) ist eindeutig gegen Ironie, Zerrissenheit und politische Polemik gerichtet. Ausführlich dazu Erich Mayser: Heinrich Heines »Buch der Lieder« im 19. Jahrhundert. Stuttgart 1978.

57 Vgl. z. B. *Du bist wie eine Blume, Auf Flügeln des Gesanges, Aus meinen großen Schmerzen, Ich hab' im Traum geweinet, Die Lotosblume* und *Die Loreley.*

58 Heinrich Heine: Sämtliche Schriften. Hrsg. von Klaus Briegleb. Darmstadt 1971. Bd. 4. S. 332 f.

59 Unser Gedicht und ebenso *Clarisse 3* (ebd. S. 340) spiegeln die Welt der französischen Romane zur Zeit der Julimonarchie, Schauplatz ist die Oper. Statistischer Nachweis in John S. Wood: Sondages. 1830–1848. Romanciers français secondaires. Toronto 1965. S. 107–116.

Vormärz

Von Hans-Peter Bayerdörfer

I. »Wir haben keine Öffentlichkeit, es sei denn eine literarische«, klagt Robert Prutz in der Einleitung zu seiner *Geschichte des deutschen Journalismus* 1845, und er fügt hinzu: »Wir haben keine Parteien, es seien denn journalistische«.[1] Dies ist eine allgemeine Klage über die politische Misere im Deutschen Bund; es ist aber auch eine Klage über den Stand der publizistischen und der literarischen Verhältnisse. Prutz bemängelt, daß aus der literarischen Öffentlichkeit, trotz hundertjähriger neuerer Publizistik, auch trotz des auf gesellschaftliche und politische Wirkung hin entworfenen Literaturprogramms des Jungen Deutschland, noch keine literarisch-politische geworden ist. Auch das politische Gedicht, dem Prutz eine umfangreiche Darstellung gewidmet hat (1843) und dem er eine literarisch gediegene und dichterisch bedeutende Geschichte seit dem Mittelalter bescheinigt, zeugt auf seinem gegenwärtigen Stand für die immer noch gegebene Trennung der Bereiche; entweder es wird ihm die politische oder es wird ihm die poetische Berechtigung abgesprochen, so führt Prutz im Einleitungskapitel aus.[2] Trotz der negativen Bilanz, die Prutz zieht, deutet seine Stellungnahme auf das geschichtliche und literaturgeschichtliche Zentrum, das die Dynamik der Literatur des Vormärz ausmacht; und mit Journalismus und politischem Gedicht nennt er zugleich die beiden wichtigsten Entwicklungsbereiche, die spätestens ab 1840 den jungdeutschen Versuchen einer kritisch-literarischen Prosa den Rang ablaufen.

Zu fragen bleibt freilich, welche Bedeutung dem Entwicklungsstrang, der damit angesprochen ist, im Rahmen einer Geschichte der Lyrik des 19. Jahrhunderts zukommen kann. Friedrich Sengle hat davor gewarnt, »die lyrische Hauptleistung zwischen den Befreiungskriegen und der Märzrevolution« im politischen Gedicht zu sehen.[3] Unter der Voraussetzung eines Epochenbegriffs ›Biedermeierzeit‹, der mit dem ›Biedermeier‹ selbst zwar den Hauptteil, aber außerdem auch andere Bereiche literarischer Entwicklung und Öffentlichkeit abdeckt, kann dem allenfalls zugestimmt werden. Engt man den Blick, im Rahmen einer Geschichte der Lyrik, hingegen auf das dezidiert Biedermeierliche ein, so ist die Darstellung der übrigen Bereiche unerläßlich, wenn nicht ein wesentlicher Grundzug der ganzen Epoche ausgeblendet bleiben soll. Das literarische Bewußtsein scheint mir jedenfalls in den letzten Jahren vor der Märzrevolution so stark vom Phänomen des politischen Gedichts und seiner öffentlichen Wirkung bestimmt zu sein, daß es im Hinblick auf die gesamte Epoche nicht unterschätzt werden sollte. Die unbestreitbare Tatsache, daß das politische Gedicht des Vormärz – von wenigen, aber bedeutenden Ausnahmen abgesehen – sprachlich und poetisch ebenso unschöpferisch wie politisch allgemein und illusionistisch bleibt, spricht nicht gegen eine geschichtliche Würdigung für eine Epoche, in der eine lyrische Produktion en gros ohnehin – wiederum von wenigen Ausnahmen abgesehen – poetische Bedeutung vermissen läßt, zu schweigen von ›Originalität‹, die überdies in der Poetik der Zeit keinen vorrangigen Wert darstellt.

Freilich gilt es, die als ›vormärzlich‹ zu bezeichnenden Tendenzen in der lyrischen Entwicklung mit den Voraussetzungen zu vermitteln, wie sie in der neueren Forschung zu der Epoche zutage getreten sind. Isolierung und Abtrennung ist nicht zulässig; wenn es richtig ist, daß die ›Biedermeierzeit‹ außer dem Erbe von Klassik und Romantik ein in seinen Größenordnungen bisher weit unterschätztes Erbe des 18. und 17. Jahrhunderts, damit auch weitgehend eine *heteronome Literarästhetik*[4] übernommen hat, so kann das politische Gedicht keinen von vornherein abgrenzbaren Sonderstatus im Rahmen der Poetik einnehmen. Wenn ›Tendenz‹ und ›Didaktik‹, Erbauung und Paränese sowieso zu den geläufigen Möglichkeiten literarischer und poetischer Produktion gehören, ist ›politische Tendenz‹ nichts, was aus dem Rahmen fiele. Es verbietet sich daher, von einer Dichotomie von ›reiner Lyrik‹ und ›engagierter Lyrik‹ auszugehen, wie sie sich in einigermaßen greifbarer Form erst in nachmärzlicher Zeit – und das heißt gerade im Rückblick auf die Jahre vor der Märzrevolution – fixiert hat.

Die Epoche nach 1815 hat aber auch in dieser Hinsicht schon ein Erbe angetreten; nicht daß am Ende des 18. Jahrhunderts eine nennenswerte Politisierung der literarischen Öffentlichkeit – trotz Klopstock und Gleim[5] – eingetreten wäre oder daß die jakobinische Lyrik eine grundlegende politische Durchsetzung erreicht hätte. Wohl aber liegt der Biedermeierzeit mit dem patriotischen Lied der Befreiungskriege ein Genre voraus, das als ›historische Gelegenheitsdichtung‹ eine erhebliche Durchdringung der Öffentlichkeit erreicht und entsprechende Wirkungen gezeitigt hat; nicht zuletzt hatte es sich als gemeinschaftsvermittelnd erwiesen in einem Krieg, der als Volkskrieg proklamiert, von vielen auch als solcher verstanden worden und so im Gedächtnis verblieben war. Die innenpolitisch-kritischen Folgeformen fallen zwar nach den Karlsbader Beschlüssen dem ›System‹ zum Opfer, sie werden aus der literarischen Öffentlichkeit abgedrängt und fristen allenfalls in literarischen Konventikeln, ›unter Ausschluß der Öffentlichkeit‹, ein gewisses Nachleben – wenn sie nicht ganz in den Untergrund verschwinden, wie große Teile der burschenschaftlichen Lyrik, und dort ein konspiratives Geheimleben führen, wie etwa Karl Follens *Großes Lied* von 1818. Doch brechen die entsprechenden Impulse, vermittelt durch außenpolitische Ereignisse, Griechenkampf, Julirevolution, Polenaufstand, und angeregt durch zeitgenössische Lyriker des Auslandes, vor allem Béranger, mit dem Jahr 1830 und verschärft ab 1840, wieder durch. Die heftige spätere Debatte um den – inzwischen zum polemischen Schlagwort avancierten – Tendenz-Begriff, schließlich die nicht weniger heftige Parteilichkeits-Diskussion indizieren das historische Gefälle, welches die Rolle der Lyrik als eines Hauptfaktors im Kampf um die Politisierung der literarischen Öffentlichkeit anzeigt.

Die Heftigkeit und Erbitterung dieser Auseinandersetzungen Ende der dreißiger und zu Beginn der vierziger Jahre zeigt dabei deutlich, daß man sich noch keineswegs mit polaren Positionen zufriedengibt, sondern daß es immer noch um den Literaturbegriff als ganzen und damit um die Politisierung des ganzen literarischen Öffentlichkeitsbereiches geht. Aus diesem historischen Grunde verbietet es sich, einer prinzipiellen Trennung von ›politischer‹ und ›a-politischer‹ Lyrik das Wort zu reden. Sie kann allenfalls pragmatisch gerechtfertigt werden. Weniger als für andere Epochen der Lyrikgeschichte wäre sie sinnvoll, liefe sie doch einem Grundzug der Zeit entgegen. Damit soll nicht eine Auffassung vertreten werden, die den Begriff

›politisches Gedicht‹ verwirft, weil in einem universalen Sinne jegliche literarische Äußerung einen politischen Wert besitzt.[6] Vielmehr gilt es zu sehen, daß die Dichotomie, welche die Debatte um das ›politische Gedicht‹ immer erneut bestimmt, erst das Resultat der geschichtlichen und lyrikgeschichtlichen Entwicklung der ›Biedermeierzeit‹ darstellt.

Schließlich bliebe zu erörtern, ob aufgrund stofflicher Kriterien eine Abgrenzung zwischen politischen und nicht-politischen Gedichten sinnvoll ist. Daß sich bei der großen Mehrheit der Texte die Grenzziehung, bei entsprechender definitorischer Festlegung des Begriffs ›politisch‹, vornehmen läßt, sei unbestritten.[7] Im Hinblick auf eine Geschichte der Lyrik im 19. Jahrhundert ist das Verfahren trotzdem problematisch, weil das Charakteristische für die in Frage stehende Epoche gerade in den Übergängen, den unscharfen Randzonen und der Überlagerung liegt.[8] Nur wenige Autoren, vor dem Stichjahr 1840, lassen sich auf eine Trennung der Bereiche wenigstens innerhalb ihrer Sammlungen ein; aber selbst dann fällt es bisweilen schwer, den zeit-politischen Akzent und Hintergrund historisch richtig zu würdigen, etwa – um ein frühes und ein spätes Beispiel zu nennen – im Falle von Eichendorffs Lied *Der Jäger Abschied*, dessen patriotisch-politischer Kern aus heutiger Sicht fast ganz in der Naturbeschwörung verschwindet, oder im großen deklamatorischen Gedicht der Droste *Die Stadt und der Dom*, in welchem die national-politische Dimension der Kölner Dombau-Feierlichkeiten (1842) zugunsten der geistlichen Paränese verlorenzugehen scheint.[9] Einzelfragen entstehen bei einzelnen Gedichten, beispielsweise Lenaus Amerika-Gedichten, wenn man in dem melancholischen Urwald-Gedicht eingangs die Zeilen liest, daß sich zum neuen Kontinent »das Unglück [...] ferneher« flüchtet und die »Hoffnung« sich »oft vom Sterbelager« hierher aufmachte; man denke aber auch an das *Blockhaus*, ebenfalls aus den *Reiseblättern*, wo mitten in der mit Ingrimm getönten Zeichnung des Genrebilds die politische Frage aufgeworfen wird: »Uhland! wie steht's mit der Freiheit daheim?«[10] Dabei wäre der komplexere Fall, daß mit den Übergängen ein ironisch-brechendes Spiel getrieben wird, noch zu diskutieren, etwa Heines *Nachtgedanken*, die wie ein politisches Gedicht beginnen, in der zweiten Strophe aber das private Motiv ›Heimweh nach der Mutter‹ artikulieren und in den Folgestrophen in einem wahren Wechselbad private und satirisch-allgemeine, ironische und lamentierende Töne anschlagen.[11]

Mit dieser Relativierung des thematisch-stofflichen Kriteriums, im Hinblick auf den zur Debatte stehenden Zeitraum, ist nicht gesagt, daß Formalkriterien an dessen Stelle treten könnten. Wie die gesamte Lyrik des Zeitraums, so verfügt auch das politische Gedicht über eine große Vielfalt von Vers- und Strophenmustern aus allen Bereichen der deutschen und außerdeutschen Dichtungsgeschichte; ein formalistisches Registrieren der Zeilen, Reime und Verse führt zu nichts. Auch der Nachweis, daß und wie die vorgegebenen poetischen und sprachlichen Muster durch die politische Intention funktionalisiert werden, führt nicht weit genug, wenn nicht gezeigt werden kann, welcher Stellenwert der betreffenden Form und der betreffenden Ausdrucksweise im literarisch-kommunikativen Gesamtsystem der Epoche zukommt.[12] Der häufig geführte Nachweis etwa, daß das politische Gedicht rhetorische Ausdrucksmöglichkeiten funktionalisiere, besagt nicht viel im Hinblick auf einen Zeitraum, in dem die positive Einschätzung und Nutzung der traditionellen Rhetorik ohnehin zu den Grundlagen des gesamten publizistischen und literarischen Kommunikationssystems gehört.[13] Historische Einsicht im Zusammenhang der Entwicklung der Lyrik ist erst dann zu erwarten, wenn man erkennt, welchen Kommunikationswert die sprachlichen und poetischen Muster, mittels derer sich die politische Intention artikuliert, in diesem Gesamtzusammenhang haben, welche Wertvorstellungen sich damit verbinden, welche ästhetischen und inhaltlichen Erwartungen geweckt werden oder mitschwingen, welche Konnotationen von sozialen Mitteilungsmustern dabei eine Rolle spielen usw. Im folgenden sollen formgeschichtliche Zusammenhänge dieser Art im Vordergrund der Analyse stehen, wobei die politisch-thematischen sowie die ideologiekritischen Gesichtspunkte unter Verweis auf die in diesem Bereich akzentuierte Darstellung von Horst Denkler nur angedeutet werden sollen.[14] Die Gesamtperspektive kann dabei aus der gattungsgeschichtlichen Terminologie selbst gewonnen werden. Der als direkte Reaktion auf Herders Wunsch – der in den Humanitätsbriefen (1793) eine stärkere »Theilnehmung der Poesie an öffentlichen Begebenheiten und Geschäften« fordert[15] – entstandene Begriff ›Zeitgedicht‹, abgewandelt auch als ›Zeitlied‹ oder ›Zeitbild‹, hält sich bis zu Heines *Neuen Gedichten* (1844). ›Zeitgedicht‹ ist eine Unterabteilung der Lyrik, wie ›Wandergedicht‹, ›Reisegedicht‹, ›Liebesgedicht‹ usw. In der Prutzschen Abhandlung von 1843 ist dann aber der moderne Gattungsbegriff ›politisches Lied‹, im Sinne einer weiter gefaßten Gegenüberstellung zu apolitischer Lyrik, voll ausgeprägt, seine gattungsgeschichtliche Reichweite wird nach rückwärts durch die Jahrhunderte ausgedehnt. Der lyrikgeschichtliche Prozeß, der in dieser terminologischen Verschiebung seinen Niederschlag gefunden hat, ist im folgenden zu skizzieren.

II. Wiener Kongreß und Karlsbader Beschlüsse bedeuten für das Bürgertum im Kampf mit dem überfälligen neo-feudalen Regime nicht nur einen gravierenden politischen Rückschlag – die Forderungen nach Garantie der bürgerlichen Grundrechte, nach Teilhabe an der Legislative und parlamentarischer Kontrolle der Exekutive und die nationalen Wünsche werden gleichermaßen abgewiesen –, sondern auch für die Entwicklung jener in der Zeit von Revolution und Freiheitskriegen gegebenen Ansätze, im Bereich der Publizistik und der Gebrauchsliteratur politische Öffentlichkeit der Themen und Forderungen zu gewährleisten. Die publizistischen und literarisch-poetischen Formen des Patriotismus, die zumindest teilweise die Konstitutionsforderung, die Freiheit der Meinungsäußerung und der Presse usw. einschlossen, werden aus der Öffentlichkeit in die Parzellen der Vereine und Konventikel abgedrängt, wenn nicht in den Untergrund, wie ein Teil der radikaleren Burschenschaftsverbände. Diese Rückschläge bedingen langfristig, daß bis hin zum Jahre 1848 die bürgerlichen Forderungen nach Politisierung literarischer Öffentlichkeit so im Vordergrund stehen, daß noch kaum registriert werden kann, wie mit Handwerker- und Industrieproletariat weitere Interessen und andere Öffentlichkeitsstrukturen Geltung zu erlangen versuchen. Mittelfristig gesehen bedeutet der Rückschlag, daß sich deutsch-patriotische – und daran angelagert, eher implizit als explizit, politische – Forderungen in den nächsten zehn Jahren fast nur im sympathetischen Eingehen auf außenpolitische Ereignisse artikulieren können: Kampf der Griechen, Polenaufstand. Die im Zusammenhang mit diesen Ereignissen entstehenden lyrischen Sympathiewellen tragen dazu bei, daß mit Beginn der dreißiger Jahre im Bereich der lyrischen Dichtung wieder Terrain zurückerobert werden kann, welches der literarischen Öffentlichkeit verlorengegangen war. Im Falle der Griechen-Dichtung ist dieser Bezug eher verhalten angedeutet; dennoch ist etwa die Aufforderung zur ›Übertragung‹ unüberhörbar, wenn Wilhelm Müller sein Gedicht *Hellas und die Welt* mit folgendem Zeilenpaar eröffnet und abschließt: »Ohne die Freiheit, was wärest du, Hellas? / Ohne dich, Hellas, was wäre die Welt?«[16] Die Polen-Lyrik aber – wenngleich nicht durchweg auf dem dichterischen Niveau Platens, von dessen Liedern freilich nur *Gesang der Polen* vor 1839 bekannt wird[17] – verbindet poetische und latent auch für Deutschland politische Aktualität in der Weise, daß die den polnischen Freiheitskämpfern gewidmeten elegischen und hymnischen Ausdrucksformen zugleich den politischen Angriff auf das Zarenreich führen; denn der Rückhalt der europäischen reaktionären Allianz ist auch für die deutschen Staaten bestimmend. Ausdrücklich nimmt beispielsweise Rudolf Lobhauer den Wortlaut der polnischen Nationalhymne zum Anlaß für die kontrafaktischen Zeilen: »Noch ist Deutschland nicht verloren, / Ob auch Willkür drückt.«[18] Im Laufe der dreißiger Jahre vollzieht sich daher, behutsam und nur schrittweise vorangehend, der Prozeß, in dem die sich engagierende Lyrik aus dem Kreis der Gruppen und parzellierten Öffentlichkeit, der Verbindungen, der Liedertafeln, der geselligen Vereinigungen, in die breitere Öffentlichkeit wieder heraustritt. Schrittmacherdienste bieten eine Reihe von Verlagen, vor allem Hoffmann & Campe in Hamburg. Die Behinderung durch die Zensur wirkt sich weiter verschleppend aus. Günstig für die Bedeutung der Lyrik ist hingegen, daß die Publizistik insgesamt zwar nicht direkt politisch, aber nach wie vor auf ein aufklärerisches Vorbild von Information und Raisonnement ausgerichtet ist und den Zweck als ›meinungsbildendes Organ‹ noch nicht dem wirtschaftlichen Produktions- und Distributionskalkül geopfert hat;[19] des weiteren, daß im deutschen Sprachbereich – und zwar im Gegensatz zu Frankreich – der literarischen und publizistischen Öffentlichkeit noch eine weitgehend »abgeschlossene Bildungswelt« des Publikums, in einer »weitgehend noch ständisch geordnete[n] Welt« entsprach.[20] Einheitlichkeit und Vergleichbarkeit der literarischen und publizistischen Normen bleiben noch lange gewahrt, obwohl die lesende Öffentlichkeit sich ständig verbreitert, anonymer und unüberschaubarer wird. Praktisch erst mit dem Jahre 1848 werden gewichtigere Stimmen laut, die dem System bürgerlich-literarischer und bürgerlich-politischer Formen und Spielregeln andere Forderungen entgegenstellen. Die Eskalation der Brisanz, abgesehen vom quantitativen Aufkommen, wie sie der politischen Lyrik ab 1840 zukommt, entspricht dabei – gerade im Vergleich zur engagierten Prosa der Jungdeutschen wird dies besonders deutlich – dem Erbe der Lyrik der Befreiungskriege: das ›aktionistische‹ Moment, welches auch jetzt ein gemeinschaftsbildendes und solidarisierendes Moment ist, bestimmt die Formentwicklung immer noch. Das sozusagen halbsubversive Dasein des politischen Gedichts in der Liedertafel, im politisch-literarischen Verein oder in sonstigen geselligen Gruppierungen wirkt nach und verleiht den lyrischen Texten eine propagandistische Attraktivität, die sie zu diesem Zeitpunkt über die Prosa des Jungen Deutschland und auch die politische Feuilletonistik hinausgelangen läßt. Diese Wirksamkeit und Anziehungskraft der lyrischen Form ist in ihrer sozialen und kommunikativen Bedeutung indessen nur weiter erklärbar, weil die Lyrik an sich eine Art geselliger Breitenkultur verkörpert, wie sie – mit Ausnahme der Wiener Vorstadttheater – im dramatischen und epischen Bereich nicht konstatiert werden kann.

III. Versucht man, das System der ästhetischen Prämissen und damit der wichtigsten Voraussetzungen für die geschmackssoziologischen Gegebenheiten der Epoche zu rekonstruieren, so muß an erster Stelle erneut der Gesichtspunkt der Heteronomie genannt werden; Sengle hat den weiten Geltungsbereich heteronomer Ästhetik im eigentlichen ›Biedermeier‹ nachgewiesen.[21] Im Bereich der jungdeutschen Opposition versteht sich der Gesichtspunkt von selbst, und zwar im Sinne der gesellschaftlich-politischen Funktionalisierung der Ästhetik. Es ist freilich – im Gegensatz zu vorklassischen Perioden – eine Zeit, in welcher die Heteronomie als solche zu Bewußtsein gelangt ist, da Klassik und Romantik zurückliegen. Dieser Tatbestand drückt sich aus im Begriff der Tendenz, der als Allgemeinbegriff der Zeit, nicht als Spezialbegriff des ›linken Flügels‹ zu verstehen ist. Zu Recht wurde darauf hingewiesen, daß er auch im restaurativen Bereich literarischer Öffentlichkeit beheimatet ist und daß sich daraus bestimmte Konsequenzen für die Formbestände der literarischen Welt ergeben:

»Es gibt nicht nur Tendenzdramen und -romane und die Tendenzlyrik, an die wir gewöhnlich denken, sondern auch Tendenzepen, Tendenzmärchen, Tendenzoden, Tendenzkirchenlieder, Tendenzfabeln, Tendenzlegenden usw. Es wäre zu zeigen, in welcher Weise die einzelnen Formen der Tendenz fügsam gemacht werden. Und nicht nur das [...] Es wäre über die Einzelinhalte und Einzelformen hinaus nach den allgemeinen Merkmalen der Übergattung Tendenzdichtung zu fragen. So wären ›Übertreibungen‹ im Sinne von Stilsteigerungen gewiß in allen ihren Formen festzustellen, sowohl im Sinne pathetischer wie auch witziger Rhetorik.«[22]

In diesen Sätzen sind nicht nur form- und stilgeschichtliche Phänomene benannt, die für die Entwicklungsgeschichte des politischen Gedichts des Vormärz von grundlegender Bedeutung sind und auf die im einzelnen zurückzukommen sein wird. Die übergeordnete ästhetische Folge ist vorab die Ablehnung der in Klassik und Romantik bestimmenden Genie- oder Originalitätsprämisse. Das ›Epigonenproblem‹ in Biedermeier und Vormärz hat als Kehrseite die Betonung einer Handwerklichkeit des Künstlers, der im Rückgriff auf vorgegebene Bestände sprachlicher und poetischer Art und im Hinblick auf Zwecke und Publikum auswählt und arrangiert. Das wirkungsästhetische Kalkül dominiert gegenüber dem produktionsästhetischen, vor allem was künstlerische, als Selbstwert aufgefaßte Gestalt betrifft. Erst im Gegenzug gegen das Junge Deutschland und dann mit dem zunehmenden Gewicht junghegelianischer Positionen in den vierziger Jahren erstarken die an der Klassik orientierten Strömungen. Insgesamt zeigt sich der Primat der Wirkungsästhetik vor allem in der Hochschätzung der Improvisation im Sinne des geselligen Anlasses für Poesie, welche von der Bedingung der ausgefeilten ästhetischen Gestalt entlastet wird und dafür das unter Umständen zum Virtuosen gesteigerte Handwerkliche zur Geltung kommen läßt. Auch dieser Sachverhalt innerhalb des ›literarischen Lebens‹ der Zeit ist für die Neuformation des politisch ambitionierten Gedichts von Bedeutung. Es ist das Ausweichen vor Zensur und öffentlicher Maßregelung einerseits und die Attraktion der kleinen geselligen Kreise, die im Rahmen des geselligen Dichtens auch dem politischen Gelegenheitsgedicht Raum geben – wobei die Spielarten von den berufsständischen oder landsmannschaftlich-regionalen Verbänden bis zu den akademischen und prä-politischen einschließlich der Handwerker- und Arbeitervereine reichen. Der Schwerpunkt liegt aber im Bereich der bürgerlich-regionalen Vereinsformen. Vor allem die kulturgeschichtliche Schlüsselstellung der Liedertafel scheint immer noch unterschätzt zu werden.[23] Soweit die dichterische Produktion dieser Sphäre zur Publikation in die zahlreichen Organe wie Jahrbücher, Almanache, Kalender oder Monatsperiodika drängt, feiert der gedruckte literarische Dilettantismus zum erstenmal in der deutschen Literaturgeschichte fröhliche Urständ.[24]

Der Verzicht auf eine Originalitätsästhetik führt direkt zu einer Regeneration der traditionellen Rhetorik, wobei die Beredsamkeit als mittlere Sphäre zwischen der Prosa des Alltags und der poetischen Rede verstanden wird, und der in breitem Spektrum aufgefächerten Töne-Poetik. Die Anerkennung der Mischstile, auch bestimmter Kontrastverfahren,[25] bedeutet dabei grundsätzlich nicht eine Annäherung an ausgleichend klassische oder realistische Prämissen, was sich daran zeigt, daß sich auch die Extreme des Töne-Panoramas halten können, ohne daß sie geschmacksgeschichtlich bereits diskreditiert würden: die pathetischen und empfindsamen Stillagen nicht weniger als die witzigen und ›niedrig-derben‹. Im letzten Jahrzehnt des Vormärz zeichnet sich vielmehr – und gerade im Bereich des sich politisierenden Gedichts – eine Vorliebe für die Extremwerte ab, Pathos und hyperbolische Metaphorik auf der einen, ironisch-sarkastische auf der anderen Seite.[26] Über eine analoge Vielfalt verfügt der Poet im Bereich der vorgegebenen metrischen, strophischen, metaphorischen und motivlichen Bestände, ohne daß von seiner künstlerischen Leistung anderes als die Variation, die neue Kombination und je nach Gesamtanspruch effektsichere Beherrschung der Mittel verlangt würde. Und da auch hier die Mischung der Formbestände grundsätzlich möglich und als Moment des kombinatorischen Kalküls erlaubt ist, so liegt gerade darin die wichtigste Voraussetzung für die lyrische Gebrauchskultur der Zeit, welche dem Gedicht eine Wirkungssphäre je nach Gelegenheit und Zielrichtung jederzeit eröffnet. Das Gesellschaftlich-Spielerische ist dabei grundsätzlich in Rechnung zu stellen, selbst wenn nach Thema und Tonlage durchaus ›Ernsthaftes‹ hervorgebracht wird.

Was die Gattungstheorie betrifft, so konnte ebenfalls Friedrich Sengle nachweisen, daß sich die normative Gattungs-Trias, sei es in Ableitung von Goethes berühmter Formulierung in den *Noten und Abhandlungen* zum *Divan*, sei es spekulativ nach der Hegelschen Ästhetik, noch nicht durchgesetzt hat. Eine Gattungsvielfalt, nicht schematisiert, auch in der Frage ›Prosa und Vers‹ noch kaum fixiert – sieht man von entsprechenden jungdeutschen Positionen ab –, bestimmt die Produktion der Zeit; stoffliche Zuweisung geht über literatursystematische Unterscheidungen, Übergänge und Mischformen in allen Bereichen sind an der Tagesordnung. Im Hinblick auf den Literaturbegriff und den Tendenzbegriff ist es nicht verwunderlich, daß zwischen Zweckformen und zweckfreien Formen keine grundsätzliche Trennungslinie verläuft, ebensowenig wie zwischen dichterischer und journalistischer Produktion. Entscheidend ist aber in unserem Zusammenhang, daß die Bereiche der lyrischen Formen gegenüber den dramatischen, den epischen, den erzählenden eine ästhetisch geringere Schätzung erfahren, ungeachtet der ungehemmten lyrischen Produktion auf allen Ebenen. Der Lyrikbegriff ist freilich auch wesentlich weiter als im heutigen Verständnis. Die ›subjektive Gattung‹ darf nicht im Sinne des heutigen Begriffs ›subjektiv‹ verstanden werden, als Ausdruck des Individuellsten, Persönlichsten. Insofern ist auch das sogenannte ›Erlebnisgedicht‹ nicht Inbegriff und Muster. Der Lyrikbegriff umfaßt vielmehr alle stilistischen Möglichkeiten von Pathos bis zu Ironie, einschließlich der lehrhaften, didaktischen Öffnung; ein hermetischer Formbegriff ist ohnehin nicht gegeben. Selbst in der Hegelschen Ästhetik umfaßt die Kennzeichnung der Lyrik als ›subjektiv‹ noch Humor, Witz und Ironie, desgleichen die Möglichkeit der Abstraktion und der gesellschaftlichen, geselligen Wirkung, ja sogar das Element des Nationalen, welches sich auch im Gemüt – dem Inbegriff aller menschlichen Seelen- und Empfindungskräfte – mitteilt. Reflexion, Didaktik und gesellschaftliche Wirkung sind sozusagen natürliche Möglichkeiten der Gattung. Aus dieser, letztlich auf einen Gebrauchswert zielenden ästhetischen und gattungstheoretischen Bestimmung des Gedichts – der Begriff ›Gebrauchslyrik‹, den Sengle vorschlägt, erinnert nicht von ungefähr an die Lyrik-Diskussion in der Weimarer Republik[27] – ergibt sich der »eigentliche Gesichtspunkt, der das ungeheure Anschwellen, um nicht zu sagen die Selbstverständlichkeit der politischen Lyrik im Vormärz literarhistorisch begreifen lehrt. Man hatte es doch ohnehin allenthalben mit Gebrauchslyrik zu tun.«[28] »Selbstverständlichkeit« ist dabei zu verstehen im Hinblick auf das ästhetische und das literarische Kommunikationssystem der Epoche, dessen in diesem Zusammenhang wichtigste Grundzüge hiermit aufgezeigt wurden; doch versteht sich der ›politische‹ Gebrauch‹ der vorgegebenen Möglichkeiten nicht von selbst, sondern bedarf genauerer Darstellung, je nach den politischen Umständen, welche Ausweitung und Zuspitzung, sprachliche und poetische Umsetzung hervorrufen.[29] Die wichtigsten Stichdaten zwischen 1830 und 1848 seien im folgenden hinsichtlich ihrer gattungsgeschichtlichen Bedeutung im einzelnen überprüft.

IV. Mit der Julirevolution 1830 ergibt sich eine neue politische Situation, die das Verhältnis von Literatur und Politik im öffentlichen Bereich neu bestimmt. Die Konsequenzen für die Herausbildung des politischen Gedichts sollen an drei charakteristischen Erscheinungsweisen verdeutlicht werden. Es ist dabei wichtig, daß die Pariser Ereignisse nicht nur im Gebiet des Deutschen Bundes regionale revolutionäre Erhebungen hervorrufen, sondern daß sich insgesamt das politische Bedürfnis in der Öffentlichkeit neu herausgefordert, neu gestärkt und auf neue Artikulation hin motiviert sieht. In diesem Sinne setzt die Julirevolution selbst für die ›Signatarmacht‹ des Metternichschen Systems einen wichtigen Einschnitt: »Bis dahin war es nämlich gelungen, Österreich mit einer ›chinesischen Mauer‹ abzuriegeln. Eine neue Regung des gesamten Geisteslebens, so auch der Literatur, setzt nach 1830 ein.«[30] Dies bedeutet, daß sich im Westen des Sprachgebiets burschenschaftliche Traditionen, in verschiedenen Graden der Radikalität, neu Gehör verschaffen, daß des weiteren die Tradition der patriotischen Dichtung der Befreiungskriege erneut aufgegriffen wird, während im österreichischen Bereich der aus der Öffentlichkeit verbannte Josephinismus sich in politischer Weise neu zu Wort meldet.

IV,1. Ein Beispiel für den politisch radikalen Flügel, zugleich für die sprachlich-poetisch extremste, weil vollständig funktionalisierte Gestalt des Textes bietet *Das deutsche Treibjagen*, ein Rundgesang unmittelbar aus der Burschenschaft, der in der Zeit des Hambacher Festes entstand und mit einer ganzen Reihe von Strophen und Textvarianten überliefert ist.[31]

> Fürsten, zum Land hinaus!
> Jetzt kommt der Völkerschmaus.
> Naus, naus, naus, naus!
>
> Nun ist im Lande Raum;
> Pflanzet den Freiheitsbaum!
> Hoch! hoch, hoch, hoch!

Anfangs- und Schlußstrophe, die hier wiedergegeben sind – die beiden Hauptzeilen werden wiederholt, der imperativische oder schlagworthafte ›Abgesang‹ ist ohnehin als einfache Wiederholungssequenz strukturiert –, schließen eine wechselnde Anzahl von Binnenstrophen ein, in welchen nach den einzelnen deutschen Territorien die Fürstenhäuser durchgehechelt werden:

> Erst hängt den Kaiser Franz,
> Dann den im Siegerkranz.
>
> Reuß, Greiz, Schleitz, Lobenstein
> Jagt in ein Mausloch 'nein!

Die unmittelbare Entstehung eines solchen Textes im Rahmen bestimmter konventikelhafter Geselligkeitsformen ist evident; die einfache Reimpaar-Struktur mit angehängtem emotionalem Aufruf verweist auf burschenschaftliche Bräuche, die auch außerhalb des politischen Textes analoge Formen finden. Auch das improvisatorische Moment der biedermeierlichen Literatur- und Lyrikauffassung ist unmittelbar gegeben; die Offenheit für aktualisierende Erweiterung oder Veränderung spiegelt sich in der Überlieferungsgeschichte, nicht zuletzt in Zusatzstrophen des Jahres 1848 auf Friedrich Wilhelm IV. und die blutigen März-Ereignisse von Berlin sowie auf den Reichsverweser Johann von Österreich. Alle Momente weisen darauf hin, daß die Wirkungsabsicht des Textes zunächst über einen ›in-group‹-Effekt nicht hinausgeht: die Litanei des Rundgesangs dient der Selbstverständigung im Kreise Gleichgesinnter. Daß es sich dabei um eine subversive Gruppe handelt, bedeutet hier nur die inhaltliche Zuspitzung, bestimmt nicht die Grundlage der kommunikativ-formalen Anlage. Wohl aber werden diese Vorgaben der Form radikal funktionalisiert im Sinne der radikalen politischen Aussage. Daß der kommunikative und intentionale Radius bei entsprechender Gelegenheit aus dem konventikelhaften Kreis in die weitere Öffentlichkeit ausgreift, zeigen die Ereignisse zu Jena ›auf der Kneipe‹, im Juli 1832, als die burschenschaftlichen Sänger des *Treibjagens* starke öffentliche Resonanz und Beteiligung zu verzeichnen hatten.

Dieselben formalen und inhaltlichen Eigenarten charakterisieren weithin die aus dem burschenschaftlichen Bereich stammende subversive Liedlyrik der dreißiger Jahre, etwa die Texte Harro Harrings, der u. a. auch das lyrisch-politische ›Geheimsiegel‹ der burschenschaftlichen Konventikel-Lyrik, Karl Follens *Großes Lied* auszugsweise umdichtet und zusammen mit anderen Texten 1832 in Straßburg in der Anthologie *Männerstimmen zu Deutschlands Einheit* herausgibt:

> So kann's nicht länger stehn.
> Auf! Laßt uns vorwärtsgehn!
> Volk, ans Gewehr!
> Deutsches Volk, stark und kühn,
> Mußt in den Kampf nun ziehn,
> Soll dir dein Heil erblühn;
> Zög're nicht mehr![32]

Analoges gilt aber auch für die zahlreichen Gedichte aus dem Bestand der Handwerksgesellen-Vereine und ihrer Liederbücher; sozialer Zweck und sozialer Anlaß, die Kleingruppe als Gruppe von Insidern unter Ausschluß der Öffentlichkeit, bestimmen auch hier Form und Duktus von Vers und Satz, das Grundmuster des geselligen Rundgesangs wird politisch funktionalisiert. Daß auch in diesem Bereich in den dreißiger Jahren eine zunehmende inhaltliche Radikalisierung, unter dem Einfluß der frühsozialistischen Bewegungen, zu verzeichnen ist, läßt sich am deutlichsten an den Liedern von Wilhelm Weitling und deren Verhältnis zu Robert de Lamennais demonstrieren. In seinen politisch-geselligen Liedern zeigt sich stilistisch die religiös-sozialistische Tendenz darin, daß die ›Töne‹ des biedermeierlichen geistlichen Liedes sich der politischen ›Tendenz‹ einfügen. Neben seinem Gedicht auf *Das Geld*, nach der Melodie *Auf, die Humpen vollgeschenkt!*, oder auf *Die deutschen Farben*, nach der Melodie *Heil unserm Bunde, Heil!*, finden sich daher in dem Gedicht *An Lamennais*, nach der *Melodie des österreichischen Volksliedes*, die Strophen:

> Leuchte uns mit Deinem Lichte
>   Ferner auf der dunklen Bahn;
> Auf der Großen Gunst verzichte
>   Wie Du es bisher getan.
> Deiner Worte Kraft vernichte,
>   Was des Goldes Zauber spann!
>
> Ohne Wanken, ohne Zagen
>   Trägst Du stolz Dein Leben lang
> Jenes Kreuz, das der getragen,
>   Der den Kelch der Leiden trank.
> Darum aller Herzen schlagen
>   Dir im feierlichen Sang.[33]

IV,2. Die Erweiterung des kontrafaktischen Prinzips, über Melodie und Strophik und die damit für den kleinen Kreis verbürgte leichte Sangbarkeit hinaus, läßt sich an dem Lied zeigen, das Philipp Jacob Siebenpfeiffer für den Demonstrationszug zum

Hambacher Schloß gedichtet hat. Die Kontrafaktur bezieht hier ausdrücklich den Autor, der seinerseits als dichterischer wie freiheitlicher Bürge deutscher Dichtungstradition erscheint, in das Verfahren ein. Die Eingangszeile variiert den Anfang von Schillers populärem *Reiterlied* »Wohlauf Kameraden, auf's Pferd, auf's Pferd«; Schillers ›Kameraden‹ werden durch das aktuelle politische Stichwort, das zugleich an die Tradition der Befreiungskriege erinnert und die aktuell geforderte Gemeinsamkeit des Vorgehens beschwört, ersetzt:

> *Der Deutschen Mai*
> (nach der Melodie von Schillers *Reiterlied*)
>
> Hinaus, Patrioten, zum Schloß, zum Schloß!
> Hoch flattern die deutschen Farben;
> Es keimet die Saat, und die Hoffnung ist groß,
> Schon binden im Geiste wir Garben;
> Es reifet die Ähre mit goldnem Rand,
> Und die goldne Ernt' ist das – Vaterland.[34]

Der Identifikation verlangende Appell der Eingangszeile stellt sich als historische Replik auf Schiller dar, der politische Aufruf bezieht seine Beglaubigung aus der literarischen und der literarisch-politischen Vergangenheit. Auch die weiteren Elemente sind charakteristisch für die Variationstechnik, welche das Lied mit der Poetik biedermeierlicher Dichtung gemein hat: Farbenemblematik und allegorisierte Naturbilder in schlichter Parataxe; schließlich verleihen die rhetorische Reihung und poetisch-metrische Konstruktion dem inhaltlichen Stichwort ›Vaterland‹ die markanteste Stellung. Diesem Vaterlandsappell, der politisch wie poetisch unmittelbar von 1813 oder 1815 stammen könnte, folgt in der zweiten Strophe die politische Akzentuierung, die unmittelbar auf die zurückliegenden europäischen Ereignisse eingeht; es ist zugleich die Stelle, die auch im älteren patriotischen Lied das nationale oder freiheitliche Idol einnimmt; nun sind es die Polen, an deren politischem Mut und politischem Ziel sich indirekt die deutschen Forderungen abzeichnen. Die Schlußstrophe nimmt die appellative Übertragung auf die deutsche Gegenwart vor, gemäß jener poetisch so häufigen Devise des biedermeierlichen Gedichtes, die am Schluß eines mehrstrophigen Gebildes eine Art ›fabula docet‹ für das plurale Wir oder das sprechende Ich vorschreibt. Die Funktionalisierung sämtlicher poetischer und sprachlich-politischer Vorgaben zum neuen politischen Zweck bestimmt die insgesamt agitatorische Gestalt des neo-patriotischen Textes:

> Auch wir, Patrioten, wir ziehen aus
> In fest geschlossenen Reihen;
> Wir wollen uns gründen ein Vaterhaus
> Und wollen der Freiheit es weihen:
> Denn vor der Tyrannen Angesicht
> Beugt länger der freie Deutsche sich nicht.

Der im apodiktischen Indikativ, fast gnomisch formulierte Schlußsatz unterstellt – in Wortschatz und Sentenzmanier an Schiller gemahnend[35] – ein allgemein Gültiges, was zugleich politisch unmittelbar als Aktion gewünscht wird – die Sinnstruktur der patriotischen Parole. Da sich der Text insgesamt nicht an eine bereits vorgegebene, vom politischen Ziel her einheitliche Gruppe, sondern an eine inhomogene größere Versammlung wendet, ist er viel stärker appellativ und persuasiv als der Rundgesang, wobei die Appellelemente nicht nur ausdrücklich im Inhaltlichen, sondern unausdrücklich im kommunikativ-poetischen Verfahren mitgegeben sind: die kontrafaktische Gestalt, die damit beschworene Autoritätsgestalt und die gleichsam Schillerschen Imperative und Sentenzen selbst verkörpern Werte, die im Sinne der Wirkung zu Buche schlagen.

Das Siebenpfeiffersche Lied bezeichnet eine Hauptrichtung in der Entwicklung zum politischen aktuellen Gedicht des Vormärz. Mit den Grundprinzipien der Variation vorgegebener Formen, der Kombinatorik vorgegebener Motive, der mühelosen Übergänge vom suggestiv Emotionalen, Sentimentalen, zum Appellativen, zum Didaktischen, wie sie im herrschenden poetisch-ästhetischen System unter den Prämissen von Zweck und Gebrauch gegeben sind, läßt sich auch hier die Verfahrensweise beschreiben. Die Politisierung der Form vollzieht sich so, daß das Kontrafaktische, die Repliken-Struktur, das nahezu Zitierende des Vorgehens genutzt und auch zu Bewußtsein gebracht wird, weil damit bestimmte Autoritäts- und Traditionsmomente für die neue ›Tendenz‹ dienstbar gemacht werden können. Im Rahmen des gesamten literarischen Kommunikationssystems und seiner Werte ist die politische Tendenz heimisch zu machen, denn ihre Art zu ›funktionalisieren‹ entspricht wiederum dem poetischen Standard. Die poetisch-sprachlichen, die historischen und die metaphysisch-ideellen Kraftfelder ganzer Gattungen werden dem ›Zeitgedicht‹, wie es sich nun weiterentwickelt, zugeführt: der Form- und Sprachbestand des geistlichen Liedes, zumal in seiner pietistischen Ausprägung, wie er bereits in der Lyrik der Befreiungskriege die Tonlage mit bestimmt hat; die angebliche Unmittelbarkeit und emotionale wie vorstellungsmäßige Ursprünglichkeit des Volkslieds; das poetische und ideell-geistige Gewicht der kanonisierten oder halbkanonisierten Größen der zurückliegenden Literaturgeschichte, allen voran Schillers, oder der Heroen-Sänger der anti-Napoleonischen Kriege, allen voran Theodor Körners; das Trinklied und andere gesellige Liedformen kommen auch hier hinzu, vor allem aber Preisgedichte jeglicher Provenienz, einschließlich balladenhafter Art, wie sie u. a. Arndt auf patriotische Führer der Befreiungskriege, auf Dörnberg, Schill, Gneisenau usw. entworfen hat. Bei aller Vielfalt der Töne und Stillagen dominiert insgesamt bei weitem das emotionale, Einverständnis suggerierende Pathos; die didaktisch-inhaltliche Komponente prägt sich dabei im Schlagwort, in Parolen, imperativischen und apodiktischen Formeln aus, die ihrerseits in Form von Übernahme und Replik-Zitat und Halbzitat weitergegeben werden. Grundsätzlich wird das poetologische System der Zeit dabei *nicht* verlassen – gleichgültig, ob Arndts Formeln von Gott, Vaterland und Freiheit oder seine pathetische Frage »Was ist des Deutschen Vaterland?« aufgenommen und abgewandelt werden oder ob der kollektiv-imperativische Gestus der *Marseillaise*, etwa bei Georg Herwegh, nachgeahmt wird. Auf der hier angezeigten Entwicklungslinie, auf der sich die agitatorische Variante des Vormärz-Gedichts herausbildet, substituiert der Autor – durchaus im Rahmen biedermeierlicher Poetik – jedem Einzelgedicht sozusagen die historische und wirkungsgeschichtliche Situation der französischen Nationalhymne oder des Körnerschen *Bundeslieds vor der Schlacht*

(»Am Morgen des Gefechts bei Danneberg«).[36] Das damit in die Form selbst verlegte fiktive Moment bringt insgesamt eine vehemente Politisierung biedermeierlicher literarischer Formbestände mit sich, birgt von vornherein aber auch ein Moment historischer Täuschung oder Selbsttäuschung, da der wirkungsgeschichtliche Extremfall von Revolution oder Befreiungskrieg als Normalfall unterstellt und formal festgeschrieben wird.

IV,3. Im Gegensatz zu diesen auf kurzfristige, unmittelbare Wirkung zielenden Liedtypen steht der lyrisch-epische Zyklus,[37] der aus dem Geiste des österreichischen Liberalismus und Josephinismus hervorgeht und im Jahre 1831 bei Hoffmann & Campe erscheint. Die verlagsgeschichtliche Bedeutung liegt darin, daß das Hamburger Haus von nun an eine Art von Patronat für Sammlungen von Zeitgedichten übernimmt, sofern diese nicht überhaupt im Ausland erscheinen müssen. Die literaturgeschichtliche Tragweite ist darin zu sehen, daß die *Spaziergänge eines Wiener Poeten* von Anastasius Grün es unternehmen, eine politische Bestandsaufnahme der Gegenwart in ihren wichtigsten Bereichen, unter Einschluß historischer und politischer Orientierungshilfen, dem Leser zu vermitteln. Die Intention kann dabei nur eine langfristige sein: es geht um die Aktivierung politischen Bewußtseins in der literarischen Öffentlichkeit, ein Programm, für welches mit der Julirevolution die Zeit, der ›europäische Frühling‹, angebrochen ist. Das dichterische Unternehmen unterstellt sich von vornherein einem Namen, der zum Inbegriff der Identität des Dichters und des kämpferischen Demokraten geworden ist: Ludwig Uhland. Der lyrischen Vielfalt des Uhlandschen Werkes entspricht auch die inhaltliche und gattungsgeschichtliche Spannbreite von Grüns Zyklus. Neben dem Zeitgedicht, auch in seiner witzig-satirischen Variante, steht die Hymne auf Österreich, die moralische Paränese neben den nach Art von Uhlands historischen Balladen stilisierten Bildern aus Habsburgischer Geschichte, welche inhaltlich als Gegenbilder zur herrschenden österreichischen Politik eingeführt werden. Durchaus biedermeierlich und im allgemeinen Sinne lyrisch ist die Naturallegorese, die den ganzen Zyklus durchsetzt und motivlich bindet: der Völkerfrühling nach 1830/31, in dem sich ein Abglanz der Josephinischen Ära, ihrer frühlingshaften Versprechen auf eine freie Entwicklung im Habsburger Staat erkennen läßt, bestimmt auch die Rolle des Autors bis hinein in das Pseudonym, hinter dem sich der Graf Anton Alexander von Auersperg verbirgt. In dreifachem allegorischem Einsatz – der Genesende verläßt die Krankenstube, der Blinde wird an die Sonne geführt, der Gefangene vom Wächter aus dem Kerker entlassen – entfaltet sich die Auferstehungssymbolik des Namens Anastasius und die Farbsymbolik der Hoffnung, die in ›Grün‹ Ausdruck findet. Der Titel ›Spaziergänge‹ läßt einerseits Gedanken an die beliebte Zeitgattung der Reiseschilderung, Reisejournale und Reisebilder zu, verweist aber andererseits auf das Bild vom dichtenden Peripatetiker, der Gegenwart, Vergangenheit und Zukunft einer reflektierenden Überprüfung unterzieht. Die Vielzahl der Töne, vom Hochpathetischen und Sentimentalen bis zum Witzigen und Grotesken steht zu Gebote; die Forderung nach einer Weiterführung Josephinischer Politik und die Anklage der französischen Zustände bewegt sich im Rahmen der geschichtlichen Erfahrung mit der Ära Josephs II.: Volk und Kaiser werden als ›Alliierte‹ gegen Regierung, Aristokratie und klerikale Machtpositionen gesehen. Die witzige Satire auf den weltmännischen und allmächtigen

Metternich mündet daher in die wortspielerisch pointierte, berühmt gewordene Frage, die Österreichs Volk »ganz artig« an den Staatsmann richtet: »Dürft' ich wohl so frei sein, frei zu sein?«[38] Scharf werden klerikale Restauration, staatliche Korruption, Zensursystem und Spitzelei angegriffen, werden die alten Josephinischen Forderungen der bürgerlichen Freiheiten, der Verfassung, des sozialen Fortschritts, erhoben. Die Konkretheit der politischen Bestandsaufnahme zeigt sich des weiteren darin, daß die Griechenkämpfe nicht in allgemein sympathetischer Weise beschworen, sondern das konkrete Schicksal Alexander Ypsilantis im Zusammenhang mit der Metternichschen Politik, seine siebenjährige Kerkerhaft in Österreich, direkt kritisiert wird. Es entspricht durchaus dem Josephinischen Grundansatz, daß nach der Beschwörung der historischen Vorbilder österreichischer Liberalität und Habsburgischer Freiheits- und Volksverbundenheit (Maria Theresia, Joseph II., Erzherzog Karl bei Aspern) der Kaiser selbst als Instanz des politischen Schiedsgerichtes angerufen wird, der zwischen der Politik seines Kanzlers und dessen ›System‹ und den wirklichen politischen Erfordernissen der Zeit und des Volkes entscheiden soll. In josephinischer Umgestaltung wird aus der traditionellen Panegyrik der kritische Appell, der den Fürsten auf die ›besseren Traditionen‹ seines Hauses verpflichtet.

Grüns *Spaziergänge* zeigen auf deutliche Weise, wie sich aus dem vieltönigen und thematisch breitgefächerten Zyklus biedermeierlicher Lyrikkultur das Zeitgedicht herausentwickelt, das zunehmend schärfere politische, und d. h. zugleich sachhaltige Kontur gewinnt. Entscheidend ist gegenüber dem agitatorischen Entwicklungszweig, daß hier die reflektierenden, erwägenden Partien und die direkte Bezugnahme auf politische und soziale Sachverhalte ein ungleich stärkeres Gewicht erlangen. Demgegenüber tritt die appellative Funktionalisierung zurück; statt dessen wird ansichtig, wie die verschiedenen stilistischen Lagen und die gattungsgeschichtlichen Aussagemuster an der politischen Durchdringung der ihnen zugeordneten Stoffbereiche Anteil gewinnen. Die literarischen Nachwirkungen lassen sich bis zu Heines *Wintermärchen* verfolgen. Die politisch öffentliche Wirkung von Grün ist so groß, daß Anfang der vierziger Jahre schon ein Gerücht über seinen angeblichen Fußfall vor dem Wiener Hof genügt, um im gesamten deutschen Sprachbereich erbitterte Renegatenvorwürfe laut werden zu lassen[39] – ein Indiz für die zunehmende Bedeutung, die dem ›neuen Zeitgedicht‹ und seinem Verfasser als Herold der ›politischen Poesie‹ zugewachsen ist. Die Nachahmung der in Österreich verbotenen *Spaziergänge* läßt sich nicht unterbinden; in Wien nimmt die Zahl der Clubs und Vereine, die eine anti-Metternichsche Haltung vertreten, in den dreißiger Jahren ständig zu.[40]

V. Für die Verschärfung der innenpolitischen Situation nach dem Hambacher Fest ist im Bereich des Literarischen und Publizistischen der Bundestagsbeschluß von 1835, der den Vertrieb des jungdeutschen Schrifttums untersagte, zum Symbol geworden. Dieses Verbot, nicht weniger aber die zahlreichen davor und danach erfolgenden Zensureingriffe in alle Bereiche des ›literarischen Lebens‹ belegen, in welchem Maße die Politisierung der literarischen Öffentlichkeit voranschreitet. Im Hinblick auf die Wirkungsweise des ›Zeitgedichts‹ geben die Ereignisse des Jahres 1840/41 Einblick in die Zusammenhänge, wie sie von nun an bis zum Revolutionsjahr grundlegend sind. Die außenpolitische wie die innenpolitische Konstellation des Jahres 1840 wirken dabei als Auslöser. Die sogenannte Rheinkrise von 1840, die dem Stau des nationalen Gefühls ein Ventil öffnet, gibt zugleich Aufschluß über die Breitenwirkung des neopatriotischen Liedes und damit über die grundsätzlichen Wirkungsmöglichkeiten engagierter Dichtung insgesamt. Die emphatische Welle agitatorischer Appell-Dichtung, die dem Beckerschen Rheinlied – »Sie sollen ihn nicht haben / den freien deutschen Rhein!« – folgt, kann geradezu als Symbol verstanden werden für die Illusion eines ›Aufbruchs‹ nach dem Vorbild von 1812/13. Lyrikgeschichtlich besagt dies, daß Stil und Motiv der älteren patriotischen Dichtung sich unmittelbar regenerieren, was angesichts der fortgeschrittenen geschichtlichen Situation einer Verstärkung des nationalen zum bisweilen nationalistischen Moment und einem Zurückdrängen der übrigen politischen Forderungen gleichkommt. Jetzt erst gewinnt das patriotische Lied, etwa mit Max Schneckenburgers *Die Wacht am Rhein*, jene Stillage der chauvinistischen Emphase, die ihm in allen späteren nationalistisch akzentuierten Phasen deutscher Geschichte die unvermittelte Weiterwirkung ermöglicht – eine Stillage, angesichts derer Hoffmanns *Lied aller Deutschen* national gemäßigt und politisch sensibel erscheint.

Unter den zahllosen Replik- und Akklamationsgedichten, die das ›Rheinlied‹ hervorgerufen hat, finden sich freilich auch kritische Stimmen, u. a. von Hoffmann, Herwegh und Dingelstedt, welche die Eingangszeilen kritisch durchleuchten und die scheinbar von aller Problematik gelöste Aussage vom »*freien* deutschen Rhein« der Kritik unterziehen.[41] Damit zeichnet sich die Wende ab, welche die Brisanz des politischen Gedichts der vierziger Jahre ausmacht: nach der Demonstration der Wirksamkeit agitatorischer Verse im Zusammenhang mit der Rhein-Frage läßt sich die analoge poetisch-politische Auseinandersetzung mit den inneren Verhältnissen nicht mehr aufhalten. Dazu weckt der Thronwechsel in Preußen die Hoffnung auf eine neue ›Ära‹. Das Bewußtsein von der öffentlichen Aufgabe des Gedichts schlägt sich in verschiedenen formgeschichtlichen Entwicklungssprüngen nieder. Die Dichte der poetisch-politischen Auseinandersetzung, die in der literarischen Öffentlichkeit dieser Jahre erreicht wird, spiegelt sich darin, wie stark die lyrischen Texte aufeinander Bezug nehmen, wie stark mit Anspielungen, Zitaten, Hinweisen, Negationen, Repliken zustimmender bis verwerfender Art, schließlich auch mit unausdrücklichen Entsprechungen und Übernahmen gearbeitet wird. Ein weiteres Indiz bilden die ständig beschworenen ›Emblemfiguren‹ der politischen Orientierung, die schon mit der bloßen Namensnennung ganze Vorstellungs- und Wertungsbereiche hervorrufen; von Barbarossa oder Hermann über Luther, Hutten und Gutenberg bis zu Schiller und Körner reicht die historische Skala; sie spiegeln zugleich die denkbare Breite der politischen Orientierung mit Ausnahme jenes Bereiches, für den – mit bezeichnender Umwertung, die sich gerade in jenen Jahren vollzieht – die Emblemfigur des deutschen Michel eintritt.[42] Die entsprechenden politisch-kulturellen Ereignisse der betreffenden Jahre, Thronbesteigung, Gutenberg-Fest, Kölner Dombau-Feierlichkeiten,[43] geben die öffentlichen Anlässe ab, an denen sich die neue poetische Qualität erweist.

V,1. Hoffmann von Fallerslebens *Unpolitische Lieder* bezeichnen genau den entwicklungsgeschichtlichen Punkt, wo die Liedertafel- und Vereins-Lyrik, die bisher nur den Anspruch begrenzter Öffentlichkeit repräsentiert hat, einen neuen Anspruch auf die gesamte literarische Öffentlichkeit anmeldet. Die lyrisch-politischen Muster der kleinen Runde werden ›umfunktioniert‹ und fordern Verbindlichkeit im größeren Rahmen. Die Umgestaltung und die gleichzeitige Ironisierung der Liedertafel-Lyrik ist das formgeschichtliche Indiz des Vorgangs, der hohe Absatz der bei Hoffmann & Campe erscheinenden Bände und die staatliche Reaktion mit der Amtsenthebung Hoffmanns das politische. Der Titel selbst, ironisch zu verstehen, bezeichnet genau den Umschlag: das vermeintlich a-politische, gesellig-biedermeierliche Lied des Vereins wird zum Politikum. Politisch gesehen verbindet Hoffmann burschenschaftliche mit liberalen Forderungen; dem entspricht auch die poetische Struktur seiner nach *Sitzungen* und Wochentagen gegliederten beiden Sammlungen. Das Verfahren der anspielungsreichen, zitatreichen, durch Motti und zusätzliche Verweise angereicherten musikalischen und poetischen Kontrafaktur entwickelt er zu hoher Virtuosität. Seine Melodie-Angaben beziehen sich überwiegend auf die fünfteilige Sammlung *Volkslieder der Deutschen* von Friedrich Karl von Erlach,[44] bezeichnenderweise aber in erster Linie auf den fünften Band, *Gesellschafts-, Trink-, Burschenlieder*. Auch in der Stillage zeigt sich deutlich die biedermeierliche Vorgabe: die Vielfalt der Töne reicht vom Pathetischen bis zum Derb-Witzigen; der ironisch verfeinerte und ins Politische gewendete Duktus der Philister-Satire, in welcher der politisch Weitsichtige und Gebildete dem kleinbürgerlich und regional Beschränkten die ›Leviten‹ liest, bestimmt vielfach den poetischen Mittelpunkt. Die Poetik der geistreichen Form, die auch dem scheinbar nur formellen Reiz noch eine politische Pointe abgewinnt, zeigt an, wie genau Hoffmann wirkungsästhetisch kalkuliert und dem Erwartungshorizont seines Lesers entspricht, um seinerseits die politische Intention anlagern zu können. Eine gewisse Neigung zum Tagespolitischen verleiht vielen der Gedichte den Charakter der poetisch-satirischen Glosse, deren Reihung in gewisser Weise die politisch-satirische Wochenschrift vorwegnimmt. Den gesamten Vorgang der politischen Öffnung der Vereinslyrik, der angesichts der fortgeschrittenen politischen Probleme zugleich die Kritik des altväterisch werdenden Vereins-Patriotismus und der Stammtisch-Politik mit einschließt, hat Dingelstedt im folgenden Jahr noch einmal dargestellt, wobei er die Hoffmannschen Mittel der Kontrafaktur einsetzt und seinerseits ironisch überspitzt. *Drei neue Stücklein mit alten Weisen* »(Für Deutsche Liedertafeln)« bezeichnen so die obsolet werdende ›kleine Öffentlichkeit‹ innerhalb der Perspektive, welche die gesamte politische Öffentlichkeit des neuen Jahrzehnts anzuvisieren versucht.[45]

Eine direkte Fortführung Hoffmannscher Intentionen, mit sozialer Ausrichtung am Kleinbürgertum und regionaler Orientierung an Berlin und dem preußisch-norddeutschen Raum, findet sich in den Gedichten Adolf Glassbrenners. Seine bereits langjährige Erfahrung mit allen publizistischen Wirkungsmöglichkeiten sowie mit satirisch-dialogischen Kleinformen, einschließlich der humoristischen Genre-Gattungen, schlagen sich auch in seinen Gedichten nieder. Der Titel *Verbotene Lieder von einem norddeutschen Poeten* (1843) spielt auf Hoffmann, aber auch auf Anastasius Grün an. Beider literarisch-politische Vorgaben werden mit dem ›Milieu‹, dem Glassbrenner mit dem Eckensteher Nante und mit dem Rentier Buffey sprichwörtliche Figuren zugeordnet hat, vermittelt. Biedermeierlicher Genre-Realismus verbindet sich mit der kontrafaktischen Technik Hoffmanns: der ›adelige Handwerksbursche‹ singt sein *Wanderlied*, in dem er der Zeit seiner Raubritterahnen nachsinnt, auf die Melodie *Es, es, es und es.* Schillers *Ode an die Freude* wird kontrafaktisch zum Rundgesang umgestaltet, in welchem die ideellen Schillerschen Forderungen mit der Realität der vierziger Jahre kontrastiert werden. Insgesamt findet in Glassbrenners politischer Versdichtung, die bezeichnenderweise auch das satirische Versepos (*Neuer Reinecke Fuchs*, 1846) einschließt, die vormärzliche Politisierung jenes Bereiches literarischer Öffentlichkeit statt, der zwischen Tagespresse, satirischen Wochenschriften und Jahresperiodika wie dem satirischen Volkskalender liegt. Mit welchem stilistischen Feingefühl es Glassbrenner dabei gelingt, die grundsätzlichen Impulse der Vormärz-Dichtung im Sinne einer satirisch-literarischen Breitenkultur zu popularisieren, zeigen etwa die folgenden, Hoffmann nachgeschriebenen[46] Strophen unter dem Titel *St!*:

> Die Zwitter und die Zitterer,
> Die zischelten zusammen,
> Ob's schon zur Zeit, die Despotie
> Aus Deutschland zu verdammen.

> Der Erste sagt': es müsse geh'n;
> Der Zweite sprach: es macht sich;
> Der Dritte setzt die Brille auf
> Und hat erst noch bedacht sich.[47]

Die Karikatur der kleinbürgerlichen Duckmäuser endet mit der hinter vorgehaltener Hand erörterten Frage, »ob die Res publica denn auch / Des Volkes Sache wäre«.

V,2. Auch bei Georg Herwegh finden sich variable Töne, wie bei Hoffmann und Grün, freilich der Tonlage der Jahre nach 1840 entsprechend verschärft und polarisiert. Die agitatorische Emphase der Rheinkrise hinterläßt Spuren; aber auch im stilistisch entgegengesetzten Bereich, im ironischen, treten grelle sarkastische Töne auf, wie sie Hoffmann nicht findet. Gerade hier liegen Herweghs Stärken; sein *Wiegenlied* etwa, das eine doppelte Kontrafaktur auf Goethe und Hoffmann von Fallersleben darstellt, zeichnet unter dem Refrain der sozusagen doppelt zitierten Zeile »Schlafe, was willst du mehr?« ein satirisch-sarkastisches Panorama deutscher Unfreiheit, aber auch deutscher Apathie und Gleichgültigkeit.[48] Seine Hauptwirkung dürfte Herwegh freilich in den vierziger Jahren dem emphatisch-pathetischen Teil seiner Lyrik verdanken; sie zieht inhaltlich gesehen ihre Wirkung aus der Umwendung des patriotischen, auf Einheit und Abwehr des äußeren Feindes gerichteten Pathos in Richtung auf die inneren Fragen von Freiheit, Gerechtigkeit und sozialer Gleichheit. Herweghs republikanische Radikalität ist in diesem Sinne ›unerhört‹. Die stilgeschichtliche Signatur seiner Texte ist die Hyperbel. Die von der Lyrik der Befreiungskriege her neu belebten metaphorischen Felder von Natur, Krieg, Kampf, Volk und Gott werden nicht weniger übersteigert als die imperativischen, emphatisch wiederholenden und expressiven Parolen. Insgesamt ist für die Diktion aber bezeichnend, daß und wie alle Motiv- und Ausdrucksbereiche letztlich sakral überhöht werden. Trotz der im Grunde republikanischen Intention, trotz Herweghs vehementer Ablehnung des Gottesgnadentums und des Legitimismus wird die religiöse

Überhöhung der gesamten politischen Aussage zum eigentlichen Kennzeichen. Die Gedichte erlangen damit hymnischen Status, dessen Funktion in der Überbietung des patriotischen Sturms von 1812–15 liegt: »Brause, Gott, mit Sturmesodem / durch die fürchterliche Stille«, heißt es im *Gebet*, das dann fortfährt:

> Aus dem Nachtmahlkelch der Freiheit / laß uns wieder einmal schlürfen,
> Baue wieder einen Altar, / drauf wir uns dir opfern dürfen [. . .][49]

Vom »letzten heiligen Krieg« ist die Rede, das »freie Wort«, das »im Anfang gewesen« ist, hat der Sänger dem Volke zu »predigen« (*Das freie Wort*).[50] Den Höhepunkt der Hyperbolik bildet wohl Herweghs *Lied vom Hasse*, in welchem dieser der Liebe übergeordnet und zur letzten metaphysischen Instanz hypostasiert wird, die das »jüngste Gericht« zu halten hat, nicht ohne daß auch dieser Haß »heilig« genannt würde.[51] Schließlich unterliegt auch der als Vorbild und Zeuge angerufene Freiheitsheld Ulrich von Hutten der sakralen Überhöhung; er ist »unser Heiland, / für's deutsche Volk an's Kreuz geschlagen«.[52] Und obgleich für Herwegh die »Volkesstimme« auch die »Stimme Gottes« ist,[53] kann er dem preußischen König im beschwörenden Appell, sich den Wünschen und Forderungen des Volkes nicht zu verschließen, die sakrale Herrscherrolle antragen:

> Steh auf und sprich: Ich bin der Hirt,
> Der Eine Hirt, der Eine Wirt,
> Und Herz und Haupt, sie sind beisammen![54]

Es bedarf keines weiteren Beweises, daß politische Intention und sprachlich-poetische Form in eklatantem Gegensatz zueinander stehen. Sie schlagen auch in entsprechend diskrepanter Weise wirkungsgeschichtlich zu Buche. So sehr Herweghs politische Radikalität und seine spätere Parteinahme für die sich formierende Arbeiterschaft in den Jahrzehnten nach 1848 auf Ablehnung stießen, so nachhaltig hat seine hyperbolische Sakral-Metaphorik Schule gemacht und in allen Bereichen nationaler Hymnik, aber auch in anderen Bereichen engagierter Partei-Dichtung jene Hypostasierung angeregt, welche dem Politischen eine quasi religiöse Dignität verleiht und die emphatische Einstimmung an die Stelle der reflektierten Zustimmung setzt. Sicherlich steht Herwegh in dieser wirkungsgeschichtlichen Linie bei weitem nicht alleine, sondern repräsentativ für eine große Zahl von vormärzlichen politischen Dichtern. Die vehemente Wirkungsgeschichte seiner *Gedichte eines Lebendigen* läßt aber an ihm besonders sichtbar werden, was in anderen Fällen weniger deutlich zum Vorschein kommt. Außer der politischen Intention entscheidet auch die Einsicht oder der Mangel an Einsicht in die Verbindlichkeiten der poetischen und sprachlichen Form über die reale Wirkungsgeschichte des politisch-poetischen Produkts. Den prophetischen Habitus, dessen realpolitische Schwäche mit der berühmten Audienz Herweghs unübersehbar wurde, hat jedenfalls Heine durch eine radikale »Formkritik« dekuvriert[55] – zu einem Zeitpunkt, als in der literarischen Öffentlichkeit die Diskrepanz noch so gut wie nicht wahrgenommen wurde.

V,3. Das dritte Ereignis von überregionaler Auswirkung, das zu Beginn des Jahrzehnts, um die Jahreswende 1841/42, die literarische Öffentlichkeit bewegt, trägt dem Verlag Hoffmann & Campe das Vertriebsverbot in Preußen ein: Dingelstedts *Lieder eines kosmopolitischen Nachtwächters.* Im Vergleich zu Herwegh zeichnen sie sich durch die Vielfalt der Töne, der Übergänge und der Mischlagen aus, wobei sehr deutlich jungdeutsche und Heinesche Einflüsse zu erkennen sind – kolloquiale statt hochstilisierte Syntax, witzige bis ironische Zuspitzung, Preisgabe der allegorischen ›Gewänder‹ und der Naturallegorese, dazu gehäuft Formen des Wortspiels, des Stilbruchs, bis hin zu zynischen und grotesken Effekten. Jedenfalls dominieren diese Stillagen bei weitem gegenüber den emphatischen und appellativen, wobei die Heineschen, auf stärkere Dissonanz abgestellten Wirkungen einen beachtlichen Unterschied zu Hoffmann darstellen, der es bei einfacheren Kontrasten und gröberen Pointen beläßt. Gegenüber Hoffmann fällt aber auch die präzisere großräumige Komposition in Art eines Zyklus ins Auge. Dingelstedt, der schon im Jahre 1838 *Spaziergänge eines Casseler Poeten* verfaßt hat, bewegt sich auch in den Nachtwächter-Liedern auf Grünschen Spuren. Das Vorbild des Wiener Poeten wird freilich in doppeltem Sinne weitergeführt und der neuen politisch-literarischen Situation angepaßt: einem ›kleinen Rundgang‹, der in biedermeierlicher Manier *Nachtwächters Stilleben* genannt wird und im wesentlichen soziale und politische Reflexe im Leben der Kleinstadt registriert – mit Anpassung der Vers- und Strophenformen, überwiegend aus dem Bereich der Volksliedtradition –, führt der zweite Weg ins Weite: *Nachtwächters Weltgang*, in sieben Stationen vom Mittelpunkt des ehemaligen Reiches und jetzigen Bundes, Frankfurt, durch die deutsche Kleinstaatenwelt über Berlin nach Wien, dem eigentlichen Machtzentrum der Metternichschen Restaurationspolitik. Diesem konkreten Itinerar, das den Grünschen Ansatz sozusagen mit den Möglichkeiten und Erfahrungen der jungdeutschen und Heineschen Reiseliteratur anreichert, gewinnt der gesamte Zyklus erheblich an politisch-sozialer Sachnähe. Die ambitiöse Kultur- und Griechenlandpolitik etwa des bayerischen Hofes steht zur Debatte, nicht weniger die neue Ära Friedrich Wilhelms IV. in Berlin, dessen Königsberger Thronantrittsrede ebenso direkt angegriffen wird wie seine Universitäts- und Kulturpolitik, die aus Berlin ein Mekka des Geistes machen will: die satirisch-zynische Absicht bezieht die formale Versgestaltung mit ein und verwendet für die Berlin-Station den Silbenritt »auf holperndem Ghasele«.[56] Die ironische Kontrafaktur der Liedertafel-Lyrik, mit Anspielungen und Zitaten durchsetzt, gibt den deutschen Michel, auch in Gestalt seines intellektuell-philisterhaften Ablegers, der Lächerlichkeit preis, indem der politisch-patriotische Habitus durch Zitatmontage der unlauteren Motivation überführt wird; Borniertheit und Großspurigkeit deutscher Duodezhöfe werden in erzählenden Strophen geschildert, die nicht von ungefähr Partien von Heines *Wintermärchen* vorwegzunehmen scheinen.

> Dutzend-Fürsten, Taschen-Höflein,
> Glücklich, wer euch niemals kennt!
> Hoffouriers- und Kammerzöflein-
> Und Actricen-Regiment!

Alles ein Intrigen-Knäuel,
Teegeklatsch und Weiberschnack.
Schütz Euch Gott vor solchem Greuel
Und vor seidnem Lumpenpack![57]

Daß diesem politisch wie regional ebenso weiträumigen wie sprachlich und poetisch vieltönigen Panorama der deutschen Verhältnisse auch ›a-politische‹ Teile, der Teilzyklus *Empfindsame Reisen* und eine weltschmerzlich getönte Kanzonensammlung *Letzte Liebe* angegliedert sind, zeigt, wie selbst zu Beginn der vierziger Jahre die ›Ausgliederung‹ des Zeitgedichts qua politisches Gedicht aus dem Genre-Kaleidoskop der Biedermeier-Poetik noch keineswegs endgültig vollzogen ist.[58] Insgesamt ist es weder verwunderlich, daß die Zensur so scharf eingriff, denn die politischen Gravamina, die Dingelstedt zur Sprache bringt, sind bei weitem konkreter als selbst die Herweghschen, noch daß der ›Weltgang‹ des Nachtwächters wohl direkte Anregungen zu der poetisch-epischen *Deutschland*-Reise Heines gegeben haben dürfte. Unbeschadet dessen, daß Dingelstedt nach einem knappen Exil- und Wanderjahr, als Renegat bescholten und angefeindet, sich am Württembergischen Hof niederließ, präsentieren seine *Nachtwächter*-Lieder diejenige Vermittlung der ›Tendenz‹, die auch für Heine möglich war und die er in entsprechender Weise überboten hat. Die Mehrzahl der Dingelstedtschen Texte jedenfalls zeigt ein so starkes Gefälle zur durchgehenden ironisch-reflexiven Gestaltung, unter Ausnützung von formalen Inversionen, pointiert-zynischen Kontrafakturen, sowie eine solche Zuspitzung auf konkrete Gegebenheiten und Verhältnisse, daß die politische ›Allgemeinheit‹, wie Heine sie tadelte, und die appellativ-emphatische Höhenlage, wie Heine sie stilistisch unerträglich fand, weitgehend ausgeschlossen bleibt. Die formgeschichtliche Gabelung, die in den vierziger Jahren die Entwicklung des Zeitgedichts bestimmt, ist jedenfalls deutlich sichtbar: der agitatorischen Appell-Lyrik tritt das konkret satirische Reflexionsgedicht gegenüber. Das Grünsche Erbe wird gemäß den Bedingungen der vierziger Jahre in einem Prozeß der formalen Wandlung erneut bestimmend.

VI. Mit Herweghs spektakulärer Audienz bei Friedrich Wilhelm IV., samt ihrem Nachspiel, der Ausweisung des Dichters aus Preußen, ergibt sich ein gleichsam symbolisches Datum. Der erste, allzu optimistische Impuls des Jahrzehnts, die Hoffnung auf unmittelbare Wirksamkeit der agitatorischen Dichtung, ist – für alle sichtbar – desavouiert. Auf verschiedenen Ebenen setzt damit auch die öffentliche Kritik am agitatorischen Lied ein, und keineswegs nur von reaktionärer Seite, wie früher. Bezeichnend für die inneroppositionelle Auseinandersetzung ist nicht nur die nervöse Anfeindung Anastasius Grüns, sondern auch der Streit um die ›Partei‹, der vom Anlaß her eher harmlos anmutet. Aus der beiläufigen Doppelzeile Freiligraths: »Der Dichter steht auf einer höheren Warte / als auf den Zinnen der Partei« entwickelt sich die Debatte. Wenn Herwegh mit einem vielstrophigen Gedicht dagegen zu Felde zieht,[59] so ist damit noch keineswegs »Parteilichkeit« im heutigen Sinne gemeint, sondern das Postulat öffentlich engagierter Stellungnahme, die eine charakterlose und indifferente Position ausschließt. Politische Parteien hat das vormärzliche Deutschland – um auf Robert Prutz' Stellungnahme zurückzukommen –

noch nicht,[60] allenfalls journalistische. Diesem Status nähert sich aber nun die Lyrik an. Mit den Stichwörtern ›Partei‹ und ›Propaganda‹ – in den Worten Friedrich von Sallets: »Es ward zur Propaganda / Das deutsche Dichterheer«[61] – ist dieser Prozeß bezeichnet. Er drückt nicht mehr und nicht weniger aus, als daß das Problem von Öffentlichkeit und Gedicht, von der öffentlichen Aufgabe der Poesie, nunmehr in den Begriff von Dichtung eingeht und damit das ganze Gattungsgefüge umwertet. Der Niederschlag in der Dichtung selbst bleibt nicht aus: Der politische und der poetische Status wird nun selbst zum Inhalt des Gedichts, es wird sich selbst thematisch. Damit ist das Grundproblem in durchaus moderner Weise, auch im Hinblick auf die Erfahrungen des 20. Jahrhunderts ›modern‹, gekennzeichnet, und zwar gleichgültig, wieweit der Begriff der ›Parteilichkeit‹ noch hinter den heutigen Vorstellungen zurückbleiben mag. In deutlicher Weise ist der neue poetische Status freilich nur bei Heine erreicht, dessen Eingriff in die gattungsgeschichtliche Entwicklung mit den entsprechenden Gedichten zu Beginn der vierziger Jahre und mit der Arbeit an *Atta Troll* genau den Punkt bezeichnet, wo die Kritik des Zeitgedichts selbst zum Politikum wird. Eine andere Konsequenz der neuen Situation ergibt sich aber im Bereich des ›sozialen Engagements‹, wozu Freiligrath mit einem, freilich begrenzten, Teil seines Werkes, Georg Weerth hingegen in sehr grundsätzlichem Sinne innovatorische Impulse geben.

VI,1. Ferdinand Freiligrath trägt der Forderung der Parteilichkeit mit dem Titel seiner folgenden Gedichtsammlung *Ein Glaubensbekenntnis* (1844), erst recht mit dem Fanal *Ça ira* (1846) Rechnung; dem entspricht im Inhaltlichen eine konsequente Radikalisierung im Sinne republikanischer Zielsetzung. Poetologische Konsequenzen für seine Dichtung zieht er hingegen im größeren Teil seines Werkes nicht. Er schließt sich hier. der Mehrzahl der politischen Vormärz-Dichter an, welche die bis dahin entwickelten Formen agitatorischer Lyrik weiter pflegen – in ungebrochener Kontinuität und mit quantitativer Zunahme bis 1848. Im Werk Freiligraths finden sich dafür genügend Belege: der allegorisch-pathetische Aufruf in Gedichten wie *Hamlet* oder *Am Baum der Menschheit drängt sich Blüt' an Blüte*, die panegyrische Feier der Freiheitshelden, wie etwa Huttens, in dem Preisgedicht *Ein Denkmal*, der agitatorische Appell mit schlagworthaften Kurzformeln im Refrain in Texten wie *Schwarz-Rot-Gold* oder *Die Republik*,[62] womit die Märzrevolution erreicht wäre, damit aber auch diejenige historische Lage, welche die in ›Marseillerhymnenweise‹ gedichtete Agitationslyrik seit 1840 immer unterstellt hat.

Eine lyrikgeschichtlich wichtige Neuerung, die Freiligrath im Zeichen von Parteinahme erreicht, ist hingegen die Annäherung des sozialen Gedichts an das politische. Während Herwegh die sozialen Texte im zweiten Teil der *Gedichte eines Lebendigen* (1843), vor allem *Vom armen Jakob und von der kranken Lise*,[63] stärker im Sinne Chamissos und d. h. des sozialen Genrebilds mit verallgemeinernd-allegorisierenden Zügen stilisiert, legt Freiligrath Balladenmuster zugrunde. Schon der *Mohrenfürst* aus seiner frühen ›exotischen‹ Phase ist trotz aller exzentrischen Effekte ein politisches Gedicht; Heine hat trotz seiner ironischen Bezugnahme davon profitiert, ganz augenscheinlich in seinen politischen Balladen und Klein-Epen des Spätwerks, vor allem *Sklavenschiff* und *Vitzliputzli*.[64] Auch mit der Weber-Ballade *Aus dem schlesischen Gebirg* kommt Freiligrath in die Nähe Heines.[65] Bisweilen ergeben sich auch

Wirkungen von lakonischem Zynismus, der an Weerth denken läßt; die Ballade *Vom Harze* (»Wahre Geschichte«, 1843) schildert den empörenden Vorfall, daß ein Bauer, der sich des die Saaten zerstörenden Jagdwilds erwehrt, vom hinzukommenden Förster kurzerhand erschossen wird; unbekümmert um den Toten und dessen Sohn läßt der Förster die Leiche wegfahren:

> Drum macht ihm keine Trauer
> Des Jungens wild Geknirsch' –
> Vergessen wird der Bauer,
> Gegessen wird der Hirsch!

> Ihm'selbst wird die Medaille –
> Ja so, das fehlte noch! –
> Den Fritzen, die Kanaille,
> Wirft man ins Hundeloch![66]

Solch sarkastische und lakonische Engführung bleibt freilich auf einzelne Strophen beschränkt; auch die berühmten Texte aus *Ça ira*, das ›Proletariergedicht‹ *Von unten auf!* und *Freie Presse*[67] verbleiben im Bannkreis biedermeierlicher Poetik, mit stark allegorisierenden Zügen und emphatisch eingesprengten Formeln von pathetischem Stilwert.

Auch Georg Weerths innovatorische Leistung im Bereich der sozialen Ballade verläßt nicht grundsätzlich die poetologischen Bereiche der Epoche; von einem unvermittelten, unmittelbar realistischen Neuansatz kann nicht die Rede sein. Die stilistischen Muster der Volksballade mit ihren archaisierenden Anaphern, Epanalepsen und satzeinleitenden Partikeln (»wohl«, »gar«) bilden den stilistischen Rahmen, in dem die aktuelle soziale Anklage ihre unpathetische, aber um so stärkere Wucht gewinnt:

> Die hundert Männer von Haswell,
> Die starben an einem Tag;
> Die starben zu einer Stunde;
> Die starben auf einen Schlag.

> Und als sie still begraben,
> Da kamen wohl hundert Fraun;
> Wohl hundert Fraun von Haswell,
> Gar kläglich anzuschaun.[68]

Und gerade weil in der folgenden Anrede und Forderung nach »Lohn« die alten Balladenmuster unüberhörbar sind, wird aus der alten Form die inhaltliche und sprachliche Unerbittlichkeit einer neuen gewonnen:

> Sie kamen mit ihren Kindern,
> Sie kamen mit Tochter und Sohn:
> »Du reicher Herr von Haswell,
> Nun gib uns unsern Lohn!«

Weerths *Lieder aus Lancashire*, die einen gattungsgeschichtlichen Höhepunkt des Vormärz darstellen, belegen noch einmal deutlich, wie sich aus der vieltönigen und alle Übergänge zulassenden Poetik der Biedermeierzeit gattungsgeschichtliche Sprünge ergeben, wenn neue Probleme im Inhaltlichen mit kombinatorischer Kreativität im Sprachlich-Poetischen zusammenkommen. Die soziale Ballade, welche in den dreißiger und beginnenden vierziger Jahren an vielerlei Punkten des poetischen Systems sich ansatzweise entwickelt, ohne bereits zu einer neuen, eigenen Stabilität der Form zu finden, wird bei Weerth zu einem neuen, zukunftsträchtigen Genre. Seine geschichtliche Zukunft reicht weit in das 20. Jahrhundert hinein; im 19. Jahrhundert beschränkt sich die weitere Entfaltung des von Weerth Erreichten auf wenige Versuche in der Folge der naturalistischen Ansätze um 1890.

VI,2. Heines besondere Stellung im Rahmen der gattungspoetischen Entwicklung des Vormärz ist auf zwei Ebenen zu sehen. Die ›Zeitgedichte‹ der beginnenden vierziger Jahre sowie *Atta Troll* konstituieren sich im Ansatz als poetologische Gedichte, in denen Problem und Charakter der dichterischen Stellungnahme im Verhältnis zur literarischen und politischen Öffentlichkeit der Zeit zur Debatte stehen. Auf der späteren werkgeschichtlichen Stufe des *Romanzero* kommt die über Freiligrath hinausgehende weitere Abwandlung der Ballade zum politischen oder sozialen Erzählgedicht hinzu; im Rahmen der Gesamtkomposition werden die neuen Formen in die vielfältigen lyrischen Bestände unter den summarischen Titeln *Historien* und *Lamentationen* eingefügt.[69]

Die in den *Neuen Gedichten* als *Zeitgedichte* gesammelten Texte setzen sich insgesamt mit dem Problem ›Lyrik und politische Öffentlichkeit‹ auseinander. Poetologische und politische Reflexion gehen ineinander über; sie schließt die persönliche Situation Heines durchaus ein und nimmt in *Lebensfahrt* und *Nachtgedanken* lamentierende bis sentimentale Tonlage an.[70] Zugleich wird aber die politische Situation charakterisiert, auf welche sich die irregeleiteten Hoffnungen und Erwartungen eines Großteils der deutschen engagierten Literaten zu Beginn der vierziger Jahre gerichtet haben, die Ära Friedrich Wilhelms IV. In diesem Sinne ergibt sich dieselbe Perspektive wie in *Deutschland. Ein Wintermärchen*. Insgesamt hat die Folge der *Zeitgedichte* jedoch, wie bereits aus der Ordnung der Texte hervorgeht, poetologische Bedeutung und entspricht damit *Atta Troll*, wo ja die entsprechenden Stichworte, in ironischer Zuspitzung, auftauchen: die Behauptung der ›Zwecklosigkeit‹ und der ›freien poetischen‹ Betätigung, die scheinbare Absage an »Zeitbedürfnis« und »Vaterlandsinteressen«, das Stichwort ›Tendenz‹, das Schlagwort von der »Zinne der Partei« und vom »Schlachtlärm« der Rhein-Poeten, die ironisch mit den kapitolinischen Gänsen verglichen und als Vaterlandsretter gefeiert werden.[71]

Die *Zeitgedichte* von 1844 kommen ihrer ideologie- und formkritischen Zielsetzung im wesentlichen auf zwei Wegen nach: In der Form der direkten Replik werden die Standpunkte der Wortführer des ›lyrischen Aufbruchs‹ sprachkritisch unter die Lupe genommen und im Hinblick auf die literarisch-politische Situation durchleuchtet; den Leitfiguren dieser poetischen Garde werden Gegenfiguren gegenübergestellt. Das Eingangsgedicht *Doktrin* legt von vornherein den Dichtungsbegriff im Sinne politisch-öffentlicher Verantwortung fest und begründet dies, wie auch das zweite Gedicht, mit dem geschichtlich-geistesgeschichtlichen Stand der Epoche (*Adam der*

Erste), der eine Trennung von Wissen bzw. Wissenschaft und »Freiheitsrechten« nicht mehr zuläßt. Damit wird formal die Rolle des Gedichtes mit ›Trommelschlag‹ und ›Reveille‹ umrissen, erst in dem späteren, motivlich angeschlossenen Gedicht *Der Tambourmajor* kommen geschichtliche Koordinaten hinzu: die – leicht resignativ getönte – Berufung auf die napoleonischen Umrisse der Gestalt und die ausdrückliche Absage an die nationalistische Wiederbelebung der patriotischen Dichtung von 1812 bis 1815 und deren sprachlich-poetische Grundlagen. Mit dieser Präzisierung geht einher die Absage an eine selbstgenügsame Poesie; am Beispiel der Naturlyrik wird sie der poetischen Wertlosigkeit – die »Nachtigall [. . .] übertreibt und schluchzt und trillert / nur aus Routine, wie mich dünkt«[72] – und der geschichtlichen Antiquiertheit überführt (*Entartung*).[73] Von vornherein wird aber in den *Zeitgedichten* auch ansichtig, was der Wirkungsweise einer zeitgemäßen Poesie entgegensteht: Zensur und persönliche Gefährdung für den Schriftsteller (*Warnung*), die Notwendigkeit, sich verschlüsselt auszudrücken (*Geheimnis*). Die begrenzte Wirkungsmöglichkeit einer poetisch-politischen Bestandsaufnahme deutscher Verhältnisse, die Heine im Anschluß an Dingelstedts *Nachtwächter*-Lieder für das Jahr 1842 selbst vornimmt (*Bei des Nachtwächters Ankunft zu Paris*), wird im direkten Hinweis auf Campe und das preußische Verlagsverbot sichtbar gemacht: »Und wird uns der ganze Verlag verboten, / So schwindet am Ende von selbst die Zensur.«[74] Neben diesem Kristallisationspunkt poetologischer Überlegungen steht als zweites Zentrum die Auseinandersetzung mit Herwegh und der von ihm vertretenen Tendenz. Heine geißelt die in der Form der Herweghschen Poesie mitgesetzte Voraussetzung, als habe das politische Lied eine unmittelbar handlungsleitende, reale politische Wirkungsmöglichkeit, wie sie mit Imperativ-Appell und politisch-religiöser Hyperbolik suggeriert wird. Heine sieht darin nur den stilistisch-emphatischen Anschluß an die vaterländische Poesie und ironisiert die illusionäre Aufruf-Attitüde mit dem Stichwort »Marseillerhymnenweise«;[75] die Illusion der unmittelbaren ›tötenden‹ Wirkung des Gedichts verleiht diesem den Charakter einer letztlich wirkungslosen Allgemeinheit (*Die Tendenz*). Das Gedicht auf Herweghs Audienz selbst kontrastiert Stillage und dichterischen Anspruch der Herweghschen Lyrik mit der politischen Realität, wobei das appellative Moment, das sich bei Herwegh in Gestalt von Panegyrik und Fürstenappell artikuliert hat, ausdrücklich ironisiert und als historisch nicht mehr tragfähig ausgewiesen wird. Die Anspielung auf Schillerschen Idealismus ist diskreditierend gemeint: Herwegh, der sich selbst als neuen Hutten gerne sähe, wird als unzeitgemäßer Posa porträtiert, dem die Verwechslung von Dichtung (›Verse‹) und Realität (›Prosa) unterläuft:

> »Aranjuez, in deinem Sand,
> Wie schnell die schönen Tage schwanden,
> Wo ich vor König Philipp stand
> Und seinen ukermärkischen Granden.
>
> Er hat mir Beifall zugenickt,
> Als ich gespielt den Marquis Posa;
> In Versen hab ich ihn entzückt,
> Doch ihm gefiel nicht meine Prosa.«[76]

Den Kunstgriff, den ›ironisierten Kollegen‹ in einem literarisch-politischen Rollenge-
wand auftreten und seine eigenen Wunschträume als illusorisch entlarven zu lassen,
hat Heine auch später wiederholt angewandt, vor allem, wenn es darum ging, die
historisch überholte poetisch-politische Form panegyrischen Appells zu entlarven und
unter vormärzlichen Bedingungen als Anachronismus des 18. Jahrhunderts bloßzu-
stellen. Im Rahmen der *Zeitgedichte* tritt die politische Macht, an der Herwegh
scheitert, ebenfalls in ironischem Kostüm auf: Friedrich Wilhelm IV., die Hoffnung
der Liberalen, als selbstherrlicher *Kaiser von China*;[77] das von Friedrich Wilhelm
geförderte Berliner Klima von Wissenschaft, Philosophie und Kultur wird durch
weitere Personifikationen – Schelling als Hofphilosoph Konfuzius/Confusius – als
restaurativ gekennzeichnet. Weitere ›Drapierungen‹ kommen hinzu: Dingelstedt, der
inzwischen zum Renegaten geworden ist, und Herwegh als Cassius und Brutus, die
aber am deutschen Michel und seiner Trägheit scheitern; und die Hoffnung, daß die
»Jungfrau Germania« – wie die Sänger des agitatorischen Liedes als real unterstellen
– das revolutionäre Kind bereits geboren habe (*Das Kind*), übersieht die Obrigkeits-
hörigkeit der Deutschen (*Verheißung* / *Zur Beruhigung*).[78] Um Mißverständnisse
abzuwehren, schließt Heine – vor den melancholischen *Nachtgedanken* – mit erneuten deutlichen poetologischen Hinweisen: die Kritik der zeitgenössischen politischen
Dichtung muß aus der *Verkehrten Welt* heraus verstanden werden, die poetisch-
politische Form- und Sprachkritik besagt nicht, daß Heine ins Lager der Gegenkräfte
gewechselt sei; in der Tat hofft auch er auf eine *Erleuchtung* des deutschen Michel
und stellt für den Fall der realen Revolutions-Situation auch »das Donnerwort« in
Aussicht, dem er in der gegenwärtigen, illusionären Gestalt eine politisch wie
sprachlich-poetisch verhängnisvolle Wirkung bescheinigt.[79]
Damit ist deutlich, daß Heines Position weder die der welttranszendenten universalen
Satire noch die einer unvermittelt wiederaufgenommenen Ästhetik dichterischer
Autonomie darstellt. Vielmehr versucht er, angesichts des zutage getretenen Dilemmas im Verhältnis von literarischer und politischer Öffentlichkeit, diejenigen spezifischen Sprach-, Ausdrucks- und Kritikmöglichkeiten zu wahren, die für ihn ein
unverzichtbares poetologisches Erbe aus der Goethezeit bedeuten. Dieses kann nicht
in a-historischer Idealität behauptet und gegen die Politisierung literarischer Öffentlichkeit ins Feld geführt werden; es kann aber auch nicht schlechtweg der totalen
Funktionalisierung mittels der ›Tendenz‹ geopfert werden, weil sonst im Widerstreit
der ›Tendenzen‹ der für die Dichtung zu erhebende Wahrheitsanspruch preisgegeben
würde.
Heine hat damit als erster das Problem, wie es sich zwischen Öffentlichkeitsanspruch
und poetischem Anspruch für das Gedicht stellt, in spezifisch moderner Weise
formuliert und dichterisch ausgetragen. Seine eigene Position ist die der genauen
Überprüfung der Ansprüche im politischen Schwerefeld der vierziger Jahre. Formkritik als Sprach- und Ideologiekritik ist die ›Formel‹ seines Vorgehens, die übrigens
auch für das *Wintermärchen* und sein ideologiekritisches Zentrum, die Barbarossa-
Kapitel, gilt. Die Fixierung jedenfalls auf eine einseitige Lösung – sei es die reine
Funktionalisierung von Sprache und Form, womit der poetische Anspruch preisgege-
ben würde, sei es der ästhetische Rückzug, welcher die politisch-gesellschaftliche
Aufgabe negiert – hat Heine in seinem gesamten Spätwerk zu vermeiden gewußt.
Keineswegs bedeutet dies die Nivellierung auf einen ›Mittelweg‹. Vielmehr wird das

Grunddilemma in jedem Einzelwerk neu und mit Rücksicht auf die konkreten Gegebenheiten ausgetragen und poetisch-politisch verantwortet. Artistik und Engagement sind weder der reine Widerspruch, noch in nivellierender Weise vermittelt. ›Artistik‹ ist freilich in der Weise im Spiel, als das reflexiv-gedankliche Moment als vielfach variierter Sprach- und Formreiz, mittels Stilüberlagerung und Stilbruch, gestaltet ist und allem stimmungshaften, gefühlsgerichteten, einstimmenden Appell die Grundlagen entzieht.

Heines Modernität kann in diesem Sinne durchaus maßstabbildend für die in den vierziger Jahren nun gattungsgeschichtlich sozusagen ›emanzipierte‹ politische Dichtung gelten. Bei den poetae minores erschöpft sich die Technik der Zeitdichtung, Kontrafaktur und Replik, Variation und Weiterführung, in der einfachen Funktionalisierung des Vorgegebenen. Der poetische und sprachliche Formbestand wird lediglich auf andere stoffliche oder aktuelle Gegebenheiten übertragen, allenfalls im linearen Sinne verschärft oder überspitzt. Politisch bedeutet dies eine ›Verallgemeinerung‹, vor allem in der gefährlichen Form, daß zum Zwecke der Solidarisierung eine Aufbruch- und Aktionssituation suggeriert wird, die de facto politisch nicht gegeben ist. Bei den poetae maiores hingegen findet eine oft mehrfache ironische Inversion statt, welche die einfache Kontrafaktur um ein Mehrfaches überflügelt: im Sinne von Kontrast, Stilbruch und damit neuer inhaltlicher Bezugnahme werden die alten Formen im selben Maß neu sprechend, wie sie als alt oder veraltet bloßgestellt werden. Das darin steckende reflexive Moment der Gestaltung ist sachhaltig und kritisch. Ästhetisch bedeutet es, daß der poetische und der politische Reiz vermittelt sind und intellektuell entschlüsselt werden müssen. Die strukturelle Folge für die Gedichte ist die, daß sie eine Mehrdimensionalität erreichen, die über die versifizierte Parole und den emotionalen Appell weit hinausreichen. Der sprachlichen Komplexität und ihrer formalen Zusammenfassung entspricht eine Vielzahl politischer Aspekte, die eine Hierarchie der sich weitenden Horizonte eröffnen.

VI,3. Heines Versuche mit einer Politisierung der lyrischen Formen wenden sich nach den ›Zeitgedichten‹ und den beiden Versepen auch der Ballade zu. Ein interessantes Beispiel bietet *Karl I.*, eine auf den ersten Blick in sich stimmige historische Ballade vom Verhältnis Karls I. zur puritanischen Revolution, die ihm den Tod bringen wird. In der ersten Veröffentlichung, 1847 in Hermann Püttmanns radikalem *Album*,[80] hat Heine die historische Dimension abgeschwächt und durch den Titel *Wiegenlied*, mit deutlicher Anspielung auf die in den vierziger Jahren häufigen Wiegenlied-Kontrafakturen, einen aktuellen Akzent gesetzt.[81] In der *Historien*-Sammlung des *Romanzero* stehen dann *Karl I.* und die zeitpolitisch durchsichtige Gespensterballade *Marie Antoinette* an zentraler Stelle und verweisen so darauf, daß auch in den übrigen Texten unter dem historisierenden Gewand sich zahlreiche aktualisierende Anspielungen finden. Insgesamt ist aber die Balladen-Technik der *Historien* von einer einfachen gattungsgeschichtlichen Weiterführung des Genres weit entfernt. Anachronistische Verschiebungen im Verhältnis zum historischen Stoff, Stilbrüche zwischen hohem Balladenton und entpoetisiertem Slang, Parodie und Travestie als brüske Mittel der Verzerrung dienen der Aufhebung stilistischer Stimmigkeit und gehaltlicher Harmonie. Insbesondere die Travestie der Uhlandschen *Historien*, der romantischen ›Loreley‹-Töne, aber auch der exotischen Romanze geben dem Ganzen Züge einer gattungsgeschichtlichen Modernität, deren Tragweite letztlich nur im Hinblick auf das 20. Jahrhundert angemessen bestimmt werden kann. Damit ergeben sich latente gattungsgeschichtliche Verschiebungen. Mit quasi politischer Pointe, wie in *Rhampsenit* oder *Walküren*, erst recht im satirischen Kurzepos *Vitzliputzli*, mit seiner radikalen Kritik des kolonialen Weltmachtanspruchs Europas, entstehen Vorformen des modernen, politisch und sozialpolitisch akzentuierten Erzählgedichts. Fast nahtlos gliedert sich das äußerlich balladeske, dem Sinn nach als Zeitgedicht zu verstehende Ritterstück (*Zwei Ritter*) ein, oder die im alttestamentlichen Stoff (*König David*) verkleidete politische ›Glosse‹, deren Eingangsstrophe lautet:

> Lächelnd scheidet der Despot,
> Denn er weiß, nach seinem Tod
> Wechselt Willkür nur die Hände
> Und die Knechtschaft hat kein Ende.[82]

Wie hier, so überall: die Schwerelosigkeit der Diktion und Verssprache von Heines politisch-satirischen Versepen unterläuft die Balladenform und ihre Stoffe und führt so die historische Ballade an einen gattungsgeschichtlichen Umschlagpunkt. Damit fällt auch dem Historien-Teil des *Romanzero* jene bezeichnende Mehrschichtigkeit und innere Polarität zu, die in den *Lamentationen* zu beobachten ist. Die Politisierung der Formen ist an vielen Stellen latent, an vielen mehr oder weniger ausdrücklich zu greifen, ja, sie schließt das Zeitgedicht als integralen Teil der Komposition ein. Den scheinbar privaten Gedichten, beispielsweise *In Mathildens Stammbuch*, steht so die erneute Abrechnung mit dem *Ex-Nachtwächter* und dem *Ex-Lebendigen* (Herwegh) gegenüber, in den *Lazarus*-Gedichten folgt auf die Klage über den »bösen Thanatos« der Abgesang auf die 48er Revolution *Im Oktober 1849* oder der Rückblick auf die persönliche Stellung als Autor im Rahmen einer auf Politisierung hin angelegten literarischen Öffentlichkeit (*Enfant perdu*): »Verlorner Posten in dem Freiheitskriege, / Hielt ich seit dreißig Jahren treulich aus«.
Sicherlich ist es unbestreitbar, daß der *Romanzero* nachmärzliche Töne aufweist; die Blickrichtung ist rückwärts gewandt, die resignative Tonlage unüberhörbar. Dennoch ist vom poetologischen Aufbau her nach wie vor ein biedermeierliches Grundprinzip gegeben: das Nebeneinander der Gattungen, das Ineinander der Tonlagen, die Möglichkeit der Übergänge vom einen zum anderen. Lediglich das, freilich grundlegende, Stilprinzip der Dissonanz, welches die Vielfalt der Töne nicht zu einem schiedlich-friedlichen Gleichklang verbindet, sondern in Härte und unausgleichbarem Mißklang bestehen läßt, bezeichnet die Heinesche Sonderstellung und ihre Modernität. Daß auf dieser doppelten Ebene von Übernahme und Innovation nun freilich die Politisierung der Themen und Formen statt hat, bis hin zum Heraustreten des einzelnen aggressiven Zeitgedichts, bezeichnet die literaturgeschichtliche Signatur im historischen Gefälle von Biedermeier zu Vormärz. Die alle Lebensbereiche umfassende Lyrikkultur des Biedermeier ist immer noch die Voraussetzung der Gesamtform, der Anspruch auf Einheit der kulturellen und der politischen Sphäre, und damit auf politische Durchdringung der gesamten literarischen Öffentlichkeit, ist noch erkennbar.

Mit der neuen Epoche, deren depressive Wirkung in Heines Werk hörbar wird, vollzieht sich die Trennung der Sphären. Die Dignität des politischen Gedichts wird in Abrede gestellt, die Poetik der ›reinen‹ Lyrik, in welcher sich das Moment des Subjektiven immer stärker auf das heutige Verständnis von ›individualistisch‹ und ›subjektivistisch‹ zubewegt, wird entworfen.[83] Dem Moment von Reflexion und gedanklicher Durchdringung wird ein gattungsgeschichtliches Séparée, die »Gedankenlyrik« eingeräumt,[84] der gesellschaftlich-geselligen Komponente die ebenso abgetrennte und abgewertete Sondersparte ›gesellige Lyrik‹, der sich dann auch der Begriff des ›Gelegenheitsgedichts‹ mit neuer, überwiegend abwertender Konnotation zuordnen läßt. Mit der Aufsplitterung der Bereiche und der theoretisch immer stärker werdenden Kanonisierung ›reiner‹ Lyrik – lange bevor der moderne Lyrik-Begriff aus Frankreich zu Einfluß gelangt – geht im produktiven Prozeß die Stagnation einher. Die Zeit des ›Realismus‹ ist keine Zeit für Lyrik und lyrische Innovation. Ihre bedeutendsten Texte verdankt sie Autoren, deren geistig-poetische Herkunft in den Jahrzehnten davor liegt. Das dynamische Moment, die Spannung zwischen Lyrik und Politisierung der Öffentlichkeit, welches die Breitenkultur der Lyrik im Biedermeier und im Vormärz bestimmt hat, ist entfallen. Heines Verfahren freilich, das auf sprachkritischer Basis den poetischen Anspruch des Gedichts mit seiner politischen Bedeutung im Rahmen literarischer Öffentlichkeit auszubalancieren wußte, gehört trotzdem die Zukunft. Die Heinesche ›Formel‹ findet neue Aufmerksamkeit, als um die Jahrhundertwende im Rahmen engagierter Kleinkunst die Forderung nach »angewandter Lyrik« laut wird. Grundsätzliche Tragweite gewinnt sie unter grundsätzlich veränderten politischen und poesie- und gattungsgeschichtlichen Bedingungen, als die öffentliche Bedeutung der Lyrik erneut verlangt und – unter ganz verschiedenen inhaltlichen Prämissen – ›Gebrauchswert‹ erwartet wird: in der Weimarer Republik.

Anmerkungen

1 Robert Prutz: Geschichte des deutschen Journalismus. In: Schriften zur Literatur und Politik. Hrsg. von Bernd Hüppauf. Tübingen 1973. S. 23.
2 Robert Prutz: Die politische Poesie der Deutschen. Leipzig 1845. S. 253 ff.
3 Friedrich Sengle: Biedermeierzeit. Deutsche Literatur im Spannungsverhältnis zwischen Restauration und Revolution 1815–1848. 3 Bde. Stuttgart 1971/72/80. Bd. 2. S. 491.
4 Sengle (Anm. 3) Bd. 1. S. 84 ff., Bd. 2. S. 144 ff.
5 Jürgen Wilke: Vom Sturm und Drang bis zur Romantik. In: Geschichte der politischen Lyrik in Deutschland. Hrsg. von Walter Hinderer. Stuttgart 1978. S. 141–178 (hier S. 145). – Das Maß der Politisierung literarischer Öffentlichkeit im 18. Jh. ist sehr begrenzt, wie Peter Uwe Hohendahl nachweist: »Die Vorbereitung des politischen Räsonnements durch die Literatur beschränkte sich im 18. Jahrhundert im wesentlichen auf das gebildete Publikum« (Hohendahl: Kunsturteil und Tagesbericht. Zur ästhetischen Theorie des späten Heine. In: Heinrich Heine. Artistik und Engagement. Hrsg. von Wolfgang Kuttenkeuler. Stuttgart 1977. S. 207–241. Zitat S. 218).
6 Zu der diesbezüglichen These von Peter Stein sowie zu Adornos These, derzufolge die politische Bedeutung des ästhetischen Gebildes darin liegt, daß es sich jeglicher zweckhaft-ideologischen Vereinnahmung verweigert, vgl. Walter Hinderer: Versuch über den Begriff und die Theorie politischer Lyrik. In: Geschichte der politischen Lyrik in Deutschland (Anm. 5) S. 16 ff.
7 Ebd. S. 21 ff.
8 Horst Denkler: Zwischen Julirevolution (1830) und Märzrevolution (1848/49). In: Geschichte der politischen Lyrik in Deutschland (Anm. 5) S. 179–209.
9 Joseph Freiherr von Eichendorff: Neue Gesamtausgabe der Werke und Schriften in vier Bänden. Bd. 1: Gedichte/Epen/Dramen. Hrsg. von Gerhard Baumann in Verb. mit Siegfried Grosse.

Stuttgart 1957. S. 135 f.; Annette von Droste-Hülshoff: Sämtliche Werke. Darmstadt 1966. S. 207–211.

10 Nikolaus Lenau: Sämtliche Werke in zwei Teilen. Hrsg. von Eduard Castle. Leipzig o. J. T. 1. S. 85 f. und S. 89 f.

11 Heinrich Heine: Sämtliche'Schriften. Hrsg. von Klaus Briegleb. München 1968 ff. Bd. 4. S. 432 f.

12 Insofern käme es darauf an, intentionale und funktionale Aspekte – die Ingrid Girschner-Woldt in ihrer *Theorie der modernen politischen Lyrik* (Berlin 1971) unterscheidet – in ihrer geschichtlichen Vermittlung zu verbinden. Annäherungsmöglichkeiten ergeben sich auf der Basis einer historischen Formkritik (s. dazu beispielsweise S. 315 f. und 324 f.).

13 Sengle (Anm. 3) Bd. 2. S. 186 f.

14 Denkler (Anm. 8) S. 190 ff.

15 Jürgen Wilke: Das ›Zeitgedicht‹. Seine Herkunft und frühe Ausbildung. Meisenheim a. G. 1974. S. 187 ff.

16 Erstveröffentlichung in Wilhelm Müller: Neueste Lieder der Griechen. Leipzig 1824. – Text nach: Gedichte von W. M. Vollst. krit. Ausg. von James Taft Hatfield. Berlin 1906. S. 224 f.

17 Erstveröffentlichung im *Musenalmanach auf das Jahr 1832*. Text in: August Graf von Platen: Werke. Bd. 1. München 1982. S. 774 ff.

18 Zitiert nach Walter Grab / Uwe Friesel: Noch ist Deutschland nicht verloren. Eine historisch-politische Analyse unterdrückter Lyrik von der Französischen Revolution bis zur Reichsgründung. Überarb. Aufl. München 1973. S. 123.

19 Hohendahl (Anm. 5) S. 209. – Vgl. auch Sengle (Anm. 3) Bd. 2. S. 56 ff.

20 Hohendahl (Anm. 5) S. 221.

21 Sengle (Anm. 3) Bd. 1. S. 89 ff.

22 Ebd. Bd. 2. S. 84.

23 Arthur Eloesser bemerkte dazu 1936: »Bevor der deutsche Mensch politisiert wurde, Industrie, Eisenbahn und erleichterte Freizügigkeit das Dasein lockerer und flüssiger machten, gab es in Deutschland zwei ineinander greifende Einrichtungen, deren kulturelle Wichtigkeit vielleicht immer noch nicht genügend eingeschätzt worden ist. Es war die Liedertafel und die Leihbibliotheken« (Vom Ghetto nach Europa. Berlin 1936. S. 257). Lediglich für das Bibliothekswesen hat sich die Forschungslage grundsätzlich verändert (vgl. Georg Jäger / Jörg Schönert: Die Leihbibliothek als literarische Institution im 18. und 19. Jahrhundert – ein Problemaufriß. In: Wolfenbütteler Schriften zur Geschichte des Buchwesens. Hrsg. von Paul Raabe. Bd. 3/1980. Hamburg. S. 7–60).

24 Sengle (Anm. 3) Bd. 1. S. 100.

25 Ebd. Bd. 1. S. 600 und 613.

26 Eugen Kalkschmidt: Deutsche Freiheit und deutscher Witz. Ein Kapitel Revolutions-Satire aus der Zeit von 1830–1850. Hamburg 1928. S. 54 (zitiert bei Sengle [Anm. 3] Bd. 1. S. 602).

27 Vgl. Verf.: Weimarer Republik (im vorliegenden Band S. 439–442).

28 Sengle (Anm. 3) Bd. 2. S. 539.

29 Obwohl es systematisch und thematisch nicht zu rechtfertigen ist, muß ich mir im folgenden ein näheres Eingehen auf die Ansätze und die Entwicklung der *sozialen* Lyrik des Zeitraums versagen – was im Hinblick auf etwa das Pauperismus-Problem der vierziger Jahre besonders bedauerlich ist. Die grundsätzlichen Voraussetzungen für soziale Lyrik liegen aber genauso im ästhetischen und gattungsästhetischen Bereich des literarischen Kommunikationssystems wie für die Genese des politischen Gedichts. Die konkreten Ansatzpunkte wären im einzelnen zu zeigen; Sengle hat selbst im Falle von Chamisso (u. a. am Beispiel des berühmten Gedichts von der alten Waschfrau) einen entscheidenden Punkt erläutert: Umgestaltung der alten, moralisierenden Idylle zum sozialen Rollengedicht (Sengle [Anm. 3] Bd. 2. S. 531 ff.). Andere Keimpunkte in der Poetik des Genrebildes (so u. a. im ersten Teil von Dingelstedts *Nachtwächter*-Gedichten) und der Ballade (zu erkennen etwa an Heines und Freiligraths Gedichten zum Weber-Aufstand) usw. wären aufzuzeigen. – Bestätigend und ergänzend zu Sengle betont Erika Tunner einen weiteren gattungsgeschichtlichen Entwicklungsstrang: »Rückert, aber auch Chamisso in seinem Zyklus *Frauen-Liebe und -Leben* entfernen sich vom erotischen Komponenten der Liebe und führen in ihren Liebesgedichten bereits zur Soziallyrik über« (Liebeslyrik. In: Deutsche Literatur. Eine Sozialgeschichte. Bd. 6. Vormärz: Biedermeier, Junges Deutschland, Demokraten. 1815–1848. Hrsg. von Bernd Witte. Reinbek 1980. S. 225).

30 Antal Mádl: Auf Lenaus Spuren. Beiträge zur österreichischen Literatur. Wien/Budapest 1982. S. 86.

31 Text und Varianten, Drucknachweise usw. finden sich in: Wolfgang Steinitz: Deutsche Volkslieder demokratischen Charakters aus sechs Jahrhunderten. Bd. 2. Berlin 1962. S. 22–27.
Daß die Form des durch Improvisation zu erweiternden Rundgesangs auch in anderen Bereichen durchaus heimisch ist, belegt ein Gedicht von Robert Prutz unter dem Titel *Lügenmärchen*, in seiner Gedicht-Sammlung von 1843, in Anlehnung an einen Text aus Wilhelm Wackernagels *Deutschem Lesebuch* entworfen. Der strophische Rahmen fingiert den Überblick über die Gesamtverhältnisse in Deutschland:

> Jüngst stieg ich einen Berg hinan,
> Was sah ich da!
> Ich sah ein allerliebstes Land,
> Der Wein wuchs an der Mauer,
> Und dicht am Throne, rechter Hand,
> Stand Bürgersmann und Bauer.
> Wunder über Wunder!

Es folgen dann in kurzen Reimpaaren die politischen Wahrnehmungen, welche die Idylle stören, nach dem Muster: »Keine Barone / Neben dem Throne?«. In jeder Strophe kommt ein weiteres Verspaar hinzu: »Kein Paßvisiren / Und Chikaniren?« usw. (Zürich/ Winterthur 1843. S. 21).
32 Harro Harring: Deutsches Mailied. In: Grab/Friesel (Anm. 18) S. 115 f.
33 Zitiert nach Wolfgang Schieder: Wilhelm Weitling und die deutsche politische Handwerkerlyrik im Vormärz. Vergessene politische Lieder aus der Frühzeit der deutschen Frühsozialisten. In: International Review of Social History 5 (1960) S. 265–290 (hier S. 288 ff.).
34 Zitiert nach Grab/Friesel (Anm. 18) S. 127 f.
35 Das Stichwort ›Tyrannen‹ verweist auf Schillers Frühwerk, das von der ›Freiheit‹ auf die Schlußsentenz von Schillers Lied: »Und setzet Ihr nicht das Leben ein, / Nie wird Euch das Leben gewonnen sein.« – Es ist übrigens bemerkenswert, daß Schiller dem *Reiterlied* bei der Gelegenheit einer späteren Aufführung von *Wallenstein* eine aktualisierend-politische Strophe hinzugefügt hat, die sich direkt auf die durch Napoleon geschaffene Lage bezieht. Vgl. dazu Friedrich Schiller: Sämtliche Werke. Hrsg. von Gerhard Fricke und Herbert G. Göpfert in Verb. mit Herbert Stubenrauch. Bd. 1: Gedichte/Dramen (I).2., durchges. Aufl. München 1960. S. 904.
36 Körners Werke. 2 Bde. Hrsg. von Klaus Zimmer. 2., krit. durchges. und erl. Ausg. Leipzig/Wien o. J. Bd. 1. S. 191–193.
37 Zur Bedeutung des lyrischen Zyklus in allen Bereichen lyrischer Produktion sowie ihrer Affinität zum Reisebild (vgl. Heines *Nordsee-Gedichte* im Zusammenhang mit seinem Prosatext *Nordsee III*) s. Sengle (Anm. 3) Bd. 2. S. 624 ff.
38 *Salonszene*. In: Anastasius Grüns Werke in sechs Teilen. Hrsg. von Eduard Castle. Berlin/Leipzig [u. a.] o. J. T. 1. S. 129 f.
39 Vgl. die titelgleichen Gedichte *Anastasius Grün* von Georg Herwegh (Herweghs Werke. T. 1: Gedichte eines Lebendigen. Hrsg. von Hermann Tardel. Berlin/Leipzig [u. a.] o. J. S. 50 f. und Hoffmann (August Heinrich Hoffmann von Fallersleben: Unpolitische Lieder. 2 Bde. in 1 Bd. Hildesheim / New York 1976 [Nachdr. der Ausg. 1840/41]. Tl. 2. S. 74), dagegen aber Dingelstedt, der Grün in Schutz nimmt (Franz Dingelstedt. Lieder eines kosmopolitischen Nachtwächters. Hrsg. von Hans-Peter Bayerdörfer. Tübingen 1978. S. 197 ff.).
40 Mádl (Anm. 30) S. 95 ff.
41 Vgl. Hoffmanns *Rheinlied und Rheinlied* (Unpolitische Lieder. Tl. 1), Herweghs *Protest* (*Gedichte eines Lebendigen*. Tl. 1) und Dingelstedts *Auch ein Rheinlied* (Lieder eines kosmopolitischen Nachtwächters. S. 131–133).
42 Vgl. Verf.: ›Politische Ballade‹. Zu den *Historien* in Heines *Romanzero*. In: Deutsche Vierteljahrsschrift für Literaturwissenschaft und Geistesgeschichte 46 (1972) S. 436–468 (hier S. 454–457 sowie die dort genannte Literatur).
43 Hinrich C. Seeba: Der Kölner Dom: Bastion des Mittelalters und Nationaldenkmal. Zur Kategorie der Geschichtlichkeit in den Kontroversen des Vormärz. In: Das Weiterleben des Mittelalters in der deutschen Literatur. Hrsg. von James F. Poag und Gerhild Scholz-Williams. Königstein (Ts.) 1983. S. 87–105.
44 Mannheim 1834.
45 Vgl. Verf.: Franz Dingelstedt. Drei neue Stücklein mit alten Weisen. (Für Deutsche Liedertafeln.) In: Gedichte und Interpretationen IV: Vom Biedermeier zum Bürgerlichen Realismus. Hrsg. von Günter Häntzschel. Stuttgart 1983 (Reclams UB 7893[5]).

46 Vgl. Heinz Bulmahn: Adolf Glassbrenner. His Development from Jungdeutscher to Vormärzler. Amsterdam 1978. S. 67–86. Bes. S. 72 ff.
47 Gedichte von Adolf Glassbrenner. 4. Aufl. Wien o. J. S. 8 f.
48 Vgl. Herweghs Werke (Anm. 39). – Zur Weiterentwicklung dieses Stil-Duktus der Herweghschen Lyrik im Revolutionsjahr selbst vgl. Verf.: Fürstenpreis im Jahre 48. Heine und die Tradition der vaterländischen Panegyrik. Dargestellt an Gedichten auf den Reichsverweser Johann v. Österreich. In: Zeitschrift für deutsche Philologie 91 (1972) Sonderh.: Heine und seine Zeit. S. 193 ff.
49 Herweghs Werke (Anm. 39) T. 1. S. 18.
50 Ebd. T. 1. S. 32 f.
51 Ebd. T. 1. S. 47 f.
52 Ebd. T. 1. S. 57.
53 Ebd. T. 1. S. 67.
54 Ebd. T. 1. S. 64.
55 Hartmut Kircher: Naturlyrik als politische Lyrik – politische Lyrik als Naturlyrik. Anmerkungen zu Gedichten zwischen Spätromantik und 48er Revolution. In: Naturlyrik und Gesellschaft. Hrsg. von Norbert Mecklenburg. Stuttgart 1977. S. 102–126 (hier S. 120).
56 Dingelstedt (Anm. 39) Sechste Station. S. 188 ff.
57 Ebd. Drittes Stationchen. S. 146 ff.
58 Selbst unter der Voraussetzung, daß der dritte und vierte Teil der Sammlung angefügt wurden, um Verlagswünsche nach einem bestimmten Umfang des Bandes zu erfüllen, bliebe es bezeichnend, daß die Mischung der nach heutigem Empfinden zu divergenten Genres dem Leser ohne weiteres zugemutet werden kann.
59 Freiligraths Werke in sechs Teilen. Hrsg. mit Einl. und Anm. vers. von Julius Schwering. Berlin/ Leipzig [u. a.] o. J. T. 2. S. 13; Herweghs Werke (Anm. 39) T. 1. S. 121 f.
60 Zu den politischen Gruppierungen, wie sie im Vormärz sich ergeben, ohne Parteienstatus im modernen Sinne zu erreichen, vgl. Denkler (Anm. 8) S. 181 f.
61 Leben und Wirken Friedrich von Sallet's nebst Mittheilungen aus dem literarischen Nachlasse desselben. Hrsg. von einigen Freunden des Dichters. Breslau 1844. S. 199.
62 Freiligraths Werke (Anm. 59) T. 2. *Hamlet*: S. 71–73; *Am Baum der Menschheit*: S. 41 f.; *Ein Denkmal*: S. 37–39; *(Schwarz-Rot-Gold*: S. 122–125; *Die Republik*: S. 120.
63 Herweghs Werke (Anm. 39) T. 1. S. 199–152.
64 Freiligraths Werke (Anm. 59): *Der Mohrenfürst*. T. 1. S. 30–32; Heine (Anm. 11) Bd. 6. Teilbd. 1: *Das Sklavenschiff*. S. 194–199; *Vitzliputzli*. S. 56–75.
65 Freiligraths Werke (Anm. 59): *Aus dem schlesischen Gebirg*. T. 3. S. 211 f.; Heine (Anm. 11) Bd. 4: *Die schlesischen Weber*. S. 455.
66 Freiligraths Werke (Anm. 59). T. 2. S. 57–59.
67 Ebd.: *Ça ira*. T. 2. S. 89–102 (*Von unten auf*, S. 95–97; *Freie Presse*, S. 100 f.).
68 Georg Weerth: Sämtliche Werke. Erster Band. Gedichte. Berlin 1956: Lieder aus Lancashire S. 199–207, hier: Die hundert Männer von Haswell S. 200.
69 Auf die besonderen Zusammenhänge, in denen die *Hebräischen Melodien* zu sehen sind, kann an dieser Stelle nicht eingegangen werden; verwiesen sei auf Hartmut Kircher: Heinrich Heine und das Judentum. Bonn 1973. S. 264–280.
70 Heine (Anm. 11) Bd. 4: *Lebensfahrt*, S. 420; *Nachtgedanken*, S. 432 f.
71 Ebd. Bd. 4: *Atta Troll* Caput III, S. 501 f.; Caput XXVII, S. 569 f., sowie Variantenapparat im Kommentar S. 990 und 997.
72 Ebd. Bd. 4. S. 418 f.
73 In diesem Zusammenhang kann auch das früher (1832) entstandene Gedicht *An einen ehemaligen Goetheaner* eingereiht werden – wobei das darin entworfene Goethe-Bild freilich Heines Stand der beginnenden dreißiger, nicht mehr der vierziger Jahre entspricht.
74 Heine (Anm. 11) Bd. 4. S. 416.
75 Ebd. Bd. 4. S. 422.
76 Ebd. – An Heines anderem Gedicht auf Herwegh (»Herwegh, du eiserne Lärche«) wäre im Anschluß an Kircher (Anm. 55) zu zeigen, wie Heine die in der politischen Dichtung der vierziger Jahre immer noch tragende Naturmetaphorik (vgl. dazu grundsätzlich Hans-Wolf Jäger: Politische Metaphorik im Jakobinismus und im Vormärz. Stuttgart 1971. S. 12–45) derselben Ideologiekritik unterzieht. – Heines späteres Gedicht *Die Audienz* (Gedichte 1853/54) stellt strukturell gesehen eine Erweiterung von *An Georg Herwegh* dar, virtuos übersteigert, dokumentiert aber gerade, wie

sehr ihn das Problem der unzeitgemäßen Fürstenappelle, als einem bezeichnenden Grundphänomen der beginnenden vierziger Jahre, noch weiter beschäftigt.

77 Heine (Anm. 11) Bd. 4. S. 425 f. – Im Hinblick auf die ideologische Situation der Agitationsdichtung im Revolutionsjahr selbst ist es keineswegs unbezeichnend, daß die Formmuster der personalen Panegyrik, genauso wie die des allgemein gehaltenen Vaterlandspreises, überraschend häufig auftreten. Sie dokumentieren im formgeschichtlichen Zusammenhang, was im realpolitischen die Schwäche der Position gegenüber den gegenrevolutionären Kräften ausmachte (zu diesem Problem vgl. den in Anm. 48 genannten Essay des Verf.s.).

78 Heine (Anm. 11) Bd. 4: *Das Kind*, S. 423 f.; *Verheißung*, S. 424; *Zur Beruhigung*, S. 428 f.

79 Ebd. Bd. 4: *Wartet nur*, S. 431.

80 Album. Originalpoesieen. Von G. Weerth. [...] und dem Herausgeber H. Püttmann. 1847. S. 143.

81 Zu Herweghs *Wiegenlied* s. S. 324. – Zum Problemzusammenhang insgesamt vgl. Verf. (Anm. 42) S. 457 ff.

82 Heine (Anm. 11) Bd. 6. Teilbd. 1. S. 40.

83 Friedrich Theodor Vischer: Aesthetik oder Wissenschaft des Schönen. Stuttgart 1857. § 884 ff., bes. § 886: »Wie die lyrische Dichtung der Zeit nach wesentlich auf den Moment gewiesen ist, so dem Umfange nach, in welchem sie das Objective ergreift, auf die *Vereinzelung*: es ist wesentlich *dieses* Subject, das in *dieser* Situation von einem Punct aus der Totalität der Welt berührt wird; daher ist empirisches Erleben in der Form der Zufälligkeit vorausgesetzt«.

84 Vgl. Almut Todorow: Gedankenlyrik. Die Entstehung eines Gattungsbegriffs im 19. Jahrhundert. Stuttgart 1980.

Bürgerlicher Realismus

Von Ludwig Völker

Das Jahr 1848 bedeutet in der Geschichte der neueren deutschen Lyrik einen Einschnitt in mehrfacher Hinsicht:

1. Im *Politischen* folgt auf die sozialkritische und revolutionäre Strömung, die zuletzt im Vormärz tonangebend geworden war, eine Phase relativer Ruhe mit weitgehender politischer Abstinenz und Annahme der bestehenden Verhältnisse. Die Haltung des ›Drüberstehens‹, von Geibel schon 1842 gegen Herwegh formuliert (*An Georg Herwegh*), tritt an die Stelle des Engagements:

> Ich sing' um keines Königs Gunst,
> Es herrscht kein Fürst, wo ich geboren;
> Ein freier Priester freier Kunst
> Hab' ich der Wahrheit nur geschworen.[1]

Wenn politische Lyrik geschrieben wird, werden, wie z. B. bei Geibel selbst, der die Freiheit der Kunst nur von ›linker‹ Tendenzpoesie bedroht sieht, eher apologetisch-konservative als kritische Töne angeschlagen, wobei der mit der Reichsgründung 1870/71 einsetzende Schub nationalen und nationalistischen Denkens diese Tendenz entschieden verstärkt. Erst im Vorfeld des Naturalismus beginnt in der Lyrik ein neues Interesse an sozialen Fragen zu erwachen.

2. Im *Literatursoziologischen* vollzieht sich, begünstigt durch technische Neuerungen (Erfindung des Rotationsdrucks, neue Methoden massenhafter Papierherstellung, Erfindung der Setzmaschine usw.) und forciert durch das rapide ansteigende Bedürfnis der bürgerlichen Gesellschaft nach Literatur, eine enorme Steigerung der Produktion:

> »Könnte man einen Einblick in die Handelsbücher des deutschen Buchhandels während der letzten 30 Jahre erlangen, so würde sich aus der ganzen Anlage und dem allmählich sich steigernden Absatze ihrer Unternehmungen eine der merkwürdigsten culturgeschichtlichen Umwälzungen verfolgen lassen: eine Durchfrischung, Verjüngung und riesenhafte Erweiterung des lesenden Publikums, wie keine andere Periode der bisherigen Menschheitsgeschichte als unzweifelhaftes Ergebnis fortgeschrittener Gesittung aufzuweisen hat.«[2]

Literatur, und dies gilt in besonderem Maße für die Lyrik, wird zum Massenartikel. Anthologien, die an die Stelle der auf begrenzte Leserschichten zielenden Almanache treten, erreichen innerhalb weniger Jahre hohe Auflagen, wie z. B. die von Elise Polko herausgegebenen *Dichtergrüße*, die von 1860 bis 1892 nicht weniger als 14 Auflagen erlebten.

3. Solche Veränderungen gehen nicht spurlos am *Selbstverständnis des Dichters* vorbei. Nach außen wurde zwar die Fiktion des Märtyrers und Außenseiters der Gesellschaft aufrechterhalten. In Wirklichkeit wuchs ihm jedoch die Rolle des

repräsentativen Mitglieds und Sprechers der bürgerlichen Gesellschaft zu. Sein Dichten wurde zum öffentlich geschätzten und anerkannten ›Amt‹. »Wer kriegt nu de Stell? Wer ward nu Dichter?« wurde in Lübeck gefragt, als Geibel 1884 mit fürstlichen Ehren – Kanzler und Kronprinz hatten Kränze geschickt – zu Grabe getragen wurde.[3]

4. Begleitet wurde diese Annäherung des Dichters an den Bürger und seine Integration in die bürgerliche Gesellschaft von einer breiten Senkung des Niveaus und einer zunehmenden *Popularisierung und Trivialisierung*, die sich bis in die Kunsttheorie und Ästhetik erstreckt. Poetiken wie die von Moriz Carriere (*Das Wesen und die Formen der Poesie. Ein Beitrag zur Philosophie des Schönen und der Kunst.* Leipzig 1854) und Rudolf Gottschall (*Poetik. Die Dichtkunst und ihre Technik. Vom Standpunkte der Neuzeit.* Breslau 1858) knüpfen nur noch dem Namen nach an die ästhetischen Reflexionen Hegels, Vischers und der romantischen Kunstphilosophie an. Indem sie sich an die breite Öffentlichkeit, »ans Volk« wenden, wollen sie erreichen, daß »die Heerlager sich sondern« und »die Gleichstrebenden sich um eine Fahne versammeln«.[4] Auf der Basis eines vagen Idealismus erscheint Lyrik als ein im wesentlichen technisches Problem, als kunsthandwerkliche Meisterung formaler Regeln.

5. Verstärkt wird diese Tendenz durch eine allgemeine und teilweise bewußt ›epigonale‹ *Rückwendung zur literarischen Tradition*, mit der das von Heine und vom Vormärz ausgerufene ›Ende der Kunstperiode‹ rückgängig gemacht wird. Man sucht keine neue Formensprache zu entwickeln, man orientiert sich vielmehr an den vorgegebenen Mustern, wozu nicht zuletzt fremdsprachige Literatur gehört, die in reger Übersetzertätigkeit ins Deutsche übertragen wird und ein gewisses Korrektiv zu nationalistischen Tendenzen bildet.[5]

Aufs Ganze gesehen erscheint als das zentrale Problem der Lyrik im Zeitraum von 1848 bis 1890 die Notwendigkeit, Lyrik als ›subjektive Gattung‹ den tiefgreifenden Wandlungen anzupassen, denen das Individuelle im Zeichen großer gesellschaftlicher Veränderungen sich unterworfen sieht, und eine Ausdrucksform zu finden, die ›Privates‹ und ›Öffentliches‹ miteinander verbindet. »Die Kunst hat keine Lebenssäfte mehr, wenn sie ihre Studien nicht mehr in der Wirklichkeit machen kann«, schreibt Friedrich Theodor Vischer in den *Kritischen Gängen* (1846).[6] Und Ferdinand Kürnberger formuliert noch im Revolutionsjahr 1848 als die Aufgabe der Lyrik der Zukunft, sich nicht auf die »menschliche Innerlichkeit« zu beschränken und in der »Selbstbespiegelung des eigenen Ichs« zu verlieren, sondern sich den »Landesgeschäften« und dem Dienst am Ideal republikanischer Freiheit zu widmen. Diese »Lyrik der Zukunft«

»wird die Priesterin des Ideals sein, jenes Ideals, welchem der gottbegeisterte Schiller opferte, und wodurch er Deutschlands nationalster Dichter wurde; aber dieses Ideal wird nicht mehr unerreicht an den ewigen Sternen hängen, sondern sie wird es schwungvoll zu melden haben, wie die Menschen auf allen Puncten der Erde mit freier Geisteskraft es verwirklichen, besitzen, genießen. Sie wird der Schiller der Realität sein.«[7]

Die von Kürnberger totgesagte »romantische Poesie« war jedoch, wie die Entwicklung nach 1848 zeigte, keineswegs »am Ende«, sondern erblühte zu neuem Leben. Zwar erhob man weiterhin die Forderung nach Zeitgemäßheit der Kunst – »Eine

Kunst, die sich nicht mit dem Inhalt ihrer Zeit erfüllt, fällt ins Bodenlose«[8] –, doch die Praxis war eher von dem Bestreben bestimmt, die Augen vor diesem »Inhalt ihrer Zeit« zu verschließen oder sich mit der Illusion zufriedenzugeben, daß diese Forderung schon erfüllt sei:

> »Er (der Leser) wird sich überzeugen, daß die moderne Wissenschaft und Philosophie, daß alle Errungenschaften der letzten Jahre auch an der Poesie nicht spurlos vorübergegangen sind. Manchem schönen Gedicht merkt man es an, daß es zu einer Zeit entstanden, in welcher der Dichter am Waldrande außer dem uralten Geflüster der Bäume auch das geheimnißvolle Klingen windbewegter Telegraphendrähte vernimmt und in der an den Gärten, die ›überm Gestein verwildern‹, und an Brunnen, die ›verschlafen rauschen‹, nicht mehr der Hornschall des Postillons, sondern wie ein Weckruf das hastige Dampfroß vorüberzieht.«[9]

Gerade am Beispiel der Eisenbahnpoesie, die hier als Beweis für die Zeitgemäßheit der zeitgenössischen Lyrik ins Feld geführt wird, zeigen sich die Schwierigkeiten, Veränderungen der Zeit lyrisch zu bewältigen.[10] Sie betreffen die Lyrik als Ganzes und erschöpfen sich nicht in der Frage nach der stofflichen Berücksichtigung oder Nichtberücksichtigung der Realität. Die Feststellung, die Lyrik des Realismus habe die Veränderungen der Zeit »nicht zur Kenntnis genommen«,[11] ist ebenso zutreffend wie vordergründig, da sie nur die äußere Seite des Problems erfaßt. Wie die selbstkritische theoretische Bemühung um eine neue Begründung des Lyrischen bei denen zeigt, deren Leistung als Einzelgänger und Ausnahmen ihrer Zeit diese überdauert haben, liegt das Problem tiefer. Die Art und Weise, wie sie sich mit ihm auseinandersetzen, wirft auch ein Licht auf jenes ›Ausweichen‹ der Tageslyrik vor dem eigentlichen Problem, auf den Abwehr- und Schutzcharakter ihrer Realitätsferne und ihres Insistierens auf den lyrischen Grundthemen »Gott, Natur und Liebe«.[12] Die Verunsicherung des Lyrischen bildet hier wie dort den Ausgangspunkt.

> »Übrigens ist es das erste Mal, daß ich ein *politisches*, d. h. nach meiner Theorie, *kein* Gedicht schrieb« – »Man kann in Deutschland nicht länger Veilchen begießen, oder sich in den farbigen Schmelz des Schmetterlingsflügels vertiefen, während man in Frankreich und England den Gesellschaftsvertrag untersucht und an allen Fundamenten des Staats und der Kirche rüttelt.«

An diesen beiden Äußerungen Friedrich Hebbels (1813–63)[13] wird die beschriebene Problematik in ihrem vordergründigsten Aspekt, dem Verhältnis von Lyrik und Politik, exemplarisch sichtbar. Hebbel, dessen Anfänge als Lyriker noch im Vormärz liegen – 1842 erschien ein erster Band *Gedichte*, 1848 folgten *Neue Gedichte*, 1857 noch einmal ein Band *Gedichte* –, gehört zu den Lyrikern, deren Schaffen von der ständigen Reflexion des Lyrikbegriffs begleitet ist. Schon in einer frühen Tagebuchaufzeichnung setzt er sich mit der Frage auseinander, ob ein Gedicht, dem man »Gedanken-Inhalt« nicht absprechen kann, schon deshalb ein Gedicht sei, und worauf sich das innere Gefühl gründe, das ihm von solchen Gedichten sagt, »daß sie *nicht* poetisch seyen«.[14] Eine vorläufige Lösung des Problems findet Hebbel in der Unterscheidung, »daß der Dichter seine Gedanken durch Gefühlsanschauung, der Denker durch seinen Verstand erlangt«. Angesichts der Schillerschen Lyrik, unter deren übermächtigem Einfluß Hebbel zunächst stand, bevor Uhlands Gedichte ihn von dem »Umherirren auf dem Felde unfruchtbarer Reflexion« befreiten,[15] stellt sich die Frage unter anderem Blickwinkel neu und kann nur mit einem eleganten Wortspiel abgewehrt werden:

»Schiller, in seinen lyr. Gedichten, hat eigentlich nur Gefühl *für Gedanken.* Doch haben seine Gedichte, diese seltsamen Monstra, Spiritus genug, um sich noch lange in ihrem eigenen Spiritus zu erhalten.«[16]

An Uhlands Gedichten hingegen wird ihm klar, daß ein Gedicht, obgleich es keinen selbständigen »Gedanken-Inhalt« besitzt, sondern nur »immer das Alte, das Gewöhnliche, das längst Bekannte, bringt«, dennoch ein gutes Gedicht sein kann.[17] Von hier aus wird Hebbel notwendig zur Analyse der Form geführt, und so heißt es in einer Aufzeichnung vom März 1840: »Aus meinem Begriff der Form folgt sehr viel«, und, auf die Lyrik angewandt: »das ganze Gefühlsleben ist ein Regen, das eben heraus gehobene Gefühl ist ein von der Sonne beleuchteter Tropfen«.[18] In charakteristischer Verwendung der alten Licht-Metapher für die Rolle des Verstandes und der Erkenntniskraft definiert Hebbel so das Gedicht als den »Tropfen«, der sich als einzelnes Gebilde und geformtes Gefühl aus der amorphen Masse des »Gefühlslebens« hervorhebt. Die entscheidende Leistung beim Entstehen dieses Gebildes kommt dabei dem »Gedanken« zu, denn erst er begrenzt das »Gefühl« und gibt ihm Form: »Ein lyrisches Gedicht ist da, so wie das Gefühl sich durch den Gedanken im Bewußtseyn scharf abgränzt.«[19] Mit dieser Betonung des »Gedankens« unterläuft Hebbel den Lyrikbegriff, den Uhlands Gedichte ihm offenbart hatten, und macht den Schritt von Schiller zu Uhland gewissermaßen rückgängig. Insofern nämlich, als er bei aller Bewunderung für die Natürlichkeit und einfache Liedhaftigkeit der Uhlandschen Lyrik an der Reflexion, die Schillers Gedichte kennzeichnet, festhält und dem »Gefühl« die Fähigkeit abspricht, aus sich selbst heraus zu Form und Begrenzung im Gedicht zu gelangen. Als die wichtigste Eigenschaft des Lyrikers bezeichnet Hebbel geradezu die vom »Verstand« geprägte Fähigkeit der formenden Begrenzung des »Gefühls«: »Gefühl ist das unmittelbar von innen heraus wirkende Leben. Die Kraft, es zu begränzen und darzustellen, macht den lyr. Dichter.«[20] Damit wird Form als »innere Form«, als natürliche Einheit von Sprache und Gefühl ausgeschlossen. Das Gefühl allein, und sei es noch so stark, macht noch kein Gedicht.

Hebbels Skepsis gegenüber einer Lyrik des spontanen ›Naturlauts‹ hat neben allgemeinen und geschichtlichen persönliche, in der eigenen Lebensgeschichte wurzelnde Gründe. In dem stark autobiographisch gefärbten Zyklus *Dem Schmerz sein Recht!* erscheint der Schmerz als »Träne, die zum Edelstein gefror« – bezeichnende Abwandlung des »Tropfen«-Bildes als poetologischer Metapher und Zeichen der Verhärtung, mit der das Ich sich gegen Verletzung schützt:

> Mund und Auge sind ihm zugefroren,
> Selbst des Abgrunds Tiefe ist vergessen,
> Und ihm ist, als hätt er nichts verloren,
> Aber auch, als hätt er nichts besessen.[21]

Der Preis für solche Unverletzbarkeit ist der Verlust der Spontaneität unmittelbaren Gefühlsausdrucks, wie Hebbel ihn in einem Brief an Charlotte Rousseau beschreibt:

»In mir steht der Dichter zum Menschen in einem ganz seltsamen Verhältniß. Für Schmerzen, die mich Nichts angehen, find ich leicht das lösende Wort; was mir aber selbst mit überwältigender Gewalt die ganze Seele erfüllt, das wird mir entweder nie, oder doch erst spät, zur Poesie.«[22] Das lyrische Sprechen in eigenem Namen wird erst auf dem Umweg über die Reflexion, über den das »Gefühl« begrenzenden und formenden »Gedanken« möglich; mit dem Vorwurf der ›Herzlosigkeit‹ –

> Doch sie, die Welt, die das verbrach,
> Sie schändet meinen stummen Schmerz,
> Sie wagt die allerhöchste Schmach
> Und ruft, nachdem sies selbst durchstach
> Mir höhnend zu: Du hast kein Herz!
> *(Dem Schmerz sein Recht!)*[23] –

korrespondiert der Vorwurf störender Reflexion (Liliencron: »Hebbel wäre noch ein gewaltigerer Lyriker geworden, hätt er – ich bitt um Entschuldigung – weniger Verstand besessen«).[24] Das Schwanken zwischen Begriff und Anschauung, zwischen Empfindung und Reflexion, immer wieder als Schwäche der Hebbelschen Lyrik beklagt, ist Ausdruck des Ringens um eine eigene Sprache der Lyrik, die nicht mehr über die Selbstsicherheit naiver Selbstdarstellung verfügt und Zuflucht beim »Gedanken-Gefühl« sucht.[25] Die Kritik, die Hebbel an Platens Gedichten übt – daß ihnen »die sanfte Wallung des Lebens«, die stille und natürliche Einheit der inneren und äußeren Form abgehe[26] –, deckt die Schwäche auch der eigenen Gedichte auf. Gerade dort, wo Hebbel meint, über Platen hinausgelangt zu sein, und dies im einzelnen begründet, wie in der Selbstanalyse des Gedichts *Das Opfer des Frühlings*, handelt es sich um artistisch-formale Qualitäten, wie die kunstvolle Abstimmung der einzelnen Vokale, Silben, Wörter und Bilder aufeinander,[27] und nicht um die Evidenz einer vollendeten Einheit von Form und Gefühl. Diese hat Hebbel nur in wenigen, freilich großartigen Ausnahmefällen wie in den Gedichten *Herbstbild*, *Abendgefühl*, *Sommerbild* oder der an expressionistische Gemälde erinnernden *Winter-Landschaft* erreicht. Gewöhnlich leiden Hebbels Gedichte an gedanklicher Überladenheit, wobei sie nicht den Schwung Schillerscher ›Gedankenlyrik‹ finden, und einer Bildlichkeit, die allzu deutlich den Zugriff des »Gedankens« erkennen läßt und von jener fortschreitenden »Unermeßlichkeit« und »Rätselhaftigkeit« weit entfernt bleibt, die Hebbel als Bedingung für die »höchste Wirkung der Kunst« bezeichnet hat.[28] Bilder wie das der beiden Schwäne in dem von Hofmannsthal gerühmten *Sie sehn sich nicht wieder* oder der beiden am Boden des Blumenkelchs ineinanderfließenden Tropfen in *Ich und Du* sind kunstvoll erlesene, aber allegorisch eindeutige Verkörperungen einer Idee. Ihre geistige Basis ist weniger die Subjektivität individueller Welterfahrung als die Objektivität des vorgegebenen allgemeinen Gedankens. Was theoretisch als Kennzeichen des Lyrischen gefordert wird, die Darstellung des »dem Herzen abgelauschten Selbstgesprächs« und des »Widerstrahls« der Welt »in Geist und Gemüth«[29] als »unmittelbarste« Form der »Vermittlung zwischen Subject und Object«[30], stößt in der Praxis auf Schwierigkeiten. In bezug auf einige der im Frühjahr 1845 in Italien entstandenen Gedichte hat Hebbel von »problematischen Seelen-Zuständen« gesprochen, »die sich nicht lyrisch, sondern nur epigrammatisch aussprechen lassen«.[31] Mit einer gewissen Berechtigung kann man sagen, daß alle Gedichte Hebbels dahin tendieren, »Epigramme in einem höheren Sinn« zu sein. Die Kritik der begrifflichen Erkenntnis und das Plädoyer für die begriffslose ästhetische Erkenntnis – demonstriert am *Proteus* Leben:

> In Seelen der Menschen hinein und hinaus!
> Sie mögten mich fesseln, o neckischer Strauß!
> Die fromme des Dichters nur ists, die mich hält,
> Ihr geb ich ein volles Empfinden der Welt.[32] –

bleibt theoretisches Postulat. In der lyrischen Praxis dominiert der »Gedanke«.

Auch der Lyriker Gottfried Keller (1819–90) hat seine ersten prägenden Eindrücke im Vormärz erhalten. »Wie ein Trompetenstoß« wirkten Georg Herweghs *Gedichte eines Lebendigen* (1841) und Anastasius Grüns *Schutt* (1835) auf den jungen, an den politischen Auseinandersetzungen der ersten Schweizer Sonderbundskämpfe lebhaft teilnehmenden Keller. Auch wenn er in späteren Jahren bedauert hat, daß sein »erstes kleines literarisches Ansehen« sich auf die »grobe Seite meiner Produktionen«, die radikal parteiliche Tageslyrik gründete, so bereut er doch nicht, »daß der Ruf der lebendigen Zeit es war, der mich weckte und meine Lebensrichtung entschied«.[33] Ganz im Sinne dieser entschiedenen frühen Wendung zur Politik schreibt Keller am 16. September 1845 an Rudolf Leemann: »Du mußt wissen, daß ich ein erzradikaler Poet bin und Freud und Leid mit *meiner Partei* und *meiner Zeit* teile.«[34] Und in einer Tagebuchaufzeichnung vom 3. Mai 1848 fordert er kategorisch: »Nein, es darf keine Privatleute mehr geben!« und droht jedem, der »nicht sein Schicksal an dasjenige der öffentlichen Gemeinschaft bindet«.[35] Zwar bringt die Enttäuschung über die fehlgeschlagene Hoffnung der 48er Revolution eine Abkühlung und Ernüchterung (»Da kam das Jahr 1848, und mit ihm zerstoben Freunde, Hoffnungen und Teilnahme nach allen Winden, und meine junge Lyrik saß frierend auf der Heide«[36]), aber die Forderung nach Öffentlichkeit und Parteilichkeit der Poesie wird, wenn auch modifiziert, aufrechterhalten: »Wer *über* den Parteien sich wähnt mit stolzen Mienen, / Der steht zumeist vielmehr beträchtlich *unter* ihnen.«[37] Im Gegensatz zu der wieder dominierend werdenden Haltung des ›Drüberstehens‹ hält Keller im Sinne Kürnbergers am Ideal einer republikanischen Lyrik fest: »denn es skandiert sich am Schwertgriffe der Freiheit mindestens so leicht als auf dem Nacken einer Römerfrau«, schreibt er, auf Goethes *Römische Elegien* anspielend, am 29. September 1857 an Gottfried Kinkel.[38] Eigene Schweizer Verhältnisse vor Augen, fordert er in dem Aufsatz *Am Mythenstein* (1861) eine Lyrik, die in Form von Fest- und Gelegenheitsgedichten, die sich an das Volk richten und vom Volk gesungen werden, am »offenen Volksleben« teilnimmt.[39] Solche Lyrik, mit der Keller selbst sich am öffentlichen Leben seiner eidgenössischen Heimat beteiligt, macht einen ansehnlichen Teil seines Gedichtwerks aus.

So sehr Kellers Kunst nach der Vermittlung des Privaten mit dem Sozialen und Politischen strebt[40] und ihr in einigen Stücken, die mehr sind als vordergründig engagierte Tageslyrik, nahe kommt, wie in dem 1845 entstandenen und später mit Blick auf die Pariser Commune überarbeiteten *Revolution* oder in *Frühlingsbotschaft*, wo Keller auf kunstvolle Weise das Politische dem Naturgedicht einverleibt, so problematisch erweist sich aufs Ganze gesehen der Versuch, das Gedicht zum Medium einer umfassenden, das Gesellschaftliche integrierenden Selbstdarstellung individueller und subjektiver Erfahrung umzuformen. Am ehesten gelingt es dort, wo das lebendige Interesse und die Freude an der durch Technik und industrielle Neuerungen bewirkten Veränderung des Lebens das lyrische Ich inspiriert, wie in *Zeitlandschaft* mit der lustvollen Frage: »Ist das nicht ein schönes Abenteuer?«[41] oder in dem Antwortgedicht an Justinus Kerner, in dem Keller gegen Kerners Klage über die Vertreibung der Poesie durch die fauchende und zischende Eisenbahn die Begeisterung über das durch das neue Fortbewegungsmittel erweiterte Selbstgefühl stellt:

> Schon schafft der Geist sich Sturmesschwingen
> Und spannt Eliaswagen an;
> Willst träumend du im Grase singen?
> Wer hindert dich, Poet, daran?
>
> Ich grüße dich im Schäferkleide,
> Herfahrend, – doch mein Feuerdrach'
> Trägt mich vorbei, die dunkle Heide
> Und deine Geister schaun uns nach.
>
> [. . .]
>
> Und wenn vielleicht in hundert Jahren
> Ein Luftschiff hoch mit Griechenwein
> Durchs Morgenrot käm hergefahren –
> Wer möchte da nicht Fährmann sein?
>
> Dann bög ich mich, ein selger Zecher,
> Wohl über Bord, von Kränzen schwer,
> Und gösse langsam meinen Becher
> Hinab in das verlaßne Meer.
>
> (*An Justinus Kerner*)[42]

Was sich auf der Ebene der Theorie als Festhalten an dem autonomen, »reichsunmittelbaren« Charakter der Kunst[43] und der überzeitlichen Gültigkeit des »Allgemeinmenschlichen«[44] zu erkennen gibt, äußert sich in der lyrischen Praxis als widerspruchsvolles Ringen um eine neue Ausdrucksform, in der der alte und der neue Lyrik-Begriff sich vereinigen. Der Mangel an Einheitlichkeit und Geschlossenheit der lyrischen Form, der an Kellers Gedichten so oft bemängelt wird – »was ihm mangelt [. . .], das ist wohl die Bildung im höchsten Sinne«, schreibt sein Landsmann Conrad Ferdinand Meyer an Louise von François[45] –, ist Ausdruck eines Bemühens um eine im umfassenden Sinne zeitgemäße Lyrik, das Walter Höllerer als »Zuendegehen des alten Kreises und das Sprengen dieses Kreises zugleich« beschrieben hat.[46]
Entsprechend zwiespältig ist Kellers Haltung zur eigenen lyrischen Produktion.

Dabei hat sicher das Mißgeschick, das mit August Ludwig Follens gutgemeinten Verschlimmbesserungen Kellers erste Schritte als Lyriker überschattete (*Gedichte*, 1846; *Neuere Gedichte*, 1851), dazu beigetragen, Kellers Selbstbewußtsein so zu untergraben, daß erst im hohen Alter ein neuer Schub lyrischer Produktion einsetzte (*Gesammelte Gedichte*, 1883). Darüber hinaus verraten Kellers Äußerungen jedoch eine tieferreichende Verunsicherung über Wesen und Funktion des Lyrischen. So geht ihm die selbstsichere Pose des »Sängers« ab, »Poet« und »Schelm« sind in seinen Augen nicht weit voneinander entfernt,[47] und die in der Anspielung auf das biblische Gleichnis vom Korn, das auf guten Boden fällt, gestellte Frage »Was bist du für ein Ackerfeld?« weiß der Dichter nur mit den von tiefem Selbstzweifel geprägten Worten zu erwidern: »O Mann, ich weiß es selber kaum«.[48] Mit dem Ernst des Todes konfrontiert, erscheint das eigene Dichten als »Firlefanz«, als Spiel mit Seifenblasen, getragen von einem unsicheren Glauben, daß die im Gedicht gestalteten ästhetischen Gebilde, die »Schemen«, über den Tod hinaus dauern.[49] Und nicht nur gegenüber dem Tod erweist sich das Ästhetische als fragwürdig. Auch gegenüber dem Leben tritt das Zerstörerische der im Ästhetischen gewonnenen Verfügbarkeit der Welt zutage: »Wohl ihm und uns: wär die Welt von Glas, / Er hätte sie lange zerbrochen!«[50] So müssen die »Dichter« schließlich den Anspruch auf die Führerrolle an die »Denker« abgeben: während diese vorangehen »in fegenden Gewittern«, folgen die Dichter »mit hellgestimmten Zithern«.[51] Solche Selbstbescheidung als »Dichter« schwingt mit, wenn Keller im Alter befürchtet, »mit meinen Versen überhaupt jetzt in eine ungünstige Zeit [zu kommen], da die Welt von andern Sorgen bewegt ist als von den Velleitäten eines alten Zitherschlägers«.[52] Lyrik, ehemals Instrument aktiver Teilnahme am öffentlichen Leben, erscheint nun als »Velleität«, als unsichere, im Grunde überflüssige und nicht mehr ganz zeitgemäße Anwandlung.

Bezeichnenderweise werden Kellers Gedichte nicht selten dort brüchig, wo es darum geht, die alten Vorstellungsmuster der neuen Erfahrung anzupassen. In die Harmonie der mit vollen Sinnen erlebten Einheit von Ich und Natur bricht so mit der Gestalt des heimatlosen Wanderers der ganze Jammer der Menschheit:

> Uns beiden ist, dem Land und mir,
> So innerlich, von Grund aus, wohl –
> Doch schau, was geht im Feldweg hier,
> Den Blick so scheu, die Wange hohl?
>
> Ein Heimatloser sputet sich
> Waldeinwärts durch den grünen Plan –
> Das Menschenelend krabbelt mich
> Wie eine schwarze Wolfsspinn an!
>
> (*Zur Erntezeit*)[53]

Ähnlich verbindet sich mit der Darstellung spätherbstlicher Landschaft die Vorstellung der »mit wallend aufgelöstem Haar durch die Nacht wandelnden« Freiheit; das Landschaftsbild der traditionellen ›Kirchhofspoesie‹ wird vom Bild des »Freiheitsmärtyrers« abgelöst:

Es ist auf Erden keine Stadt,
Es ist kein Dorf, des stille Hut
Nicht einen alten Kirchhof hat,
Darin ein Freiheitsmärtrer ruht.
(In Duft und Reif)[54]

Die Auflösung der Idylle nimmt nicht selten groteske Züge an, so im ersten Gedicht der Gruppe *Von Kindern*, wo der alte Bettler, der sich am Abend, von der Kinderschar wie von einem »Klein-Bachantenchor umdrängt«,[55] am neuen Wein berauscht hat, am nächsten Morgen erfroren im Gebüsch liegt; oder, mit schon makabrem Einschlag, in dem Gedicht *Winter-Abend*, in dem der betrunkene Totenwächter mit der ihm anvertrauten Leiche über Nacht sein Spiel treibt. Kellers ›Realismus‹, sein Ernst- und Wörtlichnehmen überkommener literarischer Klischees, besonders deutlich zu beobachten an dem Zyklus *Lebendig begraben*, verstieß gegen den Geschmack der Zeit und hinterließ beim Leser, wie der Verleger Anton Winter am 28. Juni 1847 schreibt, einen dem Absatz der Gedichte nicht eben förderlichen »unangenehmen Eindruck«.[56] Auch wenn der ›angenehme‹ oder ›unangenehme‹ Eindruck heute kein Kriterium mehr ist, so liest man Kellers Gedichte noch immer mit zwiespältigen Gefühlen. Sie wirken dort am einheitlichsten, wo sie, wie in *Die Entschwundene* und *Winternacht*, von der Trauer und dem Schmerz über die Trennung sprechen oder aber wo sie, getragen von Feuerbachschem Diesseitsglauben, der Lebensfreude und der enthusiastischen Verbundenheit mit dem Sein Ausdruck geben, wie in dem späten *Abendlied* (»Trinkt, o Augen, was die Wimper hält, / Von dem goldnen Überfluß der Welt!«[57]), dem graziösen *Rosenglaube* mit dem Refrain »Solange die Rose zu denken vermag, / Ist niemals ein Gärtner gestorben!«[58] oder dem jugendstilhaft-prächtigen *Trost der Kreatur*. Bisweilen versucht Keller auch, das Zwiespältige und Gebrochene der lyrischen Selbstdarstellung selbst zum Thema des Gedichts zu machen, so im letzten der drei Gedichte *In der Trauer*, mit dem er jener Melancholie, der er schon ein eigenes, auf Dürers berühmten Kupferstich Bezug nehmendes Gedicht gewidmet hatte (*Melancholie*) und von der er in einem Brief[59] als von der »stillen Grundtrauer, ohne die es keine echte Freude gibt«, spricht, eine neue, gegen die billige Weltschmerzpose gerichtete abgründig-humoristische Form gibt:

Ein Meister bin ich worden
Zu weben Gram und Leid;
Ich webe Tag und Nächte
Am schweren Trauerkleid.

Ich schlepp es auf der Straße
Mühselig und bestaubt;
Ich trag von spitzen Dornen
Ein Kränzlein auf dem Haupt.

Die Sonne steht am Himmel,
Sie sieht es und sie lacht:
Was geht da für ein Zwerglein
In einer Königstracht?

Ich lege Kron und Mantel
Beschämt am Wege hin
Und muß nun ohne Trauer
Und ohne Freuden ziehn![60]

Freilich vollzieht sich das ›Gelingen‹ solcher Gedichte im Rahmen konventioneller lyrischer Ausdrucksformen. Das Neue, das »Sprengen des alten Kreises«, äußert sich in partiellen Anläufen, ohne zur vollendeten Form selbständiger Gedichte neuen Stils zu finden.

Wie Keller begann Theodor Fontane (1819–98) als Lyriker, bevor er im Roman sein eigentliches Feld fand. Der Abschied von der Lyrik fiel ihm nicht leicht. An Wilhelm Wolfsohn schreibt er am 10. November 1847: »Das Lyrische hab' ich aufgegeben, ich möchte sagen blutenden Herzens. Ich liebe eigentlich nichts so sehr und innig wie ein schönes Lied, und doch ward mir gerade die Gabe für das Lied versagt.«[61] In der Selbstcharakteristik, die er im Brief vom 14. Februar 1854 an Storm skizziert, meint er: »Das Lyrische ist sicher meine schwächste Seite, besonders dann, wenn ich aus mir selber und nicht aus einer von mir geschaffenen Person heraus dies und das zu sagen versuche.« Das erinnert an Hebbels Schwierigkeiten, eine Sprache für die eigenen Schmerzen zu finden. Zugleich weist es auf die individuelle Anlage von Fontanes Dichtertum: »Am Innerlichen mag es gelegentlich fehlen, das Äußerliche hab ich in der Gewalt.« Seine »Force« sei die »Schilderung«, er brauche die Geschichte als »Basis«, damit seine dichterischen Kräfte sich entfalten könnten.[62] Damit war die Entscheidung für die Ballade, die Form, die im Berliner ›Tunnel über der Spree‹ und bei Graf Strachwitz im Vordergrund stand, getroffen. Sie entsprach nach persönlicher Neigung (»Von Kindesbeinen an hab ich eine ausgeprägte Vorliebe für die Historie gehabt«[63]) und nach kritischer Selbsteinschätzung Fontanes innerem Bedürfnis. Dennoch wäre es ungerecht, seine Leistung als Lyriker nur in seinen Balladen erkennen zu wollen, angefangen bei der Ballade *Der Towerbrand*, mit der ihm der erste literarische Erfolg gelang (»Das Gedicht machte eine Art Sensation und entschied gewissermaßen über meine Richtung«[64]), bis hin zu den späten Balladen *John Maynard* und *Die Brück' am Tay*, mit denen Fontane die Gattung an unmittelbare Gegenwartsthematik heranführte. Zweifellos lag auch für Fontane selbst hier der Schwerpunkt seiner Lyrik. Aber daneben enthalten seine Gedichtsammlungen – nach dem Scheitern der ersten geplanten *Gedichte eines Berliner Taugenichts* erschienen 1852 *Gedichte*, 1862 *Balladen* und 1875 in zweiter und vermehrter Auflage noch einmal *Gedichte* (mit neuen Auflagen 1889, 1892, 1898) – auch Stücke, die, wenn sie auch, mit Thomas Mann zu reden, »nicht auf der großen Linie deutscher lyrischer Entwicklung liegen,[65] doch Töne enthalten, die von dem Mittelmaß bürgerlicher Lyrikproduktion der Zeit deutlich abstechen. Die schnoddrige und zugleich präzise Sprache des Gedichts *Lebenswege* schlägt einen Ton an, den man dann später bei Gottfried Benn, dem anderen Berliner und Großstadtpoeten findet, an den auch die Gedichte *Die Frage bleibt* und *Ausgang* mit ihrer Mischung aus Sachlichkeit und Melancholie erinnern. Vor allem die späteren Gedichte Fontanes zeigen den interessanten Versuch, im Gedicht die zur lieben Gewohnheit gewordene Alltäglichkeit des ›Lebens‹ zur Darstellung zu bringen (*Zeitung*, *Tu ich einen Spaziergang machen*, *Ja, das möcht' ich noch erleben*, *Meine Reiselust* usw.) und damit eine Lockerung und Entkrampfung der lyrischen Ausdrucksmittel zu bewirken, die der Annäherung der Sprache des Gedichts an die Wirklichkeit zugute kommt. Hin und wieder finden sich auch Gedichte (vgl. u. a. *Glück*, *Mittag*), die zu erkennen geben, daß Fontane sich die geheime Sehnsucht nach dem ›Lyrischen‹, von dem er schmerzlich Abschied nehmen zu müssen glaubte, bewahrt hat.

Auf neue und einsame Höhe geführt wurde dieses ›Lyrische‹ im engeren Sinn von einem Mann, dessen Bedeutung durch den Umstand, daß sein Werk »auf erbarmungswürdige Weise Schule gemacht hat«,[66] verdunkelt und vielfachem Mißverständnis ausgesetzt wurde: Theodor Storm (1817–88). Das im Laufe der Jahre vorgelegte lyrische Werk – auf das zusammen mit den Freunden Theodor und Tycho Mommsen herausgegebene *Liederbuch dreier Freunde* (1843) folgte eine erste Sammlung der *Gedichte* (1852), die mit Erweiterungen 1856, 1859, 1864, 1875, 1880, 1885 neu aufgelegt wurde – war am Umfang gemessen eher schmal, im Anteil der vollendeten Stücke jedoch von ungewöhnlicher Dichte (Thomas Mann: »Perle fast neben Perle«); es hatte jedoch Mühe, sich gegen die erfolgreichere Tageslyrik durchzusetzen. Das war aber für Storm kein Anlaß, an der eigenen Bedeutung zu zweifeln; denn jene Krise der Lyrik, die sich bei den bedeutenderen seiner Zeitgenossen so fühlbar machte, berührte ihn kaum. Sein Selbstbewußtsein als Lyriker war ungebrochen, das Medium Lyrik funktionierte ohne jede Verunsicherung durch die Zeit oder die eigene ästhetische Reflexion.

Wollte man Storms Lyrik am kritischen Maßstab Kürnbergers messen, so wäre das Urteil sicher negativ – zu eindeutig scheint sich in ihr die dort angeprangerte Rückkehr zur ›Innerlichkeit‹, zur ›Selbstbespiegelung des eigenen Ichs‹ und die Abkehr von den ›Landesgeschäften‹ zu vollziehen. »Sie wissen von Alters her, daß die Politik nicht eben meine Domäne ist«, schreibt Storm am 15. April 1862 an Theodor Mommsen.[67] Fontane gegenüber bittet er um Nachsicht für das »Pflanzenartige in meiner Natur« und sein wenig ausgeprägtes Interesse für politische Dinge.[68] Zwar anerkennt er, »daß das Leben in Staat und Gemeinde ein ebenso berechtigter Gegenstand für die menschliche Empfindung und daher für die Lyrik ist, als das Einzel- oder Familienleben«, doch scheint ihm die Gefahr der phrasenhaften Rhetorik und des Haftens am »Boden der bloßen Wirklichkeit« nahezu unüberwindlich.[69] Immerhin hat Storm dort, wo das Politische ihm hautnah auf den Leib rückte, wie in der Zeit der Dänenherrschaft und der anschließenden preußischen Überfremdung seiner Heimat, einen klaren Standpunkt bezogen[70] und diesen auch in einer Reihe von Gedichten lyrisch zum Ausdruck gebracht (*Im Herbste 1850*, *Gräber an der Küste*, *Gräber in Schleswig*, *1. Januar 1851*, *Abschied*, *Ostern*, *Ein Epilog*, *In der Frühe*). Storms norddeutscher Provinzialismus, seine »Husumerei«, wie Fontane es liebevoll-spöttisch nannte, besitzt vielleicht nicht wie Gottfried Kellers helvetischer Provinzialismus die bewußt politische und gesellschaftskritische Komponente; dafür geht er in der sinnlichen Erfassung und Darstellung der heimatlichen Landschaft sehr viel weiter.

Der individuelle Lebensraum bildet dabei nur das Material der äußeren Erfahrung, zu der die innere Erfahrung kommen muß, damit das Gedicht entsteht: »daß nemlich oft das innere Erlebniß viel später eintrifft als das äußere«.[71] In dem Gedicht *Abseits* eine »Beschreibung der Heide« sehen zu wollen sei völlig unangemessen, das Entscheidende sei »der poetische Eindruck, den die Heide auf mich gemacht hat«.[72] Die Wiedergabe der Realität in Storms Landschaftsgedichten setzt »Innerlichkeit« voraus, die Durchdringung des Materials mit subjektivem, geistig-seelischem Erlebnisgehalt. Sie läßt sich nicht beliebig wiederholen und bleibt an die Bedingung der »inneren Notwendigkeit« gebunden.[73] Was sonst als bloße Redensart anmutet, trägt bei Storm den Stempel der Authentizität: die Versicherung, »niemals eine Zeile geschrieben [zu haben], wenn sie [die Muse] nicht bei mir war«,[74] und das Postulat, nichts zu schreiben, was nicht seine Wurzel »in dem eignen Herzen oder der eignen Phantasie habe«.[75]

Storm hat das, was als das auslösende Moment beim Schreiben eines Gedichts anzusehen ist, mit dem mißverständlichen Begriff »Gefühl« bezeichnet: »Den echten Lyriker wird sein Gefühl, wenn es das höchste Maß von Fülle und Tiefe erreicht hat, von selbst zur Produktion nötigen, dann aber auch wie mit Herzblut alle einzelnen Teile des Gedichts durchströmen«.[76] Die Intensität des Gefühls – man vergleiche auch den Satz Emil Kuhs, den Storm als Motto auf das Titelblatt seines *Hausbuchs aus deutschen Dichtern seit Claudius* gesetzt hat: »Die lyrische Empfindung, will sie auf eigene Faust leben, muß sehr stark sein« – dränge, so Storm, von selbst zur Form: »Sobald ich recht bewegt werde, bedarf ich der gebundnen Form«.[77] »Form« und »Gefühl« bedingen sich, und erst aus dem Zusammenwirken beider Begriffe ergibt sich ein angemessenes Verständnis der allzuoft als Stimmungs- und Erlebnislyrik verharmlosten (und verkitschten) Stormschen Lyrik.

Die »Fähigkeit der Formgebung« ist das, was den »Dichter« vom »Denker« unterscheidet und ihn überhaupt erst zum Dichter macht.[78] Storm unterscheidet dabei zwischen einer »gröberen prosodischen Form« und einer »feineren, geistigen, die ganz ungreifbar ist«. Die Wirkung des Gedichts beruhe allein auf der zweiten Form, »durch sie [teilt] der Dichter die Bewegung seines Herzens in frischer Unmittelbarkeit dem Leser mit«.[79] Anders als Hebbel, der dem »Gefühl« die Fähigkeit absprach, aus sich selbst heraus zur Bildung der Form im Gedicht zu gelangen, und diese Fähigkeit dem »Verstand« zuwies, legt Storm einen Formbegriff zugrunde, der als »innere Form« und als »Seele« (oder – mit Herder – als »Weise«) unmittelbarer Ausdruck des »Gefühls« ist. Sich gegen den äußerlichen Formbegriff des erfolgreicheren Zeitgenossen Geibel wendend, definiert Storm in dem Programm-Gedicht *Lyrische Form* das Gedicht als Einheit von Inhalt und Form, als »Kontur«, der sich dem »lebendigen Leib« des Gefühls anpaßt und mit ihm eins wird:

> Poeta laureatus:
>   Es sei die Form ein Goldgefäß,
>   In das man goldnen Inhalt gießt!
> Ein anderer:
>   Die Form ist nichts als der Kontur,
>   Der den lebend'gen Leib beschließt.[80]

Storms Insistieren auf einem ganzheitlichen, gestalthaften Formbegriff, der ihn unter anderem dazu bringt, Heine im Vergleich zu Platen als den größeren Meister der »Form« einzuschätzen,[81] hebt seine Lyrik gleichermaßen von naiver Gefühls- und

Stimmungspoesie wie vom kunsthandwerklich-formalistischen Ästhetizismus seiner
Zeit ab. Vor allem befähigt es ihn, sich den eingefahrenen rhetorischen und poetischen Ausdrucksmustern zu verweigern und mit dem Mut zum »möglichst wenig
literarischen Ausdruck«[82] den Kampf gegen die »Phrase« und den Kult der »sogenannten schönen Form«[83] aufzunehmen. Fontane hat als das hervorstechende Merkmal Stormscher Lyrik das »Frontmachen gegen die Unnatur« gerühmt: »Maß und
Ordnung überall, ohne den Zopf der Unnatur. Das ist Stormsche Poesie!«[84] Insofern
kann Storm zu Recht als ein »Pionier des Realismus« bezeichnet werden.[85]
Dieser Stormsche Realismus der individuellen sinnlichen Erfahrung kennzeichnet je
verschieden seine Natur- und seine Liebeslyrik, die beiden Schwerpunkte seines
lyrischen Schaffens. Auf der einen Seite eine »bis zur sinnlichen Mitempfindung des
Lesers«[86] gesteigerte Anschaulichkeit der Darstellung, die es sich leisten kann,
Landschaft nur zu ›beschreiben‹, ohne dadurch an lyrischer Intensität zu verlieren
(*Westermühlen, Waldweg*), und die den heimatlichen Lebensraum in der unverwech-
selbaren individuellen wechselseitigen Durchdringung von Ich und Natur, von »inne-
rer« und »äußerer« Erfahrung lebendig werden läßt (*Die Stadt, Meeresstrand,
Abseits*). Auf der anderen Seite Gedichte, die nicht nur »von Liebe reimen«,[87]
sondern Liebe ohne Rücksicht auf bürgerliche Konventionen, aber auch ohne alle
Schwüle und heimliche Laszivität, als elementare, verzehrende Leidenschaft zur
Darstellung bringen (*Die Stunde schlug, Du willst es nicht in Worten sagen, Weiße
Rosen*). Zum Klischee erstarrte Bilder, wie das der »roten Rose Leidenschaft«,[88]
werden nicht aneinandergereiht, sondern erscheinen als stichwortartige Signale des
Themas, das dann in eigenständigen Formulierungen ausgeführt wird, wie in dem
ursprünglich für einen Gedichtzyklus *Ein Buch der roten Rose* vorgesehenen Gedicht
Wir haben nicht das Glück genossen:

> Wir haben nicht das Glück genossen
> In indischer Gelassenheit;
> In Qualen ist's emporgeschossen,
> Wir wußten nichts von Seligkeit.
>
> Verzehrend kam's in Sturm und Drange;
> Ein Weh nur war es, keine Lust!
> Es bleichte deine zarte Wange
> Und brach den Atem meiner Brust.
>
> Es schlang uns ein in wilde Fluten,
> Es riß uns in den jähen Schlund;
> Zerschmettert fast und im Verbluten
> Lag endlich trunken Mund auf Mund.
>
> Des Lebens Flamme war gesunken,
> Des Lebens Feuerquell verrauscht,
> Bis wir aufs neu den Götterfunken
> Umfangend, selig eingetauscht.[89]

Bisweilen gelingt es Storm sogar, den abgegriffenen Bildern die ursprüngliche Frische zurückzugeben, wie dem Bild der »roten Lippen« in dem scheinbar so kunstlosen wie raffinierten Gedicht *Abends*:

> Warum duften die Levkoien so viel schöner bei der Nacht?
> Warum brennen deine Lippen so viel röter bei der Nacht?
> Warum ist in meinem Herzen so die Sehnsucht auferwacht
> Diese brennend roten Lippen dir zu küssen bei der Nacht?[90]

Wie bei Keller bildet auch bei Storm ein radikaler Diesseitsglaube Feuerbachscher Provenienz die Grundlage seiner intensiven Wahrnehmung der Wirklichkeit. Der Glaube an die Unsterblichkeit der Seele erscheint als Fata Morgana, als gaukelndes »Luftgespenst der Wüste«,[91] die Seele als »das Ding«, die Gegenwart eines Priesters am Grabe als unvereinbarer Widerspruch zu der materialistischen Auffassung, die der Tote vom Leben hatte.[92] »Sie wissen ja, daß ich Ihren glücklichen Glauben nicht zu theilen vermag; Einsamkeit und das quälende Räthsel des Todes sind die beiden furchtbaren Dinge, mit denen ich jetzt den stillen unablässigen Kampf aufgenommen habe«, schreibt Storm nach dem Tod seiner Frau Constanze an Mörike.[93] Das Bewußtsein des Todes und der Vergänglichkeit bildet den dunklen Gegenpol zu Storms Liebesgedichten und bewahrt sie noch dort, wo sie vom Glück ungestörten Zusammenlebens sprechen, vor dem Abgleiten in harmlose Idyllik. Der »Trost«, den das Zusammensein gewährt –

> So komme, was da kommen mag!
> So lang du lebest, ist es Tag.
>
> Und geht es in die Welt hinaus,
> Wo du mir bist, bin ich zu Haus.
>
> Ich seh dein liebes Angesicht,
> Ich sehe die Schatten der Zukunft nicht
>
> (*Trost*)[94] –,

wird relativiert durch das Wissen, daß der Tod ihm ein Ende machen wird und daß die »Schatten der Zukunft«, vor denen das Ich die Augen verschließt, eines Tages sein Dasein verdunkeln. Nach dem Tod Constanzes schreibt Storm ein sechsteiliges Klagegedicht, dem er die Überschrift *Tiefe Schatten* gibt und dem er das frühere Gedicht *Trost* mottoartig voranstellt. Vor dem Hintergrund des Todes erscheint die Liebe zusammen mit der in der Erinnerung aufbewahrten Kindheit und dem landschaftlichen Raum der Heimat als Ort eines Glücks, das mehr mit Ernst Blochs Utopie-Denken als mit der idyllischen ›heilen Welt‹, die Storms Leser und Kritiker in sie hineingelesen haben, zu tun hat.

Man hat Storm vorgeworfen, er habe das ›Ende der Kunstperiode‹ nicht zur Kenntnis genommen.[95] Daran ist richtig, daß Storm die Antwort auf die Frage nach einer zeitgemäßen Lyrik durch den Rückgriff auf eine Lyrik des »Naturlauts der Seele« zu finden sucht, wie er sie im Volkslied, bei Goethe, Claudius, Eichendorff, Uhland,

Mörike, Heine vorfindet und in seiner Anthologie *Hausbuch aus deutschen Dichtern seit Claudius* (1870) zugleich kritisch und programmatisch dokumentiert hat. »Er wandelt keine absolut neuen Wege, aber die alten, die er einschlägt, sind die echten und wahren«, urteilt Fontane.[96] Die »echten und wahren« sind diese Wege wohl nur, wenn man als das Wesen des Lyrischen die Darstellung des »Naturlauts der Seele« definiert, wogegen sich schon Paul Heyse verwahrt: »Der Lyrik aber ziehst Du doch wohl zu enge Grenzen, Liebster, wenn Du sie auf die Naturlaute der Seele beschränken willst.«[97] Gerade die Höhe, die Storms Lyrik erreicht, macht auch den Preis sichtbar, der dafür zu entrichten war: die Beschränkung auf das ausschließlich Private und Individuelle.[98] Aber auch darin lag eine Antwort auf die Krise der Lyrik, und vielleicht hätten die neuen Wege, welche die deutsche Lyrik nach Storm einschlägt, nicht beschritten werden können, wenn Storm die alten nicht zuvor zu Ende gegangen wäre.

»[. . .] jeder Ausdruck muß seine Wurzel im Gefühl oder der Phantasie des Dichters haben. Beispiel des Gegenteils: Geibel.«[99] So sehr Storms Urteil von Verärgerung und Neidgefühl gegenüber dem um so vieles angeseheneren Dichterkollegen beeinflußt sein mag, so wird man ihm doch zustimmen müssen, wenn er in Geibel den Antipoden des eigenen Dichtertums erkennt und seine Schwächen aufdeckt. Besteht nach Storms Meinung die Kunst des Lyrikers darin, »im möglichst Individuellen das möglichst Allgemeine auszusprechen«,[100] so formuliert Geibel in aufschlußreicher Umkehrung des Verhältnisses von Individuellem und Allgemeinem:

> Das ist des Lyrikers Kunst, aussprechen was allen gemein ist,
> Wie er's im tiefsten Gemüth neu und besonders erschuf;
> Oder dem Eigensten auch solch allverständlich Gepräge
> Leihn, daß jeglicher drin staunend sich selber erkennt.[101]

Sucht der Einzelgänger und, gemessen an Geibels ungeheurer Popularität, Außenseiter Storm durch radikale Subjektivierung zum Allgemeinen vorzustoßen, so leitet der bürgerliche ›poeta laureatus‹ Geibel das Individuelle von den herrschenden Normen des Bürgertums ab.

Wie Storm in der norddeutschen Provinz, allerdings nicht im ländlich-kleinstädtischen Husum, sondern in der Freien Hansestadt Lübeck geboren und aufgewachsen, verknüpfte Geibel (1815–84) früh die protestantische Frömmigkeit seines Elternhauses mit dem politisch-patriotischen Denken der Freiheitskriege. Bereits in dem 1845 entstandenen Gedicht *Lied des Alten im Bart* erscheint Deutschland als die »Braut«, die sehnsüchtig auf ihren Bräutigam, den Kaiser, wartet,[102] und 1861, noch vor dem Aufschwung nationaler Begeisterung im Gefolge der Reichsgründung, dichtet er die berühmt-berüchtigten Verse: »Und es mag am deutschen Wesen / Noch einmal die Welt genesen.«[103] Das Eintreten für ein ›freies‹ Dichtertum jenseits allen Parteienstreits (*An Georg Herwegh*) hindert Geibel nicht daran, mit religiösem Unterton die Einheit zu fordern und, nachdem diese durch Bismarck hergestellt war, die Rolle eines »Herolds des Reiches« zu übernehmen[104] und zur Ideologisierung konservativen und nationalen Denkens in Deutschland das Seine beizutragen. »Geibel faßte den Kampf der Zeit wie einen zwischen Licht und Finsternis, Geist und Stoff, Gott und

Antichrist auf.«[105] Ohne die Position des allem Irdischen enthobenen Königs Dichter »auf wolkigem Bergesthrone«,[106] des »Tempelwächters auf den Höhen«[107] aufzugeben, macht Geibel sich zum Sprecher des konservativen Bürgertums und wird von dessen Repräsentanten als solcher anerkannt und gefeiert: Als er 1852 auf Einladung des bayrischen Königs Maximilian II. nach München geht, empfängt ihn dieser mit den Worten aus Schillers *Jungfrau von Orleans*: »Es soll der Dichter mit dem König gehn«, und Kaiser Wilhelm I. dankt ihm 1871 für die *Heroldsrufe* mit dem Satz: »Es ist das schöne Vorrecht des Dichters, das, was die Nation als erhabenstes Ziel ihrer Wünsche im Herzen trägt, mit prophetischer Begeisterung zum Ausdruck zu bringen.«[108] Als Geibel 1884 stirbt, wird ihm ein prunkvolles öffentliches Begräbnis ausgerichtet, Storm freilich stellt unerbittlich fest:

»Seine Popularität und seinen Ruhm bei den Fürsten hat er einerseits dadurch, daß er eine Reihe von Dingen, die alle Welt versteht, in Versen, die ein wenig mehr als das Gewöhnliche waren, besang [. . .], andrerseits, daß er ein christlicher Mann war, wodurch schon Fürsten und Adel für ihn sind.«[109]

Zweifel an der Angemessenheit von Geibels dichterischem Ruhm – mit ins Grab gelegt wurde ihm die hundertste Auflage seiner *Gedichte* – regten sich nicht nur bei Storm. So beschäftigt sich Heinrich Kurz, Verfasser einer *Geschichte der neuesten deutschen Literatur von 1830 bis auf die Gegenwart*, mit der Frage nach den wahren Ursachen des ungewöhnlichen Erfolgs Geibels bei seinem Publikum:

»Wenn heutzutage lyrische Dichtungen in einem Vierteljahrhundert über fünfzig Auflagen erleben, wie es bei Geibels ersten *Gedichten* der Fall ist, da muß der Dichter ein außergewöhnliches Talent besitzen oder es müssen äußere Verhältnisse zu diesem merkwürdigen und seltenen Erfolg beigetragen haben.«[110]

Kurz kann sich den Erfolg Geibels nur mit dem Überdruß des Publikums an den Extravaganzen der Weltschmerzlyrik einerseits und der »roten Sturmpoesie« andererseits sowie dem Bedürfnis vor allem der weiblichen Leserschaft nach einer gewissen »weichlichen Haltung«, das durch Geibels Gedichte befriedigt werde, erklären. Was den künstlerischen Wert der Geibelschen Gedichte angehe, so finde man »weder großartige Gedanken, noch eine unwiderstehlich hinreißende Begeisterung, überhaupt Nichts, was Epoche machen, die Dichtung in eine neue Bahn leiten könnte«.[111] Originalität, »energische Eigentümlichkeit« sei nirgendwo zu entdecken, und auch die politischen Gedichte, auf denen Geibels Popularität wesentlich mit beruhe, seien »auf Phrasen gegründet« und beförderten überdies eine für Deutschland unheilvolle »nebelhafte Schwärmerei«.[112] Anzuerkennen seien allein die formale Sicherheit und das schöne Gleichmaß der Verse.

Die Absage an den Weltschmerz und an die politische Tendenzpoesie, das Interesse des weiblichen Lesepublikums und die Identifizierung mit dem nationalkonservativen Denken des Bürgertums reichen nicht aus, um Geibels hohes Ansehen beim Publikum zu erklären. Ebenso wichtig, wenn nicht noch wichtiger, scheint das Bedürfnis der bürgerlichen Schichten nach einer Lyrik konfliktfreier Harmonie und abgeklärter, widerspruchsfreier Schönheit in einer Zeit, die von rapidem wirtschaftlichem, industriellem und sozialem Wandel erfüllt war. Gedichte wie die Geibels boten die Illusion einer von maßvoller Humanität und kultiviertem Schönheitssinn geprägten Ordnung. Widersprüche und störende Mißklänge, die durch eine konsequent realistische, und das heißt im Bereich der Lyrik vermutlich doch konsequent subjektive Wahrnehmung der Wirklichkeit entstehen könnten, werden ausgeschaltet, indem das Ich sich als Teil des Ganzen versteht und diesem unterordnet.

Der Preis für solches Aufgehen im Allgemeinen ist der Verzicht auf eine eigene Sprache. Das Bemühen, das allzu Persönliche und Spontan-Subjektive zugunsten einer beherrschten und gemäßigten Form der Selbstdarstellung zu tilgen, ist bis in die Sprache der Briefe hinein spürbar. Selbst dort, wo unmittelbarstes Erleben lyrisch ausgesprochen wird (wie in den *Ada*-Gedichten der Schmerz über den Tod der Frau nach kurzer Ehe bei der Geburt des ersten Kindes), hat man den Eindruck, das Ich der Gedichte komme weniger dem Bedürfnis nach unmittelbarer Gefühlsaussprache nach als dem Zwang, in repräsentativ-würdiger Form die Haltung edler Trauer zu verkörpern. Zwar wird der Zusammenhang von ›Leid‹ und ›Lied‹ im Sinne des Tassoschen »Gab mir ein Gott zu sagen, wie ich leide« auch von Geibel gesehen – »Der Dichter beichtet in Gesängen / Sich rein von Leidenschaft und Schmerz«[113] –, doch legt er dabei die Betonung so sehr auf den Begriff »Reinheit«, daß von der unmittelbaren subjektiven Erfahrung wenig übrigbleibt: »Körperschmerz und Sinnenbrunst / Liegen außerm Reich der Kunst.«[114] An die Stelle der Höhen und Tiefen – »himmelhochjauchzend, zu Tode betrübt« – tritt die gefaßte Mittellage, an die Stelle des Stormschen Subjektivismus und Sensualismus die vornehme Mäßigung und Selbstkontrolle eines Ichs, das das Auge der Gesellschaft auf sich gerichtet sieht. Nicht die »totale Subjektivierung der Realität« macht Geibels Lyrik fragwürdig,[115] sondern das Gegenteil: der in der Lyrik nie ungestraft vollzogene Verzicht auf die individuelle Erfahrung und ihre Darstellung in einer ihr angemessenen Sprache. Daher die für Geibels Sprache typische Tendenz, Bilder klischeehaft aneinanderzureihen, sie nur noch als literarisch-abstrakte Versatzstücke und bar jeglichen sinnlichen und poetischen Eigenwerts zu gebrauchen.[116] Wie wenig konkret die von Geibel im Gedicht dargestellte Erfahrung ist, zeigen beispielhaft die Reise- und Landschaftsgedichte. In ihnen dient die Landschaft entweder der allegorischen Veranschaulichung eines Allgemein-Menschlichen oder, wie die Griechenland- und Italien-Gedichte, der Reproduktion bildungsgeschichtlichen Wissens. Von einer persönlichen Erfassung der heimatlichen Landschaft, wie sie sich bei Storm findet, ist wenig zu spüren. Einige Ansätze dazu finden sich in den autobiographischen Gedichten der Gruppe *Ein Buch Elegien*, in denen Geibel Erinnerungen an seine Kindheit in Lübeck zur Darstellung bringt.

Geibels lyrisches Œuvre, so umfangreich es ist, kennt kaum eine Entwicklung. Von den ersten *Gedichten* (1840) über die *Juniuslieder* (1848), die *Neuen Gedichte* (1856), die *Gedichte und Gedenkblätter* (1864), die *Heroldsrufe* (1871) und die *Spätherbstblätter* (1896) zu den postum erschienenen *Gedichten aus dem Nachlaß* (1896) zeigt sich ein einheitlicher Stil, dessen geistige Grundlage ein dem Kunsthandwerklichen nahekommender Kunstwille (»Dichter ist nur, wer schön sagt, was er dacht' und empfand«[117]) und ein ästhetizistischer Kult der selbstgenügsamen ›Schönheit‹ ist: »Was ich vom Kunstwerk will? Daß es schön und sich selber genug sei. / In dem Einen Gesetz wohnen die übrigen all.«[118] Mit großer technischer Meisterschaft, doch ohne die von Storm geforderte »innere Notwendigkeit«, handhabt Geibel die überlieferten Formen. Als »des Versturnieres Weibel«, wie Felix Dahn mit unfreiwillig komischem Reim auf »Geibel« dichtet,[119] setzt er gegen den blühenden Dilettantismus seiner

Zeit die strenge Forderung nach formaler Reinheit, ohne dadurch den Niedergang der Lyrik aufhalten zu können. Von bleibendem Wert sind nur die Übersetzungen, denen Geibels Talent zur formalen Nachahmung zugute kam: *Spanisches Lieder-buch* (zusammen mit Paul Heyse, 1852), *Fünf Bücher französischer Lyrik* (zusam-men mit Heinrich Leuthold, 1862), *Classisches Liederbuch* (1875). Geibel selbst hat den epigonalen Charakter seiner Kunst nicht übersehen,[120] und der ihm freundschaftlich verbundene Heyse war nicht bereit, ihm das Prädikat des »echten lyrischen Dichters« zuzugestehen: für ihn war der Freund nicht mehr als ein »lyrischer Künstler hohen Ranges«[121]. Auch das Urteil von Arno Holz, dessen frühe, von Opportunismus nicht freie Verehrung für Geibel bisweilen ins Feld geführt wird, um Geibels Verdienste aufzuwerten, ist das Urteil zehn Jahre nach Geibels Tod eindeutig negativ:

»Im übrigen ist mir unser ehemaliger Heros natürlich längst ein toter Mann geworden, und wenn ich heute überhaupt noch etwas in ihm zu sehn vermag, so ist es nur noch das eine: den vollendetsten Typus des Eklektikers in unserer Literatur. Eine totale Null in der Entwick-lung!«[122]

Eine Null freilich, wie sie die deutsche Literatur selten in so zeittypischer Ausprägung hervorgebracht hat.

Eine symptomatische Erscheinung in der Lyrik des Realismus ist Geibel auch insofern, als er im Gegensatz zu den Einzelgängern Hebbel, Keller, Meyer, Storm sich zum Haupt einer Dichtergruppe machte und deren lyrische Produktion nach seinen Vorstellungen zu prägen suchte. Den äußeren Anlaß bot seine Berufung 1852 durch Maximilian II. nach München. Zugleich mit ihm wurde Friedrich Bodenstedt (1819–92), der sich mit seinen *Liedern des Mirza Schaffy* (1851) einen Namen gemacht hatte, nach München geholt. 1854 folgen Adolf Friedrich von Schack (1815–94) und, auf Betreiben Geibels, der junge Paul Heyse (1830–1914). Dem Dichterkreis, der sich daraufhin in München bildete, gehörten u. a. an: Melchior Meyr (1810–71), Moriz Carriere (1817–95), Felix Dahn (1834–1912), Wilhelm Hertz (1835–1902), Hans Hopfen (1835–1904), Julius Grosse (1828–1902), Hermann Lingg (1820–1905), Heinrich Leuthold (1827–79), vorübergehend und besuchsweise Joseph Viktor von Scheffel (1826–86) und Wilhelm Jordan (1818–1904), während Fontanes Versuch, in München Fuß zu fassen, fehlschlug. 1856 schloß man sich zu einer von Heyse angeregten, dem Vorbild des Berliner ›Tunnels über der Spree‹ nachgeahmten ›Gesellschaft der Krokodile‹ zusammen. 1862 gab Geibel nach gründlicher Vorarbeit ein *Münchner Dichterbuch* heraus, mit dem die Gruppe an die literarische Öffentlich-keit trat.

Die unbestrittene Autorität des Kreises war Geibel. Der »Donnerer«, wie man ihn nannte, beherrschte mit dem »salbungsvoll priesterlichen Charakter seiner Dikta«[123] die Diskussionen. Widerspruch regte sich allenfalls bei dem liberaleren Heyse. Von einem persönlichen Angriff Leutholds gegen Grosse abgesehen, der 1867 zum Ausschluß Leutholds führte, verlief das literarische und gesellschaftliche Leben der Gruppe ohne nennenswerte Meinungsverschiedenheiten. Dies um so mehr, als sie sich in der weltanschaulichen und ästhetischen Grundhaltung weitgehend einig war:

»Das Gemeinsame war ein gewisser Idealismus, sofern man hierunter die sorgfältigste Pflege der Form-Reinheit, die Vorliebe für den hohen Stil, die Schulung durch die Antike und die übrigen Klassiker der Weltliteratur und eine Neigung zu dem Vornehmen sowohl in der Wahl als in der Behandlung der Stoffe versteht.«[124]

Zwar versucht Heyse im Rückblick, diesen »Idealismus« als eine Art ›poetischen Realismus‹ auszugeben und zu verteidigen:

»Auch hatten wir den Idealismus, zu dem wir uns freudig bekannten, niemals so verstanden, als ob seine Aufgabe eine Entwirklichung der Natur und des Lebens zugunsten eines konventionellen Schönheitsideals sein könne [...] Und so konnten wir einen Gegensatz von Realismus und Idealismus nicht anerkennen, da wir uns eines hinlänglichen Wirklichkeitssinnes bewußt waren und den Wert einer dichterischen Produktion zunächst nach der Fülle und Wahrheit des realen Lebensgehaltes maßen, der sich darin offenbarte.«[125]

Doch blieb auch ihm die Tendenz der Abschirmung gegen alle störenden Einflüsse aus der »schnöden prosaischen« Realität als gemeinsame Haltung bewußt: »wir hofften, in unserm Münchner ›heiligen Teich‹ dermaleinst ebenso gegen die schnöde prosaische Welt gepanzert zu sein, wie jener uralte Weise, der nur noch für den Wechsel der Temperatur empfindlich war«.[126] Carriere, der Ästhetiker des Kreises, definiert die Kunst als »Krystallgestalt des Lebens«, die »im Seienden das Seinsollende darstellt« und »das Schöne um der Schönheit willen schafft«, während in der Wirklichkeit und in der Natur »vieles mangelhaft für den ästhetischen Sinn« ist.[127]
Die eigene lyrische Produktion der Münchener liegt auf der von Geibel vorgezeichneten, aber auch außerhalb Münchens – etwa bei Martin Greif (1839–1911), Julius Rodenberg (1831–1914), Robert Hamerling (1830–89) u. a. – verfolgten Linie kunsthandwerklich-epigonaler Reimkunst, am reinsten ausgeprägt bei Geibel selbst sowie bei Hopfen, Schack und den dichtenden Professoren Hertz und Dahn. Während Bodenstedt den Reiz der frühen orientalisierenden *Mirza Schaffy*-Lieder nicht mehr erreicht und Grosse mit seiner naiv-süßlichen Reimerei (»du bist so kalt wie Weihnachtseis«) in die Nähe der bei aller unfreiwilligen Komik doch von ernstem Engagement getragenen Gedichte der Friederike Kempner (1836–1904) gerät, heben sich Scheffel durch den kabarettistisch-kommersbuchhaften Humor, mit dem Kultur- und Naturgeschichte ins Gedicht aufgenommen werden (*Als die Römer frech geworden, Der Ichthyosaurus*), und Heyse durch den liebenswürdigen, geistreich-eleganten Ton seiner Gedichte von den anderen ab. Ansätze zu einem ausgeprägten individuellen Ton finden sich nur bei Leuthold und Lingg.
Mit Scheffel, Dahn und anderen, wie z. B. dem Kulturhistoriker Wilhelm Heinrich Riehl, teilt Hermann Lingg (1820–1905) das spezifisch historische Interesse. *Geschichte* lautet die erste, umfangreiche Gruppe seiner *Gedichte* (1854), die in geraffter, anschaulicher Form einzelne Momente der erd- und menschheitsgeschichtlichen Entwicklung darstellen (*Urweltfabel, Elephantenwanderung, Der Comet* usw.). Den Blickwinkel, unter dem diese Entwicklung gesehen wird, definiert das Einleitungsgedicht *Dodona*: es ist der der Verwirklichung von »Freiheit, Liebe, Menschlichkeit«. Den Gegenpol zu diesem geschichtsgläubigen Denken, das sich auch in dem Versepos *Die Völkerwanderung* (1866–68) niederschlägt, bildet ein ausgesprochener Geschichtspessimismus, wie er in den Versen des Gedichts *Lied*: »Wir haben schon zu viel Geschichten / Zu viel, zu viel Vergangenheit«[128] zum Ausdruck kommt, der in

eine an Baudelaire erinnernde Sehnsucht nach der »unentweihten Gottnatur« am Schluß des Gedichts mündet. Überhaupt zeigt Lingg eine gewisse Ähnlichkeit mit den Franzosen, so in der makabren Exotik der Totenschiffsdarstellung (*Eismeer und Südsee*) oder in der dekadenten Pracht spätzeitlicher Kultur:

> Müd lächelnd sah'n die Herren der besiegten
> Meerwelle zu, indeß in Prunkgemächern
> Den Perlenfächer ihre Töchter wiegten.[129]

Bisweilen stößt seine Lyrik in die Zone vorsymbolistischer Bildlichkeit vor, etwa wenn er ein Gedicht (*Klage*) mit dem lakonisch-unausgedeuteten Bild des fernhin fliegenden und im Meer versinkenden »blauen Schleiers« enden läßt. Linggs Gedichte tragen auch weniger als die Geibels und der anderen den Stempel fataler, nur vorgetäuschter und demonstrativ zur Schau getragener Harmonie. Anstelle einer selbstsicheren Kunstgläubigkeit findet sich das Bekenntnis eines Leidens an der Diskrepanz zwischen Kunst und Leben – »Und doch nie ins volle Leben / Einen festen Schritt zu tun«[130] – und einer tiefen Skepsis gegenüber dem eigenen Wollen und Können (*Fragment*).

Einigermaßen ungekünstelt und überzeugend wirkt die Klage über den »Schmerz verlornen Lebens« auch bei Heinrich Leuthold (1827–79), dessen Bedeutung als Lyriker lange Zeit dadurch verdeckt wurde, daß Geibel seine Gedichte einer Glättung unterzog, die erst nach seinem Tode rückgängig gemacht werden konnte. Leuthold verband mit einem ungewöhnlichen Formtalent ein für die Zeit unübliches Pochen auf Selbständigkeit und Unabhängigkeit, das sich jedoch mehr in nonkonformistischer Lebensführung als in der Entwicklung eines neuen lyrischen Stils äußerte. Immerhin fallen Gesten, wie jene trotzig-theatralische, mit der die tote Sünderin vor dem Urteil der bürgerlichen Moral in Schutz genommen wird – »Und um den Leib der schönen Sünderin / Werf ich den Purpurmantel meiner Dichtung«[131] –, ebenso aus dem Rahmen bürgerlicher Wohlanständigkeit wie der satirische Biß, mit dem Leuthold das literarische Leben der Zeit glossiert: »Und da die Kunst sein Leben war, / So ist er an ihr gestorben«;[132] »Und wenn du mich mit Goethe vergleichst, / Vergleich ich dich mit Lessing«;[133] desgleichen das refrainartig wiederholte »Mein stolzes Herz! sei du dir selbst genug«[134], das Geibel in »Verlangend Herz, sei du dir selbst genug!« abmilderte.

Das Über-die-Stränge-Schlagen, das Keller einmal in bezug auf Heyse als notwendigen Beweis seiner dichterischen Originalität gefordert hat,[135] ist in der konformistischen Lyrik des Realismus selten. Der vermutlich einzige handfeste literarische Skandal, der sich an die Veröffentlichung eines Gedichtbuches knüpfte, verbindet sich mit dem Namen Wilhelm Buschs (1832–1908). Sein Gedichtband *Kritik des Herzens*, den Busch 1874 veröffentlichte, um zu beweisen, daß er durchaus imstande war, die Texte zu seinen Bildergeschichten selbst zu verfassen, erregte mit der unverhüllten, von Schopenhauers Pessimismus beeinflußten Darstellung menschlicher Unzulänglichkeit und Aggressivität einen Sturm der Entrüstung, der in den Worten »schmutzig«, »lasziv« und »Pfui! wie gemein« gipfelte.[136] Buschs als »Zeugnis meines und unseres bösen Herzens« und als Ausdruck der Erkenntnis, »daß wir nicht viel taugen ›von Jugend auf‹«,[137] gedachte lyrische Selbstdarstellung verletzte den

Glauben an das Wahre, Gute, Schöne (*Wie schad, daß ich kein Pfaffe bin*; *Die erste alte Tante sprach*; *Ach, ich fühl es, keine Tugend* usw.). Der Versuch, »möglichst schlicht und bummlig die Wahrheit zu sagen – so wie man sich etwa nach Tisch oder bei einem Spaziergange dem guten Freunde gegenüber aussprechen würde«[138] – eine Formulierung, an der Fontane seine Freude gehabt hätte! –, wurde als »schal«, »geistlos« und »trivial« denunziert, weil er gegen das Gebot des ›schönen‹, ›poetischen Ausdrucks‹ verstieß. Wie bei Storm die »Seele« als »das Ding« erscheint, so bezeichnet Busch das »Herz« als »das rote Ding in meiner Brust«[139]. Umgangssprachliche Wendungen und kalauerähnliche Reime (»sich ärgern wie ein Stint«) und eine an Heine und dem Volkslied geschulte ›kunstlose‹ Handhabung des Verses sind Ausdrucksmittel eines gegen alle idealistische Beschönigung gerichteten pessimistischen Realismus, der seine Zuflucht im satirischen Humor sucht.

Eine ähnlich realistische Annäherung der Sprache des Gedichts an die Sprache des Alltags, wie sie auch Fontanes spätere Gedichte aufweisen, findet sich sonst nur noch in der Mundartdichtung, wo nach dem Vorbild Johann Peter Hebels Klaus Groth (1819–99) mit seiner *Quickborn*-Sammlung (1852–71) und Fritz Reuter (1810–74) mit *Läuschen un Rimels* (1853–58) die Sprache der Mundart nicht als künstliches Spielmaterial, sondern als unmittelbare Äußerungsform des Lebens einsetzten. Es ist mit ein Zeichen der beginnenden Auflösung des bürgerlichen Lyrik-Begriffs im Vorfeld des Naturalismus, wenn das zweite, von Paul Heyse nach Geibels Weggang von München herausgegebene *Münchner Dichterbuch* (1882) in größerem Umfang Mundartgedichte aufnimmt. Die Entwicklung, die ein Lyriker wie Ferdinand von Saar (1833–1906), bislang eher Vertreter einer weltschmerzlich-liedhaften Innerlichkeitslyrik, mit Beginn der achtziger Jahre vollzieht, um sich, zumindest im Thematischen, für soziale und gesellschaftliche Fragen zu öffnen (vgl. Gedichte wie *Arbeitergruß*, *Das letzte Kind*, *Proles*, *Der Eisenbahnzug*), ist kennzeichnend für den sich anbahnenden Wandel. Im Formalen bewirkt er freilich vorerst keine grundlegenden Neuerungen. Diese vollziehen sich, zunächst noch, im Bereich der vom konservativen Bildungsbürgertum getragenen Lyrik.

Besonders deutlich zeigt sich das am Beispiel des Lyrikers, dem man im Ausgang des bürgerlichen Realismus gemeinhin die zukunftsträchtigsten Neuerungen zuschreibt: Conrad Ferdinand Meyer (1825–90). Gottfried Keller berichtet, wie sein Schweizer Landsmann ihn einmal wegen seiner Vorliebe für »niedrige Stoffe« getadelt und ihm geraten habe, seinem Beispiel zu folgen und sich der »Historie« mit ihren »Königen, Feldherren und Helden« zuzuwenden.[140] Das Verlangen nach dem »großen Styl«[141] führt auch Meyer von der kruden Gegenwart mit ihrer »brutalen Actualität«[142] in die Vergangenheit. Der »Baum der Poesie« steht auch bei ihm »nicht in dieser herben Welt«, sondern in einem realitätsenthobenen »Paradiesesraum«.[143] Und wie die Münchner ›Idealisten‹ findet er sein poetisches Glaubensbekenntnis in dem Satz: »nicht das Poetische realisiren sondern das Reale poetisiren«.[144]

Was Meyer jedoch scharf vom Dichterbild seiner Zeit abhebt, ist das gebrochene Verhältnis zu sich selbst als lyrischem Dichter. »Ich bin kein Lyriker«, schreibt er einmal,[145] und in wiederholten Selbstanklagen prangert er in Briefen an Louise von François seine angebliche Unfähigkeit als Lyriker an: seine Gedichte hätten einen »sentimentalen Zug«;[146] sie brächten nur »eine armselige Individualität«, nicht aber

»das Ganze« zum Ausdruck;[147] sie seien »nicht wahr genug« und »kaum mehr als Spiel oder höchstens die Äußerung einer untergeordneten Seite meines Wesens«[148]. Die sorgfältig vorbereitete und mit höchstem Kunstsinn als Sammlung zusammengestellte Ausgabe der *Gedichte* (1882) ist ihm schon bald nach der Veröffentlichung »durch ihre Subjektivität verleidet«.[149] Das sind Zeugnisse eines Mißtrauens, das sich wohl vor allem aus Meyers biographisch bedingter Scheu vor der unverhüllten »Preisgebung der Seele«[150] erklärt, darüber hinaus aber auf eine allgemeine Krise der Lyrik deutet.

Meyer sucht dieser Krise auf zweierlei Weise zu begegnen. Einmal, indem er auf die Ballade ausweicht und Gedichte schreibt, die entweder echte Balladen sind oder aber einen stark balladenhaften und episierenden, distanzierten Zug haben. Fast zwei Drittel der *Gedichte* von 1882 sind Gedichte dieses Typs, nachdem Meyers Vorliebe für die balladenhafte Lyrik bereits in den vorausgehenden, wenig beachteten Gedichtbänden *Zwanzig Balladen von einem Schweizer* (1864) und *Romanzen und Bilder* (1869) deutlich zutage getreten war. In der Ballade fand Meyer zudem die geeignete Form, um sein Interesse für historische Stoffe und Entwicklungen darzustellen. Entsprechend dominiert die Balladenform vor allem in den Abteilungen der Sammlung, die ganz nach historischen Gesichtspunkten angeordnet sind.[151]

Der zweite Weg ist der einer angestrebten Objektivierung und symbolischen Verbildlichung der subjektiven Erfahrung. »Die Flamme seiner Seele sollte übergehen in sein Gebilde«, schreibt die Schwester Betsy in ihrem Erinnerungsbuch über das Streben ihres Bruders.[152] Dabei ist das Wort »Gebilde« wörtlich zu verstehen, als plastische Hervorbringung in Analogie zur bildenden Kunst, die den idealen Bezugspunkt der Meyerschen Lyrik bildet, während die Musik und mit ihr das Liedhafte kaum mehr ins Gewicht fällt. »In der Poesie muß jeder Gedanke sich als sichtbare Gestalt bewegen«,[153] das angestrebte Verfahren ist das der »gänzlich objectiven, fast sculpturalen Behandlung« des Gegenstandes.[154] Was Meyer im Hinblick auf seine Vorliebe für die historische Erzählung sagt, läßt sich auch auf seine Lyrik übertragen: »Sous une forme très objective et éminemment artistique, je suis au dedans tout individuel et subjectif.«[155] Die Subjektivität der Erfahrung (das, was Meyer wegwerfend seine »armselige Individualität« und den »sentimentalen Zug, welchen ich an mir kenne und verachte«, nennt) wird gestaltbar in der verhüllten Form des ›objektiven‹ Gebildes. Von hier aus führen die Linien zum ›Ding-Gedicht‹ und zum ›Bild-Gedicht‹ als den beiden Gedichttypen, an denen sich Meyers Neuerungen als Lyriker am deutlichsten zeigen. Detlev von Liliencron war vermutlich nicht der einzige, der bei Meyers Gedichten den Eindruck von einem kostbaren »goldnen Helm in wundervoller Arbeit« hatte.[156]

Man hat die Stellung Meyers in der Geschichte der deutschen Lyrik als Übergang von der ›Erlebnislyrik‹ zum ›Symbolismus‹ gesehen und seine Leistung als die eines »Vorläufers und Bahnbrechers des Symbolismus in Deutschland« auf der Grundlage einer »neuen Technik der Verbindung von Innen und Außen« bezeichnet.[157] Äußeres Bild und innerer Gedanke schlössen sich zum symbolistischen Bild zusammen, wie in dem Gedicht *Zwei Segel*, das am Beispiel der beiden gleichmäßig vom Winde bewegten Boote die Vorstellung glücklicher Harmonie erzeuge:[158]

Zwei Segel erhellend
Die tiefblaue Bucht!
Zwei Segel sich schwellend
Zu ruhiger Flucht!

Wie eins in den Winden
Sich wölbt und bewegt,
Wird auch das Empfinden
Des andern erregt.

Begehrt eins zu hasten,
Das andre geht schnell,
Verlangt eins zu rasten,
Ruht auch sein Gesell.[159]

Bei solcher Zuordnung darf jedoch die allegorisierende Eindeutigkeit, die Bild und Gedanke miteinander verknüpft, nicht übersehen werden. Wenngleich dem Symbolismus allegorisierende Verfahren keineswegs fremd sind, wie etwa u. a. Baudelaires *Albatros*-Gedicht zeigt, so erfüllen sie ihre spezifische Funktion doch erst als Momente des Übergangs zu symbolistisch-chiffrenhafter, hermetischer Bildlichkeit. Von ihr ist Meyers Lyrik durch das Festhalten an ›objektiver‹ Wahrheit weit entfernt. Selbst dort, wo das Allegorische in den Hintergrund tritt und einer unausgedeuteten, sich selbst tragenden Bildlichkeit Platz macht – Beispiele sind, neben dem einzigartigen *Der römische Brunnen*, Gedichte wie *Eingelegte Ruder, Schwüle, Schwarzschattende Kastanie* oder auch das vorexpressionistische *Erntegewitter* –, liegt weniger eine symbolistische als eine symbolische Bildstruktur vor, die eher auf Goethe zurück- als auf den Symbolismus vorausweist.

Meyers lyrische Neuerungen lassen sich am besten dort erkennen, wo er sich von dem Einfluß herrschender Tendenzen befreit, wie z. B. in seinem Verhältnis zu den Münchnern, mit denen ihn mehr verbindet, als auf den ersten Blick zu vermuten ist.[160] Im Vergleich zu ihnen fällt auf, daß Meyer nicht klischeehaft Bild an Bild reiht, sondern indem er ein einziges Bild zu plastischer Anschaulichkeit steigert, dieses zum Zentrum der Darstellung macht. Nicht der allegorisierende Bezug zwischen Bild und Bedeutung unterscheidet Meyer von den Münchnern, wie die stark allegorisierenden Gedichte *Das Heute, Das Seelchen, Möwenflug* illustrieren, sondern die sorgfältigere Auswahl des Bildes und, damit verbunden, die größere Intensität in der Konzentration auf dieses eine Bild. Hierbei zeigt sich ein Streben nach Konkretheit und Anschaulichkeit, das man vielleicht ›realistisch‹ nennen könnte, realistisch in dem Sinne des Michelangelo-Wortes, daß die im Kunstwerk darzustellende Form im Stein selbst verborgen liege.[161] Freilich sind diesem ›Realismus‹ enge Grenzen gesteckt, nicht zuletzt durch die gattungsspezifischen Unterschiede zwischen bildender Kunst und Lyrik. Meyers Streben nach Gegenständlichkeit entspringt weniger einer auf das Diesseits gerichteten empirischen Wirklichkeitserfahrung als der Problematik des Widerspruchs zwischen der im Gedicht zum Ausdruck drängenden Subjektivität und dem Verlangen nach ›objektiver‹ Wahrheit. Balladenhafte Objektivierung einerseits, wozu auch die Ausweitung des Lyrischen ins Epische in dem Versepos *Huttens letzte*

Tage (1872) zu rechnen ist, von dem Meyer meint, es sei »›intimer‹ als alle meine Lyrica zusammen«,[162] und plastisch-skulpturale Verdinglichung andrerseits sind Meyers Antwort auf diesen ungelösten Widerspruch.

Die Zeitgenossen haben sie mit zwiespältigen Gefühlen aufgenommen. Gottfried Keller bewunderte die handwerkliche Gediegenheit und die »eigentümlich edle Klangfarbe« der Gedichte.[163] Zugleich sah er aber die Gefahr des »um sich greifenden Manierismus« und einer sich verselbständigenden Künstlichkeit – »so kommt mir manches wie herrlich gemachte künstliche Blumen vor«, schreibt er am 25. Dezember 1882 an Heyse.[164] Noch vor dem Druck der *Gedichte* hatte er Storm seinen kritischen Vorbehalt gegenüber Meyers Kunst mit den Worten mitgeteilt: »Er hat ein merkwürdiges schönes Talent, aber keine rechte Seele; denn er zieliert und feilt schon vor dem Gusse.«[165] Mit diesem vielzitierten Ausspruch erkennt und verkennt Keller zugleich das, worin Meyers eigentümliche Bedeutung liegt. Er übersieht, welche Rolle die Form als Form für Meyer spielt und welches Gewicht Meyers Bemühung um »Vollendung« hat. »In den Gedichten bin ich im Druck bis pag. 200 gekommen [. . .] und vollende sorgfältig, da die Sächelchen in der Tat nur durch einen Schein von Vollendung erträglich werden«, schreibt Meyer aus der Arbeit an der abschließenden Redaktion der *Gedichte* heraus an Hermann Lingg,[166] und aus dieser Äußerung wird ersichtlich, in welch hohem Maße Meyer im artistischen Bemühen um die endgültige Form ein Gegengewicht gegen das unbefriedigende Hervortreten des Subjektiven im Gedicht erblickte. Das über Jahre sich erstreckende und in einer Vielzahl von Fassungen sich dokumentierende »Feilen« und »Ziselieren« verweist deutlicher noch als die ›symbolistische‹ Bildlichkeit auf das Moderne in Meyers Lyrik, auf jenen Aspekt des Machens und des Ausarbeitens einer »einheitlichen Technik«[167] im Zeichen eines unerbittlichen Maßstabs der »Vollendung«, wie sie zur gleichen Zeit der französische Symbolismus und später dann (unter anderen) Gottfried Benn mit seiner Vorstellung vom »Labor der Worte« zur Grundlage ihres Verständnisses von Lyrik machten. ›Modern‹ – man denke an Thomas Manns Analyse der »Seelenlosigkeit« moderner Kunst in *Doktor Faustus* – ist Meyers Lyrik auch in dem Sinne, daß ihr Spontaneität und »Seele« abhanden zu kommen drohen. Das Gedicht entsteht nicht mehr ›wie aus einem Guß‹, ist nicht mehr spontaner, unmittelbarer Ausdruck des Gefühls im ›Naturlaut‹ der Seele, sondern Ergebnis eines langwierigen Prozesses. Während Keller diesen »künstlichen Blumen« seine Bewunderung nicht versagt (»aber eben, es ist halt doch gemacht und zustande gebracht, und darum wirkt es auf mich in dieser Zeit«[168]), geht Storm jedes Verständnis für diese Art Lyrik ab, er schreibt: »Ihm fehlt für die eigentliche Lyrik das echte ›Tirili‹ der Seele«,[169] »ein Lyriker ist er nicht; dazu fehlt ihm der unmittelbare, mit sich fortreißende Ausdruck der Empfindung oder auch wohl die unmittelbare Empfindung selbst«.[170]

Wenn nicht alles täuscht, so offenbart sich im persönlichen Gegensatz Storm/Meyer eine für die Entwicklung der deutschen Lyrik symptomatische Opposition: auf der einen Seite, bei Storm, die letzte Steigerung einer auf unmittelbarer Selbstaussage basierenden Lyrik; auf der anderen Seite, bei C. F. Meyer, der Versuch, die durch die allgemeine Verunsicherung und Neubestimmung des individuellen Ichs hervorgerufene Krise der Lyrik durch Objektivierung des »Bildes« zu meistern.

Eine neue, den Stormschen Individualismus weit hinter sich lassende und alle Normen, auch die des individuellen ›Gefühls‹, auflösende Subjektivierung vollzieht sich bei Friedrich Nietzsche (1844–1900). Bezeichnenderweise rückt für ihn die Lyrik in enge Nähe zur Musik. Schopenhauers Kunstphilosophie weiterführend, deren Erklärung der Lyrik als einer »Halbkunst« ihn jedoch nicht befriedigt,[171] sieht er im Lyriker ein Zusammenspiel von ›Wille‹ und ›Vorstellung‹, von »Apollinischem« und »Dionysischem«: »als apollinischer Genius interpretiert er die Musik durch das Bild des Willens, während er selbst, völlig losgelöst von der Gier des Willens, reines ungetrübtes Sonnenauge ist«.[172] Als »dionysischer Künstler« erfährt der Lyriker zunächst die Einheit mit dem »Ur-Einen« und »producirt das Abbild dieses Ur-Einen als Musik«.[173] Indem er aber die Musik »in Bildern deutet, ruht er selbst in der stillen Meeresruhe der apollinischen Betrachtung«.[174] Lyrik erscheint so als »die nachahmende Effulguration der Musik in Bildern und Begriffen«.[175]

In die Praxis umgesetzt hat Nietzsche diese Auffassung vom Lyrischen weniger in seinen eigenen Gedichten (vgl. *Venedig, Vereinsamt, Der Wanderer*) – dort schließt er sich an die liedhaft-empfindsame Tradition an[176] – als in der bewegten und dynamischen Sprache des *Zarathustra* (1883–85), von der mit Recht gesagt wurde, daß sie »ständig auf dem Sprung sei, den Flug des Lyrischen zu wagen«,[177] den rhetorischen Sprachstil der Predigt und der Rede (»also *sprach* Zarathustra«) in die unmittelbare lyrische Sprache des Liedes, der Hymne und des Dithyrambus (»also *sang* Zarathustra«) übergehen zu lassen, um in der Steigerung des Rhetorischen zum Lyrischen selbständige Gedichte, die dann auch als solche publiziert wurden (*Dionysos-Dithyramben*), hervorzubringen. In ihnen nimmt die Lehre der »ewigen Wiederkunft« symbolische Gestalt an, deren Ambivalenz von Verneinung und Bejahung spiegelt sich in der Sprache des »Ja-und-Amen-Sagens« (*Mittags, Das trunkene Lied, Vor Sonnen-Aufgang, Das Nachtlied*) und der Sprache der Verneinung (*Die Wüste wächst, Bei abgehellter Luft, Wer wärmt mich*). Zarathustras Sprache ist dabei immer die eines einsamen Ichs, woran auch die Fiktion der zuhörenden »höheren Menschen«, der Schüler und Jünger Zarathustras nichts ändert, im Gegenteil: diese läßt Zarathustras Einsamkeit und Wunsch nach Kommunikation nur noch deutlicher hervortreten. Die Sprache des Zarathustra ist die eines »transzendentalen Mimus«,[178] eines mit sich, seiner Erkenntnis, dem »Leben« und der »Wahrheit« monologisierenden Bewußtseins, dessen Pathos, an die Sprache der Hymnen und der Freien Rhythmen anknüpfend und diese bis zum Grellen und Schreienden steigernd, stets an die »selbsthenkerische« Erkenntnis des »ewigen Verbanntseins von aller Wahrheit« und der Einheit von »Dichter« und »Narr« (»Nur Narr! Nur Dichter!«) gebunden bleibt. Stefan George hat das übersehen, als er Nietzsche am Maßstab des L'art pour l'art und einer im »Singen« gewonnenen ästhetischen Versöhnung maß (»sie hätte singen / Nicht reden sollen diese neue Seele«).[179]

Nietzsches Wirkung auf die weitere Entwicklung der deutschen Lyrik im Übergang zum Expressionismus kann kaum überschätzt werden. »Es ist unmöglich, nach Nietzsche noch zu dichten wie vor ihm«, schrieb Johannes Schlaf 1907, und er meinte, Nietzsche habe »der modernen deutschen Seele die Zunge gelöst«.[180] Diese »moderne deutsche Seele« war freilich mehr denn je eine auf sich selbst zurückgeworfene und in ihrer Subjektivität befangene Seele. Nicht mehr als eine fromme Wunschvorstellung – zudem mit Implikationen, die sich im Dritten Reich in ganz anderer, depravierter Form erfüllen sollten – war die Gewißheit, mit der Stefan Zweig 1909 das »neue Pathos« Nietzsches als Überwindung des »sentimentalen Dialogs des Einsamen mit irgend einem unbekannten Einsamen irgendwo in der Ferne« und als Ausdrucksmittel eines zur »Tat« führenden und zur »Menge« sprechenden Gedichts überschwenglich begrüßte.[181] Die Forderung nach ›öffentlicher‹, ›republikanischer‹ Sprache in der Lyrik, die Kürnberger einst erhoben hatte, stand einer Verwirklichung ferner denn je, und dies aus Gründen, die wohl nicht nur im fehlenden politischen Bewußtsein und Engagement der einzelnen Lyriker, sondern vor allem in der sich verschärfenden Widersprüchlichkeit des Mediums Lyrik als Ausdrucksmittel komplexer subjektiver Erfahrung zu suchen sind.

Anmerkungen

1 Emanuel Geibels Gesammelte Werke in acht Bänden. Stutgart 1883. Bd. 1. S. 220.
2 A. F.: Literatur und Kunst für das Bürgerhaus (1867). Zitiert nach: Realismus und Gründerzeit. Manifeste und Dokumente zur deutschen Literatur 1848–1880. Hrsg. von Max Bucher, Werner Hahl [u. a.]. Stuttgart 1975. Bd. 2. S. 652.
3 Nach der Erinnerung Thomas Manns; vgl. Walter Hinck: Epigonentum und Nationalidee. Zur Lyrik Emanuel Geibels. In: Zeitschrift für deutsche Philologie 85 (1966) S. 267–284 (hier S. 277).
4 Moriz Carriere: Das Wesen und die Formen der Poesie. Leipzig 1854. S. IX; Rudolf Gottschall: Poetik. Die Dichtkunst und ihre Technik. Breslau ³1873. S. III und VIII.
5 Vgl. jedoch die Verquickung des Kosmopolitischen mit dem Nationalen in Geibels Gedicht *Deutsch und Fremd*, wonach dem deutschen Kranz »keine Blume fehlt, die der Menschheit aufging«! (Gedichte und Gedenkblätter. Stuttgart 1864. S. 96 ff.).
6 Zitiert nach Fritz Martini: Deutsche Literatur im bürgerlichen Realismus 1848–1898. Stuttgart ²1964. S. 335.
7 Ferdinand Kürnberger: Gedanken über die Lyrik der Zukunft (1848). Zitiert nach: Realismus und Gründerzeit (Anm. 2) S. 54 ff.
8 Karl Frenzel: Das ›Moderne‹ in der Kunst (1868). Zitiert nach: Realismus und Gründerzeit (Anm. 2) S. 108 ff.
9 So Maximilian Bern im Vorwort zu der von ihm herausgegebenen Anthologie *Deutsche Lyrik seit Goethes Tode* (Leipzig 1877).
10 Vgl. Gerhard Rademacher: Technik und industrielle Arbeitswelt in der deutschen Lyrik des 19. und 20. Jahrhunderts. Bern 1976 (bes. S. 27–50); Johannes Mahr: Eisenbahnen in der deutschen Dichtung. Der Wandel eines literarischen Motivs im 19. und beginnenden 20. Jahrhundert. München 1982.
11 Hinck (Anm. 3) S. 277.
12 So Emanuel Geibel in dem in Elise Polkos *Dichtergrüßen* (Leipzig ¹³1886, S. 40) abgedruckten Gedicht *Seiner Tage dunkles Ringen*.
13 Die erste der beiden Äußerungen steht in einem Brief Hebbels an Gustav Kühne vom 21. 11. 1848 (zitiert nach Friedrich Hebbel: Sämtliche Werke. Hist.-krit. Ausg. Besorgt von Richard Maria Werner. Berlin 1901 ff. Abt. 3. Bd. 3. S. 137), die zweite in einer Rezension der Gedichte Dingelstedts (1858; ebd. Abt. 1. Bd. 12. S. 176).
14 Ebd. Abt. 2. Bd. 1. S. 11 (Tgb. Nr. 41).
15 Vgl. seinen Brief an Uhland vom 4. 7. 1836. Ebd. Abt. 3. Bd. 1. S. 68.
16 Ebd. Abt. 2. Bd. 1. S. 198 (Tgb. Nr. 913).
17 Ebd. Abt. 2. Bd. 1. S. 234 (Tgb. Nr. 1083).
18 Ebd. Abt. 2. Bd. 2. S. 25 (Tgb. Nr. 1953).
19 Ebd. Abt. 2. Bd. 2. S. 58 (Tgb. Nr. 2081).
20 Ebd. Abt. 2. Bd. 1. S. 24 (Tgb. Nr. 111).
21 Ebd. Abt. 1. Bd. 6. S. 290.

22 29. 12. 1838. Ebd. Abt. 3. Bd. 1. S. 375.

23 Ebd. Abt. 1. Bd. 6. S. 291.

24 Detlev von Liliencron: Sämtliche Werke. Berlin 1904. Bd. 5. S. 99.

25 Zitiert nach Hebbel (Anm. 13) Abt. 2. Bd. 3. S. 157 (Tgb. Nr. 3882). – Siehe auch: Hugo Werner: Hebbels Änderungen an den Gedichten (Ausgaben 1842, 1848, 1857). Berlin 1929. Neudr. Hildesheim 1978.

26 »Eines fehlt dir jedoch, die sanfte Wallung des Lebens, / Die in ein reizendes Spiel gaukelnder Willkür den Ernst / Des Gesetzes verwandelt und das im Tiefsten Gebundne / So weit löst, bis es scheint, daß es sich selbst nur gehorcht. / Dennoch verschmilzt nur dies die äußere Form mit der innern, / Und man erreicht es nur so, daß die Gebilde der Kunst / Wirken, wie die der Natur, und daß, Blumen und Bäume, / Keiner sich auch ein Gedicht anders noch denkt, als es ist« (Platen. In: Hebbel [Anm. 13] Abt. 1. Bd. 6. S. 354).

27 »Man wird es sehr oft lesen müssen, um all seine Verdienste zu erkennen, um gewahr zu werden, wie hier ein Bild immer aus dem anderen, wie aus der Knospe hervor geht und wie ich hier nicht bloß Wort gegen Wort und Sylbe gegen Sylbe, sondern Vocal gegen Vocal abgewogen und die Verse, wie im Contre-Tanz gegen einander geordnet habe« (an Elise Lensing, 30. 3. 1845. Zitiert nach Hebbel [Anm. 13] Abt. 3. Bd. 3. S. 219).

28 Ebd. Abt. 2. Bd. 1. S. 231 (Tgb. Nr. 1057).

29 Ebd. Abt. 1. Bd. 10. S. 402.

30 Ebd. Abt. 2. Bd. 2. S. 245 (Tgb. Nr. 2687).

31 An Elise Lensing, 29. 5. 1845. Ebd. Abt. 3. Bd. 3. S. 230.

32 Proteus. Ebd. Abt. 1. Bd. 6. S. 253 f.

33 Gottfried Keller: Sämtliche Werke. Hrsg. von Jonas Fränkel und Carl Helbling. Bern 1926–49. Bd. 21. S. 19. – Zu Kellers Lyrik s. Luzius Gessler: Lebendig begraben. Studien zur Lyrik des jungen Gottfried Keller. Bern 1964; Roy C. Cowen: Die Bildlichkeit in der Lyrik Gottfried Kellers. Diss. Göttingen 1961; Kaspar T. Locher: Gottfried Keller. Der Weg zur Reife. Bern 1969; ders.: Über Wahrheit und Wirklichkeit in Kellers Frühlyrik. Zwei Fassungen eines frühen Gedichtes. In: Deutsche Vierteljahrsschrift für Literaturwissenschaft und Geistesgeschichte 31 (1957) S. 506–526.

34 Gottfried Keller: Gesammelte Briefe. Hrsg. von Carl Helbling. Bern 1950–54. Bd. 1. S. 233.

35 »Aber wehe einem jeden, der nicht sein Schicksal an dasjenige der öffentlichen Gemeinschaft bindet, denn er wird nicht nur keine Ruhe finden, sondern dazu noch allen inneren Halt verlieren und der Mißachtung des Volkes preisgegeben sein, wie ein Unkraut, das am Wege steht« (Gottfried Kellers Briefe und Tagebücher 1830–1861. Hrsg. von Emil Ermatinger. Stuttgart ²1916. S. 169).

36 Keller (Anm. 33) Bd. 21. S. 20.

37 Parteileben. Ebd. Bd. 2. Abt. 1. S. 30.

38 Keller (Anm. 34) Bd. 4. S. 72.

39 Keller (Anm. 33) Bd. 22. S. 150.

40 »Die höchste Instanz des Kellerschen Dichtens war nicht die Idee der Kunst, sondern das moralische, soziale, politische Bewußtsein und Gewissen« (Wolfgang Preisendanz: Wege des Realismus. München 1977. S. 124).

41 Keller (Anm. 33) Bd. 2. Abt. 1. S. 190.

42 An Justinus Kerner. Ebd. S. 29. Weniger optimistisch sieht Keller den technischen Fortschritt in dem Gedicht *Dynamit* (ebd. S. 164 f.).

43 An Paul Heyse, 27. 7. 1881. Zitiert nach Keller (Anm. 34) Bd. 3. Abt. 1. S. 57.

44 »Ewig sich gleich bleibt nur das, was rein menschlich ist, und dies zur Geltung zu bringen, ist bekanntlich die Aufgabe aller Poesie« (Keller [Anm. 33] Bd. 22. S. 46).

45 Zitiert nach Ingrid Mittenzwei: Dichtungstheoretische Äußerungen Gottfried Kellers und Conrad Ferdinand Meyers. In: Beiträge zur Theorie der Künste im 19. Jahrhundert. Hrsg. von Helmut Koopmann und J. Adolf Schmoll gen. Eisenwerth. Frankfurt a. M. 1972. Bd. 2. S. 175–195 (hier S. 175 f.).

46 Walter Höllerer: Gottfried Keller. *Die Zeit geht nicht*. In: Die deutsche Lyrik. Hrsg. von Benno von Wiese. Düsseldorf 1959. Bd. 2. S. 201–216.

47 Der Schulgenoß. In: Keller (Anm. 33) Bd. 1. S. 115.

48 Spielmannslied. Ebd. S. 5.

49 Tod und Dichter. Ebd. Bd. 2. Abt. 1. S. 140 f.

50 Winterspiel. Ebd. Bd. 1. S. 78.

51 Denker und Dichter. Ebd. Bd. 2. Abt. 1. S. 44.

52 An Julius Rodenberg, 24. 6. 1878. Zitiert nach Keller (Anm. 34) Bd. 3. Abt. 2. S. 360.
53 Keller (Anm. 33) Bd. 1. S. 52.
54 Ebd. S. 63.
55 Ebd. S. 126.
56 Zitiert nach Gottfried Keller: Gedichte. Faksimile nach der von August Adolf Ludwig Follen redigierten Erstauflage Heidelberg 1846. Heidelberg 1975 (Nachwort, unpag.).
57 Keller (Anm. 33) Bd. 1. S. 40.
58 Ebd. S. 217.
59 An Wilhelm Petersen, 21. 4. 1881. Zitiert nach Keller (Anm. 34) Bd. 3. Abt. 1. S. 381.
60 Keller (Anm. 33) Bd. 2. Abt. 1. S. 154.
61 Fontanes Briefe in zwei Bänden. Ausgew. und erl. von Gotthard Erler. Berlin [Ost] 1968. Bd. 1. S. 20. – Zur Lyrik Fontanes vgl.: Harry Maync: Fontane als Lyriker: In: Westermanns Monatshefte (1900) H. 10. S. 126–134; Karl Richter: Resignation. Eine Studie zum Werk Theodor Fontanes. Stuttgart 1966. S. 142–152; ders.: Die späte Lyrik Theodor Fontanes. In: Fontane aus heutiger Sicht. Analysen und Interpretationen seines Werks. Hrsg. von Hugo Aust. München 1980. S. 118–142; Conrad Wandrey: Theodor Fontane. München 1919. S. 352–378.
62 Fontanes Briefe in zwei Bänden (Anm. 61) Bd. 1. S. 147.
63 An Storm, 14. 2. 1854. Ebd. Bd. 1. S. 146.
64 An Storm, 14. 2. 1854. Ebd. Bd. 1. S. 147.
65 Thomas Mann: Reden und Aufsätze. Frankfurt a. M. 1965. Bd. 1. S. 296.
66 Thomas Mann: Adel des Geistes. Sechzehn Versuche zum Problem der Humanität. 14.–17. Tsd. Frankfurt a. M. 1959. S. 453.
67 Theodor Storms Briefwechsel mit Theodor Mommsen. Hrsg. von Hans-Erich Teitge. Weimar 1966. S. 117.
68 An Fontane, 5. 6. 1853. Zitiert nach Theodor Storm: Briefe. Hrsg. von Peter Goldammer. Berlin 1972. Bd. 1. S. 190.
69 Theodor Storm: Sämtliche Werke. Hrsg. von Albert Köster. Leipzig 1919/20. Bd. 8. S. 116.
70 Vgl. u. a. Storms Brief an Harthmuth und Laura Brinkmann vom 21. 1. 1868: »Ich bin durch die öffentlichen Verhältnisse ein ziemlich freudloser Mensch geworden. Wie zur Dänenzeit kann ich nur stumm, die Faust geballt, den Schrei des Zorns in meiner Brust ersticken. Ich komme über die Vergewaltigung meines Heimatlandes nicht weg, nie mehr« (Storm [Anm. 68] Bd. 1. S. 516).
71 An Mörike, 1. 3. 1854. Zitiert nach Theodor Storm – Eduard Mörike. Theodor, Storm – Margarethe Mörike. Briefwechsel. Hrsg. von Hildburg und Werner Kohlschmidt. Berlin 1978. S. 33.
72 An Friedrich Eggers, 13. 3. 1853. Zitiert nach Storm (Anm. 68) Bd. 1. S. 177.
73 An Fontane, 25. 5. 1868. Ebd. Bd. 1. S. 526.
74 An Mörike, 6. 7. 1865. Zitiert nach: Storm – Mörike (Anm. 71) S. 75.
75 An Harthmuth Brinkmann, 10. 12. 1852. Zitiert nach Storm (Anm. 68) Bd. 1. S. 169 f. Vgl. Fritz Martini: Theodor Storms Lyrik. Tradition – Produktion – Rezeption. In: Schriften der Theodor-Storm-Gesellschaft 23 (1974) S. 9–27 (hier S. 20). – Zur Lyrik Storms s. auch: Walter Beissenhirtz: Theodor Storms Theorie der reinen Lyrik, ihre Forderungen, ihr Sinn und ihre geschichtliche Bedeutung. Diss. Marburg 1932; Peter Goldammer: Erlebnis und Lebensgefühl. Die Lyrik Theodor Storms. In: Neue Deutsche Literatur 4 (1956) H. 12. S. 98–106; Gunter Grimm: Nachwort zu: Theodor Storm. Gedichte. Auswahl. Hrsg. von G. G. Stuttgart 1978. S. 127–161; Joachim Müller: Zur Lyrik Theodor Storms. In: J. M.: Von Schiller bis Heine. Halle a. d. Saale 1972. S. 451–469; Friedrich Sengle: Storms lyrische Eigenleistung. Abgrenzung von andern großen Lyrikern des 19. Jahrhunderts. In: Schriften der Theodor-Storm-Gesellschaft 28 (1979) S. 9–23.
76 Storm (Anm. 69) Bd. 8. S. 71.
77 An Mörike, 2. 12. 1855. Zitiert nach: Storm – Mörike (Anm. 71) S. 63.
78 Storm (Anm. 69) Bd. 8. S. 112.
79 An Harthmuth Brinkmann, 28. 3. 1852. Zitiert nach Storm (Anm. 68) Bd. 1. S. 154.
80 Storm (Anm. 69) Bd. 1. S. 181.
81 An Harthmuth Brinkmann, 28. 3. 1852. Zitiert nach Storm (Anm. 68) Bd. 1. S. 155.
82 Friedrich Sengle: Storms lyrische Eigenleistung. In: Schriften der Theodor-Storm-Gesellschaft 28 (1979) S. 9–33 (hier S. 20).
83 An Harthmuth Brinkmann, 10. 12. 1852: »Der lyrische Dichter muß namentlich jede Phrase, das bloß Überkommene vermeiden; jeder Ausdruck muß seine Wurzel im Gefühl oder der Phantasie des Dichters haben« (zitiert nach Storm [Anm. 68] Bd. 1. S. 169); »Die sogenannte ›schöne Form‹,

deren Wesen man in den rhythmischen und musikalischen Wohllaut des Verses setzte, ohne dabei ein notwendiges Verhältnis derselben zum Inhalt zu verlangen, fängt allmählich an, im Preise zu sinken« (Storm [Anm. 29] Bd. 8. S. 74).

84 Theodor Fontane: Sämtliche Werke. Hrsg. von Edgar Groß [u. a.]. München 1959 ff. Bd. 21. Hbd. 1. S. 144. – Das »Frontmachen gegen die Unnatur« bezeichnet Fontane in dem Aufsatz *Unsere lyrische und epische Poesie seit 1848* als Kennzeichen des Realismus (ebd. S. 9).

85 Sengle (Anm. 82) S. 30.

86 Mörike an Storm, 5. 4. 1854. Zitiert nach: Storm – Mörike (Anm. 71) S. 35.

87 Kritik. In: Storm (Anm. 69) Bd. 1. S. 100.

88 Noch einmal. Ebd. S. 160.

89 Ebd. S. 246.

0 Ebd. S. 161.

91 Tiefe Schatten. Ebd. S. 108.

92 Ein Sterbender. Ebd. S. 173–175.

93 3. 6. 1865. Zitiert nach: Storm – Mörike (Anm. 71) S. 72.

94 Trost. In: Storm (Anm. 69) Bd. 1. S. 104.

95 Harro Müller: Theodor Storms Lyrik. Bonn 1975. S. 30.

96 Fontane (Anm. 84) Bd. 21. Hbd. 1. S. 31.

97 An Storm, 17. 7. 1882. Zitiert nach: Theodor Storm – Paul Heyse. Briefwechsel. Krit. Ausg. Bd. 3: 1882–1888. Hrsg. von Clifford Albrecht Bernd. Berlin 1974. S. 29.

98 Wobei man die – bei dem relativ schmalen Umfang des lyrischen Werks mehr ins Gewicht fallenden – ›Ausnahmen‹ wie *Der Mensch im Elend, Gesegnete Mahlzeit, Der Beamte, Am Aktentisch* nicht übersehen darf.

99 Storm an Harthmuth Brinkmann, 10. 12. 1852. Zitiert nach Storm (Anm. 68) Bd. 1. S. 169.

100 Ebd.

101 Geibel (Anm. 1) Bd. 5. S. 36.

102 Ebd. Bd. 2. S. 12 f.

103 Deutschlands Beruf. Ebd. Bd. 4. S. 215.

104 Heroldsrufe. Ebd. Bd. 4. S. 193 ff.

105 So Karl Goedeke. Zitiert nach Robert Koenig: Deutsche Literaturgeschichte. Bielefeld [32]1893. Bd. 1. S. 324.

106 König Dichter. In: Geibel (Anm. 1) Bd. 1. S. 28 f.

107 Den Dichtern. Ebd. Bd. 2. S. 95–97.

108 Zitiert nach Eduard Engel: Geschichte der deutschen Literatur von den Anfängen bis zur Gegenwart. Leipzig [2]1907. Bd. 2. S. 898.

109 An Erich Schmidt, 13. 7. 1884. Zitiert nach Storm (Anm. 68) Bd. 2. S. 297.

110 Heinrich Kurz: Geschichte der neuesten deutschen Literatur von 1830 bis auf die Gegenwart. Leipzig 1872. Bd. 4. S. 165.

111 Ebd. S. 165.

112 Ebd. S. 166.

113 Geibel (Anm. 1) Bd. 3. S. 193.

114 Ebd. S. 195.

115 So Herbert Kaiser: Die ästhetische Einheit der Lyrik Geibels. In: Wirkendes Wort 27 (1977) S. 244–257.

116 Vgl. hierzu Walther Killy: Wandlungen des lyrischen Bildes. Göttingen [6]1971. S. 94–115.

117 Geibel (Anm. 1) Bd. 5. S. 76.

118 Ebd. S. 82.

119 Epistel an Emanuel Geibel. In: Die Gartenlaube 26 (1878) S. 329.

120 »Ich bin der Letzte einer langen Reihe bedeutender Lyriker, der, wenn auch bei eigentümlich gefärbter Individualität, doch nur die Töne seiner Vorgänger noch einmal in gediegenster und durchgebildetster Form zusammenfaßt« (Emanuel Geibels Werke. Hrsg. von Rudolf Schacht. Leipzig 1915. S. 19).

121 Zitiert nach Fritz Burwick: Die Kunsttheorie des Münchener Dichterkreises. Diss. Greifswald 1932. S. 190.

122 An Max Trippenbach, 2. 12. 1894. Zitiert nach Arno Holz: Briefe. Eine Auswahl. Hrsg. von Anita Holz und Max Wagner. München 1948. S. 98. – Zum Verhältnis Holz/Geibel vgl. Helmut Scheuer: Arno Holz im literarischen Leben des ausgehenden 19. Jahrhunderts (1883–1896). Eine biographische Studie. München 1971. S. 20 ff.

123 Nach den Erinnerungen Robert von Hornsteins. Zitiert nach Michail Krausnick: Paul Heyse und der Münchener Dichterkreis. Bonn 1974. S. 318.

124 Felix Dahn: Erinnerungen (1892). Zitiert nach Krausnick (Anm. 123) S. 305.

125 Paul Heyse: Gesammelte Werke. Reihe 3. Bd. 1. Stuttgart 1924. S. 218.

126 Ebd. S. 210.

127 Moriz Carriere: Die Poesie. Ihr Wesen und ihre Formen. Leipzig ²1884. S. 9, 12. – In gleichem Sinn diskutiert Gottschall das Verhältnis von »Idealismus und Realismus« (Rudolf Gottschall: Poetik. [...] Breslau ²1873. S. 120–126). – Zu Gottschall s. auch: Horst Enders: Zur Popular-Poetik im 19. Jahrhundert: »Sinnlichkeit« und »inneres Bild« in der Poetik Rudolph Gottschalls. In: Beiträge zur Theorie der Künste im 19. Jahrhundert. Hrsg. von Helmut Koopmann und J. Adolf Schmoll gen. Eisenwerth. Frankfurt a. M. 1971–72. Bd. 1. S. 66–84.

128 Gedichte von Hermann Lingg. Stuttgart ⁵1864. S. 156.

129 Die Seestädte. Ebd. S. 247.

130 Stiller Schmerz. Ebd. S. 148 f.

131 Auf eine Tote. In: Heinrich Leuthold: Gesammelte Dichtungen in drei Bänden. Eingel. und nach den Hss. hrsg. von Gottfried Bohnenblust. Bd. 1: Gedichte. Frauenfeld 1914. S. 54 f.

132 Sprüche. Ebd. S. 291.

133 Auf Gegenseitigkeit. Ebd. S. 133.

134 Entsagung. Ebd. S. 60 f.

135 An Hermann Hettner, 26. 6. 1854: »Wenn der arme Heyse nur bald aus der unglücklichen Konstellation zwischen den beiden Süßwasserfischen Kugler und Geibel, über welcher der König von Bayern schwebt, herauskommt. Wenn etwas Selbständiges in ihm steckt, so wird und muß er bald über die Schnur hauen« (Keller [Anm. 34] Bd. 1. S. 4).

136 Wilhelm Busch: Sämtliche Werke. Hrsg. von Otto Nöldeke. München 1943. Bd. 6. S. 231 f. – Siehe auch Bernhard Sorg: Zur literarischen Schopenhauer-Rezeption im 19. Jahrhundert. Heidelberg 1975. S. 132–136. – Zu Wilhelm Buschs Lyrik vgl. auch: Robert Dangers: Wilhelm Busch. Sein Leben und Werk. Berlin 1930. S. 154–169; Helmut Heißenbüttel: Der fliegende Frosch und das unverhoffte Krokodil. Wilhelm Busch als Dichter. Mainz 1976; Gert Ueding: Wilhelm Busch. Das 19. Jahrhundert en miniature. Frankfurt a. M. 1977.

137 Busch (Anm. 136) Bd. 6. S. 231 f.

138 An Maria Anderson, 26. 1. 1875. Zitiert nach Wilhelm Busch: Sämtliche Briefe. Kommentierte Ausgabe in zwei Bänden. Hrsg. von Friedrich Bohne unter Mitarb. von Paul Meskemper und Ingrid Haberland. Hannover 1968/69. Bd. 1. S. 129.

139 Ich kam in diese Welt herein. In: Busch (Anm. 136) Bd. 6. S. 236.

140 An Storm, 29. 12. 1881. Zitiert nach Keller (Anm. 34) Bd. 3. Abt. 1. S. 471.

141 An Hermann Haessel, 16. 6. 1879. Zitiert nach: Briefe Conrad Ferdinand Meyers. Hrsg. von Adolf Frey. Leipzig 1908. Bd. 2. S. 86.

142 An Louise von François, Ende Mai 1881. Zitiert nach: Louise von François und Conrad Ferdinand Meyer. Ein Briefwechsel. Hrsg. von Anton Bettelheim. Berlin ²1920. S. 12.

143 So in *Poesie*, einer Vorfassung des späteren Gedichts *Fülle*. Zitiert nach: Gedichte Conrad Ferdinand Meyers. Wege ihrer Vollendung. Hrsg. von Heinrich Henel. Tübingen 1962. S. 49.

144 An Carl Spitteler, 11. 12. 1882. Zitiert nach: Briefe C. F. Meyers (Anm. 141) Bd. 1. S. 422.

145 An Emilie Ringseis, 2. 3. 1883. Zitiert nach Conrad Ferdinand Meyer: Sämtliche Werke. Hist-krit. Ausg. Hrsg. von Hans Zeller und Alfred Zäch. Bern 1958 ff. Bd. 2. S. 30.

146 19. 3. 1882. Zitiert nach François/Meyer (Anm. 142) S. 44.

147 16. 6. 1883. Ebd. S. 97.

148 8. 4. 1882. Ebd. S. 48.

149 16. 6. 1883. Ebd. S. 97. – Zur Lyrik C. F. Meyers s. auch: Günter Häntzschel: Bemerkungen zum literarhistorischen Ort von Conrad Ferdinand Meyers Lyrik. In: Literatur in der sozialen Bewegung. Aufsätze und Forschungsberichte zum 19. Jahrhundert. Hrsg. von Alberto Martino [u. a.]. Tübingen 1977. S. 355–369; Beatrice Sandberg-Braun: Wege zum Symbolismus. Zur Entstehungsgeschichte dreier Gedichte Conrad Ferdinand Meyers. Zürich 1969; Alfred Zäch: Conrad Ferdinand Meyer. Dichtkunst als Befreiung aus Lebenshemmnissen. Frauenfeld 1973; Christine Merian-Genast: Die Gestalt des Künstlers im Werk Conrad Ferdinand Meyers. Bern 1973.

150 An Hermann Haessel, 26. 2. 1883. Zitiert nach Meyer (Anm. 145) Bd. 2. S. 30.

151 Vgl. hierzu Walther Brecht: Conrad Ferdinand Meyer und das Kunstwerk seiner Gedichtsammlung. Wien 1918. S. 176 ff.

152 C. F. Meyer, in der Erinnerung seiner Schwester Betsy Meyer. Basel 1971. S. 131.
153 Ebd.
154 An Julius Rodenberg, 6. 5. 1879. Zitiert nach: Conrad Ferdinand Meyer und Julius Rodenberg.
    Ein Briefwechsel. Hrsg. von August Langmesser. Berlin 1918. S. 48.
155 An Felix Bovet, 14. 1. 1888. Zitiert nach: Briefe C. F. Meyers (Anm. 141) Bd. 1. S. 138.
156 An C. F. Meyer. In: Liliencron (Anm. 24) Bd. 8: Kämpfe und Ziele. S. 10.
157 Gedichte Conrad Ferdinand Meyers (Anm. 143) S. 144. – Vgl. auch Heinrich Henel: The Poetry
    of Conrad Ferdinand Meyer. Madison 1954; ders.: Erlebnisdichtung und Symbolismus. In:
    Deutsche Vierteljahrsschrift für Literaturwissenschaft und Geistesgeschichte 32 (1958) S. 71–98.
158 Vgl. Henel: The Poetry of C. F. Meyer (Anm. 157) S. 18; Emil Staiger: Das Spätboot. Zu Conrad
    Ferdinand Meyers Lyrik. In: Weltliteratur. Festgabe für Fritz Strich zum 70. Geburtstag. In Verb.
    mit W. Henzen hrsg. von Walther Muschg und Emil Staiger. Bern 1952. S. 117–136 (hier
    S. 128 f.).
159 Meyer (Anm. 145) Bd. 1. S. 196.
160 Vgl. Martini (Anm. 6) S. 333.
161 Brief an Johann Rudolf Rahn, 3. 3. 1872: »Ich stehe, wie M. Angelo sagte, vor dem Stein und
    sage mir stündlich: Courage, es steckt darin, es handelt sich nur darum, es herauszukriegen«
    (Briefe C. F. Meyers [Anm. 141] Bd. 1. S. 232).
162 An Adolf Frey, 11. 7. 1881. Ebd. Bd. 1. S. 340.
163 An Julius Rodenberg, 7. 12. 1882. Zitiert nach Keller (Anm. 34) Bd. 3. Abt. 2. S. 402.
164 Keller (Anm. 34) Bd. 3. Abt. 1. S. 85.
165 An Storm, 29. 12. 1881. Ebd. Bd. 3. Abt. 1. S. 471.
166 31. 8. 1882. Zitiert nach: Briefe C. F. Meyers (Anm. 141) Bd. 2. S. 314.
167 An Françoise Wille, 6. 7. 1882. Zitiert nach Meyer (Anm. 145) Bd. 2. S. 29.
168 An Heyse, 25. 12. 1882. Zitiert nach Keller (Anm. 34) Bd. 3. Abt. 1. S. 85.
169 An Heyse, 7. 7. 1882. Zitiert nach Storm – Heyse (Anm. 97) S. 28.
170 An Keller, 22. 12. 1882. Zitiert nach Storm (Anm. 68) Bd. 2. S. 262.
171 Nietzsches Werke. Kritische Gesamtausgabe. Hrsg. von Giorgio Colli und Mazzino Montinari.
    Abt. 3. Bd. 1. Berlin 1967 ff. S. 42 f.
172 Ebd. S. 47.
173 Ebd. S. 39 f.
174 Ebd. S. 47.
175 Ebd. S. 46. – Zur Lyrik Nietzsches s. auch: Beda Allemann: Nietzsche und die Dichtung. In:
    Nietzsche. Werk und Wirkungen. Hrsg. von Hans Steffen. Göttingen 1974. S. 45–64; Johannes
    Klein: Die Dichtung Nietzsches. München 1936; Hans-Werner Bertallot: Hölderlin – Nietzsche.
    Untersuchungen zum hymnischen Stil in Prosa und Vers. Berlin 1933; Max Kommerell: Nietz-
    sches Dionysos-Dithyramben. In: M. K.: Gedanken über Gedichte. Frankfurt a. M. ³1968.
    S. 481–491.
176 Vgl.: »Den höchsten Begriff vom Lyriker hat mir *Heinrich Heine* gegeben« (Nietzsche [Anm. 172]
    Abt. 6. Bd. 3. S. 284); »Der Lyriker singt ›wie der Vogel singt‹« (ebd. Abt. 3. Bd. 3. S. 386). –
    Vgl. dazu Alexander Schweickert: Heinrich Heines Einflüsse auf die deutsche Lyrik 1830–1900.
    Bonn 1969.
177 Michael Landmann: Zum Stil des *Zarathustra*. In: Trivium 2 (1944) S. 278–302.
178 Max Kommerell: Gedanken über Gedichte. Frankfurt a. M. ²1956. S. 482 f.
179 Nietzsche. In: Stefan George: Gesamtausgabe der Werke. Bd. 6/7. Berlin 1931. S. 13 f.
180 Johannes Schlaf: Der ›Fall‹ Nietzsche. Zitiert nach: Nietzsche und die deutsche Literatur. Hrsg.
    von Bruno Hillebrand. Bd. 1. Tübingen 1978. S. 151.
181 Stefan Zweig: Das neue Pathos. Zitiert nach: Nietzsche und die deutsche Literatur (Anm. 180)
    S. 174 f.

Naturalismus

Von Karl Riha

Wegen der spektakulären Aufführungserfolge um 1890 – Gerhart Hauptmanns »soziales Drama« *Vor Sonnenaufgang* macht 1889 den Auftakt, ihm schließen sich Hermann Sudermanns *Die Ehre* (1890), Arno Holz und Johannes Schlaf mit ihrer Alkoholikertragödie im niederen Milieu *Familie Selicke* (ebenfalls 1890) und schließlich 1893 Hauptmanns *Weber* an – hat sich der deutsche Naturalismus vor allem als eine Dramen- und Theaterbewegung in Erinnerung gehalten. Allenfalls vermag sich dahinter – dank Hauptmanns psychologischer Studie *Bahnwärter Thiel* (1888) und Holz/Schlafs Prosaexperiment *Papa Hamlet* (1889), unterm nordischen Pseudonym Bjarne P. Holmsen veröffentlicht, dem Hauptmann seinen naturalistischen Dramenerstling widmete – die Prosa zu behaupten. Ganz anders sieht es jedoch aus, wenn man nicht vom heutigen Standpunkt aus urteilt, sondern von den Anfängen der naturalistischen Literaturbewegung zu Beginn der achtziger Jahre des neunzehnten Jahrhunderts ausgeht. Hier setzen zunächst programmatische Schriften wie die zwischen 1882 und 1884 in Einzelheften erschienenen *Kritischen Waffengänge* der Brüder Heinrich und Julius Hart, Wilhelm Bölsches *Die naturwissenschaftlichen Grundlagen der Poesie. Prolegomena einer realistischen Ästhetik* und Carl Bleibtreus *Revolution der Literatur*, beide 1887, sowie die Gründung der Zeitschrift *Die Gesellschaft* durch Michael Georg Conrad (1885) und die des Literaturvereins *Durch* (1886) die ersten wichtigen Markierungen. Ihnen zur Seite spielt die Entfaltung des lyrischen Schaffens – selbstgedeutet als Lösung aus den Fesseln der Tradition und einer als leblos empfundenen Gegenwart – eine zentrale Rolle. Die 1884 von Wilhelm Arent herausgegebene Gedichtsammlung *Moderne Dichtercharaktere* – mit manifesthaften Vorworten von Hermann Conradi und Karl Henckell – wird allgemein als Fanfare der jungen Autorengeneration empfunden; gleichzeitig mit ihrer zweiten Auflage – nun unterm modifizierten Titel *Jungdeutschland* – erschien 1886 als erste herausragende Einzelpublikation eines naturalistischen Lyrikers: *Das Buch der Zeit. Lieder eines Modernen* von Arno Holz.[1]

Bereits Ende der siebziger Jahre hatte Michael Georg Conrad in einer Artikelserie der *Frankfurter Zeitung* die großen französischen, russischen und nordischen Autoren der Zeit als ›Großmeister des Naturalismus‹, als ›Zertrümmerer und Neubauer‹, ›ästhetische Um- und Neuwerter‹ gefeiert und die literarischen Zelebritäten der frühen Kaiserzeitära – wie Felix Dahn, Paul Heyse, Gustav Freytag, Friedrich Spielhagen – entschieden abgewertet, weil sie keine Köpfe in Brand steckten, keine Artistenreiche zu revolutionieren und nicht durch den Entwurf neuer Weltbilder zu verblüffen vermöchten. Ebenfalls schon 1878 waren in Berlin die ersten Hefte der *Deutschen Monatsblätter. Zentralorgan für das literarische Leben der Gegenwart* erschienen. Darin identifizierten sich die Brüder Hart mit den modernen naturwissenschaftlichen Tendenzen der Zeit und forderten parallel zur Neubildung der gesellschaftlichen und staatlichen Verhältnisse auch eine ›Umwertung‹ der Literatur; sie müsse aus den Salons mit ihren Parfüms und Causerien in die freie und gesunde Luft hinaustreten:

»Aus dem Volke hervorgegangen, muß sie ins Volk zurück, – dieses wird sie jedoch nur dann willkommen heißen, wenn sie der wahren Poesie gehört, wenn die neue Kunst gemäß den Merkmalen aller echten Kunst aus dem vollen Born der Gegenwart schöpfend, ursprüngliche, individuell gefärbte Natur zum Ideal zu verklären weiß.«[2]

Auch in den *Kritischen Waffengängen* stehen literarische und politische Neubesinnung – ebenfalls stark in der Tendenz geeint, der politischen Gegenwart aus einer nationalen Neubelebung heraus die fehlende kulturelle Aura nachzuliefern, deshalb auch ein direkter *Offener Brief an den Fürsten Bismarck* – dicht beisammen:

»Hinweg also mit der schmarotzenden Mittelmäßigkeit, hinweg alle Greisenhaftigkeit und alle Blasiertheit, hinweg das verlogene Recensententhum, hinweg mit der Gleichgültigkeit des Publikums und hinweg mit allem sonstigen Geröll und Gerümpel. Reißen wir die jungen Geister los aus dem Banne, der sie umfängt, machen wir ihnen Luft und Muth, sagen wir ihnen, daß das Heil nicht aus Egypten und Hellas kommt, sondern daß sie schaffen müssen aus der germanischen Volksseele heraus, daß wir einer echt nationalen Dichtung bedürfen, nicht dem Stoffe nach, sondern dem Geiste, daß es wieder anzuknüpfen gilt an den jungen Goethe und seine Zeit und daß wir keine weitere Formenglätte brauchen, sondern mehr Tiefe, mehr Gluth, mehr Größe.«[3]

So arrangiert, kann die Frontstellung gegen die Epigonenliteratur der zweiten Jahrhunderthälfte wie die Forderung nach einer neuen Geniezeit, einem neuen ›Sturm und Drang‹ in der deutschen Literatur der Gegenwart unmittelbar ins Programm der Anthologie *Moderne Dichtercharaktere* und auch in die lyrische Produktion en detail übernommen werden. Direkt in die Entwicklung der Literatur einzugreifen, die »Herrschaft der blasierten Schwätzer, der Witzbolde, Macher und literarischen Spekulanten, die der materialistische Sudkessel der siebziger Jahre als Schaumblasen in die Höhe getrieben hat«, mit den alten, überkommenen Motiven und abgenutzten Schablonen zu brechen, die schrankenlose Ausbildung der künstlerischen Individualität und ein Menschentum in paradiesischer Kulturlosigkeit zu propagieren, ist nach den Einleitungsaufsätzen Conradis und Henckells – *Unser Credo* und *Die neue Lyrik* – das erklärte Ziel der Arentschen Sammlung und ihrer geplanten Fortführung als regelmäßig erscheinendes Jahrbuch.

»Ja, liebes Publikum, die anerkanntesten und berühmtesten Dichter unserer Zeit, die vortrefflichsten und bedeutendsten Autoren, wie die kritischen Preßwürmer sie zu bespeicheln pflegen, sind nichts weiter als lyrische Dilettanten!«

heißt es auf der einen Seite und auf der anderen (damit gleichzeitig die Zielrichtung des Anthologietitels beschreibend):

»Wir wollen, mit einem Worte, dahin streben, Charaktere zu sein. Dann werden wir auch des Lohnes nicht ermangeln, den wir ersehnen: eine Poesie, also auch eine Lyrik zu gebären, die, durchtränkt von dem Lebensstrome der Zeit und der Nation, ein charakteristisch verkörpertes Abbild alles Leidens, Sehnens, Strebens und Kämpfens unserer Epoche darstellt, und soll sein

ein prophetischer Gesang und jauchzender Morgenweckruf der siegenden und befreienden Zukunft.«[4]

Die scharfe Trennungslinie, die zwischen der herrschenden, aber als talmihaft empfundenen Literatur der Zeit und den literarischen Projektionen der jungen, sich mit wilder Gebärde zu Wort meldenden Dichter gezogen wird, läßt sich bei Arno Holz mit der satirischen *Ballade* belegen, die sich – wie die Überschrift signalisiert – schon am traditionellen Gattungsgestus reibt und ihn persifliert:

> Kennt ihr das Lied, das alte Lied
> vom heiligen Hain zu Singapur?
> Dort sitzt ein alter Eremit
> und kaut an seiner Nabelschnur.
>
> Er kaut tagaus, er kaut tagein
> und nährt sich kärglich nur und knapp.
> Denn ach, er ist ein großes Schwein
> und nie fault ihm sein Luder ab!
>
> Rings um ihn wie das liebe Vieh
> wälzt sich zerknirscht ganz Singapur,
> und ›Gott erhalte‹, singen sie,
> ›noch lange seine Nabelschnur!‹
>
> Denn also geht im Volk die Mär,
> und also lehrt auch dies Gedicht:
> Wenn jene Nabelschnur nicht wär,
> dann wär auch manches andre nicht.
>
> Dann hätte beispielsweise Lingg
> nie völkerwandernd sich verrannt,
> und Wagners Nibelungenring
> läg noch vergnügt im Pfefferland.
>
> Uns hätte nie Professor Dahn
> Urdeutsch doziert von A bis Z
> und kein ägyptischer Roman
> verzierte unser Bücherbrett.
>
> Wolffs Heijerleispoeterei,
> kein Baumbach wär ihr nachgetatscht,
> und Mirzas Reimklangklingelei
> summa cum laude ausgeklatscht.
>
> Dann schlüge endlich unsrer Zeit
> das Herz ans Herz der Poesie,
> der Rütli schwüre seinen Eid,
> und unser Tell wär das Genie.

So aber so – frei, fromm und frisch
kaut weiter jener Nimmersatt;
sein eigner Schmerbauch ist sein Tisch,
sein ... wisch ein Bananenblatt.

Und um ihn, wie das liebe Vieh,
wälzt sich zerknirscht ganz Singapur,
und ›Gott erhalte‹, brüllen sie,
›noch lange seine Nabelschnur!‹[5]

Neben Ausfällen gegen die konkret beim Namen genannten Autoren – Hermann Lingg, Verfasser voluminöser Versepen, darunter eine dreibändige *Völkerwanderung*; Felix Dahn, heute noch bekannt wegen seines Romans *Kampf um Rom*, hier wegen seiner *Urgeschichte der germanischen Völker*, seiner *Skaldenkunst* usw. attakkiert; Richard Wagner, dessen ebenfalls germanisch infiltrierter *Ring des Nibelungen* als aufzuführendes ›Bühnenfestspiel‹ auf drei Tage und einen Vorabend angesetzt ist, und schließlich die Butzenscheibenromantiker Julius Wolff und Rudolf Baumbach – enthält der Text eine Fülle verdeckter satirischer Anspielungen. So parodiert der Eingang Goethes *Mignon*-Lied, das als klassischer Ausdruck der sprichwörtlich gewordenen deutschen Italiensehnsucht zu gelten hat, verzerrt sich in »frei, fromm und frisch« der bekannte Wahlspruch des Turnvaters Jahn und widerhallt im ›Gott erhalte!‹ (paradox aufs Luder von Nabelschnur, die nicht abfaulen will, statt auf den Kaiser bezogen) der nationale Festgesang. Und natürlich handelt es sich deshalb beim »heiligen Hain zu Singapur« als Schauplatz des grotesk-balladesken Geschehens ganz unexotisch um eine Anspielung auf den Jetzt-Zustand des deutschen Kaiserreichs! Die positive Entsprechung zu derlei Satire bilden im *Buch der Zeit* Verse analog zur achten Strophe der *Ballade*, deren Wendungen auf die Erneuerung der Poesie durch die wirklich lebendigen Kräfte der Zeit hinauslaufen, das Einswerden mit dem »Lebensstrome der Zeit und der Nation«, wie Karl Henckell schrieb, und die Kraft der neuen literarischen ›Genies‹, so etwa in einem Vierzeiler, der in *Jungdeutschland* die Epigrammkette *Berliner Schnitzel* eröffnet, im eigenen Buch dann aber ausdrücklich mit *Programm* überschrieben ist; speziell die beiden Schlußzeilen haben zu ihrer Zeit bis in ihren kessen Tonfall hinein als Signal gewirkt und sind deshalb ihrer stimulierenden Wirkung wegen immer wieder zitiert worden:

Kein rückwärts schauender Prophet,
geblendet durch unfaßliche Idole,
modern sei der Poet,
modern vom Scheitel bis zur Sohle![6]

Fünfzehn Jahre später, um die Jahrhundertwende, nahm der Autor diese Modernitätspose in seinen theoretischen Schriften zur ›Revolution der Lyrik‹ wieder auf, kommentierte sie jedoch jetzt folgendermaßen:

»Als die jungen Dichter der achtziger Jahre mitten im tiefsten deutschen Literaturfrieden plötzlich über die aufgeschreckte Bourgeoisie herfielen und die Gelbveigelein aus ihren Versen reuteten, um dafür Kartoffeln zu pflanzen, glaubten sie damit die Lyrik, wie der Kunstausdruck lautete, ›revolutioniert‹ zu haben. Ich schlug auch die Trommel, schwenkte abwechselnd auch die Fahne, rasselte mit meinem eingebildeten Zahnstocher ebenfalls und bin also über die Stimmung, die damals rumorte, einigermaßen informiert. Wir hatten Glück und stehen heute in den Konversationslexika als Begründer der sogenannten ›Großstadtlyrik‹.«[7]

Die ironische Distanz rührt natürlich daher, daß Holz zu diesem Zeitpunkt bereits die Prinzipien seiner neuen, vom befreiten Rhythmus her entworfenen Mittelachsenlyrik skizziert hatte und daher für eine Erneuerung der Lyrik hauptsächlich im stofflich-thematischen Bereich nicht mehr die nötige Verve besaß. Gerade hier aber lag – neben dem, was im Stichwort ›moderner Charakter‹ umrissen war – zunächst und zuallererst das Verdienst der frühnaturalistischen Lyriker, die mit der von Arent herausgegebenen Gedichtsammlung und bald auch mit selbständigen Lyrikpublikationen auf den Plan traten.

Dabei zeigte Holz in seinen lyrischen Anfängen durchaus gegenläufige Tendenzen; 1883 brachte er – dem ›Reichsherold‹ Emanuel Geibel gewidmet – unterm sprechenden Titel *Klinginsherz* einen ersten Band Gedichte heraus, und auch im *Buch der Zeit* finden sich noch, wie Carl Bleibtreu in seiner *Revolution der Literatur* anmerkt, deutliche Spuren dieser Herkunft aus der lyrischen Konvention:

»Dieser junge Mensch nennt Richard Wagner das ›urigste Poetastergenie‹, macht sich über Scheffel, Dahn, Wolff lustig und schimpft zugleich Kretzer ›Das wahre Urgenie der Hintertreppenpoesie‹ – er, der sociale Lyrifax den großen socialen Prosaisten! Daneben aber baut er Altäre – für wen? Für den Formpriester Schack und den frommen Emanuel Geibel! Das nenn ich Consequenz – Oerindur!«[8]

Im übrigen hatte der Kritiker Bleibtreu schon in den *Modernen Dichtercharakteren* eine wirklich durchdringende neue Schöpferkraft vermißt und zwischen Gedichtemachen und »gestaltenbildenden Productionen« eine gewaltige Kluft konstatiert. Eine neue »Werther-Periode« sei angebrochen; mustert man die Produkte der Anthologie-Beiträger im einzelnen, »so fällt zunächst das Gemeinsame eines ungemachten Schmerzes darin auf«, doch gleich heißt es auch wieder im gerafften kritischen Resümee:

»Nach dem alten Grundsatz: Denn wo Begriffe fehlen, da stellt das Transcendentale zur rechten Zeit sich ein, schwelgen unsere Stürmer im Metaphysischen. Da geht einer nicht ohne schauerliche Erhabenheit im ›Purgatorio‹ spazieren und schleudert mit heiligem Eifer manch gewichtig ›Anathem‹ der nüchternen Welt auf die Perrücke. Ein anderer Herr ersucht ›Bruder Manfred‹, ihm doch gefälligst ›die Hand aus dem ungeheuren Nichts (oho!) herüberzureichen‹. Das sogenannte Nichts spielt überhaupt eine große Rolle bei diesen Wouldbe Hamlets, die keinen Vater zu rächen haben. Ein dritter schwingt sich sogar zu Messiaspsalmen auf: Es ist ein ungelogenes Martyrium. Nur einige Lieder fallen wohlthuend aus dem eintönigen Hinrollen der pomphaften Phrasenwalze heraus.«[9]

Wo sich moderner ›Dichter-Charakter‹, lyrische Individualität bzw. das von Holz apostrophierte ›Genie‹ zu artikulieren trachten, tun sie es bei Wilhelm Arent, Heinrich und Julius Hart oder Hermann Conradi als Lyrikern vorzüglich in Form freier Rhythmen, die freilich, wie Bleibtreu anmerkt, in Gefahr sind, sich schweifend ins Ungemessene zu verlieren; das steche besonders dann ins Auge, wenn man die wahren ›Stürmer und Dränger‹ des achtzehnten Jahrhunderts zum Vergleich heranziehe. Selbst wenn er dann doch bereit ist, Ansätze einer gewissen Kraft und

Sprachgewalt und sogar einer stürmischen Rhythmik zu konzedieren, geht er mit dem vorwaltenden Geniegestus wie folgt ins Gericht:

»Das Genie gebärdet sich überhaupt ganz anders. Das kommt nie gestiefelt und gespornt auf die Welt wie ihr, die ihr halb Knaben, halb Greise seid – von gährender Unreife der Weltanschauung und speziell der literarischen Auffassung, und dabei von greisenhafter Überreife der technischen Formausbildung. Es ist meist Rhetorik und damit gut. [...] Damit könnt ihr eine Weile lang eine gute Rolle spielen, da sich der Oberflächliche durch eure glänzende Form bestechen läßt. Aber auf die Dauer, wenn ihr einen Band *Lieder eines Modernen* nach dem andern ausgebrütet und säuberlich abgefeilt habt, werdet ihr zur Erkenntnis eurer begrenzten Zeugungskraft erwachen.«[10]

Diese kritischen Notizen, die trotz gelegentlicher satirischer Überzeichnung ins Schwarze treffen, sind in Anschlag zu bringen, will man den Trend zur Großstadt-lyrik, den Holz als wesentliche Leistung des naturalistischen Aufbruchs heraustrich, nicht an falsche Voraussetzungen binden und damit auch in seiner Bewertung in eine verkehrte Richtung lenken. Die Großstadt erscheint als neues lyrisches Thema strikt eingebettet in ichhafte Gedichtstrukturen, häufig sogar an die herkömmlichen Genres der Erlebnislyrik geknüpft. So schildert Julius Hart in der Art eines vertrauten Reisepoems seine erste Fahrt nach Berlin, nur daß an die Stelle der romantischen Postkutsche die moderne Eisenbahn gerückt ist; die Stadt erscheint auf diese Weise – aller technisch-industriellen Attribute zum Trotz – lediglich als Horizont-Silhouette oder als imaginierte Vorwegnahme des tatsächlichen Lebens in ihr; zwei der einschlä-gigen Strophen als Beispiel:

> Die Fenster auf! Dort drüben liegt Berlin!
> Dampf wallt empor und Qualm, in schwarzen Schleiern
> Hängt tief und steif die Wolke drüber hin,
> Die bleiche Luft drückt schwer und liegt wie bleiern...
> Ein Flammenherd darunter – ein Vulkan,
> Von Millionen Feuerbränden lodernd,...
> Ein Paradies, ein süßes Kanaan
> Ein Höllenreich und Schatten bleich vermodernd.
>
> [...]
>
> Berlin! Berlin! Die Menge drängt und wallt,
> Wirst du versinken hier in dunklen Massen...
> Und über dich hinschreitend stumm und kalt,
> Wird Niemand deine schwache Hand erfassen?
> Du suchst – du suchst die Welt in dieser Flut,
> Suchst glühende Rosen, grüne Lorbeerkronen,...
> Schau dort hinaus!... Die Luft durchquillt's wie Blut,
> Es brennt die Schlacht und niemand wird dich schonen.[11]

Die Verbindung von Erlebnis-Ich, Natur und Großstadt ist auch für andere Texte charakteristisch. Wilhelm Arent zieht es in *Thaufrischer Mai*

Aus der Gassen wüstem Lärmgedränge,
Aus der Großstadt staubig-dumpfer Enge

hinaus in die frische, freie Natur, in der er »die Lerchen jubelnd schweben« sieht und
seine Seele »seligfrei« aufatmen lassen kann.[12] Wenn Arno Holz innerhalb der Stadt
bleibt und Aufmerksamkeit für die Erscheinungsweise des Frühlings in ihrem Bannkreis entwickelt, um zu zeigen, »Auch dies ist Poesie!«, variiert er diesen Zusammenhang nur; und in der Tat mutet das Ganze wie ein Programmgedicht an, das dem
Leser vorführen möchte, daß und wie man ein so altes Thema auch in diese Richtung
lenken kann:

O wie so anders, als die Herren singen,
Stellt sich der Lenz hier in der Großstadt ein!
Er weiß sich auch noch anders zu verdingen,
Als nur als Vogelsang und Vollmondschein.
Er heult als Südwind um die morschen Dächer
Und wimmert wie ein kranker Komödiant,
Bis licht die Sonne ihren goldnen Fächer
Durch Wolken lächelnd auseinanderspannt.[13]

Es entsteht auf diese Weise ein eigenes Stimmungsflair, das die Details der Groß-
stadtwahrnehmung untereinander verbindet und einfärbt. Besonders deutlich läßt
sich dies in Karl Henckells *Berliner Abendbild* beobachten, das erlebnismäßig von der
eigentümlichen Blaufärbung der nächtlichen Berliner Gasbeleuchtung ausgeht und zu
folgendem Einstieg ins lyrische Großstadtgemälde kommt:

Wagen rollen in langen Reih'n,
Magisch leuchtet der blaue Schein.
Bannt mich arabische Zaubermacht?
Tageshelle in dunkler Nacht![14]

Man sieht an diesen herausgegriffenen Beispielen, daß die Differenz zur attackierten
Epigonenliteratur noch relativ gering und eben nur darin gegeben ist, daß ›Frühling‹
hier, ›Magie‹ dort eine überraschend neue Ableitung erfahren.
Daß trotz sozialkritischem Zugriff solche idyllisierenden Darstellungen die Perspektive auf die Großstadt bestimmen oder doch zumindest stark determinieren, gilt auch
noch für den *Phantasus*-Zyklus im *Buch der Zeit* des Arno Holz. Er wird eingeleitet
durch ein Poem, in dem – analog zur Lebenssituation des Autors selbst – ein
ärmliches Dichterhinterhofdomizil entworfen wird; die erste Strophe gibt ihm diese
Kontur:

Ihr Dach stieß fast bis an die Sterne,
vom Hof her stampfte die Fabrik,
es war die richtige Mietskaserne
mit Flur- und Leiermannsmusik!

Im Keller nistete die Ratte,
parterre gab's Branntwein, Grog und Bier,
und bis ins fünfte Stockwerk hatte
das Vorstadtelend sein Quartier.[15]

Der hier dichtende Dichter ist jedoch nur lose in dieses ›Milieu‹ verquickt; als »ein Träumer«, dem »der Genius« leuchtend seinen Kuß auf die Stirne gedrückt hat, so daß er nun »vom holden Wahnsinn trunken« Vers an Vers reiht, wird er sogar eindeutig abgehoben; das Gedicht schließt mit einer Wendung, die sich emblematisch noch ganz in den Zusammenhang jener Dichterdachstubenidyllen stellt, die letztlich romantischer Herkunft sind:

Er saß nur still vor seinem Lichte,
allnächtlich, wenn der Tag entflohn,
und fieberte und schrieb Gedichte,
ein Träumer, ein verlorner Sohn!

Ein ›magischer‹ Augenblick, der nur von der Straße in die Mietskaserne transponiert worden ist; er erfährt eine interessante Fortsetzung! Die weiteren Gedichte des Zyklus stellen Gestalt gewordene Fieberphantasien des Poeten dar, wobei Holz geradezu direkt auf Sujets der orientalisierenden Exoten unter den bekämpften Epigonenlyrikern zurückgreifen kann, weil er deren ›Fluchtwelt‹ zurückbindet an die soziale und politische Kontur der Gegenwart. Dies ist zwar ein Akt der Umfunktionierung, aber dennoch Ausweis einer Formmeisterschaft, die ihre Energien aus den Stoff- und Formbereichen einer ästhetisch bereits überwundenen Position gewinnt:

An seiner Kettenkugel schleppe,
wen nie sein Sklaventum verdroß,
doch mich trägt wiehernd durch die Steppe
Arabiens weißgestirntes Roß.
Ein grüner Turban schmückt das Haupt mir,
von Seide knittert mein Gewand,
und jeder Muselmensch hier glaubt mir,
ich wär der Fürst von Samarkand![16]

In ihrer Vorstellung von Freiheit, die abrupt mit den ärmlichen Lebensbedingungen kontrastiert, aus denen sie sich aufschwingt, stehen derlei Verse im Gegensatz zur insgesamt pessimistisch gestimmten Weltanschauung, welche die meisten Gedichte in den *Modernen Dichtercharakteren* durchdringt, wie schon das Einleitungsgedicht – Arents *Des Jahrhunderts verlorene Kinder* – unterstreicht:

Ein freudlos erlösungsheischend Geschlecht,
Des Jahrhunderts verlorene Kinder,
So taumeln wir hin! weß Schmerzen sind echt?
Weß Lust ist kein Rausch? wer kein Sünder? . . .

Selbstsucht treibt Alle, wilde Gier nach Gold,
Unersättlich Sinnengelüste,
Keinem Einzigen ist Mutter Erde hold –
Rings graut nur unendliche Wüste!

Chaotische Brandung wirr uns umtost;
Verzehrt von dämonischen Gluthen,
Von keinem Strahl ewigen Lichts umkost,
Müssen wir elend verbluten...[17]

Stärkere Veränderungen in der Tonlage, verbunden mit einer Präzisierung der dunklen Lebensperspektive – Carl Bleibtreu spricht von ›krankhafter Schopenhauerei‹ –, sind hingegen in solchen Gedichten gegeben, in denen die ›Leiden des vierten Standes‹, wie man damals sagte, um Ausdruck ringen. Dabei handelt es sich – das müßte ein genauerer Vergleich mit den Traditionen sozialdemokratischer Lyrik zeigen, für die es zu diesem Zeitpunkt längst eigene Publikationsorgane gibt[18] – nicht eigentlich um poetische Gebilde aus den Lebens- und Denkformen des Proletariats heraus, sondern der Mehrzahl nach um Verse, die sich aus bürgerlicher Sicht in Elendsmalerei ergehen und über eine gewisse Mitleidshaltung kaum hinauskommen. Es ist aber doch festzuhalten, daß an dieser thematischen Fixierung bereits in den *Modernen Dichtercharakteren* mehr als die Hälfte der Autoren partizipiert, so daß sich innerhalb dieser Parteinahme tatsächlich auch Facettierungen ausmachen lassen. Julius Hart entwickelt aus einer Art Schauerballade – *Hört ihr es nicht?...* – die Vision eines zerlumpten Elendszuges, den der Schrei nach Brot und die nach oben, an die Mächtigen im Lande gerichtete Bitte um Gehör eint. Friedrich Adler bringt politische Räsonnements ins Gedicht, die nach einem gescheiterten Streik stattfinden; die Arbeiter bekennen ausdrücklich, daß sie alles, »was fest und eigen«, still achten wollen:

Und uns're Fahne ist nicht roth:
Wir schweigen schon und werden schweigen,
Allein wir hungern, schafft uns Brod!

Der letzte Vers ist dann gleich die stehende Refrainzeile der übrigen Strophen. – Hermann Conradi bekennt sich in seinem lyrischen Schaffen zu all denen, auf deren Wangen der Hunger seine Spuren hinterläßt, und denen sich in ihrem Ingrimm die Hand zur Faust ballt:

Da tret' ich hin und singe meine Lieder –
Ja! Lieder, die ich nicht erkünstelt und erdacht,
Die ich aus tiefstem Seelenschacht,
Aus meines Herzens Tiefe trug an's Licht –
Und was ich nicht gefühlt, das sing' ich nicht![19]

Die Anklage der Mächtigen, die freilich reichlich anonym bleiben, der *Oberen Zehntausend*, wie es in einem Gedicht von Oskar Jerschke heißt, liegt dann mit auf diesem Weg. Arno Holz kommt in den Korrespondenzgedichten *Ein Bild* und *Ein Andres* zu einer eindrucksvollen Kontrastierung: karikiert werden am einen Ort die zahllosen Maßnahmen, die man im Hause seiner Exzellenz trifft, weil – »Denn ach« – die ›gnä'ge Frau‹ heute Migräne hat; am anderen Ort führt uns der Lyriker ans Krankenbett in einer Armeleutestube, das zum Totenbett wird, ehe der Armenarzt eintrifft:

> Ein Stümpfchen Talglicht gibt nur trüben Schein,
> Doch horch, es klopft, was mag das nur bedeuten?
> Es klopft und durch die Thür tritt nun herein
> Ein junger Herr, geführt von Nachbarsleuten.
> Der Armenhilfsarzt ist's aus dem Revier,
> Den sie geholt aus Mitleid mit der Kranken,
> Indeß ihr Mann bei Branntwein oder Bier
> Sich selbst betäubt und seine Wuthgedanken.
>
> Der junge Doctor aber nimmt das Licht
> Und tritt mit ihm ans Bett des armen Weibes;
> Doch gelb wie Wachs und spitz ist ihr Gesicht
> Und kalt und starr die Glieder ihres Leibes.
> Da schluchzt sein Herz, indeß das Licht verkohlt,
> Von niegekannter Wehmuth überschlichen:
> Weint, Kinder, weint, ich bin zu spät geholt,
> Denn eure Mutter ist bereits – verblichen![20]

Holz hat diese Verse ins *Buch der Zeit* übernommen – und sie kommen hier parallel zum Eingangsgedicht des *Phantasus*-Zyklus und ähnlichen Texten zu stehen. Der weitere Gedichte-Kontext changiert ansonsten gegenüber den *Modernen Dichtercharakteren* nicht unerheblich. Mit balladesken Texten wie *Firma Zirpel* versucht Holz der Arme-Leute-Tristesse gegenzusteuern und entwirft ein heiter-vergnügliches Genrebild im einfachen Handwerkermilieu, dessen ›Held‹ wie folgt eingeführt wird:

> Er trug ein Schurzfell und roch nach Kleister.
> Er war nur ein einfacher Buchbindermeister.
> Doch verstand er vortrefflich das Einmaleins,
> und das kleine Haus, drin er wohnte, war seins.
>
> Um seinen Tisch saßen sieben Rangen,
> und war's auch meist knapp, es mußte langen,
> Mutter verteilte, die Freude war groß,
> Mann pro Mann ein Kartoffelkloß![21]

Das Motto, unter das sich ein solches Leben stellen läßt, lautet mit der Schlußzeile: »Ein fröhlich Herz ein köstlich Ding«. Das könnte exakt so auch in einem Roman von Wilhelm Raabe stehen! Zu solcher humoristischen Verbrämung der ›niederen Lebensverhältnisse‹ paßt eine ins Poetologische hinüberspielende Versbekundung, die sich unterm Titel *Für Schnillern etcetra* gegen den Klassiker und die großen Stoffe der Weltliteratur stellt, die um Figuren wie Faust, Hamlet usw. kreisen, und für Autoren plädiert, die sozusagen ›von unten her‹ kommen:

> Immer noch laufen sie uns in die Quer,
> Faust, Hamlet, Hiob und Ahasver.
>
> Aber ich finde, nachgerade
> wird die Gesellschaft ein wenig fade.
>
> Zu viel Schminke, zu viel Theater,
> zu viel Klimbim und zu viel Kater.
>
> Da lob ich mir Reuter und Wilhelm Busch.
> Für Schnillern etcetra ein andermal Tusch![22]

Wenn derlei versifiziertes Programm nicht nur stofflich-thematisch aufzufassen ist, enthält es Hinweise gerade auch auf eine ›niedere‹ Stillage, die anzustreben sei. Damit deutet sich aber gegenüber dem ursprünglichen ›Genie‹-Ansatz eine nicht unwesentliche Modifikation an. Und dahinter wiederum rührt sich schon der Kunsttheoretiker Holz, der 1891 mit der Schrift *Die Kunst – ihr Wesen und ihre Gesetze* auf den Plan treten wird.

»Saugrob« wie bei Martin Luther soll die deutsche Sprache wieder werden, heißt es in *Initiale*, jenem Gedicht, das im *Buch der Zeit* der satirischen *Ballade* unmittelbar vorausläuft und so den Leser einstellt auf die Entfaltung des grotesken Motives des ›nabelkauenden Eremiten‹. Der Dichter müsse sich – heißt es an anderer Stelle – an die Nachtigall halten, die ja auch nicht ›nach Noten‹ singt, sondern so, wie ihr der Schnabel gewachsen ist. Die falschen Zwänge abzustreifen, sich als Mensch – als »ein Stück Natur« – zu fühlen ist Aufgabe des Poeten. Längst sei – angesichts der sozialen Misere im Lande – die Kunst vom Kothurne gestiegen; die sogenannte ›bessere‹ Welt habe es nur noch nicht gemerkt und mache weiter in Salonkunst-Etikette und ästhetischen Tees. Speziell diese Wendung verbindet Holz – bis in die Formulierung hinein – über ein halbes Jahrhundert zurück mit Heinrich Heine, dessen *Buch der Lieder* ja der Titel seines eigenen Gedichtbandes nachempfunden ist. Mit Heine und den Jungdeutschen widerspricht er Goethes Verdikt der politischen Dichtung, für die das Kurzzitat »Pfui, ein politisch Lied« sprichwörtlich geworden ist, und bekennt sich – als des »Zeitgeists Straßenkehrer« – ausdrücklich zur »Tendenz« in der Poesie. Hier schließt er also an alte liberale Traditionen an, und sein Blut »rollt demokratisch«. Er sieht das Volk in »zweierlei Schichten« zerfallen, deren eine Austern schlürft und »in Vaterlandstreue« macht, während die andere täglich va banque spielt und einen Hungerknochen im Wappen führt; und der Dichter läßt keinen Zweifel, für wen er Partei ergreift, in wessen Lager er sich schlägt. Sein Saitenspiel will er erst zerschlagen, wenn die letzten Insignien der Adelsherrschaft morsch in sich zusammenfallen; bis dahin mischt er sich unter den Aufruhr und zeigt – *An unser Volk!* – Solidarität mit den Unterdrückten und Ausgebeuteten:

Das Herz entflammt, das rote Banner schwingend,
den nackten Flamberg in der nackten Hand,
so wandern wir, von deiner Zukunft singend,
der Freiheit Söhne, durch das Land.[23]

Bleibtreu hat dem Autor solcher und ähnlicher Verse angekreidet, er komme im Mantel Herweghs daher, d. h., er schlüpfe in ein historisches Pathos, das selbst zu seiner Zeit schon geliehen war. Er trifft damit zwar eine Schwäche, verkennt aber die Leistung, die eben darin bestand, an eine verlorengegangene politische Literaturtradition wieder anzuschließen und sie in ihren Ausdrucksmitteln zu restituieren. Das bedeutete innerhalb der Grenzen des deutschen Kaiserreichs nicht gerade wenig! Er übersieht zusätzlich, daß Holz wohl auch zu anderen Tonlagen tendierte, so zum Beispiel in seinem aus volkstümlichen französischen Traditionen abgeleiteten *Chanson*, das zumindest der Textintention nach auf öffentliche Sangbarkeit und damit unmittelbaren politischen Gebrauch aus ist:

Noch immer baumelt der alte Zopf,
der alten Welt im Genick,
noch immer schmort ihr kein Huhn im Topf,
drum: Vive la République!

Drum: Vive la République, blique, blique,
das Herz schlägt uns im Bauch,
das Knutentum haben wir dick, dick, dick,
und Kartoffel und Hering auch![24]

Gerade mit diesem Text gehört Holz zu den Begründern einer deutschen ›Chanson‹-Poesie, die im eigentlichen Sinn erst mit den literarischen Kabaretts um die Jahrhundertwende reüssieren sollte; hier interessiert man sich denn auch ganz besonders wieder für diese Texte.[25] Die sozialdemokratische Presse druckte, wo sie nicht verboten war, einzelne dieser politischen Stücke ohnedies immer wieder nach und hielt sie so in Erinnerung.

Daß diese Ansätze, die in der Lage gewesen waren, die poetologische Forderung nach einer wirklich durchschlagenden, volksverbundenen Modernität, einer von unten aufsteigenden Geniehaftigkeit einzulösen, früh stagnierten, hat unterschiedliche Ursachen. Zum einen war natürlich in der Zeit des Sozialistengesetzes wenig Anlaß für bürgerliche Autoren, endgültig mit der eigenen Klasse zu brechen, um dafür an den Repressionen zu partizipieren, die man der organisierten Arbeiterschaft – gerade auf dem publizistischen Sektor – auferlegte; diese Einschränkungen hinderten, daß sich eine politische Literatur entfalten konnte, die sich im Textgestus an Demonstrationen und öffentlichen Protestaktionen orientierte. Zum anderen spielten aber auch stärker binnenliterarische Gründe eine Rolle, die in der Hinwendung der naturalistischen Autoren zur Prosa und schließlich zum Drama ihr äußeres Signet finden sollten. Vor allem in jenen Gedichten, die aufs Erfassen des Elendsmilieus aus sind, und dies sogar noch unter Mithilfe einer balladesken Fabel zu bewerkstelligen suchen – zum Beispiel bei Arno Holz im Pendant-Poem zu *Ein Bild* mit dem Titel *Ein*

Andres –, reiben sich ja offensichtlich lyrische Form und episches Sujet und hindern sich gegenseitig an ihrer Entfaltung. Die hier notwendige ästhetische Klärung wurde durch Diskussionen im 1886 gegründeten literarischen Verein *Durch* eingeleitet, der neben den Autoren der *Modernen Dichtercharaktere* nun auch den bald führenden naturalistischen Dramatiker Gerhart Hauptmann und Wilhelm Boelsche unter seine Mitglieder zählte; Boelsche drängt in seiner Programmschrift *Die naturwissenschaftlichen Grundlagen der Poesie* auf eine reflektiertere Poetik, als dies für Bleibtreu gilt, der stärker an der literarischen Kritik orientiert ist, und weiß mit der Genie-Pose des frühnaturalistischen Aufbruchs nicht mehr allzu viel anzufangen:

>»Jene Utopien von einer Literatur der Kraft und der Leidenschaft, die in jähem Anprall unsere Literatur der Convenienz und der sanften Bemäntelung wegfegen soll, bedeuten mir gar nichts; was ich von dem aufwachsenden Dichtergeschlecht fordere und hoffe, ist eine geschickte Bethätigung besseren Wissens auf psychologischem Gebiete, besserer Beobachtung, gesunderen Empfindens, und die Grundlage dazu ist Fühlung mit den Naturwissenschaften.«[26]

Boelsche und Bleibtreu rücken entschieden die Forderung nach einer realistisch-naturalistischen Prosa in den Vordergrund; ausdrücklich mit Blick auf die jüngstdeutschen Stürmer und Dränger schreibt Bleibtreu: »Sobald sie Prosa schreiben, also etwas zu sagen haben, werden wir uns wieder sprechen.«[27]
Zusammen mit Johannes Schlaf folgt Arno Holz dieser Anregung – und liefert mit der Gemeinschaftsarbeit *Papa Hamlet* ein Prosastück, das in der Erfassung eines niederen sozialen Milieus experimentelle Züge trägt und zugleich zum Anreger naturalistischer Dramatik werden konnte, wie die Widmung von Gerhart Hauptmanns *Vor Sonnenaufgang* zeigt: »Bjarne P. Holmsen, dem consequentesten Realisten, Verfasser von ›Papa Hamlet‹ zugeeignet, in freudiger Anerkennung der durch sein Buch empfangenen entscheidenden Anregung«.[28] Wie Hauptmann wendet er sich mit seiner *Familie Selicke* – wiederum in Zusammenarbeit mit Schlaf – ins Drama; erst hier werde poetisches Neuland betreten, fände nicht allein Stoffadaption statt, die gegen die Konvention verstoße, sondern wirkliche Veränderung auf dem Gebiet der Kunst selbst, attestierte Theodor Fontane anläßlich der Uraufführung. Schließlich hebt sich Holz – für den Literaturkritiker Eugen Wolff der erste ›Einzelne‹ in der jungen Dichtergeneration – auch noch durch seinen Schritt in die Kunsttheorie, den er 1891 mit *Die Kunst – ihr Wesen und ihre Gesetze* vollzieht, von seinen frühen lyrischen Weggenossen ab, die sich Ende der achtziger, Anfang der neunziger Jahre mit eigenen Gedichtbänden vorstellen: Karl Henckell, der Produktivste unter ihnen, mit *Strophen* (1887), *Amselrufe* (1888), *Diorama* (1889) und *Trutznachtigall* (1891), Hermann Conradi mit *Liedern eines Sünders* (1887), Julius Hart, der sich vom Naturalismus über eine kurze Jugendstilphase zum monistischen Gottsucher entwickelt, mit *Homo sum* (1890), Otto Erich Hartleben mit *Pierrot lunaire* (1892), Ludwig Jacobowski, zeitweise Herausgeber der *Gesellschaft*, Mittelpunkt eines Berliner Literatenkreises, der sich ›Die Kommenden‹ nennt, ebenfalls vom Naturalismus abschwenkend, mit *Aus bewegten Stunden* (1888) und *Funken* (1890) oder Friedrich Adler mit *Gedichte* (1893). Alle diese Publikationen verblassen jedoch hinter dem Erfolg, den die Anthologie errungen hatte, verlieren sich aus der dort gezogenen Bahn und stehen im Schatten nicht nur der in die Prosa und ins Drama abschwenkenden naturalistischen Produktion, sondern nach 1890 – dem Erscheinungsjahr der

Hymnen Stefan Georges – auch jener gerade von der Lyrik ausgehenden literarischen Gegenbewegung, die sich vom Naturalismus insgesamt absetzt. »weltverbesserungen und allbeglückungsträume«, schreibt George gleich in der ersten Folge seiner *Blätter für die Kunst*, gehörten in ein anderes Gebiet als das der Dichtung: »in der kunst glauben wir an eine glänzende wiedergeburt.«[29]

Aus der Feder des Arno Holz liest sich der kritische Reflex auf den Abbruch der frühnaturalistischen Lyrik und ihre Ablösung durch neuromantische Strömungen wie folgt:

> »Die eben noch auf der Barrikade gestanden, die eben noch eine neue Welt in ihrer Leier, von einem neuen Morgenrot geträumt, das den Speckigen, die nicht durch das Nadelöhr gingen, das Jüngste Gericht bedeuten sollte, den Mühseligen und Beladenen aber die Auferstehung – die Göttin von gestern irrte wieder umher, geächtet wie Genoveva. Nur wenige Getreue, die ein vorsorgliches Geschick mit begüterten Vätern gesegnet, folgten ihr in die Einöde, wo der Mond sich in ihren Brillantringen spiegelte; und unter seltsamen Pappeln, die unter seltsamen Himmeln ein seltsames Rauschen vollführten, trieb nun ein seltsamer Kultus sein Wesen. Ich kondensiere nur; ich übertreibe nicht. Das Kleid dieser wohlhabenden Jünglinge war schwarz vom schweren Violett der Trauer, sehnend grün schillerten ihre Hände, und ihre Zeilen – Explosionen sublimer Kämpfe – waren Schlangen, die sich wie Orchideen wanden. [...] Sie wollten das schreckliche Leben der Felsen begreifen und erfahren, welchen erhabenen Traum die Bäume verschweigen. Aus ihren Büchern der Preis- und Hirtengedichte, der Sagen und Sänge, der hängenden Gärten und der heroischen Zierate, der donnernden Geiser und der unausgeschöpften Quellen dufteten Harmonien in Weiß, vibrierten Variationen in Grau und Grün, schluchzten Symphonien in Blau und Rosa.« Aber: »Der graue Regenfall der Alltagsasche erstickte sie«. »Noch nie waren so abenteuerlich gestopfte Wortwürste in so kunstvolle Ornamentik gebunden. Half nichts. Ihr Dasein blieb ein submarines, und das deutsche Volk interessierte sich für Lyrik nur noch, insofern sie aus den Damen Friederike Kempner und Johanna Ambrosius träufelte.«[30]

Diesem rundum problematischen Umschwung sucht Holz in seiner Kunstschrift insofern Rechnung zu tragen, als er in der Auslegung seiner experimentell gewonnenen Formel ›Kunst = Natur – x‹, mit der er der Forderung nach Wissenschaftlichkeit genügt, die Boelsche erhoben hatte, der Fort- und Weiterentwicklung des Kunstmittels die entscheidende Funktion beimißt; er wird damit zum ›Vater‹ gerade auch der experimentellen Literatur der Moderne. Von dieser Position aus mußte ihm aber auch der eigene Anteil am lyrischen Frühnaturalismus problematisch erscheinen:

> »Daß wir Kuriosen der ›Modernen Dichtercharaktere‹ damals die Lyrik ›revolutioniert‹ zu haben glaubten, war ein Irrtum; und vielleicht nur deshalb verzeihlich, weil er so ungeheuer naiv war. Da das Ziel einer Kunst stets das gleiche bleibt, nämlich die möglichst intensive Erfassung desjenigen Komplexes, der ihr durch die eigentümlichen Mittel überhaupt offen steht, messen ihre einzelnen Etappen sich naturgemäß lediglich nach ihren verschiedenen Methoden, um dieses Ziel zu erreichen. Man revolutioniert eine Kunst also nur, indem man ihre Mittel revolutioniert.«[31]

Das heißt jedoch nicht, daß ihm die frühe Schaffensphase generell suspekt geworden war, im Gegenteil: die satirischen Stücke im *Buch der Zeit* bildeten ja quasi die Urzelle seiner voluminösen Literaturtravestie *Die Blechschmiede*, und nach dem *Phantasus*-Zyklus des Gedichtbandes benannte er später sein großes Mittelachsenepos. Dieser zunächst nur werkgeschichtliche Verweis enthält allgemeinere literaturgeschichtliche Komponenten und tangiert nicht zuletzt auch die Fragen der Bewertung. Deutet sich nämlich im frühnaturalistischen Lyrikaufbruch doch eine längere, in die Moderne reichende Entwicklungslinie an, dann sind auch die allzu negativen Urteile, die in der Literaturkritik und Literaturwissenschaft über ihn gefällt wurden, zu revidieren.

Abschließend noch ein Hinweis auf den Zusammenhang von Lyrik und Drama im Naturalismus, so paradox das nach der Aufsplitterung der Gattungen, von der die Rede war, auch erscheinen mag. In der Tendenz, vom Dramenvers abzuweichen und sich möglichst veristisch an gesprochene Sprache zu halten – mit entsprechenden Konsequenzen für den dramatischen Dialog und von hier aus wieder für die gesamte Dramaturgie –, scheint das Terrain von vornherein unergiebig; das täuscht jedoch, zumindest partiell. Gerhart Hauptmann rekurriert beispielsweise in seinem *Weber*-Drama auf das sogenannte *Dreißigerlied*, das die rebellierenden Arbeiter 1844 bei ihrer Hungerrevolte angestimmt hatten, und bildet mit seiner Hilfe – indem er es in den einzelnen Akten unter unterschiedlichen Voraussetzungen zitiert und zum tragenden Bestandteil der Handlung erhebt – eine eigentümliche dramatische Struktur, für die es bis dahin in der deutschen Literatur kaum einen Vergleich gab. Ein Lied, ein Gedicht – freilich als historisches Dokument – wäre mithin der Innovations-Stimulus im dramatischen Bereich gewesen. – Auch Arno Holz kommt in seinen theoretischen Schriften auf einen erneut gegebenen Konnex zwischen Lyrik und Drama zu sprechen, so zum Beispiel in seiner *Befreiten deutschen Wortkunst*, einer Spätschrift allerdings, und unter Bezug auf die späten Dramen nach der Jahrhundertwende. Bei seiner Arbeit an *Sonnenfinsternis* (1908) und *Ignorabimus* (1913) schreibt er, sei ihm klar geworden, daß – nach ihrer Trennung – Lyrik und Drama wieder zu einer Einheit zusammengefunden hätten, da sie doch beide demselben »rhythmischen Notwendigkeitsorganismus« unterlägen, den er aus seiner Kunstschrift deduziert und in seiner *Revolution der Lyrik* herausgearbeitet habe. Es handelt sich also um Gemeinsamkeiten auf einer tiefer liegenden – die Kunst wirklich revolutionierenden – Ebene. Und er zitiert an anderem Ort Hermann Bahr, dem dieser Sachverhalt bereits anläßlich der *Familie Selicke* – also im Zenit der naturalistischen Dramatik – aufgegangen sei: schon diese Tragödie, die von der konservativen Kritik eine »Tierlautkomödie [...] für das Affentheater zu schlecht« geschimpft worden sei, habe den neuen Stil kreiert, denn Holz sei es gewesen, der den Dialog in eine »Partitur von Lauten, Punkten und Hauchen« und damit in die ›unmittelbare Sprechsprache‹, die ›Sprache des Lebens‹ aufgelöst habe,[32] eine Grundbedingung dafür, daß sich der Rhythmus als differenzierte und differenzierende Ausdrucksqualität durchzusetzen vermöge; auf ihm aber basieren – ihrem revidierten, ihrem modernen Verständnis nach – Lyrik wie Drama. Doch mit einer solchen Fortentwicklung der Literatur, zu der sich Holz ausdrücklich bekannte, ist der engere naturalistische Horizont längst überschritten.

Anmerkungen

1 Moderne Dichtercharaktere. Zitiert im folgenden nach der zweiten, *Jungdeutschland* betitelten Auflage, unter Mitwirkung von H. Conradi und K. Henckell hrsg. von W. Arent. Friedenau/Leipzig 1886; Arno Holz: Das Buch der Zeit. Zitiert nach der Neuen Ausgabe, München/Leipzig

1905. Beide Bücher werden auch von Günther Mahal (Naturalismus. München 1975. S. 185 ff.) und in anderen einschlägigen Untersuchungen als zentral angesehen.

2 Heinrich Hart: Neue Welt. In: Deutsche Monatsblätter. Zentralorgan für das literarische Leben der Gegenwart 1 (1878) S. 23. Nachdr. in: Literarische Manifeste des Naturalismus, 1880–1892. Hrsg. von E. Ruprecht. Stuttgart 1962. S. 16 f.

3 Heinrich und Julius Hart: Wozu wogegen wofür. Aus: Kritische Waffengänge 1 (1882) S. 7. Nachdr. in: Literarische Manifeste des Naturalismus (Anm. 2) S. 22.

4 Karl Henckell: Die neue Lyrik. In: Moderne Dichtercharaktere (Anm. 1) S. VI f. Nachdr. in: Literarische Manifeste des Naturalismus (Anm. 2) S. 48 f.

5 Holz (Anm. 1) S. 27 f.

6 Ebd. S. 33; Jungdeutschland (Anm. 1) S. 148.

7 Arno Holz: Werke. Hrsg. von W. Emrich und A. Holz. Neuwied/Spandau 1962. Bd. 5: Buch der Zeit, Dafnis, Kunsttheoretische Schriften. S. 62.

8 Carl Bleibtreu: Revolution der Literatur. Hrsg. von J. J. Braakenburg. Tübingen 1973. S. 62.

9 Ebd. S. 54.

10 Ebd. S. 68.

11 Jungdeutschland (Anm. 1) S. 55 ff.

12 Ebd. S. 6.

13 Ebd. S. 139.

14 Ebd. S. 278.

15 Holz (Anm. 1) S. 218. – Motivähnlich vgl.: Meine Nachbarschaft. In: Jungdeutschland (Anm. 1) S. 157 f.

16 Holz (Anm. 1) S. 221 f.

17 Jungdeutschland (Anm. 1) S. 1.

18 Vgl. Dietger Pforte: Die Anthologie als Kampfbuch. Vier Lyrikanthologien der frühen deutschen Sozialdemokratie. In: Die deutschsprachige Anthologie. Studien zu ihrer Geschichte und Wirkungsform. Hrsg. von J. Bark und D. Pforte. Frankfurt a. M. 1969. Bd. 2.

19 Jungdeutschland (Anm. 1) S. 88 f.

20 Ebd. S. 154 ff.; Holz (Anm. 1) S. 43 ff.

21 Holz (Anm. 1) S. 88 f.

22 Ebd. S. 89.

23 Ebd. S. 130.

24 Ebd. S. 128 f.

25 Das zeigt ihr Nachdruck in der Anthologie: Deutsche Chansons. Hrsg. von O. J. Bierbaum. Leipzig 1901.

26 Wilhelm Bölsche: Die naturwissenschaftlichen Grundlagen der Poesie. Hrsg. von J. J. Braakenburg. Tübingen 1976. S. 1.

27 Bleibtreu (Anm. 8) S. 72.

28 Vgl. dazu Helmut Scheuer: Arno Holz im literarischen Leben des ausgehenden 19. Jahrhunderts (1833–1896). München 1971. S. 132 ff.

29 Stefan George: Blätter für die Kunst. Eine Auslese aus den Jahren 1892–1898. Berlin 1899. S. 10 f.

30 Holz (Anm. 7) Bd. 5. S. 62 f.

31 Ebd. S. 64.

32 Ebd. S. 113 f.; vgl. auch S. 47 ff.

Jahrhundertwende

Von Lawrence Ryan

Wo ist zu diesem Innen
ein Außen?

Rilke: *Das Rosen-Innere*

Um 1900 ist die deutsche Lyrik in eine neue Epoche ihrer Entwicklung eingetreten. Bei allen Schwankungen, die ihre Rezeption kennzeichnen, sind vor allem Stefan George, Hugo von Hofmannsthal und Rainer Maria Rilke als die hervorragenden Vertreter dieser Zeit zu nennen. Zwar ist die im historischen Rückblick immer deutlicher erkennbare Provinzialität Georges dem einst dank eigener Anstrengungen so forcierten Ruhm abträglich geworden, doch zumindest Rilke ist eine internationale Anerkennung zuteil geworden, die sich an vielen Übersetzungen und am nachhaltigen Weiterwirken auch in anderen Sprachbereichen ablesen läßt, und zwar auch zu Zeiten, da in Deutschland der herrschende Geschmack seinen Ruhm zeitweilig verblassen ließ; ja man könnte vielleicht behaupten, daß an der Einstellung zu Rilke, der an Hagiographie grenzenden Verherrlichung des Spätwerks, der im Zeichen der ›Politisierung‹ der Literatur erfolgenden Ablehnung und der in den siebziger Jahren allerdings gemäßigten Neuanerkennung die wechselnden Phasen der Lyrikvorstellung einen Fixpunkt gewonnen haben, an dem das Gesetz ihrer Entwicklung sich ablesen ließe. Die vorliegende Untersuchung setzt sich das Ziel, diese Vorrangstellung der genannten lyrischen Autoren zu begründen und ihre Leistung in einen historischen Zusammenhang einzuordnen. Da schon die üblich gewordene Verbindung der drei Namen als ›Klassiker‹ der neueren deutschen Lyrik den Anspruch einer wesentlichen Gemeinsamkeit in sich schließt, ist nach dem gemeinsamen Ansatz zu fragen, der einmal eine erkennbar neue Art des lyrischen Sprechens zeitigt, zum anderen aber es dem Betrachter auch ermöglicht, die einzelnen Dichter gegeneinander abzuwägen und aus dem historischen Rückblick Wertakzente zu setzen.

Damit sind aber auch schon terminologische Fragen aufgeworfen. Die Frage läßt sich offenbar nicht umgehen, ob für die deutsche Lyrik jener ›Beginn der Moderne‹ hier vorliegt, auf den sich Kritiker so gern berufen. Es fragt sich ferner, ob aus der verwirrenden Vielfalt der vorgeschlagenen Etiketten – als da sind Impressionismus, Neuromantik, Symbolismus, Ästhetizismus, Jugendstil – das eine oder andere dem nahezu unausrottbaren Bedürfnis nach Einteilung in säuberlich abgetrennte Epochen am ehesten entgegenkommt. Diese Fragen sind Gegenstand einer immer wieder mit neuen Variationen angereicherten Debatte geworden, die allerdings danach angetan ist, die historischen Zusammenhänge eher zu verwischen als zu klären. Es seien ihr aber einige Überlegungen gewidmet.

Einen beachtlichen Ruhm hat in den fünfziger und sechziger Jahren ein Büchlein des Romanisten Hugo Friedrich erlangt,[1] dessen Mängel allerdings gerade in der Bezugnahme auf die deutsche Lyrik eklatant zutage treten. Jenem nach eigenem Zeugnis von den ›Nachtstürmen‹ der Begeisterung heimgesuchten deutschen Dichter (dank der besonderen Kraßheit des Falls wird von Hugo Friedrich der Name Rilke dezent verschwiegen!)[2] wird eine Konzeption der ›modernen Lyrik‹ als »kühler Angelegenheit« der »Reflexion«[3] entgegengehalten; diese Lyrik sei vor allem durch »negative Kategorien«[4] zu bestimmen, also durch solche, die den gewollten Bruch mit der bisherigen Tradition bekunden. So ist es durchaus konsequent, daß in einer solchen Sicht George und Hofmannsthal als »Erben und Spätklassiker eines vielhundertjährigen lyrischen Stils«[5] eher dem überlebten Vergangenen als dem Aufbruch des Neuen zugerechnet werden. Solchen Zuordnungen liegt die These zugrunde, daß »nur in Frankreich, in keinem sonstigen Land Europas, [. . .] der lyrische Stil, der bis heute [1956] das zwanzigste Jahrhundert beherrscht, in der zweiten Hälfte des neunzehnten Jahrhunderts zur Welt«[6] gekommen sei. Diese These feiert auch in neueren Veröffentlichungen fröhliche Urständ, etwa in einem Buchtitel wie *Lyrik als Paradigma der Moderne*[7], wobei kennzeichnenderweise auch hier die vermeintlich von Baudelaire und Mallarmé inaugurierte Tradition im Mittelpunkt steht. Eine solche Betrachtungsweise wird gerade der deutschen Lyrik keineswegs gerecht. Zwar ist an der historischen Bedeutung von Baudelaires ›Intellektualisierung‹ der lyrischen Sprache, von der ›desorientierenden‹ Wirkung Rimbauds, von Mallarmés Konzeption der ›poésie pure‹ nicht zu zweifeln, wohl aber an der These, daß damit schon die Zeichen gesetzt sind auch für die – etwas spätere – deutsche Entwicklung. Schon bei George, der bewußt an den französischen ›Symbolismus‹ anknüpfte und sich zum Ziel setzte, vor dem »weisen«, dem »meister« Mallarmé (I,508) zu bestehen, ist ein Bruch in der vermeintlich bereits ›modernen‹ Entwicklung zu erkennen: das ›Neue‹ an seinem Werk läßt sich einerseits von der französischen Tradition her, andererseits aber als Abweichung von dieser verstehen. George ist demnach – von Hofmannsthal oder Rilke ganz zu schweigen – in einem ganz anderen Sinne ›historisch‹ geworden als etwa Baudelaire oder Mallarmé: seine Dichtung ist die Antwort auf eine historisch anders vermittelte Frage und stellt nicht nur die Fortsetzung, sondern auch die Negation des Mallarméschen Standpunkts dar.

Wenn wir also davon ausgehen, daß sowohl ein Mallarmé als auch ein George in gewisser Hinsicht als ›modern‹, in anderer Hinsicht als eben nicht mehr ›modern‹ einzustufen wären, so wird der – ohnehin durch das Gerangel um nationale ›Prioritäten‹ getrübte – Streit um den Ursprung der sogenannten ›Moderne‹ weitgehend gegenstandslos. Schließlich lassen sich auch viele Züge des Baudelaireschen oder Mallarméschen Werkes – gerade aus deutscher Sicht – als eine Art ›phasenverschobener‹ Romantik betrachten; und die Entstehung ›moderner‹ Züge im Sinne der ›Intellektualität‹ Friedrichs ließe sich zumindest bis in die Renaissance zurückverfolgen. Vernünftiger scheint es, wenn schon um der bequemeren Verständigung willen von der ›Moderne‹ die Rede sein soll, diese als einen gleitenden Terminus zu verwenden, der das jeweils Neue kennzeichnet (damit würde sich etwa der Terminus ›Postmoderne‹ als logische Absurdität verbieten). Denn jeder Epocheneinschnitt bestimmt sich durch die Abwendung von Vorgegebenem – durch den Umschlag in eine neue Qualität, wenn man will; das Neue ist zu seiner Zeit – bei allem Rückgriff auf ältere Traditionsbestände – als ›modern‹ zu verstehen, ist aber in der nächsten Entwicklungsphase eigentlich schon ›überholt‹. Es gilt also aufzuzeigen, daß der uns hier beschäftigende Abschnitt der deutschen Lyrik im Hervorbringen einer neugearteten poetischen Sprache der Forderung einer bestimmten historischen Stunde entspricht – aber auch, daß er in den Voraussetzungen jener Stunde befangen bleibt: welche historische Bedingtheit und Eigentümlichkeit durch die Berufung auf eine vermeintlich ›eigentliche‹ Modernität nur verdeckt wird.

Aus ähnlichen Gründen scheint uns Zurückhaltung geboten beim Streit darüber, ob der in Frage kommende Neuansatz in der Lyrik mit der Sammelbezeichnung ›Impressionismus‹ oder ›Symbolismus‹ oder ›Neuromantik‹ oder ›Ästhetizismus‹ oder ›Jugendstil‹ zu belegen wäre. Jede dieser Bezeichnungen ordnet den Gegenstand einem anderen Bereich zu, vermag durchaus Einflüsse zu verzeichnen, Vergleichbares (etwa die ›impressionistische‹ Malerei) zu benennen, läuft aber Gefahr, einem Begriffsrealismus zu verfallen, der um der Einheit des Begriffs willen die historischen Unterschiede nivelliert. So ist es verlorene Mühe, etwa den ›Symbolismus‹ als sechste gesamteuropäische Großepoche seit dem Mittelalter der Renaissance, dem Barock, der Klassik, der Romantik und dem Realismus mit der ganzen ehernen Konsequenz der sich verselbständigenden Begrifflichkeit nachklappern zu lassen[8] oder etwa die sicherlich nur begrenzt anwendbare Bezeichnung ›Jugendstil‹ zur Epochenbezeichnung für »die deutsche Literatur von den Anfängen Georges und Hofmannsthals bis etwa zum Ende des Zweiten Weltkrieges«[9] aufzublähen. Fruchtbarer ist es, etwa den ›Symbolismus‹ (oder den ›Impressionismus‹) als einzelne »historische Manifestation« mit »fortdauernder Wirkung«[10] zu verstehen, die sich dem Anspruch des epochalen Überbegriffs gar nicht erst zu stellen hat.

Worin besteht nun der Neuansatz, von dem Lyrik um 1900 ihr Gepräge erhält? Eine erste, vorläufige Umschreibung wäre in Abhebung von demjenigen Verständnis der ›Moderne‹ zu erhoffen, das in den achtziger und neunziger Jahren im Zeichen des Naturalismus eine starke Resonanz gewann. Nach den 1887 in der *Allgemeinen Deutschen Universitätszeitung* veröffentlichten *Thesen zur literarischen Moderne* gehört es zu den »Aufgaben des Dichters der Gegenwart, alle bedeutungsvollen [. . .] Gewalten des gegenwärtigen Lebens in ihren Licht- und Schattenseiten poetisch zu gestalten und der Zukunft prophetisch und bahnbrechend vorzukämpfen«.[11] Als ›modern‹ gilt den Programmatikern einer sozial gebundenen Literatur die »Empfindung von der Notwendigkeit des entwicklungsgeschichtlichen Fortschrittes«.[12] Auch der Lyrik wird zugemutet, die »Welt des modernen Individuums« zu ihrem Gegenstand zu machen und die ihr eigenen »subjektiven Elemente« mit den Grundsätzen und den Stoffen des ›objektiven Naturalismus‹ zu verbinden.[13] – Solche Thesen sind geradezu auf den Kopf zu stellen. Nicht auf ›Objektivität‹, auf die Hinzugewinnung neuer, sozialer Stoffbereiche kommt es an, sondern auf das Auseinandertreten des ›subjektiven‹ und des ›objektiven‹ Bereichs, eben jene ›dissociation of sensibility‹, die nach dem bekannten Wort T. S. Eliots das Wesen der neueren Lyrik ausmacht.

Die Lyrik ist vom Auseinanderbrechen eines tragenden, rational überschaubaren Zusammenhangs wohl stärker betroffen als andere literarische Gattungen; stellt sie doch im Vergleich etwa zum Roman und zum Drama gleichsam die zerbrechlichste literarische Gattung dar, die ihrer ganzen – deutschen – Tradition nach am eindeutigsten vom Prinzip der Subjektivität getragen ist, von der Äußerung eines einzelnen Ich, das sich in der Sprache konstituiert. Damit ist gerade nicht eine weltlose Innerlichkeit gemeint, vielmehr setzt die Sprachwerdung des Subjekts dessen Objektivierbarkeit voraus – das ist »die spezifische Paradoxie des lyrischen Gebildes, die in Objektivität umschlagende Subjektivität«[14]. Oder in der Sprache der ›klassischen‹ deutschen Poetik: das »lyrische Gedicht« geht als »Metapher Eines Gefühls«[15] von der Unmittelbarkeit der »Empfindung«[16] aus; sein Ziel ist aber die »Erhebung«[17], da das ›Gefühl‹ nur als ›Verallgemeinerbares‹ den ihm eigenen metaphorischen Charakter gewinnt.[18]

Ende des 19. Jahrhunderts wurde die Problematik der Poesie in einer prosaischen Zeit – und damit einhergehend des Verlusts der lyrischen Sprache – mit neuer Eindringlichkeit ins Bewußtsein gehoben. Das von einer verfremdenden Mechanisierung beherrschte Zeitalter verweigerte dem einzelnen Subjekt die Möglichkeit, sich im Äußeren wiederzufinden, sich metaphorisch widerzuspiegeln (woran noch die Programmatiker des Naturalismus eine Zeitlang gegen allen Anschein glauben wollten). Den einzelnen Lyrikern war diese Gefährdung durchaus bewußt. Hofmannsthal spricht von einem »Weltzustande«, in dem die »schrankenlose Empirie« und eine »ins Grenzenlose getriebene Mechanik [...] den Menschen in seinem eigentlichen Lebenspunkt, im Sitz seiner seelischen Herrschaft über das Dasein, enteignet« (RA 85) habe; ihm ist der Gültigkeitsverlust der Metapher das Kennzeichen einer Zeit, in der es »den repräsentativen Dingen an Geist, und den geistigen an Relief« fehlt, so daß das »ins Innere« Genommene nicht mehr »sich metaphorisch nach außen« auszusprechen vermag (RA 57). Oder in der Sprache Rilkes: den »Sehnsüchten« und »Ängsten« der Gegenwart ist die in früheren Zeiten selbstverständliche »Dingwerdung« verwehrt (V,145). Beiden Autoren dient als Gegenbild zur sich zerstreuenden Gegenwart die Geschlossenheit des Mittelalters, das alles, was es »in sich trug, zu einem ungeheuren Dom von Metaphern ausgebildet aus sich ins Freie emportrieb« (RA 57). Das Metaphorische geht in der mechanischen Welt verloren und bedroht damit die überlieferte lyrische Sprache.

Neben der dadurch notwendig gewordenen, zukunftsträchtigen Neuorientierung stehen allerdings auch andere Tendenzen, die zwar mitunter neue, zeitgemäße Stoffe und Motive, aber im Grunde genommen kaum neue Möglichkeiten der lyrischen Sprachgebung erschließen. Für eine relativ naive Anknüpfung ans Überlieferte mag Detlev von Liliencron (1844–1909) als repräsentativ gelten, der mit Vorliebe auf konventionelle Motive einer noch im Zeichen der Romantik stehenden Lyrik zurückgreift, diese jedoch mit der ernüchternden Realität einer späteren Zeit konfrontiert, die jeden Aufschwung der Phantasie zunichte macht. Das »Glück« wird in seinen Versen zur flüchtigen Illusion: »Kurzes Glück schwamm mit den Wolkenmassen; / Wollt es halten, mußt es schwimmen lassen« (I,31), die »Zeit« zu einer »für und für« sich wiederholenden Negation jeder Erhebung ins Transzendente: »Und langsam frißt und frißt die Zeit / Und frißt sich durch die Ewigkeit« (I,30). Gerade die karge Landschaft von Liliencrons norddeutscher Heimat bietet eine entzaubernde »Antwort« – so ein Gedichttitel – auf alle romantischen Träumereien: »Was willst du hier, das Land ist kalt / Und ohne Fröhlichkeit und Wälder« (I,30). Der Rückblick auf die untergegangene Schönheit gibt sich bald leise melancholisch, bald aber humorvoll gebrochen. So reichen schon die lästigen Sorgen des Alltags aus, um die vom »Frühling« beseelten Liebesregungen zu ersticken:

Komm, Mädchen, mir nicht in die Laube.
Wenn wir so neben einander sitzen,
Und unsre Augen zusammenblitzen,
Es netzt uns der Nachttau,
Wir könnten uns leicht erkälten, erhitzen.
Komm, Mädchen, mir nicht in die Laube.

(I,77. *Frühling*.)

Bei alledem bleibt aber die Festigkeit des beobachtenden, träumenden und trauernden Ich bestehen, das infolge von Liliencrons keineswegs erschüttertem Realitätsbewußtsein im Mittelpunkt einer fast allzu überschaubaren Welt steht: Liliencrons Lyrik ist als Ausklang der ›realistischen‹ Lyrik des 19. Jahrhunderts zu verstehen und hat an dem uns beschäftigenden Umbruch kaum Anteil.

Eine komplexere Gestalt ist Richard Dehmel (1863–1920), dem nicht der melancholisch-resignierende Rückblick, sondern eher der vertrauensvoll-optimistische Blick.in die Zukunft eigen ist. Die lebensbejahende Ausrichtung auf ein »Glück / ohne gleichen«, an dem »Wonne und Schmerz mit gleichem Segen« (V,11. *Zwei Menschen*) beteiligt sind, wurzelt einmal im sozialistisch angehauchten Freiheitspathos Dehmels (vgl. etwa *Der Arbeitsmann*), dann aber auch im Vertrauen auf eine irrational gefaßte Macht des ›Lebens‹, von welcher der seinen Leidenschaften hingegebene Mensch getragen wird. Eine solche Macht ist die Sexualität, und ihr ist der Gedichtzyklus *Die Verwandlungen der Venus* gewidmet. Der ›rhapsodisch‹ gestimmte Dichter – *Erotische Rhapsodien* lautet der Untertitel des Bandes – läßt die verschiedenen Gestalten der Venus Revue passieren: von der »Venus Primitiva« (»Befrei mich von der Sünde«; IV,40) über die »Venus Consolatrix«, die in der Gestalt der Maria Magdalena heraufbeschworen wird (»während wir verbeben, / stamml' ich: o auf – auf – auferstehn!«; IV,125), bis zur »Venus Universa« (»Liebe ist die Freiheit der Gestalt / vom Bann der Welt, vom Wahn der eignen Seele«; IV,127) führen sie in den »Weltgrund«, der sich als »lauter Liebeslustgewalt« (IV,127) enthüllt. Die Liebe steigert sich zu einer ›dionysischen‹ Religiosität, deren Anlehnung an Nietzsches Zarathustra nicht zu verkennen ist. Allerdings fehlt bei Dehmel das Moment der philosophischen Reflexion – gerade mit der »Venus Metaphysica« kommt sein Rhapsode nicht zurecht: »mit den letzten / Kräften schrie ich ins Äthermeer: ›Madam! Sie werden mir zu schwer!‹« (IV,94). Der ›vitalistisch‹ begründete Sinnenrausch wird verabsolutiert, ja zu einem neuen »heiligen Geist« (I,7. *Welt und Zeit*) crklärt.

Die Verflüchtigung der Nietzscheschen Bejahung des in seiner Gesamtheit erfaßten Lebens zu einer mythisch durchtränkten Religiosität prägt sich bei anderen Lyrikern noch deutlicher aus, die sich weniger der Sinnlichkeit als der Vergeistigung anvertrauen. Die Hymnen-Zyklen Alfred Momberts (1872–1942) – mit Titeln wie *Der Glühende*, *Die Schöpfung*, *Die Blüte des Chaos* – entfalten eigenwillige, über alle Zeiten und und Räume frei schwebende Visionen, die der »All-Dichter« (»Ich lehne aus einem Fenster in den Weltraum«; I,322) in »Traum-Musik« auflöst (*Ganz in Traum-Musik schwimmt Asien!*; I,448). Noch anspruchsvoller (und verworrener) ist Theodor Däublers (1876–1934) großangelegter Gedichtzyklus *Das Nordlicht*, der im Versuch, das »Gleichgewicht im Kosmos« (673) ins Wort zu bannen und das kosmische »Urfeuer« in die »Ewigkeit« (672) des Geist gewordenen Lichts zu verwandeln, in der »Sonne und Erde« (677) wieder vereinigt sind, in Licht- und Sonnen-Metaphorik schwelgt. Diese von der Vision einer neuen Welt getragene Hymnik nimmt manche Züge des Expressionismus vorweg, ohne daß ihr aber schon das bedrohliche, erschütternde Moment eignet, das die expressionistischen Angstträume kennzeichnet. Wenn also Däubler das Ziel seines Dichtens darin sieht, daß »sich das Ich angstlos geworden Gott anklammert« (687), so zeigt sich die Selbstherrlichkeit des zu solch lichter Höhe aufsteigenden poetischen Ich in Wahrheit als dessen Schwäche (dem Diktum Hölderlins getreu: »Die Dichter müssen auch / Die geistigen weltlich seyn«[19]).

Die bedeutendere Lyrik um 1900 ist eher durch eine ›Sprachkrise‹ gekennzeichnet, welche die herkömmliche Aussageweise der Lyrik in Frage stellt. Einzelne Dichter haben zur Erklärung dieses Phänomens an zeitgenössische psychologische und sprachkritische Denkrichtungen angeknüpft. In erster Linie ist der sogenannte Empiriokritizismus Ernst Machs zu nennen, dessen schon 1885 erschienene *Analyse der Empfindungen* im Jahre 1900 in zweiter Auflage erschien und stark beachtet wurde. Der Hauptgedanke Machs läßt sich als die Auflösung des Ich umschreiben: »Nicht das Ich ist das Primäre, sondern die Elemente (Empfindungen). Die Elemente *bilden* das Ich«, das somit keine eigene Konsistenz hat: »[...] erschien mir einmal die Welt samt meinem Ich als eine zusammenhängende Masse von Empfindungen, nur im Ich stärker zusammenhängend«.[20] Das von Mach geprägte Wort, daß das Ich (das Subjekt) ›unrettbar‹ sei, wurde von dem österreichischen Kritiker Hermann Bahr aufgegriffen, der den so begründeten ›Impressionismus‹ gegen den Naturalismus ausspielte. In seinem *Dialog vom Tragischen* ist ein Abschnitt »Das unrettbare Ich« überschrieben: »›Das Ich ist unrettbar‹. Es ist nur ein Name. Es ist nur eine Illusion. Es ist ein Behelf, den wir praktisch brauchen, um unsere Vorstellungen zu ordnen. Es gibt nichts als Verbindungen, von Farben, Tönen, Wärmen, Drücken, Räumen, Zeiten, und an diese Verknüpfungen sind Stimmungen, Gefühle und Willen gebunden [...]. Das Ich ist nur ein Name für die Elemente, die sich in ihm verknüpfen.«[21] An solche Formulierungen knüpft auch Hoffmannsthal an, der etwa in seinem *Gespräch über Gedichte* die Festigkeit des Ich stark anzweifelt: »draußen sind wir zu finden, draußen. [...] Wir besitzen unser Selbst nicht: von außen weht es uns an« (E 497); und im Aufsatz *Der Dichter und diese Zeit* stellt er den Dichter als ›Seismographen‹ hin: die »Dinge der Welt [...] sind in ihm, so beherrschen sie ihn. Seine dumpfen Stunden selbst, seine Depressionen, seine Verworrenheiten sind unpersönliche Zustände, sie gleichen den Zuckungen des Seismographen« (RA 72).

Auf die Frage, wie der lyrische Dichter, der der ›Ich-Identität‹ seiner Gefühle und Empfindungen beraubt ist, mit dieser Situation fertig wird, bieten sich – etwas zugespitzt – zwei Antworten an. Der eine Weg ist die Hingabe an die Elemente der Erfahrung, das Sich-Verwandeln in Dingliches; diese Möglichkeit erproben, bei aller Verschiedenheit, Hofmannsthal und Rilke. Der andere Weg ist das Festhalten am ›empirischen‹ Ich als einem ›poetischen‹, das aber dadurch zu einem ›künstlichen‹ Ich wird, das sich nur scheinbar über die bedingenden Zusammenhänge des Lebens erhebt; ein solches Rückzugsgefecht gegen die Zeit, die Verherrlichung einer dem ›Leben‹ abgestorbenen Kunst, kennzeichnet den dichterischen Weg Georges.

Schon dem öffentlichen Auftreten Stefan Georges (1868–1933) eignet eine gewisse

Esoterik. Bis 1898 ließ er seine Gedichte nur in den *Blättern für die Kunst* erscheinen, die einem beschränkten, exklusiven Kreis von Lesern zugedacht waren und trotz des Anspruchs, für die Zeit neue Maßstäbe zu setzen, sich nicht an die Öffentlichkeit wandten. Die *Blätter für die Kunst* – der erste Band ist 1892 erschienen – waren also das Organ eines Kreises Gleichgesinnter, die in George bald ihren Mittelpunkt sahen. Schon die Einleitung zum ersten Band setzt programmatische Zeichen:

»Der name dieser veröffentlichung sagt schon zum teil was sie soll: der kunst besonders der dichtung und dem schrifttum dienen, alles staatliche und gesellschaftliche ausscheidend. Sie will die GEISTIGE KUNST auf grund der neuen fühlweise und mache – eine kunst für die kunst – und steht deshalb im gegensatz zu jener verbrauchten und minderwertigen schule die einer falschen auffassung der wirklichkeit entsprang sie kann sich auch nicht beschäftigen mit weltverbesserungen und allbeglückungsträumen in denen man gegenwärtig bei uns den keim zu allem neuen sieht, die ja sehr schön sein mögen aber in ein andres gebiet gehören als das der dichtung.«[22]

Mit der Losung ›eine kunst für die kunst‹ zollt George den französischen Symbolisten seinen Tribut, insbesondere Stéphane Mallarmé, dessen Bekanntschaft er 1889 während eines Aufenthalts in Paris gemacht hatte. Die Verkündigung einer »glänzenden wiedergeburt«[23] der Kunst ist der Versuch einer Übertragung der Mallarméschen Konzeption der ›poésie pure‹ auf die gewandelten Verhältnisse einer neuen Sprache und einer neuen Zeit. Ähnliche Akzentsetzungen sind weiteren Betrachtungen Georges zu entnehmen, die er mit dem Titel *Über Dichtung* versah. Zu nennen wäre zunächst die Absage an den ›Sinn‹ zugunsten der ›Form‹:

»In der dichtung – wie in aller kunst-betätigung – ist jeder der noch von der sucht ergriffen ist etwas ›sagen‹ etwas ›wirken‹ zu wollen nicht einmal wert in den vorhof der kunst einzutreten. [. . .]
Den wert der dichtung entscheidet nicht der sinn (sonst wäre sie etwa weisheit gelahrtheit) sondern die form d. h. durchaus nichts äusserliches sondern jenes tief erregende in maass und klang wodurch zu allen zeiten die Ursprünglichen die Meister sich von den nachfahren den künstlern zweiter ordnung unterschieden haben« (I,530).

Hier wird aber nicht bloß der ›Originalität‹ das Wort geredet, sondern mit der Herrschaft der Form über den Stoff, des Geistes über die Elemente der Erfahrung, wird ein uneingeschränkter Anspruch auf Monumentalität ausgesprochen, auf die Stetigkeit und Dauer der »hohen dichtung« (ebd.). In einem ähnlichen Sinne zu verstehen ist auch die Ablehnung etwa von freien Rhythmen (»freie rhythmen heißt soviel wie weiße schwärze«) zugunsten des »strengsten maasses«, das »zugleich höchste freiheit« sei (ebd.). Das Wort des noch in der Gefolgschaft Georges stehenden Hofmannsthal von der »angeborenen Königlichkeit eines sich selbst besitzenden Gemütes« (RA 221) trifft wohl die Intention von Georges Selbstauslegung.
Die so beschriebene geistige Autarkie schlägt aber leicht in eine künstliche Selbstbespiegelung um. Das Mallarmésche Vertrauen in das Vermögen der poetischen Sprache, sich von allem Dinglichen zu lösen und sich in einer stofffreien Reinheit zu ergehen (»Avec comme pour langage / Rien qu'un battement aux cieux / Le futur vers se dégage / Du logis très précieux«[24]), weicht bei George einem bewußten Sich-Spiegeln in einem traumhaften Gegen-Ich: »Das wesen der dichtung wie des traumes: dass Ich und Du· Hier und Dort· Einst und Jezt nebeneinander bestehen und eins und

dasselbe werden« (I,531). Gegenstand eines Gedichts wäre also nicht etwa der Fächer der Mme Mallarmé – *Eventail (de Mme Mallarmé)*[24] –, der in der Alltagswelt belassene, aber durch die poetische Sprache befreite und verklärte Gegenstand, sondern die fingierte, traumhafte Entsprechung. Mit anderen Worten: die von Mallarmé angestrebte Subjektlosigkeit einer ›reinen‹ Sprache läßt sich nicht halten in einer Zeit, in der der Aufschwung der poetischen Transzendenz in sich zusammenfällt und nur mehr zur Selbstprojizierung des Subjekts wird. Es entsteht bei George so etwas wie die Rückkehr zu einer ichgebundenen Aussage, die aber aus realer Ohnmacht sich in eine Welt des Traums flüchtet, wo »Ich und Du [. . .] eins und dasselbe werden« (I,531).

Schon das Eingangsgedicht *Weihe* des ersten von George in seine Gesammelten Werke aufgenommenen Zyklus *Hymnen* beschwört eine »herrin« herauf, die aus »seligen gefilden« niederschwebt und den harrenden Dichter »rein und so geheiligt« sieht, daß sie – wie es heißt – »im kuss nicht auszuweichen strebte« (I,9); nur daß die ›Weihe‹ keinen Inhalt, keinen metaphorischen Charakter hat, zu nichts zu berechtigen scheint. Wenn es heißt: »raum und dasein bleiben nur im bilde«, so ist an die Stelle der Einweihung eigentlich nur das ›Bild‹ der Weihe getreten. So nimmt es nicht wunder, daß schon von vornherein der dekorative Zug einer in sich schwingenden Bildlichkeit vorherrscht. Schon im darauf folgenden Gedicht – *Im Park* – erhält die Georgesche Naturdarstellung ihre kennzeichnende Ausprägung: auch die bewegten Elemente der Natur scheinen aus schmückenden Edelsteinen zu bestehen, die zu einem ›Teppich‹ zusammenverwoben sind:

> Rubinen perlen schmücken die fontänen·
> Zu boden streut sie fürstlich jeder strahl·
> In eines teppichs seidengrünen strähnen
>
> Verbirgt sich ihre unbegrenzte zahl.
>
> (I,10)

Das Bild der Natur als erstarrter Form, in der allein das Ich sich wiedererkennen kann, findet seine konsequenteste Ausprägung im Zyklus *Algabal* (1892). Die Gestalt Algabal, die auf den römischen Kaiser Heliogabalus zurückgeht, hat ›im Unterreich‹ – so die Überschrift des ersten Teils – eine eigene, fremdartige »schöpfung« aufgebaut, »wo ausser dem seinen kein wille schaltet / Und wo er dem licht und dem wetter gebeut« (I,45), die zum Symbol der von George angestrebten, erlesenen künstlerischen Schönheit wird, die in der selbstherrlichen Bespiegelung ihr Wesen hat. Das zum schönen Bild gewordene Leben ist auch im buchstäblichen Sinne ›versteinert‹; so prangt das unterirdische Reich mit Edelsteinen:

> Für jede zier die freunden farbenstrahlen:
> Aus blitzendem und blinderem metall·
> Aus elfenbein und milchigen opalen·
> Aus demant alabaster und kristall·
>
> (I,46)

Konsequenterweise wird die Leblosigkeit des selbst erbauten Gartens betont, dessen »stämme« und »äste« aus »kohle« sind und von dessen »früchten« die »nimmer gebrochenen läste [. . .] wie lava im pinien-hain« glänzen (I,47). Durch einen zur Schau getragenen Immoralismus wird die Gleichgültigkeit gegenüber menschlichen Empfindungen und menschlichem Leid ins Extrem gesteigert:

> Hernieder steig ich eine marmortreppe·
> Ein leichnam ohne haupt inmitten ruht·
> Dort sickert meines teuren bruders blut·
> Ich raffe leise nur die purpurschleppe.
>
> (I,50)

Nur in einer Beziehung stößt die glitzernde Steinwelt an eine Grenze, nämlich bei der Besinnung auf die eigene Unfruchtbarkeit:

> Wie zeug ich dich aber im heiligtume
> – So fragt ich wenn ich es sinnend durchmass
> In kühnen gespinsten der sorge vergass –
> Dunkle grosse schwarze blume? (I,47)

Da das eigenmächtig Geschaffene nicht ›gezeugt‹, nicht mit eigenem Leben beseelt wird, begegnet das schaffende Subjekt immer nur sich selbst, gerade wo es sich in die eigene Schöpfung zu projizieren vermeint.

Es ist vielleicht kein Zufall, daß auf den Abschluß der Algabal-Gedichte eine »große seelische Krise«[25] Georges folgte: »was ich nach Halbagal noch schreiben soll ist mir unfaßlich.«[26] Neben dem Zerwürfnis mit Hugo von Hofmannsthal ist als psychisch erschwerendes Moment vor allem die Verbindung mit Ida Coblenz anzuführen. Es war für George eine große, nie verwundene Erschütterung, daß Ida Coblenz – wohl die einzige Frau, die er geliebt hat –, nachdem sie 1895 eine erste Ehe eingegangen war, sich ausgerechnet mit Richard Dehmel – dem ›vitalistischen‹ Antipoden Georges – liierte, den sie bald danach auch heiratete. Man hat die Zeit der Niedergeschlagenheit und des Selbstzweifels als eine »große Parenthese«[27] in der Entwicklung Georges angesehen, was unter dem Gesichtspunkt seiner prophetischen Verkündigung auch zutreffen mag; aber gerade die Brechung des sonst übertriebenen Zugs ins ästhetisierend Monumentalische läßt im nicht mehr verleugneten Bezug auf subjektiv Erfahrenes oder Erfahrbares lyrische Töne entstehen, die die Zeit von etwa 1892 bis 1896 als den Höhepunkt von Georges lyrischer Produktion erscheinen lassen.

Im Jahre 1894 sind die ›drei Bücher‹ erschienen, in denen George im Stil wie in der Motivik sich drei historischen »bildungswelten« – der Antike, dem Mittelalter und dem Orient – anzugleichen versuchte: *Die Bücher der Hirten- und Preisgedichte, der Sagen und Sänge und der Hängenden Gärten*. Nicht aber am Streben nach Einfühlung ins Fremde und Vergangene sollen in den jeweiligen Gedichtzyklen die drei Bildungswelten vergegenwärtigt werden, sondern als »spiegelungen einer seele die vorübergehend in andere zeiten und örtlichkeiten geflohen ist und sich dort gewiegt hat« (I,63). Im Vordergrund steht nicht mehr die Selbstbewußtheit des Herrschers, sondern in je verschiedener Ausprägung Abschied und Entbehren, Trauer und Verzicht, wobei George bemüht ist, die Denkweise der jeweiligen Zeit anklingen zu lassen. Der Antike eignet die stetige Gelassenheit, die unerschütterliche Ergebenheit, mit der die einzelnen Gestalten sich einem höheren Willen, dem Schicksal oder den Göttern unterwerfen. So pflegen – im Gedicht *Jahrestag* – die beiden Frauen, die vor sieben Jahren »am brunnen« hörten, daß ihnen »am selben tag der bräutigam« gestorben war, in »frommer wiederholung« alljährlich den gleichen Ritus und holen wieder Wasser »im krug aus grauem thone« (I,65). Im Gedicht *Das Ende des·Siegers* hat dieser, »nachdem er die drachen der giftigen sümpfe bezwungen«, von der »geflügelten schlange« eine Wunde empfangen, »die nimmer verharschen« will, und sich »nach den engen bezirken der heimat« zurückgezogen, »allein sich in leiden verzehrend« (I,74). Dem Mittelalter ist der Zwiespalt zwischen dem Glauben und der Tat eigen, zwischen dem »Einsiedel« in seinem Frieden und seinem »vom land der wunder« zurückgekehrten Sohn, der ins »feld« ziehen muß (I,91); auch an den *Sängen eines fahrenden Spielmanns* – »Worte trügen · worte fliehen« (I,93) – wird die Trostlosigkeit desjenigen festgehalten, dessen Los es ist, nur singen und nicht lieben zu können: »Sieh mein kind ich gehe« (I,95). Das dem Orient gewidmete Buch besingt unter anderem »das den menschen fremde trauern / Des der ein königtum verlor« (I,114), also wieder den Verzicht auf Herrschaft. Die Trauer des Entbehren-Müssens erhält durchweg ein fremdes Kostüm, in dem sich aber »nicht mehr« äußert, »als in einigen von uns noch eben lebt« (I,63).

Ein aufschlußreiches Selbstbekenntnis enthält das Gedicht *Der Herr der Insel* (I,69 f.), das als Kontrafaktur zum bekannten Albatros-Gedicht Baudelaires – das von George auch übersetzt wurde – zu betrachten ist. Baudelaire kontrastiert die schöne Freiheit des ›Königs der Lüfte‹ mit den schmachvollen Demütigungen, die man ihm in irdischer Gefangenschaft angedeihen läßt, wo die »riesenhaften flügel« ihn »am gang« hindern (aus Georges Übersetzung; II,238). Georges sagenhafter Vogel bewohnt dagegen ein eigenes Reich, wo er »seit urbeginn« gelebt hat und mit dem er völlig eins ist; nicht sein ohnehin »schwerer« und »niedrer« Flug, sondern der ungestörte Besitz seiner »an zimmt und öl / Und edlen steinen« reichen Insel wird gerühmt. Sobald aber die »weißen segel / Der menschen« sich seinem Eiland zudrehn, sei er noch einmal »zum hügel« gestiegen, um ein letztes Mal »die ganze teure stätte zu beschaun«: »Verbreitet habe er die großen schwingen / Verscheidend in gedämpften schmerzeslauten.« Nicht mehr also die ›romantische‹ Dissonanz von Dichterstolz und irdischer Gefangenschaft, sondern eben die ›gedämpften Schmerzeslaute‹, welche die Harmonie der einstigen Schönheit in rückblickender Melancholie noch einmal erhaschen wollen, sind als Kennzeichen einer Lyrik symptomatisch, die um den eigenen Verlust trauert.

Den Höhepunkt erreicht diese frühe Lyrik Georges im Zyklus *Das Jahr der Seele* (1897), wo am ehesten von ›Naturlyrik‹ die Rede sein kann. Es wird wieder eine künstlich erlesene Landschaft heraufbeschworen, die aber – der schon genannten Akzentverschiebung gemäß, die nach dem Algabal-Zyklus einsetzt – nicht mehr mit jenen Edelsteinen glitzert, die der Härte der Herrscherlaune entsprechen. Vielmehr bringt hier einer die Ernte ein, den nur noch einzelne, übriggebliebene Farbtupfen der ihm fremd gewordenen Fülle des Lebens ansprechen:

Komm in den totgesagten park und schau:
[. . .]
Dort nimm das tiefe gelb· das weiche grau
Von birken und von buchs· der wind ist lau·
Die späten rosen welkten noch nicht ganz·
Erlese küsse sie und flicht den kranz.

(I,121)

Die gleiche Scheu vor der unmittelbaren Berührung durch die lebendige Natur spricht
aus dem Gedicht, das folgendermaßen einsetzt:

Wir schreiten auf und ab im reichen flitter
Des buchenganges beinah bis zum tore
Und sehen aussen in dem feld vom gitter
Den mandelbaum zum zweitenmal im flore.

(I,122)

(Die zweite Blüte des Mandelbaums ist bekanntlich unfruchtbar; und der Mandelbaum steht ohnehin draußen vorm Gitter, drinnen ist der ornamental angelegte
Buchengang, dessen Blätter zu dekorativem »flitter« stilisiert werden.) Schon die
menschliche Tätigkeit des gemessenen Auf- und Abschreitens bekundet eine recht
distanzierte Teilnahme am Schauspiel der herbstlichen Natur, die nur noch als
»dankbar« wahrgenommener, umhegender Raum einen ›gezähmten‹, anscheinend
auf den menschlichen Beobachter zugeschnittenen Rhythmus hervorbringt:

Wir fühlen dankbar wie zu leisem brausen
Von wipfeln strahlenspuren auf uns tropfen
Und blicken nur und horchen wenn in pausen
Die reifen früchte an den boden klopfen.

(I,122)

Als erlebnishaften Hintergrund kann man sich wohl einige Verse aus dem Unterabschnitt *Traurige Tänze* vergegenwärtigen, die ebenfalls das »steigende« – das heißt, zu
Ende gehende – Jahr zum Gegenstand haben, da der Glanz des Sommers nur noch in
matter Verhaltenheit zu spüren ist (»Rosen begrüssen dich hold noch / Ward auch ihr
glanz etwas bleich«). Da heißt es zum Schluß:

Verschweigen wir was uns verwehrt ist·
Geloben wir glücklich zu sein·
Wenn auch nicht mehr uns beschert ist
Als noch ein rundgang zu zwein.

(I,153)

Mit Recht hat Hugo von Hofmannsthal zu diesen Gedichten festgestellt, daß »die
geheimsten und tiefsten Zustände unseres Inneren in der seltsamsten Weise mit einer
Landschaft verflochten« sind; nur sind bei George »diese Jahreszeiten, diese Land-

schaften« doch wohl nicht ganz im Sinne Hofmannsthals jene »Träger des *Anderen*«, die die menschliche Seele »von außen« anwehen (E 497). Denn auf George trifft viel weniger als auf Hofmannsthal selbst der Satz zu, mit dem er diese Erscheinung begründet: »Wir besitzen unser Selbst nicht« (ebd.). Bei George wird das Gefährliche, Auflösende abgewehrt, es kommt eher ein reduziertes Ich in der ihm gemäßen Landschaft zu sich, welche Kongruenz von Ich und Welt von der Scheu vor der Unmittelbarkeit des Empfindens bestimmt ist. Bietet aber eine solche Kongruenz in der gedämpften Farbigkeit des Herbstes noch einen leisen Trost, so wird dieser durch die winterliche Kälte aufgehoben. »Die blume die ich mir am fenster hege« (I,129) stellt die winterliche Öde als zugleich naturhafte und seelische Erfahrung dar. Wenn die gehegte und »vorm froste« verwahrte Blume dennoch das Haupt hängt, »als ob sie langsam sterbe«, muß sie als Zeichen des Auslöschens der nunmehr in »bitternis« umschlagenden Erinnerung an »frühere blühende geschicke« mit »scharfen waffen« geknickt werden. Es bleibt eine Innerlichkeit, die sich nicht mehr durch die Natur mit sich selbst vermittelt und zur trostlosen Leere wird: »Nun heb ich wieder meine leeren augen / Und in die leere nacht die leeren hände«. Das Bewußtsein der ihrem Ende zuneigenden Zeit und das damit einhergehende ›Versterben‹ der Lebenskraft kommen in einem Gedicht zum Ausdruck, das die Georgesche Art zu dichten vom Vorgehen der Zeitgenossen abhebt:

Ihr tratet zu dem herde
Wo alle glut verstarb·
Licht war nur an der erde
Vom monde leichenfarb.

Ihr tauchtet in die aschen
Die bleichen finger ein
Mit suchen tasten haschen –
Wird es noch einmal schein!

Seht was mit trostgebärde
Der mond euch rät:
Tretet weg vom herde·
Es ist worden spät.   (I,165)

Indem er die Abkehr von jedem Versuch fordert, die verstorbene ›Glut‹ zu neuem ›Schein‹ zu erwecken, umreißt George das Bild einer Art von Dichtung, die sich dem kalten, fahlen, dem Leben abgewandten Licht des Mondes hingibt und in dieser Spiegelung das ihr gemäße Element findet.

Das labile Gleichgewicht dieser verhaltenen Affirmation ging aber in der Weiterentwicklung der Georgeschen Lyrik bald verloren. Schon 1899 nimmt das *Vorspiel* zum Gedichtzyklus *Der Teppich des Lebens und die Lieder von Traum und Tod* seinen Ausgang vom Erscheinen eines »Engels«, der dem von »tiefster kümmernis« geplagten Dichter neue Klarheit bringt:

Auf seinem haupte keine krone ragte
Und seine stimme fast der meinen glich:
Das schöne leben sendet mich an dich
Als boten [. . .]   (I,172)

Der Engel ist hier – wie auch sonst beim späteren George – ein erhöhtes Ich, ein
Vorwand zur Beglaubigung der eigenen Verkündigung. Diese Tendenz wird durch
die kurze Freundschaft mit dem von George schwärmerisch verehrten, schon im Alter
von 16 Jahren verstorbenen Maximilian Kronberger verstärkt, der in Georges Dichtung als ein leibhaftiger Gott (Maximin) erscheint: »Ich seh in dir den Gott / Den
schauernd ich erkannt / Dem meine andacht gilt« (I,279). Nur durch das Erscheinen
einer solchen Gestalt gewinne das nun als »mürb und feig und lau« (I,418) verschriene
Zeitalter einen festen Mittelpunkt und die Hoffnung auf Regeneration: »Preist eure
stadt die einen gott geboren! / Preist eure zeit in der ein gott gelebt!« (I,284). Das
traurig Abwegige der späteren Dichtung Georges – *Der Siebente Ring* (1907), *Der
Stern des Bundes* (1914), *Das Neue Reich* (1928) – besteht darin, daß er immer
rückhaltloser einer ästhetisierenden Sektiererei anheimfiel, gleichzeitig aber immer
selbstbewußter vor die Öffentlichkeit trat, um ein »Neues Reich« zu verkünden, »wo
grosses wiederum gross ist / Herr wiederum herr· zucht wiederum zucht« und wo das
»wahre sinnbild auf das völkische banner« geheftet wird (I,418). (George hat dabei
allerdings vom esoterischen Gehabe genug bewahrt, um sich mit den neuen Machthabern nicht gemein zu machen; er starb 1933 im schweizerischen Exil.) Wenn auch
George und der George-Kreis im deutschen Kulturleben des ersten Drittels dieses
Jahrhunderts entscheidende Entwicklungen mitgeprägt haben, so ist die überzogene
Hymnik der späteren Dichtungen Georges doch kaum mehr als ein lyrischer Seiten-
trieb, der bald verholzt.
Im Gegensatz zu George fehlt bei Hugo von Hofmannsthal (1874–1929) die ausschließliche Ausrichtung auf ästhetische Exklusivität; schon das Frühwerk – nicht erst
der von Hofmannsthal so genannte ›soziale Weg‹ der späteren Werke – läßt sich als
Abrechnung mit einem Ästhetizismus verstehen, der dem von George Propagierten
zumindest verwandt ist. Zwar sind die frühesten Gedichte Hofmannsthals zuerst in
den *Blättern für die Kunst* erschienen, aber schon in den persönlichen Beziehungen
machte sich bald eine – im Briefwechsel nachlesbare – wachsende Entfremdung
bemerkbar, die den jüngeren Hofmannsthal veranlaßte, sich dem recht ungestümen
Werben Georges zu entziehen. Die schmale lyrische Produktion Hofmannsthals, die
weitgehend aus den Jahren 1892 bis 1900 stammt, ist in der Entwicklung seines
Gesamtwerks eine vorübergehende Phase, die mit den Merkmalen einer ›Krise‹
behaftet ist, deren sich Hofmannsthal selbst nur allzu gut bewußt war.
Durchgehendes Thema der Lyrik ist die Auflösung der Ich-Identität in einem Strom
von Erfahrungen, dem sich nur das Fluidum der Poesie adäquat zeigt. Eine erste,
typische Gestaltung findet dieses Thema im Gedicht *Vorfrühling* (G 17 f.). Subjekt
des ersten Satzes – und im großen und ganzen des gesamten Gedichts – ist der
»Frühlingswind«, der »in seinem Wehn« »seltsame Dinge« mit sich trägt. Diese Dinge
sind aber nicht nur Gegenständlich-Aufgewirbeltes (»Akazienblüten«), sondern auch
im Vorüberwehen erhaschte Fragmente menschlichen Erfahrens und Fühlens:

Er hat sich gewiegt,
Wo Weinen war,
Und hat sich geschmiegt
In zerrüttetes Haar,

Er schüttelte nieder
Akazienblüten
Und kühlte die Glieder,
die atmend glühten.

Lippen im Lachen
Hat er berührt,
Die weichen und wachen
Fluren durchspürt.

Durch die Technik des aufzählenden Aneinanderreihens des an sich Disparaten wird ein indifferent Durcheinandergespieltes erzielt, das die menschlichen Empfindungsmomente ihrem Erlebniszusammenhang entzieht, ihrem Träger entfremdet und in ein neues Kontinuum eingehen läßt. »Weinen« und »Lachen« sind keine subjektgebundenen Äußerungen mehr, sondern Unbestimmtes und Ungebundenes, durch die »glatten / Kahlen Alleen« getriebene »blasse Schatten«. Die Abwechslung des Reimschemas – ein umklammernder Reim tritt an die Stelle des bisher durchweg herrschenden alternierenden Reimes – läßt auf das Wort »Schatten« ein zusätzliches Gewicht fallen, das durch die Reimanordnung der darauf folgenden Schlußstrophe noch verstärkt wird:

Und den Duft,
Den er gebracht,
Von wo er gekommen
Seit gestern Nacht.

Das Wort »Duft« steht als einzige männliche Schlußsilbe ohne Reim da und bildet somit den Ziel- und Höhepunkt des Gedichts. Der Duft ist Inbegriff des Flüchtigen, zugleich aber das einzig Bewahrende, in dem das Vergängliche von »gestern Nacht« weitergetragen wird.

Aus solchen Versen spricht das historische Bewußtsein des jungen Hofmannsthal, der – im »Wertvakuum«[28] Wien lebend und in mehreren europäischen Sprachen bewandert – sich der nachhaltigen Wirkung, aber auch der Unverbindlichkeit der mannigfaltigsten historischen Bezüge durchaus bewußt war. Das einzig Verbindliche im historischen Kontinuum war ihm aber das ›dichterische Dasein‹. *Vom dichterischen Dasein* (RA 82–87) ist ein Aufsatz überschrieben, der zum Teil ähnliche Bilder verwendet wie das soeben besprochene Gedicht – nur legt Hofmannsthal hier konsequenter als im Gedicht eine Ortsbestimmung der Poesie vor, wie sie im gegenwärtigen »Weltzustande« auftritt. Diese Zeit wird dichtungsgeschichtlich gegen jene frühere Epoche abgegrenzt, auf der die »Grundlage unserer Bildung« beruht, nämlich »jene kurzen Dezennien zwischen 1790 und 1820«, denen neben Novalis und Hölderlin insbesondere Goethe das entscheidende Gepräge gegeben hat. Damals war die Poesie noch intakt, indem jene Dichter eine »Klarheit« bewahrt haben, die auch »die Zeit, in der ihr Fuß wurzelt«, den »Untergrund ihres Daseins« erhellte, dessen »Gehalt« in ihm »wie Adern von Erz« ruht. Als »Eingeweihter« der Natur stand etwa Goethe »ganz in ihr und ganz im Menschlichen«. Demgegenüber ist nach Hofmannsthals Darlegungen der neuere »Weltzustand« durch die Vorherrschaft einer »schrankenlosen Empirie« und einer »ins Grenzenlose getriebenen Mechanik« gekennzeichnet, so daß die neue Epoche nicht mehr »gegen die Natur hinausstrebt«, sondern diese »sich furchtbar wiederum gegen uns hereinbewegt« und die menschlichen Kräfte »gelähmt und betäubt« hat. Auch in diesem Zusammenhang entsteht eine zeitliche und räumliche Entgrenzung, »ein unabsehbares Hereinströmen der Vergangenheit, unabsehbares Hereinströmen der inkongruenten ungeheueren Gegenwart«, wodurch »die geistigen Welten unheimlich ineinanderstürzen« und »das ganze Weltbild« in »Beziehungen« aufgelöst wird. Während jeden anderen – den Beamten, den Geschäftsmann, den Mann der Wissenschaft, den Journalisten, den Reichen, den Adligen, den Arzt – die Auflösung aller Begriffe in »unendliche Relativitäten« zum »Seekranken« macht, kann in einer solchen Zeit nur demjenigen wohl sein, der »die unheimliche Kraft hätte, das ganze Weltbild sich aufzulösen in Beziehungen und mit dem Begriff, daß alles schwebe und schwebend sich trage, hauszuhalten«. Ohne festen Mittelpunkt, preisgegeben an das schwebend sich Tragende, erhält somit das ›dichterische Dasein‹ eine neue Bestimmung, die Hofmannsthal als die seiner Zeit gemäße verstanden wissen will.

Hofmannsthal ist es demnach – mit dem Blick auf seine Zeit als letzten Bezugspunkt seiner Lyrik – »um das Dasein des dichterischen Wesens in unserer Epoche zu tun« (RA 56). So schließt der einleitende Teil der Rede *Der Dichter und diese Zeit*. Dem »Begriff des Dichters« als einem scheinbar gesicherten, »ruhenden und reich erfüllten« wird die »Atmosphäre« eines Weltzustands entgegengehalten, der durch »Myriaden sich kreuzender Schwingungen« (RA 55) gekennzeichnet ist. So sind die »Depressionen« und »Verworrenheiten« des Dichters keine privaten Empfindungen, sondern »unpersönliche Zustände«, die von den auf ihn eindringenden »Dingen« ihre »Farbe« gewinnen: seine Schmerzen sind nicht »innere Konstellationen«, sondern »Konfigurationen der Dinge in ihm« (RA 72), deren Spielball und Sklave er ist. Da er »unaufhörlich in den Elementen der Zeit« untertaucht und »sich niemals über die Elemente der Zeit zu erheben« vermag (RA 75), wird er zum Seismographen der Zeit. Die Begründung seines Tuns liegt darin, daß er einer »unstillbaren Sehnsucht« seiner Zeitgenossen entgegenkommt, die an der »Vieldeutigkeit und Unbestimmtheit« (RA 60) der Epoche leiden und nur an der Fähigkeit des Dichters, zwischen allen Erscheinungen die »Welt der Bezüge« (RA 68) herzustellen, die Möglichkeit haben, dem Auseinanderfallen Einhalt zu gebieten. Damit ist aber nicht gesagt, daß im ›dichterischen Dasein‹ die fehlende »Synthese« (RA 75) nun doch zustande kommt; im Gegenteil, da der Dichter nur »Erscheinungen« (RA 67) kennt, ist sein Werk kein im Ich zentrierter, gegliederter Zusammenhang, sondern eher eine diffuse Verknüpfung von Bezügen, die aber als einzig mögliche Verbindung von zeitlich und räumlich Disparatem auch dem Zeitgenossen des Dichters eine mitfühlende Teilnahme am Leben der Zeit ermöglichen soll.

Wenn dem Dichter somit eine ›unpersönliche‹ Funktion zugesprochen wird, wenn er sein Selbst nicht besitzt – »wir besitzen unser Selbst nicht: von außen weht es uns an« (E 497) –, so heißt das nicht, daß Ichhaftes völlig untergeht. Die »Verfassung unseres Daseins«, die »der Poesie entgegenkommt« (E 498), besteht nämlich darin, daß das Elementare, in das das Ich eintaucht, in das es sich auflöst, eben dadurch mit Ichhaftem durchsetzt wird, so daß die Poesie »aus allen ihren Verwandlungen [. . .] nichts anderes zurückbringen [wird] als den zitternden Hauch der menschlichen Gefühle« (ebd.). Als ambivalentes, aber verbindendes Element nennt Hofmannsthal immer wieder den ›Traum‹, in dem menschliche Gefühle als nicht mehr im Ich zentrierte das Ich ›anwehen‹ – im Unterschied etwa zu George, der auch den Traum als Verschmelzung von »Ich und Du· Hier und Dort· Einst und Jetzt« (I,531) versteht, aber so, daß in der Widerspiegelung des Ich, sei es in den Jahreszeiten und Landschaften, sei es in den entfernteren Bildungswelten, eine in sich zurücklaufende Selbstverständigung zustande kommt.

Als Beispiel der lyrischen Darstellung einer solchen Thematik nehmen wir die Gedichtreihe *Terzinen* (G 21 f.), die vom Motiv der Vergänglichkeit ausgeht, aber am Schluß den ›Traum‹ in den Mittelpunkt rückt. Hier prägt sich die Vergänglichkeit nicht nur im Verlust der »nahen Tage« aus (»daß alles gleitet und vorüberrinnt«), sondern auch darin, daß »mein eignes Ich [. . .] mir wie ein Hund unheimlich stumm und fremd« gegenüberzustehen kommt; woraus folgt, daß das Vergangene eben nicht endgültig vergangen ist, weil es in der Gegenwart als Elementares immer noch mitschwingt: »Dann: daß ich auch vor hundert Jahren war / Und meine Ahnen, die im Totenhemd, / Mit mir verwandt sind wie mein eignes Haar.« Das dritte Gedicht ordnet mit einem Shakespeare-Zitat das menschliche Leben dem Traum grundsätzlich zu (»Wir sind aus solchem Zeug wie das zu Träumen«), hält aber in einem ausgedehnten, differenzierten Vergleich die Ambivalenz des Traums – als zugleich Innen und Außen, Subjekt und Objekt – fest:

> Und Träume schlagen so die Augen auf
> Wie kleine Kinder unter Kirschenbäumen,
>
> Aus deren Krone den blaßgoldnen Lauf
> Der Vollmond anhebt durch die große Nacht.
> . . . Nicht anders tauchen unsre Träume auf,
>
> Sind da und leben wie ein Kind, das lacht,
> Nicht minder groß im Auf- und Niederschweben
> Als Vollmond, aus Baumkronen aufgewacht.

Für das naive Kind, das – wie der Dichter – nur »Erscheinungen«, das unmittelbare Aussehen der Dinge wahrnimmt, hebt der Mond seinen Lauf in den Baumkronen an: das Lachen drückt das Staunen wegen der unbegreiflichen Vollkommenheit der Erscheinung aus. Aber die Träume sind nicht nur die so Sehenden, die die Augen aufschlagen, sondern – als Vollmond – sind sie zugleich das so Gesehene. Man kann sie nicht begreifen, weil man staunend feststellt, daß man sie auch selbst ist:

Das Innerste ist offen ihrem Weben;
Wie Geisterhände in versperrtem Raum
Sind sie in uns und haben immer Leben.

Und drei sind Eins: ein Mensch, ein Ding, ein Traum.

Das lyrische Dichten wäre somit der zur Sprache gewordene Traum von jener
›Magie‹, die die Verbindung der Dinge ist. Daran rührt das Gedicht *Ein Traum von
großer Magie* (G 24 f.), das sich in das Bild eines Magiers, eines »Ersten, Großen«,
erinnernd versenkt. Nur ein solcher Magier konnte »traumhaft aller Menschen Los«
fühlen, »so wie er seine eignen Glieder fühlte«, und »allen Lebens großen Gang [. . .]
in großer Trunkenheit« genießen. Der gegenwärtige lyrische Dichter – so können wir
diesen Gedanken ergänzen – erfaßt nur Fragmente und Ahnungen des großen
Traums, der in ihm lebt – er »lebt in mir wie ich in meiner Hand« –, den er aber nicht
zum Objekt machen kann, weil die Fähigkeit des Begreifens verlorengegangen ist. In
diesem Sinne wird in dem so überschriebenen Gedicht ein *Weltgeheimnis* (G 20)
hypostasiert, das einmal ›gewußt‹ wurde, wenn es auch nicht ausgesprochen werden
konnte: »Der tiefe Brunnen weiß es wohl, / Einst waren alle tief und stumm, / Und alle
wußten drum.« Nach dem Erwachen des Ichbewußtseins wird das Geheimnis aber
»nicht begriffen«, sondern nur in flüchtigen Augenblicken der Entrückung geahnt.
Der Mann, der »irr« redet und »ein Lied« singt; das Kind, das »nichts von sich selbst«
weiß; das liebende und geliebte »Weib«: sie rühren alle an die tiefe »Kunde«, die in
ihrem Leben und ihren Träumen verkörpert ist, die aber nur noch »nachgelallt«
werden kann. Das Geheimnis liegt in »unsern Worten [. . .] drin«, aber gleich dem
Edelstein im Kies, den auch »des Bettlers Fuß« trifft, der aber nicht zutage gefördert
werden kann. Das stumme Wissen ist somit durch den nur ahnenden Traum abgelöst
worden: »Der tiefe Brunnen weiß es wohl, / Einst aber wußten alle drum, / Nun zuckt
im Kreis ein Traum herum.«
Eine nähere begriffliche Bestimmung jener Art von ›Bezauberung‹, die der Poesie
eigen ist, nimmt Hofmannsthal in seinem *Gespräch über Gedichte* (E 495–509) vor,
wo er auch sein Verständnis des Symbolischen umreißt. Dieses unterscheidet sich
wesentlich von dem ›klassischen‹ deutschen – Goetheschen – Symbolbegriff, insofern
es Hofmannsthal eben nicht auf das Zusammenfallen des Einzelnen und des Allgemeinen ankommt, aber auch von dem ›symbolistischen‹ Symbolbegriff, wonach der
Dichter »eine Sache für eine andre setzt« (E 501). Denn der Dichter verfügt nicht
über Symbole, sondern diese »bezwingen« ihn, indem er sich »in den Symbolen«
(E 503) auflöst. Zum Vergleich verweist Hofmannsthal auf denjenigen, der im
religiösen Ritus ein Tier opfert und »in dem Tier gestorben [ist], einen Augenblick
lang« (E 502), sich »für die Dauer eines Atemzugs in dem fremden Dasein aufgelöst«
(E 503) hat. Die Symbole der Poesie beruhen demnach auf einem fast mystischen
Hineinsterben in den Gegenstand, ja die Analogie mit den »Symbolen des Glaubens«
(E 502) wird ausdrücklich aufrechterhalten. Diese Symbole sind das Produkt eines
›Augenblicks‹, da sie sich der Kontinuität der zeitlichen Erfahrung entziehen. Als
einen »Herakles« der so verstandenen Poesie beruft sich der Gesprächspartner, der
offenbar die Meinung des Autors vorträgt, auf Goethe, namentlich auf das Gedicht
Selige Sehnsucht (E 507–509). Goethes Gedicht dürfte allerdings anders zu verstehen

sein: das »Stirb und werde« bezieht sich auf die Neugeburt, die auf die Selbstpreis-
gabe folgt, in größerem Zusammenhang auf das rhythmische Atmen des Lebens (die
die Schlußstrophe einleitende Apostrophe: »so lang du das nicht hast« erhebt das
Gesetz des »Stirb und werde« zum Gebot des erfüllten menschlichen Lebens),
während Hofmannsthal nur die Geburt des Gedichts im Auge hat, dem keine
Neuerstehung des Ich entspricht: auf das ›Sterben‹ folgt gleichsam kein ›Werden‹.
So gesehen steht die Hofmannsthalsche Lyrik an der Grenze der eigenen Auflösung.
Das damit gegebene krisenhafte Moment wird in dem sogenannten Chandos-Brief –
Ein Brief (E 461–472) – von 1902 thematisiert, in dem Lord Chandos dem Zeitgenos-
sen Francis Bacon den »gänzlichen Verzicht auf literarische Betätigung« (E 461)
ankündigt. Die den Verzicht begründende Rechenschaftsablegung über das eigene
Werk gewinnt einen besonderen Reiz dadurch, daß der Selbstrechtfertigungsversuch
des Lord Chandos gegenüber Francis Bacon – bei allem Gedenken der »gemeinsamen
Tage schöner Begeisterung« (E 462) – Hofmannsthals Abwehr des als herrschsüchtig
empfundenen Anspruchs von Stefan George mitklingen läßt: die Absage an die
Rationalität Bacons gilt auch dem Ästhetizismus Georges.
Es handelt sich aber im Chandos-Brief um eine doppelte Krise, von der nur der
zweite Aspekt die Lyrik betrifft. Zunächst blickt der Lord – wie Hofmannsthal auch
sonst – auf frühere Zeiten zurück, da eine umfassende ›Synthese‹ noch möglich
erschien. Ihm hat ein enzyklopädisches Projekt vorgeschwebt, das als einheitlicher
Entwurf »das ganze Dasein als eine große Einheit« umfassen sollte: »geistige und
körperliche Welt schien mir keinen Gegensatz zu bilden, ebensowenig höfisches und
tierisches Wesen, Kunst und Unkunst, Einsamkeit und Gesellschaft« (E 463 f.).
Diese so »aufgeschwollene Anmaßung« (E 464) ist jetzt gescheitert, und zwar deswegen, weil ihm die »Fähigkeit abhanden gekommen [ist], über irgend etwas zusammenhängend zu denken oder zu sprechen«. Gerade die Begriffe haben ihre Gültigkeit
verloren, die »abstrakten Worte« sind ihm »im Munde wie modrige Pilze« (E 465)
zerfallen. Der Ganzheitsentwurf versagt gegenüber dem Andrang der einzelnen
Erscheinungen, die kein Ganzes abgeben: »Es zerfiel mir alles in Teile, die Teile
wieder in Teile, und nichts mehr ließ sich mit einem Begriff umspannen« (E 466).
Damit rückt der Verfasser des Briefes von der bisher herrschenden Denkweise ab, die
Hofmannsthal an anderer Stelle mit der Formel des »geformten Gedankens« (E 506)
umschreibt.
Dieser ersten ›Krise‹ – dem Versagen der überlieferten, ›geformten‹ Sprache – wird
nun als einzige zukunftsträchtige Möglichkeit die Ausrichtung auf die »guten Augenblicke« (E 467) entgegengehalten, die nicht von dem umspannenden Begriff, sondern
von zufällig gegebenen Erscheinungen getragen werden. Solche Erscheinungen drin-
gen ohne die Vermittlung des Gedankens mit solch unmittelbarer Gewalt auf den
Wahrnehmenden ein, daß dieser gleich zum »Gefäß« (E 467) eines sich offenbaren-
den Dinges wird. Jeder beliebige Gegenstand genügt, um eine solche ›Offenbarung‹
auszulösen und zum Gegenstand einer Art Epiphanie zu werden, bei der schon eine
»Zusammensetzung von Nichtigkeiten« den Betroffenen mit der »Gegenwart des
Unendlichen durchschauert« (E 469).
Mit dieser Ankündigung wird die ›Krise‹ auch der so konzipierten Lyrik aufgedeckt:
Nicht das sich auflösende Ich, sondern die ›Dinge‹, in die das Ich hinüberfließt,
müßten zum Träger der poetischen Sprache werden; diese hat demnach im ›symboli-

schen‹ Sinne den Tod des Ich zur Voraussetzung. Da nun jede bekannte Sprache an die Kategorien des ›geformten Gedankens‹, an die Selbstbezogenheit des Ich gebunden ist, bedürfte es einer neuen, einer ›Meta‹-Sprache, die aus einem »Material« bestehen müßte, »das unmittelbarer, flüssiger, glühender ist als Worte« (E 471). Es wäre eine Sprache, in welcher »die stummen Dinge zu mir sprechen« (E 472). Es ließe sich wohl schwer bestimmen, wie nun Gedichte aussehen sollen, die in einer Sprache geschrieben sind, »von deren Worten [. . .] auch nicht eines bekannt ist« (E 472). Auf jeden Fall stellt die Reduktion auf diese Sprache, deren Wesen es sein soll, mit den Mitteln der Sprache über die Grenzen der ichgebundenen Sprache hinauszugehen, die Lyrik vor eine schwer überwindbare ›Krise‹: da die so konzipierte ›neue‹ Sprache erst aus dem Versagen der ›alten‹ literarischen Sprache hervorgeht, liegt noch in deren Affirmation eine Verschärfung der ›Krise‹, in die mit der Auflösung des Ich die poetische Sprache überhaupt geraten ist. Hofmannsthals eigene Lyrik ist weniger ein Vorstoß in das so gesehene neue Gebiet als vielmehr ein melancholisches Abschiednehmen von der lyrischen Vergangenheit.

Zu verdeutlichen wäre diese Grenzsituation etwa am Gedicht *Erlebnis* (G 19),. in dessen Titel ja schon die Orientierung an den herbeigewünschten ›guten Augenblicken‹ zu erkennen ist. Das ›Erlebnis‹ ist indes keine ›Offenbarung‹ eines ›Dinges‹, sondern besteht aus zwei Momenten, ist also schon durch Reflexion gebrochen: einmal ist es die Erfahrung der Ichauflösung, zum andern der Rückblick auf das in der Erinnerung noch Festzuhaltende, das sich aber als ahnende Vorwegnahme des jetzt vollzogenen ›Erlebnisses‹ erweist. Zur Zeit der »Dämmerung«, da keine festen Grenzen mehr zu ziehen sind, »verschwimmen« auch die »dämmernden Gedanken«:

> Und still versank ich in dem webenden,
> Durchsichtgen Meere und verließ das Leben.
> [. . .] Und dieses wußte ich,
> Obgleich ichs nicht begreife, doch ich wußt es:
> Das ist der Tod.

Das Verschwimmen im »tiefen Schwellen / Schwermütiger Musik« wird nur noch durch ein »namenloses Heimweh« unterbrochen, das »lautlos [. . .] nach dem Leben« weint,

> Wie einer weint, wenn er auf großem Seeschiff
> Mit gelben Riesensegeln gegen Abend
> Auf dunkelblauem Wasser aus der Stadt,
> Der Vaterstadt, vorüberfährt. Da sieht er
> Die Gassen, hört die Brunnen rauschen, riecht
> Den Duft der Fliederbüsche, sieht sich selber,
> Ein Kind, am Ufer stehn, mit Kindesaugen,
> Die ängstlich sind und weinen wollen, sieht
> Durchs offene Fenster Licht in seinem Zimmer –
> Das große Seeschiff aber trägt ihn weiter
> Auf dunkelblauem Wasser lautlos gleitend
> Mit gelben fremdgeformten Riesensegeln.

Der Rückschauende verweilt in Gedanken bei den vertrauten Erscheinungen der Kindheit – Gasse, Brunnen, Duft, Licht –, das Kind aber – das eigene frühere Ich – steht am Meeresufer, ist gleichsam jetzt schon von dem unaufhaltsamen Zug in die Fremde geprägt. Das hier dargestellte kindliche Bewußtsein gemahnt an das Staunen über den Vollmond in den *Terzinen*, wo schon das naive Schauen der Erscheinungswelt sich als Teil jenes ›Traums‹ erweist, das ›Mensch‹ und ›Ding‹ in eins setzt. So stellt das Gedicht das ›Erlebnis‹ der Bezauberung durch die ›Musik‹ des ›Todes‹ dar, von der auch die nur scheinbar der dahinfließenden Zeit widerstehenden Erscheinungen erfaßt werden, so daß sie letztlich zum bloßen Gegenstand einer wehmütigen Erinnerung werden. Diese wehmütige Erinnerung bestimmt den Grundcharakter von Hofmannsthals Lyrik, deren geschichtliche Stellung durch die auch von ihm selbst reflektierte lyrische ›Sprachkrise‹ mitgeprägt ist.

Die Lyrik von Rainer Maria Rilke (1874–1926) läßt sich in einem wesentlichen Sinne als Versuch einer Realisierung dessen betrachten, was Hofmannsthal vorschwebt, bei ihm aber von der Ichauflösung bedroht und mit dem Bewußtsein der ›Krise‹ behaftet ist. Man denke vor allem an den zweibändigen, 1907 und 1908 erschienenen Zyklus der *Neuen Gedichte*, wo Rilke das Unreife, auch Prätentiöse seiner früheren Lyrikbände – des *Stunden-Buchs* und des *Buchs der Bilder* – weitgehend abstreift und einen neuen, durchdachten, mit sicherer Handhabung seiner sprachlichen Mittel gestalteten Gedichttyp verwirklicht.

Schon vor der Entstehung der *Neuen Gedichte* hatte aber ein Prozeß eingesetzt, bei dem sich Rilke in mehreren Ansätzen Rechenschaft ablegte über die Bedingungen seiner neuen Kunst. Als Ergebnis seines Aufenthalts in der Worpsweder Malerkolonie entstand 1902/03 seine Abhandlung *Worpswede*, deren Einleitung (V,9–34) die Grundsätze der Landschaftsdarstellung in der Malerei behandelt und in manchem die noch zu entwickelnde Konzeption der eigenen Dichtung vorwegnimmt. Für Rilke sind die Zeiten der ›romantischen‹ Landschaftsmalerei vorbei, wo die Natur als Vorwand für menschliche Gefühle diente. Wie es immer weniger glaubwürdig werde, daß der »Mensch, der mit den Menschen lebt, [. . .] die Natur nur so weit sieht, als sie sich auf ihn bezieht« (V,13), und sie – von einzelnen großen Künstlern auch der Vergangenheit abgesehen – nur in »Bruchstücken« (V,16) wiedergibt, so sei die Natur »ein Fremdes für uns« geworden (V,10) und fordere als Fremdgewordenes eine neue Darstellungsart. Es komme darauf an, »sich selbst irgendwo in ihre großen Zusammenhänge einzufügen« (V,14), in die »große, teilnahmslose, gewaltige Natur« (V,17), der die »großen Gesetze des Weltalls« innewohnen: »die Landschaft ist bestimmt, sie ist ohne Zufall« (V,25). In der künstlerischen »Wahrscheinlichkeit« in der Darstellung der Natur paare sich die ›Weisheit‹, die »vielleicht der Wahrheit am nächsten kommt«, mit der Naivität desjenigen, der »die Menschen zu den Dingen stellt«: er sei »der Freund, der Vertraute, der Dichter der Dinge« (V,33). Diese Formel hat weiterhin Gültigkeit: als ›Dichter der Dinge‹ hat Rilke nämlich zu sich als Dichter gefunden – wobei noch vorausgreifend hinzuzufügen wäre, daß damit nicht in erster Linie die Ausrichtung auf die Landschaft im buchstäblichen Sinne, auf Nicht-Menschliches gemeint ist, sondern vielmehr die Darstellung von Menschlichem, als wäre es Landschaftliches (so wie für Rilke »das Geheimnis und die Hoheit Rembrandts« darin lag, daß er »Menschen wie Landschaften sah und malte«; V,17).

Der große Vorgänger auf diesem Gebiet war für Rilke der Bildhauer Auguste Rodin, der »in einem ungeheueren Bogen [. . .] seine Welt über uns hingehoben und [. . .] sie in die Natur gestellt« (V,242) hat. Mit diesem Satz schließt der 1907 erschienene zweite Teil der Monographie *Auguste Rodin*, deren erster Teil schon 1902 vorlag. An Rodin bewundert Rilke die Fähigkeit, »demütig, dienend, hingegeben« (V,217) zu ›arbeiten‹: anstatt sich von der »Inspiration« (V,226) des eigenen Genies leiten zu lassen, hat sich Rodin gleichsam selbstlos in die Natur hineinversetzt: »Zu arbeiten wie die Natur arbeitet, nicht wie Menschen, das war seine Bestimmung« (ebd.). Das ›Natur-Ding‹ ist nach Rilkes Vorstellung von innerer »Gesetzmäßigkeit« (V,219) bestimmt, ist also kein ›gesehenes‹, sondern ein in sich seiendes, das nicht der Sicht des Betrachters unterworfen ist und das als eine »Insel, abgelöst von dem Kontinent des Ungewissen« (V,217), um sich seinen eigenen Raum schafft, sich des »Lichts« und des »Raums« bemächtigt (V,219). Das ›Ding‹ ist im eigenen In-sich-Kreisen zentriert. Wenn solche Dinge nun künstlerisch ›gemacht‹ werden, so wird vom Künstler gefordert, über die Gebundenheit des eigenen Sehens hinauszugehen und die in sich seiende Beschaffenheit des Dinges neu und gesteigert entstehen zu lassen. Ist das die Naturgesetze verkörpernde ›Ding‹ schon »bestimmt«, so muß »das Kunst-Ding [. . .] noch bestimmter sein; von allem Zufall fortgenommen, jeder Unklarheit entrückt«.[29] Aber auch in anderer Hinsicht zeigt sich, daß »ein künstlerisches Ganzes nicht notwendig mit dem gewöhnlichen Ding-Ganzen zusammenfallen muß«. Als geschaffenes bereichert es das Wirkungsfeld des Dinges um den ganzen Raum der menschlichen Subjektivität, so daß »neue Einheiten entstehen, neue Zusammen-schlüsse, Verhältnisse und Gleichgewichte« (V,163). Das ›Kunst-Ding‹ ist sowohl eine Angleichung an das ›Natur-Ding‹ als auch dessen Erweiterung und Steigerung: »So ist das eine der namenlose Fortschritt über das andere hinaus, die stille und steigende Verwirklichung des Wunsches, zu sein, der von allem in der Natur ausgeht.«[30]
Diese Steigerung ist aber zugleich der große Sprung, den Rilke in seiner Dichtung leisten will: der Sprung über die Subjektgebundenheit, über das sich mit sich selbst verständigende ›Ich‹ als Träger der Sprache hinaus, um durch das ›symbolische‹ Vermögen der poetischen Sprache menschliches Fühlen in dinglich Wirkendes zu verwandeln. Widersprüchlich – paradox – ist dieses Vorhaben, insofern das Ding sich dem Bestimmtwerden durch die subjektgebundene Sprache entzieht, ja nicht der Sprache, sondern der ›Stille‹ zugeordnet wird. Rilke spricht von der »Stille, die um die Dinge ist«, von der »großen Beruhigung der zu nichts gedrängten Dinge« (V,208). So dient im geschaffenen Kunst-Ding die Sprache dazu, die ›Stille‹ zu evozieren, die nicht dem sehenden und fühlenden Ich, sondern dem Ding inhärent ist.
Gegenüber dem Versuch Hofmannsthals, das von ihm so bezeichnete ›symbolische‹ Sprechen zu begründen, ist das Rilkesche Sich-Versetzen in das Ding kein Hineinster-ben, sondern ein Verwandeln, das durch die Verschiebung des Blickpunkts vom Ich zum Ding als eigenem – wenn auch ›stillem‹ – Kraftzentrum ermöglicht wird. Während für Hofmannsthal der Titel *Erlebnis* der Darstellung eines wehmütigen Abschiednehmens gilt, steht er bei Rilke für etwas ganz anderes, nämlich für den Zustand, in dem die Verwandlung des Ichs vollzogen ist. *Erlebnis* sind zwei kurze Prosastücke (VI,1036–42) überschrieben, in denen von einem »außerordentlichen Zustand« die Rede ist: die »fast unmerklichen Schwingungen« der Natur, des

»unaufhörlich Herüberdringenden« führen einen Zustand herbei, in dem es so scheint, als sei man »auf die andere Seite der Natur geraten«. Dank der damit gegebenen Umdrehung seines Wesens ist sein »Blick [. . .] nicht mehr vorwärts gerichtet« (in intentionaler Bezogenheit), sondern »verdünnt« sich »dort, im Offenen«. So glaubt er, »das leichte Aufruhen der inzwischen eingetretenen Sterne in seiner Brust zu fühlen«, ja der »Geschmack der Schöpfung« ist »in seinem Wesen«. Demgemäß kommt er sich wie ein »Revenant« vor, der – eben von der ›anderen Seite der Natur‹ kommend – »zu diesem allen hier nur *zurückkehrte*«. Das Versetztwerden in diese »einzige Stelle reinsten, tiefsten Bewußtseins« ist für Rilke Voraussetzung und Thema seines Dichtens.

Eine nachträgliche Bestätigung der an Rodin gewonnenen Einsichten brachte Rilke die Begegnung mit dem Werk des 1906 verstorbenen Malers Paul Cézanne, das er im Herbst 1907 in einer Gedächtnisausstellung in Paris kennenlernte und über das er in einer Reihe von Briefen an Clara Rilke berichtete. Auch an Cézanne wird immer wieder die »Sachlichkeit«[31] betont, mit der sich dieser dem »unbeherrschten Schauen«[32] hingibt, und zwar so selbstlos, daß er »wie ein Hund«[33] vor dem Gegenstand seines Bildes sitzt. Insbesondere ist die Überwindung der ›Perspektive‹ – die Schaffung eines »Bildraums, der nicht mehr einen der Einfühlung zugänglichen Wirklichkeitsraum bedeutet«[34] – für Rilke das Anzeichen einer »Wendung«, die er »selbst eben in [seiner] Arbeit erreicht hatte«[35].

Eine solche Wendung zu einer neuen Bestimmung der Kunst ist nun nach Rilkes Vorstellung – wie schon in ähnlichem Zusammenhang für Hofmannsthal – historisch bedingt, sie kommt einem Bedürfnis der Zeit entgegen: einer Zeit, die sich dem tragenden Zusammenhang der Natur entfremdet hat, deren »Konflikte« fast alle im »Unsichtbaren« liegen (V,146), die »keine Dinge hat, keine Häuser, kein Äußeres« (V,240). Noch in den *Duineser Elegien* greift Rilke auf eine ähnliche Kennzeichnung der formlos gewordenen modernen Zeit zurück, in der ›innen‹ und ›außen‹ auseinanderklaffen:

> [. . .] immer geringer
> schwindet das Außen. Wo einmal ein dauerndes Haus war,
> schlägt sich erdachtes Gebild vor, quer, zu Erdenklichem
> völlig gehörig, als ständ es noch ganz im Gehirne.
> Weite Speicher der Kraft schafft sich der Zeitgeist, gestaltlos
> wie der spannende Drang, den er aus allem gewinnt.
>
> (I,711)

So ist einer jener historischen »Wendepunkte« gegeben, wo die Kunst nicht nur »Wort und Bild«, »Gleichnis und Schein« einer bestehenden Lebensordnung wiedergibt, sondern den immer neu hervorbrechenden »Sehnsüchten und Ängsten« eine sie erfassende und zugleich beruhigende Form verleiht. An früheren historischen Epochen, in denen das formgebende Wesen insbesondere der plastischen Kunst vorbildlich zu fassen ist, verweist Rilke auf die Antike und das Mittelalter. Schon die »frühesten Götterbilder« sind in diesem Sinne ›Dinge‹, nämlich »Versuche, aus Menschlichem und Tierischem, das man sah, ein Nicht-Mitsterbendes zu formen, ein Dauerndes, ein Nächsthöheres: ein Ding [. . .], darin man das wiedererkannte was man liebte und das was man fürchtete«, in dem aber auch »das Unbegreifliche in alledem« (V,210) verkörpert ist.

Das Bewußtsein von der Abfolge der historischen Epochen in ihrer durch die Natur bedingten Vergleichbarkeit, aber auch in ihrer Verschiedenheit, bestimmt den Aufbau der *Neuen Gedichte*. Während die größere Zahl von Gedichten in relativ ungeordneter Folge Themen behandelt, die der Gegenwart entnommen sind oder keinen genaueren zeitlichen Bezug haben, steht in beiden Teilen eine in sich abgestufte Reihe von Gedichten, die den Stoffkreisen Antike, Altes Testament, Neues Testament und Mittelalter gewidmet sind. Besonders geeignet, auch die ›nicht historischen‹ Gedichte zu erhellen, sind die beiden Anfangsgedichte und einige Gedichte aus dem mittelalterlichen ›Kathedralen‹-Zyklus.

Am Beginn steht jeweils ein Apollo-Sonett. *Früher Apollo* (I,481) gilt einem noch primitiv gestalteten, ungeschmückten »Haupt« des Apollo, dem der »Glanz aller Gedichte« innewohnt, der als voll ausstrahlender Glanz »uns fast tödlich« treffen könnte. Aber der im unbewegten Lächeln der archaischen Bildwerke erstarrte Mund ist noch stumm, ist »niegebraucht«, da erst später aus dem »Rosengarten« der schauenden Augen einzelne »Blätter« sich lösen und »hintreiben werden auf des Mundes Beben«, um das Singen des Gottes auf die wachsende Vielfalt einzelner Stimmen zu verteilen. Noch hat es den Anschein, »als würde ihm sein Singen eingeflößt«. In seiner Verbindung von der archaischen Unmittelbarkeit seiner Potentialität und der noch nicht erreichten Artikulation gibt das Apollo-Haupt ein vollendetes Bild von der Frühstufe der Dichtung ab. Diese Konstellation wird aber auch in der Gesetzmäßigkeit der Natur verankert, und zwar durch das Bild der noch im Vorstadium ihrer Glanzentfaltung befindlichen Morgensonne des Frühlings, die »durch das unbelaubte / Gezweig [. . .] durchsieht«, wie auch durch den Vorgriff auf die zukünftige Entwicklung im Bild des Rosengartens und der Rosenblätter. *Früher Apollo* vereinigt somit Natur und (Dichtungs-)Geschichte zu einem ›Kunst-Ding‹, das die ganze Naturgeschichte der Dichtkunst unentfaltet in sich birgt und im Laufe der Zeit aus sich entlassen wird.

Das den zweiten Teil der *Neuen Gedichte* eröffnende Sonett *Archaïscher Torso Apollos* (I,557) ist anders angelegt, insofern der historische Bezug zurücktritt und durch die Einbeziehung eines angeredeten Betrachters eher die ins Leben greifende ästhetische Wirkung des ›Dinges‹ in den Mittelpunkt rückt. Das überraschend Paradoxe wird hier Wirklichkeit, daß der kopflose – augenlose! – Torso »sieht«, wobei sein »Schauen« sich vom perspektivisch eingeschränkten Sehen der auf die Sehkraft ihrer Augen angewiesenen Menschen dadurch unterscheidet, daß es sich nicht auf anderes einstellt, nicht aus sich herausgeht, sondern »sich hält«, also in sich ruht, sich aber gerade dadurch des Betrachters bemächtigt. Diese zwingende Forderung ist die vom Ding bestimmte Formung – die ›Dingwerdung‹ – der Subjektivität. Das besagt aber, daß das Ding sich erst darin vollendet, daß es sich um das ›Leben‹ des in die Dingwerdung aufgenommenen, dadurch über sich hinausgehobenen Menschen ergänzt: die in es eingehende Subjektivität gehört zur Selbstwerdung des Dinges. In einem ähnlichen Sinne schreibt Rilke einmal, daß auch bei gewissen »armlosen Bildsäulen« Rodins »nichts Notwendiges fehlt«: »Man steht vor ihnen als vor etwas Ganzem, Vollendetem, das keine Ergänzung zuläßt« (V,163) – eben weil die zur fragmentarischen Form notwendige Ergänzung schon dadurch gegeben ist, daß »man« überhaupt vor ihnen steht und sich in ihren Bannkreis hineinziehen läßt. Das Modell einer die menschliche Subjektivität über sich selbst hebenden, sie sich zuordnenden und sich ihr überordnenden Dingwerdung gewinnt hier eine exemplarische Gestaltung.

Die Stellung der Kathedrale im Leben des Mittelalters ist Gegenstand des Gedichts *Die Kathedrale* (I,497 f.). Sie ist einerseits ihrem »Umkreis« »entwachsen«, da sie alles überragt und alles zu ihr »hinaufhorcht« (wie ein »Jahrmarkt«, der »erschrokken« die »Bude zumacht«), während sie selbst nur »dasteht und von den Häusern gar nicht weiß«; was aber »unten in den dunklen Straßen« sich abspielt, bunt durcheinandergeweht und vom »Zufall« geprägt, gewinnt andererseits in der Kathedrale eine »zum Dauernden bestimmte« Gestalt, in der es erst zu einer in sich zusammenhängenden Lebensordnung wird:

> Da war Geburt in diesen Unterlagen,
> und Kraft und Andrang war in diesem Ragen
> und Liebe überall wie Wein und Brot,
> und die Portale voller Liebesklagen.
> Das Leben zögerte im Stundenschlagen,
> und in den Türmen, welche voll Entsagen
> auf einmal nicht mehr stiegen, war der Tod.

Die Kathedrale ist aus der Stadt hervorgegangen, ihr jedoch »entwachsen«, ohne etwas anderes zu sein als das in Stein umgesetzte, zum ›Ding‹ gewordene Leben der Stadt selbst.

Auch bei anderen Gedichten, die dem Mittelalter gewidmet sind, steht die Kathedrale im Mittelpunkt: im Gedicht *L'Ange du Méridien* (I,497) ist es die Kathedrale zu Chartres, die den Anstoß gegeben hat. Auch hier wird der Blick des Betrachters »mit einem Male« »zärtlicher [. . .] hingelenkt« zur Figur eines »lächelnden Engels«, der – »mit einem Mund, gemacht aus hundert Munden« – in sich in vollständiger Gegenwärtigkeit versammelt, was sonst nur in hundertfacher Zerstreuung gegeben ist. Von der »vollen Sonnenuhr«, die der Engel in der Hand aushält und auf der »des Tages ganze Zahl zugleich, / gleich wirklich, steht in tiefem Gleichgewichte«, gleiten »unsre Stunden« im Zeitverlauf ab. Diese Versammlung der in flüchtiger Sukzessivität ablaufenden irdischen Zeit zur vollzähligen Zeit des Zifferblattes entspricht der Verwandlung des bunten, jahrmarktähnlichen Treibens in die Festigkeit des steinernen Baus; aber auch in einem allgemeineren Sinne liegt ihr jenes Hauptprinzip der ›Dingwerdung‹ zugrunde, wonach das Aufgesplitterte und Schwankende »der Zeit enthoben und dem Raum gegeben«[36] wird. Es folgt hier jedoch eine neue Wendung, die kennzeichnenderweise – da der Betrachter bei Nacht nichts mehr sieht und dazu getrieben wird, gleichsam von der ›anderen Seite der Natur‹ her zu sprechen – sich nur als Frage und Vermutung äußert: »Was weißt du, Steinerner, von unserm Sein? / und hältst du mit noch seligerm Gesichte / vielleicht die Tafel in die Nacht hinein?« Es drängt sich die bange Frage auf, ob der um »unser Sein« unbekümmerte Engel nicht auch die im »Gleichgewichte« stehende Sammlung der »Stunden« übersteigt in Richtung auf ein dinglich nicht mehr Faßbares, das sich der Zeitlichkeit überhaupt entheben müßte.

Die sich hier ankündigende Ambivalenz – der Engel als ›zärtlich‹ zu sich Hinaufziehender und als schrecklich Übersteigender (»Jeder Engel ist schrecklich«; I,689) – prägt sich im späteren Werk immer deutlicher und immer komplexer aus, ist aber auch in dem Gedicht *Gott im Mittelalter* (I,502 f.) bereits zu sehen, wo der »großen Kathedralen Last und Masse« dazu dienen soll, Gott zu ›beschweren‹ und ihn an die irdische Welt zu binden, wo er dem »Tun und Tagwerk« der Menschen nur »wie eine Uhr / Zeichen geben« soll. Auch hier folgt eine Gegenwendung:

> Aber plötzlich kam er ganz in Gang,
> und die Leute der entsetzten Stadt
>
> ließen ihn, vor seiner Stimme bang,
> weitergehn mit ausgehängtem Schlagwerk
> und entflohn vor seinem Zifferblatt.

Daß hier der ins ›Dingliche‹ eingegangene und der ›schreckliche‹ Gott auseinandertreten, zeigt auf eine Grenze der Rilkeschen Anschauung von der räumlich herstellbaren ›Dauer‹ des Dinges – eine Grenze, die dem auf den Zerfall der ›Dinge‹ in der eigenen Zeit reflektierenden Dichter wohl bewußt war. Die Verlegung von Konflikten ins »Unsichtbare«, das Fehlen von ›Dingen‹, das Rilke als Wesenszug der Gegenwart erkennt, und auch die der Sprache – im Gegensatz zur plastischen Kunst – immanente Verinnerlichungstendenz führt dazu, daß die Wendung in die Welt des Inneren, eben des ›Unsichtbaren‹ immer wieder zum Zielpunkt einzelner Gedichte wird. Es läßt sich wohl verallgemeinernd sagen, daß die größere Zahl der *Neuen Gedichte* zwischen die beiden Pole der ›Dingwerdung‹ und der Wendung ins ›Innere‹ gespannt ist.
Einige Gedichte gehen von gegenwärtigen ›Dingen‹ aus, in denen Lebendiges aus vergangenen Zeiten noch aufbewahrt ist. So ist die selbstherrliche, überhebliche Königlichkeit, die sich in der Pracht von Versailles niedergeschlagen hat, noch in der *Treppe der Orangerie* (I,527) präsent, die »allein zwischen den Balustraden, / [. . .] langsam und von Gottes Gnaden / und auf den Himmel zu und nirgends hin« steigt, und zwar

> Wie Könige die schließlich nur noch schreiten
> fast ohne Ziel, nur um von Zeit zu Zeit
> sich den Verneigenden auf beiden Seiten
> zu zeigen in des Mantels Einsamkeit –.

Die Verbindung von Auseinanderliegendem, von Menschlichem und ›Versteinertem‹ im vielfältig durchgeführten »wie«-Vergleich ist hier – wie auch sonst – das Zeichen der gelungenen ›Dingwerdung‹. Das zweiteilige Gedicht *Die Spitze* (I,512 f.) nennt ausdrücklich die »schwankende« und unbeständige »Menschlichkeit« und die »Seligkeit« eines Dinges als die beiden gegensätzlichen, sich aber ergänzenden Momente, die in diesem »kleinen dichten Spitzenstück« vereinigt sind. Die Klöpplerin – die »Langvergangene und schließlich Blinde« – hat ihr Augenlicht geopfert, ihr menschliches »Glück [. . .] hingegeben«, damit »um jeden Preis« ein »Ding« daraus werde:

»[. . .] nicht leichter als das Leben / und doch vollendet und so schön als sei's / nicht mehr zu früh, zu lächeln und zu schweben.« Das Ding ist erst darin vollendet, daß sein Entstehen – und Dauern – der Klöpplerin einen »Riß im Schicksal« öffnet, durch den sie ihre »Seele« ihrer »Zeit« entzieht und der Seligkeit des Dinges teilhaftig wird.

Als erstes Beispiel aus den *Neuen Gedichten*, das nicht mehr an den ›Dingen‹ vergangener Zeiten orientiert ist, sondern von der gegenwärtigen Erfahrungswelt ausgeht, mag *Der Panther* (I,505) dienen, der vor allem die Aufmerksamkeit auf sich gelenkt hat und dessen Auslegung vielleicht als eine Art Prüfstein der verschiedenen Interpretationsansätze zu dieser Lyrik überhaupt betrachtet werden kann. Man greift zu kurz, wenn man im eingeschlossenen Panther allzu vordergründig nur das im Zoologischen Garten ausgestellte Tier sieht und auf dessen Verlust an natürlichem Lebensraum abhebt; oder wenn man den Panther als Sinnbild der gefangenen menschlichen Seele oder des isolierten Dichters selbst versteht. Schon der Zustand des Eingesperrtseins mag zwar Ausgangspunkt sein, wird aber im Gedicht selbst aufgehoben. Der »Gang« des Panthers ist zwar zunächst einmal durch die Enge und Monotonie mitbedingt:

> Sein Blick ist vom Vorübergehn der Stäbe
> so müd geworden, daß er nichts mehr hält.
> Ihm ist, als ob es tausend Stäbe gäbe
> und hinter tausend Stäben keine Welt.

Aber das Auf-und-Abgehen des eingeschlossenen, eines freien Blicks auf seine Umwelt beraubten Tiers verwandelt sich in ein Kreisen um die eigene Mitte, ein In-sich-Kreisen, das keine stumpfe Reaktion ist, sondern sich in der Bewegung äußernde Ausprägung eigener »Kraft«, eben ein »Tanz«: »ein Tanz von Kraft um eine Mitte, / in der betäubt ein großer Wille steht«. Indem der Tanz dem Gesetz der eigenen Bewegung folgt, scheint er der Lenkung durch einen »Willen« zu entbehren. Der Vergleich mit einem »betäubten Willen« deutet nicht auf die Ermattung der tierischen Kräfte hin, sondern auf die Zentrierung im eigenen Wesen, die den fehlenden Blick auf die Welt in Selbstgenügsamkeit – in reine Kraft – umwandelt. Das zeigt sich an den nur noch vereinzelten »Bildern«, die der Panther aus seiner Umwelt aufnimmt:

> Nur manchmal schiebt der Vorhang der Pupille
> sich lautlos auf –. Dann geht ein Bild hinein,
> geht durch der Glieder angespannte Stille –
> und hört im Herzen auf zu sein.

Er nimmt Bilder nicht als solche zur Kenntnis; im Gegenteil: sie geraten in den Sog seines Kreisens und gehen, ja sterben in ihn hinein. Halten sich in der »angespannten Stille« der Glieder Bewegtheit und Ruhe im Gleichgewicht, so ist im Herzen die absolute Ruhe erreicht, in der die Zeit in Ewigkeit übergeht. »Fähig zur Ewigkeit«[37] nennt Rilke das Kunst-Ding; nur besteht die ›Ewigkeit‹ hier nicht in der ›Dauer‹, sondern – tiefer gefaßt – in der Unbewegtheit als stillem Mittelpunkt der Bewegung.

Zur Bestätigung soll ein in fast jeder Hinsicht analoges Gedicht aus dem Kathedralen-Zyklus herangezogen werden: *Die Fensterrose* (I,501). Deutlicher tritt hier als mitkonstituierendes Moment der Betrachter in Erscheinung, wobei, in Verkehrung des üblichen Verständnisses, Subjekt und Objekt des Sehvorgangs jeweils ins Gegenteil umschlagen: die eingesperrten »Katzen« – die sich wohl in nichts Wesentlichem vom Panther unterscheiden – bemächtigen sich des auf sie geworfenen, »hin und wieder« irrenden »Blickes« und »reißen« ihn in sich hinein:

> Da drin: das träge Treten ihrer Tatzen
> macht eine Stille, die dich fast verwirrt;
> und wie dann plötzlich eine von den Katzen
> den Blick an ihr, der hin und wieder irrt,
>
> gewaltsam in ihr großes Auge nimmt,–
> den Blick, der, wie von eines Wirbels Kreis
> ergriffen, eine kleine Weile schwimmt
> und dann versinkt und nichts mehr von sich weiß,
>
> wenn dieses Auge, welches scheinbar ruht,
> sich auftut und zusammenschlägt mit Tosen
> und ihn hineinreißt bis ins rote Blut –

Dieses Mal setzt der im dritten Vers eingeleitete und zweieinhalb Strophen ausfüllende Vergleich den an den Katzen erlebten zentripetalen Bewegungsvorgang ausdrücklich mit dem Verhältnis der menschlichen Welt zur Ewigkeit Gottes in Beziehung: »So griffen einstmals aus dem Dunkelsein / der Kathedralen große Fensterrosen / ein Herz und rissen es in Gott hinein.« Ist die Fensterrose das noch zeitgebundene Ding, in dem sich eine bestimmte Glaubenswelt zur dauernden Gestalt verdichtet, dann ist die am Panther – an den Katzen – vergegenwärtigte Konstellation der Kräfte dessen verallgemeinernde Wiederholung und modern verinnerlichende Vertiefung.[38]

Diese Thematik erfährt eine zeitgemäße Abwandlung in einigen Gedichten, wo gerade diejenigen Gestalten, die ohne Beziehung zur äußeren Welt leben, ihre Eingeschlossenheit übersteigen durch eine – jetzt allerdings eher ohnmächtige – Ausweitung des Inneren zu einer den ganzen Menschen tragenden, eigenen Fülle. Am blinden oder erblindenden Menschen tritt dieser Vorgang verschärft hervor und wird von Rilke in den beiden Gedichten *Die Erblindende* (I,516) und *Der Blinde* (I,590 f.) behandelt. Die Erblindende ist »beim Tee« wie beim Gehen ungeschickt und geht den anderen, lachenden und sprechenden Leuten erst langsam nach. Ihre »hellen Augen« werden aber nach und nach der objektgebundenen Einengung des Sehens entwöhnt und vom »Licht von außen wie auf einem Teich« erhellt, so daß sie eine ganze umgebende Welt spiegeln, ohne an diese gebunden zu sein. Der Erblindenden ist damit eine nichts wollende, innerlich freie Teilnahme an allem Gespiegelten gegeben, die ihr eine solche innere Unbegrenztheit verleiht, daß es fast so aussieht, als müßte sie sich gänzlich von der Erdenschwere lösen können: »als ob, nach einem Übergang, / sie nicht mehr gehen würde, sondern fliegen.« – In einem ähnlichen Sinne ist der Blinde des gleichnamigen Gedichts vom menschlichen Tun und Treiben ausgeschlossen, ja er gleicht einem »dunklen Sprung durch eine helle / Tasse«. Auch seinen nichts sehenden Augen ist der »Widerschein der Dinge« aufgemalt, den er eben »nicht hinein« nimmt. Wenn er also sich vortastet und seine Hand hebt, so eignet dieser Bewegungsart eine solche Getragenheit und Feierlichkeit (er richtet sich ja nach keinem Objekt), daß jene Geste über alle flüchtigen Berührungen hinausgeht und einer höheren Weihe gleichzukommen scheint: »[. . .] dann scheint er wartend wen zu wählen: / hingegeben hebt er seine Hand, / festlich fast, wie um sich zu vermählen.« In beiden Gedichten schlägt die äußere Kontaktlosigkeit in eine in sich getragene Innerlichkeit um – worin die von Rilke schmerzlich empfundene Problematik einer Zeit, die zum Inneren keine äußere Form findet, eine zugespitzte Ausprägung erhält.[39]

Als ›Dingwerdung‹ der ›modernen‹ Innerlichkeit, der im Zusammenhang des menschlichen Lebens die durchgestaltete äußere Form fehlt, greift Rilke öfters zu Motiven, die der Natur entnommen sind – zu Tieren oder Blumen etwa, die zum menschlichen Leben weitgehend in einem nur metaphorisch aufschließbaren Analogieverhältnis stehen. Unter den Blumen-Gedichten wäre als aufschlußreiches Beispiel *Die Rosenschale* (I,552–554) zu nennen, da für Rilke Rosen in einem ausgezeichneten Sinne für »Inneres« stehen. Die zart aufeinandergeschichteten »Blütenblätter«, von denen jedes Kern und Schale, Inneres und Äußeres zugleich ist, bilden in ihrer auf den kleinsten Raum konzentrierten, unendlichen Fülle, in ihrer durchgehenden Geformtheit, eine überaus komplexe Ganzheit, von der sich sagen läßt, sie enthält die Totalität des Universums in sich: »die Welt da draußen [. . .] bis auf den vagen Einfluß ferner Sterne«, alles wird »in eine Hand voll Innres« verwandelt. Auch die kleinste »Bewegung in den Rosen« strahlt demnach in das Weltall aus: »[. . .] sieh: / Gebärden von so kleinem Ausschlagswinkel, / daß sie unsichtbar blieben, liefen ihre / Strahlen nicht auseinander in das Weltall.«

Ein vollendeter »Einklang«, der den »Einklang zweier / erwählter Worte« zum »Reim« unerreichbar übersteigt, wird in einem in mancher Beziehung repräsentativen Tier-Gedicht – *Die Gazelle* (I,506) – der Gazelle zugesprochen. Ihr Wesen (»alles Deine«) ist auch in »Liebesliedern« gegenwärtig, aber nur in der Weise, daß es den ›verinnerlichten‹ Worten gleicht, die, »weich / wie Rosenblätter, dem, der nicht mehr liest, / sich auf die Augen legen, die er schließt«. Die Gazelle wird nun bei aller Leichtigkeit und Schnelligkeit eben nicht in Bewegung evoziert, sondern wird in einem Augenblick eingefangen, wo sie innehält und horcht: »als / wäre mit Sprüngen jeder Lauf geladen / und schösse nur nicht ab, solang der Hals / das Haupt ins Horchen hält«. Empfänglichkeit und innere Sammlung der eigenen Kraft fallen hier zusammen. Der Zustand des ›Horchens‹ erinnert an den Blinden, auf dessen Augen der »Widerschein der Dinge / aufgemalt« ist (I,590); und das Gedicht schließt mit einem in ähnlichem Sinne zu verstehenden Vergleich: »[. . .] wie wenn beim Baden / im Wald die Badende sich unterbricht: / den Waldsee im gewendeten Gesicht.« Der ›Widerschein‹ des Waldsees prägt sich der Badenden in einem Augenblick auf, da sie in ihrem Tun innehält und – sicherlich auch im Horchen – das Gesicht wendet. Der so erreichte ›Einklang‹ von Mensch und Natur ist allerdings nur eine vorübergehende Unterbrechung, eine »Lücke« (I,512) im zeitlich bedingten Leben der Badenden, die sie – wie es im Gedicht *Die Spitze* heißt – ihrer Zeit ›entzieht‹ und sie für die Dauer eines Augenblicks an jener ›Verzauberung‹ teilhaben läßt, die die Gazelle in ihrem ganzen Wesen ist. Ein eindrückliches Beispiel der Verbindung von Mensch und Natur, zwar nicht zu einem dauernden ›Ding‹, aber zu einer in sich bewegten Figur – einer »Tanzfigur« – bietet das Gedicht *Der Ball* (I,639 f.). An einem Ballspiel – der Ball wird in die Luft geworfen und von einem anderen Spielteilnehmer aufgefangen – veranschaulicht Rilke den selten erreichten Einklang von der Schwerkraft der Natur und der nach eigenem Wollen sich äußernden Kraft des menschlichen Wurfes. Der aufsteigende Ball gibt »das Warme aus zwei Händen« ab, indem er den Wurf »entführt« und dann »freiläßt«, so daß auf dem Scheitelpunkt seines Fluges in ihn – den »zwischen Fall und Flug / noch Unentschlossenen« – die Schwerkraft einleitet, die ihn zur Erde zurücklenkt. Da nun die Bahn seines Absteigens und damit auch die Stelle seines Zurückfallens in den wartenden »Becher hoher Hände« sowohl von Kraft und Richtung des ursprünglichen Wurfs als auch von der mächtig einsetzenden Naturkraft mitbestimmt wird, fällt der Ball so, daß er »den Spielenden von oben / auf einmal eine neue Stelle zeigt, / sie ordnend wie zu einer Tanzfigur«. Ist an dem ›wendenden Punkt‹ der momentanen, die gegensätzlichen Bewegungskräfte in sich vereinigenden Bewegungslosigkeit die Freiheit in das Gesetz der Natur eingegangen, so gewinnt in der ›Figur‹ die Vereinigung von Freiheit und Gesetz zur freien Gesetzlichkeit eine ihr wesenseigene Gestalt.

Darin zeigen sich wesentliche Züge des poetischen – und in der Reflexion auch poetologischen – Ansatzes, der sich in den *Neuen Gedichten* ausprägt. Rilkes Antwort auf die Gefährdung der Ich-Identität und die daraus sich ergebende ›Krise‹ der Sprache besteht im Versuch eines grundlegenden Perspektivenwechsels, wodurch er den Anspruch erhebt, in der poetischen Sprache gleichsam das Sein der ›stummen Dinge‹ einzufangen, das heißt also, sich in einen imaginären Fluchtpunkt hineinzuversetzen, der jenseits der sich auf sich selbst beziehenden Subjektivität liegt. Den ›Dingen‹, die sich eine ganze Welt aneignen und deren konzentrierte Widerspiegelung bilden, und der ›Verinnerlichung‹, die sich von der Objektbezogenheit löst, ist die Zentrierung in der ruhenden Mitte des eigenen, sich selbst bestimmenden Wesens gemeinsam. Die spätere Lyrik Rilkes ist im wesentlichen noch von diesem Ansatz geprägt, der jedoch differenziert, verfeinert, reflektiert, bald manieristisch überzogen, bald zweifelnd in Frage gestellt wird. Eine durchgehende Entwicklungstendenz läßt sich allerdings aufzeigen, die durch einige Hinweise auf die Hauptmotive der Lyrik nach 1910 noch kurz zu umreißen ist.

Es ist auffällig, daß Rilke nach 1910 relativ wenige Gedichte in Druck gab, dafür aber viele Gedichte gleichsam verschwiegen hervorbrachte, die zum größten Teil erst aus dem Nachlaß herausgegeben worden sind. Zwar zeitigte 1922 der rasche Abschluß der schon 1912 begonnenen *Duineser Elegien* und der unmittelbar darauf folgenden *Sonette an Orpheus* das Bewußtsein einer gelungenen, ja krönenden Leistung, aber die vorangehenden Jahre sind eher durch tastende, zum Teil unsichere, zum Teil experimentierende Versuche bestimmt. In einem rückblickenden Brief vom Juni 1915[40] begründet Rilke die Unsicherheit des Neubeginns. Die bis 1910 entstandenen Werke – die *Neuen Gedichte* und der Roman *Malte Laurids Brigge* – sind für ihn »abgetan«: seitdem stehe er »als ein Anfänger da, freilich als einer, der nicht anfängt«. Er bekundet aber seine Entschlossenheit, von der ihn früher bestimmenden

»Obsession der Gestalt« nun »endgültig abzusehen«. Das Abrücken von dieser ›Obsession‹ – und das heißt auch, die Erschütterung seines Vertrauens in die poetische ›Dingwerdung‹ – zeigt sich unter anderem im Gedicht *Wendung* (II,82–84), das die Abwendung vom ›Anschauen‹ vollzieht (und implizit einige der zunächst an Rodin gewonnenen Einsichten zurückzunehmen scheint). So lautet der erste Vers: »Lange errang ers im Anschaun«. Jetzt kommt es auf die »Grenze« des Anschauens an, das nicht mehr als Hingabe, sondern als Wollen, als »ringender Aufblick« betrachtet wird, das das Lächeln eines »Göttlichen« geradezu herbeizwingen will. Das Anschauen entbehrt der ›Liebe‹: »Denn des Anschauns, siehe, ist eine Grenze. / Und die geschautere Welt / will in der Liebe gedeihn.« In einem ähnlichen Sinne wird im verwandten Gedicht *Waldteich, weicher, in sich eingekehrter* (II,79–82) gefragt:

> Hab ich das Errungene gekränkt,
> nichts bedenkend, als wie ich mirs finge,
> und die großgewohnten Dinge
> im gedrängten Herzen eingeschränkt?

Der dem Anschauen entgegengesetzten ›Liebe‹ sind einige Gedichte gewidmet, die auf die schon im *Malte Laurids Brigge* anklingende Vorstellung einer ›intransitiven‹ Liebe zurückgreifen, einer Liebe, der »alles Transitive« – also Objektbezogene – genommen worden ist (VI,937). Ein unbetiteltes Gedicht setzt mit der Anrede ein: »Du im Voraus / verlorne Geliebte, Nimmergekommene« (II,79). Eine solche Geliebte kann kein Gegenstand der Liebe sein, sie soll aber in allem spürbar sein, alles soll sie ›bedeuten‹ – aber eben als »Entgehende«, nie Angetroffene. Der im voraus verlorenen tritt im Gedicht *Perlen entrollen. Weh, riß eine der Schnüre* (II,42 f.) die ›zukünftige‹ Geliebte an die Seite. Diese »Unsägliche« ist auch kein Gegenstand, sondern eher ein Antrieb der Liebe – »eine Richtung der Liebe [. . .], kein Liebesgegenstand« (VI,937), wie es im *Malte* heißt –, sie ist als eine alles Leben beseelende Antizipation der »Fülle der Zukunft« nur in der »vollzähligen Zeit« gegenwärtig.

Eine Reihe von Nacht-Gedichten weist eine ähnliche Ausrichtung auf, die sich an einem gegenüber dem Gedicht *Der Ball* abgewandelten Motiv des Ballspiels erfassen läßt. In der *Großen Nacht* (II,74 f.) vergleicht sich der in »hungernder Fremdheit« vereinsamte Dichter mit einem »fremden« Knaben, der zum Spiel erst nicht zugelassen wird, dann den Ball doch nicht fängt und nun entmutigt »wegschaut, wohin –?«: so »stand ich und plötzlich, / daß *du* umgehst mit mir, spielest, begriff ich, erwachsene / Nacht, und staunte dich an.« Der Ballwurf ist hier belanglos und führt nicht in die Gesetzlichkeit der Natur hinein, sondern die Nacht tritt unvermittelt und unverstanden in den nicht Teilnehmenden ein. An der Stelle der ›Figur‹, in der sich menschliches Handeln vom stillen Punkt des Kräfte-Ausgleichs her neu ordnen läßt, steht jetzt – im Gedicht *Aus dem Umkreis: Nächte* (»Nacht. Oh du in Tiefe gelöstes«; II,178 f.) – ein »Übergewicht« der Nacht, die als »Übertrefferin« mit dem Menschen so umgeht, daß er nur »wagen« kann, »in [ihr] zu sein.«

Zur weiteren Veranschaulichung dieser Akzentverschiebung sei als letzte Ausprägung des Ball-Motivs ein Gedicht aus dem Jahr 1922 herangezogen, wo das Verhältnis von menschlichem Wurf und mitspielender Natur eine weitere Abwandlung erfährt.

Nicht nur entfällt der Wurf als wesentlicher Bestandteil des Spiels, sondern das »Fangen-Können« ist das »Vermögen [. . .] einer Welt« – »nicht deines« –, da die Lenkung des Balls über »Gottes großen Brücken-Bau« erfolgt: das ›Können‹ liegt allein auf der Seite der »ewigen Mit-Spielerin«. Und das Zurückwerfen soll kein Ausfluß von »Macht und Stärke« sein, sondern diese sollen in einem Zustand des Schon-geworfen-Habens bereits vergessen sein: »wenn du [. . .] Mut und Kraft vergäßest / und schon geworfen *hättest* . . .«. Erst in diesem »Wagnis« spielt man »gültig« mit. Wenn dann »aus deinen Händen [. . .] das Meteor« tritt und »in seine Räume« rast, so ist damit eine Konzeption des Gedichts angesprochen (das ist sicherlich hier gemeint), das gleichsam den Dichter als dessen Urheber verleugnet. Entsprechend der objektlosen Liebe scheint Rilke eine subjektlose Sprache vorzuschweben, die nur noch *ist* und nicht gesprochen werden muß. Eines der *Sonette an Orpheus* deutet dieses nur paradox zu formulierende, hypothetische Ziel an: »Fische sind stumm . . ., meinte man einmal. Wer weiß? / Aber ist nicht am Ende ein Ort, wo man das, was der Fische / Sprache wäre, *ohne* sie spricht?« (I,765) Insbesondere in der neunten der *Duineser Elegien* (I,717–720) kehrt Rilke zum Thema der ›Dinge‹ zurück. In dieser Aufgipfelung des ganzen Elegien-Zyklus sieht er im »Rühmen« der Dinge den Sinn des »Hierseins«. Wenn es vom »klagenden Leid« heißt, daß es »rein zur Gestalt sich entschließt«, so scheint die Stufe der *Neuen Gedichte* nicht ganz fern zu sein; aber als Exponenten einer solchen ›Dingwerdung‹ werden der »Seiler in Rom« und der »Töpfer am Nil« genannt, also lauter Angehörige früherer Epochen. Dagegen hebt Rilke den Verfall der Dinge in der neueren Zeit hervor, die in unserer ›bildlosen‹ Zeit nicht mehr dauerhaft, sondern vergänglich geworden sind (»was sie verdrängend ersetzt, ist ein Tun ohne Bild«), so daß nicht die Dinge uns eine Rettung vor ›Not‹ und ›Angst‹ bieten (vgl. V,145), sondern ein sie selbst Rettendes »uns, den Vergänglichsten«, zutrauen: sie sollen ins Unsichtbare verwandelt werden, »unsichtbar / in uns erstehn«. Wenn also das »Sagen« der Dinge dazu dient, sie in nie gekannter Innigkeit neu erstehen zu lassen, so fällt das Motiv der in der Gestalt verwirklichten Dingwerdung weitgehend dahin. Die Verwandtschaft mit der früheren Konzeption ist nicht zu leugnen, nur geht es Rilke hier eher um das ›Sagen‹ der Dinge als um die seienden Dinge der Natur oder die ›Dingwerdung‹ menschlicher Erfahrungen.
Der Abstand zum früheren Werk sei schließlich an dem von Rilke ins Testament aufgenommenen, zum Grabspruch bestimmten Gedicht aufgezeigt: »Rose, oh reiner Widerspruch, Lust, / Niemandes Schlaf zu sein unter soviel / Lidern« (II,185). Durch die Gleichsetzung von Blütenblättern und Augenlidern wird das schon früher beobachtete Phänomen der nur aus solchen Blättern bestehenden Rose zum Maßstab eines ›Schlafs‹, bei dem das schlafende Subjekt wegfällt. Der Schlaf ohne Subjekt ist nicht *in* der Welt, er *ist* die Welt (»alles war ihr Schlaf«, »Sie schlief die Welt«, heißt es in dem zweiten der *Sonette an Orpheus* [I,731 f.] von der früh verstorbenen Wera Ouckama Knoop, der die Sonette gewidmet sind). Der Schlaf ist Chiffre für den »Gesang«, von dem Rilke im dritten Sonett sagt, er ist »nicht Begehr, / nicht Werbung«, sondern »Dasein«. Von der »Lust«, in solche ›Widersprüche‹ und Unergründlichkeiten sich zu vertiefen, sind manche der späteren Dichtungen Rilkes angeregt.
Wenn diese Thematik auch manchmal auf die Spitze getrieben wird, so ist das

Spätwerk doch im großen und ganzen – in der Weiterführung wie im Widerspruch – den Voraussetzungen jenes Neubeginns verhaftet, der im ersten Jahrzehnt unseres Jahrhunderts vollzogen wurde. Von dem notwendig gewordenen Neubeginn in der Lyrik in der Zeit zwischen 1890 und 1910 wurde in diesen Ausführungen ausgegangen. Die Auswirkungen der ›Sprachkrise‹ zeigen sich bei George, der sich vor dem Auseinanderbrechen von ›innen‹ und ›außen‹ rettet, indem er sich künstlichen Traumwelten zuwendet, die aber die Unmittelbarkeit der Gefühlsaussage nicht mehr tragen; an Hofmannsthal, der als Lyriker vor der Auflösung des Ich und dem Andrang der ›stummen Dinge‹ verstummt; und schließlich an Rilke, der am konsequentesten bestrebt ist, eine nicht mehr am Ich orientierte Sprache zu entwickeln. Diese Lyriker mögen sich in mancher Hinsicht ›konservativ‹ geben – etwa beim doch vergeblichen Versuch, an vergangene literarische Traditionen anzuknüpfen –, ihre Werke stellen gleichwohl in der Entwicklung der deutschen Lyrik einen Umbruch dar, der ins 20. Jahrhundert hinüberleitet.

Anmerkungen

Es wird nach folgenden Ausgaben zitiert:
Theodor Däubler: Dichtung und Schriften. Hrsg. von Friedhelm Kemp. München 1956.
Richard Dehmel: Gesammelte Werke in zehn Bänden. Berlin 1956 (zitiert mit Band- und Seitenzahl).
Stefan George: Werke. Ausgabe in zwei Bänden. München 1958 (zitiert mit Band- und Seitenzahl).
Hugo von Hofmannsthal: Gesammelte Werke in zehn Einzelbänden (Fischer Taschenbuch Verlag).
Folgende Siglen werden verwendet:
   G: Gedichte. Dramen I. 1891–1898. Frankfurt a. M. 1979.
   E: Erzählungen. Erfundene Gespräche und Briefe. Reisen. Frankfurt a. M. 1979.
   RA: Reden und Aufsätze I. 1891–1913. Frankfurt a. M. 1979.
Detlev von Liliencron: Werke. Hrsg. von Benno von Wiese. Frankfurt a. M. 1977 (zitiert mit Band- und Seitenzahl).
Alfred Mombert: Dichtungen. Gesamtausgabe in drei Bänden. Hrsg. von Elisabeth Herberg. München 1963 (zitiert mit Band- und Seitenzahl).
Rainer Maria Rilke: Sämtliche Werke. Hrsg. von Ernst Zinn. Frankfurt a. M. 1955–1966 (zitiert mit Band- und Seitenzahl).

 1 Hugo Friedrich: Die Struktur der modernen Lyrik. Hamburg 1956.
 2 Ebd. S. 116.
 3 Ebd.
 4 Ebd. S. 13.
 5 Ebd. S. 8.
 6 Ebd.
 7 Vgl. Immanente Ästhetik. Ästhetische Reflexion. Lyrik als Paradigma der Moderne. Hrsg. von Wolfgang Iser. München 1966.
 8 René Wellek: The Term and Concept of Symbolism in Literary History. In: Discriminations. Further Concepts of Criticism. New Haven 1970. S. 106.
 9 Herbert Lehnert: Satirische Botschaft an den Leser. Das Ende des Jugendstils. In: Gestaltungsgeschichte und Gesellschaftsgeschichte. Literatur-, kunst- und musikwissenschaftliche Studien. Hrsg. von Helmut Kreuzer. Stuttgart 1969. S. 487.
10 Paul Hoffmann: Zum Begriff des literarischen Symbolismus. In: Literaturwissenschaft und Geistesgeschichte. Festschrift für Richard Brinkmann. Tübingen 1981. S. 496.
11 Zitiert nach dem Sammelband: Die literarische Moderne. Dokumente zum Selbstverständnis der Literatur um die Jahrhundertwende. Eingel. und hrsg. von Gotthart Wunberg. Frankfurt a. M. 1971. S. 1.
12 Ebd. S. 131.

13 Julius Hart: Die Entwicklung der neueren Lyrik in Deutschland. In: Pan (1896). Zitiert nach: Literarische Manifeste der Jahrhundertwende 1890–1910. Hrsg. von Erich Ruprecht und Dieter Bänsch. Stuttgart 1970. S. 5–8.

14 Theodor W. Adorno: Rede über Lyrik und Gesellschaft. In: Noten zur Literatur [I]. Frankfurt a. M. 1956. S. 85.

15 Friedrich Hölderlin: Sämtliche Werke. Hrsg. von Friedrich Beißner (Große Stuttgarter Ausgabe). Stuttgart 1943 ff. Bd. 4. S. 266 (Über den Unterschied der Dichtarten).

16 Ebd. S. 271.

17 Ebd. S. 266.

18 Vgl. ebd. S. 247 (Über die Verfahrungsweise des poëtischen Geistes).

19 Ebd. Bd. 2. S. 156 (Der Einzige).

20 Ernst Mach: Die Analyse der Empfindungen und das Verhältnis des Psychischen zum Physischen. Jena 1885. S. 17 und 21.

21 Hermann Bahr: Dialog vom Tragischen. In: Zur Überwindung des Naturalismus. Theoretische Schriften 1887–1904. Hrsg. von Gotthart Wunberg. Stuttgart 1968. S. 190 und 191.

22 Blätter für die Kunst. Bd. 1. Berlin 1892. S. 1.

23 Ebd.

24 Stéphane Mallarmé: Poésies. Paris 1945. S. 82.

25 Brief an Hofmannsthal vom Januar 1892. In: Briefwechsel zwischen George und Hofmannsthal. Zweite, erg. Aufl. München 1953. S. 13.

26 Ebd. S. 14.

27 Claude David: Stefan George. Sein dichterisches Werk. München 1967. S. 103. (Franz. Originalausg. 1952.)

28 Der Terminus stammt von Hermann Broch: Hofmannsthal und seine Zeit. In: Schriften zur Literatur I. Kritik. Frankfurt a. M. 1975. S. 111–285.

29 Rainer Maria Rilke: Briefe. Hrsg. von Karl Altheim. Erster Band. 1897 bis 1914. Frankfurt a. M. 1950. S. 55.

30 Ebd.

31 Ebd. S. 206.

32 Ebd. S. 220.

33 Ebd. S. 196.

34 Fritz Novotny: Cézanne und das Ende der wissenschaftlichen Perspektive. Wien 1938. S. 94.

35 Rilke (Anm. 29) S. 205.

36 Ebd. S. 55.

37 Ebd.

38 Vergleichend heranzuziehen wäre auch das Gedicht *Schwarze Katze* (I,595), das sich eher ans Phänomenale hält, aber die Aneignung »aller Blicke, die sie [die Katze] jemals trafen«, als auch das Erlebnis des Gebanntseins durch die »runden Augensteine« der Katze in einem eindrücklichen Schlußbild heraushebt. Die Katze scheint zu schlafen: »Doch auf einmal kehrt sie, wie geweckt, / ihr Gesicht und mitten in das deine: / und da triffst du deinen Blick im geelen / Amber ihrer runden Augensteine / unerwartet wieder: wie ein ausgestorbnes Insekt«.

39 Eine vergleichbare Verinnerlichung ließe sich am verwandten Motiv der Irren – *Irre im Garten* (I,341), *Die Irren* (I,342) – aufzeigen.

40 Rilke (Anm. 29). Zweiter Band. 1914 bis 1926. S. 43 (Brief vom 6. 9. 1915 an Fürstin Marie von Thurn und Taxis-Hohenlohe).

Expressionismus

Von Karl Eibl

Problemsituation um 1910

Keine Darstellung des Expressionismus[1] ohne die Klage, daß dieser Begriff kaum zu definieren sei! Zwar begegnen Schwierigkeiten bei der Klassifikation von Epochen auch an vielen anderen Stellen der Literaturgeschichte. Aber für den Expressionismus sind sie konstitutiv: Sie liegen in der Sache selbst. Denn das Gemeinsame des Expressionismus liegt in der Verneinung. Wo auf deren Basis sich Bejahung entwikkelt, zerfällt der Chor in Einzelstimmen. Der Expressionismus ist einer jener ekstatisch-kathartischen Schübe, von denen das deutsche, das europäische Geistesleben immer wieder erschüttert wird. Dem statischen Begriff der ›Epoche‹ fügen sie sich nicht; es sind ›Bewegungen‹, rein äußerlich schon als solche daran erkennbar, daß ihre Angehörigen selbst ihnen nur zeitweise zugehören, genauer: Jugend-Bewegungen, in denen eine neue Generation das Bestehende als verrottet und untergangsreif erkennt und aufbricht zum ganz Anderen – was immer das sein mag. Die Vielfalt der weiteren Lebensgänge der Expressionisten – in den Schoß der linken oder der rechten Partei, in die westliche Emigration oder nach Sibirien, zum Dutzend-Bürger oder zum Dutzend-Literaten – ist kein Zufall; gemeinsam ist nur der Aufbruch, die Wege sind verschieden.

Ernst Topitsch hat in seinen Arbeiten zur Weltanschauungsanalyse den ekstatisch-kathartischen Typus des Denkens beschrieben und dabei so viele unterschiedliche Denkformen wie Schamanismus, Platonismus, Gnosis, Hegelianismus usw. auf einen Nenner gebracht.[2] Dieser Denktypus sei dadurch gekennzeichnet, daß er die empirische Wirklichkeit als unvollkommen begreift, als Grab der Seele, Herrschaftsbereich des Bösen und des bloßen Zufalls und Sinnenscheins. Dieser schlechten Wirklichkeit werde eine andere entgegengesetzt, die aus der Ideenschau, der Introspektion, der Meditation und Ekstase erfahren wird. Es ist ein Denken, das man im landläufigen Sinn als ›mystisch‹ bezeichnet. Die Ausgestaltung dieser Denkfigur kann höchst unterschiedlich sein. Immer aber ist sie gekennzeichnet durch einen Dualismus des ›bloß Oberflächlichen‹ und des ›Eigentlichen‹; und immer besteht das Problem, wie man denn Kenntnis von diesem ›Eigentlichen‹ erhält, wer sie erhält und wie dieses besondere Wissen weitergegeben werden kann, da doch auch die Sprache auf hinterhältige Weise den Bedingungen des ›bloß Materiellen‹ unterworfen ist.

Der ekstatisch-kathartische Schub um 1910 kann zumindest teilweise aus der politisch-gesellschaftlichen Situation erklärt werden. Die Söhne und Enkel der Reichsgründer wachsen in eine Welt hinein, in der schon alles getan ist, in der man nur noch erben und weiterführen kann. Zugleich aber empfindet die bürgerliche Welt selbst eine ziellose Unruhe, die sich in dem verhängnisvollen Versuch bündelt, nun Weltpolitik zu treiben. Die deutsche Bevölkerung hatte sich zwischen 1875 und 1913 um 52 % vermehrt; die Sparkasseneinlagen hatten sich seit 1880 verzehnfacht; die ersten Luftschiffe fahren und die ersten Autodroschken, die erste U-Bahn verkehrt; erste

Kinos entstehen (1902 in St. Pauli: Robinson Crusoe auf 625 Metern). Drahtlose Telegraphie, Illustrierte Zeitschriften, Salvarsan: mühelos ließe sich die Liste der Neuerungen vermehren, die das unmittelbare Erfahrungsfeld der Menschen verändern. Die offizielle Ideologie jedoch war konservativ, die Sozialdemokratie galt als vaterlandslos und reichsfeindlich, das Bündnis von ›Rittertum und Hochofen‹ hielt um so starrer an überlieferten Ordnungen fest, je notwendiger eine Änderung gewesen wäre. Das Reich war »ein ökonomischer Koloß auf politisch tönernen Füßen«.[3]

Die Angehörigen der Expressionistengeneration – zumeist Bürgersöhne und einige Bürgertöchter – erfuhren diese Spannung weniger als soziale Spannung denn als diffuses Gefühl, daß es so nicht weitergehen kann. Der ambitionierte junge Literat fand einen literarischen Markt vor, der seinesgleichen suchte: 1909 erschienen in Deutschland rund 31 000 Bücher (in England 10 000, in Frankreich 11 000). Wer hier sich Gehör verschaffen wollte, mußte sich etwas ganz Neues einfallen lassen, etwas ganz anderes als die Erfolgsschriftsteller Ganghofer, Frenssen oder Felix Hollaender, etwas anderes auch als die etablierten Hauptmann, Schnitzler, Hofmannsthal oder Thomas Mann.

Die Entstehung des literarischen Expressionismus trägt deutlich subkulturelle Züge. Verstreute Gruppen, die in losem Kontakt zueinander stehen, in Berlin natürlich, aber auch in Prag, Leipzig, München, selbst in Darmstadt, Hamburg, Hannover, im Elsaß, in Österreich, brechen auf, um eine neue Welt zu schaffen. Kurt Hiller gründet 1909 in Berlin seinen ›Neuen Club‹, in dessen Umkreis Jakob van Hoddis und Georg Heym gehören. Herwarth Walden gibt seit 1910 die Zeitschrift *Der Sturm* heraus (später ergänzt um einen *Sturm*-Verlag, eine *Sturm*-Kunstschule, eine *Sturm*-Bühne), in der neben Else Lasker-Schüler und August Stramm Autoren wie Benn, Lichtenstein, Ehrenstein, Friedlaender publizieren. Ein Jahr später folgt Franz Pfemferts Zeitschrift *Aktion*, die den eher ästhetischen Akzent des *Sturm* um den politischen ergänzt. Carl Einsteins Roman *Bebuquin* erscheint hier in Fortsetzungen, ebenso Lyrik von Heym, van Hoddis, Wolfenstein. Neben diese beiden wichtigsten in Berlin erscheinenden Zeitschriften treten Periodika aus der ›Provinz‹. So wurde Ludwig von Fickers Tiroler Zeitschrift *Brenner* zum Publikationsort Georg Trakls. Die etablierten Verlagsunternehmen wie Fischer oder Insel öffneten den Expressionisten nur zögernd ihre Pforten. So entstanden neue Verlage, häufig nur kurzlebige Unternehmungen ohne ökonomischen Hintergrund. Zum bedeutendsten wurde der Verlag von Kurt Wolff (gegründet von Ernst Rowohlt) in Leipzig: Hier erschienen Werke von Werfel, Kafka, Trakl, Stadler, Hasenclever, Edschmid, Benn, Goll, Kokoschka, Becher, Toller u. a. Früh schon wurden Gedichte der Bewegung in Anthologien versammelt, die weniger als Summe denn als vorwärtsweisende Manifeste gedacht waren. Schon 1912 erschien Hillers *Kondor* mit Autoren seines Kreises; die bekannteste Anthologie, die *Menschheitsdämmerung*[4] von Kurt Pinthus aus dem Jahre 1919, ist dann aber schon Abgesang der Bewegung.

Daß die geistigen Grundlagen der alten Welt nicht mehr recht tragfähig waren, raunte man sich schon länger zu, eigentlich schon seit dem Zusammenbruch des Positivismus, der letzten flächendeckenden affirmativen Philosophie, die das Bürgertum hervorgebracht hat. Da hatte man die Naturwissenschaften zum Paradigma rationalen Denkens schlechthin erhoben, jede Art von Metaphysik war diskreditiert, die

Menschheit war auf die Bahn rational kontrollierten Fortschritts gebracht. Und dann hieß es plötzlich: »Ignoramus, Ignorabismus« (Emil Du Bois-Reymond, *Über die Grenzen des Naturerkennens*, 1872), es hieß: »Das Ich ist unrettbar« (Ernst Mach, *Die Analyse der Empfindungen*, 1885), und als langfristige Zukunftsperspektive wurde der Kältetod des Weltalls annonciert. Die Erkenntniszuversicht mündete in einen je nach Temperament gemütlichen oder heroischen Agnostizismus. Exemplarisch durchlitt diesen Weg Friedrich Nietzsche, der nicht zuletzt deshalb in den Kreis expressionistischer Penaten aufgenommen wurde. Sein kritischer Impetus, seine radikale Mythen- und Ideologiekritik folgte ja durchaus positivistischen Motiven. Aber in der Konsequenz stieß er auf den ›europäischen Nihilismus‹ und suchte bis zum Zerbrechen nach einer neuen Lebensmöglichkeit. Nietzsche hat auch die Formel geprägt, die den Zusammenhang des Positivismus mit seiner ekstatisch-kathartischen Gegenbewegung genau bezeichnet: »Wenn Skepsis und Sehnsucht sich begatten, entsteht die *Mystik*.«[5]

Tiefe statt bloßer Oberfläche, ›eigentliche‹ Wirklichkeit statt bloß augenscheinlicher, Inneres statt bloßer Äußerlichkeit, Wesen statt bloßer Erscheinung, auch: Kultur statt bloßer Zivilisation, Seele statt des bloßen Intellekts, Alleben statt mechanischer Vereinzelung – Oppositionen dieser und ähnlicher Art gehören immer zum ekstatisch-kathartischen Motiv-Repertoire.

Im Vorfeld des Expressionismus finden sie ihren Ausdruck etwa in der Philosophie Georg Simmels[6] oder Rudolf Euckens (Nobelpreis 1908), in der Rezeption Nietzsches, der Rezeption der Mystik (z. B. Martin Bubers Anthologie *Ekstatische Konfessionen*, 1909), auch in der Jugendbewegung. Verfehlt wäre es, bei solchen irrationalistischen Tendenzen ausschließlich reaktionäre Machenschaften zu vermuten. Gustav Landauer etwa, der später der ›anarchistischen‹ Münchner Räteregierung angehörte, veröffentlichte 1903 eine Programmschrift unter dem Titel *Skepsis und Mystik*,[7] in der der ekstatisch-kathartische Ausbruch sowohl für die Dichtung wie für die Philosophie wie für die Politik proklamiert wird. Landauers Skepsis ist Sprachskepsis. Ausdrücklich nennt er seinen Essay »Versuche im Anschluß an Mauthners Sprachkritik« – als Reaktion auf Fritz Mauthners *Beiträge zu einer Kritik der Sprache* von 1901/02. Die Sprache sei ein ungeeignetes Mittel der Erkenntnis, sie tauge nur für das »irdische Wirtshaus«, sei Produkt der Evolution, das nur den praktischen Lebensbedürfnissen diene, ein Überlebensapparat, der heillos in die Irre führt, wenn man ihn zur Erkenntnis objektiver Wahrheit einzusetzen versucht. Mauthner und Landauer knüpfen also beim Positivismus an, sie vertreten eine pragmatistische oder instrumentalistische Sprachauffassung. Für Mauthner resultiert daraus ein aus Verzweiflung genährter Haß gegen die Sprache (den er überaus eloquent vorträgt); nur in sprachloser Mystik könnten wir uns dem objektiv Wirklichen anheimgeben.

Während Mauthners Kritik jeder Art von Sprache gilt, hofft Landauer auf eine neue Sprache der Zukunft. Unsere Mühe daure nur, »so lange wir die neue Sprache noch nicht haben«.[8] So wird ihm Mauthner nicht nur zum »Wegbereiter für neue Mystik«, sondern auch »für neue starke Aktion«.[9] Landauers Kritik gilt der Sprache nur insofern, als an sie in besonderem Maße Tradition geheftet ist. Erst der Austritt aus der Tradition führt zur Wahrheit. Die Seele sei »eine Funktion oder Erscheinungsform des unendlichen Weltalls«,[10] und so kommt es darauf an, »die paläontologischen Schätze des Universums in mir zu heben«.[11] Voll Optimismus verkündet er, »wo nichts mehr feststeht, und kein Grund mehr ist, da gerade werden wir unsere Pfähle einrammen«.[12]

Der Glaube an die Möglichkeit einer unmittelbaren, spontanen Daseinsbegründung und das Leiden an den Fesseln der Tradition sind zwei Seiten derselben Münze. Doch wie kann solche spontane, unmittelbare Erfahrung mitgeteilt werden, da doch jede Kommunikation bereits vorgängige Übereinkunft und damit Tradition voraussetzt?

Wortkunst: Parataxe

Wenn die Darstellungsfunktion der Sprache als bloß instrumentell entlarvt wird, wenn überdies die überkommene Dichtersprache als bloß konventionell und abgeklappert gilt, dann stellt sich mit besonderer Schärfe die Frage nach der Ästhetizität von Sprache, nach ihrer spezifischen Leistung als Kunstmittel. Bezeichnend ist, daß erst in expressionistischer Zeit Begriffe wie ›Tonkunst‹ für Musik und ›Dichtkunst‹ oder ›Wortkunst‹ für Dichtung größere Verbreitung finden. Vor allem in den Kreisen um Kurt Hiller und Herwarth Walden wird die Frage der Leistungsfähigkeit des Materials von ›Wortkunst‹ lebhaft aufgegriffen. Es wäre jedoch zuviel verlangt, wollte man eine konsistente ›Theorie‹ verlangen; ohnedies ist das meiste, was gemeinhin expressionistische Theorie genannt wird, Proklamation, die sich um Begründung und Argumentation schon ihrem Selbstverständnis nach nicht viel kümmern kann.

Herwarth Walden, der wichtigste Theoretiker der ›Wortkunst‹, proklamiert zwar:[13] »Im Gegensatz zur Musik, zur Malerei, die mit direkten Gefühlsmitteln, nämlich mit Ton und Farbe arbeiten, braucht die Wortkunst ein Hilfsmittel: das künstlerisch logische Bild«. Aber wenn er sogleich fortfährt, diese künstlerische Logik habe »mit der Logik des Verstandes nichts zu tun«, entzieht er sich wieder der argumentativen Intersubjektivität. Immerhin, einige Grundlinien lassen sich wenigstens erahnen. Die Logik sei aus der Erfahrung hergeleitet, die Erfahrung aus der Wiederholung des Erfahrenen. »Aus der Kunst holen wir, was unerfahren ist. [...] Nur wer die Erfahrung aufgibt, kann Kunst aufnehmen.« Nicht im Zerbrechen der Tradition steckt Willkür, sondern in der Tradition. »Oder ist es nicht willkürlich, daß B sagen *muß*, wer A sagt. Oder ist es nicht willkürlich, daß ein Hauptwort ein Zeitwort bedingt. [...] Oder ist es nicht Willkür, wenn man die Sonne in Deutschland für eine Dame und in Frankreich für einen Herrn hält. Oder warum sind Zeitwörter manchmal regelmäßig und manchmal unregelmäßig« usw. Die Konventionalität der Sprache, jeder Sprache, ist für Walden ein Ärgernis, und Wortkunst soll zu dem durchdringen, was hinter der Willkür der Sprache als das »Unmittelbare« steckt. Dieses »Unmittelbare« sucht er in der kleinsten Sinneinheit, im Einzelwort. »Wenn das einzelne Wort so steht, daß es unmittelbar zu fassen ist, so braucht man eben nicht viele Worte zu machen. [...] Das Wort herrscht [...] Nur Wörter binden. Sätze sind stets aufgelesen.« So fordert er eine »ungegenständliche Dichtung«, weil nur sie »unmittelbar« sei.

Der ›Fehler‹ dieser ›Theorie‹ ist offenkundig. Denn das Einzelwort verdankt seine Ausdruckskraft nicht minder der Tradition seiner Verwendung, ist nicht minder konventionell als der Satz in seinen Zuordnungen. Nur weil es nicht durch den

Kontext des Satzes in seinem Sinn mitdeterminiert ist, hat es eine größere Aura möglicher Bedeutungen. Aber die ›Theorie‹ ist doch ein wertvolles Zeugnis für den fast verzweifelten Versuch, die Schranken der Tradition zu durchbrechen – angesichts der Tatsache, daß doch jeder Wortgebrauch nur auf der Basis von Tradition überhaupt möglich ist.

Waldens Kronzeuge für die Möglichkeit einer ›Wortkunst‹ in seinem Sinne war August Stramm. Ein Beispiel, das er zum Beleg heranzieht, ist dessen Gedicht *Traum*:

> Durch die Büsche winden Sterne
> Augen tauchen blaken sinken
> Flüstern plätschert
> Blüten gehren
> Düfte spritzen
> Schauer stürzen
> Winde schnellen prellen schwellen
> Tücher reißen
> Fallen schrickt in tiefe Nacht.[14]

Die Einzelwort-Emphase wird in diesem wie in anderen Gedichten Stramms auf sehr einfache Weise erreicht: Den Kern bildet eine Reihung von Zwei-Wort-Sätzen, wobei der Plural eine Verbform ermöglicht, die mit dem Infinitiv gleichlautet. Dadurch gelangen auch die beiden Teile des jeweiligen Kurzsatzes in eine starke Isolation, die das Einzelwort selbständig erscheinen läßt, obwohl die Sätze grammatikalisch komplett sind. Zu diesem Kern treten etwas umfangreichere Zeilen, die durch fast völligen Verzicht auf Partikel und durch die asyndetischen Verbreihen (ebenfalls meist Plural/Infinitiv) die Einzelworte kaum weniger isolieren. Die Semantik und damit die Bedeutungsfestlegung durch Konvention ist aber trotzdem noch erhalten. So kann Walden bei seinen Erläuterungen des Gedichts zumindest in Ansätzen durchaus auf Paraphrasierungsmöglichkeiten hinweisen: »Vom Leben darf man sagen, daß es hinplätschert, vom Flüstern nicht. Warum nicht? [...] Spritzen diese Düfte nicht? Wo wir sie jetzt alle zugleich riechen.«

Wenn man mit der Tradition konsequent brechen und den Worten auch noch den letzten Erdenrest von Konvention nehmen will, dann muß man auf die Sprache ganz verzichten. Als ein solcher Versuch, auf Sprache zu verzichten und dennoch nicht zu schweigen, kann ›Dada‹ gedeutet werden. Hugo Ball berichtet in seinen Erinnerungen, welche Begründung er ›seiner‹ Erfindung des Lautgedichts bei den ersten Vorträgen im Züricher Cabaret Voltaire mitgegeben habe:

»Man verzichte mit dieser Art Klanggedichte in Bausch und Bogen auf die durch den Journalismus verdorbene und unmöglich gewordene Sprache . . . Man verzichte darauf, aus zweiter Hand zu dichten: nämlich Worte zu übernehmen (von Sätzen ganz zu schweigen) die man nicht funkelnagelneu für den eigenen Gebrauch erfunden habe.«[15]

Aber auch er entgeht den Fängen der Tradition nicht, wenn er nicht völlig amorphes, langweiliges Gestammel bieten will. Die Klanggedichte tragen explizite Titel wie *Karawane* oder *Seepferdchen und Flugfische*: Schon dadurch werden Assoziationsräume sprachlich determiniert, wenn auch noch so vage. Denkt man hinzu, daß diese

Gedichte laut gesprochen werden wollen und daß auch die Sprechweise sich am
normal- oder dichtersprachlichen Vortragsstil orientiert, dann wird deutlich, daß
auch diese scheinbare Nullstufe des Semantischen nur eine Schwundstufe ist, die
immer noch die Konventionalisierungen der Sprache voraussetzt und auf sie anspielt.
Ihren poetischen Reiz erhalten solche Gedichte – und vielleicht noch mehr die
Kabinettstückchen eines Kurt Schwitters oder Hans Arp – nicht durch den Verzicht
auf Sprache, sondern durch das freie, verfremdende Spiel mit ihr, das die Konventionen ebenso voraussetzt, wie es sie ins Bewußtsein hebt. Nur dadurch werden sie
überwunden, wird ein Raum der Freiheit geschaffen. Die ›neue Sprache‹ der Unmittelbarkeit aber bleibt Chimäre.

›Wortkunst‹ und ›Dada‹ markieren eine weit vorgeschobene Bastion. Zumindest in
der ›Theorie‹ bereits dialektisch verstrickt, lassen sie aber zugleich eine Tendenz
erkennen, die für die gesamte expressionistische Lyrik gilt und für ganz wesentliche
Teile der modernen Lyrik: die Tendenz zur Parataxe in ihren vielfältigen Ausformungen (Zeilenstil, Isolation des Einzelworts, Bilderkumulation, ›harte Fügung‹ usw.);
immer geht es darum, das alltagssprachlich vermittelte Oberflächenbild einer zusammenhängenden Realität zu durchstoßen, sei's, um das dahinterstehende Chaos zur
Erscheinung zu bringen, sei's, um auf eine dahinterstehende Ordnung der ›Tiefe‹ zu
verweisen. Zwar kann auch der Dichter nicht auf die ›verdorbene‹ Sprache verzichten, aber in der Parataxe gewinnen die Worte bloßen Zitatcharakter, sie relativieren
sich gegenseitig, geben die ganze Aura des Konnotativen frei, lassen Lücken klaffen,
durch die Sprachloses sichtbar werden soll.

›Grotesken‹: Das ›neue Sehen‹

Weltende

Dem Bürger fliegt vom spitzen Kopf der Hut,
In allen Lüften hallt es wie Geschrei,
Dachdecker stürzen ab und gehn entzwei
Und an den Küsten – liest man – steigt die Flut.

Der Sturm ist da, die wilden Meere hupfen
An Land, um dicke Dämme zu zerdrücken.
Die meisten Menschen haben einen Schnupfen.
Die Eisenbahnen fallen von den Brücken.[16]

Dieses Gedicht von Jakob van Hoddis gilt als Initialzündung des expressionistischen
›Zeilen‹- oder ›Reihenstils‹. Die asyndetische, parataktische Reihung von Sätzen
wird als Ausdruck einer Weltsicht interpretiert, der das Ich und die Welt in Einzelele-
mente zerfallen. Die beiden harmlos-konventionell gebauten Vierzeiler kontrastieren
in ihrer Form mit einem Inhalt, der kein Ganzes mehr darstellen will, weil der Autor
keinen integrierenden Perspektivpunkt mehr besitzt. Selbst mit dem Titel kontrastiert
dieser Inhalt. Was ist das schon für ein Weltende, das sich nicht von einer Spät-
herbstszenerie mit Wind, abgedeckten Dächern, Sturmflut und Grippewelle unterscheidet? Es geschieht nichts Außergewöhnliches in diesem Gedicht. Auch Unfälle

von Dachdeckern oder Eisenbahnen sind zwar bedauerlich, doch nicht eben apokalyptisch. Das Gedicht – erstmals am 11. Januar 1911 gedruckt – erhält seine eigentliche Pointe gerade aus dem, was es nicht sagt: Daß im Jahr 1910 der Halleysche
Komet wiedergekehrt war und die üblichen Untergangsprognosen hervorgerufen
hatte. Indem die Prophezeiungen mit den banalen Beschwernissen eines banalen
Herbstes konfrontiert werden, wird deutlich: *So*, mit Spektakel am Himmel, Sturm
und Wasserflut wird das Ende der Welt sich nicht abspielen. Das Weltende, das Ende
der bürgerlichen Welt nämlich, findet auf andere Weise statt – hat vielleicht sogar
schon stattgefunden.
Eigentlich ist dieses Gedicht ein Solitär. Wenn es als stilbildendes Vorbild aufgenommen wird, dann entsteht grotesker Nippes, mehr nicht, weil der Bezug auf das
konkrete Ereignis und damit die Pointe nicht mitübernommen werden kann. So
bezeugt z. B. Heinrich F. S. Bachmair, er und Johannes R. Becher hätten »ellenlange
Versgebilde« nach dem ›neopathetischen‹ Vorbild gezimmert und sich kindlich
amüsiert bei diesem Unfug. »Aber als noch größerer Unfug wäre es uns vorgekom-
men, hätten wir diese nächtlichen Elaborate nachträglich auf Papier festhalten
wollen.«[17] Becher selbst allerdings berichtet von einer beinahe magischen Wirkung
des Gedichts, »das wir als Losung [...] unserem Sturm vorantrugen, das eine
ungeheuerliche Renaissance der Menschheit einleiten sollte«.[18] Die beiden Zeugnisse
brauchen einander nicht auszuschließen. Was Alfred Lichtenstein oder Ernst Blaß
oder auch van Hoddis selbst in diesem Reihenstil schufen, ist entweder tatsächlich
belangloser Unfug – oder aber der Zeilenstil ist nur die eben erst konventionalisierte
Basis für andere Innovationen.
Das gilt z. B. für Lichtensteins Gedicht *Die Dämmerung*, das oft im Zusammenhang
mit dem *Weltende* zitiert wird.

> *Die Dämmerung*
>
> Ein dicker Junge spielt mit einem Teich.
> Der Wind hat sich in einem Baum gefangen.
> Der Himmel sieht verbummelt aus und bleich,
> Als wäre ihm die Schminke ausgegangen.
>
> Auf lange Krücken schief herabgebückt
> Und schwatzend kriechen auf dem Feld zwei Lahme.
> Ein blonder Dichter wird vielleicht verrückt.
> Ein Pferdchen stolpert über eine Dame.
>
> An einem Fenster klebt ein fetter Mann.
> Ein Jüngling will ein weiches Weib besuchen.
> Ein grauer Clown zieht sich die Stiefel an.
> Ein Kinderwagen schreit und Hunde fluchen.[19]

Erst hier verbindet sich mit dem Reihenstil jener Effekt von Absurdität, der charakteristisch für ihn wird. Lichtenstein hat sein Gedicht selbst erläutert.[20] Er wolle die
»Unterschiede der Zeit und des Raumes zugunsten der Idee des Gedichts [...]
beseitigen«. »Vorzug der Dichtkunst vor der Malkunst ist, daß sie ›ideeliche‹ Bilder

hat.« Ausdrücklich wehrt er sich gegen die Vorstellung, hier handle es sich um »ein sinnloses Durcheinander komischer Vorstellungen«. Es sei vielmehr die Absicht, »die Reflexe der Dinge unmittelbar [!] [...] aufzunehmen«! Was Lichtenstein intendiert, ist also gar kein grotesker Effekt, sondern eine Art Wesensschau, verwandt den gleichzeitigen Bemühungen Waldens oder der ›kubistischen‹ Malerei. Diese weist Lichtenstein allerdings als »Futuristenmanschepansche« zurück, um das Privileg des »ideelichen« Bildes der Dichtung vorbehalten zu können. Gleichwohl geht es ihm darum, daß »man *sehen* lernt«. Fast gleichzeitig wird im russischen Seitenstück zum Expressionismus, im ›Russischen Formalismus‹, ein ästhetisches Programm entwikkelt, dessen Kernbegriffe die »Verfremdung« und das »Neue Sehen« sind.[21] Das ›Groteske‹ ist nicht Selbstzweck, sondern hat Funktion als Mittel des »Seltsammachens«[22] einer Wirklichkeit, die nur noch nach präformierten Schemata wahrgenommen wird und durch solches »Seltsammachen« aus ihrer Erstarrung erlöst und zu neuer, ›unmittelbarer‹ Wahrnehmung freigemacht werden soll. ›Groteske‹, ›Ironie‹, ›Parodie‹, ›Zynismus‹ – solche und ähnliche Begriffe stellen sich immer wieder bei der Interpretation expressionistischer Gedichte ein. Aber damit wird nur die destruktive Seite beleuchtet. Für sich genommen und in Massenproduktion wird das tatsächlich schnell zum ›Unfug‹. Sieht man hingegen die Intention, ›sehen‹ zu lernen und zu lehren, durch ›Verfremdung‹ die routinierten Bahnen der Wahrnehmung zu durchbrechen, dann erweisen sich diese Destruktionsgesten als Teilstücke eines ästhetischen Prozesses durchaus produktiver Art. Landauer wie Mauthner (aber z. B. auch Hofmannsthal) hatten die Misere der Sprache darin begründet gesehen, daß die Worte pragmatische und instrumentelle Vor-Urteile enthalten und auf diese Weise die Fülle des Wirklichen nach rein praktischen Gesichtspunkten zusammenfassen und standardisieren. Werden diese Zusammenfassungen und Standardisierungen zerstört, entlarvt, so besteht die Hoffnung, daß die Fülle des Wirklichen selbst wieder sichtbar wird.

Die Generalmetapher: Krieg

Von ›Krieg‹ ist viel die Rede in den Dichtungen des Expressionismus,[23] schon vor 1914. Man muß jedoch deshalb nicht den Topos vom Dichter als dem Propheten bemühen; das wäre nicht nur überflüssig – um zu ahnen, daß sich da etwas zusammenbraute, genügte es, ein guter Zeitungsleser zu sein –, sondern verstellt auch die Problematik dieser Vorkriegs-Kriegsgedichte. Zwar warnte die fortschrittliche Publizistik – z. B. die *Aktion* – vor Rüstung und Nationalismus. Aber immer wieder gibt es Äußerungen, die eher von einem Einstimmen in den Chor der Aggressivität zu zeugen scheinen. Man muß jedoch genau hinhören: Gemeint ist in der Regel nicht der Krieg gegen einen bestimmten Gegner, gegen England oder Frankreich oder Rußland, sondern der ›Weltkrieg‹ als Purgatorium.

> Wir horchen auf wilder Trompetsdonner Stöße
> Und wünschen herbei einen großen Weltkrieg.
> In unseren Ohren der Waffen Lärm töset,
> Kanonen und Stürme in buntem Gewieg.[24]

Mit ›Weltkrieg‹ ist aber nicht gemeint, was dann diesen Namen erhielt, sondern eine Art von Läuterungsfeuer – gelegentlich auch nur eine aufregende Veranstaltung zur Unterbrechung des grauen Alltags. Alfred Walter Heymel veröffentlicht 1911 im *Sturm* ein Gedicht, das den Titel trägt: *Eine Sehnsucht aus der Zeit*. Es klagt: »Wohin ich flüchten will, ragt Mauer auf an Mauer«, und es endet:

> Im Friedensreichtum wird uns tödlich bange
> Wir kennen Müssen nicht noch Können oder Sollen
> Und sehnen uns und schreien nach dem Kriege.[25]

›Krieg‹ ist also die große Negation gegenwärtiger Öde, Sehnsucht nach dem Krieg ist ›Sehnsucht aus der Zeit‹, einer Zeit, die zugleich als allzu begrenzt (›Mauer an Mauer‹) und als allzu wenig bestimmend (nicht ›Müssen, Können, Sollen‹) empfunden wird. Die junge Generation will Vernichtung des Alten, um eigenen Daseinsraum zu gewinnen. ›Krieg‹ ist eine Art Generalmetapher für die ganz große Veränderung. Es könnte ebensogut von ›Revolution‹ die Rede sein, wenn das nicht noch zu moderat klänge. Als dann der Krieg 1914 ausbrach, die Metapher zur Wirklichkeit wurde, mußte das präzisiert werden. So schreibt Hugo Ball bei Kriegsausbruch: »Der Krieg ist noch das einzige, was mich noch reizt. Schade, auch das wird nur eine halbe Sache sein.« Er wird dann in Zürich ›Dada‹ mitbegründen – eine ›ganze Sache‹?[26]

Krieg ist ›nur‹ Metapher – aber man kann die Frage nicht abweisen, wie weit er nicht auch in mancher säbelrasselnden ›bürgerlichen‹ Äußerung der Zeit, in mancher frühen Stellungnahme z. B. Thomas Manns oder gar Wilhelms II. ›nur‹ Metapher war und wieweit in diesem heiklen Verhältnis von Metapher und Realität (im Wörtlichwerden der Metapher) nicht ein objektiver Mechanismus steckt, der solche Äußerungen aus heutiger Sicht eben doch zu einem expressionistischen Beitrag zur Kriegsvorbereitung macht.

Der Krieg

Aufgestanden ist er, welcher lange schlief,
Aufgestanden unten aus Gewölben tief.
In der Dämmrung steht er, groß und unbekannt,
Und den Mond zerdrückt er in der schwarzen Hand.

In den Abendlärm der Städte fällt es weit,
Frost und Schatten einer fremden Dunkelheit.
Und der Märkte runder Wirbel stockt zu Eis.
Es wird still. Sie sehn sich um. Und keiner weiß.

In den Gassen faßt es ihre Schulter leicht.
Eine Frage. Keine Antwort. Ein Gesicht erbleicht.
In der Ferne zittert ein Geläute dünn,
Und die Bärte zittern um ihr spitzes Kinn.

Auf den Bergen hebt er schon zu tanzen an,
Und er schreit: Ihr Krieger alle, auf und an!
Und es schallet, wenn das schwarze Haupt er schwenkt,
Drum von tausend Schädeln laute Kette hängt.

Einem Turm gleich tritt er aus die letzte Glut,
Wo er Tag flieht, sind die Ströme schon voll Blut.
Zahllos sind die Leichen schon im Schilf gestreckt,
Von des Todes starken Vögeln weiß bedeckt.

In die Nacht er jagt das Feuer querfeldein,
Einen roten Hund mit wilder Mäuler Schrein.
Aus dem Dunkel springt der Nächte schwarze Welt,
Von Vulkanen furchtbar ist ihr Rand erhellt.

Und mit tausend hohen Zipfelmützen weit
Sind die finstren Ebnen flackend überstreut,
Und was unten auf den Straßen wimmelnd flieht,
Stößt er in die Feuerwälder, wo die Flamme brausend zieht.

Und die Flammen fressen brennend Wald um Wald,
Gelbe Fledermäuse, zackig in das Laub gekrallt,
Seine Stange haut er wie ein Köhlerknecht
In die Bäume, daß das Feuer brause recht.

Eine große Stadt versank in gelbem Rauch,
Warf sich lautlos in des Abgrunds Bauch.
Aber riesig über glühnden Trümmern steht,
Der in wilde Himmel dreimal seine Fackel dreht

Über sturmzerfetzter Wolken Widerschein,
In des toten Dunkels kalten Wüstenein,
Daß er mit dem Brande weit die Nacht verdorr,
Pech und Feuer träufet unten auf Gomorrh.[27]

Dieses Gedicht Georg Heyms darf in keiner Expressionismusanthologie oder -darstellung fehlen, obwohl es bessere Gedichte von Heym gibt. Es ist in besonderem Maße repräsentativ und nach wie vor ein so wirkungsvolles Effektstück, daß es, etwa im Deutschunterricht, bei der Behandlung der Zeit kaum zu umgehen ist.
Die Wirkung scheint auf den ersten Blick auf einer starken visuellen Kraft der Bilder zu beruhen. Bei näherem Hinsehen jedoch kann man feststellen, daß die Bilder zugleich merkwürdig unsinnlich sind. Das liegt zum einen am Reihungsstil; immer neue Bereiche werden genannt, es gibt kein Ausruhen bei Details. Und es liegt daran, daß die Substantive fast lauter Pluralia, Kollektivabstrakta, Zusammenfassungen sind. Selbst wo Einzelheiten genannt werden, sind sie typisiert: »Und keiner weiß«, »Ein Gesicht erbleicht«. Dazu kommen Züge, deren ästhetische Qualität man

bezweifeln kann, Bilder wie die Flammen als »Zipfelmützen« oder »Fledermäuse«, überlange Ferse, Auslassungen und Inversionen (»von tausend Schädeln laute Kette«, »daß das Feuer brause recht«, »Gomorrh«), die seit jeher Notbehelf ungeschickter Reimer sind. Doch solche Beckmesserei wird dem Gedicht nicht gerecht. Woher kommt die Wirkung?

Da ist zunächst einmal der stampfende Rhythmus der Trochäen. Trochäen haben im Deutschen immer etwas Drängendes, schon bei Grillparzer oder in den Romanzen Heines. Heym erreicht die Intensivierung durch zwei ebenso einfache wie raffinierte Mittel. Im Gegensatz zur Romanzendichtung verwendet er keine Vier-, sondern Sechsheber, so daß die Zeileneinheit sich verlängert, und er verwendet keine weiblichen Reime (die beim Trochäus die Zeilenenden verschleifen), sondern ausschließlich männliche. Die Zeile wird damit zugleich verlängert und stärker isoliert, der Rhythmus der Alternation durch die Verlängerung der Zeile fester verankert und durch die regelmäßige Pause am Zeilenende zugleich hervorgehoben.

Der Krieg wird personifiziert, als handelndes Subjekt von überdimensionaler Größe dargestellt. Zugleich aber wird jede Beschreibung dieses Handelnden vermieden. Er ist schwarz, groß und unbekannt, mehr erfährt man nicht, und auch daß es sich um den Krieg handelt, geht nur aus der Überschrift hervor. Er ist »Er«. Dies und jene Reaktion unpräziser Angst, wie sie vor allem die Strophen 2 und 3 darstellen, machen ihn zum Dämon, der auch vom Autor nicht beim Namen genannt werden darf. Doch auch die Dinge in seinem Umfeld erwachen zum Leben, »Aus dem Dunkel springt der Nächte schwarze Welt«, das Feuer wird zum »roten Hund«, der Tod nimmt die Gestalt weißer Vögel an. Die Menschen hingegen sind der dämonisierten, auf undurchschaubare Weise aggressiv gewordenen Welt hilflos und passiv ausgeliefert. Überspitzt könnte man sagen: Es geht gar nicht um den Krieg in diesem Gedicht, sondern um Untergang und Zerstörung schlechthin, deren Ursachen namenlos bleiben und nur bildhaft sich in die Vorstellung von Krieg und Feuer kleiden. Das entfesselte ganz Andere, das da aus den Gewölben ins Freie bricht, ist die verdrängte Nachtseite der geordneten bürgerlichen Gesellschaft um 1910.

Das wird auch deutlich, wenn man versucht, den Vorgang zu rekonstruieren. Gewiß, die ersten drei Strophen stellen offenbar die Bedrohung der ›Stadt‹ durch den ›Krieg‹ dar. Strophe 4 bis 8 hingegen zeigen den ›Krieg‹ nicht in der Stadt, sondern in den Bergen, in der Landschaft als Feuersturm und Waldbrand, selbst die »Straßen« der 7. Strophe können vom Kontext her nur Landstraßen sein. Erst die letzten beiden Strophen wenden sich wieder der Stadt zu, die nun aber bereits zerstört ist (»versank«). Der narrative Gestus des Gedichts täuscht. Hier wird nicht linear berichtet, etwa in der Form einer mythisierenden Ballade, sondern Einzelbilder werden parataktisch aneinandergefügt, und erst der ›Rahmen‹ verschnürt das Gedicht wieder: Heym setzt ein bei der diffusen Angst der ›Städte‹, d. h. der zivilisiert-geordneten Gegenwartswelt, vor dem Verdrängten, stellt dessen Ausbruch in den Bildern von Krieg und Feuer dar und antizipiert in den Schlußstrophen den Zustand nach dem Untergang der alten Welt.

Klage

In einem Gedicht Georg Trakls heißt es: »O Schmerz, du flammendes Anschaun / Der großen Seele!«[28] Wenn die überkommenen Denk- und Sprachschemata vor der Wahrheitsfrage versagen und nur in die Irre leiten, dann steht das Individuum plötzlich schutzlos einer – scheinbar oder tatsächlich – chaotischen Welt gegenüber. Das ›neue Sehen‹ verläßt die Gehäuse der bergenden Routinen. Aber die neuen Erfahrungen, die da gemacht werden, sind keineswegs alle so amüsant wie die in Lichtensteins *Dämmerung* formulierten.

Hier sind zum Beispiel die, wie es in der Zeit heißt, ›medi-zynischen‹ Gedichte des frühen Gottfried Benn zu nennen. Immer wieder spricht Benn in seinen Selbstdeutungen von »Wirklichkeitszertrümmerung« und »Zusammenhangdurchstoßung«. Die ›Morgue‹-Gedichte von 1912 wählen als repräsentativen Ort des ›neuen Sehens‹ das Leichenschauhaus, und schon dies ist ja eine Perspektive, die dem bürgerlichen Leben wie der bürgerlichen Lyrik fremd ist. Die Welt des häßlichen Todes und die Wert- und Glücksvorstellungen ›draußen‹ treten in ein fast unerträgliches Spannungsverhältnis.

> *Schöne Jugend*
> Der Mund eines Mädchens, das lange im Schilf gelegen hatte,
> sah so angeknabbert aus.
> Als man die Brust aufbrach, war die Speiseröhre so löcherig.
> Schließlich in einer Laube unter dem Zwerchfell
> fand man ein Nest von jungen Ratten.
> Ein kleines Schwesterchen lag tot.
> Die andern lebten von Leber und Niere,
> tranken das kalte Blut und hatten
> hier eine schöne Jugend verlebt.
> Und schön und schnell kam auch ihr Tod:
> Man warf sie allesamt ins Wasser.
> Ach, wie die kleinen Schnauzen quietschten![29]

Das ist kein subjektiver Zynismus, sondern der objektive Zynismus der Dinge. Kaum ein Autor der Generation hat mit solcher geradezu barocker Schärfe und Manie die Polarität von Glückssehnsucht und Verwesung formuliert. Dabei wird nicht etwa jene durch diese denunziert, die Spannung bleibt voll erhalten: Auch unsere Glückssehnsucht ist authentisch, ein Teil der Qual, welche die Evolution uns auferlegt hat. Es kommt unter dem Druck dieser Qual immer wieder zu Ausbruchsversuchen ins Vegetative, in erotische, ästhetische Räusche; Benn kommt später vorübergehend sogar zu einem Pakt mit dem ›Neuen Staat‹, dann zur Proklamation des rein Artistischen. Zwar ist es ruhig geworden um Benns Gedichte; die Faszination, die sie nach dem letzten Krieg noch einmal ausübten, hat sich gelegt. Trotzdem ist der Fall Benn wohl noch nicht ausgestanden; denn die Problemspannung, aus der sich seine Gedichte wie seine Existenz speisten, macht ihn weiterhin zum Prototyp einer Epoche.

Was Benn formuliert, sind immer die persönlichen Reflexe; wenn es nicht in heillose

Begriffsverwirrung führte, könnte man sogar von ›Impressionismus‹ sprechen. Jedenfalls ist es kein Zufall, daß er hinsichtlich der Wirkung von Gedichten immer wieder von »Faszination« spricht. Er will psychisch-intellektuelle Zustände ausdrücken und hervorrufen, das Wort als »Phallus des Geistes« gebrauchen. Die Situation ›nach dem Nihilismus‹ läßt ihm keine andere Möglichkeit. Denn es ist nicht mehr möglich, sinnvoll die Frage nach der Wahrheit zu stellen.

Und doch gibt es den Versuch einer Alternative. Georg Trakl wurde von der Situation ›nach dem Nihilismus‹ gewiß nicht minder ergriffen. Er schreibt den lapidaren Satz: »Es ist ein so namenloses Unglück, wenn einem die Welt entzweibricht« – ein so namenloses Unglück, daß er es nur in periodischen Alkohol- und Kokainexzessen ertragen konnte und schließlich daran zerbrach. Aber er schreibt auch: »Du magst mir glauben, daß es mir nicht leicht fällt und niemals leicht fallen wird, mich bedingungslos dem Darzustellenden unterzuordnen, und ich werde mich immer und immer wieder berichtigen müssen, um der Wahrheit zu geben, was der Wahrheit ist.«[30] Von Wahrheit ist also die Rede, und zwar nicht von der Wahrhaftigkeit der Expression, sondern von einer Art Darstellungswahrheit, die ja ein einigermaßen kompaktes Weltbild voraussetzt. Von naivem Realismus ist das allerdings weit entfernt. Denn Trakls Wort von der ›Unterordnung‹ will ernstgenommen werden. Da steht nicht ein erkennendes Subjekt einer objektiven erkennbaren Wirklichkeit gegenüber, sondern das Subjekt ist das Medium, durch das die Wahrheit in die Erscheinung tritt. Es handelt sich um eine beinahe spiritistische Selbst- und Dichtungsdeutung, verwandt mit dem Geniegedanken des späten 18. Jahrhunderts, aber unter den Bedingungen einer heillosen Welt. Es ist unter diesen Voraussetzungen nicht verwunderlich, daß neben Rimbaud vor allem Hölderlin zum Vorbild Trakls wurde. Der Seher-Dichter, dessen individuelle Existenz unter dem Ansturm der Gesichte allmählich aufgezehrt wird, schafft sich ein poetisches Idiom an den Rändern der Sprache, in dem jedes Wort zum Bersten angefüllt ist mit Bedeutung und sich doch zugleich jeder Übertragung in Alltagssprache entzieht.

Daß diese Gedichte gleichwohl nicht bloß atmosphärisch oder musikalisch wahrgenommen zu werden brauchen, sondern auf eigenwillige Weise eine geistige Bewegung vollziehen, sei an dem Gedicht *Klage* verdeutlicht:

> Schlaf und Tod, die düstern Adler
> Umrauschen nachtlang dieses Haupt:
> Des Menschen goldnes Bildnis
> Verschlänge die eisige Woge
> Der Ewigkeit. An schaurigen Riffen
> Zerschellt der purpurne Leib.
> Und es klagt die dunkle Stimme
> Über dem Meer.
> Schwester stürmischer Schwermut
> Sieh ein ängstlicher Kahn versinkt
> Unter Sternen,
> Dem schweigenden Antlitz der Nacht.[31]

Schlaf und Tod als Formen der Bewußtlosigkeit sind Boten einer Drohung (»umrau-
schen« ist hier als Verbum dicendi zu deuten, »verschlänge« als Konjunktiv der
indirekten Rede): »Des Menschen goldnes Bildnis verschlänge die eisige Woge der
Ewigkeit«. Das ist ein Gedanke, der in dieser Form recht genau festgemacht werden
kann. Der zweite Hauptsatz der Thermodynamik nämlich, der in dieser Zeit geradezu
populär war, besagt, daß jedes Energiegefälle zum Ausgleich, zur ›Entropie‹ sich
entwickelt. Bezogen aufs Universum bedeutet das, daß am Ende aller Tage das All
den ›Kältetod‹ stirbt, d. h. in gleichmäßiger Kälte erstarrt. Der individuelle Tod wird
also zur Drohung eines viel umfassenderen, der »des Menschen goldnes Bildnis«,
Bewußtsein, Sein überhaupt in Frage stellt. Nicht um individuelle Todesangst geht es,
sondern »dieses Haupt« (also das Medium der Wahrnehmung von Gesichten) wird
von der viel umfassenderen Angst vor dem Tod überhaupt, vor dem Tod des Alls
gemartert. Auch dies ist also ein Gedicht vom ›Weltende‹, nicht freilich vom Ende
der bürgerlichen Welt, sondern vom Ende des Universums.
Das Bild der »Woge« wird nun zum Anknüpfungspunkt für eine Erweiterung der
Meeres-Bildlichkeit. Der »purpurne Leib« zerschellt an den Riffen, die dunkle
Stimme aber klagt über dem Meer. Durch das »Und« sind beide Aussagen eng
aufeinander bezogen, beide Bewegungen, die der Vernichtung und die der Erhebung
zur Klage, sind untrennbar miteinander verbunden, ja, das Zerschellen der leiblichen
Existenz treibt erst die Klage hervor. Das Gedicht enthält eine ekstatisch-kathartisch
motivierte Poetologie: Die Vernichtung des Individuell-Leiblichen, der empirischen
Existenz in ihrer Partikularität, setzt das spirituelle Moment der Klage frei. Diese,
vielleicht, vermag als Geistiges den Tod alles Seienden zu überdauern.
Inhalt der Klage aber ist die Anrufung der Schwester. Von Hinweisen auf die
Biographie sei hier abgesehen. Denn die Schwester, in früheren Gedichten gewiß
noch der empirischen Schwester Trakls nahestehend, wird mehr und mehr zur Chiffre
eines Objektiven, einzig noch möglicher Ausdruck für ein Gegenüber und damit zum
Partner des Ich schlechthin. Dieses Objektive also wird angerufen als Zeuge des
Untergangs des Ich, das als »Kahn« versinkt und deshalb keine andere Möglichkeit
der ›Überfahrt‹, der Kommunikation mehr hat als solchen Anruf: Dichtung als Gebet
unter den Voraussetzungen einer götterlosen Welt.
Ein Blick auf Trakls Prosadichtungen kann das Gesagte ergänzen. In der *Verwandlung des Bösen*[32] heißt es: »Du auf verfallenen Stufen: Baum, Stern, Stein.« Der
Doppelpunkt ist ein Gleichheitszeichen. Das Du ist Baum, vegetative Welt, Stern,
Kosmos und Stein. Es ist »ein blaues Tier, das leise zittert«. Es wird hier, durchaus
noch in der romantischen Tradition, eine Identität angesprochen, die als Basis für die
Überwindung der Weltlosigkeit dienen kann. *Offenbarung und Untergang*[33] führt zur
nächsten Stufe: »[...] sah ich, daß mich mein Antlitz verlassen«. Das Spiegelbild im
Wasser zeigt die Wesenlosigkeit des persönlichen Ich. Die Konsequenz: »Und die
weiße Stimme sprach zu mir: Töte dich!«
Zwei gegenläufige Bewegungen vollziehen sich, da sich das persönliche Ich abtötet:
»Seufzend erhob sich eines Knaben Schatten in mir und sah mich strahlend aus
kristallnen Augen an, daß ich weinend unter den Bäumen hinsank, dem gewaltigen
Sternengewölbe.« Das »in mir« ist dabei besonders wichtig. Der Schatten des Knaben
ist Teil des Ich; sein Erheben bedeutet den Tod des anderen Teils. Dieser andere Teil
aber ist sprachlos, anschauend: »und da ich *anschauend hinstarb*, starben Angst und

der Schmerzen tiefster in mir«. Hier wird die Gegenläufigkeit von Hinsterben und Erhebung noch deutlicher: »und es hob sich der blaue Schatten des Knaben strahlend im Dunkel, sanfter Gesang; hob sich auf mondenen Flügeln über die grünenden Wipfel, kristallene Klippen das Antlitz der Schwester.« An die Stelle des persönlichen Antlitzes, das verlorenging, tritt das Antlitz der Schwester. Dieses Antlitz ist »sanfter Gesang« wie der ›blaue Knabe‹. Es ist Synonym für Gesang.

»[...] nur allzu getreues Spiegelbild eines gottlosen, verfluchten Jahrhunderts«,[34] so sieht sich Trakl. Er wird sich selbst zum Gleichnis der Welt. Nur so kann *Grodek*, als Gegebenheit ein Erlebnis, das ihn zutiefst erschüttert hat, zur völlig unpersönlichen Metapher werden: Trakl hat sein persönliches Ich nach langem Kampf hinter sich gelassen; der andere Teil seines Selbst, die eigne Person nicht als erkennendes Subjekt, sondern als Medium der Welt, kann die Welt aussprechen. Die Einheit von Wort und Welt ist wiederhergestellt auf der Basis des Leidens, eines unindividuellen, deprivatisierten Sympathein. Der Kahn steht nicht mehr im Dienste der Überfahrt vom Subjekt zum Objekt, er »versinkt unter Sternen, dem schweigenden Antlitz der Nacht«. Nur so kann Trakl sich ›bedingungslos dem Darzustellenden unterordnen‹, als ›blinder Zeiger‹ (*Untergang*), um den Preis der Vernichtung seiner empirischen Person.

Hymnus

Kurt Pinthus hatte seine Anthologie *Menschheitsdämmerung* in vier ›Sätze‹ gegliedert – entsprechend dem Untertitel, der eine »Symphonie« ankündigte –, und er hatte den letzten Satz überschrieben »Liebe den Menschen«.[35] Das hatte zwar einen etwas irreführenden Effekt, weil daraus eine Chronologie ablesbar schien, die den Expressionismus auch in der zeitlichen Folge im Hymnus der Menschenliebe gipfeln ließ. Gewiß aber war diese Zielstrebigkeit berechtigt, wenn sie die quasi offensive, welt- und menschheitszugewandte Seite des Jahrzehnts charakterisieren wollte. Entdeckung des Häßlichen, Realitätszerfall, Verzweiflung, Untergang der alten Welt: Das hatte zur Kehrseite wenn nicht die Entdeckung, so doch die Ahnung und Proklamation des ganz Anderen, Neuen, des ›neuen Menschen‹.

Walt Whitman, Hölderlin (durch ihn hindurch schattenhaft Pindar) und die Psalmen sind die Stilvorbilder, angereichert freilich durch neue Erfahrungen und forciert im Ton. Nicht nur Götter, Olympioniken und Pioniere werden angesprochen, sondern auch den Dirnen und Verbrechern gilt die alles umfassende Liebe, und der hymnische Starkton holt sich zuweilen erschöpft Hilfe bei der Häufung von Ausrufungszeichen. Programmatisch ist die Wendung ausgesprochen in Ernst Stadlers Gedicht *Form ist Wollust*:

> Form und Riegel mußten erst zerspringen,
> Welt durch aufgeschlossne Röhren dringen:
> Form ist Wollust, Friede, himmlisches Genügen,
> Doch mich reißt es, Ackerschollen umzupflügen.
> Form will mich verschnüren und verengen,
> Doch ich will mein Sein in alle Weiten drängen –

Form ist klare Härte ohn' Erbarmen,
Doch mich treibt es zu den Dumpfen, zu den Armen,
Und in grenzenlosem Michverschenken
Will mich Leben mit Erfüllung tränken.[36]

Nicht nur die formale Bändigung des Gedichts, sondern auch der hohe Allgemein-
heitsgrad weist darauf hin, daß Stadlers Gedicht der frühen Zeit der Bewegung
zugehört. Die »Dumpfen« und »Armen«, eben erst für die Lyrik entdeckt, tragen
noch keine konkreten Züge, das Pflügen der »Ackerschollen« spart die Faszination
der pulsierenden Städte noch aus (vgl. jedoch z. B. Stadlers Gedicht *Judenviertel in
London*). Selbst die Schlußzeilen, die »Erfüllung« im »Michverschenken«, bleiben
abstrakt. Das Programm jedoch ist eindeutig: Form, die immer aus einer Tradition
stammt und Konvention ist, engt ein, ist statisch; zwar ist sie auch »Wollust«, könnte
also durchaus im Sinne des ›umfangend umfangen‹ der Schlußzeilen verstanden
werden. Aber offenbar fehlt der »Wollust« der Form das dynamische Moment. Sie ist
zwar »himmlisches Genügen«, also ihrer ›himmlischen‹ Natur gemäß der Ekstase
verwandt, aber eben nicht Verlangen, sondern Genügen. Ja, ihre ›Klarheit‹ ist sogar
inhuman, »ohn' Erbarmen«, weil sie keinen Zugang zur Welt der »Dumpfen« und
»Armen« zuläßt. Ziel ist jene Ekstase, in der unterschiedslos Ich und Welt in einen
Prozeß der Einswerdung hineingerissen werden.
Es ist die gleiche Ekstase, die Werfel mit seinem Pfingsthymnus *Veni creator spiritus*,
nun freilich in Anknüpfung an christliche Vorgaben und an jene Stein-, Mauer-,
Wasser-, Flammen- und Eis-Metaphorik beschwört, die von Mystik und Pietismus
schon länger der Lyriksprache einverleibt waren:

Komm, heiliger Geist, Du schöpferisch!
Den Marmor unsrer Form zerbrich!
Daß nicht mehr Mauer krank und hart
Den Brunnen dieser Welt umstarrt,
Daß wir gemeinsam und nach oben
Wie Flammen ineinander toben!
[. . .][37]

Gerade in diesem Gedicht Werfels wird aber auch schon deutlich, daß die Über-
spannung auch zur Verwahrlosung oder zur Häufung banaler Effekte führen
kann. So möchte man den Eingangsreim allenfalls bei Goethe oder einem Mannheimer Mundartdichter hingehen lassen, und der Vokalschwulst der letzten Zeilen
der Hymne zeugt von recht bescheidenen Eingebungen bei der Verwortung der
Ekstase: »Daß alle wir in Küssens Überflüssen / Nur deine reine heilige Lippe
küssen!«
Und doch: Sieht man von den lyrischen Produkten der Staatsdichter späterer Zeit
einmal ab, so ist der Expressionismus die letzte literarische Bewegung in Deutschland, die Hymnendichtung großen Stils überhaupt noch wagte – die letzte Bewegung,
die den ›hohen Stil‹ pflegte, die, wenn auch noch so unbestimmt, den Menschen und
die Welt als ›gut‹ feierte, und die der Poesie zutraute, durch solche Feier zu
begeistern.

Am weitesten trägt hier vielleicht die leise Stimme Trakls mit dem *Gesang des Abgeschiedenen*, dem einzigen Gedicht Trakls, das Pinthus in diesen Abschnitt aufgenommen hat:

> *Gesang des Abgeschiedenen*
>
> Voll Harmonien ist der Flug der Vögel. Es haben die grünen Wälder
> Am Abend sich zu stilleren Hütten versammelt;
> Die kristallenen Weiden des Rehs.
> Dunkles besänftigt das Plätschern des Bachs, die feuchten Schatten
> Und die Blumen des Sommers, die schön im Winde läuten.
> Schon dämmert die Stirne dem sinnenden Menschen.
>
> Und es leuchtet ein Lämpchen, das Gute, in seinem Herzen
> Und der Frieden des Mahls; denn geheiligt ist Brot und Wein
> Von Gottes Händen, und es schaut aus nächtigen Augen
> Stille dich der Bruder an, daß er ruhe von dorniger Wanderschaft.
> O das Wohnen in der beseelten Bläue der Nacht.
> Liebend auch umfängt das Schweigen im Zimmer die Schatten der Alten,
> Die purpurnen Martern, Klage eines großen Geschlechts,
> Das fromm nun hingeht im einsamen Enkel.
>
> Denn strahlender immer erwacht aus schwarzen Minuten des Wahnsinns
> Der Duldende an versteinerter Schwelle
> Und es umfängt ihn gewaltig die kühle Bläue und die leuchtende Neige des
>   Herbstes,
> Das stille Haus und die Sagen des Waldes,
> Maß und Gesetz und die mondenen Pfade der Abgeschiedenen.[38]

Nachspiel: Das ›Erbe‹

In den Jahren 1937/38 spielte sich in der Moskauer Emigrantenzeitschrift *Das Wort* eine Debatte ab, die dem historischen Sinn des Expressionismus galt. Schon 1934 – im Jahre des ersten Allunionskongresses des sowjetischen Schriftstellerverbandes, auf dem die Doktrin des ›sozialistischen Realismus‹ verkündet wurde – hatte Georg Lukács (*»Größe und Verfall«* des Expressionismus) den Expressionismus nach dem Muster der Lenin/Bucharinschen Imperialismus-These gedeutet: Imperialismus als letztes Stadium des Kapitalismus bringe im Überbau eine Dichtung hervor, deren Dekadenz keinerlei Vorbilder abgeben kann für die Dichtung der neuen Zeit. An diesen Aufsatz knüpft die Diskussion an: Vom Expressionismus, so meinte Alfred Kurella, führe ein direkter Weg in den Faschismus, während Autoren wie Ernst Bloch und Herwarth Walden dem entschieden widersprachen. Insbesondere die unveröffentlichten Stellungnahmen von Bert Brecht haben in den letzten Jahren zu mehreren Versuchen geführt, aus dieser Debatte Gewinn für gegenwärtige Realismus-Konzeptionen zu ziehen.
Anderseits hat die Debatte gelegentlich etwas gespenstische Züge, nicht nur deshalb,

weil die meisten Beteiligten hier ihre eigene Vergangenheit aufzuarbeiten versuchten. Gespenstisch ist auch das Aneinandervorbeireden. So ist z. B. Lukács fast ausschließlich am Paradigma des Romans orientiert, Lyrik und Dramatik gibt es für ihn nicht, während die Verteidiger ihre Belege mit besonderer Vorliebe aus der Bildenden Kunst holen. Wirklichkeit ist für Lukács seine Geschichtsphilosophie, Volkstümlichkeit das Anschließen an vertraute Erwartungshorizonte; für Bloch hingegen ist Wirklichkeit die Erfahrung der Zerrissenheit, Volkstümlichkeit die Welt naiver Exoten. Tatsächlich ist der Expressionismus nur Anlaß des Streits, »Es geht« vielmehr, wie Lukács' großer Aufsatz schon im Titel sagt, »um den Realismus«, genauer: um eine klassizistische Kunst, die auf einem kompakten Weltbild aufruht, und um eine antiklassische Kunsttendenz, die sich aus der Erfahrung der Fragwürdigkeit aller Wirklichkeitsentwürfe speist.

Der Expressionismus war die erste literarische Bewegung in Deutschland, welche diese antiklassische Tendenz zu einer literarischen Massenerscheinung machte. Die Erfahrung des Chaos – früher die Erfahrung einzelner, die an ihr zerbrachen – wurde zum Literatenkonsens. So weit zumindest wird man Lukács zustimmen können: Der Expressionismus war *auch* die Begleitmusik zum Untergang des alten Europa. Der Zerfall der alten Wirklichkeiten und der alten poetischen Konventionen schuf aber auch eine neue Freiheit. Jeder Dichter mußte fortan entscheiden, was er mit dieser Freiheit anfangen wollte. Seit dem Expressionismus gibt es keine Norm mehr in der Lyrik, die man verletzen könnte, um zu schockieren oder auf neue Erfahrungen aufmerksam zu machen. Er hat alle Normen zerbrochen und damit eine völlig neue Situation geschaffen. Binnenliterarische Verfremdung ist unmöglich geworden, da alles möglich geworden ist. Damit beginnt das Zeitalter des lyrischen Dezisionismus: der esoterischen Chiffren, der subjektiven aphoristischen Stenogramme, der Partei-Lyrik.

Anmerkungen

1 Grundlegend: Richard Brinkmann: Expressionismus. Forschungsprobleme 1952–1960. Stuttgart 1961; ders.: Expressionismus. Internationale Forschung zu einem internationalen Problem. Stuttgart 1980. – Problemorientierte Einführung: Silvio Vietta / Hans-Georg Kemper: Expressionismus. München 1975.
2 U. a. in: Ernst Topitsch: Vom Ursprung und Ende der Metaphysik. München 1972.
3 Dieter Groh: Die Sozialdemokratie im Verfassungssystem des 2. Reiches. In: Sozialdemokratie zwischen Klassenbewegung und Volkspartei. Hrsg. von Hans Mommsen. Frankfurt a. M. 1974. S. 64.
4 Im folgenden zitiert nach dem Nachdruck Reinbek 1959 [u. ö.].
5 Musarionausgabe. Bd. 14. S. 22. Zum Zusammenhang von Positivismus, ›Mystik‹ und Expressionismus vgl. Karl Eibl: Die Sprachskepsis im Werk Gustav Sacks. München 1970.
6 Zum Zusammenhang mit der ›Lebensphilosophie‹ Gunter Martens: Vitalismus und Expressionismus. Stuttgart 1971.
7 Nachdruck der zweiten Aufl. Münster/Wetzlar 1978. Hier zitiert nach der ersten Auflage Berlin 1903.
8 Ebd. S. 121.
9 Ebd. S. 6.
10 Ebd. S. 15.
11 Ebd. S. 15.
12 Ebd. S. 5.

13 Zitate aus den Artikeln *Einblick in Kunst* und *Das Begriffliche in der Dichtung* in: Der Sturm 6 (1915/16) S. 122–124; 9 (1918) S. 66 f. Zitiert nach Paul Pörtner: Literaturrevolution 1910–1925. Dokumente, Manifeste, Programme. Bd. 1. Darmstadt 1960. S. 397–410.
14 August Stramm: Dramen und Gedichte. Ausw. und Nachw. von René Radrizzani. Stuttgart 1979. S. 53. Zu Stramms poetischem Verfahren vgl. Peter Michelsen: Zur Sprachform des Frühexpressionismus bei August Stramm. In: Euphorion 58 (1964) S. 276–302.
15 Hugo Ball: Die Flucht aus der Zeit. München/Leipzig 1927. S. 105.
16 Zitiert nach: Menschheitsdämmerung (Anm. 4) S. 39.
17 Zitiert nach: Expressionismus. Aufzeichnungen und Erinnerungen der Zeitgenossen. Hrsg. von Paul Raabe. Olten/Freiburg 1965. S. 106.
18 Zitiert nach: Expressionismus (Anm. 17) S. 52.
19 Zitiert nach: Menschheitsdämmerung (Anm. 4) S. 47.
20 Die Verse des Alfred Lichtenstein. In: Die Aktion 3 (1913) S. 942–944. Zitiert nach Pörtner (Anm. 13) S. 242 ff.
21 Vgl. Renate Lachmann: Die Verfremdung und das ›neue Sehen‹ bei Viktor Sklovskij. In: Poetica 3 (1970) S. 226–249.
22 Lachmann (Anm. 21, S. 228) gibt als präzisere Übersetzung des Begriffs ›ostranenie‹ – der in der Regel mit ›Verfremdung‹ übersetzt wird – ›Seltsammachen‹ an.
23 Zum Thema ›Krieg‹ vgl. Uwe Wandrey: Das Motiv des Krieges in der expressionistischen Lyrik. Hamburg 1972; Hermann Korte: Der Krieg in der Lyrik des Expressionismus. Bonn 1981.
24 Johannes R. Becher: Verfall und Triumph. Berlin 1914. S. 52.
25 Alfred Walter Heymel in: Der Sturm 2 (1911) S. 677.
26 Hugo Ball: Briefe 1911–1927. Hrsg. von Annemarie Schütt-Hennings. Einsiedeln 1957. S. 35.
27 Zitiert nach: Menschheitsdämmerung (Anm. 4) S. 79.
28 Das Gewitter. In: Georg Trakl. Das dichterische Werk. München 1972. S. 89.
29 Gottfried Benn: Gesammelte Werke in acht Bänden. Hrsg. von Dieter Wellershoff. Wiesbaden 1968. Bd. 1. S. 8. Eine ähnliche Faszination durch die Morgue läßt sich etwa bei Rilke und Heym belegen.
30 Georg Trakl: Dichtungen und Briefe. Hist.-krit. Ausg. Hrsg. von Walther Killy und Hans Szklenar. Salzburg 1969. Bd. 1. S. 486.
31 Trakl (Anm. 28) S. 94.
32 Ebd. S. 57.
33 Ebd. S. 95 ff.
34 Trakl (Anm. 30) S. 519.
35 Vgl. hierzu Hellmut Thomke: Hymnische Dichtung im Expressionismus. Bern/München 1972.
36 Zitiert nach: Menschheitsdämmerung (Anm. 4) 312.
37 Ebd. S. 321.
38 Ebd. S. 326.

Weimarer Republik

Von Hans-Peter Bayerdörfer

Der vorliegende Überblick über die Entwicklung der Lyrik in der Weimarer Republik räumt dem Lyriker Walter Mehring mehr Platz ein, als dies in vergleichbaren früheren Darstellungen der Fall ist. Das Manuskript näherte sich in jenen Tagen seinem Abschluß, als Walter Mehrings lebenslanges Emigrantendasein zu Ende ging. Zu der verspäteten ›Wiedergutmachung‹ für lange Vergessenheit sind auch literarhistorische Beiträge zu leisten. Diese Darstellung sei seinem Andenken gewidmet.

Wechsel der Paradigmen und Vielfalt der Töne

Im Herbst 1919 hält Walter Mehring die Eröffnungs-Conférence, als Max Reinhardt seinem großen Schauspielhaus, das er in den ehemaligen Zirkus Schumann eingebaut hat, eine kleine Intellektuellenbühne beigeben will, das Kabarett *Schall und Rauch*. Es handelt sich um eine Reprise, denn schon einmal, 1901, hat es ein Kabarett dieses Namens gegeben. Wie damals so auch jetzt: Reinhardt denkt an eine Parodienbühne zu seinen Großbühnen. Mehring hingegen sieht das Gründungsereignis in anderem Licht. Er nützt die Conférence zu einer Sichtung der Möglichkeiten und Aufgaben von ›Kleinkunst‹ in der neuen Republik. Dabei versteht er das ›Lyrische‹ als Quintessenz von Literatur überhaupt. Dem deutschen Publikum wünscht er eine neue Lyrik, freilich besonderer Art: Vortragslyrik, vorgetragen von einer Diseuse, deren Gestalt an die vatikanische ›Aphrodite mit dem schönen Steiß‹ (Aphrodite Kallipygos) erinnert, die aber zugleich »mächtig« ist »aller politischen Dialektik: des Rot- und Kauderwelsch – des Küchenlateins; des Diplomatenargots; des Zuhälter- und Nuttenjargons, dessen die Literatur sich – fallweise – bedienen muß, um nicht an lyrischer Blutarmut auszusterben«.[1]
Doppelsinnig und provokativ sind Mehrings Worte. Scheinbar außerästhetische Forderungen werden gestellt, aber zugleich wird aufreizende Schönheit verlangt: klassische und doch mondäne Nudität sozusagen. Wedekinds Lulu, vom Flair des Zirkus und des Erdgeist-Prologs umgeben, geistert zuvor schon durch die Conférence, Wedekind selbst als Chansonnier der ›Scharfrichter‹ ist nicht fern. Auch im Inhaltlichen sind die Forderungen noch einmal doppelsinnig. Politische Dialektik wird verlangt; ideologie- und machtkritisch hat Lyrik zu sein, fern aller poetischen Selbstgenügsamkeit, zugleich aber auch im sprachlichen Sinne ›dialektisch‹, in allen Soziolekten und Dialekten zu Hause, robust und streitbar, jedem sprachlichen Kraftakt, aber auch jedem sprachlichen Doppelspiel gewachsen – und dies alles soll, so scheint es, wiederum der Erhaltung oder Erneuerung der Literatur selbst dienen. Etwas zwiespältig, jedenfalls spannungsgeladen mutet Mehrings Programm an, fast

so, wie man die Literatur der Weimarer Republik insgesamt oft gekennzeichnet hat. Denn in literaturgeschichtlichen Darstellungen wird immer wieder von dem Kaleidoskopartigen[2] und der Gegensätzlichkeit der literarischen Phänomene gesprochen, die sich jedem vereinheitlichenden Verstehensversuch entziehen[3]. Auch die Lyrik bewegt sich im denkbar weitesten Spektrum zwischen esoterischer Artistik und massenbezogener Agitation – abgesehen davon, daß es zwar ein ›Drama‹, ein ›Theater‹, sogar eine ›Essayistik der Weimarer Republik‹, kaum aber eine ›Lyrik der Weimarer Republik‹ zu geben scheint. Ein Stichwort wie ›expressionistische Lyrik‹ vermag mehr oder weniger klar umrissene Vorstellungen und mitteilbare Gefühle zu erwecken, aber – der sprachliche Mißgriff schon deutet auf das Problem – wie steht es etwa mit ›neusachlicher Lyrik‹? Jedenfalls dürfte die literaturwissenschaftliche Frage nach »substantielle[r] Einheit« oder »prinzipielle[r] Disparatheit«, nach »Bruch oder Kontinuität«[4], welche die Forschung durchzieht, zunächst nichts anderes als die Fortsetzung eines Dilemmas sein, das sich im Selbstverständnis der Zeitgenossen selbst abzeichnet. Dieses Dilemma verschärft sich, wenn man Mehrings lyrisch-politisches ›Programm‹ den wirklichen politischen, sozialen und wirtschaftlichen Problemen in den Anfangsjahren der neuen Republik gegenüberstellt. Der rückblickende Historiker sieht sich daher kaum in der Lage, der Dichtung eine wirkliche Zukunftschance zuzubilligen, schon gar nicht der lyrischen: »Die schweren Nachkriegsjahre waren dem lyrischen Wort nicht günstig.«[5]
Solche Skepsis hegt auch Mehring, wenn er 1919 die Lyrik überhaupt bedroht sieht. Dennoch geht er davon aus, daß auch für sie eine neue Epoche angebrochen ist. Nicht in erster Linie aufgrund von stilgeschichtlichen Indizien oder Umbrüchen in der literarischen Technik, obwohl diese eine große Rolle spielen, sondern weil sich das Verhältnis von Literatur und Gesellschaft neu zu gestalten hat. Dieses bestimmt er ohne weiteres als Öffentlichkeitsanspruch und als öffentliche Leistung, der Lyrik selbst macht er zur Auflage, daß sie sich aller Goldrandaufmachung entzieht, der Lesegewohnheit im stillen Kämmerlein versagt und öffentlichen Vortrag, allgemeinen ›Gebrauch‹ zu ihren Rezeptionsbedingungen rechnet. Dazu gehört nach dem Verständnis Mehrings auch, daß die Dichtung inhaltlich und formal gerade das sich bevorzugt anzueignen sucht, was nach traditionellem Verständnis un- oder antilyrisch ist, so daß sich auch im Ästhetischen ein neues Verhältnis zwischen Dichter und Leser einspielen kann und muß.[6] Daß für eine solche Lyrik nun zugleich ein hoher ästhetischer und ein nicht minder hoher politischer Anspruch erhoben wird, erscheint paradox, ist indessen für die Weimarer Republik überaus kennzeichnend. Für Mehring selbst beruht diese Doppelforderung – und darin tritt sein Format als Literat und Dichter besonders deutlich in Erscheinung – auf einer radikalen und hochreflektierten Sprachkonzeption: Ausgangspunkt ist die Sprache als Träger sozialer Kommunikation im denkbar weitesten Spielraum der konkreten Erscheinungsformen.
Zu guter Letzt ist auch Mehrings Anspielung auf Wedekind nicht ohne bezeichnenden Wert. Im weiteren Rahmen gesehen, setzt die Berufung auf den Patron, den Gewährsmann des eigenen künstlerischen Unternehmens die Reihe jener beschwörenden Anrufe fort, die mit Baudelaires *Les Phares* einen neuen dichtungsgeschichtlichen Akzent gewonnen haben, sofern die metaphysische Orientierung und Begründung dichterischer Kreativität durch eine historisch-ästhetische ersetzt wurde. Nicht weniger besagt der Name *Wedekind* im engeren Zusammenhang der deutschen

Literaturgeschichte, erreicht doch damit das ›enfant terrible‹ der Jahrhundertwende ein Patronat der neuen Poesie, das man eher den erlauchten Namen *George*, *Rilke* oder *Hofmannsthal* zugesprochen hätte. So tritt mit Mehrings Benennung ein provokatives und leicht blasphemisches Moment in Erscheinung, das im Literarischen ein Moment jener Radikalität des Traditionsbruches zum Ausdruck bringt, die viele Intellektuelle und Literaten im politischen Umbruch von 1919 durchaus vermißt haben.

Damit sind aus den Zeitansagen von Mehrings literarischer Bestandsaufnahme Gesichtspunkte gewonnen, die durchaus tragfähige Perspektiven für die Darstellung einer Geschichte der Lyrik in der Weimarer Republik ergeben. Sie sind auch für jene Bereiche der Entwicklung von Belang, wo die Mehringschen Dispositionen heftig umstritten sind oder grundsätzlich verworfen werden, da die Brisanz der jeweiligen Fragestellung historisch grundsätzlich mehr besagt als die einzelne konkrete Antwort. Dennoch müssen die genannten Gesichtspunkte nach anderer Seite ergänzt werden, will man die vielseitigen Phänomene nicht von vornherein allzu stark auf ein von einem der Autoren vorgegebenes Koordinatensystem beziehen.

Ein denkbar radikaler Widerspruch zu Mehrings bei aller anarchischen Tönung doch deutlich erkennbaren Bereitschaft zum öffentlichen Engagement der Lyrik kommt mit dem fast gleichzeitig erhobenen Ruf: »Fades Dakapo! Die Idee in der Geschichte!«[7] Benns Formulierung aus *Das moderne Ich* leugnet nicht nur jeglichen Sinn von geschichtlicher Entwicklung und von Fortschritt, sondern schließt auch die Ablehnung jeder öffentlichen Wirkungsweise von Dichtung ein. Die Beschwörung des Dionysos am Ende des Essays verspricht ganz anderes: ein individuell erlebbares, künstlerisch vermitteltes archaisches Einheitsgefühl. Die poetologischen Konsequenzen, einschließlich des vorausgesetzten Sprachverständnisses, formuliert Benn wenige Jahre später: »Regressionstendenzen, Zerlösung des Ich! Regressionstendenzen mit Hilfe des Worts, heuristische Schwächezustände durch Substantive –«, und daraus folgt eine künstlerische ›Außerweltlichkeit‹ nicht als Zustand, sondern punktuell, »niemals und immer«, welche dem lyrischen Gedicht zugesprochen wird: »transzendente Realität der Strophe, voll von Untergang und voll von Wiederkehr«.[8]

Es mag vermessen erscheinen, zwischen den extremen inhaltlichen Gegensätzen von Mehring und Benn irgendeine Vermittlung herstellen zu wollen. Indessen sind die beiden Autoren trotz allem nicht so weit voneinander entfernt, wie es auf den ersten Blick aussieht. Lothar Köhn hat als inneres Band, als hermeneutisch-historisch zu verstehenden transzendentalen Horizont von Kunst und Literatur in der Weimarer Republik das Problem des Historismus und seiner Überwindung gesehen. Dabei wird Historismus verstanden als Inbegriff der geschichtlichen, gesellschaftlichen und psychologischen Relativierung und Auflösung aller Werte wie des Wahrheitsbegriffes selbst. Zweifellos hat die Schlüsselerfahrung des europäischen Krieges, die der Weimarer Republik in jeder Hinsicht zugrunde liegt, die von Nietzsche der abendländischen Kultur gestellte Diagnose nicht nur eminent verschärft, sondern auch in einem grundsätzlichen Sinne überholt. Nietzsches eigene Idee der ›Überwindung‹, die ja von einer Dialektik des Nihilismus ausging und einen Umschlag in eine neue »gesteigerte Macht des Geistes« erwartete,[9] gewinnt im neuen historischen Zusammenhang auch neue Konturen: »Alle Überwindungsversuche [...] stehen nach 1918 prinzipiell im Horizont der praktisch-politischen Realisierung von Werten.«[10] Daß sich, bei aller inhaltlichen Gegensätzlichkeit der verschiedenen Richtungen, unter diesem Aspekt dennoch überraschende Querverbindungen aufdecken lassen, ist schon im Falle Mehrings offenkundig; von der Denkstruktur her »gerät Dada [...] durchaus in die Nähe jener anderen Radikalen der Zeit um 1917/19, die den Historismus am ›Nullpunkt‹ überwinden wollen [...]: Brecht und Jünger«;[11] selbst Benn, der der Herausforderung durch das Nichts seinen Formbegriff entgegensetzt, kann, bei aller Hypostasierung des Ästhetischen, noch in diesem Zusammenhang betrachtet werden, zu schweigen von sonstigen inhaltlichen Gemeinsamkeiten, die etwa zwischen Benn und dem Brecht der frühen Jahre bestehen. Aber auch nach der anderen Seite ergeben sich Gemeinsamkeiten im Grundsätzlichen; selbst mit Hilfe eines außergeschichtlichen Naturbegriffs, wie bei Oskar Loerke oder den späteren Natur-Lyrikern der beginnenden dreißiger Jahre, kann sich die Lyrik der Herausforderung durch die politisch-praktischen Gegebenheiten der Republik nicht schlechterdings entziehen. Auch in diesen Bereichen ist die Dichtung noch von dem geprägt, was sie nach dem Willen der Verfasser verleugnen soll. Sie verrät bis in die Einzelheiten der Sprache und Form hinein noch dasjenige, wovon sie sich abwendet. Die Konstitution einer neuen Sinngebung, gleichgültig ob außer- oder innergeschichtlich, konkret oder abstrakt, ist vom Horizont der neuen geschichtlichen Lage nicht ablösbar. Die wichtigsten Tendenzen, die sich aus diesem Horizont für die Entwicklung der Lyrik ergeben, sind im folgenden darzustellen.

Expressionismus und kein Ende?

Das Epochenproblem einer ›Lyrik der Weimarer Republik‹ zeichnet sich zunächst an der Frage der geschichtlichen Erstreckung des Expressionismus ab. Diese ist bekanntlich literaturwissenschaftlich umstritten. »Es ist inzwischen üblich, die Zeit von 1910 bis 1925 die Epoche des Expressionismus zu nennen.«[12] Damit unterliefe der Expressionismus die Epochengrenzen.[13] Indessen ist überhaupt zu fragen, inwieweit stilgeschichtliche Richtungen und Strömungen zur literaturgeschichtlichen Periodisierung der Moderne noch taugen. Für die Weimarer Republik eine solche Basis zu finden erweist sich nach fast einhelliger Forschungsmeinung als unmöglich.[14] Keinesfalls reicht das häufig als Nachfolge- bzw. Ablösephänomen beschriebene Programm der sogenannten ›Neuen Sachlichkeit‹ aus, eine solche stilgeschichtliche Einheit zu konstituieren – auch nicht unter methodologisch erweiterter Prämisse.[15] Aber das Problem ist ohnehin grundsätzlicher zu formulieren. Weder das zeitliche Überlappen von verschiedenen Richtungen noch der Mangel einer Datenkonvergenz zu politischen Ereignissen sind dafür maßgebend, sondern die Beobachtung, daß mit dem Anbruch der Moderne, spätestens seit den achtziger, in Deutschland den neunziger Jahren zu keinem Zeitpunkt *eine einzige* stil- oder kunstgeschichtliche Richtung den Anspruch erheben kann, die gesamte Kunstszene zu beherrschen und die gesamte zeitgenössische Wirklichkeit zu erfassen. Ein lineares Konzept der Abfolge von Richtungen scheitert daran, daß spätestens seit der Jahrhundertwende immer mehrere heterogene Strömungen die Entwicklung *gleichzeitig* bestimmen. Wann immer es seither vorkam, daß *einer* literarischen Programmatik die Gesamtlast der ästhetischen Wirklichkeitsbewältigung aufgebürdet wurde – etwa durch staatliches Dekret –, so bedeutete dies eine Einkerkerung, die dazu führte, daß die Kunst hinter der Wirklichkeit zurückblieb, sei es, daß sie der Essenz nach abdankte zugunsten jener im Exil oder in innerer Isolation sich entwickelnden Kunst, sei es, daß sie unmittelbar die Gegen-Kunst auf den Plan rief und damit die Mehrstimmigkeit wiederherstellte.

Die stilgeschichtliche Polyphonie der Lyrik entspricht dem historischen Status der Weimarer Republik. Keineswegs handelt es sich um eine beziehungslose Vielfalt. Mit den neuen politischen und gesellschaftlichen Gegebenheiten sind vielmehr für die gesamte literarische Szene neue Bedingungen gesetzt. Diese machen sich so oder so, unterhalb der stilgeschichtlichen Differenzen der literarischen Richtungen, vielmehr gerade in deren Gegensätzlichkeit bemerkbar, indem sie für solche Unterschiede der Ästhetik und des Stils ganz bestimmte Wirkungs- und Rezeptionsmöglichkeiten festlegen. Bei literarischen Strömungen, deren Anfänge vor 1918/19 liegen, äußert sich dies in der Regel nicht direkt in einer Veränderung der Inhalte oder der Programme, wohl aber in einer Verlagerung der Relevanz und der Wirkungsweise im Gesamtspektrum des literarischen Betriebes und seiner gesellschaftlichen Zusammenhänge. Damit gewinnen aber auch die Inhalte und Formen andere Akzente und neues Profil. Für die Geschichte der Lyrik in diesem Zeitraum sind gerade solche Verschiebungen besonders aufschlußreich, denn nicht nur der Expressionismus ragt in die zwanziger Jahre herein, sondern auch die nachsymbolistische Lyrik der Jahrhundertwende oder die neuklassische und neuromantische Richtung, wobei in beiden Fällen das Wert-Problem, sowohl im inhaltlichen wie im ästhetischen Sinne, durch Verlängerung der Linien aus Wilhelminischer Zeit gelöst zu sein scheint. Denkt man dabei zunächst an die Autoren der zuletzt genannten Gruppe, also an Rudolf Borchardt, Rudolf Alexander Schröder oder an Hans Carossa, Ina Seidel und Hermann Hesse und an ihre weitverbreitete Dichtung, so ist unübersehbar, daß hier die Stabilität der früheren künstlerischen Formen – wie einfallsreich und wie gediegen auch immer weitergetragen – der verwirrenden Instabilität der neuen Zeit entgegengesetzt werden soll. Es ist unausbleiblich, daß sie zum bevorzugten Dichtungsrepertoire jener Leserschichten werden, die, irritiert durch die neuen politischen Gegebenheiten oder gegen diese eingenommen, wenigstens in der Kunst die alte Sicherheit gewahrt wissen wollen. Dadurch ergibt sich, unabhängig von der jeweiligen Autormeinung, eine politische Funktion, die gegenüber den Lebensfragen der Demokratie eher neutral bis negativ einzuschätzen wäre und die selbst von antidemokratischen Positionen der Rechten aus usurpiert werden kann. Ähnliches wäre über George und seine Schule – die einzige wirkliche Dichterschule des ganzen ersten Jahrhundertdrittels – zu sagen, die, wenngleich in der dritten Generation, doch erst jetzt eine größere Öffentlichkeitswirkung erreicht.[16] Den esoterischen Anspruch hat George selbst als Seher-Dichter von ›Zeitgedicht‹ und ›Deutschen-Schelte‹[17] nach Kriegsende in Strophen wie *Einem jungen Führer im ersten Weltkrieg*[18] bekräftigt. Er trägt dem ›Kreis‹ – entgegen individueller Stellungnahmen und Wünsche – außer vom ästhetischen Standpunkt her auch aus konservativem und antirepublikanischem Lager die Parteigänger zu. Sie vertreten nicht nur alle Spielarten der ›konservativen Revolution‹, die in beträchtlicher ideologischer Streubreite von liberal bis national von sich reden macht, sondern letztlich auch die ›bündische‹ und chauvinistische Seite. Die Avancen, die Goebbels dem Autor 1933/34 macht, und Georges strikte Weigerung, darauf einzugehen, beleuchten im Extremen die geschilderte Verschiebung im Wirkungsfeld der literarischen Landschaft von Weimar.

Was die Autoren der ›expressionistischen Generation‹ anbelangt, so ist im Falle der Lyrik die epochale Grenze relativ einfach erkennbar, da – abgesehen davon, daß die meisten der bedeutenden Lyriker schon nicht mehr leben – die expressionistisch-lyrische Produktion mit Revolution und Kriegsende fast ganz aufhört. Albert Ehrenstein und Alfred Wolfenstein melden sich kaum mehr zu Wort, das lyrische ›Traumspiel‹ (Heselhaus) der Else Lasker-Schüler setzt ein Jahrzehnt fast ganz aus, andere Autoren revidieren ihre Vorgaben aus expressionistischer Zeit, wie Johannes R. Becher, oder radikalisieren sie in einer Weise, daß neue Positionen entstehen, wie die Dadaisten und Mehring, oder ihre bereits früher latent gegebene Distanz zu bestimmten Erscheinungsformen des Expressionismus wird offenkundig, wie bei Gottfried Benn. Wenn Kasimir Edschmid 1920 den Expressionismus für tot erklärt und dafür ausdrücklich die politischen Ereignisse als Gründe anführt,[19] hat er im Hinblick auf die Geschichte der Lyrik weitgehend recht, während in anderen Bereichen, vor allem in Theater und Film, die unmittelbare künstlerische Wirkung des Expressionismus aus vielerlei Gründen wesentlich länger vorhält.[20] Hinsichtlich der Wirkungsgeschichte der expressionistischen Lyrik ist es bezeichnend, daß eben zu diesem Zeitpunkt die lyrische Summe des zurückliegenden Jahrzehnts erscheint, die im doppelsinnigen Titel *Menschheitsdämmerung* deren ganzes Pathos ausdrückt; Kurt Pinthus, der Herausgeber, verspricht im Vorwort, mit dieser Anthologie nicht nur »die schäumende, chaotische, berstende, tolle Realität unserer Zeit« wiederzugeben, sondern auch das Vermächtnis der ›jungen Generation‹, ihren »mit leidenschaftlicher Inbrunst« erhobenen Schrei »nach dem edleren menschlicheren Menschen«.[21] Aber schon zweieinhalb Jahre später, im April 1922, muß der Herausgeber einräumen, daß das Buch »mehr als ich beim Zusammenfügen ahnen konnte, ein abschließendes Werk geworden« ist und daß der Traum jener Generation, »aus den Trümmern durch den Willen aller sofort das Paradies erblühen« lassen zu können, endgültig der Vergangenheit angehört.[22] Damit ist die eine Seite des Verhältnisses der Weimarer Republik zur expressionistischen Lyrik gekennzeichnet. Die repräsentative Anthologie ermöglicht eine breitere Rezeption des Expressionismus, ironischerweise gerade in dem Moment, als seine Inhalte historisch werden. Die neue Lyrik aber beschreitet bereits neue Wege; wie sehr sie sich auch expressionistischen Vorleistungen verdanken mag, so beginnt sie doch mit seiner Desavouierung – und dies nicht nur bei Dada. Damit erfüllt sich eines der Grundgesetze der modernen Literatur- und Kunstentwicklung, das man nur paradox als ›Tradition der Revolten‹ oder ›Perpetuierung des Aufstandes‹ formulieren kann, auch im Falle des Expressionismus, den man als *die* literarische Revolte schlechthin bezeichnet hatte.

Die eigentlich epochale Bedeutung, die der Expressionismus dennoch für die Lyrik der Weimarer Epoche hat, ist damit aber erst angedeutet. Als relativ späte Phase jener grundlegenden Kunst- und Literaturrevolution, die in Wellen das gesamte Europa seit 1880/90, mit erneuter Heftigkeit seit 1905 bzw. 1910 durchzieht, fällt er in das Kriegsjahrzehnt und damit in das letzte Stadium des Wilhelminismus in Deutschland. Die sozialgeschichtliche Rolle der gesamten, vielphasigen Bewegung liegt im intellektuellen und künstlerischen Widerspruch gegen das imperiale Europa und das monarchisch-autokratische Deutschland speziell. Die spezifische, deutsche Note des

Expressionismus erklärt sich zum einen aus den besonderen Traditionen des Idealismus in Deutschland, die sogar noch weitgehend die Nietzsche-Rezeption bestimmen, zum anderen aus dem geschichtlichen Rahmen des Wilhelminismus; er ist dadurch gekennzeichnet, daß die verspätete nationalstaatliche Einigung mit einer Extremphase europäischer imperialer Ansprüche zusammenfällt. Im Unterschied zum Futurismus, zu Imagismus oder Vortizismus, gewinnt der deutsche Expressionismus, zumal während der Kriegsjahre, ein idealistisch-ethisches Zentrum, aus dem heraus sowohl dem gesellschaftlichen als auch dem politisch-nationalen Prinzip des Wilhelminismus die *absolute ideelle* Alternative gegenübergestellt wird. Damit ist gegenüber den analogen Bewegungen künstlerischer Erneuerung im Ausland eine Akzentuierung benannt, welche zugleich die relative Kurzlebigkeit der expressionistischen Erhebung erklärt; der idealistische Aufschwung erweist sich kurz nach Kriegsende und Revolution bereits als überholt. Dennoch ist damit auch etwas Allgemein-Europäisches genauer sichtbar gemacht: das Grundproblem der zweiten Phase der Kunstrevolution seit 1905/10, die Abkehr von ästhetizistischen Prämissen, besonders radikal ausgeprägt. Daß der Expressionismus einen absoluten Kunstbegriff mit einer absoluten Forderung nach Engagement verbindet, macht zwar sein Dilemma, aber auch seine Modernität aus. Die Flügel-Phänomene, futuristischer Konstruktivismus auf der einen und Aktivismus auf der anderen Seite überleben, wenngleich unter anderem Namen, in der Weimarer Republik und werden konstitutiv für die Geschichte der Lyrik. Der Hauptstrom aber, die einfache Identifizierung des künstlerischen und des politischen Postulats, veraltet mit dem Moment von Revolution und Kriegsende, da die Synthese letztlich auf einem Geist-Begriff mit idealistischen Implikationen beruht, welcher sicherlich die Achillesferse des Expressionismus darstellt.[23] Nachdem sich schon der Dadaismus seit 1916/17 auf einem potentiellen ›Nachkriegs-Standpunkt‹ dagegen gewandt hat, wird der Expressionismus so zum Ausgangs- und Abstoßpunkt der Dichtungsgeschichte der Weimarer Republik, nicht nur im inhaltlichen Sinne, erkennbar an den zahllosen Polemiken und inhaltlichen Gegenmotiven, sondern auch in der formgeschichtlichen Entfaltung. Das Problem aber bleibt bestehen und verschärft sich: weder die ›ästhetische Opposition‹ Wilhelminischer Lyrik der Jahrhundertwende noch die ethisch-menschheitliche Opposition des Expressionismus, die jeweils in einem Zug Staat, Gesellschaft und bürgerliche Kultur desavouierte und herausforderte, läßt sich als Muster angesichts der neuen Gegebenheiten konservieren.

Abgesehen von diesem Sonderproblem besteht das ästhetische und literarische Erbe der ›Moderne‹ einschließlich des Expressionismus, das die Weimarer Republik und ihre Lyrik antritt, in einem kaum übersehbaren Schatz von Ausdrucksmöglichkeiten und Formansätzen, die aus den revolutionären Kunst- und Literaturerhebungen der zurückliegenden dreißig bis vierzig Jahre ihr überkommen sind. Dazu gehören auch bereits die sprach- und literaturkritischen, nicht mehr überholbaren Grenzwerte, die Futurismus und dann besonders Dadaismus erreicht haben. Die Anti-Kunst von Dada, die sowohl totale Negation als auch Selbstkonstitution von Kreativität jenseits ideologisch-inhaltlicher Einkreisbarkeit bedeutet, ist zugleich auch der Versuch und die Möglichkeit einer radikalen Politisierung des Apolitischen. Der scheinbare ›Unsinn‹ bezeichnet einen Umschlagpunkt sowohl im Ästhetischen als auch Politischen – ›Berlin Dada‹ von 1919/20 bildet die Probe aufs Exempel.[24] Zum Zeitpunkt der politischen Revolution in Deutschland – wie auch der Revolution in Rußland 1917 – ist das Arsenal des von den Kunstrevolutionen gelieferten Rüstzeugs voll bestückt. Im Besitz dieser innovativen Möglichkeiten stellt sich die Lyrik der Weimarer Republik der neuen Situation. Und diese ›Fülle der Möglichkeiten‹ erhält ihren entwicklungsgeschichtlichen Sinn angesichts der neuen Weltlage im weitesten Ausmaß. Abgesehen von den zahllosen Problemen in Nachkriegsdeutschland und der im weltpolitischen Maßstab zu sehenden Selbstrelativierung des alten Europas, die zugleich dessen soziale Verfassung in die Dauerkrise versetzt, handelt es sich um jene universale Bedrohung, die Karl Kraus in seinem Weltkriegsepilog *Die letzte Nacht* unter anderem auch mit lyrikgeschichtlich revolutionären Mitteln ausgedrückt hat: Die Menschheit hat unter der Führung Europas *der Möglichkeit nach* einen apokalyptischen Status, den der universalen Selbstauslöschung, erreicht.

Dieses Epochenbewußtsein drückt sich nach seiner negativen Seite hin in dem verbreiteten Geschichts- und Kulturbewußtsein der Weimarer Republik aus. Abgesehen von zahlreichen Trivialisierungen und vereinfachenden Mythisierungen hat es immer noch in der Spenglerschen Variante vom *Untergang des Abendlandes* seinen geschichtsphilosophisch plakativen Anhaltspunkt. Wesentlich substantieller, weil auf Nietzsches Kulturkritik fußend und für die Situation der zwanziger Jahre profiliert, ist der radikale Geschichtspessimismus Benns, aber auch der die Geschichte negierende, durch ›Vitalismus‹ und Naturbegriff freilich nur einseitig bestimmte Ansatz des frühen Brecht. Beide meist als Antipoden gesehene Autoren bilden hier, jeder auf seine Weise, die Alternative im Hinblick auf jene anderen Autoren, deren poetische Ansätze durch positive geschichtliche Erwartungen geprägt sind und die daher ›Forderungen des Tages‹, wie etwa Mehring, als zukunftsweisende Momente ihrer Dichtung direkt einverleiben können. Dabei ist es erst in zweiter Linie von Belang, in welchem Maße dabei anarchistisch getönte oder eher konkret-utopische oder direkt politische Impulse tonangebend werden. Jedenfalls wird zu Beginn der Weimarer Republik die negative Utopie vom Untergang oder von der Endphase vielfach überblendet von der Erwartung positiver geschichtlicher Möglichkeiten. Dank der neuen Verfassung und der politischen Gegebenheiten werden sie auch für Kultur und Literatur vorweggenommen. Beiden kommt geradezu eine Schlüsselrolle zu angesichts der unabweisbaren Notwendigkeit, aus den apokalyptischen Weltkriegserfahrungen in jedem Falle Grundlegendes zu lernen. Das Bewußtsein einer epochalen Wende führt daher, im einen oder im anderen Sinne, dem Lyrikverständnis gesellschaftliche und politische Bestimmung expressis verbis zu.

Lyrik und Publizistik

Für das spannungsreiche Verhältnis von Lyriker und Gesellschaft ist damit eine neue geschichtliche Basis erreicht. Die Geschichte der künstlerischen Sezessionen, die seit der Jahrhundertwende zu immer erneuten Ausbrüchen, mit Dada zum Auszug aus Kriegseuropa, mit dem bruitistischen und simultanen Gedicht zum Auszug aus der Sprachwelt dieses Europas in ein sozusagen exterritoriales Extrem geführt hat, mündet in eine neue Phase. Der politische und zugleich poetische Elan von Mehring 1919/20 deutet an, in welcher Weise sich die Dichtung der Herausforderung durch die von einer Demokratie geforderten, auch künstlerisch verantworteten neuen Funktionen der Literatur stellt. Diese schließt das Problem einer demokratisch getragenen Massenkultur ein. Eine Vielfalt unterschiedlicher Ansätze sind für die Geschichte der Lyrik von Bedeutung.

Die einseitigsten Versuche – gemessen daran, daß politisches Engagement des Gedichtes auch ohne Bindung an das formierte Kollektiv möglich und sinnvoll ist – stehen unter parteipolitischem Vorzeichen. Während der ganzen Zeit der Weimarer Republik gibt es funktionale Lyrik, die im Zusammenhang mit dem Ziel einer proletarischen Gegen-Öffentlichkeit zu sehen ist, sei es auf sozialdemokratischer, sei es auf kommunistischer Grundlage. Ihre Entwicklung steht im Gegensatz zu einer Arbeiterlyrik, die eher einen außerparteilichen Standpunkt bevorzugt, wie sie etwa in der Anthologie *Das proletarische Schicksal*[25], freilich mit Rückgriff auf Autoren und Gedichte des Kriegsjahrzehnts, vorgelegt worden ist. Einen Grenzwert parteipolitisch gebundener Dichtung bezeichnet die Gründung des Bundes proletarisch-revolutionärer Schriftsteller 1928. Die von Johannes R. Becher in diesem Zusammenhang eingenommene Position beruht dabei auf der Annahme, daß das Schisma zwischen Kunst und Gesellschaft im Zeichen einer proletarischen Kultur ohnehin verschwindet; daß dabei unterderhand wiederum eine Seher- und Führerposition des Dichters in Anspruch genommen wird, wie sie wenige Jahre zuvor Brecht im Falle von George so vehement angegriffen hat, ist von Jost Hermand und Frank Trommler gezeigt worden. Solange freilich die ideologische Abschottung noch unterbleibt und der Bereich der Gegen-Öffentlichkeit zu dem bürgerlicher Öffentlichkeit offen bleibt, erfüllt auch die systemkritisch orientierte Lyrik noch Postulate aus dem Gründungsjahr der Republik und steht dem demokratischen Anspruch von Weimar näher, als sie im Inhaltlich-Konkreten wahrhaben will. Auf die Geschichte der in diesen Zusammenhängen entstehenden Formen politischer Lyrik, die insgesamt durch den Funktionscharakter im Kollektiv bestimmt sind,[26] braucht im Rahmen dieser Darstellung jedoch nicht weiter eingegangen zu werden, da sie im Parallelband *Geschichte der politischen Lyrik in Deutschland* eingehende Würdigung erfahren hat.[27]

Soweit parteipolitische Bindung gegenüber der Öffentlichkeitsverantwortung des Lyrikers zurücktritt, ergeben sich Versuche, den Graben zwischen Künstler und Publikum im Hinblick auf eine neue demokratische Massenkultur zu überbrücken. Die dabei auftretenden Probleme sind einerseits durch die technische und kommerzielle Entwicklung der Informations- und Unterhaltungsindustrie bestimmt, andererseits aber durch den Gesichtspunkt, daß in der Unterhaltungskultur der Weimarer Republik durchaus »demokratisierende Tendenzen« erkennbar sind.[28] Die Vermutung, auch im Zeichen des Konflikts zwischen E-Kunst und U-Kunst sei die Zeit nicht sonderlich günstig für das »subtile lyrische Wort« gewesen, mag zwar naheliegen, aber der Schein trügt. Die Annäherung an Publizistik und Unterhaltungsformen bringt Verschiebungen im System der lyrischen Subgattungen mit sich, die keinesfalls von vornherein als wertlos, sondern als wichtige Anstöße und Bereicherungen eingeschätzt werden müssen.

Die Geschichte des Verhältnisses von Lyrik und Publizistik während der Weimarer Republik ist bislang nur in Teilkapiteln geschrieben. Aber es liegt auf der Hand: Nicht nur Prosa und erzählende Literatur schlagen die Brücken zu publizistischen Formen (vor allem im Bereich des Essays), auch das Gedicht sucht die Öffentlichkeit

der Presse bis hin zur Tagespresse, und zwar in weitaus höherem Maße als in der
Wilhelminischen Zeit, in der es auf den Sektor der literarischen Spezialzeitschriften
und der satirischen Presse weitgehend beschränkt blieb. Und wenn Gottfried Benn,
mit einer gewissen Annäherung an das poème critique, seine Essayistik stellenweise
der Lyrik angleicht, so sind umgekehrt bei Kurt Tucholsky die Gedichte der Glosse,
dem Artikel, dem politischen Feuilleton angenähert und nehmen teil am publizi-
stisch-literarischen Spiel der Pseudonyme und der damit verfolgten speziellen Leser-
strategie.[29] Das Zeitungsgedicht der Weimarer Republik – und nicht nur in seinen
satirischen oder oft verharmlosend als humoristisch bezeichneten Varianten – ist
gattungsgeschichtlich einer der wichtigsten Versuche, im Zeitalter der erstarkenden
visuellen Medien gerade die lyrische Kleinform als Sprach- und Reflexionsform auf
breiter Basis dem Leser zu Bewußtsein zu bringen. Von Tucholsky bis zu Erich
Kästner, von Mehring bis zu Mascha Kaléko bedeutet dieser versuchte Austritt aus
der ästhetischen Enklave, daß sich das Gedicht den Problemen und Aktualitäten des
Tages stellt und einen grundsätzlichen ideologiekritischen Öffentlichkeitsauftrag für
sich akzeptiert, ohne daß es darum grundsätzlich ›prosaisch‹ würde und seine
literarische Ahnentafel rundweg verleugnen müßte. Daß diese Bereitschaft oft herb
enttäuscht wird, weil zu große Hoffnung auf die Wirkungsmöglichkeit von Dichtung –
gerade auch auf dem linken Flügel der bürgerlichen Intellektuellen – gesetzt wird,
ändert nichts an der Tatsache, daß der Versuch der ›Demokratisierung‹ der Gattung
zu den wichtigsten gattungsgeschichtlichen Entwicklungsmerkmalen der Weimarer
Republik gehört. Welchem Verschleiß diese Öffentlichkeitsbereitschaft der Literaten
und Lyriker im Laufe der Zeit ausgesetzt war, ist bekannt. Aber die Tatsache, daß
trotz subjektiver Enttäuschung an dem Prinzip festgehalten wird, gehört zu dieser
Geschichte. Tucholskys Gedicht *Ideal und Wirklichkeit* ist nicht nur bezeichnend für
die politische Enttäuschung, von der es handelt, sondern auch, dank des schnoddri-
gen Refrains »C'est la vie«, für den sprachlichen Gestus, der noch in der Enttäuschung das scheinbare Sichabfinden ironisiert und damit der Befürchtung, wirkungs-
los zu bleiben, entgegenwirkt: »Wir dachten unter kaiserlichem Zwange / an eine
Republik ... und nun ists die! / Man möchte immer eine große Lange, / und dann
bekommt man eine kleine Dicke – / Ssälawih –!«[30] Die Urbanität und Leichtigkeit der
Diktion, die Tucholsky in vielen seiner Gedichte erreicht, bedeutet, ganz abgesehen
von der neuen Öffnung zur Öffentlichkeit hin, auch eine neue Tonlage in der
Geschichte der deutschen Lyrik. Daß diese indessen ihren ganzen Reiz erst entfaltet,
wenn man hinter der so leicht erscheinenden sprachlichen Pointierung zugleich die
literatur- und geistesgeschichtliche Vorgeschichte solcher Begriffe wie ›Ideal‹ mit-
hört, also gewissermaßen den Titel *Das Ideal und das Leben* unterschiebt, erklärt
immerhin zu einem Teil, warum die urbane Intellektualität dieser Dichtung nicht die
öffentliche Breitenwirkung erreichen konnte, die ihr zugedacht war.
So erscheint es wie eine Bestätigung von Tucholskys Skepsis, daß zu den literarischen
Repräsentanten der Weimarer Republik eigentlich kein Lyriker von Rang gehört.
Hofmannsthal und George sind nicht mehr »ein wirklicher Teil der Weimarer
Szene«,[31] auch Rilke nicht, dessen Ruhm zum größten Teil auf der Vorkriegsproduk-
tion, den *Neuen Gedichten*, wenn nicht gar dem *Cornet* beruht, dagegen kaum auf den
neueren Dichtungen, den *Elegien* und *Sonetten*, ganz zu schweigen von den spätesten
Gedichten. Nach seinem Tod klagt bezeichnenderweise Stefan Zweig über das

»klägliche Stummsein der zu Rede Verpflichteten«,[32] über das Schweigen also des offiziellen Weimar. Von der expressionistischen Generation kommt niemand als ›Repräsentant‹ der Republik in Frage, und die jüngste Generation, zumal diejenigen Lyriker, die sich für die Republik und neue demokratische Kulturformen einsetzen, ist bei weitem zu umstritten und in ihrer Wirksamkeit zu eingeschränkt, als daß sie einen repräsentativen Status erreichen konnte. »Was die Größe der Weimarer Zeit ausmacht – nämlich ihre Geistigkeit und Kultiviertheit –, bewirkte zugleich ihre Lähmung.«[33] Die Tragik ihrer Lyriker liegt darin, daß sie gerade bei denen, deren demokratische Ansprüche sie sozusagen dichterisch vertreten, nicht genug Gehör finden, weder in den Anfangsjahren der neuen Republik, die noch von wirtschaftlicher und politischer Misere gezeichnet sind, noch in der relativen Stabilisierungsphase zwischen 1924 und 1929, die auch nicht ausreicht, um eine entsprechende kulturelle Öffentlichkeitsbasis herzustellen. Die breite Masse der Bevölkerung bleibt von der Intellektuellenkultur und ihrer Geistigkeit somit unberührt, wird mehr und mehr mit unterhaltungsindustrieller Fertigware abgespeist. Die Trivialmythen von Glück und Reichtum, Eleganz und Rasanz oder gar von Macht und Ehre in anderen Bereichen der lyrischen Trivialkultur erklären zu einem Teil den vielberufenen ›Irrationalismus‹, dem die intellektuelle Öffentlichkeitsarbeit der Literaten und vieler Lyriker nicht beizukommen vermag. Allenfalls gelegentlich gelingt es, sprachspielerische Bruchstücke aus der anspruchsvolleren Kabarett- oder Zeitungslyrik einzuschleusen: »Heut ist die Käte / etepetete« verrät eine Spur von dadaistischem Wortwitz; aber schon die Zeile »Ihre Mama / kam aus Yokohama« zeigt, wie stark das äußerlich Kesse auch in der Gefahr des Trivialen steht. In der Regel bleibt es beim modisch aufgeputzten Einzeleffekt, dem die inhaltliche Substanz durchaus abgeht: »Ich hab das Fräulein Len' / baden sehn / das war schön...«.

Lyrik und Kabarett

Der zweite große Bereich neben der Publizistik, der über seine reale Existenz hinaus paradigmatisch für die Lyrik der Weimarer Republik wird, das Kabarett und die ihm verwandten Formen, ist mit Walter Mehrings Conférence bereits vorgestellt. Auf breiter Basis knüpft die Lyrik der zwanziger Jahre an den Formen und Traditionen an, die im Zeichen der ›angewandten Lyrik‹ (Otto Julius Bierbaum) der Brettl-Bewegung der Jahrhundertwende entwickelt worden sind. Nicht ohne Grund bescheinigt Walter Mehring dem Chanson und dem Song, daß sie nicht nur eine ehrwürdige Tradition, sondern auch eine gloriose Zukunft hätten,[34] und schreibt sozusagen programmatisch ein *Erstes original Dada-Couplet*[35]. In der Tat wird das Chanson zu einer lyrischen Kernform der Weimarer Republik.[36] Immer wieder wird es zum Träger des Affronts gegen alles, was ›nur‹ esoterische Buchlyrik sein will. Mehring selbst variiert die vorgegebenen Strophen- und Refrain-Schemata, wobei er mit sprachlicher Rhythmisierung, die nicht ohne Virtuosität an die neuen Rhythmen des Jazz angeglichen wird, eine beispiellose Dynamik erreicht.[37] Tucholsky ist auf seine Art der vielseitigste Chanson-Texter der Weimarer Republik, von eminentem Nuancenreichtum und großer Eleganz der Diktion. Wie auch Mehring schreibt er den bedeutendsten Diseusen die kabarettistischen Doppel- und Mehrfachrollen auf den

Leib: Rosa Valetti, Gussy Holl, Trude Hesterberg, Kate Kuhl. Sprachlicher Doppelsinn leitet ebenso zwingend wie ungezwungen vom scheinbar Unverbindlichen ins
Aggressiv-Politische über; der Sinn für die Pointe erzeugt die Zeilenkomposition, das
Gefühl für Strophik und Refrain bestimmt die Dialektik des ganzen Chansons, denn
die Verschiebung einer verbalen Nuance innerhalb des sonst identischen Refrains
reicht in der Regel aus, um einer Strophe oder einem ganzen Lied eine gehaltliche
Wendung um 180 Grad oder einen völlig neuen Sinn- und Bedeutungshorizont zu
verleihen.

Die formgeschichtliche Streubreite erfaßt aber über die kabarettnahen Bereiche von
Revue und Show auch die Texte von Schlager, Operette oder Musical als neue
poetische Muster: *Mahagonny*-Gesänge gehen in die *Hauspostille* ein. Bänkel und
Moritat kommen hinzu, Ballade und Lebenslauflied,[38] Landstreicher- und Küchen-
lied; die Sammlung *Lieder aus dem Rinnstein* von 1903/04 erlebt Anfang der zwanziger Jahre eine Erweiterung und Neuauflage.[39] Von den verschiedensten Formen des
Gelegenheitsgedichtes bis zum didaktischen Merkspruch, von der Scheltrede bis zum
Nachruf reichen die weiteren einschlägigen Muster für die im Zeichen von ›Vortrag‹
entworfene Lyrik.

Mit deren Regeneration kommen auch die Themen wieder, in geschichtlich verjüng-
ter und der neuen gesellschaftlich-staatlichen Voraussetzung gemäß ungeschminkter,
verschärft antibürgerlicher Form. Jene Outcast-, Halbwelt- und Verbrecherthemen,
die um die Jahrhundertwende moralisch entrüsteten, entrüsten jetzt aus sozialen und
sozialgeschichtlichen Gründen. *Kuttel Daddeldu*, dessen Verfasser Joachim Ringelnatz die Kontinuität vom *Simpl* des alten Schwabing zur neuen Zeit hin unmittelbar
verkörpert, ist inhaltlich der Inbegriff der Randexistenz, während seine sprachliche
Präsentation zwar kalauernd entwaffnend ist, aber noch nicht die neuen Errungenschaften von Dada in sich aufgenommen hat. Dennoch verbietet sich auch die
Klassifizierung als heitere Unterhaltungslyrik. Die Texte enthalten vielfältigste und
nuancierte Alltagstöne voller Melancholie und Schwermut, alle jedoch abgetönt auf
die Lebens- und Sprachverhältnisse des ›Unten‹; die subkulturelle Daseinsfülle von
Kuttel ist daher nicht bloß dank ihrer Naivität überwältigend, sondern versetzt den
Leser selbst an den Rand einer Welt, die zum Inbegriff von Unsicherheit und
Unbehaustheit wird. Dazu kommt bei Ringelnatz das durchgehende parodistische
Element, das, im biographischen Sinne, auch bei *Kuttel Daddeldu* eine tragende
Rolle spielt. Deutlicher ist es im Falle der *Turngedichte* (1920), in denen das gestörte
Verhältnis der Deutschen zu Turnen und Sport parodistisch sichtbar gemacht wird.
Mit thematisiert ist die deutschtümelnde bis chauvinistische Tradition, die mit dem
Turn-Gedanken einhergeht: »Deutsche Frau, dich ruft der Barren«! Wirkungen des
Grotesken und der literarischen Parodie werden hinzugenommen, wenn es darum
geht, die Ideologielastigkeit des Sports in Deutschland in weiterem Horizont zu
kennzeichnen, sei es, daß die Darstellung der *Kniebeuge* mit Zitaten aus Goethes
Prometheus durchsetzt, sei es, daß der *Klimmzug*, »ein Symbol für das Leben«, mit
Höhenmetaphern aus der »Bergschluchten«-Szene von *Faust II* ›überhöht‹ wird.

Perspektivik von unten oder vom Rande her, verbunden mit einer Neigung zur
literarischen Parodie, kennzeichnet auch einen Großteil der Lyrik von Klabund. Er
wird zum Meister der sozialkritischen Milieu-Ballade in vielerlei Abwandlungen.
Aufgrund seines besonders hoch entwickelten stilgeschichtlichen Einfühlungsvermö-

gens gelingt es ihm, Vortragsform und -stil Aristide Bruants in zeitgemäßer Weise zu erneuern, beispielsweise in *Obdachlosenasyl* oder in *Lichterfelde Ost*. Seine poetische Eigenleistung steht zu Unrecht im Schatten Brechts, mit dem er übrigens außer den genannten Themen auch die Sujets des Abenteurertums der frühen Kolonisatoren in Rollenlied-Manier und mit exotistischen Zutaten teilt. Außerdem ist er sozusagen Statthalter Wedekinds, dessen Ilse-Themen er mit einem Schuß anarchistischer Sozialkritik in solcher Weise erneuert (*Ick baumle mit de Beene*), daß in der Gestaltung durch Blandine Ebinger die Diseusen-Kultur des alten Scharfrichter-Brettl unmittelbar fortgesetzt zu sein scheint.

Es wundert nicht, daß der zusammen mit Wedekind meist genannte dichterische Patron in diesem Sektor der lyrischen Entwicklung François Villon ist; Klabund besingt ihn in einem ganzen Teilzyklus des *Himmlischen Vaganten*, Mehring und Brecht beschwören und nutzen ihn auf ihre Weise.[40] Den auf solche Weise beglaubigten Vortragsformen – und zwar auch da, wo sie nur Formgeste sind – werden sozusagen stillschweigend die durch die Kabarett-Tradition vermittelten Prämissen unterlegt; im weiten Feld der Rollengedichte handelt es sich um mehrfach gebrochene Rollenverhältnisse, einschließlich der damit gegebenen Verfremdungsmöglichkeiten, oder um die Improvisationsattitüde der Conférence.[41] In jedem Falle ist ein aktives, didaktisch oder zumindest demonstrativ zugespitztes Leserverhältnis mitgesetzt; damit sind auch bestimmte Stilmuster vorgegeben, die ganz bestimmte sprachliche Vorgaben einschließen. Vorrang haben alle Möglichkeiten und Techniken von Satire und Parodie,[42] wobei der Anteil der Sekundärformen, parodistisch oder kontrafaktisch, in Anspielungs- oder Zitatform, besonders hoch ist.[43] Mehring parodiert in seinem *Ketzerbrevier* zentrale Texte der lateinischen kirchlichen Liturgie, Brecht fügt die berühmte Goethe-Parodie *Elegie vom Hauch* in seine *Hauspostille* ein und schließt diese mit der Parodie auf die geistliche admonitio *Lasset Euch nicht verführen*; Klabund schreibt ein *Deutsches Volkslied*, eine politisch gemeinte Zitatcollage, deren erste Strophe lautet:

> Es braust ein Ruf wie Donnerhall,
> Daß ich so traurig bin.
> Und Friede, Friede überall,
> Das kommt mir nicht aus dem Sinn.[44]

Indessen darf die Bedeutung der Parodie in keiner Weise eingeschränkt gesehen werden. Macht man sich klar, daß auch Dada die Parodie als Technik wiederhergestellt hat – man denke etwa an Huelsenbecks Volksliedparodie *Dada-Schalmei* mit angehängter Selbstpersiflage –, so wird ihre grundsätzliche poetologische Relevanz für die Moderne deutlich. Gegenüber ihrer älteren Gestalt als gattungsmäßig limitierte, innerliterarische Form gewinnt die Parodie im Zeitalter der ›secondarité‹ eine poetische Aussagekraft, die bei allem ästhetischen Anspruch zugleich dessen Relativierung oder Infragestellung zum Inhalt hat.[45] Das moderne Gedicht erreicht keinen ästhetischen Status mehr, in dem nicht die Fragwürdigkeit des Ästhetischen mitzudenken, keine Form, für die nicht ein Moment der Gebrochenheit konstitutiv wäre. Es gehört zur Lyrikgeschichte der Weimarer Republik, daß diese Zusammenhänge zum erstenmal deutlich, ja fast überdeutlich sichtbar werden – und in nichts erweist sich die zeitliche Parallelität zum Surrealismus deutlicher als in diesem Punkt. Die ›gewaltsame‹ Ästhetik des objet trouvé und die anscheinend mühelose Ästhetik der parodistischen Verunstaltung haben ihr Gemeinsames darin, daß die Autonomie des Ästhetischen nur noch erreichbar ist, indem die Heteronomie zur Anschauung gebracht wird.

Im Überblick über die formgeschichtlichen Bestände wird einigermaßen deutlich, daß die vermeintlichen ›Vortragsformen‹ überwiegend fiktiv gemeint sind, daher nicht an einer Vortragsfunktion, sondern nach ästhetischen Kriterien gemessen werden wollen. Diese Beobachtung bestätigt sich angesichts der beiden exemplarischen Sammlungen, in denen eine Vielzahl der genannten lyrischen Einzelformen enthalten sind und die sich der literarhistorischen Reminiszenz nach auf Zweck- und Erbauungsliteratur beziehen: *Das Ketzerbrevier*[46] und die *Hauspostille*. In beiden Fällen ist der Rückgriff parodistisch, da inhaltlich im Gegensinne zu den zitierten alten Formen verfahren wird; die von Brecht als »Gebrauchsanweisung« getarnte Einleitung ist alles andere als das, vielmehr ein Kabinettstück literarisch-ästhetischer Ironie. Beide Werke haben auch das gemeinsam, daß aus einer Position der radikalen Absage an alle traditionellen Wertsetzungen die neue gleichsam didaktische Form hervorgeht, die mithin auf anarchistischem oder nihilistischem Grunde aufbaut. Mehrings radikale Diesseitigkeit, die sich im *Brevier* ausdrückt, ist sichtbar geworden, auch die Art und Weise, wie sie zu einer konkret-kritischen Position ausgebaut wird. Aber auch für Brecht sitzt »als letzter Gesellschafter / uns das Nichts gegenüber«[47] – und darin wird nicht nur die Nähe des Frühwerks zu Mehring, sondern auch wieder zu Benn sichtbar. Die Überwindung dieser Position gelingt in einem Doppelschritt, zunächst dank eines elementaren Überlebens- und Lebensdranges mit stellenweise emphatischem Lebens- oder Naturverständnis, dann aber mit einem ebenso elementar angesetzten Mitleids- und Hilfe-Ethos hinsichtlich aller Erniedrigten und Beleidigten; dieser Doppelschritt macht die inhaltliche Spannweite der *Hauspostille* aus. Mit allem sprachlich Sperrigen und Provokativen der Diktion erscheint sie ebenso antilyrisch wie das *Ketzerbrevier*, erreicht aber ihrerseits mit einer eminenten Vielfalt von Ober- und Nebentönen eine neue poetische Differenziertheit, die der des *Breviers* kaum nachsteht.

Auch bei Mehring indes bleibt das soziale Moment nicht ausgeschlossen. Seine Vagabundenmelodien und Tippelbrüderallüren sind auf die moderne Welt bezogen, sind eher Stadtstreicher- als Landstreicherlieder. Dabei zeigt sich der Stadtstreicher nicht mehr, wie die Frühexpressionisten, vom apokalyptischen Antlitz der modernen Großstadt gebannt, sondern von ihrer Hektik ebenso fasziniert wie von ihren sozialen und politischen Auswüchsen abgestoßen. Mehrings poetisches Weichbild der modernen Großstadt, *Berlin Simultan* oder *Die Linden lang* erreicht eine Dynamik von Faszination und Kritik, die dank konkreter Hinweise zugleich als politische erfahrbar wird.

Aber noch in einem anderen Sinne kommen die beiden lyrischen ›Kompendien‹ der Weimarer Zeit überein. Mehring hat seinem *Ketzerbrevier* später den Untertitel »Die Kunst der lyrischen Fuge« beigegeben – »De la musique avant toute chose« lautet Mehrings Arbeitsmotto[48] –, und Rimbauds Gedicht *Alchimie du verbe* stellt er seinen Sturm-Balladen von 1915/16 auszugsweise als Motto voran. Auch durch Brechts frühe Lyrik geistert ja nicht nur das Rimbaudsche (und Heymsche) Ophelia-Motiv, sondern auch das ›bateau ivre‹ (*Das Schiff*). Nicht nur Villon, sondern auch Rimbaud gehört zu den Schutzgeistern der Brechtschen wie der Mehringschen Poesie. In beidem sekundiert ihnen übrigens Klabund, der außer nach Rimbaud-Motiven auch Gedichte nach Verlaine und Baudelaire (*Kaspar Hauser; Der letzte Trunk*) verfaßt hat. Damit zeichnet sich eine Neubewertung des Symbolismus und seines Formanspruchs ab. Man rückt von der sonst in Deutschland üblichen Festschreibung des Symbolismus auf ein als total gesehenes L'art-pour-l'art-Prinzip ab. Das Bewußtsein von der gesellschaftlichen Impertinenz eines Rimbaud oder Baudelaire setzt sich gegenüber den Klischees von dem vermeintlichen Ästhetizismus symbolistischer Poesie durch. Rimbauds Name steht geradezu emblematisch für diese Neuorientierung in den frühen Jahren der Weimarer Republik.

Damit wird aber deutlich, daß das alte Problem von poésie pure oder poésie engagée sich in der Weimarer Republik in ganz neuer Weise stellt und daß es keineswegs zum ahistorischen Urdilemma stilisiert werden darf. Ästhetischer Anspruch und politischer Anspruch lassen sich weder identifizieren noch einfach auseinanderrechnen. Man kann daher nicht umhin, das Spannungsverhältnis zwischen beiden als *die* lyrikgeschichtliche Signatur seit der Weimarer Republik – nach Vorspielen im Vormärz und um die Jahrhundertwende – zu verstehen. Weder der Rückzug ins Arkanum noch die Preisgabe an die politische Funktion ist als apriorisches lyriktheoretisches Postulat aufrechtzuerhalten. Dem geschichtlichen Verständnis der lyrischen Dichtung entspricht die Einsicht, daß das Dilemma immer nur durch das einzelne Gedicht mit seiner spezifischen Sprachform im gesellschaftlichen und literarischen Kontext verantwortet und gelöst werden kann. Daß der scheinbar paradoxe Doppelanspruch des Ästhetischen und Politischen indessen keine Eigenart der deutschen Szene ist, sondern die lyrikgeschichtliche Situation nach dem Kriege generell kennzeichnet, hat Enzensberger hervorgehoben, wenn er darauf hinweist, in welch hohem Maße das neusymbolistische Programm Valérys und die Erwägungen des revolutionären Poeten Majakowski hinsichtlich der Verfahrensweisen bei der Herstellung eines Gedichtes übereinstimmen: »So eng kann sich die Ästhetik der poésie pure mit der marxistischen Geschichtsauffassung berühren.«[49] Abgesehen von der Frage der ›Machart‹ sind sich beide auch in der Einschätzung der Rezeptionsbedingungen einig. Grundlage für die Wirkung von Lyrik ist der innovative Elan des Gedichts. Valéry war der Meinung, daß das Schock-Problem, also die Herausforderung des Lesers, die ihm alle inhaltlichen und ästhetischen Gewohnheiten versagt, alle fünf Jahre neu gelöst werden müsse; Majakowski schrieb: »Neuheit ist unbedingte Voraussetzung für ein dichterisches Produkt.«[50]

Umwertung aller Sprachwerte

Mit diesem Verweis auf die internationalen Zusammenhänge, zumal die Zeitgenossenschaft zu Valéry, ist ein weiteres Doppelmoment bezeichnet, das für die Entwicklung der deutschen Lyrik in der Weimarer Republik grundlegend geworden ist: Intellektualität und Sprachreflexion. Von »Hirnakrobatik auf der Pointe«[51] spricht Mehring in bezeichnender Verschränkung der beiden Gesichtspunkte und bezieht sich damit ebenso auf die konstruktiven Prinzipien des Futurismus, die seine Anfänge bezeichnen, wie auf das ›Sprachprinzip‹ von Jargon und Argot von 1919. Dieses Doppelprinzip ist von um so größerer Tragweite, als es Autoren einschließt, die in anderer Hinsicht antipodisch zu Mehring stehen, Benn ebenso wie Brecht, Rilke ebenso wie Kurt Schwitters, der mit methodischer Strenge die dadaistische Verweigerungsgeste die ganzen zwanziger Jahre hindurch perpetuiert und mit seinen visuellen und lettristischen Verfahrensweisen zu Textgestalten kommt, welche die konkrete Poesie in vieler Hinsicht vorwegnehmen. Aber auch Loerke und die Autoren der *Kolonne* betonen Intellekt und Kalkül gegenüber jeder einfachen Unmittelbarkeit. In starkem Gegensatz dazu stehen die Autoren konservativer bis völkischer Zuordnung, für die der Katalog der Kriterien, den Josef Ponten zum Zweck der Unterscheidung zwischen Schriftsteller bzw. Literat und Dichter ausgearbeitet hat, repräsentativ ist: es werden die unentbehrliche innere Stimme, das »Dunkel der Nacht«, »Gnade« und »Wunder«, »Geheimnis« und »Offenbarung« geltend gemacht, wenn das »Einfürallemalige« des lyrischen Gedichts beschrieben werden soll.[52] Was dagegen Mehrings Programm von 1919, d. h. die Forderung des intellektuell gesteuerten Umgangs mit vorgegebenem sprachlichem Material und des Rückgriffs auf Jargon und Sondersprachen, deutlich macht, ist die grundsätzliche Entdeckung der sprachlichen Pragmatik als Voraussetzung und als Möglichkeit der lyrischen Diktion – eine Entdeckung von größten Konsequenzen.[53] Sie fängt die sprachkritischen und sprachskeptischen Impulse der Literatur- und Lyrikdiskussion seit dem französischen Symbolismus und Hofmannsthals Chandos-Brief bis zu Karl Kraus' universal-sprachkritischem Prinzip von *Die letzten Tage der Menschheit* auf, rückt diese aber, indem sie darin Symptome der gesellschaftlichen und kulturellen Krise von Vorkriegseuropa wiedererkennt, zugleich in den neuen historischen und das heißt Weimarer Horizont.[54] Sofern dabei das sprachliche Rohmaterial von Soziolekt und Dialekt unmittelbar in das lyrische Gedicht Eingang finden soll, sind Begriffsmetaphern wie ›Collage‹ oder ›Montage‹, welche die Umsetzung des Aleatorischen ins Kalkül bezeichnen, unvermeidbar. Beider sprachtheoretischer Sinn ist die pragmatische Dimension des Wortes, beider poetologischer Zweck liegt in einer Potentialität des Sinnes, zu deren Verwirklichung die Kreativität des Lesers unabdingbar ist, und das in dem Maße, wie die Collage selbst Inbegriff sprachlicher Verfremdung ist. Schon Ernst Bloch hat daher in der Montage, nicht in der Sachlichkeit, die eigentliche künstlerische Folge des Wertrelativismus gesehen, da diese mit den Einzelelementen, die aus dem Zerfall des Kosmos hervorgehen, im Modus der Möglichkeit umgehe, statt wie die Sachlichkeit die starre Fassade einer Ganzheit und Einheit auszubilden.[55] Als zweiter Grundsatz kommt hinzu: Sowohl der Machart des Montierens wie dem vorgegebenen Material nach wird Lyrik jetzt eingestandenermaßen und programmatisch als Sprache ›aus zweiter Hand‹ bestimmt.[56] Wie »faszinierend«, um mit Benn zu sprechen, die Zusammensetzung auch sein mag – als Artefakt bedeutet das Gedicht das Resultat eines intellektuell-konstruktiven Vorgangs, für den das Moment der Eingebung und des Genialisch-Unmittelbaren allenfalls *eine* Voraussetzung unter anderen sein kann. Damit ist aber zugleich die Rückkehr in eine ästhetizistische Exklave verwehrt. Sprachtheoretisch gesehen, konnte man bis zum Futurismus einschließlich davon ausgehen, daß mit dem Zerbrechen der Syntax und der Umbildung der Bedeutungen ein autonomes ästhetisches Produkt entstehen würde. Die Entdeckung des pragmatischen Charakters aller Sprachzeichen schließt aber nun eine solche Annahme aus – es sei denn, man überschreitet die dadaistische Grenze, jenseits derer die Zeichenebene zugunsten des phonologischen Konstrukts verlassen wird. Besonders deutlich wird die Unauflösbarkeit des pragmatischen Restes eines jeden sprachlichen Elements in der Collage des Surrealismus, in welcher dieser Rest geradezu zum Angelpunkt der ästhetischen Wirkung des objet trouvé erhoben wird. So selten in der Weimarer Republik die deutsche Lyrik auch dezidiert surrealistische Versuche aufweist, so groß ist deren historisch-symptomatischer Wert. Ansatzweise demonstrieren dies etwa Texte von Yvan Goll, dem das sprachlich-poetische Doppelleben zwischen Deutsch und Französisch in Darstellungen der Geschichte der deutschen Lyrik zu Unrecht eine Außenseiterposition eingetragen hat:

> Wir kamen von Frankreich
> Über den Bahnhof hinaus fuhr unser Zug in den Kölner Dom
> Die Lokomotive hielt vor dem Allerheiligsten
> Und kniete sanft
> Zehn Tote kamen direkt ins Paradies
> Petrus »English Spoken« auf dem Ärmel, bekam ein gutes Trinkgeld
> Die glasgemalten Engel telephonierten
> Und flogen hinüber zur Cox-Bank
> [. . .][57]

Die Affinität der Montage als künstlerischer Technik zur neuen kulturellen Situation und zum Lebensgefühl der zwanziger Jahre ist so grundlegend, daß ganz unterschiedliche ästhetische Vorstellungen auf dieser Basis realisiert werden können. Werbungs- und Unterhaltungsindustrie bilden die Voraussetzung, daß diese Welt zugleich im wörtlichen Sinne zitierbar wird. So gelingt es Walter Mehring, die »Métropolis« aus der Perspektive der Métro – »Das ist die Welt / Von Sous-Paris, / Die Tout-Paris / In Atem hält« – zu rekonstruieren, weil diese Unterwelt außer sprechenden Stationennamen überdies einen ganzen »Affichenschlund« bereithält.[58] Auch Gottfried Benn, dessen dichterischer Weg nicht nur die ›Evokation‹, sondern auch die ›Montage‹ einschließt, nützt diese sprachlichen Vorgaben, etwa in *Annonce*:

> »Villa in Baden-Baden,
> schloßartig, Wasserlauf
> im Garten, Ballustraden
> vermietbar oder Kauf« –
> das ist wohl so zu lesen,
> von Waldessaum begrenzt,
> mit Fernblick und Vogesen
> und wo die Oos erglänzt.[59]

Trotz aller inhaltlichen Gegensätze kommen sich die Autoren dem Verfahren nach sehr nahe, was sich auch im Prinzipiellen ausdrückt.[60] Mehrings sprachkritischem Konstruktionsprinzip entspricht die von Benn in *Epilog und lyrisches Ich* kulturgeschichtlich formulierte, aber poetologisch gemeinte Maxime: »Worte, Worte – Substantive! Sie brauchen nur die Schwingen zu öffnen und Jahrtausende entfallen ihrem Flug.«[61]

Der sprachtheoretische Sinn ist pragmatisch; aus den historischen Verwendungszusammenhängen und Konnotationsbereichen der kulturgeschichtlichen Stichworte ergibt sich jener sprachlich schillernde und vieldimensionale Raum der Bedeutungen und Bezüge, in dem, auf der Grundlage eines bezeichnenden Umschlages von sprachlicher Destruktion in sprachliche Konstruktion, sich die neue Vorstellungs- und Sinnsphäre ergibt. Nicht von ungefähr kommt es, daß das Prinzip vom Sekundärcharakter des lyrischen Gebildes auch in einer Weise formuliert werden kann, die an Karl Kraus und dessen Methode, die Welt in Anführungszeichen zu setzen, erinnert: »Der Mensch muß neu zusammengesetzt werden aus Redensarten, Sprichwörtern, sinnlosen Bezügen, aus Spitzfindigkeiten, breit basiert –: *Ein Mensch in Anführungsstrichen.*«[62] Als Signatur der neuen Epoche reicht dieses Prinzip über die deutschsprachige Lyrik und über die Weimarer Republik hinaus und spiegelt sich in internationalen Zusammenhängen, wie sie nicht nur mit dem Surrealismus andeutungsweise bezeichnet sind. Zu Beginn der zwanziger Jahre wird auch jenes ›lyrische Paradigma‹ veröffentlicht, das aus einer Sprachwüste von Jargon und Bildungstrümmern, nicht zuletzt mit Hilfe von Bruchstücken aus der Ästhetik und Poetik aller Jahrhunderte, die neue poetische Gestalt erstehen läßt: T. S. Eliots *The Waste Land.*[63] Daß damit zugleich nicht nur jede vorgegebene lyrische Form gebrochen wird, Formgebung und Formbruch einander zugeordnet sind, zeigt Eliots und Ezra Pounds Beispiel in ebenso überdeutlicher Weise wie die Tatsache, daß auf dieser Ebene der Sprachreflexion das Gedicht auch notwendigerweise dazu gelangt, die Grenzen der realen Einzelsprachen zu überschreiten. Eliots und Pounds Verfahren des mehrsprachigen Zitierens hat in der Lyrik der Weimarer Republik vielfache Entsprechungen. Die Anglizismen der Brechtschen Songs sind am bekanntesten geworden; sie leiten nach der einen Seite über zu der Fülle anglo-amerikanischer und sonstiger exotischer Modernismen, die als Modephänomene auch im gleichzeitigen Schlager den Ton angeben,[64] und nach der anderen Seite zu dem auch in diesem Punkt radikal formulierenden Mehring, der in der »kommenden Dichtung« das »internationale Sprachenkunstwerk, den Sprachen-›Rag-time‹« erwartet.[65]

In diesen konstruktiven Prinzipien spiegelt sich, was als durchaus verwandeltes und dem neuen Öffentlichkeitsanspruch angepaßtes Erbe eines symbolistischen Lyrikverständnisses[66] zu bezeichnen wäre: die Einsicht, daß das Gedicht, wenn nicht im sprachlichen Material, so doch in der Konstruktionsweise, eine Abhebung von der in Funktionszusammenhängen aufgehenden und erschöpften Sprache erzielen muß, wenn es seine Bedeutung gerade als poetisch-gesellschaftliches Gebilde nicht preisgeben will. Der Verzicht auf eine schon vom Sprachmaterial oder von stilistischen Normen her identifizierbare poetische Sondersprache kennzeichnet den lyrikgeschichtlichen Punkt, der mit der Weimarer Republik erreicht ist. Das bedeutet jedoch keineswegs eine Nivellierung lyrischen Sprechens innerhalb der gesellschaftlichen Sprachverhältnisse insgesamt. Zwar mag sich die Abhebung von der Umgangssprache gelegentlich auf minimale syntaktische oder semantische Umstellungen oder auf Verschiebungen im Konnotationsbereich beschränken – dennoch wird das Bewußtsein von der Differenz auf immer wieder neue und subtile Weise wachgerufen. Minimale sprachrhythmische Verschiebungen reichen in vielen Gedichten Brechts aus, um eine grundlegende Provokation im Inhaltlichen sprachlich zu ›lancieren‹,[67] und seine hochentwickelten Verfahrensweisen, aus vorgegebenem sprachlichen

Material mittels des einfachen, des paradoxen, des zynischen oder sarkastischen Lakonismus eine Umkehrung der Sichtweise zu entwickeln, hat nicht nur auf Jahrzehnte hinaus Lyrikgeschichte gemacht, sondern weist durchweg die Sprachebene der Lyrik als eigene und eigenständige gegenüber auch noch so verwandt erscheinenden umgangssprachlichen Ausdrucksweisen aus.

Es ist nur folgerichtig, daß auch ein anderes, ursprünglich symbolistisches Moment lyrischer Dichtung erneut und in neuer Weise Geltung erlangt, die Thematisierung des dichterischen Prozesses als solchen im Gedicht. Bekanntlich hat kein zweiter Autor des 20. Jahrhunderts so viel über Dichten gedichtet wie Brecht. Gerade darin steht er seinen Antipoden in der Lyrik ausgesprochen nahe. Das neue, komplexer gewordene Verhältnis des Lyrikers zu seinem Produkt kommt darin zum Ausdruck; das Legitimationsproblem findet Widerhall. Schließlich erhält auch das Verhältnis von lyrischem Text und Leser eine neue, charakteristische Ausprägung, die in den Gedichttexten selbst reflektiert wird. Schon die Poetik Mallarmés hat für den Leser eine kreative und produktive Rolle im Umgang mit dem vorgegebenen Text vorgesehen. Im Zeichen der Prinzipien der Intellektualität, der Sprachkritik und der Konstruktivität wird erneut der aktive Leser verlangt. Nicht nur die provokativen Texte aus Brechts Frühzeit und die dialektisch-didaktischen aus den späten zwanziger Jahren verlangen den selbständigen, sozusagen antwortenden Rezipienten, sondern auch alle Formen der Textmontage im weiten Feld zwischen Surrealismus, Dadaismus und Bennscher ›Sprachmagie‹; im weiteren Sinne gilt dies auch für alle direkt auf breite Öffentlichkeit hin entworfene Lyrik der Weimarer Republik, soweit sie nicht Lösungen nach Art von Dreisatzaufgaben nahelegt, die Antworten einfach suggeriert oder sich bewußt in funktionale, agitatorische Direktzusammenhänge begibt. Dabei ist zu beachten, daß sich die beiden Gesichtspunkte der kreativen Selbsttätigkeit des Lesers und der sprachlich-poetischen Abhebung des Textes von der Umgangssprache keineswegs ausschließen, so sehr dies auf den ersten Blick der Fall zu sein scheint. Vielmehr sind es gerade die Hemmschwellen der Differenz, und das heißt der formal-sprachlichen Herausforderung, welche die Selbsttätigkeit des Lesers stimulieren und die verhindern, daß man sich bei vorgegebenen sprachlichen Inhalten und Klischees beruhigt. Das Ethos der Inhalte, welches in der Nachkriegssituation Europas und in der politisch-sozialen Welt der Weimarer Republik so stark hervortritt, weil alle Wilhelminischen, aber auch expressionistischen Gehalte fragwürdig geworden sind, ist daher auf ein Ethos der Form angewiesen, wenn anders auch der Leser in neuer Weise auf das Gedicht verpflichtet werden soll.

Sperrigkeit der Form

Für einen Formbegriff, der in der Zeit der Weimarer Republik alle Forderungen nach öffentlicher Rechenschaft des Autors abweist, ist seit jeher Gottfried Benn als repräsentativ verstanden und dargestellt worden. In der Tat ist seine Position durch eine Radikalität mehrfacher Art gekennzeichnet; ein Moment ist sicherlich die dezidierte und immer ausdrücklich betonte Weigerung, Ansprüchen auf gesellschaftliche Wirkung und Verantwortlichkeit des Autors zu genügen. Nicht weniger radikal und konsequent – auch von seinen Gegnern in diesem Sinne anerkannt – ist aber

Benns Versuch, die ›Überwindung des Historismus‹ im grundlegenden Sinne von Nietzsches Nihilismus-Begriff zu unternehmen. Benn, der den Expressionismus nie verleugnet hat, hat sich aber auch nie auf dessen ethisch-idealistische Komponente eingelassen; einer vereinfachten Übermensch- oder Wille-zur-Macht-Ideologie mit idealistischen Implikationen hat er stets Nietzsches radikale Kultur- und Gesellschaftskritik gegenübergestellt und jene andere Position des Philosophen, welche nur den ›Olymp des Scheins‹ als positive Bestimmung der menschlich-künstlerischen Tätigkeit übrigließ. Benns Gedichten, die unter der »formfordernden Gewalt des Nichts« entstanden sind, haftet ein Abglanz von Nietzsches Intellektualität, der sie sich verdanken, an. Schon in der Frühphase, die man herkömmlicherweise dem Expressionismus zurechnet, zeichnen sich die Gedichte durch einen beispiellosen Zynismus der Sujets und der Diktion aus; Benns *Morgue*-Gedichten sind allenfalls Texte Brechts aus der Zeit der ersten Fassung von *Baal* vergleichbar. Die darin zum Ausdruck kommende radikale Zurückweisung des vielen Expressionisten eigenen Erneuerungspathos findet ihre Fortsetzung in den Gedichten der Weimarer Zeit, in denen eine gleichermaßen radikale Ablehnung aller positiven Werte für Gesellschaft und Gemeinschaft und ein emphatischer Widerruf alles Sinns der Geschichte den Ton angibt. In diesen inhaltlichen Aspekten steht Benn, rein ideengeschichtlich betrachtet, verschiedenen Strömungen des Geschichtspessimismus, des Nihilismus und einer radikalen Kultur- oder Zivilisationskritik – soweit die letzteren nicht rassistische Begründungszusammenhänge aufweisen – sehr nahe. Vor allem auch seine radikale Wissenschaftskritik verweist in diese ideologisch fragwürdige Richtung. Dennoch ist seine dichterische Tonart und lyrische Radikalität durchaus ›unerhört‹. Seine Angriffe auf jede Art von Fortschrittsdenken und sozialer Utopie, seine Invektiven gegen den abendländischen Inbegriff von Individualität und Geist – von ihm als »Gegenglück« bezeichnet –, schließlich gegen sinnerfülltes Dasein überhaupt, verleihen den Gedichten eine poetische Extremposition. Sie ist indessen in ihrer Faszination nur verständlich aufgrund des daraus folgenden Formverständnisses. Denn letztlich ist die Entleerung des Daseins von allem Sinn bei Benn immer nur Folie und Hintergrund für eine letzte, dem Nihilismus abgerungene Sinndimension, die im Kreativen, im Abstrakten künstlerischer Formgestaltung ihren einzigen Angelpunkt hat. Und darin bleibt, ästhetisch wachgerufen und vermittelt, nur ein Abglanz von Sinn und Daseinsglück früherer, metaphysisch gesicherter Epochen zurück, lediglich erinnerbar oder nacherlebbar. Voraussetzung dafür ist das Bewußtsein der Unwiederbringlichkeit und des ›Scheinmoments‹ in jeder poetischen Hervorbringung – eine »Glück-Lügenstunde«[68] von Gnaden der Nietzscheschen Analysen und der Bennschen dichterischen Imagination.

Läuft so ein gut Teil der Gedichte der zwanziger Jahre darauf hinaus, frühere, längst vergangene Phasen von Daseinsglück, von Geborgenheit in einem kosmischen Gesamtrahmen, alte Rituale des mythischen Einklangs zu beschwören, so bleibt bei aller dionysischen Wortmagie der Widerhaken einer der Moderne und ihrem Wortschatz verpflichteten Diktion im Gedicht erhalten. Der Auflösung des abendländisch reflektierenden Ich und seines Weltverständnisses, so apodiktisch die einzelnen Formulierungen auch sein mögen, ist bei Benn immer wieder romanische Klarheit und intellektuell-artistisches Kalkül in erkennbarer Weise entgegengesetzt – und eine solche Gegenüberstellung bestimmt ja auch Valérys Poetik von *L'âme et la danse*. Die

Erinnerung an Archaisches, verwahrt in der ›geologischen Schichtung‹ des Ich, spottet zwar aller geschichtlichen Dimensionen von Früher und Später und behauptet die Gleichzeitigkeit des Vorzeitigen und des Gegenwärtigen. Aber damit ist nichts anderes vorgegeben als ästhetisches ›Rohmaterial‹, an dem sich die artistisch-kreative Fähigkeit des Autors, wie sie ›nach dem Nihilismus‹ gefordert ist, bewährt. Benns Zurückweisung aller geschichtlichen Kontinuität, zumal aller universalgeschichtlichen Konzepte, erweist sich hier freilich als relativ. Menschheitsgeschichte ist im Ich sehr wohl verwahrt, ja sogar, um in Benns Metaphorik zu sprechen, in gleichsam erdgeschichtlichen Dimensionen. Insofern steht dem Dichter der schöpferischen ›Lust‹ die Geschichte sozusagen total zu Gebote, und Benns faszinierende kulturgeschichtliche Panoramen belegen auf ihre Art diese Verfügbarkeit. Daher kostet es nur ein Wort, um »Hellespont« und »Hobokenkai« über die Jahrtausende hinweg zu verbinden.[69] Vorgezeichnet durch die Montage der geschichtsträchtigen Worte ergeben sich weite Spannungsbögen zwischen den Epochen, ereignet sich sprachlich-poetische Gleichzeitigkeit. Fragwürdig bleibt die Begründung, die weder einen fundierten Geschichtsbegriff erkennen läßt, noch in ihrem oft unvermittelten Biologismus plausibel oder gar naturwissenschaftlich stichhaltig ausgewiesen sein dürfte. Dennoch ist die poetische Fruchtbarkeit des Prinzips unbestreitbar: »In der Tatsache dieses Überspringens [des Problems der Geschichte und ihrer Kontinuität] liegt die poetologische Bedeutung, auf der anderen Seite aber auch, politisch-gesellschaftlich gesehen, die Fragwürdigkeit von Benns Theorie begründet.«[70]
Die von der Zielsetzung her eingestandene Entbindung der Atavismen ist in Benns Gedichten so lange akzeptabel, als die Bindung an die ästhetische Form und ihr Kalkül erkennbar bleibt. Solange die Evokation des Atavistischen als Folge des ästhetischen Verfahrens in der Form selbst wahrnehmbar ist,[71] ist im Zusammenhang auch das ›Mythische‹ poetisch gerechtfertigt, da eine Verwechslung mit Realität ausgeschlossen bleibt. Es ist aber nicht verwunderlich, daß in dem Moment, in dem Benn den ästhetischen Rahmen seiner Theorie preisgibt und dieser, wie in seinen Essays der Jahre 1933/34, zugunsten von Weltanschauung entsagen zu müssen glaubt, ein Parteigänger des Nationalsozialismus – wenn auch nur für kurze Zeit – wird. Bezeichnenderweise fällt damit auch sein Anti-Historismus einem ›einsinnigen‹ Geschichtsverständnis zum Opfer. In seiner Lyrik hingegen bleibt der diskrepante Ansatz erhalten,[72] bis hin zu jenen Dissonanzen, die durch die Einführung salopp-modischen Vokabulars in altväterisch scheinende Reimstrophen entstehen. Auf diese Weise wahrt die lyrische Form selbst den Vorbehalt gegen eine ideologische Ausmünzung der Inhalte. Die Gedichte sind weniger anfechtbar als die Poetik und Ästhetik des Autors, ganz zu schweigen von den Äußerungen zu naturwissenschaftlichen oder gesellschaftswissenschaftlichen Problemen. Der Jargon einer vom Autor selbst verachteten, wenngleich insgeheim wohl mit Faszination registrierten Gegenwartszivilisation ist das Gegengift gegen alle Ideologeme des Volkhaften. Die Form erweist sich als sperrig gegenüber ideologischer Vereinnahmung. Das Montageprinzip der Wortfügungen wirkt aller Entrückung in das Ursprüngliche entgegen. Die klangmagische Erscheinung der Strophe verdankt sich eingestandenermaßen dem ›Kokain‹, das als solches genannt wird, oder bricht sich am widerständigen Sprachrest der Gegenwart, an der »bluffende[n] Mimikry«. Im »Run der Äonen« bleibt der organisierende Intellekt und das Sprachkalkül dem aufbrechenden Innen und Irrationalen überle-

gen.[73] Erst nach der polyglotten Montage – »Banane, yes Banane: / Vie méditerra-
née« – gelangt man über zahlreiche Zwischenstufen auf die »umflorte Stufe / zur Urne
der Nacht«.[74]
Selbst unter metrischen und versgeschichtlichen Gesichtspunkten läßt sich zeigen, in
welchem Maße die artistische Kombinatorik bei Benn am Werke ist und jeder
organische Begriff von Schönheit und Gestalt, wie er den Klassizisten der Weimarer
Republik als Voraussetzung erhalten bleibt, ausgeschlossen wird. Die Möglichkeit
der parodistischen Anlehnung an traditionelle Formen – was eine Brechung einschließt – liegt Benns Strophik zugrunde, den berühmten achtzeiligen Reimstrophen
nicht weniger als den freirhythmischen Vers- und Strophengebilden. Je einfacher
scheinbar die Reimstrophe, desto künstlicher, gebrochener ist die sprachliche Realisierung – denkbar weit von Volkslied und klassischer Strophik entfernt; die Klangfas-
zination der Fremdwortreime wird ständig ausbalanciert durch den semantischen
Schock der Modernismen, umgekehrt die Beschwörung der orphischen Urerfahrung
durch die extravaganten Wortkombinationen aus Slang, Jargon und Modewörtern.
Daß gerade in solchen poetischen Gebilden aufgrund des kombinatorischen Prinzips
sprachkritische Momente frei werden, deren gesellschafts- und kulturkritische, damit
auch politische Implikationen dem Autor selbst allenfalls bewußt, aber keinesfalls
von ihm erstrebt waren, macht die Bedeutung der Bennschen Dichtung der zwanziger
Jahre aus und sichert ihr einen ästhetischen Rang, der auch unabhängig von der
ideologischen Fragwürdigkeit der Position des Autors Bestand haben dürfte. Dieser
poetisch-historische Rang ist nicht zuletzt darin begründet, daß Benn, trotz seiner
Skepsis gegen die politischen und gesellschaftlichen Forderungen, welche die Zeit an
die Lyrik stellte, wesentliche Voraussetzungen der dichterischen Produktion mit den
anderen Autoren teilt, die in der Weimarer Republik solchen Herausforderungen
direkt geantwortet haben.

Sperrigkeit der Dinge und Bilder

Benn ist freilich nicht der einzige unter den bedeutenderen Lyrikern der Weimarer
Republik, der auf den vom Expressionismus diskreditierten ›hohen Ton‹ reagiert,
indem er neue sprachliche Ansatzpunkte der Gestaltung sucht, ohne dabei auf einen
strengen Formbegriff zu verzichten. Im Falle von Konrad Weiß und Oskar Loerke
vollzieht sich die poetologische Orientierung weitgehend an den vorexpressionistischen ›Klassikern der Moderne‹, unabhängig davon, ob deren lyrische ›Summen‹
dann (der Entstehung oder Publikation nach) erst in die Weimarer Republik fallen –
wie etwa bei Rilkes *Elegien* und *Sonetten*. Entscheidend ist aber jeweils, daß die
vorgegebenen formalen Muster in der neuen historischen Situation der Weimarer
Republik abgewandelt bzw. auf neue sprachliche Fundamente gestellt werden. Bei
Weiß vollzieht sich dieser Prozeß vor allem auf der Basis eines christlich verstandenen
Symbol- und Bildbegriffes sowie mittels eines Sprachgebrauchs, für den syntaktische
und stilistische Sperrigkeit der Diktion programmatisch ist: »Immer ich hart wie ein
Stein, / widerspenstig mein Mund.« Weiß' syntaktische Labyrinthe bringen, auch bei
traditionellem Strophenbau, so starke Verstehens- und Vorstellungsschwellen mit
sich, daß jede glatte Lösung im Bedeutungsfeld oder im Sprachlichen und Metrischen

unmöglich wird. Es ist daher nicht verwunderlich, daß das Sprachproblem des Gedichts selbst sehr häufig in den Gedichten thematisiert wird. So geht es in den drei Advent-Sonetten aus *Das Herz des Wortes* (1929)[75] um die Sinnerfüllung des Lebens dank der Religion, eine »Fülle«, die aus dem »vergänglichen Ereignis« des Advent folgt; zugleich aber steht die Sinnerfüllung des dichterischen Wortes selbst zur Debatte, da dieses als menschliches Wort, das von Adams Zeiten verstrickt und fragwürdig, zudem von der gebrochenen Existenz seines Autors abhängig ist, gleichzeitig eine jenseitige Sinnfülle ausstrahlen soll. Hinter dieser Fragestellung und Formulierung erkennt man unschwer biblische Diktion, in diesem Falle etwa die paulinische Wendung von der »Fülle der Zeit«. Aber auch Goethesche Formeln klingen mit. Die bibelsprachlichen Elemente werden mit ausdrücklichen Anspielungen auf die Apotheose des *Faust*-Schlusses konfrontiert: der »Baum der [menschlichen] Erkenntnis« und der Sinn menschlicher, dichterischer Rede hatte nur so lange gültigen Bestand, bis mit dem adventus domini eine neue Sprachdimension eröffnet, »bis das Vergängliche Ereignis« war. So ist auch die Sprachwelt dieses Exzentrikers unter den Lyrikern der Weimarer Republik, der seine Texte unter das Bibelwort *Tantum dic verbo* (1918) oder das der *cumäischen Sibylle* (1921) stellt, vom Gesetz des Zitats, der Anspielung geprägt und verrät die Signatur der Zeit, die Sprachfügung ›aus zweiter Hand‹.

Oskar Loerke setzt sich zunächst mit Rilkes Dinggedichten intensiv auseinander, deren ästhetisches Programm er freilich ablehnt. Bestimmend ist die Hoffnung, das Wirkliche, die Welt der Dinge könne ohne ästhetische Vor- oder Umformung dem Gedicht unmittelbar zugeführt werden. Die wichtigste Grundlage für diese Annahme ist der Naturbegriff: »Loerke bindet seine Poetologie an die formfordernde Gewalt der Natur«.[76] In den früheren Teilen des Werkes (*Pansmusik*, 1916 bzw. 1929) finden sich auch Gedichte, die eine naturmystische Unio ausdrücken und dabei eher auf die Diktion von Rilkes Frühwerk zurückverweisen (z. B. *Strom*). Freilich sind bereits in diesem werkgeschichtlichen Stadium zahlreiche Verse mit modernem, sozusagen antilyrischem terminologischem Vokabular durchsetzt:

Du rinnst wie melodische Zeit, entrückst mich den Zeiten,
Fern schlafen mir Fuß und Hand, sie schlafen an meinem Phantom
Doch die Seele wächst hinab, beginnt schon zu gleiten,
Zu fahren, zu tragen, – und nun ist sie der Strom,
[...].[77]

In den späteren Gedichten sprengt die Weite und Vielfalt der Themen und Dinge die Strophe, läßt die Geschlossenheit des Eindrucks zurücktreten. Alle Bereiche des Kosmos, alle Zonen des Erdballs, geschichtliche Perioden von der Vorzeit bis zur Gegenwart – alles trägt zur Universalität des Gedichtes bei. Von Zeile zu Zeile wechseln disparate, aber konkrete Elemente, springt die Diktion in gegensätzlichste Sprachbereiche und führt so zu einer Sperrigkeit im Sprachlichen, die wiederum die Signatur der neuen Ästhetik aufweist. Trotz des tragenden Naturverständnisses hat daher das Verhältnis von Natur und Kultur, von Landschaft und Stadt, eine Widersprüchlichkeit und Härte, die auch im Sprachlichen von Sprödigkeit und stilistischen Brüchen gekennzeichnet ist. Gerade die Brechung der Natursehnsucht, nicht nur in der konkreten Gegenständlichkeit der Natur, sondern auch in der ›Gegenwelt‹ der entfremdeten technischen Zivilisation der Großstadt, macht den Reiz und die Bedeutung dieser Lyrik aus. Eine vorschnelle Rettung ins ›Ursprüngliche‹ ist durchweg vermieden; die Sehnsucht danach bleibt authentisch, weil gezeigt wird, welchen Belastungen sie ausgesetzt ist, ehe sie sich sprachlich überhaupt ausdrücken läßt. Dennoch wird ein radikaler Sprachzweifel, der bei anderen Lyrikern der Zeit in wechselnder Radikalität wahrnehmbar ist, für Loerkes Poetik nicht tonangebend. Sprachliche Kargheit und Gemessenheit im Verein mit traditioneller poetischer Form bleibt unangekränkelt, denn sie »›antwortet‹ immer noch dem Schweigen der Natur«.[78]

> Ich baute die gläserne Brücke
> Über dem Strome der Ströme.
> Wie rauscht er durch die Gestalten!
> Wie ziehn sie entseelt ihn beseelend!

> Mir kam auf gläserner Brücke
> Das Schluchzen hoher Heiterkeit,
> Die nichts zerstört und nichts begehrt.[79]

Die Bemühung um Vereinigung des Heterogenen unter der Prämisse traditioneller Formgebung bestimmt auch lyrische Großkompositionen wie etwa das berühmt gewordene *Regenkarussell* aus *Die heimliche Stadt* (1921). Die Eindrücke von einem durch Hinterhöfe und Straßen der Großstadt sich drehenden ›Regenkarussell‹ mit eintöniger und alles auflösender Intensität mischen sich mit visionären Momenten: »Verborgen tanzen abgeschiedne Zwergenfrauen / Aus einer Sing-Maschine stygischem Gewimmer«;[80] und zwischen die dem eher Alltäglichen gewidmeten Strophen sind, auch metrisch im Gegensinn eingepaßte, Gegenmotive der Suche nach Elysium eingefügt: eine exotische Wüstenwelt der »gelben Breiten« verkörpert eine reine Traumlandschaft mit metaphysischen Konnotationen; das »uralte Holzschiff«, das die Meere nach allen Richtungen befahren hat, geht am Rande der Welt unter. Auch Loerkes Dichtung steht im Zeichen des ›bateau ivre‹.

Das gebrauchsfähige Gedicht

Mit den bisher genannten Autoren, Programmen und Richtungen dürften die wichtigsten Tendenzen in der Geschichte der Lyrik charakterisiert sein, soweit sie im geschichtlichen Rahmen der Weimarer Republik Anspruch auf innovative Bedeutung erheben können. Sie sind zu Beginn der zwanziger Jahre schon vollkommen ausgeprägt. Es ändert sich daran nichts in jenen Jahren, die man allgemein als ›Stabilisierungsphase der Weimarer Republik‹ bezeichnet, also im Jahrfünft zwischen 1924 und 1929. Häufig wird als deren kunst- und literaturgeschichtliches Äquivalent die ›Neue Sachlichkeit‹ ausgegeben – wohl insgesamt zu Unrecht, denn sie ist »kein wirklich durchgreifender Stil, ja nicht einmal die absolut dominierende Strömung«.[81] Zumal an der lyrischen Szene ändert sich, auch in den Augen der zeitgenössischen Beobachter, wenig. Es gibt keine bedeutenden Neuerungen in der Lyrik, die unmittelbar der Programmatik der Neuen Sachlichkeit entsprächen, bzw. keine, die nicht schon vorher entwickelt worden wären und lediglich angepaßt und nuanciert würden.[82] Wohl aber prägen sich, und dies wäre durchaus als Charakteristikum der zweiten Hälfte des Jahrzehnts zu verstehen, die bereits vorher vorhandenen Gegensätze der Richtungen schärfer aus. Im Zeichen der Sachlichkeitsparolen gewinnen auch die lyrischen Gegenrichtungen stärkeres programmatisches Profil. Rivalitäten spitzen sich zu, noch bevor in den letzten zwei Jahren der Republik die Polarisierung jenes politische Ausmaß annimmt, an dem die Republik zugrunde geht und angesichts dessen die verschiedenen Tendenzen der lyrischen Entwicklung sich viel stärker voneinander isolieren als jemals zuvor – das berühmt gewordene Streitgespräch zwischen Becher und Benn ist nur äußeres Indiz für die allgemeine Situation von 1930. Zu diesem Zeitpunkt stehen nun eine völlig in funktionalen Zusammenhängen aufgehende politische Lyrik, eine auf isolierte ästhetische Eigenständigkeit pochende Richtung, eine bündisch-gemeinschaftlich orientierte, schließlich eine neue, dem Streit des Tages sich entziehende Naturdichtung einander mehr oder weniger beziehungslos gegenüber.

Was sich in der Stabilisierungsphase der Weimarer Republik zunächst verstärkt, sind jene Bestrebungen, die schon im Jahre 1919 auf öffentliche Wirkung und Orientierung am Leser zielten. Ein neues Schlagwort für diese Bestrebungen bildet der Begriff ›Gebrauchslyrik‹ oder ›Gebrauchsdichtung‹. Obwohl er keineswegs einheitlich bestimmt und benutzt wird, verrät er doch einen didaktischen Grundzug, in welchem sich das Moment öffentlicher Verantwortlichkeit ebenso spiegelt wie die Absicht, historistischem Relativismus ein Ende zu bereiten. Deutlich ist die damit einhergehende Rollenbestimmung des Lyrikers; erneut wird dem alten Legitimationsanspruch, der sich in der Seher- oder Priesterrolle verkörpert, eine Absage erteilt. Das neue Rollenbild bestimmt den Dichter zum Didaktiker und Beobachter, allenfalls zum Skeptiker oder Zyniker. Erneut wird damit pathetischer Aufruf oder Imperativ abgelehnt, aber auch das immer noch auf breiter Basis gepflegte traditionelle Lyrikverständnis von Innerlichkeit und Empfindung, von Bildungsanspruch oder elitärem Sprachritual.

Sieben Jahre nachdem Mehring sein Programm einer lyrischen Dialektik skizziert hat, löst Brecht 1927 mit dem Begriff ›Gebrauchswert‹ den bekannten Skandal aus. Von der *Literarischen Welt* als Preisrichter bestellt, verwirft er die 400 eingesandten Gedichte in Bausch und Bogen, indem er das Kriterium des Gebrauchs für seine Urteilsbildung als maßgebend ausgibt. Er artikuliert damit eine Grundtendenz der Lyrik der gesamten Weimarer Jahre. Die inhaltliche Bestimmung von ›Gebrauch‹ ist freilich eher vage; sie reduziert sich auf das Moment der Aktualität, sprachlich auf den »Gestus der Mitteilung eines Gedankens oder einer [...] vorteilhaften Empfindung«.[83] Das Gedicht über den Radsport von Hannes Küpper, das Brecht prämiert und damit allen Einsendungen entgegenhält, entspricht zwar weder seinem Postulat der Einfachheit noch dem der Singbarkeit oder Sachlichkeit und dürfte auch nicht unbedingt »dokumentarischen« Wert besitzen, wie mehrfach betont worden ist.[84] Wohl aber wirkt es aktuell, den Tages- und Zeitungsthemen angenähert, wie sie gang und gäbe waren, und damit in einem publizistischen Sinne auf Öffentlichkeit angelegt. Darin liegt das Symptomatische von Brechts Hervorhebung, wenngleich er selbst von seiner späteren leserbezogenen Dialektik des ›Gebrauchs‹, nicht zu reden von seiner gedanklich voll entwickelten ›Ästhetik des Eingriffs‹, noch weit entfernt ist. Die Öffentlichkeitsbestrebungen als eine der Grundtendenzen in der Lyrik der Weimarer Republik haben aber mit dem ›Gebrauchswert‹ ein einprägsames Kennwort erhalten.

Als dann Erich Kästner vier Jahre später den inzwischen fast zum Modewort avancierten Begriff erneut benützt und begründet, setzt er noch einmal gegen ein emphatisches Dichtungs- und Genieverständnis die handwerkliche Fertigkeit und das einfache Talent, gegen stilistische Originalitätssucht des Autors das Recht des Lesers auf Verständlichkeit und direkte inhaltliche Ansprache. Das Gedicht muß für diesen Leser »seelisch verwendbar« sein und »Abhilfe« schaffen für »nichtkörperliche Verstimmungen«, was Kästner letztlich in einem psychoanalytischen Sinne verstanden wissen will, ohne daß er jedoch die Begründungszusammenhänge genauer ausführen würde.[85]

Wie man sieht, bemißt sich die Forderung des Gebrauchs nicht an agitatorischer, direkter Aktivierung und an einem kurzatmig angesetzten Zweck. ›Gebrauch‹ besagt hier wenig mehr als ›Zusammenhang mit vermuteten Problemen des zeitgenössischen Lesers‹. Aus diesem Grunde ist eine Rückkehr zu älteren lyrischen Zweckformen ausgeschlossen.[86] Die Gebrauchslyrik der Weimarer Jahre hat bei allen ihren anspruchsvolleren Vertretern die Erfahrung der ästhetischen Entwicklung der zurückliegenden vierzig Jahre in sich aufgenommen; das didaktische Problem stellt sich auf zeitgemäßem poetologischem Niveau – freilich mit Unterschieden hinsichtlich des sprachlich-formalen und inhaltlichen Anspruchs. Während man für Mehrings *Brevier* immerhin so etwas wie ein Ketzer sein muß, mit allen Folgen, die solch ein Status gerade im 20. Jahrhundert hat, bedarf es zum Gebrauch der *Lyrischen Hausapotheke* des *Doktor Kästner*, in der er eine Auswahl aus den Lyrikbänden der Jahre 1929 bis 1932 später erscheinen läßt, keiner vergleichbaren Einstellungsänderung. Kästners literarischer und inhaltlicher Anspruch ist mehr der des Hausmittels, schließt an eher geläufigere Formen der Besinnlichkeit und der anekdotischen Lehrdichtung an und vermeidet oft auch nicht die einfache (Kindheits-)Idylle. Die Grenze zum Konsumtext im Sinne ›humoristischer Lyrik‹ ist zumindest stellenweise fließend, was aber nicht besagt, daß nicht allgemein-aufklärerische Impulse im zeitgenössischen Sprachgewand der zwanziger Jahre am Werke wären. Ähnliches wäre mutatis mutandis von Mascha Kaléko, die sich selbst gelegentlich als Schülerin Kästners ausgibt, zu sagen. Ihr *Lyrisches Stenogrammheft* (1933) trägt im Untertitel die ›Gebrauchsforderung‹ noch ganz offen, *Verse vom Alltag*, schlägt aber bisweilen Töne an, die bezeugen, in welchem Grade die Alltagswirklichkeit einer ganz unambitiös gemeinten Lyrisierung fähig ist. In ihren Gedichten erreicht sie stellenweise mit einer – wie Hermann Hesse bemerkt – Mischung aus Schnoddrigkeit und Sentimentalität eine Urbanität der Wirkung, die bei Kästner kaum ihresgleichen hat, freilich aber auch der Verwechslung mit Gebrauchskitsch – beim Überhören der Zwischentöne – ausgesetzt ist.[87]

Was Brecht auch in diesen Jahren und in diesem Bereich der Entwicklung einen Vorsprung verschafft, ist seine »Illusionslosigkeit gegenüber dem tatsächlichen Stellenwert von Literatur in der Gegenwart«.[88] Sie bewahrt ihn vor einer Annäherung an eine Gebrauchsdichtung, die auch leicht zu verbrauchen ist. Seine Lyrik dieser Jahre, etwa das *Lesebuch für Städtebewohner*, ist im Stil auf eine greifbare Weise ›sachlich‹, sofern man Metaphernarmut und Entindividualisierung der Diktion dafür geltend machen mag. Aber dieser Stil resultiert aus Tendenzen, die schon zu Beginn der zwanziger Jahre zu beobachten und in Brechts Frühwerk eingegangen sind, so daß sie nun, mit neuen didaktischen Überlegungen gestützt, weiterentwickelt werden können. Diese Didaktik ist noch keineswegs marxistisch begründet,[89] sondern eine Mischung aus Common sense und scharfsichtiger Verhaltensanalyse, eher lebenspraktisch als ideologisch, aber immer schon in dem Sinne dialektisch, daß dem Leser – trotz der sprachlichen Imperative – nicht einfache Anweisungen erteilt, sondern Aufgaben zur Reflexion gestellt werden. Was die ›Neue Sachlichkeit‹ angeht, so schreibt Brecht in diesen Jahren seine Persiflage auf deren Technikkult (*700 Intellektuelle beten einen Öltank an*); auch das *Lesebuch* ist bereits Kritik an der ›Sachlichkeit‹ – rund zwei Jahre, bevor sich auch sonst im Zeichen der Weltwirtschaftskrise solche Kritik in größerem Maßstab durchsetzt. Indem es einschlägige sogenannte ›sachliche‹ Wendungen des alltäglichen Lebens zynisch und sarkastisch verzerrt, zeigt das *Lesebuch* die menschliche Deformation der Städtebewohner, die als Folge der technisch-rationalen Organisation der Lebens- und Arbeitswelt zu verstehen ist. Die scheinbare Sachlichkeit der Überlebensparolen erweist sich als zynisch und brutal. Die dagegen eingesetzten Gleichnisreden und Imperative, oft nach Mustern der Psalmen-, Prediger- und Weisheitsliteratur mit Parallelismen und epigrammatischen Pointen stilisiert, müssen in der Regel ironisch umgekehrt, jedenfalls aber reflektiert und weitergeführt werden, ehe sie ihren wahren Sinn zu erkennen geben.

Zwiespältige Rückkehr zur Natur

Die Kompromißlosigkeit solcher Texte macht es freilich verständlich, daß der Widerspruch gegen den ›Gebrauchswert‹ sich schon lebhaft artikuliert, ehe der Höhepunkt der neuen didaktischen Versdichtung erreicht ist. In der bereits genannten Sammlung des Jahres 1927, *Anthologie jüngster Lyrik*, gibt Stefan Zweig in der Einleitung ausdrücklich noch einmal zu bedenken, daß alle alten Formen lyrischen Sprechens angesichts der völlig neuen persönlichen und sozialen Lebensweise der jungen Leser veraltet seien. Ähnlich äußert sich, aus Autorperspektive, auch Klaus Mann im Nachwort und erklärt alle »privatlyrischen Ergüsse« als unnütz und altmodisch, vor allem wenn zu vermuten steht, »daß die Entscheidungen dieser *Zeitwende* sich nicht hauptsächlich im Geistig-Literarischen abspielten, sondern im Technischen und Sozialen«.[90] Dennoch zeigt sich Mann sehr gereizt durch Brechts Verhalten als Preisrichter und durch die Maxime vom ›Gebrauchswert‹ und kritisiert den »phantasielosen amerikanischen Refrain« des von Brecht prämierten Gedichtes von Hannes Küpper. Gebrauchswert und ›Sachlichkeit‹ werden hier als Modeerscheinungen, die in der Nähe der von der amerikanischen Unterhaltungsindustrie beherrschten Domäne von Schlager, Musical und Film angesiedelt sind, empfunden. Es ist nicht verwunderlich, daß in den Gedichten der Anthologie vielfach Töne aus vorexpressionistischer Zeit anklingen; Rilkes *Neue Gedichte* stehen Pate bei Georg Zemke, sein *Marienleben* bei Hansjürgen Wille und Martin Raschke;[91] ja selbst expressionistische Klänge tauchen – entgegen der Ankündigung von Stefan Zweig – gelegentlich auf, so bei Hans Vogts und Hermann August Weber.[92] Die Geister scheiden sich, und die jüngste Generation beginnt sich von einem der Grundimpulse der Lyrik seit 1919/20 zu distanzieren[93] und sich älteren Vorgaben zu verschreiben.

Gegen Gebrauchswert und Gebrauchsdichtung wird auch die neue, in vieler Hinsicht auf Oskar Loerke fußende Naturlyrik der ausgehenden zwanziger und beginnenden dreißiger Jahre entworfen. Trotz dieser Abwehr beharrt sie auf dem Postulat der Sachnähe, was mit der Berufung auf die Wissenschaft begründet wird, und versucht so einen wichtigen Trend des gesamten Jahrzehnts zu erhalten. Zu Recht hat Hans Dieter Schäfer, und vor ihm Hans Schwerte, darauf hingewiesen, daß bei ihr bestimmte Züge eines »vorexpressionistischen Dichterbildes« aus der Zeit des Naturalismus ins Spiel kommen.[94] Doch ist Vorsicht am Platze. Bei den neuen Autoren schließt der Wissenschaftsbegriff weder das Moment des Fortschritts und der progressiven Entwicklung direkt ein noch das Zutrauen zu letztgültiger Erkenntnis der Wirklichkeit. Dazu kommt als Vorbehalt, was für die gesamten zwanziger Jahre gelten kann, die Unsicherheit, ob die moderne Wissenschaft nicht doch in toto als sinnleer aufgefaßt werden müsse. Dieser Vorbehalt bedeutet sicherlich eine schwere Hypothek für die neue Naturdichtung, doch bietet er ihr auch eine Chance, sich von früheren Formen der Naturlyrik grundsätzlich abzuheben.

Aber auch auf der eher oberflächlichen Ebene von Deskription und Darstellung verbietet es sich, Film oder Photoaufnahme als Modell von Akribie und Tatsachentreue anzusehen, hatten doch diese neuen Möglichkeiten ihre ästhetische Valenz eher in den Verfahrensweisen der Montage dokumentiert als in einlinigen Beobachtungs- und Darstellungszusammenhängen. Der Wissenschaftsbezug bleibt in der Tat vage, und es ist insgesamt Horst Denkler zuzustimmen, der den Autoren der ausgehenden zwanziger Jahre in dieser Hinsicht eher Dilettantismus bescheinigt.[95] Die Konsequenzen für die poetische Gestalt dieser ›sachhaltigen‹ Literatur sind gravierend: »Die angestrengt durchgehaltene Aversion gegen den Expressionismus [...] führt zu Sachlichkeitsforderungen, denen sie nicht genügen kann; diese Sachlichkeitsforderungen tragen entgegen der ursprünglichen Absicht dazu bei, das Hintergründige, Übernatürliche und Übersinnliche der Dinge zu enthüllen, stellen damit dem Subjekt erneut die zwangsläufig subjektiv bleibende Deutung anheim und erzwingen dazu die gänzlich programmwidrige Überbetonung der Form.«[96]

Im speziellen Falle wäre es aber nicht gerechtfertigt, der neuen Schule der Naturlyrik, wie sie sich vor allem um die Zeitschrift *Die Kolonne* herausbildet, ästhetischen Eskapismus und regressive Tendenzen zu unterstellen. Die Tatsache, daß ihre poetischen Werke während des Dritten Reiches gegenüber einem total ins Irrationale verschobenen Naturbegriff geradezu Bastionen eines ›inneren Widerstandes‹ werden konnten, zeigt deutlich, in welchem Maße die Verweigerung des Engagements selbst zu einer politischen Position wurde. Dies läßt sich nur aus der 1929 radikal sich zuspitzenden politischen Polarisierung erklären, die vielen Intellektuellen der Mitte keine Identifikationsmöglichkeit mehr ermöglicht. So demonstriert der *Kolonne*-Kreis, dem u. a. Martin Raschke, Günter Eich, Peter Huchel, Georg Britting, Elisabeth Langgässer, Gertrud Kolmar, Horst Lange, Hermann Kasack und Georg von der Vring angehören, wie wenig Wirkungs- und Spielraum der Literatur und insbesondere der Lyrik in den letzten Jahren der Weimarer Republik noch gegeben ist – ein Sachverhalt, der mit der Fähigkeit oder Bereitschaft der einzelnen Autoren nicht mehr viel zu tun hat. Brechts scharfsichtige Konsequenz aus der Situation, sein neues Lehrtheater als Theater der innerparteilichen Orientierungssuche und Schulung zu bestimmen, dokumentiert ex negativo, wie wenig diejenigen noch auf öffentliche Resonanz und Wirkung rechnen konnten, denen eine Identifikation mit einem politisch organisierten Kollektiv nicht möglich war, die vielmehr nur einen extremen Individualismus, oftmals »mit anarchischen Zügen«, als letzte Rückzugsposition kannten.[97] Aus diesen Zusammenhängen erklärt sich, daß die wichtigste Wirkungsphase der meisten *Kolonne*-Autoren in den ersten Nachkriegsjahren liegt.

Versucht man ihre inhaltlichen Gemeinsamkeiten zu erfassen, so ist zunächst auf die Abneigung gegen eine einfache Oberflächenbeschreibung, die etwa neo-impressionistische Züge tragen könnte, zu verweisen. Dem entspricht umgekehrt eine Naturauffassung, die zwar durchaus im Einzelphänomen, aber nicht an dessen unmittelbarer Oberfläche die Ganzheit und Einheit von Natur wahrzunehmen und auszudrücken versucht. Damit ist aber grundsätzlich in der Physis eine metaphysische Dimension angesprochen. Daß sie im Rahmen des Fraglichen und Fragwürdigen verbleibt, macht das Neue dieser Naturlyrik gegenüber früheren Phasen von Naturdichtung aus. Es bedeutet nämlich einen großen Unterschied, ob diese metaphysische Dimension ausdrücklich, im Sinne bestimmter doktrinärer Festlegung, oder in fragenden Andeutungen – und seien diese auch dezidiert christlicher Art wie bei Elisabeth Langgässer – zum Bewußtsein gebracht werden, ob mythische Vorstellungen eine Rolle spielen oder ob es bei der Geste des wissenden Nichtwissens bleibt wie bei Günter Eich, ob positive weltanschauliche Ansprüche angemeldet oder mittels metaphysischer und mythischer Reminiszenzen Probleme formuliert werden. Auch das Bild der Natur selbst variiert – im weiten Spielraum zwischen Befremdlichkeit und Idylle. Ist im einen Falle die moderne Zivilisation, Technik und Großstadt, ständig präsent wie bei Oskar Loerke, wird sie im anderen bis an die Grenze einer ›heilen Welt‹ zurückgedrängt und ausgeschlossen. Von besonderem Aufschluß ist daher, in welcher Weise die Landschaft und die Natur historische Züge trägt, sozusagen von der Geschichte ihrer Bewohner mitgeprägt und in Mitleidenschaft gezogen ist wie bei Peter Huchel und später bei Johannes Bobrowski oder inwieweit die Natur unberührt bleibt und einen direkten Zugang zum Mythischen gewährt. Aber selbst im letzteren Falle ist noch Differenzierung angebracht.

Bei den Autoren der *Kolonne* bleibt es so gut wie nie bei einer einfachen naturmagischen Beschwörung. Meist wird ein intellektueller und ein formaler Vorbehalt gegeben, etwa die Geste der Erinnerung an Verlorenes, ein Moment des historischen Bewußtseins, welches dem Mythos eine bewußtseinsgeschichtliche Stufe des Unwiederbringlichen zuweist: »Oberon ist längst die Sagenzeit hinabgeglitten«.[98] Auf diese und ähnliche Weise sind Natur und Geschichte viel stärker vermittelt, als es auf den ersten Blick scheinen mag. Sprach- und Formbewußtsein entsprechen dieser komplexen Problemlage. So ergeben sich die bei Wilhelm Lehmann auch direkt belegbaren Anknüpfungs- und Vergleichspunkte zu dem imagistischen Programm, wie es etwa in Ezra Pounds Formulierung von 1917 vorliegt: »Ich glaube, das richtige und ideale Sinnbild ist der natürliche Gegenstand; ein Mensch, der Sinnbilder benutzt, sollte sie so anbringen, daß ihre sinnbildliche Funktion sich nicht aufdrängt; daß der Abschnitt nicht allen Sinn und dichterische Eigenart einbüßt, wenn jemand das Sinnbild nicht als solches versteht, wenn jemand beispielsweise in einem Habicht einen Habicht sieht.«[99] Die Konzentration auf das konkrete Naturphänomen wahrt dabei ein Moment jener Sachlichkeitspostulate, die sich Mitte der zwanziger Jahre in erster Linie auf Technik und soziale Umwelt bezogen haben. Die Folge ist aber auch jetzt der Versuch, grammatisch-sprachlich die Dominanz der Subjektivität des Ich auszuschließen und zu einer Diktion zu gelangen, welche gerade im Zusammenhang mit der Natur lyrisch-sprachliches Neuland erschließt. Von daher verbietet sich, dem Prinzip nach, jeder Rückfall in Muster der Erlebnislyrik und ihrer emotionalen Äußerungsformen; eher wird eine Wendung ins Bizarre oder Groteske begünstigt, was zu einer verfremdenden, zumindest einer verstörenden Blickrichtung führen kann. Auch im Ideologischen wahren die Autoren der *Kolonne* eine Distanz zu zeitgemäßen Regressionserscheinungen. Fern von allem Blut und Boden bietet die naturmagische Dichtung, deren ›Unbrauchbarkeit‹ für das neue Regime sich nach 1933 deutlich herausstellen sollte, keinerlei Einbruchstellen für pränazistische Gedanken und Vorstellungen, wie sie etwa die Heimatkunst oder das lyrische Liedgut der bündischen Jugend mit Autoren wie Walter Flex oder Will Vesper unmittelbar aufweisen.[100]

Dies gilt mutatis mutandis auch für eine Vielfalt von mythischen Motiven, die ihrer Funktion nach gegen die entfremdete Ding- und Lebenswelt der modernen Zivilisation gerichtet sind. Mythos als Gegenentwurf gegen verdinglichtes Leben »braucht nicht notgedrungen in reaktionären Mißbrauch einzumünden«.[101] Außerdem wird die mythische Anspielung bei den *Kolonne*-Autoren meist mythen- und kulturgeschichtlich sehr konkret angelegt und steht daher auch in diesem Sinne mit der Präzision der Naturbeobachtung auf gleicher Ebene. Aufgrund dieser Genauigkeit verweigert sich das Mythische in diesen Gedichten der nationalsozialistischen Auffüllung mit Rasse- und Volksmythen. Das lyrische Ich, welches in dem Gedicht *Mond im Januar* von Wilhelm Lehmann kraft seines evokativen Sprechens den Mond »über dem Krähennest« festhält, bis es in dessen faszinierendem Licht den Mythos von Diana und Endymion ansprechen kann, verweigert sich dem ›Mythos des 20. Jahrhunderts‹.[102] Kargheit und Lakonismus, die rein formal betrachtet als stilistische Merkmale das neue Naturgedicht mit ganz anders gearteten Gedichten (etwa mit Brechts am chinesischen Vorbild orientierten Formen) verbinden, setzen einen weiteren markanten Unterschied zur Redseligkeit oder rituellen Redundanz von völkischem Lied und völkischer Hymne.

Trotz aller Integrität und Subtilität mutet aber das Vertrauen auf die nach wie vor unbefleckt zu empfangende Natur doch bisweilen anachronistisch an. Auch die Gefahr der nostalgischen Rückwendung ist nicht immer gebannt: »Der letzte Ton / fehlt dem Goldammermännchen zum Liede. / Sing du ihn, o Sohn.«[103] Formales Indiz dafür ist letztlich die sprachlich doch homogen bleibende Welt; die Dissonanz, die sprachliche Herausforderung der weihevollen mythischen Namen, wie sie Benn etwa mit seinem »kosmopolen Chic« formuliert, ist weitgehend vermieden. Mit »Lolch und Bibernell«[104] kommt sozusagen »le langage des fleurs« (Baudelaire) wieder unmittelbar ins Gedicht – hundert Jahre nachdem schon Heine die naturwüchsigen »Blaublümelein« durch die exotisch-ästhetische »Lotosblume«, fünfzig Jahre, nachdem George die blaue Blume der Romantik durch die »schwarze Blume« ersetzt hat. Benn bringt zur gleichen Zeit seine Lieblingsblumen, die Asphodelen, evokativ vors Auge des Lesers; Naturblütiges wie etwa die »dunkelhellila Aster« wird zynischerweise dem »ersoffenen Bierfahrer«, der auf dem Sektionstisch liegt, in die Brusthöhle eingenäht.[105]

Verglichen damit haftet dem naturmagischen Gedicht ein Moment von Rückwärtsgewandtheit an, das sich nicht selten dadurch verstärkt, daß sich vor das Naturbild das nostalgische Bild der Kindheit drängt und den Eindruck des Authentischen noch zu verstärken scheint. Martin Raschke hat dieses Moment im Falle von Peter Huchel anläßlich der Verleihung des Preises der *Kolonne* 1932 ausdrücklich hervorgehoben; wenn er in seiner Laudatio aber das soziale und damit das geschichtliche Element der Huchelschen Motive unterschlägt und dadurch dessen Naturbegriff verkürzt, weist er unfreiwillig auf ein fragwürdiges Moment hin, welches bei anderen Autoren der neuen Naturdichtung nicht zu übersehen ist.[106] Hier findet nämlich eine unzeitgemäße Rückkehr aus den paradis artificiels in ein paradis naturel statt, zu einer Zeit, als die reale Natur, wenn überhaupt, nur noch Nischen für das Überleben des Ursprünglichen offen ließ. Ein speziell deutscher geistesgeschichtlicher Abglanz – getragen vom pantheistischen Naturbegriff der Klassik und der Romantik – liegt noch über der erneuerten Naturdichtung des beginnenden dreißiger Jahre. Mit zynischer Verballhornung des πάντα ῥεῖ der Goethezeit spricht Benn schon ein knappes Jahrzehnt vorher von »verpantarheierten Kohlrabistauden«.[107] So hat die Andacht zum Detail, »das retardierende Moment, das im Naturthema liegt«,[108] zwar eine ›unzeitgemäße‹ Rechtfertigung angesichts der politischen Situation in den letzten Jahren der Weimarer Republik und dann erst recht während des Dritten Reiches, im gesamteuropäischen Kontext der Entwicklung der Lyrik aber bleibt es episodisch. Eine Rückkehr zur Authentizität, die früher einmal durch die Natur garantiert wurde, ist aufs Ganze gesehen nicht mehr möglich.[109] So hat die naturmagische Lyrik, vor allem dank ihrer Wirkungsgeschichte in den Nachkriegsjahren, Anteil daran, daß entscheidende Veränderungen im Lyrikverständnis, welche die Lyrik der Weimarer Republik hervorgerufen hat, auf Jahre hinaus wieder neutralisiert oder rückgängig gemacht wurden: in erster Linie die Betonung des Artistischen gegenüber dem Empfindsam-Erlebnishaften, des Konstruktiven gegenüber dem Ursprünglichen. Es handelt sich hier um Verschiebungen, mit denen man das im westeuropäischen Bereich, vor allem in Frankreich, schon längst geltende Lyrikverständnis einholte; zum zweiten aber stellte man die Aufteilung in ›lyrische Welten‹, hohe und niedere, angewandte und reine Lyrik, die in der Weimarer Republik andeutungsweise überwunden war, wieder her.[110]

Aber auch für die unmittelbare Folgezeit ist es wohl bezeichnend, daß die vielleicht bedeutendste Stimme aus dem Umkreis der *Kolonne*, Gertrud Kolmar, in der Zeit der Vereinsamung, als sich »die Menschen« zu der Jüdin nicht mehr wagen, auf einen anderen Fundus des lyrischen Sprechens zurückgreifen muß, als Natur und die verlängerte Tradition des πάντα ῥεῖ zu bieten haben:

> Ich kann das begrabene Ur der Chaldäer
> Vielleicht entdecken noch irgendwo,
> Den Götzen Dagon, das Zelt der Hebräer,
> Die Posaune von Jericho.

Die jene höhnischen Wände verblies,
Schwärzt sich in Tiefen, verwüstet, verbogen;
Einst hab ich dennoch den Atem gesogen,
Der ihre Töne stieß.[111]

Orpheus in wechselnder Gestalt

Die ›orphische‹ Erklärung der Erde sieht Mallarmé als Vermächtnis, welches die abendländische Geschichte der modernen Lyrik hinterlassen hat.[112] Dieses Vermächtnis hat auch in der Weimarer Republik seine besondere Geschichte, gerade sofern Lyrik auch in dieser Epoche ›Paradigma der Moderne‹ sein will und sein muß. Daß Rilke, mit seinem dichtungsgeschichtlichen Ausgangspunkt in den Jahren des Wilhelminismus, dem erneut beschworenen Orpheus auch im Zeitalter der »wachsenden Apparate«, der »verwöhnenden Bank« und des »Maschinenteils«, der »jetzt gelobt sein« will, eine besondere Position einräumt, ist nicht verwunderlich; so spricht er ihm auch unter den Bedingungen der zwanziger Jahre die Fähigkeit zu, jeglicher Kreatur »Tempel im Gehör« zu schaffen.[113] Yvan Goll ist in seinem radikal entmythisierenden Gedicht *Der neue Orpheus* viel skeptischer. In einer Zeit, in der »Grammophone / Pianolas / Dampforgeln« die Musik von Orpheus verbreiten und dieser selbst an allen Stätten der Unterhaltungsindustrie auftaucht, wird seine Wirkung von der Menschheit kaum mehr wahrgenommen; dennoch bleibt seine Sendung aktuell; wie Eurydike ist die Menschheit nach wie vor »musiklos / seelenarm«, und das heißt »unerlöst«.[114] Im Gegensatz zu Golls Skepsis wirkt Gottfried Benn im gleichen Zusammenhang ausgesprochen positiv und optimistisch. Auf seine eigene Weise kommt er zu einem Credo, in dem eine Grundlage seiner Poetik formuliert ist: »Es schlummern orphische Zellen / in Hirnen des Okzident...«.[115] Aber auch Klabunds *Harfenjule,* die durch die großstädtischen Kaschemmen zieht oder »zum Familienbedarf, / Kindstauf oder Rauferei« singt und die mit ihrem Rollenlied anscheinend genau das neue lyrische Paradigma der Gebrauchslyrik der Weimarer Republik verkörpert, kann ihrem Gesang noch orphische Wirkung zuschreiben:[116]

Niemand schlägt wie ich die Saiten,
Niemand hat wie ich Gewalt.
Selbst die wilden Tiere schreiten
Sanft wie Lämmer durch den Wald.

Anmerkungen

1 Walter Mehring: Großes Ketzerbrevier. Die Kunst der lyrischen Fuge. München 1975. S. 148. – Im folgenden werden Mehrings Gedichte zitiert nach: Chronik der Lustbarkeiten. Die Gedichte, Lieder und Chansons 1918–1933. Düsseldorf 1981.
2 Kurt Sontheimer: Weimar – ein deutsches Kaleidoskop. In: Die deutsche Literatur in der Weimarer Republik. Hrsg. von Wolfgang Rothe. Stuttgart 1974. S. 9–18. Bes. S. 16 f.
3 »Die Fülle und Vielfalt der deutschen Literatur in den Zwanziger Jahren sind so groß, daß jede Zusammenfassung das allgemeine Bild verzerren muß« (Walter Laqueur: Die Kultur der Weimarer Republik. Frankfurt a. M. / Berlin 1976. S. 156).

4 Lothar Köhn: Überwindung des Historismus. Zu Problemen einer Geschichte der deutschen Literatur zwischen 1918 und 1933. In: Deutsche Vierteljahrsschrift für Literaturwissenschaft und Geistesgeschichte 48 (1974) S. 704–766; 49 (1975) S. 94–145 (hier S. 731).

5 Clemens Heselhaus: Die deutsche Lyrik des 20. Jahrhunderts. In: Deutsche Literatur im 20. Jahrhundert. Strukturen und Gestalten. Fünfte, veränd. und erw. Aufl. Hrsg. von Otto Mann und Wolfgang Rothe. Bd. 1: Strukturen. Bern/München 1967. S. 11–44 (hier S. 31). – Dieses Urteil wird von Zeitgenossen bestätigt, etwa von Stefan Zweig (1927): »[. . .] niemals fand eine lyrische Jugend in Deutschland mehr Stummheit und abweisende Indifferenz als die gegenwärtige« (Einleitung zu: Anthologie jüngster Lyrik. Hrsg. von Willi R. Fehse und Klaus Mann. Hamburg 1927. S. 2), wobei bezeichnenderweise die Schuld eher auf seiten des Lesers als des Produzenten gesehen wird.

6 »Die Lyrik der Weimarer Republik ist, willentlich, Lyrik wider Willen. Durch diese paradoxe Struktur wächst ihr – und das verdoppelt die Paradoxie – erneut ästhetischer Reiz zu« (Klaus Günther Just: Von der Gründerzeit bis zur Gegenwart. Geschichte der deutschen Literatur seit 1871. Bern/München 1973. [Handbuch der deutschen Literaturgeschichte. Bd. 4.] S. 413).

7 Gottfried Benn: Das moderne Ich. In: G. B.: Gesammelte Werke in vier Bänden. Hrsg. von Dieter Wellershoff. Wiesbaden 1958–61. Bd. 1: Essays Reden Vorträge. S. 7–22 (hier S. 11).

8 Gottfried Benn: Epilog und lyrisches Ich. In: Benn (Anm. 7) Bd. 4: Autobiographische und vermischte Schriften. S. 7–14 (hier S. 14).

9 Köhn (Anm. 4) S. 750. (Mit Beziehung auf Friedrich Nietzsche: Werke. Hrsg. von Karl Schlechta. Bd. 3. München 1956. S. 557.)

10 Ebd. S. 753.

11 Ebd. S. 127.

12 Otto F. Best: Einleitung zu: Expressionismus und Dadaismus. Hrsg. von O. F. B. Stuttgart 1974 [u. ö.]. (Die deutsche Literatur. Ein Abriß in Text und Darstellung. Hrsg. von O. F. B. und Hans-Jürgen Schmitt. Bd. 14.) S. 17.

13 »Die Perioden der Kulturgeschichte fallen kaum jemals mit denen der politischen Geschichte zusammen« (Laqueur [Anm. 3] S. 139).

14 Köhn (Anm. 4) S. 731 f.

15 Dies gilt auch für den eingegrenzten Zeitraum 1924 bis 1932. Vgl. Helmut Lethen: Neue Sachlichkeit. 1924 bis 1932. Studien zur Literatur des ›Weißen Sozialismus‹. Stuttgart 1970. – Zur Kritik von Lethen vgl. Köhn (Anm. 4) S. 726–729; Jost Hermand / Frank Trommler: Die Kultur der Weimarer Republik. München 1978. S. 110.

16 Diese breitere Öffentlichkeitswirkung ist u. a. auch Friedrich Gundolfs George-Buch zu verdanken (F. G.: George. Berlin 1920). – Vgl. außerdem Hans Norbert Fügen: Der George-Kreis in der ›dritten Generation‹. In: Die deutsche Literatur in der Weimarer Republik (Anm. 2) S. 334–358. – Bezeichnend in diesem Zusammenhang ist, daß Brecht im Jahre 1927, als die ›Summe‹ des Georgeschen Werkes in Gestalt der Gesamtausgabe zu erscheinen begann, immer noch Anlaß zu haben glaubte, George direkt und heftig angreifen zu müssen.

17 Stefan George: Der siebente Ring / Der Stern des Bundes. In: S. G.: Werke. Bd. 1. München/Düsseldorf 1958. S. 244 und S. 365 ff.

18 Stefan George: Das Neue Reich. In: George (Anm. 17) S. 419.

19 Kasimir Edschmid: Stand des Expressionismus. 1920. Rede, gehalten zur Eröffnung der 1. Deutschen Expressionisten-Ausstellung in Darmstadt am 10. Juni 1920. In: Expressionismus. Der Kampf um eine literarische Bewegung. Hrsg. von Paul Raabe. München 1965. S. 173–176.

20 Die künstlerische und technologische Sonderentwicklung des Filmes gibt hierfür eine einleuchtende Erklärung; die theatergeschichtlichen Zusammenhänge müssen sowieso weiträumiger gesehen werden, da der Gesamtprozeß einer ›Retheatralisierung‹ des Theaters das gesamte erste Jahrhundertdrittel erfüllt, alle wichtigen ›Ismen‹ der Literatur- und Kunstgeschichte einbezieht oder unterläuft, abgesehen davon, daß im Falle des expressionistischen Theaters noch eine Phasenverschiebung zwischen dramaturgischer Innovation der Autoren und Bühneninnovation auf seiten der Theater in Rechnung gestellt werden muß. Für diesen Bereich ist jedenfalls Hermand/Trommler (Anm. 15) zuzustimmen: »Die Kunst der Weimarer Republik beginnt nicht mit dem ›Tod des Expressionismus‹ [. . . Sie] beginnt mit einem Teilerfolg des Expressionismus« (S. 114; unter Verweis auf Architektur, Film, Theater, Musik).

21 Kurt Pinthus: Zuvor (Berlin Herbst 1919). In: Menschheitsdämmerung. Hrsg. von K. P. Hamburg 1959. S. 22–32. – Zu Recht merkt Clemens Heselhaus zur ›Menschheitsdämmerung‹ an, daß »Bruder-Mensch-Pathos, Zivilisationsanklage, Mythenhunger, religiöse Metanoete-Stimmung,

Kunst-Fanatismus, literarische Ausschweifung« schon vor dem Weltkrieg gegeben waren, im Weltkrieg aber in ihren plausiblen Aspekten überboten und damit überflüssig geworden sind, in vielen anderen Aspekten aber (d. h. vor allem in den idealistisch-utopischen) durch den Krieg als illusionär und abseitig ausgewiesen, wenn nicht lächerlich geworden seien. In: Deutsche Literatur im 20. Jahrhundert (Anm. 5) S. 23.

22 Menschheitsdämmerung. Ebd. S. 34 f.

23 Vgl. Hermand/Trommler (Anm. 15) S. 131.

24 Best (Anm. 12) S. 13. – Mit einem gewissen Recht hat Klaus Günther Just (Anm. 6) zu Dada bemerkt: »Hier weit eher als im Jahre 1945 ließe sich ein absoluter ›Nullpunkt‹ ansetzen« (S. 412).

25 Das proletarische Schicksal. Ein Querschnitt durch die Arbeiterdichtung der Gegenwart. Hrsg. von Hans Mühle. Gotha 1929.

26 Vgl. Walter Hinderer: Probleme politischer Lyrik heute. In: Poesie und Politik. Zur Situation der Literatur in Deutschland. Hrsg. von Wolfgang Kuttenkeuler. Stuttgart/Berlin [u. a.] 1973. S. 91–136.

27 Alexander von Bormann: Politische Dichtung der Weimarer Republik. In: Geschichte der politischen Lyrik in Deutschland. Hrsg. von Walter Hinderer. Stuttgart 1978. S. 261–290. – Vgl. außerdem: Fritz J. Raddatz: Lied und Gedicht der proletarisch-revolutionären Literatur; Christoph Rülcker: Proletarische Dichtung ohne Klassenbewußtsein. Zu Anspruch und Struktur sozialdemokratischer Arbeiterliteratur 1918–1933. In: Die deutsche Literatur in der Weimarer Republik (Anm. 2) S. 396–410 und 411–433.

28 »Während vor 1923 zwischen der kulturellen Unterhaltung der High Society und der derben Volksbelustigung eine unüberbrückbare Kluft bestanden hatte, wurden jetzt immer mehr ästhetische Formen und Genres entwickelt, die deutlich auf eine mittlere Kunstebene und damit auf eine Allgemein-Kunst hinausliefen« (Hermand/Trommler [Anm. 15] S. 69 f.).

29 Jörg Schönert: »Wir Negativen« – Das Rollenbewußtsein des Satirikers Kurt Tucholsky in der ersten Phase der Weimarer Republik (1918–1924). In: Kurt Tucholsky. Werk und Wirkung. Hrsg. von Irmgard Ackermann. München 1981. S. 46–88.

30 Kurt Tucholsky: Gesammelte Werke. Bd. 3: 1929–1932. Reinbek 1961. S. 238 f.

31 Laqueur (Anm. 3) S. 157.

32 Anthologie jüngster Lyrik (Anm. 5) S. 1.

33 Hermann Glaser: Literatur des 20. Jahrhunderts in Motiven. Bd. 2: 1918–33. München 1979. S. 118.

34 Mehring (Anm. 1) S. 126.

35 Vgl. dazu: ebd. S. 495.

36 Zur Vorgeschichte des Chansons vgl. Wolfgang Viktor Ruttkowski: Das literarische Chanson in Deutschland. Bern/München 1966; Karl Riha: »Mal singen, Leute«. Couplet, Chanson, Balladensong und Protestsong als literarische Formen politischer Öffentlichkeit. In: K. R.: Moritat, Bänkelsong, Protestballade. Zur Geschichte des engagierten Liedes in Deutschland. Frankfurt a. M. 1975. S. 97–144.

37 Eine vers- und strophengeschichtliche Analyse der Mehringschen Lyrik steht noch aus. Die Virtuosität der Form bedarf eingehender Untersuchung; mit dem Hinweis auf die Regeneration alter Strophen- und Refrain-Schemata ist es nicht getan, da diese offensichtlich nach den Möglichkeiten der sprachlich-intellektuellen Pointierung sowie der besonderen Sinn- und Klangeffekte (mit dadaistischen Vorgaben) konstruktiv entworfen werden. – Zu weiteren Gesichtspunkten der deutschen Versgeschichte in der Weimarer Republik vgl. Anm. 43 und 45.

38 Vgl. Karl Riha: Literarisches Kabarett und Rollengedicht. Zu einem balladesk-lyrischen Typus in der deutschen Literatur nach dem Ersten Weltkrieg. In: Riha (Anm. 36) S. 77–96.

39 Lieder aus dem Rinnstein. Gesammelt von Hans Ostwald. Neue Ausg. München 1920.

40 Um die Zeit der Jahrhundertwende findet sich im einschlägigen Zusammenhang mit dem Kabarett ebenfalls die Berufung auf François Villon bei Richard Dehmel und Detlev von Liliencron. – Zum weiteren Zusammenhang der Villon-Rezeption vgl. Friedemann Spicker: Deutsche Wanderer-, Vagabunden- und Vagantenlyrik in den Jahren 1910–1933. Berlin / New York 1976.

41 Vgl. Hans-Peter Bayerdörfer: Überbrettl und Überdrama. Zum Verhältnis von literarischem Kabarett und Experimentierbühne. In: Literatur und Theater im Wilhelminischen Zeitalter. Hrsg. von H.-P. B., Karl Otto Conrady und Helmut Schanze. Tübingen 1978. S. 292–325.

42 Die Bedeutung dieses Verfahrens ist nur richtig einzuschätzen, wenn man nicht von einem Parodie-Begriff ausgeht, der in der Parodie einen Angriff oder eine Kritik eines dichterischen Werkes per se sieht, sondern von einem erweiterten Verständnis, das die Wirkungs- und Rezeptionsgeschichte

der betreffenden Werke mit all ihren Entstellungen und Überlagerungen als eigentlichen Gegenstand der Parodie betrachtet. – Vgl. Theodor Verweyen: Eine Theorie der Parodie. Am Beispiel Peter Rühmkorfs. München 1973.

43 Diese Formenvielfalt hat Auswirkungen auf die Geschichte der Metrik und der Versgeschichte. Brechts immer wieder ansetzende Beschäftigung mit metrischen Möglichkeiten ist nur ein Beispiel für den generellen Zusammenhang. Deutlich ist, daß nicht mehr wie bei den Klassizisten und Neoromantikern ein Formeneklektizismus vorwaltet, der den vorgegebenen Mustern, denen ein ästhetischer Selbstwert beigelegt wird, folgt. Vielmehr werden Strophenformen nach bestimmten Möglichkeiten der sprachlich-artistischen und intellektuell-provozierenden Pointierung ausgewählt und abgewandelt. Im wesentlichen handelt es sich um relativ einfache Reimstrophen mit mehr oder weniger abgesetzter Refrainstruktur, die aber ganz neues poetisches Profil erlangen, weil sie weder nach liedhaft-traditionellen noch nach euphonischen Prinzipien, sondern nach semantisch-intellektuellen Kategorien sprachlich gestaltet werden. Eine Versgeschichte der Chanson- und Songformen der deutschen Dichtung des 20. Jahrhunderts steht noch aus.

44 Es handelt sich um eine Loreley-Parodie, die ihren inhaltlich-politischen Witz aus der deutschnational und bildungsbürgerlich bestimmten Rezeption dieses Gedichtes gewinnt (Klabund: Deutsches Volkslied. In: K.: Der himmlische Vagant. Eine Auswahl aus dem Werke. Hrsg. und mit einem Vorw. von Marianne Kesting. Köln 1968. S. 457 f.).

45 In welchem Maße die Möglichkeiten der modernen Parodie als Gattung wie als Verfahrensweise bereits bei Nietzsche vorgegeben und in voller ästhetischer Bedeutung erfaßt sind, hat jüngst Dieter Breuer gezeigt (Deutsche Metrik und Versgeschichte. München 1981. S. 231 ff.).

46 Unter diesem abkürzenden Titel sind die von Mehring selbst zusammengestellten Texte zu verstehen, wie sie im *Großen Ketzerbrevier. Die Kunst der lyrischen Fuge* (München 1975) erschienen sind, nicht nur die Gedichte der Sammlung *Ketzerbrevier* aus dem Jahre 1920/21. – Zitiert wird durchgehend nach der in Anm. 1 genannten neuen Werkausgabe.

47 Bertolt Brecht: Der Nachgeborene. In: B. B.: Gesammelte Werke. Bd. 4: Gedichte. Frankfurt a. M. 1967. S. 99. – Zum zyklischen Kompositionsprinzip der *Hauspostille* wie auch zur inhaltlichen Gesamtinterpretation vgl. Christiane Bohnert: Brechts Lyrik im Kontext. Zyklen und Exil. Königstein (Taunus) 1982. S. 19–31.

48 Richard Friedenthal: Nachwort. In: Walter Mehring: Großes Ketzerbrevier. Die Kunst der lyrischen Fuge. München 1975. S. 351. Bei dem Motto handelt es sich um die erste Zeile aus Verlaines Gedicht *Art poétique*.

49 Hans Magnus Enzensberger: Wie entsteht ein Gedicht. In: Ars poetica. Texte von Dichtern des 20. Jahrhunderts zur Poetik. Hrsg. von Beda Allemann. Darmstadt 1966. S. 5–9 (hier S. 7).

50 Vladimir Vladimirovič Majakovskij: Wie macht man Verse. (1926). In: Ars poetica (Anm. 49) S. 102–118 (hier S. 104).

51 Mehring: Großes Ketzerbrevier (Anm. 1) S. 148.

52 Köhn (Anm. 4) S. 133. Vgl. Inge Jens: Dichter zwischen rechts und links. Die Geschichte der Sektion Dichtkunst der preußischen Akademie der Künste, dargestellt nach Dokumenten. München 1971. S. 107 ff.

53 Zwar fällt die Entdeckung von Soziolekt und Dialekt als dichterischen Möglichkeiten in den Bereich des Naturalismus, doch wird sie so gut wie nicht und vor allem nicht mit durchschlagender poetischer Bedeutung für die *lyrische* Dichtung fruchtbar gemacht (wenn man Arno Holz ausnimmt).

54 Wenn es richtig ist, daß die Lyrik durch Identifikation mit der Sprache ihre gesellschaftliche Bedeutung gewinnt (Adorno), so signalisiert ihr Eintreten für Jargon und Argot den konkreten entwicklungsgeschichtlichen Anhaltspunkt, der mit der Weimarer Republik für diese ›Identifikation‹ gegeben ist.

55 Ernst Bloch: Erbschaft dieser Zeit (Erw. Ausg.). Werke. Bd. 4. Frankfurt a. M. 1962. S. 214 f.

56 Walter Hincks These, daß in der Lyrik des 20. Jahrhunderts vor allem mit Brecht eine Verschiebung vom Subjekt- zum Objektpol stattfinde (W. H.: Von Heine zu Brecht. Lyrik im Geschichtsprozeß. Frankfurt a. M. 1978), ist in der Weise lyrikgeschichtlich zu konkretisieren, daß im Montage-Gedicht sich »die Stimmen des Dichters und der anderen Welt immer wieder« ablösen (Reinhold Grimm: Montierte Lyrik. In: Heinz Otto Burger / R. G.: Evokation und Montage. Drei Beiträge zum Verständnis moderner deutscher Lyrik. Göttingen 1961. S. 44–68 [hier S. 60]).

57 Yvan Goll: Kölner Dom. In: Y. G.: Dichtungen. Lyrik Prosa Drama. Hrsg. von Claire Goll. Darmstadt/Berlin/Neuwied 1960. S. 159.

58 Mehring (Anm. 1) S. 183 ff.

59 Benn (Anm. 7) Bd. 3: Gedichte. S. 97.

60 Mehrings Technik, »die Erfahrenes substantivisch reiht und in eine durchlaufende Strömung einbettet«, ähnelt »mitunter verblüffend der Technik des mittleren Benn. Gerade weil zwischen Benn und Mehring weder politische noch literarische Kontakte bestanden, ist die Zeitgenossenschaft im Berlin der 20er Jahre aufschlußreich« (Just [Anm. 6] S. 423).

61 Benn (Anm. 7) Bd. 4: Autobiographische und vermischte Schriften. S. 13. – Noch in der Lyrik-Rede von 1951 findet sich eine Passage, die geradezu als Echo auf Mehrings Formulierung von 1919 gelesen werden kann: »[. . .] auch die Slang-Ausdrücke, Argots, Rotwelsch, von zwei Weltkriegen in das Sprachbewußtsein hineingehämmert, ergänzt durch Fremdworte, Zitate, Sportjargon, antike Reminiszenzen sind in meinem Besitz« (Probleme der Lyrik. In: Benn [Anm. 7] Bd. 1: Essays Reden Vorträge. S. 519).

62 Doppelleben. In: Benn (Anm. 7) Bd. 4: Autobiographische und vermischte Schriften. S. 163.

63 Vgl. dazu das Eliot-Kapitel aus John E. Jackson: La Question du Moi – Un Aspect de la modernité poétique européenne – T. S. Eliot – Paul Celan – Yves Bonnefoy. Neuchâtel 1978. S. 43–142.

64 Nicht ohne Grund nannte man sich amerikanisierend ›Walt‹ (Merin / Mehring), ›Bert‹, ›George‹ (Grosz).

65 Mehring (Anm. 1) S. 126.

66 Für die neuere Diskussion des Symbolismus und seiner historischen Reichweite vgl. Paul Hoffmann: Zum Begriff des literarischen Symbolismus. In: Literaturwissenschaft und Geistesgeschichte. Festschrift für Richard Brinkmann. Hrsg. von Jürgen Brummack [u. a.]. Tübingen 1981. S. 489–509.

67 Der Katalog sprachlicher Verfahrensweisen, der sich von Brechts Verfremdungstechniken im Drama nicht prinzipiell unterscheidet, ist bereits von Reinhold Grimm (Bertolt Brecht. Die Struktur seines Werkes. Nürnberg ⁴1959) aufgestellt worden.

68 Karyatide. In: Benn (Anm. 7) Bd. 3: Gedichte. S. 45.

69 Benn: Qui sait. Ebd. S. 80 f.

70 Beda Allemann: Gottfried Benn. Das Problem der Geschichte. Pfullingen 1963. S. 42.

71 Im Vergleich zu Ernst Jünger etwa, dessen Glorifizierung der Technik im Zusammenhang mit einem Ursprungsbereich menschlichen kollektiven Erlebens einen wichtigen Bereich faschistischer ›Modernität‹ und propagierten neuen Lebensgefühles vorwegnahm, bleibt Benn relativ ›altmodisch‹. Eine damit vergleichbare Brücke wird nicht geschlagen; verfängliche Vokabeln wie »Mythos« und »Mythe« sind bei Benn in der Regel durch antike oder exotisch-ozeanische Vorstellungen in einer Weise konkretisiert, daß zumindest eine direkte Gleichsetzung mit nationalsozialistischen Blut-und-Boden-Mythen nicht möglich erscheint. »Blut« kommt nach 1921 nur noch selten als zentrale Metapher vor, als Kernelement gehört sie bei Benn in den Umkreis des Expressionismus. (Vgl.: Hans Otto Horch: Gottfried Benn – Worte Texte Sinn. Das Problem deskriptiver Textanalyse am Beispiel seiner Lyrik. Darmstadt 1975. S. 179).

72 Damit wird der Auffassung Judith Ryans widersprochen, in Benns Montage erscheine die »versteckte Einheit der Wirklichkeit« als positiv formulierbare »allumfassende Sicht« (J. R.: Ezra Pound und Gottfried Benn. Avantgarde, Faschismus und ästhetische Autonomie. In: Faschismus und Avantgarde. Hrsg. von Reinhold Grimm und Jost Hermand. Königstein [Taunus] 1980. S. 20–34 [hier S. 31]). Die Bedeutung der Montage wird dabei unterschätzt, d. h. auf ein historisch früheres Verständnis von künstlerischer Einheit (als unmittelbare Entsprechung von Inhalt und Form) zurückgeführt; der Sinn der Montageverfahren bei Mehring oder bei Benn liegt aber darin, daß eine solche Position unterlaufen und das Unversöhnliche der Realität als solches zu Bewußtsein gebracht wird.

73 Benn: Chaos. In: Benn (Anm. 7) Bd. 3: Gedichte. S. 82 f.

74 Benn: Banane. Ebd. S. 86 f.

75 Sinnspiele des Advents. In: Konrad Weiß: Gedichte 1914–39. München 1961. S. 164–166.

76 Walter Gebhard: Oskar Loerkes Poetologie. München 1968. S. 288.

77 Oskar Loerke: Der Strom. In: O. L.: Gedichte und Prosa. Bd. 1: Die Gedichte. Frankfurt a. M. 1958. S. 100.

78 Gebhard (Anm. 76) S. 288.

79 Loerke: Der Sinn einer Musik. In: Loerke (Anm. 77) S. 199.

80 Ebd. S. 195–197.

81 Hermand/Trommler (Anm. 15) S. 119.

82 Die lange Vorgeschichte der ›Sachlichkeit‹ in der Lyrik, die er bis zu Heine und den Vormärz-Autoren, zu Busch, Fontane und Wedekind zurückverfolgt, hat Ernst Alker ausführlich darge-

stellt (E. A.: Profile und Gestalten der deutschen Literatur nach 1914. Mit einem Kapitel über den Expressionismus von Zoran Konstantinović. Hrsg. von Eugen Turnherr. Stuttgart 1977. S. 415 ff.).

83 Bertolt Brecht: Kurzer Bericht über 400 (vierhundert) junge Lyriker (1927). In: B. B.: Schriften zur Literatur und Kunst I (1920–1932). Frankfurt a. M. 1967. S. 71. – Zum »Kriterium des Gebrauchs, den Brecht als oberste pragmatische Regel für Lyrik ansetzt«, hat Edgar Marsch (Brecht-Kommentar zum lyrischen Werk. München 1974. S. 13) dargelegt, daß Brecht seit 1922 um die entsprechende Argumentationsstruktur in der Lyrik bemüht ist.

84 Zur Analyse von Küppers Gedicht vgl. Horst Denkler: Sache und Stil. Die Theorie der ›Neuen Sachlichkeit‹ und ihre Auswirkungen auf Kunst und Dichtung. In: Wirkendes Wort 18 (1968) S. 167–185 (hier S. 182).

85 Erich Kästner: Prosaische Zwischenbemerkung. In: E. K.: Lärm im Spiegel. Stuttgart/Berlin 1929. S. 49–52 (hier S. 51 f.).

86 Zur Geschichte der Zweckformen, die weit in das 19. Jahrhundert hineinreicht, vgl. Friedrich Sengle: Biedermeierzeit. Deutsche Literatur im Spannungsfeld zwischen Restauration und Revolution 1815–1848. Bd. 2: Die Formenwelt. Stuttgart 1971. S. 83 ff.

87 Vgl. Helmut Kiesel: Erich Kästner. München 1981. S. 58–86; sowie Irene Astrid Wellershoff: Die Vertreibung aus dem ›kleinen Glück‹. Das lyrische Werk von Mascha Kaléko. Diss. Aachen 1982.

88 Hermand/Trommler (Anm. 15) S. 148.

89 Erst mit den zum *Lesebuch gehörigen Gedichten* sind ansatzweise marxistische Voraussetzungen gegeben. Damit beginnt die Entwicklung Brechts zur literaturtheoretischen Position der beginnenden dreißiger Jahre (mit Klassenstandpunkt und materialistischer Dialektik), die zum Ansatz einer »linken Materialästhetik« auch für die Lyrik führt (Hermand/Trommler [Anm. 15] S. 122 f.).

90 Anthologie jüngster Lyrik (Anm. 5) S. 161. Hervorhebung H.-P. B.

91 Ebd. S. 135 f. (Der Tiger; Der frühe Tod), S. 128 (Verkündigung).

92 Ebd. S. 107, 109 f. (Es kommen wieder die Tage; Und ihr Dichter); S. 116 f. (Johannes 20,11 bis 18). – Dieser Rückfall hinter Expressionismus und Symbolismus wurde bereits von den Zeitgenossen bemerkt, vgl. dazu Hans Dieter Schäfer: Naturdichtung und Neue Sachlichkeit. In: Die deutsche Literatur in der Weimarer Republik (Anm. 2) S. 359–381 (hier S. 363).

93 Bezeichnenderweise überwiegen auch bei den nach 1918/19 entstandenen Texten aus der Anthologie apolitischer Arbeiterlyrik *Das proletarische Schicksal. Ein Querschnitt durch die Arbeiterdichtung der Gegenwart* (Hrsg. von Hans Mühle. Gotha 1929) diejenigen Texte, die sich an expressionistische oder vorexpressionistische Muster der Form und der Diktion halten, wenn man davon absieht, daß außerdem sehr starke Mythisierungstendenzen zu beobachten sind.

94 Schäfer (Anm. 92) S. 359 f. – Hans Schwerte: Der Weg ins zwanzigste Jahrhundert. 1889–1945. In: Annalen der deutschen Literatur von den Anfängen bis zur Gegenwart. Hrsg. von Heinz Otto Burger. Stuttgart 1952. S. 719–840 (hier S. 721).

95 Denkler (Anm. 84) S. 177.

96 Ebd. S. 180.

97 Schäfer (Anm. 92) S. 367.

98 Wilhelm Lehmann: Oberon. In: Sämtliche Werke in drei Bänden. Bd. 3. Gütersloh 1962. S. 462.

99 Ezra Pound: Ein Rückblick (1917). In: Ars poetica (Anm. 49) S. 69–75 (hier S. 69).

100 Vgl. Uwe-Karsten Ketelsen: Völkisch-nationalsozialistische Literatur in Deutschland. 1890–1945. Stuttgart 1976. S. 94 f.

101 Schäfer (Anm. 92) S. 372.

102 In: Lehmann (Anm. 98) S. 449.

103 Lehmann: An meinen ältesten Sohn. Ebd. S. 429.

104 Lehmann: Oberon. Ebd. S. 462.

105 Benn: Kleine Aster. In: Benn (Anm. 7) Bd. 3: Gedichte. S. 7. – Es ist allerdings nicht zu übersehen, daß die neue Naturdichtung erhebliche Distanz zu neoromantischer Naturlyrik wahrt, wie sie – sprachlich durchaus virtuos – etwa Weinheber in Anlehnung an die Droste mit *Im Grase* versucht: »Glocken und Zyanen, / Thymian und Mohn« (Josef Weinheber: Sämtliche Werke. Bd. 2: Gedichte. T. 2. Salzburg 1954. S. 240). Der Regeneration der alten Stilform entspricht in diesem Zusammenhang auch eine unvermittelte und ungebrochene Wiedererweckung des ›naturmystischen‹ Inhalts.

106 Zur genauen Analyse vgl. Schäfer (Anm. 92) S. 368.

107 Benn: O Geist. In: Benn (Anm. 7) Bd. 3: Gedichte. S. 50.

476 Hans-Peter Bayerdörfer

108 Schäfer (Anm. 92) S. 368. – Eine andere Einschätzung hinsichtlich der Wirkung in den Jahren nach 1933 vertritt Wolfgang Emmerich: Kein Gespräch über Bäume. Naturlyrik unterm Faschismus und im Exil. In: Natur und Natürlichkeit. Stationen des Grünen in der deutschen Literatur. Hrsg. von Reinhold Grimm und Jost Hermand. Königstein (Taunus) 1981. S. 77–117.

109 Dieses Moment der spezifisch deutschen Tradition des Naturbegriffs ist u. a. auch dafür verantwortlich, daß die neue Naturlyrik nach 1945 sehr starke Wirkung erzielen kann, aber schon im Spiegel von Benns Lyrik-Rede von 1951, mit ihrem neo-ästhetizistischen Lyrikbegriff, als abseitig erscheint. Die in den letzten Jahren der Weimarer Republik im Bereich der Geschichte der Lyrik sich abzeichnenden Konflikte, etwa zwischen Becher, Brecht, Benn, den Kolonne-Autoren, bestimmen, zwar mit neuem Akzent, aber dennoch in der alten Problemstellung in verschiedener Weise die Entwicklung der Lyrik der fünfziger Jahre, wobei natürlich die Teilung und die höchst unterschiedliche Kulturpolitik der beiden deutschen Staaten zur Verlagerung der Spannungen beiträgt.

110 Zur Verengung des Lyrikbegriffes in Deutschland, wie sie in der Literaturtheorie des Nachmärz mit Hilfe der Kriterien von Gefühl, Liedhaftigkeit usw. vorgenommen wurde – eine Verengung, die durch den Hilfsbegriff ›Gedankenlyrik‹ nicht ausgeglichen werden konnte –, vgl. Almut Todorow: Gedankenlyrik. Die Entstehung eines Gattungsbegriffs im 19. Jahrhundert. Stuttgart 1980. – Die entscheidende Festlegung des Lyrikverständnisses übersteht in weiten Leserkreisen auch die ganz anders gearteten Momente, die mit Symbolismus, Nachsymbolismus und Expressionismus in die deutsche Literaturgeschichte eindringen. Der Einbruch, der in der Weimarer Republik stattfindet, wird danach wieder weitgehend revidiert. Dank der Lyriktheorie des ›Erlebnisses‹ wird in der Zeit nach dem Zweiten Weltkrieg die Rückkehr zum lyriktheoretischen Status von Weimar erneut verzögert.

111 Die Jüdin. In: Gertrud Kolmar: Das lyrische Werk. München 1960. S. 36 f.

112 Vgl. Mallarmés Brief an Verlaine vom 16. 9. 1895. In: Stéphane Mallarmé: Œuvres complètes. Texte établi et annoté par Henri Mondor et D. Jean-Aubry. Paris 1945. S. 661 ff.

113 Rainer Maria Rilke: Die Sonette an Orpheus I,23 / II,19 / I,18 / I,1. In: R. M. R.: Sämtliche Werke. Hrsg. vom Rilke-Archiv in Verb. mit Ruth Sieber-Rilke. Besorgt durch Ernst Zinn. Bd. 1: Gedichte. T. 1. Frankfurt a. M. 1955. S. 745 f., 763 f., 742, 731.

114 Goll (Anm. 57) S. 189–192.

115 Orphische Zellen. In: Benn (Anm. 7) Bd. 3: Gedichte. S. 76 f.

116 Die Harfenjule. In: Klabund (Anm. 44) S. 400.

Die dreißiger und vierziger Jahre

Von Uwe-K. Ketelsen

Literaturgeschichtsschreibung und Drittes Reich

Der Leser wird sich möglicherweise fragen, warum diese *Geschichte der deutschen Lyrik* ein Kapitel zu Tendenzen der dreißiger und vierziger Jahre enthalte; und wenn er einen parallelen Abschnitt über die Lyrik des Exils entdeckt, dann wird sein Verdacht nur allzu leicht bestätigt sein, die Überschrift verschleiere lediglich dünn, daß am Ende Daten der politischen Geschichte die Periodisierung literarischer Entwicklungslinien in Deutschland angeleitet hätten. Gegen eine Periode »Lyrik des Dritten Reichs« (bzw. »Lyrik im Dritten Reich«) ließen sich in der Tat einige Argumente ins Feld führen. So läßt sich feststellen, daß die Jahre um 1930 auch in anderen Nationalliteraturen eine gewisse Zäsur markieren, am entschiedensten etwa in der russischen; es handelt sich bei solchen Abgrenzungen also nicht um eine ausschließlich deutsche Erscheinung. Formgeschichtlich kann man von einer ›klassizistischen Wende‹[1] innerhalb der europäisch-amerikanischen Literaturen reden, die den vehementen ›Aufbruch in die Moderne‹ seit der zweiten Hälfte des 19. Jahrhunderts zu einem gewissen Abschluß brachte. Die neu errungenen Ausdrucksformen wurden schematisiert und ihr Gebrauch automatisiert, ja in vielfältigen Rückgriffen auf die verschiedenen literarischen Idiome der Vor-Moderne eingeschränkt. Die Eingrenzung ›moderner‹ Tendenzen ließ – und zwar nicht nur in Deutschland – antimoderne Bestrebungen, die seit etwa 1890 dem Aufbruch in die ›Moderne‹ mehr oder minder vehement Widerstand geleistet hatten, erneut dominant werden (und zwar auch dort, wo nicht eine direkte Auseinandersetzung mit dem Faschismus/Nationalsozialismus stattfand. Die Lyrik in den zur Diskussion stehenden Jahrzehnten hat überdies zu dem vorhandenen Ausdrucksspektrum und zu den geläufigen Themen keine neuen Möglichkeiten hinzugewonnen, vielmehr war alles, was in Deutschland während des Dritten Reichs produziert worden ist, schon vor dem Sieg des Faschismus ausgebildet, läßt sich zudem auch mehr oder weniger in der Exilliteratur finden und ist schließlich nach 1945 nicht spurlos verschwunden. Und auch jener Zug der Lyrik (und überhaupt der Literatur) dieser zwölf Jahre, den man gemeinhin für ihren charakteristischsten hält, das politische Engagement, setzte nicht erst mit dem Jahr 1933 ein, ist also kaum nur das Ergebnis einer vielfältigen nationalsozialistischen Literaturpolitik[2]; man kann vielmehr beobachten, wie schon am Ende der zwanziger Jahre die literarischen Auseinandersetzungen mit den politischen und gesellschaftlichen Zuständen zunehmend schärfer und breiter ausfielen, so daß schließlich die gesamte literarische Produktion fast ausnahmslos davon ergriffen wurde. Unter biographischem Blickwinkel muß man schließlich darauf verweisen, daß das Schaffen keines einigermaßen bemerkenswerten Lyrikers (sieht man einmal von Weinheber ab) zwischen die Jahresgrenzen 1933 und 1945 einzuschränken ist. Verdankt also der Leser dieses Kapitel am Ende nicht doch einem Verständnis von Literaturgeschichte nach Maßgabe der politischen Geschichte? Bringt nicht – so ließe sich weiter fragen – eine solche Konzeption von Literaturgeschichte die Literatur um ihre Utopie, es gebe einen Raum, der der Macht unerreichbar sei, einen Bezirk, in welchem die Literatur eine Heimat habe als der Vor-Schein dessen, was würdig wäre, daß es die Wirklichkeit bestimme? Entzieht sich der Literarhistoriker nicht seiner eigentlichen Aufgabe, gerade dasjenige an der literarischen Entwicklung als das Traditionswürdige herauszuarbeiten, was der Macht nicht unterworfen gewesen ist, gräbt er nicht – von einem positivistischen Horror vacui geängstigt – etwas aus, was längst im Staub der Vergangenheit begraben ist und von sich aus nie Anspruch auf ein Überleben in der Erinnerung anmelden könnte? Bedeutet ein solches Zusammenbinden von literarischen Entwicklungslinien und politischen Prozessen nicht am Ende einen nachträglichen Kotau vor dem Dritten Reich? Solche Skrupel sind nicht neu, sie haben die Zeitgenossen schon beunruhigt, etwa als es nach 1933 in Diskussionen mit Thomas Mann um die Frage ging, welchen Wert die nicht emigrierte Literatur in Deutschland überhaupt habe, als während des Krieges Bertolt Brecht und Thomas Mann darüber stritten, was mit der deutschen Literatur nach dem Sieg der Alliierten zu geschehen habe, als nach 1945 Thomas Mann meinte, *alle* zwischen 1933 und 1945 in Deutschland produzierte Literatur gehöre eingestampft, weil der Geruch des Blutes der Ermordeten an ihr klebe, oder als Theodor W. Adorno erschüttert konstatierte, nach diesem Niederbruch aller humanen Hoffnungen, dessen Mahnmal Auschwitz ist, sei Literatur überhaupt nicht mehr möglich.[3] Die Ergebnisse solchen Nachdenkens fielen widersprüchlich aus, je nachdem zu welcher Zeit sie versucht wurden. Die meisten Literaturgeschichten, die sich mit der deutschen Literatur unseres Jahrhunderts beschäftigen, ziehen daraus die Konsequenz, über die Literatur und besonders die Lyrik dieses Zeitabschnitts möglichst ganz zu schweigen.

Das eine ist gewiß: ohne dieses Auschwitz würde sich kaum jemand dieser Jahre deutscher Literatur erinnern; mit den Zeitgenossen würde ein lebendiges Interesse daran langsam erlöschen, das Geschriebene würde allenfalls als Nachklang des Vorausliegenden erwähnt oder als Keim späterer Entwicklungen betrachtet werden. So aber ist das Dritte Reich mehr als nur in der Weise ein Datum der deutschen Literaturgeschichte, daß es für zwölf Jahre weitgehend die Bedingungen diktierte, unter denen ein literarisches Leben stattfinden konnte; es ist vor allem ein Datum, weil es die deutsche Literaturgeschichte der letzten 150 Jahre in den blutigen Schlagschatten der politischen und gesellschaftlichen Wirklichkeit stellt.

Das deutsche Bildungsbürgertum hatte seit der Klassik und Romantik in der Poesie ein Medium seiner Hoffnungen gesehen, selbst da noch, wo Dichtung als billige Draperie unbewältigter Realität benutzt wurde; in der Poesie fand seit Schillers und des jungen Friedrich Schlegel ästhetischen Entwürfen die Sehnsucht nach einer sich real erfüllenden Humanität ihren geschichtlichen Platzhalter. Allein vor diesem Hintergrund wird die – heute nur noch schwer verständliche – Emphase begreiflich, mit der der wirklichkeitsbestimmende Anspruch des Dichters eingefordert wurde, so wenn Rilke[4] angesichts des vollendeten Kunstwerks sich selbst und den Leser mahnte: »Du mußt dein Leben ändern«; oder wenn Reinhard Sorge in seinem Drama *Der Bettler* seine zentrale Figur, den Dichter, verkünden ließ: »Ich will die Welt auf meine Schultern nehmen / Und sie mit Lobgesang zur Sonne tragen.«[5] Diese Tradition, die unter dem Eindruck und in der Erfahrung der sich verschärfenden Krise der bürgerlichen Gesellschaft und des europäischen Staatensystems zu Beginn unseres Jahrhunderts mit sehr unterschiedlichen Vorzeichen (etwa in der ›Avant-garde‹, bei Stefan George oder im Expressionismus) noch einmal machtvoll erneuert wurde, war zu Ende, und zwar nicht, weil sich Literatur – einmal mehr – als zu schwach erwiesen hatte, den politischen und gesellschaftlichen Mächten Widerstand zu leisten, sondern weil die ›Politisierung des Geistes‹ genau an dieser Tradition ansetzte und sie von innen aushöhlte.[6] So glaubten die einen in der Berufung auf diese Tradition den Nationalsozialismus oder zumindest doch die neue Zeit preisen zu müssen, die anderen konnten den humanen Anspruch, der sich einst auf die Mensch-heit insgesamt gerichtet hatte, allenfalls noch im privaten Lebenskreis bewahren (was in diesen finsteren Zeiten nicht wenig war!). Gemessen an dem ursprünglichen Versprechen dieses ästhetischen Programms, das auf mehr zielte als auf Literatur, zerbrachen sie alle und mit ihnen die Hoffnung. Daran, daß Literatur als *künstleri-sches* Phänomen die geschichtliche Wirklichkeit bestimmen könne, daß – um ein ›Urwort‹ idealistisch-bürgerlicher Erwartungen an »Die Macht des Gesanges« zu zitieren – »Des Jubels nichtiges Getöse / Verstummt, und jede Larve fällt, / Und vor der Wahrheit mächtgem Siege / Verschwindet jedes Werk der Lüge«,[7] daran glaubt seither im Ernst niemand mehr. Die heute gängige ›wissenschaftliche‹ Rede vom Autor als einem ›Sender‹ und vom Leser als ›Empfänger‹ oder auch nur als ›Rezi-pienten‹ zeigt im Gegenteil – selbst wenn sie sich nur als eine der vielen modischen Floskeln erweisen sollte – mit schamloser Offenheit, wie nichtig die Ansprüche sind, welche Literaturwissenschaftler mittlerweile noch an Literatur stellen. Nicht, daß erst das Dritte Reich diesen Glauben an die Poesie als Statthalter des Humanen in der Geschichte zerstört hätte, aber es markiert den dramatischen Endpunkt eines geschichtlichen Desillusionierungsprozesses. Darin scheint mir seine Bedeutung für die deutsche Lyrikgeschichte zu liegen. Unwiderruflich ist die Tradition dahin, und es sind mehr als die Jahre, die uns davon trennen.

In diesem Licht wirft die Lyrik der dreißiger und vierziger Jahre auch für das Konzept von Literaturgeschichte besondere Probleme auf (falls man die Aufgabe von Litera-turgeschichtsschreibung sich nicht nur darin erschöpfen läßt, zu verzeichnen, was vorgefallen ist). Ihr Ziel liegt ja eigentlich nicht darin, die Begegnung mit der Individualität eines Autors zu ermöglichen; ja, ihre Intention läßt sich noch nicht einmal damit umschreiben, daß sie eine historische Konstellation aus sich heraus zu rekonstruieren beabsichtige. Ihr Entwurf ist vor allem und in erster Linie darauf gerichtet, *Entwicklungs*linien aufzudecken, Autoren und Konstellationen in übergrei-fende zeitliche Verknüpfungen zu stellen (ohne daß diese widerstandslos und restlos darin aufgingen). Für unser Verständnis liegt auf dem Grunde des ›dann und dann und dann‹, der »Geschichte in ihrer rohesten Gestalt« (A. W. Schlegel), traditionel-lerweise das Muster eines kausalen oder gar finalen Zusammenhangs. Es stiftet über die einzelnen Schriftsteller und Epochen hinweg Verbindungen, die den ›Sinn‹ der zeitlichen Veränderungen bloßlegen. Historisch ist das wissenschaftliche Paradigma ›Literaturgeschichte‹ fest mit dem aufklärerischen Geschichtsoptimismus verbunden, so etwa wenn August Wilhelm Schlegel konstatiert: »Die Forderung [. . .], worauf der ganze Wert der Geschichte beruht, ist die eines unendlichen Fortschrittes im Men-schengeschlechte; und ihr Gegenstand ist nur das, worin ein solcher stattfindet.«[8] Auch wenn falscher Historismus und (sein) Positivismus diese Emphase gründlich ernüchtert haben, ganz hat Literaturgeschichtsschreibung sie doch nicht vergessen können. Was aber, wenn angesichts der Zeitläufte Geschichte nur als Triumphzug der Sieger in den historischen Auseinandersetzungen verstanden werden kann, in dem die Kulturdenkmale als Trophäen mitgeschleppt werden, als – auch das ein einprägsames Bild Walter Benjamins – ein riesiger Schutthaufen vor den Augen des Engels, den der Sturm der Zeit rücklings in die Zukunft reißt?[9] Würde es bedeuten, daß eine Geschichte der Literatur, die mehr als nur eine Chronik der vorgefallenen Ereignisse sein will, seit der Epoche des Faschismus vom Begriff her nicht mehr möglich wäre, sondern nur noch die Zuwendung zum einzelnen Autor, zum einzelnen Werk? Daß allenfalls in zerstückten Gliedern die Wahrheit des geschichtlichen Zusammenhangs zu finden wäre? Insofern wirft das Dritte Reich dem Literarhistoriker auch von der Seite seines Eigenverständnisses her Probleme auf.

Klassisch-romantische Tendenzen in der Lyrik der dreißiger und vierziger Jahre

Gemeinhin wird die Lyrik, die während der dreißiger und vierziger Jahre in Deutschland geschrieben (und ›offiziell‹ goutiert) wurde, mit Stilvorstellungen und Themen in Verbindung gebracht, die sich aus der klassisch-romantischen Lyriktradition herleiten; deswegen haftet dem Zeitraum der Ruch an, seine Produktion und die vorherrschende Geschmackslage seien epigonal gewesen, allein traditionsorientiertes Schreiben habe auf öffentliche Zustimmung hoffen können. Wenn mit solcher Einschätzung die Dominanz einer lyrischen Redeweise aus dem Geiste des bildungsbürgerlichen Kanons angedeutet und nicht die Meinung vertreten werden soll, alles andere sei prinzipiell ›unerwünscht‹ oder gar verboten gewesen, dann ist dem durchaus zuzustimmen. Die Lyrik, die sich an den überkommenen Bildungsmustern ausrichtete, ließ sich leicht mit den romantisierenden Tendenzen[10] innerhalb industriefeindlicher Traditionen des Bürgertums[11] und mit den völkischen Strömungen im Nationalsozialismus[12] in Verbindung setzen. Das Jahr 1933 spielte dabei überhaupt keine Rolle, zumal man bei kleinen Formen wie Gedichten ohnehin nur schwer sagen kann, wann sie geschrieben und zum erstenmal veröffentlicht worden sind. Die Tradition dieser Wertschätzung reicht jedenfalls zurück in die Jahrzehnte nach der Jahrhundertwende, etwa zu Moritz Jahn, Otto zur Linde, Ricarda Huch, Hermann Hesse, Rudolf G. Binding, Agnes Miegel oder zu Walter Flex, dessen *Wildgänse rauschen durch die Nacht* (aus der Novelle *Wanderer zwischen beiden Welten*) nahezu ein ›Klassiker‹ wurde. Viele der im Dritten Reich belobigten Dichter, die Schriftsteller, deren Werk weniger von den direkt politischen als vielmehr von den allgemeinen geistigen Strömungen bestimmt war (wie etwa das von Elisabeth Langgässer, Ruth Schaumann, Oda Schäfer oder von Wilhelm Lehmann), die ›Arbeiterschriftsteller‹, deren bedeutende Zeit allerdings schon zurücklag, aber auch die Autoren, die man der ›inneren Emigration‹ zurechnen kann (wie Werner Bergengruen oder Reinhold Schneider[13]), orientierten sich an dieser Überlieferung. Sie war noch gleichsam naturwüchsig zur Hand. In einer editorischen Notiz zu den *Gesammelten Gedichten* (1947) von Hans Carossa heißt es ohne weiteren Zusatz: Die Sammlung »wurde seither [seit 1910] mehrfach erweitert. Die vorliegende Ausgabe, 36. bis 45. Tausend, enthält zum ersten Mal die Gedichte aus den Jahren 1940 bis 1945.«[14] Diese Texte sind den älteren des Autors in der Tat einfach angegliedert; lediglich der beziehungs-

reiche Zwischentitel »Stern über der Lichtung. Gedichte aus den Jahren 1940–1945«
zeigt die Ergänzung an. Sie sind so sehr auf den ›Ton‹ der ganzen Sammlung
gestimmt, daß der Autor denjenigen Versen, die er ausdrücklich im Zusammenhang
mit ihrer Entstehungszeit während des Krieges gelesen wissen wollte, Jahreszahlen
beigegeben hat, so etwa dem Gedicht *Gestreift vom Todeswind* (1943), das einen
gewissen Anspruch erheben kann, repräsentativ für die klassisch-romantische Tendenz der dreißiger und vierziger Jahre zu stehen:

> Auf die zitronengelben Quitten
> Rieselt ein früher Schnee.
> Das Kindlein fragt nach seinem Schlitten,
> Doch schau hinab zum See:
>
> Da rauchen halberloschne Feuer,
> Soldaten stehn davor,
> Die Bäurin lugt aus offner Scheuer,
> Hält ihre Hand ans Ohr.
>
> Nicht nah, nicht fern, mit hohlem Halle
> Folgt langsam Schlag auf Schlag,
> Verloren fast im Flockenfalle,
> Dennoch bewegts den Tag,
>
> Und Fenster klirrn, und Wände beben –
> Fühlt ihr nun, wo wir sind?
> O wie bekräftigt sich das Leben,
> Gestreift vom Todeswind!
>
> Auf leuchten alle starken Stunden
> Des nie begriffnen Seins
> Mit heiliger Lust und heiligen Wunden –
> Uns, Freunde, kommt nur Eins:
>
> Wir müssen wachend weiterbauen,
> Was träumerisch begann.
> Der Dienst ist groß, er läßt kein Grauen
> An unsern Mut heran.
>
> Wir werden Geisterlilien pflücken,
> Die hoch in Schluchten stehn,
> Und unsre Tische festlich schmücken,
> Auch wenn wir untergehn.
>
> An gelbem Blatt glänzt eine Traube
> In jugendschöner Hand.
> Der Herbst ließ dem entfärbten Laube
> Noch einen grünen Rand.[15]

Selbst in der Stunde des Untergangs (der ja mehr war als nur die militärische Niederlage) verschlug es dem Dichter dieser Verse nicht die Sprache; im Gegenteil, der Ausdruck und das stilistische Inventar des traditionellen Idioms waren so stabil, daß sie von der Geschichte scheinbar nicht berührt wurden. Nichts hindert den Autor, mit der mehr oder minder geschickten Wiederholung einiger konventionalisierter Stilzüge und Gesten auszukommen. Das klassisch-romantische Gedicht dichtete sich mittlerweile selbst, wobei von Goethe über C. F. Meyer, Storm, Rilke und George alle Autoren des Kanons das Ihre beisteuerten. Nicht, daß die besseren Lyriker das nicht bemerkt hätten; so spielte etwa Max Kommerell in seinem Gedicht *Spiegelung der Sonne zwischen Seerosenblättern* (1944) mit dem überlieferten Repertoire, indem er die Tradition variierend glossierte:

> Gewundne Stengel hoben
> Das runde Blatt nach oben
> Der Blüte nur zu lieb,
> Damit die köstlich neue
> Am Lichte sich erfreue.
> Doch keine Blüte trieb,
> Und auch der Himmel blieb
> Heut abend ohne Bläue.[16]

Solchen altmeisterlichen Exerzitien »mit gleichsam chinesischem Pinsel« haftete außer dem steifen Ernst eines Spätlingsbewußtseins nur zu leicht ein Zug unfreiwilliger Komik an; es scheint, als spotte das Hergebrachte des Versuchs, ihm etwas anderes als eben das Hergebrachte abzugewinnen. Das durch den überlieferten Gebrauch automatisierte Schema wies alles ab, vor allem auch die Geschichte. Zwar begriff ein Autor wie Carossa durchaus, was die Stunde geschlagen hatte, aber dieses Bewußtsein sprengte nicht die Form. Wie ein Panzer legt sie sich um den Ausdruck herum und zwingt den Schreiber in der Schlußstrophe mit einem Symbol im Goetheschen Stil zu einer Geste kosmischer Versöhnung, wo kein Trost mehr ist. In der nicht weiter aufgearbeiteten Diskrepanz zwischen heiler Rede und zerstörter Geschichte findet das Gedicht – stellvertretend für viele seines Zuschnitts – seine geschichtliche Signatur.
Die Breite des Ausdrucks und der stilistischen Möglichkeiten dieser traditionellen Form gestattete manche Variationen, die das Carossa-Gedicht gewissermaßen durchspielt. Von der Ausmalung einer Stimmung (vor allem am Naturthema) bis zur lyrischen Darlegung von Gedanken reicht das Spektrum. Allerdings läßt sich feststellen, daß die Möglichkeiten zum symbolischen Ausdruck, welche dieser lyrischen Sprache von ihrer Geburtsstunde in der Mitte des 18. Jahrhunderts an zur Verfügung standen, gleichsam eine Mandorla metaphysischer Spiritualisierung um die im Gedicht thematisierten Gegenstände legten.[17] Kein Baum ohne tiefere Bedeutung, keine Geste ohne höheren Sinn. Das »Kindlein« in der ersten Strophe des Carossa-Gedichts und die unsägliche »Traube« in der letzten liefern dafür beredte Beispiele. Vor diesem Hintergrund ist übrigens die Leistung Wilhelm Lehmanns zu würdigen, der – energischer noch als sein Vorbild Oskar Loerke – diesem Sog zur symbolischen Überhöhung in seinen frühen Gedichtbänden widerstand und diesen Gedichttypus

noch einmal der Dingwelt öffnete (wenngleich auch er seinen Preis zu entrichten hatte für die Illusion, in diesen Zeiten ein ›reiner‹ Dichter zu sein).[18]

Für viele Autoren (und Carossa ist sicher zu ihnen zu zählen) besaß der Anschluß an eine fortdauernde klassisch-romantische Lyriktradition den Charakter einer glückhaften Rückerinnerung; in der nachahmenden Rekonstruktion einer (als real unterstellten) Einheit von geschichtlicher Situation und moralisch-künstlerischem Anspruch hofften sie die Verunsicherungen durch die erlebte Geschichte überwinden zu können; sie glaubten, daß sich Brücken des Sinns schlagen ließen. So beginnt ein *Ewiger Glaube!* (1936) überschriebenes Gedicht von Rudolf G. Bindung mit der Strophe:

> Nicht aus eurem Samen wird sie auferstehen.
> Aus dem Samen ausgesäter Lieder,
> ausgestreuter Worte über Straßen
> und in Hütten, kehrt die Menschheit wieder.[19]

Nur zu leicht wurden solche Entwürfe ›magisch‹ ernst genommen[20] und als opponierende Kraft gegen die politischen und gesellschaftlichen Machtkonstellationen betrachtet. Aus solcher Verkennung rührt die des öfteren zu beobachtende Doppeldeutigkeit traditionsorientierter Autoren, die sich literarisch nicht für kompromittiert hielten und sich moralisch Zumutungen der Macht widersetzten, deren Werke (und zuweilen sogar deren Person) dem nationalsozialistischen Staat aber dennoch als reputierliches kulturelles Aushängeschild dienten. Carossa ist auch dafür ein charakteristisches Beispiel.

In bisherigen Analysen solcher Tendenzen hat meist eine ideologiekritische Perspektive vorgeherrscht; das ist auch richtig, denn solche Gedichte bringen am Ende eine affirmative Kapitulation vor der Faktizität auch dort, wo Autoren sich nicht den politischen Machtverhältnissen anschmiegten, ihnen sogar Widerstand entgegensetzten. Über einem solchen Aspekt sind aber die möglichen (und durchaus verschiedenen) Funktionen von Gedichten dieses Stils nicht zu vergessen. In unterschiedlichen Konstellationen konnte die deutsche klassisch-romantische Lyriktradition (und das in sie eingeschlossene Dichterbild) in diesen beiden Jahrzehnten durchaus unterschiedliche Bedeutung haben – je nach den Zusammenhängen, in die sie hineingestellt wurden. Über dem traditionellen Grundmuster wurden von nationalsozialistischen Propagandaautoren, von deutschtümelnden Traditionalisten, von Völkischen, von Anpäßlern und Aufsteigern, von ›Arbeiterdichtern‹, Traditionsbewahrern und von Vertretern der ›inneren Emigration‹ eine Vielzahl von Gedichten geschrieben, die zumindest im Selbstverständnis ihrer Autoren unterschiedlich, ja gegensätzlich gemeint waren.

Viele Lyriker, die sich als die Dichter aus dem Geist des Dritten Reichs verstanden (und die am ehesten der völkischen Fraktion innerhalb des Nationalsozialismus zuneigten),[21] begriffen eine Orientierung an der überlieferten Manier als ein Einrücken in den Horizont deutscher Bildungstradition. Sie allein als eklektische Epigonen zu bezeichnen verengt ihren Standpunkt: indem sie Traditionen fortsetzten, bezogen sie Position, und zwar gegen jenen historischen Prozeß, den man verkürzend und nicht ganz unproblematisch mit dem Ausdruck ›modernization‹ bezeichnet, und gegen eine Literatur, die diese Veränderung der gesellschaftlichen Realität angemessen und produktiv verarbeiten wollte. Schlaglichtartig faßte der Literarhistoriker Hans Naumann diese Selbsteinschätzung zusammen und dokumentierte damit, wie breit die bildungsbürgerliche kulturelle Oppositionsbewegung gegen die gesellschaftlichen Veränderungen war: Rilke wechselte mit seinem Tod »ins andere Reich«, »hier aber drangen inzwischen Technik, Aktivität und Amerikanismus selbst in die Lyrik ein«;[22] fehlt nur noch die Vokabel »Kulturbolschewismus«, um das Spektrum der Idiosynkrasien zu vervollständigen. In der Traditionalität des lyrischen Sprechens der Poeten aus dem Geist des Dritten Reichs schlug sich also nicht nur literarische Selbstgenügsamkeit nieder, sie war als ein Gestus des Widerstands gegen die bestimmenden politischen und gesellschaftlichen Prozesse seit dem ausgehenden 19. Jahrhundert gemeint, und deswegen drängten diese Autoren weithin zu politischen Aktionen oder waren politisch zu motivieren;[23] die Bücherverbrennungen vom 10. Mai 1933 haben hier einen ihrer Gründe. Natürlich nutzte der nationalsozialistische Staat solche Tendenzen instrumental im Kalkül seiner Machtsicherung aus, indem er etwa Texte dieser Richtung zu Propagandazwecken (z. B. in Kriegsanthologien[24]) einsetzte, und selbstverständlich bedienten sich Propagandaautoren zu unterschiedlichen Anlässen dieser legitimierten Ausdrucksform – aber man verkennt die Situation, wenn man nicht zugleich sieht, daß weite Kreise des Bildungs- und Kleinbürgertums Literatur solchen Zuschnitts als einen Garanten kultureller Sicherheit in der Kälte der gesellschaftlichen Auseinandersetzungen suchten, daß sie in solchen Versen glaubten, den Sinnverlust eines Lebens in der bürgerlich-industriellen Arbeitswelt einklagen zu können. Der Nationalsozialismus ist eben nicht allein eine politische, er ist auch eine kulturpolitische Bewegung, und das hat nicht wenig zu seinem Erfolg beigetragen.[25]

In diesem Kontext aufschlußreich ist die sogenannte Arbeiterdichtung[26] (die im Dritten Reich durchaus nicht einhellige Zustimmung fand – abgesehen davon, daß einzelne ihrer Vertreter aus offen politischen Gründen verfolgt wurden). Eine schon 1908 veröffentlichte Strophe aus einem Gedicht von Ernst Preczang kann die Zusammenhänge deutlich machen:

> Steil zum Himmel ragen hohe Schlote,
> Wolken qualmt empor der heiße Grund,
> Dunkle Fahnen wehn aus schwarzem Schlund,
> Funken sprühn und tanzen, düsterrote.[27]

Die Industriewelt wird behandelt, als sei sie eines der traditionellen Sujets des klassisch-romantischen Gedichts. Dadurch bringt der Autor industrielle Arbeit in den bürgerlichen Bildungshorizont ein und macht sie auf diese Weise einem bürgerlichen Lesepublikum kommensurabel, und zugleich beweist er mit einer solchen Darstellung, daß sich entgegen bisheriger abwehrender Verweigerung am Ende auch die Sphäre der materiellen Produktion ›vergeistigen‹ lasse. Ähnlich wie schon die bürgerlichen Autoren wollen auch die ›Arbeiterdichter‹ im Schreiben ihre soziale Identität finden; gewahrte Traditionalität und gestaltendes Gelingen in deren Horizont bedeuten ihnen den Eintritt in den Geltungskreis bürgerlicher Kulturnormen. Damit argumentieren sie nicht viel anders als die bildungs- und kleinbürgerlichen Autoren auch, die in der Fortführung überkommener kultureller Techniken Schutz vor der Kälte der sozialen Prozesse suchten.[28] Zwar besitzen die Vorstellungen der »Werkleute auf Haus Nyland« keine programmatische Bedeutung für die gesamte ›Arbeiterdichtung‹, aber ihre u. a. von Walther Rathenau[29] inspirierte Idee von der ›Beseelung‹ der industriell-technischen Welt hat doch symptomatischen Charakter.[30] Indem die ›Arbeiterdichter‹ die industrielle Produktion mit den Mitteln der ›Kunst‹ so aufbereiteten, daß sie Stoff für Lyrik abgeben konnte, mußten sie allerdings die Thematik derart tiefgreifend ästhetisieren, daß die entworfenen Abbilder der industriellen Arbeitswelt nur noch eine oberflächliche Ähnlichkeit mit der Realität und deren gesellschaftlicher Organisation hatten, von den nötigen Ausklammerungen einmal ganz abgesehen. Das Gedicht mochte ›echt‹ sein, seine Wirklichkeitsdarstellung war es lange nicht mehr. Die soziale Integration auf dem Wege der Kultur erreichten die ›Arbeiterdichter‹ übrigens genauso wenig, wie die klein- und bildungsbürgerlichen Traditionalisten Schutz vor den tiefgreifenden gesellschaftlichen Veränderungen seit dem ausgehenden 19. Jahrhundert fanden. Die Lebensläufe etwa von Karl Bröger (der 1933 nach Dachau kam) oder von Ernst Preczang (der 1933 in·die Schweiz emigrierte) zeigen es.

Übrigens wäre die Frage nach der Möglichkeit der literarischen Verarbeitung der industriellen Produktionswelt und deren gesellschaftlicher Ordnung nicht allein ein Problem von Thematik und Stil gewesen, sondern zugleich auch eine Frage nach der möglichen Existenz des Schriftstellers in einer Gesellschaft, deren zentrale Arbeitsprozesse als industrielle organisiert sind. Die ›Arbeiterdichter‹ erfaßten – durchaus ähnlich wie die bürgerlich-konservativen Literaten – ihr Schreiben im Banne der traditionellen Genie- oder doch zumindest Begabungstheorie nach dem Vorbild vorindustrieller Handwerksarbeit, ja, sie sahen sich – durchaus verständlich! – geradezu als Opponenten einer industriellen Literaturproduktion, die allein der Kapitalakkumulation einer ›Medienindustrie‹ und einer ausbeuterischen Scheinbefriedigung kultureller Bedürfnisse des Proletariats diente. Mit einer solchen Verschmelzung von affektgeleiteter ›rückwärtsgewandter‹ Sehnsucht und Idiosynkrasien gegen ›moderne‹ Kulturtechniken schnitten sie diese Seite der Problematik literarischer Produktivität im Zeitalter des kapitalistischen Industrialismus vollständig ab und waren der Neutralisierung durch die romantisierenden Dichtungstheorien der Völkischen ziemlich schutzlos ausgeliefert. Ein Satz wie:

»Das große Gefühl, das alle Deutschen in diesen Tagen [gemeint ist Sommer/Herbst 1914] beseelte, hat in den Liedern Heinrich Lerschs und Karl Brögers einen Ausdruck gefunden, durch den sich das ganze Volk aufs tiefste bestätigt fühlte«,[31]

ein solcher Satz erhellt diese Konstellation schlagartig und macht zudem deren politische Implikationen sichtbar.

Damit sind zugleich auch die Schwierigkeiten jener »bürgerlichen« Schriftsteller berührt, die sich in je verschiedener Weise (meist in konfessioneller Rückbindung) intellektuell, moralisch und politisch dem Dritten Reich (oder was sie als solches erfuhren und begriffen) widersetzten, sich als ›Opposition intra muros‹ betrachteten (nur auf diese Autoren sollte man den vielumstrittenen Begriff ›innere Emigration‹ anwenden[32]). Im Bewahren bürgerlicher Kulturtraditionen sahen sie eine Weise des Widerstands, die Schriftstellern als Schriftstellern offenstehe; schon im demonstrati-

ven Festhalten an Ansprüchen, die die Tradition an die Nachgeborenen stellt, liege
Kritik an der Barbarei nationalsozialistischen Ungeistes; der dichterische Umgang
mit Sprache bedeute Widerrede gegen die ›Lingua Tertii Imperii‹, den verhunzten
Jargon der Macht; die Verpflichtung auf die (deutsche) Dichtung der Vergangenheit
lasse den ›Geist‹ diese Periode der Finsternis überdauern, stärke insgeheim diejenigen, die sich gleichfalls der Aufgabe der Rettung verschrieben hatten, und tröste die,
die der Gewalt unterlagen. Der Streit über die Berechtigung solcher Anschauungen
vom Dritten Reich und über die Reichweite solcher Distanzierungsversuche braucht
nicht wieder angeblasen zu werden. Da er ganz auf das Problem der Macht fixiert
bleibt, ist er hier von minderem Belang.[33]
Bedeutsamer ist vielleicht die Beobachtung, wie sehr in solchen Versuchen die
politische, gesellschaftliche und kulturelle Gegenwart aus der Tradition des bürgerlichen Bildungs- und Kulturbegriffs gedeutet wurde. Für manchen dieser Schriftsteller
war der Nationalsozialismus lediglich eine Verschärfung jener Industrialisierungs-
und Modernisierungstendenzen, die sie auch anderweitig und früher bekämpft hatten
und gegen die sie die Tradition der ›Kultur‹ beschworen. Der ›Geist‹, die ›Kunst‹, die
›Dichtung‹ wurden gleichsam substantialistisch als Gegenpart zur Macht, zum Bösen
oder auch nur zur Unmoral gesehen, so unterschiedlich die Deutungen jenseits der
gemeinsamen oppositionellen Haltung dann je nach Standort auch ausfielen.[34] Aufgrund dieser Literaturvorstellungen aus dem Geiste der Tradition fanden so verschie-
denartige Autoren wie Albrecht Haushofer (*Moabiter Sonette*, 1944/45), Werner
Bergengruen (*Der ewige Kaiser*, 1937; *Die verborgene Frucht*, 1938; *Dies irae*, 1946;
Der hohe Sommer, 1946), Reinhold Schneider (*Sonette*, 1939; *Apokalypse*, 1946),
Jochen Klepper (*Kyrie*, 1938), Ricarda Huch (*Herbstfeuer*, 1944) oder Gertrud
Kolmar (*Die Frau und die Tiere*, 1938; *Welten*, 1947) zu einer verwandten lyrischen
Sprache. Der aus der Tradition des Idealismus abgeleitete Kunstbegriff gewann so in
veränderten Zusammenhängen veränderte Bedeutung. Sollte er bei den antizivilisa-
torischen Kulturkonservativen oder bei den Völkischen ›die neue Zeit‹ gerade an die
Tradition anschließen, so grenzten die Autoren der ›Opposition intra muros‹ – jeder
auf seine Weise – gerade diese Tradition gegen ›die neue Zeit‹ ab.[35] Eine in einer
langen Überlieferung mehrdeutig gewordene Sprachform wurde erst in einem
Umfeld eindeutig, das selbst nicht mehr literarisch war. Das hatte schon während des
Dritten Reichs zur Folge, daß die vermuteten Aussagen dieser Texte unterschiedlich
verstanden wurden, je nachdem, in welchen Lebens- und Überzeugungszusammen-
hang der Leser sie jeweils projizierte. Erst recht konnte man nach 1945, als die
›innere Emigration‹ in Westdeutschland in den Dienst einer restaurativen Selbstlegiti-
mation gestellt wurde, versuchen, in diesen Interpretationsfreiräumen opportune
Eindeutigkeiten herzustellen; man brauchte sie nur in den politischen Handlungszu-
sammenhang eines Widerstandes gegen das Dritte Reich zu rücken. Und schließlich
liegt wohl auch gerade in der außerordentlichen Traditionalität ihrer literarischen
Techniken ein entscheidender Grund dafür, daß die Lyrik der ›inneren Emigration‹
(anders als die parallele Romanproduktion) in den fünfziger Jahren kaum mehr
produktiven Einfluß auf die Herausbildung einer neuen lyrischen Sprache nehmen
konnte; die ›naturmagische‹ Lyrik des ersten Nachkriegsjahrzehnts, die sich am
ehesten noch hier anschließen ließ, war nur ein Nachspiel zur Tradition. (Allenfalls
das in die Gedichte der ›inneren Emigration‹ eingeschlossene Dichterbild vermittelte

trotz mancher Anfechtungen durch die ›Texteschreiber‹ zumindest insgeheim die klassisch-romantische Tradition weiter.)

In der Nachkriegsdiskussion galt (in Ost wie in West) der Nationalsozialismus als das ›ganz andere‹, mit dem man grundsätzlich nichts gemein hatte, er wurde als die strikte Negation der eigenen Position betrachtet. Darin folgte man nun allerdings nur den Selbstdarstellungen der Nationalsozialisten, die das Jahr 1933 zur säkularen Wendemarke erklärten (und solche Ansprüche mit spektakulären Ereignissen wie den Bücherverbrennungen vom 10. Mai 1933 untermauerten). Die Realität entsprach dem – wie sich gezeigt hat – nur unvollkommen. Mancher der Tradition verpflichtete Autor versprach sich nämlich von den ›neuen Zeiten‹ durchaus eine gewisse Hilfe in seiner Auseinandersetzung mit der ›Moderne‹,³⁶ wenn nur »die Straße« nicht zu laut wurde.

Auf dem Gebiet der literarischen Normen hat im Dritten Reich trotz der lautstarken Kampagnen nur ein sehr begrenzter Machtkampf zwischen den konservativen Kultureliten und ›den‹ Nationalsozialisten stattgefunden.³⁷ Das hat sicherlich mehrere Gründe, so etwa den, daß die kulturellen Techniken auf diesem Feld – anders etwa als naturwissenschaftliche Kenntnisse – nicht zum unmittelbar notwendigen herrschaftsrelevanten Wissen gehören und damit verhältnismäßig unwichtig sind; überdies stand hinter der Zurückhaltung des Staats und des kulturpolitischen Machtapparates der NSDAP sicherlich auch ein politisches Kalkül, wie etwa die Taktik völkischer Kreise in den Jahren vor 1933 zeigt;³⁸ im übrigen waren die meisten deutschen Autoren in ihrer allem ›Modernen‹ abholden Fixierung auf die Tradition auch gar nicht fähig, den in diesen Jahrzehnten bedeutenden Innovationsschub innerhalb der kulturellen Techniken (wie ihn etwa die neuen Möglichkeiten im Rundfunk³⁹ oder Film mit sich brachten) zu verarbeiten; sie verachteten das Neue ohnehin, so daß sie das Interesse der Macht auch nur in geringerem Maße auf sich zogen. Schließlich aber, und das scheint mir unter literarhistorischen Gesichtspunkten das Wichtigste zu sein, bewegten sich entscheidende Gruppen des kulturellen Nationalsozialismus und der Traditionalisten auf dem gleichen Territorium, so daß für viele Schriftsteller eine Grenzziehung *auf literarischem Gebiet* nicht dringlich war; sie erstrebten gar nicht den ›anderen Diskurs‹, auch wenn sie mit der politisch-gesellschaftlichen Realität nicht einverstanden waren.⁴⁰ Die gemeinsame Sprache verweist in eine gemeinsame Vergangenheit, die Thomas Mann 1939 in einer kritischen Rückschau auf seine *Betrachtungen eines Unpolitischen* schlagwortartig zusammenfaßte: Das während des Ersten Weltkriegs geschriebene Buch sei eine Revision seiner Grundlagen gewesen, seiner »Gesamt-Überlieferung, welche die einer politikfremden deutschbürgerlichen Geistigkeit war [. . .]«.⁴¹ Wie Mann schon während des Ersten Weltkriegs das Bürgertum innerhalb des historischen Umformungsprozesses seit dem letzten Drittel des 19. Jahrhunderts in eine Krise treiben sah, als deren letzte Zuspitzung er den Weltkrieg begriff und gegen die er die kulturelle Tradition aufrief,⁴² so beschworen in den dreißiger und frühen vierziger Jahren die Traditionalisten noch einmal die klassisch-romantische Tradition, wie immer sie die politische Krise auch einschätzten. Die Verbürgtheit literarischen Sprechens schien ihnen historische Sicherheit zu geben:

»Aber in allem Wandelbaren blieb doch etwas, was uns niemals verließ. [. . .] Da stand es da zu unsrer rechten Hand, als wäre es niemals fortgewesen: ein Heilandswort, ein Gesangbuchvers oder der Anfang eines Psalmes aus der ersten kleinen Schulstube der Kinderzeit, oder eben ein Gedicht.«[43]

Nur formal beugte sich diese Lyrik noch dem Anspruch klassischer Maßstäbe, die Hinwendung zur Wirklichkeit bestand allenfalls in deren Abwehr.

Dieser gemeinsame Bestand an zentralen literarischen Vorstellungen unter Autoren mit ansonsten unterschiedlichen weltanschaulichen Standorten bedeutete historisch mehr als nur eine partielle literarische Allianz. Mit solcher Übereinstimmung wurde – vor allem, da die Instanzen des Machtapparates sie literaturpolitisch förderten – eine Homogenisierung und am Ende auch eine Monopolisierung von lyrischen Ausdrucksmöglichkeiten erreicht. Ob nun gewollt oder nicht: die fortwährende, Änderungen ausschließende Benutzung eines festgelegten literarischen Modells, d. h. die dauernde Wiederholung und schematisierende Benutzung eines vorgegebenen Wortschatzes, von ritualisierten formalen Ordnungen und semantischen Mechanismen, von herkömmlich umrissenen Themenvorstellungen, schrieb ein literarisches Idiom verbindlich fest. Auch eine Opposition mußte also den Diskurs der Macht sprechen, und umgekehrt machte sich jede Abweichung von den aufgerichteten Normen der Opposition verdächtig. Das hatte Folgen: Die dem Dritten Reich affirmative Lyrik klassisch-romantischen Musters erstarrte völlig, sie war nicht mehr in der Lage, die neue geschichtliche Situation zu artikulieren, die sich zumindest nach Meinung der Nationalsozialisten mit 1933 ergeben hatte. Sie sah sich zur Repetition eingeschliffener Formen verdammt, die um so starrer wurden, je weniger sie geeignet waren, die sich ändernde Realität zu fassen. Die Kriegsgedichte, die den Zweiten Weltkrieg zum Thema machten,[44] wären ein gutes Beispiel dafür. Die ›innere Emigration‹ wendete die Not ihrer – wie sich gezeigt hat: gewollten – Einengung in eine vermeintliche Tugend, indem sie sich Techniken eines Sprechens in der ›Sklavensprache‹ ausbildete; nicht deren Vieldeutigkeit und .Vagheit, die die Botschaft nur an diejenigen gelangen ließen, die (ohnehin) »zu lesen wußten«, waren das eigentliche Problem dieser Art der Verständigung, sondern der Umstand, daß sie der Kontrolle der Herren unterlag; nur was sich in deren Sprache sagen ließ, ließ sich noch sagen[45] – und das war eben das Entscheidende nicht. In den Gedichten Schneiders oder Bergengruens erscheint so das Dritte Reich nur im Gewande der Macht, das Herrschaft schon immer trug; das Dritte Reich erscheint hier nur als eine besondere Form des Unrechts und des Bösen. Alles literarische Sprechen unterlag der ideologischen Kontrolle, die je nach machtpolitischer Opportunität über die Produktion zu verfügen trachtete.[46]

Aber in solchen Folgen der gemeinsamen Verpflichtung auf die Tradition liegt noch nicht die tiefste historische Dimension dieser Einbindung lyrischen Sprechens in die Codes der Herrschaft. Vielmehr setzte das Dritte Reich den definitiven Schlußpunkt hinter einen langen geschichtlichen Zerfallsprozeß; indem ›die‹ Nationalsozialisten, die traditionalistischen Befürworter des ›Geistes der neuen Zeit‹, die vermeintlich Unpolitischen und die Vertreter der ›inneren Emigration‹ sich auf dasselbe Ideal und auf dieselbe Tradition beriefen, zerbrach endgültig der ohnehin aufs äußerste gefährdete Anspruch des deutschen Bürgertums, gleichermaßen Träger von Kultur *und* Macht zu sein. Wenn Nationalsozialisten und Dichter ›aus dem Geiste der neuen

Zeit‹ in den Horizont der Kunst nach dem Sinn der bürgerlichen Tradition eintraten, dann konnte die Kunst nicht länger den Charakter wahren, der reinste geistige Ausdruck des geschichtlichen Prozesses zu sein. Darauf aber war gerade das ästhetische Programm des 19. Jahrhunderts gegründet gewesen.[47] Der Eifer, mit dem die ›bürgerlichen‹ Schriftsteller nach 1945 das Dritte Reich zum Staat der Unkultur par excellence machten und die Chargen der Macht mit ihrem bornierten Geschmack als die Inkarnation nationalsozialistischer Kleingeistigkeit ausstellten, diente dem Versuch, diesen Anspruch, um den sich die Weimarer Republik schon so intensiv wie am Ende vergeblich bemüht hatte,[48] über die geschichtlichen Ereignisse hinweg zu retten. Wie vergeblich dieser Versuch war, zeigt die mittlerweile vollständige Historisierung des Kunstbegriffs besonders in der westdeutschen Diskussion. Auch dies eine Folge des Dritten Reichs.

Nachexpressionistische Tendenzen in der Lyrik der dreißiger und vierziger Jahre

Es ist ein Gemeinplatz der literarhistorischen Einschätzung der Lyrik (und überhaupt der Literatur) des Dritten Reichs, daß der Expressionismus als Ausdruck konsequenter Modernität in jenen anderthalb Jahrzehnten in Deutschland verfemt gewesen sei. In der Tat wären Unmengen von Stellungnahmen aufzuhäufen, die den Expressionismus als den Stil einer Periode verdammten, die in strikter Opposition zu dem stehe, was man mit starken Worten »das Wollen dieser Zeit« nannte. Börries von Münchhausen etwa hat sich ein unverrückbares Denkmal gesetzt, indem er 1933 die allgemein grassierenden und breit gestreuten Urteile gegen den Expressionismus zusammenfaßte und kulturpolitisch ausrichtete.[49] Er sprach von einer »Gier nach immer tolleren Neubildungen« und von einer »völlig zuchtlosen Unanständigkeit«, die den Expressionismus gequält und belastet hätten; und wenn »Deserteure, Verbrecher und Zuchthäusler« unter den expressionistischen Autoren vermutet wurden, dann lag der mehr oder minder offene Verdacht des jüdischen Ursprungs dieser Bewegung nicht mehr fern.[50] Der Expressionismus wurde als Zeugnis einer globalen Zeitkrise gedeutet und entsprechend bewertet. Als Ernst Bertram im Wintersemester 1945/46 die universalen Dimensionen dieses Krisenbewußtseins herausarbeitete und die Urängste auf dessen Grund freilegte, verkündete er seinen Studenten nur noch einmal, was seit den zwanziger Jahren opinio communis war:

»Die neuen Formen der in sich zerfallenden europäischen Kunst und Literatur [...] diese Formen oder Unformen (etwa im Expressionismus oder Verwandtem) sind sinnlich sichtbarer Ausdruck einer inneren Not, die sich gedrängt fühlt, wegzuwerfen, um nicht zu verlieren. Sieht man aber von aller modischen Mitläuferei damals ab [...], so war der leidenschaftliche Wunsch, *aller* Überlieferung sich zu entledigen, ja bis ins Niggerhafte hinabzutauchen, eine vielleicht wirre und chaotische Ausdrucksform einer sehr eindeutigen Instinktangst des weißen Menschen.«[51]

Die Kritik am Expressionismus hatte also entschiedenere Dimensionen als die einer Auseinandersetzung mit einer literarischen Richtung; es ging um (kulturelle) Existenzfragen.
Die Gegenkräfte, auf die sich in der säkularen Krise Hoffnungen gründen ließen,

mußten ähnlich universal sein, wenn man auf sie sollte setzen können. So fand Paul Fechter ein Bild von naturhafter Notwendigkeit für das Rettende in der Not:

»Unter diesen Vorgängen im Reich der Literatur [damit ist der Expressionismus gemeint, der nur einiger welker Bemerkungen gewürdigt wird] aber stieg gerade in diesen Jahren still und unaufhaltsam die Welle, die mehr und mehr auf eine Dichtung aus dem Volksganzen, aus der natürlichen Volksgemeinschaft hindrängte.«[52]

Etwas genauer wurde Gottfried Benn, als er die epochale Zerrissenheit und zugleich deren Überwindung zum Gesetz seiner intellektuellen Existenz verinnerlichte; am 24. Mai 1933 erwiderte er auf einen Appell von Klaus Mann:

»Und da ich auf dem Land und bei den Herden großwurde, weiß ich auch noch, was Heimat ist. Großstadt, Industrialismus, Intellektualismus, alle Schatten, die das Zeitalter über meine Gedanken warf, alle Mächte des Jahrhunderts, denen ich mich in meiner Produktion stellte, es gibt Augenblicke, wo dies ganze gequälte Leben versinkt und nichts ist da als die Ebene, die Weite, Jahreszeiten, Erde, einfache Worte –: Volk.«[53]

Das war aber noch nicht das letzte Wort Benns in Sachen Traditionsbildung. Es ist nämlich aufschlußreich, zu sehen, auf welche Weise er selbst 1933 noch den Expressionismus für das Dritte Reich zu retten versuchte. Zu diesem Zweck löste er in seiner Argumentation den Schein der Geschlossenheit des Dritten Reichs auf, indem er den Expressionismus an einzelne Tendenzen innerhalb des Faschismus anschloß und so die Argumentation der auf die klassisch-romantische Überlieferung eingeschworenen Völkischen und Traditionalisten teils neutralisierte, teils unterlief. Mit einem solchen Versuch, die ›Moderne‹ als eine ästhetische Ausdrucksmöglichkeit des ›faschistischen Durchbruchs‹ zu gewinnen, stand Benn durchaus nicht geschichtlich isoliert. Schon in den zwanziger Jahren hatte Bertolt Brecht mit ideologiekritischem Vorzeichen gegen Benn angedeutet, daß dessen Auffassung von Modernität in die Zeit passe: »Ein paar Besitzer von Erzgruben mieten einige hunderttausend gescheiterte Existenzen [. . .] und lassen sie [. . .] auf die Arbeiter los – und der neue Typ ist da, die entscheidende Physiognomie!«[54] Und auch die berühmte ›Expressionismus-Debatte‹ wurde zunächst mit der Absicht geführt, den Zusammenhang von Modernismus und Faschismus zu erörtern. Aber nicht nur die Gegner sahen eine Verbindung zwischen Expressionismus und Faschismus, auch in Deutschland selbst war die Situation zunächst nicht so klar, wie sie im Lichte der späteren faktischen Vorherrschaft der Traditionalisten scheint. Die vielzitierten Bestrebungen im NSD-Studentenbund, den italienischen Futurismus für das Dritte Reich zu adaptieren, wären hier vor allem zu erwähnen, Bestrebungen, die zu Beginn auch vom Reichsministerium für Volksaufklärung und Propaganda unterstützt wurden.[55]
In Benns Versuch, dem Expressionismus als einem Teil der deutschen, ja der europäischen Tradition gegen die Ansprüche von Völkischen und Traditionalisten Ansehen zu verschaffen, werden somit generelle Konstellationen sichtbar; es ist der einzige einigermaßen interessante Ansatz zu einer faschistischen Expressionismus-Debatte in Deutschland. In seinem nachmals oft diskutierten Artikel *Expressionismus* in der *Deutschen Zukunft* vom 5. November 1933 (der dann 1934 noch einmal leicht verändert in *Kunst und Macht* erschien)[56] schloß sich Benn zunächst dem vorherrschenden Argument der nationalsozialistischen Expressionismus-Kritik an, indem er ihn aus einer historischen Perspektive zu etwas Vergangenem, Überwunde-

nem erklärte. Als zu beerbende Tradition wollte auch Benn ihn nicht anerkennen; der Expressionismus war für ihn die Ausdrucksform »der letzten Generation einer in großem Umfang untergangsgeweihten Welt«. Das Neue, die Ausdrucksform der heraufziehenden Epoche, werde überhaupt nicht mehr Kunst im bürgerlich-liberalen Sinn und insofern so wenig an den Expressionismus wie an irgendeine andere Kunstrichtung anschließbar sein; Benn charakterisiert sie mit der Formel: »Nicht Kunst, Ritual wird um die Fackeln, um die Feuer stehen.« Mit einer solchen Historisierung des Expressionismus setzte Benn zwar zu dessen partialer Rettung an, aber er buchte ihn damit auch ab. Den Expressionismus in einer Weise zu ›traditionalisieren‹, die auch der nationalsozialistischen Kritik geläufig war,[57] und ihn der deutschen, ja arisch-europäischen Tradition einzugliedern war wohl in der Tat ein taktisches Entlastungsmanöver.[58] Wenn er ihn dabei aber zugleich ›existentialisierte‹, dann lag das seinen eigenen Vorstellungen schon bedeutend näher. Er verneinte nämlich ausdrücklich die Ansicht, der Expressionismus sei als bloß stilistische Absage an vorausliegende Stilepochen zu interpretieren; vielmehr erklärte er ihn aus dem Geiste eines romantischen Antikapitalismus zu einer Lebenstatsache, die »einfach ein neues geschichtliches Sein« darstelle, wodurch er die Qualität eines »Elementaren« gewinne. Damit ließ sich zwar der Expressionismus nicht zu etwas Vorbildhaftem stilisieren, aber er setzte ganz entschieden Maßstäbe! Denn Zukunft erschien angesichts eines solchen Ereignisses nicht länger als eine seichte Fortsetzung der Klassik/Romantik nach den bildungsbürgerlichen Vorstellungen der Völkischen und Traditionalisten möglich, sondern nur als Post-Expressionismus. Damit legte Benn das Fundament zu einer faschistischen Ästhetik, die von der Modernität des Faschismus ausging[59] (und seine Bekenntnisse zum Dritten Reich sind als die ersten Ansätze zu deren Formulierung anzusehen). Anders als die materialistischen Kritiker des Dritten Reichs, die ja durchaus zu verwandten Einsichten kamen, stieß Benn aber nicht zu einer differenzierten Vorstellung vom Faschismus vor, er nahm – aus seiner Sicht durchaus folgerichtig – die Erscheinung schon für die Sache selbst. So lähmte ihn die erste heftige Konfrontation mit der lediglich halb durchschauten Realität nur zu schnell und bewegte ihn zum Rückzug.

So hatten denn noch nicht einmal die Epigonen eine Chance, in ihren lyrischen Produkten den Expressionismus eklektisch auszubeuten. Allein eingebaut in größere literarische Formen, die einer gesteigerten Emotionalisierung dienen sollten (wie etwa in die Agitationslyrik, ins Thing-Spiel oder ins politische Theater), finden sich Stilzüge des Expressionismus nachgeahmt und im Sinne einer fast körperlich einwirkenden Überwältigungstechnik eingesetzt. Dabei ging es den Autoren sicher in erster Linie um die aufpeitschende Wirkung, die sich auf dem Wege einer emotionalen Manipulation durch stark rhythmisiertes und massenhaftes Sprechen, durch geschickt gesetzte Wiederholungen, durch plakative Wortwahl und stark reduzierte Aussageformen erzielen ließ. Daneben mag insgeheim der antibürgerliche touch und die proletarische Provokation, die seit der Revolution und den ersten Jahren der Weimarer Republik dem Expressionismus anhingen, einen gewissen Reiz auf sich revolutionär fühlende Autoren ausgeübt haben:

Kriegslied der sieben Söhne Jobs
(gesprochen)
Das Land brennt, das Blut schreit,
Der Feind ist da.
Unser Leben ist jung, unser Weg ist weit,
Der Feind ist da.

Chor der Knechte
Das Eisen der Sense wird zum Schwert,
Das in der Feinde Herzen fährt,
Der Feind ist da,
Und mit ihm zieht der Tod,
Der färbt die Sensenschwerter rot
Mit Blut.
Mit Feindesblut,
Mit unserm Blut,
Der Tod.[60]

Aktionslyrik

Wenn über die Lyrik gesprochen wird, die dem Dritten Reich als ein angemessener Ausdruck zuzuschreiben sei, dann denkt man fast immer zuerst an die aggressive politische Lyrik, die die gesellschaftlichen Wertvorstellungen und leitenden Ideen des Nationalsozialismus in Parolen der Massenpropaganda umsetzte.[61] Sie wird – und nicht zu Unrecht – als ein Instrument eingeschätzt, das im Gefüge des vielgliedrigen Propagandaapparats seine Bedeutung hatte und zentrale Ideologeme des Faschismus wie Rassenhaß, Soldatentum, Antikommunismus, Agrarromantik, imperialistische Expansionsgelüste und (zumindest bis 1933) Antikapitalismus massengerecht vermittelte. Zu diesem Zweck griffen die Autoren Symbole und Bilder auf, die innerhalb der nationalsozialistischen Selbstverständigung eine zentrale Bedeutung hatten, wobei die völkischen und die soldatischen Traditionen besonders bevorzugt wurden; selbst Texte der Arbeiterbewegung wurden – wo sie anzupassen waren – übernommen. Allenthalben ist in diesen Gedichten von Fahnen, Trommeln und Feuern die Rede, von aufgehenden Sonnen und Frühlingen, von Blut und Flammen, von Tod, Ehre und Treue, von Heimat und Scholle. Das literarische Inventar (wie metrische Formen, Metaphernarsenal und -verwendung, Verfahren der Problemaufbereitung usw.) erweist sich als althergebracht; die Verfasser stellten es nach bewährten Mustern zusammen, deren Tradition in Weltkrieg und Kaiserzeit,[62] ja zum Vormärz, zu den antinapoleonischen Kriegen und selbst bis in die Aufklärung zurückreicht; von der expressionistischen und linksradikalen Revolutionspoesie wurden oft einige modische Versatzstücke hinzugeliehen, um den mittlerweile etwas hohlen bürgerlichen Ausdruck politischen Willens mit einigen proletarisch-massenhaften Zügen anzureichern. Da auf solche Weise die Aktionslyrik inhaltlich und teilweise auch formal unmittelbar an die übrigen Propagandamedien anschließbar war, konnten diese Massenlieder ohne weiteres in die mobilisierende Dramaturgie der politischen Massenagitation eingebaut werden.

Im Rahmen einer solchen instrumentalisierenden Deutung der Aktionslyrik des Dritten Reichs wird allerdings seltener diskutiert, daß die Voraussetzungen für deren – ja durchaus verbürgten[63] – Erfolg nicht allein in der manipulativen Geschicklichkeit der Autoren und in der Brauchbarkeit der Texte lagen. Ähnlich wie die Hitlersche Agitation[64] war auch sie auf ihr besonderes Publikum angewiesen: einerseits auf die verunsicherten Massen, die sich in einem durch eng festgelegte Handlungsschemata vorstrukturierten Raum zu – sehr häufig symbolischen – politischen Aktionen mobilisieren ließen, andererseits auf ein (Klein-)Bürgertum, das durch die tiefgreifenden Umstrukturierungen der gesellschaftlichen Ordnung desorientiert war und teils erschrocken zurückwich, teils sich fasziniert angezogen fühlte. Diese Kollektivität, die die Aktionslyrik herstellen half, deren Herstellbarkeit sie aber auch schon voraussetzte, war deren eigentlich politischer Kern. Insofern galt sie auch unter vielen Nationalsozialisten (durchaus unterschiedlicher Couleur) als die angemessene Form nationalsozialistischer Literatur. So hieß es etwa in völkischer Diktion, die romantische Idee vom Dichter als der Zunge des Volksgeistes politisierend, unter dem Titel *Der Weg der deutschen Lyrik* in einem Blatt der Rosenberg-Fraktion: Seit dem 30. Januar 1933

»ist Geist nicht mehr die von der Volkswurzel losgeloste Verstiegenheit des einzelnen, sondern der Volksgeist selbst. Die Bildung des Individualisten hat keinen Wert mehr [. . .]. Des Dichters höchster Stolz wird sein, ein Lied singen zu können, das danach vom ganzen Volke gesungen wird [. . .]. Hunderttausend Bände Lyrik, woraus nichts Lied geworden ist, sind bald vergessen. [. . .] Der nationalsozialistische Dichter [aber] wird des Volkes Nöte und Freuden aussprechen können [. . .]. Man höre nur die SA. singen! Das ist schon viel, die Parole für den Großteil des Volkes liedhaft formuliert zu haben.«[65]

Wenig beachtet wird in diesem Zusammenhang die sogenannte Feierdichtung, die sich eher auf Verinnerlichung als auf öffentlichen Aktionismus richtete; deren Träger waren zumeist die ›Gliederungen‹ der NSDAP und staatliche Institutionen, vor allem die Schule, die versuchten, gegen die liberal-bürgerlichen und proletarischen Formen neue Möglichkeiten geselliger und feierlicher Öffentlichkeit zu entwickeln;[66] stilbildend wirkten dabei in erster Linie ältere, meist von der Jugendbewegung oder von völkischen Bestrebungen[67] getragene Ideen von einer vorindustriellen, agrarischen ›Gemeinschaft‹ (die sich allerdings wegen ihrer Vagheit bei Bedarf sehr leicht in die Legitimationsrituale der industriestaatlichen Gesellschaft einpassen ließen).[68] Wegen ihrer außerordentlich starken Orientierung an kleinbürgerlichen Kunstvorstellungen stießen diese Bestrebungen – vor allem, wo sie von den staatlichen Jugendverbänden getragen wurden – ziemlich bald auf ihre Grenzen, zumal, weil seit Kriegsbeginn die Führerkader immer weniger zur Verfügung standen, um sie zu tragen oder auch nur durchzusetzen.

Es bedarf keiner besonderen Erwähnung, daß es Lyrik, die im antinationalsozialistischen Sinn politisches Handeln anzuleiten versuchte, während des Dritten Reichs nur in sehr beschränktem Maße geben konnte, und wo es sie gab, fehlte ihr gerade das, was eine aktionistische Literatur überhaupt erst begründen kann: der öffentliche Spielraum. Die Stimme der politischen Opposition mußte sich, wollte sie sich überhaupt vernehmen lassen, noch entschiedener als die ›innere Emigration‹ im Zungenschlag der Herrschaft üben. So griff der ›Volksmund‹ zum alten Trick, den Herrschenden das Wort im Munde herumzudrehen – aber mehr als das konnte er nicht. Welches Risiko an Leib und Leben schon damit lief, wer das auch nur zu artikulieren wagte, konnte den politischen Inhalt der Parodie ausmachen:

> Zehn kleine Meckerlein,
> Die tranken einmal Wein.
> Der eine machte Goebbels nach,
> Da waren's nur noch neun.[69]

Gerade solche Strophen zeigen den durch die Machtkonstellation aufgezwungenen Widersinn: das öffentlich gemachte private Einklagen des Verlusts einer politischen Öffentlichkeit bringt um Kopf und Kragen. So blieb denn Opposition ins Geheime verbannt. Konventionalität ist der ästhetische Ausdruck der erzwungenen Privatheit des Sprechens:

> Täglich Millionen Flüche
> Für die Bestien die am Kriege
> Schuld sind und fürs Morden
> Sind belohnt mit Rang und Orden.[69a]

Wie vergeblich die anonymen Rachegelüste waren, wie sehr sie am Ende nur der Aggressionsabfuhr dienten, ohne doch in politische Strukturen einzugreifen, zeigen Verse wie:»Raeder mußte rollen für den Sieg. / Köpfe müssen rollen nach dem Krieg.«[70] Nur sehr selten, wie etwa im Falle von Georg Kaisers Gedichten der *Gasgesellschaft* (1936),[71] fand solches Sprechen aus der Kollektivität des ›Volksmunds‹ zu – im wahrsten Sinne des Wortes – faßbarem Formulieren, etwa in Flugblättern. Noch seltener finden sich natürlich lyrische Texte, die an die reiche linke Aktionslyrik der Weimarer Republik anknüpften, zum einen, weil sie unter den Bedingungen der Illegalität kaum zu schreiben und vor allem für die politische Arbeit der dreißiger Jahre auch gar nicht zu gebrauchen waren,[72] zum andern, weil die Volksfrontstrategie der Kommunisten den Anschluß an die Tradition des liberal-bürgerlichen politischen Lieds nahelegte. Johann Essers und Wolfgang Langhoffs *Börgermoorlied* ist eines der bekanntesten politischen Gedichte dieser Jahre:

> Wohin auch das Auge blicket,
> Moor und Heide nur ringsum.
> Vogelsang uns nicht erquicket,
> Eichen stehen kahl und krumm.
> > Wir sind die Moorsoldaten
> > Und ziehen mit dem Spaten
> > Ins Moor ...[73]

Diese Verse sind sicher nicht von großem künstlerischen Wert, aber Literaturgeschichte bewahrt Texte auch noch aus anderen Gründen als nur ästhetischen im Gedächtnis der Nachwelt auf.

Formalästhetische Tendenzen in der Lyrik der dreißiger und vierziger Jahre

Die ›folkloristischen‹ Strömungen innerhalb der nationalsozialistischen Kulturbewegung, vor allem die Völkischen und die klassisch-romantischen Traditionalisten, haben das Bild von der Lyrik der dreißiger und frühen vierziger Jahre so nachhaltig bestimmt, daß die klassizistischen, formalästhetischen Tendenzen jener Jahre[74] oft als Rand-, wenn nicht gar als Ausnahmeerscheinungen eingeschätzt werden (in denen man z. T. sogar per se Widerstandspotentiale gegen den Nationalsozialismus vermutet). Solche Einschätzungen haben den Schein uneingeschränkter Gültigkeit für sich, weil schon viele Nationalsozialisten selbst ihre Kunstvorstellung in verordneten Merksätzen im Stile Rosenbergs gültig artikuliert fanden: »Das artbedingte Schöne als äußere Statik der nordischen Rasse, das ist Griechentum, das arteigene Schöne als innere Dynamik, das ist nordisches Abendland.«[75] Überdies bewahrheitet der offensichtliche literaturpolitische Mißerfolg vor allem Gottfried Benns scheinbar diese Selbsteinschätzung. So wurden – oftmals nicht ohne geheime Hintergedanken – die Rosenbergschen Direktiven als generelle, gültige Formulierungen *der* nationalsozialistischen Literaturvorstellungen gesehen und nicht als Machtanspruch einer kulturpolitisch allerdings sehr erfolgreichen Fraktion oder auch nicht als kulturelle Kompensation für anderweitige eklatante politische Mißerfolge der Völkischen. Im Gegenzug hat man gerade im »dorischen Stil« (Speer), im »kalten Stil« (Mohler) den wirklich faschistischen Literaturbegriff[76] entdecken und den deutschen Faschismus über diesen Punkt an den europäischen anschließen wollen.

Sehr unterschiedliche, in ihren intellektuellen Potenzen sehr divergierende, in keiner persönlichen Verbindung zueinander stehende Lyriker finden sich unter diesem Zeichen, vor allem Gottfried Benn[77] (die Essays um 1930; *Zweiundzwanzig Gedichte 1936–1943*, 1943; *Statische Gedichte*, 1946), Josef Weinheber[78] (*Adel und Untergang*, 1934; *Späte Krone*, 1936; *Zwischen Göttern und Dämonen*, 1938; *Kammermusik*, 1939; *Hier ist das Wort*, 1947), Friedrich Georg Jünger (*Gedichte*, 1934; *Der Taurus*, 1937; *Der Missouri*, 1940) und vielleicht noch Ernst Bertram (*Wartburg*, 1933; *Die Fenster von Chartres*, 1940; *Aus den Deichgrafensprüchen*, 1944). Gerade diese Unterschiedlichkeit deutet an, daß es sich nicht um eine geschlossene Gruppe handelte, sondern um eine breite Tendenz. Gemeinsam war den Autoren kaum mehr als der Wille zum Stil, zur ›Form‹, den sie als Widerstand gegen die (liberale) Zeit verstanden. Zwar formulierte Benn in seiner *Rede auf Stefan George* (1934) nicht ein allgemeingültiges ›Programm‹, aber er markierte doch wichtige Momente dieser Tendenz innerhalb der Lyrikproduktion der dreißiger und vierziger Jahre:

»Der abendländische Mensch unseres Zeitalters [des Zeitalters ›der Stahlgewitter und der imperialen Horizonte‹] besiegt das Dämonische durch die Form, seine Dämonie ist die Form, seine Magie ist das Technisch-Konstruktive, seine Welt-Eislehre lautet: die Schöpfung ist das Verlangen nach Form, der Mensch ist der Schrei nach Ausdruck, der Staat ist der erste Schritt dahin, die Kunst der zweite, weitere Schritte kennen wir nicht.«[79]

Die umwälzenden Veränderungen, welche die Industrialisierung bedeutete, vor allem deren politische, soziale und gesellschaftliche Folgen, interpretierten diese Autoren als eine alle Normen umstürzende, alle Verhältnisse verwirrende Bedrohung; nur zu leicht stellten sich die Bilder des Düster-Drohenden, die Metaphern der Unwetter und der schäumenden Fluten ein. Gegen diese Verunsicherung galt es nach ihrer Auffassung sich ›in Form zu bringen‹, das bedrohlich Hereinbrechende festzumachen und ihm auf diese Weise zu widerstehen. Ernst Bertram malt – reimend und stabend zugleich – die zeithistorische götterdämmernde Bedrängnis zur Vision eines Atlantis-Untergangs aus:

> Nie holt ein Volk uns wieder herauf
> Von dem Grunde der See,
> Wenn der Deich da bricht,
> Wenn der Damm zerreißt,
> Der Welt dann Weh!

> Nie holt eine Trauer uns je wieder her,
> Uns, die Seele, die sang.
> Am Strande kein Lied und kein Raunen mehr,
> Nur Tod und Tang.[80]

Selten kamen solche formalästhetischen Festschreibungen ohne Berufung auf Vorbilder aus; hinter Bertram stehen die Schatten Wagners und Georges, hinter Weinheber diejenigen von Hölderlin, George und Kraus (selbst Gedankengänge, die sich zuvor und ähnlich schon bei Valéry und Mukařovsky finden lassen, begegnen),[81] hinter Jünger diejenigen Klopstocks, Hölderlins oder Georges.[82] Im Hinweis auf solche Rückgriffe von einer epigonalen Abhängigkeit von klassizistischen Traditionen zu sprechen verkürzt die Problematik, wenn man nicht zugleich das Moment von (faschistischer) Gegenwärtigkeit in solchen literarischen Versuchen sieht (die bei den Autoren allerdings unterschiedlich stark ausgeprägt ist). Neben der sozialpsychologischen Seite dieser Bannung der Geschichte mit den Mitteln der Poesie muß man vor allem bei Weinheber, ganz besonders aber bei Benn (ähnlich wie auch bei Ernst Jünger) die literaturtheoretische Seite sehen. Diese Autoren versuchten zu einer Ästhetik des industriellen Massenzeitalters vorzustoßen, die nach ihrer Meinung nicht mehr die des liberalen Kapitalismus sein konnte, die schon in der Wilhelminischen Ära abgewirtschaftet hatte. Es wurde der Versuch gemacht, der Bindung der Kunst an das (bürgerliche) Individuum, d. h. ihrer Privatisierung, zu entkommen und zu einer Kunst zu gelangen, die – ähnlich den industriellen Herstellungsprozessen und ihrer Organisationsformen – auf einer Intellektualisierung der produktiven Verfahren beruht. Diese bei den einzelnen Autoren sehr unterschiedlich sich herausbildende Problematik genauer zu untersuchen öffnet künftigen Beschäftigungen mit den poetischen Tendenzen der dreißiger und vierziger Jahre ein wichtiges und weites Feld.

Ansätze zur Lyrik einer »jungen Generation« in den dreißiger Jahren?

In den letzten Jahren ist viel darüber gestritten worden, ob jenseits des politischen Engagements für oder gegen den Nationalsozialismus, aber in Reaktion auf die historischen Tendenzen eine neue Literatur entstanden sei, deren entscheidende literarische Daten die Jahre 1929/30 und 1960 (und eben nicht 1933 und 1945) seien und die sich deutlich von den übrigen Tendenzen der literarischen Produktion dieser Zeit absetze. Es wird die These vertreten, »daß sich 1929/30 ein Epocheneinschnitt vollzog und daß sich in Deutschland zwischen 1930 und 1945 eine qualitativ beachtliche Literatur herausbildete, die erstaunlich einheitliche Züge trägt«[83] und gewissermaßen die ›Phase I‹ der westdeutschen Literatur darstellt. Als geistesgeschichtlicher Markstein wird im besonderen Maße das Erscheinen von Martin Heideggers *Sein und Zeit* (1927) gewertet, dessen existentialistischer Pessimismus das Zeitbewußtsein dieser Autoren artikuliert habe. Den besonderen Kristallisationspunkt dieser ›jungen Generation‹, zu der als Lyriker u. a. Günter Eich, Peter Huchel, Horst Lange, Elisabeth Langgässer, Karl Krolow, Friedo Lampe, Oskar Loerke, Wilhelm Lehmann und Rudolf Hagelstange zu zählen wären, bildete die Zeitschrift *Die Kolonne*, die zwischen 1929 und 1932 von Martin Raschke herausgegeben wurde. Als grundlegend für sie alle gilt eine intellektuelle und politische Distanz zur Weimarer Republik (und das hieße dann auch zu den Exilierten), zugleich aber auch eine engagementlose Indifferenz gegenüber dem Dritten Reich (bzw. was man dafür hielt). In ihrer literarischen Haltung waren diese Lyriker entschieden restaurativ; sie wollten die expressionistischen, nachexpressionistischen und politisch-engagierten Tendenzen der zwanziger Jahre rückgängig machen, indem sie auf den literarischen Formelkanon der Lyrik der Jahrhundertwende zurückgriffen; in dem etwa von Rilke, dem frühen George oder den frühen Expressionisten geliehenen Duktus wurde dann die ganze deutsche Lyriktradition von Klopstocks und Claudius' Zeiten bis in die ›Volksromantik‹ einverwandelt. In der Tat legten diese Poeten damit die Fundamente zu einer ›Phase II der Moderne‹ in der westdeutschen Nachkriegsliteratur,[84] über der man die Avantgarde dieses Jahrhunderts beruhigt vergessen konnte.

Der Hinweis auf diese ›Generation‹ macht sicherlich auf wichtige literarhistorische Zusammenhänge aufmerksam, er löst vor allem den gebannten Blick auf ›das Dritte Reich‹ als den alles bestimmenden Monolith der Macht; es wird deutlich, daß dieses Dritte Reich zum einen vielschichtiger war, als seine Verfechter selbst und (aus unterschiedlichen Interessen!) die Überlebenden es darstellten, und daß es zum andern seinerseits das Ergebnis einer geschichtlichen Konstellation war und nicht die ›konspirative‹, alles bestimmende Ursache literarischer Entwicklungen. Aber diese ›Generation‹ umfaßte doch zu viele unterschiedliche Autoren, als daß man sie sinnvoll als eine Gruppe bezeichnen könnte; auch findet sich eigentlich so ziemlich alles, was sie charakteristisch auszeichnen soll, schon bei älteren Poeten, etwa bei Rilke, bei Hofmannsthal, bei Rudolf Borchardt oder selbst beim Benn der zwanziger Jahre. Vor allem teilte sie – trotz der Skepsis gegenüber humanistischen und christlichen Überwölbungen – mit den älteren Autoren, die die klassisch-romantische Tradition beschworen, manche Gemeinsamkeit, wie den Gestus der mahnenden Lebensfürsorge, den Antimodernismus, die Traditionalität, die Literaturanschauung, so daß man diese Autoren wohl am ehesten als die jüngeren Mitglieder der gleichen Familie bezeichnen sollte, an die alle jene Fragen zu stellen sind wie an die älteren auch. Wie groß ist der Schritt, den etwa Huchel über Carossa hinaustat?:

Löwenzahn

Fliegen im Juni auf weißer Bahn
flimmernde Monde vom Löwenzahn,
liegst du versunken im Wiesenschaum,
löschend der Monde flockenden Flaum.

[...]

Monde um Monde wehten ins Jahr,
wehten wie Schnee auf Wange und Haar.
Zeitlose Stunde, die mich verließ,
da sich der Löwenzahn weiß zerblies.[85]

Anmerkungen

1 Vgl. Helmut Kreuzer: Zur Periodisierung der »modernen« deutschen Literatur. In: Basis 2 (1971) S. 7–32; Hans Dieter Schäfer: Zur Periodisierung der deutschen Literatur seit 1930. In: Literaturmagazin 7 (1977) S. 95–114.
2 Dietrich Strothmann: Nationalsozialistische Literaturpolitik. Bonn ²1963.
3 Heinz Ludwig Arnold: Deutsche Literatur im Exil 1933–1945. Bd. 1. Frankfurt a. M. 1974.
4 Rainer Maria Rilke: Archaischer Torso. In: R. M. R.: Werke. Bd. 1. Wiesbaden 1955. S. 557.
5 Zeit und Theater. Hrsg. von Günther Rühle. Bd. 1. Berlin 1973. S. 160.
6 Uwe-K. Ketelsen: Literatur und Faschismus. In: Neues Handbuch der Literaturwissenschaft. Bd. 20: Zwischen den Weltkriegen. Hrsg. von Thomas Köbner. Wiesbaden 1983.
7 Friedrich Schiller: Die Macht des Gesanges. In: F. S.: Werke. Bd. 1. München ⁴1965. S. 210.
8 August Wilhelm Schlegel: Vorlesungen über Schöne Literatur und Kunst: Die Kunstlehre. Hrsg. von Edgar Lohner. Stuttgart 1963. S. 17.
9 Walter Benjamin: Geschichtsphilosophische Thesen. In: W. B.: Zur Kritik der Gewalt. Frankfurt a. M. 1965. S. 83; Gershom Scholem: W. Benjamin und sein Engel. In: Zur Aktualität W. Benjamins. Hrsg. von Siegfried Unseld. Frankfurt a. M. 1972. S. 87–138.
10 Einen Eindruck von solchen Anverwandlungen der Tradition am Beispiel Eichendorffs geben die Aufsätze zur Eichendorff-Interpretation im Dritten Reich in: NS-Literatur-Theorie. Hrsg. von Sander L. Gilman. Frankfurt a. M. 1971. S. 143–173.
11 Vgl. die breite ideologiegeschichtliche Darlegung bei Richard Hamann / Jost Hermand: Epochen deutscher Kultur von 1870 bis zur Gegenwart. Bd. 4: Stilkunst um 1900. Frankfurt a. M. 1977. S. 26–176.
12 Literatur unterm Hakenkreuz. Hrsg. von Ernst Loewy. Frankfurt a. M. 1969. S. 33–94.
13 Theodore Ziolkowski: Form als Protest. Das Sonett in der Inneren Emigration und der Exilliteratur. In: Exil und innere Emigration. Hrsg. von Reinhold Grimm und Jost Hermand. Bd. 1. Frankfurt a. M. 1972. S. 153–172.
14 Hans Carossa: Gesammelte Gedichte. Leipzig 1947. S. 187.
15 Ebd. S. 154 f.
16 Max Kommerell: Seerosenblätter. In: M. K.: Gedichte, Gespräche, Übertragungen. Olten 1973. S. 245. (Aus dem Band: Mit gleichsam chinesischem Pinsel. 1944.)
17 Ehrhard Bahr: Metaphysische Zeitdiagnose: H. Kasack, E. Langgässer und Th. Mann. In: Gegenwartsliteratur und Drittes Reich. Hrsg. von Hans Wagener. Stuttgart 1977. S. 133–162.
18 Uwe-K. Ketelsen: Natur und Geschichte – Das widerrufende Zeitgedicht der 30er Jahre: W. Lehmanns »Signale«. In: Naturlyrik und Gesellschaft. Hrsg. von Norbert Mecklenburg. Stuttgart 1977. S. 152–162.
19 Rudolf G. Binding: Die Gedichte. Potsdam 1941. S. 277.
20 Klaus Vondung: Magie und Manipulation. Ideologischer Kult und politische Religion des Nationalsozialismus. Göttingen 1971.
21 Vgl. für den gesamten Zusammenhang: Hellmuth Langenbucher: Volkhafte Dichtung der Zeit.

Berlin ³1937; Norbert Langer: Die deutsche Dichtung seit dem Weltkrieg. Karlsbad ²1941; Arno Mulot: Die deutsche Dichtung unserer Zeit. Stuttgart ²1944; Hermann Pongs: Zur Lyrik der Zeit. In: Das Innere Reich 2 (1935) S. 1155–70; Uwe-K. Ketelsen: Völkisch-nationale und nationalsozialistische Literatur in Deutschland. 1890–1945. Stuttgart 1976. S. 94 f.

22 Hans Naumann: Die deutsche Dichtung der Gegenwart. Stuttgart 1931. S. 379.

23 Hubert Orlowski: Krakauer Zeitung 1939–1945. Auch ein Kapitel deutscher Literaturgeschichte im III. Reich. In: Text & Kontext 8 (1980) S. 411–418. U. a. zu Paul Alverdes, Stefan Andres, Werner Bergengruen, Manfred Hausmann, Karl Krolow, Horst Lange, Ruth Schaumann.

24 Vgl. z. B.: Der namenlose Soldat. Hrsg. von Sigmund Graff. Berlin 1943; vom OKW als Propagandaliteratur benutzt; darin Gedichte u. a. von Friedrich Bethge, Hans Friedrich Blunck, Georg Britting, Manfred Hausmann, Kurt Kluge, Horst Lange, Hans Jürgen Nierentz, Wilhelm von Scholz, Hans Watzlik. – Vom wehrhaften Geiste. o. O. 1940; enthält u. a. Gedichte von Rudolf Georg Binding, Herbert Böhme, Dietrich Eckart, Kurt Eggers, Herybert Menzel, Agnes Miegel, Eberhard Wolfgang Möller, Wilhelm Pleyer, Baldur von Schirach, Rainer Schlösser, Gerhart Schumann, Heinz Schwitzke, Ina Seidel, Heinz Steguweit, Will Vesper, Josef Magnus Wehner; die Zusammenstellung besorgte das Kulturamt der RJF unter Mitwirkung des OKW. – Das Lied der Getreuen. Verse ungenannter österreichischer Hitler-Jugend aus den Jahren der Verfolgung 1933–37. Hrsg. von Baldur von Schirach. Leipzig o. J.

25 Uwe-K. Ketelsen: Kulturpolitik im III. Reich und Ansätze zu ihrer Interpretation. In: Text & Kontext 8 (1980) S. 217–242.

26 Vgl. Deutsche Arbeiterdichtung 1910–1933. Hrsg. von Günter Heintz. Stuttgart 1974 [u. ö.].

27 Ernst Preczang: Fabrikstadt. In: Deutsche Arbeiterdichtung (Anm. 26) S. 290.

28 Martin Rector: Über die allmähliche Verflüchtigung einer Identität beim Schreiben. Überlegungen zum Problem des »Renegatentums« bei Max Barthel. In: Kunst und Kultur im Faschismus. Hrsg. von Ralf Schnell. Stuttgart 1978. S. 261–284.

29 Walther Rathenau: Von kommenden Dingen. Berlin 1917.

30 Rainer Stollmann: Ästhetisierung der Politik. Literaturstudien zum subjektiven Faschismus. Stuttgart 1978. S. 48–110.

31 Langenbucher (Anm. 21) S. 418.

32 Ralf Schnell: Literarische Innere Emigration. 1933–1945. Stuttgart 1976.

33 Charles W. Hoffmann: Opposition Poetry in Nazi Germany. Berkeley 1962; Exil und innere Emigration. Hrsg. von Reinhold Grimm und Jost Hermand. Frankfurt a. M. 1972; Exil und innere Emigration II. Hrsg. von Peter Uwe Hohendahl und Egon Schwarz. Frankfurt a. M. 1973; Reinhold Grimm: Im Dickicht der inneren Emigration. In: Die deutsche Literatur im Dritten Reich. Hrsg. von Horst Denkler und Karl Prümm. Stuttgart 1976. S. 406–426; Ekkehard Blattmann: R. Schneider linguistisch interpretiert. Heidelberg 1979.

34 Wolfgang Brekle: Die antifaschistische Literatur in Deutschland (1933–1945). In: Weimarer Beiträge 16 (1970) H. 6. S. 67–128.

35 Deutsche Sonette. Hrsg. von Hartmut Kircher. Stuttgart 1979. S. 448.

36 In welche Abgründe deutschen Selbstbewußtseins dieses Entgegenstemmen gegen die ›Moderne‹ hinabreichte, zeigte noch 1967 der sogenannte Zürcher Literaturstreit (dokumentiert in den Heften 22 [1967] und 26 [1968] von *Sprache im technischen Zeitalter*).

37 Wie prinzipienlos diese Auseinandersetzungen – etwa im Unterschied zu denen in der Weimarer Republik – waren, zeigt die Umformierung der Preußischen Akademie der Künste ab 1933: Hildegard Brenner: Ende einer bürgerlichen Kunst-Institution. Stuttgart 1972.

38 Zu Rosenbergs »Kampfbund«-Aktivitäten vgl. Hildegard Brenner: Die Kunstpolitik des Nationalsozialismus. Reinbek 1963. S. 7–21.

39 Stefan Bodo Würffel: »... denn heute hört uns Deutschland« – Anmerkungen zum Hörspiel im Dritten Reich. In: Kunst und Kultur im Faschismus (Anm. 28) S. 129–155.

40 Marion Mallmann: »Das Innere Reich«. Analyse einer konservativen Kulturzeitschrift im Dritten Reich. Bonn 1978.

41 Thomas Mann: Kultur und Politik. In: Th. M.: Politische Reden und Schriften. Bd. 2. Frankfurt a. M. 1968. S. 59.

42 Paul Egon Hübinger: Th. Mann, die Universität Bonn und die Zeitgeschichte. München 1974; Hermann Kurzke: Auf der Suche nach der verlorenen Irrationalität. Würzburg 1980.

43 Ernst Wiechert: Von den treuen Begleitern. Zitiert nach: Zeichen der Zeit. Hrsg. von Walther Killy. Bd. 4. Frankfurt a. M. 1958. S. 180.

44 Vgl. Anm. 24.

45 Eberhard Lämmert: Beherrschte Prosa. Poetische Lizenzen in Deutschland zwischen 1933–1945. In: Neue Rundschau 86 (1975) S. 404–421.

46 Peter Werbick: Urteilsmaßstäbe nationalsozialistischer Literaturkritik. In: Text & Kontext 8 (1980) S. 243–265.

47 Jörn Rüsen: Ästhetik und Geschichte. Stuttgart 1976. Bes. S. 88–95.

48 Inge Jens: Dichter zwischen rechts und links. Die Geschichte der Sektion für Dichtkunst der Preußischen Akademie der Künste. München 1971; Hans-Albert Walter: Bedrohung und Verfolgung bis 1933. Deutsche Exilliteratur 1933–1950. Bd. 1. Darmstadt 1972.

49 Börries von Münchhausen: Die neue deutsche Dichtung. In: Deutscher Almanach auf das Jahr 1934. Leipzig 1933. S. 28–36.

50 Das hatte der Experte für solche Fragen, Adolf Bartels, schon 1920 gemutmaßt: Die deutsche Dichtung der Gegenwart. Die Jüngsten. Leipzig [2]1921. S. 208.

51 Ernst Bertram: Literaturwissenschaft und Geschichte. Hrsg. von Hartmut Buchner. Darmstadt 1966. S. 10 f.

52 Paul Fechter: Geschichte der deutschen Literatur. Berlin 1941. S. 698.

53 Gottfried Benn: Antwort an die literarischen Emigranten. In: G. B.: Gesammelte Werke. Wiesbaden 1968. S. 1702.

54 Bert Brecht: Benn. In: B. B.: Gesammelte Werke. Bd. 18. Frankfurt a. M. 1967. S. 62.

55 Brenner (Anm. 38) S. 65–69.

56 Gottfried Benn: Expressionismus. In: Benn (Anm. 53) S. 802–818.

57 Alfred Rosenberg: Der Mythus des 20. Jahrhunderts. 107.–110. Aufl. München 1937. Bes. S. 277 bis 450.

58 Ulrich Weisstein: Vor Tisch las man's anders. In: Dichter und Leser. Hrsg. von Ferdinand van Ingen. Groningen 1972. S. 9–27.

59 Armin Mohler: Faschistischer Stil. In: Konservatismus International. Hrsg. von Gerd-Klaus Kaltenbrunner. Stuttgart 1973. S. 172–198. Auch: Armin Mohler: Von rechts gesehen. Stuttgart 1974. S. 179–221.

60 Kurt Eggers: Das Spiel von Job dem Deutschen. Berlin 1933. S. 20. Vgl. etwa auch den Schluß von Hanns Johsts Drama Thomas Paine (München 1927).

61 Zum einschlägigen Textbestand, dessen Prototypen Dietrich Eckarts Deutschland erwache! und Horst Wessels Die Fahne hoch! abgeben, vgl. Albrecht Schöne: Über politische Lyrik im 20. Jh. Göttingen [3]1972 (darin u. a. Texte von Heinrich Anacker, Hans Baumann, Erwin Guido Kolbenheyer, Herybert Menzel, Baldur von Schirach, Gerhart Schumann); Alexander von Bormann: Stählerne Romantik. In: Text + Kritik. H. 9/9a (1973) S. 86–104; ders.: Das nationalsozialistische Gemeinschaftslied. In: Die deutsche Literatur im Dritten Reich (Anm. 33) S. 256–280; Elin Fredsted: Die politische Lyrik des deutschen Faschismus. In: Text & Kontext 8 (1980) S. 353–377; Uwe-K. Ketelsen: Geschichte der politischen Lyrik in Deutschland: Nationalsozialismus und Drittes Reich. In: Geschichte der politischen Lyrik in Deutschland. Hrsg. von Walter Hinderer. Stuttgart 1978. S. 291–314 (u. a. zu Herbert Böhme, Reinhold Heyden, Arno Pardun, Fritz Sotke, Heinrich Spitta).

62 Klaus-Peter Philippi: Volk des Zorns. München 1979. S. 12–19; Georg Bollenbeck / Karl Riha: Im deutschen Kaiserreich. In: Geschichte der politischen Lyrik in Deutschland (Anm. 61) S. 232–260.

63 Vgl. z. B. Peter Brückner: Das Abseits als sicherer Ort. Berlin 1980. S. 25–88.

64 J. Peter Stern: Hitler. Der Führer und das Volk. München 1981. S. 108.

65 Rudolf Paulsen: Der Weg der deutschen Lyrik. In: Deutsche Kultur-Wacht 2 (1933) S. 7 f.

66 Vgl. etwa Wir Mädel singen. Liederbuch des BDM. Hrsg. vom Kulturamt der Reichsjugendführung. Wolfenbüttel 1937.

67 Werner Lenartz: Vaterländische Feiern. Düsseldorf 1933 (mit Gedichten von Karl Bröger, Hermann Claudius, Kurt Heynicke, Kurt Klaeber, Jakob Kneip, Gertrud von Le Fort, Heinrich Lersch, Ina Seidel, Lulu von Strauß und Torney u. a.).

68 Gerhard Huck: Sozialgeschichte der Freizeit. Wuppertal 1980. Bes. S. 281–327.

69 Peter Rühmkorf: Über das Volksvermögen. Reinbek [2]1969. S. 167. Dort auch weitere Beispiele dieser Art.

69a So die erste Strophe eines Gedichts 29. August 1942 (Fliegerangriff auf die nordöstlichen Stadtteile – Faun Werke) des Schuhmachers und Nürnberger SPD-Funktionärs Hermann Müller (zit. nach: Hermann Müller. 1878–1978. Hrsg. von Robert Müller. [Privatdruck, Nürnberg 1978]).

70 Rühmkorf (Anm. 69) S. 166.

71 Georg Kaiser: Werke. Bd. 4. Frankfurt a. M. 1971. S. 667–670.

72 Florian Vaßen: »Das illegale Wort«. Literatur und Literaturverhältnisse des BPRS nach 1933. In: Kunst und Kultur im Faschismus (Anm. 28) S. 285–327.
73 Wolfgang Langhoff: Die Moorsoldaten. Zürich 1935. S. 190–193.
74 Bernd Peschke: Klassizistische und ästhetizistische Tendenzen in der Literatur der faschistischen Periode. In: Die deutsche Literatur im Dritten Reich (Anm. 33) S. 207–239.
75 Rosenberg (Anm. 57) S. 293.
76 Mohler (Anm. 59).
77 Jürgen Schröder: Benn. Poesie und Sozialisation. Stuttgart 1978; ders.: Benn in den 30er Jahren. In: Deutsche Vierteljahrsschrift für Literaturwissenschaft und Geistesgeschichte 53 (1979) S. 326–336; Rainer Stollmann: G. Benn. Zum Verhältnis von Ästhetizismus und Faschismus. In: Text & Kontext 8 (1980) S. 284–308.
78 Ketelsen (Anm. 61) S. 306–312.
79 Gottfried Benn: Rede auf Stefan George. In: Benn (Anm. 53) S. 1037.
80 Ernst Bertram: Aus den Deichgrafensprüchen. Privatdruck um 1944. S. 15. Die Veränderungen gegenüber der gedruckten Fassung in der letzten Strophe nach handschriftlichen Korrekturen Bertrams im Exemplar der UB Bochum (Sign.: IVA 11172). Die Korrektur von »eine Trauer« aus »ein Treuer«, die das Metrum des ansonsten streng konstruierten Gedichts stört, könnte erst nach Kriegsende vorgenommen worden sein.
81 Vgl. die Kommentare zur neuen Weinheber-Ausgabe von Friedrich Jenaczek. Salzburg 1970 ff.
82 Egon Schwarz: R. M. Rilke unter dem Nationalsozialismus. In: Rilke heute. Hrsg. von Ingeborg H. Solbrig und Joachim W. Storck. Frankfurt a. M. 1975. S. 287–313.
83 Hans Dieter Schäfer: Die nichtfaschistische Literatur der »jungen Generation« im nationalsozialistischen Deutschland. In: Die deutsche Literatur im Dritten Reich (Anm. 33) S. 459; ders.: Zur Periodisierung der deutschen Literatur seit 1930 (Anm. 1) S. 95–113.
84 Eberhard W. Schulz: Deutsche Lyrik nach 1945 Zur Phase II der Moderne. In: E. W. S.: Wort und Zeit. Neumünster 1968. S. 190–217.
85 Peter Huchel: Die Sternenreuse. München 1967. S. 55.

Im Exil

Von Manfred Durzak

I. Über den zweiten Teil seiner *Svendborger Gedichte*[1], in denen sich die Erfahrungen der ersten Exilphase verdichtet haben, hat Brecht den programmatischen Vierzeiler gestellt:

> In den finstern Zeiten
> Wird da auch gesungen werden?
> Da wird auch gesungen werden.
> Von den finstern Zeiten.
>
> (S. 641)

Es hat nicht an Versuchen gefehlt, Brechts im Exil entstandene Gedichte in diesem Sinne auszulegen: als Dokumente einer politischen Aufklärungsarbeit, die das poetische Wort als Instrument einer Auseinandersetzung mit dem Faschismus versteht und die agitatorische Energie der Sprache weit vor ihre ästhetische Differenziertheit rückt. Wäre es heuristisch vertretbar, ein solches Deutungsmuster an die im Exil entstandene deutsche Lyrik anzulegen, die von Autoren der unterschiedlichsten ästhetischen und politischen Herkunft, in den verschiedenartigsten Ländern und Erdteilen verstreut und mit unterschiedlichsten kulturellen Bedingungen und Lebenssituationen konfrontiert, geschrieben wurde, dann ließe sich im nachhinein ein großes Kapitel politischer deutscher Lyrik, das in der Diaspora entstanden ist, aufblättern. Doch dieses Deutungsmuster trügt. Es besitzt nicht einmal bei Brecht Überzeugungskraft, obwohl er sich in vielen Gedichten seiner Exil-Sammlungen Themen des politischen Tagesgeschäftes verschrieben hat.

In einer aufschlußreichen Reflexion seines *Arbeitsjournals* vom September 1938 hat er den ästhetischen Reichtum, die Vieldimensionalität seiner ersten Gedichtsammlung, der *Hauspostille*, mit den *Svendborger Gedichten* verglichen und angesichts seiner Exillyrik festgestellt:

»vom bürgerlichen standpunkt aus ist eine erstaunliche verarmung eingetreten. ist nicht alles auch einseitiger, weniger ›organisch‹, kühler, ›bewußter‹ (in dem verpönten sinn)? meine mitkämpfer werden das, hoffe ich, nicht einfach gelten lassen ... der kapitalismus hat uns zum kampf gezwungen. er hat unsere umgebung verwüstet. ich gehe nicht mehr ›im walde vor mich hin‹, sondern unter polizisten. da ist noch fülle, die fülle der kämpfe. da ist differenziertheit, die der probleme. es ist keine frage: die literatur blüht nicht, aber man sollte sich hüten, in alten bildern zu denken. die vorstellung von der blüte ist einseitig. den wert, die bestimmung der kraft und der größe darf man nicht an die idyllische vorstellung des organischen blühens fesseln. das wäre absurd.«[2]

Diese nüchterne Situationsanalyse könnte man über die gesamte Exillyrik stellen. Ihre ästhetischen Optionen und Defizite, ihre politischen Möglichkeiten und Narben, ihre regressiven Tendenzen werden hier von Brecht in ihrer widersprüchlichen

Vielfalt auf den Begriff gebracht. Denn in der Tat hat es beides gegeben. Die ästhetische Verarmung des Gedichtes zur politischen Spruchlyrik, die im Zeichen eines aus der politischen Tagesarena erwachsenden Kampfes die Erfahrungsnuancierung des empfindenden Subjekts auf seine politische Überlebenssituation einengte. Auf der andern Seite sind jedoch auch und nicht minder stark die lyrischen Zeugnisse einer ästhetischen Fluchtbewegung vertreten, in denen sich eine regressive Tendenz dokumentiert: Es wird in alten Bildern und Vorstellungen gedacht, und die poetische Anschauung von Naturfülle und -harmonie wird zu Versen umgeformt, deren ästhetisches Signum das Wunschverlangen nach dem schönen Gestern ist, das die Dissonanzen der Gegenwartserfahrung überdecken soll.

Beiden Grundhaltungen des lyrischen Sprechens im Exil liegt ein illusionäres Moment zugrunde. Im ersten Fall wird im Zeichen einer wünschenswerten Zukunft die Widersprüchlichkeit der Gegenwartssituation übersprungen. Im zweiten Fall wird in der Rückwendung zu einer schöneren Vergangenheit ein Narkotikum gegen die Schmerzerfahrung der Gegenwart gesucht. Die »erstaunliche verarmung«, die Brecht selbstkritisch feststellt, läßt sich im erweiterten Sinne in beiden Modi des lyrischen Sprechens feststellen. Im ersten, Brecht selbst betreffenden Fall zeigt sich diese Verarmung in der Schrumpfung der ästhetischen Bandbreite des Gedichtes, dessen didaktischer Grundton den politisch-aufklärerischen Diskurs vor die poetische Anschauungsvielfalt rückt – im Extremfall bis hin zur propagandistischen Verflachung. Im zweiten Fall bildet sich diese Verarmung in einem Rückfall in eine Themen- und Formensprache ab, die ästhetische Traditionen der Vergangenheit wiederbeleben und als Ordnungs- und Harmoniegebärde gegen eine Gegenwart setzen will, die von Chaos, Zerstörung und Auflösung gezeichnet ist. Als Extrem präsentiert sich hier das formvollendete epigonale Gedicht.

Angesichts eines literarischen Phänomens, das in sich so widersprüchlich und zersplittert ist wie die deutsche Exillyrik und Exilliteratur insgesamt, ist es unumgänglich, sich die methodischen Optionen bewußt zu machen, mit denen der Versuch einer Bestandsaufnahme konfrontiert ist. Dies gilt um so mehr, als die bisherige Beschäftigung mit der Exilliteratur sich in heillosen Kontroversen verstrickt hat. Das zeigt sich nicht nur in der Gegenüberstellung einer nach programmatischen Richtlinien verfahrenden Forschung in der DDR, wo jedes dem Raster einer antifaschistischen Kampfliteratur widerstrebende literarische Dokument als unwesentlich ausgesiebt und solcherart die politisch kämpferische Rest-Exilliteratur zu einer vorbereitenden Entwicklungsphase der aktuellen DDR-Literatur erklärt wird,[3] mit der Exillitcratur-Forschung in der Bundesrepublik, wo keineswegs so monolithisch verfahren wird, aber die Widersprüche in sich nicht geringer sind. »[. . .] in der Vielfalt der ›Wege und Irrwege‹ erst wieder einmal literaturgeschichtlichen Boden unter die Füße zu gewinnen«[4] hat man zu Recht als eine methodische Notwendigkeit hervorgehoben.

Der Grundkonflikt, der sich hier abzeichnet, besteht zwischen der Arbeitsweise positivistischer Historiker, die alles, was im Exil entstanden ist, als wertvoll registrieren und das mangelnde Echo ihres Sammlerfleißes in der gegenwärtigen literarischen Öffentlichkeit durch eine politische Verdrängungshaltung dieser Öffentlichkeit erklären wollen, und der Arbeitsweise von Literarhistorikern, die nicht von den gutgemeinten Absichten der Exilautoren ausgehen, sondern von den Resultaten, die in ihrem literarischen Werk vorliegen. Wo im ersten Fall alles zum authentischen

Dokument erhoben und aus einer politisch-moralischen Wiedergutmachungshaltung heraus über alle Fragestellungen einer konkreten literarischen Analyse und Wertung hinweggehoben wird, werden im zweiten Fall die literarischen Arbeiten des Exils als in einer bestimmten, zugegeben extremen historischen Situation entstandene ästhetische Gebilde auf ihre künstlerischen Energien hin untersucht, mit denen sie die historische Situation ihrer Entstehung nicht nur verarbeitet, sondern auch transzendiert haben im Sinne utopischer Alternativen und Gegenbilder, deren Erkenntniskraft den historischen Graben überbrückt. In diesem Kontext ist zu Recht darauf hingewiesen worden:

»Die Frage nach einer literarischen Wertung scheint für die Exilforschung allmählich zu einem Tabu zu werden. Man möchte fast annehmen, daß die Grundforschung in Wahrheit die Flucht aus diesem Dilemma bedeutet. Die Grundforschung dokumentiert nicht um der Literatur willen oder um literarische Entdeckungen zu machen, sondern um möglichst viele historische Belege zu sammeln. Das heißt, sie schraubt die Funktion der Literatur auf einen bloßen Informationswert zurück.«[5]

In dieses methodische Dilemma ist auch der Versuch einer Bestandsaufnahme der im Exil entstandenen deutschsprachigen Lyrik hineingestellt.
Bereits Manfred Schlösser, der 1960 eine der ersten Anthologien deutscher Exillyrik unter dem Titel *An den Wind geschrieben. Lyrik der Freiheit 1933–1945* herausgab, sah sich (im Vorwort) vor dieses Dilemma gestellt:

»Unser Kunstverstand mag nicht von jedem Gedicht angesprochen werden, besonders wenn es sich um unbeholfene Nachahmungen handelt, aber wo Unsägliches zu formulieren versucht wurde, dort wird ein menschliches Element frei, das über aller Kunst steht.«[6]

Es ist nach wie vor fraglich, ja frag-würdig, ob der moralische Konsens des Lesers die ästhetische Erkenntnis des Ungenügens bei einem Text auslöscht oder ob nicht das Hofmannsthal zugeschriebene Diktum »Die Form erledigt das Problem« auch in diesem Fall gelten muß. Und Schlösser, dessen Sympathien eher dem beispielhaften moralischen Dokument als dem vollkommenen ästhetischen Gebilde gelten, hat eingeräumt, daß »wir selbst bei werkreichen und berühmten Autoren ein zuweilen peinliches Festhalten an alten Formeln und Formen«[7] erkennen können.
Man hat auch mit guten Gründen darauf aufmerksam gemacht, daß die geradezu überwältigende Renaissance der Gedichtform des Sonetts in der Exillyrik in erster Linie eine »therapeutische Wirkung«[8] hatte, daß sie »einen manchmal rührenden Glauben an die Macht der Form angesichts des Chaos und des Todes«[9] bezeugt. Unter moralischem Aspekt sind diese in großer Zahl von vielen Autoren damals produzierten Sonette gewiß Dokumente eines inneren Widerstandes, aber sind sie damit zugleich auch zu Bestandteilen einer lebendig weiterwirkenden Literatur geworden? Das ist selbst auf einer Ebene die Frage, deren Tabuisierung durch die Verleihung des Nobelpreises für Literatur kaum aufhebbar scheint, worauf beispielsweise die Reflexion eines unvoreingenommenen Zeitgenossen wie Peter Rühmkorf hindeutet: »Andererseits ist Nelly Sachs, um nur einen Namen zu nennen und keinem Lebenden das Brot zu schmälern, doch wohl bloß ein gehobener Wiedergutmachungsfall.«[10]
Die methodischen Folgerungen aus der hier kurz angeleuchteten Problematik weisen einer Bestandsaufnahme, wie sie im folgenden versucht wird, eine bestimmte Rich-

tung: Nicht die politisch-moralische Gesinnung der Exillyrik kann das Kriterium einer Wertung abgeben, sondern die Einverwandlung dieser Gesinnung in eine ästhetische Form, die das entsprechende Dokument auch zu einem literarischen Zeugnis macht, das die historisch-biographische Zeugenschaft des Autors nicht zur Abstützung unbedingt voraussetzt, vielmehr diese Zeugenschaft in der poetischen Erkenntnisanschauung des Gedichtes aufgehoben weiß. Um es auf die kürzeste Formel zu bringen: Nicht das moralische Zeugnis, sondern das literarische Dokument ist dominant.[11] Die Schwierigkeit einer solcherart angestrebten Bestandsaufnahme liegt nicht nur darin, den poetischen Verwandlungsprozeß am einzelnen Gedicht schlüssig aufzuweisen, sondern auch die Differenz deutlich zu machen zu jenen lyrischen Texten, deren Form der gutgemeinten Absicht nicht standhält. Es wird daher notwendig sein, auf beiden Ebenen zu argumentieren. Gemeint ist: Die Beispiele des poetischen Gelingens gewinnen ihre eigentliche Plausibilität erst auf dem Hintergrund jener Beispiele, in denen die Sprache vor der künstlerischen Verwandlung versagt. Daß das im Werk ein und desselben Autors auftreten kann, macht die Sachlage nur um so schwieriger.

Es liegt auf der Hand, daß eine extensive Beweisführung nicht möglich ist, sondern der Repräsentanzkraft von ausgewählten Beispielen vertraut werden muß, deren intendierter Kontext freilich sichtbar wird. Ein solcher Kontext kann nicht in der Wunschvorstellung gründen, als habe die Notsituation Exil zu einer Art literarischer Volksfront gegen nationalsozialistische Politik und Propaganda geführt, als hätte der von Thomas Mann beschworene »Zwang zur Politik«[12] zu einer alle individuellen Unterschiede aufhebenden einstimmigen literarischen Bewegung geführt, als gäbe es für die verschiedenartigen literarischen Reaktionen der unterschiedlichsten Autoren so etwas wie einen gemeinsamen ästhetischen Nenner. Unter diesem Aspekt trifft die folgende in der unmittelbaren Nachkriegszeit zustande gekommene Bestandsaufnahme erst recht auf die Lyriker des Exils zu:

»Die exilierten Schriftsteller waren keine Einheit. Es gab konservative Männer und Frauen unter ihnen, streitbare Liberale, Pazifisten, Kommunisten, Sozialisten und sehr viele, die Mehrheit vermutlich, die sich zeit ihres Lebens jeder parteiisch politischen Äußerung ferngehalten haben [...] Da sind solche, die noch in der Schule des Naturalismus verhaftet waren, andere, deren Namen berühmt geworden sind in der Zeit des wegsuchenden Expressionismus. Es gibt unter ihnen Jünger Stefan Georges und Jünger Heinrich Manns, Träumer und solche, die ihr Werk auf der geistigen Grundlage des dialektischen Materialismus schufen; abseitige, im Elfenbeinturm lebende, in sich und auf sich selbst zurückgezogene Dichter auf der einen Seite, Aktivisten und Märtyrer des geistig-politischen Kampfes auf der anderen Seite; zeitnahe und zeitferne Denker, aber auch Verfasser erfolgreicher Unterhaltungsliteratur – sie alle repräsentieren den ganzen dehnbaren Umkreis des Begriffes Literatur, vom höchsten und genialen, zum Ewigkeitsanspruch strebenden Bemühen bis zur Grenze, wo Literatur in Kolportage übergeht.«[13]

Entsprechend disparat ist das Bild, wenn man von der im Exil entstandenen Lyrik her den Blick auf die verbannten deutschen Schriftsteller richtet. Die Aufhebung dieser auseinanderstrebenden widersprüchlichen Vielfalt in einem Einheitsmoment scheint illusorisch, vor allem wenn sie auf der Ebene einer politischen Bewußtseinsaufrüttelung gesehen wird: »Für die Mehrheit von uns war das Exil nicht ein Schicksal, das wir duldend hinnahmen, sondern eine Aufgabe, der wir uns stellten«.[14]

Ein mögliches Einheitsmoment – und das gilt in erster Linie für die Lyriker – gibt sich in einer zentralen negativen Erfahrung zu erkennen, die die künstlerischen Ausdrucksmöglichkeiten der Autoren unmittelbar betraf: die Erfahrung der Sprachnot, des Abgeschlossenseins von der lebendigen Weiterentwicklung ihres muttersprachlichen Idioms, die nicht nur biographische, sondern auch existentielle Verbannung in fremde Sprachbereiche, an die sie sich des Überlebens wegen notwendig assimilieren mußten und womit sie sich zugleich ihrem eigentlichen künstlerischen Ausdrucksmedium entfremdeten.[15] Es ist eine Situation, die der Lyriker Max Herrmann-Neiße[16] in seinem Gedicht *Dichter im Exil* unmittelbar dargestellt hat. Der sich auf die Innenwelt seiner Muttersprache in der fremden Umgebung zurückziehende Dichter, der in der Einsamkeit der Kontemplation ein neues Gedicht schreiben will, wird plötzlich von außen gestört:

> Plötzlich aber werd' ich angesprochen
> und mit fremdem Wort etwas gefragt,
> wird in meine Traumwelt eingebrochen
> und der still Verzückte aufgejagt.
> Jäh gehemmt im erdenfernen Schweifen,
> findet er sich nicht sogleich zurecht,
> kann den fremden Frager nicht begreifen;
> alles paßt in sein Gedicht so schlecht.
>
> Ganz vergebens such' ich mich zu sammeln,
> meine gute Stunde ist zerstört.
> Hilflos werde ich Verfehltes stammeln,
> weil mir keine Sprache mehr gehört:
> jeder Wortschatz läßt mich jetzt im Stiche,
> alles ist zum Kauderwelsch vermischt,
> wo das Fremde und das Heimatliche
> unentwirrbar durcheinander zischt.
>
> So entweicht der Störenfried betroffen.
> Ich will wieder heim in mein Gedicht;
> doch die Traumwelt steht mir nicht mehr offen,
> das verlorene Lied erklingt mir nicht.
> Taub gemacht im Irrgarten der Stimmen,
> hör' ich hinter einem Nebelwall
> die Geräusche undeutlich verschwimmen,
> und mein Wort hat keinen Widerhall.   (S. 82)

Der Heimatersatz der Muttersprache, die vergangenheitsorientiert ist und sich als Inkarnation einer Traumwelt von der Gegenwart der Fremde abschließt, das Heimatlos-Werden zwischen den Sprachen, die sich beide dem Dichter zunehmend verweigern – die fremde Sprache, die er nur unvollkommen beherrscht und die ihm zugleich die instinktive Sicherheit in der Muttersprache raubt –, das Absterben der poetischen Imaginationskraft, die Lähmung des schöpferischen Impulses und, damit verbunden,

die Verwandlung der gegenwärtigen Wirklichkeit in eine fremde Kulissenlandschaft, durch die man sprach- und heimatlos irrt – alles das wird in diesem Gedicht stellvertretend für viele andere Exillyriker als Erfahrung benannt. Das geschieht jedoch in einer Sprachform, die traditionelle poetische Mittel wiederzubeleben versucht und somit auch konkret den Sprachschwund dokumentiert, der im poetischen Diskurs der Verse unmittelbar angesprochen wird.
Peter Weiss hat aus seiner Exilerfahrung heraus die Situation ganz analog beschrieben:

»Damals, als die Sprachwelt auseinanderbrach, bewahrten nur wenige die Besinnung. [...] Die Sprache lag ebenso entfernt von ihm, wie das Land, aus dem sie stammte. Die Erinnerungen an Begegnungen und Berührungen, an Witterungen, Farben und Geräusche, die jedem Wort anhafteten, wurden überlagert vom Bewußtsein, daß der Zugang dazu verloren war. [...] Die Wörter des neuen Bereichs wuchsen vor ihm auf. Sie waren überdimensioniert, er turnte zwischen den Wörtern umher [...] In diesem Stadium befand er sich zwischen zwei Sprachen.«[17]

Und auch der Romancier Lion Feuchtwanger – um ein drittes Beispiel zu nennen –, der seine erfolgreiche Schriftstellerkarriere im Exil fortsetzen konnte, hat diese Situation der sprachlichen Atemnot, der Einkerkerung in die sprachliche Vakuumkammer des Exils, ganz ähnlich gesehen und darüber geklagt,

»abgespalten zu sein vom lebendigen Strom der Muttersprache. Die Sprache ändert sich von Jahr zu Jahr. In den zehn oder elf Jahren unseres Exils ist das Leben sehr schnell weitergegangen, es hat für tausend neue Erscheinungen tausend neue Worte und Klänge verlangt. Wir hören die neuen Worte für diese neuen Erscheinungen zuerst in der fremden Sprache [...] Allmählich, ob wir es wollen oder nicht, werden wir selbst verändert von der neuen Umwelt, und mit uns verändert sich alles, was wir schaffen. Es gibt keinen Weg zur inneren Vision als den über die äußere [...] Manche unter uns sind von innen her so gebunden an die Inhalte und Formen ihrer Jugend und ihrer Heimat, daß sie davon nicht loskommen und sich nach Kräften sträuben gegen ihre neue Umwelt. Dieses Sicheinschließen in die tote Vergangenheit, dieses Sichabsperren von dem wirklichen Leben ringsum, diese stolze Absonderung vermindert die Kraft der Dichter, macht sie trocken, dörrt sie aus«.[18]

Wo der Dramatiker, der Romancier, der politische Schriftsteller immer noch das Transportmittel der Übersetzung zur Verfügung haben, um ihre Wirkung, wenn auch vermindert, im fremden Sprachidiom fortzusetzen, war der Lyriker diesem Prozeß der sprachlichen Entmündigung am unmittelbarsten ausgesetzt, hat er das Versiegen seiner sprachlichen Imaginationskraft unter den Einwirkungen des Exils am stärksten empfunden. Von daher leuchtet es ein, daß diese elementare, Autoren der verschiedenartigsten literarischen Herkunft vereinigende Erfahrung auch im dichterischen Arbeitsprozeß zu exemplarischen Kristallisationen geführt hat. Auf diesem Hintergrund wird es plausibel, daß das poetologische Gedicht, das die eigene Kunstausübung und Sprache beschwörend umkreist, einen so großen Stellenwert in den Exilgedichten einnimmt. Das Spektrum ist freilich auch hier disparat. Es reicht von der schmerzlichen Erkenntnisanstrengung, die sich den Gegebenheiten der neuen Lage zu stellen versucht, bis zur Flucht in das formbewußte, aber epigonale Gedicht, das als Evokation einer schönen harmonischen Vergangenheit den Dissonanzen der Gegenwart entgegengehalten wird und hoffnungslos darin unterging.
Dieses Thema des Sprachverlustes und, damit verbunden, der Regression in den

ästhetischen Konservatismus formaler Epigonalität wird einer der Schwerpunkte sein, auf den sich die Analyse der im Exil entstandenen Lyrik konzentrieren wird. Im Vergleich der verschiedenen poetischen Antworten auf diese Krisenerfahrung soll auch ein unterschiedliches Spektrum ästhetischen Gelingens sichtbar gemacht werden. Ein weiterer thematischer Schwerpunkt ist mit dem Fragenkomplex verbunden, inwieweit sich unter den politischen Wetterzeichen der Exilsituation im Werk von Exillyrikern die Form des politischen Gedichtes durchzusetzen vermochte und welche Typologie ästhetischer Möglichkeiten und auch Reduktionen sich unter diesem Aspekt abbildet. Ein weiterer thematischer Schwerpunkt ergibt sich unter dieser Untersuchungsperspektive: Wo hat die neue Wirklichkeitsumgebung des Exillandes die poetischen Erfahrungsmöglichkeiten der Autoren erweitert, indem sie sich den Eindrücken der neuen Wirklichkeiten öffneten, aus der Literatur des Exillandes Anregungen aufnahmen und vielleicht sogar in ihren dichterischen Ausdrucksmöglichkeiten eine Entwicklung in Bewegung setzten, deren ästhetisches Ergebnis sich von den Gedichten, die vor dem Exil entstanden, entscheidend abhebt. Das jeweils herangezogene lyrische Werk von Exillyrikern kann also nicht in monographischer Kontinuität herangezogen werden, vielmehr wird von den einzelnen Gedicht-Dokumenten her ein Zusammenhang angeleuchtet, der sich durch ein ausführlicheres Eingehen auf das Werk des betreffenden Autors noch zusätzlich verdeutlichen ließe.

II. Der schon erwähnte Lyriker Max Herrmann-Neiße,[19] der, 1933 emigriert und 1938 ausgebürgert, 1941 in London starb, wo er die meiste Zeit seines Exils in zunehmender Vereinsamung zugebracht hatte, ist ein Beispiel für jene Autoren, die sich an die ästhetische Überlieferung klammern und sie sowohl in der traditionsgebundenen Form als auch im Inhalt ihrer Verse als einziges Überlebenselixier verkünden. In dem Gedicht *Rechtfertigung eines Emigranten* setzt sich der Autor selbst mit dem Vorwurf von Exilgefährten auseinander, er habe sich in die Wunschwelt der Vergangenheit vergraben und sei damit blind geworden für die Wirklichkeitsumgebung seiner Gegenwart:

> Ihr werft mir vor, zuviel zurückzudenken,
> die alten Zeiten niemals zu verwinden,
> mich fruchtlos ins Gewesne zu versenken
> und keinen Weg zur Gegenwart zu finden,
> was einst ich liebte, heimlich noch zu lieben,
> dem uns Versagten schwächlich nachzutrauern
> und, aus dem Heimatlichen schnöd vertrieben,
> auf die Versöhnung unverwandt zu lauern.
>
> (S. 78)

Seine Antwort auf diese Vorwürfe – »Wie könnte ich mein Schicksal sonst ertragen [. . .] / wenn ich zu dem, was mein einst war, nicht hielte!« (S. 78) – will die Dichtung, das eigene Gedicht, in ein Floß verwandeln, auf dem man die politische Sturzflut der Zeitgeschichte überstehen kann, auch wenn es sich in Wirklichkeit nur um einen Strohhalm handelt, an den sich der Ertrinkende klammert. Obwohl er sich durchaus bewußt ist – so in seinem Gedicht *Verdammnis 1933*: das Herz des Himmels war nicht mehr zu rühren / von Lerchenliedern und gesprächigem Quell (S. 66) –, ist es dennoch diese unmittelbar zum romantischen Gedicht Brentanos oder Eichendorffs zurückweisende naturgeschichtliche Wirklichkeitsharmonie, die er immer wieder sehnsuchtsvoll in seinen Exilgedichten beschwört, auch wenn dieses Wirklichkeitsbild bereits in der zeitgeschichtlichen Situation vor 1933 einen Anachronismus darstellte: angesichts der großstädtischen industriellen Veränderung, die sich im Wilhelminischen Deutschland und dem Deutschland der Weimarer Republik unübersehbar vollzog und auf die schon der Expressionismus in seinen dichterischen Verarbeitungen vielfältig reagiert hatte. So antwortete Herrmann-Neiße auf die Nachricht von seiner Ausbürgerung, auf die im Zeichen einer Pseudolegalität vollzogene Ausstoßung aus seiner Heimat Deutschland, mit dem Gedicht *Ewige Heimat*, das das Seelenbild der Heimat Deutschland als unverlierbar in Bildern einer rückgewandten Naturharmonie beschwört:

> Wer mich zu entehren glaubte,
> wenn mit frevelndem Befehle
> er das Heimatrecht mir raubte,
> ahnt die ewig lenzbelaubte
> Heimat nicht in meiner Seele.
>
> Da besteht in altem Glanze
> heimatliches Bild und Wesen:
> wieder auf besonnter Schanze
> werden wir zum Frühlingskranze
> uns die ersten Veilchen lesen.
>
> (S. 76)

Die Bildrequisiten, die zum Inventar des traditionellen Frühlingsgedichtes gehören, werden zu einem Wunschbild arrangiert, das als Ausdruck der verinnerlichten Heimat in der Erinnerung des Dichters eine intensivere Form von Realität annehmen soll:

> Was man liebt, kann nie vergehen:
> heimatlich vertraute Töne
> überall uns treu umwehen;
> denn die Heimat bleibt bestehen
> in dem Lied verstoßner Söhne.
>
> (S. 77 f.)

Sein Gedicht *Kleines Traumlied* endet ganz analog mit dem Verspaar:

> Es reiht sich Reim an Reim zu neuem Lied.
> Wer liebt, ist nie verloren. Lieder siegen!
>
> (S. 97)

Und ganz ähnlich setzt sein Gedicht *Mir bleibt mein Lied* mit den Versen ein:

> Mir bleibt mein Lied, was auch geschieht,
> mein Reich ist nicht von dieser Welt [. . .]
>
> (S. 98)

Diese zum Wirklichkeitsersatz gemachte Poesie wird nicht nur von einer in Aufruhr und Zerstörung geratenen Realität widerlegt, sondern mußte auch die Möglichkeiten der Poesie überanstrengen. So ist es denn bezeichnend, daß es Herrmann-Neiße in kaum einem seiner Gedichte gelingt, das so sehnsuchtsvoll beschworene Seelenbild der Heimat zu sinnlicher Anschauung zu verdichten. Seine Verse sind der Extrakt seiner Sehnsucht, aber nicht der poetische Stoff, aus dem die verlorene, betrauerte Heimat auf neue Weise entsteht.

Die geschichtliche Wahrheit wird erst dort zur Wahrheit seiner Poesie, wo er nicht mehr die zerbrochenen Teile seines Innenbildes von Heimat durch die Gefühle seiner Sehnsucht zusammenzukitten versucht, sondern den Zustand der Zerbrochenheit unmittelbar bekennt und sich bewußt wird:

> Auch in meinem Herzen lauert
> Bosheit, die sich rächen will.
> Die entmenschte Seele trauert
> um verlornen Kindersinn.
> Alle Gärten sind vermauert,
> Nachtigallen bleiben still,
> und die Hoffnung ist dahin.
>
> (S. 70)

Es ist die Erkenntnis von Brechts drittem Gedicht *An die Nachgeborenen*:

> Dabei wissen wir doch:
> Auch der Haß gegen die Niedrigkeit
> Verzerrt die Züge.
> Auch der Zorn über das Unrecht
> Macht die Stimme heiser. Ach, wir
> Die wir den Boden bereiten wollten für Freundlichkeit
> Konnten selber nicht freundlich sein.   (S. 725)

In einigen wenigen Gedichten Herrmann-Neißes ist die Wirklichkeit des Exils exemplarisch verdichtet worden. Es sind jene Gedichte, die nicht Vergangenheitsbilder nachfühlend beschreiben oder den Kult des poetischen Wortes als Heilmittel gegen die politische Wirklichkeit anpreisen, sondern Verse, die die Erfahrung des Verlustes, der Trauer und der abgrundtiefen Verlorenheit bis hin zum Lebensekel in Sprache zwingen und die Atemnot der damaligen Situation stellvertretend für viele andere exilierte Autoren als Ausdruck einer Krisensituation auch dem heutigen Leser bewußt machen. *Litanei der Bitternis* ist ein solches Gedicht:

Bitter ist es, das Brot der Fremde zu essen,
bittrer noch, das Gnadenbrot,
und dem Nächsten eine Last zu sein.
Meine beßren Jahre kann ich nicht vergessen;
doch nun sind sie tot,
und getrunken ist der letzte Wein.

Ringsum ist eine ganze Welt verfallen,
alles treibt dem Abgrund zu,
nur noch Schwereres steht uns bevor,
denn wir treiben hilflos mit den Trümmern allen;
immer denkst auch du
an das Glück, das dein Gemüt verlor.

Selbst die große Stadt muß sich verstellen,
dunkel sein wie Dörfer einst,
die verwunschnen, die man fremd durchfuhr,
seltsam klingt wie damals nachts der Hunde Bellen,
daß du trostlos weinst,
angeweht vom Spuk der Heimatflur.

Bitter ist es, vor jedem neuen Tage
Angst zu haben, nie mehr frei
von geheimen Sorgen, Reue, Gram,
furchtgeplagt bei jedem neuen Glockenschlage,
daß er letzter sei,
eh' man recht vom Leben Abschied nahm.

Ungemilderte Bitternis im Herzen,
bin ich längst mir selbst zur Last
zwischen Morgenrot und Abendrot.
Bitter ist es, alles Glück sich zu verscherzen,
ungebetner Gast
bittrer, und das Bitterste: der Tod.   (S. 89 f.)

Ein Gedicht, das trotz seines sorgfältig durchgeführten Reimschemas und seiner metrischen Gliederung an den gestischen Stil der Brechtschen Exilgedichte anklingt. Die verzögerte Reimbindung, die jeweils zwei Verse überspringt und dadurch den sich sonst einstellenden Wohlklang bricht, der Abschied von den Gewürzwörtern des romantischen Gedichtes zugunsten von Wendungen, die sich der Schmucklosigkeit von Prosa annähern, tragen sicherlich entscheidend dazu bei. Die traditionelle Form des Gedichtes ist noch da, aber sie wirkt gleichsam durchlöchert. Der Autor vertraut den schönen Worten und ihrem Wohlklang nicht mehr, da der Kontrast zu seiner tatsächlichen Situation zu groß ist. Die Beschwörung der Vergangenheit als Gegenmittel gegen eine zerstörerische Gegenwart ist hier der Erkenntnis des unwiederbringlichen Verlustes gewichen.

Aus Brot und Wein, den Bildern der Lebenserfülltheit in der Vergangenheit und zugleich den Bestandteilen christlicher Bildfelder, die sich zur Bedeutung von Gnade und Geborgenheit zusammenschließen, sind das Gnadenbrot der Fremde und der letzte Wein geworden. Die Trümmerlandschaft der Wirklichkeit, durch die der einzelne hoffnungslos verloren treibt, wird nicht länger mit poetischen Vergangenheitsbildern verstellt, sondern in ihrer Zerstörungshektik eingestanden. Die Nacht in dem durch Verdunkelung (der deutschen Luftangriffe wegen) lichtlos gemachten London entspricht dem inneren Zustand des Ichs, das sich durch das Bellen der Hunde an seine Flucht vor den Jägern, den Häschern, durch die heimatlichen Dörfer zurückerinnert, die es in der Dunkelheit zurückließ. Die »lenzbelaubte Heimat« (S. 76), von der der Autor in anderen Gedichten spricht, ist zum Spuk der Heimatflur geworden, hat sich dem Ich entfremdet, das auch in seinem Inneren heimatlos ist und in der zunehmenden Vereinsamung und Angst die voranschreitende Zeit nur noch in ein einziges mögliches Ziel einmünden sieht: den Tod, der am Ende als Reimwort auf das »Gnadenbrot« des zweiten Verses zurückweist und in diesem Zusammenschluß die Unausweichlichkeit der Situation unmittelbar ausdrückt. Ist Herrmann-Neißes poetisches Verfahren in vielen anderen Exilgedichten dadurch gekennzeichnet, daß er das einzelne Sprachbild mit Bedeutung überfrachtet, indem er es metaphorisch überhöht, so wirken die einzelnen Bilder hier durch die Nähe zur Prosa gleichsam gereinigt, aber werden durch den Kontext dennoch poetisch aufgeladen, so daß sie auf neue Art an Bedeutungsvolumen gewinnen.

In solchen Gedichten der Leidenserfahrungen und Verlustmeldungen kristallisieren sich auf paradoxe Weise Augenblicke des künstlerischen Gelingens gegen die Zerstörungskraft der Zeit. Man würde freilich vergeblich in der Exillyrik Herrmann-Neißes Beispiele suchen, in denen er Erfahrungen des Exillandes produktiv assimiliert und sie poetisch weiterentwickelt oder gar zur Form des politischen Gedichtes vordringt. Unter diesem Aspekt ist Herrmann-Neiße ein repräsentatives Beispiel für viele Exilautoren, die, bis zum Anbruch des Nationalsozialismus weitgehend politisch indifferent, auch im Exil unpolitische Einzelgänger blieben und deren Widerstand gegen das Unrechtsregime in Deutschland, das sie vertrieben hatte, sich auf Affekte des Schmerzes, der Betroffenheit und der Unglückseligkeit beschränkte und auf die Sehnsucht nach den im Rückblick idolisierten Zuständen einer besseren Vergangenheit.

Einen ähnlich gelagerten Fall stellt der Österreicher Berthold Viertel[20] dar, der 1933 über Prag nach Frankreich emigrierte, von 1939 bis 1948 in den USA lebte und als Filmregisseur in Hollywood, als Mitarbeiter der BBC, als Mitbegründer des New Yorker Verlages Aurora in vergleichsweise günstigen Lebensumständen die Exilzeit überstand. Sein Gedicht *Die deutsche Sprache* läßt einen ähnlichen Prozeß der Verinnerlichung der Muttersprache und der Poesie zum kultischen Heimatersatz erkennen:

> Daß ich bei Tag und Nacht
> In dieser Sprache schreibe,
> Ihr treuer als der Freundschaft und dem Weibe,
> Es wird mir viel verdacht.
> [. . .]

Hat sie mich leiden auch gemacht,
Ich tu ihr nichts zuleide.
Sie hat im Ausland oft die Nacht
Mit mir durchwacht,
Sie weiß, daß ich der Schurken keinen um die Macht,
Der sie geschändet, je beneide.

Wir tragen lieber unseres Unglücks Fracht
Und wirken, daß sie menschenwürdig bleibe.
Dann kommt sie, mich zu trösten sacht
Und wundert sich, wie ich es treibe,
Daß ich im Glauben, in der Hoffnung bleibe,
Obwohl ich weiter in ihr schreibe.   (S. 32)

Die zur Muse mythisierte Muttersprache wird als die heimliche Geliebte des Dichters beschrieben, der er treu bleibt, auch wenn sie selbst das Ausmaß dieser Treue angesichts der Umstände überrascht. So konventionell wie diese Bilderwahl ist, so formelhaft konventionell und unpolitisch sind auch jene Wendungen, die den Verursachern der Katastrophe und der Beschaffenheit dieser Katastrophe gelten.
Aber wie lebensnotwendig dieses Sichanklammern an die Muttersprache ist, von deren tatsächlichem Reichtum man selbst nur noch einen schwachen Abglanz in den eigenen Versen zum Leuchten bringt, hat Viertel in einem späteren Gedicht, *Der nicht mehr Deutsch spricht*, thematisiert, wo der Verzicht auf die Muttersprache als Verlust der menschlichen Erinnerungsfähigkeit und der kulturellen Kommunikationsfähigkeit begreifbar gemacht wird:

Deutsch zu sprechen hast du dir verboten
Wie du sagst: aus Zorn und tiefer Scham.
Doch wie sprichst du nun zu deinen Toten,
Deren keiner mit herüberkam?

Zu Genossen, die für dich gelitten,
Denn statt deiner wurden sie gefaßt.
Wie willst du sie um Verzeihung bitten,
Wenn du ihren Wortschatz nicht mehr hast?

Jene Ruchlosen wird es nicht schrecken,
Wenn du mit der Muttersprache brichst,
Ihre Pläne weiter auszuhecken,
Ob du auch das reinste Englisch sprichst.

(S. 89)

Hier, wo Viertel auf Mittel der traditionellen Poetisierung verzichtet und die Dinge unverstellt beim Namen nennt, wird die eigene Situation konkret und berührt auch den später geborenen Leser.

Ähnliche Zusammenhänge lassen sich auch in dem Exilwerk Theodor Kramers, eines Landsmanns von Viertel, erkennen, der 1939 nach England emigrierte und 1958, ein Jahr nach seiner Rückkehr in die Heimat, starb. Stephan Hermlin hat an »diesen großen Dichter«[21] erinnert, den man wie viele seinesgleichen in der Nachkriegszeit nicht mehr zur Kenntnis nahm und dessen Sprachlosigkeit im Exil man so endgültig machte. Der Titel des folgenden Gedichtes, *Ich suche Trost im Wort*, hat programmatische Geltung für die Situation vieler dieser Exillyriker:

Ich suche Trost im Wort, das niemals noch mich trog,
das von den Dingen mir getreu den Umriß zog,
wie durch ein Blatt ein Kind die Fibel für sich paust,
die Bilder und den Sinn, der zwischen ihnen haust.

Auf heller Straße täuscht Gebärde und Gesicht,
ich trau des Nachbars Gruß, dem Wort des Freundes nicht;
ich traue selbst nicht dem, was ich soeben sprach,
nur, was ich schreibe, zieht, was feststeht, richtig nach.

Nur an Geringes will vorerst ich wagen mich,
an Dinge, die im Schlaf ich traf auf einen Strich,
vielleicht im Fenster dort an Flügelpaar und Zweig,
ans Pflaster, das gekörnt sich wölbt von Steig zu Steig.

Wie der Holunder sich zur Zeit der Blüte spreizt,
das ist so schmerzhaft klar, daß es zu Tränen reizt;
das üb ich, das bewährt dem Ohr sich auch im Klang:
zu sagen ist so viel, nun ist mir nicht mehr bang.[22]

Heinrich Mann hat in *Ein Zeitalter wird besichtigt* über den Thomas Mann des amerikanischen Exils, einen Autor also, der sich des Englischen als öffentlicher Sprache bediente und in seiner privilegierten Stellung in den USA in jeder Hinsicht die Ausnahme darstellte, dennoch berichtet:

»Jetzt gebraucht er täglich, auch öffentlich, das Englische. Ich hörte ihn aber das Deutsche seine ›sakrale‹ Sprache nennen. [...] Es ist erstaunlich, wie viele zugereiste Autoren nach kurzer Pause ihre Gedanken jetzt englisch äußern – ein ungefähres Englisch und ungefähre Gedanken. Der geachtetste aller Schriftsteller bleibt deutsch und wird sakral.«[23]

Das Gedicht Kramers deckt sich mit dieser Tendenz. Die in der eigenen Dichtung tätig bewahrte Muttersprache wird sakral, indem sie allein den Zugang zur Wirklichkeit verbürgt und von der Sprache der alltäglichen Kommunikation streng abgehoben wird. Aber was ist das für eine Wirklichkeit, die sich in der Sprache abbildet? Es ist das Bild einer naturgeschichtlichen heilen Welt, die in den Bildelementen des Vogels, des Baumzweiges, der sich öffnenden Holunderblüte, des Weges, der durch die Landschaft geht, beschworen wird, eine unpolitische Wirklichkeit und ähnlich vergangenheitsorientiert wie in den Gedichten Herrmann-Neißes.
Noch auffälliger in der sakralen Übersteigerung der deutschen Muttersprache, die im

Gedicht das Inbild einer Wunschwirklichkeit bewahrt, ist der Anfang des folgenden Gedichtes von Ernst Waldinger, auch er ein Österreicher, der 1938 in die USA emigrierte und als akademischer Lehrer überleben konnte:

O großes, gutes Mutterland im Geist,
Du deutsche Sprache, Wohllaut wird dich rächen,
Weil sie daheim dich kreischten, statt zu sprechen,
Gebirg, um das die Gotteswolke gleißt,

Die kühle Wälderseligkeit verheißt,
In Heimweh nach der Lieder lautern Bächen –
Solange wir die Treue dir nicht brechen,
Sind auch im neuen Land wir unverwaist.[24]

Der vierte Vers der ersten Strophe wirkt wie die bildliche Umschreibung des Vorgangs der Sakralisierung der Sprache, die zu etwas geheimnisvoll Göttlichem erhoben wird, das das Seelenbild der verlorenen Heimat zum Leuchten bringt. Doch auch hier sind es die Requisiten des traditionellen romantischen Gedichtes, die die Heimat evozieren sollen.

III. Es scheint auf diesem Hintergrund sinnvoll, diesen Lyrikern einen anderen Dichter gegenüberzustellen, der nach seiner Rückkehr aus dem russischen Exil (1935–45) im kommunistischen Teil Deutschlands zu einem Poeta laureatus des neuen deutschen Staates und zu einem hohen Kulturfunktionär aufstieg und mit der Flachheit seiner programmatischen Versifizierungen aus der Spätzeit nicht nur die poetische Kraft seiner expressionistischen Anfänge, sondern auch seiner Exilzeit verdunkelte. Gemeint ist Johannes R. Becher. Als Chefredakteur der Exilzeitschrift *Internationale Literatur* und als Mitglied verschiedener politischer Gremien befand sich Becher in Moskau sozusagen im »richtigen« Exil mit dem Blick auf die spätere politische Verbrüderung zwischen dem neuen Staat in Mitteldeutschland und der Sowjetunion. Doch es war zugleich die Ära Stalins und die Zeit der Moskauer Schauprozesse, und einem Vertrauten der letzten Lebensjahre wie Stephan Hermlin hat Becher später berichtet,[25] in welchen Angstzuständen und Überlebenssorgen er jene Zeit überstand, die nach außen hin später als eine der fruchtbarsten Perioden seines Schaffens beschrieben wurde. In einem Brief, den er 1947 an Hans Carossa richtete, hat er diese offizielle Version korrigiert: »Die zwölf Jahre, die ich außerhalb Deutschlands leben mußte, waren für mich die härtesten Prüfungen meines Lebens; ich möchte beinahe sagen: es war das Fegefeuer, wenn nicht die Hölle.«[26]
Auch bei Becher[27] hat das intentional zum schon beschriebenen Phänomen der Sakralisierung von Sprache und Dichtung geführt, und in einer Reihe von poetologischen Gedichten, etwa *In deiner Sprache* (S. 205 f.) oder im dritten Gedicht des Triptychons *Das tiefste Leid* (»Ich ruf dich an, Gedicht! Hilf du mir jetzt«) (S. 209), zeichnet sich jener Prozeß der poetologischen Umkreisung der eigenen Kunstausübung ab, die das einzige Ordnungs- und Hoffnungsprinzip in einem Chaos der Zerstörung und Auflösung darstellt. Becher hat in dieser Situation auch die strenge Form des Sonetts wiederentdeckt und sie immer wieder verwendet. Sein programma-

tisches Gedicht *Das Sonett* deutet diesen Vorgang zugleich auf eine Weise, die im Ansatz auch für die zahlreichen Exillyriker gilt, die diese Form wieder verlebendigt haben:

> Wenn einer Dichtung droht Zusammenbruch
> Und sich die Bilder nicht mehr ordnen lassen,
> Wenn immer wieder fehlschlägt der Versuch,
> Sich selbst in eine feste Form zu fassen,
>
> Wenn vor dem Übermaße des Geschauten
> Der Blick sich ins Unendliche verliert,
> Und wenn in Schreien und in Sterbenslauten
> Die Welt sich wandelt und sich umgebiert,
>
> Wenn Form nur ist: damit sie sich zersprenge
> Und Ungestalt wird, wenn die Totenwacht
> Die Dichtung hält am eignen Totenbett –
>
> Alsdann erscheint, in seiner schweren Strenge
> Und wie das Sinnbild einer Ordnungsmacht,
> Als Rettung vor dem Chaos – das Sonett.
>
> (S. 332)

Der in einer Reihung von Temporalsätzen über drei Strophen gegliederte einzige Satz, der im Schlußterzett – so könnte man fast sagen – die Epiphanie des Sonetts hervortreten läßt, ist in seinem strengen Aufbau unmittelbar die Umsetzung des Formappells, der mit dem Sonett verbunden ist. In einer Krisensituation der Wirklichkeitserfahrung, wenn der Dichter mit seinen Möglichkeiten vor der in Konvulsionen der Zerstörung und Änderung geratenen Realität versagt und das Formprinzip jeder sprachlichen Gestaltung vor der Wirklichkeit zu kapitulieren scheint, erweist sich das Sonett in seiner formalen Strenge als künstlerisches Gegenmittel und als sprachliche Stütze, an der sich das Ich aufzurichten vermag.

Das ist von vielen Lyrikern im Exil ähnlich empfunden und gesehen worden, und auch bei Becher[28] ist dieses Sichvergewissern und Anklammern an die Muttersprache und Dichtung als einzige Garanten von kultureller Kontinuität in einem Malstrom der Zeitgeschichte mit der vergangenheitsorientierten Utopie heimatlicher Sehnsucht verbunden.

Doch während Autoren wie Herrmann-Neiße oder Kramer zu den traditionellen Versatzstücken des romantischen Gedichtes flüchten und die emblematisch geronnenen, vertrauten Bilder als Assoziationskeime für Sehnsuchtsgefühle und nicht als Bildelemente der Wirklichkeitskonkretisierung einsetzen, zeigt sich der künstlerische Abstand zu einem Autor wie Becher darin, daß es ihm in einer Reihe von Exilgedichten immer wieder gelingt, seine Sehnsucht nicht einfach zu bekennen, sondern in sprachliche Anschauungskraft umzusetzen, die Heimat nicht lediglich pathetisch anzurufen, sondern in Sehnsuchtsbildern von dichter Anschaulichkeit und Wirklichkeitsintensität wahrzumachen. Das gilt etwa für die Gedichte *Auf der Landstraße nach Kempten* (S. 175), *Oberbayrische Hochebene* (S. 177) oder *Maulbronn* (S. 179). Eines der schönsten ist *Neckar bei Nürtingen* überschrieben:

Die Ufer sind so flach, daß auch die Wiesen
Sanft mitzufließen scheinen mit dem Fluß.
Ein uferloses grünes Überfließen,
Ein Überfluß, drin alles mitziehn muß!

Die Apfelbäume blühn. Ein weicher Schimmer
Liegt überm Land. Es blüht aus dir heraus.
Still. Nur der Fluß, das Blühn . . . Ich wünsch mir: immer
Möcht ich hier sein. Hier bin ich ganz zu Haus.

An einem Holztisch sitz ich in der Laube
Und schenk mir ein aus einem hohen Krug.
Die Nacht, wenn ich auch nicht an Gott mehr glaube,
Ist Wunder voll und rätselhaft genug.

O Nacht, belebt von Sternen, Mond und Wind –
Ob ich dich, Neckar, jemals wiederfind?!   (S. 177)

Die Gegenwartssituation des Exils erscheint in dem letzten Verspaar. Die Nacht des Exils ist ohne Wunder, sie ist reduziert auf ihre materiellen, den Menschen ausschließenden Faktoren: die astronomischen und klimatischen Bedingungen. Die Sehnsuchtsfrage nach dem Fluß der Heimat verwandelt erst diese Nacht wieder zurück in den Frühlingstag und die Frühlingsnacht in der Heimat, die das Ich mit der strömenden Fülle des Flusses und dem Überfluß der blühenden Apfelbäume in die Harmonie der Naturerfahrung aufnehmen. Gewiß könnte man darauf hinweisen, daß auch Becher zur historischen Stilisierung greifen muß, um dieses Verschmelzen des empfindenden Ichs mit dieser Landschaft Mörikes glaubhaft machen zu können. Der Holztisch in der Laube und der hohe Krug, aus dem er sich den Wein einschenkt, weisen auch in der Wortwahl auf die Zeit Mörikes zurück.[29] Aber das Gedicht ist dennoch mehr als die virtuose Nachgestaltung der Wirklichkeitserfahrung, wie wir sie aus dem romantischen Gedicht kennen, wo die Natur ein aufgeschlossenes Buch Gottes ist, in dem man seine Zeichen und Wunder lesen kann. Der kurze Nebensatz der dritten Strophe – »Wenn ich auch nicht an Gott mehr glaube« – bringt die historische Differenz zum Ausdruck. Er vermag an die Harmonie von Natur und Mensch in einer göttlichen Ordnung nicht mehr zu glauben, aber muß sich dennoch im Widerspruch dazu eingestehen, daß die Nacht voller Wunder und Rätsel ist und ihn geheimnisvoll berührt. Das Gedicht hält diesen Widerspruch aus, und das mag der Grund sein, warum es lebendig geblieben ist. Sicherlich hat auch die sprachliche Kunstfertigkeit Bechers dazu beigetragen: wie er z. B. das überströmende Sehnsuchtsgefühl in die Bewegung des Flusses verwandelt und so die Harmonie von Ich und Natur in diesem Bild konkretisiert oder wie er das zur rhetorischen Leerformel abgeschliffene Adjektiv »wundervoll« durch eine einfache Umstellung zu neuem Leben erweckt.

Im Schlußgedicht der *Svendborger Gedichte* Brechts *An die Nachgeborenen* stehen
die Verse, die Naturbeschwörungen wie die Bechers angesichts der Zeitumstände als
ästhetische Fluchtbewegung zu verwerfen scheinen, da das Sprechen über die Natur
das Schweigen über die politischen Untaten einschließt:

> Was sind das für Zeiten, wo
> Ein Gespräch über Bäume fast ein Verbrechen ist
> Weil es ein Schweigen über so viele Untaten einschließt!

> (S. 723)

Becher hat in einem andern Exilgedicht, das als Antwort auf Brecht konzipiert
scheint, dieses Problem reflektiert und den Akt der poetischen Vergewisserung
ausdrücklich verteidigt:

> Ist es erlaubt, in einer Zeit, da sich
> Die Heere rings an allen Fronten messen
> Und Panzerriesen ungeheuerlich
> Stählerne Leiber aufeinanderpressen,

> Ist es erlaubt, daß du: »Sieh, diesen Baum!«
> Bewundernd sagst, sein blühendes Verzweigen
> Schwebt wunderklar im blauen Himmelsraum,
> Und diese Schönheit läßt dich sinnend schweigen …

> Wenn du es weißt: auch dieses wird geraubt
> Und wird der Feind dir unbarmherzig töten,
> Der Zweige Blühn, der blaue Himmelsfrieden
> Wird dort auf jenem Schlachtfeld mit entschieden –

> Wenn du dies weißt, ist es nicht nur erlaubt,
> Ein solch Betrachten ist sogar vonnöten.   (S. 334 f.)

Das Gespräch über Bäume ist nicht Wirklichkeitsflucht, sondern ein Akt des indirekten Widerstands. Ironischerweise ist Becher in jenen Gedichten überzeugender, wo
er konkret dem Brechtschen Diktum widerspricht, während seine Gedichte, welche
die politische Tagesaktualität aufgreifen, im Rückblick zumeist nur als versifizierte
Kommentare zur damaligen Zeitsituation oder als programmatische Arien eines
künftigen Weges erscheinen. Die politisch konzipierte Botschaft von dem neuen
Dichter, der inmitten des Schlachtgetümmels mit dem Volk um ein neues Leben
kämpfte und siegreich mit den vielen war (»Ein neues Leben wurde ihm zuteil«;
S. 215) – Bechers Gedicht *Sage* kündet davon –, bleibt fragwürdig. Aber Becher hat –
vor allem im Exil – auch immer wieder auf die Situation des historischen Übergangs
hingewiesen, auf die Notwendigkeit, Abschied zu nehmen von vertrauten Konventionen und nach neuen Wegen zu suchen. In dem langen Gedicht *Es nahen andre
Zeiten* gelten die folgenden Verse ihm selbst:

O andre Zeiten. Spärlich mit Vergleichen
Helft ihr euch aus, bald fehlen die Vergleiche.
Nicht deine Zeit, nicht meine ist gekommen.
Es nahen andre Zeiten. Andre Zeiten.
[...]
Nur wer es weiß: es nahen andre Zeiten
Und schaffen uns noch rätselhafte Wesen –
Nur wer vermag, auch von sich selbst zu lassen
Und das Verbrauchte aus sich auszuscheiden –
[...]
Der reicht hinüber in die andren Zeiten,
Der geht entgegen ihnen, wie auf Bergen
Steht er und schaut ringsum der Völker Dämmern –
Der singt das Lied vom großen Anderswerden.

(S. 217)

IV. »Das Lied vom großen Anderswerden« im Sinne einer Verarbeitung der Exilerfahrungen in neuen sprachlichen Formen klingt auch aus dem Werk zweier Autoren,
die in der aktiven Auseinandersetzung mit dem Faschismus – im spanischen Bürger-
krieg der eine und in der französischen Résistance der andere – auch zu ihrer
künstlerischen Identität erwacht sind: Erich Arendt und Stephan Hermlin, die über
die Exilsituation hinaus zu den gewichtigsten Lyrikern der deutschen Gegenwartsliteratur zählen. Beide sind zwar schon vor dem Anbruch des Faschismus in Deutschland
gelegentlich als Lyriker hervorgetreten: Arendt[30] mit frühen Gedichten, die der
sprachlichen Rigorosität August Stramms verpflichtet waren und in Herwarth Waldens Zeitschrift *Der Sturm* veröffentlicht wurden; Stephan Hermlin[31] mit gelegentlich
an Hölderlin und Georg Heym anklingenden Versen, die in kleinen Zeitschriften
erschienen. Zu wichtigen Lyrikern sind sie jedoch erst in der Exilzeit geworden.
Paradoxerweise vielleicht gerade deshalb, weil nicht die Literatur, sondern der aktive
Widerstand gegen Hitler und die schwierigen Versuche, zu überleben, im Mittelpunkt
standen.
Beide befanden sich unter diesem Aspekt nicht in der Situation, bereits vorhandene
ästhetische Traditionen in ihrem eigenen Werk fortsetzen zu müssen, sondern haben
ihre künstlerische Individualität erst unter den Zwängen der Zeitgeschichte und
ihrem Widerstand dagegen ausgebildet. Als Lyriker wurden sie erst in der frühen
Nachkriegszeit wahrgenommen, nachdem 1945 in Zürich Hermlins Gedichtsammlung
Zwölf Balladen von den großen Städten und 1951 in Ost-Berlin Arendts Gedichtband
Trug doch die Nacht den Albatros erschien. Beide haben sich politisch zu dem neuen
Staat in Mitteldeutschland bekannt und dieses Engagement bis in die Gegenwart
aufrechterhalten. Freilich lassen sich die Schwierigkeiten dieses Engagements auch an
ihrem lyrischen Werk ablesen: Die Stimme des Lyrikers Hermlin begann bereits in
der frühen Nachkriegszeit zu verstummen und war nur noch auf dem Umweg über
Übersetzungen literarisch präsent. Ähnliches gilt für Arendt, der in den ersten Jahren
nach seiner Rückkehr aus Kolumbien nach Ost-Berlin vorwiegend als Übersetzer
arbeitete und auch, als er wieder Gedichte zu schreiben und zu veröffentlichen
begann, es nicht als engagierter Sänger der neuen politischen Wirklichkeit tat,

sondern vielmehr das in Spanien und Südamerika erfahrene, archaisch elementare Wirklichkeitsbild in den mittelmeerischen Umkreis der Ägäis transformierte, einen wichtigen Erfahrungsbereich seiner späten Lyrik.

Was ihre im Exil entstandenen Gedichte so entscheidend über die meisten lyrischen Texte der bisher – vielleicht mit Ausnahme Bechers – erwähnten Autoren hinaushebt, ist die Tatsache, daß sie die politischen Erfahrungen ihres konkreten Widerstandskampfes in sprachlichen Formen ausdrücken, die an die Traditionen des lyrischen Sprechens – vor allem in Frankreich – anschließen, aber zugleich mit den durchaus politisch akzentuierten Inhalten diese Formen aus der klassizistischen Glätte herausbrechen und verlebendigen.

In Arendts[32] Sonett *Das Lied*, das dem Andenken Arthur Rimbauds gilt, wird die Agonie der Zerstörung am Ende des Krieges beschworen, die auch von den Vertretern des Widerstandes nicht aufgehalten werden konnte und die sich auch auf sie erstreckte. Aber inmitten des Gräberfeldes wird die Sprache der Dichtung als jene Kraft angerufen, die die utopische Botschaft eines besseren und auch politisch befreiten Daseins gegen Tod und Zerstörung anstimmt und zum Garanten einer menschlichen Zukunft wird:

> Der Atemhauch der Freiheit ist erstickt.
> Die Horizonte lasten todeskalt im Grauen.
> Aus Schutt und Winkeln steigt Geruch vom lauen
> verwesten Blut: Die große Stunde ist mißglückt!
>
> So kommt ihr Worte! Schlagt die Dunkelheiten
> mit eurem Licht zu Boden! Worte flammt
> und brennt die Knechtschaft aus für alle Zeiten,
> in die die Menschenarmut ist verdammt!
>
> Er reißt ihr Rufen aus den Grabestiefen,
> drin warteten sie ein Jahrtausend lang.
> Die Töne, die in schwarzen Kronen schliefen,
> erglühn zu einem Sonnensang.
>
> Er singt: Die Toten der Kommune, sie sollen leben leben!
> Gesang die Erde aus dem Blut ins Licht der Freiheit heben!
>
> (S. 27)

Die Sprache, die Dichtung, die Kunst werden in diesem Gedicht nicht als Facetten einer zeitenthobenen ästhetischen Wirklichkeit gegen den Blutgeruch der Zeithistorie gestellt, sondern dieser für viele Exillyriker geltende Dualismus von bleibender Kunst und zerstörerischer Zeitgeschichte wird aufgehoben, indem gerade die Kunst als Keim der neuen Hoffnung, als Verkörperung einer menschlichen Zukunft erfahren wird. Daß das in Versen geschieht, die in ihrer kompakten Struktur und die Realität unmittelbar aufnehmenden Bilderwahl den Blutgeruch der Zeitgeschichte nicht unterdrücken, aber auch den Hoffnungsimpuls der geschundenen Opfer, der Menschen, ebenso unverstellt bekennen, hebt ein solches Gedicht über die übliche Sonettenproduktion des Exils hinaus.

Stephan Hermlins Sonett[33] *Nike von Samothrake* ist wenige Jahre früher (1942) entstanden und wird noch von einer anderen politischen Hoffnung getragen, auf die Arendt bereits als vergeblich zurückblickt.

> Vor uns sind Stufen endlos zu beschreiten.
> Wie dieser Marmor unsern Fuß verbraucht!
> Wir fühlen Stein uns. Wir vergaßen Weiten
> Und Licht in jene weiße Nacht getaucht.
>
> Was stößt uns höher? Unsre Knechtschaft lastet,
> Und unser Auge folgt nur diesem Fuß,
> Der blutend Marmor tritt. Der niemals rastet,
> Der uns erniedrigt, weil er steigen muß.
>
> Nur einmal hebt sich unser Blick: Bereitet
> Sich Ungeheures uns? Ist das der Sinn?
> Dies also ist es! . . . Unser Tiefstes spreitet
> In einem Flügelpaar sich maßlos hin.
>
> Der Treppe großer Schwung bricht in uns ein.
> Die Göttin stürmt: Der Sieg wird unser sein!

(S. 69)

Dieses Sonett ist kein Dinggedicht im Rilkeschen Sinne, das der Wesensaufschließung eines Artefaktes gilt. Das Ersteigen der Treppe verwandelt sich hier in eine Metapher für jenen endlosen, den Menschen verbrauchenden Weg in eine bessere Wirklichkeit über die Hindernisse der Zeitgeschichte und die eigenen Opfer hinweg. So ist es kein geschmäcklerischer Kunstbetrachter, der sich jenem Inbild griechischer Kunstvollendung und Wirklichkeitsfeier nähert, sondern ein aus den Zerstörungsexzessen der Wirklichkeit vorübergehend entlassener Beteiligter, der in der »weißen Nacht« der Artilleriedetonationen und Bombenexplosionen längst für das mittelmeerische Licht vollendeten Menschentums, wie es sich in den Statuen der klassischen griechischen Zeit verkörpert, erblindet ist und sich mit blutendem Fuß müde und gleichsam mechanisch den Treppenaufgang hinaufschleppt. Kein Sieger also, sondern eher ein Opfer, ein Mitkämpfer, der sich das Äußerste abverlangen muß, nur um nicht aufzugeben, um weiterzumachen.

Hermlin hat den Augenblick der Epiphanie auch gestisch signalisiert: Der Blick des die Treppe Hinaufsteigenden, bisher teilnahmslos auf den beschwerlichen Weg der eigenen Füße gerichtet, wird plötzlich am oberen Ende der Treppe mit dem Bildwerk der griechischen Göttin konfrontiert. In einem Erkenntnisblitz wird ihm das Kunstgebilde als ein Inbild jener menschlichen Vollkommenheit bewußt, für die er unter den nie enden wollenden Opfern bisher gekämpft hat. Im Angesicht des Bildes wird die Utopie für ihn konkret und wird als nicht untergegangene Hoffnung seines politischen Kampfes in ihm lebendig.

Wie bei Arendt wird auch hier bei Hermlin das Kunstwerk, die Kunst, nicht als zeitenthobene Gegenwelt gegen die Erosionskräfte der geschichtlichen Gegenwart gestellt, sondern die Kunst wird als jene Kraft erfahren und dargestellt, die die

Widerstandskräfte gegen die Zerreißproben der Zeithistorie stärkt, weil in ihr die menschliche Hoffnung und Zukunft antizipiert sind. Das ist in Arendts Sonett ganz ähnlich gesehen. Freilich, Hermlins Hoffnung: »Der Sieg wird unser sein!« ist im Gedicht Arendts zurückgenommen worden: »Die große Stunde ist mißglückt!« Das bezeichnet die historische Differenz der geschichtlichen Erfahrung, nimmt aber die Bedeutung der Kunst nicht zurück.

Es ist ein Zeichen für den dichterischen Rang beider Autoren, daß die Beziehung von Kunst und Wirklichkeit, von Dichtung und Leben sich einer programmatischen Festlegung entzieht und eng mit einer bestimmten historischen Erfahrung verbunden ist. Diese Vielschichtigkeit, die sich auch in der Form ihrer Gedichte als poetische Materialität und Reichtum der Nuancierung zu erkennen gibt, soll bei den Exilgedichten beider Autoren noch ein weiteres Mal belegt werden, wobei zugleich die thematische Linie der poetologischen Dichtungs- und Sprachreflexion, die als so wichtig für die meisten Exillyriker bestimmt wurde, erneut aufgenommen wird. Es handelt sich um Arendts 1941 entstandenes langes Gedicht *Der Albatros* und Hermlins 1945 geschriebene *Ballade von den alten und neuen Worten*. Arendts Gedicht setzt mit der Strophe ein:

> Sonnen sanken um mein Schiff und stiegen:
> Wochen stiller großer Wiederkehr!
> Wolkenwände sah ich ferne liegen,
> und sie sanken lautlos in das Meer.
> Immer aber hört ich's oben fliegen:
>   Über mir, der weiten Fahrt Genoss',
>   seine Schwingen schlug ein Albatros.
>
>   (S. 21)

In den acht Strophen des Gedichtes werden in der Bildersprache des Meeres und der verschiedenen Wetterzonen immer neue geschichtliche Situationen variiert, die zu überstehen sind und in denen der Flügelschlag und Schrei des Albatros den Meeresfahrer begleiten – bis zur Ankunft auf der paradiesischen Insel, die als Bild der Wirklichkeit gewordenen Utopie in der achten Strophe erscheint und mit dem Erreichen des Ziels den Abschied vom Albatros markiert.

Die lyrikgeschichtlichen Zusammenhänge, denen sich dieses Gedicht einordnet, sind nicht zu übersehen. Es weist auf Baudelaires Albatros-Gedicht zurück und ebenso auf Stefan Georges Gedicht (der Baudelaires Gedicht überdies übersetzte[34]) *Der Herr der Insel*[35]. Die Diskrepanzen zwischen Poesie und Wirklichkeit werden von Baudelaire im Bild des Albatros anschaulich gemacht, dessen majestätische Größe nur sichtbar wird, wenn er frei und allein in den Lüften schwebt, und der auf dem Schiffsdeck unter den Menschen plump und unbeholfen wirkt. Stefan George hat diese Diskrepanz zur Aporie erhärtet, indem er den geheimnisvollen Vogel nur lebensfähig zeigt, solange er auf der von den Menschen unberührten Insel lebt, und ihn sterben sieht, als die Menschen die Insel betreten.

Arendts Gedicht, das sich diesen poetologischen Zusammenhängen zuordnet, ist ein Gegen-Gedicht zu dieser Tradition. Der Albatros ist nicht Bildelement einer der Geschichte übergeordneten absoluten Wirklichkeit der Kunst wie in der symbolistischen Tradition, sondern als Inbild von Poesie und Kunst die Verkörperung von menschlicher Zukunft und Hoffnung. Sein Ruf ist Ermunterung, aber zugleich auch Ausdruck des Zorns gegen das Unrecht, das sich dem Reisenden, der unterwegs in die Utopie ist, als Widerstand in den Weg stellt. Und so bleibt er auch in den Träumen und Erinnerungen noch lebendig, zumal die Paradieseshoffnung der Insel getrogen hat:

> Nur in Träumen noch am Strand nach Jahren
> zog er wie ums Schiff im stillen Flug.
> Und – da Not und Knechtschaft unerträglich waren,
> daß das Herz den Haß nicht mehr ertrug,
> stieg sein Schrei, dem großen Zorn entfahren:
>   Wilder Ruf, der durch den Himmel schoß,
>   über mir, wie einst – mein Albatros!   (S. 22)

Man könnte auch über dieses Gedicht Arendts einen Gattungsnamen setzen, den Stephan Hermlin für seine Exillyrik mit guten Gründen beansprucht hat: Ballade. Freilich hat diese Ballade nichts mit den gereimten Historienstücken herausgehobener geschichtlicher Individuen zu tun, deren Handeln oder Verhalten als exemplarisch vorgeführt wird. Das epische Element, das zur Balladenform gehört, meint bei Hermlin und Arendt, aber auch bei Brecht und später Geborenen wie Wolf Biermann den Einbruch der geschichtlichen Erfahrung in das Gedicht: der Geschichtsstoff, der zum eigenen Wirklichkeitserleben gehört, wird nicht nur als Extrakt, zu Gefühlen und Stimmungen destilliert, in das lyrische Sprechen einbezogen, sondern als Widerstand und Rohstoff unmittelbar eingebracht.

Hermlin thematisiert in der *Ballade von den alten und neuen Worten* (S. 47–49) wie Arendt in der Bildersprache seines Gedichtes den Abschied von einer Position der verabsolutierten Dichtung und Kunst, die sich auch für ihn vor allem im Beispiel des französischen Symbolismus konkretisieren. Auch für ihn gilt, daß er Dichtung und Wirklichkeit bleibend aufeinander zu bewegen möchte, daß die Trennung zwischen beiden aufgehoben werden und das poetische Wort in einer neugeformten politischen Wirklichkeit Heimatrecht finden soll: Die Sakralisierung einer als schön empfundenen Sprache, die die Schlacken der Wirklichkeit ausgeschieden hat und als eigentliche Wirklichkeit absolutgesetzt wird, ist angesichts der Wirklichkeitserfahrung nicht länger aufrechtzuerhalten:

> Ich weiß, daß sie nicht mehr genügen,
> Weil die Erde mich noch trägt,
> Weil die alten Worte lügen,
> Weil der Unschuld die Stunde schlägt,
> Ich weiß, daß sie nicht mehr genügen.
>   (S. 47)

Die Harmonievorstellung einer überlieferten poetischen Sprache und die zeitgeschichtliche Realität, in der Unschuldige zugrunde gegangen sind und das Überleben mit keiner übergeordneten Logik, sondern mit dem puren Zufall verbunden scheint, klaffen unvereinbar auseinander. Die naturgeschichtliche magische Sprache der dichterischen Tradition mit ihren irrationalistischen Wurzeln wird zurückgewiesen und eine neue Sprache angerufen, die der Wirklichkeitserfahrung entspricht, die ebenso ein Instrument der Wirklichkeitsbewältigung sein kann, wie sie Ausdruck der Natur ist, aber auch Ausdruck der elementaren Gefühle des Menschen:

> Genügen können nicht mehr die Worte,
> Die mir eine Nacht verrät,
> Die beflügelte Magierkohorte,
> Wie vom Rauch der Dämonen umdreht,
> Genügen können nicht mehr die Worte.
>
> Daß an meinen Worten ich leide!
> Und die Worte waren schön . . .
> Meine Worte waren wie beide,
> Tag und Nacht, wenn sie beide vergehn.
> Daß an meinen Worten ich leide!
>
> Drum gebt mir eine neue Sprache!
> Ich geb euch die meine her.
> Sie sei Gewitter, Verheißung, Rache,
> Wie ein Fluß, ein Pflug, ein Gewehr.
> Drum gebt mir eine neue Sprache!
>
> (S. 47)

Das siebzehnstrophige Gedicht entwirft nun in allmählicher Steigerung, die den zeitgeschichtlichen Erfahrungsraum des Ichs ausmißt, von den unschuldigen Opfern unter dem Fallbeil des Henkers (»Wie die Schneide des Beils am Nacken, / Wie Lächeln, das ein Messer schnitt / In blutigem Mund [. . .]«; S. 48) bis zu den zerstörten Kathedralen der verödeten Städte (»Wie ein Land ohne Kathedralen [. . .]«.), von den Vernichtungslagern wie »Maidanek« (S. 48) zu militärischen Zerstörungsexzessen der SS-Soldateska wie »Oradour« (S. 49), die Vision einer Sprache, in der die Erinnerung an die Schönheit der Natur und eine sinnvolle, in diese Natur eingebettete Tätigkeit des Menschen zwar nicht erloschen ist, die aber zugleich die Namen der im Widerstand gefallenen Opfer aufgenommen hat:

> Worte, Wegbereiter,
> Sie können wie Namen sein:
> André oder Lechleiter,
> Sie schmecken wie Brot und Wein.
> Worte, Wegbereiter . . .
>
> Unser Brot gewürzt mit Qualen,
> Unser Wein berauschend wie Haß.
> Wer soll unseren Wein bezahlen . . .
> Am Boden liegt das Glas
> Und das Brot gewürzt mit Qualen.
>
> (S. 49)

Wie Herrmann-Neiße in seiner *Litanei der Bitternis* nimmt Hermlin hier das christliche Bildfeld von Brot und Wein auf. Aus der Zuversicht, die in der Gnade eines christlichen Gottes gründet, wird bei Herrmann-Neiße das Gnadenbrot des Verstoßenen und der letzte Wein des Sterbenden. Hermlins Umdeutung des christlichen Zeichens geht noch weiter. Die heilsgeschichtliche Sinngebung, die für den Opfertod Christi gilt, spricht nicht aus dem Opfertod der gemordeten Widerstandskämpfer. Die Erinnerung an sie ist ohne Trost, sie ruft die Gefühle von »Qualen« und »Haß« ins Gedächtnis zurück, und das utopische Land, in dem die neue Sprache Wirklichkeit werden könnte, scheint – das Gedicht entstand 1945 – entfernt wie eh und je. Nur die Wunden, die Zerstörungsmale und die unbeglichenen Rechnungen der Geschichte prägen sich dem Bewußtsein als Gegenwart ein.

Das »Lied vom großen Anderswerden«, das Becher angestimmt hat, bricht in Hermlins Gedicht dissonant ab. Die Trauer, die daraus spricht, wird noch deutlicher, wenn man den werkgeschichtlichen Zusammenhang betrachtet, dem sich dieses Gedicht bei Hermlin einordnet. Die *Ballade von den alten und neuen Worten* weist ja unverkennbar auf die vier Jahre früher entstandene *Ballade vom Land der ungesprochenen Worte* zurück. Bereits hier wird die Utopie einer Zukunftswirklichkeit entworfen, in der die ungesprochenen Worte einer neuen Sprache wahr werden sollen. Diese Wirklichkeit wird ähnlich wie in Arendts Gedicht *Der Albatros* als utopische Insel evoziert, aber eine Insel, die kein naturgeschichtliches Paradies darstellt, sondern traumhaft verfremdete, den Menschen abweisende Züge trägt:

> Von Lippen und Augen verharscht verweht,
> Ungeboren das drängende Wort.
> So zogen weiter ins seltsame Land
> Wir auf leerer Straße fort.
> Und dies ist das Land, wo kein Wind mehr weht.
> Du weißt: dort jenseits das Meer
> Ist voll von gescheiterten Schiffen. Der Lärm
> Der Stille ist um dich her.
>
> Die grausige Stille von Horizont
> Zu Horizont. Und jeder Strauch
> Faßt dich mit Dornen, und unbesonnt
> Sind die Moore am Mittag auch.
> An jedem Kreuzweg Frau Wahnsinn grüßt,
> Die bleiche Bettlerin, dich,
> Und wir wandern lächelnd im Traum – so vergeß
> Ich dich und du vergißt mich
> [...]   (S. 20)

Das Bild dieser utopischen Insel öffnet sich zur Vorstellung einer geschichtlichen Schädelstätte, zu einer Hadeslandschaft, in der der Trank aus dem Fluß Lethe die menschliche Erinnerung auslöscht. So gesehen, hat sich die Hoffnungslosigkeit in dem vier Jahre später entstandenen Gedicht eher noch verschärft. Zwei Jahre später (1947) hat sich die Situation weiter verfinstert. Das Gedicht *Die Zeit der Wunder* ruft die Jahre des Kampfes nochmals in Wehmut als eine Zeit der Wunden, aber auch der Wunder und Wahrheit in die Erinnerung zurück: »Der Treue Farben brachen durchs Gewölk der Phrasen [. . .]«. (S. 86) Die Gegenwart, die die Verwirklichung der neuen Sprache bringen sollte, ist dabei, sich in die graue Normalität des Alltags zurückzu-verwandeln:

> Und in der Dämmrung sind die Katzen wieder grau,
> Die Abendstunde schlägt für Händler und für Helden.
> *Wie dieser Vers stockt das Herz,* und es erstickt der Schrei.
> Die Mauerzeichen und die Vogelflüge melden:
> Die Jugend ging. Die Zeit der Wunder ist vorbei.
> [. . .]
>
> Der Worte Wunden bluten heute nur nach innen.
> Die Zeit der Wunder schwand. Die Jahre sind vertan.
>
> (S. 86)

Die Stimme des Lyrikers Stephan Hermlin war immer seltener zu hören, bis sie nahezu verstummte. Die Reibungen und Widerstände, die aus dem engagierten Versuch entstanden und bis in die unmittelbare Gegenwart entstehen, an seiner Loyalität gegenüber dem neuen Staat im mittleren Teil Deutschlands nicht irre zu werden, haben die Vision einer neuen Sprache aufgezehrt. Das Verstummen Herm-lins und der Rückzug in die Bilderwelt einer archaisch mittelmeerischen Welt bei Arendt sind vergleichbare Phänomene. Wo Becher sich bis zur Selbstaufgabe anglich und mit seiner moralisch-politischen Identität ebenso bezahlte wie mit seiner Identität als Dichter, gelang es Hermlin und Arendt, ihre künstlerische Integrität aufrechtzuer-halten. Auch unter dieser Perspektive wird ihre im Exil entstandene Lyrik, deren Rang im Kontext der meisten im Exil geschriebenen Gedichte außerordentlich ist, zu einem Herzstück ihres Werks.

V. Es gehört mit zu den Paradoxien der Exilliteratur und insbesondere der Exillyrik, daß das, was sich dem literarischen Gedächtnis der Nachgeborenen eingeprägt hat, zum Teil von außerliterarischen Bedingungen bestimmt wurde und nicht immer den substantiellsten Teil dieses Werks ausmacht. Der Sachverhalt ist äußerst kom-plex, weil das Literarische hier in moralisch-politische Zusammenhänge eingelagert ist, die von den deutschen Verbrechen im Dritten Reich gegenüber den Juden und der öffentlichen Sühnehaltung in der Nachkriegszeit bestimmt sind. So hat die Autorin Nelly Sachs[36], die im Zustande zunehmender Verängstigung und Isolation von 1933 bis 1940 im NS-Deutschland ausharrte und dann schließlich 1940, als sie »den Gestellungsbefehl für den Arbeitsdienst«[37] erhielt, sich mit ihrer Mutter nach Schweden rettete, in den sechziger Jahren für ihr in der schwedischen Emigration entstandenes lyrisches Werk höchste Auszeichnungen erhalten: 1965 den Friedens-preis des Deutschen Buchhandels und ein Jahr später den Nobelpreis für Lite-ratur.

Diese literarischen Nobilitierungen verstanden sich als Anerkennung der literarischen Qualität ihres Werks, aber sind zugleich auch als stellvertretende öffentliche Gesten der Sühnebezeugung und Schuldaufarbeitung jener politischen Vergehen verstanden worden, die mit den Themen dieses Werks aufs engste verbunden sind und in einem Brief der Autorin aus dem Jahr 1966 so umschrieben worden sind:

»[. . .] die furchtbaren Erlebnisse, die mich selbst an den Rand des Todes und der Verdunkelung gebracht haben, sind meine Lehrmeister gewesen. Hätte ich nicht schreiben können, so hätte ich nicht überlebt. Der Tod war mein Lehrmeister. Wie hätte ich mich mit etwas anderem beschäftigen können, meine Metaphern sind meine Wunden. Nur daraus ist mein Werk zu verstehen.«[38]

Das existentielle Trauma einer psychischen Gefährdung, die die Autorin immer wieder in Krisensituationen geführt hat, wird in der Lyrik von Nelly Sachs auf weiten Strecken mit der Leidensgeschichte des jüdischen Volkes identifiziert. Ihre individuelle Lage wird zur kollektiven Lage des Judentums in der Zeitgeschichte erweitert und in religionsgeschichtliche, mythologische und biblische Zusammenhänge eingebettet. Daß das zugleich in einer Verssprache geschah, deren hermetische Verrätselung den späten Hymnenton Hölderlins aufnimmt und in dichterischer Nachbarschaft des späten Rilke und auch Georg Trakls steht, hat mit dazu beigetragen, den formalen Anspruch dieser Lyrik von vornherein zu tabuisieren und eine nüchterne Einschätzung ihrer Leistung zu erschweren. Eine Sakralisierung der Sprache wird bei Nelly Sachs nicht nur auf Umwegen gleichfalls erreicht, sondern gewissermaßen absolutgesetzt. Die geschundene Sprache soll ihre Unschuld zurückgewinnen und wieder zur heiligen Sprache werden. Daß dabei auch religionsgeschichtliche Analogien eine Rolle spielen, etwa die Mystik eines Jakob Böhme oder die Bruchstücke eines Werkes mit Titel *Sohar*, das, in der spanisch-jüdischen Kultur verwurzelt, am Ende des dreizehnten Jahrhunderts entstand, unterstreicht noch zusätzlich diese Sakralisierung. In diesem Kontext läßt sich auch das folgende Gedicht der Nelly Sachs als ein poetologisches Dokument begreifen, das den Sprachverlust durch die Ausweitung der Sprache in religiös-mystische Zusammenhänge wettzumachen versucht:

> Da schrieb der Schreiber des Sohar
> und öffnete der Worte Adernetz
> und führte Blut von den Gestirnen ein,
> die kreisten unsichtbar, und nur
> von Sehnsucht angezündet.
>
> Des Alphabetes Leiche hob sich aus dem Grab,
> Buchstabenengel, uraltes Kristall,
> mit Wassertropfen von der Schöpfung eingeschlossen,
> die sangen – und man sah durch sie
> Rubin und Hyazinth und Lapis schimmern,
> als Stein noch weich war
> und wie Blumen ausgesät.

Und, schwarzer Tiger, brüllte auf
die Nacht; und wälzte sich
und blutete mit Funken
die Wunde Tag.

Das Licht war schon ein Mund der schwieg,
nur eine Aura noch den Seelengott verriet.

(S. 209)

Die Erkenntniskraft der poetischen Sprache wird hier vom religiösen Anspruch einer mystischen Metasprache abgelöst und ausgelöscht. So wie der Schreiber des Sohar in seinem Bericht über die Schöpfungsgeschichte die Sprache zum Ursprung hin öffnet, sie wieder verlebendigt, sie aus der Abstraktheit von toten Zeichen in den Zustand körperlicher Beseeltheit zurückverwandelt und das Paradies des Anfangszustandes anschaulich werden läßt, soll auch die Sprache ihres Dichtens die gesprochenen Worte hinter sich lassen, sie im Licht des Schweigens zum Ereignis werden lassen: »Das Licht war schon ein Mund der schwieg . . .« Dies ist die bildliche Umschreibung des eigentlichen Ziels, auf das die Verse der Dichterin gerichtet sind. Der Konsens mit dem Leser wird hier aufgegeben. Das uneigentliche Sprechen der Poesie wird zum eigentlichen Sprechen religiöser Verkündigung umgemünzt. Verkündigung setzt Ergriffenheit voraus und nicht Eindringen in ästhetische Strukturen, die als Gebilde beschreibbar sind und bestimmte Ordnungsgesetze dokumentieren. Unter ästhetischem Aspekt mag es denn auch häufig so sein, daß der hochangesetzte hymnische Ton ins Leere geht, daß die Konzentration auf einige zentrale Wortfelder, die sogenannten »Königswörter«[39], die immer wieder variiert werden, zur Redundanz kaleidoskopartig kombinierter Bilder und Wendungen führt, daß die Hermetik vieler Gedichte nicht auf eine verschlüsselte, jedoch entzifferbare Struktur durchsichtig, sondern Selbstzweck wird und daß mancher Text die psychische Krisenanspannung der Autorin zu unmittelbar spiegelt.
Eine geradezu erschreckende Bestätigung dieses Sachverhalts ist eine Gedicht-Montage, die der Lyriker Erich Fried 1966 zu einem Würdigungsband für die Autorin zu ihrem 75. Geburtstag beigesteuert hat. Dieses Gedicht *Zeile um Zeile* (S. 201–204) ist in drei Teilen jeweils mehrstrophig aus Verszeilen von Gedichten Nelly Sachs' zusammengestellt, in einer Weise, daß sich der neuentstandene Text ohne weiteres als Gedicht der Autorin lesen ließe, wüßte man nicht, daß es eine Blütenlese ist. Die kaleidoskopartige Zufallsstruktur mancher Gedichte der Autorin läßt sich nicht eindringlicher belegen und macht aus dem Würdigungstext eine Parodie.
Die überschwengliche Anerkennung, die Nelly Sachs in ihren letzten Lebensjahren zuteil geworden ist, läßt sich als Vorgang der literarischen Rezeption nicht von dem Schuldkomplex einer deutschen Leserschaft ablösen, die hier auf der literarischen Ebene eine relativ leicht abzuleistende Wiedergutmachung – wie Rühmkorf[40] gemeint hat – betrieb und sich damit paradoxerweise ein wieder beruhigtes Gewissen verschaffte, mit dem man die andern Exilautoren, die aus einer ähnlichen Situation wie Nelly Sachs und in ähnlichen Zusammenhängen im Exil weitergeschrieben hatten, um so leichter übersehen konnte.
Dazu zählt eine wichtige Lyrikerin wie Gertrud Kolmar[41], die in den Jahren der

Ächtung und Verfolgung aus Sorge um ihren alten Vater in Deutschland blieb und deren Spur sich nach ihrer Deportation 1943 in den Vernichtungslagern verlor. Auch sie hat die jüdische Schicksalserfahrung in ihren Gedichten gestaltet, aber in einer Sprache, die sich mit einer Verhaltenheit des Schmerzes vom Leiden dieser Welt ablöst und die Heimat ihrer Vorväter mit immer wieder bestürzenden Naturbildern verbindet. In ihrem Gedicht *Abschied* hat sie diesen Abgesang auf die Welt, ihr Sich-heraus-Lösen aus der Hektik des Lebenskampfes in die Verschmelzung mit der bewußtlosen Schönheit der Natur, bewegend ausgedrückt:

Nach Osten send ich mein Gesicht:
Ich will es von mir tun.
Es soll dort drüben sein im Licht,
Ein wenig auszuruhn
Von meinem Blick auf diese Welt,
Von meinem Blick auf mich,
Die plumpe Mauer Täglich Geld,
Das Treibrad Sputedich.

Sie trägt, die Welt in Rot und Grau
Durch Jammerschutt und Qualm
Die Auserwählten, Tropfentau
An einem Weizenhalm.
Ein glitzernd rascher Lebenslauf,
Ein Schütteln großer Hand:
Die einen fraß der Mittag auf,
Die andern schluckt der Sand.

Drum werd ich fröhlich sein und still,
Wenn ich mein Soll getan;
In tausend kleinen Wassern will
Ich rinnen mit dem Schwan,
Der ohne Rede und Getön
Und ohne Denken wohl
Ein Tier, das stumm, ein Tier, das schön,
Kein Geist und kein Symbol.

Und wenn ich dann nur leiser Schlag
An blasse Küsten bin,
So roll ich frühen Wintertag,
Den silbern kühlen Sarkophag
Des ewigen Todes hin,
Darin mein Antlitz dünn und leicht
Wie Spinneweben steht,
Ein wenig um die Winkel streicht,
Ein wenig flattert, lächelnd bleicht
Und ohne Qual verweht.   (S. 158)

Hier handelt es sich keineswegs um die Flucht in eine Naturidylle, wie sie sich in den Gedichten vieler Exillyriker entdecken läßt, sondern um den Blick auf eine in Aufruhr geratene Welt, die keinen menschlichen Trost mehr bereithält, auch nicht den Trost einer religiösen Identifikation mit dem Leidensweg des auserwählten Volkes. Die Teilnahme am irdischen Eitelkeitsspiel wird aufgekündigt. Das gilt – in der ersten Strophe – mit dem Blick auf die Zivilisationsmühle der westlichen Welt, aber ebenso auch für die religiös-politische Mission des Judentums (in der zweiten Strophe). Das Einswerden mit der Natur, wovon die letzten beiden Strophen sprechen, ist ohne pantheistische Tröstung, sondern bedeutet den Verzicht auf eine menschliche Welt, die entbehrlich scheint angesichts der bewußtlosen Schönheit und Stille der Natur. Der Schwan, ein Schlüsselbild der symbolistischen Lyrik, ist bei Gertrud Kolmar keine Metapher für die unschuldige Natur oder die Schönheit der Poesie, sondern er steht ganz für sich: die Kraft und Schönheit eines Tieres, das in seiner Sprachlosigkeit dem Menschen überlegen scheint. In diesem Sinne bedeutet »Abschied« hier den Verzicht auf die menschliche Identität in engster Nachbarschaft von Zeitumständen, in denen Menschen sich im Namen von Ideologien in Monstren verwandelt hatten.

Auch Else Lasker-Schüler[42], die kulturell in der deutsch-jüdischen Symbiose verwurzelt war und in ihren 1920 veröffentlichten *Hebräischen Balladen*[43] historische Ereignisse und Gestalten der jüdisch-biblischen Tradition verlebendigt hatte, gehört in diesen Kontext von wichtigen Autorinnen, die, aus Deutschland vertrieben und auf der Suche nach einer neuen Identität, sich dem geistigen Erbe Israels öffneten. Nach Zwischenstationen in der Schweiz blieb sie von 1937 bis zu ihrem Tod acht Jahre später in Jerusalem. Es war freilich keine Heimkehr einer verlorenen Tochter. Werner Kraft[44], selbst ein aus Deutschland Vertriebener, hat bewegend über die Vereinsamung und geistige Atemnot der Autorin in diesem Land berichtet, in dem sie bis zuletzt eine Fremde geblieben ist. Der Freund Peter Hille hat sie so beschrieben: »Der schwarze Schwan Israels, eine Sappho, der die Welt entzwei gegangen ist.«[45]

Else Lasker-Schüler, die 1932 den Kleist-Preis erhielt, hat sich als dichterische Stimme von großer Farbigkeit und Originalität schon im Expressionismus durchgesetzt, im Literaturleben jener Zeit eine wichtige Rolle gespielt und von daher auch die Exilsituation ganz anders empfunden als die um eine Generation jüngere Nelly Sachs, deren poetische Anfänge bedeutungslos sind und die nur auf dem Weg der Übertragung, zu der ihre Angstzustände und psychische Verunsicherung die Voraussetzungen bildeten, ihre dichterische Identität in der Verschmelzung mit dem jüdischen Schicksal fand. Der Kontrast zwischen beiden Autorinnen könnte nicht größer sein. Israels Geschichte und Leidenssituation blieben weitgehend auf die Innenwelt der Nelly Sachs beschränkt, Else Lasker-Schüler erlebte beides konkret. Jerusalem war für sie nicht nur ein mythisches Zeichen, aus der biblischen Geschichte gefiltert, sondern eine Stadt der Gegenwart, jüdisch, aber auch arabisch und dennoch ohne den utopischen Glanz einer neuen Heimat. Ihr Gedicht *Jerusalem* in ihrer Exil-Sammlung *Mein blaues Klavier* setzt mit der Strophe ein:

Ich wandele wie durch Mausoleen –
Versteint ist unsere Heilige Stadt.
Es ruhen Steine in den Betten ihrer toten Seen
Statt Wasserseiden, die da spielen: Kommen und Vergehen.

(S. 334)

Es ist eine Stadt der abgestorbenen Erinnerungen, ein einziges steinernes Mahnmal,
aus dem die Natur geflüchtet zu sein scheint. Die Seen sind ausgetrocknet und tot, die
Wellenbewegung des Wassers, die sie zum Leben erwecken könnte, fehlt. Der
Schlußvers der zweiten Strophe – »Ich habe Angst, die ich nicht überwältigen kann.«
(S. 334) – kennzeichnet ihre Situation im palästinensischen Exil. Wo Nelly Sachs in
der Vakuumkammer ihrer Exilsituation die hermetischen Zeichen ihrer Sprache zu
immer neuen Rätselmustern ihrer Gedichte anordnete und ihre Sprache religiös zu
entgrenzen versuchte, teilte Lasker-Schüler die Sprachnot vieler Exilautoren, sah
sich mit der Verdünnung ihrer kulturellen Lebensluft auch um ihre Sprache und um
ihre poetische Einbildungskraft gebracht. Das Titelgedicht ihrer Sammlung *Mein
blaues Klavier* ist auf diesem Hintergrund ein poetologisches Gedicht, das im Bild-
zeichen des blauen Klaviers, das einst zu wunderbaren Klängen erweckt wurde und
nun nutzlos im Dunkel der Kellertür allmählich zerfällt, als »blaue Tote« beweint
wird und den Wunsch nach dem eigenen vorzeitigen Tod weckt, die eigene Poesie
meint:

Ich habe zu Hause ein blaues Klavier
Und kenne doch keine Note.

Es steht im Dunkel der Kellertür,
Seitdem die Welt verrohte.

Es spielen Sternenhände vier
– Die Mondfrau sang im Boote –
Nun tanzen Ratten im Geklirr.

Zerbrochen ist die Klaviatür . . .
Ich beweine die blaue Tote.

Ach liebe Engel öffnet mir
– Ich aß vom bitteren Brote –
Mir lebend schon die Himmelstür –
Auch wider dem Verbote.   (S. 337)

Die Verrohung der Welt, die Ratten, die sich aus ihren Schlupflöchern herausgewagt
haben, das bittere Brot des Exils lassen den Druck der zeitgeschichtlichen Situation
so stark werden, daß das Instrument der poetischen Verwandlung, die Sprache, die
Dichtung, zerbricht und damit auch die Zerstörung des Ichs und sein Einmünden in

den Tod unausweichlich machen. Das Peter Hille gewidmete frühe Gedicht *Der gefallene Engel* endet mit den Versen:

> Und wenn wir einst ins Land des Schweigens gehen,
> Der schönste Engel wird mein Heil erfleh'n,
> Um Deiner Liebe willen.   (S. 50)

Aus dem schönsten Engel sind die Todesengel geworden, deren Heil nur noch darin besteht, daß sie den Tod bringen und dem Vorgang des allmählichen Sterbens ein Ende setzen. Es ist die Müdigkeit eines Endzustandes, der hier aus dem Verdämmern der Poesie in der Hinneigung zum Tod spricht. In diesem Sinne ist es auch ein Abschiedsgedicht wie das Gedicht der Gertrud Kolmar. Die Endgültigkeit dieser Sprache gewordenen Trauer ist authentischer für die Wirklichkeit des Exils als die mystisch stammelnde Rätselsprache der Nelly Sachs.

Das gilt auch im Vergleich mit den Gedichten von zwei Autoren, deren Werk gleichfalls von der jüdisch-deutschen kulturellen Identität bestimmt ist und die, Anfang der dreißiger Jahre aus Deutschland vertrieben – der eine ging 1935 nach Palästina, der andere floh nach Zwischenstationen in der Schweiz und in Italien 1938 buchstäblich ans Ende der Welt, nach Neuseeland –, ihr Los aus dem Kontext der jüdischen Leidenserfahrung heraus zu bewältigen versuchten: Ludwig Strauss und Karl Wolfskehl.

Strauss[46] hat sich eine neue Existenz im Exil aufzubauen versucht, anfänglich in einem Kibbuz gearbeitet, das Kinderdorf Ben Shemen mitbegründet und später als Literaturdozent an der Universität in Jerusalem gelehrt. Die äußeren Bedingungen seines Exils waren also denkbar günstiger als die von Else Lasker-Schüler. Dennoch gilt auch für ihn als Dichter, daß die Vertreibung mit einer Entwurzelung seiner geistigen Existenz einherging. Auch er sah sich als Dichter aus dem lebendigen Wirkungsumkreis seiner Muttersprache vertrieben und die Möglichkeiten seiner Poesie im Sog der zeitgeschichtlichen Umstände verkümmern. In seinem Gedicht *Das geträumte Lied* wird diese Situation des Sprachverlustes und des Verstummens mit der Sehnsuchtsvision einer im Traum erfahrenen poetischen Sprache konfrontiert, in der Natur, Mensch und Gott noch zusammenklingen und das Lied des Dichters die Harmonie der Schöpfung ausdrückt:

> Ich sang im Traum und sang das Lied,
> Das ich an keinem Tage fand,
> Das aus dem Volk und aus dem Land,
> Aus Luft und Meer und ihrem Heer
> All ihr verschwiegnes Tönen zieht.
>
> Ich weiß den Ort nicht, wo ich stand,
> Doch stand ich in vollkommnem Licht.
> Ich weiß auch Wort und Weise nicht,
> Nur daß ich aufging zu Gesange,
> Wie Knospe unterm Strahle bricht.

Das Lied, das alle Siegel schmilzt
Mit überwältigter Gewalt,
Das Herz und Welt zusammenhallt
Wie Wort zu Wort und Ton zu Tönen
In liebdurchwalteter Gestalt.

Das Gottes Herz bewegt zur Welt,
Das Mensch dem Menschen zugesellt,
Das Volk zu Volk und Grund zu Himmel
Erschließt, und alle Gnade macht
Mit Sternen strömen in der Nacht.

Ich sang das Lied, das Gott vernahm.
Da regte sich aus seinem Schoß
Und rang sich in Geschöpfe los,
Was tot war und was ungeboren,
Und Ferne nahte sich und kam.

Und kam zu uns. Und ich erwachte,
Allein, ein Mensch in einem Land,
In einem Volk, in einem Stand,
Aus Gottes Armen losgelöst,
Verstoßender, den Welt verstößt.

Ich bins, der diese Lieder singt,
Die armen Worte, drin des Traumes
Gesang als dumpfer Nachhall klingt,
Der horcht und spricht und es verfehlt,
Unwollend euch das Höchste hehlt.

Ich bins, der vor verschloßnem Tor
Vereinsamt klagt, was er verlor.
Sein Jubel klagt, sein Klagen klagt.
Was ihm und euch die Klage wendet,
Was sich im Traum an ihn verschwendet,
Ach er vergaß es, seit es tagt. (S. 207 f.)

Die Worte des Sohar, die für Nelly Sachs die Schöpfung zu ihrem paradiesischen Anfang hin erschließen, sind für Strauss nur im Traum zu vernehmen, und die paradiesische Vorstellung einer neu verwirklichten Poesie bleibt so auch ein poetisches Traumgebilde, das sich auflöst, wenn die Realität des Tages auf ihn einbricht. Die Wirklichkeit verwandelt sich für ihn wie für Else Lasker-Schüler in ein Gräberfeld, in dem die Gegenwart Gottes ebenso fern ist wie die Schönheit einer den Menschen bergenden Natur. Die Magie der Traumworte hat sich in der poetischen Sprache des Tages verflüchtigt, die Worte sind ohne Geheimnis, sind »arme Worte«

geworden. Jedes Lied, das angestimmt wird, auch das, das preisen möchte, wandelt sich zur Klage und wird damit nur zu einem dissonanten, brüchigen Echo jener Vollkommenheitsmelodie, die von dem »geträumten Lied« ausging. Ja selbst die Utopie dieses geträumten Liedes beginnt im Gedächtnis zu verblassen, die Erinnerung daran wird allmählich ausgelöscht. Es ist jener Vorgang des Verstummens, des Absterbens, von dem auch die Gedichte der Kolmar und der Lasker-Schüler durchdrungen sind.

Die Situation des exul poeta – so seine Grabinschrift im fernen Neuseeland, seinem ultima Thule – hat sich im Exilschicksal Karl Wolfskehls noch gesteigert. Ein Polyhistor, leidenschaftlicher Literaturkenner und einer der engsten Vertrauten Stefan Georges, obwohl er vielleicht als einziger im George-Kreis dem als Meister Verehrten in der dichterischen Kraft ebenbürtig war, hat er Georges Überzeugung, daß das gestaltete Sprach-Bild zum Gesetz des Lebens wird, lange geteilt und sich untergeordnet. Erst in der Druckkammer des Exils, das ihn bis zu seinem Tod 1948 in Vereinsamung und Isolation zwang, hat sein poetisches Ingenium in den Gedichten seiner beiden Exil-Sammlungen[47] *Die Stimme spricht* und *Hiob oder Die Vier Spiegel* zu einer eigenen Identität gefunden und ihn zu einem der wichtigsten Lyriker, nicht nur des Exils, werden lassen, freilich zugleich zu einem der verkanntesten – bis heute.[48] Unter welcher Anspannung sich das vollzog, hat er kurz vor seinem Tod in einem Brief zum Ausdruck gebracht:

»Zehn Jahre heimatlos, selbst der Eifer am eignen Werk von aussen nicht immer gesichert. Alles erschwert, das Ökonomische bitter. Getragen hab ichs wie nur einer, und gestaltet bis in diese Letztzeit. Vieles bleibt posthum, die Spätphase im Exil, ganz aus dem Eignen, steht mir zuoberst im ganzen Lebenswerk. Was aber Einsamkeit heisst, Vereisung, wer weiss es wenn nicht ich, die tote Luft um mich entsaugt mir das Mark«.[49]

Die innere Verbindung zu George wird nicht aufgekündigt. In dem Gedicht ›*Das Lebenslied*‹. *An die Deutschen* bleibt George für ihn die überragende künstlerische Persönlichkeit, zu der er sich auch im Exil bekennt:

> Morgens Meister, Stern der Wende
> Hat Ihn lang mein Sang genannt:
> Sohn der Kür, Bote der Sende
> Bleib ich, Flamme, Dir Trabant!
>
> (S. 218)

Aber in diese Traditionsbindung an eine symbolistische Dichtung kommt nun eine neue Qualität, die aus der Leiderfahrung des Exils stammt: die Identifikation mit Hiob, den Gott geschlagen hat und der in seiner Verzweiflung nicht an Gott irre zu werden versucht. So ist es aufschlußreich, daß ähnlich wie bei Arendt auch bei Wolfskehl in einem *Albatros* betitelten Gedicht die Macht der Poesie im symbolistischen Bild des majestätischen Vogels, der sich allein in die Weite der Lüfte wagt, beschworen wird. Jedoch der Flug ins Ungemessene, Unbekannte, der den Albatros auszeichnet, wird nicht mit dem Hochflug der Poesie gleichgesetzt, sondern mit seiner Erprobung in Sturm und Wahn, die den Leidensweg des Dichters, einer Hiobgestalt, bestimmen. Die Überzeugtheit, mit der noch Baudelaire – auf den Wolfskehl ja namentlich hinweist – die Poesie im Flug des stolzen einsamen Vogels verabsolutierte, wird von Wolfskehl nicht mehr geteilt. Unter diesem Aspekt zeigt sich hier gleichfalls eine Mutation dieses Zentralbildes wie in dem Gedicht Arendts.

Und hier, hier, fast zum Greifen nah, ein Grösster
Pfeilt streifend mir ans Haupt, entschwebt und peilt
Sich lässig bei, und immer wieder stösst er
Ins Unermessbare – Wunsch und Traum enteilt.

Das bist du, Albatros! von meiner Fähre
Schau ich dich in mich ein und grüsse lang,
Weitschwingend das Barrett, dich, den Bodläre
Als Dichters Bild erhöht im Lobgesang.

Freisten dich, ihn den Künder, meine Lippe
Ist stark euch vorzurufen. Sturm und Wahn
Sind mir vertraut wie euch. Von selber Sippe
Durchmess ich, Hiob, Leids zeitlose Bahn.

(S. 221)

Die wirklichkeitsmächtige Poesie, wie er sie bei Baudelaire und bei George verkörpert fand und in seinem eigenen Werk zu schaffen versucht hatte, wird aus der Situation seiner Exilgegenwart heraus zu einem Traumbild der Vergangenheit, ähnlich wie in Strauss' Gedicht *Das geträumte Lied*. Auch die Desillusionierung dieses Gedichtes, den Verlust der Magie des poetischen Wortes, hat Wolfskehl ähnlich empfunden und in seinem Gedicht *Des Menschen Wort vergeht* zum Ausdruck gebracht. Dieses Gedicht, dessen rhythmische Plastizität, syntaktische Verknappung und Beschränkung auf zentrale, zum Teil altertümliche Wortfelder ihm zu einem durchaus eigenen sprachlichen Gesicht verhelfen, mißt in den ersten fünf Strophen die Wirkungsallmacht der poetischen Sprache, die allgegenwärtig war und sich im Gleichklang mit der Natur und dem Auf und Ab der menschlichen Geschichte entfaltete, nochmals aus bis zu jenem Krisenpunkt der jüngsten Geschichte, an dem auch die poetische Sprache in die Hände der politischen Schamanen geriet. Davon handeln die letzten Strophen:

Das Wort hat seinen Fug gehabt,
Den allerhehrsten Fug gehabt,
Dann ward das Wort verdammt.
Ein Grillenschrei, am Weg geschabt,
Höhnt heute Wortes Amt.

Das Wort hat seine Schmach gehabt,
Die allerärgste Schmach gehabt,
Das Wort ist dran verwest:
Nun stehn die Männer ungestabt,
Ist keiner der genest.

Das Wort hat seinen Ruhm gehabt,
Purpurnen Königsruhm gehabt,
Feil wards und faul wie Kot.
Und ob ihr tausend Worte habt:
Das Wort, das Wort ist tot.

Wort hat das Wort im Wort gehabt,
Das Ewige Wort im Wort gehabt.
Das Ewige Wort entfloh.
Der Immenstock ist ausgewabt:
Wo ist der Weisel? Wo?   (S. 177)

In Stephan Hermlins Gedicht *Die Zeit der Wunder* wird von der »Worte Wunden« im »Gewölk der Phrasen« (S. 86) gesprochen. Das Gedicht setzt mit der Erkenntnis ein: »Die Zeit der Wunder ist vorbei« (S. 86). Es ist die vergleichbare historische Stunde und Erfahrung, die aus den Versen Wolfskehls spricht, wobei Wolfskehl noch stärker als Hermlin von dem Sachverhalt ausgeht, daß ja die Verblendungskraft, die Hitler für die Deutschen besessen hat, nicht zuletzt mit der rhetorischen Verführungskraft seiner Reden auf Massenveranstaltungen zusammenhing, welche die Magie des Wortes ins Böse wendete. Die Wahrheit des Wortes verstummte unter den tausend Worten der Lüge: »Das Ewige Wort entfloh.« Das bedeutet ja auch, daß die Poesie ins Exil ging, daß der Weisel, die Bienenkönigin, die muttersprachliche Wabe auf immer verlassen hat und der Geist der Sprache sich im Nirgendwo der Ausweisung und Ausbürgerung in der Fremde verflüchtigte. Gewiß, Wolfskehl setzt in den drei kursiv gesetzten Schlußversen dieses Gedichtes seinen unbeugsamen, sich an George aufrichtenden Glauben an die heilenden Kräfte des Lebens dagegen:

Und doch sind unsre Sterne Licht geblieben
Und doch zwingt Höll und Tod gewaltiges Lieben
Und doch bewacht und lenkt die Heilige Sieben.
                    (S. 177)

Doch diese Beschwörungsformel gegen Sprachverwesung und Chaos ist Ausdruck der Sehnsucht nach einem Gegengewicht, nach einer Bewältigung des Chaos mit den Leitbildern des Inneren, die noch immer leuchten: mit den Kräften der Liebe gegen Hölle und Tod, mit naturmagischen Kräften, die im Bild der Heiligen Sieben anklingen. Die Aushöhlung dieser Utopie zeigt sich auch in der sprachlichen Auszehrung dieser zur Leerformel erstarrten Bilder, so daß auch der Schluß des Gedichtes indirekt den Verlust der Sprache bestätigt.
Die Poesie des Exils scheint da, wo sie wahr ist, sprachlos geworden zu sein für das Rühmen und Preisen, das ins Zentrum der überlieferten Lyrik gehört. Wo sie sich in der Sprache zu verwirklichen vermag, ist sie eine Poesie der Verlustmeldungen, der Katastrophennotate, der Klagegesänge, Abschieds- und Abgesang-Poesie.

VI. Die Exillyrik, die am Rand des Verstummens angesiedelt ist, wird monologisch. Die Einschnürung ihrer Sprache spiegelt die geistige und physische Atemnot des Exils. Kehrt man zu dem eingangs zitierten programmatischen Vierzeiler zurück, den Brecht über die Exillyrik gestellt hat, dann singt diese Lyrik nicht so sehr von den »finstern Zeiten«, sondern von der Verfinsterung und Finsternis. Die Verarmung, die für Brecht zur ästhetischen Signatur des Exilgedichtes gehört, fände eine Bestätigung in der monologischen Grundtendenz dieser Lyrik, in der Reduzierung der Themen, im Schwund der poetischen Materialität der Sprache. Aber bedeutet Exillyrik dort, wo sie ernstzunehmen ist, nur Abgesang-Poesie? Gibt es nicht auch jene Beispiele, in denen in der Tat von den »finstern Zeiten« gesungen wird, und lassen sich damit Tendenzen zu einer lyrischen Tonlage erkennen, die sich schon bei den Lyrikern Becher, Hermlin und Arendt orten ließ?

Gibt es mit andern Worten ein politisches Gedicht des Exils, das dialogisch orientiert ist, ein Gedicht, das den Kommunikationszusammenhang mit einem lesenden Publikum als elementar voraussetzt und mit einer operativen Sprache Erkenntnisse stimuliert und verstärkt, die ihr Ziel in der politischen Realität sehen und nicht primär im ästhetischen Kontext der Sprache? Die Diskrepanz zwischen Poesie und Wirklichkeit, bei den meisten Dichtern des Exils zur grundsätzlichen Antinomie beider Bereiche verhärtet, wird bei Arendt, Hermlin und eingeschränkt auch bei Becher zumindest dadurch aufgehoben, daß die Poesie als Trägerin der Utopie auch den politischen Kampf immer wieder zu beleben vermag und in diesem Sinne auf die Realität bezogen, ja in sie integriert wird. Das politische Gedicht des Exils wäre um eine Stufe weiter vorangetrieben: es wäre selbst ein Mittel des Kampfes, eine Waffe der politischen Erkenntnis, eine Bewußtseinssonde, die die Widerstandstat freisetzt und in ihr ihr eigentliches Ziel weiß.

Freilich setzt eine solche Zielorientierung des politischen Gedichtes eine spezifische Rezeptionssituation voraus. Legt man die Differenzierung der Lyrik in der Hegelschen Ästhetik zugrunde, so steht im Mittelpunkt des Gedichtes nicht die Situation oder der Vorfall, die das Gedicht ausgelöst haben, sondern die Gemütslage des lyrischen Subjekts, die sich darin spiegelt. Aber bereits Hegel unterscheidet zwischen drei Modi des lyrischen Sprechens, dem emotional-stimmungsbetonten, dem reflektierend-gedanklichen und dem wirklichkeits-sachbezogenen Modus. Der zuletzt genannte ist die Domäne des politischen Gedichtes, dessen Sachbezug einen Autor und Leser verbindenden gemeinsamen Wirklichkeitskontext voraussetzt. Der Leser wird ja nicht nur zum Adressaten einer bestimmten Gefühlslage des Gedichtes gemacht, sondern der das Gedicht konstituierende Sachbezug bedeutet Informationsübermittlung, die Erkenntnisse freisetzen und zum Handeln motivieren soll. Unter diesem Aspekt ist der Adressat des politischen Gedichtes[50] nicht der individuelle Leser, sondern der innerhalb einer Gemeinschaft definierte einzelne, ja die Gemeinschaft selbst ist der eigentliche Adressat, auf den das politische Gedicht zielt.

Die Situation des politischen Gedichtes im Exil ist in dieser Beleuchtung von einem tiefgehenden Widerspruch bestimmt. Die Zersplitterung des literarischen Exils gilt ja auch für die Distributionssituation des politischen Gedichtes. Es existierte keine die gleichen politischen Überzeugungen vertretende Gemeinschaft im konkreten Sinne, d. h., diese Gedichte konnten nicht vor einer Gruppe von Menschen vorgetragen werden. Selbst eine verborgene literarische Öffentlichkeit solcher Gedichte im Sinne der russischen Samisdat-Bewegung, die die offizielle Zensur durch handschriftliche Vervielfältigung und Verbreitung von Widerstandstexten umgeht, hat es lediglich sporadisch bei Autoren gegeben, die im NS-Deutschland in den Untergrund gegangen waren. Im literarischen Exil, das die Autoren über alle Kontinente verstreute, existierte Vergleichbares nicht. Brechts Exilgedicht *Schlechte Zeit für Lyrik* bezeichnet unter diesem Aspekt nicht nur die geringen künstlerischen Lebenschancen des traditionellen, sondern auch des politischen Gedichtes:

> Ich weiß doch: nur der Glückliche
> Ist beliebt. Seine Stimme
> Hört man gern. Sein Gesicht ist schön.
>
> Der verkrüppelte Baum im Hof
> Zeigt auf den schlechten Boden, aber
> Die Vorübergehenden schimpfen ihn einen Krüppel
> Doch mit Recht.
>
> Die grünen Boote und die lustigen Segel des Sundes
> Sehe ich nicht. Von allem
> Sehe ich nur der Fischer rissiges Garnnetz.
> Warum rede ich nur davon
> Daß die vierzigjährige Häuslerin gekrümmt geht?
> Die Brüste der Mädchen
> Sind warm wie ehedem.
>
> In meinem Lied ein Reim
> Käme mir fast vor wie Übermut.
>
> In mir streiten sich
> Die Begeisterung über den blühenden Apfelbaum
> Und das Entsetzen über die Reden des Anstreichers.
> Aber nur das zweite
> Drängt mich zum Schreibtisch.   (S. 744)

Das sich der traditionellen ästhetischen Form des Gedichtes, etwa dem Reim, verweigernde Gedicht gleicht dem verkrüppelten Baum im Hof. Aufgrund der schlechten Bodenverhältnisse kann der Baum nicht wachsen, so wie die Wirklichkeitssituation die Lebensfähigkeit des traditionellen Gedichtes einengt. Die noch vorhandenen Momente einer den Menschen beruhigenden Natur, die Schönheit des Sundes, die erotische Anmut der Mädchen, werden als Fluchtmomente zurückgewiesen, da die Menschen in einer solchen Sicht selbst zu Attributen dieser Naturidylle gemacht werden. Statt auf die anonymen Segler auf den fernen Booten im Sund konzentriert sich der Autor auf die von ihrer Arbeit geschundenen Fischer, statt von den jungen Mädchen zu träumen, richtet er sein Augenmerk auf die Existenznot der abgearbeiteten Häuslerin, statt den blühenden Apfelbaum zu besingen, zwingt er sich, am Schreibtisch die Reden Hitlers zu analysieren.

Die Dimension der Wirklichkeitsorientierung, die als zentral beim politischen Gedicht bestimmt wurde, betrifft hier den Autor selbst und seine Bewußtseinsarbeit. Nur in wenigen Ausnahmefällen hat sich die Absicht des politischen Gedichtes im Adressatenbezug erfüllt. Das gilt noch am ehesten für Walter Mehring[51], der sich seit dem Reichstagsbrand auf der Flucht vor den Nationalsozialisten befand und nach einer entbehrungsreichen Exilodyssee 1941 in die Vereinigten Staaten einreisen konnte, wo er bis 1951, dem Datum seiner Rückkehr nach Europa, blieb, literarisch nahezu vergessen. Mehring, den seine Chansontexte in den zwanziger Jahren weit über literarische Zirkel hinaus berühmt gemacht hatten und der sich durch seine gegen die Fememörder der Schwarzen Reichswehr geschriebenen Gedichte politisch engagiert hatte,[52] ist auch im Exil als Lyriker nicht verstummt. Über eine seiner Exilgedichtsammlungen hat der Exilgefährte und Schriftstellerfreund Hermann Kesten 1944 geschrieben: »Mit Ausnahme der *Gesammelten Gedichte* des in Prag geborenen Österreichers Franz Werfel ist *No Road Back* der gewichtigste deutsche Lyrikband, der im Exil geschrieben wurde.«[53] Das mag auf Mehring zutreffen, auch wenn der im ersten Teil des Satzes genannte Name Werfels durch den Brechts zu ersetzen wäre. Mehrings *Emigrantenchoral* wurde (wie aus Exilperspektive berichtet wurde) so etwas wie die »Nationalhymne der Emigration« in Frankreich[54]:

Werft
    eure Herzen über alle Grenzen,
Und wo ein Blick grüßt, werft die Anker aus!
Zählt auf der Wandrung nicht nach Monden, Wintern, Lenzen –
Starb eine Welt – ihr sollt sie nicht bekränzen!
Schärft
das euch ein und sagt: Wir sind zu Haus!
    Baut euch ein Nest!
    Vergeßt – vergeßt
Was man euch aberkannt und euch gestohln!
Kommt ihr von Isar, Spree und Waterkant:
Was gibt's da heut zu holn?
    Die ganze Heimat
        Und das bißchen Vaterland
    Die trägt der Emigrant
    Von Mensch zu Mensch – von Ort zu Ort
    An seinen Sohl'n, in seinem Sacktuch mit sich fort.

Tarnt
    euch mit Scheuklappen – mit Mönchskapuzen:
Ihr werdet euch doch die Schädel drunter beuln!
Ihr seid gewarnt: das Schicksal läßt sich da nicht uzen –
    Wir wolln uns lieber mit Hyänen duzen
    Als drüben mit den Volksgenossen heuln!

Wo ihr auch seid:
   Das gleiche Leid
Auf 'ner Wildwestfarm – einem Nest in Poln
Die Stadt, der Strand, von denen ihr verbannt:
Was gibt's da noch zu holn?
Die ganze Heimat und
   das bißchen Vaterland
Die trägt der Emigrant
Von Mensch zu Mensch – von Ort zu Ort
An seinen Sohl'n, in seinem Sacktuch mit sich fort.

Werft
   eure Hoffnung über neue Grenzen –
Reißt euch die alte aus wie'n hohlen Zahn!
Es ist nicht alles Gold, wo Uniformen glänzen!
Solln sie verleumden – sich vor Wut besprenzen –
Sie spucken Haß in einen Ozean!
   Laßt sie allein
   Beim Rachespein
Bis sie erbrechen, was sie euch gestohln
Das Haus, den Acker – Berg und Waterkant.
Der Teufel mag sie holn!
   Die ganze Heimat und
      das bißchen Vaterland
   Die trägt der Emigrant
   Von Mensch zu Mensch – landauf
   landab
Und wenn sein Lebensvisum abläuft
   mit ins Grab.   (S. 17–19)

Auf den Song-Charakter dieses Textes macht nicht nur der jeweilige Strophenschluß aufmerksam, der, abgesehen von geringen Modifikationen, die Bedeutung eines Refrains hat. Auf den Song, der ein großes Publikum erreichen will, weist auch die bewußt umgangssprachlich gehaltene Sprachform hin. Und selbst da, wo Bilder aufgegriffen werden, sind es nicht metaphorische, sondern sprichwörtliche Wendungen, die genutzt werden (»hohler Zahn«, »Es ist nicht alles Gold, was glänzt«). Die Sprachhöhe ist also sichtlich niedrig angesetzt. Der ästhetische Darstellungswert ist deutlich dem Gebrauchswert untergeordnet. Oder anders gesagt: Kommunikation von Autor und Leser ist dem Songschreiber wichtiger als die sprachliche Perfektion des Textes um seiner selbst willen.
Sicherlich schließt Mehring hier an die Tradition des Songschreibens an, wie er sie in den zwanziger Jahren entwickelt hat und wie ihr vor allem auch Brecht durch seine *Dreigroschenoper* literarische Breitenwirkung verschafft hat. Dabei verdient die Beobachtung des Zeitgenossen Willy Haas Aufmerksamkeit: »Walter Mehring hat, vor allem mit dem besonderen Stil seiner ›Songs‹, um 1920 für den jungen Brecht und für dessen poetische Entwicklung tatsächlich viel bedeutet.«[55]

Die Popularität dieses Songs in der Anfangsphase des Exils in Frankreich hat wohl auch damit zu tun, daß damals noch die Ansicht weit verbreitet war, die NS-Machthaber würden schon bald in Deutschland scheitern und man könnte nach ein, zwei Jahren Auslandsaufenthalt wieder zurückkehren. Auch wenn Mehrings Text eher in die andere Richtung weist, nämlich sich heimisch zu fühlen in der Fremde, entspricht der Tenor seines Songs dennoch der optimistischen Grundstimmung zu Beginn des Exils. Er macht den Emigranten Mut zu ihrer Situation, versucht, ihren Überlebenswillen in der neuen Umgebung zu stärken, warnt vor der Illusion, im Untergrund in Deutschland existieren zu können, fordert gewissermaßen zum Exil auf und reduziert die Verfolgungsbemühungen der Nationalsozialisten auf Wut- und Haßausbrüche, denen der Emigrant, der sozusagen Heimat und Vaterland verinnerlicht in sich aufgenommen hat, überlegen gegenübersteht. Die tatsächlichen zermürbenden Exilerfahrungen standen Mehring wie vielen seinesgleichen erst noch bevor.

Auf diesem Hintergrund erwies sich der optimistische Ton dieses Songs schon bald als Illusion, die Mehring allerdings selbst in vielen seiner späteren Exilgedichte korrigierte. Texte wie *Arier-Zoo* oder *Die alte Vogelscheuche*, in denen er Rassenideologie und Überlegenheitsdünkel der neuen Herrscher in Deutschland angreift, sind denn auch von einem ganz anderen satirischen Biß und von einer ganz anderen Einsicht in die tatsächlichen Gefahren der NS-Herrschaft bestimmt. So lautet etwa die dritte Strophe des *Arier-Zoos*:

> Statt der welschen Nachtigallen
> Hetzerischen Greulschalmei'n
> Lasse, Aar mit aar'schen Krallen
> Auf dem Wesselhorst erschallen
> Deinen Sang vom deutschen Rhein!
> Dulde nicht, daß uns beläst'gen
> Amsel, Drossel, Fink und Star
> Und verjag die Denkerbestien
> Von dem Belt bis an die Saar!
> Daß am deutschen Waldessaum
> die SA-Ameisenscharen
> festigen den zinsknecht-baren
> wahren deutschen Urwaldraum!

(S. 34)

In den parodistischen Anspielungen auf deutsches Liedgut, das von den Nationalsozialisten unterschiedslos durcheinandergemengt wird – vom Horst-Wessel-Lied über »Warum ist es am Rhein so schön«, »Alle Vögel sind schon da« bis zum Deutschlandlied –, wird die Flurbereinigung unter den Nationalsozialisten karikiert: Der deutsche Wald, aus dem alles vertrieben ist, was ihn einstmals belebt hat, wandelt sich in einen Urwald, in dem sich nur die gleichgeschalteten SA-Mitglieder, die ihn wie Ameisen bevölkern, wohl fühlen. Das Gedicht *Die alte Vogelscheuche* endet mit der Strophe:

> Von Spatzenhirnen ausgedacht
> Bläh ich mich groß, ich Lump aus Lumpen –
> Und Dünste der Gespensternacht,
> Die mich zum Völkerschreck aufpumpen –
> Ich Manito der hohlen Gäuche –
> Ich: Frack – Ich Braunhemd – Ich Brockat
> Bin das System – Ich bin der Staat
>   Ich bin der Führer
>   Ich bin Nichts
>   Die
>   Menschenscheuche.   (S. 37 f.)

Gewiß, auch das ist ein agitatorisches Gedicht, das in karikaturistischer Überblendung die bombastisch kostümierte Leere im Nationalsozialismus anprangert, der von der traditionellen Oberschicht der Gesellschaft (den Trägern von Frack und Brokat) gestützt wurde. Doch mit der satirischen Überzeichnung wird zugleich auch die politische Ohnmacht des Autors bezeugt. Hitler war weitaus gefährlicher, als das karikaturistisch auf ihn angewendete Bild der Vogelscheuche, der Menschenscheuche, glauben machen will. So sind denn interessanterweise im Rückblick jene Texte von Mehring überzeugender geblieben, in denen er das satirische und aktivistische Pathos zugunsten der reflexionsgefilterten Einsicht zurücktreten läßt. Auch die Sprachform Mehrings wandelt sich in solchen Texten und nähert sich viel stärker dem Parlando-Ton des Brechtschen gestischen Gedichtes an.
Ein überzeugendes Beispiel dafür ist das Gedicht *Zehn nie wiederkehrende Angebote*, das in jeder Strophe ein Beispiel für die Lügenpropaganda der NS-Partei mit der tatsächlichen Misere der Bevölkerung vergleicht und im Kontrast die Propaganda entlarvt. Das Gedicht klingt mit den Versen aus:

> Ganz Deutschland
> hat der Führer
> der Schwerindustrie und den Junkern geopfert –
> Du
> brauchst Dich also nicht so anzustellen,
> wenn Du für die Wiedergeburt und die
>   Nürnberger Parteifestlichkeiten
> die Hälfte Deines Wochenlohns opfern sollst!
>
> 1000 Jahre weniger 19 Monate
> soll das Dritte Reich noch bestehen –
> Du
> kannst also ruhig ein paar hundert Jahre Geduld haben,
> bis das Heil auch zu Dir kommt!   (S. 57)

Das ironische Understatement entlarvt die Absurdität des Opfers, das der einzelne jeweils zu bringen hat, im Vergleich zum Opfer, das Führer und Staat bringen, noch überzeugender als in der satirischen Überblendung. Die paar hundert Jahre Geduld, die der einzelne aufbringen soll, entsprechen der Mißachtung des einzelnen Lebens, seiner Unterordnung unter die pauschalen Tröstungen von völkischer Zukunft und heroischer Wiedergeburt des ganzen Volkes, in dessen allgemeinem Glück das individuelle Glück ausgelöscht ist. Doch handelt es sich hier noch – ganz abgesehen davon, daß die Rezeptionssituation den Wirkungskontext ganz stark reduzierte – um ein politisches Gedicht im Sinne eines agitatorischen Gebrauchswertes, den es für den Leser besitzen soll? Zweifel scheinen angebracht. Es sind im poetischen Material abgebildete Erkenntnisschritte, die sich in erster Linie im Bewußtsein des Autors vollziehen.

Das läßt sich auch von vielen Gedichten Bertolt Brechts sagen, dessen im Exil geschriebene Gedichte in vieler Hinsicht den künstlerischen Pegelstand möglichen Gelingens in der Exillyrik markieren und dessen Exilwerk so den gültigsten Parameter für den Rang der Exillyrik abgibt. Brecht, der sich seit 1933 auf der Flucht befand und nach mehreren europäischen Zwischenstationen, vor allem Svendborg in Dänemark, Schweden und Finnland, Anfang der vierziger Jahre die USA erreichte, hat die Exillyrik unter quantitativem und qualitativem Aspekt entscheidend bereichert. Bei keinem andern Autor läßt sich eine solche Vielfalt der lyrischen Zeugnisse im Exil feststellen, und bei keinem tritt ein solcher Reichtum der eingesetzten Formmöglichkeiten hervor. Vom epigrammatischen Kurzzeiler, vom Sonett bis zur vielstrophigen Ballade und zum großen freirhythmischen Reflexionsgedicht sind alle Formen in seinen Sammlungen aus der Exilzeit, also den *Gedichten 1933–1938*, den *Svendborger Gedichten* und den *Gedichten 1938–1941*, enthalten. Freilich ist ein künstlerisches Gefälle nicht zu übersehen. Das Diktum Friedrich Engels', das über jeder agitatorischen politischen Dichtung steht – »Überhaupt ist die Poesie vergangener Revolutionen [. . .] für spätere Zeiten selten von revolutionärem Effekt.«[56] –, gilt auch für jene lyrischen Texte Brechts, die mit der gleichgestimmten Gesinnung des Rezipienten rechnen und für den Leser gleichsam eine agitatorische Verstärkerfunktion annehmen sollen. In solchen Texten wird der Erkenntnishorizont auf den der aktuellen politischen Situation und der damit verbundenen Irrtümer eingeengt.

Das gilt etwa für das *Einheitsfrontlied* (S. 652 f.), das an die Solidarität einer zum Widerstand bereiten Arbeiterschaft appelliert und getragen wird von jener politischen Illusion in der Anfangsphase des Exils, als sei es möglich, so etwas wie eine Volksfront aller Exilierten im Widerstand gegen Hitler zustande zu bringen. Der Refrain des Liedes schließt die drei Strophen jeweils so ab:

Wo dein Platz, Genosse, ist!
Reih dich ein in die Arbeitereinheitsfront
Weil du auch ein Arbeiter bist.   (S. 652)

Zum rhetorischen Leerlauf von gutgemeinten Propagandasprüchen tendiert auch die Jubiläumshymne *Der große Oktober* (S. 675 f.), die Brecht zum zwanzigsten Jahrestag der Oktoberrevolution schrieb und wo im Verkündigungspathos der Verse: »O großer Oktober der Arbeiterklasse!« (S. 675) die Errungenschaften dieses historischen Umbruchs für die Zukunft der Welt pathetisch ausgemalt werden. Auch jene Gedichte Brechts, in denen er die damalige politische Rolle Hitlers direkt attackiert, vereinfachen die Vielschichtigkeit des historischen Phänomens, das in der Metapher vom Anstreicher, der das baufällige Haus Deutschland lediglich übertüncht, auf ein zu simples Muster zurückgeführt wird.[57] Das gilt bereits für *Das Lied vom Anstreicher Hitler* von 1933, in dem die Schlußstrophe lautet:

> Der Anstreicher Hitler
> Hatte bis auf Farbe nichts studiert
> Und als man ihn nun eben ranließ
> Da hat er alles angeschmiert.
> Ganz Deutschland hat er angeschmiert.
>
> (S. 442)

Der Kalauer ersetzt das politische Argument. Die Doppeldeutigkeit von anstreichen und anschmieren gibt nicht mehr als einen kabarettistischen Effekt her, der zur Kennzeichnung der Gefährlichkeit des historischen Phänomens nicht taugt.
Die Qualität der Exillyrik Brechts liegt auf einer anderen Ebene. Sie zeigt sich nicht in einer Sprache, die sich an den Umgangston angleicht und im Gestus der Verbalinjurie politische Identität mit dem Leser herzustellen versucht, sondern geradezu in der Entfernung von dieser Umgangssprache: durch gestische Verfremdung, indem verkürzt und verknappt wird, indem durch Paradoxe und Widersprüchlichkeiten Irritationsmomente im Text angelegt werden, die den Leser zum Einhalten und Nachdenken bewegen. Das kann sich als sprachliche Struktur in dem auf wenige Zeilen zusammengedrängten epigrammatischen Spruch abbilden, aber auch zum Strukturelement umfangreicherer Texte werden. So lautet eines dieser Epigramme aus den *Svendborger Gedichten*:

> Wenn die Oberen vom Frieden reden
> Weiß das gemeine Volk
> Daß es Krieg gibt.
>
> Wenn die Oberen den Krieg verfluchen
> Sind die Gestellungsbefehle schon ausgeschrieben.
>
> (S. 636)

In zwei einfachen Gegenüberstellungen wird die Lügenhaftigkeit der offiziellen Sprachregelung bloßgestellt. Der Euphemismus der Propaganda wird als Maßstab ihrer Verlogenheit erkannt. In der epigrammatischen Zuspitzung der aufs Wesentlichste verkürzten Sprachform wird die Erkenntnis explosiv freigesetzt. Eine analoge Struktur läßt sich in den *Chroniken* der *Svendborger Gedichte* im Textbeispiel *Fragen eines lesenden Arbeiters* (S. 656) erkennen, wo unter einer solchen Erkenntnisperspektive die offizielle Geschichtsschreibung in ihrer Verlogenheit bloßgestellt wird, da die Geschichtsbücher nur die Namen der großen Männer überliefern und damit den Anschein erwecken, als sei die historische Leistung, die mit ihrem Namen verbunden ist, ganz allein von ihnen vollbracht worden. Die Geschichte wird in verschiedenen historischen Phasen und unterschiedlichen Geschichtsräumen revueartig inspiziert, wobei immer wieder hinterfragt wird:

Der junge Alexander eroberte Indien.
Er allein?
Cäsar schlug die Gallier.
Hatte er nicht wenigstens einen Koch bei sich?

(S. 656)

Am Ende mündet diese Reihung von Beispielen in die zeitgeschichtliche Gegenwart des Lesers ein:

Alle zehn Jahre ein großer Mann.
Wer bezahlt die Spesen?

So viele Berichte.
So viele Fragen. (S. 657)

Die Erkenntnisbewegung, die sich in der Struktur des Textes abbildet, geht sozusagen als Erkenntnisaktivierung auf den Leser über, der sich selbst und die Protagonisten seiner historischen Situation analog befragen sollte.
Eine ähnliche operative Textstruktur läßt sich auch dort erkennen, wo Brecht auf den ersten Blick die Linie jener von heimatlicher Nostalgie bestimmten Naturgedichte aufzunehmen scheint, wie sie am Beispiel vieler Exilautoren festzustellen sind. So setzt sein Gedicht *Über Deutschland* mit einer Anrufung der deutschen Heimatwälder ein:

Ihr freundlichen bayrischen Wälder, ihr Mainstädte,
Fichtenbestandene Röhn, du, schattiger Schwarzwald
Ihr sollt bleiben. (S. 752)

Doch das Gedicht dokumentiert nicht das Überwältigtwerden von heimatlichen Sehnsuchtsgefühlen, sondern baut den unvereinbaren Gegensatz zwischen deutscher Natur, Landschaft und Städten und den derzeitigen Machthabern auf und endet mit den Versen:

Himmel und Erde und Wind und das von den Menschen Geschaffene
Kann bleiben, aber
Das Geschmeiß der Ausbeuter, das
Kann nicht bleiben. (S. 752)

Die Tiefenschärfe dieser Lyrik nimmt vor allem in jenen Texten zu, wo die individuelle Erfahrung Brechts und nicht die von vornherein unter politischen Begriffen abstrahierte Erfahrung seines Ichs den Darstellungsraum seiner Gedichte bezeichnet. Das kann unmittelbar zu Gedichten der Selbstaussprache führen, deren Reflexion die Misere der eigenen Lage ausmißt. Das kann auch in der Form der Ballade diese Misere in einen andern geschichtlichen Stoff transponieren, dessen Darstellungsmuster dennoch durchsichtig wird auf die eigene Lage des Exilierten. Das schönste Beispiel dafür ist die *Legende von der Entstehung des Buches Taoteking auf dem Wege des Laotse in die Emigration.* In dreizehn fünfzeiligen Strophen, die die Umrisse der historischen Erzählung auf die Kargheit und Prägnanz von Tuschstrichen zusammendrängen, wird die dem einzelnen auferlegte Bürde des Exils dialektisch gesehen: sie ist nicht nur pure Belastung, sondern zugleich Anlaß zu produktiver Veränderung und Erkenntnis. Der Philosoph Laotse entschließt sich, von der Entwicklung in seiner historischen Situation angewidert, sein Land zu verlassen:

> Als er Siebzig war und war gebrechlich
> Drängte es den Lehrer doch nach Ruh
> Denn die Güte war im Lande wieder einmal schwächlich
> Und die Bosheit nahm an Kräften wieder einmal zu.
> Und er gürtete den Schuh.   (S. 660)

Die Ruhe, die von diesen Versen ausgeht, wird durch vielerlei Momente hervorgerufen: durch die Luzidität einer einfachen Sprache, durch die Kongruenz von Satzbau und Zeilenschluß der einzelnen Verse, so daß ein Enjambement nahezu vermieden ist, durch die einen Abschluß skandierende Funktion, die der jeweils verkürzte letzte Vers der Strophen hat. Brecht gelingt es so, durch das sorgsam ausgewählte Detail nicht nur den die geschichtliche Situation übersteigenden Balladenton zu gewinnen, sondern auch die epische Anschaulichkeit des Gedichtes zu konkretisieren.

Freilich sieht Brecht in dem Beispiel des emigrierenden chinesischen Philosophen nicht ein unhistorisch zu verallgemeinerndes Muster für seine Situation und die Situation seiner exilierten Schriftstellerkollegen. 1942 hat er in einem Brief ausgeführt:

»Unsere Literaturgeschichte zählt nicht so viele exilierte Schriftsteller auf wie die chinesische; wir müssen uns damit entschuldigen, daß unsere Literatur noch sehr jung ist und nicht kultiviert genug. Die chinesischen Lyriker und Philosophen pflegten, wie ich höre, ins Exil zu gehen wie die unseren in die Akademie. Es war üblich. Viele flohen mehrere Male, aber es scheint Ehrensache gewesen zu sein, so zu schreiben, daß man wenigstens einmal den Staub seines Geburtslandes von den Füßen schütteln mußte.«[58]

In diesem Sinne entwirft die *Legende* auch ein Gegenmodell, das für die Exilautoren seiner Gegenwart eine ähnliche Bedeutung haben sollte wie Mehrings *Emigrantenchoral*, freilich nicht im Sinne von Ermutigung und Tröstung, sondern im Sinne eines Aufrufs, die Anforderungen der Situation nicht bloß zu erleiden, sondern produktiv zu nutzen. Der Vorgang einer solchen Nutzung steht im Mittelpunkt der *Legende*. Der Knabe, der als Begleiter des Philosophen beim Grenzübergang dem Zöllner die Bedeutung seines Lehrers zu erklären versucht –

> Sprach der Knabe: »Daß das weiche Wasser in Bewegung
> Mit der Zeit den mächtigen Stein besiegt.
> Du verstehst, das Harte unterliegt.«   (S. 661) –,

löst mit dieser aus der Natur genommenen Beschreibung eines dialektischen Vorgangs, der den Augenschein – daß nämlich immer das Harte dominiert – korrigiert, die Neugier des einfachen Mannes aus:

Doch wer wen besiegt, das interessiert auch mich.
Wenn du's weißt, dann sprich!   (S. 662)

Aus Höflichkeit dem geschundenen alten Zöllner gegenüber nimmt Laotse die
Einladung an und zeichnet in einundachtzig Sprüchen für den Alten, der ihn und
seinen Begleiter während der sieben Tage verpflegt, den Kern seiner Lehre auf, an
deren schriftlicher Fixierung und damit Nutzbarmachung für die andern somit auch
der Zöllner beteiligt ist:

> Aber rühmen wir nicht nur den Weisen
> Dessen Name auf dem Buche prangt!
> Denn man muß dem Weisen seine Weisheit erst entreißen.
> Darum sei der Zöllner auch bedankt:
> Er hat sie ihm abverlangt.   (S. 663)

Brecht hat in diesem Gedicht in poetische Anschauung übertragen, was er in den
Flüchtlingsgesprächen[59] einmal so formuliert hat:

»Die beste Schul für Dialektik ist die Emigration. Die schärfsten Dialektiker sind die Flüchtlinge. Sie sind Flüchtlinge infolge von Veränderungen und sie studieren nichts als Veränderungen. Aus den kleinsten Anzeichen schließen sie auf die größten Vorkommnisse, d. h. wenn sie
Verstand haben. Wenn ihre Gegner siegen, rechnen sie aus, wieviel der Sieg gekostet hat, und
für die Widersprüche haben sie ein feines Auge. Die Dialektik, sie lebe hoch!« (S. 112)

Diese Erkenntnisverarbeitung der Exilsituation unterscheidet Brecht freilich nicht
nur von den meisten der hier erwähnten Lyriker, sondern von den Exilautoren
generell. Die wenigsten sahen sich in der Lage, sich mit der Anstrengung der
Reflexion an ihrer Misere aufzurichten, weil sie sich im Unterschied zu den berühmten Exildichtern der Literaturgeschichte, die von Brecht in seinem Gedicht *Besuch
bei den verlassenen Dichtern* zitiert werden (po Chü-yi, Tu-fu, Villon, Dante, Voltaire, Heine, Shakespeare und Euripides), in der Situation von jenen befanden, die
am Ende des Gedichtes erwähnt werden:

> [. . .] aus der dunkelsten Ecke
> Kam ein Ruf: »Du, wissen sie auch
> Deine Verse auswendig? Und die sie wissen
> Werden sie aus der Verfolgung entrinnen?« – »Das
> Sind die Vergessenen«, sagte Dante leise
> »Ihnen wurden nicht nur die Körper, auch die Werke vernichtet.«
> Das Gelächter brach ab. Keiner wagte hinüberzublicken. Der Ankömmling
> War erblaßt.   (S. 664)

So hat sich auch der alte erblindete Karl Wolfskehl im fernen Neuseeland gesehen:
»Die ganze Welt ist heut ein einziges Tomi, und wir bestenfalls armselige Ovide, die
es gelegentlich bis zu fahlen Tristien bringen.«[60] Armselige Ovide – das heißt:
Vergessene, im Exil Verschollene, Verstorbene, die man nicht in ihrem Werk
heimgeholt hat. Unter diesem Aspekt korrigiert Brecht in diesem Gedicht auch die
trotzige Hoffnung, die am Ende seines Gedichtes *Über die Bezeichnung Emigranten*
steht:

[. . .] Jeder von uns
Der mit zerrissenen Schuhn durch die Menge geht
Zeugt von der Schande, die jetzt unser Land befleckt.
Aber keiner von uns
Wird hier bleiben. Das letzte Wort
Ist noch nicht gesprochen.   (S. 718)

In der Tat: das letzte Wort ist immer noch nicht gesprochen. Viele, die seinerzeit vertrieben wurden, blieben in der Verbannung, wurden namenlos und vergessen, wie Brecht es in seinem Gedicht *Besuch bei den verlassenen Dichtern* vorweggenommen hat. Manche, die zurückgekehrt sind, haben sich vergeblich um eine neue literarische Öffentlichkeit bemüht. Sie blieben, obwohl wieder daheim, weiterhin im literarischen Exil.

Anmerkungen

1 Brechts Gedichte werden hier und im folgenden zitiert nach der Ausgabe: Bertolt Brecht: Gedichte in einem Band. Frankfurt a. M. 1981.
2 Bertolt Brecht: Arbeitsjournal. Erster Band 1938 bis 1942. Frankfurt a. M. 1973. S. 28 f.
3 Vgl. etwa Wieland Herzfeldes »Ansprache« auf dem Kopenhagener Exilliteratur-Symposium. In: Protokoll des II. Internationalen Symposiums zur Erforschung des deutschsprachigen Exils 1933 in Kopenhagen 1972. Stockholm 1972. S. 269–295.
4 Konrad Feilchenfeldt: Zur Erforschung der Exilliteratur. In: Euphorion 71 (1977) S. 406–420 (hier S. 406).
5 Peter Laemmle: Vorschläge zu einer Revision der Exilforschung. In: Akzente 20 (1973) H. 6. S. 509–519 (hier S. 517).
6 Zitiert hier nach der dtv-Ausgabe, München 1962, S. 8.
7 Ebd. S. 9.
8 Theodore Ziolkowski: Form als Protest. Das Sonett in der Literatur des Exils und der Inneren Emigration. In: Exil und innere Emigration. Hrsg. von Reinhold Grimm und Jost Hermand. Frankfurt a. M. 1972. S. 153–172 (hier S. 167).
9 Ebd. S. 172.
10 Peter Rühmkorf: Strömungslehre. Reinbek 1978. S. 175.
11 Vgl. dazu auch Manfred Durzak: Deutschsprachige Exilliteratur. Vom moralischen Zeugnis zum literarischen Dokument. In: Die deutsche Exilliteratur 1933–1945. Hrsg. von M. D. Stuttgart 1973. S. 9–26.
12 Unter diesem Titel erschien Thomas Manns Aufsatz *Kultur und Politik* ursprünglich im *Neuen Tage-Buch* (vom 25. 3. 1939).
13 Alfred Kantorowicz: Deutsche Schriftsteller im Exil. In: Ost und West (1947) H. 4. S. 42–51 (hier S. 44).
14 Ebd. S. 45.
15 Vgl. dazu im einzelnen Manfred Durzak: Laokoons Söhne. Zur Sprachproblematik im Exil. In: Akzente 21 (1974) H. 1. S. 53–63.
16 Zitiert hier und im folgenden nach Max Herrmann-Neiße: Ich gehe, wie ich kam. Gedichte. München 1979.
17 Peter Weiss: Laokoon oder Über die Grenzen der Sprache. In: P. W.: Rapporte. Frankfurt a. M. 1968. S. 170–187 (hier S. 176 f.).
18 Lion Feuchtwanger: Die Arbeitsprobleme des Schriftstellers im Exil. In: Sinn und Form 6 (1954) H. 6. S. 348–353 (hier S. 350 f.).
19 Zu Herrmann-Neiße vgl. auch das Nachwort von Bernd Jentzsch in: Herrmann-Neiße (Anm. 16) S. 133–140.
20 Zitiert hier und im folgenden nach Berthold Viertel: Dichtungen und Dokumente. Gedichte. Das

Gnadenbrot. Über Karl Kraus. Autobiographisches. München 1956. Zu Viertel vgl. auch Heinrich Fischer: Worte des Gedenkens. Ebd. S. 410–413.

21 Stephan Hermlin: Ein Gedicht von Theodor Kramer. In: St. H.: Lektüre. Berlin 1973. S. 260–262 (hier S. 261).

22 Theodor Kramer: Wien 1938 – Die grünen Kader. Wien 1946. S. 112. Vgl. auch die Neuausgabe der »Gesammelten Gedichte«: Orgel aus Staub, München 1983.

23 Zitiert nach der Ausgabe: Reinbek 1976. S. 153 f.

24 Ernst Waldinger: Musik für diese Zeit. München 1946. S. 44.

25 Diese Information verdanke ich einer persönlichen Mitteilung Hermlins.

26 Johannes R. Becher: Lyrik, Prosa, Dokumente. Hrsg. von Max Niedermayer. Wiesbaden 1965. S. 147.

27 Zitiert hier und im folgenden nach Johannes R. Becher: Gedichte. Bd. 1. Berlin 1971.

28 Vgl. dazu u. a. die Ausführungen von Hans Dieter Schäfer: Stilgeschichtlicher Ort und historische Zeit in Johannes R. Bechers Exildichtungen. In: Die deutsche Exilliteratur 1933–1945 (Anm. 11) S. 358–372.

29 In Bechers *Tagebuch* (»Auf andere Art so große Hoffnung«. Tagebuch 1950. Mit Eintragungen 1951. Berlin 1952. S. 436) findet sich das aufschlußreiche – wenn auch ironisch gebrochene – Bekenntnis: »In einer anderen Zeit wäre aus mir vielleicht eine Art Mörike geworden, schlechtestenfalls ein Martin Greif. Aber ich hatte die Dichtung zu verteidigen und mußte zu ihrem Schutz notwendigerweise aus der Idylle hervortreten – und so bin ich geworden, der ich bin.«

30 Zu Arendt vgl. im einzelnen die Beiträge des Bandes: Der zerstückte Traum. Für Erich Arendt. Hrsg. von Gregor Laschen und Manfred Schlösser. Darmstadt 1978.

31 Zu Hermlin vgl. u. a. die Ausführungen von Manfred Durzak: Versuch über Stephan Hermlin. In: Akzente 23 (1976) H. 3. S. 256–267.

32 Die Gedichte werden hier und im folgenden zitiert nach Erich Arendt: Das zweifingrige Lachen. Ausgewählte Gedichte. Düsseldorf 1981.

33 Hermlins Gedichte werden hier und im folgenden zitiert nach St. H.: Gesammelte Gedichte. München 1980.

34 Stefan George: Werke (Ausgabe in zwei Bänden). München/Düsseldorf 1958. Bd. 2. S. 238.

35 Ebd. Bd. 1. S. 69 f.

36 Ihre Gedichte werden hier und im folgenden zitiert nach: Fahrt ins Staublose. Die Gedichte der Nelly Sachs. Frankfurt a. M. 1961.

37 Walter A. Berendsohn: Der Mensch im Kraftfeld des unsichtbaren Universums. In: Nelly Sachs zu Ehren. Zum 75. Geburtstag. Frankfurt a. M. 1966. S. 157–160 (hier S. 157).

38 Zitiert nach Gisela Dischner: Das verlorene und wieder gerettete Alphabet. In: Nelly Sachs zu Ehren (Anm. 37) S. 107–141 (hier S. 108).

39 Vgl. Bengt Holmqvist: Die Sprache der Sehnsucht. In: Das Buch der Nelly Sachs. Hrsg. von B. H., Frankfurt a. M. 1968. S. 9–70.

40 Vgl. Anm. 10.

41 Zu Gertrud Kolmar vgl. das Nachwort von Friedhelm Kemp zu dem von ihm herausgegebenen Band (G. K.: Tag- und Tierträume. Gedichte. München 1963), nach dem im folgenden zitiert wird.

42 Vgl. im einzelnen Dieter Bänsch: Else Lasker-Schüler. Zur Kritik eines etablierten Bildes. Stuttgart 1971.

43 In: Else Lasker-Schüler: Gedichte 1902–1943. München 1959. S. 291 ff. Nach dieser Ausgabe wird auch im folgenden zitiert.

44 Vgl. das Nachwort zu dem von ihm herausgegebenen Band: Else Lasker-Schüler: Verse und Prosa aus dem Nachlaß. München 1961. S. 149–165.

45 Zitiert nach Lasker-Schüler (Anm. 43) S. 403.

46 Ludwig Strauss: Dichtungen und Schriften. München 1963. Nach diesem Band wird im folgenden zitiert.

47 Zitiert nach Karl Wolfskehl: Gesammelte Werke. Bd. 1: Dichtungen. Dramatische Dichtungen. Hamburg 1960. Nach dieser Ausgabe wird auch im folgenden zitiert.

48 Vgl. dazu Hans Wolffheim: Von Dionysos zu Hiob. Karl Wolfskehls Spätwerk. In: Die deutsche Exilliteratur 1933–1945 (Anm. 11) S. 335–342.

49 Karl Wolfskehl: Zehn Jahre Exil. Briefe aus Neuseeland 1938–1948. Heidelberg 1959, S. 378.

50 Vgl. dazu Walter Hinderer: Versuch über den Begriff und die Theorie politischer Lyrik. In: Geschichte der politischen Lyrik in Deutschland. Hrsg. von W. H. Stuttgart 1978. S. 9–42.

51 Walter Mehring: Staatenlos im Nirgendwo. Die Gedichte, Lieder und Chansons 1933–1974. Düsseldorf 1981. Nach diesem Band wird im folgenden zitiert.
52 Vgl. das Nachwort von Christoph Buchwald, ebd. S. 223–244.
53 Hermann Kesten: Poet im Exil. In: The Nation 159 (21. 10. 1944) Nr. 17. S. 474–476 (hier S. 476).
54 Vgl. Hertha Pauli: Der Riß der Zeit geht durch mein Herz. Wien/Hamburg 1970. S. 45.
55 Willy Haas: Jede Zeile, jeder Vers glüht. In: Die Welt (16. 2. 1963).
56 Brief vom 15. 5. 1885 an Hermann Schlüter.
57 Dieser Einwand gilt auch für die Interpretation von Klaus Schumann: Der Lyriker Bertolt Brecht. München 1971. S. 354 ff.
58 Bertolt Brecht: Gesammelte Werke. Bd. 19. Frankfurt a. M. 1967. S. 478.
59 Frankfurt a. M. 1961.
60 Wolfskehl (Anm. 47) S. 377.

Bundesrepublik Deutschland

Von Otto Knörrich

Überblickt man die im deutschsprachigen Westen seit dem Bestehen der Bundesrepublik entstandene Lyrik, so kann man zunächst nur die Vielfalt ihrer Formen und Sageweisen konstatieren. Es liegt auf der Hand, daß es in diesem Kapitel nicht darum gehen kann, einen einheitlichen Epochenstil herauszuarbeiten, wie das für frühere Zeitabschnitte bedingt möglich ist. Wenn etwas diese Lyrik als Ganzes kennzeichnet, dann ist es vielmehr gerade die ›Ungleichzeitigkeit des Gleichzeitigen‹, die Vielfalt der Stimmen, das Nebeneinander unterschiedlichster Intentionen und Schreibweisen. Im beständigen Austragen konträrer Positionen, in immer erneuten Abgrenzungen und Vermittlungen vollzieht sich bis in die unmittelbare Gegenwart hinein die Entwicklung der Gattung. Da stehen sich das Zeitgedicht und die Flucht in die Innerlichkeit gegenüber, lyrischer Aktivismus widerstreitet dem Hang zur Introspektion, neben dem Rückzug aus der Gesellschaft findet sich die Gesellschaftskritik, neben der poésie pure die poésie engagée, neben »Kalligraphie« lyrischer »Kahlschlag«, neben lyrischem Traditionalismus die lyrische Moderne, neben der Erlebnislyrik das Laborgedicht, neben der Sprachmagie Reduktion und Lakonismus, neben dem hermetischen das didaktische Gedicht, neben der Lehre von der Kunst als metaphysischer Tätigkeit die von ihrem Gebrauchswertcharakter, neben der Naturlyrik die »Lyrik der City« (Holthusen), neben Artistik die »unartifizielle Formulierung« (Born), neben dem kurzen das lange Gedicht, neben dem elitären Insider-Text die »Lyrik für Leser« usw. usw. Es macht wenig Sinn, solchen ›Pluralismus‹ auf einen gemeinsamen Nenner bringen zu wollen.

Erfolgversprechender erscheint dagegen der Versuch, ein Gemeinsames der Lyrik dieses Zeitabschnitts in negativer Bestimmung aus dem abzuleiten, was sie nicht ist. Und da läßt sich eines jedenfalls an dem hier grob umrissenen ›pluralistischen‹ Bild unmittelbar ablesen: Die lange übliche und auch von der Literaturwissenschaft sanktionierte Einengung der Gattung auf eine ihrer historischen Sonderformen, nämlich auf die in der Goethezeit begründete und von Hegel kanonisierte subjektivistische Gefühlslyrik, deren Inhalt »das Subjektive, die innere Welt, das betrachtende, empfindende Gemüt« ist, das »bei sich als Innerlichkeit stehenbleibt«,[1] scheint endgültig überwunden. Zwar erlebte solche Lyrik, obwohl von den europäischen Avantgardebewegungen eigentlich längst überholt, in den ersten Nachkriegsjahren noch einmal eine kurze Renaissance, ja sie erfuhr in Emil Staigers 1946 erschienenem Buch *Grundbegriffe der Poetik* durch ihre Proklamation zum Inbegriff des Lyrischen eine letzte dichtungstheoretische Legitimation, deren Anachronismus in Deutschland bezeichnenderweise lange nicht erkannt wurde, aber sie verlor dann doch – mit einer bestimmten Phasenverschiebung zwischen der Produktions- und der Rezeptionsebene –

nicht nur ihren verabsolutierten Geltungsanspruch, sondern geradezu ihre Litera-
turfähigkeit. Ihr Ende wird markiert durch ihre Trivialisierung unter den Bedingungen der modernen Kulturindustrie. Das gilt vor allem für die sogenannte Stimmungslyrik, die in dem Maße zum Kitsch geraten muß, in dem die ›Stimmung‹,
das Medium, in welchem das dichtende Ich seiner selbst innewerden möchte, dem
bloßen Selbstgenuß des Subjekts dient, dieses sich in einer diffusen Unmittelbarkeit verflüchtigt und der Zwang, die Affiziertheit des Subjekts immer aufs neue
auszustellen, in die Einförmigkeit der immer gleichen Klischees führt. Natürlich
gibt es auch weiterhin – mit wechselndem Stellenwert – sowohl das Subjekt als
auch das Gefühl in der Lyrik; was aber nicht mehr möglich erscheint, das ist jene
Art von Gedicht, in dem das – oft nur scheinbar – seiner selbst gewisse Subjekt
seine emotional bewegte Innerlichkeit emphatisch nach außen kehrt, gar in der
Form eines vulgärromantisch verinnerlichten Gesangs der Seele. Sieht man den
Grund dafür im Verlust der, wie Paul Böckmann es formuliert hat, »frühere[n]
Selbstgewißheit der Ich-Aussprache«, im »Zerfall des Personseins«, der »Verlorenheit des Ich«,[2] dann ergibt sich daraus vielleicht ein Erklärungsansatz dafür, daß
dieser Gedichttyp nach 1945, als sich die Zerstörung des Individuums in der politischen Katastrophe manifestierte, noch einmal reüssieren konnte: dann erscheint
der Rückgriff auf ihn in Theorie und Praxis als der naive Versuch einer Selbsthei-
lung des beschädigten Subjekts vermittels lyrischer Wiederbeschwörung des von
der Geschichte desavouierten Inbilds eines mit sich identischen Ichs. Und die oft
konstatierte Lyrikschwemme in den ersten Nachkriegsjahren erscheint dann als im
traditionellen Gattungsverständnis begründet, nach dem im Gedicht das Subjekt
als Subjekt zur Sprache kommt – und jetzt wieder zur Sprache kommen durfte,
nachdem es vom Faschismus kollektivistisch vereinnahmt worden war. Wie keine
andere literarische Form scheint es befähigt, dem einzelnen als einzelnem seinen
Eigenwert und seine Würde zurückzugeben. Am Beispiel des Baumes exemplifi-
ziert z. B. 1946 der damals 27jährige Wolfgang Barthel seine Sehnsucht danach,
wieder er selbst sein zu dürfen, so wie die Natur (nach seiner Meinung jedenfalls)
sie selbst sein darf:

> Und ich wollte mich versenken,
> aus der Erde kühn mich renken,
> wollte breit wie dieser Baum
> dastehn – Liebe – Schöpfung – Traum.
>
>   (*Vollendung*)[3]

Das sind gewiß keine überwältigenden Verse – aber das Ästhetische war in jenen
Jahren oft suspendiert: auf die Aussage kam es an. So störte es auch kaum, wenn die
Dichter sich alter, abgenützter Mittel bedienten. Nur wenige wurden sich dessen
überhaupt bewußt, daß ihre Verse epigonal und sonst nichts waren. Die Wahl des
poetischen Bildes macht deutlich, wie wirklichkeitsfern und geschichtsfremd sich das
zerfallene Ich seine Restitution vorstellte. Seine idealistisch verbrämten Regressions-
sehnsüchte, kaum kaschiert im Wie-Vergleich, suchen das Heil im vegetativen
Dasein, dessen anthropomorphe Aufwertung in ihrem Mißverhältnis zur tatsächlichen Zerstörung des menschlichen Wertekosmos nur die totale Desorientierung der

Generation der noch einmal Davongekommenen zeigt, denen kaum mehr als das nackte Leben geblieben war. Die traditionelle Verknüpfung der subjektivistischen Gefühlslyrik mit dem Naturmotiv, wie sie auch unser Beispiel demonstriert, ist für das traditionsverhaftete Nachkriegsgedicht typisch. Der Zusammenhang erklärt sich geistesgeschichtlich aus der naturrechtlichen Begründung des Subjekts, das seinen Eigenwert primär aus seiner Naturkindschaft bezieht, und literarhistorisch aus der Vorstellung von der Dichtung als dem Medium, in dem das Zusammenstimmen von Seele und Natur zur Sprache gelangt – und gelangen kann, weil die Innerlichkeit des dichterisch Sprechenden unmittelbar vom Sein der Natur affiziert ist. Diese Dichtungskonzeption gipfelt in der oben bereits angesprochenen Stimmungslyrik, die ihr Wesen in der »anhaltenden Verwandlung von ›objektiven‹ Wahrnehmungen in emotionale Selbstinterpretation«[4] hat. Letztlich nimmt das aus der Katastrophe auftauchende Rest-Ich nur ein altes lyrisches Verfahren wieder auf, wenn es über seine im Gedicht artikulierte Naturseligkeit zu sich selbst zurückzufinden sucht, und insofern greift die bekannte, bösironische Kritik von Peter Rühmkorf an dem »Behelfsprogramm der Naturlyrik« mit seiner »mediokren Heilskonzeption«[5] zu kurz. Dieses Programm hatte die emanzipatorische Funktion des Naturgedichts im bürgerlichen Zeitalter begründet. Daß seine Ursprungsbedingungen fragwürdig geworden waren, konnte der zeitgenössische Beobachter eigentlich erst in dem Maße erkennen, in dem die Entwicklung der deutschen Nachkriegsgesellschaft restaurative Züge annahm. Erst als der Punkt gekommen war, an dem ein naturseliger Subjektivismus nicht mehr mit der Gesellschaft vermittelbar war, mußte das Genre zum Ausdruck von Eskapismus und schlechter Utopie degenerieren.

Nicht das Thema Subjekt als solches und auch nicht seine Verknüpfung mit dem Naturmotiv sind jenen Dichtern in den »Burgen der Innerlichkeit« (Friedrich Minssen), die nach 1945 noch einmal die lyrische Szene beherrschten, vorzuwerfen, sondern die Unangemessenheit ihrer ästhetischen Mittel, mit denen sie der »Abdankung des Subjekts« (Adorno) im dichterischen Wort zu begegnen suchten, ihre Unfähigkeit, zu erkennen, daß längst zum inhaltsleeren Klischee verkommen war, was bei Goethe poetischer Vorschein mit realutopischem Gehalt war. Das Problem des Subjekts, wie es seine Selbstidentität gewinne, hat das 18. Jahrhundert als ungelöstes an unsere Gegenwart weitergegeben. Es mußte im Gedicht nach 1945 zum Problem seiner adäquaten dichtungssprachlichen Artikulation werden, und in der Tat läßt sich die Lyrik der Bundesrepublik über weite Strecken als Abfolge der vielfältigsten Versuche lesen, die Gedanken, Gefühle und Widerfahrungen, die Beschädigungen, Bedürfnisse und Träume des Subjekts immer noch einmal und immer aufs neue sagbar zu machen, nachdem sie mittels der traditionellen Sageweisen unsagbar geworden sind. Nicht zuletzt darin ist die besondere Bedeutung des zur Rede stehenden Zeitraums begründet, die er für das ›Selbstverständnis‹ der Gattung gewann und die sich in der besonderen Bedeutung der poetologischen Reflexion in dieser Zeit spiegelt. Die vehemente Nachblüte, welche die traditionellen lyrischen Sageweisen nach 1945 erlebten, bezeugt ja indirekt nur die geringe Breiten- und Tiefenwirkung, die die formalen Innovationen der Avantgardebewegungen vor 1933 innerhalb der Gattungsentwicklung tatsächlich hatten. Die avantgardistischen Aufbrüche und Umbrüche seit Beginn des Jahrhunderts hatten die Binnenproblematik der Gattung neu formuliert, damit aber einen Prozeß erst nur eingeleitet, der dann nach 1945 gleichsam historisch überfällig wurde und dringend zur Fortführung anstand. Aus dieser geschichtlichen Situation empfing die Gattung jene Antriebe, die die ersten drei Jahrzehnte seit Gründung der Bundesrepublik zu einer ihrer fruchtbarsten Perioden werden ließen – in der Theorie ebenso wie in der Praxis.

Voraussetzung für die Fortführung des generischen Prozesses, die dann vor allem auch (aber nicht nur) im Zusammenhang mit der Aufarbeitung der außerdeutschen Entwicklungen der lyrischen Moderne erfolgte, war die Konsolidierung der äußeren Lebensverhältnisse, wie sie 1948/49 durch die Währungsreform und die Schaffung des neuen westdeutschen Staates bewirkt wurden. Zu Recht stellt Rühmkorf fest, daß »erst nach Aufhebung der Versorgungskrise die ›Ausdruckskrise‹ virulent werden« konnte.[6] Die Ablenkungs-, Trost- und Kompensationsfunktion der Künste wurde nun nicht mehr länger benötigt; von ihr entlastet, konnten diese nun wieder stärker auf sich selbst reflektieren. Da die Nachfrage nach ihren Produkten seit der Währungsreform abrupt zurückging, war es naheliegend, daß sie sich wieder mehr auf ihren Eigenwert besannen. Es war in dieser Situation geradezu ein Akt der Selbsterhaltung, wenn Poesie nun wieder vor allem Poesie sein wollte. Man machte aus der Not eine Tugend, indem man sehr bewußt Kunst für eine Elite weniger Eingeweihter produzierte und das eigene gesellschaftliche Abseits zum Rang eines auszeichnenden Sonderstatus erhob. So kompensierte der Dichter seine verlorene Stellung als Tröster, Mahner und geistiger Führer der Nation. Das war so wenig neu wie die Problematik, die dem gewandelten Selbstverständnis ganz allgemein anhaftete. Vor allem schloß es eine Verstärkung der geschichts- und politikfeindlichen Haltung der literarischen Intelligenz mit ein, zu der diese im spätbürgerlichen Zeitalter immer schon neigte, und das war um so bedauerlicher, als es in den ersten Nachkriegsjahren, vor der Währungsreform, Ansätze zu einer jungen, progressiven politischen Lyrik gab, deren besonderen Wert man darin sehen darf, daß sie in Kritik, Satire, Anklage und Gegenentwurf glaubhafte konkrete Orientierungen zu vermitteln suchte – und um so eher zu vermitteln vermochte, als die politischen Positionen damals noch nicht so polarisiert waren wie später.

Die »resignative Wende« (Gustav Zürcher), Folge der wachsenden Erkenntnis, daß der gesellschaftliche Neubeginn gescheitert war, führte dazu, daß sich das spezifische Poesieverständnis der fünfziger Jahre unter weitgehender Ausklammerung des Problems des Verhältnisses zwischen Poesie und Politik herausbildete (bzw. unter Reduzierung dieses Verhältnisses zu einem Unverhältnis). Die ästhetischen Programme wurden unter Rückgriff auf den Autonomiegedanken jenseits des Funktionszusammenhangs zwischen Literatur und Gesellschaft angesiedelt. Zwei eng miteinander zusammenhängende Schwerpunkte bildeten sich dabei heraus, die für das Selbstverständnis der Lyrik in den fünfziger Jahren von zentraler Bedeutung wurden. Auf den einen wurde schon hingewiesen: Er verdankte sich der Rückwendung der Gattung zu den eigenen Formproblemen. Wenn Poesie nun wieder primär auf die eigene Poetizität abhob, so im ursprünglichen Sinn des Wortes: als poiesis, das Gemachte. Wie allgemein diese neue Betonung des Handwerklichen am Kunstprodukt war, zeigt sich an der in jenem Jahrzehnt einflußreichsten literarischen Gruppenbildung, der ›Gruppe 47‹, deren Ursprung nach Hans Werner Richter »politischpublizistischer Natur« war, die sich aber schnell zu einer Art exklusivem Werkkreis für E-Literatur entwickelte, der sich ganz auf die Probleme des Machens, der ästhetischen Qualität von Texten usw. kaprizierte. In der Lyrik mußte diese Tendenz um so stärker hervortreten, als in ihr das Sprachproblem eine besondere Rolle spielt. Der in den Notjahren dafür angebotene Lösungsvorschlag in der Form einer »Kahlschlagliteratur« war nun nicht mehr aktuell, obwohl der Begriff von Wolfgang Weyrauch erst 1949 propagiert wurde. Ihre Sprache erinnerte nur an überstandenes Elend und wurde als Stilsurrogat desavouiert. Die in ihr enthaltenen Möglichkeiten für die Regeneration und Weiterentwicklung des lyrischen Sprechens, die später dann allenfalls in einer bestimmten Form des Lakonismus zum Zuge kamen, wurden – noch – nicht erkannt. Mit ästhetisch Gelungenem konnte der »Kahlschlag« in der Lyrik aber auch kaum aufwarten. Eichs berühmtes *Inventur*-Gedicht, erschienen 1948 in dem Band *Abgelegene Gehöfte*, muß bis heute immer wieder als einsames Musterbeispiel herhalten.

Aus dieser Situation erklärt sich die große Aufnahmebereitschaft für Gottfried Benns Bekenntnis zur Artistik als Grundprinzip lyrischen Sprechens. Es ist das Bekenntnis zum Kunstkalkül, zu einer kombinatorischen Wortkunst, zum lyrischen Konstruktivismus als Gegenprinzip zur Vorstellung der Lyrik als reiner Stimmungskunst, die aus der unmittelbaren Hingabe an das Gefühl des Augenblicks hervorgeht, wie sie Staiger zusammenfassend vertreten hat. Noch entscheidender für die Rezeption dieses Programms in jenen Jahren wurde es aber, daß Benn die Artistik in engster Anlehnung an die kunstmetaphysischen Lehren Nietzsches zugleich mit einer Art Heilsbotschaft verband. Wir berühren damit den zweiten der erwähnten Schwerpunkte im Gattungsverständnis der fünfziger Jahre. Entsprechend Nietzsches Definition der Kunst als der »eigentliche[n] Aufgabe des Lebens«, als »dessen metaphysische[r] Tätigkeit« formuliert Benn als zentralen Satz in seinem berühmten Marburger Vortrag *Probleme der Lyrik* von 1951:

»Artistik ist der Versuch der Kunst, innerhalb des allgemeinen Verfalls der Inhalte sich selber als Inhalt zu erleben und aus diesem Erlebnis einen neuen Stil zu bilden, es ist der Versuch, gegen den allgemeinen Nihilismus der Werte eine neue Transzendenz zu setzen: die Transzendenz der schöpferischen Lust.«[7]

Für die Lyrik erlangte diese ›existentialistische‹ Verabsolutierung der Kunst zur eigentlichen und letzten Stiftung des ›Seins des Seienden‹ deshalb besondere Bedeutung, weil sie an das dichterische Wort, an die Sprache des Dichters, einen höchsten Anspruch stellte, ihr ein Äußerstes an Leistung abverlangte und sie zum Angelpunkt menschlicher Seinsproblematik machte, zu jener Instanz, die letztlich über den Sinn der Schöpfung entscheidet. Dieser Wortkult und diese Mystifizierung des lyrischen Schaffensprozesses, die Benn durchaus mit der Rationalität des artistischen Schreibprinzips zu vermitteln wußte, haben sich dem Gedicht der fünfziger Jahre tief eingeschrieben und die bereits vorhandenen Alternativen zur Lösung des dichterischen Sprachproblems (hier wäre vor allem an die »realistische Schreibweise« Brechts zu denken) für etwa ein Jahrzehnt zurückgedrängt. Ihre besondere historische Stunde aber hatte Benns »Artistenmetaphysik« damals insofern, als die Überwindung der materiellen Not und des unmittelbaren Leidensdrucks jenen Tendenzen der ›Vergangenheitsbewältigung‹ Auftrieb verschaffte, die die geschichtlichen Katastrophen durch ihre Ontologisierung zu erklären versuchten. Die Stilisierung der historischen Wirklichkeit ins Seinshafte, zumal der Situation des Menschen zur existentialistischen Geworfenheit, schien es zu erlauben, daß die gesellschaftliche Problematik verdrängt wurde, und rechtfertigte politische Abstinenz. Von Benn wurde dies auf exemplarische und auch faszinierende Weise vorgeführt. Die in ihre Partikel zersprengte Historie geht ins Gedicht ein als Material, aus dem das »lyrische Ich« seine autonomen Ausdruckswelten montiert. Es leistet so die ›Aufhebung‹ der Negativität der Geschichte in der »Absolutheit der Form«, d. h. die Erlösung der Geschichte aus ihrer Negativität in die »transzendente Geschlossenheit eines in sich ruhenden Seins«:

> Komm – laß sie sinken und steigen,
> die Zyklen brechen hervor:
> uralte Sphinxe, Geigen
> und von Babylon ein Tor,
> ein Jazz vom Rio del Grande,
> ein Swing und ein Gebet –
> an sinkenden Feuern, vom Rande,
> wo alles zu Asche verweht.
>
> (*Quartär*)[8]

Was hier, in Anlehnung an die Spenglersche Geschichtsphilosophie, inhaltlich angesprochen wird, geht ein in eine »Simultan-Vision« (um einen poetologischen Begriff von Benn selbst zu verwenden), deren mit den Mitteln der Wortmagie erzeugter »Wallungswert« den »Durchbruch aus der Zone des Gedankens in die des Seins« bewirken soll. So definiert Benn die Funktion jener Art dichterischen Sprechens, die sich als formales Grundprinzip durch die Geschichte der lyrischen Moderne hindurchzieht und die wir mit dem Begriff der Sprachmagie fassen. Solches Sprechen nutzt die suggestiven Sprachkräfte zur Erzeugung einer Aussageintensität jenseits aller Inhalte, die schon Baudelaire zu einem verbalen »Beschwörungszauber« zu steigern suchte. Klangliche und rhythmische Mittel, die »zauberhafte Silbenfügung einer Strophe« (Benn), die Auflösung der Syntax, überhaupt des begrifflich-diskursiven Sprechens, und die Verstärkung des Einzelworts, vor allem des Substantivs, das assoziative Spiel mit dem Beziehungsreichtum der Wörter, vielfach auch die von Hugo Friedrich so genannte »sinnliche Irrealität« einer hieroglyphischen Bildlichkeit dienen einer poetischen ›Alchimie‹, die sich anheischig macht, das Bedürfnis des modernen Zivilisationsmenschen nach »Exorbitanzerlebnissen« (H. O. Burger) in einer entzauberten Welt zu befriedigen.

Es ist Mode geworden, die »magisch-hermetische Dichtungskonzeption« (Jan Berg) pauschal als unpolitisch und reaktionär zu desavouieren, und was ihre *poetologische* Problematik anlangt, so haben ihre bedeutendsten Vertreter selbst ihre Vorbehalte zum Ausdruck gebracht, nämlich durch ihre schließlich vollzogene Abkehr von ihr. Trotzdem stellt die auf ihrer Grundlage entstandene Lyrik eine bleibende Leistung innerhalb der deutschen Nachkriegsliteratur dar. Das gilt vor allem für das sogenannte naturmagische Gedicht. Es wurde in den fünfziger Jahren zum wichtigsten lyrischen Genre, weil es in besonderer Weise geeignet war, das poetologische Programm der Sprachmagie in poetische Praxis umzusetzen. Auf diesen Zusammenhang zwischen Sprachmagie und Naturthematik hat Clemens Heselhaus hingewiesen: »Man muß sogar die Vermutung aussprechen, daß die magische Figur grundsätzlich auf die Beschwörung und Deutung von Naturphänomenen angelegt ist, weil das Magische schon immer eine transrationale Beherrschung der Natur anstrebte.«[9] Im ›Magnetfeld‹ poetischer Sageweise gewinnt die gegenständliche Benennung der Naturdinge die Kraft magischer Evokation, vermittels welcher die naturale Gegenständlichkeit von Fauna und Flora und das, mit Goethe zu reden, nachzustammelnde Naturgeheimnis im sprachmystischen Augenblickserlebnis zusammengerinnen. Das naturmagische Gedicht versteht seine Funktion darin, das natürliche Dasein in der sprachlichen Beschwörung seiner Identität mit sich selbst vor dem Zugriff der instrumentellen Vernunft zu retten, nämlich für den Menschen zu retten – und insofern darf es seine Funktion als eine gesellschaftliche verstehen. Es wird dieser in dem Maße gerecht, in dem es sich von romantisch verklärter Idyllik absetzt – ein zentraler Programmpunkt der beiden Begründer des neuen Naturgedichts, Oskar Loerke (1884–1941) und Wilhelm Lehmann (1882–1968), der dann auch für ihre jüngeren Nachfolger bestimmend blieb: für die Autoren des Kreises um die Zeitschrift *Kolonne*, Horst Lange (1904–71), Peter Huchel (1903–81), Günter Eich (1907–72) und Elisabeth Langgässer (1899–1950), sodann für Karl Krolow (geb. 1915) und eine Reihe von Lyrikern, die erst nach dem Krieg zu schreiben begannen, vor allem Walter Höllerer (geb. 1922), Heinz Piontek (geb. 1925) und Ingeborg Bachmann (1926–73).

Die Fortentwicklung des Genres innerhalb dieser verschiedenen ›Generationen‹ sowie die Ausbildung je besonderer Individualstile berühren nicht das Gemeinsame, das die moderne von der traditionellen Naturlyrik unterscheidet und das zugleich ihre prinzipielle Zugehörigkeit zur lyrischen Moderne überhaupt evident macht. War in der bürgerlichen Naturlyrik des 18. und 19. Jahrhunderts, wie oben bereits angedeutet, die Natur Medium der Selbstaussprache und Selbstvergewisserung des Menschen, so will das naturmagische Gedicht der Natur gleichsam zu ihrem Selbstsein verhelfen (womit umgekehrt der Mensch zum Medium der Selbstaussprache und Selbstvergewisserung der Natur wird), d. h. es ersetzt den Gefühlssubjektivismus der ›romantischen‹ Stimmungslyrik durch eine naturale Ontologie, die die Natur als absolutes Sein jenseits der Zeit ansiedelt, und wird so nachgerade zum Inbegriff sogenannter Seinslyrik. Es fügt sich damit in den von Hugo Friedrich konstatierten Trend der modernen Lyrik zur »Enthumanisierung der Inhalte und seelischen Reaktionen« ein. Krolow hat auf die »Aspekte der Entindividualisierung« im modernen Naturgedicht vielfach hingewiesen, z. B. auf die »Auslöschung des Selbstbewußtseins« und den »Übergang der Individualität zur sie umgebenden Natur« bei Lehmann,[10] der gedichtet hatte: »Ich wanderte in die Wesen aus« und: »Schmelzen fühl ich das Selbst« und der z. B. Sartre vorwarf, daß ihm das Ich (und damit die Gesellschaft) wichtiger sei als das Sein, »aber vorher muß es erst ein Sein geben«.[11] Lehmanns Grundgedanke ist der, daß sich das marode Ich aus der eigenen Subjektivität in die Objektivität von Landschaft und Natur zurücknimmt, um dann regeneriert daraus wieder hervorgehen zu können. So deutet es Krolow in seinem Aufsatz *Lyrik und Landschaft*: »Der Mensch, ohnehin aus der modernen Poesie beinahe ausgeschlossen, jedenfalls stark reduziert, findet im Landschaftsgedicht gerade durch das ihn umgebende Ensemble zu sich selber.«[12]

Lehmann, der mit seinen Gedichtbänden (u. a. *Der grüne Gott*, 1942/48; *Entzückter Staub*, 1946; *Antwort des Schweigens*, 1951) zeitweise einen kaum geringeren Einfluß ausübte als Benn, hat aber auch die sprachliche Vermitteltheit dieses Prozesses, auf der die poetologische Modernität des naturmagischen Dichtungsprinzips beruht, immer wieder betont und damit sein Kunstprogramm in eine ihm selbst nur teilweise bewußte unmittelbare Nähe zur Artistenmetaphysik gebracht. Ja, indem auch bei ihm die Sprache (der Poesie) zu jener Instanz wird, die das Überleben des Subjekts als Subjekt verbürgt, trägt er entscheidend dazu bei, daß das naturmagische Gedicht in den fünfziger Jahren zu einer Art Paradigma der modernen Poesie wird. Sowohl die vom französischen Symbolismus und vom deutschen Expressionismus hergeleitete und in Benn kulminierende Tradition der lyrischen Moderne als auch die von Lehmann, Loerke und den *Kolonne*-Dichtern praktizierte Naturmagie stellen modifizierte Fortsetzungen des ›alten‹ lyrischen Subjektivismus dar, und sie finden gerade in dessen Modifikation, die ihm noch einmal eine Chance eröffnen möchte, ihr zentrales Motiv. Die Sprache wird zum Prüfstein dafür, ob dem Subjekt sein »vollständiges Vorhandensein« (Lehmann) jenseits der zur Lüge gewordenen Unmittelbarkeit des Gefühlserlebens zurückgewonnen werden kann, sei es in der Form der »artistischen Subjektivität« (Hinck), die sich in der absoluten Freiheit ihrer »diktatorischen Phantasie« erfüllt, sei es in der Weise des sinnenhaft-magisch empfindenden Bukolikers, der mittels seines »bannenden Zauberspruchs« (Lehmann) der Natur und in ihr sich selbst zum Dasein verhilft. So gesehen, erweist sich die lyrische Moderne als späte Variante jener auf die Aufklärung zurückgehenden bürgerlich-subjektivistischen Bewegung, die immer schon die Funktion hatte, die Verdrängung des bürgerlichen Subjekts aus der Geschichte zu kompensieren, und die nicht zufällig in der restaurativen Adenauer-Ära eine neue Aktualität erlangte. Wenn man ihr, aus einer bestimmten kunstideologischen Position heraus, nicht nur eine Überstrapazierung des Kunstbegriffs, sondern auch politische Naivität oder gar Verblendung und ästhetischen Eskapismus vorwirft, so übersieht man dabei aber, je nachdem, entweder ihren utopischen Vorschein-Charakter oder das kritisch-subversive Potential, das ihr als autonomer, auf die Negation des schlechten Bestehenden abzielenden Kunstübung innewohnt und auf das vor allem Adorno immer wieder hinwies; etwa wenn er am Beispiel von Valéry darstellte, wie das autonome künstlerische Subjekt »durch seine Arbeit, durch passive Aktivität«, will sagen: durch seine dialektische Selbstaufhebung im ästhetischen Ausdruck, »zum Statthalter des gesellschaftlichen Gesamtsubjekts«[13] wird, das der in den Rückschritt umgeschlagene Fortschritt der technischen Rationalität annulliert hatte. Adorno war es denn auch, der das (zunächst freilich weitgehend unreflektierte) politische Selbstverständnis der deutschen Nachkriegsmoderne nach Benn im literaturtheoretischen und literatursoziologischen Zusammenhang artikulierte.

Das Prinzip der Sprachmagie beherrschte die deutsche Lyrik nach 1945 nur für einen relativ kurzen Zeitraum. Der Verzicht darauf markiert in der Geschichte der lyrischen Moderne eine wichtige Zäsur, die es rechtfertigt, und zwar allein rechtfertigt, von einer »Spätphase des hermetischen Gedichts« (Hans Dieter Schäfer) zu sprechen, welche durch die Absage ans magische Dichterwort und einen näher zu bestimmenden Wandel der poetischen Artikulation gekennzeichnet ist. Insofern ist es denn auch nicht richtig, Sprachmagie und Hermetismus mehr oder weniger gleichzusetzen. Als Antwort auf den in der Dichtung der Moderne so zentralen Sprachzweifel, in dem sich nicht zuletzt die Entfremdung des Menschen von seiner Umwelt und seine Selbstentfremdung ausdrückt, trat die Sprachmagie an die Stelle eines unreflektierten Einverständnisses des Dichters mit der Sprache: als dialektischer Umschlag der Sprachnot in eine neue, mystisch grundierte Sprachgläubigkeit. Der Dichter glaubte, Sprache und Wirklichkeit noch einmal miteinander versöhnen zu können. Der hermetische Charakter der modernen Sprachmagie macht aber deutlich, daß sie zugleich stets den Sprachzweifel in sich aufbewahrte, der dann bei den Autoren der mittleren und jüngeren Generation, vor allem bei Eich, Celan und Ingeborg Bachmann, auf eine folgenreiche Weise wieder aufbrach. Lehmann verkündete noch: »Den wahren Dichter kennzeichnet [...] seine Überzeugung vom Können der Sprache.«[14] Viel skeptischer klingen da schon die – in vieler Hinsicht exemplarischen – Äußerungen Günter Eichs zum Problem der Dichtersprache. Zwar glaubt auch er, jedenfalls noch 1953, daß jedes Wort »einen Abglanz des magischen Zustandes [bewahrt], wo es mit dem gemeinten Gegenstand eins ist, wo es mit der Schöpfung identisch ist«. Jedoch fügt er hinzu: »Aus dieser Sprache, dieser niegehörten und unhörbaren, können wir gleichsam immer nur übersetzen, recht und schlecht und jedenfalls nie vollkommen, auch wo uns die Übersetzung gelungen erscheint.«[15] Ähnlich äußert er sich in seinem poetologischen Statement auf der deutsch-französischen Schriftstellertagung von Vézelay 1956, doch fehlt hier bereits der Hinweis auf den »Abglanz des magischen Zustandes«, den sich die Wörter bewahrt haben sollen; statt dessen finden sich darin zur Beschreibung seiner Gedichte die Begriffe »trigonometrische Punkte« und »Definitionen«.[16] Sie stehen für ein grundsätzlich anderes poetologisches Konzept ein als Benns Begriff der Faszination oder der der Suggestion, mit dem Hugo Friedrich die Funktion der Sprachmagie umschreibt: »Suggestion ist der Augenblick, wo das intellektuell gesteuerte Dichten magische Seelenkräfte entbindet und Strahlungen aussendet, denen sich der Leser nicht entziehen kann, auch wenn er nichts ›versteht‹.«[17] Die Abkehr von so verstandener Sprachmagie verdeutlicht z. B. ein Vergleich der beiden Fassungen von Eichs Gedicht *Gärtnerei*, deren erste aus dem Jahr 1950 stammt, während die zweite 1964 in dem Band *Zu den Akten* veröffentlicht wurde.[18] Symptomatisch ist der Verzicht auf den Reim, der in der neueren Lyrik vielfältig bedingt sein kann, nicht zuletzt aber mit dem Abbau der Sprachmagie zu tun hat, so etwa auch bei Krolow, der diesen Zusammenhang selbst bezeugt: »Auch ›Magie‹ und was an ihr ›zauberhaft‹ erscheint, wirkungsvoll, oder wie immer man das nennen mag, wurde von dem Abbau des Reimes betroffen.«[19] Der Vergleich macht aber auch deutlich, daß Eichs Lyrik im Zuge dieser Entwicklung zugleich immer hermetischer wurde. Die Sprachmagie verkapselt sich in die Hieroglyphik eines lyrischen Sprechens, das einerseits immer spröder und lakonischer, andrerseits immer dichter in seinen konnotativen Bezügen und in seinem Anspielungs- und Verweisungspotential wird. »Jedes Gedicht ist zu lang«, stellt Eich 1965 fest. Da ist er längst einer der wichtigsten Protagonisten eines neuen lyrischen Hermetismus nach Benn und Lehmann geworden, eines Hermetismus, der sich wesentlich der von Walter Jens diagnostizierten »modernen Verknappungstendenz«

verdankt und dessen Signum, ebenfalls mit Jens zu reden, »Reduktion« lautet, »das oberste Gebot allüberall: Beschränkung, Beschränkung, Beschränkung: Reduktion statt Expansion«.[20] So entsteht ein Lakonismus, der aber nicht nur einen (stilistischen) »Kahlschlag« intendiert und der auch von der Brechtschen Variante lakonischen Sprechens deutlich abzugrenzen ist. Er ist darin begründet, daß das Geschäft des Dichters einen zunehmend paradoxen Charakter annimmt. Bei Eich ergab sich dieser schon aus der in der Vézelay-Äußerung eingenommenen poetologischen Position; er verstärkte sich in der Folge in dem Maße, in dem Eichs erkenntnistheoretischer und weltanschaulicher Skeptizismus zunahm, in dem vor allem auch das ursprüngliche Einverständnis in die Natur aufgekündigt wurde. Die Reduktion des Gedichts zum Ausdruck des radikalen und totalen »Nichtmehreinverstandenseins« muß notwendig auf die Weise seiner poetischen ›Kodierung‹ durchschlagen. Die Sprache wird zum Medium des Sich-Entziehens, der Text zum Versteckspiel, in dem allein das Subjekt sich noch glaubt kundtun zu können. So fordert Eich in seinen 1968 verfaßten Thesen zur Lyrik »Gedichte, in denen man sich zugleich ausdrückt und verbirgt«.[21]

Jenes frühere dichterische Sprechen Eichs, das sich als Übersetzen aus einer nicht vorhandenen Ursprache verstand, bediente sich dazu vor allem auch – und darin stand sie ganz in der Tradition der lyrischen Moderne – der verschiedenen modernen Formen der ›uneigentlichen Rede‹, etwa der surrealistisch verfremdeten Metapher (zahlreich noch in den 1955 erschienenen *Botschaften des Regens*: »Schilf der Verzweiflung«, »Fieber des Schilfs«, »Baumgruppen des Zweifels« usw.), dann der Chiffre. Sie müssen aber ihren Erkenntnis- und Ausdruckswert in dem Augenblick verlieren, in dem die Möglichkeit jenes Übersetzens negiert wird, und so ist ihr Abbau bzw. der Verzicht auf sie ebenso konsequent wie der auf den klanglich-rhythmischen Sprachzauber. Was bleibt, ist eine die Textkohärenz bis zur Unkenntlichkeit verdunkelnde elliptische Redeweise, die sich immer mehr in sich selbst zurückzieht, in »Igelwörter«, angeordnet zu »Steingärten« aus Sprache, d. h. zu stillen Meditationsstätten nach japanischem Vorbild: Orten, an denen alle vorschnellen Antworten verstummen müssen. Stilbildend im Sinne eines generationsspezifischen hermetischen Lakonismus wurde diese Sageweise in dem Maße, in dem sich die Dichtung als Bastion der individuellen Verweigerung verstand, einer gesellschaftlichen und (bzw. oder) metaphysischen reservatio mentalis, deren Ausdruck sich allererst durch seine sprachliche Integrität beglaubigte, d. h., der Abschottung gegen jeden falschen Zungenschlag bedurfte. Dieses sprachkritische Moment des hermetischen Lakonismus und sein eng damit verknüpftes politisch-moralisches Selbstverständnis hat Eich in seiner Büchner-Preis-Rede von 1959 allgemeingültig formuliert:

»Sprache, damit ist auch die esoterische, die experimentierende, die radikale Sprache gemeint. Je heftiger sie der Sprachregelung widerspricht, um so mehr ist sie bewahrend. Nicht zufällig wird sie von der Macht mit besonderem Zorn verfolgt. Nicht weil der genehme Inhalt fehlt, sondern weil es nicht möglich ist, ihn hineinzupraktizieren. Weil da etwas entsteht, was nicht für die Macht einzusetzen ist.«[22]

Die in diesem Eich-Zitat hervortretende politische Intention des hermetischen Lakonismus wie überhaupt seine historisch-gesellschaftlichen Voraussetzungen zeigen sich ähnlich wie bei Eich auch bei den anderen bedeutenden Vertretern der ›mittleren‹

und ›jüngeren‹ deutschen Nachkriegsmoderne; am wenigsten wohl bei Krolow, dem Meister lyrischer Ziselierkunst im Dienste einer »intellektuellen Heiterkeit«, die gleichwohl tiefer Versehrtheit abgerungen sein will, stärker bei Walter Höllerer und Heinz Piontek, vor allem aber bei Ingeborg Bachmann, bei der das Naturmotiv zum verfremdenden Ausdrucksmittel eines vom individuellen Leidensdruck angestachelten zeitkritischen Engagements wird, und bei Paul Celan (1920–70), bei dem der Prozeß des sprachlichen Sich-Abarbeitens an der historisch-gesellschaftlichen Wirklichkeit am intensivsten und zugleich auch am schmerzlichsten vollzogen wird. Celans Dichtung ist, ähnlich der von Nelly Sachs (1891–1970), Trauerarbeit mittels Sprache, einer Sprache, die die »Neigung zum Verstummen«, von der Celan in seiner Büchner-Preis-Rede *Der Meridian* (1960) spricht, notwendig in sich trägt. Sie realisiert ein beständiges Verstummen im Sprechen, indem sie auf etwas »zuhält«, das nur erschwiegen werden kann. Parallelen zur Poetik Eichs werden deutlich. An Eichs Vézelay-Programm erinnert der Satz Celans: »Wirklichkeit ist nicht, Wirklichkeit will gesucht und gewonnen werden.«[23] Der Vorstellung Eichs vom »Urtext«, in dem »das Wort und das Ding zusammenfallen«, entspricht bei Celan der programmatische Topos des »Namens«, der in seinem sprachmystischen Kern die Einheit von Wort und Bedeutung postuliert. Aber radikaler noch als bei Eich ist das poetische Sprechen bei Celan auf jenes reine Schaffen von Bedeutungen oder auch nur von »Sinngebärden« (Gerhard Neumann) ausgerichtet, das den referentiellen Charakter der lebenspraktischen Vollzügen dienenden Informationssprache notwendig transzendieren muß. Dementsprechend spitzt sich auch die innere Paradoxie des Hermetismus, Kommunikation (im ›eindimensionalen‹ Sinn) verweigern zu müssen, um Kommunikation (als »Geheimnis der Begegnung«) stiften zu können, bei ihm noch weiter zu. Celans Gedicht gerät so gleichfalls in den Sog des Lakonismus, einer reduzierten Sprache, die dem ›Schönen‹ mißtraut, wie er selbst sagt, einer

»›grauere[n]‹ Sprache, eine[r] Sprache, die unter anderem auch ihre ›Musikalität‹ an einem Ort angesiedelt wissen will, wo sie nichts mehr mit jenem ›Wohlklang‹ gemein hat, der noch mit und neben dem Furchtbarsten mehr oder minder unbekümmert einhertönte. [. . .] Sie verklärt nicht, ›poetisiert‹ nicht, sie nennt und setzt [. . .].«[24]

Anders als bei Eich bleibt jedoch für Celan die Metapher die wichtigste Figur dichterischer Rede, weil vor allem sie, in der Form der sogenannten ›absoluten Metapher‹, es dem Dichter erlaubt, das Verweigern von und das »Zuhalten« auf Bedeutung miteinander zu vermitteln, der Paradoxie, weder sprechen noch schweigen zu können, einen sprachgestischen Ausdruck zu verleihen. Durch seine Metaphorik bewahrt sich das Gedicht Celans denn auch ein (für seine Sprache konstitutives) Element dichterischer Magie, mittels dessen sich sein Verstummen, sein (sprechendes) Schweigen allererst zu Gehör zu bringen vermag. Insofern unterscheidet es sich freilich von der Sprachmagie in der Nachfolge des Symbolismus, in deren appellativem Charakter das kommunikative Moment noch ganz unmittelbar zur Geltung kommt. Was so entsteht, ist eine Art magischer Lakonismus, der sowohl seine sprachliche Magie wie seine sprachliche Konzentration vornehmlich der metaphorischen Rede verdankt. Die Verdichtung der Metaphorik erfordert gerade für die konzisen Gebilde des späten Celan eine ausgreifende Interpretation, die im Rahmen unserer Darstellung allenfalls angedeutet werden kann. Das folgende Gedicht stammt

aus dem letzten von Celan selbst noch vorbereiteten, 1971 postum erschienenen Band
Schneepart:

STÜCKGUT gebacken,
groschengroß, aus
überständigem Licht;

Verzweiflung hinzugeschippt,
Streugut;

ins Gleis gehoben die volle
Schattenrad-Lore.[25]

Der erste Dreizeiler nennt die zerstückelte, zur billigen Wechselmünze verkommene,
»überständige« Standardbedeutungen transportierende Alltagssprache. Zusammen
mit der »hinzugeschippten« Verzweiflung wird sie in der »Schattenrad-Lore« auf
etwas hin in Bewegung gebracht, das selbst nicht genannt wird, das aber im Text, in
seiner Topik, zum u-topischen Vor-schein kommt: »Streugut« steht in positiv besetzter Opposition zu »Stückgut« und hat teil an zwei zentralen Metaphernkomplexen
Celans, dem des Steins (Kies!) und dem des Eises, die ihrerseits eng zusammengehö-
ren. Sie verweisen auf die Thematik der Erstarrung im Leid, deren dialektische
›Aufhebung‹ der »Spruch« des Dichters betreibt, denn es ist Zeit, »daß der Stein sich
zu blühen bequemt«, daß er aufgehe »wie die geringen Heckenrosen«, in der Luft
schwebend verharre als der »lerchengestaltige Stein aus der Brache« bzw. daß das Eis
– wozu das »Streugut« dient – begehbar werde. Ähnlich steht »Schattenrad« in positiv
besetzter Opposition zu dem »groschengroß« ausgebackenen Licht; es meint die vom
Dichter intendierte Bewegung seiner Rede von der schlechten Unmittelbarkeit
sprachlicher Wirklichkeitsabbildung hin zum »Wortschatten« als dem Ort verstum-
menden Sprechens, gemäß dem Vers: »Wahr spricht, wer Schatten spricht« aus dem
Band *Von Schwelle zu Schwelle* (1955).
Celans Gedicht, das ist an unserem Text exemplarisch ablesbar, bezeugt seinen
realutopischen Gehalt im Durchschreiten der Negativität als einem »Zuhalten« auf
ein Positives, dessen Unerreichbarkeit in diesem Darauf-»Zuhalten« (im Doppelsinn
des Wortes) ›aufgehoben‹ wird. Als der sprachliche Vollzug solchen Durchschreitens
(›Wortnacht‹ und ›Weltnacht‹ sind in eins gesehen), als Trauerarbeit in der Sprache
und für die Sprache ist es in seinem Kern Metapoesie: Es verwirklicht die ihr
innewohnende Intention durch seine beständige Selbstreflexion. Dies vor allem
macht Celans Dichtung repräsentativ für die moderne deutsche Lyrik, zu deren
Grundmotiven es gehört, daß sie ihr eigenes Sprechen immer wieder selbst in Frage
stellen muß. Es ist das Motiv, das auf andere Weise vor allem auch die sogenannte
Konkrete Poesie beherrscht.

Das Sprachproblem führte in der modernen Dichtung nicht nur zu jenen neuen
Sageweisen, wie sie uns auf den verschiedenen Entwicklungsstufen des hermetischen
Gedichts entgegentreten, vielmehr mußte es mit einer gewissen Notwendigkeit dazu
führen, daß auch die durch die Gattungen festgelegten Grenzen der literarischen

Rede in Frage gestellt wurden. Schon die Rezeptionswiderstände, denen das hermetische Gedicht begegnete, rührten u. a. auch von der Verletzung des in der herrschenden Gattungsvorstellung begründeten Erwartungshorizonts her. Dies gilt in noch stärkerem Maße von der Konkreten Poesie, die sich letztlich als Konstituierung einer neuen Gattung versteht. Der frühe theoretische Text *vom vers zur konstellation* (1954) von Eugen Gomringer (geb. 1925), der als »Vater der Konkreten Poesie« gilt, macht schon im Titel ein solches Selbstverständnis deutlich. Gomringer fällt hier das Urteil: »das gedicht in versform ist entweder eine historische größe oder, wenn heutig, eine kunsthandwerkliche reminiszenz.«[26] Einem ähnlichen Verdikt verfällt bei Helmut Heißenbüttel (geb. 1921) eines der uralten Grundelemente der Dichtersprache: die ›uneigentliche‹ (metaphorisch-symbolische) Redeweise, um deren besondere Bedeutung für die Lyrik man immer schon wußte. Walther Killys Diktum: »Die Poesie spricht in Bildern« erfährt in der Konkreten (bzw. Visuellen) Poesie eine ganz neue Wendung. Dabei begreift sich die Opposition der ›Konkretisten‹ gegen die Konventionen der literarischen Rede nicht mehr nur im Sinne jener Dialektik von Innovation und Beharrung, die die literarische Evolution immer schon prägte, vielmehr wird ihr Selbstverständnis von der Überzeugung bestimmt, daß sich mit den neuen Schreibweisen »etwas Grundsätzliches geändert hat«, wie Heißenbüttel sagt. Andrerseits ist festzustellen, daß sowohl Gomringer als auch Heißenbüttel, aber auch z. B. Franz Mon (geb. 1926), Ernst Jandl (geb. 1925) und H. C. Artmann (geb. 1921), bedeutendstes Mitglied der sogenannten Wiener Gruppe, mit Lyrik in einem herkömmlichen Sinn begannen, daß sie sich zum Teil auf hochlyrische Traditionen berufen, nicht nur auf Vertreter der experimentellen Avantgardekunst, sondern auch der ›symbolistischen‹ Moderne, auf Mallarmé, Eliot, Pound und Benn, und daß viele Autoren Konkreter Poesie an den alten Gattungsbezeichnungen ›Gedicht‹ und ›Lyrik‹ für ihre Produkte festhalten, etwa wenn sie vom »neuen Gedicht« sprechen, vom »Lautgedicht«, vom »visuellen Gedicht«. Solche terminologischen Befunde sind ernst zu nehmen, auch oder gerade wenn der Gebrauch der Gattungsbezeichnungen mehr oder weniger unreflektiert erfolgt.

Die ›Gattung‹ Konkrete Poesie ist nicht nur ihrer Entstehung nach eine Art Ableger der Lyrik, sondern zumindest Teile von ihr fühlen sich auch weiterhin der lyrischen Großgattung zugehörig. Darin wird, bedenkt man spezifische Merkmale der Konkreten Poesie (die freilich nicht auf einen einheitlichen Nenner gebracht werden kann), sowohl das ›Trägheitsmoment‹ sichtbar, das etablierten Gattungen innewohnt, als auch, nämlich im endgültigen Durchbruch eines zeitgemäßen Lyrik-Begriffs, deren Wandlungs- und Anpassungsfähigkeit. Konkrete Poesie, die nicht steckenbleibt in der Bloßlegung oder Destruktion überkommener (literatur-)sprachlicher »Vorformungen«, wie Heißenbüttel sie nennt, oder in der selbstgenügsamen Demonstration von – oft gar nicht so neuen – Schreibmethoden bzw. im bloß Spielerischen oder bloß Dekorativen, ist Lyrik in dem Maße, in dem auch *ihre* Texte jenes Merkmal der Überstrukturiertheit aufweisen, das der eigentümlichen Sinnverdichtung lyrischen Sprechens dient, der Erzeugung jener »knappheit im positiven sinne – konzentration und einfachheit«, die auch Gomringer als »das wesen der dichtung« ansieht und die er zugleich geradezu als das besondere Verdienst des »neuen gedichts« hinstellt: »es beschäftigt durch seine kürze und knappheit.«[27] Entscheidend für den lyrischen Charakter der Texte ist es dabei, daß die Überstrukturierungen diesen nicht äußerlich bleiben, sondern in semantischen Funktionen eingesetzt werden. Lyrisches Sprechen ist als ›Sinn‹-Erzeugung in der Ausdrucksdimension in besonderer Weise auf die Aktualisierung der Textgestalt angewiesen; ohne eine solche ist aber gerade die Konkrete Poesie gar nicht denkbar. Die Entpragmatisierung und Entautomatisierung der Sprache, ihre Emanzipation von zivilisatorisch-instrumentellen Verwendungszusammenhängen, gehört tendenziell immer schon zur Redeweise des Gedichts und führt innerhalb dieser zu einer unterschiedlich starken Dominanz der poetischen über die referentielle Sprachfunktion (nach den Begriffen des erweiterten Organon-Modells). Sofern Konkrete Poesie diese Dominanzbildung verabsolutiert, ist sie geradezu Lyrik par excellence. Die damit verbundene Reduktion der Sprache auf ihren Materialcharakter, die die Konkrete Poesie als ›materiale‹ Kunst (ein Begriff Max Benses) konstituiert und ihren Namen überhaupt erst verständlich macht, ist im Grunde nur Fortführung und Steigerung von spezifisch lyrischen Verfahren der Textorganisation, zu denen etwa so bekannte Mittel der Verssprache wie das Metrum und der Reim gehören. Zu Recht hat man festgestellt, daß mit der »Neigung [der Konkreten Poesie] zu in sich geschlossenen Kleinformen« in vielen Fällen »eine Struktur- und Anordnungsästhetik zusammen[trifft], die durchaus der strophischen oder linearen Gliederung in der traditionellen Lyrik entspricht«.[28] So ist es auch nicht verwunderlich, daß bei ihrer Rezeption »traditionelle Wirkungsmechanismen entweder nicht auszuschalten oder gar nicht selten auch einkalkuliert sind«.[29]

Der folgende Text von Jandl, aus einem seiner bekanntesten Gedichtbände, *Sprechblasen* (1968), besteht, abgesehen vom Untertitel, nur aus zwei Jahreszahlen und zwei Wörtern, deren rubrizistische Anordnung (anstelle des Verses) sich nach dem Zwölfmonatsrhythmus des Jahres richtet:

1944	1945
krieg	krieg
krieg	krieg
krieg	krieg
krieg	krieg
krieg	mai
krieg	
krieg	
krieg	
krieg	
krieg	
krieg	

(markierung einer wende)[30]

Das ebenso einfache wie durchsichtige Ordnungsprinzip schafft eine verbo-visuelle Textstruktur, die nicht nur, wie z. B. in Gomringers berühmter Konstellation *schweigen*, die ›wörtliche‹ Aussage tautologisch verdoppelt, sondern ›Aussage‹ (in einem komplexen Sinn) allererst stiftet. Die totalitäre Überformung des Lebens durch den allesbeherrschenden Krieg einerseits, Erlösung, Hoffnung, Verheißung und Aufbruch in eine neue Zeit andrerseits, die Widernatürlichkeit des Krieges und die

Wiederherstellung natürlicher Ordnung durch sein Ende – die (politisch vielleicht naive) ›Botschaft‹ des Textes läßt sich, wie man sieht, ohne weiteres nach den Prinzipien der Texthermeneutik erschließen, auf die der Leser eingespielt ist. Das ist möglich aufgrund der im Text enthaltenen Verstehensanweisungen, die in der Tat im Sinne von »traditionelle[n] Wirkungsmechanismen« funktionieren. Anweisungscharakter haben vor allem die (vielfache) Wiederholung, die Figur der Opposition (Krieg / Mai) und das (natur)metaphorische Potential des Wortes Mai: uralte Stilmittel dichterischer Rede.

Umgekehrt macht aber unser Beispiel auch den Beitrag der Konkreten Poesie für die Durchsetzung eines modernen Lyrik-Begriffs deutlich, vor allem wenn wir es mit einer traditionellen Behandlung desselben Themas vergleichen, etwa mit dem Sonett *Ein Frühling* von Johannes R. Becher (Bechers gesammeltes *Sonett-Werk* erschien 1956 auch in der Bundesrepublik). In ihm heißt es:

> Von Blütenwipfeln schimmernd überdehnt,
> Sind wir ein Tanz und sind ein Händereichen.
> Wie haben diesen Frühling wir ersehnt!
> Als gäbe er das Auferstehungszeichen.[31]

Daß die Art, wie hier das Thema lyrisch zerredet wird, für uns heute ungenießbar geworden ist, dazu hat nicht zuletzt die Konkrete Poesie ihr Teil beigetragen (und darin gründet ihre *gattungs*geschichtliche Relevanz). In dem Maße, in dem sich ein Text wie der von Jandl vom subjektivistischen Gefühlsüberschwang à la Becher absetzt, übt er Kritik daran, eine Kritik, die primär Sprachkritik ist. Er erschöpft sich aber nicht darin, sondern sucht durch ein rationales, konstruktivistisches Textbildungsverfahren die Sprache der Poesie zeitgemäß zu erneuern. Im Grunde geht es auch hier um eine neue poetische Sprache ›nach Auschwitz‹, und die Lösung ist auch hier eine Art Lakonismus, wenn man so will: ein ›konkreter‹ Lakonismus. Für ihn gilt, daß »Klarheit, Formbestimmtheit, Rationalität und Präzision dominieren über Dunkelheit, Subjektivität, Tiefsinn und Emotion«,[32] für ihn gilt aber auch, was das hermetisch-lakonische Gedicht kennzeichnete: die »Neigung zum Verstummen«. Gomringer, obwohl (ähnlich wie Jandl und im Gegensatz zu Heißenbüttel und Mon) von prinzipiellen Sprachzweifeln unberührt, formuliert es so: »der beitrag der dichtung wird sein die konzentration, die sparsamkeit und das schweigen: das schweigen zeichnet die neue dichtung gegenüber der individualistischen dichtung aus.«[33] Er bestätigt damit die Vermutung Günter Eichs, der einmal sagte: »Ich hänge dem Schweigen an, vielleicht eine Generationsfrage.«[34] Bezeichnenderweise hat sich Eich zur Konkreten Poesie sehr positiv geäußert.

Die Programmatiker der Konkreten Poesie haben es verstanden, vor allem durch die Überbetonung ihres experimentellen Charakters, den Blick für die Zusammenhänge zwischen dieser und der von Walter Jens so genannten »jungen deutschen Literatur der Moderne« zu verstellen, Zusammenhänge, die sich übrigens auch personell niederschlugen, z. B. in der Zusammenarbeit zwischen Höllerer und Mon, die zur Herausgabe der berühmten Anthologie *movens* (1960) führte. Nur so war die Theorie vom qualitativen Sprung zwischen den innovativen Leistungen der Konkreten Poesie und den poetischen Errungenschaften der Tradition der Moderne zu vertreten. Sieht man mit Siegfried J. Schmidt in der Konkreten Poesie das »bislang extremste Experiment mit Sprache als Material«, d. h. die konsequenteste Reduktion der Poesie auf den methodischen Umgang mit der Materialität der Sprache zum Zwecke der Gewinnung neuer ›Inhalte‹, bislang unbekannter Ausdrucks- und Bedeutungswerte, so stellt sie allenfalls eine Steigerung jenes zentralen Motivs der lyrischen Moderne dar, in der ›formalistischen Tätigkeit‹ die referentielle Sprachebene zu transzendieren und so die Autonomisierung des Gedichts als Artefakt zu betreiben. Es wäre aber zweifellos falsch, die Konkrete Poesie grundsätzlich mit experimenteller Schreibweise gleichzusetzen, wie unser Beispiel von Jandl zeigt, das offensichtlich nicht im ›mechanistisch‹-methodischen Durchprobieren bestimmter Kombinationsmöglichkeiten für bestimmte sprachliche Materialteile entstanden ist (ein solches Vorgehen bezeugt Jandl z. B. für die Entstehung seines Gedichts *die zeit vergeht*)[35], sondern sich vielmehr ganz altmodisch dem Zusammenwirken von inspiratorischem Einfall und formalem Kalkül verdankt. Konkrete Poesie ist keineswegs so radikal auf das Experiment eingeschworen, wie das manche ihrer Vertreter glauben machen wollen. Wo sie aber die experimentellen Prozeduren, die technischen Verfahrensweisen, zu ihrem primären Gegenstand macht, dort gelangt sie am ehesten an die Grenzen der Gattung – wenn nicht an die Grenzen der Literatur bzw. der Kunst überhaupt; denn dort ist sie nicht nur nicht mehr intendierter Ausdruck des Subjekts, als den sich Lyrik letztlich auch in der Moderne noch verstand, dort wird vielmehr die künstlerische Subjektivität mit den ihr innewohnenden Momenten von Freiheit, Kreativität, Sensibilität und Imagination überflüssig, ja schädlich, und von der Eigendynamik des Textprozesses verdrängt. Dort schlägt denn auch die »Allergie gegen Inhalte«, von der Franz Mon spricht und die in gewisser Weise ein Merkmal der Lyrik allgemein und der modernen Lyrik im besonderen ist, um in die Allergie gegen die naturale und historische Wirklichkeit des Menschen überhaupt. Und dort ist denn auch der Punkt, wo die Konkrete Poesie die wütendsten Attacken gegen sich, ihre Theorie und Praxis, provoziert hat – und immer noch provoziert.

Die allfällige kritische Reaktion gegen die Entwicklung des deutschen Nachkriegsgedichts im Zeichen der Moderne, gegen die Lyrik der fünfziger Jahre, von Lehmann und Benn bis Celan und Heißenbüttel reichend, setzte noch in dem betreffenden Jahrzehnt selbst ein, wenn man einmal davon absieht, daß diese Lyrik ihrerseits, man denke etwa an Krolow, die Fähigkeit zur Selbstkritik sowie zur Wandlung und Erneuerung bewies und nicht nur einer zunehmenden Erschlaffung und Erstarrung verfiel. Allen Angriffen voran (soweit sie von konservativen Positionen aus nicht immer schon erfolgten) gingen die von Peter Rühmkorf (geb. 1929), die dieser seit 1956, dem Todesjahr Benns, unter dem Titel *Leslie Meiers Lyrik-Schlachthof* veröffentlichte und die in seinem Beitrag *Das lyrische Weltbild der Nachkriegsdeutschen* für die Anthologie *Bestandsaufnahme* (1960) nachzulesen sind. Rühmkorf nennt in diesem wichtigen und einflußreichen Text der deutschen Lyrik-Diskussion nach 1945 Günter Grass (geb. 1927) und Hans Magnus Enzensberger (geb. 1929) als Beispiele für einen »Wandel in der Ausdrucksgesinnung« seit 1956/57, den er als »willentliche Offenheit gegenüber Weltstoff und Wirklichkeit«[36] definiert. Er hätte auch sich selbst nennen können und neben Enzensberger auch noch Wolfdietrich Schnurre (geb. 1920). Alle diese Namen legen die Vermutung nahe, daß die Entstehung eines neuen, in dem genannten Sinn ›offenen‹ Gedichts im Zusammenhang mit jener Politisierung der Literatur erfolgte, die dann in den sechziger Jahren ihren Höhepunkt erreichen sollte. Aber wenn diese auch ohne Zweifel von entscheidender Bedeutung dafür wurde, waren die ersten Impulse dazu wohl eher literaturimmanenter Natur. Krolows Aufsatz *Die wiedergewonnene Wahrnehmung im Gedicht* von 1963 etwa legt eine solche Schlußfolgerung nahe. Aber auch Enzensbergers Abqualifizierung der deutschen Nachkriegsmoderne als einer »schlechte[n] Avantgarde«, die nur in »kunstgewerbliche Imitation« umgeschlagen sei,[37] argumentiert primär literaturästhetisch. Enzensberger selbst hat sein politisches Engagement bei der Ausbildung seiner lyrischen Schreibweise keineswegs daran gehindert, die Errungenschaften der Moderne in »Destruktion und Rückgriff« der eigenen Produktion dienstbar zu machen.

Wenn Enzensberger so die Möglichkeit einer politischen Pragmatisierung hermetischer Schreibweisen demonstrierte und 1960 sogar eigens ein *Museum der modernen Poesie* einrichtete, das »Vergangenes nicht mumifizieren, sondern verwendbar machen« sollte, konnte er damit doch die immer entschiedenere Abkehr vom Lyrik-Ideal der fünfziger Jahre nicht aufhalten, wie er denn auch mit seinen ersten Gedichtbänden, *verteidigung der wölfe* und *landessprache*, die 1957 und 1960 erschienen, kaum stilbildend wirkte. Man warf der modernen deutschen Nachkriegslyrik ihren monologischen Charakter und ihre elitäre Gesinnung vor, die sich in der Überhöhung des künstlerischen Subjekts und im »Gestus des dunklen Dichters« (Jürgen Theobaldy) verdichteten, die Verabsolutierung des Autonomieanspruchs, die damit verbundene Trennung von Literatur und Wirklichkeit, Realitätsverlust, das Verfehlen vor allem der gesellschaftlichen Wirklichkeit, die Unfähigkeit, geschichtliche Erfahrung auszudrücken, Eskapismus als Flucht in die Selbstgenügsamkeit reiner Artistik, Formalismus, Wortmechanik und Austrocknung der Sprache einerseits, die »erzwungene Preziosität und Chinoiserie des kurzen Gedichts« sowie eine »starrgewordene Metaphorik« andrerseits – das Sündenregister war lang und, wie an Eich und Celan, aber auch an anderen, leicht nachzuweisen, nicht immer gerecht.

Die letzten beiden Formulierungen daraus stammen aus Walter Höllerers *Thesen zum langen Gedicht*[38] von 1965, die wohl die folgenreichste jener Initiativen darstellen, durch die in den sechziger Jahren die Revision des Gattungsprozesses betrieben wurde. Neben Höllerers Thesen ist in diesem Zusammenhang vor allem noch die im darauffolgenden Jahr erschienene Gedichtanthologie *Aussichten* mit dem darin enthaltenen programmatischen Aufsatz *Die Wiederentdeckung der Wirklichkeit* des Herausgebers Peter Hamm zu nennen. Die neue »gegenständliche Lyrik«, die Hamm fordert, ist »Kunst, die nicht nur Kunst im Sinn [hat], sondern womöglich Veränderung der herrschenden Zustände«, indem sie »die Widersprüche bundesrepublikanischer Wirklichkeit immer deutlicher hervortreten« läßt.[39] Ihre Kennzeichen sind »das Aggressive, Ironische, Didaktische« sowie »Reflektion« anstelle von schönem Schmerz. Realismus ist für Hamm aber unter Berufung auf Brecht »kein bestimmter Stil«, sondern vor allem eine neue Haltung. Er spricht von »Daseinstechniken«, nicht jedoch von Darstellungstechniken. In Übereinstimmung mit dem von ihm gerühmten, später freilich heftig attackierten Enzensberger bringt auch er zum Ausdruck, daß man das Handwerk von Benn erlernen könne.

Bestimmend für die Entwicklung neuer Schreibweisen für jenes Gedicht der sechziger und siebziger Jahre, das bereit war, sich auf die gesellschaftliche Wirklichkeit einzulassen, wurde aber dann, trotz des Vorbildes von Enzensberger, nicht Benn (bzw. wurden erst in zweiter Linie gewisse dichtungstechnische Errungenschaften der Moderne einschließlich der Konkreten Poesie, z. B. bei Erich Fried, geb. 1921), sondern stilbildend wurde neben dem von Höllerer vorgeschlagenen sogenannten langen Gedicht, oder genauer: in Opposition zu diesem, der Lakonismus des späteren Brecht. Dieser kam, wie wir rückblickend auf die oben skizzierten Tendenzen und Entwicklungen in der deutschen Lyrik feststellen können, einem allgemein verbreiteten generationsspezifischen Ausdrucksbedürfnis entgegen, auch wenn er nicht von der »Neigung zum Verstummen« motiviert war. Jedenfalls sind damit (sofern man den Lakonismus nicht ausschließlich auf die Brechtsche Form einschränkt) jene zwei lyrischen Stilformen genannt, die in der Folge und bis in die unmittelbare Gegenwart hinein den Gattungsprozeß bestimmen. Beide schienen einen Ausweg aus der Sackgasse zu bieten, in die man geraten zu sein glaubte; beide schienen die Möglichkeit zu enthalten, das Gedicht wieder der Wirklichkeit und dem Leben zu öffnen und ihm wieder einen gesellschaftlichen Gebrauchswert zu verschaffen.

Zunächst schlug jedoch die Stunde des Brechtschen Lakonismus. Er unterschied sich vom hermetischen Lakonismus außer durch seine ›Offenheit‹ grundsätzlich durch seine didaktische Zielsetzung. Wenn er sich der Ausspartechnik bedient, hat dies den Zweck, Anstöße für Denkprozesse beim Rezipienten zu vermitteln. Die gedankliche Prägnanz und Zuspitzung, die er ermöglicht, ist geeignet, Wirklichkeit pointiert vorzuzeigen, gesellschaftliche Widersprüche blitzartig zu erhellen. Die Affinität dieses didaktischen Lakonismus zum Epigramm ist evident. Rühmkorf spricht vom »epigrammatischen Lehrgedicht«,[40] das die Wende von den sechziger zu den siebziger Jahren »mächtig im Vormarsch« zeige. Zu seinen »unveränderlichen Kennzeichen« zählt er u. a., daß »Sprache nicht mehr als individuelles Ausdrucks-, sondern als didaktisches Demonstrationsmedium« verwendet wird, und damit den »Verzicht also auch auf die Bekundung subjektiver Empfindsamkeiten, ja auf die Lebenszeichen eines sogenannten Subjekts überhaupt«. In dem daraus resultierenden »totale[n] Mangel an individuellem Spielraum« sieht er offensichtlich die Grenze und die Problematik dieses Gedichttyps. Es ist die Grenze und Problematik, wenn man so will, jeder pragmatisch orientierten politischen Lyrik, die ›kollektivistisch‹ auf die Veränderung des öffentlichen Bewußtseins und der Gesellschaft abzielt. Radikaler noch als bei Brecht hat sich vor allem in der im Gefolge der Studentenbewegung (1968/69) entstandenen Lyrik der dichterisch Sprechende unter Verzicht auf jede Selbstaussage in das allgemeine gesellschaftliche Subjekt zurückgenommen. Und radikaler noch als bei Brecht wurde damit in dieser Lyrik jener Prozeß der Subjektivierung des Gedichts sistiert, der die Gattungsentwicklung von Klopstock bis Benn bestimmt hatte. Allerdings sorgten die politischen Zeitläufte dafür, daß sich im Gegenzug das subjektivistische Gattungskonzept sehr schnell wieder durchsetzte. Im Zusammenhang mit diesem Vorgang wurde dann der von Höllerer propagierte Typus des langen Gedichts bedeutungsvoll.

Höllerer dachte bei seinem Vorstoß nicht zuletzt auch an die *politische* Verwendbarkeit des langen Gedichts: In ihm werde die »Republik [. . .] erkennbar, die sich befreit«.[41] Zwangsläufig ergaben sich daraus gewisse Gemeinsamkeiten zwischen dem langen Gedicht und seinem Gegentyp. Zu nennen sind einmal die Zurücknahme des Subjekts (es gelte, »von uns selber zunächst abzusehen«), zum andern die Entpoetisierung des Ausdrucks zugunsten größerer Verständlichkeit und Kommunikationsfähigkeit, nicht zuletzt unter Hereinnahme der »Sprechweise des Alltags« (Brecht) ins Gedicht. Nicht zufällig können sich denn auch beide Richtungen teilweise auf dieselben Vorbilder berufen, vor allem auf die Amerikaner William Carlos Williams und Robert Creeley sowie auf den Franzosen Henri Michaux. Ob im langen oder im kurzen Gedicht – es ging diesen Autoren, worauf Krolow schon 1963 in seinem Aufsatz *Über das Lakonische in der modernen Lyrik* aufmerksam machte, um eine ›Demokratisierung‹ des Lyrischen, eine Überwindung der »hochgezüchtete[n] Wortkunst«, etwa indem »der spezifisch lyrische Schwingungston [. . .] heruntergedrückt [wird] auf ein der Prosa verwandtes Niveau«.[42] In diesem Sinne will auch Höllerer seine Schlußthese verstanden wissen: »Das lange Gedicht als Vorbedingung für kurze Gedichte.«

Höllerers Thesen haben aber zugleich die entscheidenden Anstöße für die Ausbildung jener lyrischen Richtung vermittelt, die unter den Begriffen der ›Neuen Subjektivität‹ oder der ›Neuen Sensibilität‹ in der literarischen Szene der siebziger Jahre dominierte. So deutet es jedenfalls Jürgen Theobaldy (geb. 1944) an, der wichtigste Programmatiker der Richtung.[43] Das Abhängigkeitsverhältnis bezieht sich vor allem auf die Abkehr vom Hermetismus sowie die Öffnung zur Realität und scheint zumal auch für die Sprachbehandlung zu gelten, die mit dem von Nicolas Born (1937–79) geprägten Begriff der ›unartifiziellen Formulierung‹ prägnant bezeichnet ist. Aber auch was die Rolle des Subjekts im Gedicht betrifft, die für die Lyrik der ›Neuen Subjektivität‹ doch immerhin zentral ist, sind die Unterschiede nicht so groß, wie es zunächst scheint, ja sie lösen sich in der Theorie mehr oder weniger auf. Denn einerseits erwartet Höllerer, daß das Ich gerade dadurch (sich) sichtbar werde, daß es sich ausspart (wobei freilich unklar bleibt, ob als individuelles oder als gesellschaftliches Subjekt), andrerseits fordert das Programm der ›Neuen Subjektivität‹ zwar, daß sich das Ich des Schreibers dezidiert in das Gedicht einbringe, jedoch »gar nicht als privates«, wie Theobaldy sagt, sondern »als einer *sozialen* Größe«: »der Lyriker setzt seine Person ein, legt die sinnlich erfahrenen Nöte offen, auch als Voraussetzung für gesellschaftliche Umwälzungen«.[44] Es gehört zu den wesentlichen Motiven der neuen Lyrik der siebziger Jahre, sich nicht nur von den Traditionen des absoluten und hermetischen Gedichts abzusetzen, sondern auch von der ›operativ‹-politischen Lyrik der sechziger Jahre, und dies dadurch, daß man die Vermittlung zwischen dem privaten und dem gesellschaftlichen Bereich »zu einem poetologischen Organisationsprinzip im Gedicht« erhob.[45] Das ist ein Ergebnis der politischen Erfahrungen der achtundsechziger Generation: Die einseitige Option für den kollektiven Kampf gegen das System unter – zumindest zeitweiliger – Zurückstellung der Bedürfnisse des Individuums verlangte um so dringender nach ihrer Revision, je mehr sich ihr illusionistischer Charakter und ihre Vergeblichkeit erwies.

Schon aus dem bisher Gesagten geht hervor, daß die Lyrik der ›Neuen Subjektivität‹ keine Renaissance der alten subjektivistischen Gefühlslyrik darstellt. Ein grundsätzlicher Unterschied liegt darin, daß die allenthalben in ihr erkennbare und auch nicht geleugnete Reduktion des Subjekts auf seine private Alltagssphäre und die Konzentration – wenn nicht Beschränkung – auf seine sinnliche Erfahrung eine ganz andere sprachliche Ausdruckshaltung zur Folge hat, als sie die gefühlsbetonte, die eigene Emotionalität direkt ausstellende Sprechweise des traditionellen lyrischen Subjektivismus zeigt. Anstelle verinnerlichter Lyrizität herrscht ein »mürrisch-cooles Understatement, mit Aufschwüngen [. . .] in Richtung einer bisweilen ausbrechenden oder doch ausbrechen wollenden anarchischen Phantastik«.[46] Die Frage, wieweit der Ausdruck des Subjekts wirklich authentisch ist, wieweit bloß abgezogenes Klischee, stellt sich allerdings angesichts der neuen Lyrik ebenso wie angesichts der epigonalen Ausläufer des subjektivistischen Stimmungsgedichts. Jörg Drews warf den Vertretern der ›Neuen Subjektivität‹ immerhin Flucht in »Standard-Posen« vor, die nichts weniger als einen Mangel an Individualität verraten.

Ein reduzierter Subjektbegriff wie ein reduzierter Wirklichkeitsbegriff liegen jedenfalls vielen ihrer Texte zugrunde. Beides hängt eng miteinander zusammen (man nennt die Richtung auch ›Neuen Realismus‹ oder ›Neue Gegenständlichkeit‹): Die Zuwendung zur Wirklichkeit, die Realitätserfahrung, dient der Selbsterfahrung, das Ich erlebt sich selbst primär in seinem Verhältnis zur Umwelt. Diese aber ist reduziert auf ihre Oberflächenphänomene. Rolf Dieter Brinkmann (1940–75), wohl der bedeutendste Vertreter des neuen Gedichts der siebziger Jahre, fordert eine »Poesie der Oberfläche«. Detailrealismus, »die Wiedergabe des Gesehenen mit der Präzision einer Kamera« (Theobaldy), der »Gestus punktuellen Konstatierens« (Drews) sind typisch für sie. Nicht so sehr die Beschränkung auf den privaten Alltagsbereich als der Verzicht auf dessen Durchdringung ist problematisch. Er soll, so will es z.B. Brinkmann, einer »erweiterten Sinnlichkeit« zugute kommen, die zwar »ganz selbstverständlich auch das Denken, die Reflexionsfähigkeit« einschließen soll,[47] doch bleibt diese Forderung in der Theorie umstritten und in der Praxis oft uneingelöst. Vor allem mußte sich der antiästhetische Affekt der ›Neuen Subjektivisten‹ in dieser Hinsicht als folgenreich erweisen, weil die erkennende Durchdringung erlebter Wirklichkeit im Gedicht prinzipiell ästhetisch vermittelt ist – bis zu dem Punkt, wo sie mit deren ästhetischer Durchdringung identisch ist, und wie auch immer die ästhetische Organisation des Textes aussehen mag, sie ist jedenfalls etwas anderes als die von Drews monierte »additive Beliebigkeit« zahlreicher Gedichte vom frühen Brinkmann bis zu Christoph Derschau (geb. 1938) und vielen anderen.

Damit ist zugleich schon angedeutet, daß sich mit dem Programm der »unartifiziellen Formulierung« letztlich – wieder einmal – die Gattungsfrage stellt. Theobaldy scheint sich dessen auch bewußt zu sein, wenn er die Konsequenz aus der geforderten Aufhebung der Trennung zwischen Literatur und Wirklichkeit so beschreibt: »Die ästhetische Differenz zwischen dem Gedicht und den Erfahrungen, die ihm zugrunde liegen, wird nicht mehr bis ins Schweigen zu vergrößern versucht, sondern auf jenes Minimum reduziert, das gerade noch notwendig ist, um das Gedicht von allen anderen schriftlichen Ausdrucksformen zu unterscheiden.«[48] An welchem Punkt aber, so ist zu fragen, wird dieses notwendige Minimum unterschritten und hört demnach der Text auf, ein Gedicht zu sein? Hans Dieter Schäfer sieht in der Literatur der ›Neuen Sensibilität‹ ein »Konzept der Gattungsmischung« am Werk, in das »neben Brinkmann vor allem Jürgen Becker neue, Wirklichkeitselemente konstruktivistisch durchformende und dynamisierende Impulse«[49] eingebracht habe. Jedoch wird in einer bemerkenswerten Parallele zur Konkreten Poesie trotz des Bestrebens, neue Wahrnehmungs-, Ausdrucks- und Schreibweisen, sinnlichere, spontanere, ›anarchischere‹, literaturfähig zu machen, an den Bezeichnungen ›Gedicht‹ und ›Lyrik‹ festgehalten, und das läßt eher an einen Wandel des Lyrikbegriffs denken, wie er in der programmatischen Deutung der »Rückkehr zur Realität« (Hamm) im Gedicht als dessen ›Demokratisierung‹ angelegt und intentional auch schon in der Konkreten Poesie zu erkennen war. Er wird vielleicht am deutlichsten greifbar, wenn man eine Charakterisierung der ›Neuen Gegenständlichkeit‹ von Hans Christoph Buch einem bekannten Diktum Klopstocks gegenüberstellt. Buch schrieb schon 1970 anläßlich einer Besprechung von Gedichten von F. C. Delius (geb. 1943) und Nicolas Born, auf die das gar nicht einmal in dem Maße zutrifft wie auf ›linientreuere‹ Vertreter der neuen Richtung: »Die neuen Gedichte sind planer, oberflächlicher, eindeutiger geworden; was ihre Autoren sagen, steht in den Zeilen, nicht zwischen den Zeilen.«[50] Klopstock hatte einst die Bedeutung dessen, was zwischen den Zeilen steht, für das Gedicht in einem poetischen Vergleich so ausgedrückt: »Überhaupt wandelt das Wortlose in einem guten Gedicht umher wie in Homers Schlachten die nur von wenigen gesehenen Götter.« Um den Wandel vom Adressatenbezug her zu fassen: Die neuen Gedichte sind nicht mehr nur für die Lieblinge der Götter, denen allein sich diese zu erkennen geben, sondern, mit Theobaldy zu reden, »für alle, die in den Zügen der Deutschen Bundesbahn zweiter Klasse sitzen, auf den vorderen Plätzen im Kino, für alle, die Stehplatzkarten für die Kurve haben, wo der Abstand zum Spielfeld am weitesten ist«.[51]

Die Frage ist, wie weit sich dieser gewandelte Lyrikbegriff durchzusetzen vermochte bzw. vermag. Die neue Lyrik mit der lässigen Schreibweise, geprägt von Einfachheit des Ausdrucks und alltagssprachlichem Duktus, intendiert ungehinderten Zugang, Verständlichkeit, Klartext, sie will eine »Lyrik für Leser«[52] sein, wie der programmatische Titel der jüngsten einschlägigen Anthologie lautet. (Neben ihr sind vor allem Theobaldys Sammlung *Und ich bewege mich doch* von 1977 und der 1978 erschienene sogenannte »Lyrik-Katalog« *Mit gemischten Gefühlen* zu nennen.) Wenn man den berufsmäßigen Beobachtern des Literaturbetriebs glauben darf, dann hat sie in der Tat so etwas wie einen Lyrik-Boom in den siebziger Jahren ausgelöst. (Gemessen an der Auflagenhöhe dürften allerdings Wolf Biermann mit seiner *Drahtharfe* und Peter Handke mit seinem Band *Die Innenwelt der Außenwelt der Innenwelt* die erfolgreichsten Gedichteschreiber in der deutschen Literatur nach 1945 sein.) Dieser Erfolg war teilweise sicher in einer generationsspezifischen Stimmungslage begründet, die freilich nicht lange Bestand hatte, teilweise aber einfach in dem Mangel an Widerständigkeit, der für viele der Texte kennzeichnend ist. Diesem Mangel an Widerständigkeit wird man wohl kulturhistorisch wie auch sozialpsychologisch und politisch mit Skepsis begegnen müssen; uns interessiert jedoch hier vor allem sein gattungsgeschichtlicher Aspekt, unter dem sich gleichfalls ein zumindest ambivalentes Bild ergibt. Einerseits brachte die neue Lyrik mit ihrer spontaneren, gelockerteren Sprechweise der Gattung einen poetischen Zugewinn, andrerseits führte sie zu ihrer geradezu rapide fortschreitenden Aufweichung. Gattungsgeschichtlich bemerkenswert ist nun, daß diese Aufweichungstendenzen zunehmend Widerstand hervorriefen und -rufen. Vor allem Peter Wapnewski hat sich 1977 vehement gegen die Formauflösung im Gegenwartsgedicht gewandt und darauf bestanden, daß das Gedicht »genaue Form« sei, deren Preisgabe die »Preisgabe des Gedichts« bedeute. »Es sei denn, die Gattung bestimme sich neu mit Hilfe neuer Prinzipien, was mir als Ding logischer Unmöglichkeit erscheinen will.«[53]

Zwar haben Gattungsprozesse nicht unbedingt etwas mit Logik zu tun, aber es gibt in ihnen – jedenfalls trifft das auf die Großgattungen Lyrik, Epik und Drama zu – ahistorische Konstanten, die sich zumal dann stets aufs neue durchsetzen, wenn sie in Frage gestellt werden. Daß das Prinzip der »genauen Form«, vor allem das Prinzip der Entautomatisierung der Sprache, d. h. einer von der Alltagssprache abweichenden, sie verfremdenden ästhetischen Textorganisation, eine solche ahistorische Konstante der lyrischen Gattung darstellt, wird wohl am deutlichsten daran erkennbar, daß es trotz vielfacher entgegengesetzter theoretischer Äußerungen auch in der angeblich unartifiziellen »Lyrik für Leser« immer wieder durchschlägt. Theobaldy ist sich dessen bewußt, daß gerade die Entpoetisierung des lyrischen Sprechens gleichzeitig Gegenmaßnahmen erfordert, wenn dieses dennoch lyrisches Sprechen bleiben soll: »Gerade die einfache Sprache verlangt nach einer stringenten Organisation.«[54] Und daraus erklärt es sich wohl auch, daß in der neuen Lyrik, die ursprünglich mehr zum langen Gedicht tendierte (Günter Herburger, geb. 1932, attackierte vor allem die »Kurzform des Gedichts«, sprach von »fernöstlichen Tricks«), immer mehr auch das kurze Gedicht und die lakonische Sprechweise Verwendung finden. Selbstverständlich kann auch das lange Gedicht »genaue Form« sein, trotzdem wird man sagen müssen, daß das Gedicht sich um so mehr vom ›harten Kern‹ der Gattung entfernt, je länger es wird, umgekehrt aber Kürze den Einsatz spezifischer poetischer Techniken der Gattung besonders begünstigt, weil diese nur innerhalb eines eng umgrenzten Wahrnehmungsfeldes funktionieren, d. h. für ihre Wirksamkeit Überschaubarkeit (entsprechend dem Wahrnehmungsvermögen des Rezipienten) voraussetzen.

Im lakonischen Gedicht lassen sich also offensichtlich alltagssprachliche Redeweise und die von der Gattung geforderte poetische Textstrukturierung und Sinnverdichtung am ehesten miteinander verbinden. Das folgende Beispiel aus dem 1970 erschienenen Band *Wo mir der Kopf steht* von Nicolas Born wurde aus zwei Gründen gewählt: Einmal wird in ihm die Problematik der »Poesie der Oberfläche« unmittelbar thematisiert, zum andern ist sein hoher Grad an Artifiziellität um so bemerkenswerter und aufschlußreicher im Sinn der oben aufgestellten These, als es ausgerechnet von dem Erfinder der Formel von der »unartifiziellen Formulierung« stammt.

> *Ein Foto* (nach und für Delius)
> Vier Soldaten
> Vier Soldaten
> (Gesichter wie auch sonst in Fotoalben)
> (Gesichter wie auch sonst in Fotoalben)
> warten auf den Auslöser
> warten auf den Auslöser
> Zwei halten Köpfe an den Haaren,
> Zwei halten Köpfe an den Haaren,
> die an zwei Leichen,
> die an zwei Leichen,
> die weiter vorne liegen,
> die weiter vorne liegen, fehlen.[55]

Diese Beschreibung eines Fotos gibt sich sachlich, knapp und nüchtern; einfache Wortwahl und alltagssprachliche Redeweise kennzeichnen den Text. Der Gestus des unbeteiligten Feststellens steht dabei in deutlichem Widerspruch zur abgebildeten Wirklichkeit, erklärt sich aber daraus, daß das Foto nur die Oberfläche der Phänomene widerzuspiegeln vermag. Die Intention des Textes erhellt sich erst aus seiner formalen Organisation. Die Verdoppelung der einzelnen Feststellungen verweist auf die Verdoppelung der Wirklichkeit durch die Fotografie: Alle genannten Einzelheiten sind jeweils zweimal vorhanden, in der Realität und auf dem Bild. Das letzte Wort wird als einziges nicht wiederholt; indem es so aus dem Schema fällt, erlangt es eine Signalwirkung. Es markiert aber nicht nur den Abschluß des Gedichts, den Punkt, auf den die inhaltliche Aussage hingespannt ist: die jähe Einsicht in die furchtbare Endgültigkeit physischer Vernichtung – vielmehr impliziert die fehlende Verdoppelung, daß gerade dieser entscheidende ›Tatbestand‹ sich seiner äußerlichen Abbildung entzieht. Eine Leiche ohne Kopf läßt sich fotografieren (makaber, daß es für ein Erinnerungsfoto geschieht!), nicht aber das, was eine Leiche ohne Kopf ›bedeutet‹. Der Text selbst kann auf das, was das Foto verfehlt, nur hinweisen, indem er es ausspart. Das ist Lakonismus – ein gegenständlicher Lakonismus, der aber die »Poesie der Oberfläche« zugleich transzendiert und ›aufhebt‹ (und, in diesem Fall, immanent kritisiert).

Dieser Lakonismus erscheint heute als *die* Alternative zum Programm der »unartifiziellen Formulierung«, zur »Lyrik für Leser«, von der selbst der Herausgeber der gleichnamigen Anthologie, Volker Hage, vermutet, daß sie »ihre besten Beispiele bereits hinter sich hat«. Seine Chance und sein literarhistorischer Stellenwert scheinen in der Tat darin zu liegen, daß er es erlaubt, die »Weite und Vielfalt der realistischen Schreibweise« (Brecht) mit der Geschlossenheit und Formstringenz, wie sie das hermetische Gedicht auszeichnet, zu vermitteln und so den historischen Gegensatz zwischen Hermetismus und Realismus hinter sich zu lassen. In diesem postmodernen Lakonismus, sei er nun mehr politisch oder mehr subjektivistisch grundiert, treffen sich heute Autoren der verschiedensten literarhistorischen Herkunft, von Krolow, Walter Helmut Fritz (geb. 1929) und Rose Ausländer (geb. 1907) über Enzensberger und Erich Fried, Kurt Marti (geb. 1921) und Arnfried Astel (geb. 1933) bis zu Jürgen Becker (geb. 1932) und Rainer Malkowski (geb. 1939); auch der verstorbene Dieter Leisegang (1942–73) wäre hier zu nennen. Auf sie alle möchte nicht schlecht zutreffen, was Adorno in seiner berühmten *Rede über Lyrik und Gesellschaft* von Mörike sagte: »Es treibt den Geist in ihm, einmal noch Bilder zu bereiten, die weder an den Faltenwurf noch an den Stammtisch sich verraten, weder an die Brusttöne noch ans Schmatzen.«[56]

Anmerkungen

1 Georg Wilhelm Friedrich Hegel: Vorlesungen über die Ästhetik. Dritter Teil: Die Poesie. Hrsg. von Rüdiger Bubner. Stuttgart 1971 [u. ö.]. S. 107.
2 Paul Böckmann: Die Sageweisen der modernen Lyrik. In: Der Deutschunterricht 5 (1953) H. 3. S. 37 f.
3 Wolfgang Barthel: Vollendung. In: Deutsche Lyrik der Gegenwart. Hrsg. von Günther Birkenfeld. Berlin/Hannover 1950. S. 75.
4 Walther Killy: Elemente der Lyrik. München 1972. S. 116.

5 Peter Rühmkorf: Das lyrische Weltbild der Nachkriegsdeutschen. Jetzt zugänglich in: P. R.: Die Jahre die ihr kennt. Reinbek 1972. S. 92 f.

6 Ebd. S. 93.

7 Gottfried Benn: Probleme der Lyrik. Wiesbaden 1951. S. 12.

8 Gottfried Benn: Gesammelte Gedichte. Wiesbaden/Zürich 1956. S. 199 ff.

9 Clemens Heselhaus: Deutsche Lyrik der Moderne. Düsseldorf 1961. S. 342.

10 Karl Krolow: Die Lyrik in der Bundesrepublik seit 1945. In: Kindlers Literaturgeschichte der Gegenwart. Die Literatur der Bundesrepublik. Hrsg. von Dieter Lattmann. München/Zürich 1973. S. 387.

11 Wilhelm Lehmann: Sämtliche Werke in drei Bänden. Bd. 3. Gütersloh 1962. S. 163.

12 Karl Krolow: Schattengefecht. Frankfurt a. M. 1964. S. 37.

13 Theodor W. Adorno: Der Artist als Statthalter. In: Th. W. A.: Noten zur Literatur I. Frankfurt a. M. 1958. S. 194 f.

14 Lehmann (Anm. 11) S. 145.

15 Günter Eich: Rede vor den Kriegsblinden. In: Über Günter Eich. Hrsg. von Susanne Müller-Hanpft. Frankfurt a. M. 1970. S. 24.

16 Über Günter Eich (Anm. 15) S. 19 f.

17 Hugo Friedrich: Die Struktur der modernen Lyrik. Erw. Neuausg. Reinbek 1967. S. 182.

18 Vgl. dazu Heinz F. Schafroth: Günter Eich. München 1976. S. 110 ff.

19 Karl Krolow: Warum ich nicht wie Oskar Loerke schreibe. In: Fünfzehn Autoren suchen sich selbst. Hrsg. von Uwe Schultz. München 1967. S. 113 f.

20 Walter Jens: Deutsche Literatur der Gegenwart. München 1964. S. 131.

21 Zum erstenmal veröffentlicht in: Susanne Müller-Hanpft: Lyrik und Rezeption. Das Beispiel Günter Eich. München 1972. S. 136 f.

22 Büchner-Preis-Reden 1951–1971. Mit einem Vorw. von Ernst Johann. Stuttgart 1972 [u. ö.]. S. 84.

23 Paul Celan: Beitrag zum Almanach der Librairie Flinker. Paris 1958. S. 45.

24 Ebd.

25 Paul Celan: Schneepart. Frankfurt a. M. 1971. S. 27.

26 konkrete poesie. deutschsprachige autoren. anthologie von eugen gomringer. Stuttgart 1972 [u. ö.]. S. 154.

27 Ebd. S. 154 und 156.

28 Renate Beyer: Innovation oder traditioneller Rekurs? In: Text + Kritik H. 30 (^{2}1975): Konkrete Poesie II. S. 24 f.

29 Beyer (Anm. 28) S. 25.

30 Ernst Jandl: Sprechblasen. Stuttgart 1979 [u. ö.] S. 9.

31 Johannes R. Becher: Heimkehr. Berlin [Ost] 1947. S. 40.

32 Siegfried J. Schmidt: Zur Poetik der konkreten Dichtung. In: Theoretische Positionen zur Konkreten Poesie. Hrsg. von Thomas Kopfermann. Tübingen 1974. S. 86.

33 konkrete poesie (Anm. 26) S. 156 f.

34 Günter Eich: Gesammelte Werke. Hrsg. von Susanne Müller-Hanpft [u. a.]. Bd. 4. Frankfurt a. M. 1973. S. 411.

35 Vgl. Ernst Jandl: Die schöne Kunst des Schreibens. Darmstadt/Neuwied 1976. Vor allem S. 53 f.

36 Rühmkorf (Anm. 5) S. 107.

37 Hans Magnus Enzensberger: Vorwort. In: Museum der modernen Poesie. Hrsg. von H. M. E. München 1964. S. 10.

38 Jetzt zugänglich in: Was alles hat Platz in einem Gedicht? Hrsg. von Hans Bender und Michael Krüger. München/Wien 1977. S. 7 ff.

39 Peter Hamm: Die Wiederentdeckung der Wirklichkeit. Jetzt gleichfalls zugänglich in: Was alles hat Platz in einem Gedicht? (Anm. 38) S. 46 ff.

40 Peter Rühmkorf: Kein Apolloprogramm für Lyrik. In: P. R.: Walther von der Vogelweide, Klopstock und ich. Reinbek 1975. S. 183 ff.

41 Was alles hat Platz in einem Gedicht? (Anm. 38) S. 7.

42 Krolow (Anm. 12) S. 93.

43 Jürgen Theobaldy / Gustav Zürcher: Veränderung der Lyrik. Über westdeutsche Gedichte seit 1965. München 1976. S. 27.

44 Jürgen Theobaldy: Literaturkritik, astrologisch. Jetzt zugänglich in: Mit gemischten Gefühlen. Lyrik-Katalog Bundesrepublik. Hrsg. von Jan Hans [u. a.]. München 1978. S. 463 ff.; ders.: Das

Gedicht im Handgemenge. Jetzt zugänglich in: Was alles hat Platz in einem Gedicht? (Anm. 38) S. 169–180.
45 Theobaldy/Zürcher (Anm. 43) S. 82.
46 Jörg Drews: Nach der ›Neuen Sensibilität‹. In: Lyrik – von allen Seiten. Hrsg. von Lothar Jordan [u. a.]. Frankfurt a. M. 1981. S. 166.
47 Rolf Dieter Brinkmann: Der Film in Worten. In: Acid. Neue amerikanische Szene. Hrsg. von R. D. B. und Ralf-Rainer Rygulla. Frankfurt a. M. o. J. S. 384.
48 Theobaldy: Das Gedicht im Handgemenge (Anm. 44) S. 175.
49 Hans Dieter Schäfer: Zusammenhänge der deutschen Gegenwartslyrik. In: Lyrik – von allen Seiten (Anm. 46) S. 59.
50 Hans Christoph Buch: Kritische Wälder. Reinbek 1972. S. 116.
51 Jürgen Theobaldy: Zweiter Klasse. Berlin 1978. S. 75.
52 Lyrik für Leser. Deutsche Gedichte der siebziger Jahre. Hrsg. von Volker Hage. Stuttgart 1980.
53 Peter Wapnewski: Gedichte sind genaue Form. Jetzt zugänglich in: Mit gemischten Gefühlen (Anm. 44) S. 449.
54 Theobaldy in: Was alles hat Platz in einem Gedicht? (Anm. 38) S. 179.
55 Nicolas Born: Gedichte 1967–1978. Reinbek 1978. S. 87. – Zur Interpretation vgl. auch: Ludwig Völker: Brecht/Benn und die deutsche Lyrik der Gegenwart. In: Lyrik – von allen Seiten (Anm. 46) S. 195 ff.
56 Adorno (Anm. 13) S. 96.

Deutsche Demokratische Republik

Von Wolfgang Emmerich

Die Lyrik *der* DDR ein Epochenphänomen im literarhistorischen Sinn? Wird hier nicht ein weiteres Mal einem staatlichen Gebilde umstandslos eine Literatur zugeordnet, um dieser dann, ebenso umstandslos, epochale Qualität zu unterstellen? Gibt es denn nicht nur die eine deutsche (weil deutschsprachige) Literatur, also auch Lyrik, die sich durch nichts als ihre ästhetische Sprachverfassung auszeichnet und durch gesellschaftliche Zustände allenfalls sekundär modifiziert wird? War nicht Gregor Laschen besser beraten, als er vor zehn Jahren die erste umfassendere Darstellung eines bis dahin kaum beschriebenen Gegenstandes vorsichtig und unverfänglich »Lyrik *in* der DDR« nannte?

Dieser Beitrag unternimmt den Versuch, den epochalen Charakter zumindest eines Teils der in der DDR entstandenen Lyrik ausfindig zu machen, einen Charakter, der sie historisch und literarisch unverwechselbar im Verhältnis zur vorher und gleichzeitig andernorts geschriebenen Lyrik in deutscher Sprache macht. Daß dieses Epochenphänomen sich herausgebildet hat, hängt – diese Bedingungen seien vorweg genannt – nicht nur mit der nun schon über dreißigjährigen Eigenstaatlichkeit der DDR zusammen, sondern mit einer schrittweise entstandenen eigenen »kulturellen Identität« bzw. mit der »Diskulturalität« der beiden deutschen Staaten, einer in Ökonomie und Lebensweise gegründeten gesamtgesellschaftlichen Verschiedenheit.[1] Sie wird – das ist die schon nicht mehr so neue These – getragen von einer bestimmten Generation der zwischen 1934 und 1940 Geborenen, die eine spezifische biographisch-historische Erfahrung auszeichnet und eint.[2] Der Generationsbegriff wird dabei, so wird sich herausstellen, nicht als quasi biologischer verwendet, sondern gesellschaftlich-geschichtlich fundiert. Der Lyrik dieser Generation ist eine gemeinsame Signatur eingeschrieben (der Ausdruck spielt seit Ende der sechziger Jahre in Disputen über Lyrik eine leitmotivische Rolle): *»arbeitende Subjektivität«*.[3] Gemeint ist damit eine Haltung des lyrischen Ich im Bezug auf seine Wirklichkeiten, die sich sowohl als produktive Tätigkeit in der Sprache, im ästhetischen Material, als auch als Abarbeiten an (neuen) Inhalten manifestiert; eine Haltung, die in Gedichten seit etwa 1961 auftritt und seit etwa 1976 wieder im Schwinden begriffen ist. DDR-Lyrik im engeren Sinne, das wäre die These, entsteht also in einem relativ kurzen Zeitraum von eineinhalb Jahrzehnten. Sie wird vorbereitet und vorgeformt in den späten vierziger und den fünfziger Jahren, deren Lyrikproduktion von Angehörigen älterer, ganz anders geprägter Generationen getragen wird (eine Phase, die gleichzeitig aufgrund bestimmter kulturpolitischer Normierungen eine freie Entfaltung der Künste, also auch der Lyrik, hemmte). Sie wird abgelöst von einer (nach vorn hin offenen) Phase neuerlichen politischen Zwangs seit Ende 1976, die den produktiven Stoffwechsel zwischen dem künstlerischen Individuum und seiner Gesellschaft des »realen Sozialismus« gebremst, wo nicht endgültig unterbunden hat: Die »arbeitende Subjektivität« ist in die Krise geraten, und keine literarische Gattung hat diesen Wandel (oftmals: diesen Absturz) so rasch und verstört dokumentiert wie die Lyrik.

Der Mai 1945 bedeutete für alle vier Besatzungszonen einen ›Nullpunkt‹ im Hinblick auf die ökonomische Zerstörung des Landes und die moralische Zerrüttung seiner Bewohner. Doch hier endet bereits die Gemeinsamkeit, von der aus sich die Westzonen einerseits und die sowjetische Besatzungszone andererseits entsprechend den kulturpolitischen Vorgaben der Alliierten in diametral entgegengesetzte Richtungen der ›Bewältigung‹ bzw. Nichtbewältigung der Vergangenheit entwickelten. Die westliche Proklamation des ›totalen Nullpunkts‹ als Bruch mit der bisherigen Geschichte und Sprung in die formale Demokratie, unter Beibehaltung der kapitalistischen Wirtschaftsweise, kam all jenen zupaß, die bis 1945 Träger oder Mitläufer des Nationalsozialismus waren, insofern sie dadurch jeglicher Verantwortlichkeit enthoben wurden und ungestört weiter ihren ökonomischen oder kulturellen Geschäften nachgehen konnten. So dominiert kulturell bzw. literarisch in den Westzonen jene apolitisch-restaurative, geschichtslose Haltung, die bereits um 1930 begonnen und in der sogenannten inneren Emigration sich als ›Lebensform‹ ausgeprägt hatte, kaum gebrochen bis in die späten fünfziger Jahre hinein. Die sehr reale Kehrseite der Nullpunkt-Phase war also die schlechte Kontinuität des restaurativen Denkens und Schreibens von etwa 1930 bis 1960, für die das Jahr 1945 *keine* entscheidende Zäsur darstellt; Lyrik, die zwar verbal von dem gutgemeinten Vorsatz geleitet war, »in Sprache, Substanz und Konzeption von vorn an[zu]fangen, ganz von vorn«,[4] in der Praxis aber weithin die um 1930 begonnene Linie der »vernebelnden Entrückungsliteratur«, der »Inszenierung von Kultur«, um »die Wirklichkeit des Faschismus an die Wand zu spielen«,[5] restaurativ fortsetzte. Hans Dieter Schäfer hat die Besonderheiten dieser Literatur formuliert, die eine Kontinuität auch in der Lyrik bis weit in das Westdeutschland der fünfziger Jahre hinein stifteten, so u. a. die antiaufklärerische, metaphysische, Aktualität vermeidende Grundeinstellung, den Rückgriff auf ältere Gattungsarten (Sonett, Ode, Elegie, Hymnus, Lied), das Vordringen klassizistischer Stilnormen, generell: den Rückzug auf »Maß und Form« (Benn).[6] Und wo die Sensibleren und Gescheiteren sich von solchem Erbe abzulösen mühten, blieb der Versuch in der Regel oberflächlich. Man suchte Anschluß an die internationale Moderne zu gewinnen, sich »aus der Kenntnislosigkeit und Zusammenhanglosigkeit dem Ausland gegenüber zu befreien«, wie Krolow es formulierte,[7] um schleunigst wieder in der »Weltsprache der Poesie«[8] mitdichten zu können. Die auf so unterschiedliche Weise authentische, zu Unrecht hermetisch gescholtene Gedichtsprache von Günter Eich und Paul Celan ragt einsam aus der im ganzen stehengebliebenen oder hastig ›modernisierten‹ Lyrik der späten vierziger und fünfziger Jahre heraus.

Auch die sowjetisch besetzte Zone stand zunächst einmal vor den gleichen Schwierigkeiten des Beerbens und Bewältigens der faschistischen Hinterlassenschaft. Der Generalnenner des Neuanfangs hieß: antifaschistisch-demokratische Erneuerung; im kulturellen und literarischen Bereich (ganz im Sinne des strategischen Modells des Volksfrontbündnisses aus den mittleren dreißiger Jahren): nationale ›Wiedergeburt‹ durch Hinwendung zum ›fortschrittlichen‹ Erbe, also zur deutschen Klassik und zur kritisch-realistischen Literatur der Weimarer Republik und des Exils. In der Tat entstand in den ersten Jahren nach 1945 auf dem Boden der späteren DDR eine Lyrik, die diesen Maximen entsprach, ja, es gab sie seit langem in Gestalt der Gedichte Johannes R. Bechers. Sein großes Thema schon der späten dreißiger und vierziger Jahre war die unheilvolle Lage Deutschlands in der »Zeitenwende« und die Notwendigkeit des »Anderswerdens« mit dem Ende der faschistischen Terrorherrschaft. Wie kein anderer Autor erhoffte sich Becher den Fortschritt, »das Andere« aus einem unmittelbaren Anknüpfen am bürgerlich-humanistischen Kulturerbe zu gewinnen – auch und gerade, was Sprache und Form des Gedichts anlangte. Nicht das kritische Aufarbeiten der Widersprüche in der eigenen Nationalhistorie war seine Sache, sondern die traumhafte, sich identifizierende Erinnerung an ein Deutschland und seine Kultur, deren barbarische Grundelemente systematisch ausgespart wurden. Das ästhetische Gebilde Gedicht schien Becher der geeignetste Weg, zum »Traumbesitz« des verschütteten Erbes zu gelangen, wobei er sich gleicherweise um klassische Stilgebung (zumal in der »bändigenden«, durch seine Strenge schützenden Form des Sonetts) und volkstümliche Schlichtheit (vierzeilige Liedstrophe) bemühte. Topoi wie Volk, Heimat, Befreiung verwandte Becher nahezu naiv, ungebrochen; ja er benützte christlich-religiöse Motive und Vokabeln (Gebet, Kreuz, Gericht, Erlösung, heilig, ewig), weil sie ihm als geeignet erschienen, unter nichtproletarischen Lesern Interesse, Hoffnung, Mut zu wecken.[9] Daß Bechers Poetisierung des »versäumten Vaterländischen« (eine Wendung Hölderlins, die er häufig sich rechtfertigend zitierte) oft genug in »neo-klassizistischer Glätte und konventioneller Verseschmiederei« steckenblieb, wie der ihm befreundete Stephan Hermlin feststellte,[10] verschlug nichts. In seinen Gedichten fand sich nicht nur die offizielle Kulturpolitik der ersten Jahre bestätigt und repräsentiert, sondern auch eine politisch wie literarisch erfahrungslose, nur durch den Nationalsozialismus hindurchgegangene jüngere Generation, die nach nationaler und individueller Sinngebung in verständlicher, eingängiger, gleichwohl doch ›schöner‹ literarischer Form dürstete. All das war in Bechers Gedichten im Übermaß gegeben.

Johannes R. Becher ist zwar der wichtigste, wirksamste Repräsentant einer alt-neuen Lyrik im Zeichen der antifaschistisch-demokratischen Erneuerung, die das Gedicht auf dem Boden der späteren DDR rasch und deutlich in einen eminenten inhaltlichen (nicht unbedingt formalen!) Gegensatz zur Lyrikproduktion in den Westzonen brachte, aber nicht ihr einziger Vertreter. Neben ihm stehen Autoren zweier Generationen, die aus dem Exil zurückkehrten und, gleich Becher, das Gedicht als Medium einer Umerziehung der Nation begriffen: Erich Weinert, dessen an die Weimarer Zeit anknüpfende militante Aktionslyrik nicht so recht zu den neuen der Literatur übertragenen Aufgaben passen wollte; der aus dem palästinensischen Exil über Prag heimgekehrte Louis Fürnberg (seinerzeit der neben Becher meistgeschätzte Lyriker und übrigens ein uneigennütziger Förderer junger Autoren), Rudolf Leonhard, der die Nazizeit in Frankreich zugebracht hatte; der aus England zurückkehrende Kuba (d. i. Kurt Barthel); der vor 1945 in der französischen Résistance aktive Stephan Hermlin und schließlich, seit Ende 1948, Bertolt Brecht. Schon diese Namen machen die Diskrepanz deutlich, die sich zunehmend auch in der Lyrik zwischen Ost und West auftat: Nicht ein dezidiert antifaschistischer exilierter Lyriker der älteren Generation von Rang siedelte sich in den Westzonen an (einige blieben in ihren Exilländern). Mehr noch als auf dem Gebiet der Prosa und des Dramas fand in der

Lyrik eine Dissoziation der Literatur auf weltanschaulicher Basis statt, die freilich in der nie homogenen Exilliteratur, ja schon vor 1933 angelegt war. Andererseits droht diese weltanschauliche Homogenität der ostdeutschen Nachkriegslyrik (die zu diesem Zeitpunkt nicht von der Partei angeordnet zu werden brauchte, sondern sich aus der freiwilligen politischen Entscheidung der Autoren für den einen oder anderen Landesteil ergab), tiefgreifende ästhetische Diskrepanzen zu verdecken. Schon die Namen Brecht und Hermlin weisen darauf hin, und von traditionsgebundener ästhetischer Homogenität der ostdeutschen Lyrik der späten vierziger und frühen fünfziger Jahre kann erst recht dann nicht mehr die Rede sein, wenn man, wie notwendig, Peter Huchel und vor allem den 1950 aus Kolumbien zurückgekehrten Erich Arendt mitbedenkt. Auch der gleichfalls zu dieser Generation gehörige, oft vergessene René Schwachhofer, dessen 1937 erschienenen Gedichtband *Dämmerung* die Nationalsozialisten unterdrückt hatten, wäre hier zu nennen. Ihn hatte, wie Arendt, die Wortkunst des Expressionismus geprägt. Jetzt erschienen antifaschistische, Trauerarbeit leistende Gedichte von ihm, die ganz auf das Einzelwort und seine ›Strahlung‹ gebaut waren. Durch diese Autoren kommen frühzeitig Ästhetiken und Sprachverfassungen des Gedichts ins Spiel, die, wenn schon nicht der westeuropäischen Lyrik-Avantgarde der vorhergehenden Jahrzehnte verpflichtet, so doch in Kenntnis und Auseinandersetzung mit ihr gewonnen wurden. Mit anderen Worten: Weder stimmt der Gemeinplatz von der aufs klassisch-realistische Erbe fixierten, ästhetisch uninteressanten Nachkriegslyrik, für die letztlich nur die (freilich als repräsentativ herausgestellten) Namen Becher und Fürnberg einstehen, noch ist, wie immer wieder behauptet, den Gedichten der älteren Generationen durchweg ein »auffordernder, werbender, lehrender« Gestus eigen, mit dem »der Leser gleichsam an die Hand genommen« und ihm erklärt wurde, »was zu tun notwendig sei«.[11] Dieser didaktische Grundzug ist fraglos gegeben, aber er mußte nicht notwendig verhindern, daß sich jüngere Autoren jenseits der ›autoritären Autoritäten‹ Becher und Brecht ihren lyrischen Standort suchten, wie Günter Kunert des öfteren behauptet.[12]

Die Lyrik Brechts aus seinem letzten Lebensjahrzehnt (1946–56) wird weitgehend als didaktisch charakterisiert; dies wird ihr jedoch nicht gerecht. Zug um Zug hat der Autor sowohl die asketisch-reduktive, »gewaschene Sprache des Exils«[13] als auch die Anbindung des Gedichts ans Nützlichkeitskalkül wieder aufgegeben und die Kategorie der Schönheit (sie machte ihn 1938 noch »verlegen«[14]) neuerlich in ihre Rechte gesetzt. Satire und Warngedicht treten zurück, die Wahrnehmungsfähigkeit für die ganze Wirklichkeit, einschließlich gerade ihrer scheinbar unpolitischen Bereiche, wird zurückgewonnen, was eine neue, sinnlich heitere Natur- und Liebeslyrik entstehen läßt; Gedichte zu Themen also, denen Brecht in der Zeit des Exils fast gänzlich entfremdet war. Wichtigstes Beispiel der neuen Schreibart sind die *Buckower Elegien* – 17 im Sommer des Jahres 1953, nach dem 17. Juni, entstandene Gedichte (1980 wurden zwei bisher unbekannte Elegien aus dem Nachlaß veröffentlicht[15]). Dabei handelt es sich weder, wie von dem den Entstehungsort nennenden Attribut her zu vermuten, um reine Naturgedichte aus der märkischen Landschaft noch um Elegien im traditionellen Sinn von Klagegedichten. Vielmehr reflektiert Brecht, von seinem subjektiven Standort, seinen Bedürfnissen her die erreichten wie auch die noch nicht erreichten, also noch zu erkämpfenden Veränderungen in seinem Land, besonders aktuell nach dem 17. Juni 1953. »Natur« spielt in den Gedichten eine entscheidende Rolle – nicht jedoch als Gegenstand für sich oder als Kulisse, sondern durchweg als vermenschlichte Natur, als Ort menschlicher Beziehungen – für Menschen gemacht. Mit Versen wie den folgenden entwarf Brecht einen neuen Typus des Naturgedichts, der vor allem dann in den sechziger und siebziger Jahren bei der jüngeren Generation produktive Fortsetzung fand:

> *Der Rauch*
>
> Das kleine Haus unter Bäumen am See
> Vom Dach steigt Rauch
> Fehlte er
> Wie trostlos dann wären
> Haus, Bäume und See.[16]

Vor Brecht gelang es schon Peter Huchel, dem üblicherweise »stationär«[17] verstandenen Naturgedicht, als geradezu klassischem Beispiel statischer Nachahmungspoetik, neue Dimensionen – d. h. vor allem: ihre geschichtliche Dimension – abzugewinnen. Stephan Hermlin hatte nicht nur der Lyrik der inneren Emigration, der Huchel ja zugehörte, sondern auch noch der westdeutschen Nachkriegslyrik polemisch bescheinigt, sie trage den »Stempel des Troglodytenhaften«, sie sei »eine Dichtung von Höhlenbewohnern«.[18] Wo eine Einvernahme in die menschenverachtende Volksgemeinschaft der Nazis nicht gewollt wurde, hatte man sich auf die eigene Subjektivität zurückgezogen; wo diese sich als unerträglich eng, als autistisch gefährdet erwies, setzte die zweite Etappe des Rückzugs ein: der Versuch, statt mit Menschen ersatzweise mit der Natur zu kommunizieren. Sie endete in der freiwilligen Rück-Einverleibung in die ›Natur-Natur‹, in der Reduktion des Menschenwesens aufs Naturwesen – so in der Lyrik der Loerke, Lehmann und Langgässer,[19] aber auch in der ihrer jüngeren Nachfahren im Westdeutschland des Nachkriegs. Huchels literarhistorisches Verdienst ist es, mit dieser Haltung der sich als Menschenwesen totstellenden Autorsubjektivität gegenüber der Natur gebrochen und den historisch konkreten Stoffwechsel zwischen Mensch und Natur, im Guten wie im Bösen, zum Thema gemacht zu haben. Seine Erfahrungen als Soldat der Nazi-Wehrmacht hatten bei Huchel einen neuen Gebrauch von Naturbildern in Gang gesetzt, der sich wohltuend von der »Welt blinder, vegetativer Kräfte, [. . .] in der Larven, Lurche, Sporen, Pollen und Staubfäden ihre blinde, beharrliche Existenz führten«,[20] abhob, die die in Westdeutschland so populären Naturgedichte der Lehmann, F. G. Jünger oder Britting wie auch ihrer jüngeren Adepten bevölkerte. Naturbilder fungieren bei dem Huchel der Nachkriegszeit (1948 erschien sein Band *Gedichte*) als Chiffren für das alte System von Erstarrung und Tod einerseits, für die neue, lebenbringende Gesellschaftsordnung andrerseits. Landschaft und Natur wurden erfahrbar nicht mehr als Reservat, sondern als wirkliche Umwelt, in die der Krieg (also: der gewalttätige Mensch und die ihm dienstbare Technik) seine Spuren eingegraben hatte. Solche Erfahrungen er-innert das Gedicht angemessen mit dem Gestus der Trauer und in elegischem Ton:

Der Rückzug
Ich sah des Krieges Ruhm
Als wärs des Todes Säbelkorb,
Durchklirrt von Schnee, am Straßenrand
lag eines Pferds Gerippe.
Nur eine Krähe scharrte dort im Schnee nach Aas,
wo Wind die Knochen nagte, Rost das Eisen fraß.[21]

Gerippe und Knochen, Schnee und Rost sind die Signaturen einer verwüsteten Landschaft, Gravuren des todbringenden Umgangs des Menschen mit der Natur. Doch Huchel begann auch Zeichen eines neuartigen Stoffwechsels zwischen Mensch und Natur zu entdecken – Zeichen der Hoffnung: Kälte und Rost erscheinen als überwindbar.

Aber am Morgen,
es dämmerte kalt,
als noch der Reif
die Quelle des Lichts überfror,
kam eine Frau aus wendischem Wald.
Suchend das Vieh, das dürre,
das sich im Dickicht verlor,
ging sie den rissigen Pfad.
Sah sie schon Schwalbe und Saat?
Hämmernd schlug sie den Rost vom Pflug.

(*Heimkehr*)[22]

Huchels Grenze blieb, auch in späteren Jahren, als ihm im sich befestigenden »realen Sozialismus« die Hoffnung wieder geschwunden war und seine Landschaften apokalyptisch wurden, daß die neuen (gewiß fragwürdigen) Entwicklungen von Arbeitsteilung und großer Maschinerie auf dem Lande aus seiner Naturlyrik ausgespart wurden und er darin verharrte, den Stoffwechsel zwischen Mensch und Natur hartnäckig auf der Stufe archaischer Technologie und Produktionsweise anzusiedeln. Am Ende haben die Naturbilder mit der eigentlichen Natur kaum noch zu tun; sie sind Chiffren eines Geschichtsdenkens im Zeichen von tödlicher Ernüchterung und Vergeblichkeit.

Der Gedichtsprache des späten Brecht und des Huchel der Jahre 1945 bis etwa 1960 ist, über alle Verschiedenheiten hinweg, gemeinsam, daß sie die hohle Konventionalität einer formal nur repetitiven Erbe-Lyrik vom Schlage Bechers oder Fürnbergs weit hinter sich lassen, gleichwohl auch dem ungeübten Leser in Syntax, Metaphorik und Symbolsprache verständlich bleiben. Die Sprechweise dessen, was man seit Hugo Friedrich die »moderne Lyrik« nennt, bleibt ihnen fremd, oder besser: sie bedürfen ihrer nicht (für den späten Huchel gilt das selbstverständlich nicht mehr). Gleichwohl hat es schon in der frühen DDR zwei Lyriker gegeben, die an der Sprachverfassung des modernen Gedichts weitergearbeitet und damit auch verhindert haben, daß die DDR gänzlich von der sonstigen Entwicklung des europäischen Gedichts abgeschnitten blieb: Stephan Hermlin, dessen *Zwölf Balladen von den Großen Städten*, dann auch die *Zweiundzwanzig Balladen* 1947 beim Berliner Verlag Volk und Welt erschienen, und Erich Arendt, von dem die südamerikanischen Exilgedichte *Trug doch die Nacht den Albatros* 1951 und die Spanienkriegsgedichte *Bergwindballade* 1952 in der DDR erschienen (in der Bundesrepublik konnte man Arendt erst 1959 mit dem Band *Flug-Oden* zur Kenntnis nehmen). Aus der Distanz von dreißig Jahren läßt sich sagen, daß, wenn von Prägungen der jüngeren DDR-Lyrik im engeren Sinn durch Autoren des eigenen Landes die Rede ist, mindestens ebenso an Hermlin und vor allem Arendt wie an Becher und sogar Brecht zu denken ist. Hier wurden Sprechweisen einer aller Widerspiegelungs- und Nachahmungspoetik konträren Lyrik zugänglich, die für junge Lyriker um so faszinierender wirken mußten, je unerträglicher ihnen eine dogmatische sozialistisch-realistische Abbildtheorie wurde.

Hermlins zumeist fünf- bis achtzeilige strophische Gedichte nehmen ihren Ausgang bei der traditionellen Ballade, aber sie durchbrechen sie regelmäßig, indem sie nicht nur, wie gewöhnlich in der Ballade, ein handlungsreiches und meistens tragisches Geschehen aus Mythos und Geschichte erzählen, sondern heroische Visionen eines Individuums artikulieren, das sich in der Zeitenwende zwischen schrecklicher, kriegerischer Vorgeschichte und der jetzt beginnenden ›eigentlichen Geschichte‹, dem Sozialismus, mit den in Bewegung geratenen Massen vereinigen will. Das Grundthema ist der Kampf zwischen Faschismus und antifaschistischem Widerstand und die Geburtsstunde einer neuen Welt, die der Autor in apokalyptischen Bildsymbolen einfängt, die deutlich vom Expressionismus, vor allem Georg Heyms, und Surrealismus (der in Frankreich, wo Hermlin lange gelebt hatte, ja ein durchaus politisches Selbstverständnis hatte) geprägt sind. Später kommen Einflüsse der Romantik, Rilkes, auch der deutschen Barocklyrik hinzu. Indem Hermlin sich dergestalt mit der lyrischen Tradition der verschiedenen westeuropäischen Avantgarden und der deutschen Dichtungsgeschichte auseinandersetzte und manche dieser wichtigen Quellen überhaupt erst durch die Veröffentlichung seiner Gedichte ins Gespräch kamen, hat er für die DDR-Lyrik eine zu dieser·Zeit von niemandem sonst wahrgenommene Funktion erfüllt. Damit ist freilich wenig über das Gelingen seiner Gedichte gesagt. Auch aus dem Abstand von Jahrzehnten wird man Hermlins Hang zum Erlesenen und Preziösen, die merkwürdige »Ausgesuchtheit und Gepflegtheit der Metaphern und Bilder, ein[en] Stilisierungszwang des ›gehobenen Wortes‹, der sich kaum einer Bildungsreminiszenz, kaum einem Gewürz- und Reiz-Wort der Sprache verweigert«,[23] kritisieren müssen. Vermutlich ist denn auch Hermlin als Lyriker nicht nur deshalb verstummt (sein letztes bekannt gewordenes Gedicht, auf den Tod Johannes R. Bechers, stammt von 1958), weil man seinem Lied unter den dogmatischer werdenden Verhältnissen »auf die Kehle trat«, mit Majakowski zu sprechen, sondern weil seine Art und Weise des lyrischen Sprechens in eine Sackgasse geraten war.

Die Bedeutung der Lyrik Erich Arendts erschöpft sich nicht in einer solchen Mittlerfunktion. Sie gehört, bis auf den heutigen Tag, zu den herausragenden Leistungen des deutschsprachigen Gedichts im 20. Jahrhundert überhaupt. Der junge Autor hatte einst bei der absoluten lyrischen Wortkunst des *Sturm*-Kreises begonnen, war dann aber in den Jahren des Exils – nicht unbeeindruckt von der an Erbe und Volkstümlichkeit orientierten Literaturpolitik der Volksfront – zur traditionellen lyrischen Diktion (Sonetten und Balladen in Reimstrophen) zurückgekehrt. Gleichwohl beginnt sich schon in diesen Jahren »ein Stil [. . .] herauszubilden«, wie Heinz Czechowski treffend bemerkt hat, »in dem die lyrische Bewegung nicht aus der äußeren Dynamik eines beschriebenen Vorgangs, sondern aus der Beziehung miteinander kontrastierender Substantive und Verben kommt«.[24] Im Spanienkrieg, an dem der Autor teilnahm, setzt sich durch, was Arendts Lyrik nie wieder preisgegeben hat: Seine Gedichte sind, nach seinem eigenen Zeugnis, »Geschichtsschreibung von der Leidseite, von der Erleidensseite her«,[25] wie sie nicht in den offiziellen Lehrbüchern der Herrschenden, wer immer sie seien, steht. Landschaft, vor allem dann die Kolumbiens, erscheint im Gedicht (das verbindet Arendt mit Huchel) vermenschlicht, gleichsam historiert; die Spuren menschlicher Arbeit, menschlichen Leidens sind in sie eingegraben. Allerdings nähert sich das Arendtsche Gedicht Zug um Zug einer Sprachverfassung an, in der immer mehr auf die suggestive, evokative Kraft des einzelnen Worts gebaut, die Metapher absolut gesetzt ist und die Inversion zum wichtigsten syntaktischen Charakeristikum wird. Inspiriert von der spanischen und südamerikanischen Lyrik der Moderne, aber auch von Apollinaire, Saint-John Perse und einem politisch sich verstehenden Surrealismus (Eluard vor allem), entsteht eine Gedichtgestalt, die nicht mehr aus irgendeinem Stoff oder Inhalt, sondern aus der Kraft des »Totalworts« lebt (was nicht heißt, daß diese Gedichte inhaltslos-abstrakt wären). Solche Radikalisierung der ästhetischen Konzeption geht einher mit einer fortschreitend ernüchterten Geschichtssicht des Autors. Das für ihn selbst Erschreckende war, daß er Leidens-Geschichte – die Unterdrückung, Einkerkerung, Folterung, Auslöschung des einzelnen Subjekts und die Vernichtung seiner Träume von einer besseren Gesellschaft – auch zunehmend auf vermeintlich eigenem Terrain wahrnehmen mußte: im sozialistischen Lager – in der Sowjetunion, in der Tschechoslowakei, im eigenen Land. Seit Ende der fünfziger Jahre nistet sich in Arendts Gedicht – zunehmend schwieriger zu entziffern, aber doch unübersehbar – die Düsternis, die Verzweiflung ein. Die Leuchtkraft der visuellen Bilder bleibt, ja sie verstärkt sich in faszinierender Weise, aber die Bilder selbst konzentrieren sich in Richtung aufs Leblose, Starre, Un-Menschliche, Un-Geschichtliche: Stein, Fels, Sand, Lava – und immer wieder: Staub. Noch 1959 war für Arendt Aurora, die Morgendämmerung (assoziiert mit der Oktoberrevolution 1917 in Rußland), Signal der Hoffnung, einer besseren Zukunft:

> [. . .] – Aurora
> kündete den gesetzlichen Tag,
> eine Möglichkeit
> dem Menschen.[26]

Ende der sechziger Jahre ist davon nur noch wenig geblieben: der »Traum zerstückt«, der Engel »verleumdet, flüchtend, verschlagen, flügellos starrend, gestrandet« – kein Träger mehr froher Botschaft; und auch die Fahne (einst die rote der Aurora) keine Verheißung mehr:

»[. . .] im Kernschatten der Dinge endlich, wissend, um dich zenithoch Gewißheit der Leere, wirst sehen, du hast deinen Augenblick, im Altern der Erde, sieh: der durchs Fahnentuch geht, im Riß: meerblau ein Streif, dahinter die winzige Ande Hoffnung: fatamorgan.«[27]

Damit ist zeitlich erheblich vorgegriffen. An dieser Stelle ist zunächst einmal festzuhalten, daß es dem Arendtschen Gedicht der vierziger und fünfziger Jahre gelang, das in der deutschsprachigen Lyrik wohl nur noch bei Celan so gegebene Spannungsverhältnis zwischen avantgardistischer, in der DDR bald als hermetisch beschimpfter Sprechweise und sozialistisch-humanistischem Engagement, einem authentischen Interesse an der Geschichte, auszuhalten und im Gedicht produktiv zu machen, wo andere Autoren sich in der Regel für das eine *oder* das andere entschieden. Damit ist auch gesagt, daß die isolierenden Strukturmerkmale, die z. B. Hugo Friedrich »moderner« Lyrik zugemessen hat,[28] für einen Autor wie Arendt (oder auch Hermlin und teilweise schon den Huchel dieser Jahre) nicht gelten. Wohl sind seine Gedichte weithin mit »negativen Kategorien« im Sinne Friedrichs zu beschreiben. Diese Dichtung ist schwer verstehbar; sie hat abstrakte und monologische Züge bis an die Grenze des Schweigens; sie ist suggestiv und magisch, sie zerlegt und deformiert, sie folgt assoziativ der »zufälligen freien Katenation« im Sinne des Novalis; sie hat keine direkten Aussageinhalte. Aber: Ihre Dissonanzen laufen nicht leer, ihre Montagen sind nicht willkürlich austauschbar. In ihr arbeitet ein wirkliches Subjekt, kein künstliches (wie Friedrich für ›die‹ moderne Lyrik konstatiert), eines, das durch sein gelebtes Leben und seine nie preisgegebene Anteilnahme an der »Leidseite der Geschichte« teilhat und die Dissonanzen der geschichtlichen Wirklichkeitserfahrung aufgreift – freilich nicht sie imitativ nachschreibend, sondern sie aus der Sprache als Wirklichkeit per se neuschaffend. Damit steht am Anfang der DDR-Lyrik, neben sehr anderen Lehrmeistern, bereits ein Modell in der Geschichte arbeitender Subjektivität, das in der »Weltsprache der modernen Poesie« zu Hause ist, ohne die von Enzensberger zu Recht konstatierten »Spuren der Erschöpfung« im Gebrauch dieser Weltsprache der Avantgarden zu teilen.[29]

Die DDR-Lyrik der fünfziger Jahre ist von beträchtlichen Widersprüchen gekennzeichnet. Der Potenz nach kräftige jüngere Autorindividualitäten treffen auf eine nur zeitweilig gemilderte reglementierende Kulturpolitik von oben, wie es sie in der Geschichte dieses Landes so kraß nicht noch einmal gab – vorher nicht (also in der sowjetischen Besatzungszone) und auch nicht nachher. Noch leben und schreiben die aus dem Exil zurückgekehrten, mehr oder weniger als Autoritäten fungierenden älteren Autoren – obwohl ihre Phalanx sich Jahr für Jahr verkleinert: 1953 sterben Weinert und Leonhard, 1956 Brecht, 1957 Fürnberg und 1958 Becher. Neben sie bzw. an ihre Stelle treten, neben den älteren Georg Maurer und Johannes Bobrowski, die seit Beginn der zwanziger Jahre geborenen Autoren, die eine entscheidende Lebenserfahrung verbindet (einschließlich Maurer und Bobrowski) und gleichzeitig von den Exilautoren trennt: Soldaten der deutschen Wehrmacht und anschließend Kriegsgefangene (mit Ausnahme von Hanns Cibulka alle in der Sowjetunion) gewesen zu sein. Deshalb kann man mit einem gewissen Recht von der Lyrik der Kriegsgeneration als Dominante der Jahre bis 1961 sprechen, auch wenn schon bemerkenswerte jüngere Autoren (Günter Kunert, Heinz Kahlau, Armin Müller, Inge und Heiner Müller) zu Wort kommen.

Die fünfziger Jahre waren ein äußerst schwieriges Terrain für Autoren, die anfingen, und zwar in zweierlei Hinsicht: Es war schwierig, das (für den Lyriker) Richtige zu *lernen*, und es war schwierig, das Richtige zu *veröffentlichen*. Die erste Hälfte der fünfziger Jahre ist, das ist nicht zu vergessen, die Zeit der Kulthymnik auf Stalin und Ulbricht, an der sich auch Becher, Brecht und Hermlin beteiligten. Vor allem aber ist es eine Zeit, in der Kultur und Literatur wesentliche Aufgaben im Rahmen des seit 1948 anvisierten »Aufbaus des Sozialismus« zugeteilt wurden. Bereits 1948 hielt Alexander Abusch eine Rede mit dem Titel *Der Schriftsteller und der Plan*,[30] und ein Jahr später heißt es in einer Entschließung der 1. Parteikonferenz der SED: »Kulturarbeit im Dienste des Zweijahresplans leisten, das bedeutet in erster Linie die Entfaltung des Arbeitsenthusiasmus aller [. . .] Schichten des Volkes.«[31] Die Tendenz war deutlich: Literatur und andere kulturelle Aktivitäten sollten nicht die menschliche Produktivität im allgemeinen befördern und das Bewußtsein erweitern, sondern sehr konkret die Bereitschaft zur materiellen Arbeit stimulieren, um dem Sozialismus im Systemvergleich zum Sieg zu verhelfen. Schließlich wurden sogar die Maßstäbe der materiellen Produktion – Normerfüllung und -übererfüllung – unvermittelt auf die literarische Produktion übertragen, so, wenn z. B. der sonst, zumal in seinen privaten Tagebüchern, eher besonnene Johannes R. Becher die Gewissensfrage an die Dichter stellte: »Was haben wir bis auf wenige Ausnahmen den Erfolgen der Aktivistenbewegung entgegenzustellen?«[32]

Nun waren es gerade die Marxisten unter den Schriftstellern, die schon immer auf der gesellschaftlichen Funktion der Literatur, auf der – unmittelbaren oder mittelbaren – Operationalität von Texten bestanden hatten. Allein, die hier in Gang gesetzte Funktionalisierung wirkte einengend, lähmend, war der Produktivität feindlich. So stellte der gleiche Becher, der alle Schriftsteller zu Aktivisten hatte machen wollen, wenig später sarkastisch fest: »Ich versuche mich in Agitationsreimereien – ein bekannter Agitationsreimer erwies sich aber mir in dem Genre bei weitem überlegen.«[33] Und an anderer Stelle: »Der Dichter ist kein Schaufensterdekorateur. Aber das Kunstgewerbe blüht.«[34] Zum gleichen Fazit kam Georg Maurer 1956 in seinem Aufsatz *Zur deutschen Lyrik der Gegenwart*, in dem er »nachgeahmte Bechersche Schlichtheit«, Dilettantismus und die falsche Harmonie des Kitsches in den Gedichten der Jungen brandmarkte, die »große Gefahr des bloßen Versifizierens der neuen Inhalte« benannte und einen insgesamt »braven Eindruck« dieser Lyrik konstatierte.[35] Ein Beispiel erstaunlich früher Erkenntnis solcher Sackgassen ist der 1928 geborene Arbeitersohn Armin Müller. 1950 war sein Erstling *Hallo, Bruder in Krakau* erschienen, der in seinem naiven Pathos, seinem deklarativen Aktivismus symptomatisch ist für das Lebensgefühl einer neuen Jugend, die sich endgültig jenseits des Faschismus fühlte und fröhlich in den Sozialismus hineinzuwachsen wähnte. Entsprechende ›Aufbaulyrik‹ hat er verfaßt – und wenig später ernüchtert verworfen. 1956 kommentierte er im *Sonntag* einen diesen Zweifel, diese Ernüchterung thematisierendes eigenes Gedicht mit den Worten:

»Ich habe meine Nase erst in die Literatur gesteckt, als die Wegschilder der Dogmatiker schon aufgestellt waren. Ich kam blind aus der Vergangenheit, erlebte voller Hoffnung die Veränderungen, erlebte sie aktiv. Ich hatte keine Veranlassung, an der Nützlichkeit der Schilder zu zweifeln. Ich machte mit und war der festen Überzeugung dem Neuen durch meine Verse zu dienen. Wo, ich bitte Euch, hätte der Widerstand, von dem Ihr sprecht, herkommen sollen?«[36]

Günter Kunert half einige Wochen später an der gleichen Stelle, im *Sonntag*, diesen Sachverhalt zu präzisieren:

»Die Tragik der jungen Schriftsteller oder Dichter ist, daß sie zuviel geglaubt und zu wenig gewußt, zu viel gefühlt und zu wenig gedacht haben. So wurden ihre Gedichte zu Behauptungen, die den Beweis schuldig blieben, weil die Dichter auch keinen hatten.«[37]

Damit war freilich immer noch nicht klar benannt, woher diese immense unfreiwillige Unkenntnis (auch Maurer polemisierte in seinem erwähnten Aufsatz gegen sie und benützte die Gelegenheit, wichtige Namen der älteren und jüngeren Avantgarde ins Spiel zu bringen[38]) der jungen Lyriker im Politischen wie vor allem im Ästhetischen rührte, welches die Motive solcher Tabuisierung waren. Am deutlichsten waren sie bereits in der sogenannten Formalismus-Kampagne des Jahres 1951 zutage getreten. Formalismus wurde damals definiert als

»Zersetzung und Zerstörung der Kunst selbst. Die Formalisten leugnen, daß die entscheidende Bedeutung im Inhalt, in der Idee, im Gedanken des Werkes liegt. Nach ihrer Auffassung besteht die Bedeutung eines Kunstwerks nicht in seinem Inhalt, sondern in seiner Form. Überall, wo die Frage der Form selbständige Bedeutung gewinnt, verliert die Kunst ihren humanistischen und demokratischen Charakter.«[39]

Die Ursache solcher Tendenzen wurde in der Gesellschaftsformation geortet, der der Kampf der neuen sozialistischen Ordnung galt: im Kapitalismus und Imperialismus, denn: »Die kapitalistische Produktion ist bestimmten geistigen Produktionszweigen, wie der Kunst und Poesie, feindlich. [...] In der imperialistischen Epoche zerstört der Kapitalismus die wahre Kunst.«[40] Oder in der Veranschaulichung von Stephan Hermlin (der doch selbst die Kunst und Literatur Westeuropas hochschätzte und sich zur gleichen Zeit für Picasso, Eluard oder Kafka einsetzte): »Der Formalismus ist also der malerische, musikalische, literarische Ausdruck des imperialistischen Kannibalismus, er ist die ästhetische Begleitung der amerikanischen Götterdämmerung.«[41]

Nun ist zwar für den Bereich der Lyrik, soweit ich sehe, nicht nachzuweisen, daß sogenannte formalistische Lyrik regelrecht verboten oder vom Druck ferngehalten worden wäre (für Theater, Musik und die bildenden Künste gibt es bekannte Beispiele massiver Zensur). Das Formalismus-Verdikt hatte vielmehr für die Lyrik zur Folge, daß es (unfreiwillige) Ignoranz und Borniertheit befestigte und mögliche schöpferische Entwicklungen verhinderte oder jedenfalls doch um Jahre verschob. Eine andere als die am klassisch-realistischen bzw. sozialkritisch-operativen Lyrikerbe geschulte Sprechweise war nicht gefragt (in diesen Jahren begann auch die Propagierung der »profanen« Heine-Weerth-Weinert-Linie), ebensowenig wie eine souveräne Subjektivität als Movens des Gedichts. Beides jedoch wäre dem DDR-Gedicht der fünfziger Jahre vonnöten gewesen, um in der Breite aus Akklamation und Deklamation auszubrechen.

Nur wenigen neuen Autoren aus der sogenannten Kriegsgeneration gelang dann auch auf Anhieb bedeutende Lyrik, am ehesten Franz Fühmann und Hanns Cibulka, in einigen Fällen Georg Maurer und Paul Wiens. Nur Johannes Bobrowski ragt als Autor von fraglosem Rang aus dieser Gruppe heraus (seine Gedichte erschienen freilich, von der 1955 gedruckten *Pruzzischen Elegie* abgesehen, erst in den sechziger Jahren). Hier schrieben Autoren, die mit den Älteren die historische Erfahrung des bewußten Erlebens von Faschismus und Krieg verband, aber ihre Biographien waren doch ganz anders. Mit Überzeugung (wie im Fall Fühmanns), gleichgültig oder skeptisch waren sie in den Krieg gezogen – und unendlich ernüchtert und verstört aus ihm zurückgekehrt. Sie waren »vom Wunsch nach dem Anderen und Andersmachen, vom Pathos des Aufbaus eines Neuen ergriffen und suchten es zu erzeugen«[42] in ihren Gedichten – nur zuweilen mit zureichenden ästhetischen Mitteln. Die Sensibleren unter ihnen spürten solche nur teilweise selbstverschuldeten Unzulänglichkeiten, wie der Fall Franz Fühmanns verdeutlichen mag. Er ließ die Restauflage seines ersten Gedichtbandes *Die Nelke Nikos* (1953) beim Verlag einstampfen und übernahm später nur wenige Gedichte aus diesem Band in neue Ausgaben, wohl weil ihm diese Anfänge, als er noch unter dem Einfluß der »poetischen Großmacht«[43] von Johannes R. Becher stand, zu fremd und unglaubwürdig geworden waren. Auch sein gleichfalls 1953 erschienenes Poem *Die Fahrt nach Stalingrad*, in dem er, angesichts der Schuld seines Volkes und seiner Person, der eigenen verunsicherten nationalen und individuellen Identität nachfragt, ist vorrangig als (in diesem Sinne wichtiges) Dokument kathartischen, autotherapeutischen Schreibens zu verstehen und nicht als Lyrik, die für sich bestehen kann. Erst in *Aber die Schöpfung soll dauern* (1957) und *Die Richtung der Märchen* (1962) hat Fühmann sein Thema gefunden, die Wendung zu Mythos und Märchen als (das ist seine These) zeitlosen ›materialistischen‹ Mustern für das, was er auf der Tagesordnung stehen sah: die gelebte Gegenwart zu einer neuen Menschen-Heimat zu machen, in der lustvolle Arbeit und schöpferisches Spiel regieren. Diese poetische Grundidee findet sich ähnlich bei Georg Maurer, mit dem Fühmann auch das Festhalten an wo nicht epigonalen, so doch traditionellen Sprechweisen verbindet.

Die Lyrik Johannes Bobrowskis hebt sich von der seiner Generations- und Erfahrungsgenossen durch dem ersten Anschein nach engere historische Stofflichkeit und den sehr eigenen, kraftvollen und weit ausgreifenden sprachlichen Entwurf ab. Er schreibt konzentriert das, wozu er »durch Abstammung und Herkunft, durch Erziehung und Erfahrung fähig geworden zu sein glaubt«:[44] über den Krieg und die Verfolgung der Juden und anderer Minderheiten im europäischen Osten – und seine eigene biographische Verstrickung in diesen Schuldzusammenhang.

Holunderblüte

Es kommt
Babel, Isaak.
Er sagt: Bei dem Pogrom,
als ich Kind war,
meiner Taube
riß man den Kopf ab.

Häuser in hölzerner Straße,
mit Zäunen, darüber Holunder.
Weiß gescheuert die Schwelle,
die kleine Treppe hinab –
Damals, weißt du,
die Blutspur.

Leute, ihr redet: Vergessen –
Es kommen die jungen Menschen,
ihr Lachen wie Büsche Holunders.
Leute, es möcht der Holunder
sterben
an eurer Vergeßlichkeit.[45]

Zum erstenmal richtet sich in der DDR – und das wird ja erst öffentlich in den
sechziger Jahren (1961 erschien *Sarmatische Zeit*, 1962 *Schattenland Ströme*) – ein
Autor mit vorbehaltloser Subjektivität und gleichzeitiger Fähigkeit zur Verallgemeinerung, Objektivierung auf das entscheidende Thema der deutschen Nachkriegszeit:
das mögliche Weiterleben des ›gewöhnlichen Faschismus‹ in den Subjekten, die ihn
mitgetragen haben und die nichts lieber tun, als ihn zu verdrängen und zu vergessen.
Die lyrische Sprache dieses Autors ist unverwechselbar. Er verwendet schwierige
Bilder und komplexe Wort- und Satzinversionen, folgt teilweise schwer nachvollzieh-
baren Assoziationen, läßt verschiedene Zeit-, Bedeutungs- und Motivebenen einander durchdringen – und gerät doch kaum je in die Gefahr der Kunst als Selbstzweck,
der L'art pour l'art. Vielmehr spiegelt sein Verfahren die verschobenen, verworfenen
Sedimentierungen der Geschichte in unserer Erinnerung, die mühselig forschend
abgetragen werden müssen, um sie – jenseits der üblichen Routine – bewältigen zu
können. Von daher ist es auch unsinnig, bei Bobrowski von »Naturlyrik« oder
»Gedichten über ein historisches Ostpreußen« zu sprechen, wo es um einen »Kampf
um die Erinnerung« (Alexander Mitscherlich) geht, methodisch vergleichbar jenem
Verfahren, das Christa Wolf als Prosaistin in *Kindheitsmuster* (1976) anwendet.
Noch mehr als für Arendt oder Maurer gilt für Bobrowski, daß er bei Klopstock und
Hölderlin gelernt hat. Jedoch hat er die antiken Versmaße und Strophenformen als
normative gänzlich hinter sich gelassen und fast durchweg in freien Rhythmen, meist
auch ohne vorgegebene Strophenformen geschrieben. Neue lyrische Gesetzmäßigkei-
ten entstammen bei ihm den rhythmischen, klanglichen oder bildlichen Beziehungen,
die innerhalb eines Gedichts gegeben sind. Bobrowskis Lyrik ist ein Zeugnis dafür,
wie vorab unvorstellbar und nicht festlegbar weit und vielfältig der Realismus in der
Literatur sein kann, wenn er sich nur von der Wirklichkeit selbst und nicht von
irgendeiner normativen Ästhetik herleitet. In der Rehabilitierung der authentischen
Subjektivität im Gedicht wie mit seiner zugleich traditionsgebundenen und eigenständigen lyrischen Sprechweise hat Bobrowski ein weiteres, freilich nicht kopierbares
Modell – neben denen Brechts, Huchels und Arendts – für jüngere Autoren gegeben,
an dem zu lernen war.
Die Lyriker der nach etwa 1925 geborenen Generation hatten, wie schon erwähnt,
enorme Schwierigkeiten, aus Eklektizismus und dem bloßen enthusiastischen Jasagen
herauszukommen, wie vor allem die zahllosen Fest- und Feiergedichte zeigen, die
Tag für Tag in den Zeitungen der DDR abgedruckt wurden. Die demgegenüber
notwendige Distanz und Nüchternheit gelang nur einem Autor überzeugend: Günter
Kunert, der freilich, an Brecht, Heine, Tucholsky und Ringelnatz sowie der amerikanischen Gegenwartslyrik (Edgar Lee Masters, Carl Sandburg) geschult, selbst nie
schulebildend wie z. B. Bobrowski oder Maurer wirkte. Sein Ton war, von dem ersten
Bändchen 1950 an, gänzlich unpontifikal und profan (in großer Ferne z. B. zu

Klopstock und Hölderlin) – und doch nicht wie gewünscht, insofern er seine Gegenstände zugespitzt ironisch, satirisch und aggressiv behandelte und Widersprüche nicht versöhnte, sondern ausstellte. Die erfolgreiche didaktische Wirkung dieser Gedichte entsprang in den besten Beispielen daraus, daß Kunert eine überraschende, paradox scheinende, bildhafte (nicht abstrakte) Pointe gelang, der der Leser sich gerade ihrer lakonischen Kürze wegen nicht entziehen konnte; so im Gedicht *Film – verkehrt eingespannt*, in dem man einen erschossenen Soldaten wieder aus dem Grab heraussteigen sieht, oder in dem 1955 veröffentlichten Gedicht *Die Wolken sind weiß*:

> Die Wolken sind weiß. Weiß ist
> die Milch im Krug, weiß wie die
> windprallen Hemden auf der Leine, weiß
> wie Verbandstoff vor der Schlacht.[46]

Schon hier deutet sich die Tendenz zum »schwarzen Lehrgedicht« an (Kunert forderte es 1965[47]), mit dem der Autor dem gängigen blauäugigen Lehrgedicht widersprach und das ihm im Lauf der Jahrzehnte immer noch schwärzer geriet. Hier wurde schon früh und gegen alle Opportunität daran gearbeitet, »das Netz aus Beschwörungen, Formulierungen, Formeln wieder zu zerreißen, auch zu verhöhnen, das über die Kriegs- und Faschismuskritik geworfen war«, wie Adolf Endler treffend festgestellt hat;[48] auch dies eine wichtige Voraussetzung für die Nachkriegsgenerationen, die nun zu schreiben begannen.

Im Dezember 1962 fand in der Akademie der Künste in Ost-Berlin jene von Stephan Hermlin veranstaltete Lyriklesung statt, die seither mit einigem Recht als der öffentliche Auftakt einer Lyrikwelle gilt, die nicht nur modischen Charakter hatte, sondern die eigentliche Geburtsstunde der *DDR*-Lyrik war. Bis dahin datiert letztlich die *Nachkriegs*lyrik, auch wenn' die DDR als Staat mittlerweile schon über ein Jahrzehnt dauerte und das inzwischen sogar durch den Bau einer Mauer bekräftigt hatte. Diese Lesung war nicht die einzige. Etwa gleichzeitig fanden andere in anderen Sälen Berlins sowie in Leipzig, Halle und Dresden statt und machten das Gedicht – erstmals wieder seit der Weimarer Republik – zu einer *res publica*. Aber keine Lesung war so sehr wie die Hermlins das Forum einer stattlichen Zahl junger Begabungen, die auch sogleich als mehr oder weniger zusammenhängende, bisherige Tendenzen der Lyrik konterkarierende Gruppe wahrgenommen wurden. Das spiegelte sich auch in den Anthologien dieser Jahre, von denen sechs zu Meilensteinen der Lyrikentwicklung in der DDR wurden: *Bekanntschaft mit uns selbst* (1961), *Liebesgedichte* (1962), *Nachricht von den Liebenden* (1964), *Sonnenpferde und Astronauten* (1964 von Gerhard Wolf herausgegeben, die einzige mit Gedichten von Wolf Biermann), *In diesem besseren Land* (1966 von Adolf Endler und Karl Mickel ediert) und *Saison für Lyrik* (1967). Öffentliche (und auch weniger öffentliche) Debatten über das Gedicht in der realsozialistischen Gesellschaft kamen in Gang, deren wichtigste die 1966 von Rudolf Bahro initiierte in der FDJ-Zeitschrift *Forum* und die durch einen polemischen Essay Endlers von 1971 ausgelöste teilweise scharfe Kontroverse in *Sinn und Form* waren, die sich immerhin über mehrere Hefte des Jahrgangs

1972 hinzog (beide Debatten sind inzwischen mehrfach referiert worden, so daß auf eine ausführliche Darstellung hier verzichtet werden kann[49]).

Was war es, das diesen Lyrikern den Charakter einer Gruppe verlieh, und was ließ sie so anspruchsvoll und fordernd auftreten, so daß dieser Auftritt zur Provokation für das literarische Establishment des sozialistischen Realismus geriet? Die Antwort ist: Hier schrieb eine unbelastete Generation der zwischen 1934 und 1940 Geborenen, für die Faschismus und Krieg Kindheitserinnerungen jenseits ihrer Verantwortung waren. Der Sozialismus, von dem so viel geredet wurde, war für sie ein Versprechen, an dessen Einlösung sie glaubten und an der sie mitarbeiten wollten, zum Beispiel im Medium des Gedichts. Günther Deicke, 1922 geboren, Kriegsteilnehmer und selbst sich redlich mühender Lyriker, hat den Unterschied dieser Generation zu seiner eigenen richtig umrissen (auch wenn man seine Auffassung vom Charakter der Widersprüche in der DDR für falsch halten darf):

»Volker Braun und seine Altersgenossen wuchsen bereits in dieser Welt auf – und wo wir uns noch vornehmlich mit der Vergangenheit auseinandersetzten, fanden sie in dieser ihrer Gegenwart bereits die Reibungsflächen, entdeckten, wo wir Fortschritt sahen, schon Unvollkommenheit, sie griffen ein, stritten sich mit ihresgleichen und Gleichgesinnten und demonstrierten in der Praxis, was wir erst mühsam theoretisch begreifen mußten: die Schärfe und Härte und Lösbarkeit der nichtantagonistischen Konflikte.«[50]

Weitere historisch-biographische Spezifika kommen hinzu. Einige dieser Autoren hatten in Leipzig, also in der Nähe Ernst Blochs, studiert, viele von ihnen ebendort bei Georg Maurer am »Literaturinstitut Johannes R. Becher« gelernt, also bei einem Mann, der zugleich Marxist und ein subtiler Kenner der Lyriktradition (die Avantgarde inbegriffen) war und zudem noch ein Pädagoge von hohen Graden gewesen sein muß – eine fürwahr seltene, produktive Kombination für die Förderung von Talenten. Schließlich waren die meisten dieser Autoren im industriösen, kulturell seit jeher lebendigen Sachsen geboren und aufgewachsen (was Endler dazu bewogen hat, von einer »Sächsischen Dichterschule« zu sprechen[51]): Karl Mickel, Heinz Czechowski, B. K. Tragelehn und Volker Braun kamen aus Dresden, Richard Leising aus Chemnitz, Rainer Kirsch aus Döbeln, Reiner Kunze aus Oelsnitz, Wulf Kirsten aus der Nähe von Meißen und Bernd Jentzsch aus Plauen. Gewiß (der aus Sachsen gebürtige Verfasser will versuchen, nicht in Provinzchauvinismus abzugleiten): auch Sarah Kirsch, Wolf Biermann, Kurt Bartsch, Elke Erb, Uwe Greßmann und der etwas ältere Endler gehörten zum ›Kreis‹, ohne doch Sachsen zu sein.

Ein programmatisches Gedicht Volker Brauns (des ohnehin programmatischsten Dichters dieser Gruppe), schon jenseits seiner Sturm-und-Drang-Phase um 1970 entstanden, mag als Ausgangspunkt dienen, das andere Lebensgefühl und die neue Dichtungsart dieser Generation zu verdeutlichen:

Im Ilmtal
Den Himmel verwildert der Sturm
Voll Wolken grau, das Feld
Ist dunkel am Tag, mein Sinn.

In der gebauten Natur
Geh ich allein, und den Wald schüttelt er
Wie meine Fäuste möchten die steife Welt!

Einmal lebte ich so, freudig
Mit den Genossen. Gebraucht
Zu ändern Flüsse und Städte allmählich
Und die ich brauchte.

Auf die Wiese schwärzer tritt, lieber Fluß
Schlage, wie einst einem andern hier
Die Worte aus meiner Brust!

Und ich kannte sie lange, die Tage
Füllte Arbeit zum Rand
In die Nacht ging das laute Gespräch.

Aufwälze, Fluß, den dunklen Grund;
Ich kann nicht leben ohne die Freunde
Und lebe und lebe hin!

Und nicht langt mir, nicht ruhig
Macht nun der eine mich;
Nicht glücklich kann ich verschließen
Mich mit ihm vor der Welt.

Bäume dich, in den befestigten
Ufern, reiß dich los
Flüßchen, gib so, gib den Gefühlen deinen Raum!

Zu den verstreuten, tätigen
Gefährten, wer es auch sei, muß ich kommen, und nie
Verlassen den großen Kreis

Und was ich beginne, mit ihnen
Bin ich erst ich
Und kann leben, und fühle wieder
Mich selber in meiner Brust.[52]

Kein Zweifel, dieses Gedicht spricht mit Goethes berühmtem *An den Mond*, ist schon durch die Wahl des freien Rhythmus ein Gegenentwurf zu ihm. Einem empfindenden Ich werden durch die Begegnung mit der Natur – einer »gebauten Natur« freilich! – »die Worte [. . .] aus [seiner] Brust« geschlagen. Wie der Fluß strömt und Erstarrtes bewegt, so beginnt, sympathetisch, die individuelle Seele in Bewegung zu geraten und ihr Lebensgefühl auszusprechen. Inhalt des Gedichts ist, wie man mit Hegels *Ästhetik* konstatieren kann, »das Subjektive, die innere Welt, das betrachtende, empfindende

Gemüt«,[53] wie es schon in Goethes Versen begegnet. Aber dabei bleibt es nicht stehen. Das »Selig, wer sich vor der Welt / Ohne Haß verschließt« genügt diesem Ich gerade nicht, und auch »einen Freund am Busen« zu halten kann nicht mehr befriedigen. Das vereinzelte Subjekt verlangt es auszubrechen – sowohl aus der Einsamkeit des Beisichseins als auch aus der intimen Freundschafts- oder Liebesbeziehung, also vom *solitaire* zum *solidaire* zu gelangen. Das Ich setzt sich nicht selbst und sagt nicht »Ich bin ich« wie in Johann Gottlieb Fichtes großartigem Entwurf einer Ich-Philosophie, vielmehr gewinnt es sich erst in der tätigen Übereinstimmung mit *den* Freunden (der Plural ist entscheidend), »den verstreuten, tätigen Gefährten«:

> Und was ich beginne, mit ihnen
> Bin ich erst ich
> Und kann leben, und fühle wieder
> Mich selber in meiner Brust.

Für dieses lyrische Ich gilt Hegels weitere Bestimmung des Inhalts der lyrischen Poesie durchaus nicht mehr: daß das »empfindende Gemüt [. . .] statt zu Handlungen fortzugehen, vielmehr bei sich als Innerlichkeit stehenbleibt und sich deshalb auch das Sich*aussprechen* des Subjekts zur einzigen Form und zum letzten Ziel nehmen kann«.[54] »Letztes Ziel« des Gedichts ist gerade nicht das beisichbleibende Sichaussprechen, sondern das Subjekt in Bewegung zu setzen auf ein Tätigwerden, ein Eingreifen hin. Auch wenn zu fragen bleibt, ob dieses zunächst einmal rhetorische Transzendieren der tradierten lyrischen Subjektverfasssung sein ›operatives‹ Ziel erreicht, ist zunächst zweierlei festzuhalten: Hier hat sich eine Lyrik konstituiert, die die starre Entgegensetzung von Ich und Wir (die in der Doktrin des sozialistischen Realismus im Zweifelsfall immer zugunsten eines abstrakten Wir entschieden wurde) nicht akzeptiert, sondern beweglich macht, und die des weiteren die kontemplative lyrische Haltung durch eine tätige, ›arbeitende‹ ersetzt. Das Ich gibt sich nicht auf, aber es gewinnt sich erst eigentlich, indem es Welt in sich hineinnimmt und als durch Arbeit veränderte wieder aus sich heraussetzt, anders gesagt: indem Subjekt und Welt in einen schöpferischen Stoffwechsel eintreten. Es baut nicht mehr sich selbst verleugnend an einer neuen Gesellschaft (wie es die sogenannte Aufbaulyrik tat), sondern es baut zuallererst sich selbst – ganz im Sinne des so oft falsch gelesenen *Kommunistischen Manifests*, das eine Gesellschaft fordert, »worin die freie Entwicklung eines jeden die Bedingung für die freie Entwicklung aller ist«[55] (und nicht umgekehrt). Die bisher behauptete Identität von individuellem und gesellschaftlichem Subjekt (die ersteres eigentlich arbeitslos machte) wird negiert, die reale Differenz zwischen beiden als produktives Moment eingesetzt. Das Gedicht will »Vorlagen einer denkenden und fühlenden Subjektivität [. . .] geben, Muster einer arbeitenden Subjektivität, die imstande sind, uns rationale und emotionale Beziehungen zwischen Ich und Welt vorzuspielen«[56].
Es wäre also falsch, nur triumphierend festzustellen, die Subjektivität habe sich nun endlich auch in der Lyrik der DDR neuerlich etabliert und somit die klassische (bürgerliche) Bestimmung der Gattung wieder eingeholt; vielmehr ist ein Gestus, eine Haltung gemeint, die bisher aus der deutschen Lyrik bekannte Formen des Anwesendseins von Subjektivität im Gedicht übersteigt und z. B. mit der ›neuen

Subjektivität‹ oder ›Sensibilität‹ in der westdeutschen Lyrik wenig zu tun hat: Sie sperrt sich nicht gegen die Vergesellschaftung ihrer selbst, im Gegenteil, aber sie will diese bewußt, mit-arbeitend vollziehen, sich nicht vergesellschaften *lassen*. Aus diesem Selbstverständnis folgt jenes merkwürdige Verhaktsein von Einverständnis und Provokation, das die Lyrik dieser Generation so anstößig gemacht hat. Die Temperamente, Tonarten und Schreibweisen, in denen sich diese einverständig-provozierende Lyrik äußert, sind sehr unterschiedlich. Das eine Mal insistiert das Subjekt hartnäckig darauf, eine vor allem verstörende, zerstörende und gar verhöhnende Kategorie des Widerspruchs, des Zweifels, der Negativität zu sein (am aggressivsten bei Biermann): ein »spitzer Dorn«, eine »Nähnadel«, ein »Sandkorn« (s. Endlers gleichnamiges Gedicht von 1967). Ein anderes Mal läßt es sich bereitwilliger ins sozialistische Kollektiv integrieren, wie in vielen Gedichten Volker Brauns. Nie gibt es jedoch seinen ungeduldigen Anspruch auf Totalität, auf vollständige Einlösung der alten Menschheitsträume auf, wie z. B. in Rainer Kirschs Sonett *Meinen Freunden, den alten Genossen* von 1962:

> Denn es träumt sich leicht von Glückssemestern;
> Aber Glück ist schwer in diesem Land.
> Anders lieben müssen wir als gestern
> Und mit schärferem Verstand.
>
> Und die Träume ganz beim Namen nennen.
> Und die ganze Last der Wahrheit kennen.[57]

Das Gedicht verweist darauf, daß der Bechersche Traum »vom Anderswerden« zunächst einmal eine entscheidende Voraussetzung hat, der gerade die Lyrik der fünfziger Jahre – außer im Werk ihrer großen Einzelgänger – nicht gerecht geworden war: die ganze Last der Wahrheit zu kennen und sich nicht weiter in der Kunst des Verdrängens und Vergessens zu üben. Damit ist ein erstes Praxisfeld dieser neuen Lyrik der »arbeitenden Subjektivität« bezeichnet, das sie mit derjenigen Brechts, Huchels, Arendts und Bobrowskis verbindet. Sie erwirbt und manifestiert ein der bisherigen Literatur fremdes »Geschichtsbewußtsein« als »Selbstbewußtsein«, wie es bei Volker Braun heißt. Und weiter, in Anspielung auf Walter Benjamin: »Die Wirklichkeit, mit der wir umgehen, ist ›Gegenstand einer Konstruktion‹, die von ›Jetztzeit‹ geladen ist«.[58] Das Land, in dem man sich befindet, ist zunächst einmal und immer noch »ein Nest blutroten Schwalbenflaums« (Adolf Endler[59]), ist ein Land »unterm Schutt« (Inge Müller[60]), und die in ihm herangewachsen sind, ohne an Nationalsozialismus und Krieg beteiligt gewesen zu sein, müssen doch mit der Hypothek des ›gewöhnlichen Faschismus‹ leben, die in ihre Jetztzeit hineinragt, dürfen sich nicht als vergangenheitslose ›Sieger der Geschichte‹ fühlen. Es ist ein Verdienst der Lyrik dieser Generation, daß sie dieses Bewußtsein wachhält, ja: teilweise erst schafft. Die *neue Heimat- oder Deutschlandpoesie*, die in Gedichten Wulf Kirstens (*satzanfang, Der Bleibaum*), Heinz Czechowskis (vor allem im Teil »Stadtgang« seines Bandes *Schafe und Sterne* und in seinem neuen Band *Was mich betrifft*), Karl Mickels (z. B. *Dresdner Häuser, Die Elbe*) oder Volker Brauns (z. B. *Das Vogtland, Landwüst*) entsteht, ist (wie jede bedeutende Provinzliteratur) eminent welthaltig, indem sie die geschichtsbildenden Kräfte im überschaubaren Lebens-Raum, im Detail aufspürt und sinnfällig macht. Die Autoren sind sich (zu der Zeit, von der hier die Rede ist) bewußt, »in diesem besseren Land« zu leben, wie Heinz Czechowski es ausdrückte[61] – und übersehen doch nicht die in ihre Landschaft eingegrabenen Spuren von Schuld und Zerstörung, die *bearbeitet* werden müssen, ehe »neues Leben aus den Ruinen blühen« kann:

> *Dresdner Häuser*
>
> Seltsamer Hang! die Häuser stehn, als sei
> Hier nichts geschehn, als sei das Mauerwerk
> Von Wind und Regen angegriffen, als
> Hab nur Hagel Fenster eingeschlagen.
> [. . .]
>   Die hier wohnten
> Inmitten großer Industrie, erhabener
> Natur, die Stadt zu Füßen, setzten in Gang
> Des Todes Fließband: welke Lausejungen
> Kommerzienräte, mordgeil vor Alter, Nutten
> Zahnarm mit fünfundzwanzig, Buckelköpfe
> In sichern Bunkern, westwärts weg, bevor
> Gestein und Fleisch zu schrecklichen Gebirgen
> Zusammenglühten stadtwärts.
>
> Das Neue Leben blüht nicht aus Ruinen
> Da blüht Unkraut. Unkraut
> Muß weg, eh Neues hinkann [. . .].[62]

Dem *Landschafts- und Naturgedicht* in der DDR wuchs freilich rasch auch eine neue Dimension zu (zumal seit der Einführung des Neuen Ökonomischen Systems 1963), die nur noch bedingt mit den »Ruinen« und dem »Unkraut« der Vorgeschichte zu tun hatte, sondern mit der durch alte und neue Technologien »gebauten Natur«, um Volker Brauns Ausdruck noch einmal zu verwenden. In ihren Anfängen demonstriert die Lyrik der damals jungen Generation ein gänzlich ungebrochenes, pathetisch positives Verhältnis zur neuen Technik, insbesondere zur Kybernetik, die als Geburtshelfer eines endlichen Erfolgs des sozialistischen Systems über die entfremdete Arbeit und über den kapitalistischen Feind gepriesen wurde. Die Begeisterung ging so weit, daß sogar technologisches Vokabular eingeführt wurde, um die kommunikative Funktion des Gedichts im Sozialismus zu beschwören: Technik als Metapher, die für die neue Dichtung selbst einsteht. Das begegnet bei Peter Gosse, bei dem Sorben Kito Lorenc oder bei Volker Braun, z. B. in seinem Gedicht *Vorwort* aus dem ersten Band *Provokation für mich*:

> Unsere Gedichte sind Hochdruckventile im Rohrnetz der Sehnsüchte.
> Unsere Gedichte sind Telegraphendrähte, endlos schwingend voll
>   Elektrizität.[63]

Heute mag es befremdlich erscheinen, daß noch 1966 (in der »Forum«-Debatte)
Günter Kunert allein dastand, als er auf die Gefahren forcierter Wissenschafts- und
Technikgläubigkeit hinwies:

»Am Anfang des technischen Zeitalters steht Auschwitz, steht Hiroshima, die ich nur in bezug
auf gesellschaftlich organisiert verwendete Technik hier in einem Atemzug nenne. Ich glaube,
nur noch große Naivität setzt Technik mit gesellschaftlich-humanitärem Fortschreiten gleich.«[64]

Zwar ignorierten die jungen Lyriker keineswegs die gravierenden Veränderungen
von Natur und Landschaft in ihrem Land durch die moderne Technik. Beispiele des
konservativen, bukolischen Naturgedichts, das in der Bundesrepublik seine Wieder-
auferstehung erlebt hatte, finden sich kaum. Das DDR-Naturgedicht vollzieht und
reflektiert durchaus den neuartigen Stoffwechsel zwischen Mensch und Natur vermittels der Technik, es begreift die eigene Lebenswelt als »durchgearbeitete Landschaft«.[65] Am krassesten vielleicht verdeutlicht Karl Mickels umstrittenes Gedicht
Der See den gewalttätigen Charakter der Aneignung der Natur durch den Menschen
im historischen Prozeß – bis in den Sozialismus hinein.[66] Aber Volker Brauns
»Natürlich bleibt nichts. / Nichts bleibt natürlich«[67] ist noch durchaus positiv, nicht als
Warnung vor dem möglichen Verschwinden der Natur gemeint. Zwar sieht er die
menschenfeindlichen Folgen der vom Kapitalismus überkommenen Produktivkraft-
anwendung noch im eigenen Land (»Mensch / Plus Leuna mal drei durch Arbeit /
Gleich / Leben«[68]), aber dem wird die Hoffnung auf die *neue* Technik als notwendig
menschenfreundliche entgegengesetzt (z. B. in Brauns Gedicht *Die Haltung einer
Arbeiterin*). Der noch ungebrochene Traum von der durch Technik befreiten Arbeit
macht blind für die Gefahren »gesellschaftlich organisiert verwendeter Technik« im
eignen, besseren Land. Und Sätze wie »Zu beiden Seiten des Flußes / Nehmen
Autokolonnen / Mit tödlichem Blei / Das Grün unter Beschuß« gehören, wie es in
Heinz Czechowskis wichtigem Gedicht *Flußfahrt* vom Beginn der siebziger Jahre
heißt, zu den noch »nichtgeschriebenen Sätzen«.[69]
Ein weiteres Praxisfeld der »arbeitenden Subjektivität« wurde in den sechziger
Jahren das *Liebesgedicht*, bislang Domäne der bei sich, genauer in der Einsamkeit
zweier Liebender verbleibenden, intimen Subjektivität. Als Motto könnten über
diesem Bezirk des Gedichts einer neuen Generation zwei Verse von Georg Maurer
stehen: ». . . Die Tür zur Geliebten / bewegt sich in den Angeln der Welt.«[70] Das soll
besagen: Die Verkehrsformen der Liebenden hängen aufs engste zusammen mit
denen der Gesellschaft als ganzer; die Widersprüche der einen sind auch die der
andern. Freilich nahm das gelungene Liebesgedicht Gesellschaftliches nicht im Wege
platter Widerspiegelung oder als wohltönende Deklamation in sich auf (im Sinne von:
»wie schön ist doch die Liebe im Sozialismus«). Das wurde zwar erwartet, geschah
jedoch nicht. Vielmehr manifestierte sich gerade in der rückhaltlos subjektiven
Äußerung des liebenden Individuums sein gesellschaftlicher Status: der eines emanzi-
pierten, anspruchsvollen, schamlosen Wesens, das über seine Gefühle wie über seine
Sexualität frei verfügte. Solche Gedichte haben Karl Mickel und Rainer Kirsch,
Volker Braun und Wolf Biermann geschrieben, und sie haben in der puritanischen
DDR-Gesellschaft und bei ihrer noch puritanischeren Spitze genügend Irritation
ausgelöst (nicht zufällig ist einer der häufigsten und schlimmsten Vorwürfe, die
Biermann gemacht wurden, der der »Pornographie«[71]). Den souveränsten, überzeu-

gendsten Umgang mit den eigenen erotischen Empfindungen findet man bei Sarah Kirsch:

> *Klagruf*
> Weh mein schneeweißer Traber
> Mit den Steinkohlenaugen
> Der perlendurchflochtenen Mähne
> Den sehr weichen Nüstern
> Dem schöngewaltigen Schatten
> Ging durch! Lief
> Drei Abende weit war nicht zu bewegen
> Heimzukehren. Nahm das Heu nicht
> Wahllos fraß er die Spreu
> Ich dachte ich sterbe so fror ich[72]

Hat je eine Lyrikerin deutscher Sprache so mutig und schön ihre erotischen Empfindungen ausgesprochen? Angesichts solcher Verse wirkt eine Frage wie »Müssen gesellschaftliche Beziehungen im Liebesgedicht widergespiegelt werden?«,[73] die man ja Sarah Kirsch wirklich stellte, ausgesprochen albern: Neue Verhaltensweisen im Umgang der Geschlechter miteinander können sich nicht unmittelbarer im Gedicht aussprechen, als es hier geschieht.

Die Geschichte im Umbruch, die heimatliche Provinz DDR, die »gebaute Natur«, der alt-neue Charakter der materiellen Arbeit, die Liebe: das sind die Themen der Lyrik dieser Generation. Schließlich nahm sich das Subjekt die Freiheit, *sich selbst*, seine Existenz insbesondere als *Künstler*, zum Stoff des Gedichts zu machen. Diese Tendenz gab vielen Gedichten (hier sind vor allem, nach Arendt, Huchel, Maurer und Kunert von den Älteren, Mickel, Rainer Kirsch, Czechowski, Braun und Elke Erb zu nennen) einen selbstreflexiven Zug, der als vermeintliche Variante bürgerlicher Selbstbespiegelung Anstoß erregen mußte, zumal wenn das Gedicht, wie bei diesen Poeten der Fall, ein qualitativ anderes, autonomes Bewußtsein im Vergleich zu anderen Bewußtseinsweisen für sich reklamierte.[74] Deutlicher noch artikulierte sich die Selbst- und Sprachreflexion des Autors im poetologischen Essay, in dem es Autoren wie Rainer Kirsch (*Das Wort und seine Strahlung, Das Amt des Dichters*), Karl Mickel (*Gelehrtenrepublik*), Heinz Czechowski (*Spruch und Widerspruch*) und Volker Braun (vor allem in seinem Gegenentwurf zu Enzensbergers Aufsatz *Poesie und Politik* mit dem umgekehrten Titel) zu hoher Virtuosität des Gedankens und der Formulierung brachten, die in der Bundesrepublik dieser Jahre (außer bei Enzensberger) nicht ihresgleichen hat. Auffällig war dabei, mit welcher Sachkenntnis und Hartnäckigkeit man sich bei solcher Reflexion und Selbstverständigung sowohl im Gedicht als auch im Essay auf die *lyrische Tradition* bezog. Die DDR-Lyrik der sechziger und siebziger Jahre hat ein sensibles, vielgestaltiges, lebendiges, dabei nicht verordnetes Verhältnis zur Lyrik vergangener Epochen, das in der gleichzeitigen jungen Lyrik der Bundesrepublik nahezu vollständig (und programmatisch) fehlt. Sätze wie Jürgen Theobaldys 1976 geschriebener: »Der hohe Kunstanspruch wird aufgegeben« oder Rolf Dieter Brinkmanns Äußerung von 1968 »Man muß vergessen, daß es so etwas wie Kunst gibt! Und einfach anfangen!«, denen ähnliche Slogans

Nicolas Borns, Günter Herburgers und vieler anderer an die Seite gestellt werden können,[75] sind in der DDR dieser Jahre völlig undenkbar. Das Gedicht stellte sich bewußt unter einen hohen Kunstanspruch – und der war nur einzulösen, wenn die große lyrische Überlieferung zur Kenntnis genommen, reflektiert und verarbeitet wurde. Auch hier gilt also das Wort von der »arbeitenden Subjektivität«. Eine ungeheure Vielfalt der Lyriktradition wird hier verlebendigt – von Horaz und Catull bis zu Dante, vom Barock über das Lehrgedicht der Aufklärung bis hin zum Expressionismus, zu Neruda, Majakowski und anderer früher sowjetischer Poesie. Der weitaus stärkste Impuls geht jedoch zweifellos von Klopstocks und Hölderlins lyrischem Gestus aus, wobei teilweise Maurer, Arendt und Bobrowski als Mittler fungieren.[76] Im begeisterten, hochgestimmten Ton Klopstockscher oder Hölderlinscher Oden und Hymnen, aber auch in ihren Elegien fanden vor allem Mickel, Czechowski und Braun eine lyrische Sprechweise vorgeformt, die sie ihren eigenen Empfindungen und Hoffnungen, ihrem eigenen Tätigkeits- und Veränderungsdrang als angemessen erlebten. Eine große Zahl von Gedichten findet sich, in denen die Autoren direkte oder indirekte Zwiesprache mit ihren Vorbildern halten, z. B. Mickels *Die Elbe* (Hölderlin), Czechowskis *Flußfahrt* (Hölderlin), Brauns *Wir und nicht sie* (Klopstock) und *An Friedrich Hölderlin*.

Doch all das tat schließlich auch Johannes R. Becher – und endete doch nur im Epigonentum. Wo dann steckt in der Ästhetik des Gedichts, in seiner Sprachverfassung die neue Qualität dieser Lyrik? Gregor Laschen z. B. weigerte sich noch 1971, eine solche anzuerkennen. Einen thematischen Neubeginn bestätigte auch er, formal jedoch, so meinte er, gingen »diese Artikulationen kaum über das hinaus, was von Huchel, Arendt, Bobrowski, Kunert unmittelbar greifbar, über sie hinaus an Sprech-Möglichkeiten Hölderlins, Klopstocks oder Brechts präsent ist«.[77] Konkret monierte er pathetisch-deklamatorische Tendenzen, forsche, überzogene Sprachgesten, bemerkenswert viele Ausrufezeichen, dazu Klischees, Gemeinplätze, »Sprach-Nieten« und »Wortgeklingel«,[78] vor allem bei Volker Braun (*Gegen die symmetrische Welt* lag noch nicht vor) – und er hatte recht mit dieser Kritik. Keiner der wichtigen Lyriker dieser Generation begann vollkommen oder durchweg originell, keiner hatte auf Anhieb die ihm gemäße, unverwechselbare Sprechweise gefunden. Allzu stark war wohl zunächst auch die »schülerfressende Autorität«[79] der von Laschen Genannten. Am frappierendsten ist die Entwicklung von Volker Braun (der sehr ungelenk, rhetorisch und pathetisch begann), Heinz Czechowski (die frühen Gedichte neigen zu spannungsloser Idyllik) und Sarah Kirsch (deren Anfänge Endler mit Recht »eher kindlich« genannt hat[80]), die im Lauf der Jahre ihre je eigenen Sprechmöglichkeiten gefunden haben. Gemeinsam ist ihnen allen, wie Rainer Kirsch treffend befunden hat, »Genauigkeit in der Behandlung des Gegenstands – das Charakteristische regiert das Ästhetische –, scharfes, am Marxismus geschultes Reflektieren der Epoche und das bewußte Weiterarbeiten klassischer poetischer Techniken«.[81] Gerade auf besagtes »Weiterarbeiten« kommt es an. Hierzu gehört z. B. im Bereich des strophischen Gedichts das reimlose freirhythmische Sonett, das Rainer Kirsch, Braun und vor allem Mickel zu großer Virtuosität entfaltet haben. Hierher gehört im Bereich der Syntax die gezielte Anwendung der Inversion – der Worte in der Periode und die der Perioden selbst, die, Klopstock, Hölderlin, Arendt und Bobrowski folgend, als wirksames Mittel gegen den täglichen Verschleiß der Sprache erkannt wurde.[82]

Hierher gehört vor allem die Weiterentwicklung der kühnen Metapher, die gängige Vorstellungen erweitert, übersteigt oder paradox wendet (und gerade hier ist jeder der in Rede stehenden Autoren seine eigenen Wege gegangen; hier endet die Gruppenzusammengehörigkeit der Sarah Kirsch und Braun und Mickel). Schließlich nimmt die lyrische Sprache auch Elemente der Umgangssprache bis hin zum Grobianischen und Unschicklichen in sich auf, was diese Dichtung am Ende von den Vorbildern Klopstock und Hölderlin doch weit entfernt (und den häufig geäußerten Vorwurf, der »pontifikalen« Lyriklinie zu folgen, ad absurdum führt[83]); denn: »Was in den Köpfen ist, muß ins Gedicht«, wie es bei Mickel heißt,[84] der selbst mit *Hofgeschrei* (1968) ein glänzendes Beispiel aus der Alltagssprache lebender Lyrik gegeben hat. »Geschichtsbewußtsein als Selbstbewußtsein«, »arbeitende Subjektivität« also am Ende auch in der Sprachverfassung des Gedichts. Sowohl die Irrwege einer ›voraussetzungslosen‹ Lyrik ohne Kunstanspruch als auch jene inhaltsloser ›experimenteller‹ Sprachspielerei, die in der Lyrik der Bundesrepublik so viel Zeit und Platz einnehmen, blieben der DDR-Lyrik so erspart. Sie fand einen Weg zwischen der Hermetik der Avantgarde und der platten Verständlichkeit des sozialistischen Realismus, der keinen faulen Kompromiß, sondern eine neue epochale Qualität der Lyrik markiert.

In einer breitangelegten Studie zur Lyrik der sechziger und frühen siebziger Jahre haben die DDR-Literaturwissenschaftler Christel und Walfried Hartinger versucht, diesen Zeitabschnitt in sich noch einmal zu periodisieren. Sie kommen, indem sie die jeweils drei aufeinanderfolgenden Bände der Autoren Czechowski, Braun, Mickel, Rainer und Sarah Kirsch als Folie nehmen, zu einer internen Dreiteilung, deren erste zwei Phasen sie – DDR-typisch – mit »Aufbruch« und »Ausfahrt« (es ist die Zeit der lyrischen Reisetagebücher) bezeichnen.[85] Sie haben allerdings Schwierigkeiten, die dritte Phase zu benennen. Zögernd bringen sie die Begriffe Trauer, Zweifel und Angst ins Spiel. Das ist völlig korrekt. Seit etwa 1970, endgültig dann seit 1976, ist die »arbeitende Subjektivität« in die Krise geraten. Die Biermann-Ausbürgerung mit ihren konkreten Folgen für viele kritische Künstler ist dabei letztlich nur ein Symptom, eigentliche Ursache ist das Scheitern eines Traums: des Traums von der Realisierbarkeit eines menschlichen, freiheitlichen Sozialismus in der gegenwärtigen DDR. Die Autoren – und gerade die mit den größten und reinsten Hoffnungen – werden teils allmählich, teils schockartig gewahr, daß der Sozialismus im »Larvenzustand«[86] steckengeblieben ist, daß seine sich immer mehr befestigende krude Realität nur noch den »Schatten eines Traumes«[87] zurückgelassen hat. Am Ende gehen viele von ihnen, unter ihnen gerade einige der besten Lyriker (mit Peter Huchel begann es, Wolf Biermann, Reiner Kunze, Bernd Jentzsch, Sarah Kirsch, Günter Kunert, Kurt Bartsch und andere folgten) – die DDR, »die versteinerte Hoffnung / Im Rücken«[88] Andere, wie Rainer Kirsch, Czechowski und Mickel, sind in Existenzkrisen geraten, deren Ausgang noch nicht abzusehen ist. Da man dem Dichter die Mit-Arbeit an der neuen Gesellschaft verweigerte, ihm Form und Inhalt seines Einverständnisses vorschrieb, kam der einst so produktive Stoffwechsel zwischen dem dichtenden Subjekt und seiner Welt zum Erliegen. Das »Amt des Dichters« wurde neuerlich fragwürdig, das von Volker Braun für im Sozialismus selbstverständlich erklärte Zusammengehen von Politik und Poesie (ja, deren Zusammenfall) zerbrach. Lyrik als ›soziale Größe‹: das war eine Hoffnung über fünfzehn Jahre hin; jetzt konnte sie diese Rolle allenfalls noch in Nischen und Winkeln, jedenfalls aber nicht mehr öffentlich spielen. Die zum Flüstern oder Schweigen gebrachte, auf sich zurückgeworfene Subjektivität war kein »Sandkorn« mehr im allzu glatten Getriebe, und Vor-Sprecher einer besseren Zukunft schon gar nicht; sie mußte als Maulwurf, Fledermaus oder Eule ihr Wesen treiben. Kein Wunder, daß die DDR-Lyrik, wo sie »Seelenspeise«[89] nicht mehr sein durfte, plötzlich die Attraktivität der Ästhetik Adornos entdeckte: Neigungen kamen auf, die ästhetische Praxis zur ausschließlichen und eigentlichen zu hypostasieren und Poesie als »konstitutive Absentierung«[90] zu betreiben.

Was läßt jetzt die DDR als »das Land, die Zukunft, die es nicht gibt«,[91] erscheinen? Es ist die Erkenntnis, daß sich in das Modell DDR nicht nur »Muttermale der alten Gesellschaft« im Marxschen Sinne hinübergerettet haben, sondern auch Schlecht-Neues die Ansätze von Sozialismus erstickt hat: die immer zunehmende Macht bürokratischer Apparate und Institutionen, die die Initiative der Individuen und Basiskollektive normen oder verhindern, das bislang unirritierte Vertrauen in neue, gefährliche Technologien (wie z. B. die Kernkraft), die nicht aufgehobene, sondern sogar noch forcierte Aufspaltung der Arbeit in Hand- und Kopfarbeit, die auch gerade den Wirkungsmöglichkeiten der Literatur neuerlich enge Grenzen zog (um hier nur die wichtigsten Punkte zu nennen); eine Entwicklung, deren Nebenprodukt die *negative Konvergenz* von Ost und West ist. So könnte der Leser nicht auf Anhieb sagen, ob sich die folgenden Verse von Wulf Kirsten auf die Bundesrepublik oder auf die DDR beziehen:

> auf astlosen baumrümpfen
> die vegetierende vegetation.
> im fluchtbild eine prozession auf prothesen.
> [. . .]
> alles läuft wie am schnürchen.
> unsichtbare schnörkel im schriftbild der straße
> die spuren der fußgänger.
> wenn du aufsiehst,
> stürzt sich der himmel auf dich.[92]

Beispielhaft mag Heinz Czechowski demonstrieren, wie sich das Selbstverständnis der Lyriker dieser Generation verändert hat. Er hatte einst, in den sechziger Jahren, die Überzeugung, »in diesem besseren Land« zu leben. Die Gedichte der frühen siebziger Jahre sind schon fragender, zweifelnder, bohrender. Bereits das programmatische Gedicht *Flußfahrt* zog das ernüchterte Fazit:

> Uns bleibt,
> Im Bilde zu bleiben,
> Unsere Losung,
> Auch wenns die Gedanken
> Zu Grund zieht
> Wie überfrachtete Kähne.[93]

Am Ende der siebziger Jahre ist das »Prinzip Hoffnung«, das Rainer Nägele noch vor einigen Jahren als Motto der jüngeren DDR-Lyrik zu erkennen meinte,[94] ausgeträumt; die skeptischen Gedanken haben das Individuum gänzlich »zu Grund gezogen«:

> Ich hoffe schon nichts mehr. Und all meine Briefe
> Schreibe ich schließlich und endlich
> An mich.[95]

Selbst Volker Braun, dessen Hoffnungen wohl am weitesten reichten, sieht sich heute auf sich selbst zurückgeworfen. Dem Gedicht *Im Ilmtal*, das das Leben und Tätigsein mit den Freunden und Genossen pries, antwortet heute ein elegisches Poem (diesmal auf Klopstocks *Der Zürcher See* bezogen) mit dem Titel *Der Müggelsee*, das »der Zeit Wirre« beklagt,

> Die die Freunde verstreut roh
> Vom Herzen mir, eins zu sein
> Mit seinem Land [. . .].[96]

Überblickt man die Lyrik der letzten fünf bis zehn Jahre, dann frappiert vor allem, wie die Generationen zusammengerückt sind: im Negativen, im Verlust der Hoffnung (man denke an Erich Arendts schon viel früheres »Die winzige Ande Hoffnung: fatamorgan«). Zwar sprechen sie nicht eine Sprache, aber sie alle haben den »Lehrauftrag« der Poesie endgültig zurückgegeben,[97] sie alle sehen nicht mehr in Prometheus und Ikarus, sondern in Odysseus (der nicht mehr fröhlich heimkehrt) und Sisyphus ihre mythischen Leitbilder. Huchel, Arendt und Kunert, Rainer und Sarah Kirsch, Czechowski, Kirsten, Braun, Jentzsch und Bartsch: sie sind gewissermaßen – aber erst jetzt! – zu einem neuen Typus von DDR-Lyrik zusammengewachsen. Ein Indiz dafür sind bereits die Titel wichtiger Gedichtbände der letzten Jahre. Einzig Sarah Kirsch, die sich 1975/76 noch im *Rückenwind* wähnte, übt sich auch in westlichen Ländern wieder im unbeschwerten *Drachensteigen* (1979), was nicht heißt, daß ihre Gedichte ohne Trauer wären. Auch hält Volker Braun, der neben Rainer Kirsch und Mickel hartnäckigste Marxist unter den bedeutenden DDR-Dichtern, unbeirrt fest am *Training des aufrechten Gangs* (1979). Die meisten andern jedoch werfen eher bedenkliche Blicke in ihre *Kaderakte* (Kurt Bartsch, 1979), senden allenfalls *Verwirrte klare Botschaften* (wie Adolf Endler, 1978) und haben erhebliche Schwierigkeiten beim *Quartiermachen* in der neuen Landschaft (Bernd Jentzsch, 1978). Sie beschränken sich auf karge *Tagesnotizen* (wie Jürgen Fuchs, 1978; der Gedichtband sollte ursprünglich den Titel *Kein Zögern. Kein Zurück* tragen) und üben sich gar, wie Günter Kunert, der sich schon 1977 *Unterwegs nach Utopia* befand (verstanden als Ort, »wo keiner lebend hingelangt / wo nur Sehnsucht / überwintert«), im *Abtötungsverfahren* (1980) der eigenen Subjektivität, wo ohnehin – da sieht der Dichter keinen Unterschied mehr zwischen Ost und West – nur noch »Leichengemeinschaft« besteht.[98] Auch Arendts Band *Zeitsaum* (1978) und Huchels *Die neunte Stunde* (1979) wären in diesem Zusammenhang zu nennen.

Inzwischen gibt es selbstverständlich auch eine DDR-Lyrik der noch Jüngeren, also der in den vierziger und fünfziger Jahren Geborenen. Einige der größten Begabungen unter ihnen sind der DDR mittlerweile verlorengegangen: Thomas Brasch und Jürgen Fuchs, Ulrich Schacht und Frank-Wolf Matthies; andere – Wolfgang Hilbig, Brigitte Struzyk, Uwe Papenfuß, Richard Pietrass, Bernd Wagner, Sascha Anderson, Uwe Kolbe sind z. Zt. erkennbare größere Talente – leben im Lande und versuchen dort zu schreiben. Für sie, nun wahrhaft »unvermischte DDR-Produkte«,[99] gilt freilich Ähnliches wie für die in den dreißiger Jahren Geborenen. Sie stehen, wie selbst ein sowjetischer Germanist jüngst befand, »vielen komplizierten Problemen des Lebens ratlos gegenüber«.[100] Ein Gespräch mit jungen Lyrikern aus dem Jahr 1979, das in der DDR (weil es gedruckt wurde) großes Aufsehen erregte, verdeutlichte das ungeschminkt. In ihm äußerte der 1957 geborene Arbeitersohn Uwe Kolbe:

»Nun sind wir die Jüngsten, aber ich verspüre von angereicherter, konkreter Weltbürgerlichkeit nicht den Hauch [. . .], das heißt im Gewühl des veröffentlichten, unterschiedlichsten, dümmsten und wenig akzeptablen Zeugs. Meine Generation hat die Hände im Schoß, was engagiertes (!) Handeln betrifft. Kein früher Braun heute. [. . .] Ich kann noch weitergehen und sagen, daß diese Generation völlig verunsichert ist, weder richtiges Heimischsein hier noch das Vorhandensein von Alternativen anderswo empfindet.«[101]

»Kein Ort. Nirgends« – auch in der Lyrik.

Anmerkungen

1 Vgl. dazu Jürgen Link: Von der Spaltung zur Wiedervereinigung der deutschen Literatur? (Überlegungen am Beispiel des Produktionsstücks). In: Jahrbuch zur Literatur in der DDR 1 (1980) S. 59–77; sowie Wolfgang Emmerich: Kleine Literaturgeschichte der DDR. Darmstadt/ Neuwied 1981. S. 220–228.

2 In den letzten Jahren hat sich diese opinio communis der Forschung herausgebildet, wie u. a. die Beiträge von Adolf Endler (DDR-Lyrik Mitte der Siebziger. Fragment einer Rezension. In: Amsterdamer Beiträge zur neueren Germanistik 7, 1978, S. 67–96), Silvia Schlenstedt (. . . reden von uns zu uns. In: Literatur und Literaturtheorie in der DDR. Hrsg. von Peter Uwe Hohendahl und Patricia Herminghouse. Frankfurt a. M. 1976. S. 335–356), Christel und Walfried Hartinger (Unterwegs in die Erfahrung. Zeitgenossenschaft und lyrische Subjektivität. In: Ansichten. Aufsätze zur Literatur der DDR. Hrsg. von Klaus Walther. Halle a. d. S. 1976. S. 340–469) aus der DDR, sowie von Rainer Nägele (Deutsche Demokratische Republik. In: Geschichte der politischen Lyrik in Deutschland. Hrsg. von Walter Hinderer. Stuttgart 1978. S. 338–360), Heinrich Küntzel (Traditionen und Tendenzen in der Lyrik der DDR. In: Lyrik – von allen Seiten. Hrsg. von Lothar Jordan. Frankfurt a. M. 1981. S. 79–98) und Manfred Jäger (Subjektivität als politische Kategorie. Zur Emanzipationsgeschichte der Lyrik in der DDR. In: Lyrik – von allen Seiten [s. Küntzel]. S. 304–316) aus der Bundesrepublik demonstrieren. Auch die Studien von Fritz J. Raddatz (Traditionen und Tendenzen. Materialien zur Literatur der DDR. Frankfurt a. M. 1972. Bes. S. 69–211) und Harald Hartung (Die dialektische Struktur der Lyrik. In: Einführung in Theorie, Geschichte und Funktion der DDR-Literatur. Hrsg. von Hans-Jürgen Schmitt. Stuttgart 1975. S. 181–211) zielten bereits in diese Richtung. Gregor Laschen dagegen billigte 1971 dieser Autorengeneration nur 15 von 115 Seiten Text zu und setzte nur beschränkte Hoffnungen in ihre lyrische Kompetenz (vgl. G. L.: Lyrik in der DDR. Anmerkungen zur Sprachverfassung des modernen Gedichts. Frankfurt a. M. 1971).

3 Vgl. das Interview Dieter Schlenstedts mit Georg Maurer *Das Gedicht ist ein lebendiges Wesen* (1968; Nachdr. in: Dichtung ist deine Welt. Selbstaussagen und Versuche zum Werk G. Maurers. Hrsg. von Gerhard Wolf. Halle a. d. S. 1973. S. 45 und passim) sowie Volker Braun: Politik und Poesie (in: Es genügt nicht die einfache Wahrheit. Notate. Frankfurt a. M. 1976. S. 95).

4 So Wolfgang Weyrauch; zitiert nach Ralf Schnell: Die Literatur der Bundesrepublik. In: Deutsche Literaturgeschichte. Von den Anfängen bis zur Gegenwart. Stuttgart 1979. S. 444.

5 Jürgen Manthey: Zurück zur Kultur. Die Wiedergeburt des nationalen Selbstgefühls aus dem Geist der Tragödie. In: Literaturmagazin 7 (1977) S. 16,13.

6 Vgl. Hans Dieter Schäfer: Zur Periodisierung der deutschen Literatur seit 1930. In: Literaturmagazin 7 (1977) S. 103 und passim.,

7 Karl Krolow: Aspekte der zeitgenössischen Lyrik. München 1963. S. 13.

8 Hans Bender: Vorwort zu: Widerspiel. Deutsche Lyrik seit 1945. Hrsg. von H. B. München 1962. S. 10.

9 Sämtliche in Anführungszeichen stehenden Wörter sind Leitbegriffe bzw. -bilder Bechers, die als Buch-, Gedicht- oder Essaytitel auftauchen. Zu Becher vgl. Günter Heeg: Die Wendung zur Geschichte. Konstitutionsprobleme antifaschistischer Literatur im Exil. Stuttgart 1977. Insbes. S. 41–47; Michael Rohrwasser: Der Weg nach oben. Johannes R. Becher. Politiken des Schreibens. Frankfurt a. M. 1980; Hans Dieter Schäfer: Stilgeschichtlicher Ort und historische Zeit in Johannes R. Bechers Exildichtungen. In: Die deutsche Exilliteratur 1933–1945. Hrsg. von Manfred Durzak. Stuttgart 1973. S. 358–372.

10 Bemerkungen zur Situation der zeitgenössischen Lyrik. In: St. H. / Hans Mayer: Ansichten über einige Bücher und Schriftsteller. Berlin 1947, S. 191.

11 Silvia Schlenstedt (Anm. 2) S. 344.

12 Ich beziehe mich auf eine mündliche Äußerung Kunerts auf der PEN-Tagung zum Thema Exil (am 20. 9. 1980 in Bremen) sowie auf seinen Aufsatz: Über das hartnäckige autoritäre Denken. Unvermutete Verwandtschaft zwischen Bert Brecht und Johannes R. Becher. In: Die Zeit (7. 8. 1981) S. 33.

13 Vgl. Volker Braun: Rose Paal und der Aufstieg der Lyrik. In: Neue deutsche Literatur 26 (1978) S. 102.

14 Vgl. Klaus Schuhmann: Themen und Formen des lyrischen Spätwerks [Brechts]. In: K. S.: Untersuchungen zur Lyrik Brechts. Berlin/Weimar 1977. S. 94.

15 Vgl. Bert Brecht: Zwei »Buckower Elegien«. In: Sinn und Form 32 (1980) S. 1091.

16 Bert Brecht: Gesammelte Werke. Bd. 10. Frankfurt a. M. 1967. S. 1012.

17 Edgar Marsch: Moderne deutsche Naturlyrik. Eine Einführung. In: Moderne deutsche Naturlyrik. Hrsg. von E. M. Stuttgart 1980. S. 282.

18 Stephan Hermlin: Wo bleibt die junge Dichtung? (1947) In: St. H.: Aufsätze, Reportagen, Reden, Interviews. München/Wien 1980. S. 20.

19 Vgl. dazu meinen Aufsatz: Kein Gespräch über Bäume. Naturlyrik unterm Faschismus und im Exil. In: Natur und Natürlichkeit. Hrsg. von Reinhold Grimm und Jost Hermand. Frankfurt a. M. 1981. S. 77–117.

20 Hermlin (Anm. 18) S. 20.

21 Peter Huchel: Die Sternenreuse. Gedichte 1925–1947. München 1967. S. 81.

22 Ebd. S. 92.

23 Laschen (Anm. 2) S. 63.

24 Heinz Czechowski: Erich Arendt. In: Spruch und Widerspruch. Aufsätze und Besprechungen. Halle a. d. S. 1974. S. 10.

25 So in einem Gespräch von 1976, auf das Gregor Laschen in seinem Nachwort zu dem Arendt-Auswahlband (Das zweifingrige Lachen. Ausgewählte Gedichte 1921–1980. Düsseldorf 1981. S. 147) hinweist.

26 Arendt (Anm. 25) S. 57.

27 So in dem Gedicht *Hafenviertel II* (Arendt [Anm. 25] S. 111–116).

28 Vgl. Hugo Friedrich: Die Struktur der modernen Lyrik. Erw. Neuausg. Reinbek 1967.

29 Hans Magnus Enzensberger: Weltsprache der modernen Poesie. In: H. M. E.: Einzelheiten II. Poesie und Politik. Frankfurt a. M. 1963. S. 27.

30 Die Rede ist gedruckt in Alexander Abusch: Literatur im Zeitalter des Sozialismus. Beiträge zur Literaturgeschichte 1921–1966. Berlin [Ost] 1967.

31 Dokumente der SED. Beschlüsse und Erklärungen des ZK sowie seines Politbüros und seines Sekretariats. Bd. 2. Berlin [Ost] 1972. S. 194.

32 Zitiert nach Konrad Franke: Die Literatur der DDR. München/Zürich 1971. S. 31.

33 Zitiert nach Franke (Anm. 32) S. 30.

34 Ebd.

35 Wiederabdr. in Georg Maurer: Essay 2. Halle a. d. S. 1973. S. 63–106.

36 Zitiert nach Hans-Dietrich Sander: Geschichte der Schönen Literatur in der DDR. Freiburg i. Br. 1972. S. 156 f.

37 Ebd. S. 157.
38 Vgl. Anm. 35.
39 Vgl. die Entschließung des ZK der SED auf der V. Tagung vom 15.–17. März 1951. In: Dokumente zur Kunst-, Literatur- und Kulturpolitik der SED. Hrsg. von Elmar Schubbe. Bd. 1. Stuttgart 1972. S. 179.
40 Ebd. S. 180.
41 Zitiert nach Sander (Anm. 36) S. 114.
42 Schlenstedt (Anm. 11) S. 344.
43 Franz Fühmann: Sein Solch-Betrachten war vonnöten. In: Sinn und Form. Sonderheft J. R. Becher (2) 1959; zitiert nach Laschen (Anm. 2) S. 74.
44 Johannes Bobrowski, zitiert von Eberhard Haufe: Zur Entwicklung der sarmatischen Lyrik Bobrowskis 1941–1961. In: Wissenschaftliche Zeitschrift der Universität Halle 24 (1975) Gesellschaftswiss. und sprachwiss. Reihe. H. 1. S. 69.
45 Johannes Bobrowski: Schattenland Ströme. Gedichte. Stuttgart 1962. S. 29.
46 Zitiert nach Günter Kunert: Unruhiger Schlaf. Gedichte. München 1979. S. 27.
47 In einem Brief an Gregor Laschen vom 6. 6. 1965; zitiert nach Laschen (Anm. 2) S. 95.
48 Adolf Endler: Fragt mich nicht wie. Zur Lyrik Inge Müllers. In: Sinn und Form 31 (1979) S. 155. – Endlers Laudatio auf die 1925 geborene Inge Müller legt überzeugend nahe, diese Lyrikerin (sie wählte 1966 den Freitod) als eine der wichtigsten Stimmen um 1960 zu begreifen. Leider sind ihre Texte schwer zu bekommen (vor allem das Poesiealbum Nr. 105, Berlin [Ost] 1976).
49 Vgl. dazu Raddatz (Anm. 2) S. 167–182; Jay Rossellini: Poetry and Criticism in the German Democratic Republic: The 1972 Discussion in the Context of Cultural Policy. In: New German Critique 9 (1976) S. 153–174.
50 Zitiert nach Hartinger (Anm. 2) S. 359 f.
51 Endler (Anm. 2) S. 72.
52 Volker Braun: Gegen die symmetrische Welt. Gedichte. Frankfurt a. M. 1974. S. 16 f – Einige Hinweise zur Interpretation dieses Gedichts finden sich auch bei Klaus-Dieter Hähnel: Tradition und Entwicklung des Lyrikbegriffs. Vorläufige Anmerkungen zu einem theoretischen Problem. In: Lyriker im Zwiegespräch. Traditionsbeziehungen im Gedicht. Hrsg. von Ingrid Hähnel. Berlin/Weimar 1981. S. 277 f.
53 Georg Wilhelm Friedrich Hegel: Vorlesungen über die Ästhetik. Dritter Teil: Die Poesie. Hrsg. von Rüdiger Bubner. Stuttgart 1971 [u. ö.]. S. 107.
54 Ebd.
55 Vgl. dazu Stephan Hermlin: Abendlicht. Berlin 1979. S. 20–22.
56 Schlenstedt (Anm. 3) S. 45. – Maurer bestätigte Schlenstedts Auffassung (im Sinne eines Postulats), indem er in diesem Gespräch antwortete: »Nichts wäre mir übrigens lieber, als wenn Ihr Begriff ›arbeitende Subjektivität‹ für den Lyriker zur allgemeinen Selbstverständlichkeit würde« (ebd. S. 47).
57 Rainer Kirsch: Auszog das Fürchten zu lernen. Reinbek 1978. S. 204.
58 Volker Braun: Literatur und Geschichtsbewußtsein (Thesen für eine Arbeitsgruppe auf dem VII. Schriftstellerkongreß der DDR). In: V. B.: Es genügt nicht . . . (Anm. 3) S. 139.
59 Vgl. das Gedicht *Als der Krieg zu End war*. In: Adolf Endler: Die Kinder der Nibelungen. Halle a. d. S. 1964. S. 52.
60 Vgl. Inge Müllers Gedicht *Unterm Schutt*. In: In diesem besseren Land. Gedichte der DDR seit 1945. Hrsg. von Adolf Endler und Karl Mickel. Halle a. d. S. 1966. S. 233.
61 Heinz Czechowski: *Brief*. Zitiert nach: In diesem besseren Land (Anm. 60) S. 286.
62 Karl Mickel: Dresdner Häuser. In: K. M.: Odysseus in Ithaka. Gedichte 1957–1974. Leipzig 1976. S. 79.
63 Volker Braun: Provokation für mich. Gedichte. Halle a. d. S. 1965. S. 9.
64 Zitiert nach Raddatz (Anm. 49) S. 173.
65 Vgl. das gleichnamige Gedicht Brauns in: Gegen die symmetrische Welt (Anm. 52) S. 34 f.
66 Zu diesem kontrovers diskutierten Gedicht zuletzt Küntzel (Anm. 2) S. 89 (Literatur ebd., S. 98, Anm. 23).
67 Volker Braun: Landwüst. In: Gegen die symmetrische Welt (Anm. 52) S. 30.
68 Volker Braun: Die Industrie (ebd. S. 23).
69 Heinz Czechowski: Flußfahrt. In: H. C.: Schafe und Sterne. Gedichte. Halle a. d. S. 1974. S. 130.
70 Vgl. Georg Maurer: Die Luft ist erfüllt . . . Zitiert nach: Landschaft unserer Liebe. Gedichte der DDR. Hrsg. von H. J. Schubert. Halle a. d. S. 1974. S. 28. – Bezeichnenderweise hat Braun diese

Verszeilen in seinem die Geschlechterbeziehung thematisierenden Stück *Tinka* zitiert. Vgl. V. B.: Stücke I. Frankfurt a. M. 1975. S. 136.

71 Vgl. z. B. Erich Honeckers Bericht des Politbüros an das 11. Plenum des ZK der SED vom 16.–18. 12. 1965. In: Dokumente zur Kunst-, Literatur- und Kulturpolitik der SED (Anm. 39) S. 1078.

72 Sarah Kirsch: Zaubersprüche. Ebenhausen 1974. S. 48.

73 Vgl. Hartinger (Anm. 2) S. 437.

74 Vgl. dazu Günter Kunerts Essay *Das Bewußtsein des Gedichts*. In: Akzente (1970) S. 97–102.

75 Vgl. die Zitatsammlung bei Ludwig Völker: Benn/Brecht und die deutsche Lyrik der Gegenwart. In: Lyrik – von allen Seiten (Anm. 2) S. 181 f.

76 Vgl. dazu vor allem: Lyriker im Zwiegespräch (Anm. 52).

77 Laschen (Anm. 2) S. 103.

78 Ebd.

79 Eine Wendung von Heinar Kipphardt in einem Gespräch mit dem Verf.

80 Endler (Anm. 48) S. 153.

81 Rainer Kirsch: Über Karl Mickel. In: Auszog das Fürchten zu lernen (Anm. 57) S. 176.

82 Vgl. dazu Czechowski (Anm. 24) S. 21.

83 Dazu vor allem Michael Franz: Zur Geschichte der DDR-Lyrik. T. 2: Ästhetische Differenzierungen. In: Weimarer Beiträge 15 (1969) S. 806 und passim; Rossellini (Anm. 49) S. 166 f.

84 Karl Mickel: Fünf Fragen durch die Tür. In: K. M.: Eisenzeit. Gedichte. Berlin 1976. S. 77.

85 Vgl. Anm. 50 sowie: Zeitgenossenschaft und lyrische Subjektivität. Lyrikdiskussion in Leipzig mit H. Czechowski, P. Gosse, C. / W. Hartinger, H. Richter, K. Schuhmann, K. Werner. In: Weimarer Beiträge 23 (1977) S. 80–104. Insbes. S. 86 f.

86 Vgl. das gleichnamige Gedicht in Volker Braun: Training des aufrechten Gangs. Gedichte. Halle a. d. S. 1979. S. 62–65.

87 Dies der anspielungsreiche Titel, unter dem Christa Wolf Werke und Briefe der Karoline von Günderrode neu herausgegeben hat (Berlin [Ost] 1979). Der Essay ist nachgedruckt in Ch. Wolf: Fortgesetzter Versuch. Aufsätze, Gespräche, Essays. Leipzig 1979. S. 293–344.

88 Kurt Bartsch: Kaderakte. Gedichte und Prosa. Reinbek 1979. S. 71.

89 Eine Wendung Günter Kunerts im Interview mit Hans Richter. In: Auskünfte. Werkstattgespräche mit DDR-Autoren. Hrsg. von Anneliese Löffler. Berlin/Weimar 1974. S. 475.

90 Th. W. Adorno: Ästhetische Theorie. Frankfurt a. M. 1970. S. 351.

91 Bartsch (Anm. 88) S. 66.

92 Wulf Kirsten: die straße. In: Der Bleibaum. Gedichte. Berlin/Weimar 1976. S. 25.

93 Czechowski (Anm. 69) S. 131.

94 Vgl. Rainer Nägele: Deutsche Demokratische Republik. In: Geschichte der politischen Lyrik in Deutschland. Hrsg. von Walter Hinderer. Stuttgart 1978. S. 355 ff.

95 Heinz Czechowski: Vier Gedichte. In: Literaturmagazin 14 (1981) S. 206.

96 Der Müggelsee. In: Volker Braun: Gedichte. Frankfurt a. M. 1979. S. 120. – Das Gedicht ist bislang in der DDR nicht erschienen, wohl weil es die Vornamen Biermanns, Jentzschs, Kunzes und S. Kirschs nennt.

97 Günter Kunert in seiner Poetik-Vorlesung an der Universität Frankfurt a. M.; zitiert nach: Frankfurter Allgemeine Zeitung. 29. 5. 1981.

98 Vgl. das Gedicht *Unterwegs nach Utopia I*. In: Günter Kunert: Unterwegs nach Utopia. München/Wien 1977. S. 75; sowie das Titelgedicht *Abtötungsverfahren* aus dem gleichnamigen Band (München/Wien 1980. S. 49).

99 Eine Wendung Wolf Biermanns aus seinem Vorwort *Zwei Porträts* zu Jürgen Fuchs: Gedächtnisprotokolle. Reinbek 1977. S. 7.

100 Vgl. Michail Rudnitzki: Zur jüngsten Lyrikentwicklung in der DDR. In: Weimarer Beiträge 27 (1981) S. 161–170.

101 Vgl. Ohne den Leser geht es nicht. Ursula Heukenkamp im Gespräch mit Gerd Adloff, Gabriele Eckart, Uwe Kolbe, Bernd Wagner. In: Weimarer Beiträge 25 (1979) S. 46.

Lyrik heute

Von Theo Elm

Wie kein anderes Genre steht heute die Lyrik im Zeichen der Zeitenwende: Der Rationalitäts- und Sinnzweifel, der sich seit jeher mit den säkularen Zäsuren verbindet[1], scheint wohl eher in den Paradoxien des Gedichts als in der Logik der Prosa und der Handgreiflichkeit des Schauspiels aufgehoben. Dafür spricht das gegenwärtige Interesse für Lyrik und die zeitgemäße Auskunftslosigkeit der Texte. Beide gehören zusammen. Was die Sympathie für Lyrik betrifft – in den oberen Rängen kultureller Reputation bekundet sie die Verleihung des Büchner-Preises an immerhin sechs Poeten während der letzten zehn Jahre (Biermann, Rühmkorf, Grünbein, S. Kirsch, H.C.Artmann, Braun). Aber weiter unten verrät die Edition lyrischer Do-it-yourself-Kurse das gleiche Faible fürs Gedicht: Die Deutsche Verlagsanstalt offeriert ein „Lyrik-Spiel zum Fertig-Dichten und Raten-Lassen" (1999) und Reclam ein „Elektronisches Reimlexikon" (1999) – „eine leicht zu bedienende strophenkundige Software läßt die schönsten Gedichte gelingen". Von Marcel Reich-Ranickis kanonbewußter „Frankfurter Anthologie" bis zum Freistil der Poetry Slams in Münchener und Düsseldorfer Kneipen[2] reicht die Popularität der Lyrik wie nur einst im Fin des siècle vor hundert Jahren – von George, Hofmannsthal und Rilke bis zur „Gartenlaube". Am populärsten ist heute Gottfried Benn, der Sänger wollüstig-melancholischer Aprèsludes. Er ist der Spitzenreiter der poetischen Hitliste, mit der die Münchener Zeitschrift „Das Gedicht" (H.7, 1999) den Lyrik-Trend in Schwung hält.

Warum Benn? Benns „Entwicklungsfremdheit" (*Statische Gedichte*) und seine ironische Frage nach dem „ideellen Weiterleben" (*Ideelles Weiterleben?*) entsprechen der lakonischen Auskunftslosigkeit der Lyrik heute. „Du spürst, wie gar nichts geschieht", gesteht sich Karl Krolow ein.[3] „Utopia/ gründlich verkarstet", resümiert Günter Kunert die Lage.[4] „Wo wir sind, scheint keiner zu wissen", vermutet Michael Krüger.[5] Was die Zeiten betrifft? „Nun, die fetten sind vorbei", so Peter Rühmkorf – „was ferner sich ergibt in unserm schmalen Breiten/ ist das Bewußtsein ewiger Wiederkäu"[6]. Und Jürgen Becker blättert achselzuckend in seinem Manuskript: „Kann sein,/ die nächste Seite weiß mehr".[7] Für sie und andere gilt Kunerts Zeitdiagnose, daß nämlich die „Kosmologien", die „zwischen den Fixsternen Platon/ und Stalin" gespannten Weltentwürfe, in der geschichtlichen „Praxis" als „freischwebende Irrtümer" erkannt seien (*Kosmologie*). Die Vereindeutigung der Politik (das Ende der Ost-West-Ambiguität) und die Vereindeutigung der Technik (der globale Primat der Informationselektronik) – für Krolow und Kunert, für Krüger, Rühmkorf und Becker ergibt sich daraus keine Eindeutigkeit der Sinnmuster und Zukunftsvisionen. Anstelle universaler Weltdeutungen – „Metaerzählungen" (Lyotard) – bleibt für sie die Welterfahrung exzentrisch und auskunftslos.

Wie kommt es zu diesen Motti der Auskunftslosigkeit, der fehlenden Wegweisung und bemerkenswert gelassenen Einlebung in die „Entwicklungsfremdheit" der Zeit – worin gründen die Motti? Wie kommt es zu dieser Endzeitmelancholie, die nicht frei ist von Pose? Es sind Äußerungen einer mentalitätsgeschichtlichen Situation, die bereits in den späten siebziger, vor allem in den achtziger Jahren erkennbar war und dann weitere und deutlichere Folgen nach sich gezogen hat. Nicht zufällig treten sie gerade in der subjektivsten aller Gattungen hervor, in der Lyrik mit ihren intuitiven Fühlantennen. Die hatte Goethe wohl im Sinn, als er meinte, die Lyrik müsse im Ganzen sehr vernünftig sein, im einzelnen aber ein bißchen unvernünftig.[8] Kurz, die jenseits bloßer Vernunft erfühlten Motti der Dichter demonstrieren nichts anderes als die „Kristallisation" der Kultur. „Kristallisation" nannte Arnold Gehlen den Kulturzustand, der eintrat, „wenn die darin angelegten Möglichkeiten in ihren grundsätzlichen Beständen alle entwickelt" sind. Anstelle der „großen Schlüsselattitüden", der kosmologischen Weltinterpretationen, blieben dann nur noch erstarrte Grundentscheidungen übrig – als Handlungsanweisungen bloß tagtäglicher Geschäftigkeit.[9] Vom Kalten Krieg und der zunehmend technischen Kultur der Nachkriegszeit aus blickte Gehlen zurück auf sein Jahrhundert der utopiezerstörenden Weltkriege und ausgeglühten Ideologien und sprach in der Gedankenflucht der Nietzsche, Spengler und Benn vom Finale der Ideengeschichte, vom „Posthistoire", in dem es nur noch um die Variation kultureller „Bestände" gehe, oder mit Rühmkorf, um deren „Wiederkäu". „Rechne mit deinen Beständen" – Benns Wort, das Gehlen zitiert, scheint auch für seine eigene, aus zweiter und dritter Hand (Nietzsche, Spengler, Benn) geliehene These vom Ende der Paradigmen zu gelten.

Gehlens Kulturdiagnose hat seit den späten siebziger Jahren wieder Konjunktur.[10] Freilich sind die Begründungen dafür jetzt andere als in der Nachkriegszeit. Die Kristallisationen der Gegenwart gründen nicht mehr auf dem Verlust-der-Mitte-Erlebnis des in den Revolutionen des 20.Jahrhunderts, in Modernisierungswellen und Kriegsverheerungen aufgeriebenen Bürgertums.[11] Statt dessen sind sie das Fazit der ökologisch und politisch begründeten Finalstimmung der achtziger Jahre mit ihren Apokalypse-Ängsten vor dem Hintergrund der Tschernobyl-Katastrophe, der Nato-Raketenstationierungspläne und des zum 'Krieg der Sterne' (SDI) titanisierten Rüstungswettlaufs. Im folgenden Jahrzehnt hat sich die Stimmung kristalliner Erstarrung und Ziellosigkeit ebenso verstärkt wie differenziert. Zwar ist die Apokalypse ausgeblieben, und man hat sich im Posthistoire eingerichtet.[12] Aber mit dem Ende des Ost-West-Konflikts wurde das zeitgenössische Verschwinden globaler Orientierungsmuster bzw. 'Metaerzählungen' noch einmal welthistorisch bestätigt – ebenso wie der schier grenzenlose Freiheitsraum, der sich damit eröffnet hat. Verschärft stellt sich nun die Frage nach der Möglichkeit menschlicher Existenz jenseits universaler Sinngebungsparadigmen.

I.

Die poetische Konsequenz dieser zwischen Sinnverlust und Freiheitsgewinn gespannten Situation ist die Zweiteilung der „ein bißchen unvernünftigen", dafür stimmungsträchtigen Gattung Lyrik. In dieser Funktion ist sie ein mentalitätsgeschichtliches Indiz. Zum einen weist sie auf eine jüngere Dichtergruppe der Enddreißiger bis Endvierziger, zum anderen auf Autoren, die, teils weit über das fünfte Lebensjahrzehnt hinaus, ihre biographischen und poetologischen Grunderfahrungen in den sechziger Jahren gewonnen haben – gleich ob in West- oder Ostdeutschland. Zu diesen zählen neben den eingangs genannten Autoren Krolow, Kunert, Krüger, Rühmkorf und Becker vor allem Hans Magnus Enzensberger, Volker Braun, Sarah Kirsch, Reiner Kunze, Elisabeth Borchers, Rainer Malkowski und Ulla Hahn. Dagegen gehören zur Gruppe der Jüngeren die Autoren Durs Grünbein, auch Raoul Schrott, Thomas Kling, Brigitte Oleschinski, Barbara Köhler, Hans-Ulrich Treichel und Dirk von Petersdorff.[13] Diese Jüngeren haben, mit einem Wort von Durs Grünbein, dem Cartesianischen „Ich" als „bedingtem Reflex" gekündigt.[14] Sie haben ihm - computeranalog – als „Neuronales Netz" und „Black Box" die aufklärerische Idealität entzogen. Denn das Ich hat à la longue seine Sinn-Versprechen nicht gehalten, es hat die Welt um ihren Sinn betrogen. Es hält keine wegweisenden Orientierungen vor. Im Zwischenhirn, also in keineswegs prominenter Position, „eingeklemmt zwischen Logos und feeling", macht Durs Grünbein das Ich aus und sein fragwürdiges „Programm" neuzeitlich-aufklärerischer Weltbewältigung – bestehend aus „Betrug, psychischen Tricks oder Schlüssen wie dieses Cogito ergo...":

> Hier also hältst du, Black Box, dich versteckt. So was
> Von Präzision, in sich verstrickt, muß sich rächen.
> Lange warst du ungreifbar, nun bist du dir selbst
>   Häßlich der Nächste.

> Klinisch entblößt, auf Karten verzeichnet, ein Magazin
> Heißer Drähte vom Zentrum zum Kleinen Zeh,
> Eingeklemmt zwischen Logos und feeling [...]

> Nichts von dem was sich im Neuronalen Netz fing
> War dir wirklich Ernst. Selten stand mehr im Programm
> Als Betrug, psychische Tricks oder Schlüsse wie dieses
>   Cogito ergo...

>   [...]

Ist das Genie des Ich, so Grünbein, nur „ein Magazin/ Heißer Drähte vom Zentrum zum Kleinen Zeh" – dann umso schlimmer für den zivilisatorischen Fortschritt, für „Flugkörper, Sprachen und Religionen." (*Ode an das Dienzephalon*[15]) Bei Grünbein und seinen Altersgenossen geht es mit dem Sinn- und Glaubwürdigkeitsverlust des Ich nicht mehr um Problemthemen und deren subjektive Bewältigung: „Stil, Thema, große Geste, Ausdruck" sind für Grünbein „ein nekrophiles, ältliches Vergnügen". (...) Gegen all dies („Altpapier über leere Plätze raschelnd"), macht er das *„Okay* der Jungen geltend, ihren Appetit auf Moden, Techniken, Konzepte [...]. Sollten sie die ersten sein, die erkannt haben, daß Identität ein Vexierbild ist? [...] Ihr insgeheimes Credo ist das Rundumoffensein, triebhafte Wachsamkeit inmitten einer Dingwelt, in der das Ich millionenfach zerlegt und aufgelöst wird in ein Vielerlei von Reizen. Der neue Künstler hat kein Programm mehr, sondern nur noch Nerven."[16]

Die „Dingwelt" und nicht das Ich – das heißt: demonstrativ Unpoetisches wie urbane Zonen, technische Geräte und wissenschaftliches Idiom, Biologie und Körperlichkeit, die Sprache der Medien -, sie bilden das Szenarium der Reize, durch das der Nervenkünstler heute surft, „indifferente Schritte, Luftsprünge ins Immaterielle" eingeschlossen.[17] Diese Art der Gegenwartslyrik gibt sich als Folge der Abwehr des Subjekts und seiner Direktiven in der Tat programmlos und 'rundumoffen', das heißt aber auch eigenwillig dissonant und hermetisch, ungefällig sperrig und bruchstückhaft. In ihrem Gedichtband *Blue Box* begrüßt Barbara Köhler die Leser mit der Warnung „Ich übe das Alleinsein [...]. Ich rede mit der Sprache [...]. Ich rechne nicht mehr damit, verstanden zu werden."[18] Und Peter Waterhouse erwartet vom Lyriker die Fähigkeit, „in Unsicherheiten zu sein, in Unerklärlichkeiten, in Zweifeln, ohne das ärgerliche Ausstrecken nach Faktum und Vernunft."[19] Auch Thomas Kling spricht mit seinen „Sprachinstallationen", verqueren Versbruchstücken und Wortarchäologien, das „Aus" über das alte idealistische Subjekt und damit über die vertraute, zweckgerichtete Rede: „der bach der stürzt" bedeutet nichts mehr – außer daß mit ihm auch der einschnappende Sinn, das konventionelle „spruchband" stürzt. (*der bach der stürzt/ ist nicht ein spruchband*[20]). Nicht das eigenmächtige Ich präsentiert sich in seinen Gedichten, sondern dessen „schädelbassin", ein „aufgerissener sprachraum", in dem bloß die Floskeln und Stereotypen Ich-besetzter Wirklichkeit zutagetreten. So ist Klings Zyklus *stromernde alpmschrift*, zusammengesetzt aus sprachlichen Fertigteilen und Klischees, aus parodistischem Buchstabentausch und Klangassoziationen, eine Übereinanderschrift von Paradigmen der Zeitgeschichte („riefenstahl") und Technik („nebelmaschine"), der Trivialkunst („alpmmaler"), Religionsgeschichte („christianisierte gipfel") und des Tourismusjargons („erstesahnewand").[21] Vorgeführt wird in dieser Weise die vielfache Verzwecktheit und semantische Zerstückung der Alpen. Es ist das Ende jener frohgemuten Aufklärung, an deren Beginn einst Albrecht von Hallers Lehrgedicht *Die Alpen* (1729) die zivilisationsferne Ursprünglichkeit und Schönheit der noch unberührten Bergnatur pries. In Thomas Klings Ich-auflösendem 'Stromern' durch standardisierten Slang hindurch, über Stereotypen, Sprachpartikel und Satzruinen hinweg wird dagegen die Entfremdung von der bei Haller einst staunend gewahrten Bergwelt herausgestellt. Freilich ragt über Klings Entfremdungsszenario kein erhobener Zeigefinger, wichtiger sind Sprachwitz und Pointenspaß. Gleichwohl: weder Klings noch Köhlers oder Waterhouses Texte ließen sich heute unter dem Titel *Lyrik für Leser* unters Volk bringen – wie Volker Hages populäre Anthologie von Gedichten der siebziger Jahre.[22] Denn gemeinsam ist diesen jüngeren Dichtern „ihr Beharren auf Unvertrautheit, ihr Herausspringen aus dem Universum zweckgerichteter Rede". So summiert der Kritiker Michael Braun seine „Begegnungen mit Gedichten der neunziger Jahre" und spricht in Anlehnung an Äußerungen von Waterhouse, Papenfuß, Kling und Grünbein vom vorläufigen Aus für das „alte idealistische Subjekt", den „Ich-König".[23] Da ist es nur konsequent, daß die Autoren ihre Texte nicht mehr „Gedichte" nennen, sondern sie den subjekt- und sinnfremden Gegenständen entsprechend als „anatomische Tafeln" (Grünbein) ausgeben, als „Textadersysteme" (Kling) und „Tropen" des Wissens (Schrott). Damit soll auch die Sprache ihre subjektive Verfaßtheit leugnen und zu einer Sprache werden, „die nicht länger gehört/ die nicht gebraucht werden kann / [...] und auch sonst niemands Habe ist". (Köhler)[24]

Das Subjektverdikt und die besitzlose Sprache, die sich ihrer sinnhaften Funktion widersetzt – was Grünbein im Einvernehmen mit Köhler oder Kling – als Programmlosigkeit des neuen Künstlers reklamiert, ist freilich nichts anderes als das Gründungsprogramm der klassischen Moderne des vergangenen Jahrhunderts. Es ist noch einmal die Erkenntnis- und Sprachkrise der Jahrhundertwende vorher, nachzulesen in Hofmannsthals *Brief*, Rilkes *Malte Laurids Brigge*, Fritz Mauthners *Kritik der Sprache* und Kafkas Aphorismen. Allerdings, das Verlust- und Krisenhafte der Modernen wird von ihren postmodernen Nachkommen nachdrücklich abgewunken. Nicht mehr Verlust und Krise, sondern Grünbeins „Okay" heißt die Devise.

„Okay" – dahinter steckt Coolness oder: *Mental Heat Control*, so der exemplarische Titel einer Gedichtsammlung von Brigitte Oleschinski. Der kalte Kopf scheint die Tugend der Jungen zu sein. Und nirgends wird dies deutlicher als in Oleschinskis Text über einen desaströsen Autobahnunfall: *Anschwellend und ab-, dem.*[25] Daß es nicht um eine herkömmlich sinnhafte Situation geht, zeigt der Titel, der wie alle Texte der Autorin als erste Gedichtzeile funktioniert, während das Gedicht selbst zum Schluß ohne Endpunkt ins blanke weiße Papier übergeht. Hier gibt es weder sinnhaften Anfang noch sinnhaftes Ende, sondern nur gleich-gültige Übergänge. Der Tod auf der Autobahn wird zum Gegenstand impressionistischer Wahrnehmung („[...] blau /gesichtiges Gellen, das die Kurven durchflickert [...]"), und die Wahrnehmung ist dank Sprachverfremdung und Assoziationswitz zugleich ein Erkenntnisvorgang. Aber affektive Erregungen, Panik oder gar eine dringliche Botschaft kennt das Katastrophen-Gedicht nicht. Das Gedicht, von dem hier die Rede ist, erscheint als Ineinander von Autobahnkurven und rasendem Notarztwagen, in dessen „blaugesichtiges Gellen" sich die Atemnot des Verunglückten mischt, während der „fanfarene Ausfall" der Sirene den Schluß, nämlich die mythische Aufhebung der Situation andeutet, die Verwandlung des Motorradfahrers in einen Ritter unter Fanfarenklang und seine Havarie in ein verlorenes Turnier. So, nämlich wie in einem Vexierbild, erscheint hier der moderne Schreckenstod auf der Straße, ein gleichmütiger Übergang aus Sirenengellen und Atemversagen, aus Sauerstoffzufuhr und ländlichem Straßenrand („Sauerstoffelder"), aus antennenwimpelbewehrten Automassen und ritterlichem Zeltlager („bewimpeltes Lager"). Was Oleschinski festhält, ist die Zweifachbelichtung der alltäglichen Aggression auf der Straße, der motorisierten Aggression als eines modernen Phänomens mit archaischem Untergrund. Der kollidierte Motorradfahrer: ein mittelalterlicher Turnierkämpfer. Umso gelassener bleibt die Autorin. Sie schaut von weitem zu und ist nur Katalysatorin der schrecklichen Wahrnehmungen.

Mental heat control auch bei Durs Grünbein: In Grünbeins parodistischem Epitaphienband *Den Teuren Toten* ist das gleiche Motiv gestaltet. Und wieder ist die innere Distanz gewählt. Gewiß, nicht von weitem, mit dezentem Panoramablick, sondern in gnadenloser Nahaufnahme wird bei Grünbein im Memento mori einer Grabinschrift der Unfall erinnert: „[...] Schneidbrenner braucht es, dich zu befrein. Groß/ War der Blechschaden, unermeßlich der Schrecken,/ Als dein Körper zum Vorschein kam, einzeln die Glieder/ Und ganz zuletzt erst dein Kopf mit dem verdutzten Gesicht." (*Wer, Mann am Steuer verblutet, bist du gewesen bevor*[26]) Aber das brutale Faktum wird nicht nur aus nächster Nähe vorgeführt, sondern zugleich mit kaltem Witz verarbeitet. Im Ineinander von technischer Trivialität („Schneidbrenner", „Blechschaden") und dem getragenen Pathos der Freien Rhythmen wird das Schreckliche zum Scherz; doch der Scherz ist gefroren, es gibt kein befreiendes Lachen. Oleschinski hebt das Schreckliche gleichmütig im archetypischen Bild menschlicher Aggressivität auf – die Straße als Turnierkampfplatz. Dagegen gibt sich Grünbeins Todesgedenken demonstrativ mitleidslos. Das Epitaph verweigert den gehörigen transzendenten Trost, und es verweigert, auch darin gattungsresistent, eine Lehre fürs Leben. Die gattungsimmanente Transzendenz- und Sinnerwartung wird enttäuscht, aber dafür macht Grünbein die abgeschmackte Absurdität der zivilisatorischen Gegenwart bewußt.

Die zwei Unfallgedichte haben über das Motiv und die Coolness ('Mental heat control') hinaus noch eines gemeinsam: gemeinsam haben sie ihre bleibende Bindung an die poetisch widerspenstige, disparate Wirklichkeit. Beide entfernen sich nicht aus den zivilisatorischen Tatsachen in imaginäre Räume, in selbstbezügliche Sprachspiele oder surrealistische Traumwelten. Sowohl Oleschinskis Methode der assoziativen Zweifachcodierung (Autopulk und Turnierkampf: „bewimpeltes Lager") als auch Grünbeins witzige Epitaphik mit kritischem Biß bleiben verankert in der prosaischen Wirklichkeit. Sie halten fest am Szenarium der zivilisatorischen Gegenwart, gerade dort, wo sie es durchbrechen. Die triviale und sperrige Gegenwart ist die Bedingung des poetischen Aufschwungs – zu einem gebrochenen barocken Memento mori·oder einem verfremdeten mittelalterlichen Turnierbild. Alltag und Imagination durchkreuzen sich. „Schreiben am Schnittpunkt sehr vieler Stimmen", nennt dies Durs Grünbein. „Gemeint sind hier nicht nur die Stimmen im Kopf [...], gemeint sind auch die realen Stimmen draußen, ihr urbanes Gemurmel."[27] So haftet noch den ästhetischen Entfernungen aus der konventionellen Wirklichkeit – hier der Autobahn – das „Anästhetische" (Welsch[28]) eben dieser Wirklichkeit an. Keine Turnierkampf-Vision ohne das Assoziationspotential der alltäglichen Straßenschlacht mit den Realien „Autobahn", „Böschung", „Adrenalin". Keine Epitaph-Ironie ohne „Schneidbrenner" und „Blechschaden". Die Befreiung der zeitgenössischen Wirklichkeit aus den „ferfestigungen/ ferfestigter zungen/ & bekwehmlichkeiten" (Bert Papenfuß[29]) ist an eben jene „ferfestigungen" gebunden. Das Anästhetische, der sinnlichen Wahrnehmung widerständig banal Alltägliche, ist damit nicht Gegensatz, sondern Teil des Ästhetischen. Den von Schiller bis Adorno reichenden Glauben an das Ästhetische als das Autonome, das der geschichtlichen Zeit reinlich enthoben sei – diesen Glauben verwerfen die ästhetisch-anästhetischen Gedichte der Gegenwart.

Der Übergang zwischen kruder Wirklichkeit und kreativer Phantasie, aber auch die demonstrative Unbetroffenheit der Gedichte – beides ist charakteristisch für einen Teil der gegenwärtigen Lyrik. Durs Grünbein spricht vom „Transitorischen der heutigen Kunst". Der Künstler nehme nicht Positionen ein, sondern passiere Orte. „Dies ist, im Zeitalter der Beschleunigung und Medialisierung, vermutlich die eigentliche Bewegung. Das frühe Zuhausesein in den Medien, die ihrerseits transitorische Orte, also Nicht-Orte sind", führe zu einem Gedicht, das „allenfalls noch Ausschnitt" ist, Provisorium."[30] Die Vorstellung der „transitorischen" oder kurz: der 'Transit-Poesie'[31] schließt auch die kühle Unbetroffen-heit, ja die Standpunktlosigkeit der jungen Autoren ein. Selbstironisch outet sich Dirk von Petersdorff: „Außen *Colucci* und innen:/*Das obstinante Gemurmel einer/ Sprache*, das bin ICH. [...] ICH HABE KEINE ERFAHRUNGEN./ Ich flottiere doch nur/ auf einer Signifi-kantenkette."[32]

II.

Die Devise des „Okay", der Coolness oder Unbetroffenheit, das Ineinander von anästheti-scher Wirklichkeit und sinnlicher Phantasie sowie die weltanschauliche Standpunkt-losigkeit – all dies gilt freilich nur für die eine Hälfte der Gegenwartslyrik, für die ‚Transit-Poesie' der Grünbein, Petersdorff, Köhler, Treichel, Oleschinski, Kling, Waterhouse, Papenfuss, Raoul Schrott und Ulrike Draesner. Kunerts exemplarische Sinnentäuschung, die Enttäuschung über die Verkarstung Utopias und den Konkurs der Kosmologien, kurz: die Erfahrung der Posthistoire – sie führt auch noch in eine andere Richtung. Ihr folgen vorwiegend die älteren Autoren. Anders als Grünbein und seinesgleichen erklären sie das Cartesianische Ich nicht zum Elektronenhirn und bringen es auch nicht – als Black Box – um seine Metaphysik. Ganz im Gegenteil. Sie beschwören gegen die oben genannten Motti der Auskunftslosigkeit das Ich nur umso beharrlicher als Bewußtseinsgrund und Sinnin-stanz. Da wird mit Ulla Hahn, der „Ich Erleberin", aus einer Dennoch-Haltung heraus nachdrücklich „Erlebnisdichtung" fortgeschrieben – „Bewußtseinspoesie der alten Art":

> Ja. Nein. Verantwortung. Gott
> so viele Worte. Zu haus sein wo
> man hingehört der große Weltatlas
> finale Störungen Erlebnisdichtung die
> rose is a rose is a rose
>
> An dieser Stelle nur noch Ich Erleberin
> Adresse weltweit unbedeutend und beliebig
> die Sonne scheint geh diesen Weg entlang
> [...]

In ihrem neuen Programmgedicht *Ars poetica*[33] beharrt Ulla Hahn mit der Selbst-aussprache des Ich auf der vom Ich geschaffenen Welt, mag sie auch von fremden Begrif-fen umstellt sein. Wo aber kann sich das Subjekt in der sinngestörten Welt noch behaup-

ten, in der Welt „finaler Störungen"? Ulla Hahn gibt die Antwort: nicht im „großen Weltatlas", sondern „zu haus", dort wo „die Sonne scheint", „wo der Garten wartet" (*Ars poetica*). Ist also Erlebnisdichtung noch möglich? Ja – aber realitätsflüchtig. Der Verkarstung Utopiens entspricht die Blüte Arkadiens. Das sonnenbeschienene Arkadien – wo liegt es, wo ist sein „zu haus"? Es liegt nicht in der Zukunft und nicht in der Gegenwart, beide sind sinnverschlossen. Arkadien liegt wie eh und je in der Vergangenheit:
Ein untrügliches Merkmal solch Ich-beharrender Gegenwartslyrik ist die Häufung melancholisch durchwachsener Vergangenheitsmotive. Sie gelten vorzugsweise der Kindheit oder Jugend. „In der Kindheit/ habe ich das Universum erkannt", erinnert sich Kunert (*Gottgleich*[34]); in der Kindheit leuchtete der Fortschritt, und zwar konkret als Glühbirne in einer baschkirischen Bauernkate, entsinnt sich Karin Kiwus (*Kleine Erinnerung an den Fortschritt*[35]); weiß war das Licht der Kindheit, sehnt sich Elisabeth Borchers zurück – „weißer noch als die Kissen/ auf Oblomows Sofa/ war das Licht. So weiß" (*Ostern, Kinderzeit*[36]). Mangels aktueller Leitidee und utopischer Vision tendiert die gegenwärtige 'Erlebnisdichtung' Ich-entlastend zur Erinnerung – zur Erinnerung an ein vermeintlich verlorenes Glück. Aber das Glück ist nicht einfach nur die Kindheit des Ich und seiner noch selbstverständlichen, unverstellten, frohgemuten Existenz. Das Kindheits-Arkadien ist auch der Ort einer verlorenen Sozietät: Eltern und Großeltern gehören dazu. Und sie sind nicht mehr repräsentativ Schuldige vor dem Tribunal der Zeitgeschichte wie noch in den siebziger Jahren[37], sondern haltgebende Autoritäten. „Ich war noch nicht Adam, / und großvater ähnelte gott// Damals, als ich noch vom himmel aß", erinnert sich Reiner Kunze[38], und Peter Horst Neumann sekundiert, wenn er die Authentizität seines Urgroßvaters beschwört, „letzter Analphabet/ der Familie'/ /auswendig sang er/ [...]/ die Lieder ins/ aufgeschlagene Buch."[39] Friederike Mayröcker sieht sich „beim Anblick eines jungen Kindes in der Straße" wieder „an den Händen von Vater und Mutter/ also in ihrer Mitte/ [...] also noch nicht alarmiert also noch eingebettet."[40] In solchen Gedichten verbindet sich die Kindheitserinnerung mit dem Lob der Voraufklärung, mit der mythischen Selbstgewißheit eines noch nicht sinnbedürftigen Daseins. Die Sehnsucht zurück nach der selbstverständlichen Einheit von Gegebenem und Sinn läßt sich auch poetologisch fassen: Mit heiterer Ironie verfolgt Friederike Mayröcker ihre eigene kopfzerbrechende Metaphorik zurück auf das kindliche „Analphabet", das man im Alter wieder geworden sein wird (*zugeschüttetes gesicht*[41]). Die Ahnung eines erneuten Analphabetismus, mit dem sich das Alter zur Kindheit zurückbiegt, ist hier als existentielle Sorge verquickt mit der poetischen Selbstreflexion, die ihre eigene sprachspielerische Artistik anthropologisch begründet – eben als Ursprache der Kindheit und des Alters. Unbezweifelte Sinngewißheit – das ist es, was deutsche Lyriker heute inmitten der metaphysischen Auskunftslosigkeit ihrer Gegenwart erinnern.
Daß sich die Rückwendung eines Teils der Lyrik am Ende des Jahrhunderts mit dem ebenso auffällig häufigen Vorausblick auf Alter und Tod verbindet, ist kein Widerspruch. Beide Perspektiven bedingen einander. Denn erst das Bewußtsein der Finalität des Daseins provoziert kompensatorisch den sentimentalischen Sinn für Anfang und Frühe. Erst das Vorauswissen der Gegenwart, das lakonische Eingeständnis der Fremdheit des Todes im modernen Leben weckt die Erinnerung an Zustände der Identität. Für Rolf Haufs ist dies

eine Verlusterinnerung. Der Vorausgedanke an den Tod hat das vertraute Pathos existentieller Grenzerfahrung eingebüßt: „Camus duzen? Was fällt dir ein!/ Wir sind jetzt stiller geworden" (*Aufrecht. Allein. In einem sauberen Hotel*[42]). Für Hilde Domin ist der Vorausgedanke an den Tod die Hoffnung auf die Rückkehr in eine frühere vegetative Existenz: „Als Bäume/ werden wir sanfter sein/ /Vielleicht als Bäume." (*Lichtinsel*[43]). Für Walter Helmut Fritz ist die Vision des Todes zwischen Elektronenhirnen die Mahnung zur Lebensbewußtheit (*Keine Ahnung*[44]), nicht anders als für Karl Krolow, der am Vorabend seines eigenen Todes lakonisch nach dem Daseinssinn fragt: „am Ende ein Schulterheben,/ ein kurzes Achselzucken/ und still zu Boden Gucken,/ ein auf den Boden Spucken -/ hat es dich je gegeben?/ Wie war das mit deinem Leben?" (*Was war mit deinem Leben?*[45]). Die von Regression und Rückschau durchwirkte Todesvision verrät die Anciennität dieser älteren Lyrikergruppe und das ihr entsprechende Lebensgefühl.

Was ist das für eine Erinnerung, die gegen Sinnleere und Tod nach der Seinsgewißheit der Kindheit oder Jugend verlangt? Ist Erinnerung das, was Sören Kierkegaard „Wiederholung" nannte – Kontinuität, die die Existenz zusammenhält?[46] Oder ist sie das, was Ernst Bloch „Mahnung" für ein „Unterlassenes" nannte, für ein „Unbesorgtes, zu Besorgendes"?[47] Die Erinnerung der älteren Gegenwartslyriker meint weder das eine noch das andere. Sie greift nicht in die Gegenwart ein, und schon gar nicht in die Zukunft. Weder entsteht in ihr – so Kierkegaard – das „Dasein, das gewesen ist", noch ist sie – so Bloch – vereint mit der Hoffnung auf utopische Veränderung. Nicht existentielles oder soziales Glück, sondern Wehmut begleitet die Erinnerung. Die Erinnerung verbreitet die lyrische Stimmung des 'Nevermore' – als poetisches Prinzip. Niemals wieder werden die Eltern die Ackerwalze, ehedem Grabsäule, zur Saatbeetbereitung über das Feld rollen und das nutzlose Insignum des Todes zur Bedingung ihres Lebens verwandeln (Kirsten, *Die Ackerwalze*[48]). Und nie wieder wird der gestorbene Lebenspartner „die einfachen Dinge" tun, „eine Klinke niederdrücken,/ den bewölkten Himmel morgens/ auf seine Veränderbarkeit prüfen" (Malkowski, *Heute und in wie vielen Nächten*[49]). Die Erinnerung besiegelt selbst das endgültige Vorbei, das Vorbei auch der Erinnerung. „Nichts erinnert an sie", bemerkt Enzensberger über seine marxistische Jugendliebe (*Frühschriften*[50]) aus den fünfziger Jahren. Nie wieder wird es jene Sinngewißheit geben, die damals aus ihrer Lektüre sprach, der Lektüre der Marxschen Frühschriften. Im Abstand der Jahre wird selbst ihr „Pathos der Sätze" zur jugendlichen Täuschung, und nur noch zufällig „fällt sie mir wieder ein", und nur „nebenbei" kommt von „einem" die Nachricht, „sie habe sich umgebracht." Scharf getrennt von solch existentieller Sorge ist das Satyrspiel um das Todes-Motiv bei den Transitdichtern – in den Lyrikbänden von Grünbein (*Den Teuren Toten*, 1994) oder Papenfuss (*Mors ex nihilo*, 1994). Bei Grünbein wird – siehe oben – das würdevolle Pathos des Epitaphs gegen die banalen oder bizarren Todesarten des heutigen Alltags ausgespielt, bei Papenfuss wird mit Montagen aus Bestatterjargon und Mediengeplapper die Nichtswürdigkeit des Todes, genauer: seine kapitalistische Vermarktung, sprachwitzig karikiert.

Aber Arkadien – Kompensation für das verkarstete Utopien – ist nicht nur die unwiederbringlich vergangene, die todverschattete Kindheit oder Jugend. Arkadien ist auch ein imaginärer Ort der Geschichte. Es ist der über die Politik hin verlorene Traum vom nicht entfremdeten Leben. Zwar sei dieses nie verwirklicht worden, so steht es in den Gedichten der früheren DDR-Autoren, aber nun sei selbst der Traum für immer vorbei im vereinigten Deutschland – vereinigt nach westlich-kapitalistischer Lebensart. Für Volker Braun reimt sich „Wohlstand" auf „Wüste", und das „Rot" der Revolution wird zum Rot der Malboro-Reklame. Das Bewußtsein ist gespalten: „Genieße, atme, iß. Öffne die Hände", sagt das Du, während das Ich abwinkt – „nie wieder leb ich zu auf eine Wende" (*Malboro is Red. Red is Malboro*[51]). Für Heinz Czechowski wird die Abraumhalde „hinter der Stadt" zum Umschlagplatz der Wende von der zurückgebliebenen Mangelgesellschaft zur rücksichtslosen Marktwirtschaft: „Weggeworfene Schreibmaschine, Marke Filia,/ Unbrauchbar/ Der computergestützten Gesellschaft."[52] Für Uwe Kolbe ist der Nachhol-Reflex der befreiten DDR-Bürger Anlaß zu bitterer Ironie: „Was hab ich noch nachzuholen: Paris und Provence und Rom/ sind bereits nachgeholt /[...]/ Wie hol ich das Kind nach, das hätt mir so wohlgetan? [...]".[53] Für Thomas Rosenlöcher ist der gewinnträchtige Naturverbrauch der „Immobilisten" nur eine lächerliche Alternative zur Verschlampung der Natur ehedem: „der Kirschbaum muß weg,/ zwecks Tiefgarage – aufwehen die Schlipse,/ das Grölen der Vögel malt Bögen in ihre/ pragmatischen Hirne [...]".[54] So teilen mit Resignation oder Larmoyanz die einen, so überspielen mit Ironie, Komik oder Lakonie die anderen Kurt Drawerts Einsicht in das Schicksal der von der Vereinigungs-Geschichte überrollten Ost-Lyriker: „Nirgendwo bin ich angekommen, / Nirgendwo war ich zuhaus."[55] Außer – so wäre hinzuzufügen – im Gedicht.

Es liegt auf der Hand, daß im Ressort der Geschichtserinnerung das Thema der deutschen Wiedervereinigung vor allem die ostdeutschen Autoren existentiell betrifft. Bei den westdeutschen Lyrikern dominiert statt dessen immer noch die ältere Zeitgeschichte – die des Dritten Reichs. Freilich ist dies am Ende des Jahrhunderts kein literarisches Hauptthema mehr, und die Erinnerung daran gilt weniger der lang geübten 'Bewältigung' als dem Gedenken einer intensiven Ich-Erfahrung, die unwiederbringlich vorbei ist – existentielles Gedächtnis statt soziales Engagement. Da wird in sinnlich konkreten Alltagssituationen die Vergangenheit aus Faschismus und Weltkrieg fixiert und noch einmal die subjektive Erlebniswirklichkeit des Vergangenen beschworen. Bei Harald Hartung ist es „die alte Frau Schaaf", die sich ihrerseits an ein „Foto/ mit ihrem Mann seit/ Sommer 40 tot" erinnert (*Die alte Frau Schaaf*[56]). Bei Günter Herburger ist es ein Krad, „konnte auch mit leichter Flak/ bestückt werden,/ noch zu sehen/ im Deutschen Museum Münchens,/ wo unsere Kinder auf Rutschen/ in Kohleflöze hinunterrauschen,/ schreiend entzückt." (*Pracht ohne Busse*[57]) Bei Joachim Sartorius ist es „ein roter Asphaltweg" neben leeren Kasernen: „Wieviel Augen hier ausgingen, links/ und rechts, im Abgang gezehrt,/ im Lärm der Garben." (*Nach Paretz*[58]) Für Wulf Kirsten ist es ein „unvergeßlicher Augenblick" in der Kirschallee – „mutter im gespräch mit Lorenz, dem bäckergesellen, / spaziergänger unter kirschbäumen./ meine augen starren auf wadenstrümpfe,/ geschmückt mit flauschigen bommeln,/ [...]/ der bäcker mußte einrücken./ blieb an der ostfront verschollen. /[...]/ die kirschallee ist abgehaun./ der wind hat freie bahn." (*Unvergeßlicher Augenblick*[59]) Gewiß gibt es auch andere Beispiele zeitgeschichtlicher Erinnerung, moralisch legitimiert und kritisch befeuert (Laschen, Biermann, Beyer[60]), aber zumeist geht es doch um die eindringliche Präsenz vergangener Lebensaugenblicke, perspektivisch gestaffelt vor dem Heute, der ebenso harmlosen wie banalen Gegenwart. Da mag den Älteren mit solchen

Szenarien des Alltäglichen und dem prosanahen Parlando ihre eigene alltagslyrische Vergangenheit der siebziger Jahre entgegenkommen[61], aber die Alltagsszenerie steht jetzt im Zeichen posthistorischer Rückwendung: Gesichtet werden die existentiellen „Bestände". Die zeitgeschichtlichen Gedichte pointieren das Gegenüber von Ehedem und Jetzt, von Erlebnistiefe und Daseinsleere, von erinnerter Ich-Erfahrung, ihr Nocheinmal und doch schon Fürimmervorbei. Die existentiellen Situationen der Angst, der Trauer, des Sterbens bilden im Erinnernden weniger ein Mahnmal der Geschichte als ein Denkmal des verlorenen Ich.

Scharf wird dabei erneut die Zweiteilung der gegenwärtigen Lyrikszene erkennbar. Den jüngeren Transitlyrikern geht es nämlich weder um Erinnerung noch Zeitgeschichte noch um das verlorene und in der Erinnerung behauptete Ich, und schon gar nicht geht es ihnen um die Erinnerung an eine Zeitgeschichte, die sie nie erlebt haben. Die Entfaltung des Subjekts in der Erinnerung, die Erinnerung an die Ichgewissen, die mitunter schmerzhaft intensiven Augenblicke zeitgeschichtlicher Vergangenheit – das mag die Generation der zumeist über 60jährigen betreffen, mit ihrem Lebensmittelpunkt in der Kulturkritik der sechziger Jahre, mit ihrem aufklärerischen Credo und ihrer metaphysischen Sehnsucht, erkennbar noch an der Sinndefizit-Melancholie der Gegenwart. Nichts davon bei den flottierenden Transitautoren, eingeboren ins Posthistoire, frei von den 'Beständen' der Vergangenheit, von „Schlüsselattituden" und „Metaerzählungen" – 'programmlos', 'rundumoffen'. Da zieht man einen Strich durch Erinnerung und Geschichte – etwas fürs Museum, winkt Dirk von Petersdorff ab (*Im Museum für Geschichte*[62]), und Thomas Kling belächelt seine älteren Kollegen: „Bauchnabelbetrachter".[63] Ihr an wissendem Gestus, Wertmaßstab und Subjektbeharrung gebundenes Tun seien für ihn passé: „Agnes-Miegel-Gedächtnishäkeln". Für Hans-Ulrich Treichel ist die Erinnerung nur ein „Rückfall", so sein Gedichttitel: „Kürzlich fiel mir/ Camus vor die Füße. Mein Gott/, was für Zeiten, als alles/ noch sinnlos war und ich/ geschmeidig im Kreuz."[64] Bei Raoul Schrott wiederum tritt die Biologie an die Stelle der Geschichte (*Die Geschichte der Schrift IV*[65]). Anders als in den achtziger Jahren geht es hier gar nicht nicht mehr um den Sinnlosigkeitsverdacht oder die Sinnenttäuschung gegenüber der Geschichte[66], darüber sind die Transitautoren der Neunziger hinaus. Die hermeneutische, interpretative und daher subjektzentrierte Haltung geschichtlicher Erinnerung überhaupt ist ihnen fremd und fern.

Neben der Memoria als Ich-Erinnerung ist für die älteren Erlebnisdichter Arkadien vor allem ein Wunschort der Natur. In ihm ist das Ich aufgehoben – vielleicht als „Mandelbaum [...] am Südhang der Pyrenäen" (Domin, *Wahl*[67]) oder als Gefährtin des „Waldmenschen" (Kirsch, *Waldmensch*[68]). Die Ökolyrik der siebziger Jahre, der Verschnitt aus Politik und Idyllik, der Ruf nach Rettung der 'grünen' Natur vor der industrialisierten Fortschrittszivilisation – das ist längst vorbei. Auch die 'Naturgedichte' der Gegenwart stehen häufig unter rückwärts gewandtem Blick. Für Helga M. Novak ist der Wald – „mein Heim und dauerndes Versteck" – ein „Traum meiner Kinderjahre", zu dem es nur noch den Zugang der Erinnerung, des subjektiven Innewerdens gibt (*dieser Wald*[69]). Erinnerung ist die Natur auch für Sarah Kirsch, eine Verlockung der Romantik, gebildet aus Mythen und Märchenmotiven; ihr heute zu folgen läßt freilich das Herz zwischen Sehnsucht und Fremdheit „knirschen gegen sich" (*Waldmensch*[70]). Vernunft und Natur – über diesen

Widerspruch hilft nur der Humor hinweg, womit Peter Horst Neumann die „Lust der Gärten [...] – sich zu verwüsten" vor der Gartenordnung ins Recht setzt (*Als sie nach einer Sommerreise ihren Garten wiedersah*[71]). Aber auch die Nostalgie tröstet über die Unerreichbarkeit der Natur hinweg: „Unerreichbar nah" ist für den rückblickend Spätgeborenen die Biene im Bernstein (Theobaldy, *Ein Orakel in der Nähe*[72]). Das Entfremdungserlebnis des (gegenwärtigen) Ich angesichts der (vergangenen) Natur – und seine Entlastungen, das ist, wo auch immer das Subjekt sich ausspricht, die sentimentalische Signatur heutiger Naturgedichte: Gewiß, „ein kleiner Mandelbaum sein/ am Südhang der Pyrenäen", wünscht sich Hilde Domin, aber sogleich kommt der Einwand des „Nevermore" (Poe), des „Für-immer-vorbei" (Domin) – selbst wenn der Einwand nicht akzeptiert wird: „nicht müde werden/ sondern dem Wunder/ leise/ wie einem Vogel,/ die Hand hinhalten" (*Wahl*). Sentimentalisch sind die genannten Gedichte und Autoren auch deshalb, weil dem Thema der Naturfremdheit keineswegs die Verfremdung ihrer erlebnislyrischen Texte entspricht; die folgen vielmehr, wie heute üblich, in freirhythmischen Versen, ungereimt und von der Atemregel bestimmt, der vertrauten Sinnerwartung des Lesers und haben sich zusammen mit ihm in der Naturentfremdung eingerichtet, wie es scheint.

Naturferne und die imaginierte Einheit von Ich und Natur, Zeitgeschichte als Entfremdungserfahrung und als Ich-Erinnerung, „Utopie gründlich verkarstet", aber Kindheit und Jugend als erinnerte Präexistenz, als memorierte Voraufklärung und glückliche Sozietät – aus diesen Spannungen zwischen Jetzt und Einst entsteht die heutige Erlebnislyrik. Kein Wunder, daß dies auch für ein Thema gilt, das seit jeher, von Sappho bis Krolow, das Hauptthema der Lyrik ist. Gemeint ist das Thema der Liebe. In den siebziger, achtziger Jahren hat die Liebe noch viel Dramatik aufgewirbelt, wie der einschlägigen Anthologie von Hiltrud Gnüg abzulesen ist.[73] Daß es heute aber der Liebe an emotionaler Kraft, an Vitalität, Brisanz und existentieller Ernsthaftigkeit fehlt, liegt an der Stimmung der Posthistoire, am Mangel an Zuversicht, Utopie und universellem Sinn. „Vergiß nicht: einiges an dir/ war so, daß ich es gern hatte" bemerkt Karl Krolow mit unterkühltem Temperament und fügt hinzu: „einiges an dir/ verlor sich nach und nach." (*Einiges an dir*) „Rechtzeitig habe ich/ einbalsamiert, was ich liebte", notiert mit Bedacht Dagmar Nick und ergänzt: „damit ich dich eines Nachts,/ [...] wiederfinde, die harzigen Binden/ von meinem Gedächtnis löse,/ Ambra und Myrrhe noch einmal/ erinnere." (*Vorsorge*[74]) Während Sarah Kirsch noch 1977 mit melancholischem Pathos den Winter der Liebe ahnte (*Die Luft riecht schon nach Schnee*[75]), fliegt sie heute mit gehöriger Selbstironie auf den Wolken ihrer Sehnsucht zum Geliebten hin – hat sie doch keine Flügel, auch keine „Entenflügel", ja nicht einmal „Entenfüße" (*Ich werde dich bald erreichen*[76]). Während Ursula Krechel noch 1977 die Liebe „als schreckliche Unordnung [...] in einer Schublade" verschloß (*Liebe am Horizont*[77]), läßt sie heute solche Liebes-Aufregung kalt (*Wann werde ich aus Liebe sterben?*[78]). Während Elisabeth Borchers noch 1976 rät: „Laß ihn sausen" (*Utopischer Rat*[79]), stellt sie heute das Drama als Meta-Liebesgedicht aus (*Liebesgedichte*[80]) und erklärt die Liebe damit zur bloßen Fiktion, zum 'Als ob'. Das Thema der Liebe gibt sich heute ohne Vehemenz, ohne Leidenschaft. „Dein Herz bei mir?" zweifelt Ulla Hahn (*Stillständiges Sonett*[81]), und Doris Runge blickt mit kontrollierten Gefühlen auf die zwei umnebelten Türme des Kölner Doms und gewinnt daraus eine Metapher für die Ungewißheit der partnerschaftlichen Lebensreise; die Großartigkeit der beiderseitigen Liebe bleibt im notwendigen Alltag des Lebens verborgen: „wir frühstücken/ apfel und ei/ erkennen/ daß wir im nebel/ reisen müssen." (*mit blick auf den kölner dom*[82])

Skeptisch, lakonisch, ironisch oder nonchalant ist die heutige Liebeslyrik der Erlebnisdichter. Sie ist Hypothese, ist Erinnerung, Simulation oder bloße Option: „Wenn ich auch dorthin könnte/ [...]/ Dorthin zu dir" (Kirsch). „Wann werde ich aus Liebe sterben? [...) Wohl nie" (Krechel). „Dein Herz bei mir?" (Hahn). „Vergiß nicht: einiges an. dir/ war so, daß ich es gern hatte" (Krolow). „Früher [sic] liebten wir uns/ über dem Abgrund" (Nick). Die Temperiertheit solch virtueller oder bloß erinnerter Erotik tritt erst hervor, wenn man sie der Liebesidealität einer Marie Luise Kaschnitz aus den Nachkriegsjahren entgegenstellt – „Wie du mir nötig bist? Wie Trank und Speise/ Dem Hungernden [...]/ So lieb ich dich" (*Maß der Liebe*[83]). Und nicht minder distanziert erscheint das Liebesgedicht heute, wenn man es vergleicht mit der emanzipatorischen Aggressivität in den feministischen siebziger Jahren: „wenn ich dann", schrieb damals Karin Kiwus, „im ersten Licht/ deinen fetten Arsch sehe/ [...] / dann weiß ich wieder/ daß ich dich nicht liebe."[84] Von solcher Leidenschaft des vorbehaltlosen Ja und Nein ist die Single-Gesellschaft inzwischen weit entfernt – und das gilt insbesondere für die unbetroffenen, flottierenden Transit-Poeten: „Wir sagen das nicht mehr: Ich liebe dich./ [...]/ Wir teilen eine Art von Einsamkeit,/ Wir fallen auseinander: du und ich." (Barbara Köhler[85]) Wie sollte es auch anders sein? Hat, wie eingangs gezeigt, die Kultur der Posthistoire keine verbindlichen Visionen, Träume und Illusionen mehr, dann 'verkarstet' auch die Liebe, und das Liebesgedicht spricht allenfalls noch von der Vergangenheit der Liebe.

Anmerkungen

1 Hans-Jörg Knobloch, Helmut Koopmann (Hg.), Fin de siècle – Fin du millénaire. Endzeitstimmungen in der deutschsprachigen Literatur. Tübingen 2000.

2 Vgl. die Zeitschrift „Das Gedicht", H.7 (1999).

3 Karl Krolow, „Was war mit deinem Leben?" in: K., *Die zweite Zeit. Gedichte*, Frankfurt a. M. 1995, S. 74.

4 Günter Kunert, „Kosmologie", in: K., *Mein Golem. Gedichte*, München, Wien 1996, S. 14.

5 Michael Krüger, „Zugfahrt", in: K., Wettervorhersage. Gedichte, Salzburg, Wien 1998, S. 34.

6 Peter Rühmkorf, „Wie kommt's?", in: R., *Wenn aber dann. Vorletzte Gedichte,* Reinbek 1999, S. 74.

7 Jürgen Becker, „Vom Weiterschreiben", in: B., *Journal der Wiederholungen. Gedichte,* Frankfurt a. M. 1999, S. 10f.

8 Johann Wolfgang Goethe, „Maximen und Reflexionen", 940, in: *Goethes Werke.* Hamburger Ausgabe, Bd. XII, hrsg. v. Erich Trunz u.a., München 1978, S. 498.

9 Arnold Gehlen, „Über kulturelle Kristallisation", in: G., *Schriften zur Anthropologie und Soziologie,* Darmstadt, Neuwied 1963, S. 311-328, hier: S. 321.

10 Gehlens Aufsatz über „kulturelle Kristallisation" spielt in der Postmoderne-Diskussion eine zentrale

Rolle und ist u.a. abgedruckt in dem von Wolfgang Welsch herausgegebenem Band *Wege aus der Moderne. Schlüsseltexte der Postmoderne-Diskussion*, Weinheim 1988.

11 Siehe Ralf Dahrendorf, *Gesellschaft und Demokratie in Deutschland*, München 1968, sowie D., „Die neue Gesellschaft. Soziale Strukturwandlungen der Nachkriegszeit", in: *Bestandsaufnahme. Eine deutsche Bilanz 1962*, hrsg. v. Hans Werner Richter, München u.a. 1963, S. 203-220.

12 Theo Elm, „Endzeit in der Gegenwartslyrik", in: Knobloch/Koopmann (Anm. 1).

13 Die beiden Dichtergruppen sind repräsentativ vertreten in der von mir herausgegebenen Anthologie der Gegenwartslyrik: *Lyrik der neunziger Jahre*, Stuttgart 2000.

14 Durs Grünbein: „Homo sapiens correctus", in: G., *Falten und Fallen. Gedichte*, Frankfurt a. M. [2]1994, S. 75f.

15 Durs Grünbein, „Ode an das Dienzephalon", in: G., Schädelbasislektion. Gedichte, Frankfurt a. M. [4]1995, S: 133.

16 Durs Grünbein, „Transit Berlin", in: G., *Galilei vermißt Dantes Hölle und bleibt an den Maßen hängen. Aufsätze 1989-1995*, Frankfurt a. M. 1996, S. 136-143.

17 Grünbein (Anm. 15), S. 141.

18 Barbara Köhler, *Blue Box. Gedichte*, Frankfurt a. M. 1995, S. 9.

19 Zit. bei Michael Braun, „In aufgerissenen Sprachräumen. Eine Begegnung mit Gedichten der neunziger Jahre, in: *Deutschsprachige Gegenwartsliteratur. Wider ihre Verächter*, hrsg. von Christian Döring, Frankfurt a. M. 1995, S. 271-286; hier: S. 285.

20 Thomas Kling, „gewebeprobe", in: *morsch. Gedichte*, Frankfurt a. M. 1996, S. 15.

21 Thomas Kling, „stromernde alpmschrift", in: K., *nacht. sicht. gerät. Gedichte*, Frankfurt a. M. 1993, S. 71 f.

22 *Lyrik für Leser. Deutsche Gedichte der siebziger Jahre*, hrsg. v. Volker Hage, Stuttgart 1980.

23 Michael Braun (Anm. 18), S. 284 f.

24 Barbara Köhler, „Nachsatz für L.W.", in: K., *Blue Box. Gedichte*, Frankfurt a. M. 1995, S. 55.

25 Brigitte Oleschinski, „Anschwellend und ab-, dem", in O., *Mental Heat Control. Gedichte*, Reinbek 1990, S. 61.

26 Durs Grünbein, *Den Teuren Toten. 33 Epitaphe*, Frankfurt a. M. 1994, S. 29.

27 Durs Grünbein, „Drei Briefe", in: G., *Galilei vermißt Dantes Hölle* (Anm. 15), S. 46.

28 Wolfgang Welsch, „Ästhetik und Anästhetik, in: W., *Ästhetisches Denken*, Stuttgart [2]1991, S. 9-40.

29 Zit Braun (Anm. 18), S. 278.

30 Grünbein (Anm. 15), S. 142 f.

31 Zum Begriff der 'Transit-Poesie' siehe Braun (Anm. 18).

32 Dirk von Petersdorff, „In der Tiefe", in: P., *Wie es weitergeht. Gedichte*, Frankfurt a. M. [2]1998, S. 63 f.

33 Ulla Hahn, „Ars Poetica", in: H., *Epikurs Garten. Gedichte*, Stuttgart 1995, S. 85.

34 Günter Kunert, „Gottgleich", in: K., *Nacht Vorstellung*, München u. Wien 1999, S. 31.

35 Karin Kiwus, „Kleine Erinnerung an den Fortschritt, in: K., *Das chinesische Examen. Gedichte*, Frankfurt a. M. 1992, S. 16.

36 Elisabeth Borchers, „Ostern, Kinderzeit", in: B., *Von der Grammatik des heutigen Tages. Gedichte*, Frankfurt a. M. 1992, S. 52.

37 Vgl. Volker Hages Anthologie *Lyrik für Leser. Deutsche Gedichte der siebziger Jahre*, Stuttgart 1980. Hages Einleitung gibt einen Überblick über die Lyrik der siebziger Jahre.

38 Reiner Kunze, „nachtmahl auf dem acker", in: K., *ein tag auf dieser erde. gedichte*, Frankfurt a. M. 1998, S. 20.

39 Peter Horst Neumann, „Überlieferung", in: N., *Pfingsten in Babylon. Gedichte*, Salzburg u. Wien 1996, S. 9.

40 Friederike Mayröcker, „beim Anblick eines jungen Kindes in der Straße", in: M., *Das besessene Alter*.

Gedichte 1986-1991, Frankfurt a. M. 1992, S. 55.

41 Friederike Mayröcker, „zugeschüttetes Gesicht", in: M., *Notizen auf einem Kamel. Gedichte 1991-1996,* Frankfurt a. M. 1996, S. 18.

42 Rolf Haufs, „Aufrecht. Allein. In einem sauberen Hotel", in: H., *Augustfeuer. Gedichte,* München u. Wien 1996, S. 35.

43 Hilde Domin, „Lichtinsel", in: D., *Der Baum blüht trotzdem. Gedichte,* Frankfurt a. M. ²1999, S. 27.

44 Walter Helmut Fritz, „Keine Ahnung", in: F., *Gesammelte Gedichte 1979-1994,* Hamburg 1994, S. 237.

45 Karl Krolow, „Was war mit deinem Leben?", in: K., *Die zweite Zeit. Gedichte,* Frankfurt a. M. 1995, S. 74.

46 Sören Kierkegaard, „Die Wiederholung", in: K., *Die Krankheit zum Tode. Furcht und Zittern. Die Wiederholung. Der Begriff der Angst,* hrsg. v. Hermann Diem und Walter Rest, München 1976, S. 329 f.

47 Ernst Bloch, „Philosophische Grundfragen I", in: B., *Naturrecht und menschliche Würde,* Frankfurt a. M. 1961 (= Bd. 6 der Bloch-Gesamtausgabe), S. 79. Vgl. Ernst Bloch, *Das Prinzip Hoffnung,* Frankfurt a. M. 1959 (= Bd. 5 der Bloch-Gesamtausgabe), S. 329 f.

48 Wulf Kirsten, „Die Ackerwalze", in: K., *Stimmenschotter. Gedichte 1987-1992,* Zürich 1993, S. 18.

49 Rainer Malkowski, „Heute und in wie vielen Nächten", in: M., *Das Meer steht auf. Gedichte,* Frankfurt a. M. 1989, S. 17.

50 Hans Magnus Enzensberger, „Frühschriften", in: E., *Kiosk. Neue Gedichte,* Frankfurt a. M. 1995, S. 23 f.

51 Volker Braun, „Marlboro is Red. Red is Malboro", in: B., *Lustgarten. Preußen. Ausgewählte Gedichte,* Frankfurt a. M. 1996, S. 142.

52 Heinz Czechowski, „hinter der Stadt", in: C., *Wüste Mark Kolmen. Gedichte,* Zürich 1997, S. 30.

53 Uwe Kolbe, „Was hab ich noch nachzuholen", in: K., *Vineta. Gedicht,* Frankfurt a. M. 1998, S. 18.

54 Thomas Rosenlöcher, „Das Immobilistenballett", in: R., *Die Dresdner Kunstausübung. Gedichte,* Frankfurt a. M. 1996, S. 54.

55 Kurt Drawert, „Ortswechsel", in: D., *Wo es war. Gedichte,* Frankfurt a. M. 1996, S. 83-85.

56 Harald Hartung, „Die alte Frau Schaaf", in: H., *Jahre mit Windrad. Gedichte,* Göttingen 1996, S. 21.

57 Günter Herburger, „Pracht ohne Busse", in: H., *Im Gebirge. Gedichte,* München 1998, S. 30.

58 Joachim Sartorius, „Nach Paretz", in: S., *Keiner gefriert anders. Gedichte,* Köln 1996, S. 49.

59 Wulf Kirsten, „Unvergeßlicher Augenblick", in: K., *Stimmenschotter. Gedichte 1987-1992,* Zürich 1993, S. 9 f.

60 Siehe Theo Elm (Hrsg.), *Lyrik der neunziger Jahre* (Anm. 13). Die Anthologie enthält fast alle der in diesem Aufsatz genannten Gedichte.

61 Vgl. Volker Hage (Hrsg.), *Lyrik der siebziger Jahre* (Anm. 36).

62 Dirk von Petersdorff, „Im Museum der Geschichte", in: P., *Bekenntnisse und Postkarten. Gedichte,* Frankfurt a. M. 1999, S. 31.

63 Thomas Kling, *Itinerar,* Frankfurt a. M. 1997, S. 22.

64 Hans-Ulrich Treichel, „Rückfall", in: T., *Der einzige Gast. Gedichte,* Frankfurt a. M. 1994, S. 29.

65 Raoul Schrott, „die Geschichte der Schrift IV", in: S., *Tropen. Über das Erhabene,* München u. Wien 1998, S. 84 f.

66 Vgl. Theo Elm (Hrsg.), *Kristallisationen. Deutsche Gedichte der achtziger Jahre,* Stuttgart 1992, S. 28. Die Einleitung des Bandes bietet einen Überblick über die deutsche Lyrik der achtziger Jahre.

67 Hilde Domin, „Wahl", in: D., *Der Baum blüht trotzdem. Gedichte,* Frankfurt a. M. ²1999, S. 12 f.

68 Sarah Kirsch, „Waldmensch", in: K., *Bodenlos. Gedichte,* Stuttgart 1996, S. 41.

69 Helga M. Novak, „dieser Wald", in: N., *Silvatica. Gedichte,* Frankfurt a. M. 1997, S. 57.

70 Sarah Kirsch, „Waldmensch", in: K., *Bodenlos. Gedichte,* Stuttgart 1996, S. 41.

71 Peter Horst Neumann, „Als sie nach einer Sommerreise ihren Garten wiedersah", in: N., *Pfingsten in Babylon. Gedichte*, Salzburg u. Wien 1996, S. 41.

72 Jürgen Theobaldy, „Ein Orakel'in der Nähe", in: T., *Jahrbuch der Lyrik 1996/97*, hrsg. v. Christoph Buchwald, Michael Buselmeier, Michael Braun, München 1996, S. 40.

73 Hiltrud Gnüg (Hrsg.), *Nichts ist versprochen. Liebesgedichte der Gegenwart*, Stuttgart 1989.

74 Dagmar Nick, „Vorsorge", in: N., *Gewendete Masken. Gedichte*, Aachen 1996, S. 40.

75 Sarah Kirsch, „Die Luft riecht schon nach Schnee", in: K., *Rückenwind. Gedichte*, Ebenhausen b. München 1977. S. 12.

76 Sarah Kirsch, „Ich werde dich bald erreichen", in: K., *Bodenlos. Gedichte*, Stuttgart 1996, S. 22.

77 Ursula Krechel, „Liebe am Horizont", in: K., *Nach Mainz!*, Darmstadt u. Neuwied 1977, S. 48.

78 Ursula Krechel, „Wann werde ich aus Liebe sterben?", in: K., *Technik des Erwachens. Gedichte*, Frankfurt a. M. 1992, S. 17.

79 Elisabeth Borchers, „Utopischer Rat", in: B., *Gedichte*, hrsg. v. Jürgen Becker, Frankfurt a. M. 1976, S. 71.

80 Elisabeth Borchers, „Liebesgedichte", in: B., *von der Grammatik des heutigen Tages. Gedichte*, Frankfurt a. M. 1992, S. 50.

81 Ulla Hahn, „Stillständiges Sonett", in: H., *Liebesgedichte*, Stuttgart 1992, S. 109.

82 Doris Runge, „„mit blick auf den kölner dom", in: R., *wintergrün. Gedichte*, Stuttgart 1991, S. 39.

83 Marie Luise Kaschnitz, „Maß der Liebe", in: K., *Überallnie. Ausgewählte Gedichte*, Hamburg 1965, S. 99.

84 Karin Kiwus, „Im ersten Licht", in: K., *Von beiden Seiten der Gegenwart*, Frankfurt a. M. 1976, S. 46.

85 Barbara Köhler, „Anfang III", in: K., *Deutsches Roulette. Gedichte*, Frankfurt a. M. 1991, S. 79.

Auswahlbibliographie zur Geschichte der deutschsprachigen Lyrik

Von Helmut G. Hermann, aktualisiert von Angela Borchert

Die vorliegende Bibliographie stellt eine selbstständige, unabhängig von den einzelnen Beiträgen entstandene Arbeit dar. Der Anmerkungsapparat der einzelnen Kapitel enthält zusätzliche Spezialliteratur, auf die an dieser Stelle eigens hingewiesen sei.

Um den Umfang in den vorgeschriebenen Grenzen zu halten, konnten in der Auswahlbibliographie nur Buchpublikationen, Dissertationsdrucke und Themenhefte von Zeitschriften berücksichtigt werden. Ich möchte aber zumindest hinweisen auf die grundlegenden Beiträge im *Reallexikon der deutschen Literaturgeschichte*, der *Neubearbeitung des Reallexikons der deutschen Literaturgeschichte* (1997, 2000) sowie auf die gattungsgeschichtlichen Darstellungen von Closs und Kienast in Bd. 2 der *Deutschen Philologie im Aufriß*.

Die Auswahl ist nach gattungsspezifischen, epochengeschichtlichen und allgemein sachlichen Gesichtspunkten gegliedert, und zwar nach folgendem Prinzip: Arbeiten zu einzelnen Gedichtarten sind in Abschnitt II (Gattungsgeschichte) erfaßt. Für die Zuweisung zu einer bestimmten Gedichtgruppe ist dabei jeweils das erste oder hauptsächliche Stichwort des Titels maßgeblich. Epochengeschichtliche Untersuchungen dieser Art (zum Beispiel: >Die Ballade der Frühromantik<) werden im anschließenden Abschnitt III (Epochengeschichte), dem Kernstück der Bibliographie wiederholt. Nicht in die Epochengeschichte einbezogen sind Beiträge zur Strophen- und Verskunst sowie zur Poetologie, welche in den Abschnitten I, 2 beziehungsweise IV zusammengefaßt sind. Die Abschnitte I und V letzlich verzeichnen allgemeinere Darstellungen und Spezialuntersuchungen, die nicht ausdrücklich eine der vorgenannten Kategorien betreffen.

Einträge in der Bibliographie erfolgen in chronologischer Ordnung. Bei Verweisen wird neben Haupt- und Unterabschnitt das für die Einordnung des Bezugstitels geltende Publikationsdatum gegeben. Dabei bleiben im Verweiseintrag die Verfasser- und Titelangaben auf Nachnamen und Kurztitel beschränkt.

Verlagsabkürzungen:

dtv	=	Deutscher Taschenbuch Verlag
UP	=	University Press
WBG	=	Wissenschaftliche Buchgesellschaft

Der erste Abschnitt wurde von Helmut G. Hermann im Januar 1983 abgeschlossen. Die Ergänzungen wurden von Angela Borchert im Oktober 2000 abgeschlossen.

I. ZU DEN GRUNDLAGEN

1. Handbücher und Studienführer

Piwonka, Hubert: Handbuch der deutschen Lyrik. Wien: Saturn, 1940.

Steputat, Willy / Schiller, Karl Martin: Reimlexikon. Stuttgart: Reclam, 1963 [u. ö.].

Encyclopedia of Poetry and Poetics. Ed. Alex Preminger [et al.]. Princeton: Princeton UP, 1965. – Erw. Neuausg. u. d. T.: Princeton Encyclopedia [...]. 1974.

Lehnert, Herbert: Struktur und Sprachmagie. Zur Methodik der Lyrik-Interpretation. Stuttgart: Kohlhammer, 1966, [2]1972.

Behrmann, Alfred: Einführung in die Analyse von Verstexten. Stuttgart: Metzler, 1970, [2]1974.

Asmuth, Bernhard: Aspekte der Lyrik. Mit einer Einführung in die Verslehre. Düsseldorf: Bertelsmann, 1972; 4., verb. Aufl. Opladen: Westdeutscher Verlag, 1976, 7., erg. Aufl 1984.

Meggle, Georg / Beetz, Manfred: Interpretationstheorie und Interpretationspraxis [der Lyrik]. Kronberg: Scriptor, 1976.

Braak, Ivo: Gattungsgeschichte deutschsprachiger Dichtung in Stichworten. T. 2, a-c: Lyrik. [Von der Antike bis zum Expressionismus.] Kiel: Hirt, 1978-81.

Andreotti, Mario: Die Struktur der modernen Literatur: neue Wege in der Textanalyse. Einführung. Epik und Lyrik. 1983, 3., vollst. überarb. und erw. Aufl. Bern: Haupt, 2000.

Knörrich, Otto. Lyrische Texte. Strukturanalyse und historische Interpretation. Eine Einführung. München: Oldenbourg, 1985.

Waldmann, Günter: Produktiver Umgang mit Lyrik. Eine systematische Einführung in die Lyrik, ihre produktive Erfahrung und ihr Schreiben. Für Schule (Sekundarstufe I und II) und Hochschule, sowie Selbststudium. Baltmannsweiler: Pädagogischer Verlag Burgbücherei Schneider, 1988.

Behrmann, Alfred: Einführung in den neuen deutschen Vers. Von Luther bis zur Gegenwart. Eine Vorlesung. Stuttgart: Metzler, 1989.

Lamping, Dieter: Moderne Lyrik: eine Einführung. Göttingen: Vandenhoeck & Ruprecht, 1991.

Holzapfel, Otto: Vierzeiler-Lexikon: Schnaderhüpfel, Gesätzle, Gestanzeln, Rappeditzle, Neck-, Spott-, Tanzverse und verwandte Formen aus mündlicher Überlieferung. Ein kommentiertes Typenverzeichnis. 5 Bde. Bern: Lang, 1991-94.

Knörrich, Otto: Lexikon lyrischer Formen. Stuttgart: Kröner, 1992.

Frank, Horst Joachim: Wie interpretiere ich ein Gedicht? Eine methodische Anleitung. Tübingen: Francke, 1991, [2]1993.

Frank, Horst Joachim: Handbuch der deutschen Strophenformen. Tübingen: Francke, 1980, [2]1993.

The new Princeton Encyclopedia of Poetry and Poetics. Ed. Alex Preminger [et al.]. Princeton: Princeton UP, 1993.

Ludwig, Hans-Werner: Arbeitsbuch Lyrikanalyse. Tübingen: Narr, 1994.

Burdorf, Dieter: Einführung in die Gedichtanalyse. Stuttgart: Metzler, 1995, [2]1997.

Frey, Daniel: Einführung in die deutsche Metrik mit Gedichtmodellen: für Studierende und Deutschlehrende. München: Fink, 1996.

Lott, Martin: Poetische Grundbegriffe: Erschließung lyrischer Texte. Hamburg: Kovac, 1996.

The Princeton Handbook of Multicultural Poetries. Ed. T. V. F. Brogan. Princeton: Princeton UP, 1996.

Hoffmann, Dieter: Arbeitsbuch deutschsprachige Lyrik seit 1945. Tübingen: Francke, 1998.

Horn, András: Theorie der literarischen Gattungen: ein Handbuch für Studierende der Literaturwissenschaft. Würzburg: Königshausen und Neumann, 1998.

Sorg, Bernhard: Lyrik interpretieren: eine Einführung. Bielefeld: Erich Schmidt, 1999.

2. Strophen- und Verskunst; Metriken

Minor, Jacob: Neuhochdeutsche Metrik. Ein Handbuch. Straßburg: Trübner, 1893, [2]1902.

Saran, Franz: Deutsche Verslehre. München: Beck, 1907.

Neumann, Friedrich: Geschichte des neuhochdeutschen Reimes von Opitz bis Wieland. Studien zur Lautgeschichte der neuhochdeutschen Gemeinsprache. Berlin: Weidmann, 1920; Dublin/Zürich: Weidmann, [2]1969.

Kossmann, Ernst F.: Die siebenzeilige Strophe in der deutschen Literatur. Haag: Nijhoff, 1923.

Heusler, Andreas: Deutsche Versgeschichte, mit Einschluß des altenglischen und altnordischen Stabreimverses. 3. Bde. Berlin: de Gruyter, 1925-29, [2]1956. [u. ö.].

Bünte, Gerhard: Zur Verskunst der deutschen Stanze. Halle a. d. S.: Niemeyer, 1928.

Saran, Franz: Deutsche Verskunst. Berlin: Junker und Dünnhaupt, 1934.

Kayser, Wolfgang: Kleine deutsche Versschule. Bern: Francke, 1946,[25]1995.

Beyschlag, Siegfried: Die Metrik der mittelhochdeutschen Blütezeit in Grundzügen. Nürnberg: Carl, 1950; 6., neubearb. Aufl. u. d. T.: Altdeutsche Verskunst in Grundzügen. 1969.

Bernheim, Roger: Die Terzine in der deutschen Dichtung von Goethe bis Hofmannsthal. Diss. Bern 1954.

Arndt, Erwin: Deutsche Verslehre. Ein Abriß. 1959; 13., bearb. Aufl. Berlin: Volk und Wissen, 1996.

Kayser, Wolfgang: Geschichte des deutschen Verses. Bern/München: Francke, 1960, [4]1991.

Lockemann, Fritz: Der Rhythmus des deutschen Verses. Spannkräfte und Bewegungsformen in der neuhochdeutschen Dichtung. München: Hueber, 1960.

Paul, Otto / Glier, Ingeborg: Deutsche Metrik. München: Hueber, 1961, [11]1989.

Bennett, Walter: German Verse in Classical Meters. The Hague: Mouton, 1963.

Der Deutschunterricht 16 (1964) H. 6: Beiträge zur Verslehre.

Hoffmann, Werner: Altdeutsche Metrik. Stuttgart: Metzler, 1967, [2]1981.

Storz, Gerhard: Der Vers in der neueren deutschen Dichtung. Stuttgart: Reclam, 1970 [u. ö.].

Schlawe, Fritz: Die deutschen Strophenformen. Systematisch-chronologische Register zur deutschen Lyrik 1600-1950. Stuttgart: Metzler, 1972.

– Neudeutsche Metrik. Stuttgart: Metzler, 1972.

Touber, Anthonius H.: Deutsche Strophenformen des Mittelalters. Stuttgart: Metzler, 1975.

Frank, Horst Joachim: Handbuch der deutschen Strophenformen. München: Hanser, 1980, 2. durchges. Aufl. Tübingen: Francke, 1993.

Frey, Hans-Jost / Lorenz, Otto: Kritik des freien Verses. Heidelberg: Schneider, 1980.

Breuer, Dieter: Deutsche Metrik und Versgeschichte. München: Fink, 1981, [2]1991.

Wagenknecht, Christian: Deutsche Metrik. Eine historische Einführung. 1981, 4., durchges. Aufl. München: Beck, 1999.

Nagel, Bert: Das Reimproblem in der deutschen Dichtung: vom Otfridvers zum freien Vers. Berlin: E. Schmidt, 1985.

Jünger, Friedrich Georg: Rhythmus und Sprache im deutschen Gedicht. Stuttgart: Klett-Cotta, 1987.

Küper, Christoph: Sprache und Metrum: Semiotik und Linguistik des Verses. Tübingen: Niemeyer, 1988.

Fourquet, Jean: Principes de métrique allemande. Paris: Hachette, 1989.

Nagel, Bert: Der freie Vers in der modernen Dichtung. Göppingen: Kümmerle, 1989.

Blank, Hugo: Kleine Verskunde. Einführung in den deutschen und romanischen Vers. Heidelberg: Winter. 1990.

Schmidt, Ernst A.: Notwehrdichtung. Moderne Jambik von Chénier bis Borchardt (mit einer Skizze zur antiken Jambik). München: Fink, 1990.

Barsch, Achim: Metrik, Literatur und Sprache. Generative Grammatik zwischen empirischer Literaturwissenschaft und generativer Phonologie, Braunschweig: Vieweg, 1991.

Bockelmann, Eske: Propädeutik einer endlich gültigen Theorie von den deutschen Versen. Tübingen: Niemeyer, 1991.

Holzapfel : Vierzeiler-Lexikon (1991): s. Abschn. I,1.

Flakowski-Jankovic, Martina: Klangstrukturen und inhaltliche Aussage in lyrischer Dichtung. Untersuchungen zur Phonostilistik; theoretische Grundlagen und praktische Analyse. Frankfurt/M.: Hector, 1993.

Lawder, Bruce: Vers le vers. Paris: Nizet, 1993.

Ruprecht, Robert: Die Syntax als Metrik der Prosa. Zur Rolle der Syntax für die Textinterpretation. Bern: Lang, 1993.

Frey, Daniel: Einführung in die deutsche Metrik mit Gedichtmodellen: für Studierende und Deutschlehrende. München: Fink, 1996.

Gasparov, Michail L.: A History of European Versification (Ocerk istorii evropesjskogo sticha, engl.). Transl. by G. S. Smith and Marina Tarlinskaja. Ed. G. S. Smith with Leofranc Holford-Strevens. Oxford: Clarendon Press, 1996.

Lott, Martin: Dichtung, Lyrik und Musik. Bemerkungen zum Rhythmus und der Sprache in der Dichtkunst. Hamburg: Kovac, 1996.

Lott, Martin: Poetische Grundbegriffe. Erschließung lyrischer Texte. Hamburg: Kovac, 1996.

Bittner, H.: The Metrical Structure of Free Verse. Diss. East Anglia 1997.

Tsur, Reuven: Poetic Rhythm. Structure and Performance. An Empirical Study in Cognitive Poetics. Bern: Lang, 1998.

3. Interpretationssammlungen

Staiger, Emil: Die Zeit als Einbildungskraft des Dichters. Untersuchungen zu Gedichten von Brentano, Goethe und Keller. Zürich/Leipzig: Niehans, 1939; Zürich: Atlantis, ²1953, ³1963. Nachdr. der 3. Aufl. München: Artemis, 1982. – Taschenbuchausg. München: dtv, 1976.

Gedicht und Gedanke. Auslegungen deutscher Gedichte. Hrsg. von Heinz Otto Burger. Halle a. d. S.: Niemeyer, 1942.

Kommerell, Max: Gedanken über Gedichte. Frankfurt a. M.: Klostermann, 1943, ³1968.

Der Deutschunterricht 1 (1948/49) H. 2/3; 2 (1950) H. 3: Wege zum Gedicht, I/II. [Vorwiegend Interpretationen.]

Goes, Albrecht: Freude am Gedicht. Zwölf Deutungen. Frankfurt a. M.: S. Fischer, 1952.

Prawer, Siegbert S.: German Lyric Poetry. A Critical Analysis of Selected Poems from Klopstock to Rilke. London: Routledge & Paul, 1952. – Repr. New York: Barnes & Noble, 1965.

Die deutsche Lyrik. Form und Geschichte. Interpretationen. Hrsg. von Benno von Wiese. 2 Bde. Düsseldorf: Bagel, 1956 [u. ö.].

Killy, Walther: Wandlungen des lyrischen Bildes [von Goethe bis Brecht]. Göttingen: Vandenhoeck & Ruprecht, 1956, 8., neu bearb. Aufl. 1998.

Wege zum Gedicht. Hrsg. von Rupert Hirschenauer und Albrecht Weber. München: Schnell und Steiner. Bd. 1: Interpretationen deutscher Lyrik. 1956, ⁸1972; Bd. 2: Interpretationen deutscher Balladen. 1963, ⁴1976.

Mein Gedicht. Begegnungen mit deutscher Lyrik. Hrsg. von Dieter E. Zimmer. Wiesbaden: Limes, 1961.

Triffst du nur das Zauberwort. Stimmen von heute zur deutschen Lyrik [1760-1960]. Hrsg. von Jürgen Petersen. Berlin: Propyläen, 1961; Frankfurt a. M.: Ullstein, 1967. [Überwiegend Interpretationen.]

Interpretationen. Hrsg. von Jost Schillemeit. Bd. 1: Deutsche Lyrik von Weckherlin bis Benn. Frankfurt a. M.: Fischer Bücherei, 1965 [u. ö.].

Goes, Albrecht: Dichter und Gedicht. Zwanzig Deutungen. Frankfurt a. M.: Fischer Bücherei, 1966.

Begegnung mit Gedichten. 60 Interpretationen, mit einem Essay von Benno von Wiese. Zusammengest. und hrsg. von Walter Urbanek. Bamberg: Buchner, 1967; 3., neubearb. Aufl. m. d. Untertitel: 66 Interpretationen vom Mittelalter bis zur Gegenwart. 1977.

Baum, Hubert: Freude am alemannischen Gedicht. Auslegungen. Freiburg i. Br.: Rombach, 1968.

Deutsche Gedichte von Andreas Gryphius bis Ingeborg Bachmann. Eine Anthologie mit Interpretationen. Hrsg. von Jörg Hienger und Rudolf Knauf. Göttingen: Vandenhoeck & Ruprecht, 1969.

Frankfurter Anthologie. Gedichte und Interpretationen. Hrsg. und mit Nachw. versehen von Marcel Reich-Ranicki. Bd. 1 ff. Frankfurt a. M.: Insel, 1976 ff. Ab Erscheinungsjahr 1993 zeitschriftenartige Reihe.

Jakobson, Roman: Hölderlin, Klee, Brecht. Zur Wortkunst dreier Gedichte. Frankfurt a. M.: Suhrkamp, 1976.

Gedichte und Interpretationen. 7 Bde. [Bd. 1: Renaissance und Barock. Hrsg. von Volker Meid; Bd. 2: Aufklärung und Sturm und Drang. Hrsg. von Karl Richter; Bd. 3: Klassik und Romantik. Hrsg. von Wulf Segebrecht; Bd. 4: Vom Biedermeier zum Bürgerlichen Realismus. Hrsg. von Günter Häntzschel; Bd. 5: Vom Naturalismus bis zur Jahrhundertmitte. Hrsg. von Harald Hartung; Bd. 6, Bd. 7: Gegenwart. Hrsg. von Walter Hinck]. Stuttgart: Reclam, 1982-1997.

Lyrik des Mittelalters: Probleme und Interpretationen. 2 Bde. Hrsg. von Heinz Bergner. Stuttgart: Reclam, 1983.

Goes, Albrecht. Dichter und Gedicht: zwanzig Deutungen. Frankfurt a. M.: Fischer Taschenbuch Verlag, 1983.

Kraft, Werner: Österreichische Lyriker: von Trakl zu Lubomirski: Aufsätze zur Literatur. Eisenstadt: Roetzer, 1984.

An den Grenzen der Sprache: Interpretationen moderner deutscher Lyrik. Hrsg. von Jaak de Vos. Gent: Studia Germanica Gandensia, 1985.

Gedichte aus sieben Jahrhunderten. Interpretationen. Hrsg. u. bearb. von Karl Hotz. Bamberg: Buchner, 1987.

Kaiser, Gerhard: Augenblicke deutscher Lyrik: Gedichte von Martin Luther bis Paul Celan. Frankfurt a. M.: Insel Verlag, 1987, [2]1990.

Über die Liebe. Gedichte und Interpretationen aus der Frankfurter Anthologie. Hrsg. von Marcel Reich-Ranicki. Frankfurt a. M.: Insel-Verlag, [1987], [2] [1994].

Wem Zeit ist wie Ewigkeit: Dichter, Interpreten, Interpretationen. Hrsg. von Rudolf Riedler. München: Piper, 1987.

Meurer, Reinhard: Gedichte des Expressionismus. Interpretationen. München: Oldenbourg, 1988.

Moll, Michael. Lyrik in einer entmenschlichten Welt: Interpretationsversuche zu deutschsprachigen Gedichten aus nationalsozialistischen Gefängnissen, Ghettos und KZ's. Frankfurt: R.G. Fischer, 1988.

Doppelinterpretationen. Das zeitgenössische deutsche Gedicht zwischen Autor und Leser. Hrsg. und eingeleitet von Hilde Domin. Frankfurt a. M.: Fischer-Taschenbuch-Verlag, 1989, [2]1993.

Eichbichler, Hermann: Gedichte sprechen zu uns. Interpretationen. Hrsg. und eingel. von Eugen Thurnher. Bozen: Athesia, 1989.

Freund, Winfried: Deutsche Lyrik. Interpretationen vom Barock bis zur Gegenwart. München: Fink, 1990.

Gedichte aus unserer Zeit. Interpretationen. Hrsg. von Karl Hotz und Gerhard C. Krischker. Bamberg: Buchner, 1990.

Hippe, Robert: Interpretationen zu 62 ausgewählten motivgleichen Gedichten. Hollfeld/Ofr.: Bange, 1991.

Van aangezicht tot aangezicht. Modelinterpretaties moderne lyriek. Red. Roland Duhamel. Leuven: Garant, 1991.

Sowinski, Bernhard / Schuster, Dagmar: Gedichte der Empfindsamkeit und des Sturm und Drang. Interpretationen. München: Oldenbourg, 1992.

Grammatik, Wortschatz und Bauformen der Poesie in der stilistischen Analyse ausgewählter Texte. Hrsg. von Hans Wellmann. Heidelberg: Winter, 1993.

„Wir wissen ja nicht, was gilt." Interpretationen zur deutschsprachigen Lyrik des 20. Jahrhunderts. Hrsg. von Reiner Marx und Christoph Weiss. St. Ingbert: Röhrig, 1993.

Freund, Winfried: Deutsche Lyrik. Interpretationen vom Barock bis zur Gegenwart. München: Fink, 1994.

Hippe, Robert: Interpretationen zu 50 modernen Gedichten. Hollfeld/Ofr.: Bange, 1994.

1000 deutsche Gedichte und ihre Interpretationen. Hrsg. von Marcel Reich-Ranicki. 3 Bde. [Bd. 1. Von Walther von der Vogelweide bis Matthias Claudius 1994, ³1996. Bd. 2. Johann Wolfgang von Goethe 1994, ³1996. Bd. 3. Von Friedrich von Schiller bis Joseph von Eichendorff 1994, ³1996.] Frankfurt a. M.: Insel, 1994.

Poetry, Poetics, Translation. Festschrift in Honor of Richard Exner. Hrsg. von Ursula Mahlendorf und Laurence Rickels. Würzburg: Königshausen und Neumann, 1994.

Wo waren wir stehengeblieben? Hans Eichhorn, Dieter M. Gräf, Brigitte Oleschinski, Sabine Techel. Hrsg. von Heinz Kattner. Göttingen: Wallstein-Verlag, 1995.

Poesia tedesca contemporanea. Interpretazioni. A cura di Anna Chiarloni e Riccardo Morello. Alessandria: Edizioni dell'Orso, 1996.

Korte, Hermann. Lyrik von 1945 bis zur Gegenwart: Interpretation. München: Oldenbourg, 1996, ²2000.

Fundbuch der Gedichtinterpretationen. Hrsg. von Wulf Segebrecht; bearb. von Rolf Bernhard Essig. Paderborn: Schöningh, 1997.

Traditionen der Lyrik. Festschrift für Hans-Henrik Krummacher. Hrsg. von Wolfgang Düsing. Tübingen: Niemeyer, 1997.

Frauen dichten anders. 181 Gedichte mit Interpretationen. Hrsg. von Marcel Reich-Ranicki. Frankfurt a. M.: Insel Verlag, 1998.

„Ein Wort – ein Glanz, ein Flug, ein Feuer ...": Theologen interpretieren Gedichte ; Wolf Krötke zum 60. Geburtstag am 5. Oktober 1998. Hrsg. von Heike Krötke. Stuttgart: Calwer Verlag, 1998.

Kühn, Renate. Der poetische Imperativ: Interpretationen experimenteller Lyrik. Bielefeld: Aisthesis, 1997.

Pohl, Heinz Werner: Nu stimm äs an dien schönste Leed!: Interpretationen niederdeutscher Gedichte. Bremen: Ed. Temmen, 1997.

Hinck, Walter: Stationen der deutschen Lyrik: von Luther bis in die Gegenwart; 100 Gedichte mit Interpretationen. Göttingen: Vandenhoeck & Ruprecht, 2000.

Hundert Gedichte des Jahrhunderts: mit Interpretationen. Ausgew. von Marcel Reich-Ranicki. Frankfurt a. M.: Insel-Verlag, 2000.

II. ZUR GATTUNGSGESCHICHTE
(Einteilung nach formalen und inhaltlichen Kriterien)

1. Anakreontik

Ausfeld, Friedrich: Die deutsche anakreontische Dichtung des 18. Jahrhundert. Ihre Beziehungen zur französischen und antiken Lyrik. Straßburg: Trübner, 1907.

Feigel, Theodor: Vom Wesen der Anakreontik und ihrem Verlauf im Halberstädtischen Dichterkreis [...]. Diss. Marburg a. d. L. 1909.

Lischner, Helmut: Die Anakreontik in der deutschen weltlichen Lyrik des 17. Jahrhunderts. Diss. Breslau 1932.

Zeman, Herbert: Die deutsche anakreontische Dichtung. Ein Versuch zur Erfassung ihrer ästhetischen und literarhistorischen Erscheinungsformen im 18. Jahrhundert. Stuttgart: Metzler, 1972.

2. Arbeiterdichtung

Bücher, Karl: Arbeit und Rhythmus. Leipzig: Hirzel, 1896; ebd.: Reinicke, [6]1924.

Bab, Julius: Arbeiterdichtung [der Gegenwart]. Berlin: Volksbühnen-Verlag, 1924; neue erw. Aufl. 1930.

Nespital, Margarete: Das deutsche Proletariat in seinem Lied. Diss. Rostock 1932.

Heilfurth, Gerhard: Das Bergmannslied. Wesen, Leben, Funktion. Kassel: Bärenreiter, 1954.

Lammel, Inge: Das deutsche Arbeiterlied [von 1844 bis nach 1945]. Leipzig: Urania, 1962; Frankfurt a. M.: Röderberg, 1973.

Steinitz, Wolfgang: Arbeiterlied und Volkslied. Berlin: Akademie, 1965.

Meyer, Erika: Die Herausbildung der Arbeiterklasse im Spiegel der zeitgenössischen Lyrik. Vom Vormärz bis zum Anfang der siebziger Jahre [des 19. Jahrhunderts]. Köln: Pahl-Rugenstein, 1979.

Egerstorfer, Wolfgang: Schönheit und Adel der Arbeit: Arbeitsliteratur im Dritten Reich. Frankfurt a. M.: Lang, 1988.

Bogdal, Klaus-Michael: Zwischen Alltag und Utopie. Arbeiterliteratur als Diskurs des 19. Jahrhunderts. Opladen: Westdeutscher Verlag, 1991.

Lexikon sozialistischer Literatur: ihre Geschichte in Deutschland bis 1945. Hrsg. von Simone Barck unter Mitarb. von Reinhard Hillich. Stuttgart: Metzler, 1994.

3. Bänkelsang, Moritat, Chanson, Song.

(Vgl. auch Abschn. II,4; Ballade.)

Rebiczek, Franz: Der Wiener Volks- und Bänkelsang in den Jahren von 1800-1848. Wien: Gerlach & Wiedling, 1913.

Sternitzke, Erwin: Der stilisierte Bänkelsang. Diss. Marburg a. d. L. 1933.

Gugitz, Gustav: Lieder der Straße. Die Bänkelsänger im josephinischen Wien. Wien: Hollinek, 1954.

Riedel, Karl Veit: Der Bänkelsang. Wesen und Funktion einer volkstümlichen Kunst. Hamburg: Museum für Hamburgische Geschichte, 1963.

Ruttkowski, Wolfgang: Das literarische Chanson in Deutschland. Bern/München: Francke, 1966.

Petzoldt, Leander: Bänkelsang. Vom historischen Bänkelsang zum literarischen Chanson. Stuttgart: Metzler, 1974.

Riha, Karl: Moritat, Bänkelsong, Protestballade. Zur Geschichte des engagierten Liedes in Deutschland. Frankfurt a. M.: Athenäum Fischer Taschenbuch Verlag, 1975; 2. Aufl. u. d. T.: Moritat, Bänkelsong, Protestballade, Kabarett-Lyrik und engagiertes Lied in Deutschland. Königstein (Ts.): Athenäum, 1979.

Geschichte im Gedicht. Texte und Interpretationen. Protestlied, Bänkelsang, Ballade, Chronik. Hrsg. von Walter Hinck. Frankfurt a. M.: Suhrkamp, 1979.

Bänkelsang. Texte, Bilder, Kommentare. Hrsg. von Wolfgang Braungart. Stuttgart: Reclam, 1985.

Cheesman, Christopher T.: Bänkelsang. Studies on the History of German Street Balladry in the 18th and 19th Centuries with a Selected Annotated Catalogue of Printed and Manuscript Sources. 1580-1950. Diss. Oxford 1988.

Koolman, Egbert: Bänkellieder und Jahrmarktdrucke. Katalog. Oldenburg: Holzberg, 1990.

Kirchenwitz, Lutz: Folk, Chanson und Liedermacher in der DDR: Chronisten, Kritiker, Kaisergeburtstagssänger. Berlin: Dietz, 1993.

Chanson und Vaudeville: gesellschaftliches Singen und unterhaltende Kommunikation im 18. und 19. Jahrhundert. Hrsg. von Herbert Schneider. St. Ingbert: Röhrig, 1999.

4. Ballade
(Vgl. auch Abschn. II,3: Bänkelsang.)

Benzmann, Hans: Die soziale Ballade in Deutschland. Typen, Stilarten und Geschichte der sozialen Ballade. Diss. Greifswald, 1912.

Kämpchen, Paul Ludwig: Die numinose Ballade. Versuch einer Typologie der Ballade. Bonn: Röhrscheid, 1930.

Schnellbach, Peter: Für die Ballade. Betrachtungen und Aufschlüsse. Heidelberg: Hörning, 1931.

Bestian, Hans: Balladendichtung und Weltgefühl. Diss. Bonn 1935.

Scholz, Georg: Die Balladendichtung der deutschen Frühromantik. Diss. Breslau 1935.

Kayser, Wolfgang: Geschichte der deutschen Ballade. Berlin: Junker und Dünnhaupt, 1936, [?]1943.

Fricke, Gerhard: Göttinger Hain und Göttinger Ballade. Göttingen: Calvör, 1937. Auch in: G. F.: Studien und Interpretationen. Frankfurt a. M.: Menck, 1956. S. 47-59.

Hell, Hildegard: Studien zur deutschen Ballade der Gegenwart. Diss. Bonn 1937.

Kohler, Ernst: Die Balladendichtung im Berliner 'Tunnel über der Spree'. Berlin: Ebering, 1940. – Reprogr. Nendeln: Kraus, 1969.

Fede, Nicoló di: La ballata tedesca da Gleim a Schiller. Milano: dall'Oglio, 1952.

Der Deutschunterricht 8 (1956) H. 4: Die Ballade in der Schule.

Degener, Friedrich: Formtypen der deutschen Ballade im 20. Jahrhundert. Diss. Göttingen 1961.

Interpretationen deutscher Balladen (1963): s. Wege zum Gedicht. Bd. 2 (Abschn. I,3: 1956).

Bräutigam, Kurt: Moderne deutsche Balladen. ('Erzählgedichte.') Versuche zu ihrer Deutung. Frankfurt a. M.: Diesterweg, 1968, [2]1970.

Hinck, Walter: Die deutsche Ballade von Bürger bis Brecht. Kritik und Versuch einer Neuorientierung. Göttingen: Vandenhoeck & Ruprecht, 1968, [3]1978.

Graefe, Heinz: Das deutsche Erzählgedicht im 20. Jahrhundert. Frankfurt a. M.: Thesen-Verlag, 1972.

Lechzend nach Tyrannenblut. Ballade, Bänkelsang und Song. Colloquium über das populäre und das politische Lied. Hrsg. von Hans-Dieter Zimmermann. Berlin: Mann, 1972.

Trumpke, Ulrike: Balladendichtung um 1770. Ihre soziale und religiöse Thematik. Stuttgart: Kohlhammer, 1975.

Fritsch, Gerolf: Die deutsche Ballade zwischen Herders naturaler Theorie und später Industriegesellschaft. Ein literaturdidaktischer Kurs. Stuttgart: Metzler, 1976.

Freund, Winfried: Die deutsche Ballade. Theorie, Analysen, Didaktik. Paderborn: Schöningh, 1978.

Laufhütte, Hartmut: Die deutsche Kunstballade. Grundlegung einer Gattungsgeschichte. Heidelberg: Winter, 1979.

Balladenforschung: Hrsg. von Walter Müller-Seidel. Königstein (Ts.): Hain, 1980.

Freitag, Christian: Ballade. Bamberg: Buchner, 1986.

Ballads and Other Genres. Balladen und andere Gattungen. Hrsg. von Z. Rajkovic. Zagreb: Institute of Folklore Research, 1988.

Rohde, Christiane: Das Präsens in der frühen deutschen Kunstballade. Marburg: Hitzeroth, 1993.

The Stockhom Ballad Conference 1991. Proceedings of the 21st International Ballad Conference, August 19-22, 1991. Ed. by Bengt R. Jonsson. Stockholm: Svenskt Visarkiv, 1993.

Weißert, Gottfried: Ballade. Stuttgart: Metzler, 1993.

Cheesman, Tom: The Shocking Ballad Picture Show. German Popular Literature and Cultural History. Oxford: Berg, 1994.

Images, Identities and Ideologies. Papers from the 22nd International Ballad Conference, Belfast, 29 June-3 July 1992. Guest ed. John M. Kirk and Colin Neilands. Enfield Lock: Hirsalik Pr., 1994. [Lore and Language, 12 (1994)].

Tang, Ruoxing: „Da, horch! – es summt durch Wind und Schlossen...". Das präsentische Erzählen in der deutschen Kunstballade der ersten Hälfte des 19. Jahrhunderts. Münster: Lit, 1997.

5. Elegie

Beißner, Friedrich: Geschichte der deutschen Elegie. Berlin: de Gruyter, 1941, [3]1965.

Weissenberger, Klaus: Formen der Elegie von Goethe bis Celan. Bern/München: Francke, 1969.

Ziolkowski, Theodore: The Classical German Elegy, 1795-1950. Princeton: Princeton UP, 1980.

Frey, Daniel: Bissige Tränen. Eine Untersuchung über Elegie und Epigramm seit den Anfängen bis Bertolt Brecht und Peter Huche. Würzburg: Königshausen und Neumann, 1995.

6. Epigramm

Beutler, Ernst: Vom griechischen Epigramm im 18. Jahrhundert. Leipzig: Voigtländer, 1909.

Erb, Therese: Die Pointe in der Dichtung von Barock und Aufklärung. Bonn: Röhrscheid, 1929. [Vorwiegend zum sog. Pointenepigramm.]

Lindqvist, Axel: Det tyska 1600-tals epigrammets motiv och tendenser; några konturer. Göteborg: Elanders, 1949.

Raiser, Rolf: Über das Epigramm. Stuttgart: Klett, 1950.

Das Epigramm. Zur Geschichte einer inschriftlichen und literarischen Gattung. Hrsg. von Gerhard Pfohl. Darmstadt: WBG, 1968. [Abschn. VI: Das deutsche Epigramm.]

Angress, Ruth K.: The Early German Epigram. A Study in Baroque Poetry. Lexington: UP of Kentucky, 1971.

Weisz, Jutta: Das deutsche Epigramm des 17. Jahrhunderts. Stuttgart: Metzler, 1979.

Kevekordes, Beate: Arzt, Medizin und Krankheit in Epigrammen des 16. und 17. Jahrhunderts. Bonn: Borengässer, 1987.

Hess, Peter: Epigramm. Stuttgart: Metzler, 1989.

Maaz, Wolfgang: Lateinische Epigrammatik im hohen Mittelalter. Literarhistorische Untersuchung zur Martial-Rezeption. Hildesheim: Weidmann, 1992.

Frey: Bissige Tränen (1995): s. Abschn. II,5.

Althaus, Thomas: Epigrammatisches Barock. Berlin: de Gruyter, 1996.

Adler, Sieglinde: Literarische Formen politischer Philosophie. Das Epigramm des 17. und 18. Jahrhunderts. Würzburg: Ergon-Verlag, 1998. [Diss. Augsburg 1993.]

7. Freie Rhythmen / Hymnen

Benoist-Hanappier, Louis: Die freien Rhythmen in der deutschen Lyrik. Ihre Rechtfertigung und Entwicklung, Halle a. d. S.: Niemeyer, 1905.

Busch, Ernst: Stiltypen der deutschen freirhythmischen Hymne aus dem religiösen Erleben. Frankfurt a. M.: Diesterweg, 1934. – Reprogr. Hildesheim: Gerstenberg, 1975.

Closs, August: Die freien Rhythmen in der deutschen Lyrik. Versuch einer übersichtlichen Zusammenfassung ihrer entwicklungsgeschichtlichen Eigengesetzlichkeit. Bern: Francke, 1947.

Schürk, Ingrid: Deutsche Übertragungen mittellateinischer Hymnen im 18. und 19. Jahrhundert. Tübingen: Niemeyer, 1963.

Thomke, Hellmut: Hymnische Dichtung im Expressionismus. Bern/München: Francke, 1972.

Gabriel, Norbert: Studien zur Geschichte der deutschen Hymne. München: Fink, 1992. [Habil.schr. Bonn 1990.]

Konkrete Poesie: s. Abschn. III,7.3.b.

8. Lied (Kirchen-, Kunst- und Volkslied)

Hoffmann von Fallersleben, August Heinrich: Geschichte des deutschen Kirchenliedes bis auf Luthers Zeit. Breslau: Grass, Barth & Co., 1832; Hannover: Rümpler, ³1861. – Reprogr. der 3. Aufl. Hildesheim: Olms, 1965.

Cunz, Franz August: Geschichte des deutschen Kirchenliedes vom 16. Jahrhundert bis auf unsere Zeit. 2 Tle. Leipzig: Löschke, 1855. – Reprogr. Niederwalluf: Sändig, 1969.

Hildebrand, Rudolf: Materialien zur Geschichte des deutschen Volksliedes. Leipzig: Teubner, 1900. – Reprogr. Hildesheim: Olms, 1971.

Friedlaender, Max: Das deutsche Lied im 18. Jahrhundert. Quellen und Studien. 2 Bde. in 3 Tln. Stuttgart: Cotta, 1902. – Reprogr. Hildesheim: Olms, 1962.

Wolkan, Rudolf: Die Lieder der Wiedertäufer. Berlin: Behr, 1903. – Reprogr. Nieuwkoop: de Graaf, 1965.

Nelle, Wilhelm: Geschichte des deutschen evangelischen Kirchenliedes. Hamburg: Schloessmann, 1904, [3]1928. – Reprogr. Hildesheim: Olms, 1962.

Rieser, Ferdinand: Des Knaben Wunderhorn und seine Quellen. Ein Beitrag zur Geschichte des deutschen Volksliedes und der Romantik. Dortmund: Ruhfus, 1908.

Jacobsohn, Fritz: Der Darstellungsstil der historischen Volkslieder des 14. und 15. Jahrhunderts und die Lieder von der Schlacht bei Sempach. Diss. Berlin 1914.

Meier, John: Volksliedstudien. Straßburg: Trübner, 1917.

Müller, Günther: Geschichte des deutschen Liedes vom Zeitalter des Barock bis zur Gegenwart. München: Drei Masken Verlag, 1925. – Reprogr. Darmstadt: WBG, 1959.

Gießler, Rupert: Die geistliche Lieddichtung der Katholiken im Zeitalter der Aufklärung. Augsburg: Filser, 1929.

Hübner, Arthur: Die deutschen Geißlerlieder. Studien zum geistlichen Volkslied des Mittelalters. Berlin: de Gruyter, 1931.

Gennrich, Friedrich: Grundriß einer Formenlehre des mittelalterlichen Liedes als Grundlage einer musikalischen Formenlehre des Liedes. Halle a. d. S.: Niemeyer, 1932. – Reprogr. Darmstadt: WBG, 1970.

Gabriel, Paul: Das deutsche evangelische Kirchenlied. Leipzig: Quelle & Meyer, 1935; 3., durchges. Aufl. u. d. T.: [...] von Luther bis zur Gegenwart. Berlin: Evangelische Verlagsanstalt, 1956.

Benary, Eleonore: Liedformen der deutschen Mystik im 14. und 15. Jahrhundert. Diss. Greifswald 1936.

Fredrich, Eva: Der Ruf, eine Gattung des geistlichen Volksliedes. Berlin: Ebering, 1936. – Reprogr. Nendeln: Kraus, 1967.

Danckert, Werner: Das europäische Volkslied. Berlin: Hanefeld, 1939; Bonn: Bouvier, [2]1970.

Platel, Marguerite: Vom Volkslied zum Gesellschaftslied. Zur Geschichte des Liedes im 16. und 17. Jahrhundert. Bern: Haupt, 1939. – Reprogr. Nendeln: Kraus, 1970.

Berger, Kurt: Barock und Aufklärung im geistlichen Lied. Marburg a. d. L.: Rathmann, 1951. – Reprogr. Walluf: Sändig, 1972.

Kommerell, Max: Das Volkslied und das deutsche Lied. Frankfurt a. M.: Klostermann, 1951.

Kieslich, Günter: Das 'Historische Volkslied' als publizistische Erscheinung. Untersuchungen zu Wesensbestimmung und Typologie der gereimten Publizistik zur Zeit des Regensburger Reichstages und des Krieges des Schmalkaldener gegen Herzog Heinrich den Jüngeren von Braunschweig, 1540-1542. Münster: Fahle, 1958.

Pfeiffer, Johannes: Dichtkunst und Kirchenlied. Über das geistliche Lied im Zeitalter der Säkularisation. Hamburg: Wittig, 1961.

Thomas, Richard H.: Poetry and Song in the German Baroque. A Study of the Continuo Lied. Oxford: Clarendon Press, 1963.

Strobach, Hermann: Bauernklagen. Untersuchungen zum sozialkritischen deutschen Volkslied [des 17. Jahrhunderts]. Berlin: Akademie, 1964.

Schwab, Heinrich W.: Sangbarkeit, Popularität und Kunstlied. Studien zu Lied und Liedästhetik der mittleren Goethezeit, 1770-1814. Regensburg: Bosse, 1965.

Rahmelow, Jan W.: Die publizistische Natur und der historiographische Wert deutscher Volkslieder um 1530. Diss. Hamburg 1966.

Suppan, Wolfgang: Volkslied, Stuttgart: Metzler, 1966, ^{2}1978.

Janota, Johannes: Studien zu Funktion und Typus des deutschen geistlichen Liedes im Mittelalter. München: Beck, 1968.

Sauermann, Dietmar: Historische Volkslieder des 18. und 19. Jahrhunderts. Münster: Aschendorff, 1968.

Brody, Elaine / Fowkes, Robert A.: The German Lied and its Poetry. New York: New York UP, 1971.

Stein, Jack M.: Poem and Music in the German Lied from Gluck to Hugo Wolf. Cambridge: Harvard UP, 1971.

Handbuch des Volksliedes. Hrsg. von Rolf W. Brednich, Lutz Röhrich und Wolfgang Suppan. 2 Bde. München: Fink, 1973-75.

Suppan, Wolfgang: Deutsches Liedleben zwischen Renaissance und Barock. Die Schichtung des deutschen Liedguts in der zweiten Hälfte des 16. Jahrhunderts. Tutzing: Schneider, 1973.

Brednich, Rolf W.: Die Liedpublizistik im Flugblatt des 15. bis 17. Jahrhunderts. 2 Bde. Baden-Baden: Koerner, 1974/75.

Spiegel, Alfred: Die Gustav-Adolf-Zeitlieder. Diss. München 1977.

Weltliches und geistliches Lied des Barock. Studien zur Liedkultur in Deutschland und Skandinavien. Hrsg. von Dieter Lohmeier und Bernt Olsson. Amsterdam: Rodopi, 1979. [Zugl. Daphnis 8 (1979) H. 1.]

Strobach, Hermann: Deutsches Volklied in Geschichte und Gegenwart. Berlin: Akademie, 1980.

Moser, Dietz-Rüdiger: Verkündigung durch Volksgesang. Studien zur Liedpropaganda und -katechese der Gegenreformation. Berlin: Schmidt, 1982.

Otto, Ulrich: Die historisch-politischen Lieder und Karikaturen des Vormärz und der Revolution von 1848/1849. Köln: Pahl-Rugenstein, 1982.

Scheitler, Irmgard: Das geistliche Lied im deutschen Barock. Berlin: Duncker und Humblot, 1982.

Wedel-Wolff, Annegret von: Geschichte der Sammlung und Erforschung des deutschsprachigen Volkskinderliedes und Volkskinderreimes im 19. Jahrhundert. Göppingen: Kümmerle, 1982.

Dürr, Walther: Das deutsche Sololied im 19. Jahrhundert. Untersuchungen zu Sprache und Musik. Wilhelmshaven: Heinrichshofen, 1984.

Gerstner-Hirzel, Emily: Das volkstümliche deutsche Wiegenlied. Versuch einer Typologie der Texte. Basel: Schweizer Gesellschaft für Volkskunde, 1984.

Sauer-Geppert, Waldtraut-Ingeborg: Sprache und Frömmigkeit im deutschen Kirchenlied. Vorüberlegungen zu einer Darstellung seiner Geschichte. Kassel: Johannes-Stauda-Verlag, 1984.

Das protestantische Kirchenlied im 16. und 17. Jahrhundert: text-, musik- u. theologiegeschichtliche Probleme; [Vorträge gehalten anlässl. e. Arbeitsgesprächs vom 28. November - 1. Dezember 1983 in d. Herzog August Bibliothek]. Hrsg. von Alfred Dürr u. Walther Killy. Wiesbaden: Harrassowitz, 1986.

Jost, Wolfgang: Untersuchungen zur Entwicklung des Kinderliedschaffens von Komponisten der DDR in der Zeit von 1949 bis 1981. Diss. Leipzig 1986.

Veit, Patrice: Das Kirchenlied in der Reformation Martin Luthers: eine thematische und semantische Untersuchung. Stuttgart: Steiner-Verlag-Wiesbaden-GmbH, 1986.

Smeed, J. W.: German song and its poetry, 1740-1900. London: Croom Helm, 1987.

Wolff, Jürgen B.: Bibliographie der Literatur zum deutschen Volkslied: mit Standortangaben an den wichtigsten Archiven und Bibliotheken der DDR. Leipzig: Zentralhaus-Publikation, 1987.

Kämper, Heidrun: Lieder von 1848. Politische Sprache einer literarischen Gattung. Tübingen: Niemeyer, 1989.

Kross, Siegfried: Geschichte des deutschen Liedes. Darmstadt: WBG, 1989.

Linder-Beroud, Waltraud: Von der Mündlichkeit zur Schriftlichkeit? Untersuchungen zur Interdependenz von Individualdichtung und Kollektivlied. Frankfurt a. M.: Lang, 1989.

Kimminich, Eva: Erlebte Lieder. Eine Analyse handschriftlicher Liederaufzeichnungen des 19. Jahrhunderts. Tübingen: Narr, 1990.

Kurzke, Hermann: Hymnen und Lieder der Deutschen. Mainz: Dieterich, 1990.

Neureiter-Lackner, Sigrid: Schöpferische Rezeption mittelalterlicher Lieder und Dichtersänger in der Gegenwart, 1945-1989. Analyse und Dokumentation. Diss. Salzburg 1990.

Bobran, Anne-Katrin: „Die Gedanken sind frei" oder „Die Partei, die Partei, die hat immer recht"? Theoretische Ansätze der Volksliedforschung in der DDR. Diss. Freiburg i. Br. 1991.

Bruckbauer, Maria: „.... und sei es gegen eine Welt von Feinden!" Kurt Hubners Volksliedsammlung und -pflege in Bayern. München: Kommission für bayerische Landesgeschichte, 1991.

Lieseberg, Ursula: Studien zum Märtyrerlied der Täufer im 16. Jahrhundert. Frankfurt a. M.: Lang, 1991. [Diss. Kiel 1990.]

Gabriel: Studien zur Geschichte der deutschen Hymne (1992): s. Abschn. II,7.

Horak, Roswitha: Von der Aufklärung zur katholischen Restauration. Kirchenlied und Hymnenübertragung in der Zeit von 1750-1830. Diss. Wien 1991.

Studien zum deutschen weltlichen Kunstlied des 17. und 18. Jahrhunderts. Hrsg. von Gudrun Busch und Anthony J. Harper. Amsterdam: Rodopi, 1992.

Klemm, Marianne: Das Volkslied in Schule und Öffentlichkeit: dargestellt an der Entwicklung von Lehrplänen und Unterrichtswerken Baden-Württembergs und am Programm des Süddeutschen Rundfunks. Pfaffenweiler: Centaurus-Verlag-Ges., 1992.

Muschiol, Barbara: „Keine Rose ohne Dornen". Zur Funktion und Tradierung von Liebesliedstereotypen. Bern: Lang, 1992. [Diss. Freiburg i. Br. 1991.]

Bellicanta, Stefania: Die Liebe-Tod-Thematik in den Volksliedern des späten Mittelalters. Eine Untersuchung zur Liederbuch- und Flugblatt-Tradition des XV. und XVI. Jahrhunderts. Göppingen: Kümmerle, 1993.

Deutsch, Walter / Haid, Gerlinde / Zeman, Herbert: Das Volkslied in Österreich. Ein gattungsgeschichtliches Handbuch. Wien: Holzhausen, 1993.

„... im Kreise der Lieben." Eine volkskundliche Untersuchung zur populären Liedkultur in der Schweiz. Hrsg. von Christine Burckhardt-Seebass unter Mitarb. von Ernst Lichtenhahn; Barbara Eng Jerjen. Basel: Helbing und Lichtenhahn, 1993.

Dammann, Christoph: Liebes- und Soldatenlieder. Eine computergestützte Untersuchung des Verhältnisses von Text und Melodie im deutschen Volkslied am Beispiel von Liebes- und Soldatenliedern des ausgehenden 18. und 19. Jahrhunderts aus dem 'Deutschen Liederhort' von Ludwig Erk und Franz Magnus Böhme. Diss. Hamburg 1994. [Mikrofiche-Ausg.]

Buchmann, Bertrand M.: Daz jemant singet oder sait ...: Das volkstümliche Lied als Quelle zu Mentalitätengeschichte des Mittelalters. Frankfurt a. M.: Lang, 1995.

Gott schuf den Menschen völlig frey. Menschenrechte im europäischen Lied. Hrsg. von Martin Brinkmann. Hamburg-Harvestehude: Fechner, 1995.

Bosse, Heinrich / Neumeyer, Harald: „Da blüht der Winter schön." Musensohn und Wanderlied um 1800. Freiburg i. Br.: Rombach, 1995.

Fritsch-Staar, Susanne: Unglückliche Ehefrauen. Zum deutschsprachigen „malmariée"-Lied. Berlin: E. Schmidt, 1995. [Diss. Duisburg 1994.]

Göser, Artur: Kirche und Lied. Der Hymnus 'Veni redemptor gentium' bei Müntzer und Luther. Eine ideologiekritische Studie. Würzburg: Königshausen und Neumann, 1995. [Diss. Konstanz 1990.]

German Lieder in the Nineteenth Century. Ed. by Rufus Hallmark. New York: Schirmer Books, 1996.

Uhlein, Hermann: Kirchenlied und Textgeschichte. Literarische Traditionsbildung am Beispiel des deutschen Himmelfahrtsliedes von der Aufklärung bis zur Gegenwart. Würzburg: Königshausen und Neumann, 1995. [Diss. Mainz 1994.]

Herchert, Gaby: „Acker mir mein bestes Feld." Untersuchungen zu erotischen Liederbuchliedern des späten Mittelalters. Mit Wörterbuch und Textsammlung. Münster: Waxmann, 1996. [Diss. Duisburg 1995.]

Kravitt, Edward F.: The Lied. Mirror of Late Romanticism. New Haven: Yale University Press, 1996.

Lied im deutschen Mittelalter. Überlieferung, Typen, Gebrauch. Chiemsee-Colloquium 1991. Hrsg. von Cyril Edwards. Tübingen: Niemeyer, 1996.

„Geistreicher" Gesang. Halle und das pietistische Lied. Hrsg. von Gudrun Busch und Wolfgang Miersemann. Tübingen: Verlag der Franckeschen Stiftung Halle im Max-Niemeyer-Verlag, 1997.

Kästner, Hannes: Kirchenlied und Katechismus in der frühen Reformationszeit und ihre Bedeutung für Unterricht und Kultus. Litauisches Kulturinstitut. Lampertheim: LKI, 1998.

Konda, Jutta: Das Christus-Bild in der deutschen Hymnendichtung vom 18. bis zum 20. Jahrhundert. Köln: Böhlau, 1998. [Diss. Köln 1998.]

Kirchenlied interdisziplinär: hymnologische Beiträge aus Germanistik, Theologie und Musikwissenschaft. Hrsg. von Hermann Kurzke, Hermann Ühlein. Frankfurt a. M.: Lang, 1999.

Wieclewska-Bach, Anna: Das' polnische katholische Kirchenlied in oberschlesischen Gesangbüchern von 1823 bis 1922. Sinzig: Studio, 1999.

Kellermann, Karina: Abschied vom „historischen Volkslied": Studien zu Funktion, Ästhetik und Publizität der Gattung historisch-politische Ereignisdichtung. Tübingen: Niemeyer, 2000.

Geistliches Lied und Kirchenlied im 19. Jahrhundert: theologische, musikologische und literaturwissenschaftliche Aspekte. Hrsg. von Irmgard Scheitler. Tübingen: Francke, 2000.

9. Naturlyrik

Abmeier, Hans: Der Frühling in der deutschen Lyrik des 17. Jahrhunderts. Ein Beitrag zur Geschichte des Landschafts- und Naturgefühls bei den Renaissancedichtern. Diss. Greifswald 1912.

Bieder, Gertrud: Natur und Landschaft in der deutschen Barocklyrik. Diss. Zürich 1927.

Schütze, Georg: das Naturgefühl um die Mitte des 18. Jahrhunderts in der Lyrik von Pyra bis Claudius. Diss. Leipzig 1933.

Schneider, Ludwig: Die Naturschilderung des Minnesangs. Berlin: Jünker und Dünnhaupt, 1983.

Badt, Kurt: Wolkenbilder und Wolkengedichte der Romantik. Berlin: de Gruyter, 1960.

Wulffen, Barbara von: Der Natureingang in Minnesang und frühen Volkslied. München: Hueber, 1963.

Jaeckle, Erwin: Signatur der Herrlichkeit. Sechs Vorträge zur Natur im Gedicht. Zürich: Atlantis, 1970.

Ketelsen, Uwe-K.: Die Naturpoesie der norddeutschen Frühaufklärung. Poesie als Sprache der Versöhnung: alter Universalismus und neues Weltbild. Stuttgart: Metzler, 1974.

Naturlyrik und Gesellschaft. Hrsg. von Norbert Mecklenburg. Stuttgart, Klett, 1977.

Fritsch, Gerolf: Das deutsche Naturgedicht – Realität und Utopie. Der fiktionale Text als Kommunikationsmodell. Stuttgart: Metzler, 1978.

Hoffmann, Dieter: Zerstörte Landschaft, gestörtes Gedicht. Mainz: Akademie der Wissenschaften; Wiesbaden: Steiner, 1980.

Ertl, Wolfgang: Natur und Landschaft in der Lyrik der DDR. Walter Werner, Wulf Kirsten und Uwe Gressmann. Stuttgart: Heinz, 1982.

Heukenkamp, Ursula: Die Sprache der schönen Natur. Studien zur Naturlyrik. Berlin: Aufbau, 1982.

Volckmann, Silvia: Zeit der Kirschen? Das Naturbild in der deutschen Gegenwartslyrik: Jürgen Becker, Sarah Kirsch, Wolf Biermann, Hans Magnus Enzenberger. Königstein: Hain, 1982.

Haupt, Jürgen: Natur und Lyrik: Naturbeziehungen im 20. Jahrhundert. Stuttgart: Metzler, 1983.

Goodbody, Axel: Natursprache. Ein dichtungstheoretisches Konzept der Romantik und seine Wiederaufnahme in der modernen Naturlyrik (Novalis – Eichendorff – Lehmann – Eich). Neumünster: Wachholtz, 1984.

Schalliol, Dagmar Ottlilie: The dimension of time in naturalistic poetry. Diss. Pennsylvania State University 1987.

Stephan, Günter: Naturlyrik. Gattungs- und epochenspezifische Aspekte. Stuttgart: Klett, 1989.

Natur und Lyrik: 4. Kolloquium der Forschungsstelle für Europäische Lyrik des Mittelalters. Hrsg. von Theo Stemmler. Tübingen: Narr, 1991.

Siebrasse, Karin: Natur in deutscher Großstadtlyrik aus dem ersten Drittel des 20. Jahrhunderts: Interpretationen mit Hilfe von Kulturphilosophie und Stadtplannung. Diss. Hamburg, 1991.

Schwarz-Scherer, Marianne: Subjektivität in der Naturlyrik der DDR (1950-1970). Frankfurt a. M.: Lang, 1992.

Naturlyrik: Über Zyklen und Sequenzen im Werk von Annette von Droste-Hülshoff, Uhland, Lenau und Heine. Hrsg. von Gert Vonhoff. Frankfurt a. M.: Lang, 1998.

Hennig, Dorothea: Musik und Metaphysik: Interpretationen zur Naturlyrik von der Aufklärung bis zur Romantik. Frankfurt a. M.: Lang, 2000.

10. Ode

Viëtor, Karl: Geschichte der deutschen Ode. München: Drei Masken Verlag, 1923. – Reprogr. Darmstadt: WBG; Hildesheim: Olms, 1961.

Joseph, Albrecht: Sprachformen der deutschen Barocklyrik, dargestellt durch Analyse von Oden von Horaz in deutschen Übersetzungen aus dem 17. Jahrhundert. Diss. München, 1929.

Hoßfeld, Reinhard: Die deutsche horazische Ode von Opitz bis Klopstock. Eine metrische Untersuchung. Diss. Köln 1961.

Derks, Paul: Die sapphische Ode in der deutschen Dichtung des 17. Jahrhunderts. Diss. München 1929.

Hartmann, Karl-Günter: Die humanistische Odenkomposition in Deutschland. Vorgeschichte und Voraussetzungen. Erlangen: Palm & Enke, 1976.

From ode to anthem: problems of lyric poetry. Hrsg. von Reinhold Grimm und Jost Hermand. Madison: Wisconsin UP, 1989.

11. Politsche Lyrik

Prutz, Robert: Die politische Poesie der Deutschen. Leipzig: Wigand, 1845. [Seperatdruck aus: Literarhistorisches Taschenbuch 1 (1843) / Reprogr. Nendeln: Kraus, 1975. S. 253 bis 459]

Die politischen Lyriker unserer Zeit. Ein Denkmal mit Porträts und kurzen historischen Charakteristiken. [Hrsg. von Arnold Ruge.] Leipzig: A. Ruge, 1847; ebd.: Verlagsbureau (A. Ruge), [2]1848. Reprogr. Hildesheim: Gerstenberg; Leipzig: Zentralantiquariat, 1976.

Weddigen, Friedrich H. O.: Die patriotische Dichtung von 1870/71 unter Berücksichtigung der gleichzeitigen politischen Lyrik des Auslandes. Essen/Leipzig: Silbermann, 1880.

Petzet, Christian: Die Blütezeit der politischen Lyrik 1840 bis 1850. Ein Beitrag zur deutschen National- und Literatur-Geschichte. München: Lehmann, 1903.

Klemperer, Victor: Deutsche Zeitdichtung von den Freiheitskriegen bis zur Reichsgründung. 2 Tle. Berlin: Hillger, 1911.

Pollak, Valentin: Die politische Lyrik und die Parteien des deutschen Vormärz. Wien: Verlag des Wissens für Alle, 1911.

Betz, Gottlieb A.: Die deutschamerikanische patriotische Lyrik der Achtundvierziger und ihre historische Grundlage. Philadelphia: [University of Pennsylvania.] 1916.

Tièche, Henry Ernest: Die politische Lyrik der deutschen Schweiz von 1830-1850. Diss. Bern 1917.

Geisler, Walter: Fürsten und Reich in der politischen Spruchdichtung des deutschen Mittelalters nach Walther von der Vogelweide. Greifswald: Moninger, 1921.

Isenbeck, Heinrich: Rußland in der politischen Lyrik des vormärzlichen Deutschland. Diss. Münster 1929.

Wiese, Benno von: Politische Dichtung Deutschlands. Berlin: Junker und Dünnhaupt, 1931.

Bald, Gustav: Die politisch-satirische Lyrik, ein publizitisches Kampfmittel. (Dargestellt an den satirischen Zeitschriften Münchens: >Jugend<, >Simplicissimus< und >Brennessel<) Diss. Erlangen 1937.

Dahnke, Heinz Dietrich: Karl Marx und die politische Lyrik des Vormärz. Vortrag. Berlin: Aufbau, 1953. Auch in: Neue deutsche Literatur 1 (1953) S. 134-146.

Kischka, Karl Harald: Typologie der politischen Lyrik des Vormärz. Diss. Mainz 1964.

Schöne, Albrecht: Über politische Lyrik im 20. Jahrhundert. Mit einem Textanhang. Göttingen: Vandenhoeck & Ruprecht, 1965, [3]1972.

Bowra, Cecil M.: Poetry and Politics, 1900-1960. Cambridge [Engl.]: Cambridge UP, 1966.

Agitprop. Lyrik, Thesen, Berichte, Kollektivausg. Hrsg. von Joachim Fuhrmann [u.a.]. Hamburg: Quer-Verlag, 1969.

Werner, Hans-Georg: Geschichte des politischen Gedichts in Deutschland von 1815 bis 1840. Berlin: Akademie, 1969, [2]1972.

Grab, Walter / Friesel, Uwe: Noch ist Deutschland nicht verloren. Eine historisch-politische Analyse unterdrückter Lyrik von der Französischen Revolution bis zur Reichsgründung. Texte und Analysen. München: Hanser, 1970; ebd.: dtv, 1973. – Neuausg. Berlin: Oberbaum, 1980.

Girschner-Woldt, Ingrid: Theorie der modernen politischen Lyrik. Berlin: Spiess, 1971.

Schupp, Volker: Deutsche politische Lyrik des 13. Jahrhunderts von Walther von der Vogelweide bis Frauenlob. Habil.-Schrift Freiburg i. B., 1971.

Stein, Peter: Politisches Bewußtsein und künstlerischer Gestaltungswille in der politische Lyrik 1780-1848. Hamburg: Lüdke, 1971.

Lechzend nach Tyrannenblut (1972): s. Abschn. II,4.

Politische Lyrik. Arbeitsbuch. Hrsg. von Karl-Heinz Fingerhut und Norbert Hopster. Frankfurt a. M.: Diesterweg, 1972.

Politische Lyrik des Vormärz (1840-1848). Interpretationsmuster. Zusammengestellt von Valentin Merkelbach. Frankfurt a.M.: Diesterweg, 1973.

Text + Kritik H. 9/9a (1973): Politische Lyrik. [Nicht identisch mit H. 9 (1965): Lyrik I.]

Farese, Giuseppe: Poesia e rivoluzione in Germania, 1830-1850. Rom/Bari: Laterza, 1974.

Müller, Ulrich: Untersuchungen zur politischen Lyrik des deutschen Mittelalters. Göppingen: Kümmerle, 1974.

Projekt Deutschunterricht. 8: Politische Lyrik. Stuttgart: Metzler, 1974.

Wilke, Jürgen: Das „Zeitgedicht". Seine Herkunft und frühe Ausbildung [im 18. und 19. Jahrhundert]. Meisenheim a. G.: Hain, 1974.

Reisner, Hanns-Peter: Literatur unter der Zensur. Die politische Lyrik des Vormärz. Stuttgart, 1975.

Riha, Karl: Moritat, Bänkelsong, Protestballade (1975): s. Abschn. II,3.

Zürcher, Gustav: >Trümmerlyrik<. Politische Lyrik 1945-1950. Kronberg: Scriptor, 1977.

Geschichte der politischen Lyrik in Deutschland. Hrsg. von Walter Hinderer. Stuttgart: Reclam, 1978.

Hinck, Walter: Von Heine zu Brecht. Lyrik im Geschichtsprozeß. Frankfurt a. M.: Suhrkamp, 1978.

Geschichte im Gedicht (1979): s. Abschn. II,3.

Heyer, Georg Walther: Die Fahne ist mehr als der Tod. Lieder der Nazizeit. Mit einem Vorw. von Bernt Engelmann. München: Heyne, 1981. [Popularisierender Überblick.]

Otto: Die historisch-politischen Lieder und Karikaturen (1982): siehe Abschn. II,8.

Tarnói, Lászlo: Verbotene Lieder und ihre Varianten auf fliegenden Blättern um 1800. Budapest: Universitätsverlag, 1983.

Politische Lyrik. München: Edition Text u. Kritik, 1984.

Rattay, Beate: Entstehung und Rezeption politischer Lyrik im 15. und 16. Jahrhundert. Die Lieder im Chronicon Helveticum von Aegidius Tschudi. Göppingen: Kümmerle, 1986.

Rudorf, Friedhelm: Poetologische Lyrik und politische Dichtung. Theorie und Probleme der modernen politischen Dichtung in den Reflexionen poetologischer Gedichte von der Aufklärung bis zur Gegenwart. Frankfurt a. M.: Lang, 1988.

Thurnher, Eugen: Politik und Dichtung im Mittelalter. Köln: Böhlau, 1988.

Weber, Ernst: Lyrik der Befreiungskriege (1812-1815). Gesellschaftspolitische Meinungs- und Willensbildung durch Literatur. Stuttgart: Metzler, 1991.

Hohmann, Stefan: Friedenskonzepte. Die Thematik des Friedens in der deutschsprachigen politischen Lyrik des Mittelalters. Köln: Böhlau, 1992.

Roth, Alfred: Das nationalsozialistische Massenlied. Untersuchen zur Genese, Ideologie und Funktion. Würzburg: Königshausen und Neumann, 1993. [Diss. Mainz 1992.]

Frey, Jürg: Troubador der Freiheit. Geschichte der politischen Lyrik in der Schweiz 1830-1848. Bern: Lang, 1994.

Hofmeister, Wernfried: Sprichwortartige Mikrotexte als literarische Medien. Dargestellt an der hochdeutschen politischen Lyrik des Mittelalters. Bochum: Brockmeyer, 1995.

Lassak, Heinrich: Von Bonaparte zu Bismarck. Verfassungskämpfe im Spiegel politischer Lyrik. Göttingen: Cuvillier, 1996.

Badiel, Honorat: Poetologie politischer Lyrik. Vergleichende Studien zu Theorie und Praxis des politischen Gedichts im französischsprachigen Schwarzafrika und in Deutschland. Frankfurt a. M.: Lang, 1996.

Kerth, Sonja: „Der Landsfrid ist gebrochen". Das Bild des Krieges in den politischen Ereignisdichtungen des 13. bis 16. Jahrhunderts. Wiesbaden: Reichert, 1997.

Vanchena, Lorie A.: Political poetry in periodicals and the shaping of German national consciousness in the nineteenth century. New York: Lang, 2000.

12. Sonett

Welti, Heinrich: Geschichte des Sonettes in der deutschen Dichtung, mit einer Einleitung über Heimat, Entstehung und Wesen der Sonettform: Leipzig: Veitt, 1884.

Mitlacher, Heinz: Moderne Sonettgestaltung. [Vom Impressionismus bis zur Gegenwart.] Diss. Greifswald 1932.

Wilker, Gertrud: Gehalt und Form im deutschen Sonett von Goethe bis Rilke. Diss. Bern 1952.

Mönch, Walter: Das Sonett. Gestalt und Geschichte. Heidelberg: Kerle, 1955.

Das deutsche Sonett. Dichtungen, Gattungspoetik und Dokumente. Ausgew. und hrsg. von Jörg-Ulrich Fechner. München: Fink, 1969.

Jungrichter, Cornelia: Ideologie und Tradition. Studien zur nationalsozialistischen Sonettdichtung. Bonn: Bouvier, 1979.

Schlütter, Hans Jürgen / Borgmeier, Raimund / Wittschier, Heinz Willi: Sonett. Stuttgart: Metzler, 1979.

Yates, William E.: Tradition in the German Sonnet. Bern/Frankfurt a. M.: Lang, 1981.

Schindelbeck, Dirk: Die Veränderung der Sonettstruktur in der deutschen Lyrik von der Jahrhundertwende bis in die Gegenwart. Frankfurt a. M., Bern: Lang, 1988.

Pieczonka, Annette: Sprachkunst und bildende Kunst. Studien zum deutschen Bildsonett nach 1945. Köln: Böhlau, 1988.

Weinmann, Peter: Sonett-Idealität und Sonett-Realität. Neue Aspekte der Gliederung des Sonetts von seinen Anfängen bis Petrarca. Tübingen: Narr, 1989.

„Ich zweifle doch am Ernst verschränkter Zeilen!" Das französische Sonett und seine Aneignung in Deutschland. Auswahl und Kommentar von Friedhelm Kemp. München: Beck, 1990.

Schneider, Thomas: Gesetz und Gesetzlosigkeit. Das Enjambement im Sonett. Frankfurt a. M./Bern: Lang, 1992.

Volkmann, Katrin: Shakespeares Sonette auf deutsch. Übersetzungsprozesse zwischen Philologie und dichterischer Kreativität. Diss. Heidelberg 1996.

Böhn, Andreas: Das zeitgenössische deutschsprachige Sonett. Vielfalt und Aktualität einer literarischen Form. Stuttgart: Metzler, 1999.

13. Studenten-, Trink-, Vaganten- und Wandererlyrik

Prahl, Hermann: Das deutsche Studentenlied. Berlin: Heymann, 1900.

Steidel, Max: Die Zecher- und Schlemmerlieder im deutschen Volksliede bis zum dreißigjährigen Kriege. Diss. Heidelberg 1914.

Engels, Paul: Die äußeren Stilmittel in vagantenhafter Lyrik und bei Gottfried von Straßburg. Ein Beitrag zur Kenntnis der Beziehungen zwischen der deutschen und der lateinischen Literatur des Mittelalters. Diss. Köln 1928.

Jantzen, Walter: Die lyrische Dichtung der Jugendbewegung. Weißwasser: Hampel, 1929. Neuausg. Frankfurt a. M.: Dipa, 1974.

Rieger, Burghardt: Poetae studiosi. Analysen studentischer Lyrik des 19. und 20. Jahrhunderts. Ein Beitrag zur exaktwissenschaftlichen Erforschung literarischer Massenphänomene. Frankfurt a. M.: Thesen-Verlag, 1970.

Ritte, Hans: Das Trinklied in Deutschland und Schweden. Vergleichende Typologie der Motive. Bis 1800. München: Fink, 1973.

Grunewald, Eckhard: Die Zecher- und Schlemmerlieder des deutschen Spätmittelalters. Mit einem Anhang: >Der Minner und der Luderer<. Diss. Köln 1976.

Spicker, Friedemann: Deutsche Wanderer-, Vagabunden- und Vagantenlyrik in den Jahren 1910-1933. Wege zum Heil – Straßen der Flucht. Berlin: de Gruyter, 1976.

Haas, Norbert: Trinklieder des deutschen Spätmittelalters: philologische Studien an Hand ausgewählter Beispiele. Göppingen: Kümmerle, 1991.

Lang, Raimund: Intonas. Von studentischen Texten und Weisen. Wien: Österr.Verein für Studentengeschichte, 1992, [2]1998.

Bosse /Neumeyer: Musensohn und Wanderlied um 1800 (1995): s. Abschn. II,8.

Lang, Raimund: Die Frau im Studentenlied. Bern: Schweizerische Vereinigung für Studentengeschichte, 1998.

14. Tagelied / Pastourelle

Kochs, Theodor: Das deutsche geistliche Tagelied. Münster: Aschendorff, 1928.

Niklas, Friedrich: Untersuchung über Stil und Geschichte des deutschen Tageliedes. Berlin: Ebering, 1929. – Reprog. Nendeln: Kraus, 1967.

Jones, William P.: The Pastourelle. A Study of the Origin and Tradition of a Lyric Type. Cambridge: Harvard UP, 1939.

Mayer-Rosa, Norbert: Studien zum deutschen Tagelied. Untersuchungen zur Gruppe >Tagelieder< in Uhlands Sammlung >Alte hoch- und niederdeutsche Volkslieder< . Diss. Tübingen, 1938.

Ohling, Hertha: Das deutsche Tagelied vom Mittelalter bis zum Ausgang der Renaissance. Diss. Köln 1938.

Eos. An Enquiry into the Theme of Lover's Meetings and Partings at Dawn in Poetry. Ed. by Arthur T. Hatto. The Hague: Mouton, 1965.

Knoop, Ulrich: Das mittelhochdeutsche Tagelied. Inhaltsanalyse und literarhistorische Untersuchung. Marburg a. d. L.: Elwert, 1976.

Wolf, Alois. Variation und Integration. Beobachtungen zu hochmittelalterlichen Tageliedern. Darmstadt: WBG, 1979.

Deutsche Tagelieder. Von den Anfängen der Überlieferung bis zum 15. Jahrhundert. Hrsg. von Sabine Freund. Heidelberg: Winter, 1983.

Brinkmann, Sabine: Die deutschsprachige Pastourelle, 13. bis 16. Jahrhundert. Göppingen: Kümmerle, 1985. [Diss. Bonn 1976.]

Rohrbach, Gerdt: Studien zur Erforschung des mittelhochdeutschen Tageliedes. Ein sozialgeschichtlicher Beitrag. Göppingen: Kümmerle, 1986.

Beloiu-Wehn, Ioana: „Der tageliet maneger gern sanc." Das deutsche Tagelied des 13. Jahrhunderts. Versuch einer gattungsorientierten intertextuellen Analyse. Frankfurt a. M.: Lang, 1989.

15. Sonstige Gedichtarten

Vossler, Karl: Das deutsche Madrigal. Geschichte seiner Entwicklung bis in die Mitte des XVIII. Jahrhunderts. Weimar: Felber, 1898. – Reprogr. Walluf: Sändig, 1972.
Euling, Karl: Das Priamel bis Hans Rosenplüt. Studien zur Volkspoesie. Breslau: Marcus, 1905. – Reprogr. Hildesheim: Olms, 1977.
Uhl, Wilhelm: Das deutsche Priamel. Ihre Entstehung und Ausbildung. Leipzig: Hirzel, 1905.
Tschersig, Hubert: Das Gasel in der deutschen Dichtung und das Gasel bei Platen. Leipzig: Quelle und Meyer, 1907.
Floeck, Oswald: Die Kanzone in der deutschen Dichtung. Berlin: Ebering, 1910.
Rosenfeld, Helmut: Das deutsche Bildgedicht, seine antiken Vorbilder und seine Entwicklung bis zur Gegenwart. Aus dem Grenzgebiet zwischen bildender Kunst und Dichtung. Leipzig: Mayer und Müller, 1935. – Reprogr. New York / London: Johnson, 1967.
Liede, Alfred: Dichtung als Spiel. Studien zur Unsinnspoesie an den Grenzen der Sprache. 2 Bde. Berlin: de Gruyter, 1963.
Langen, August: Dialogisches Spiel. Formen und Wandlungen des Wechselgesanges in der deutschen Dichtung (1600-1900). Heidelberg: Winter, 1966.
Albertsen, Leif L.: Das Lehrgedicht. Eine Geschichte der antikisierenden Sachepik in der neueren deutschen Literatur, mit einem unbekannten Gedicht Albrecht von Hallers. Aarhus: Akademisk boghandel, 1967.
Leibfried, Erwin: Fabel. Stuttgart: Metzler, 1967, 4., durchges. u. erg. Aufl. 1982.
Fülleborn, Ulrich: Das deutsche Prosagedicht. Zu Theorie und Geschichte einer Gattung. München: Fink, 1970.
Helmers, Hermann: Lyrischer Humor. Strukturanalysen und Didaktik der komischen Versliteratur. Stuttgart: Klett, 1971.
Riesz, János: Die Sestine. Ihre Stellung in der literarischen Kritik und ihre Geschichte als lyrisches Genus. München: Fink, 1971.
Hoffmeister, Gerhart: Petrarkistische Lyrik. Stuttgart: Metzler, 1973.
George, Edith: Zur Ästhetik und Leistung der sozialistischen deutschen Lyrik für Kinder. Berlin: DDR-Zentrum für Kinderliteratur, 1976.
Segebrecht, Wulf: Das Gelegenheitsgedicht. Ein Beitrag zur Geschichte und Poetik der deutschen Lyrik. Stuttgart: Metzler, 1977. Franz, Kurt: Kinderlyrik: Struktur, Rezeption, Didaktik. München: Fink, 1979.
Todorow, Almut: Gedankenlyrik. Die Entstehung eines Gattungsbegriffs im 19. Jahrhundert. Stuttgart: Metzler, 1980.
Kranz, Gisbert: Das Bildgedicht. Theorie, Lexikon, Bibliographie. 2 Bde. Köln: Böhlau, 1981.
Motté, Magda: Moderne Kinder-Lyrik. Begriff, Geschichte, literarische Kommunikation, Bestandsaufnahme. Frankfurt a. M.: Lang, 1983.

Riha, Karl: Deutsche Grossstadtlyrik. Eine Einführung. München: Artemis, 1983.

Ledermann-Weibel, Ruth: Zürcher Hochzeitsgedichte im 17. Jahrhundert. Untersuchungen zur barocken Gelegenheitsdichtung. Zürich, München: Artemis, 1984.

Drees, Jan: Die soziale Funktion der Gelegenheitsdichtung. Studien zur deutschsprachigen Gelegenheitsdichtung in Stockholm zwischen 1613 und 1719. Stockholm: Almqvist & Wiksell, 1986.

Adler, Jeremy; Ernst, Ulrich: Text als Figur. Visuelle Poesie von der Antike bis zur Moderne. Ausstellungskatalog. Wolfenbüttel: Herzog-August-Bibliothek, 1987.

Nienhaus, Stefan: Das Prosagedicht im Wien der Jahrhundertwende. Altenberg – Hofmannsthal – Polgar. Berlin: de Gruyter, 1986.

Jonas, Monika: Der spätmittelalterliche Versschwank. Studien zu einer Vorform trivialer Literatur. Innsbruck: Institut für Germanistik, Universität Innsbruck, 1987.

Adam, Wolfgang: Poetische und Kritische Wälder. Untersuchungen zu Geschichte und Form des Schreibens >bei Gelegenheit<. Heidelberg: Winter, 1988.

Braune-Steininger, Wolfgang: Das Portraitgedicht als Gattung der deutschen Nachkiegslyrik. Poetik, Erscheinungsformen, Interpretationen. Diss. Giessen, 1988.

Kranz, Gisbert: Das Architekturgedicht. Köln: Böhlau, 1988.

Lyrik für Kinder und junge Leute. Hrsg. von Roswitha Cordes. Schwerte: Katholische Akademie, 1988.

Riemer, Franz: Das deutsche Madrigal im 20. Jahrhundert. Diss. Berlin, Freie Univ. 1988.

Bach, Inka; Galle, Helmut: Deutsche Psalmdichtung vom 16. bis zum 20. Jahrhundert. Untersuchungen zur Geschichte einer lyrischen Gattung. Berlin: de Gruyter, 1989.

Feldt, Michael: Lyrik als Erlebnislyrik. Zur Geschichte eines Literatur- und Mentalitätstypus zwischen 1600 und 1900. Heidelberg: Winter, 1990.

Apfelböck, Hermann: Tradition und Gattungsbewusstsein im deutschen Leich. Ein Beitrag zur Gattungsgeschichte mittelalterlicher musikalischer >discordia.< Tübingen: Niemeyer, 1991.

Ernst, Ulrich: Carmen figuratum. Geschichte des Figurengedichts von den antiken Ursprüngen bis zum Ausgang des Mittelalters. Köln: Böhlau, 1991.

Messerli, Alfred: Elemente einer Pragmatik des Kinderliedes und des Kinderreimes. Aufgrund autobiographischer Texte und einer Befragung von Züricher Schulkindern im Jahre 1985. Aarau: Sauerländer, 1991.

Strecker, Dieter: Lyrik im Kindergarten und in der Grundschule. Gedichte von Erwachsenen und Kindern für Kinder. Mit Interpretationshilfen und Anregungen für den praktischen Unterrichts. Fellbach: Bonz, 1991.

Ünlü, Hülya: Das Gahsel des islamischen Orients in der deutschen Dichtung. New York: Lang, 1991.

Deutsch-japanische Begegnungen in Kurzgedichten. Hrsg. von Tadao Araki; Illustrationen Kyoko Yanagisawa und Tsutomou Yoshikawa. München: Iudicium-Verlag, 1992.

Vahle, Frederick: Kinderlied. Erkundungen zu einer frühen Form der Poesie im Menschenleben. Weinheim: Beltz, 1992.

Martin, Dieter: Das deutsche Versepos im 18. Jahrhundert. Studien und kommentierte Gattungsbibliographie. Berlin: de Gruyter, 1993.

Tervooren, Helmut: Sangspruchdichtung. Stuttgart: Metzler, 1995.

Kinderlyrik zwischen Tradition und Moderne. Hrsg. von Kurt Franz und Hans Gärtner. Baltmannsweiler: Schneider Verlag Hohengehren, 1996.

Kratschmer, Edwin: Poetologie des Jugendgedichts. Ein Beitrag zur Poetogenese. Frankfurt a. M.: Lang, 1996.

Visuelle Poesie. Hrsg. von Heinz Ludwig Arnold in Zusammenarb. mit Hermann Korte. München: edition text + kritik, 1997.

Köhler, Jens: Der Wechsel. Textstruktur und Funktion einer mittelhochdeutschen Liedgattung. Heidelberg: Winter, 1997.

Marschall, Veronika: Das Chronogramm. Eine Studie zu Formen und Funktionen einer literarischen Kunstform. Dargestellt am Beispiel von Gelegenheitsgedichten des 16. bis 18. Jahrhunderts aus den Beständen der Staatbibliothek Bamberg. Frankfurt a. M.: Lang, 1997.

Vogdt, Ines-Bianca: Wunderhorn und Sprachgitter. Geschichte der internationalen Kinderlyrik seit dem 18. Jahrhundert. München: Fink, 1998.

Kliewer, Heinz-Jürgen: Was denkt die Maus? Gesammelte Aufsätze zur Kinderlyrik. Frankfurt a. M.: Lang, 1999.

Wittbrodt, Andreas: Deutschsprachige Lyrik in traditionellen japanischen Gattungen: Bibliographie der Übersetzungen, Adaptationen, auf deutsch verfaßten Gedichte sowie der wissenschaftlichen und essayistischen Darstellungen (1849 - 1998). Aachen: Shaker, 1999.

III ZUR EPOCHENGESCHICHTE

1. Gesamtdarstellungen; größere Zeiträume

Hoffmann von Fallersleben: Geschichte des deutschen Kirchenliedes (1832): s. Abschn. II,8.

Cunz: Geschichte des deutschen Kirchenliedes (1855): s. Abschn. II,8.

Welte: Geschichte des Sonettes (1884): s. Abschn. II,12.

Nelle: Geschichte des deutschen evangelischen Kirchenliedes (1904): s. Abschn. II,8.

Witkop, Philipp: Die neuere deutsche Lyrik. 2. Bde. Leipzig: Teubner, 1910-13; 2. veränd. Aufl. u. d. .T.: Die deutschen Lyriker von Luther bis Nietzsche, 1921.

Ermatinger, Emil: Die deutsche Lyrik in ihrer geschichtlichen Entwicklung von Herder bis zur Gegenwart. 2 Bde. Leipzig: Teubner, 1921; 2. Aufl. u. d. T.: Die deutsche Lyrik seit Herder. 3 Bde. 1925.

Viëtor: Geschichte der deutschen Ode (1923): s. Abschn. II,10.

Müller: Geschichte des deutschen Liedes (1925): s. Abschn. II,8.

Gabriel: Das deutsche evangelische Kirchenlied (1935): s. Abschn. II,8.

Kayser: Geschichte der deutschen Ballade (1936): s. Abschn. II,4.

Closs, August: The Genius of German Lyric. A Historic Survey of its Formal and Metaphysical Values. London: Allen & Unwin, 1938. – Neuaufl. London: Cresset; Philadelphia: Dufour, 1962; Paperback ed. 1965.

Beißner: Geschichte der deutschen Elegie (1941): s. Abschn. II,5.

Klein, Johannes: Geschichte der deutschen Lyrik von Luther bis zum Ausgang des 2. Weltkrieges. Wiesbaden: Steiner, [2]1960.

Haller, Rudolf: Geschichte der deutschen Lyrik vom Ausgang des Mittelalters bis zu Goethes Tod. Bern/München: Francke, 1967.

Hinck: Die deutsche Ballade (1968): s. Abschn. II,4.

Geschichte der politischen Lyrik in Deutschland (1978): s. Abschn. II,11.

Geschichte der deutschen Lyrik vom Mittelalter bis zur Gegenwart. Hrsg. von Walter Hinderer. Stuttgart: Reclam, 1983.

Kaiser, Gerhard: Geschichte der deutschen Lyrik von Goethe bis zur Gegenwart. Ein Grundriß in Interpretationen. Bd. 1. Geschichte der deutschen Lyrik von Goethe bis Heine. Frankfurt a. M.: Suhrkamp, 1988. Bd. 2. Geschichte der deutschen Lyrik von Heine bis zur Gegenwart. Frankfurt/Leipzig: Insel Verlag, 1991, [2]1996.

Korte, Hermann: Geschichte der deutschen Lyrik seit 1945. Stuttgart: Metzler, 1989.

Kross: Geschichte des deutschen Liedes (1989): s. Abschn. II,8.

Gabriel: Studien zur Geschichte der deutschen Hymne (1992): s. Abschn. II,7.

Hamburger, Michael: Das Überleben der Lyrik: Berichte und Zeugnisse. Hrsg. und mit einem Nachw. vers. von Walter Eckel. München; Wien: Hanser, 1993.

Bauer, Gerhard: Gewissensblitze: moderne Gedichte als Provokationen. München: Fink, 1995.

Frey, Daniel: Kleine Geschichte der deutschen Lyrik. Mit liebeslyrischen Modellen. München: Fink, 1998.

2. Mittelalter (bis zum Ende des 13. Jahrhunderts)

2.1 Mit Ausnahme des Minnesangs
(Zum Minnesang vgl. Unterabschn. 2.2)

Geisler: Fürsten und Reich in der politschen Spruchdichtung (1921): s. Abschn. II,11.

Hühner: Die deutschen Geißlerlieder (1931): s. Abschn. II,8.

Gennrich: Grundriß einer Formenlehre des mittelalterlichen Liedes (1932): s. Abschn. II,8.

Singer, Samuel: Die religöse Lyrik des Mittelalters. (Das Nachleben der Psalmen.) Bern: Francke, 1933.

Behrendt, Martin: Zeitklage und laudatio temporis acti in der mittelhochdeutschen Lyrik. Berlin: Ebering, 1935. – Reprogr. Nendeln: Kraus, 1967.

Weber, Alfons: Studien zur Abwandlung der höfischen Ethik in der Spruchdichtung des 13. Jahrhunderts. Diss. Bonn 1936.

Diesenberg, Hans: Studien zur religösen Gedankenwelt in der Spruchdichtung des 13. Jahrhunderts. Diss. Bonn 1937.

Ohling: Das deutsche Tagelied (1938). s. Abschn. II,14.

Moret, André: Les débuts du lyrisme en Allemagne (des origins 1350). Lille: Bibliothèque Universitaire, 1951.

Bertau, Karl Heinrich: Sangverslyrik. Über Gestalt und Geschicklichkeit mittelhochdeutscher Lyrik am Beispiel des Leichs. Göttingen: Vandenhoeck & Ruprecht, 1964.

Lieres und Wilkau, Marianne von: Sprachformeln in der mittelhochdeutschen Lyrik bis zu Walter von der Vogelweide. München: Beck, 1965.

Fünten, Wiltrud aus der: Maria Magdalena in der Lyrik des Mittelalters. Düsseldorf: Schwann, 1966.

Ingenbrand, Hermann: Interpretationen zur Kreuzzugslyrik Friedrich von Hausen, Albrechts von Johansdorf, Heinrich von Rugge, Hartmanns von Aue, Walter von der Vogelweide. Diss. Frankfurt a. M. 1966.

Dronke, Peter: The Medieval Lyric. London: Hutchinson, 1968, [2]1978; New York: Harper & Row, 1968, [2]1978. – Dt.: die Lyrik des Mittelalters. Eine Einführung. München: Beck, 1973; ebd.: dtv, 1977.

Janota: Studien zu Funktion und Typus des deutschen geistliches Lieds (1968): s. Abschn. II,8.

Zeitschrift für deutsche Philologie 87 (1968). Sonderheft: Mittelhochdeutsche Lyrik.

Formal Aspects of Medieval Poetry. A Symposium [Austin, 1966]. Ed. by Stanley N. Werbov. Austin/London: University of Texas Press, 1969.

Georgi, Annette: Das lateinische und deutsche Preisgedicht des Mittelalters in der Nachfolge des genus demonstrativum. Berlin: Schmidt, 1969.

Interpretationen mittelhochdeutscher Lyrik. Hrsg. von Günther Jungbluth. Bad Homburg: Gehlen, 1969.

Appelhans, Peter: Untersuchungen zur spätmittelalterlichen Mariendichtung. Die rythmischen mittelhochdeutschen Mariengrüße. Heidelberg: Winter, 1970.

Schäfer, Gerhard M.: Untersuchungen zur deutschsprachigen Marienlyrik des 12. und 13. Jahrhunderts. Göppingen: Kümmerle, 1971.

Schupp: Deutsche politische Lyrik des 13. Jahrhunderts (1971): s. Abschn. II,11.

Zeitschrift für deutsche Philologie 90 (1971) Sonderheft; Neue Arbeiten zum mittelalterlichen Lied.

Mittelhochdeutsche Spruchdichtung. Hrsg. von Hugo Moser. Darmstadt: WBG, 1972.

Beiträge zur weltlichen und geistlichen Lyrik des 13. bis 15. Jahrhunderts. Würzburger Colloquium 1970. Hrsg. von Kurt Ruh und Werner Schröder. Berlin: Schmidt, 1973.

Kircher: Alois: Dichter und Konvention. Zum gesellschaftlichen Realitätsproblem der deutschen Lyrik um 1200 bei Walter von der Vogelweide und seinen Zeitgenossen. Düsseldorf: Bertelsmann, 1973.

Wachinger, Burghardt: Sängerkrieg. Untersuchungen zur Spruchdichtung des 13. Jahrhunderts. München: Beck, 1973.

Franz, Kurt: Studien zur Soziologie des Spruchdichters in Deutschland im späten 13. Jahrhundert. Göppingen: Kümmerle, 1974.

Müller: Untersuchungen zur politischen Lyrik (1974): s. Abschn. II,11.

Ilgner, Rainer: Scheltstrophen in der mittelhochdeutschen >Spruchdichtung< nach Walter. Diss. Bonn 1975.

Novak, Peter: Studien zu Gehalten und Formen mittelhochdeutscher Gebetslyrik des 13. Jahrhunderts. Diss. Bonn 1975.

Brinkmann: Die deutsche Pastourelle (1976): s. Abschn. II,14.

Knoop: Das mittelhochdeutsche Tagelied (1976): s. Abschn. II,14.

Huber, Christoph: Wort sint der dinge zeichen. Untersuchungen zum Sprachdenken der mittelhochdeutschen Spruchdichtung bis Frauenlob. Zürich: Artemis, 1977.

Wolf: Variation und Integration (1979): s. Abschn. II,14.

Hatto, Artur T.: Essays on Medieval German and other Poetry. Cambridge: Cambridge UP, 1980.

Hölzle, Peter: Die Kreuzzüge in der okzitanischen und deutschen Lyrik des 12. Jahrhunderts. (Das Gattungsproblem >Kreuzlied< im historischen Kontext.) 2. Bde. Göppingen: Kümmerle, 1980.

Lepping, Rena: Studien zur Lyrik des 13. Jahrhunderts. Göppingen: Kümmerle, 1981.

Sayce, Olive: The Medival German Lyric. The Development of its Themes and Forms in their European Context. Oxford: Clarendon, 1982.

Lyrik des Mittelalters. Problem und Interpretationen (1983): s. Abschn. I, 3.

Kaplowitt, Stephen J.: The ennobling power of love in the Medieval German lyric. Chapel Hill: University of North Carolina Press, 1986.

Thurnher: Politik und Dichtung (1988): s. Abschn. II,11.

Beloiu-Wehn: Das deutsche Tagelied des 13. Jahrhunderts (1989): s. Abschn. II,14.

„Ist zwîvel herzen nâchgebûr": Günther Schweikle zum 60. Geburtstag. Hrsg. von Rüdiger Krüger. Stuttgart: Helfant-Ed., 1989.

Liebe und aventiure im Artusroman des Mittelalters. Beiträge der Triester Tagung 1988. Hrsg. von Paola Schulze-Belli und Michael Dallapiazza. Göppingen: Kümmerle, 1990.

Liebe als Krankheit. 3. Kolloquium der Forschungsstelle für europäische Lyrik des Mittelalters. Hrsg. von Theo Stemmler. Tübingen: Narr, 1990.

Willms, Eva: Liebesleid und Sangeslust: Untersuchungen zur deutschen Liebeslyrik des späten 12. und frühen 13. Jahrhunderts. München: Artemis, 1990.

Apfelböck: Tradition und Gattungsbewusstsein im deutschen Leich (1991): s. Abschn. II,15.

Natur und Lyrik (1991): s. Abschn. II,9.

Homoerotische Lyrik. 6. Kolloquium der Forschungsstelle für Europäische Lyrik des Mittelalters. Hrsg. von Theo Stemmler. Mannheim: Forschungsstelle für Europäische Literatur des Mittelalters, 1992.

Hohmann: Friedenskonzepte (1992): s. Abschn. II,11.

Gedichte und Interpretationen: Mittelalter. Hrsg. von Helmut Tervooren. Stuttgart: Reclam, 1993 .

Holznagel, Franz-Josef: Wege in die Schriftlichkeit: Untersuchungen und Materialien zur Überlieferung der mittelhochdeutschen Lyrik. Tübingen: Francke, 1995.

Deutsche Lyrik des frühen und hohen Mittelalters. Edition der Texte und Kommentare von Ingrid Kasten. Übersetzungen von Margherita Kuhn. Frankfurt a. M.: Deutscher Klassiker Verlag, 1995.

Hofmeister: Sprichwortartige Mikrotexte als literarische Medien (1995): s. Abschn. II,11.

Müller, Maria: Jungfräulichkeit in Versepen des 12. und 13. Jahrhunderts. München: Fink, 1995.

Tervooren: Sangspruchdichtung (1995): s. Abschn. II,15.

Wechselspiele. Kommunikation und Gattungsinterferenzen mittelhochdeutscher Lyrik. Hrsg. von Michael Schilling und Peter Strohschneider. Heidelberg: Winter, 1996.

Köhler: Der Wechsel (1997): s. Abschn. II,15.

Bein, Thomas: „Mit fremden Pegasusen pflügen" Untersuchungen zu Authentizität in mittelhochdeutscher Lyrik und Lyrikphilologie. Berlin: E. Schmidt, 1998.

Cramer, Thomas: Waz hilfet âne sinne kunst? Lyrik im 13. Jahrhundert. Studien zu ihrer Ästhetik. Berlin: E. Schmidt, 1998.

Tervooren, Helmut: Schoeniu wort mit süezeme sange: philologische Schriften. Hrsg. von Susanne Fritsch und Johannes Spicker. Berlin: Erich Schmidt, 2000.

2.2 Minnesang / Höfische Lyrik

Wechssler, Eduard: Das Kulturproblem des Minnesang und Christentum. Halle a. d. S.: Niemeyer, 1909. – Reprogr. Osnabrück: Zeller, 1966.

Brinkmann, Henning: Entstehungsgeschichte des Minnesangs. Halle a. d. S.: Niemeyer: 1926. – Reprogr. Darmstadt: WBG, 1971.

Ecker, Lawrence: Arabischer, provenzalischer und deutscher Minnesang. Eine motivgeschichtliche Untersuchung. Bern: Haupt, 1934.

Fischer, Heinrich: Die Frauenmonologe der deutschen höfischen Lyrik. Diss. Marburg a. d. L. 1934.

Heinisch, Klaus J.: Antike Bildungselemente im frühen deutschen Minnesang. Diss. Bonn 1934.

Schneider: Die Naturschilderung (1938): s. Abschn. II,9.

Ittenbach, Max: Der frühe deutsche Minnesang. Strophenfügung und Dichtersprache. Halle a. d. S.: Niemeyer, 1939.

Kraus, Karl von: Des Minnesangs Frühling. Untersuchungen. Leipzig: Hirzel, 1939. – Neuausg. als: Des Minnesangs Frühling. Hrsg. von Helmut Tervooren und Hugo Moser. Bd. 3: Kommentare. T. I. Stuttgart: Hirzel, 1981.

Mergell, Erika: Die Frauenrede im deutschen Minnesang. Diss. Frankfurt a. M. 1940.

Richey, Margaret F.: Essays on the Medieval German Love Lyric. Oxford: Blackwell, 1943. – Neuaufl. u. d. T.: Essays on Medieval German Poetry. New York: Barnes & Noble, 1969.

Politi, Francesco: La lirica del Minnesang. Testi – Profili –Versioni. Bari: Laterza, 1948.

Frings, Theodor: Minnesinger und Troubadours. Berlin: Akademie, 1949.

Kuhn, Hugo: Minnesangs Wende. Tübingen: Niemeyer, 1952; 2., verm. Aufl. 1967.

Götz, Heinrich: Leitwörter des Minnesangs. Berlin: Akademie, 1957.

Kolb, Herbert: Der Begriff der Minne und das Entstehen der höfischen Lyrik. Tübingen: Niemeyer, 1958.

Der deutsche Minnesang. Aufsätze zu seiner Erforschung. Hrsg. von Hans Fromm. Bad Homburg: Gentner, 1961; Darmstadt: WBG, [5]1972.

Kippenberg, Burkhard: Der Rythmus im Minnesang. Eine Kritik der literar- und musikhistorischen Forschung. München: Beck, 1962.

Wulffen: Der Natureingang (1963): s. Abschn. II,9.

Touber, Antonius H.: Rhetorik und Form im deutschen Minnesang. Groningen: Wolters, 1964.

Jammers, Ewald: Das Königliche Liederbuch des deutschen Minnesangs. Eine Einführung in die sogenannte Manessische Handschrift. Heidelberg: Schneider, 1965.

Kesting, Peter: Maria – Frouve. Über den Einfluß der Marienverehrung auf den Minnesang bis Walther von der Vogelweide. München: Fink, 1965.

Der Deutschunterricht 19 (1967) H. 2: Zum deutschen Minnesang.

Goldin, Frederick: The Mirror of Narcissus in the Courtly Love Lyric. Ithaca: Cornell UP, 1967.

Grimminger, Rolf: Poetik des frühen Minnesangs. München: Beck, 1969.

Hundt, Dietmar: Anklage-Motive im mittelhochdeutschen Minnelied. Diss. München 1970.

Glier, Ingeborg: Artes amandi. Untersuchung zu Geschichte, Überlieferung und Typologie der deutschen Minnereden. München: Beck, 1971.

Ohlenrodt, Derk: Sprechsituation und Sprecheridentität. Eine Untersuchung zum Verhältnis von Sprache und Realtität im frühen deutschen Minnesang. Göppingen: Kümmerle, 1974.

Wapnewski, Peter: Waz ist mine. Studien zur mittelhochdeutschen Lyrik. München: Beck, 1975, [2]1979.

Ranawake, Silvia: Höfische Strophenkunst. Vergleichende Untersuchungen zur Formentypologie von Minnesang und Trouvèrelied an der Wende zum Spätmittelalter. München: Beck, 1976.

Renk, Herta-E.: Der Manessekreis, seine Dichter und die Manessische Handschrift. Stuttgart: Kohlhammer, 1976.

Saiz, Prospero: Personnae und Poiesis. The Poet and the Poem in Medieval Love Lyric. The Hague: Mouton, 1976.

Ziegler, Vicki L.: The Leitwort in Minnesang. Stylistic Analysis and Textual Criticism. University Park: Pennsylvania State UP, 1976.

Salem, Laila: Die Frau in den Liedern des >Hohen Minnesangs<. Forschungskritik und Textanalyse. Bern/Frankfurt a. M.: Lang, 1979.

Ehlert, Trude: Konvention, Variation, Integration. Ein struktureller Vergleich von Liedern aus >Des Minnesangs Frühling< und von Walther von der Vogelweide. Berlin: Schmidt, 1980.

Bolduan, Viola: Minne zwischen Ideal und Wirklichkeit: Studien zum späten Schweizer Minnesang. Frankfurt a. M.: Haag & Herchen, 1982.

Perrin, Newton A. Reification and the development of realism in late minnesang. Darmstadt: Kümmerle, 1982.

Goheen, Jutta: Mittelalterliche Liebeslyrik von Neidhardt von Reuenthal bis zu Oswald von Wolkenstein. Berlin: E. Schmidt, 1984.

Janssen, Olga: Lemmatisierte Konkordanz zu den Schweizer Minnesängern. Tübingen: Niemeyer, 1984.

Wallmann, Katharina: Minnebedingtes Schweigen in Minnesang, Lied und Minnerede des 12. bis 16. Jahrhunderts. Frankfurt a. M.: Lang, 1984.

Fischer, Karl-Hubert: Zwischen Minne und Gott. Die geistesgeschichtlichen Voraussetzungen des deutschen Minnesangs mit besonderer Berücksichtigung der Frömmigkeitsgeschichte. Frankfurt a. M., Bern: Lang, 1985.

Der deutsche Minnesang. Aufsätze zu seiner Erforschung. Hrsg. von Hans Fromm. Bd. 2. Darmstadt: WBG, 1985.

Kasten, Ingrid: Frauendienst bei Trobadors und Minnesängern im 12. Jahrhundert: zur Entwicklung und Adaption eines literarischen Konzepts. Heidelberg: Winter, 1986.

Puella bella. Die Beschreibung der schönen Frau in der Minnelyrik des 12. und 13. Jahrhunderts. Hrsg. von Rüdiger Krüger. Stuttgart: Helfant-Edition, 1986.

Minne ist ein swaerez Spil. Neuere Untersung zum Minnesang und zur Geschichte der Liebe im Mittelalter. Hrsg. von Ulrich Müller. Göppingen: Kümmerle, 1986.

Räkel, Hans-Herbert S.: Der deutsche Minnesang. Eine Einführung. Mit Texten und Materialien. München: Beck, 1986.

Händl, Claudia: Rollen und pragmatische Einbindung. Analysen zur Wandlung des Minnesangs nach Walther von der Vogelweide. Göppingen: Kümmerle, 1987.

Sittig, Doris: Vyl wonders machet minne. Das deutsche Liebeslied in der ersten Hälfte des 15. Jahrhunderts. Versuch einer Typologie. Göppingen: Kümmerle, 1987.

Eikelmann, Manfred: Denkformen im Minnesang. Untersuchung zu Aufbau, Erkenntnisleistung und Anwendungsgeschichte konditionaler Strukturmuster des Minnesangs bis um 1300. Tübingen: Niemeyer, 1988.

Held, Volker: Mittelalterliche Lyrik und „Erlebnis": zum Fortwirken romantischer Kategorien in der Rezeption der Minnelyrik. Bonn: Romanist. Verlag, 1989.

Jaegle, Dietmar: Ach und wehe, das Gedröhne! Von Minnesängern, Spruchdichtern und anderen Schwaben. Stuttgart: Silberburg-Verlag, 1989.

Schweikle, Günther: Minnesang. Stuttgart: Metzler, 1989, ²1995.

Berleth, Richard J.: The orphan stone. The Minnesinger dream of Reich. New York: Greenwood Press, 1990.

McMahon, James V.: The music of early Minnesang. Columbia, SC: Camden House, 1990.

Scheer, Eva B.: Daz geschach mir durch ein schouwen Wahrnehmung durch Sehen in ausgewählten Texten des deutschen Minnesangs bis zu Frauenlob. Frankfurt a. M.: Lang, 1990.

Willms, Eva: Liebesleid und Sangeslust: Untersuchungen zur deutschen Liebeslyrik des späten 12. und frühen 13. Jahrhunderts. München: Artemis-Verlag, 1990.

Minnesang: mittelhochdeutsche Texte mit Übertragungen und Anmerkungen. Hrsg., übers. und mit einem Anh. vers. von Helmut Brackert. Frankfurt a. M.: Fischer-Taschenbuch-Verlag, 1991.

Weil, Bernd: Die Rezeption des Minnesangs in Deutschland seit dem 15. Jahrhundert. Frankfurt: R. G. Fischer, 1991.

Koller, Angelika: Minnesang-Rezeption um 1800: Falldarstellungen zu den Romantikern und ihren Zeitgenossen und Exkurse zu ausgewählten Sachfragen. Frankfurt a. M.: Lang, 1992.

Schweikle, Günther: Mittelhochdeutsche Minnelyrik: Texte und Übertragungen, Einführung und Kommentar. Stuttgart: Metzler, 1993.

Weil, Bernd: Der deutsche Minnesang: Entstehung und Begriffsdeutung. Frankfurt: R. G. Fischer, 1993

Frischeisen, Johann Friedrich: Winsbeke: der Windsbacher Beitrag zum Minnesang des Hochmittelalters Regensburg: Roderer, 1994.

Schweikle, Günther: Minnesang in neuer Sicht. Stuttgart: J.B. Metzler, 1994.

„Dâ hoeret ouch geloube zuo": Überlieferungs- und Echtheitsfragen zum Minnesang Beiträge zum Festcolloquium für Günther Schweikle anlässlich seines 65. Geburtstages. Hrsg. von Rüdiger Krohn in Zusammenarbeit mit Wulf-Otto Dreessen. Stuttgart: Hirzel, 1995.

Obermaier, Sabine: Von Nachtigallen und Handwerkern: „Dichtung über Dichtung" in Minnesang und Sangspruchdichtung. Tübingen: Niemeyer, 1995.

Weber, Barbara: Oeuvre-Zusammensetzungen bei den Minnesängern des 13. Jahrhunderts. Göppingen: Kümmerle, 1995.

Hübner, Gert: Frauenpreis: Studien zur Funktion der laudativen Rede in der mittelhochdeutschen Minnekanzone. Baden-Baden: Valentin Koerner, 1996.

Wolf, Alois. Das Faszinosum der mittelalterlichen Minne. Freiburg, Schweiz: Universitätsverlag Freiburg Schweiz, 1996.

Hensel, Andreas: Vom frühen Minnesang zur Lyrik der Hohen Minne: Studien zum Liebes-
begriff und zur literarischen Konzeption der Autoren Kürenberger, Dietmar von Aist,
Meinloh von Sevelingen, Burggraf von Rietenburg, Friedrich von Hausen und Rudolf
von Fenis. Frankfurt a. M.; New York: Lang, 1997.

3. Vom 14. bis zum 16. Jahrhundert

3.1 Mit Ausnahme des Meistersangs
(Zum Meistersang s. Unterabschn. 3.2)

Wolkan: Die Lieder der Wiedertäufer (1903): s. Abschn. II,8.

Jacobsohn: Der Darstellungsstil der historischen Volkslieder (1914): s. Abschn. II,8

Geisler: Fürsten und Reich in der politischen Spruchdichtung (1921): s. Abschn. II,11.

Ellinger, Georg: Geschichte der neulateinischen Literatur (d. i. Lyrik) Deutschlands im sech-
zehnten Jahrhundert. 3 Bde. Berlin: de Gruyter, 1929-33; Bd. 2/3 ²1969.

Hübner: Die deutschen Geißlerlieder (1931): s. Abschn. II,8.

Benary: Liedformen der deutschen Mystik (1936): s. Abschn. II,8.

Mayer-Rosa: Studien zum deutschen Tagelied (1938): s. Abschn. II,14.

Ohling: Das deutsche Tagelied (1938): s. Abschn. II,14.

Platel: Vom Volkslied zum Gesellschaftslied (1939): s. Abschn. II,8.

Goenner, Mary E.: Mary-Verse of the Teutonic Knights. Washington: Catholic University of
America Press, 1944. – Reprogr. New York: AMS Press, 1970.

Kieslich: Das >Historische Volkslied< (1958): s. Abschn. II,8.

Warnke, Frank J.: European Metaphysical Poetry [of the 16th and 17th Centuries]. New Ha-
ven/London: Yale UP, 1961.

Friese, Hans: Gloria sei Dir gesungen. Liederdichter aus der Zeit Martin Luthers. Berlin: Evangelische Verlagsanstalt, 1963.

Schlosser, Horst Dieter: Untersuchungen zum sog. lyrischen Teil des Liederbuchs der Klara
Hätzlerin. Diss. Hamburg 1965.

Rahmelow: Die publizistische Natur [...] deutscher Volkslieder (1966): s. Abschn. II,8.

Petzsch, Christoph: Das Lochamer Liederbuch. Studien. München: Beck, 1967.

Blank, Walter: Die deutsche Minneallegorie. Gestaltung und Funktion einer spätmittelalterlichen
Dichtungsform. Stuttgart: Metzler: 1970.

Beiträge zur weltlichen und geistlichen Lyrik (1973): s. Abschn, III,2.1.

Suppan: Deutsches Liedleben (1973): s. Abschn. II,8.

Brednich: Die Liedpublizistik im Flugblatt (1974): s. Abschn. II,8.

Brunner, Horst: Die alten Meister. Studien zur Überlieferung und Rezeption der mittelhochdeutschen Sangspruchdichter im Spätmittelalter und in der frühen Neuzeit. München: Beck,
1975.

Brinkmann: Die deutschsprachige Pastourelle (1976): s. Abschn. II,14.

Grunewald: Die Zecher- und Schlemmerlieder (1976): s. Abschn. II,13.

Hartmann: Die humanistische Odenkomposition (1976): s. Abschn. II,10.

Kosak, Bernhard: Die Reimpaarfabel im Spätmittelalter. Göppingen: Kümmerle, 1977.

Seibert, Peter: Aufstandsbewegungen in Deutschland 1476-1517 in der zeitgenössischen Reim-
literatur. Heidelberg: Winter, 1978.

Moser: Verkündigung durch Volksgesang (1982): s. Abschn. II,8.

Jonas: Der spätmittelalterliche Versschwank (1987): s. Abschn. II,15.

Wittstruck, Wilfried: Der dichterische Namengebrauch in der deutschen Lyrik des Spätmittelalters. München: Wilhelm Fink Verlag, 1987.

Thurnher: Politik und Dichtung (1988): s. Abschn. II,11.

Schmitz, Silvia: Die Pilgerreise Philipps des Älteren von Katzenelbogen in Prosa und Vers.
Untersuchungen zum dokumentarischen und panegyrischen Charakter spätmittelaltlicher
Adelsliteratur. Fink: München, 1990.

Apfelböck: Tradition und Gattungsbewusstsein im deutschen Leich (1991): s. Abschn. II,15.

Haas: Trinklieder des deutschen Spätmittelalters (1991): s. Abschn. II,13.

Natur und Lyrik (1991): s. Abschn. II,9.

Weil, Bernd. Die Rezeption des Minnesangs in Deutschland seit dem 15. Jahrhundert.
Frankfurt a. M.: R.G. Fischer, 1991.

Hohmann: Friedenskonzepte (1992): s. Abschn. II,11.

Bellicanta: Die Liebe-Tod-Thematik in den Volksliedern des späten Mittelalters (1993): s.
Abschn. II,8.

Buchmann: Das volkstümliche Lied als Quelle zur Mentalitätengeschichte des Mittelalters
(1995): s. Abschn. II,8.

Fritsch-Staar: Unglückliche Ehefrauen (1995): s. Abschn. II,8.

Hofmeister: Sprichwortartige Mikrotexte als literarische Medien (1995): s. Abschn. II,11.

Herchert: Untersuchungen zu erotischen Liederbuchliedern des späten Mittelalters (1996): s.
Abschn. II,8.

Lied im deutschen Mittelalter (1996): s. Abschn. II,8.

3.2 Meistersang

Puschmann, Adam: Gründtlicher Bericht des Deudschen Meistersangs. Görlitz: Fritsch, 1571. –
Neuausg. hrsg. von Richard Jonas. Halle a. d. S.: Niemeyer, 1888.

Spangenberg, Cyriacus: Von der Musica und den Meistersängern. [Handschrift 1598.] Hrsg.
von Adelbert von Keller. Stuttgart: Literarischer Verein, 1861. – Reprogr. Hildesheim:
Olms, 1966.

Mey, Curt: Der Meistergesang in Geschichte und Kunst. Karlsruhe: Ulrici, 1892; Leipzig:
Seemann, [2]1901.

Nagel, Willibald: Studien zur Geschichte der Meistersänger. Langensalza: Beyer, 1909.

Lütcke, Heinrich: Studien zur Philosophie der Meistersänger. Berlin: Mayer & Müller, 1911.

Unold, Kurt: Zur Soziologie des (zünftigen) deutschen Meistersangs. Diss. Heidelberg 1932.

Burger, Heinz Otto: Kunstauffassung der frühen Meistersinger. Eine Untersuchung über die
Kolmarer Liederhandschrift. Berlin: Junker und Dünnhaupt, 1936.

Taylor, Archer: The Literary History of Meistersang. New York: Modern Language Association
of America; London: Oxford UP, 1937.

Friedmann, Clarence W.: Prefigurations in Meistersang: Types from the Bible and Nature. Washington: Catholic University of America Press, 1943. – Reprogr. New York: AMS Press, 1970.

Nagel, Bert: Der deutsche Meistersang. Poetische Technik, musikalische Form und Sprachgestaltung der Meistersinger. Heidelberg; Kerle, 1952.

– Meistersang. Stuttgart: Metzler, 1962, ²1971.

Der deutsche Meistersang. Hrsg. von Bert Nagel. Darmstadt: WBG, 1967.

Brunner: Die alten Meister (1975): s. Abschn. III,3.1.

Kugler, Hartmut: Handwerk und Meistergesang. Ambrosius Metzgers Metamorphosen-Dichtung und die Nürnberger Singschule im frühen 17. Jahrhundert. Göttingen: Vandenhoeck & Ruprecht, 1977.

Edelmann-Ginkel, Alwine: Das Loblied auf Maria im Meistersang. Göppingen: Kümmerle, 1978.

Petzsch, Christoph: Die Kolmarer Liederhandschrift. Entstehung und Geschichte. München: Fink, 1978.

Stahl, Irene: Die Meistersinger von Nürnberg. Archivalische Studien. Nürnberg: Stadtarchiv, 1982.

Haase, Annegret: Die Herausbildung des institutionalisierten Meistersangs bis zum 15. Jahrhundert unter besonderer Berücksichtigung traditioneller Bezüge zwischen der Sangspruchdichtung und dem Meistersang. Diss. A Greifswald, 1983

Hahn, Reinhard: Meistergesang. Leipzig: Bibliographisches Institut, 1985.

Starke, Matthias: Die Studien Jacob Grimms zur Herausbildung und zu den Merkmalen des deutschen Meistergesangs im rezeptionsgeschichtlichen Kontext. Egelsbach: Hänsel-Hohenhausen, 1992.

Rettelbach, Johannes: Variation, Derivation, Imitation. Untersuchungen zu den Tönen der Sangspruchdichter und Meistersinger. Tübingen: Niemeyer, 1993.

Schulz, Ulrike-Marianne. Liebe, Ehe und Sexualität im vorreformatorischen Meistersang: Texte und Untersuchungen. Göppingen: Kümmerle, 1995.

4. Barock

Waldberg, Max von: Die galante Lyrik. Beiträge zu ihrer Geschichte und Charakteristik. Straßburg: Trübner, 1885.

– Die deutsche Renaissance-Lyrik [d. i. Barocklyrik]. Berlin: Herk, 1888.

Souvageol, Hugo: Petrarka in der deutschen Lyrik des 17. Jahrhunderts. Ein Beitrag zur Geschichte der italienischen Literatur in Deutschland. Diss. Leipzig 1911.

Abmeier: Der Frühling in der deuschen Lyrik (1912): s. Abschn. II,9.

Bieder: Natur und Landschaft (1927): s. Abschn. II,9.

Joseph: Sprachformen der deutschen Barocklyrik (1929): s. Abschn. II,10.

Wentzlaff-Eggebert, Friedrich Wilhelm: Das Problem des Todes in der deutschen Lyrik des 17. Jahrhunderts. Leipzig: Mayer & Müller, 1931. – Reprogr. New York/London: Johnson, 1970.

Lischner: Die Anakreontik (1932): s. Abschn. II,1.

Ziemendorff, Ingeborg: Die Metapher bei den weltlichen Lyrikern des deutschen Barock. Berlin: Ebering, 1933. – Reprogr. Nendeln: Kraus, 1967.

Wolfskehl, Marie-Louise: Die Jesusminne in der Lyrik des deutschen Barock. Gießen: Münchow, 1934.

Cysarz, Herbert: Deutsches Barock in der Lyrik. Leipzig: Reclam, 1936.

Moret, André: Le lyrisme baroque en Allemagne. Ses origines, ses idées, ses moyens d'espression. Lille: Bibliothèque Universitaire, 1936.

Platel: Vom Volkslied zum Gesellschaftslied (1939): s. Abschn. II,8.

Lindqvist: Det tyska 1600-taals epigrammets motiv (1949): s. Abschn. II,6.

Berger: Barock und Aufklärung (1951): s. Abschn. II,8.

Beckmann, Adelheid: Motive und Formen der deutschen Lyrik des 17. Jahrhunderts und ihre Entsprechungen in der französischen Lyrik seit Ronsard. Tübingen: Niemeyer, 1960.

Nelson, Lowry jr.: Baroque Lyric Poetry. New Haven/London: Yale UP, 1961, [2]1963.

Warnke: European Metaphysical Poetry (1961): s. Abschn. III 3.1.

Conrady, Karl Otto: Lateinische Dichtungstradition und deutsche Lyrik des 17. Jahrhunderts. Bonn: Bouvier, 1962.

Thomas: Poetry and Song (1963): s. Abschn. II,8.

Strobach: Bauernlyrik (1964): s. Abschn. II,8.

Fechner, Jörg-Ulrich: Der Antipetrarkismus. Studien zur Liebessatire in barocker Lyrik. Heidelberg: Winter, 1966.

Ingen, Ferdinand van: Vanitas und Memento mori in der deutschen Barocklyrik. Groningen: Wolters, 1966.

Forster, Leonard: The Icy Fire. Five Studies in European Petrarchism. London: Cambridge UP, 1969. – Dt. (verm.): Das eiskalte Feuer. 6 Studien zum europäischen Petrarkismus. Kronberg: Scriptor, 1976.

Gerling, Renate: Schriftwort und lyrisches Bild. Die Umsetzung biblischer Texte in der Lyrik des 17. Jahrhunderts. Meisenheim: Hain, 1969.

Derks: Die sapphische Ode (1970): s. Abschn. II,10.

Angress: The early German Epigramm (1971): s. Abschn. II,6.

Browning, Robert M.: German Baroque Poetry. 1618-1723. University Park/London: Pennsylvania State UP, 1971. – Dt.: Deutsche Lyrik des Barock, 1618-1723. Stuttgart: Körner, 1980.

Heiduk, Franz: Die Dichter der galanten Lyrik. Studien zur Neukirchschen Sammlung. Bern/München: Francke, 1971.

Moerke, Ulrich: Die Anfänge der weltlichen Barocklyrik in Schleswig-Holstein. Hudermann – Rist –Lund. Neumünster: Wachholtz, 1972.

Schöberl, Joachim: >liljen=milch und rosen=purpur< Die Metaphorik in der galanten Lyrik des Spätbarock. Untersuchungen zur Neukirchschen Sammlung. Frankfurt a. M.: Thesen-Verlag, 1972.

Capua, Angelo George de: German Baroque Poetry. Interpretive Readings. Albany: State University of New York Press, 1973.

Deutsche Barocklyrik. Gedichtinterpretationen von Spee bis Haller. Hrsg. von Martin Bircher und Alois M. Haas. Bern/München: Franck, 1973.

Hoffmeister: Petrarkistische Lyrik (1973): s. Abschn. II,15.

Brednich: Die Liedpublizistik im Flugblatt (1974): s. Abschn. II,8.

Obermüller, Klara: Studien zur Melancholie in der deutschen Lyrik des Barock. Bonn: Bouvier, 1974.

Ewald, Klaus Peter: Engagierte Dichtung im 17. Jahrhundert. Studie zur Dokumentation und funktionsanalytischen Bestimmung des >Psalmdichtungsphänomens.< Stuttgart: Heinz, 1975.

Spiegel: Die Gustav-Adolf-Zeitlieder (1977): s. Abschn. II,8.

Herzog, Urs: Deutsche Barocklyrik. Eine Einführung. München: Beck, 1979.

Weisz: Das deutsche Epigramm (1979): s. Abschn. II,6.

Weltliches und geistliches Lied des Barock (1979): s. Abschn. II,8.

Beetz, Manfred: Rhetorische Logik. Prämissen der deutschen Lyrik im Übergang vom 17. zum 18. Jahrhundert. Tübingen: Niemeyer, 1980.

Kemper, Hans-Georg: Gottebenbildlichkeit und Naturnachahmung im Säkularisierungsprozeß. Problemgeschichtliche Studien zur Lyrik in Barock und Aufklärung. 2 Bde. Tübingen: Niemeyer, 1981.

Scheitler: Das geistliche Lied (1982): s. Abschn. II,8.

Ledermann-Weibel: Zürcher Hochzeitsgedichte im 17. Jahrhundert (1984): s. Abschn. II,15.

Drees: Die soziale Funktion der Gelegenheitsdichtung (1986): s. Abschn. II,15.

Meid, Volker: Barocklyrik. Stuttgart: Metzler, 1986.

Das protestantische Kirchenlied im 16. und 17. Jahrhundert (1986): s. Abschn. II,8.

Rattay: Entstehung und Rezeption politischer Lyrik (1986): s. Abschn. II,11.

Veit: Das Kirchenlied in der Reformation Martin Luthers (1986): s. Abschn. II,8.

Kemper, Hans-Georg: Deutsche Lyrik der frühen Neuzeit. 6 Bde. [Bd. 1. Epochen- und Gattungsprobleme. Reformationszeit. Bd. 2. Konfessionalismus. Bd. 3. Barock-Mystik.] Tübingen: Niemeyer, 1987-1997.

Kevekordes: Arzt, Medizin und Krankheit in Epigrammen (1987): s. Abschn. II,6.

Lieseberg: Studien zum Märtyrerlied (1991): s. Abschn. II,8.

Studien zum deutschen weltlichen Kunstlied (1992): s. Abschn. II,8.

Brückenschläge: eine barocke Festgabe für Ferdinand van Ingen. Hrsg. von Martin Bircher und Guillaume van Gemert. Amsterdam; Atlanta, GA: Rodopi, 1995.

Göser: Kirche und Lied (1995): s. Abschn. II,8.

Althaus: Epigrammatisches Barock (1996): s. Abschn. II,6.

Marschall: Das Chronogramm (1997): s. Abschn. II,15.

Humanistische Lyrik des 16. Jahrhunderts: Lateinisch und Deutsch. In Zusammenarbeit mit Christof Bodamer ausgewählt, übersetzt, erläutert und hrsg. von Wilhelm Kühlmann, Robert Seidel und Hermann Wiegand. Frankfurt a. M.: Deutscher Klassiker Verlag, 1997.

Heldt, Kerstin: Der vollkommene Regent: Studien zur panegyrischen Casuallyrik am Beispiel des Dresdner Hofes Augusts des Starken. Tübingen: Niemeyer, 1997.

Adler: Literarische Formen politischer Philosophie (1998): s. Abschn. II,6.

Kästner: Kirchenlied und Katechismus (1998): s. Abschn. II,8.

Klaffke, Andreas: „Es sey die alte Welt gefunden in der Neuen": Amerika in der deutschen Lyrik der frühen Neuzeit. Marburg: Tectum-Verlag, 2000.

5. Von der Frühaufklärung bis zur Romantik

Bähr, Paul: Vergleichung der Lyrik der Befreiungskriege mit der Lyrik des deutschfranzösischen Krieges von 1870/71. Halle a. d. S. Hendel, 1888.

Ehrmann, Eugen: Die bardische Lyrik im achtzehnten Jahrhundert. Halle a. d. S.: Niemeyer, 1892.

Friedlaender: Das deutsche Lied im 18. Jahrhundert (1902): s. Abschn. II,8.

Ausfeld: Die deutsche anakreonistische Dichtung (1907): s. Abschn. II,1.

Rieser: Das Knaben Wunderhorn (1908): s. Abschn. II,8.

Beutler: Vom griechischen Epigramm (1909): s. Abschn. II,6.

Feigel: Vom Wesen der Anakreontik (1909): s. Abschn. II,1.

Rebiczek: Der Wiener Volks- und Bänkelsang (1913): s. Abschn. II,3.

Neuburger, Paul: Die Verseinlage in der Prosadichtung der Romantik. Mit einer Einleitung zur Geschichte der Verseinlage. Leipzig: Müller & Mayer, 1924. Reprogr. New York/London: Johnson, 1967.

Gießler: Die geistliche Lieddichtung der Katholiken (1929): s. Abschn. II,8.

Kander, Charlotte: Die deutsche Ruinenpoesie des 18. Jahrhunderts bis in die Anfänge des 19. Jahrhunderts. Diss. Heidelberg 1931.

Kahn, Charlotte: Die Melancholie in der deutschen Lyrik des 18. Jahrhunderts. Heidelberg: Winter, 1932.

Behm-Cierpka, Stefanie: Die Optimistische Weltanschauung in der deutschen Gedankenlyrik der Aufklärungszeit. Diss. Heidelberg 1933.

Paustian, Helmut: Die Lyrik der Aufklärung als Ausdruck der seelischen Entwicklung von 1710-1770. Berlin: Junker und Dünnhaupt, 1933.

Schütze: Das Naturgefühl um die Mitte des 18. Jahrhunderts (1933): s. Abschn. II,9.

Scholz: Die Balladendichtung der deutschen Frühromantik (1935): s. Abschn. II,4.

Colleville, Maurice: La renaissance du lyrisme dans la poesie allemand au XVIIIe siècle. (Période préclassique.) Paris: Didier, 1936.

Scheibenberger, Karl: Der Einfluß der Bibel und des Kirchenliedes auf die Lyrik der deutschen Befreiungskriege. Diss. Frankfurt a. M. 1936.

Fricke: Göttinger Hain und Göttinger Ballade (1937): s. Abschn. II,4.

Joswig, Horst: Leidenschaft und Gelassenheit in der Lyrik des 18. Jahrhunderts. Berlin: Junker und Dünnhaupt, 1938.

Slanina, Elfriede: Die Rollendichtung in der romantischen Lyrik. Villach: Eigenverlag, 1941. [Zugl. Diss. Wien.]

Vontobel, Georg Willy: Von Brockes bis Herder. Studien über die Lehrdichter des 18. Jahrhunderts. Diss. Bern 1942.

Krättli, Anton: Die Farben in der Lyrik der Goethezeit. (Klopstock, Goethe, Brentano, Eichendorff.) Diss. Zürich 1949.

Albrecht, Erich A.: Primitivism and Related Ideas in Eighteenth Century German Lyric Poetry, 1680-1740. Baltimore: Johns Hopkins University, 1950. [Diss.]

Berger: Barock und Aufklärung im geistlichen Lied (1951): s. Abschn. II,8.

Fede: La ballata tedesca (1952): s. Abschn. II,4.

Gugitz: Lieder der Straße (1954): s. Abschn. II,3.

Badt: Wolkenbilder und Wolkengedichte der Romantik (1960): s. Abschn. II,9.

Schwab: Sangbarkeit, Popularität und Kunstlied (1965): s. Anschn. II,8.

Antoni, Olga: Der Wortschatz der deutschen Freimaurerlyrik des 18. Jahrhunderts in seiner geistesgeschichtlichen Bedeutung. Diss. Saarbrücken 1966.

Hübner, Götz: Kirchenliedrezeption und Rezeptionswegforschung. Zum überlieferungskritischen Verständnis einiger Gedichte von Bürger, Goethe, Claudius. Tübingen: Niemeyer, 1969.

Grab/Friesel: Noch ist Deutschland nicht verloren (1970): s. Abschn. II,11.

Stein: Politisches Bewußtsein [...] in der politischen Lyrik (1971): s. Abschn. II,11.

Richter, Karl: Literatur und Naturwissenschaft. Eine Studie zur Lyrik der Aufklärung. München: Fink, 1972.

Zeman: Die deutsche anakreontische Dichtung (1972): s. Abschn. II,1.

Schatzberg, Walter: Scientific Themes in the Popular Literature and Poetry of the German Enlightenment. Bern/Frankfurt a. M.: Lang, 1973.

Ketelsen: Die Naturpoesie der norddeutschen Frühaufklärung (1974): s. Abschn. II,9.

Perels, Christoph: Studien zur Aufnahme und Kritik der Rokokolyrik zwischen 1740 und 1760. Göttingen: Vandenhoeck & Ruprecht, 1974.

Siegrist, Christoph: Das Lehrgedicht der Aufklärung. Stuttgart: Metzler, 1974.

Wilke: Das >Zeitgedicht< (1974): s. Abschn. II,11.

Trumpke: Balladendichtung um 1770 (1975): s. Abschn. II,4.

Pott, Hans J.: Harfe und Hain. Die deutsche Bardendichtung des 18. Jahrhunderts. Diss. Bonn 1976.

Browning, Robert M.: German Poetry in the Age of Enlightenment. From Brockes to Klopstock. University Park: Pennsylvania State UP, 1978.

Beetz: Rhetorische Logik (1980): s. Abschn. III,4.

Kemper: Gottebenbildlichkeit und Naturnachahmung (1981): s. Abschn. III,4.

Bragg, Marvin: From Gottsched to Goethe: changes in the social function of the poet and poetry. New York: Lang, 1984.

Goodbody: Natursprache. Ein dichtungstheoretisches Konzept (1984): s. Abschn. II,9.

Stoljar, Maragret Mahony: Poetry and song in late 18th century Germany. A study in the musical >Sturm und Drang.< London: Croom Helm, 1985.

Peucker, Brigitte: Lyric descent in the German romantic tradition. New Haven: Yale University Press, 1987.

Volkmer-Burwitz, Eva: Tod und Transzendenz in der deutschen, englischen und amerikanischen Lyrik der Romantik und Spätromantik. Frankfurt a. M., Bern: Lang, 1987.

Cheesman: Bänkelsang (1988): s. Abschn. II,3.

Kemper, Hans-Georg: Deutsche Lyrik der frühen Neuzeit. 6 Bde. [Bd. 5.1 Aufklärung und Pietismus. Bd. 5.2 Frühaufklärung. Bd. 6.1 Empfindsamkeit.] Tübingen: Niemeyer, 1987-1997.

Evers, Barbara: Frauenlyrik um 1800: Studien zu Gedichtbeiträgen in Almanachen und Taschenbüchern der Romantik und Biedermeierzeit. Bochum: N. Brockmeyer, 1991.

Horak: Von der Aufklärung zur katholischen Restauration (1991): s. Abschn. II,8.

Weber, Ernst: Lyrik der Befreiungskriege (1812-1815): gesellschaftspolitische Meinungs- und Willensbildung durch Literatur. Stuttgart: Metzler, 1991.

Anakreontik (1992): s. Abschn. II,1.

Koller: Minnesang-Rezeption um 1800 (1992): s. Abschn. III,2.2.

Studien zum deutschen weltlichen Kunstlied des 17. und 18. Jahrhunderts (1992): s. Abschn. II,8.

Malles, Hans-Jürgen: Jahrhundertwende und Epochenumbruch in der deutschen Lyrik um 1800. Frankfurt a. M.; New York: Lang, 1993.

Martin: Das deutsche Versepos im 18. Jahrhundert (1993): s. Abschn. II,15.

Dammann: Liebes- und Soldatenlieder (1994): s. Abschn. II,8.

Bosse/ Neumeyer: Musensohn und Wanderlied um 1800 (1995): s. Abschn. II,8.

German Lieder in the Nineteenth Century (1996): s. Abschn. II,8.

Kravitt: The Lied (1996): s. Abschn. II,8.

„Geistreicher" Gesang (1997): s. Abschn. II,8.

Marschall: Das Chronogramm (1997): s. Abschn. II,15.

Tang: Das präsentische Erzählen in der deutschen Kunstballade der ersten Hälfte des 19. Jahrhunderts (1997): s. Abschn. II,4.

Chanson und Vaudeville (1999): s. Abschn. II,3.

Hennig: Musik und Metaphysik (2000): s. Abschn. II,9.

Steiner, Uwe: Poetische Theodizee: Philosophie und Poesie in der lehrhaften Dichtung im achtzehnten Jahrhundert. München: Fink, 2000.

6. Vom Biedermeier bis zum Bürgerlichen Realismus

Prutz: Die politische Poesie (1845): s. Abschn. II,11.

Die politischen Lyriker unserer Zeit (1847): s. Abschn. II,11.

Kuh, Emil: Über neuere Lyrik. Wien: Braumüller, 1865.

Weddigen: Die patriotische Dichtung von 1870/71 (1880): s. Abschn. II,11.

Bähr: Vergleichung der Lyrik der Befreiungskriege mit der [...] von 1870/71 (1888): s. Abschn. III,5.

Honegger, Johann Jakob: Das deutsche Lied der Neuzeit. Sein, Geist und Wesen. Leipzig: Friedrich, 1891.

Petzet: Die Blütezeit der politischen Lyrik (1903): s. Abschn. II,11.

Henckell, Karl: Deutsche Dichter seit Heinrich Heine. Ein Streifzug durch fünfzig Jahre Lyrik. Berlin: Bard, Marquardt & Co., 1905.

Klemperer: Deutsche Zeitdichtung (1911): s. Abschn. II,11.

Pollak: Die politische Lyrik (1911): s. Abschn. II,11.

Weldemann, August: Die religöse Lyrik des deutschen Katholizismus in der ersten Hälfte des 19. Jahrhunderts, mit besonderer Berücksichtigung Annettens von Droste. Leipzig: Voigtländer, 1911.

Rebiczek: Der Wiener Volks- und Bänkelsang (1913): s. Abschn. II,3.

Betz: Die deutschamerikanische patriotische Lyrik (1916): s. Abschn. II,11.

Tièche: Die politische Lyrik der deutschen Schweiz (1917): s. Abschn. II,11.

Liptzin, Solomon: Lyric Pioneers of Modern Germany. Studies in German Social Poetry [of the 19th Century]. New York: Columbia UP, 1928. – Reprogr. New York: AMS Press, 1966.

Isenbeck: Rußland in der politischen Lyrik (1929): s. Abschn. II,11.

Roer, Walther: Die soziale Bewegung von der deutschen Revolution 1848 im Spiegel der zeitgenössischen deutschen Lyrik. Münster: Helios, 1933.

Kohler: Die Balladendichtung im [...] >Tunnel über der Spree< (1940): s. Abschn. II,4.

Dahnke: Karl Marx und die politische Lyrik (1953): s. Abschn. II,11.

Kischka: Typologie der politischen Lyrik (1964): s. Abschn. II,11.

Schlaffer, Heinz: Lyrik im Realismus. Studien über Raum und Zeit in den Gedichten Mörikes, der Droste und Liliencrons. Bonn: Bouvier, 1966.

Werner: Geschichte des politischen Gedichts (1969): s. Abschn. II,11.

Grab/Friesel: Noch ist Deutschland nicht verloren (1970): s. Abschn. II,11.

Stein: Politisches Bewußtsein [...] in der politischen Lyrik (1971): s. Abschn. II.11.

Zimmer, Hasko: Auf dem Altar des Vaterlands. Religion und Patriotismus in der deutschen Kriegslyrik des 19. Jahrhunderts. Frankfurt a. M.: Thesen-Verlag, 1971.

Politische Lyrik des Vormärz (1973): s. Abschn. II,11.

Farese: Poesie e rivoluzione (1974): s. Abschn. II,11.

Wilke: Das >Zeitgedicht< (1974): s. Abschn. II,11.

Reisner: Literatur unter der Zensur (1975): s. Abschn. II,11.

Anderle, Martin: Deutsche Lyrik des 19. Jahrhunderts. Ihre Bildlichkeit, Metapher, Symbol, Evokation. Bonn: Bouvier, 1979.

Meyer: Die Herausbildung der Arbeiterklasse (1979): s. Abschn. II,2.

Todorow: Gedankenlyrik (1980): s. Abschn. II,15.

Wehner, Walter: Weberelend und Weberaufstände in der deutschen Lyrik des 17. Jahrhunderts. Soziale Problematik und literarische Widerspiegelung. München: Fink, 1981.

Otto: Die historisch-politischen Lieder und Karikaturen des Vormärz (1982): s. Abschn. II,8.

Rischke, Anne-Susanne: Die Lyrik in der >Gartenlaube< 1853-1903. Untersuchungen zu Thematik, Form und Funktion. Bern/Frankfurt a. M.: Lang, 1982.

Wedel-Wolff: Geschichte der Sammlung und Erforschung des deutschsprachigen Volkskinderliedes (1982): s. Abschn. II,8.

Tarnói: Verbotene Lieder (1983): s. Abschn. II,11.

Dürr: Das deutsche Sololied im 19. Jahrhundert (1984): s. Abschn. II,8.

Peuckert, Sylvia: Freiheitsträume, Georg Herwegh und die Herweghianer: politische Gedichte der 1840er Jahre und Metaphern für Freiheit in dieser Zeit. Frankfurt a. M.; New York: Lang, 1985.

Nienhaus: Das Prosagedicht im Wien der Jahrhundertwende (1986): s. Abschn. II,15.

Cheesman: Bänkelsang (1988): s. Abschn. II,3.

Kämper: Lieder von 1848 (1989): s. Abschn. II,8.

Kimminich: Erlebte Lieder (1990): s. Abschn. II,8.

Bogdal: Zwischen Alltag und Utopie (1991): s. Abschn. II,2.

Weber: Lyrik der Befreiungskriege (1991): s. Abschn. II,11.

Djomo, Esaïe: Des Deutschen Feld, es ist die Welt!: Pangermanismus in der Literatur des Kaiserreichs, dargestellt am Beispiel der deutschen Koloniallyrik: ein Beitrag zur Literatur im historischen Kontext. St. Ingbert: Werner J. Röhrig, 1992.

Dammann: Liebes- und Soldatenlieder (1994): s. Abschn. II,8.

Frey: Troubador der Freiheit (1994): s. Abschn. II,11.

Lassak: Verfassungskämpfe im Spiegel politischer Lyrik (1996): s. Abschn. II,11.

Weltliteratur in deutschen Versanthologien des 19. Jahrhunderts. Hrsg. von Helga Essmann und Udo Schöning. Berlin: E. Schmidt, 1996.

Häntzschel, Günter: Die deutschsprachigen Lyrikanthologien 1840 bis 1914: Sozialgeschichte der Lyrik des 19. Jahrhunderts. Wiesbaden: Harrassowitz, 1997.

Naturlyrik (1998): s. Abschn. II,9.

Wanner-Meyer, Petra: Quintett der Sinne: Synästhesie in der Lyrik des 19. Jahrhunderts. Bielefeld: Aisthesis-Verlag, 1998.

Chanson und Vaudeville (1999): s. Abschn. II,3.

Selbmann, Rolf: Die simulierte Wirklichkeit: zur Lyrik des Realismus. Bielefeld: Aisthesis, 1999.

Geistliches Lied und Kirchenlied im 19. Jahrhundert (2000): s. Abschn. II,8.

Vanchena: Political poetry in periodicals (2000): s. Abschn. II,11.

7. Vom Naturalismus bis zur Gegenwart

7.1 Gesamtzeitraum / Übergreifende Arbeiten
(Unterteilung: Gesamtzeitraum – Bis 1945 – Nach 1945)

Interpretationen moderner Lyrik. Hrsg. Von der Fachgruppe Deutsch – Geschichte im Bayerischen Philologenverband. Frankfurt a. M.: Diesterweg, 1954 [u. ö.]

Strelka, Joseph: Rilke, Benn, Schönwiese und die Entwicklung der modernen Lyrik. Wien: Forum, 1960.

Degener: Formtypen der deutschen Ballade (1961): s. Abschn. II,4.

Leonhard, Kurt: Moderne Lyrik. Monolog und Manifest. Ein Leitfaden. Bremen: Schünemann, 1963.

Rotermund, Erwin: Die Parodie in der modernen deutschen Lyrik. München: Eidos, 1963.

Tonelli, Giorgi: Aspetti della lirica tedesca 1895-1960: Morgenstern, Holz, Traki, Krowlow, I. Bachmann. Palermo: Università di Palermo, 1963.

Maier, Rudolf Nikolaus: Paradies der Weltlosigkeit. Untersuchungen zur abstrakten Dichtung seit 1909. Stuttgart: Klett, 1964.

Moderne Lyrik als Ausdruck religöser Erfahrung. Mit Beiträgen von Dieter Seiler, Bernhard Gajek und Reinhard Dross. Göttingen: Vandenhoeck & Ruprecht, 1964.

Schöne: Über politische Lyrik (1965): s. Abschn. II,11.

Rieder, Heinz: Österreichische Moderne. Studien zum Weltbild und Menschenbild in ihrer Epik und Lyrik. Bonn: Bouvier, 1968.

Kussler, Helmut R.: Das Abschiedsmotiv in der deutschen Lyrik des 20. Jahrhunderts. Diss. Stellenbosch 1969.

Graefe: Das deutsche Erzählgedicht (1972): s. Abschn. II,4.

Weissenberger, Klaus: Zwischen Stein und Stern. Mystische Formgebung in der Dichtung von Else Lasker-Schüler, Nelly Sachs und Paul Celan. Bern/München: Francke, 1976.

Psalmen vom Expressionismus bis zur Gegenwart. Hrsg. von Paul Konrad Kurz. Freiburg i. Br.: Herder, 1978.

Rey, William H.: Poesie der Antipoesie. Moderne deutsche Lyrik. Genesis, Theorie, Struktur. Heidelberg: Stiehm, 1978.

Kaulhausen, Marie: Vom Weltverhältnis der modernen Lyriker. St. Michael [Austria]: J.G. Bläschke, 1982.

Haupt: Natur und Lyrik (1983): s. Abschn. II,9.

Hamburger, Michael: Wahrheit und Poesie. Spannungen in der modernen Lyrik von Baudelaire bis zur Gegenwart. Frankfurt a. M., Berlin, Wien: Ullstein Taschenbuch, 1985.

Neis, Edgar: Struktur und Thematik der klassischen und der modernen Lyrik. Paderborn: Schöningh, 1986.

Muranga, Manuel J. K.: Großstadtelend in der deutschen Lyrik zwischen Arno Holz und Johannes R. Becher. Frankfurt a. M., Bern: Lang, 1987.

Riemer: Das deutsche Madrigal im 20. Jahrhundert (1988): s. Abschn. II,15.

Schindelbeck: Die Veränderung der Sonettstruktur (1988): s. Abschn. II,12.

Wieland, Klaus: Der Strukturwandel in der deutschsprachigen Lyrik vom Realismus zur frühen Moderne. Bonn: Romanistischer Verlag, 1996.

Weltliteratur in deutschen Versanthologien des 20. Jahrhunderts. Herausgegeben von Birgit Bödeker und Helga Essmann. Berlin: E. Schmidt, 1997.

Görner, Rüdiger: Wortwege: Zugänge zur spätmodernen Literatur. Tübingen: Klöpfer und Meyer, 1997.

Lyrik des 20. Jahrhunderts. Hrsg. von Heinz Ludwig Arnold. München: Ed. Text und Kritik, 1999.

7.2a. Bis 1945 (Mit Ausnahme vom Expressionismus / Dadaismus)

Biese, Alfred: Lyrische Dichtung und neuere deutsche Lyriker. Berlin: Hertz, 1896.

Henckell: Deutsche Dichter seit Heinrich Heine (1905): s. Abschn. III,6.

Susman, Margarete: Das Wesen der modernen deutschen Lyrik. Stuttgart: Strecker & Schröder, 1910.

Hadina, Emil: Moderne deutsche Frauenlyrik. Leipzig; Eckhardt, 1914.

Herpel, Otto: Die Frömmigkeit der deutschen Kriegslyrik. Gießen: Töpelmann, 1917.

Bab: Arbeiterdichtung (1924): s. Abschn. II,2.

Bianquis, Genevieve: La poesie autriechienne de Hofmannsthal a Rilke. Paris: Presses Universitaires de France, 1926.

Schneider, Fredinand Josef: Der expressive Mensch und die deutsche Lyrik der Gegenwart. Stuttgart: Metzler, 1927.

Jantzen,: Die lyrische Dichtung der Jugendbewegung (1929): s. Abschn. II,13.

Mitlacher: Moderne Sonettgestaltung (1932): s. Abschn. II,12.

Hilgers, Gertrud: Ein neuer Typus der Lyrik. Emsdetten: Lechte, 1934. [Zur Lyrik >idealistischer Sachlichkeit< in Heuscheles Anthologie >Junge deutsche Lyrik< (1930).]

Bald: Die politisch-satirische Lyrik (1937): s. Abschn. II,11.

Hell: Studien zur deutschen Ballade (1937): s. Abschn. II,4.

Schelowsky, Herbert: Das Erlebnis der Großstadt und seine Gestaltung in der neueren deutschen Lyrik. Diss. München 1937.

Heselhaus, Clemens: Deutsche Lyrik der Moderne. Von Nietzsche bis Yvan Goll. Die Rückkehr zur Bildlichkeit der Sprache. Düsseldorf: Bagel, 1961.

Duwe, Wilhelm: Deutsche Dichtung des 20. Jahrhunderts. Bd. 1: Lyrik vom Naturalismus zum Surrealismus. Epik [...]. Zürich: Orell Füssli, 1962.

Hoffmann, Charles W.: Opposition Poetry in Nazi Germany. Berkeley: University of California Press, 1962.

Groß, Wolfgang: Gedicht- und Bildstrukturen in Dichtung und Malerei des beginnenden 20. Jahrhunderts. Diss. Köln 1965.

Eppelsheimer, Rudolf: Mimesis und Imitatio Christi bei Loerke, Däubler, Morgenstern, Hölderlin. Bern/München: Francke, 1968.

Schultz, Hartwig: Vom Rhythmus der modernen Lyrik. Parallele Versstrukturen bei Holz, George, Rilke, Brecht und den Expressionisten. München: Hanser, 1970.

Martens, Wolfgang: Lyrik kommerziell. Das Kartell lyrischer Autoren 1902-1933. München: Fink, 1975.

Schlenstedt, Silvia: Wegscheiden. Deutsche Lyrik im Entscheidungsfeld der Revolutionen von 1917 und 1918: Berlin: Akademie, 1976.

Schulte, Jürgen: Lyrik des deuschen Naturalismus (1885-1893). Stuttgart: Metzler, 1976.

Spicker: Deutsche Wanderer-, Vagabunden-, und Vagantenlyrik (1976): s. Abschn. II,13.

Thomson, Philip J.: The Grotesque in German Poetry, 1880-1933. Melbourne: Hawthorn Press, 1976.

Jungrichter: Ideologie und Tradition (1979): s. Abschn. II,12.

Heyer: Die Fahne ist mehr als der Tod (1981): s. Abschn. II,11.

Rischke: Die Lyrik in der >Gartenlaube<(1982): s. Abschn. III,6.

Por, Peter: Das Bild in der Lyrik des Jugendstils. Frankfurt a. M.: P. Lang, 1983.

Egerstorfer: Schönheit und Adel der Arbeit (1988): s. Abschn. II,2.

Siebrasse: Natur in deutscher Großstadtlyrik (1991): s. Abschn. II,9.

Vaerenbergh, Leona van: Tanz und Tanzbewegung: ein Beitrag zur Deutung deutscher Lyrik von der Dekadenz bis zum Frühexpressionismus. Frankfurt a. M.; New York: P. Lang, 1991.

Roth: Das nationalsozialistische Massenlied (1993): s. Abschn. II,8.

Lexikon sozialistischer Literatur (1994): s. Abschn. II,2.

Klein, Katja. Kazett-Lyrik: Untersuchungen zu Gedichten und Liedern aus dem Konzentrationslager Sachsenhausen. Würzburg: Königshausen und Neumann, 1995.

Deutschsprachige Exillyrik von 1933 bis zur Nachkriegszeit. Hrsg. von Jörg Thunecke. Amsterdam: Rodopi, 1998.

Jugendstil in Wort und Bild: illustrierte Dichtkunst um 1900 ; [Begleitbuch zur Ausstellung Jugendstil in Wort und Bild, Illustrierte Dichtkunst um 1900] Hrsg. von Willem-Jan Pantus. [Red.: Michaela Rung]. Köln: LETTER Stiftung, 2000.

7.2b. Expressionismus / Dadaismus

Wolff, Rudolf: Die neue Lyrik [des Expressionismus]. Eine Einführung in das Wesen jüngster Dichtung. Leipzig: Dieterich, 1922.

Knevels, Wilhelm: Expressionismus und Religion. Gezeigt an der neuesten deutschen expressionistischen Lyrik. Tübingen: Mohr, 1927.

Falkenmaier, Franz: Expressionistische Lyrik. Vorstudien. Diss. Würzburg 1928.

Bruggen, M.F.E. van: Im Schatten des Nihilismus. Die expressionistische Lyrik im Rahmen und als Ausdruck der geistigen Situation Deutschlands. Diss. Amsterdam 1946.

Schneider, Karl Ludwig: Der bildhafte Ausdruck in den Dichtungen Georg Heyms, Georg Trakls und Ernst Stadlers. Studien zum lyrischen Sprachstil des deutschen Exprssionismus. Heidelberg,: Winter, 1954, [3]1968.

Literaturrevolution 1910- 1925. Dokumente, Manifeste, Programme. Hrsg. von Paul Pörtner. Bd. 1: Zur Ästhetik und Poetik. Darmstadt: Luchterhand, 1960. [S. 217-269: >Lyrik<.]

Dada. Eine literarische Dokumentation. Hrsg. von Richard Huelsenbeck. Reinbek: Rowohlt, 1964.

Rüesch, Jürg Peter: Ophelia. Zum Wandel des lyrischen Bildes im Motiv der >navigatio vitae< bei Arthur Rimbaud und im deutschen Expressionismus. Zürich: Juris, 1964.

Eyckman, Christoph: Die Funktion des Häßlichen in der Lyrik Goerg Heyms, Georg Trakls, und Gottfried Benns, Bonn: Bouvier, 1965, [2]1969.

Rölleke. Heinz: Die Stadt bei Stadler, Heym und Trakl. Berlin: Schmidt, 1966.

Luther, Gisela: Barocker Expressionismus? Zur Problematik der Beziehung zwischen der Bildlichkeit expressionistischer und barocker Lyrik. The Hague: Mouton, 1969.

Gedichte der >Menschheitsdämmerung<. Interpretationen expressionistischer Lyrik. Mit einer Einl. von Kurt Pinthus. Hrsg. von Horst Denkler. München: Fink, 1971.

Thomke: Hymnische Dichtung im Expressionismus (1972): s. Abschn. II,7.

Ziegler, Jürgen: Form und Subjektivität. Zur Gedichtsturktur im frühen Expressionismus. Bonn: Bouvier, 1972.

Forte, Luigi: La poesia dadaista tedesca. Torino: Einaudi, 1976.

Dada Berlin, Texte, Manifeste, Aktionen. Hrsg. von Karl Riha. Stuttgart: Recalm, 1977.

Allen, Roy F.: German Expressionist Poetry. Boston: Twayne, 1979.

Hucke, Karl-Heinz: Utopie und Ideologie in der expressionistischen Lyrik. Tübingen: Niemeyer, 1980.

Korte, Hermann. Der Krieg in der Lyrik des Expressionismus: Studien zur Evolution eines literarischen Themas. Bonn: Bouvier, 1981.

Gerhard, Cordula: Das Erbe der „grossen Form." Untersuchungen zur Zyklus-Bildung in der expressionistischen Lyrik. Frankfurt a. M., Bern: Lang, 1986.

Waller, Christopher: Expressionist poetry and its critics. [London]: Institute of Germanic Studies, University of London; Atlantic Highlands, N.J.: Distributed in the U.S.A. and Canada by Humanities Press, 1986.

Wiethege, Katrin: Jede Metapher ein kleiner Mythos: Studien zum Verhältnis von Mythos und moderner Metaphorik in frühexpressionistischer Lyrik. Münster: Waxmann, 1992.

7.3a. Nach 1945 (ohne Konkrete Poesie)

Blöchliger, Max: La poesie lyrique contemporaine en Suisse allemande. Lausanne: Roth, 1947.

Forster, Leonard: German Poetry 1944-1948. Cambridge [Engl.]: Bowes & Bowes, 1949, [2]1950.

Hunziker, Fritz: Das Einsamkeitserlebnis in der zeitgenössischen Lyrik der deutschen Schweiz. Winterthur: Schellenberg, 1957.

Burger, Heinz Otto/ Grimm, Reinhold: Evokation und Montage. Drei Beiträge zum Verständnis moderner deutscher Lyrik. Göttingen: Sachse & Pohl, 1961.

Giesecke, Hans: Christliches Erbe und lyrische Gestaltung. Eine kritische Bestandsaufnahme der chrislichen Lyrik der Gegenwart. Leipzig: Koehler & Amelang, 1961.

Krolow, Karl: Aspekte zeitgenössischer deutscher Lyrik. Güntersloh: Mohn, 1961: München: List, 1963.

Hasselblatt, Dieter: Lyrik heute. Kritische Abenteuer mit Gedichten. Güntersloh: Signum, 1963.

Wolf, Gerhard: Deutsche Lyrik nach 1945. Berlin: Volk und Wissen, 1964.

Lyrik unserer Jarhhundertmitte. Ausgew. und interpretiert von Walter R. Fuchs. München: Kösel, 1965.

Text + Kritik H. 9 (1965): Lyrik, I. [Zu E. Borchers, W. H. Fritz, E. Jaeckle, H. Lehner.]

Weyrauch, Wolfgang: Dialog über neue deutsche Lyrik. Itzehoe-Voßkate: Hansen & Hansen, 1965.

Doppelinterpretationen. Das zeitgenössische Gedicht zwischen Autor und Leser. Hrsg. von Hilde Domin. Frankfurt a. M.: Athenäum, 1966; ebd. Fischer Bücherei, 1969, [12]1993.

Kristalle. Moderne deutsche Gedichte für die Schule. Gesammelt und interpretiert von Theodor Brüggemann [u.a.]. München: Kösel, 1967, [2]1968.

Bräutigam: Moderne deutsche Balladen (1968): s. Abschn. II,4.

Lorbe, Ruth: Lyrische Standpunkte. Interpretationen moderner Gedichte. München: Bayrischer Schulbuchverlag, 1968, [2]1969.

Agitprob (1969): s. Abschn. II,11.

Höck, Wilhelm: Formen heutiger Lyrik. Verse am Rande des Verstummens. München: List, 1969.

Kopplin, Wolfgang: Beispiele. Deutsche Lyrik 1960-70. Texte. Interpretationshilfen. Paderborn: Schönigh, 1969.

Literatur und Kritik H. 32 (1969): Zustand 69. Lyrik und Bemerkungen zur Lyrik.

Müller, Hartmut: Formen moderner deutscher Lyrik. Paderborn: Schöningh, 1970.

Richter, Hans: Verse, Dichter, Wirklichkeiten. Aufsätze zur Lyrik. Berlin: Aufbau, 1970.

Schreiber: Die unvorstellbare Kunst (1970): s. Abschn. IV, 2.

Büttner, Ludwig: Von Benn zu Enzensberger. Eine Einführung in die zeitgenössische deutsche Lyrik. 1945-1970. Nürnberg: Carl, 1971, [2]1975.

Flores, John. Poetry in East Germany. Adjustments, Visions, and Provocations. New Haven/ London: Yale UP, 1971.

Knörrich, Otto: Die deutsche Lyrik der Gegenwart. Stuttgart: Kröner, 1971; 2., neubearb. und erw. Aufl. u. d. T.: Die deutsche Lyrik seit 1945. 1978.

Laschen, Gregor: Lyrik in der DDR. Anmerkungen zur Sprachverfassung des modernen Gedichts. Frankfurt a. M.: Athenäum, 1971.

Preuss, Helmut: Lyrik der Zeit. Es geht kein Wort verloren. Auswahl und Interpretation. Ratingen: Henn, 1971.

Klein, Ulrich: Lyrik nach 1945. Einführung in die Decodierung lyrischer Texte vorwiegend aus der BRD. München: Ehrenwirth, 1972.

Maier, Rudolf Nikolaus: Robinson. Scheitern und Neubeginn im zeitgenössischen deutschen Gedicht. Stuttgart: Klett, 1972.

Weisbach, Reinhard.: Menschenbild, Dichter und Gedicht. Aufsätze zur deutschen sozialistischen Lyrik. Berlin: Aufbau, 1972.

Hähnel, Klaus-Dieter: Lyrik in unseren Tagen. Berlin: Tribüne, 1974.

Jendryschik, Manfred: Lokaltermine. Notate zur zeitgenössichen Lyrik. Halle a.d.S.: Mitteldeutscher Verlag, 1974.

Welt im sozialistischen Gedicht (1974): s. Abschn. V, 2.

George: Zur Ästhetik und Leistung der sozialistischen deutschen Lyrik für Kinder (1976): s. Abschn. II,15.

Krischker, Gerhard: Das Motiv der Stadt in der deutschen Lyrik nach 1945. Diss. Erlangen-Nürnberg 1976.

Theobaldy, Jürgen / Zürcher, Gustav: Veränderung der Lyrik. Über westdeutsche Gedichte seit 1965. München: Text + Kritik, 1976.

Hoffmann, Fernand / Berlinger, Josef: Die neue deutsche Mundartdichtung. Tendenzen und Autoren dargestellt am Beispiel der Lyrik. Hildesheim: Olms, 1977.

Neuere deutsche Lyrik. Beiträge zu Born, Brinkmann, Krechel, Theobaldy, Zahl u.a. Hrsg. von Michael Buselmeier und Martin Grzimek. Heidelberg: Arbeitskreis linker Germanisten, 1977.

Züricher: >Trümmerlyrik< (1977): s. Abschnitt. II,11.

Schuhmann, Klaus: Weltbild und Poetik. Zur Wirklichkeitsdarstellung in der Lyrik der BRD bis zur Mitte der siebziger Jahre. Berlin: Aufbau, 1979.

Motzan, Peter: Die rumäniendeutsche Lyrik nach 1944. Problemaufriß und historischer Überblick. Cluj-Napoca: Dacia, 1980.

Oelmann, Ute: Deutsche poetologische Lyrik nach 1945.: Ingeborg Bachmann, Günter Eich, Paul Celan. Stuttgart: Klett, 1980.

Rothschild, Thomas: Liedermacher. 23 Porträts. Frankfurt a. M.: Fischer Taschenbuch Verlag, 1980.

Die deutsche Lyrik 1945-1975. Zwischen Botschaft und Spiel. Hrsg. von Klaus Weissenberger. Düsseldorf: Bagel, 1981.

Formen der Lyrik in der österreichischen Gegenwartsliteratur. Hrsg. von Wendelin Schmidt-Dengler. Wien: Österr. Bundesverlag, 1981.

Lyriker im Zwiegespräch. Traditionsbeziehungen im Gedicht [der DDR]. Hrsg. von Ingrid Hähnel. Berlin: Aufbau, 1981.

Stoffer-Heibel, Cornelia: Metaphernstudien. Versuch einer Typologie der Text- und Themafunktionen der Metaphorik in der Lyrik Ingeborg Bachmanns, Peter Huchels und Hans Magnus Enzensbergers. Stuttgart: Heinz, 1981.

Willems, Gottfried: Großstadt-. und Bewußtseinspoesie. Über Realismus in der modernen Lyrik, insbesondere im lyrischen Spätwerk Gottfried Benns und in der deutschen Lyrik seit 1965. Tübingen: Niemeyer, 1981.

Bekes, Peter: Deutsche Gegenwartslyrik. München: Fink, 1982.

Deutsche Gegenwartslyrik, von Biermann bis Zahl. Interpretationen. Von Peter Bekes [u.a.]. München: Fink, 1982.

Ertl: Natur und Landschaft in der Lyrik der DDR (1982): s. Abschn. II,9.

Hartmann, Anneli: Lyrik-Anthologien als Indikatoren des literarischen und gesellschaftlichen Prozesses in der DDR (1949-1971). Frankfurt a. M.: Lang, 1983.

Volckmann: Zeit der Kirschen (1982): s. Abschn. II,9.

Berlinger, Josef: Das zeitgenössische deutsche Dialektgedicht: zur Theorie und Praxis der deutschsprachigen Dialektlyrik 1950-1980. Frankfurt am Main: P. Lang, 1983.

Dietschreit, Frank: Zeitgenössische Lyrik im Gesellschaftsprozess: Versuch einer Rekonstruktion des Zusammenhangs politischer und literarischer Bewegungen. Frankfurt a. M.: P. Lang, 1983.

Goodbody: Natursprache (1984): s. Abschn. II,9.

Hagemann, Katrin: Die Analyse von Wertvorstellungen und Lebensorientierungen in der jungen Lyrik der DDR. Diss. Berlin Akademie für Gesellschaftswissenschaften 1985.

Hartung, Harald: Deutsche Lyrik seit 1965. Tendenzen, Beispiel, Porträts. München: Piper, 1985.

Jost: Untersuchungen zur Entwicklung des Kinderliedschaffens (1986): s. Abschn. II,8.

Kammermeier, Medard: Die Lyrik der neuen Subjektivität. Frankfurt a. M., New York: Lang, 1986.

Rolleston, James: Narratives of ecstasy: romantic temporality in modern German poetry. Detroit: Wayne State University Press, 1987.

Lermen, Birgit H.und Matthias Loewen: Lyrik aus der DDR. Exemplarische Analysen. Paderborn: Schöningh, 1987.

Ein Moment des erfahrenen Lebens zur Lyrik der DDR: Beiträge zu einem Symposium. Hrsg. von John L. Flood. Amsterdam: Rodopi, 1987.

DDR-Lyrik im Kontext. Hrsg. von Christine Cosentino, Wolfgang Ertl und Gerd Labroisse. Amsterdam: Rodopi, 1988.

Pieczonka: Studien zum deutschen Bildsonett nach 1945 (1988): s. Abschn. II,12.

Deutsche Lyrik nach 1945. Hrsg. von Dieter Breuer. Frankfurt a. M.: Suhrkamp, 1988.

Wüst, Karl Heinz: Sklavensprache: subversive Schreibweisen in der Lyrik der DDR 1961-1976. Frankfurt a. M.: P. Lang, 1989.

Neureiter-Lackner: Schöpferische Rezeption mittelalterlicher Lieder und Dichtersänger in der Gegenwart (1990): s. Abschn. II,8.

Bobran: Theoretische Ansätze der Volksliedforschung in der DDR (1991): s. Abschn. II,8.

Regionalität, Nationalität und Internationalität in der zeitgenössischen Lyrik: Erträge des siebten Blaubeurer Symposions. Hrsg. von Lothar Fietz, Paul Hoffmann und Hans-Werner Ludwig. Tübingen: Attempto, [1992]

Schwarz-Scherer: Subjektivität in der Naturlyrik der DDR (1992): s. Abschn. II,9.

Kirchenwitz: Folk, Chanson und Liedermacher in der DDR (1993): s. Abschn. II,3.

Pabisch, Peter: Luslustigtig: Phänomene deutschsprachiger Lyrik, 1945 bis 1980. Wien: Böhlau, 1993.

Wahre lyrische Mitte--„Zentrallyrik"?: ein Symposium zum Diskurs über Lyrik in Deutschland und in Skandinavien. Hrsg. von Walter Baumgartner. Frankfurt a. M.: P. Lang, 1993.

Im Blick behalten. Lyrik der DDR. Neue Beiträge des Forschungsprojekts DDR-Literatur an der Vrije Universiteit Amsterdam. Hrsg. von Gerd Labroisse und Anthonya Visser. Amsterdam: Rodopi, 1994.

Kratschmer, Edwin: Dichter, Diener, Dissidenten: Sündenfall der DDR-Lyrik: cin Abriss: Beispiele und Kommentare. Jena: Universitätsverlag, 1995.

Zwischen Niedergang und Aufbruch: plattdeutsche Dichtung von 1945 bis 1990: Vorträge zu den Reuter-Tagen vom 19.-21. März 1993 in Lübeck-Travemünde. Neubrandenburg: F. Reuter Gesellschaft, 1995.

Leeder, Karen J. Breaking boundaries: a new generation of poets in the GDR. Oxford: Clarendon Press; New York: Oxford University Press, 1996.

Böhn: Das zeitgenössische deutschsprachige Sonett (1999): s. Abschn. II,12.

Schenk, Klaus: Medienpoesie: moderne Lyrik zwischen Stimme und Schrift. Stuttgart: Metzler, 2000.

7.3b. Konkrete Poesie

Sprache im technischen Zeitalter H. 15 (1965): Texttheorie und Konkrete Dichtung.

Gomringer, Eugen: worte sind schatten. die konstellationen 1951-1968. Reinbek: Rowohlt, 1969.

Heißenbüttel, Helmut: Was ist das Konkrete an einem Gedicht. Zwei Ansätze. Itzehoe: Hansen & Hansen, 1969.

Text + Kritik H. 25 (1970, [3]1978); H. 30 (1971, [2]1975): Konkrete Poesie, I/ II.

Theoretische Positionen zur Konkreten Poesie. Texte und Bibliographie. Mit einer Einf. von Thomas Kopfermann. Tübingen: Niemeyer, 1974.

Hartung, Harald: Experimentelle Literatur und konkrete Poesie. Göttingen: Vandenhoeck & Ruprecht, 1975.

Feldes, Roderich: Das Wort als Werkzeug. Göttingen: Schwartz, 1976.

Gumpel, Liselotte: >Concrete< Poetry from East and West Germany. The Language of Exemplarism. New Haven / London: Yale UP, 1976.

Kessler, Dieter: Untersuchungen zur Konkreten Dichtung. Vorformen – Theorien – Texte. Meisenheim: Hain, 1976.

Konkrete Kunst, konkrete Poesie. Programmatik, Theorie, Didaktik, Kritik. Kunstwissenschaftliche, literaturdidaktische und theologische Beiträge aus einem interdisziplinären Seminar. Mitarb.: Hans Brög [u.a.]. Kastellaun: Henn, 1977.

Faust, Wolfgang M.: Bilder werden Worte. Zum Verhältnis von bildender Kunst und Literatur im 20. Jahrhundert, oder Vom Anfang der Kunst im Ende der Künste. München: Hanser, 1978.

Wulff, Michael: Konkrete Poesie und sprachimmanente Lüge. Von Ernst Jandl zu Ansätzen einer Sprachästhetik. Stuttgart: Heinz, 1978.

Vom >Kahlschlag< zu >movens<. Über das langsame Auftauchen experimenteller Schreibweisen in der westdeutschen Literatur der fünfziger Jahre. [Die Vorträge des Symposiums >Literatur der fünfziger Jahre. Konkrete und experimentelle Poesie<, Scherte 1979.] Hrsg. von Jörg Drews. München: Text + Kritik, 1980.

Kopfermann, Thomas: Konkrete Poesie. Fundamentalpoetik und Textpraxis einer Neo-Avantgarde. Bern / Franfurt a. M.: Lang, 1981.

Krechel, Rüdiger: Konkrete Poesie im Unterricht des Deutschen als Fremdsprache. Heidelberg: Groos, 1983.

Konkrete Poesie, Linguistik und Sprachunterricht. Hrsg. von Burckhard Garbe. Hildesheim: Olms, 1987.

Haas, Wolf: Sprachtheoretische Grundlagen der konkreten Poesie. Stuttgart: H.-D. Heinz
Akademischer Verlag, 1990.
Buschinger, Philippe: La poésie concrète dans les pays de langue allemande: éléments d'une
définition. Stuttgart: Heinz, 1996.
Vollert, Lars: Rezeptions- und Funktionsebenen der Konkreten Poesie: eine Untersuchung
aus semiotischer, typographischer und linguistischer Perspektive. Diss. Würzburg 1999.

IV ZU ÄSTHETISCHEN, POETOLOGISCHEN UND SOZIOLITERARISCHEN ASPEKTEN

Schriften zur Theorie einzelner Gedichtarten sind in Abschn. II (Gattungsgeschichte) verzeichnet. Zu den folgenden Erscheinungsformen vgl. die in Klammern angegebenen Sondersparten in
Abschn. III (Epochengeschichte): Minnesang (III,2.2), Meistersang (III,3.2), Expressionis-
mus/Dadaismus (III,7.2b) und Konkrete Poesie (III,7.3b).

1. Material- und Quellensammlungen

Der Lyrik eine Bresche. Hrsg. von Karl Rauch. Berlin: Rauch, 1931. [Gedichtanthologie, mit
    >Antworten von Bekannten und Unbekannten< zur Frage nach dem >heutigen Lebens-
    wert des Gedichts<.]
Mein Gedicht ist mein Messer. Lyriker zu ihren Gedichten. Hrsg. von Hans Bender. Heidel-
    berg: Rothe, 1955. – Erw. Neuausg. München: List, 1961 [u.ö.].
Movens. Dokumente und Analysen zur Dichtung, bildenden Kunst, Musik, Architektur,
    Hrsg. von Franz Mon [u.a.]. Wiesbaden: Limes, 1960.
Gespräch über Lyrik. Dokumente zur Poetik des Lyrischen. Hrsg. von Walter Urbanek.
    Bamberg: Buchner, 1961.
Schwierigkeiten, heute die Wahrheit zu schreiben. Eine Frage und einundzwanzig Antwor-
    ten. Hrsg. von Heinz Friedrich. München: Nymphenburger, 1964.
Theorie der modernen Lyrik. Hrsg. von Walter Höllerer. Reinbek: Rowohlt, 1965 [u.ö.].
Ars poetica. Texte von Dichtern des 20. Jahrhunderts zur Poetik. Hrsg. von Beda Allemann.
    Darmstadt: WBG, 1966, [2]1971.
Über die Sprache. Erfahrungen und Erkenntnisse deutscher Dichter und Schriftsteller des
    20.Jahrhunderts. Hrsg. von Karlheinz Daniels. Bremen: Schünemann, 1966.
Ein Gedicht und sein Autor. Lyrik und Essay. Hrsg. von Walter Höllerer. Berlin: Literarisches
    Colloquium, 1967; München: dtv, 1969.
Fünfzehn Autoren suchen sich selbst. Modell und Provokation. Hrsg. von Uwe Schultz,
    München: List, 1967.
Literarische Manifeste der Jahrhundertwende, 1890-1910. Hrsg. von Erich Ruprecht und
    Dieter Bänsch. Stuttgart: Metzler, 1970. [S. 5-76: Neue Tendenzen der Lyrik.]
Die Lehre von der Nachahmung der antiken Versmaße im Deutschen in Quellenschriften des
    18. und 19. Jahrhundert. Hrsg. von Hans Heinrich Hellmut und Joachim Schröder. Mün-
    chen: Fink, 1976.
Poetik des Barock. Hrsg. von Marian Szyrocki. Stuttgart: Reclam, 1977 [u.ö.].

Was alles hat Platz in einem Gedicht? (Aufsätze zur deutschen Lyrik seit 1965.) Hrsg. von Hans Bender und Michael Krüger. München: Hanser, 1977.

Mit gemischten Gefühlen. Gedichte, Biographien, Statements. Lyrik-Katalog Bundesrepublik. Hrsg. von Jan Hans [u.a.] München: Goldmann, 1978 [u.ö.].

Ansichten über Lyrik. Beitrag zum Dialog zwischen Poetik und Poesie. Ausw. und Bearb. der Texte: Werner Schubert. Leipzig: Enzyklopädie, 1980.

Lyrik – von allen Seiten. Gedichte und Aufsätze des 1. Lyrikertreffens in Münster [1979]. Hrsg. von Lothar Jordan. Frankfurt a. M.: S. Fischer, 1981.

Lyrik, Blick über die Grenzen: Gedichte und Aufsätze des zweiten Lyrikertreffens in Münster. Hrsg. von Lothar Jordan, Axel Marquardt, Winfried Woesler. Frankfurt a. M.: S. Fischer, 1984.

Bausteine zu einer Poetik der Moderne: Festschrift für Walter Höllerer. Hrsg. von Norbert Miller, Volker Klotz und Michael Krüger. München: Hanser, 1987.

Lyrik. Erlebnis und Kritik: Gedichte und Aufsätze des dritten und vierten Lyrikertreffens in Münster. Hrsg. von Lothar Jordan, Axel Marquardt, Winfried Woesler. Frankfurt a. M.: S. Fischer, 1988.

Poetik: Essays über Ingeborg Bachmann, Peter Bichsel, Heinrich Böll, Hans Magnus Enzensberger, Wolfgang Hildesheimer, Ernst Jandl, Uwe Johnson, Marie Luise Kaschnitz, Hermann Lenz, Paul Nizon, Peter Rühmkorf, Martin Walser, Christa Wolf und andere Beiträge zu den Frankfurter Poetik-Vorlesungen. Hrsg. von Horst Dieter Schlosser, Hans Dieter Zimmermann. Frankfurt a. M.: Athenäum, 1988.

Lyriktheorie. Texte vom Barock bis zur Gegenwart. Hrsg. von Ludwig Völker. Stuttgart: Reclam, 1990, [2]2000.

Poetik als Poesie, deutsche poetologische Lyrik der Neuzeit. Tl. 1 Dreifachkurseinheit. Tl. 2 Vom Naturalismus bis zur Gegenwart. Hagen: Fernuniversität 1992, 1994.

Lyrik im Münstereifeler Literaturgespräch: Deutungen zu Gedichten von Jürgen Theobaldy, Evelyn Schlag, Barbara Köhler und Uwe Kolbe. Bad Münstereifel: Kurt-Schumacher-Akad., 1994.

Poetiken: Dichter über ihre Arbeit: Vorlesungen. Hrsg. von Christian Ide Hintze. Wien: Passagen, 1994.

Poetry, poetics, translatio. Festschrift in honor of Richard Exner. Hrsg. von Ursula Mahlendorf und Laurence Rickels. Würzburg: Königshausen & Neumann, 1994.

Renaissance-Poetik = Renaissance poetics. Hrsg. von Heinrich F. Plett. Berlin, New York: W. de Gruyter, 1994.

„Da ist andere Zeit geworden ...": eine Anthologie poetologischer Entwürfe der deutschen Romantik. Hrsg. von Adrian Hummel. München: Iudicium, 1994.

Nachkrieg und Unfrieden: Gedichte als Index, 1945-1995. Hrsg. von Hilde Domin und Clemens Greve. Frankfurt a. M.: Fischer Taschenbuch, 1995.

Traditionen der Lyrik. Festschrift für Hans-Henrik Krummacher. Hrsg. von Wolfgang Düsing. Tübingen: Niemeyer, 1997.

Von Celan bis Grünbein: zur Situation der deutschen Lyrik im ausgehenden zwanzigsten Jahrhundert. Hrsg. von Ludwig Völker. Lille: Université Charles-de-Gaulle, Lille III, 1997. Germanica, 21, 1997.

Mittelalterliche Lyrik: Probleme der Poetik. Hrsg. von Thomas Cramer und Ingrid Kasten. Berlin: Erich Schmidt, 1999.

2. Theorie und Kritik

Opitz, Martin: Buch von der Deutschen Poeterey. Breslau: Müller, 1624. – Neuausg. u.a.: Hrsg. von Richard Alewyn. Tübingen: Niemeyer, 1963, [2]1966; hrsg. von Cornelius Sommer. Stuttgart: Reclam, 1974 [u.ö.].

Zesen, Philipp von: Deutscher Helicon. Wittenberg: Röhner, 1640, [2]1641; ebd. Seelfisch, [3]1649; 4., durchaus verm. Aufl. u. d. T.: Hoch-Deutscher Helikon. 3 Tle. und Reimlexikon. Jena: Reichel, 1656. – Neuausg. der Aufl. 1641 und 1656 als: Ph. v. Z.: Sämtliche Werke. Bd. 9/10. Hrsg. von Ulrich Maché. Berlin: de Gruyter, 1971-1977.

Harsdörffer, Georg Philipp: Poetischer Trichter. 3 Tle. Nürnberg: Endter, 1647-53 [u.ö.]. – Reprogr. nach versch. Aufl. Darmstadt: WBG, 1969; Hildesheim: Olms, 1971.

Buchner, August: Kurzer Weg-Weiser zur Teutschen Tichtkunst. Jena: Sengenwalden, 1663 / Reprogr. Leipzig: Zentralantiquariat, 1977. – Erw. Ausg. u. d. T.: Anleitung zur Deutschen Poetery. Wittenberg: Wenden, 1665 / Neuausg. u. a. Tübingen: Niemeyer, 1966.

Morhof, Daniel Georg: Unterricht von der teutschen Sprache und Poesie. Kiel: Neumann, 1682; 2., verm. und verb. Aufl. Lübeck: Wiedenmeyer, 1700. – Neuausg. der 2. Aufl. Bad Homburg: Gehlen, 1969.

Gottsched, Johann Christoph: Versuch einer critischen Dichtkunst. Leipzig: Breitkopf, 1730, [4]1751. – Reprogr. der 4. Aufl. Darmstadt: WBG, 1962 [u.ö.].

Breitinger, Johann Jacob: Critische Dichtkunst. 2. Bde. Zürich: Orell; Leipzig: Gleditsch, 1740. – Faks.-Druck. Stuttgart: Metzler, 1966.

Meier, Georg Friedrich: Anfangsgründe aller schönen Wissenschaften. 3 Bde. Halle a. d. S.: Hemmerde, 1748-50, [2]1754-59. – Reprogr. der 2. Aufl. Hildesheim: Olms, 1976.

Engel, Johann Jakob: Anfangsgründe einer Theorie der Dichtungsarten aus deutschen Mustern entwickelt. Berlin/Stettin: Nicolai, 1783, [2]1804. – Reprogr. der Erstaufl. Hildesheim: Olms, 1977.

Eschenburg, Johann Joachim: Entwurf einer Theorie und Literatur der schönen Wissenschaften. Berlin/Stettin: Nicolai, 1783, [2]1789. – Reprogr. der Erstaufl. Hildesheim: Olms, 1976.

Sulzer, Johann Georg: Allgemeine Theorie der Schönen Künste. Neue verm. 2. Aufl. 4 Bde. Leipzig: Weidmann, 1792-99. – Reprogr. Hildesheim: Olms, 1967-70.

Carriere, Moriz: Das Wesen und die Formen der Poesie. Ein Beitrag zur Philosophie des Schönen und der Kunst. Leipzig: Brockhaus, 1854; 2. Umgearb. Aufl. u.d.T.: Die Poesie. Ihr Wesen und ihre Formen, mit Grundzügen der vergleichenden Literaturgeschichte. 1884.

Gottschall, Rudolf von: Poetik. Die Dichtkunst und ihre Technik, vom Standpunkte der Neuzeit. Breslau: Trewendt, 1858, [6]1893.

Wackernagel, Wilhelm: Poetik, Rhetorik und Stilistik. Academische Vorlesungen (entst. hauptsächlich 1836). Hrsg. von Ludwig Sieber. Halle a. d. S.: Buchhandlung des Waisenhauses, 1873, [3]1906.

Bleibtreu, Carl: Revolution der Literatur. Leipzig: Friedrich, 1886, [3]1887 [u.ö.]. – Neuausg. der 3. Aufl. Tübingen: Niemeyer, 1973.

Baumgart, Hermann: Handbuch der Poetik. Eine krit.-hist. Darstellung der Theorie der Dichtkunst. Stuttgart: Cotta, 1887.

Scherer, Wilhelm: Poetik. [Vorlesungen 1885.] Hrsg. von Richard M. Meyer. Berlin: Weidenmann, 1888. – Neuausg. Tübingen: Niemeyer; München: dtv, 1977.

Werner, Richard Maria: Lyrik und Lyriker. Eine Untersuchung. Hamburg: Voß, 1890.

Holz, Arno: Die Kunst, ihr Wesen und ihre Gesetze. 2 Tle. Berlin: Issleib, 1891-93. - Revolution der Lyrik. Berlin: Sassenbach, 1899.

Meyer, Theodor A.: Das Stilgesetz der Poesie. Leipzig: Hirzel, 1901.

Geiger, Emil: Beiträge zu einer Ästhetik der Lyrik. Halle a.d.S.: Niemeyer, 1905.

Sieburg, Friedrich: Die Grade der lyrischen Formung. Beiträge zu einer Ästhetik des lyrischen Stils. Diss. Münster 1919.

Hirt, Ernst: Das Formgesetz der epischen, dramatischen und lyrischen Dichtung. Leipzig: Teubner, 1923. – Reprogr. Hildesheim: Gerstenberg, 1972.

Werner, Heinz: Die Ursprünge der Lyrik. Eine entwicklungspsychologische Untersuchung. München: Reinhardt, 1924. – Reprogr. New York / London: Johnson, 1971.

Thalmann, Marianne: Gestaltungsfragen der Lyrik. München: Huebner, 1925.

Pfeiffer, Johannes: Das lyrische Gedicht als ästhetisches Gebilde. Halle a.d.S.: Niemeyer, 1931.

Boehringer, Robert: Das Leben von Gedichten. Breslau: Hirt, 1932; Kiel: Hirt, [3]1955. Neuausg. der 3. Aufl. Stuttgart: Klett-Cotta, 1980.

Voege, Ernst: Mittelbarkeit und Unmittelbarkeit in der Lyrik. Untersuchungen an lyrischen Gedichten des Altertums und der Neuzeit im Hinblick auf die herrschende deutsche Lyrik-Theorie. München: Hueber, 1932. – Reprogr. Darmstadt: WBG, 1968.

Jost, Theodor: Mechanisierung des Lebens und moderne Lyrik. Bonn: Röhrscheid, 1933.

Hellwig, Elsa: Morphologischer Idealismus und neue Lyrikdichtung. Bonn: Röhrscheid, 1934. [Analysen in Anlehnung an H. Friedmanns >Wesen der Formen<.]

Goertz, Hartmann: Vom Wesen der deutschen Lyrik. Berlin: Die Runde, 1935.

Loerke, Oskar: Das alte Wagnis des Gedichts. Berlin: Rabenpresse, 1935.

Burger, Heinz Otto: Vom Wesen und Ursprung der neueren deutschen Lyrik. Stuttgart: Kohlhammer, 1936.

Petsch, Robert: Die lyrische Dichtkunst. Ihre Wesen und ihre Formen. Halle a. d. S.: Niemeyer, 1939.

Staiger, Emil: Grundbegriffe der Poetik. Zürich: Atlantis, 1946; München: Artemis, [8]1968; München: dtv, 1971.

Day-Lewis, Cecil: The Poetic Image. London: Cape; New York: Oxford UP, 1947 [u. ö.].

Weinheber, Josef: Über das Dichterische. Wien: Gallus; Zürich: Scientia, 1949.

Benn, Gottfried: Probleme der Lyrik. Wiesbaden: Limes, 1951, [7]1961. U. a. auch in G. B.: Gesammelte Werke in 8 Bänden. Bd. 4. Wiesbaden: Limes, 1968. S. 1058-96.

Berger, Kurt: Das schöpferische Erleben des lyrischen Dichters in der Nachfolge Goethes. Marburg a. d. L.: Rathmann, 1951.

Geilinger, Max: Von lyrischer Dichtkunst. Betrachtungen. Zürich: Rascher, 1951.

Wiegand, Julius: Abriß der lyrischen Technik. Fulda: Parzeller, 1951.

Jünger, Friedrich Georg: Rythmus und Sprache im deutschen Gedicht. Stuttgart: Klett, 1952, [2]1966.

Lockemann, Fritz: Das Gedicht und seine Klanggestaltung. Emsdetten: Lechte, 1952.

Ibel, Rudolf: Gestalt und Wirklichkeit des Gedichts. Düsseldorf: Diederichs, 1954. – Überarb. Neuaufl. München: Heimeran, 1964.

Friedrich, Hugo: Die Struktur der modernen Lyrik. Von Baudelaire bis zur Gegenwart. Reinbek: Rowohlt, 1956 [u. ö.]. – Erw. Neuausg. m. d. Untertitel: Von der Mitte des neunzehnten bis zur Mitte des zwanzigsten Jahrhunderts. 1967, [10]1981. Erw. Neuausg. Mit einem Nachwort von Jürgen v. Stackelberg. Reinbek: Rowohlt, 1992.

Lehmann, Wilhelm: Dichtung als Dasein. Poetologische und kritische Schriften. Hamburg: Wegener, 1956. – Neuausg. Darmstadt: Luchterhand, 1960. [Überwiegend zur Lyrik.]

Maier, Rudolf Nikolaus: Das Gedicht. Über die Natur des Dichterischen und der dichterischen Formen. Düsseldorf: Schwann, 1956, [2]1963.

Allemann, Beda: Über das Dichterische. Pfullingen: Neske, 1957.

Härtling, Peter: In Zeilen zuhaus. [Vom Abenteuer des Gedichts, des Gedichteschreibens und Gedichtelesens.] Pfullingen: Neske, 1957.

MacLeish, Archibald: Poetry and Experience. Cambridge, Massachusetts: Riverside Press, 1960 [u. ö.]. – Dt.: Elemente der Lyrik. Göttingen: Sachse & Pohl, 1960.

Delbouille, Paul: Poésie und sonorités. La critique contemporaine devant le pouvoir suggestif des sons. Paris: Belle Lettres, 1961.

Bense, Max: Theorie der Texte. Eine Einführung in neuere Auffassungen und Methoden. Köln: Kiepenheuer & Witsch, 1962.

Enzensberger, Hans Magnus: Gedichte. Die Entstehung eines Gedichts. Frankfurt a. M.: Suhrkamp, 1962.

Poetik. Hrsg. von der Bayrischen Akademie der Schönen Künste. Redaktion: Clemens Graf Podewils. München: Oldenbourg, 1962. [Darin u. a.: >Wie entsteht ein Gedicht<. Münchner Vorlesungs-Reihe 1961.]

Landmann, Michael: Die absolute Dichtung. Essais zur philosophischen Poetik. Stuttgart: Klett, 1963.

Reality and Creative Vision in German Lyrical Poetry. [15th Coloston-Symposium, Bristol 1963.] Ed. by August Closs. London: Butterworth, 1963.

Brecht, Bertholt: Über Lyrik. [Aufsätze 1927-53.] Frankfurt a. M.: Suhrkamp, 1964.

Krolow, Karl: Schattengefecht. [Aufsätze zur Lyrik, 1962/63.] Frankfurt a. M.: Suhrkamp, 1964.

Kemp, Friedhelm: Dichtung als Sprache. Wandlungen der modernen Poesie. [Münchner Poetik-Vorlesungen, 1964.] München: Kösel, 1965.

Wolandt, Gerd: Philosophie der Dichtung. Weltstellung und Gegenständlichkeit des poetischen Gedankens. Berlin: de Gruyter, 1965.

Immanente Ästhetik – Ästhetische Reflexion. Lyrik als Paradigma der Moderne. Kolloquium Köln 1964. Hrsg. von Wolfgang Iser. München: Fink, 1966, 1991.

Zur Lyrik-Diskussion. Hrsg. von Reinhold Grimm. Darmstadt: WBG, 1966, [2]1974.

Bayerdörfer, Hans-Peter: Poetik als sprachtheoretisches Problem. Tübingen: Niemeyer, 1967.

Cosentino, Vincent: Walt Whitman und die deutsche Literaturrevolution. Eine Untersuchung über Whitmans Einfluß auf die deutsche Dichtung seit Arno Holz. Diss. München 1968.

Domin, Hilde: Wozu Lyrik heute? Dichtung und Leser in der gesteuerten Gesellschaft. München: Piper, 1968, [4]1981. Neuaufl. Frankfurt a.M.: Fischer, 1993.

Gomringer, Eugen: Poesie als Mittel der Umweltgestaltung. Itzehoe: Hansen & Hansen, 1969.

Heißenbüttel, Helmut: Über Literatur. Olten: Walter, 1966; München: dtv, 1970. [U. a. Frankfurter Poetik-Vorlesungen, 1963.]

Neumeister, Sebastian: Poetizität. Wie kann ein Urteil über heutige Gedichte gefunden werden? Heidelberg: Schneider, 1970.

Schreiber, Mathias: Die unvollstellbare Kunst. Die Stärke des Schwachen als poetisches Prinzip [am Beispiel deutscher Lyrik seit 1945]. Frankfurt a. M.: Klostermann, 1970.

Trott, Gerhard: Publizistische und sozioliterarische Aspekte des Gedichts. Nachgewiesen am Beispiel der Tagespresse. Diss. FU Berlin 1970.

Vietta, Silvio: Sprache und Sprachreflexion in der modernen Lyrik. Bad Homburg: Gehlen, 1970.

Berger, Uwe: Die Chance der Lyrik. Aufsätze und Betrachtungen [1951-71]. Berlin: Aufbau, 1971.

Killy, Walther: Elemente der Lyrik. München: Beck, 1972.

Besten, Ad den: Dichten als daad. Opstellen over heedendagse poëzie. Baarn: Bosch & Keuning, 1973.

Huppert, Hugo: Sinnen und Trachten. Anmerkungen zur Poetologie. Halle a. d. S: Mitteldeutscher Verlag, 1973.

Spinner, Kaspar H.: Zur Struktur des lyrischen Ich. Frankfurt a. M.: Athenaion, 1975.

Dette, Gerhard: Lyrik-Theorie und barocke Poetik. Prolegomena zur Nutzung eines Kapitels historischer Dichtungslehre. Diss. Bern 1976.

Hardt, Manfred: Poetik und Semiotik. Das Zeichensystem der Dichtung. Tübingen: Niemeyer, 1976.

Zeichen, Text, Sinn. Zur Semiotik des literarischen Verstehens. Hrsg. von Kaspar H. Spinner. Göttingen: Vandenhoeck & Ruprecht, 1977.

Rühmkopf, Peter: Strömungslehre. I: Poesie. Reinbek: Rowohlt, 1978

Welsch, Andrew: Roots of the Lyric. Primitive Poetry and Modern Poetics. Princeton: Princeton UP, 1978.

Austermühl, Elke: Poetische Sprache und lyrisches Verstehen. Studien zum Begriff der Lyrik. Heidelberg: Winter, 1981.

Hamm, Heinz Toni: Poesie und kommunikative Praxis. Heidelberg: Winter, 1981.

Heißenbüttel, Helmut: Von der Lehrbarkeit des Poetischen oder jeder kann Gedichte schreiben: Mainz: Akademie der Wissenschaften und der Literatur, 1981.

Ledanff, Susanne: Die Augenblicksmetapher. Über Bildlichkeit und Spontanität in der Lyrik. München: Hanser, 1981.

Zeller, Michael: Gedichte haben Zeit, Aufriß einer zeitgenössischen Poetik. Stuttgart: Klett, 1982.

Gnüg, Hiltrud: Entstehung und Krise lyrischer Subjektivität. Vom klassischen lyrischen Ich zur modernen Erfahrungswirklichkeit. Stuttgart: J.B. Metzler, 1983.

Poesie und Geschichte. Poetik-Seminar Mainz, Wintersemester 1981/82. Eine kommentierte Anthologie von Helmut Heissenbüttel. Mainz: v. Hase & Koehler, 1983.

Rogers, William Elford: The three genres and the interpretation of lyric. Princeton: University Press, 1983.

Sorg, Bernhard: Das lyrische Ich. Untersuchungen zu deutschen Gedichten von Gryphius bis Benn. Tübingen: Niemeyer, 1984.

Grümmer, Gerhard: Spielformen der Poesie. Hanau: W. Dausien, 1985.

Kunert, Günter: Vor der Sintflut: das Gedicht als Arche Noah: Frankfurter Vorlesungen. München: Hanser, 1985.

Wolf, Gerhard: Im deutschen Dichtergarten: Lyrik zwischen Mutter Natur und Vater Staat: Ansichten und Porträts. Darmstadt: Luchterhand, 1985.

Heise, Hans-Jürgen: Einen Galgen für den Dichter: Stichworte zur Lyrik. Weingarten: Drumlin Verlag, 1986.

Jandl, Ernst: Das Öffnen und Schliessen des Mundes: Frankfurter Poetik-Vorlesungen. Darmstadt: Luchterhand, 1987.

Domin, Hilde: Das Gedicht als Augenblick von Freiheit: Frankfurter Poetik-Vorlesungen 1987/1988. München: Piper, 1988, [2]1992 . Neuaufl. Frankfurt a. M.: Fischer, 1993.

Graffius, Klaus Peter: Das verbannte Subjekt – zwischen >Erlebnis< und >Erfahrung.< Studien zu einer Ästhetik der deutschsprachigen Exillyrik 1933-45 unter besonderer Berücksichtung der Kritischen Theorie. Diss. Marburg 1988.

Rudorf: Poetologische Lyrik und politische Dichtung (1988): s. Abschn. II,11.

Walter, Hugo: The apostrophic moment in nineteenth and twentieth century German lyric poetry. Bern, Frankfurt a. M.: Lang, 1988.

Meckel, Christoph: Von den Luftgeschäften der Poesie: Frankfurter Vorlesungen. Frankurt a. M.: Suhrkamp, 1989.

Endler, Adolf: Den Tiger reiten: Aufsätze, Polemiken und Notizen zur Lyrik der DDR. Hrsg. von Manfred Behn. Frankfurt a. M.: Luchterhand Literaturverlag, 1990.

Gadamer, Hans Georg: Gedicht und Gespräch: Essays. Frankfurt a. M.: Insel Verlag, 1990.

Gernhardt, Robert: Gedanken zum Gedicht. Zürich: Haffmans Verlag, 1990.

Lachmann, Karl: Über althochdeutsche Prosodie und Verskunst (1823/24). Mit Beitr. von Jakob Grimm. Hrsg. von Ursula Hennig. Tübingen: Niemeyer, 1990.

Schutting, Julian: Zuhörerbehelligungen: Vorlesungen zur Poetik. Graz: Droschl, 1990.

Timm, Eitel Friedrich: Das Lyrische in der Dichtung: Norm und Ethos der Gattung bei Hölderlin, Brentano, Eichendorff, Rilke, und Benn. München: W. Fink, 1992.

Zwischen den Zeilen: eine Zeitschrift für Gedichte und ihre Poetik. Winterthur: U. Engeler, Nr. 1 (1992). Erscheint halbjährlich.

Das Gedicht: Zeitschrift für Lyrik, Essay und Kritik. Jg. 1, Nr. 1 (1993) Wessling/ Oberbayern: Leitner, 1993. Erscheint jährl. ein- bis zweimal.

Hahn, Ulla: Poesie und Vergnügen - Poesie und Verantwortung ; [Vorträge: 26. Mai 1994 und 30. Juni 1994.] Heidelberg: Müller, Jur. Verl., 1994.

Hinck, Walter: Magie und Tagtraum. Selbstbildnis des Dichters in der deutschen Lyrik. Frankfurt a. M., Leipzig: Insel Verlag, 1994.

Hinderer, Walter: Arbeit an der Gegenwart. Zur deutschen Dichtung nach 1945. Würzburg: Königshausen und Neumann, 1994.

Pastior, Oskar: Das Unding an sich: Frankfurter Vorlesungen. Frankfurt a.M.: Suhrkamp, 1994.

Scaligero, Giulio Cesare: Poetices libri septem. German & Latin Poetices libri septem = Sieben Bücher über die Dichtkunst. Unter Mitwirkung von Manfred Fuhrmann. Hrsg.

von Luc Deitz und Gregor Vogt-Spira. Stuttgart-Bad Cannstatt: Frommmann-Holzboog, 1994.

Lyrik nach Auschwitz?: Adorno und die Dichter. Hrsg. von Petra Kiedaisch. Stuttgart: Reclam, 1995.

Jaegle, Dietmar: Das Subjekt im und als Gedicht: eine Theorie des lyrischen Text-Subjekts am Beispiel deutscher und englischer Gedichte des 17. Jahrhunderts. Stuttgart: M & P, 1995.

Obermaier, Sabine: Von Nachtigallen und Handwerkern: Dichtung über Dichtung in Minnesang und Sangspruchdichtung. Tübingen: Niemeyer, 1995.

Rosei, Peter: Beiträge zu einer Poesie in der Zukunft: Grazer Poetikvorlesung. Wien: Literaturverlag Droschl, 1995.

Die Schweizer Korrektur. Durs Grünbein; Brigitte Oleschinski; Peter Waterhouse. Hrsg. von Urs Engeler. Basel, St. Alban-Rheinweg 64 : U. Engeler, 1995.

Carrdus, Anna: Classical rhetoric and the German poet 1620 to the present: a study of Opitz, Bürger and Eichendorff. Oxford: Legenda, European Humanities Research Centre, 1996.

Müller, Herta: In der Falle. [Haus der Sprache und Literatur, Bonn]. Göttingen: Wallstein-Verlag, 1996.

Matt, Peter von. Die verdächtige Pracht: über Dichter und Gedichte. München: Hanser, 1998.

Hartung, Rudolf: Wiederkehr der Lyrik: kritische Dialoge 1963-1979. Hrsg. von Bernhard Albers und Reinhard Kiefer. Aachen: Rimbaud, 1996.

Biermann, Wolf: Wie man Verse macht und Lieder: eine Poetik in acht Gängen. Köln: Kiepenheuer und Witsch, 1997.

Schrott, Raoul: Fragmente einer Sprache der Dichtung: Grazer Poetikvorlesung. Graz; Wien: Literaturverlag Droschl, 1997.

Kirsten, Wulf: Textur: Reden und Aufsätze. Zürich: Ammann, 1998.

Lobreden auf den poetischen Satz. Robert Gernhardt; Peter Waterhouse; Anne Duden. Göttingen: Wallstein, 1998.

Wehrli, Max: Literatur im deutschen Mittelalter: eine poetologische Einführung. Stuttgart: Reclam, 1998.

Homann, Renate: Theorie der Lyrik: heautonome Autopoiesis als Paradigma der Moderne. Frankfurt a. M.: Suhrkamp, 1999.

Lyrik. Über Lyrik. Hrsg. von Karl Heinz Bohrer und Kurt Scheel. Stuttgart, 1999. Merkur Sonderheft 600.

Minima poetica: für eine Poetik des zeitgenössischen Gedichts. Hrsg. von Joachim Sartorius. Köln: Kiepenheuer und Witsch, 1999.

Horn, András: Das Schöpferische in der Literatur: Theorien der dichterischen Phantasie. Würzburg: Königshausen und Neumann, 2000.

Müller-Zettelmann, Eva: Lyrik und Metalyrik: Theorie einer Gattung und ihrer Selbstbespiegelung anhand von Beispielen aus der englisch- und deutschsprachigen Dichtkunst. Heidelberg: Winter, 2000.

3. Geschichte der Theorien

Cholevius, Leo: Geschichte der deutschen Poesie nach ihren antiken Elementen. 2 Bde. Leipzig: Brockhaus, 1854-56. – Reprogr. Darmstadt: WBG, 1968.

Braitmaier, Friedrich: Geschichte der poetischen Theorie und Kritik von den Diskursen der Maler bis auf Lessing. 2 Bde. Frauenfeld. Huber, 1888/89. – Reprogr. Hildesheim: Olms, 1972.

Borinski, Karl: Die Antike in Poetik und Kunsttheorie. Vom Ausgang des klassischen Altertums bis auf Goethe und Wilhelm von Humboldt. 2 Bde. Leipzig: Dietrich, 1914-24. – Reprogr. Darmstadt: WBG, 1965.

Burwick, Fritz: Die Kunsttheorie des Münchener Dichterkreises. Diss. Greifswald 1932.

Duthie, Enid L.: L'influence du symbolisme français dans le renouveau poétique de l'Allemagne. Les >Blätter für die Kunst< de 1892 à 1900. Paris: Champion, 1933.

Pacini, Lidia: Petrarca in der deutschen Dichtungslehre vom Barock bis zur Romantik. Köln: Petrarca-Haus, 1936.

Markwardt, Bruno: Geschichte der deutschen Poetik. 5 Bde. Berlin: de Gruyter, 1937-67.

Kasten, Helmut: Die Idee der Dichtung und des Dichters in den literarischen Theorien des sogenannten >Deutschen Naturalismus<. (Karl Bleibtreu, Hermann Conradi, Arno Holz) Diss. Königsberg, 1938.

Behrens, Irene: Die Lehre von der Einteilung der Dichtkunst, vornehmlich vom 16. bis 19. Jahrhundert. Studien zur Geschichte der poetischen Gattungen. Halle a. d. S.: Niemeyer, 1940.

Dyck, Joachim: Ticht-Kunst. Deutsche Barockpoetik und rhetorische Tradition. Freiburg i. B., 1965. 3. erg. Aufl. Tübingen: Niemeyer, 1991.

Windfuhr, Manfred: Die barocke Bildlichkeit und ihre Kritiker. Stilhaltungen in der deutschen Literatur des 17. und 18. Jahrhunderts. Stuttgart: Metzler, 1966.

Fischer, Ludwig: Gebundene Rede. Dichtung und Rhetorik in der literarischen Theorie des Barock in Deutschland. Tübingen: Niemeyer, 1968.

Scherpe, Klaus: Gattungspoetik im 18. Jahrhundert. Historische Entwicklung von Gottsched bis Herder. Stuttgart: Metzler, 1968.

Hermann, Hans Peter: Nachahmung und Einbildungskraft. Zur Entwicklung der deutschen Poetik von 1670-1740. Bad Homburg: Gehlen, 1970.

Schuppenhauer, Claus: Der Kampf um den Reim in der deutschen Literatur des 18. Jahrhunderts. Bonn: Bouvier, 1970.

Willems, Gottfried: Das Konzept der literarischen Gattung. Untersuchung zur klassischen deutschen Gattungstheorie, insbesondere zur Ästhetik F. Th. Vischers. Tübingen: Niemeyer, 1981.

Hinck, Walter: Das Gedicht als Spiegel der Dichter: zur Geschichte des deutschen poetologischen Gedichts. Opladen: Westdeutscher Verlag, 1985.

Ruprecht, Dorothea: Untersuchungen zum Lyrikverständnis in Kunsttheorie, Literarhistorie und Literaturkritik zwischen 1830 und 1860. Göttingen: Vandenhoeck & Ruprecht, 1987.

Adam: Poetische und Kritische Wälder. (1988): s. Abschn. II,15.

Lamping, Dieter: Das lyrische Gedicht. Definitionen zu Theorie und Geschichte der Gattung. Göttingen: Vandenhoek & Ruprecht, 1989.

Schuhmann, Klaus: Lyrik des 20. Jahrhunderts: Materialien zu einer Poetik. Reinbek bei Hamburg: Rowohlt, 1995.

V. ZU SPEZIELLEN FRAGESTELLUNGEN

1. Motive, Stoffe, Themen / Metaphern, Symbole

Bruns, Friedrich: Modern Thought in German Lyric Poets from Goethe to Dehmel. Madison: [University of Wisconsin,] 1921.

Junker, Christof: Das Weltraumbild in der deutschen Lyrik von Opitz bis Kopstock. Berlin: Ebering, 1932. – Reprogr. Nendeln: Kraus, 1967.

Schukart, Hans: Gestaltungen des Frauen-Bildes in deutscher Lyrik. Bonn: Röhrscheid, 1933.

Krummacher, Hans-Henrik: das >als ob< in der Lyrik. Erscheinungsformen und Wandlungen einer Sprachfigur der Metaphorik von der Romantik bis zu Rilke. Köln: Böhlau, 1965.

Naumann, Walter: Traum und Tradition in der deutschen Lyrik. Stuttgart: Kohlhammer, 1966.

Pestalozzi, Karl: Die Entstehung des lyrischen Ich. Studien zum Motiv der Erhebung in der Lyrik. Berlin: de Gruyter, 1970.

Rademacher, Gerhard: Technik und industrielle Arbeitswelt in der deutschen Lyrik des 19. und 20. Jahrhunderts. Versuch einer Bestandsaufnahme. Bern/Frankfurt a. M.: Lang, 1976.

Doebele-Flügel, Verena: Die Lerche. Motivgeschichtliche Untersuchungen zur deutschen Literatur, insbesondere zur deutschen Lyrik. Berlin: de Gruyter, 1977.

Frensch, Elke: Westwind als lyrisches Motiv. Heidelberg: Winter, 1978.

Völker, Ludwig: Muse Melancholi – Therapeutikum Poesie. Studien zum Melancholie-Problem in der deutschen Lyrik von Hölty bis Benn. München: Fink, 1978.

Rademacher, Erich: Das Technik-Motiv in der Literatur und seine didaktische Relevanz. Am Beispiel des Eisenbahngedichtes im 19. und 20. Jahrhundert. Bern/Frankfurt a. M.: Lang, 1981.

Ledanff, Susanne: Die Augenblicksmctapher: über Bildlichkeit und Spontanität in der Lyrik. München: Hanser, 1981.

Griesbach, Dieter: Illustrationen zur deutschsprachigen Lyrik von der Romantik bis zum Expressionismus. Eine Untersuchung über das Verhältnis von Wort und Bild. Worms: Werner, 1986.

Overath, Angelika: Das andere Blau. Zur Poetik einer Farbe im modernen Gedicht. Stuttgart: Metzler, 1987.

Poch, Ulrike: Metaphernvertrauen und Metephernskepsis. Untersuchungen zu Metapher und Strukturen in neuerer Lyrik. Frankfurt a. M., Bern: Lang, 1989.

Liebe als Krankheit. Forschungsstelle für Europäische Lyrik des Mittelalters an der Universität Mannheim. Hrsg. von Theo Stemmler. Tübingen: Narr, 1990.

Poesie der Apokalypse. Hrsg. von Gerhard R. Kaiser. Würzburg: Königshausen und Neumann, 1991.

Homoerotische Lyrik. [Vorträge eines interdisziplinären Kolloquiums.] Forschungsstelle für Europäische Lyrik des Mittelalters an der Universität Mannheim. Hrsg. von Theo Stemmler. Tübingen: Narr, 1992.

An die Gottheit: Bittgedichte aus zwei Jahrtausenden. Forschungsstelle für Europäische Lyrik an der Universität Mannheim. Hrsg. von Theo Stemmler. Tübingen: Narr, 1993.

Rademacher, Gerhard: Von Eichendorff bis Bieneck. Schlesien als offene literarische >Provinz<. Studien zur Lyrik schlesischer Autoren des 19. und 20. Jahrhundert im transregionalen Kontext. Mit einem Textanhang. Wiesbaden: Harrasowitz, 1993.

Krieg und Frieden in Gedichten von der Antike bis zum 20. Jahrhundert. Forschungsstelle für Europäische Lyrik an der Universität Mannheim. Hrsg. von Theo Stemmler. Tübingen: Narr, 1994.

Sinn im Unsinn: über Unsinnsdichtung vom Mittelalter bis zum 20. Jahrhundert. [Vorträge eines interdisziplinären Kolloquiums.] Forschungsstelle für Europäische Lyrik an der Universität Mannheim. Hrsg. von Theo Stemmler und Stefan Horlacher. Tübingen: Narr, 1997.

Sexualität im Gedicht. Forschungsstelle für Europäische Lyrik an der Universität Mannheim. Hrsg. von Theo Stemmler und Stefan Horlacher. Tübingen: Narr, 2000.

Bildersprache verstehen: zur Hermeneutik der Metapher und anderer bildlicher Sprachformen. Hrsg. von Ruben Zimmermann. Mit einem Geleitw. von H.-G. Gadamer. München: Fink, 2000.

2. Miszellen

Roßkopf, Veit: Der Titel des lyrischen Gedichts. München 1927. [Diss. Tübingen 1935]

Reitmeyer, Elisabeth: Studien zum Problem der Gedichtsammlung, mit eingehender Untersuchung der Gedichtsammlungen Goethes und Tiecks. Bern: Haupt. – Reprogr. Nendeln: Kraus, 1970.

Hederer, Edgar: Mystik und Lyrik. München: Oldenbourg, 1941.

Mustard, Helen M.: The Lyric Cycle in German Literature. New York: King's Crown Press; London: Oxford UP, 1946.

Wiegand, Julius: Zur lyrischen Kunst Walthers, Klopstocks und Goethes. Tübingen: Niemeyer, 1956.

Die deutschsprachige Anthologie. Hrsg. von Joachim Barke und Dieter Pforte. 2 Bde. Frankfurt a. M.: Klostermann, 1969/70.

Piontek, Heinz: Männer die Gedichte machen. Zur Lyrik heute. Hamburg: Hoffmann und Campe, 1970. [Internationale Autoren-Profile.]

Welt im sozialistischen Gedicht, Poeten, Methoden und internationale Tendenzen im Gespräch. Hrsg. von Silvia Schlenstedt [u. a.] Berlin: Aufbau, 1974.

Hartmann: Lyrik-Anthologien (1983): s. Abschn. III, 7.3a.

Contemporary European poetry magazines. A selected bibliography with comments. Hrsg. von Lothar Jordan. Münster: Kleinheinrich, 1987.

Translating poetry. The double labyrinth. Hrsg. von Daniel Weissbort. Iowa City: University of Iowa Press, 1989.

Weltliteratur in deutschen Versanthologien des 19. Jahrhunderts (1996): s. Abschn. III, 6.

Häntzschel: Lyrikanthologien 1840 bis 1914 (1997): s. Abschn. III, 6.

Weltliteratur in deutschen Versanthologien des 20. Jahrhunderts (1997): s. Abschn. III, 7.1.

Lyrik übersetzen: [Dokumentation einer internationalen Tagung (Literaturwerkstatt) der Evangelischen Akademie Loccum vom 14. bis 16. Februar 1997.] Hrsg. von Alexej Parin. Rehberg-Loccum: Evang. Akad. Loccum, Protokollstelle, 1998.

3. Didaktische Aspekte

Der Deutschunterricht 5 (1953) H. 3/4; 6 (1954) H. 6; 14 (1962) H. 3; 17 (1965) H. 4: Lyrik der Gegenwart in der Schule, I-V.

Seidler, Manfred: Moderne Lyrik im Deutschunterricht. Frankfurt a. M.: Hirschgraben, 1963 [u. ö].

Pielow, Winfried: Das Gedicht im Unterricht. Wirkungen, Chancen, Zugänge. München: Kösel, 1965, [4]1978.

Menzel, Wolfgang / Binneberg, Karl [u. a.]: Modelle für den Literaturunterricht. Entwurf cincr Elementarlehre Lyrik. Braunschweig: Westermann, 1970.

Weinzierl, Klaus: Vorurteil: Gedicht. Didaktik und Methodik der Benutzung moderner Gedichte im Unterricht (4.-7. Schuljahr). München: Oldenbourg, 1971.

Knippenkötter, Anneliese: Freizeitbeschäftigung Gedicht. Düsseldorf: Klens, 1972.

Bräutigam, Kurt: Zugänge zum sozialkritischen und politischen Gedicht. Eine didaktische Einführung mit Modellinterpretationen [...]. Freiburg i. Br.: Herder, 1977.

Jöst, Erhard: Agitation durch Kriegslyrik. Ein Unterrichtsmodell für den Deutschunterricht auf der Sekundarstufe II. Stuttgart: Heinz, 1978.

Neis, Edgar: Interpretationen von 66 Balladen, Moritaten und Chansons: Analysen und Kommentare; mit einem Anhang: Biblische Balladen. Hollfeld/Ofr.: Bange, 1978, [7]1994.

Franz, Kurt: Kinderlyrik, Struktur, Rezeption, Didaktik. München: Fink, 1979.

Riedler, Rudolf: Kinder, Dichter, Interpreten: Zehn Minuten Lyrik. Vom angstfreien Umgang mit Gedichten. München: Oldenbourg, 1979.

Kußler, Rainer: Deutsche Lyrik als fremde Lyrik. Zur Behandlung lyrischer Texte im fremdsprachlichen Deutschunterricht. München: Hueber, 1981.

Arbeitsbuch Lyrik. Seelze: Friedrich, 1981. (Praxis Deutsch. Sonderheft 1981)

Binder, Alwin / Richartz, Heinrich: Lyrikanalyse. Anleitung und Demonstration an Gedichten von Benjamin Schmolck, Frank Wedekind und Günter Eich. Frankfurt a. M.: Scriptor, 1984.

Austermühl, Elke: Lyrik in der Sekundarstufe I. Hannover: Schroedel, 1982.

Krechel: Konkrete Poesie im Unterricht (1983): s. Abschn. III,7.3b.

Soll man Dichtung auswendig lernen? [Antworten auf die Preisfrage der Deutschen Akademie für Sprache u. Dichtung vom Jahr 1985.] Liane Keller; Rolf Eigenwald; Benno Kieselstein. [Mit einer Nachbemerkung von Hartmut v. Hentig]. Heidelberg: L. Schneider, 1986.

Gedichte in ihrer Epoche. Hrsg. von Dietrich Steinbach. Stuttgart: Klett, 1985.

Konkrete Poesie, Linguistik und Sprachunterricht (1987): s. Abschn. III, 7.3b.

Urlinger, Josef: Stundenblätter. Einführung in Lyrik für die Sekundarstufe I. Stuttgart: Klett, 1987.

Gedichte für Schülerinnen und Schüler in den Jahrgangsstufen 5 - 10 aller Schularten. Hrsg. von Oswald Watzke. Donauwörth: Auer, 1986-1993.

Willberg , Hans-Joachim: Deutsche Gegenwartslyrik: eine poetologische Einführung; für die Sekundarstufe. Stuttgart: Reclam, 1989.

Binneberg, Kurt: Interpretationshilfen deutsche Lyrik. Bd. 1 Von der Aufklärung bis zur Klassik. Bd. 2 Von der Klassik bis zur Romantik. Stuttgart: Klett-Verlag für Wissen und Bildung, 1992-1995.

Neis, Edgar: Wie interpretiere ich Gedichte und Kurzgeschichten?: Methoden und Beispiele. Hollfeld: Bange, 1995.

Müller, Hartmut: Training Gedichtinterpretation: Sekundarstufe II. Stuttgart: Klett-Verlag für Wissen und Bildung, 1995.

Jentzsch, Peter. Gedichte des Barock: mit einer Einführung in die Interpretation für die Sekundarstufe II. Stuttgart: Reclam, 1993.

Ecker, Egon: Wie interpretiere ich Gedichte?: Stoffsammlung, Gliederung und Ausarbeitung. Hollfeld: Bange, 1994, 3. überarb. Aufl. 1997.

Reger, Harald: Kinderlyrik in der Grundschule: literaturwissenschaftliche Grundlegung, schülerorientierte Didaktik. Baltmannsweiler: Schneider-Verlag Hohengehren, 1996.

Matzkowski, Bernd: Wie interpretiere ich Lyrik?: Grundlagen der Analyse und Interpretation. Hollfeld: Bange, 1997.

Schulz, Gudrun: Umgang mit Gedichten: didaktische Überlegungen, Beispiele zu vielen Themen, Methoden im Überblick. Berlin: Cornelsen Scriptor, 1997.

Spinner, Kaspar H.: Umgang mit Lyrik in der Sekundarstufe I. Baltmannsweiler: Schneider-Verlag Hohengehren, 1997.

Binneberg, Kurt: Lektürehilfen. Lyrik der Romantik. Stuttgart: Klett, 1998.

Brandt-Köhn, Susanne: Kinder erleben Gedichte: Modelle für Erzieherinnen und Lehrkräfte. München: Don Bosco, 1998.

Kiefer, Klaus H.: Dada, konkrete Poesie, Multimedia: Bausteine zu einer transgressiven Literaturdidaktik. Frankfurt a. M.: Lang, 1998.

Reichgeld, Manfred. Gedichte in der Grundschule: ein Glanz schwebt in die Weite. München: Oldenbourg, 1999.

Schiffner, Alfred: Gedichte – 11. - 13. Schuljahr: Analyse und Interpretation. München: Manz, 1999.

Stockert, Franz Karl von: Lektürehilfen Lyrik des Expressionismus. Stuttgart: Klett, 1999.

Formen der Lyrik: für die Sekundarstufe II. Hrsg. von Peter Bekes. Stuttgart: Reclam, 2000.

Die Autoren der Beiträge

Hans-Peter Bayerdörfer

Geboren 1938. 1957-1963 Studium der Germanistik, Evangelischen Theologie, Philosophie, Theaterwissenschaft in Tübingen, Hamburg, Berlin (FU) und New York. Dr. phil. STM. 1974-1986 Professor für Neuere deutsche Literaturgeschichte an der Rheinisch-Westfälischen Technischen Hochschule Aachen. Seit 1986 Professor für Theaterwissenschaft an der Ludwig-Maximilians-Universität München.

Publikationen:
Herausgeber (zusammen mit D. Borchmeyer und A. Höfele): *Theatron.* Studien zur Geschichte und Theorie der dramatischen Künste, Bde. 1-32.
Mitherausgeber: *Forum Modernes Theater,* Jgg. 1-15 (2000).
Sammelbände: *Theatralica Judaica* I und II / 1992 und 1996; *Theater gegen das Vergessen. Bühnenarbeit und Drama bei George Tabori* (zusammen mit J. Schönert) / 1997; *Polnisch-deutsche Theaterbeziehungen seit dem Zweiten Weltkrieg* / 1998; *Musiktheater als Herausforderung. Interdisziplinäre Facetten der Theater- und Musikwissenschaft* / 1999.
Theater- und literaturgeschichtliche Artikel zur Trivialdramatik des 19. Jahrhunderts, zur Dramen- und Bühnengeschichte der Jahrhundertwende, der Weimarer Republik, der Nachkriegszeit; zu jüdisch-deutschen Literatur- und Theaterbeziehungen seit der Aufklärung, sowie zu polnisch-deutschen und japanisch-deutschen Theaterbeziehungen im 20. Jahrhundert.

Alexander von Bormann

Geboren 1936. Studium der Germanistik, klassischen Philologie und Philosophie in Tübingen, Göttingen und Berlin (FU). Dr. phil. Professor für deutsche Sprache und Literatur (Neuere Literaturgeschichte) an der Universität von Amsterdam.

Publikationen:
Natura loquitur. Naturpoesie und emblematische Formel bei Joseph von Eichendorff. Tübingen 1968. – Vom Laienurteil zum Kunstgefühl. Texte zur deutschen Geschmacksdebatte im 18. Jahrhundert (Hrsg. mit einer Einf.). Tübingen 1974. – Gegengesänge - Parodien - Variationen (Hrsg.). Frankfurt a.M. 1975. – Wissen aus Erfahrungen. Festschrift für Hermann Meyer (Mithrsg.), Tübingen 1976. – Heinrich von Kleist: Der zerbrochene Krug (Hrsg., mit Nachw., Anm., Zeittafel usw.) München 1983. – Deutsche Literatur, eine Sozialgeschichte. Bd. 9 (Hrsg., mit H.A. Glaser). Reinbek 1983. – Aufsätze zur Literatur des 16.-20. Jahrhunderts; Rundfunkarbeiten zur Gegenwartsliteratur.

Angela C. Borchert

Geboren 1966. Studium der Geschichte, Germanistik und Vergleichenden Literaturwissenschaften in Kingston (Ontario), Gießen und Princeton. Wissenschaftliche Mitarbeiterin in Jena, Gastdozentin an der University of Missouri, Columbia.

Publikationen:
Das Journal des Luxus und der Moden: Kultur um 1800. (Hrsg.) Heidelberg (in Vorber. für 2001). – Aufsätze zur Literatur und Kultur des 18. Jahrhunderts.

Manfred Durzak

Promotion zum Dr.phil., Freie Universität Berlin; Habilitation für Neuere deutsche Literatur und Medienwissenschaft, Universität Siegen.

Seit 1972 Ordinarius für Neuere deutsche Literatur [zuerst an amerikanischen und kanadischen Universitäten tätig, ab 1982 an der Universität Paderborn.] Zahlreiche Veröffentlichungen. Gastprofessuren in den USA, Kanada, Türkei, Australien.

Publikationen:

Hermann Broch, Rowohlt Verlag: Reinbek 1966 – Hermann Broch (=Sammlung Metzler), Metzlersche Verlagsbuchhandlung: Stuttgart 1967 – Hermann Broch. Der Dichter und seine Zeit, Kohlhammer Verlag: Stuttgart 1968 – Der junge Stefan George. Kunsttheorie und Dichtung, Wilhelm Fink Verlag: München 1968 – Der deutsche Roman der Gegenwart, Kohlhammer Verlag: Stuttgart 1971; 2. erweiterte Auflage: Stuttgart 1973 – Der deutsche Roman der Gegenwart. Entwicklungsvoraussetzungen und Tendenzen, 3. grundlegend umgearbeitete und erweiterte Auflage, Kohlhammer Verlag: Stuttgart 1979 – Dürrenmatt, Frisch, Weiss. Deutsches Drama der Gegenwart zwischen Kritik und Utopie, Reclam Verlag: Stuttgart 1972; 2. Auflage: Stuttgart 1973 – Zwischen Symbolismus und Expressionismus: Stefan George, Kohlhammer Verlag: Stuttgart 1974 – Gespräche über den Roman. Formbestimmungen und Analysen, Suhrkamp Verlag: Frankfurt a.M. 1976 – Hermann Broch. Dichtung und Erkenntnis. Studien zum dichterischen Werk, Kohlhammer Verlag: Stuttgart 1978 – Das Amerika-Bild in der deutschen Gegenwartsliteratur. Historische Voraussetzungen und aktuelle Beispiele, Kohlhammer Verlag: Stuttgart 1978 – Das expressionistische Drama I. Carl Sternheim, Georg Kaiser, Nymphenburger Verlagshandlung: München 1978 – Das expressionistische Drama II. Ernst Barlach, Ernst Toller, Fritz von Unruh, Nymphenburger Verlagshandlung: München 1979 – Peter Handke und die deutsche Gegenwartsliteratur, Kohlhammer Verlag: Stuttgart 1982 – Die deutsche Kurzgeschichte der Gegenwart. Autorenporträts, Werkstattgespräche, Interpretationen, Reclam Verlag: Stuttgart 1980; 2. Auflage: Stuttgart 1983 – Zu Gotthold Ephraim Lessing. Poesie im bürgerlichen Zeitalter, Klett Verlag: Stuttgart 1984 – Die Kunst der Kurzgeschichte. Zur Theorie und Geschichte der deutschen Kurzgeschichte, UTB Verlag (Fink): München 1989; 2. Auflage: München 1994 – Literatur auf dem Bildschirm. Analysen und Gespräche mit Leopold Ahlsen, Rainer Erler, Dieter Forte, Walter Kempowski, Heinar Kipphardt, Wolfdietrich Schnurre und Dieter Wellershoff, Max Niemeyer Verlag: Tübingen 1989 – (Hrsg.): Die deutsche Literatur der Gegenwart. Aspekte und Tendenzen, Reclam Verlag: Stuttgart 1971; 2. Auflage: Stuttgart 1973; 3. erweiterte Auflage: Stuttgart 1976 – (Hrsg.): Hermann Broch. Perspektiven der Forschung, Wilhelm Fink Verlag: München 1971 – (Hrsg.): Texte und Kontexte. Studien zur deutschen und vergleichenden Literaturwissenschaft (mit Ulrich Weisstein), Francke Verlag: Bern 1973 – (Hrsg.): Die deutsche Exilliteratur 1933-1945, Reclam Verlag: Stuttgart 1973 – (Hrsg.): Erzählte Zeit. 50 deutsche Kurzgeschichten der Gegenwart, Reclam Verlag: Stuttgart 1980 – (Hrsg.): Deutsche Gegenwartsliteratur. Ausgangspositionen und aktuelle Entwicklungen, Reclam Verlag: Stuttgart 1981 – (Hrsg.): Interpretationen zu Carl Sternheim, Klett Verlag: Stuttgart 1982 – (Hrsg.): Interpretationen zu Elias Canetti, Klett Verlag: Stuttgart 1983 – (Hrsg.): Zu Günter Grass. Geschichte auf dem poetischen Prüfstand, Klett Verlag: Stuttgart 1985 – (Hrsg.): Zwischen Freund Hein und Freund Heine – Peter Rühmkorf. Studien zu seinem Werk (mit Hartmut Steinecke), Rowohlt Verlag: Reinbek 1989 – (Hrsg.): Dieter Wellershoff. Studien zu seinem Werk (mit H. Steinecke u. K. Bullivant), Kiepenheuer & Witsch Verlag: Köln 1990 – (Hrsg.): Günter Kunert. Beiträge zu seinem Werk (mit H. Steinecke), Carl Hanser Verlag: München 1992 – (Hrsg.): Die Archäologie der Wünsche. Studien zum Werk von Uwe Timm (mit H. Steinecke), Kiepenheuer & Witsch Verlag: Köln 1995 – (Hrsg.): Hanns-Josef Ortheil. Im Innern seiner Texte (mit H. Steinecke), Piper Verlag: München 1995 – (Hrsg.): Kunert-Werkstatt. Materialien und Studien zu Günter Kunerts literarischem Werk (mit M. Keune), Aisthesis Verlag: Bielefeld 1995 – (Hrsg.): Dieter Wellershoff: Werke 1: Romane (mit K.Bullivant), Kiepenheuer & Witsch Verlag: Köln 1996 – (Hrsg.): Dieter Wellershoff: Werke 2: Romane, Novellen, Erzählungen (mit K. Bullivant), Kiepenheuer & Witsch Verlag: Köln 1996 – (Hrsg.):

Dieter Wellershoff: Werke 3: Autobiographische Schriften (mit K. Bullivant), Kiepenheuer & Witsch Verlag: Köln 1996 – (Hrsg.): Dieter Wellershoff: Werke 4: Essays, Aufsätze, Marginalien (mit K.Bullivant), Kiepenheuer & Witsch Verlag: Köln 1997 – (Hrsg.): Dieter Wellershoff: Werke 5: Vorlesungen und Gespräche (mit K.Bullivant), Kiepenheuer & Witsch Verlag: Köln 1997 – (Hrsg.): Dieter Wellershoff: Werke 6: Hörspiele, Drehbücher, Gedichte (mit K.Bullivant), Kiepenheuer & Witsch Verlag: Köln 1997 – (Hrsg.): F.C. Delius. Studien über sein literarisches Werk (mit H.Steinecke), Stauffenburg Verlag: Tübingen 1997 – Mitherausgeber der literaturwissenschaftlichen Buchreihe (LGW) im Klett Verlag Stuttgart

Karl Eibl

Geboren 1940. Studium der Germanistik, Geschichte und Soziologie in München, Münster und Bochum. Dr. phil. Professor für Neuere deutsche Literaturgeschichte an der Universität Trier.

Publikationen:
Die Sprachskepsis im Werk Gustav Sacks. München 1970. – Lessing: Miss Sarah Sampson (Hrsg., mit Komm.). Bad Homburg 1971. – Kritisch-Rationale Literaturwissenschaft. München 1976. – Robert Musil: Drei Frauen (Komm.). München 1978. – Aufsätze zur Literatur des 18.-20. Jahrhunderts und zu methodologisch-theoretischen Problemen.

Theo Elm

Geboren 1944. Studium der Germanistik und Anglistik in Erlangen und Dublin. Dr. phil. Professor für Neuere deutsche Literaturgeschichte an der Universität Erlangen-Nürnberg.

Publikationen:
Siegfried Lenz. *Deutschstunde*. Engagement und Realismus im Gegenwartsroman. 1974. – Die moderne Parabel. Parabel und Parabolik in Theorie und Geschichte. 1982. ²1991. – Johann Wolfgang Goethe. *Die Wahlverwandtschaften*, 1990. – (Mithrsg.): Zur Geschichtlichkeit der Moderne. Der Begriff der literarischen Moderne in Theorie und Deutung. 1982. (Mithrsg.): Die Parabel. 1986 – Der westdeutsche Nachkriegsroman. 1987. – (Mithrsg.): Medien und Maschinen. Literatur im technischen Zeitalter. 1991. – (Hrsg.): Kristallisationen. Deutsche Gedichte der achtziger Jahre. 1992. – (Mithrsg.): Fabel und Parabel. Kulturgeschichtliche Prozesse im 18. Jahrhundert. 1994. – (Hrsg.): Lyrik der neunziger Jahre. 2000. – Aufsätze zu Schiller, Goethe, Büchner, Kafka, Loerke, Wassermann, Borchert, Handke, Frisch, S. Lenz, über Literatur als Kulturfunktion, Fabel und Naturrecht, die Rhetorik der Parabel, über das ‚romantische Bergwerk‘, Literaturkritik im Feuilleton, Literatur und Glück, Literatur in der technischen Kultur, das Erzählen in der Zeitgeschichtsschreibung, ‚Langsamkeit‘ in der Gegenwartsliteratur.

Wolfgang Emmerich

Geboren 1941. Studium der Germanistik, Geschichte und Philosophie in Freiburg/Br., Köln und Tübingen. Dr. phil. Professor für neuere deutsche Literaturgeschichte und Kulturwissenschaft an der Universität Bremen und Leiter des dortigen *Instituts für kulturwissenschaftliche Deutschlandstudien*. – Seit 1968 Lehre an Universitäten in den USA und an der Universität Tübingen. Später mehrere Gastprofessuren in den USA, in Paris, Turin und Oxford.

Publikationen:
Germanistische Volkstumsideologie. Genese und Kritik der Volksforschung im Dritten Reich. Tübingen 1968. – Zur Kritik der Volkstumsideologie. Frankfurt/M. 1971. – (Hrsg.): Proletarische Lebensläufe. Auto-

biographische Dokumente zur Entstehung der Zweiten Kultur in Deutschland. 2 Bände. Reinbek bei Hamburg 1974/75. – Heinrich Mann, „Der Untertan". München 1980. – Kleine Literaturgeschichte der DDR. Darmstadt/Neuwied 1981 und 1988. Erweitere Neuausgabe Leipzig 1996. – (Hrsg.): Lyrik des Exils. Stuttgart 1985. Neuausgabe 1997. – Die andere deutsche Literatur. Aufsätze zur Literatur aus der DDR. Opladen 1994. – (Hrsg.): Der Bremer Literaturpreis 1954-1998. Eine Dokumentation. Bremerhaven 1999. – Paul Celan. Eine Monographie. Reinbek bei Hamburg 1999. – Zahlreiche Aufsätze in Zeitschriften und Sammelbänden.

Wilhelm Große

Geboren 1948. Studium der Germanistik und Philosophie in Bochum. Dr. phil. Wissenschaftlicher Mitarbeiter, seit 1981 Lehrbeauftragter an der Universität Trier in der Neueren deutschen Literaturwissenschaft.

Publikationen:
Studien zu Klopstocks Poetik. München 1977. – Brechts Johanna-Dramen. München 1980. Stefan Andres. Ein Reader zu Person und Werk (Hrsg.). Trier 1980. – Adolf Glaßbrenner: Unterrichtung der Nation. Ausgewählte Werke und Briefe in drei Bänden (Mithrsg.). Köln 1981. – Deutsche Gegenwartslyrik von Biermann bis Zahl. Interpretationen (Mithrsg.). München 1982. – Der junge Goethe. Interpretationen zu Lyrik und Drama (Hrsg.). Stuttgart 1982. – Geschichte der deutschen Literatur. Klassik/Romantik (mit Ludger Grenzmann). Stuttgart 1983. – Friedrich Schiller: Die Räuber. Frankfurt 1986. – Romantisches Erzählen. Stuttgart 1995. – Johann Wolfgang Goethe, Sämtliche Werke, Briefe, Tagebücher und Gespräche. Die Frankfurter Ausgabe, Bd. 28. Von Frankfurt nach Weimar. Frankfurt a.M. 1997. – Friedrich Dürrenmatt. Stuttgart 1998. – Johann Wolfgang Goethe. Briefe an E.W. Behrisch. Frankfurt a.M. 1998. – Heinrich Heine. Stuttgart 2000. – Aufsätze zur Literatur des 18.-20. Jahrhunderts, Lexikonartikel, Editionen für den Literaturunterricht, literaturdidaktische Beiträge.

Christoph Herin

Geboren 1927. Studium der Germanistik, Anglistik, Philosophie und Kirchengeschichte in Marburg und Bonn. Dr. phil. Professor für Neuere deutsche Literaturgeschichte an der Universität von Maryland.

Publikationen:
Friedrich Maximilian Klinger. Der Weltmann als Dichter. Berlin 1966. – Veröffentlichungen in Zeitschriften und Sammelbänden zur Literatur des 18.-20. Jahrhunderts.

Helmut G. Hermann

Geboren 1928. Studium der Germanistik, Geschichte und Romanistik in Marburg, Bonn, Paris und an mehreren amerikanischen Universitäten. Nach freiberuflicher Tätigkeit als Redakteur und Forschungsbibliograph im Ruhestand in Staunton, Virginia.

Publikationen:
Sinn aus Unsinn. Dada international (Hrsg., mit Wolfgang Paulsen). Bern/München 1982. – Else Lasker-Schüler: „Was soll ich hier?" Exilbriefe an Salman Schocken (Hrsg., mit Sigrid Bauschinger). Heidelberg 1986. – Goethe-Bibliographie. Literatur zum dichterischen Werk. Stuttgart 1991. (Auch auf der CD ROM Goethe. Stuttgart 1999). – Aufsätze, Bibliographien, Mitarbeit an zahlreichen internationalen Sammelbänden und an sonstigen Publikationen.

Walter Hinderer

Geboren 1934. Studium der Germanistik, Philosophie, Anglistik und Geschichte in Tübingen und München. Dr. phil. Professor für Neuere deutsche Literatur an der Princeton University, USA.

Publikationen:
Die „Todeserkenntnis" in Hermann Brochs *Tod des Vergil.* 1961. – Elemente der Literaturkritik. Kronberg/Ts. 1976. – Büchner-Kommentar zum dichterischen Werk. München 1977. – Der Mensch in der Geschichte. Ein Versuch über Schillers *Wallenstein.* Königstein/Ts. 1980. – Über deutsche Literatur und Rede. Historische Interpretationen. München 1981. Arbeit an der Gegenwart. Zur deutschen Literatur nach 1945. Würzburg 1994. – Von der Idee des Menschen. Über Friedrich Schiller. Würzburg 1998. – (Hrsg.): Ludwig Börne: *Menzel der Franzosenfresser* und andere Schriften. Frankfurt a. M. 1969. – (Hrsg.): Christoph Martin Wieland: *Hann und Gulpenheh. Schach Lolo.* Stuttgart 1970. – (Hrsg., mit Joseph Strelka): Moderne amerikanische Literaturtheorien. Frankfurt a. M. 1970. – (Hrsg.): Deutsche Reden. Stuttgart 1973 (u.ö.). – (Hrsg.): Die Sickingen-Debatte. Ein Beitrag zur materialistischen Literarurtheorie. Darmstadt/Neuwied 1974. – (Hrsg.): Geschichte der politischen Lyrik in Deutschland. Stuttgart 1978. – (Hrsg.): Kleists Dramen. Neue Interpretationen. Stuttgart 1981. – (Hrsg.): Heinrich von Kleist. Plays. New York 1983. – Literarische Profile. Deutsche Dichter von Grimmelshausen bis Brecht. Königstein/Ts. 1982 (u.ö.) – (Hrsg.): Friedrich Schiller. Plays. New York 1983. – (Hrsg.): Geschichte der deutschen Lyrik vom Mittelalter bis zur Gegenwart. Stuttgart 1983. – (Hrsg., mit Henry Schmidt): Georg Büchner. Complete Works and Letters. New York 1986. – (Hrsg.): Friedrich Schiller: *Wallenstein* and *Maria Stuart.* New York 1991. – (Hrsg.): Interpretationen: Goethes Dramen. Stuttgart 1992. – (Hrsg., mit D. O. Dahlsstrom): Friedrich Schiller: Essays. New York 1993. – (Hrsg.): Interpretationen: Brechts Dramen. Stuttgart 1995. – (Hrsg.): Codierungen von Liebe in der Kunstperiode. Würzburg 1997. – (Hrsg.): Interpretationen: Kleists Dramen. Stuttgart 1997. – (Hrsg.): Interpretationen: Kleists Erzählungen. Stuttgart 1998. – Zahlreiche Aufsätze und Essays zu Drama, Lyrik, Roman, Prosa, Literaturtheorie, Literaturkritik, Ästhetik, Rhetorik und Mentalitätsgeschichte des 18., 19. und 20. Jahrhunderts.

Andreas Huyssen

Geboren 1942. Studium der Germanistik und Romanistik in Köln, Madrid, München, Paris und Zürich. Dr. phil. Villard Professor of German and Comparative Literature an der Columbia University in New York.

Publikationen:
Die frühromantische Konzeption von Übersetzung und Aneignung. Studien zur frühromantischen Utopie einer deutschen Weltliteratur. Zürich 1969. – Bürgerlicher Realismus (Hrsg.): Stuttgart 1974. – (Die deutsche Literatur in Text und Darstellung, Bd. 11) – Friedrich Schlegel: Kritische und theoretische Schriften (Hrsg.). Stuttgart 1978. – The Technological Imagination. Theories and Fictions (Mithrsg.). Madison, Wis., 1980. – Drama des Sturm und Drang. Kommentar zu einer Epoche. München 1980. – (Hrsg. mit Klaus Scherpe): Postmoderne: Zeichen eines kulturellen Wandels. Reinbek 1986, [5]1997 – After the Great Divide: Modernism, Mass Culture, Postmodernism. Bloomington, 1986. (English Edition. London, 1986) – (Hrsg. mit David Bathrick). Modernity and the Text: Revisions of German Modernism. New York 1989 (paperpack 1991). – Twilight Memories: Marking Time in a Culture of Amnesia. New York und London 1995. – Memorias de Modernismo. Rio de Janeiro 1997. – Zahlreiche Aufsätze und Rezensionen in Sammelbänden und Zeitschriften. – Mithrsg. von: New German Critique. An Interdisciplinary Journal of German Studies.

Uwe-K. Ketelsen

Geboren 1938. Studium der Germanistik und Geschichte in Göttingen, Berlin (FU) und Kiel. Dr. phil.
Germanist an der Ruhr-Universität Bochum.

Publikationen:
Heroisches Theater. Untersuchungen zur Dramentheorie des Dritten Reichs. Bonn 1968. – Von heroischem
Sein und völkischem Tod. Zur Dramatik des Dritten Reiches. Bonn 1970. – Die Naturpoesie der norddeut-
schen Frühaufklärung. Stuttgart 1974. – Völkisch-nationale und nationalsozialistische Literatur in Deutsch-
land. 1890-1945. Stuttgart 1976 – Literatur und Drittes Reich. ²Vierow 1994. – Premieren in Bochum.
1919-1994. 75 Jahre Ensemble des Bochumer Schauspielhauses. Eine Dokumentation, Herne 1995. – Ein
Theater und seine Stadt. Die Geschichte des Bochumer Schauspielhauses, Köln 1999. – Textausgaben zur
Barockkomödie, zu Gottsched, Drollingen und Klopstock. – Aufsätze zur deutschen Literatur des 17.-20.
Jahrhunderts.

Otto Knörrich

Geboren 1931. Studium der Germanistik, Anglistik und Geschichte in München. Studiendirektor und
Seminarlehrer i.R für Deutsch (Peutinger-Gymnasium Augsburg).

Publikationen:
Die deutsche Lyrik seit 1945. Stuttgart ³1978. – Lyrik. Formen und Elemente. München 1979 (Studientexte
für die Kollegstufe.) – Formen der Literatur in Einzeldarstellungen (Hrsg.). Stuttgart 1981. – M. R. James:
13 Geistergeschichten (Übers. und Nachw.). Rothenburg 1962. – Beiträge in Sammelwerken und Zeitschriften sowie Schulbucharbeit.

Wilhelm Kühlmann

Geboren 1946. Studium der Germanistik, Latinistik und Philosophie in Freiburg i. Brg. und Hamburg.
Seit 1987 Prof. für neuere deutsche Literaturwissenschaft unter Berücksichtigung der vergleichenden
Literaturgeschichte an der Universität Heidelberg. Mitglied der Heidelberger Akademie der Wissen-
schaften.

Publikationen:
Katalog und Erzählung. Studien zu Konstanz und Wandel einer literarischen Form in der antiken Epik.
Diss. Freiburg i. Brg. 1973. – Gelehrtenrepublik und Fürstenstaat. Entwicklung und Kritik des deut-
schen Späthumanismus in der Literatur des Barockzeitalters. Tübingen 1982 (Studien und Texte zur
Sozialgeschichte der Literatur, Bd. 3). – (zus. mit W. E. Schäfer) Frühbarocke Stadtkultur am Oberrein.
Studien zum literarischen Werdegang J. M. Moscheroschs. Berlin 1983 (Philologische Studien und
Quellen, Bd. 109). – (Hg. mit W. E. Schäfer) Jesaias Rompler von Löwenhalt: Erstes gebüsch seiner
Reim-getichte. Tübingen 1988 (Deutsche Neudrucke; Reihe Barock, Bd. 38). – (Hg. zus. mit H. Wie-
gand) Parnassus Palatinus. Humanistische Dichtung in Heidelberg und der alten Kurpfalz. Lat.-deutsch.
Heidelberg 1989 .– (Hg. zus. mit H. Wiegand) Jacob Balde SJ. Opera Poetica Omnia. 8 Bde. Frank-
furt/M. 1990. – Martin Opitz. Deutsche Literatur und deutsche Nation. Herne 1991. – (Hg. zus. mit W.
E. Schäfer) Zwischen Direktorium und Empire. Die Briefe Gottlieb Konrad Pfeffels an Johann
Schweighäuser. Heidelberg 1991. – (Hg. zus. mit U. Benzenhöfer): Heilkunde und Krankheitserfahrung
in der Frühen Neuzeit. Studien am Grenzrain von Literaturgeschichte und Medizingeschichte. Tübingen
1992 (Frühe Neuzeit, Bd. 10). – (Hg. zus. mit O. Gutjahr und W. Wucherpfennig) Gesellige Vernunft.
Zur Kultur der literarischen Aufklärung. Würzburg 1993. – (Hg. zus. mit H. Wiegand) Karl Hartfelder.

Kleine Schriften zum pfälzischen Humanismus. Heidelberg 1993. – (Hg.) Der Humanist Rudolf Agricola (1444-1485). Bern usw. 1994. – (Hg. zus. mit W. Neuber) Intertextualität in der Frühen Neuzeit. Frankfurt/M. usw. 1994 (Frühneuzeit-Studien, Bd. 2). – (Hg. mit H. Langer) Pommern in der Frühen Neuzeit. Literatur und Kultur in Stadt und Region. Tübingen 1994 (Frühe Neuzeit, Bd. 19). – (Hg.): Literatur und Kultur in deutschen Südwesten. Neue Studien. Amsterdam 1995 (Chloe, Bd. 22). – (Hg. und Übers. zus. mit W. Straube) Johann Valentin Andreae. Ges. Schriften. Bd. 2. Stuttgart-Bad Cannstatt 1995. – Zur Literatur des nachreformatorischen Humanismus in Pommern. Garz/Rügen 1996. – (Hg. und Übers. zus. mit J. Telle) Oswald Crollius. Ausgewählte Werke in drei Bänden. Bd. I, Stuttgart 1996. Bd. II, Stuttgart 1998. – (Hg., Verf. und Übers. zus. mit R. Seidel und H. Wiegand Humanistische Lyrik des 16. Jahrhunderts. Lat.-deutsch. Frankfurt/M. 1997 (Bibliothek deutscher Klassiker 146). – (Hg. zus. mit B. Guthmüller) Renaissancekultur und klassische Mythologie. Tübingen 1999 (Frühe Neuzeit, Bd. 50). – (Hg. zus. mit B. Guthmüller) Europa und die Türken in der Renaissance. Tübingen 1999 (Frühe Neuzeit, Bd. 54). – (Hg. zus. mit W.- D. Müller-Jahncke) Iliaster. Literatur und Naturkunde in der Frühen Neuzeit. Heidelberg 1999. – (Hg. und Übers. zus. mit J. Telle) Corpus Paracelsisticum. Dokumente frühneuzeitlicher Naturphilosophie in Deutschland. Bd. I: Der Frühparacelsismus. Erster Teil. Tübingen 2001 (im Druck). – Ca. 110 Aufsätze in Zeitschriften und Sammelwerken zur Literatur des 16. bis 20. Jahrhunderts; ca. 130 Artikel in Fachlexika. – Mithrsg. der Zeitschrift „Daphnis" und Mithg. mehrerer wiss. Reihen, darunter der Reihe „Frühe Neuzeit" (Tübingen: Niemeyer) und der „Mannheimer Beiträge zur Sprach- und Literaturwissenschaft" (Tübingen: Narr).

Volker Meid

Geboren 1940. Studium der Germanistik, Politik und Volkskunde in Frankfurt a.M., Marburg und Göttingen. Dr. phil. Bis 1982 Professor of German an der University of Massachusetts (Amherst). Lebt freiberuflich in Wolfschlugen.

Publikationen:
Philipp von Zesen: Assenat (Hrsg.). Tübingen 1967. – Ph.v. Zesen: Simson (Hrsg.). Berlin 1970. – Ph. v. Zesen: Die Afrikanische Sofonisbe (Hrsg.). Berlin / New York 1972. – Der deutsche Barockroman. Stuttgart 1974. – Ph. v. Zesen: Ibrahim (Hrsg.). 2 Bde. Berlin / New York 1977 – Heinrich Arnold Stockfleth und Maria Katharina Stockfleth: Die Kunst- und Tugend-gezierte Macarie (Hrsg.). 2 Bde. Bern / Frankfurt a.M. 1978 – Johann Gottfried Schnabel: Insel Felsenburg (Hrsg., mit Ingeborg Springer-Strand). Stuttgart 1979. – Johann Jakob Bodmer / Johann Jakob Breitinger: Schriften zur Literatur (Hrsg.). Stuttgart 1980. – Gedichte des Barock (Hrsg., mit Ulrich Maché). Stuttgart 1980. – Gedichte und Interpretationen. Bd. 1: Renaissance und Barock (Hrsg.). Stuttgart 1982. – Grimmelshausen. Epoche – Werk – Wirkung. München 1984. Barocklyrik. Stuttgart 1986. – Paul Fleming: Deutsche Gedichte (Hrsg.). Stuttgart 1986. – Ph. v. Zesen: Lysander und Kaliste (Hrsg.). Berlin / New York 1987. – Literaturlexikon. Hrsg. von Walter Killy. Bd. 13, 14: Begriffe, Realien, Methoden (Hrsg.). Gütersloh / München 1992-93. Neuausgabe in einem Bd. u. d. Titel: Sachlexikon Literatur. München 2000. – Ph. v. Zesen: Adriatische Rosemund. Berlin / New York 1993. – Metzler Literatur Chronik. Werke deutschsprachiger Autoren. Stuttgart / Weimar 1993. Zweite, erweiterte Auflage 1998. – Ernst Elias Niebergall: Datterich (Hrsg.). Stuttgart 1999. – Sachwörterbuch zur deutschen Literatur. Stuttgart 1999. – Elektronisches Sachwörterbuch zur deutschen Literatur. CD-ROM. Stuttgart 2000. – Beiträge zu Literaturgeschichten, Lexika und Sammelbänden, Aufsätze, Rezensionen.

Ingrid Merkel

Geboren 1938. Studium der Germanistik, Romanistik und Philosophie in Köln und Washington, D.C., Ph. D. Associate Professor of German Language and Literature an der Catholic University of America in Washington, D.C.

Publikationen:
Barock. Handbuch der deutschen Literaturgeschichte. Bibliographien. Bd. 5. Bern 1971. – Hermeticism and the Renaissance, Intellectual History and the Occult in Early Modern Europe, ed. with Allen G. Debus, Folger Books, London and Toronto, 1988 – Aufsätze in Zeitschriften und Sammelbänden.

Ulrich Müller

Geboren 1940 in Göppingen (Baden/Württemberg). Studium der Germanistik, lateinischen Philologie, Archäologie und Musikwissenschaft an der Universität Tübingen (Dr. phil.). 1971 Habilitation für das Fach „Deutsche Philologie" an der Universität Stuttgart (Thema: Politische Lyrik). Seit 1973 Gastdozent, seit 1976 Ordentlicher Professor (Ordinarius) für Deutsche Literatur des Mittelalters an der Universität Salzburg. Publikationen: Dichtung und Wahrheit bei Oswald von Wolkenstein. 1968. – (Hrsg.) Kreuzzugsdichtung. 1969. – Politische Lyrik des deutschen Mittelalters. 1974 (dazu: Texte I/II. 1972/ 1974). – (Hsrg.) Abbildungen zur mittelhochdeutschen Literatur: Manessische Liederhandschrift (1971), Heinrich von Morungen (1971), Hartmann von Aue, Der arme Heinrich (1971). – (Hrsg.) Litterae Ignotae. 1977. – (Hrsg.) Oswald von Wolkenstein. 1980. – (Hrsg.) Minne ist ein swaerez spil. 1986. – (Hrsg., mit Gerlinde Weiss) Deutsche Gedichte des Mittelalters (Reclam). 1993. – Walther von der Vogelweide (zusammen mit Horst Brunner, Gerhard Hahn, Siegrid Neureiter-Lackner, Franz Viktor Spechtler). 1996 – (Hrsg.) Im Sechsten Jahr des Drachen. Lektüre-Empfehlungen für das neue Jahrhundert. 2000.
Mitherausgeber: Handschriften-Faksimiles: Jenaer Liederhandschrift (1972; mit Helmut Tervooren), Oswald von Wolkenstein, Handschriften B/c/A (1972-1974; mit Hans Moser, Hans-Dieter Mück, Franz Viktor Spechtler), Walther von der Vogelweide (1977; mit Horst Brunner und Franz Viktor Spechtler), Kolmarer Liederhandschrift (1976; mit Horst Brunner und Franz Viktor Spechtler). EDV-Konkordanzen zu Oswald von Wolkenstein (1973) und zu den Lyrik-Handschriften A/B/c (1978/ 1979/ 1984) – Festschriften für Wolfgang Mohr (1972), Käte Hamburger (1981), Ingo Reiffenstein (1988), Rudolf Große (1989), Rolf Bräuer (1994). – Mittelalter-Rezeption I-V. 1979-1996. – Epische Stoffe des Mittelalters (mit Volker Mertens). 1984. – Richard-Wagner-Handbuch (mit Peter Wapnewski). 1986 (engl.: 1992). – Wolfgang Amadeus Mozart: Die Entführung aus dem Serail. 1993. – Das verführte und betrogene Volk auf der Bühne. 1995. – Herrscher, Helden, Heilige (Mittelalter-Mythen I; mit Werner Wunderlich). 1996. – Mittelalter-Rezeption V. 1996. – Individuum versus Institution („Tannhäuser"). 1996. – Und Jedermann erwartet sich ein Fest. 1996. – Erfahrungsprotokolle aus Ägypten: Salzburger Studierende in Kairo. 1996. – Fidelio/Leonore. 1998. – Schnittpunkte der Kulturen. 1998. – Dämonen-Monster-Fabelwesen (Mittelalter-Mythen II). 1999. – Alban Bergs "Wozzeck" und die Zwanziger Jahre. 1999. – Mahagonny: Die Stadt als Sujet und Herausforderung des (Musik-)Theaters. 2000. – Mittelalter-Mythen III. 2000. – Nibelungen Encyclopedia (New York, in Druck). – Specht und Gämse: Beiträge zur neuen deutschen Rechtschreibung. Festschrift für F.V.Spechtler (in Druck).
Zahlreiche Aufsätze und Lexikonbeiträge zur mittelhochdeutschen Literatur (Lyrik, Kreuzzugsdichtung, Neidhart, Oswald von Wolkenstein, Aufführungsversuche, EDV-Anwendungen), zur Mittelalter-Rezeption, zur interkulturellen Germanistik, zur Musik der Antike und des Mittelalters sowie zum Musiktheater. – Artikel und Rezensionen in Zeitungen und Zeitschriften; musikdramaturgische Mitarbeit (Salzburg, Bayreuth, Wien u.a.)
Mitherausgeber: GAG/ Göppinger Arbeiten zur Germanistik; Litterae. Göppinger Beiträge zur Textgeschichte; SAG/ Stuttgarter Arbeiten zur Germanistik; Jahrbuch der Oswald-von-Wolkenstein-Gesellschaft; Wort und Musik. Salzburger Akademische Beiträge.

Karl Riha

Geboren 1935 in Krummau/Moldau. Studium der Germanistik, Philosophie und Geschichte und Promotion in Frankfurt/Main. Habilitation an der TU Berlin. Professor für Germanistik und Allgemeine Literaturwissenschaft an der Universität-GH Siegen.

Wissenschaftliche Veröffentlichungen:
Moritat, Song, Bänkelsang (1965); Zok Roarr Wumm. Über Comic-Strips (1970); Die Beschreibung der ‚Großen Stadt'. Zur Entstehung des Großstadtmotivs in der deutschen Literatur (1970); Cross-reading und Cross-talking (1971); (gem. mit Helmut Hartwig) Politische Ästhetik und Öffentlichkeit. Zur Rezeption der Revolution von 1848 (1974); Commedia del'arte (1980); Da Dada da war, ist Dada da (1980); Tatü-Dada (1987); Kritik – Satire – Parodie (1992); Prämoderne – Moderne – Postmoderne (1995); Fundgrube Mediengeschichte (1997).

Literarische Veröffentlichungen:
nicht alle fische sind vögel (1981); in diesem/diesem moment, Gedichte, Bilder und Prosa (1984); so zier so starr/so form so streng, Text- und Bild-Sonette (1988); Ich in einem Stück (1991); Was ist mit mir heute los? (1994); Gomringer, Fortsetzungskrimi (1998), 50 Sonette nach Goethe, mit Goethe, auf Goethe und gegen Goethe (1999); Ich in einem Stück und andere Prosa (1999); Hans Wald (Pseud.), Wurst aus Westfalen und andere Kapriolen (2000).

Zahlreiche Editionen, Hrsg. der Zeitschrift DIAGONAL sowie der Buch- und Heftreihen Deutsche Satiren, Massenmedien u. Kommunikation, Vergessene Autoren der Moderne, Experimentelle Texte etc.

Lawrence Ryan

Geboren 1932. Studium der Germanistik, Romanistik und Philosophie in Sydney (Australien) und Tübingen. Dr. phil. (Tübingen). Honorarprofessor an der Universität Tübingen.

Publikationen:
Hölderlins Lehre vom Wechsel der Töne. Stuttgart 1960. – Friedrich Hölderlin. Stuttgart [2]1967. (Sammlung Metzler. 20). – Hölderlins *Hyperion*. Exzentrische Bahn und Dichterberuf. Stuttgart 1965. – Aufsätze zur Literatur des 18.-20. Jahrhunderts.

Wulf Segebrecht

Geboren 1935. Studium der Germanistik, Geschichte und Philosophie in Göttingen, Bonn, München. Dr. phil. Professor für Neuere deutsche Literaturwissenschaft an der Universität Bamberg.

Publikationen u.a.:
Autobiographie und Dichtung. Eine Studie zum Werk E. T. A. Hoffmanns. Stuttgart 1967. – E. T. A. Hoffmann: Meister Floh (Hrsg.). Stuttgart 1970. – Christoph Meckel: Verschiedene Tätigkeiten (Hrsg.). Stuttgart 1972. – Ludwig Tieck. Wege der Forschung (Hrsg.). Darmstadt 1975. – Das Gelegenheitsgedicht. Ein Beitrag zur Geschichte und Poetik der deutschen Lyrik. Stuttgart 1977. – Goethes Gedicht „Über allen Gipfeln ist Ruh" und seine Folgen. Zum Gebrauchswert klassischer Lyrik. München 1978. – Aufsätze zur Literatur des 17.-20. Jahrhunderts.

Ludwig Völker

Geboren 1938 in Stuttgart. Studium der Germanistik, Romanistik und Philosophie in Tübingen, Berlin, Aix-en-Provence, Paris. Dr. phil. Professor für Neuere deutsche Literatur an der Westfälischen Wilhelms-Universität Münster.

Publikationen:
Die Terminologie der mystischen Bereitschaft in Meister Eckharts deutschen Predigten und Traktaten. Gießen 1964. – Langeweile. Untersuchungen zur Vorgeschichte eines literarischen Motivs. München 1975. – Muse Melancholie - Therapeutikum Poesie. Studien zum Melancholie-Problem in der deutschen Lyrik von Hölty bis Benn. München 1978. – „Komm, heilige Melancholie". Eine Anthologie deutscher Melancholie-Gedichte. Mit Ausblicken auf die europäische Melancholie-Tradition in Literatur- und Kunstgeschichte (Hrsg.). Stuttgart 1983. – Gottfried Benn. Sprache - Form - Wirklichkeit. Zwei Vorträge. Münster 1990. – Lyriktheorie. Texte vom Barock bis zur Gegenwart (Hrsg.). Stuttgart 1990, ²2000. – Zur Situation der deutschen Lyrik im ausgehenden zwanzigsten Jahrhundert (Hrsg.). Lille 1998. – Aufsätze zur deutschen Literatur des 17.-20. Jahrhunderts.

Personenregister

Das Register beschränkt sich auf den Text und die Anmerkungen (A) und erfaßt dort genannte Autoren sowie andere, im Kontext relevante Personen. Herausgeber und Übersetzer werden nur berücksichtigt, sofern ihre Editionen eigens besprochen sind.

Carleton College Library
One North College Street
Northfield MN 55057-4097